－漢詩 810人選－

漢詩 作家·作品 事典 (下)

衆山 田鸛洙 編著

(중산 전관수 편저)

머리말

한시漢詩는 내용면에서 다양한 수사기교修辭技巧와 고사故事 등을 바탕으로 함축성含蓄性과 상징성象徵性을 특징으로 하고, 형식면에 있어서는 기승전결起承轉結·대구對句·압운押韻·평측平仄 등의 규칙에서 오는 형식미形式美가 갖추어 있어서 읽을수록 묘미妙味가 나는 운문문학韻文文學이다. 그러함에도 시대의 변천과 가치관의 변화에 따라 현대에는 그 값어치를 모르고 지나쳐버린다. 우리 조선祖先들은 수많은 한시를 창작하여 각종 문헌 자료에 남기고 있건만 널리 읽히지 못하고 몇몇 관심이 있는 분들만 한시에서 풍겨 나오는 은은한 향내를 맡을 뿐이다.

한시 작가 작품 사전 -漢詩810人選한시810인선- 은 그 많은 작품 중 1,449 수를 소개하여 독자들의 관심을 환기하고자 엮었다. 빙산일각격氷山一角格이나마 우리나라 작자作者 683명과 중국 당唐 나라 작자를 중심으로 134명, 도합 817명을 두루 '가나다' 순으로 차례차례 숫자 번호를 붙여 수록했는데, 한 작자의 여러 작품도 제목을 보아 역시 '가나다' 순으로 번호를 붙여 배열하였다. 예를 들어 초당初唐의 시인 낙빈왕駱賓王은 52 번인데 그의 작품은 52-1에서 52-3까지 세 수가 수록된 것이다. 선정된 작자나 작품은 편저자 나름대로 뽑은 것이므로, 유명한 분이 누락되었을 수도 있고 수록한 작품이 그분의 대표작이라 할 수도 없다. 그러나 여러 자료에서 뽑은 시이므로 대표성에서 크게 어긋나지는 않으리라 생각된다. 빠뜨렸던 작자는 맨 뒤 補遺보유에서 추록하였다.

이 책은 한시 감상을 위주로 했지만 작자의 행적이 작품과 관련이 깊으므로, 인물사전 등을 참고하여 지은이를 비교적 자세히 소개했고, 모든 내용은 한자를 앞에 쓰고 그 음을 괄호 안에 조금 작은 활자로 달아 두어 읽기에 편하도록 했다. 다만, 참고로 제시한 한문이나 한시는 음을 달지 않고 풀이만 해 두었다.

번역은 의역意譯보다 원시原詩에 충실하려 했고, 함축된 의미도 곁들여 풀이하여 이해를 도왔다. 처음에 원시를 제시하고 한글로 음을 달았으며 다음으로 그 작품을 우리

말로 풀이했다. 그 뒤 [語句어구] 난에서 그 작품에 나오는 주요 어구를 풀이했으며, 이어 [鑑賞감상] 난에서는 편저자 나름의 감상과 해설을 하였고 압운과 평측 배열 등 작품의 형식적 특징을 시마다 곁들였다. 가끔 다른 분의 해설과 감상을 참고하거나 인용하여 올바른 감상이 되도록 나름으로 애쓰기는 하였다. 5언절구五言絶句나 7언절구七言絶句는 전문全文을 실었으나 율시律詩, 배율排律, 장편시長篇詩는 일부분만 뽑아 수록한 경우도 있어 작품 전체의 감상에는 미흡한 점이 있다.

'차례'에서 작자作者를 찾아볼 수 있겠고, 맨 뒤의 '詩題索引시제색인'에서는 시의 제목, 지은이 및 수록 페이지 등을 알 수 있게 해 두었다. 다른 작자나 작품을 참고해 보라고 제시한 → 뒤의 숫자는 페이지가 아니고 작자나 작품을 나타낸 것이다. 예를 들어 '→30.'은 30번째 작자인 '金富軾김부식'을 참고해 보라는 것이며, '→234-65'는 234번째 작자인 '李白이백'의 65번째 시 '黃鶴樓送孟浩然之廣陵황학루송맹호연지광릉'을 참고하라는 뜻인 것이다.

이 책은 2002년부터 5년 동안 조금씩 정리해 이루어진 것이다. 바라건대, 이 책을 통하여 한시에 관한 이해가 깊어지고 한시의 감상과 창작에까지 번져나가기를 기대해 본다.

어려움 속에서도 이 책을 출판해 주신 국학자료원 정구형 이사님과 편집실 여러분께 깊은 고마움을 표하고, 집안의 삼지남三指南이셨던 東郚동오, 東湖동호 종형님들과 伽山가산 사백형, 나를 아껴주시던 외재종형 蘂堂예당께서들 살아계셨더라면 이 책을 얼마나 대견하게 여기셨을까 혼자 감상感傷에 젖으며 이 글을 마친다.

2007년 丙戌 8월
衆山 田鶴洙
(중산 전관수)

차례

(한글 필기체는 중국 작자거나 중국 시임)

머리말

238.李象秀(이상수) 239.李尚信(이상신) 240.李商隱(이상은) 241.李商在(이상재) 242.李尚迪(이상적) 243.李穡(이색) 244.李溆(이서) 245.李書九(이서구) 246.李瑞雨(이서우) 247.李石亨(이석형) 248.李先齊(이선제) 249.李涉(이섭) 250.李晟(이성) 251.李誠中(이성중) 252.李世仁(이세인) 253.李昭漢(이소한) 254.李需(이수) 255.李睟光(이수광) 256.李埱(이숙) 257.李淑琪(이숙기) 258.李舜臣(이순신) 259.李崇仁(이숭인) 260.李承召(이승소) 261.李承休(이승휴) 262.李時楷(이시해) 263.李植(이식) 264.李紳(이신) 265.李深源(이심원) 266.李氏(이씨) 267.李安訥(이안눌) 268.李嵒(이암) 269.李彦迪(이언적) 270.李彦瑱(이언진) 271.李永瑞(이영서) 272.李䫨(이오) 273.李瑢(이용) 274.李用休(이용휴) 275.李瑀(이우) 276.李原(이원) 277.李黿(이원) 278.李元翼(이원익) 279.李裕元(이유원) 280.李殷相(이은상) 281.李義健(이의건) 282.李宜顯(이의현) 283.李珥(이이) 284.李瀷(이익) 285.李益(이익) 286.李翊臣(이익신) 287.李仁老(이인로) 288.李仁復(이인복) 289.李資玄(이자현) 290.李藏用(이장용) 291.李縡(이재) 292.李適之(이적지) 293.李婷(이정) 294.李廷龜(이정구) 295.李鼎輔(이정보) 296.李禔(이제) 297.李齊賢(이제현) 298.李兆年(이조년) 299.李存吾(이존오) 300.李種元(이종원) 301.李佐薰(이좌훈) 302.李胄(이주) 303.李浚慶(이준경) 304.李俊民(이준민) 305.李知深(이지심) 306.李志完(이지완) 307.李之氐(이지저) 308.李智活(이지활) 309.李稷(이직) 310.李集(이집) 311.李昌符(이창부) 312.李詹(이첨) 313.李最中(이최중) 314.李春元(이춘원) 315.李賀(이하) 316.李昰應(이하응) 317.李夏鎭(이하진) 318.李學逵(이학규) 319.李恒老(이항로) 320.李恒福(이항복) 321.李海壽(이해수) 322.李荇(이행) 323.李行(이행) 324.李玄錫(이현석) 325.李玄逸(이현일) 326.李好閔(이호민) 327.李混(이혼) 328.李華(이화) 329.李滉(이황) 330.李後白(이후백) 331.李羲發(이희발) 332.李喜朝(이희조) 333.印份(인빈) 334.麟坪大君(인평대군) 335.一然(일연) 336.林慶業(임경업) 337.任奎(임규) 338.林樸(임박) 339.任埅(임방) 340.任叔英(임숙영) 341.林億齡(임억령) 342.任元濬(임원준) 343.林惟正(임유정) 344. 任有後(임유후) 345.林悌(임제) 346.林椿(임춘)

440.趙光祖(조광조) 441.趙龜錫(조구석) 442.趙國賓(조국빈) 443.趙斗淳(조두순) 444.趙明鼎(조명정) 445.趙文命(조문명) 446.曺文秀(조문수) 447.曺尙治(조상치) 448.曺庶(조서) 449.趙錫胤(조석윤) 450.朝鮮太祖(조선태조) 451.趙聖期(조성기) 452.趙成夏(조성하) 453.趙須(조수) 454.曺守誠(조수성) 455.趙承肅(조승숙) 456.曹植(조식) 457.曺植(조식) 458.曺伸(조신) 459.曺臣俊(조신준) 460.趙彦觀(조언관) 461.祖詠(조영) 462.趙永仁(조영인) 463.趙昱(조욱) 464.朝雲(조운) 465.趙云仡(조운흘) 466.曺偉(조위) 467.趙緯韓(조위한) 468.趙胤(조윤) 469.趙仁規(조인규) 470.趙仁璧(조인벽) 471.趙仁永(조인영) 472.趙任(조임) 473.趙載浩(조재호) 474.曹操(조조) 475.趙浚(조준) 476.趙持謙(조지겸) 477.趙冲(조충) 478.趙泰億(조태억) 479.趙泰采(조태채) 480.趙通(조통) 481.趙瑕(조하) 482.曺漢英(조한영) 483.趙憲(조헌) 484.趙顯命(조현명) 485.趙徽(조휘) 486.趙熙龍(조희룡) 487.趙希逸(조희일) 488.朱慶餘(주경여) 489.朱大畜(주대축) 490.朱瀠(주만) 491.朱棨(주목) 492.朱世鵬(주세붕) 493.朱汝翼(주여익) 494.朱悅(주열) 495.朱義植(주의식) 496.朱椗(주정) 497.朱震楨(주진정) 498.朱熹(주희) 499.竹西朴氏(죽서박씨) 500.曾鞏(증공) 501.池天錫(지천석) 502.陳陶(진도) 503.秦韜玉(진도옥) 504.陳尙漸(진상점) 505.陳溫(진온) 506.陳宇(진우) 507.陳祐(진우) 508.陳義貴(진의귀) 509.秦益重(진익중) 510.陳子昻(진자앙) 511.眞宗(진종) 512.陳澕(진화)

<ㅊ>

513. 車雲輅(차운로) 514.車天輅(차천로) 515.昌壽(창수) 516.蔡錦紅(채금홍) 517.蔡聖龜(채성구) 518.蔡壽(채수) 519.蔡裕後(채유후) 520.蔡濟恭(채제공) 521.蔡之洪(채지홍) 522.蔡洪哲(채홍철) 523.處能(처능) 524.處默(처묵) 525.草衣(초의) 526.崔慶昌(최경창) 527.崔匡裕(최광유) 528.崔國輔(최국보) 529.崔奇男(최기남) 530.崔南善(최남선) 531.崔讜(최당) 532.崔大立(최대립)

612.咸承慶(함승경) 613.涵虛堂(함허당) 614.項斯(항사) 615.許景胤(허경윤) 616.許誡(허계) 617.許珙(허공) 618.許蘭雪軒(허난설헌) 619.許穆(허목) 620.許伯(허백) 621.許篈(허봉) 622.許筬(허성) 623.許少由(허소유) 624.許邕(허옹) 625.許源(허원) 626.許蔣(허장) 627.許稠(허조) 628.許琮(허종) 629.許采(허채) 630.許琛(허침) 631.許佖(허필) 632.許澣(허한) 633.許渾(허혼) 634.玄錡(현기) 635.玄德升(현덕승) 636.玄鎰(현일) 637.玄楫(현즙) 638.邢君紹(형군소) 639.慧諶(혜심) 640.慧超(혜초) 641.混脩(혼수) 642.洪侃(홍간) 643.洪慶臣(홍경신) 644.洪貴達(홍귀달) 645.洪奎(홍규) 646.洪鸞祥(홍난상) 647.洪萬朝(홍만조) 648.洪萬宗(홍만종) 649.洪瑞鳳(홍서봉) 650.洪奭周(홍석주) 651.洪暹(홍섬) 652.洪世泰(홍세태) 653.洪愼猷(홍신유) 654.洪龠(홍약) 655.洪良浩(홍양호) 656.洪彦博(홍언박) 657.洪彦忠(홍언충) 658.洪宇遠(홍우원) 659.洪瑋(홍위) 660.洪葳(홍위) 661.洪履祥(홍이상) 662.洪翼漢(홍익한) 663.洪逸童(홍일동) 664.洪子藩(홍자번) 665.洪迪(홍적) 666.洪鍾應(홍종응) 667.洪柱世(홍주세) 668.洪柱元(홍주원) 669.洪處亮(홍처량) 670.洪春卿(홍춘경) 671.黃景源(황경원) 672.黃啓沃(황계옥) 673.黃瑾(황근) 674.皇甫冉(황보염) 675.黃石奇(황석기) 676.黃暹(황섬) 677.黃汝一(황여일) 678.黃汝獻(황여헌) 679.黃五(황오) 680.黃庭堅(황정견) 681.黃廷彧(황정욱) 682.黃眞伊(황진이) 683.黃徵(황징) 684.黃赫(황혁) 685.黃玹(황현) 686.黃鉉(황현) 687.黃衡(황형) 688.黃喜(황희)

補遺(**보유**) ………………………………………………………………

<ㄱ>689.耿湋(경위) 690.高時彦(고시언) 691.高兆基(고조기) 692.歐陽修(구양수) 693.權溥(권부) 694.奇大升(기대승) 695.金坵(김구) 696.金九容(김구용) 697.金德齡(김덕령) 698.金得臣(김득신) 699.金萬重(김만중) 700.金方慶(김방경) 701.金尙憲(김상헌) 702.金聖鐸(김성탁) 703.金壽增(김수증) 704.金湜(김식) 705.金安國(김안국) 706.金埰(김유) 707.金應河(김응하) 708.金麟厚(김인후) 709.金馹孫(김일손) 710.金長生(김장생) 711.金載明(김재명) 712.金淨(김정) 713.金祖淳(김조순) 714. 金宗瑞(김종서) 715.金之岱(김지대) 716.金榗(김진)

347. 作者未詳(작자 미상) : 조선 중기의 작품으로 추정되는데, 영조 때 文臣(문신)인 朴文秀(박문수 1691~1756)가 지었다는 설도 있다.

347-1 落照(낙조) 저녁 해

落照吐紅掛碧山 寒鴉尺盡白雲間 放牧園中牛影大 望夫臺上妻低鬟
問津行客鞭應急 深寺老人杖不閒 青煙古木溪西里 短髮草童弄笛還.
(낙조토홍괘벽산 한아척진백운간 방목원중우영대 망부대상처저환
문진행객편응급 심사노인장불한 청연고목계서리 단발초동농적환)

저녁노을 붉게 번져 푸른 산을 감돌고, 까마귀 잣대질하듯 구름 속을 날아가네.
목장 동산의 소 그림자 길게 드리우고, 남편 기다리는 아내 쪽머리 숙어지네.
나루텃길 묻는 나그네 말채찍 급해지고, 절로 돌아가는 스님 지팡이 한가롭지 않구나.
저녁 연기 고목에 서린 계서리 마을에, 다박머리 머슴아이 피리 불며 돌아오누나.

[語句] *落照 : 저녁때의 해. 夕陽(석양). *碧山 : 푸른 산. 青山(청산). *寒鴉 : 추운 날의 까마귀. *放牧 : 가축을 놓아기름. *望夫臺 : 남편이 돌아오기를 기다리며 바라보는 높은 곳. *鬟 : 쪽. 쪽진 머리. *行客 : 길 가는 사람. 나그네. *鞭 : 채찍. 말채찍. *深寺 : 깊은 산 속에 있는 절. *青煙 : 푸른 빛 연기. *草童 : 땔나무하는 아이. 樵童牧豎(초동목수, 땔나무하는 아이와 짐승 치는 아이). *弄笛 : 피리를 희롱함 곧 피리를 붊.

[鑑賞] 지난날 書堂(서당) 같은 글방에서 膾炙(회자)되던 시. 일설에는 박문수가 지었다고 하는데, 그 이야기는 다음과 같다. 박문수가 과거 보러 가는 길에 호젓한 산골 마을 큰 집에서 유숙하는데, 밤에 그 집 青孀寡婦(청상과부)가 情夫(정부)와 不貞(부정)을 저지르기에 젊은 혈기로 그 방에 뛰어 들어가 단도로 둘을 죽이고 그 길로 서울로 향했다. 서울 가까운 마을 앞에서 非夢似夢間(비몽사몽간)에 지나가던 초동이 말을 건네어 과거 보러 간다 하니, 초동은 과거는 이미 끝났다며 장원한 작품이라며 들려주는데, 이 시의 처음 여섯 구를 외며 '끝 두 구는 뭐라더라?' 하며 어물거리는 통에 잠이 깨었다. 이상하다 생각하며 사람들에게 물으니 과거는 모레라는 것이라, 서둘러 서울에 가 과거장에 들어가니 試題(시제)가 '落照'여서 초동이 일러준 여섯 구를 쓰고, 그 마을이 계서리였다는 것을 상기하여 끝 두 구를 지어 마무리해 내니 壯元(장원)이었다. 그 후 그 마을을 지나는데 그 집 앞에 烈女門(열녀문)이 서 있어 연유를 물으니, 그 집 청상이 침입하는 외간 사내를 칼로 찔러 죽이고 그녀도 자결해 나라에서 표창했다는 것이

었다. 어느 날 꿈에 그 초동이 나타나 자기는 사실 그 때 부정을 저지르던 청상의 죽은 남편이라며 '그대가 내 원한을 갚았고, 또 우리 가문에 열녀문이 서는 영예로움을 가져다 주었으니 그 사례로 장원시를 일러준 것이오.' 하더라고 한다. 야담같은 이야기라 하겠지만, 시작법의 본이 될 만한 작품이라 글방에서 널리 읽혔으리라 짐작이 된다.

7言律詩(7언율시). 압운은 山, 間, 鬟, 閒, 還 자로 평성 '刪(산)' 평운이다. 평측은 차례로 '仄仄仄平仄仄平, 平平仄仄仄平平, 仄仄平平平仄仄, 仄平平仄平平平, 仄平平仄平平仄. 平仄仄平仄仄平, 平平仄仄平平仄, 仄仄仄平仄仄平'으로 二四不同二六對(이사부동이륙대)는 모두 이루어졌으나, 셋째 구와 여섯째 구에서 粘法(점법)이 되지 않았다. 따라서 反法(번법)도 제대로 이루어지지 않아 형식면에서는 온전치 못한 작품이다.

348. 岑參(잠삼 715~770) : 盛唐(성당)의 시인. 호북성 南陽(남양) 사람인데 荊州(형주, 江陵 강릉)로 옮겨 살았다. 태종 때의 재상 岑文本(잠문본)의 후손으로 玄宗 天寶(현종 천보) 3년(744)에 進士及第(진사 급제)하고 安西都護府 節度使(안서도호부 절도사) 高仙芝(고선지) 장군의 幕下書記(막하서기)를 지냈는데 고선지 장군은 고구려 사람이다. 이어 安西北庭都護 封常淸(안서북정도호 봉상청)의 節度判官(절도판관)이 되어 新疆(신강)으로 가서 변방 지방의 생활을 체험했고, 사천성 峨眉山(아미산) 동남쪽의 嘉州刺史(가주자사)를 역임해 岑嘉州(잠가주)라 부르기도 한다. 安祿山(안록산)의 난 때에는 숙종 아래에서 右補闕(우보궐)로 있었고 太子中允(태자중윤) 이후 불우한 역경에 빠져 각지를 전전하다가 蜀(촉)의 成都(성도)에서 객사했다. 高適(고적)과 함께 국경 지방의 풍물을 실감 있고 豪放(호방)하게 읊어 邊塞詩人(변새시인)이라고도 하며, 이 두 시인은 李白(이백)과 杜甫(두보)에 버금가는 명성을 얻었다. 문집에 '岑嘉州集(잠가주집 7권)'이 있다.

348-1 寄左省杜拾遺(기좌성두습유) 좌성의 두보 습유에게 부치다

聯步趨丹陛 分曹限紫微 曉隨天仗入 暮惹御香歸
白髮悲花落 靑雲羨鳥飛 聖朝無闕事 自覺諫書稀.

(연보추단폐 분조한자미 효수천장입 모야어향귀
백발비화락 청운선조비 성조무궐사 자각간서희)

둘이 나란히 대궐 붉은 계단 오르며 벼슬하여,
근무 관청이 달라 나는 자미성에 있었는데,
새벽에는 임금님 의장 행렬 따라 궁중에 들고,
저녁에는 궁중에서 밴 향내 풍기며 돌아왔네.

백발이라 떨어지는 꽃을 보며 슬퍼했고,
푸른 하늘 구름 사이로 날아가는 새를 부러워했네.
어진 임금님의 태평성대라 잘못 본 사무도 없었고,
간언할 일도 없음을 스스로 알았다네.

[語句] *左省 : 門下省(문하성). 宣政殿(선정전) 왼편에 있었다 함. *杜拾遺 : 杜甫(두보). 拾遺는 '諫官(간관)의 하나'로 左拾遺(좌습유)는 문하성에 속하고 右拾遺(우습유)는 中書省(중서성)에 소속되었는데, 두보는 좌습유였음. →64. *丹陛 : 붉은 벽돌로 깐 궁중 전각의 계단. 궁궐. 丹墀(단지). *分曹 : 관청이나 벼슬아치를 나누어 배치함. 左省과 右省(우성) 곧 문하성과 중서성. 잠삼은 右補闕(우보궐)이었는데 중서성에 속했음. *紫微 : 궁전의 이름인 紫微宮(자미궁). 당 나라 翰林院(한림원) 또는 中書省(중서성)을 紫微省(자미성)이라 했는데, 거기에 紫薇(자미) 곧 百日紅(백일홍)을 많이 심었기에 생긴 이름임. *天仗 : 천자를 호위하는 儀仗隊(의장대). *惹 : 끌다. 끌리다. 어지럽다. *御香 : 임금의 옷에서 풍기는 향기 또는 임금 앞의 화로에서 향을 태워 나는 향냄새. *聖朝 : 어진 임금이 다스리는 조정. 당 나라 왕소를 백성들이 일컫던 존칭임. *闕 : 대궐. 뚫다. 허물. 비다. *諫書 : 임금을 충고하는 글. 諫言(간언)을 기록한 上書(상서).

[鑑賞] 지은이는 두보보다 세 살 아래로 두보가 추천하여 중서성의 우보궐로 채용되었다고 한다. 보궐이란 관직은 습유와 비슷하여 빠뜨린 일을 보충해 바로잡고 임금께 간언하는 직책인데, 습유나 보궐은 낮은 벼슬이다. 首聯(수련 1~2구)에서는 근무처가 다르기는 해도 두보와 함께 대궐 궁전 계단을 오르내렸다 하여 오랜 동료였음을 말했고, 頷聯(함련 3~4구)은 출퇴근의 모습을 말했는데 對句(대구)가 잘 이루어졌다. 頸聯(경련 5~6구)은 轉換(전환)으로 늙은 몸이 낮은 벼슬이라 낙화를 보며 세월의 흐름을 슬퍼하고, 푸른 하늘의 구름 높이 날아가는 새들을 보면서 青雲之志(청운지지)를 지닌 젊은이를 부러워했다고 하여 대구의 名句(명구)란 평을 받는다. 尾聯(미련 7~8구)에서는 태평성대를 맞이한 조정이라 할 일이 별로 없어 즐거운 벼슬길이었다고 맺었다. 이 시에 대해 두보도 답시를 보냈으니 그 시의 경련은 "冉冉柳枝碧 娟娟花蘂紅(부드럽게 늘어진 버들가지 푸르고, 곱디고운 꽃술은 붉구나)"이니<奉答岑參補闕見贈>, 피장파장의 명구이다.

5言律詩(5언율시). 압운은 微, 歸, 飛, 稀 자로 평성 '微' 평운이다. 평측은 차례로 '平仄平平仄, 平平仄仄平, 仄平平仄仄, 仄仄仄平平, 仄仄平平仄, 平平仄仄平, 仄平平仄仄, 仄仄仄平平'으로 二四不同(이사부동)과 反法, 粘法(반법, 점법) 등이 5 律 평측 배치 규칙에 잘 맞았

고 함련과 경련의 대구 또한 잘 이루어졌으니 名作(명작)이라 하리라.

348-2 登古鄴城(등고업성) 옛 업성에 오르다

下馬登鄴城 城空復何見 東風吹野火 暮入飛雲殿

城隅南對望陵臺 漳水東流不復回 武帝宮中人去盡 年年春色爲誰來.

(하마등업성 성공부하견 동풍취야화 모입비운전

성우남대망능대 장수동류불부회 무제궁중인거진 연년춘색위수래)

말에서 내려 업성에 오르니, 이 옛 성은 텅비어 있어 또 무엇을 보리오.
동풍은 들불에 불어제치어, 그 연기 해 저물자 비운전으로 날아드네.
성 모퉁이는 조조가 올랐던 망릉대를 남으로 마주 하고,
장수는 동으로 흘러 다시 안 돌아오네.
위무제魏武帝 조조의 업성 궁중에는 사람 없는데,
해마다 봄경치는 누구 보라고 오는 것인가.

[語句] *鄴城 : 삼국 때 魏(위)의 서울 鄴의 성곽. 鄴은 '지금의 하북성 臨漳縣(임장현)'임. *飛雲殿 : 위 나라 때의 궁전 이름. *望陵臺 : 銅雀臺(동작대). 위의 曹操(조조)가 쌓은 축대로 조조가 가끔 거기 올라가 그가 아끼던 俳優(배우)의 묘가 있는 西陵(서릉)을 바라보았다 하며, 동작대의 기와로 만든 벼루는 오래 벼룻물이 마르지 않아 이 벼루를 銅雀硯(동작연)이라 함. *漳水 : 山西省(산서성)에서 임장현으로 흘러 京杭(경항) 운하와 연결되는 강. 漳河(장하). *武帝 : 위 나라 太祖(태조)인 조조. 본래 魏王(위왕)에 봉해졌는데, 그 아들 曹丕(조비)가 文帝(문제)가 되면서 추존하여 武帝라 함.

[鑑賞] 옛날 중국의 위, 蜀漢(촉한), 吳(오)의 삼국 시대 때 위 나라의 서울이었던 업의 허물어져 가는 성곽에 올라 바라본 풍경을 읊었는데, 敍景(서경)을 위주로 하고 그 속에 지은이의 느낌, 敍情(서정)을 悲感(비감)으로 곁들였다. 5언시 4행과 7언시 4행으로 구성되었는데, 두 작품으로 보아도 좋으나 시의 흐름이 같아 한 작품이라 하겠다. 처음 4구는 그 화려 장엄했던 성 안이 텅 비었고 동쪽에서 부는 바람을 탄, 들불 놓은 연기만이 비운전 옛 궁전으로 끼일 뿐이라 했다. 뒤의 4구는 지은이가 오른 성 모퉁이는 남쪽으로 망릉대를 마주했고 강물은 동쪽으로 흘러 돌아오지 않으니 이는 인걸은 가고 없음을 그린 것이며, 옛 궁전은 사람도 없는데 해마다 봄은 돌아와 꽃 피우니 그 누구더러 보라는 봄 경치인가 하여, 인간과 세상사의 無常(무상)을 읊어 읽는 사람으로 하여금 서글픔에 젖게 한다.

雜言古詩(잡언고시) 4연 8행. 압운은 見, 殿 ; 臺, 回, 來 자로 앞 두 자는 거성 '霰(산)' 측운, 뒤의 석 자는 평성 '灰(회)' 평운이라 측운에서 평운으로 轉韻(전운)했다. 평측은 차례로 '仄仄平仄平, 平平仄平仄, 平平平仄仄, 仄仄平平仄 ; 平平平仄仄平平, 平仄平平仄仄平, 仄仄平平平仄仄, 平平平仄仄平平'으로 이사부동은 처음 두 구에서 어긋났고, 二四不同二六對(이사부동이륙대)는 뒤의 네 구에서 모두 잘 이루어졌다. 반법과 점법도 뒤의 네 구에서 잘 형성되어 7言絕句(7언절구)라 해도 좋으리라.

348-3 逢入京使(봉입경사) 서울로 돌아가는 사신을 만나

故園東望路漫漫 雙袖龍鍾淚不乾 馬上相逢無紙筆 憑君傳語報平安.

(고원동망노만만 쌍수용종누불간 마상상봉무지필 빙군전어보평안)

동으로 고향 바라보니 멀리 아득하기만 하고, 두 소매 눈물 닦느라 마를 새 없구나. 말 위에서 서로 만나 종이도 붓도 없나니, 나는 아무 일 없더라고 말로만 전해 주게.

[語句] *故園 : 예전에 살던 곳. 고향. *漫漫 : 밤이나 길 또는 물줄기 같은 것이 멀고 긴 모양. 구름이 길게 낀 모양. 끝이 없어 지루함. *龍鍾 : ①눈물 흘리는 모양. ②늙고 병든 모양. 여기서는 ①의 뜻임. *乾 : **건**[평성 先선 운]-하늘. 괘 이름. 서북쪽. **간 · 건**[평성 寒한 운]-마르다. 말리다. 여기서는 '간'으로 읽음. *憑君 : 그대에게 의지함. 너에게 부탁함. *傳語 : 남의 말을 전함.

[鑑賞] 서울인 長安(장안, 현재 섬서성에 있음)으로 돌아가는 사신을 만나 읊은 시. 서쪽 변방에 나와 있는 몸이라 늘 고향이 있는 동쪽을 바라보지만 길은 멀어 아득하고, 고향 그리워 흘리는 눈물로 두 소매는 마를 새가 없다. 말을 타고 가는 중에 서울로 간다는 사신을 만나니 고향의 가족들 생각이 문득 나서 편지라도 써 보내고 싶지만 말을 탄 처지라 종이와 붓이 없어 쓸 수가 없다. 그러니 사신더러 가거든 우리 가족에게 편안히 있더라는 말만 전해 달라고 부탁한다. 고향과 가족에 대한 그리움을 사신에 부쳐 절실히 나타냈다.

7言絕句(7언절구). 압운은 漫, 乾, 安 자로 평성 '寒(한)' 평운이다. 평측은 차례로 '仄平平仄仄平平, 平仄平平仄仄平, 仄仄平平平仄仄, 平平平仄仄平平'으로 二四不同二六對(이사부동이륙대)와 反法, 粘法(반법, 점법) 등이 잘 이루어졌다.

348-4 春夢(춘몽) 봄 꿈

昨夜洞房春風起 遙憶美人湘江水 枕上片時春夢中 行盡江南數千里.

(작야동방춘풍기 요억미인상강수 침상편시춘몽중 행진강남수천리)

어젯밤 동방에 봄바람 일어 멀리 상강의 미인을 생각했네.
베개 위 잠깐의 봄꿈 속에서 강남 수천리를 모조리 갔다 왔다네.

[語句] *洞房 : 침실. 부인이 거처하는 곳. *湘江 : 중국 남부에서 洞庭湖(동정호)로 흘러드는 강. 湘水(상수). 고대 舜(순) 임금이 남쪽을 巡狩(순수)하다가 蒼梧山(창오산)에서 사망하니 그의 두 妃(비)인 娥皇(아황)과 女英(여영)이 슬피 울며 순 임금을 따라 이 강에 빠져 죽어 상수의 신인 湘君(상군) 또는 湘妃가 되었음. *片時 : 잠시. 잠깐 동안. *江南 : 양자강 이남 지역.

[鑑賞] 봄꿈을 깔끔하게 그린 小品(소품) 같은 名作(명작). 고향을 멀리 떠나 있는 남편이 고향집과 아내를 그리워하다 보니, 그 그리움이 봄날의 꿈에까지 연장되어 잠깐 동안의 봄꿈이지만, 저 먼 강남 땅 임이 있는 곳 수천리를 단숨에 달려갔다가 왔다는 것이다. 말하자면 그리움의 극치인 것이며, 서쪽 먼 변새에 있는 지은이 자신의 마음을 그린 것이리라.

7言古詩(7언고시). 압운은 起, 水, 里 자로 상성 '紙(지)' 측운이다. 평측은 차례로 '仄仄仄平平平仄, 平仄仄平平平仄, 仄仄仄平平仄平, 平仄平平仄平仄'으로 이사부동이륙대는 셋째 구만 이루어져 반법이나 점법은 전혀 고려하지 않은 고시인 것이다.

349. 張敬忠(장경충 ?) : 盛唐(성당) 때 文官(문관). 監察御史(감찰어사), 吏部侍郎(이부시랑) 등을 지내고 玄宗(현종) 때인 開元(개원) 7년(719)에 平盧節度使(평로절도사)를 역임했다.

349-1 邊詞(변사) 변경의 노래

五原春色舊來遲 二月垂楊未掛絲 卽今河畔氷開日 正是長安花落時.
(오원춘색구래지 이월수양미괘사 즉금하반빙개일 정시장안화락시)

오원 땅의 봄은 예로부터 더디어, 2월에도 수양버들은 버들개지 피어나지 않네.
이제서야 황하가에 얼음이 풀리는데, 바로 이 때 장안에서는 꽃잎이 지는 때이리라.

[語句] *邊詞 : 邊方(변방) 지방을 읊은 노래나 글. *五原 : 지금의 山西省 大同市(산서성 대동시)로 內蒙古(내몽고)와의 접경임. *掛絲 : 버들개지의 솜같이 날리는 씨앗. *卽今 : 이제 곧. 그 자리에서 곧. *河畔 : 강가. 강 언덕. 江邊(강변). *長安 : 당 나라 서울.

[鑑賞] 황하 이북 내몽고와의 경계인 오원 지방은 워낙 북쪽이라 봄도 늦게야 찾아오니, 음력 2월에도 버들개지는 피어날 엄두도 내지 않고 지금에야 황하의 지류

강변의 얼음이 풀리려 한다. 남쪽의 서울은 이미 꽃이 지려고 하는 때인데, 북쪽 기후의 특징을 단적으로 잘 표현한 작품이다.

7언절구. 압운은 遲, 絲, 時 자로 평성 '支(지)' 평운이다. 평측은 차례로 '仄平平仄仄平平, 仄仄平平仄仄平, 仄平平仄平平仄, 仄仄平平平仄平'으로 이사부동이륙대는 잘 이루어졌으나, 둘째 구에서 반법은 되었는데 셋째 구가 점법이 되지 않아 넷째 구와 바꾸면 정상적인 7언절구가 되겠다.

350. 張繼(장계 ?) : 中唐(중당)의 시인. 자 懿孫(의손). 湖北省 襄陽縣(호북성 양양현) 사람. 進士(진사)가 되고 檢校祠部郎中(검교사부낭중)에 이르렀으며 '張祠部詩集(장사부시집 1권)'이 있다.

350-1 楓橋夜泊(풍교야박) 풍교에 배를 대고 밤을 지내다

月落烏啼霜滿天 江楓漁火對愁眠 姑蘇城外寒山寺 夜半鍾聲到客船.

(월락오제상만천 강풍어화대수면 고소성외한산사 야반종성도객선)

달 지고 까마귀 울며 서리는 가득한데,
강가의 단풍과 고깃배의 불 시름에 졸며 바라보네.
고소성 밖 한산사의 한밤중 종소리 이 나그네의 배에까지 들려오네.

[語句] *楓橋 : 江蘇省 蘇州市(강소성 소주시) 서남 교외의 다리 이름 또는 지명. *夜泊 : ①밤중에 배를 碇泊(정박)시킴. ②밤에 배에서 지냄. ③밤에 外泊(외박)함. 여기서는 ②의 뜻임. *漁火 : 고기잡이배에서 켜는 등불이나 횃불. *姑蘇城 : 소주 姑蘇臺(고소대)의 성. 고소대는 '춘추시대 吳王 夫差(오왕 부차)가 西施(서시)를 위해 쌓은 대'로 높이 3백 길임. 부차가 越王 句踐(월왕 구천)을 쳐서 항복받으니, 구천은 미인 서시를 바치며 퇴각하는 길을 열어 달라 하여 허락받았으며, 부차는 서시를 총애하여 향락에 빠지게 되었다 함. *寒山寺 : 소주의 楓橋鎭(풍교진)에 있는 절. 南朝(남조) 梁(양) 나라 시조 武帝(무제)의 天鑑年間(천감연간 502~519)에 세웠고, 고승 寒山(한산)이 머문 적이 있다 함. *夜半 : 한밤중.

[鑑賞] 지은이를 일약 大詩人(대시인)의 대접을 받도록 한 유명한 시로 많은 사람들이 외는 작품이다. 소주는 浙江省(절강성)의 杭州(항주)와 함께 경치 좋기로 유명하여 '上有天堂 下有蘇杭(하늘에는 천당이, 땅에는 소주 항주가 있네)'라 한다는 것이다. 가을밤의 쓸쓸한 素材(소재)가 잘 배치되어 가을의 哀愁(애수)를 자아내고 있다. 특히 한산사의 밤에 치는 종소리는 유명하다.

7언절구. 압운은 天, 眠, 船 자로 평성 '先(선)' 평운이다. 평측은 차례로 '仄仄平平平仄平,

仄平平仄仄平平, 平平平仄平平仄, 仄仄平平仄仄平'으로 이사부동이륙대와 반법, 점법 등이 잘 이루어져, 내용과 형식 모두 잘 조화된 명작인 것이다.

350-2 再泊楓橋(재박풍교) 다시 풍교에 배를 대다

白髮重來一夢中 靑山不改舊時容 烏啼月落寒山寺 欹枕尙聽半夜鐘.
(백발중래일몽중 청산불개구시용 오제월락한산사 의침상청반야종)

백발 되어 꿈속같이 다시 여기 오니, 청산은 바뀌지 않아 옛 모습 그대로네.
까마귀 울고 달이 지는 한산사,
배 안에서 베개 기대어 밤중의 그 종소리 예대로 듣는구나.

[語句] *再泊 : 두 번째로 배를 대고 머무름. *重來 : 다시 옴. *舊時 : 옛적. 往時(왕시). *欹 : 의지하다. 기대다. ≒猗(의). *尙 : 아직. 또한. *半夜 : 한밤중. 夜半(야반).

[鑑賞] 이 시는 앞에 인용한 시보다 나중에 지은 작품이어서, 가나다순으로 배열하면 앞에 두어야 하지만 뒤에 실었다. 백발이 되게 늙어 다시 풍교에 배를 대고 묵노라니, 청산이나 달 지는 때의 까마귀 우는 소리, 한산사의 저녁 종소리 등은 예 그대로인데 내 머리칼만 달라져 백발이 된 것이다. 편저자가 한산사를 관광할 때 일행 14명이 각기 중국 돈 5원씩 내고 종루에 올라 그 종을 세 번씩 쳐보았고, 이 시에 다음과 차운한 바 있다. "京杭水路繞垣中 古刹寒山聳偉容 月落烏啼無望裏 傾聽各己打三鐘(경항 운하가 울타리를 두른 속에 한산사 오랜 절간 당당하게 솟았구나. 달 지고 까마귀 우는 정경은 바랄 수 없어, 각기 세 번 치는 종소리 귀 기울려 들어보네.)"<次張繼再泊楓橋韻>

7언절구. 압운은 中, 容, 鐘 자로 中은 평성 '東(동)', 容과 鐘도 평성 '冬(동)' 평운으로 두 운은 通韻(통운)이 된다. 평측은 차례로 '仄仄平平仄仄平, 平平仄仄仄平平, 平平仄仄平平仄, 平仄仄平仄仄平'으로 이사부동이륙대와 반법, 점법 등이 모두 잘 이루어졌다.

351. 張九齡(장구령 678~740) : 盛唐(성당)의 시인. 자 子壽(자수). 시호 文獻(문헌). 韶州 曲江(소주 곡강) 사람이어서 張曲江이라 일컫는다. 7세 때부터 글을 지었고 中宗 嗣聖(중종 사성) 2년(702)에 進士(진사)가 되었으며 左拾遺, 左補闕, 中書舍人(좌습유, 좌보궐, 중서사인)을 거쳐 玄宗(현종) 때 宰相(재상)의 반열에 올랐다. 과거 출신 관료의 領袖(영수)로 성격이 강직하여 관료 출신의 우두머리인 李林甫(이임보)와 항쟁하여 그의 讒言(참언)으로 荊州刺史(형주자사)로 좌천되었다가 만년에 귀향하여 병사했다. 安祿山(안록산)의 후환을 예언하여 그의 사망 후 현종이 후회했다고 한다. 문집에 '曲江張先生集(곡강장선생집 20권)'이 있다.

351-1 感遇 四首 第3首(감우 사수 제3수) 우연한 감회 네 수 셋째 수

幽林歸獨臥 滯慮洗孤淸 持此謝高鳥 因之傳遠情
日夕懷空意 人誰感至精 飛沈理自隔 何所慰吾誠.

(유림귀독와 체려세고청 지차사고조 인지전원정
일석회공의 인수감지정 비침리자격 하소위오성)

조용한 숲 속으로 돌아와 홀로 있으려니, 쌓였던 걱정 씻기고 산뜻한 심정이 되네.
이 심정을 높이 날아가는 새들에게 일러 주어,
내 이런 마음 세상 널리 전해지기 바라네.
밤낮으로 부질없는 생각을 품지만, 그 누가 지극한 내 정성 알아주리.
현달과 은퇴의 이치 스스로 멀리했으니, 내 이 마음을 무엇으로 위로받을는고.

[語句] *感遇 : 우연하게 얻어진 감상이나 감회. *幽林 : 으늑한 숲. *滯慮 : 엉긴 생각이나 걱정. *謝 : 고하다. 알리다. *空意 : 부질없는 뜻이나 생각. *至精 : 아주 깨끗함. 잡된 것이 전혀 섞이지 않고 지극히 깨끗함. *隔 : 막히다. 멀리하다. *飛沈 : 높이 낢과 깊이 잠김. 출세와 은퇴.

[鑑賞] 이임보와의 갈등으로 형주자사로 좌천되어 있을 때나 벼슬을 버리고 고향 땅에 은거하면서 지은 작품이리라. 깊은 숲 속에 홀로 살아가니 속세의 온갖 잡념이 가시고 깨끗한 심정이 된다. 이 깨끗한 마음을 높이 나는 새와도 같이 출세의 가도를 달리는 무리들에게 널리 알려주고 싶다. 부질없는 욕심이 없지는 않지만 내 마음은 지극히 깨끗해서 출세와 은퇴의 이치를 깨달아 스스로 멀리했으니, 내 이 정성된 마음을 어디에서 위로받을 것인가. 첫 수에서 '높은 벼슬자리는, 고운 옷 입은 사람이 남의 손가락질을 받고, 부귀한 사람이 하늘의 미움을 받는 것과 같다' 했고, 둘째 수는 '봄의 난초와 가을의 계수나무 꽃처럼 天命(천명)을 알아야 함'을 강조했으며, 끝수는 '강남의 귤나무는 추위를 견디어 좋은 열매를 제공하는데, 사람들은 복숭아와 오얏 같은 화사함만을 좋아하니 하늘의 깊은 이치를 어찌 알 것이리오' 하고 맺었다.

5言律詩(5언율시). 압운은 淸, 情, 精, 誠 자로 평성 '庚(경)' 평운이다. 평측은 차례로 '平平平仄仄, 仄仄仄平平, 平仄仄平仄, 平平平仄平, 仄仄平平仄, 平平仄仄平, 平平仄仄仄, 平仄仄平平'으로 二四不同(이사부동)은 모두 맞으나 제 5구에서 粘法(점법)이 되지 않았다.

351-2 自君之出矣(자군지출의) 당신이 떠난 뒤부터

自君之出矣 不復理殘機 思君如滿月 夜夜減淸輝.

(자군지출의 불부이잔기 사군여만월 야야감청휘)

당신이 떠난 뒤부터 다시 베틀에 앉을 생각이 없어졌으니,
그대를 그리워함이 저 보름달 같아,
밤마다 그 빛이 줄어들 듯 내 생각도 점점 덜해 간다오.

[語句] *殘機 : 다 짜지 못하고 베틀에 걸려 있는 베. *滿月 : 온전하게 둥근 달. 보름달. *淸輝 : 맑은 빛. 밝고 맑은 달빛.

[鑑賞] 남편이 멀리 길을 떠나고 집에 남아 있는 부인이 읊는 형식의 시. 그이가 떠난 뒤에는 그렇게 부지런히 길쌈하던 일도 손에 잡히지 않아, 다 짜내지 못한 베틀의 피륙이 그대로 걸려 있는데도 베틀에 앉지 않았다. 늘 그이를 그리워하지만 그 마음은 보름달과 같아서 날이 갈수록 밝고 맑은 달빛이 흐려져 가듯이 그리운 정은 점점 식어가는 듯하다. 세월이 오래 지나면 忘却(망각)이 작용하는 게 인간 심리라, 망각이 없으면 사람이 살아갈 수 없는 것이다.

5言絕句(5언절구). 압운은 機, 輝 자로 평성 '微(미)' 평운이다. 평측은 차례로 '仄平平仄仄, 仄仄仄平平, 平平平仄仄, 仄仄仄平平'으로 이사부동은 잘 이루어졌으나, 셋째 구에서 점법이 되지 않고 오히려 反法(반법)같이 되고 말아 끝구와 바꾸어 놓으면 맞게 된다.

351-3 照鏡見白髮(조경견백발) 거울에 비친 백발을 보며

宿昔靑雲志 蹉跎白髮年 誰知明鏡裏 形影自相憐.

(숙석청운지 차타백발년 수지명경리 형영자상련)

머지않은 지난날 품었던 청운의 꿈, 미끄러져 넘어지니 백발노인 되었어라.
누가 알리, 이 몸과 거울 속 그림자 서로 가여워하는 줄을.

[語句] *宿昔 : 머지않은 옛날. *靑雲 : ①푸른 구름. ②높은 理想(이상). 높은 명예나 벼슬. 靑雲之志(청운지지). 여기서는 ②의 뜻임. *蹉跎 : 미끄러져 넘어짐. 실패함. 때를 놓침. *形影 : 모습과 그림자. 자기 몸과 거울 속에 비친 몸의 모습. *相憐 : 서로 가엾게 여겨 동정함.

[鑑賞] 지난날 청운의 뜻을 품고 노력해 왔지만, 일이 잘못되어 실패하고 나니 남은 것은 머리칼이 허옇게 세어 늙은 몸뿐이다. 거울을 들여다보고 문득 백발이 되었음을 느꼈나니 내 몸이나 거울 속에 비친 그림자, 같은 그 모습이 서로 안되었다며 가엾게 여기고 있다. 인생길이 좌절되면 누구나 후회뿐 온갖 바람이 헛되고 마는 법이라 안타까워한들 무슨 소용이리오. 평소에 계획대로 실천해 갈 것을 교훈으로 제시한 좋은 작품이다.

5언절구. 압운은 年, 憐 자로 평성 '先(선)' 평운이다. 평측은 차례로 '仄仄平平仄, 平平仄仄平, 平平平仄仄, 平仄仄平平'으로 이사부동과 반법 및 점법이 잘 이루어지고 평측 배치도 좋은 5언절구의 典型(전형)이 되며, 내용면이나 형식면에서 모두 명작이라 하리라.

352. 張均(장균 ?) : 盛唐(성당)의 시인. 父 성당의 시인 張說(장열 →358). 玄宗(현종) 開元(개원 713~ 741) 연간에 進士(진사)에 급제했다.

352-1 岳陽晩景(악양만경) 악양의 저녁 풍경

晩景寒鴉集 秋風旅鴈歸 水光浮日出 霞彩映江飛
洲白蘆花吐 園紅柿葉稀 長沙卑濕地 九月未成衣.
(만경한아집 추풍여안귀 수광부일출 하채영강비
주백노화토 원홍시엽희 장사비습지 구월미성의)

저녁볕에 까마귀 모여들고 가을바람에 기러기들 돌아가는데,
물빛은 해를 띄워 나오고 노을빛은 강을 비추며 날아가네.
물가에는 흰 갈대꽃이 피었고 동산에는 붉은 감나무 잎 드물구나.
이 장사 땅은 낮고 축축한 곳, 9월에도 아직 겨울 옷 입지 못했네.

[語句] *岳陽 : 湖南省 岳陽市(호남성 악양시). 洞庭湖(동정호) 동쪽 기슭에 있으며 유명한 악양루가 있음. *晩景 : 저녁 경치. 저녁 볕. 暮景(모경). *寒鴉 : 추운 날의 까마귀. *旅鴈 : 먼 곳으로 떠나가는 기러기. 나그네 기러기. *水光 : 물에 비치는 빛. 물빛. *霞彩 : 아침이나 저녁의 노을 또는 노을빛. 霞光(하광). *蘆花 : 갈대의 꽃. *柿葉 : 감나무 잎. *長沙 : 호남성 장사시. 동정호로 흘러드는 湘江(상강) 하류 쪽에 있음. *卑濕 : 땅이 낮고 습기가 많음. *九月成衣 : 가을 의 끝 달인 음력 9월에 추위를 막는 겨울옷을 입음. 七月流火 九月授衣(7월에는 대화심大火心 별이 서쪽 편으로 내려 흐르고, 9월에는 옷을 주어 추위를 막게 하네)<詩經 豳風 七月>

[鑑賞] 장사에서 북쪽 멀리 동정호 곁의 악양을 바라보며 저녁 풍경을 읊은 名詩(명시). '저녁 햇볕 받으며 까마귀는 모여들고 가을바람 타고 기러기 떼는 더 남쪽으로 날아간다. 물결에 햇빛 비치더니 해가 물에 뜬 듯하다가 물속으로 잠기고 저녁노을도 강을 비추며 저 멀리로 사라진다. 물가에는 흰 갈대꽃이요 동산에는 감나무 붉은 잎이 많이 떨어지고 얼마 남지 않았다. 여기 장사는 지대가 낮아 습한 곳인데 늦가을임에도 아직 겨울옷을 바꿔 입지 못했다.' 앞 여섯 구는 敍景(서경)이요 뒤의 두 구는 敍情(서정)인데, 제 3, 4구와 제 5, 6구 곧 頷聯(함련) 과 頸聯(경련)은

對句(대구)가 잘 이루어졌고, 특히 색채의 대비가 절묘한 寫景(사경)의 名句(명구)라 일컬어진다. 처음 두 구[首聯수련] 또한 대구가 되었다.

5言律詩(5언율시). 압운은 歸, 飛, 稀, 衣 자로 평성 '微(미)' 평운이다. 평측은 차례로 '仄仄平平仄, 平平仄仄平, 仄平平仄仄, 平仄仄平平, 平仄平平仄, 平平仄仄平, 平平平仄仄, 仄仄仄平平'으로 二四不同(이사부동)과 反法, 粘法(반법, 점법) 등이 잘 이루어졌고 각 연마다 평측 대비가 두드러졌다.

353. 張修(장수 ?) : 조선 세종 때 문관. 본관 仁同(인동). 掌令(장령, 司憲府사헌부의 종4품 관직)을 역임했다.

353-1 歸鄕有感(귀향유감) 고향에 돌아간 감상

故鄕如待我 今日卽停驢 竹影低簷短 山光滿閣虛
天城赫居後 公館壽同餘 臨眺趨庭寂 愁添宦謫初.

(고향여대아 금일즉정려 죽영저첨단 산광만각허
천성혁거후 공관수동여 임조추정적 수첨환적초)

고향이 나를 기다린 듯하여, 이제야 나귀 몰아 돌아왔네.
대밭 대나무 그림자는 나직하게 처마에 들고, 산 경치는 빈 다락집에 가득차는구나.
높은 성은 박혁거세 시조 후로, 관청과 함께 길이 이어 내려오는데,
우리 집을 내려다보니 뛰어다니던 뜰은 적막해,
벼슬길 나가던 그 때보다 수심만 더하는구나.

[語句] *如 : 그러하다. 마치 ~와 같다. *驢 : 나귀. *簷 : 처마. *山光 : 산 빛. 산 경치. 산의 기운. *閣 : 높은 다락집. 樓閣(누각). *天城 : 임금이 쌓은 성. 높은 성. *赫居 : 신라의 시조 朴赫居世(박혁거세, B.C.68~A.D.4, 재위B.C.57~A.D.4). 蘿井(나정) 곁 숲 속의 알에서 탄생했다 함. *公館 : 공공의 건물. 官廳(관청). *臨眺 : 높은 곳에서 바라다봄. *趨庭 : 뜰을 뛰어 지나감. 아들이 아버지의 가르침을 받는 일. 孔子(공자)의 아들 鯉(이)가 뜰을 뛰어 지나갈 때 공자가 불러 세워 시를 배웠느냐고 물은 일에서 연유함<論語 季氏> *宦謫 : 벼슬살이와 귀양살이.

[鑑賞] 나귀를 타고 오고 싶었던 고향에 돌아오니, 대밭의 대나무 그림자가 처마에 그늘졌고 산 경치는 누각에 가득찼다. 신라 때의 성곽과 사무 보던 관청은 함께 옛 흔적을 남기고 있는데, 높은 곳에 올라 우리 집을 바라보니 그 옛날 아버지의 교훈을 받던 마당은 적적하게 비어, 벼슬살이로 또는 귀양살이로 떠나

던 그 때와 마찬가지로 내 마음을 수심에 잠기게 할 뿐이다. 고향에 돌아와도 그리던 마음과는 달리 반기는 사람도 없어 쓸쓸하다고 읊었다.

5언율시. 압운은 驢, 虛, 餘, 初 자로 평성 '魚(어)' 평운이다. 평측은 차례로 '仄平平仄仄, 平仄仄平平, 仄仄平平仄, 平平仄仄平, 平平仄平仄, 平仄仄平平, 平仄平平仄, 平平仄仄平'으로 이사부동은 다섯째 구에서 어긋났고, 반법과 점법은 그런대로 이루어졌다.

354. 張氏夫人(장씨부인 1598~?) : 조선 선조 때 여류시인, 書家(서가). 敬堂 張興孝(경당 장흥효)의 무남독녀로 아버지가 남달리 딸을 사랑하여 經史(경사)를 주어 배우게 하니 詩文(시문)과 글씨에도 능하였다. 石溪 李時明(석계 이시명, 본관 載寧재령)의 부인으로 83세 장수했는데, 73세 때에는 슬하에 7남 3녀가 있었으니 李玄逸(이현일 →324.) 등이다.

354-1 稀又詩(희우시) 드물고도 드묾을 읊은 시

人生七十古來稀 七十加三稀又稀 稀又稀中多男子 稀又稀中稀又稀.

(인생칠십고래희 칠십가삼희우희 희우희중다남자 희우희중희우희)

인생 칠십은 예부터 드물다는데, 일흔에 세 살 더 먹었으니 드물고도 드문 일이라. 드물고도 드문 속에 아들 많이 두었으니, 드물고도 드문 속에 더욱 드문 일이로구나.

[語句] *人生七十古來稀 : 사람이 일흔 살 살기는 예로부터 드묾. 杜甫(도보)가 '曲江(곡강)' 시에서 읊은 구절임. →64-8. 그리하여 70세를 古稀라 별칭함. *男子 : 사나이. 여기서는 '아들'임.

[鑑賞] 제목을 '述懷(술회)'라 하기도 하는데, 쉽고도 재미있게 한 편의 시를 이룬 솜씨가 남다르다 하리라. 아들을 많이 두는 것은 우리나라 모든 가정에서 바라는 바였으니, 그것은 家門(가문)의 계승과 번성을 염원한 데서 왔으며, 壽(수)·富(부)·貴(귀)·康寧(강녕)·多男(다남)을 사람이 누리는 5가지 복 곧 五福(오복)이라 했다.

7言絕句(7언절구). 압운은 稀 자로 일관했으니 평성 '微(미)' 평운이다. 평측은 차례로 '平平仄仄仄平平, 仄仄平平平仄平, 平仄平平平平仄, 平仄平平平仄平'으로 二四不同二六對(이사부동이륙대)는 셋째 구에서 어긋났고, 반법과 점법은 그런대로 이루어졌다.

355. 張諤(장악 ?) : 初唐(초당)의 시인. 中宗(684~709) 때 특히 중종의 景龍年間(경룡연간 707~709) 에 활약했다.

355-1 九日宴(구일연) 중구날의 놀이

秋葉風吹黃颯颯 晴雲日照白鱗鱗 歸來得問茱萸女 今日登高醉幾人.
(추엽풍취황삽삽 청운일조백린린 귀래득문수유녀 금일등고취기인)

바람 쌀쌀하게 불어 가을 잎 노랗게 물들고, 해는 산뜻하게 비추어 구름 깨끗하구나.
돌아오며 수유 따서 술파는 여인에게 물어보나니,
오늘 등고놀이에는 몇 사람이나 취했던고.

[語句] *九日宴 : 음력 9월 9일 곧 重九(중구) 명절날에 벌이는 놀이와 잔치. 언덕에 올라 수유의 가지를 머리에 꽂아 厄(액)을 막고 菊花酒(국화주)를 마시는 풍습이 있었음. →164-1. *颯颯 : 바람이 쌀쌀하게 부는 소리. 風颯颯兮木蕭蕭(바람 쌀쌀하게 나무에 부는 소리 쓸쓸하여라)<楚辭 九歌 山鬼> *晴雲 : 맑은 날의 구름. *鱗鱗 : 고기비늘이 파도에 반짝이는 모양. 바람이 불어 물결이 비늘같이 가지런히 굽이지는 모양. 선명하고 아름다운 모양. *得 : '얻다. 잡다. 할 수 있다'지만 풀이하지 아니함. *茱萸女 : 수유를 따서 손님에게 주면서 술을 권하며 파는 市中(시중)의 여인. 중양절의 중국 풍속임. *登高 : 높은 데에 오름. 登陟(등척). 중구날에 높은 언덕에 오르는 일.

[鑑賞] 9월 9일의 9는 陽數(양수, 홀수)의 최대 숫자가 이중으로 겹쳤으므로 重陽 또는 重九라 하며 명절로 친다. 또 이 날에 봄에 왔던 제비가 따뜻한 강남으로 되돌아간다는 것이다. 起(기)와 承(승)의 두 구는 對句(대구)가 잘 되었으니 秋葉-晴雲, 風吹-日照, 黃-白, 颯颯-鱗鱗으로 짝이 되고 누런빛과 흰빛으로 시각적 효과도 크다. 시인들은 중양절을 많이 읊었는데, 杜甫의 '登高'나 王維(왕유)의 '九月九日憶山東兄弟(구월구일억산동형제)' 등이 유명하다.

7言絕句(7언절구). 압운은 鱗, 人 자로 평성 '眞(진)' 평운이며, 첫 구에는 압운하지 않았다. 평측은 차례로 '平仄平平平仄仄, 平平仄仄仄平平, 平平仄仄平平仄, 平仄平平仄仄平'으로 二四不同二六對(이사부동이륙대)와 反法, 粘法(반법, 점법) 등이 잘 이루어진 좋은 시이다.

356. 張若虛(장약허 660~720) : 初唐(초당)의 시인. 江蘇省 揚州(강소성 양주) 사람. 袞州(곤주)의 兵曹(병조)를 지냈다고 하며, 玄宗 開元(현종 개원) 때에 賀知章(하지장 →587), 張旭(장욱 →359), 包融(포융)과 함께 吳中四士(오중 사사)라 일컬어졌다. 지은 시가 두 수만 남아 있는데, 다음의 시가 그의 명성을 不朽(불후)하게 했다고 평한다.

356-1 春江花月夜 初終聯(춘강화월야 초종련) 봄 강가에 꽃 피고 달 밝은 밤 처음과 끝

春江潮水連海平 海上明月共潮生 灩灩隨波千萬里 何處春江無月明
江流宛轉遶芳甸 月照花林皆似霰 空裏流霜不覺飛 江上白沙看不見<初聯>
昨夜閒潭夢落花 可憐春半不還家 江水流春去欲盡 江潭落月復西斜
斜月沈沈藏海霧 碣石瀟湘無限路 不知乘月幾人歸 落月搖情滿江樹<終聯>

(춘강조수연해평 해상명월공조생 염염수파천만리 하처춘강무월명
강류완전요방전 월조화림개사산 공리유상불각비 강상백사간불견<첫 연>
작야한담몽낙화 가련춘반불환가 강수유춘거욕진 강담낙월부서사
사월침침장해무 갈석소상무한로 부지승월기인귀 낙월요정만강수)<끝 연>

봄 강물 넘치어 바다에 이어 있는 듯 평평하고,
바다 위의 밝은 달 물결 따라 떠오르는구나.
달빛은 넘치는 물결 따라 천리만리 멀리 곱게 번지니,
봄 강물 어디나 달이 밝지 않으리.
강물은 빙 돌아 푸른 들판을 둘러싸고,
달은 꽃숲을 비추어 그 모두가 싸락눈같이 반짝이네.
하늘에서 서리 내려도 내리는 줄 모르겠고,
강가 흰 모래 달빛에 묻혀 보이지 않는구나.<初聯>
엊저녁에는 고요한 못으로 꽃이 지는 꿈을 꾸었는데,
가엾게도 나는 봄이 반나마 지나도 집으로 돌아가지 못하는구나.
봄은 강물 따라 흘러가 버리려 하고,
강과 못을 비추던 달도 점점 서쪽으로 기울어지네.
지는 달은 흐릿하게 바다 안개에 잠기고,
갈석산에서 소상까지 나그네 길 끝이 없구나.
그 달빛 타고 고향으로 돌아간 사람 몇 분이나 되려나,
저무는 저 달이 내 마음 흔들어 강가 나무에 머물게 하네.<終聯>

[語句] *潮水 : ①밀려들었다가 나가는 물. ②달의 인력에 따라 주기적으로 해면이 올라갔다 내려갔다 하는 바닷물. 여기서는 '강물이 넘침'의 뜻으로 썼음. *灩灩 : ①달빛이 물에 비치어 아름답게 빛나는 모양. ②물이 넘치는 모양. *宛轉 : ①변화함. ②아름답고 고움. ③부드럽게 구부러지는 모양. 강물이 빙 돌아 흐름. 여기서는 ③의 뜻임. *芳甸 : 꽃다운 풀들이 자라는 넓은 들판. 甸은 '서울 둘레 5백 리 땅. 京畿(경기)'임. *花林 : 꽃나무 숲. *霰 : 싸락눈. *空裏 : 하늘 속

곧 공중. 하늘. *閒潭 : 고요한 못. *可憐 : 가여움. *斜月 : 지는 달. 서쪽 하늘에 기울어진 달. *沈沈 : 어둡거나 흐린 모양. *碣石 : 발해만 연안 이전의 熱河省 渡源縣(열하성 도원현)에 있는 산. *瀟湘 : 호남성 소수와 상강이 모이는 명승지. '갈석은 북쪽, 소상은 남쪽을 가리켜 멀리 떨어진 남북'의 뜻으로 씀.

[鑑賞] 꽃 피고 달 밝은 봄밤에 타향에서 고향을 그리워하며 지은 18연 36구의 장시. 중간 부분은 주로 달을 보며 읊었는데 대강 다음과 같다. '강과 하늘이 한 빛인데 밝은 달이 외로이 떠 있는 이 정경을 누가 먼저 보았으며 저 달은 누구를 처음 비추었을까. 사람은 대를 이어 끊이지 않고 달도 해마다 똑같이 비추어 줄 뿐, 다만 보이는 것은 장강이 흘러가는 것인데 저 달은 마치 누구를 기다리는 듯하다. 흰 구름 하나 유유히 떠가니 단풍이 푸른 나루에서 시름에 잠긴다. 이런 밤 조각배를 띄워 아내를 그리는 사람, 달 밝은 누각에서 남편을 그리워하는 아내도 있으리라. 다만 달은 누각 위를 어정거리며, 임 그리는 화장대를 규방의 주렴을 밤새우는 다듬잇돌을 무심히 비출 뿐이리라. 서로 달을 바라보지만 소식 전할 길 없어 달 빛 따라가 임을 비추어 주고 싶은 마음뿐이리라. 기러기도 날아가 버렸고 물속 잉어도 잠겨 물무늬만 남겼으니 더욱 소식 전할 길이 없다.'

7言古詩(7언고시) 18연 36구. 압운은 4구마다 轉韻(전운)하여 平·生·明 자는 평성 '庚(경)' 평운, 甸·霰·見 자는 거성 '霰' 측운, 花·家·斜 자는 평성 '麻(마)' 평운, 霧·路·樹 자는 거성 '遇(우)' 측운이니, 이를 四句一轉(사구일전) 또는 逐解轉韻(축해전운)이라고 한다. 평측은 차례로 '平平平仄平仄平, 仄仄平仄仄仄平, 仄仄平平平仄仄, 平仄平平平仄平 ; 平平仄仄仄平仄, 仄仄平平平仄仄, 平仄平平仄仄平, 平仄仄平平仄仄 ; 仄仄平平平仄平, 仄平平仄仄仄平, 平仄平平仄仄仄, 平平仄仄仄平平 ; 平仄平平平仄仄, 仄仄平平平仄仄, 仄平平仄仄平平, 仄仄平平仄平仄'으로 이사부동이륙대는 제 1, 10, 16구에서 어긋났고 반법과 점법은 형성되지 않았다.

357. 張延祐(장연우 ?~1016) : 고려 현종 때 문신. 瀛州 尙質縣(영주 상질현) 사람. 父 儒(유). 유는 신라 말기에 난을 피하여 중국 吳越(오월)에 가서 중국어를 배워 돌아와 광종 때 客省(객성)에서 중국 사신 대접에 종사했고, 연우도 吏道(이도)에 밝아 칭찬을 받았다. 현종이 南幸(남행)할 때 모신 공으로 蔡忠順(채충순)과 함께 中樞使(중추사)가 되었고, 현종 5년(1014) 日直員(일직원) 皇甫俞義(황보유의)와 더불어 京軍(경군)의 永業田(영업전)을 회수하여 벼슬아치들의 녹봉으로 채우자고 건의하여 채택되었다. 이에 원심을 품은 上護軍 金訓(상호군 김훈) 등이 군중을 선동하여 소란을 일으키는 한편 군사를 이끌고 궁궐에 난입하여 연우와 유의를 체포하고 왕에게 주청하여 귀양 보냈다. 김훈이 처형된 후 戶部尙書(호부상서)로 사망하니 尙書左僕射(상서좌복야)가 추증되었다.

357-1 寒松亭曲(한송정곡) 한송정곡

月白寒松夜 波安鏡浦秋 哀鳴來又去 有信一沙鷗.
(월백한송야 파안경포추 애명내우거 유신일사구)

달 밝은 한송정 밤, 경포의 가을 물결 잔잔한데,
슬피 울며 오가는 것은, 믿을 수 있는 갈매기 하나.

[語句] *寒松亭 : 강원도 江陵市 城內洞(강릉시 성내동)에 있는 정자. →128-1. *鏡浦 : 강릉시 동쪽 7km 지점에 있는 호수. 주위가 3km이며 關東八景(관동팔경)의 하나인 경포대가 있음. →91-1. *沙鷗 : 바닷가의 갈매기.

[鑑賞] 이 시는 지은 유래가 있으니 다음과 같다. 高麗歌謠(고려가요)에 '한송정곡'이 있으나 제목만 전하고 노래의 내용은 미상인데, 이 노래가 거문고 밑바닥에 적혀 중국 강남땅까지 흘러간 것을 광종 때(949~975) 張晉公(장진공)이 그 곳에 사신으로 갔다가 그 노래의 뜻을 묻기에 위와 같이 풀어 지었다고 '高麗史(고려사)'와 '東國輿地勝覽(동국여지승람)'에 기록되어 있다. '한송정곡'은 吏讀(이두)로 기록한 노래이리라. 장진공은 張晉山(장진산)이라고도 하며 원종 때(1259~ 1274) 사람이라는 기록도 있는데, 장연우는 현종 때(1009~1031) 사람이어서 시대 차이가 많아, 장진공이 장연우와 동일인이 아닌가 추측되며, 광종 때 장연우의 부친이 활약했으니 동일인이라는 것이 더욱 신빙성이 높다. 그리고, '東文選(동문선)'에도 장연우가 지은이로 기재되어 있고, 李丙疇(이병주) 박사도 장진산과 장연우를 동일인으로 보고 있다.<교양의 고전 세계, 1993> 아무튼 20자에 지나지 않는 짧은 시이지만 내용이 깔끔하고 시작법에도 맞는 좋은 작품이다.

5言絕句(5언절구). 압운은 秋, 鷗 자로 평성 '尤(우)' 평운이다. 평측은 차례로 '仄仄平平仄, 平平仄仄仄, 平平平仄仄, 仄仄仄平平'으로 二四不同(이사부동)과 反法, 粘法(반법, 점법) 등이 모두 잘 이루어졌다.

358. 張說(장열 667~730) : 盛唐(성당)의 문신, 시인. 자 道濟, 說之(도제, 열지). 시호 文貞(문정). 洛陽(낙양) 사람. 則天武后(측천무후)의 永昌(영창) 원년(689)에 賢良方正(현량방정)의 策(책)에 급제하여 太子校書郎(태자교서랑)이 되었다. 현종이 즉위하자 中書令(중서령)이 되고 燕國公(연국공)에 봉해졌고 岳州刺史(악주자사)로 좌천되기도 했다. 이 때의 시가 많은데 비애와 탄식하는 내용이 주된다고 평한다. 좌천에서 풀려 중서령, 尚書左丞相(상서좌승상)을 지냈으며 蘇頲(소정)과 함께 大手筆(대수필, 大文章家대문장가)이라 일컬어졌다.

358-1 灉湖山寺(옹호산사) 옹호의 산사

空山寂歷道心生 虛谷迢遙野鳥聲 禪室從來塵外賞 香臺豈是世中情
雲間東嶺千重出 樹裏南湖一片明 若使巢由知此意 不將羅薜易簪纓.

(공산적력도심생 허곡초요야조성 선실종래진외상 향대기시세중정
운간동령천중출 수리남호일편명 약사소유지차의 부장나벽역잠영)

텅 빈 산 적막하여 도심이 일고, 빈 골짜기 아득해 들새 소리뿐이라.
선실은 본래 티끌세상 밖의 즐거움이라, 불전佛殿이 어찌 세간의 정에 물들어 있으리.
구름 사이로 동쪽 봉우리들 겹겹이 솟아나고,
수풀 속으로 남호의 한 모퉁이 밝게 보이네.
옛날의 소부와 허유처럼 이 호젓한 뜻을 알고 있다면,
은둔 생활의 칡베옷 버리고 벼슬아치의 비녀와 갓끈 관복 바꿔 입으려 하리오.

[語句] *灉湖 : 湖南省 岳州(호남성 악주, 현 岳陽市악양시)의 호수. *寂歷 : 고요하고 쓸쓸함. 寂寞(적막). *道心 : ①의리에서 나온 마음. 人心惟危 道心惟微(욕정에서 나온 마음은 위태롭기만 하고, 도를 지키려는 의리의 마음은 희미한 것이라)<書經 大禹謨> ②<佛>불교를 믿는 마음. *迢遙 : 멀고도 멂. *禪室 : 참선하는 방. 禪房(선방). 스님. 僧侶(승려). *塵外賞 : 속세를 떠난 취향을 맛봄. *香臺 : 절의 佛殿(불전). *南湖 : 남쪽 호수. 악주의 호수 이름. *巢由 : 고대 堯(요) 임금 때의 높은 선비인 巢父(소부)와 許由(허유). 소부는 속세를 떠나 나무 위에 살았기에 소부라 하며 요 임금이 천하를 맡기려 해도 받지 않았고, 허유는 요 임금이 천하를 물려준다 하자 더러운 말을 들었다 하며 箕山(기산)에 들어가 숨었음. *羅薜 : 칡덩굴로 짠 베. 隱士(은사)의 옷. 薜羅. *簪纓 : 비녀와 갓끈. 官服(관복). 벼슬.

[鑑賞] 옹호의 산속에 있는 절의 조용하고 한적한 경지를 읊었다. 3~4구 곧 頷聯(함련)과 5~6구 곧 頸聯(경련)은 對句(대구)가 잘 이루어져, 함련은 참선하는 방과 절의 전각, 경련은 동쪽 영마루와 남호의 모습이 대비되었다. 7~8구 尾聯(미련)은 풀이하기가 쉽지 않으니, '소부와 허유로 하여금 이 옹호에 있는 산사의 호젓한 경지를 알게 했더라면, 칡베옷을 버리고 벼슬살이를 하지 않았으리'하고 풀이한 자료가 있는데 소부와 허유는 벼슬을 살았다고 볼 수 없으므로 합당하지 않고, 그들은 비록 임금의 자리는 받지 않았지만 당시는 어떤 관직에 있지 않았을까 추정된다면 이 풀이가 옳다고 하리라. 그러나, 그분들이 은거한 뜻을 높이 사 편저자는 위와 같이 풀이하고 말았다.

7言律詩(7언율시). 압운은 生, 聲, 情, 明, 纓 자로 평성 '庚(경)' 평운이다. 평측은 차례로 '平

平仄仄仄平平, 平仄平平仄仄平, 平仄平平平仄仄, 平平仄仄仄平平, 平平平仄平平仄, 仄仄平平仄仄平, 仄仄平平平仄仄, 仄平平仄仄平平'으로 二四不同二六對(이사부동이륙대)와 반법, 점법 등이 잘 이루어져 내용이나 형식 모두 佳作(가작)이다.

358-2 蜀道後期(촉도후기) 촉도에서 돌아올 기한에 늦어지다

客心爭日月 來往預期程 秋風不相待 先至洛陽城.
(객심쟁일월 내왕예기정 추풍불상대 선지낙양성)

나그네의 마음은 허루하루가 아쉬워 세월을 다투는 법이라,
오가는 노정을 미리 예정해 두는데,
가을바람은 내 노정에 맞추지도 않고, 제 먼저 낙양성에 와 있구나.

[語句] *蜀道 : 현재 사천성인 촉 땅으로 통하는 길. 험하기로 유명하여 세상살이나 인심의 어려움을 비유하는 말로 쓰임. *後期 : 뒤의 기한. '약속이나 기약이 늦어짐'의 뜻으로 썼음. *客心 : 객지에 있는 동안의 마음. 나그네 마음. *日月 : 해와 달. 세월. *預期程 : 여행 일정을 미리 예정해 둠. 스케줄을 미리 짬. *洛陽 : 당 나라의 서울. 지금의 하남성 낙양시.

[鑑賞] 아마 공적인 일로 촉 지방으로 가서 언제면 돌아오겠다는 기한을 정하고 갔으리라. 요즘으로 말하면 公式出張(공식 출장)을 갔겠다. 가을이 오기 전에 서울인 낙양으로 돌아오도록 일정이 정해져 있는데, 촉도가 하도 험해 그만 기한에 늦어버렸다. 가을바람은 나를 기다려 함께 서울로 왔더라면 좋을 것인데, 그놈의 바람은 믿을 것이 못 되어 내가 낙양에 닿으니 이미 와 있어 서울은 가을이 되었다. 늦어진 변명 같아도 참으로 익살스러워 만일 상관이 있다면 문책 없이 용서받았겠다. 歲月不待人(세월부대인)도 곁들였다.

5언절구. 압운은 程, 城 자로 평성 '庚(경)' 평운이다. 평측은 차례로 '仄平平仄仄, 平仄仄平平, 平平仄平仄, 仄仄仄平平'으로 이사부동은 셋째 구에서 어긋나 '仄-平'이어야 할 것이 '平-平'이 되었고, 반법과 점법도 완전하지 못하다.

359. 張旭(장욱 675~750?) : 盛唐(성당)의 서예가. 자 伯高(백고). 蘇州(소주) 사람. 초서에 능하여 草聖(초성)이라 했다. 술을 좋아하여 술에 취하면 미친 듯 글씨를 쓰고 술이 깬 뒤에는 그 글씨를 神筆(신필)이라 자찬했으며, 그로 하여 세인들이 張顚(장전)이라고도 했다. 스스로 말하기를 "처음에는 公主(공주)의 가마를 메고 가는 사내들이 길을 다투는 것을 보고 또 그들이 북을 치는 소리를 듣고 筆意(필의)를 깨달았으며, 公孫大娘(공손대낭)의 칼춤을 보고 늦

을 놀리는 참뜻을 깨달았다." 했다. 李白(이백 →234)의 시와 裵旻(배민)의 칼춤과 아울러 '세상의 三絕(삼절)'이라고 세상 사람들이 말했기에 시보다는 글씨로 이름을 남겼으며, 杜甫(두보)는 '飮中八仙歌(음중팔선가)'에서 '귀족들 앞에서도 맨머리로 대하고 붓을 휘두르면 종이에 구름 안개가 서린 듯하다.'고 그를 읊었다. →64-35.

359-1 桃花谿(도화계) 도화계

隱隱飛橋隔野煙 石磯西畔問漁船 桃花盡日隨流去 洞在靑溪何處邊.
(은은비교격야연 석기서반문어선 도화진일수류거 동재청계하처변)

들에 낀 연기 너머 높은 다리 은은하게 보이는데,
서편 물가에서 고기잡이 배를 향해 물어보네.
복사꽃 종일토록 냇물에 떠 흘러가니,
이 푸른 시내 어디쯤에 무릉도원이 있는가 하고.

[語句] *桃花谿 : 호남성 常德市 桃源縣(상덕시 도원현)에 있는 시냇물. 武陵桃源(무릉도원)의 전설과 연관되고 명승지인 張家界森林公園(장가계 삼림공원)이 이웃에 있음. *隱隱 : 그윽하고 은근함. *飛橋 : 매우 높은 다리. 무지개다리. *野煙 : 들에서 일어나는 불. 들판에 낀 연기. *石磯 : 바위가 있는 물가나 낚시터. *西畔 : 서편의 언덕. *盡日 : 하루 종일. 盡終日(진종일). *洞 : 동네. 골짜기. '무릉도원'을 뜻함. *靑溪 : 파란 시냇물.

[鑑賞] 장가계와 도원현은 바로 陶淵明(도연명)이 설정한 무릉도원이다. 漢(한) 나라 張良(장량)이 신선이 되려고 赤松子(적송자)를 따라 들어온 곳도 이 지역이어서 金鞭峽(금편협) 계곡 가에 실제로 그의 묘소가 있으니, 전설만의 허구는 아니라 여겨지는 것이다. 지은이도 무릉도원을 찾아가 보고 싶어 하루 종일 복숭아꽃이 떠가는 도화계에 와서 이 시를 읊은 것이리라. 우리 동양 사람은 신선의 삶이 동경의 대상이었다.

7言絕句(7언절구). 압운은 煙, 船, 邊 자로 평성 '先(선)' 평운이다. 평측은 차례로 '仄仄平平仄仄平, 仄平平仄仄平平, 平平仄仄平平仄, 仄仄平平平仄平'으로 二四不同二六對(이사부동이륙대)와 反法, 粘法(반법, 점법) 등이 모두 잘 이루어져 내용면에서나 형식면에서 가히 名作(명작)이라 할 만한데, 끝 구의 마지막 석 자의 평측이 완벽하지 않다.

360. 張元燮(장원섭 ?) : 조선 고종 때 문관. 자 仲乾(중건). 호 浙雲(절운). 본관 安東(안동). 벼슬이 敎授(교수)에 이르렀고 '文集(문집 2권)'이 있다.

360-1 遼左吟(요좌음) 요좌에서 읊다

秋來白髮日添多 憂國憂民可奈何 收績桑榆知不晩 中原將帥憶廉頗.

(추래백발일첨다 우국우민가내하 수적상유지불만 중원장수억염파)

가을 들자 백발만 자꾸 늘어가니, 나라와 백성들 걱정 그 어이하리.
날 저물 듯 늙었다고 큰 공을 세우는 일이 늦은 게 아니니,
오랑캐들이 두려워한 중국의 장수 염파를 상기해 보네.

[語句] *遼左 : 遼東(요동) 반도의 북쪽 遼河(요하)의 동쪽. 遼東. *憂國 : 나라 일을 근심하고 염려함. *奈何 : 어찌하랴. 어찌할까. 어찌하여. *收績 : 업적이나 공적을 거둠. *桑榆 : 뽕나무와 느릅나무. 해 저물 녘. 저녁 해가 뽕나무나 느릅나무 위에 걸려 있다는 뜻임. *中原 : 중국 황하 유역 지방. 중국 땅. *廉頗 : 전국시대 趙(조) 나라 장수로 匈奴(흉노)들이 두려워했음.

[鑑賞] '가을이 되니 백발은 날로 많아져 늙어 가는데, 나라 걱정 백성 걱정 어이할거나. 늙어 공적을 이루지 못할 것이라고 한탄하지 말자, 아직도 때는 있나니 중국 조 나라 장수 염파는 흉노들이 무서워하지 않았던가. 우리에게도 그런 장수가 나지 말라는 법이 없으니 오랑캐들을 몰아낼 기회는 있으리라.' 국경 가까운 요동 땅에서 선비의 기개를 읊은 우국의 시이다.

7언절구. 압운은 多, 何, 頗 자로 평성 '歌(가)' 평운이다. 평측은 차례로 '平平仄仄仄平平, 平仄平平仄仄平, 平仄平平平仄仄, 平平仄仄仄平平'으로 이사부동이륙대와 반법, 점법 등이 잘 이루어졌다.

361. 張謂(장위 721~780?) : 盛唐(성당)의 시인. 자 正言(정언). 성격이 호방하고 권세에 굽힐 줄 모르는 사람이었다.

361-1 題長安主人壁(제장안주인벽) 장안 주인의 집 벽에 쓰다

世人結交須黃金 黃金不多交不深 縱今然諾暫相許 終是悠悠行路心.

(세인결교수황금 황금부다교불심 종금연낙잠상허 종시유유행로심)

세상 사람들과의 교제는 돈이 있어야 하나니, 돈 많지 않으면 그 사귐이 깊지 못하네.
비록 그럴 듯이 사귄다 해도 그건 잠깐일 뿐,
끝내는 나그네 마음 되어 모르는 듯 지닌다오.

[語句] *須 : 모름지기. 마땅히. 차라리. *黃金 : ①누런 금. 純金(순금). ②돈. 여기서

는 ②임. *縱 : 비록. 가령 ~일지라도. *然諾 : 쾌히 허락함. 承諾(승낙). *暫相許 : 서로 잠시 허락함. *終是 : 끝내. *悠悠 : 썩 먼 모양. 느린 모양. 여유있고 한가함. *行路心 : 길 가는 사람의 마음. 行路之人(행로지인) 곧 아무 상관이 없는 사람과 같은 심정.

[鑑賞] 고금 없이 도시 곧 서울 인심이란 각박한 모양이다. 서로 돈이 있어야 친한 체하고 재물이 없는 가난뱅이는 소외되기 마련이다. 지은이도 서울 장안에 기숙하며 장안 인심을 읽었던가 보다. 知己(지기)나 心友(심우)로 사귀는 사례는 찾아보기 힘들었고, 돈으로 사귀다가 돈이 없게 되면 '너 언제 보았더냐?' 하고 顔面沒收(안면 몰수)를 하고 마는 그 울분을 참지 못해 이 시를 지어 하숙하는 집 벽에 크게 썼으리라. 우리들에게 큰 각성과 경계를 주는 名詩(명시)로 끝 구 '悠悠行路心'은 名句(명구)이다.

7언절구. 압운은 金, 深, 心 자로 평성 '侵(침)' 평운이다. 평측은 차례로 '仄平仄平平平平, 平平仄平平仄平, 仄平平仄仄平仄, 平仄平平平仄平'으로 이사부동이륙대는 셋째와 넷째 구에서만 이루어졌고, 반법이나 점법은 불규칙하다.

362. 張維(장유 1587~1638) : 조선 중기의 문장가, 명신. 자 持國(지국). 호 谿谷(계곡). 시호 文忠(문충). 본관 德水(덕수). 父 判書 雲翼(판서 운익). 딸 仁宣王后(인선왕후, 孝宗妃효종비). 沙溪 金長生(사계 김장생) 문하에서 수학하고 司馬(사마)를 거쳐 광해군 1년(1609) 문과에 급제하여 檢閱, 注書(검열, 주서)를 역임하고 광해군 4년(1612) 金直哉(김직재)의 壬子獄事(임자옥사)에 연좌되어 파직되고 전원에서 경전에 정진하여 義理探求(의리 탐구)를 낙으로 삼다가, 인조반정으로 典籍(전적), 예조와 이조의 郎官(낭관)을 지내고 靖社功臣(정사공신)이 되었으며, 이괄의 난에 왕을 모신 공으로 新豊君(신풍군)으로 피봉되었다. 인조 5년(1627) 정묘호란 때 또 왕을 모시고 강화도에 갔다 와서 이조판서, 대제학이 되고 동왕 14년(1636) 병자호란에 다시 남한산성으로 왕을 모셨고 돌아와 우의정이 되었으며 딸이 효종의 비가 되었다. 학문을 좋아하고 문장에 능했으며 천문, 지리, 의술, 병서에까지 밝았고, 申欽(신흠), 李廷龜(이정구), 李植(이식)과 함께 문장 4가라 불렸다. →140, 293, 262. 문집으로 '谿谷集(계곡집 60권)'이 있고 아들 善徵(선징 호 杜谷두곡)은 豊陽君(풍양군)으로 漢城判尹(한성판윤)을 지냈다.

362-1 題戒淨詩卷(제계정시권) 계정의 시권에 제시하다

師是山人本住山 若爲携卷到塵間 塵間却有張居士 不是全忙亦不閒.

(사시산인본주산 약위휴권도진간 진간각유장거사 불시전망역불한)

스님은 본디 산속 사람이라 절간에 살면서, 때로는 책을 끼고 속세로 나오는구려.

풍진 속에 살고 있는 이 장 거사는, 온통 바쁜 듯하지도 또 한가롭지도 않다오.

[語句] *題 : 책 앞에 지은 시. 題詩(제시). *戒淨 : 어느 중의 法名(법명). *詩卷 : 시를 모은 책. 詩集(시집). *若爲 : 어떻게. 어찌. 如何(여하). *塵間 : 티끌 속 곧 俗世(속세). 풍진 속. *却 : 도리어. 그러나. 또. *居士 : 숨어 살며 벼슬을 않는 선비. 處士(처사).

[鑑賞] 서로 알고 지내는 계정 스님이 스스로 지은 시들을 모은 두루말이나 책을 들고 와 그 첫머리에 시를 지어 써 달라고 청했으리라. 먼저 그대는 산속 절간에서 살아가는 처지이면서도 가끔 책을 들고 마을에 내려와 내용을 묻기도 하고 토론도 하니 그 공부하려는 학구열을 가상하게 여겼고, 자기는 속세에서 처사로 살아가면서 바쁘지도 그렇다고 한가하지도 않다고 하여 시를 짓는 여유가 없음을 나타내어 계정 스님이 시를 지어 시권을 만들었음을 은연중에 칭송했다.

7言絕句(7언절구). 압운은 山, 間, 閒 자로 평성 '刪(산)' 평운이다. 평측은 차례로 '平仄平平仄仄平, 仄平平仄仄平平, 平平仄仄平平仄, 仄仄平平仄仄平'으로 二四不同二六對(이사부동이륙대)와 反法, 粘法(반법, 점법) 등이 잘 이루어졌다.

362-2 珍島碧波亭(진도벽파정) 진도의 벽파정

天邊日脚射滄溟 雲際遙分島嶼青 閶闔風聲晚來急 浪花飜倒碧波亭.

(천변일각사창명 운제요분도서청 창합풍성만래급 낭화번도벽파정)

하늘가의 햇발이 바다를 쏘아 비치고, 구름 가 저 멀리 섬들 푸르게 옹기종기 있구나.
서쪽 바람 부는 소리 밤들어 몰아치니, 성난 물결 벽파정을 뒤집듯 때리네.

[語句] *珍島 : 전라남도 서남단의 섬. 명승고적으로 鴨鷗亭(압구정), 竹林寺(죽림사), 僞王城(위왕성), 金甲鎭(금갑진), 雙溪寺(쌍계사), 占察峰烽燧臺(점찰봉봉수대), 벽파정 등이 있음. *碧波亭 : 진도의 고군면 벽파에 있는 정자. *日脚 : 사방으로 뻗친 햇살. 햇발. *滄溟 : 넓고 큰 바다. *遙分 : 멀리 나뉘어 흩어짐. *島嶼 : 크고 작은 섬들. *閶闔 : 西風(서풍). 秋風(추풍). *浪花 : 흰 꽃처럼 솟구치는 물결. *飜 : 뒤치다. 번득이다.

[鑑賞] 벽파정은 진도 동북쪽에 위치하여 멀리 육지와 마주하고 있다. 저녁때와 저녁까지의 벽파정 주변의 광경을 읊은 敍景詩(서경시)이다. '저 먼 하늘에서 햇발이 바다를 쏘듯 비치는데 구름 저편에 섬들이 옹기종기 놓여 있다. 해가 지고 저녁이 되자 가을바람 소리 드세고 거센 흰 파도는 벽파정을 부수어 버릴 듯이 솟아오른다.' 했다.

7언절구. 압운은 溟, 靑, 亭 자로 평성 '靑' 평운이다. 평측은 차례로 '平平仄仄仄平平, 平仄平平仄仄平, 平仄平平仄平仄, 仄平平仄仄平平'으로 이사부동이륙대는 셋째 구에서 어긋났고 반법이나 점법은 그런대로 이루어졌다.

363. 張寅植(장인식 ?) : 조선 헌종 때 武官(무관). 일찍이 武科(무과)에 급제하여 左尹(좌윤)의 벼슬까지 올랐고 글과 시에 능하여 시인의 대접을 받았다.

363-1 鄭公壇吟(정공단음) 정 공을 기념하는 단을 읊다

孤忠萬古熟如公 日月爭光耀海東 烈妾義奴傳史筆 從容就死一門空.
(고충만고숙여공 일월쟁광요해동 열첩의노전사필 종용취사일문공)

그 외로운 충성 만고에 그 누가 정 공과 같겠는가,
해와 달이 빛을 다투듯 비추어 우리나라를 빛나게 하네.
열녀인 그의 애첩과 의로운 종 용월의 장한 이름 역사에 전해 오니,
모두 다 조용히 죽고 말아 그 가문 끊어지고 말았구나.

[語句] *鄭公壇 : 임진왜란 때 釜山鎭僉使 鄭撥(부산진첨사 정발 1533~1592)의 순국 충의를 기념하는 단. *孤忠 : 혼자서 바치는 외로운 충성. *海東 : '우리나라' 별칭. *烈妾義奴 : 열녀인 첩과 의로운 종. 정발이 왜적과 외로이 싸우다 전사하니, 그의 애첩 愛香(애향)과 종 龍月(용월)이 그의 뒤를 따라 자결했음. *史筆 : 역사를 기록하는 筆法(필법). 역사. *從容 : 조용함.

[鑑賞] 정발은 임진애란이 일어나 왜적이 부산성에 밀려오자 혼자 성을 사수하며 싸우다가 장렬하게 전사했다. 늘 검은 옷을 입어 黑衣將軍(흑의장군)이라 불렀다고 한다. 그분의 충절을 기리기 위해 쌓은 단을 읊은 시로, 그의 충성은 비할 사람이 없으니 해와 달도 그 충절을 밝게 비추어 우리나라까지 빛나도록 한다. 더구나 그가 괴던 애첩과 종마저 자결해 버리니 그 가문이 대를 잇지도 못하고 끊어져 버렸다. 이 얼마나 후인들로 하여금 애통하게 하는가.

7언절구. 압운은 公, 東, 空 자로 평성 '東' 평운이다. 평측은 차례로 '平平仄仄仄平平, 仄仄平平仄仄平, 仄仄仄平平仄仄, 平平仄仄仄平平'으로 이사부동이륙대와 반법, 점법 등이 잘 갖추어진 좋은 작품이다.

364. 張鎰(장일 1207~1276) : 고려 중기의 명신. 초명 敏(민). 자 弛之(이지). 시호 章簡(장간). 고종 때 과거 급제하여 昇平判官(승평판관)을 지내고는 임기를 마치자 귀향하여 여

생을 보내려 했으나, 按察使 王瑎(안찰사 왕해)의 추천으로 직사관, 전중시어사가 되고 원종 때 안찰사를 거쳐 병부와 예부의 侍郎(시랑), 左諫議大夫(좌간의대부)를 역임했으며, 慶尙道水路防護使(경상도수로방어사)가 되어 珍島(진도)에 진을 친 三別抄(삼별초)의 난을 진압했다. 사신으로 원 나라에 자주 왕래했고 翰林學士(한림학사), 全羅道指揮使(전라도 지휘사)를 거쳐 원종 15년(1274) 同知中樞院事(동지중추원사)가 되고 충렬왕 즉위 후 知僉議府事(지첨의부사), 寶文署大學士(보문서대학사), 修國史(수국사)를 더하여 벼슬을 그만두었으며, 성품이 순직하고 문장에 능했다.

364-1 過昇平郡(과승평군) 승평군을 지나며

霜月凄涼燕子樓 郎官一去夢悠悠 當時座客休嫌老 樓上佳人亦白頭.

(상월처량연자루 낭관일거몽유유 당시좌객휴혐로 누상가인역백두)

차가운 달 처량한 연자루, 낭관이 가고 없어 꿈길만이 아득타.

이 자리에 앉은 손님들 나를 늙었다 탓하지 마오, 여기 오른 가인도 역시 백발이구려.

[語句] *昇平郡 : 전라남도 동남부에 위치한 昇州郡(승주군). 백제 때 欿平郡(감평군)이었다가 신라 때 승평군으로 고쳤고, 1948년 順天市(순천시)가 생기면서 승주군이라 했음. 지은이가 여기 판관을 지냈고 仙巖寺(선암사), 松廣寺(송광사), 新城浦(신성포) 등 명승고적이 있음. *霜月 : 서리와 달. 차갑게 보이는 달. *凄凉 : 거칠고 황폐하여 쓸쓸함. *燕子樓 : 누각 이름. 燕子는 '제비'의 뜻임. *郎官 : 관청의 벼슬아치. *悠悠 : 한가로움. 아득하여 끝이 없는 모양. *當時 : 일이 생긴 그때. '지금 이 자리'의 뜻으로 썼음. *休嫌 : 싫어함을 그침. 싫어하지 말라. *佳人 : 미인. 함께 있는 妓生(기생).

[鑑賞] 이 시의 原註(원주)에 "일찍이 이 고을 태수로 있던 孫億(손억)이 官妓(관기) 好好(호호)를 사랑했는데, 이제 경내를 순시하면서 다시 지나노라니 호호는 이미 늙었더라." 했다. 지은이가 전라도지휘사로 가서 지난날 근무하던 승평군을 순찰하면서 연자루에 모인 선비들을 만나 술잔을 나누며 지은 시이리라. 전관 사또가 사랑하던 관기도 이제는 나이 먹어 백발이 되었으니, 나를 늙었다고 탓하지 말고 자리에 끼워 달라는 하소연이다. 늙는다는 것은 이래저래 서러운 법이리라.

7언절구. 압운은 樓, 悠, 頭 자로 평성 '尤(우)' 평운이다. 평측은 차례로 '平仄平平仄仄平, 平平仄仄仄平平, 平平仄仄平平仄, 平仄平平仄仄平'으로 이사부동이륙대와 반법, 점법 등이 모두 잘 이루어졌다.

365. 張籍(장적 768~830?) : 中唐(중당)의 문관, 시인. 자 文昌(문창). 河北省 濮陽(하북성 복양) 사람. 進士(진사)에 급제하여 韓愈(한유 →599)의 천거로 國子博士(국자박사)가 되었고 國子司業(국자사업)을 역임했다. 古詩(고시)와 書翰, 行草(서한, 행초)에 능했고, 樂府(악부)에도 능하여 王建(왕건 →159)과 이름을 같이했다. 한유에게 '노름을 즐기고 남에게 이기려는 승벽이 세며 老佛(노불)을 배척하여 미움을 받으니 맹자처럼 글로 후세에 남기지 못하리라.'는 신랄한 편지를 보낸 바가 있으며 '張司業詩集(장사업시집)'이 있다.

365-1 寄西峰僧(기서봉승) 서봉의 스님에게 부치다

松暗水涓涓 夜凉人未眠 西峰月猶在 遙憶草堂前.

(송암수연연 야량인미면 서봉월유재 요억초당전)

소나무 숲 어둑하고 물 졸졸 흐르는데, 밤이 서늘해 잠 못 이루네.
서편 봉우리에 달이 아직 머뭇거리니, 멀리 그대의 암자를 생각하노라.

[語句] *涓涓 : 물이 졸졸 흐르는 모양. *猶 : 머뭇거리다. '아직. 한가지'의 뜻이면 평성임. *草堂 : 집의 원채 밖에 따로 지은 초가집. 여기서는 '庵子(암자)'를 뜻함.

[鑑賞] 서쪽 봉우리에 암자를 짓고 불도를 닦는 스님에게 준 시. 松林(송림)이 어둑하고 물 졸졸 흐르는 곳은 지은이가 지금 있는 곳이지만 중이 사는 암자 주변의 모습도 된다. 달은 서편 봉우리에 걸려 있고 밤이 되었는데도 잠이 오지 않으니 불현듯 여기와 같은 모습을 가진 한적한 스님의 암자로 달려가고 싶은 심정이다. 한 폭의 그림이 연상되는 小品(소품)이다.

5言絶句(5언절구). 압운은 涓, 眠, 前 자로 평성 '先(선)' 평운으로 독특하게 첫 구에도 압운했다. 평측은 차례로 '平仄仄平平, 仄平平仄平, 平平仄仄仄, 平仄仄平平'으로 二四不同(이사부동)과 反法, 粘法(반법, 점법) 등이 온전하다. 셋째 구의 猶 자는 거성임에 유의해야 한다.

365-2 秋思(추사) 가을의 감상

洛陽城裏見秋風 欲作家書意萬重 復空忽忽說不盡 行人臨發又開封.

(낙양성리현추풍 욕작가서의만중 부공홀홀설부진 행인임발우개봉)

낙양성에 가을바람이 이니, 집에 편지 쓰려고 붓을 잡으매 할 말이 너무 많구나.
서두르다가 다 못한 말이 없는지, 편지 들고 가는 사람 떠나기 전에 다시 뜯어보네.

[語句] *秋思 : 가을철에 느껴 일어나는 쓸쓸한 생각. *洛陽 : 당 나라 서울. 지금의 하남성 낙양시임. *家書 : ①자기 집에 보내는 편지. ②자기 집에서 온 편지.

여기서는 ①임. *萬重 : 여러 겹. 萬疊(만첩). *復空 : 다시 공연히. '복공'으로 읽어 '쓸데없이 되풀이함'으로 풀이해도 좋음. *忽忽 : ①일을 돌보지 않는 모양. ②세월 등의 흘러감이 빠른 모양. ③깜박 잊어버리는 모양. 여기서는 ③의 뜻으로 봄. *行人 : 길 가는 사람. '편지를 전하는 사명을 띠고 가는 사람 곧 使者(사자)'임. *開封 : 봉한 것을 떼어 엶.

[鑑賞] 타향에서 가을을 맞이하니 쓸쓸하기 그지없는데 마침 고향으로 가는 인편이 있어 집에 편지를 써서 부치고자 한다. 그러나, 서둘러 쓴 편지라 혹시 빠진 게 없는지 그 사람이 떠나기 전에 다시 한번 봉한 것을 떼어 읽어 본다는 것이다. 시어 속에 고향을 그리워하는 정이 듬뿍 담겨 있는 좋은 작품이다.

7言絕句(7언절구). 압운은 風, 重, 封 자로 風은 평성 '東(동)' 평운, 重과 封도 평성 '冬(동)' 평운으로 두 운은 通韻(통운)이다. 평측은 차례로 '仄平平仄仄平平, 仄仄平平仄仄平, 仄平仄仄仄平仄, 平平平仄仄平平'으로 二四不同二六對(이사부동이륙대)는 모두 이루어졌다. 둘째 구에서 반법은 지켜졌지만 셋째 구에서 점법이 되지 않았다.

366. 張仲陽(장중양 ?) : 고려말의 金海府使(김해부사). 본관 仁同(인동). 조선에서 불렀으나 응하지 않았다 한다.

366-1 成川途中(성천도중) 성천으로 가는 길에

行邁靡靡道里延 郊原處處草如煙 征驂遠指新羅域 客路經由故國邊
院宇雖非松壤日 江山猶是馬韓天 傷心往事憑誰問 風雨前林哭杜鵑.

(행매미미도리연 교원처처초여연 정참원지신라역 객로경유고국변
원우수비송양일 강산유시마한천 상심왕사빙수문 풍우전림곡두견)

먼 길 가노라니 이정은 늘어나고, 들판 곳곳에는 풀이 연기같이 부옇구나.
타고 가는 말은 멀리 신라 강토를 가리키니,
내가 온 길이 곧 옛 고향 나라 신라였구나.
큰 집들은 비록 옛 송양 시절의 것이 아니지만,
강산은 역시 옛날의 삼한과 같은 모습이리라.
지날 일을 생각하면 마음 상하지만 물을 곳 없고,
비바람 치는 앞 숲에서 두견새만 슬피 우네.

[語句] *成川 : 평안남도 동남부에 있는 성천군. 紇骨城址(흘골성지), 檜巖城址(회암성지), 白靈山(백령산), 香風山(향풍산), 成川12峰(성천12봉), 降仙樓(강선루), 客舍 東明館(객사

동명관) 등의 명승고적이 있음. *行邁 : 멀리 감. 遠行(원행). *靡靡 : 흐트러지는 모양. 얽히는 모양. *道里 : 길의 里數(이수). 里程(이정). *郊原 : 교외의 들판. *征驂 : 먼 곳을 가는 驂馬(참마, 세 필이 끄는 수레의 양쪽 가의 말). 멀리 타고 가는 말. *客路 : 여행하는 길. 旅路(여로). *故國 : 조상이 살던 고향인 나라. '신라'를 뜻함. *遠指 : 멀리 가리킴. *院宇 : 관청이나 절 같은 큰 집. *松壤 : 성천의 옛 이름. 松讓國(송양국)은 '고구려 초기 압록강 중류에 있던 부족 국가'로 고구려에 병합되었음. *馬韓 : 고대 충청, 전라 지방의 部落集團(부락집단)으로 추정되는 나라. 辰韓(진한), 弁韓(변한)과 함께 三韓(삼한)의 하나인데 여기서는 '삼한'의 뜻으로 쓴 듯함. *傷心 : 마음을 상함. 걱정함. *杜鵑 : 두견새. 두견이. 뻐꾸기와 같으나 몸이 작고 집을 짓지 못하여 다른 새의 집에 알을 낳아 번식함.

[鑑賞] 성천으로 가면서 풍물과 감상을 읊은 시. 首聯(수련 1~2구)은 '먼 길을 가니 길은 줄어들지 않고 넓은 들판에 풀 더부룩하게 이어진다.'고 詩想(시상)을 일으켰다. 頷聯(함련 3~4구)에서는 가는 곳 모두 옛 신라 땅이니 내가 가는 노정도 결국 고국 신라의 변경 지방이라 했는데, 對句(대구)가 잘 이루어졌다. 頸聯(경련 5~6구)은 사람들이 이룩해 놓은 집들은 옛날 것이 아니지만 강과 산은 옛날 삼한 때와 같은 모습이리니 人事(인사)는 바뀌어도 자연은 영원함을 읊어 역시 대구가 잘 되었다. 松壤은 '고려의 서울 송도와 고구려의 서울 평양'을 아울러 한 말 또는 '옛날의 松讓國'으로 보아도 무방하리라 생각된다. 그리고, 日은 시간적, 天은 공간적 개념으로 쓴 말로 짝이 잘 이루어졌다. 尾聯(미련 7~8구)에서 '우리 나라의 지난 일들을 회고하니 마음 상하지만 물어볼 곳도 사람도 없는데 다만 앞 숲 풍우 속에 두견새만 그 옛날을 슬퍼하는 듯 울고 있을 뿐이로구나.' 하고 맺었다. 가히 名作(명작)이라 하겠다.

7言律詩(7언율시). 압운은 延, 煙, 邊, 天, 鵑 자로 평성 '先(선)' 평운이다. 평측은 차례로 '平仄平平仄仄平, 平平仄仄仄平平, 平平仄仄平平仄, 仄仄平平仄仄平, 仄仄平平平仄仄, 平平平仄仄平平, 平平仄仄平平仄, 平仄平平仄仄平'으로 이사부동이륙대와 반법, 점법 등이 잘 이루어지고 평측 배열도 잘된 7언율시의 典型(전형)이 되겠으며, 내용면에서나 형식면에서나 모두 잘 지은 명작이다.

367. 張志和(장지화 ?) : 唐(당) 나라의 隱士(은사). 自號(자호) 烟波釣叟(연파조수). 호 玄眞子(현진자).

367-1 青蒻笠綠簑衣(청약립녹사의) 삿갓에 도롱이 두르고

西塞山前白鷺飛 桃花流水鱖魚肥 青蒻笠綠簑衣晚 斜風細雨不須歸.

(서새산전백로비 도화유수궐어비 청약립녹사의만 사풍세우불수귀)

서쪽 변방 산 앞에 백로 나는데, 복사꽃 흐르는 물에 쏘가리는 살쪘네.
푸른 갈대 삿갓과 도롱이로 저물녘이 되었으나,
비낀 바람 가랑비 오지만 돌아가지 않으리라.

[語句] *靑蒻笠 : 푸른 갈대로 만든 삿갓. *綠簑衣 : 도롱이. 어깨에 걸쳐 두르는 雨裝(우장). *塞 : 변방. 요새. *白鷺 : 해오라기. *鱖魚 : 쏘가리. *斜風 : 비껴 지나가는 바람. *細雨 : 가랑비. *須 : 모름지기. 반드시. 꼭.

[鑑賞] 만물이 생동하는 봄, 강 마을에 숨어 사는 隱士(은사)는 바람 불고 가랑비 내리는 속에 갈대 삿갓과 도롱이 등 우장을 갖추고 조각배를 타고 江心(강심)에 나가 낚시질을 한다. 서편 산에는 푸른 숲을 배경으로 흰 백로가 날아가고, 복숭아 꽃잎 떠가는 냇물에 민물고기들은 씨알이 굵다. 날 저물고 비바람이 치지만 낚시질만 계속할 뿐 날씨는 상관 않는다. 한폭의 동양화를 대한 듯 詩中有畫(시중유화)의 경지이다.

7言絕句(7언절구). 압운은 飛, 肥, 歸 자로 평성 '微(미)' 평운이다. 평측은 차례로 '平仄平平仄仄平, 平平平仄仄平平, 平仄仄仄平平仄, 平平仄仄仄平平'으로 二四不同二六對(이사부동이륙대)는 셋째 구에서 어긋났고 둘째 구는 反法(반법)이 되었으나 셋째 구에서 粘法(점법)이 되지 않아 셋째 구와 넷째 구를 바꾸어 놓으면 모두 잘 이루어지게 되겠다.

368. 張顯光(장현광 1554~1637) : 조선 중기의 학자. 자 德晦(덕회). 호 旅軒(여헌). 시호 文康(문강). 본관 仁同(인동). 府尹 安世(부윤 안세)의 후손. 20세 전에 학문에 통달하고 23 세에 才學(재학)으로 추천되어 柳成龍(유성룡)의 천거로 報恩縣監(보은현감)을 지내고 星州牧使(성주목사)에 이르렀다. 광해군 때 온갖 벼슬을 제수 받았으나 모두 사퇴했다. 인조 10년(1632) 공조판서도 병을 이유로 사퇴했고 우참찬, 지중추부사 등에 임명되었으나 모두 사퇴하니 인조가 약품을 내리기도 했다. 병자호란 때 의병을 일으키기도 했으나 인조 15년(1637) 청 나라에 항복했다는 소식을 듣고 동해안의 立嵒山(입암산)에 들어가 고요히 수양하다가 사망하니 효종 9년(1658) 영의정이 추증되었다. 벼슬에 뜻을 두지 않고 성리학 연구에 힘썼으며 의학에도 밝았고, '易學圖說(역학도설), 圖書發揮(도서발휘), 易卦摠說(역괘총설), 經緯說(경위설), 晚學要會(만학요회), 宇宙要括錄(우주요괄록)' 등의 저서와 '旅軒文集(여헌문집)'을 남겼다.

368-1 亂後歸故山(난후귀고산) 난리 후 고향으로 돌아오다

不堪鄕國戀 千里策蹇驢 節古春光滿 人消境落虛
山河風雨後 日月晦塞餘 剗盡繁華跡 渾如開闢初.

(불감향국련 천리책건려 절고춘광만 인소경락허
산하풍우후 일월회색여 박진번화적 혼여개벽초)

고향에의 그리움을 차마 잊지 못해, 나귀 채찍질하며 천리 길을 떠났네.
시절은 지난날과 같이 봄경치 한창인데, 지경의 마을 비어 사람 자취 없구나.
산과 강은 난리 겪은 뒤라서, 해와 달도 회색해 모두 다 제 빛을 잃었구나.
번화했던 그 모습 없어져 버려, 온통 천지개벽의 처음 모습 그대로 어수선하네.

[語句] *亂後 : 난리 곧 병자호란 후. *策 : 채찍질하다. *蹇驢 : 절뚝거리는 나귀. *春光 : 봄볕. 봄 경치. *境落 : 지경의 마을. *風雨 : 비바람. 난리. *晦塞 : 캄캄하게 아주 꽉 막힘. *剝 : 찢다. 벗기다. *渾 : 모두. 온통. 흐리다. *開闢 : 천지가 처음으로 생김. 天地開闢(천지개벽). 천지가 뒤집힘. 새로운 사태가 열림.

[鑑賞] 병자호란을 겪은 뒤의 사회상을 그린 시. '고향이 그리워 나귀 몰아 천릿길을 달려 고향에 오니, 봄 경치는 예 그대로이나 마을에는 사람들이 없어 폐허와 같다. 산이나 강물이나 해와 달까지도 난리를 겪은 뒤라서 옛날의 빛을 잃어버렸다. 지난 날 번화하던 마을은 그 자취도 찾아볼 길이 없고 온통 천지개벽 때와 같이 어수선하기 짝이 없다.' 하고 읊었다. 마치 6·25 동란 직후의 우리 농촌 모습과 같다 할 것이니 戰爭詩(전쟁시)로 보아도 좋겠다. 제 3, 4구와 제 5, 6구 곧 頷聯(함련)과 頸聯(경련)은 예에 따라 對句(대구)가 되었다.

5言律詩(5언율시). 압운은 驢, 虛, 餘, 初 자로 평성 '魚(어)' 평운이다. 평측은 차례로 '仄平平仄仄, 平仄仄仄平, 仄仄平平仄, 平平仄仄平, 平平平仄仄, 仄仄仄仄平, 仄仄平平仄, 平平平仄平'으로 이사부동은 둘째 구와 여섯째 구에서 어긋났고, 반법과 점법은 불완전하게 이루어졌다.

369. 張祜(장호 792~852?) : 晩唐(만당)의 시인, 宮詞作家(궁사 작가). 자 承吉(승길). 淸河(청하) 사람. 令狐楚(영호초 →154)의 후원으로 출세하려 했으나 元稹(원진 →172)이 '그의 시는 사회의 풍기를 문란시킨다.'는 이유로 반대함으로써 벼슬길이 막히고 말았다. 杜牧(두목 →63), 許渾(허혼 →633)과 함께 만당의 唯美派(유미파)를 唱導(창도)했다.

369-1 宮詞(궁사) 궁녀의 노래

故國三千里 深宮二十年 一聲何滿子 雙淚落君前.
(고국삼천리 심궁이십년 일성하만자 쌍루락군전)

고향은 3천 리로 머나멀고, 깊은 궁중에서 20 년일세.

하만자 한 가락 들으면서, 임금 앞에서 두 눈의 눈물 흘리는구나.

[語句] *宮詞 : 궁중의 여인 곧 후궁이나 궁녀들의 원한을 민요조로 노래하는 시. *故國 : 고향. 조상이 살던 고향인 나라. *何滿子 : 樂府(악부)의 제목. 唐玄宗(당 현종) 때 滄州(창주)의 한 가객이 죄를 입어 형을 받으면서 이 악부를 불러 救命(구명)받으려 했으나 허락되지 않았다는 노래임. 그 후 武帝(무제)가 위독할 때 사랑하던 孟才人(맹재인)에게 "내 죽으면 너는 어찌하겠느냐?" 했더니, 맹재인은 笙(생)을 가리키며 이것으로 목을 매어서라도 뒤를 따르겠다 하고 위에 인용한 장호의 궁사를 노래 부르고는 쓰러지매, 侍醫(시의)가 진맥한 뒤 맥은 있으나 창자는 이미 끊어졌다 하더라함. *雙淚 : 두 눈에서 나오는 눈물. *君前 : 임금의 앞.

[鑑賞] 궁사의 대표작이라 할 만큼 유명한 작품. 불과 스무 글자에 지나지 않지만 궁중 여인의 한 많은 삶을 절실하게 그려 궁녀들의 공감을 샀으리라. '고향은 머나먼 삼천리에 있고, 이 구중 궁궐에 갇히다시피 한 지 이십 년이다. 악부 하만자 한 가락을 들으면서 지엄한 임금님 앞이건만 두 눈에서는 하염없이 두 줄기 눈물이 주체 못하게 흘러내린다.' 처음 두 구는 대구가 되었다. 지은이는 이 시로 유명해졌고, 궁녀들이나 일반 백성들도 이 노래를 즐겨 불러 제 설움을 삭이었다는 것이다.

5言絕句(5언절구). 압운은 年, 前 자로 평성 '先(선)' 평운이다. 평측은 차례로 '仄仄平平仄, 平平仄仄平, 仄平平仄仄, 平仄仄平平'으로 이사부동과 반법, 점법 등이 모두 잘 이루어진 시로 평측 배치도 좋아 노래하기에 가락이 잘 맞아 人口(인구)에 膾炙(회자)되었으리라.

369-2 贈內人(증나인) 나인에게 주다

禁門宮樹月痕過 媚眼微看宿鷺窠 斜拔玉釵燈影畔 剔開紅燄救飛蛾.

(금문궁수월흔과 미안미간숙노과 사발옥차등영반 척개홍염구비아)

궁궐 대문의 나무에 걸렸던 달도 사라지려 하니,
고운 눈으로 해오라기의 보금자리를 살며시 살펴보고 나서는,
옥비녀 비껴 뽑아 등잔불 옆에서, 불꽃을 긁어내어 날아드는 나방을 살려 주는구나.

[語句] *內人 : 궁궐 안에서 大殿(대전, 임금), 內殿(내전, 왕비)을 가까이 모시는 內命婦(내명부)의 총칭. 宮人(궁인). 宮女(궁녀). 女侍(여시). *禁門 : 출입을 금지하는 문. 禁闕(금궐, 宮闕궁궐)의 문. *痕 : 흔적. *媚眼 : 곱고 매혹적인 눈. *微看 : 몰래 살펴봄. *鷺 : 해오라기. 白鷺(백로). *窠 : 둥우리. 땅의 구멍에 튼 새 집. 나무 위에 지

은 새 집은 巢(소)라 함. *玉釵 : 옥비녀. *燈影 : 등잔불의 그림자. *剔開 : 긁어냄. *紅焰 : 붉은 불꽃. *蛾 : 나방. 누에나방. 부나비.

[鑑賞] 앞에 든 시와 마찬가지로 궁사와 비슷한 시로, 나인들의 무료한 궁중 생활 단면을 그렸다. 달도 지려 하는데 임금님이 찾아올 가망은 없으니, 전부터 보아 둔 지면 으슥한 곳에 깃을 친 해오라기의 둥지를 살펴보고는 방에 들어온다. 등잔불을 보니 나방들이 빛을 보고는 날아들고 있어 옥비녀를 뽑아 부나비들이 불꽃에 타 죽지 않도록 실려 주고는 한다. 부나비는 멋도 모르고 궁중에 들어오기를 원하는 처녀들을 寓意的(우의적)으로 警戒(경계)하는 뜻을 가졌다.

7言絕句(7언절구). 압운은 過, 窠, 蛾 자로 평성 '歌(가)' 평운이다. 평측은 차례로 '仄平平仄仄平平, 仄仄平平仄仄平, 平仄仄平平仄仄, 仄平平仄仄平平'으로 二四不同二六對(이사부동이륙대)와 反法, 粘法(반법, 점법) 등이 잘 이루어진 좋은 작품이다.

369-3 集靈臺(집령대) 집령대

虢國夫人承主恩 平明騎馬入宮門 卻嫌脂粉汚顏色 淡掃蛾眉朝至尊.

(괵국부인승주은 평명기마입궁문 각혐지분오안색 담소아미조지존)

괵국부인은 임금의 은총 믿고, 새벽에 말에 올라 궁문으로 들어가네.

연지와 분이 오히려 얼굴을 더럽힌다고, 눈썹만 엷게 손질하고 임금님 뵙는구나.

[語句] *集靈臺 : 漢(한) 나라 武帝(무제)가 신선을 영접하기 위해 華陰(화음)에 지은 궁전. 唐太宗(당 태종)이 섬서성 臨潼(임동)에 세운 누대도 집령대라 함. →240-8. *虢國夫人 : 楊貴妃(양귀비)의 언니. 얼굴이 고와 분을 바르지 않았다고 함. *承主恩 : 임금의 은총을 입음. 承恩은 '신하가 임금으로부터 특별한 은혜를 받음. 여인이 임금에게서 사랑을 받아 밤에 모심'임. *平明 : 아침 해가 뜰 시각. 새벽. *卻 : 却(각-물리치다. 물러나다)의 本字(본자). *脂粉 : 연지와 분. *淡掃 : 묽게 손질함. *蛾眉 : 누에나방의 눈썹처럼 아름다운 눈썹. 미인의 눈썹. *朝 : 신하가 임금을 뵙다. *至尊 : 임금. 더없이 존귀하다는 뜻임.

[鑑賞] 당 나라 현종이 지극히 아끼는 양귀비의 언니이니 궁중 출입이 자유로웠을 것이라, 새벽에 말을 타고 집령대 궁문을 들어선다. 워낙 잘 생긴 얼굴이라 연지와 분으로 화장하면 오히려 얼굴이 보기 싫게 될 수도 있으므로 눈썹만 대강 매만지고는 당당하게 임금을 뵙는다. 집령대는 한무제가 3년 뒤 다시 오겠다는 선녀 西王母(서왕모)의 약속을 믿고 세운 궁전인데 서왕모는 다시 나타나지 않았다는 고사가 있다. 이 시는 현종을 한무제에 빗대어 지었는데, 괵국부인의 무례

와 현종의 처신을 비꼰 작품이라도 말하며 역시 궁사의 한 종류라 하겠다.

7언절구. 압운은 恩, 門, 尊 자로 평성 '元(원)' 평운이다. 평측은 차례로 '仄仄平平平仄平, 平平平仄仄平平, 仄平仄仄平平仄, 仄仄平平平仄平'으로 이사부동이륙대와 반법, 점법 등이 모두 이루어졌다.

370. 張混(장혼 1759~1828) : 조선 정조 때 학자. 자 元一(원일). 호 而已, 空空子(이기, 공공자). 본관 結城(결성). 父 友璧(우벽). 가난하면서도 효성이 지극하여 이웃에 사는 議政 金鍾秀(의정 김종수)가 찬탄했다. 정조 14년(1790) 監引所 司準(감인소 사준)이 되어 서적 편찬에 종사했으며 글씨에도 뛰어났다. 四部書(사부서)에 통달하는 시인으로 그를 스승으로 섬기는 사람이 100명이 넘었고 옛날의 명작시를 널리 모아 분류하여 펴냈으며, '筐段集(광단집), 集英利見(집영리견), 夢喩篇(몽유편)' 등의 저서를 남겼다.

370-1 贈千氏(증천씨) 천 씨에게 주다

朱門不向向柴門 慣識君家景物繁 雲暗高林鶯滑滑 露晴紅葉蝶翩翩
正逢詩料好天氣 莫惜酒錢從我言 塵內浮生空自老 愛茲邱壑幾人存.

(주문불향향시문 관식군가경물번 운암고림앵골골 노청홍엽접번번
정봉시료호천기 막석주전종아언 진내부생공자로 애자구학기인존)

높은 벼슬아치 집 대문으로는 들지 않고 그대 집 사립문을 들어가나니,
그대 집에 좋은 경치 많은 건 익숙하게 알고 있는 바 아닌가.
구름 침침한 숲에서는 꾀꼬리 어지러이 날고, 이슬 마른 붉은 잎에는 나비 떼로 날지.
바로 이 때가 시 읊기 좋은 철이니, 내 말 따라 술 살 돈을랑 아끼지 말라.
티끌 세상의 덧없는 인생 헛되이 늙어가니,
이 골짜기를 좋아해 몇 사람이나 살고 있는가.

[語句] *朱門 : 붉은 칠을 한 고관대작 집의 대문. *景物 : 사철에 따라 달라지는 풍물. *高林 : 키 큰 나무 숲. *滑滑 : 어지러운 모양. '미끄럽다'의 뜻이면 '활'로 읽음. *紅葉 : 붉은 잎. 단풍 든 나뭇잎. *翩翩 : 나는 모양. 펄럭이는 모양. *詩料 : 시의 재료. 시의 素材(소재). *天氣 : 하늘의 氣象(기상). 날씨. 日氣(일기). *酒錢 : 술 살 돈. 술값. *浮生 : 덧없는 인생. *茲 : 이. 이에. *邱壑 : 언덕과 골짜기.

[鑑賞] 이 시는 지은이의 詩友(시우) 千壽慶(천수경)에게 준 작품이다. 천수경은 조선 영조, 정조 때의 학자요 漢詩人(한시인)으로 詩才(시재)가 뛰어났고, 玉流泉 松石(옥류천 송석) 아래 초가집을 짓고 松石道人(송석도인)이라 자처했으며, 날마다 한시 동호인들을

모아 詩會(시회)를 여는 것으로 세월을 보내니, 이 시회에 참여 못 한 사람은 수치로 여길 정도였다고 한다. 옥류천은 지금의 경복궁 서쪽 玉仁洞(옥인동)에 있었던 듯하니, 옥인동과 통인동에 걸쳐 있는 마을을 玉流洞(옥류동)이라 했다. 물과 돌이 옥같이 맑아서 이름했고 북쪽 돌벽에 '玉流洞' 석 자가 새겨져 있는 바, 尤庵 宋時烈(우암 송시열 →122)의 글씨라고 한다. 이 시도 송석도인의 남다른 풍류와 그 집의 볼 만한 경치를 칭송해 고관대작의 집보다 그의 집을 드나들었다 했다.

7言律詩(7언율시). 압운은 門, 繁, 翻, 言, 存 자로 평성 '元(원)' 평운이다. 평측은 차례로 '平平仄仄仄平平, 仄仄平平仄仄平, 平仄平平平仄仄, 仄平平仄仄平平, 仄平平仄仄平仄, 仄仄仄平平仄平, 平仄平平平仄仄, 仄平平仄仄平平'으로 이사부동이륙대, 반법, 점법 등이 이루어졌다.

371. 錢起(전기 722~780) : 中唐(중당)의 시인. 浙江省 吳興(절강성 오흥) 사람. 盧綸(노륜 →733), 司空曙(사공서 →97), 李端(이단 →800) 등과 함께 代宗(대종) 때 大曆10才子(대력 10재자)라 일컬어지며 벼슬이 考功郎中(고공낭중)에 이르렀다. 淸新(청신)하며 秀麗(수려)한 시 작품이 많아 郎士元(낭사원 →731)과 함께 '錢郎(전랑)'이라 병칭되기도 한다.

371-1 歸雁(귀안) 기러기가 돌아오다

瀟湘何事等閒回 水碧沙明兩岸苔 二十五絃彈夜月 不勝淸怨却飛來.
(소상하사등한회 수벽사명양안태 이십오현탄월야 불승청원각비래)

소상 떠나 무슨 일로 무심하게 돌아왔는가,
물은 푸르고 모래 맑으며 양쪽 언덕 이끼인데.
상령이 스물 닷 줄 비파를 달밤에 탈 때, 그 맑은 설움 못 견디어 문득 돌아왔구나.

[語句] *瀟湘 : 호남성의 洞庭湖(동정호) 남쪽 瀟水(소수)와 湘江(상강)이 모이는 경치 좋은 곳. 瀟湘八景(소상팔경)이 있음. →2-1, 287-10. *等閒 : 마음에 두지 아니함. 대수롭지 않게 여기거나 무심함. *彈夜月 : 밤의 달 아래에서 악기 곧 비파를 탐. 상강에 빠져 죽은 舜(순) 임금의 두 비인 娥皇(아황)과 女英(여영)이 상강의 水神(수신)이 되어 비파를 탄다고 하니 이를 '湘靈鼓瑟(상령고슬)'이라 함. *淸怨 : 깨끗한 원한. 아름다운 것을 애처롭게 여김.

[鑑賞] 소상팔경 경치 좋은 곳으로 다시 돌아온 기러기를 두고 읊은 시. 반가운 마음에 즉석에서 한 편의 깔끔한 小品(소품)을 이루었다. 기러기야 철새이니 남쪽으로 갔다가 다시 북쪽 멀리 가려고 잠시 여기 머무른 것에 지나지 않겠지만, 그 微物(미물)에 靈的人格(영적 인격)을 부여하여 벗에게 말하듯 했다. 물 푸르고 모래 희

며 파란 이끼로 덮인 기슭은 색조의 대비가 잘 이루어, 이런 절경에 상령고슬 하고 있으니 그 아황과 여영의 맑은 설움을 잊지 못하여 다시 찾아온 것이리라.

7言絕句(7언절구). 압운은 回, 苔, 來 자로 평성 '灰(회)' 평운이다. 평측은 차례로 '平平平仄仄平平, 仄仄平平仄仄平, 仄仄仄平平仄仄, 仄平平仄仄平平'으로 二四不同二六對(이사부동이륙대)와 反法, 粘法(반법, 점법) 등이 잘 이루어졌고, 첫 구와 셋째 구의 평측 대비 곧 '平平平仄仄平平- 仄仄仄平平仄仄'가 멋져 내용과 함께 명작의 대접을 받을 만하다.

371-2 藍田溪與漁者宿(남전계여어자숙) 남전 냇가에서 어부와 함께 묵다

獨遊屢忘歸 況此隱淪處 濯髮淸泠泉 月明不能去
更憐垂綸叟 靜若沙上鷺 一論白雲心 千里滄洲趣
蘆中夜火盡 浦口秋山曙 歎息分枝禽 何時更相遇.

(독유누망귀 황차은륜처 탁발청령천 월명불능거
갱련수륜수 정약사상로 일론백운심 천리창주취
노중야화진 포구추산서 탄식분지금 하시갱상우)

홀로 유람하며 고향 돌아가기를 잊으니, 하물며 이렇게 숨어살기 좋은 곳임에랴.
맑고 서늘한 샘물에 머리를 감고, 달 밝으니 더욱 떠날 수 없구나.
또 낚싯줄 드리운 노인의 모습, 모래톱 해오라기같이 고요히 앉았음이 사랑스러워,
한 마디로 흰 구름 같은 마음에, 천리 먼 신선 고장 창주의 풍취가 있구나.
갈대밭 속 밤 등불 가물거리고, 포구의 가을 산에 먼동 트네.
같은 나뭇가지에서 밤을 보내다 새벽에 흩어져 떠나는 새 같음을 한탄하노니,
언제 우리 다시 만나 보려는고.

[語句] *藍田 : ①선녀 西王母(서왕모)가 사는 玉山(옥산)으로 옥의 명산지. ②陝西省(섬서성)의 지명. 현재 長安(장안) 동쪽의 藍田縣(남전현)으로 시인 王維(왕유)의 별장인 輞川莊(망천장)이 서남쪽에 있었음. *忘歸 : ①고향으로 돌아가기를 잊음. ②화살의 이름.<左傳 定公4年疏> 여기서는 ①의 뜻임. *況 : 하물며. *隱淪 : 세상을 피해 숨음. 隱逸(은일). *濯髮 : 머리를 감음. *淸泠 : 맑고 서늘함. 淸冷(청랭, 맑은 물). *憐 : 사랑스럽다. 미쁘다. *垂綸 : 낚시줄을 드리움. 낚시질을 함. *叟 : 늙은이. 어르신네. *一論 : 한 가지로 말함. 한 마디로 말한다면. *滄洲 : ①동쪽 바다 가운데 있는 신선이 사는 곳. 滄浪洲(창랑주). ②맑고 푸른 물가. 隱者(은자)가 사는 곳. 江湖(강호). ③南宋(남송)의 유학자 朱子(주자)가 학문을 상론하던 곳. *分枝禽 : 가지를 나누어 가지는 새. 한 숲의 같은 나무에서 함께 자다가 날이 새면 각기

흩어져 가는 새. '인생행로나 인정' 을 비유해 쓰기도 하는 말임. *相 : 보다.

[鑑賞] 경치가 뛰어난 소상8경이 가까이에 있고 유서 깊은 망천장이 있는 남전의 시냇가에서 강의 물고기를 잡으며 살아가는 어부와 함께 하룻밤을 묵고 나서 지은 작품이다. 속세에서 벗어나 숨어 살기 좋으며 맑은 물에 머리를 감고 달이 밝아 고향으로 돌아갈 마음이 나지 않는다. 물가에서 낚싯대를 드리우고는 백사장의 백로와 똑같은 자세로 움직임이 없이 조용히 앉은 노인의 모습에서, 흰 구름같이 조촐하고 어디에도 얽매임이 없는 양이 신선이 사는 고장인 창주의 모습을 떠오르게 한다. 새벽이 다가오니 떠나야 할 때이다. 엊저녁부터 함께 묵고 이제 헤어져야 하니, 마치 한 나무의 같은 가지에서 밤을 지낸 새들이 날이 새자 흩어져 제 갈 곳으로 날아가버리는 것과 다름이 없구나. 어부여, 우리 언제 다시 만나볼 수 있겠는가? 마지막 연이 詩眼(시안)으로 名句(명구) 중의 명구이다.

5言古詩(5언고시) 6연. 압운은 處, 去, 鷺, 趣, 曙, 遇 자로 處, 去, 曙는 거성 '御(어)' 측운이요 鷺, 趣, 遇도 거성 '遇' 측운으로 두 운은 通韻(통운)이 된다. 평측은 차례로 '仄平仄平平, 仄仄仄平仄, 仄仄平平平, 仄平仄平仄, 仄平平平仄, 仄仄平仄仄, 仄平仄平平, 平仄平平仄, 平平仄仄仄, 仄仄平平仄, 仄仄平平平, 平平仄仄仄'으로 이사부동에 어긋난 곳은 제 1, 4, 5, 6, 7구이며, 반법과 점법은 온전하지 못하다.

371-3 暮春歸故山草堂(모춘귀고산초당) 늦은 봄에 고향의 초당에 돌아오다

谷口春殘黃鳥稀 辛夷花盡杏花飛 始憐幽竹山窓下 不改淸陰待我歸.

(곡구춘잔황조희 신이화진행화비 시련유죽산창하 불개청음대아귀)

골짜기 어귀 봄 저물어 꾀꼬리 드물고, 백목련 모두 져 살구 꽃잎 날리는구나.
산창 밑의 사랑스러운 그윽한 대숲이여,
맑은 그늘 바꾸지 않고 나 돌아오기 기다렸구나.

[語句] *故山 : 고향. *黃鳥 : 꾀꼬리. *辛夷花 : ①白木蓮(백목련). 木筆(목필). 迎春花(영춘화). ②개나리. *杏花 : 살구꽃. *憐 : 사랑스럽다. *幽竹 : 그윽한 대나무 숲. *山窓 : 산 속에 있는 집의 창. *淸陰 : 맑은 그늘. 소나무나 대나무의 그늘을 운치 있게 이르는 말임.

[鑑賞] 아마도 외지에서의 벼슬살이를 그만두고 고향에 돌아와 지은 작품이리라. 봄도 자꾸 가서 늦은 봄이 되었으니, 젊은 시절이 지나 늙마에 이른 스스로를 비유했다고도 하겠다. 起(기)와 承(승)은 對句(대구)이니 谷口-辛夷, 春殘-花盡, 黃鳥-杏花, 稀-飛 등이 각각 짝인 것이다. '우리 집 창문 아래의 그윽한 대숲은 내

가 돌아오기를 기다려 맑은 그늘을 지어 주고 있으니 그 얼마나 반가운지 모르겠다.'고 전환하여 마무리 지은 솜씨가 뛰어나다.

7언절구. 압운은 稀, 飛, 歸 자로 평성 '微(미)' 평운이다. 평측은 차례로 '仄仄平平平仄平, 平平平仄仄平平, 仄平平仄平平仄, 仄仄平平仄仄平'으로 이사부동이륙대와 반법, 점법 등이 모두 이루어졌다.

371-4 石井(석정) 바위 사이의 우물

片霞照石井 泉底桃花紅 那知幽石下 不與武陵通.

(편하조석정 천저도화홍 나지유석하 불여무릉통)

붉은 노을 조각 같은 꽃잎들 바위 우물에 비치어, 우물 속에 복사꽃 붉구나.
이 깊은 바위 밑이 무릉도원과 통하지 않았다고 어찌 말할 수 있을 것인가.

[語句] *片霞 : 붉은 노을의 조각. '복숭아 꽃잎'을 비유함. *那知 : 어찌 알리오. *武陵 : 신선이 산다는 別天地(별천지). 武陵桃源(무릉도원). 陶潛(도잠)이 '桃花源記(도화원기)'에서 설정한 仙境(선경). →163-1, 164-3, 359-1.

[鑑賞] 바위 사이의 맑은 우물에 노을의 한 조각 같은 붉은 꽃잎들이 비치니, 곧 우물 밑에 복숭아꽃이 붉게 피어 있는 것 같다. 하기는 알 수 없는 일일 것이니, 이 우물 밑 바위 아래가 바로 선경인 무릉도원과 통해 있지나 않을는지. 이 우물도 남전계에 있는 것 같다.

5言絕句(5언절구). 압운은 紅, 通 자로 평성 '東(동)' 평운이다. 평측은 차례로 '仄平仄仄仄, 平平平平平, 平平平仄仄, 仄仄平平平'으로 二四不同(이사부동)은 둘째 구에서 어긋났고 反法, 粘法(반법, 점법)은 이루어지지 않았다.

372. 田祿生(전녹생 1318~1375) : 고려 恭愍王(공민왕) 때 문신. 자 孟畊(맹경). 호 埜隱(야은). 시호 文明(문명). 본관 潭陽(담양). 父 僉議舍人知滎州事 希慶(첨의사인 지영주사 희경). 충혜왕 때 문과 급제하여 濟州司錄(제주사록), 典校(전교), 校勘(교감) 등을 역임하고, 충목왕 3년(1347) 整治都監(정치도감)으로 奇三萬(기삼만)을 벌주었다. 공민왕 6년(1357) 起居舍人(기거사인)이 되어 諫議 李穡(간의 이색), 司諫 李寶曙(사간 이보서) 등과 함께 鹽鐵別監(염철별감)의 폐해를 상소했고, 殿中侍御史(전중시어사)를 거쳐 동왕 10년(1361) 全羅道按廉使(전라도안렴사) 때 紅巾賊(홍건적)의 침입으로 남쪽으로 피난가는 왕을 모시어 扈從2等功臣(호종2등공신)에 책록되었다. 左常侍(좌상시), 監察大夫(감찰대부) 때 원 나라에 다녀오고 密直提學(밀직제학), 鷄林尹(계림윤)을 거쳤는데, 다시 밀직제학으로서 使臣(사신)이 되어 金齊顔(김제안 →45)을 서장관으로 삼

아 河南王(하남왕)에게 가려 했으나 원 나라의 방해로 김제안만 다녀왔다. 또 大司憲 政堂文學(대사헌 정당문학)이 되고 門下評理(문하평리)에 이르러 推忠贊化輔理功臣(추충찬화보리공신)의 호를 받았다. 우왕 1년(1375) 親元派(친원파)인 李仁任(이인임)을 탄핵했으나 도리어 친원 세력에 몰려 朴尙衷(박상충 →746)과 함께 杖刑(장형)을 받고 유배가는 도중에 사망했다. 그는 특히 공민왕 16년(1367) 慶尙道都巡問使(경상도 도순문사)로 合浦(합포, 馬山마산)에 머물며 우리나라 최초로 '古文眞寶(고문진보)'를 간행하여 문화 발전에 공헌했고, 두 아우 貴生(귀생, 호 耒隱뇌은), 祖生(조생, 호 耕隱경은 →380)과 함께 麗末10隱(여말 10은) 중 田氏三隱(전씨 삼은)으로 숭앙받고 있으며, 문집으로 '埜隱集(야은집), 三隱合稿(삼은합고)' 등이 있다.

372-1 鷄林東亭(계림동정) 계림 동정

終日昏昏簿領間 偶因迎客出郊關 俯看逝水嘆流景 坐對青山多厚顔
半月城空江月白 孤雲仙去野雲閒 更尋陶令歸來賦 千載高風未易攀.

(종일혼혼부령간 우인영객출교관 부간서수탄류경 좌대청산다후안
반월성공강월백 고운선거야운한 갱심도령귀래부 천재고풍미이반)

온종일 공문서 더미 속에서 정신없이 보내다가,
우연히 손님 맞으러 성 밖 교외에 나왔네.
가는 물 굽어보며 흐르는 세월 탄식하고, 청산을 마주 대하니 내 얼굴 부끄러워라.
반월성은 비었고 강의 달은 흰데,
최치원 선생 신선되어 가신 뒤 들의 구름만 한가롭구나.
다시금 도잠의 귀거래사를 읊어보니, 천고에 그 높은 풍격 뉘라서 따르리.

[語句] *鷄林 : ①신라의 脫解王(탈해왕) 때부터 부르던 신라의 이칭. ②신라 서울 경주의 옛 이름. ③우리나라 별칭. 여기서는 ②의 뜻임. *東亭 : 동쪽에 있는 정자. *昏昏 : 어두운 모양. 마음이 흐린 모양. *簿領 : 문서와 맡은 일. 벼슬아치가 처리해야 하는 업무. *郊關 : 성밖의 들. 郊外(교외). *逝水嘆流 : 흘러가는 강물을 보고 인생의 무상함을 탄식함. '도를 닦는 일도 물 흐름과 같이 쉬지 않아야 함'을 뜻하기도 함. "공자가 냇물 가에서 말씀하시기를 '간다는 것이 이와 같구나, 주야로 쉬지 않도다.' 했다"<論語 子罕> *厚顔 : ①두터운 낯가죽. ②염치없는 사람. *半月城 : 경주와 부여에 있는 반달 모양으로 된 성. 경주에는 석빙고 부근에 그 터가 남아 있음. *孤雲 : 신라 말의 학자 崔致遠(최치원 857~?)의 자. 그의 雅號(아호)라는 설도 있음. →566. *陶令 : 東晉(동진)의 문학가 陶潛(도잠, 陶淵明도연명). 彭澤縣令(팽택현령)을 지냈기로 '令'을 붙였음. →62. *

歸來賦 : 도잠이 지은 歸去來辭(귀거래사). →62-1. *千載 : 천년. 긴 세월. 千歲(천세). *高風 : 고상한 風格(풍격, 풍채와 품격). 높은 節操(절조). 고상한 人品(인품). *攀 : 더위잡다. 휘어잡다. 당기다.

[鑑賞] 중앙 정계에서 밀려 계림윤으로 근무할 때 지은 작품. 너무 바르고 공평하게 국사를 돌보니 반대파의 시기로 외직에 밀려났던 것이라고 그의 문집에 기록되어 있다. 首聯(수련 1~2구) 에서는 '바쁜 업무 중에 상부에서 누가 온다 하여 그를 맞이하러 오랜만에 교외로 나가보았다.' 하여 시상을 일으키고, 頷聯(함련 3~4구)에서는 '끊임없이 흘러가는 강물을 보니 세월만 헛되이 보내고 있음이 한탄스럽고, 푸른 산을 마주 바라보노라니 산수 수려한 저런 곳에 숨어 살지 못하는 내 처지가 부끄럽다.' 하여 對句(대구)를 잘 이루었다. 頸聯(경련 5~6구)은 유서 깊은 반월성과 고운 선생의 옛일을 떠올리며 무상을 읊어 전환을 이루고 역시 대구를 지었다. 마지막 尾聯(미련 7~8구)에서 '귀거래사를 되짚으니 하찮은 벼슬을 과감하게 버린 도연명의 높은 풍격을 따라가기에 나는 아직 멀어 이 벼슬을 버리지 못하고 있음이 부끄럽구나' 했다. 우연히 교외에 나와 읊었지만 고려말 조정의 비합리를 깊이 탄식한 명작이다.

7言律詩(7언율시). 압운은 間, 關, 顔, 閒, 攀 자로 평성 '刪(산)' 평운이다. 평측은 차례로 '平仄平平仄仄平, 仄平平仄仄平平, 仄平仄仄平平仄, 仄仄平平平仄平, 仄仄平平平仄仄, 平平平仄仄平平, 仄平平仄平平仄, 平仄平平仄仄平'으로 이사부동이륙대와 반법, 점법 등이 규칙에 맞게 이루어진 7律의 典型(전형)이 된다.

372-2 暎湖樓次韻(영호루차운) 영호루 시에 차운하다

北望京華疊嶂多 樓高客恨轉來加 仲宣作賦非吾土 江令思歸未到家
楊柳自搖愁裏線 辛夷初發亂餘花 若爲江水變春酒 一洗胸中滓與査.

(북망경화첩장다 누고객한전래가 중선작부비오토 강령사귀미도가
양류자요수리선 신이초발난여화 약위강수변춘주 일세흉중재여사)

북으로 서울 쪽을 바라보니 산들만 첩첩으로 쌓였고,
영호루 높아 나그네 한이 더해지네.
중선은 등루부를 지으며 내 고향 땅 아니라 읊었고,
강령은 고향으로 돌아가려 했지만 정작 집에는 못 갔었지.
버들은 시름 속에서 잔 가지를 흔들고, 신이화는 난리 뒤에 첫 꽃을 피웠구나.
만약 저 강물이 봄 술로 변한다면, 가슴 속 쌓인 찌꺼기 훨훨 씻어 버리게 될 것을.

[語句] *暎湖樓 : 경상북도 安東(안동)에 있는 누각. →170-1. *京華 : 번화한 서울. *疊嶂 : 첩첩으로 높이 솟은 산. *客恨 : 객지에서 느끼는 수심. 客愁(객수). *轉來 : 돌이켜 옴. 돌이켜. *仲宣 : 後漢末(후한말)에서 삼국시대에 활약한 魏(위)나라 시인인 王粲(왕찬 177~217)의 자. 建安7子(건안 7자)의 한 사람으로 曹操(조조)를 섬겨 侍中(시중)을 역임했고, 애수를 띤 시로 유명한데 西京(서경)이 어지러워지자 荊州(형주)의 劉表(유표)에게 몸을 의탁해 있으면서 岳陽樓(악양루)에 자주 올라 고향을 그리워하는 '登樓賦(등루부)'를 지으니, 그 중에 "信美非吾土(강산이 실로 아름다우나 내 고향은 아니로세)"는 人口(인구)에 膾炙(회자)되는 명구이며, 그 누각을 중선루라 부르고, 그의 문장을 칭송하여 '仲宣獨步(중선은 남이 따를 수 없이 뛰어남)'라 함. *江令 : 六朝(육조) 때 梁(양) 나라 문인인 江摠(강총, 江淹강엄)의 별칭. 東武令(동무령)을 지냈기로 江令이라 부르며 난리를 만나 외숙이 있는 영남으로 가서 오래도록 고향에 돌아가지 못함을 슬퍼하는 시를 많이 읊었음. 양 나라가 망하자 陳(진)과 隋(수) 나라에서도 벼슬했음. *楊柳 : 버드나무. *線 : 버들의 자잘한 가지. *辛夷 : 신이화. 백목련(白木蓮, 木筆목필). 개나리. *滓與查 : 속세에서 온 생각의 찌꺼기. 앙금. '세속적인 생각'의 뜻으로 쓴 말임. 滓는 '찌끼. 앙금', 查는 '물에 뜬 나무'로 槎(사, 떼배)와 같음.

[鑑賞] 경상북도 안동의 영호루에 올라 고려말 학자 禹倬(우탁)이 읊은 '暎湖樓' 시에 차운한 작품이다. →169-1. 이 시에 차운한 시가 많은데, 그 운자를 보면 '多, 加, 家, 花, 槎' 자로 한결같다. 그런데, 이 시 끝구의 운자는 查 자를 쓴 바, 원문에는 槎로 기록되어 있지만 '東文選(동문선)'에 查로 써 있어 동문선을 따랐다. 두 글자는 뜻과 운이 같기는 하지만, '생각의 앙금' 이란 뜻으로는 아무래도 槎 자보다는 查 자가 많이 쓰이며, 다른 시에 쓴 槎 자는 거의 '떼 배, 신선배'의 뜻으로 썼기 때문이다. 이 시도 앞의 '鷄林東亭'과 이미지가 비슷하여 고려 말의 불안한 정국을 걱정하는 우국의 정이 담겼다고 하겠다. 또한 시작법에 어긋나는 곳이 없이 함련과 경련의 대구가 잘 이루어지고 왕찬과 강엄의 경우를 적절히 인용해 읊은 뛰어난 작품이다.

7言律詩(7언율시). 압운은 多, 加, 家, 花, 查 자로 多는 평성 '歌(가)' 평운, 나머지 자도 평성 '麻(마)' 평운으로 두 운은 通韻(통운)이다. 평측은 차례로 '仄仄平平仄仄平, 平平仄仄仄平平, 仄平仄仄平平仄, 平仄仄平仄仄平, 平仄仄平平仄仄, 平平平仄仄平平, 仄平平仄仄平仄, 仄仄平平仄仄平'으로 二四不同二六對(이사부동이륙대)와 反法, 粘法(반법, 점법) 등이 잘 이루어졌다.

372-3 題合浦營(제합포영) 합포 진영에서 짓다

此地前遊僅十春 豈圖來鎭有今晨 壁間拙字知予否 曾是當年下筆人.

(차지전유근십춘 기도내진유금신 벽간졸자지여부 증시당년하필인)

여기 와서 유람한 지 10 년쯤 지났는데,
어찌 이 진영에 오는 오늘이 있을 줄 알았으리.
벽의 잘 쓰지 못한 글씨는 나를 아는가, 그 당시에 너를 지은 사람이 그 누구였던고.

[語句] *合浦 : 경상남도 馬山(마산)의 옛 이름. 앞에서 소개한 대로 지은이가 여기서 '古文眞寶(고문진보)'를 우리나라에서는 처음으로 간행한 적이 있었음. *僅 : 겨우. *十春 : 열 봄, 곧 10년. *圖 : 꾀하다. 도모하다. *拙字 : 보잘것없는 글자나 글. '자기가 쓰거나 지은 글자나 글' 겸칭. *知予否 : 나를 아는가 모르는가. *曾 : 일찍이. *當年 : 그 해. *下筆 : 詩文(시문)을 지음.

[鑑賞] 지은이가 경상도 도순문사로 합포에 머물던 때로부터 10여 년 뒤에 다시 합포를 찾아와 지은 시. 그 때에 지은 시가 아직도 벽에 걸려 있어서, 남다른 감회가 일어 그 시를 지은 주인인 내가 다시 그 글씨를 보고 있는데, 그 글씨는 쓴 사람이 나라는 사실을 알고 있는가 모르고 있는가 물어본다는 것이다. 반가운 마음에 즉흥으로 한 편의 시를 이루었다.

7言絕句(7언절구). 압운은 春, 晨, 人 자로 평성 '眞(진)' 평운이다. 평측은 차례로 '仄仄平平仄仄平, 仄平平仄仄平平, 仄平仄仄平平仄, 平仄平平仄仄平'으로 이사부동이륙대와 반법, 점법 등이 모두 잘 이루어졌다.

373. 田得良(전득량 ?) : 고려 공민왕 때 문인. 본관 泰山(태산). 父 守司空尙書左僕射 元均(수사공상서좌복야 원균). 三重大師(삼중대사)를 지냈고 형제에 甫龍(보룡), 甫鳳(보봉), 甫麟(보린)이 있다.

373-1 哭杏村李侍中嵒(곡행촌이시중암) 시중 행촌 이암을 곡하다

直節高標冠世人 一身忠孝事君親 堂開綠野遣淸興 會續白蓮修勝因
庭下芝蘭繁奕葉 門前桃李尙靑春 風流耆舊今何處 忍見琴書撲素塵.

(직절고표관세인 일신충효사군친 당개녹야견청흥 회속백련수승인
정하지란번혁엽 문전도리상청춘 풍류기구금하처 인견금서박소진)

곧은 절개 높은 품격 사람들 중 으뜸이요,
한 몸으로 충효 겸하여 임금과 어버이 섬겼네.
배도裵度처럼 녹야 별장 열어 맑은 흥취 부쳤고,

혜원법사처럼 백련사白蓮社 모임을 가져 좋은 인연 닦았네.
뜰 아래 지초 난초 같은 인재 대대로 번성하고,
문앞의 도리 같은 문하생들 아직도 번창하네.
풍류스러웠던 행촌 공 지금 어디 계신고, 먼지 쌓인 거문고와 책들 차마 못 보겠구나.

[語句] *杏村 李嵒(1297~1364) : 고려 말기의 명신, 서화가. 호가 행촌임. →268. *侍中 : 종1품으로 국무를 總理(총리)하는 首相(수상)격 벼슬. 門下侍中(문하시중). *直節 : 바르고 곧은 절개. *高標 : 높은 품격. 고상한 자취. *冠 : 으뜸. *事 : 섬기다. *綠野 : 唐(당) 나라의 어진 정승 裵度(배도)의 별장인 綠野堂(녹야당). 호사하게 꾸몄으며 당시의 명사들이 모여 즐겼음. *淸興 : 맑은 흥취. *白蓮 : 白蓮社(백련사). 晉(진)의 慧遠法師(혜원법사)와 謝靈運(사영운) 등 뜻있는 사람들의 모임. 이들이 절 마당에 백련나무를 심고 불법을 닦았기에 백련사라 했음.<蓮社高賢傳> *勝因 : <佛> 아주 좋은 인연. 특별히 뛰어난 善因(선인, 좋은 결과를 가져오는 원인이 되는 착한 일). *奕葉 : 빛나는 잎, 대대로 빛나고 영화스러움. 奕은 '크다. 빛나다. 대를 잇다.'임. *靑春 : '繁昌(번창)함'의 뜻임. *耆舊 : 노인. 늙은 벗. *撲 : 없애다. 두드리다. *素塵 : 흰 먼지.

[鑑賞] 서화가요 고관인 이암의 죽음을 애도한 弔詩(조시). 이암은 상서우승과 三南道巡問使(삼남도 순문사)를 지낸 이인성의 손자요 鐵原君 瑀(철원군 우)의 아들로 이름난 신하였다. '곧은 절개와 높은 인품으로 충효를 겸했으며, 녹야당 같은 별장을 열고 백련사 같은 모임으로 여러 인사들과 교유했다. 뛰어난 후손들과 훌륭한 문하생들을 길러냈고 풍류가 있는 분이라, 남겨둔 거문고와 많은 서적들을 보니 다시금 그리워진다.'고 그의 인품과 행적을 칭송했다.

7언율시. 압운은 人, 親, 因, 春, 塵 자로 평성 '眞(진)' 평운이다. 평측은 차례로 '仄仄平平仄仄平, 仄平平仄仄平平, 平平仄仄仄平仄, 仄仄仄平平仄平, 平仄平平平仄仄, 平平平仄仄平平, 平平平仄平平仄, 仄仄平平仄仄平'으로 이사부동이륙대와 반법, 점법 등이 모두 이루어졌다.

374. 田滿車(전만거 ?) : 조선 숙종 때 隱士(은사). 황해도 海州(해주)의 首陽山(수양산) 아래에 은거하여 晝耕夜讀(주경야독)을 낙으로 삼았다 한다. 혹시 다음 분이 아닌지 의문이나 확인할 수 없다. 田萬車(전만거 1650-효종1년~1733-영조9년) : 자 致淑(치숙). 본관 潭陽(담양-耕隱派 경은파). 父 禮賓寺直長 時井(예빈시 직장 시정). 通政大夫 承政院左承旨兼經筵參贊官(통정대부 승정원좌승지 겸경연참찬관)을 贈職(증직)받았다. *연대도 비슷하고 함자도 한 자가 다르기에 의문이 제기됨.

374-1 隱居吟(은거음) 은거하며 읊다

我本淸寒有一牛 輟耕閑放峽中秋 騎來不向人間路 恐飮當年洗耳流.

(아본청한유일우 철경한방협중추 기래불향인간로 공음당년세이류)

나 가난하나 소 한 필이 있어,
논밭갈이 끝나고는 산골에 한가로이 가을까지 놓아두었다가,
늦가을 소 타고 집에 올 때 사람 다니는 길을 피하나니,
그 당시 귀 씻은 물을 소가 마실까 두려워서라네.

[語句] *隱居 : 세상을 피하여 숨어 삶. 隱棲(은서). *淸寒 : 청백하고 가난함. *輟耕 : 논밭갈이를 마침. '경작을 일시 하지 아니함'의 뜻도 있음. *人間路 : 사람들이 오가는 길. *當年 : 그 연대. 그 당시. *洗耳 : 귀를 씻음. 더러운 말을 들은 귀를 씻음. 중국 고대 堯(요) 임금이 천하를 다음 사람에게 물려주려고 높은 선비인 許由(허유)에게 맡으라 하니 허유는 거절하고 더러운 말을 들었다 하고는 潁川(영천) 냇가에서 귀를 씻고 있었는데, 마침 친구인 巢父(소부)가 소를 몰고 지나다가 귀를 씻고 있는 까닭을 물어, 사실대로 말하니 소부는 더러운 말을 들은 귀를 씻은 물을 소에 먹일 수 없다면서 더 상류로 올라가 물을 먹이더라 함.

[鑑賞] 시끄러운 속세를 피하여 그윽한 산중에 숨어 살며 읊은 시. '나는 본디 가난하여 오직 소 한 마리를 가졌을 뿐이다. 돌밭을 갈고 나면 소의 할 일은 없어 산골짜기에 들게 해 마음대로 풀을 뜯으며 지내도록 하다가 늦가을 풀이 시들 때가 되면 집으로 몰고 온다. 올 때에는 사람들이 다니는 길을 피하여 오솔길을 통해 집으로 온다. 왜냐 하면, 옛날 소부 허유의 고사처럼 세속의 깨끗하지 못한 말을 소가 들을까 두렵기 때문이다.' 했다. 당쟁이 심하게 전개 되던 때라 중국의 竹林七賢(죽림칠현)과 고려 무신란 무렵의 竹林高會(죽림고회)처럼 은둔사상이 널리 퍼지던 시대적 배경을 상기하게 한다.

7言絕句(7언절구). 압운은 牛, 秋, 流 자로 평성 '尤(우)' 평운이다. 평측은 차례로 '仄仄平平仄仄平, 仄平平仄仄平平, 平平仄仄平平仄, 仄仄平平仄仄平'으로 二四不同二六對(이사부동이륙대)와 反法, 粘法(반법, 점법) 등이 잘 이루어지고 평측 배치도 잘된, 7絕의 전형이 되는 작품이다.

375. 全尙璧(전상벽 ?) : 조선 숙종 때 선비.

375-1 夜歸郊庄(야귀교장) 밤에 농막으로 돌아오다

立馬沙洲日欲昏 渡頭行客自相喧 空林暮雨歸來晩 寥落山家不掩門.

(입마사주일욕혼 도두행객자상훤 공림모우귀래만 요락산가불엄문)

강변에 당도해 말을 세우니 날은 저무려는데,
나루터에는 배를 타려는 손들로 떠들썩하구나.
쓸쓸한 숲에 내리는 비 속으로 늦게야 돌아오니,
적막한 산골 집에는 아직 사립문 닫지 않았네.

[語句] *郊庄 : 교외의 農幕(농막, 밭 근처에 간단하게 지은 집). *沙洲 : 모래밭 강변. *渡頭 : 나루. *行客 : 길 가는 사람. 나그네. *空林 : 나뭇잎이 떨어져 쓸쓸한 숲. *寥落 : 적막하여 볼 만한 것이 없는 모양. *掩門 : 문을 닫음.

[鑑賞] 조그만 시골 강가 나루터의 광경을 그린 그림이 떠오르는 시이다. 해가 져 저녁때가 되니 집으로 돌아가려는 사람과 먼 길을 가야 하는 나그네 들이 서로 배를 먼저 타려고 시끄럽게 다투어 댄다. 겨우 나룻배를 얻어 타고 숲을 지나노라니 저녁비는 부슬부슬 내려 앙상한 나무들만 선 숲이 더욱 쓸쓸하게 느껴진다. 적막한 산골 집이라 저녁인데도 사립문을 걸지 않았으니 내가 돌아옴을 알아서인가, 도둑들 염려가 없어서인가. 시골 옛 모습이 떠오른다.

7언절구. 압운은 昏, 喧, 門 자로 평성 '元(원)' 평운이다. 평측은 차례로 '仄仄平平仄仄平, 仄平平仄仄平平, 平平仄仄平平仄, 平仄平平仄仄平'으로 이사부동이륙대와 반법, 점법 등이 모두 잘 이루어졌다.

376. 田愚(전우 1841~1922) : 조선 말기의 유학자. 자 子明(자명). 호 艮齋, 臼山(간재, 구산). 본관 潭陽(담양). 埜隱 祿生(야은 녹생 →372.)의 16세손. 父 聽天翁 在聖(청천옹 재성). 어려서부터 문장이 뛰어나 당시의 거유인 申應朝(신응조 →775)의 권고로 鼓山 任憲晦(고산 임헌회)에게서 20년간 배웠으며 尹致中(윤치중), 徐廷淳(서정순)과 함께 그의 高弟(고제)가 되었다. 그의 학풍은 철저히 栗谷 李珥(율곡 이이), 尤庵 宋時烈(우암 송시열)의 사상을 계승하였다. 고종 19년(1882) 문벌로 繕工監 監役(선공감 감역), 掌令(장령), 고종 43년(光武 광무10년, 1906) 中樞院參議(중추원 참의) 등에 임명되었으나 모두 사퇴하고 말년에는 서해의 界火島(계화도)에서 후학을 가르쳤다. 저서로 '私稿-原集(사고-원집 67권), 續集-別集(속집-별집 4권), 禮說(예설 5권)' 등이 있는데, 1984년 '艮齋先生全集(간재선생전집 2권)'을 발간하였다.

376-1 雪中(설중) 눈 속에서

數枝殘菊已經霜 忽見疏籬雪脚長 枕邊賴有寒梅樹 剩作山家一線陽.

(수지잔국이경상 홀견소리설각장 침변뇌유한매수 잉작산가일선양)

몇 줄기 시든 국화 이미 서리 맞았는데,
성긴 울타리 쪽 얼핏 보니 눈발이 심할 듯하네.
베갯머리에 믿음직한 매화나무 서 있어, 산골 집에 한 줄기 봄기운을 가져다주는구나.

[語句] *雪中 : 눈 속. 눈이 오는 가운데. *殘菊 : 늦가을까지 남아 있는 국화꽃. 시들어진 국화. *疏籬 : 성긴 울타리. *雪脚 : 눈발. 눈. *枕邊 : 베갯머리. *賴 : 믿다. 힘입다. *剩 : 남다. 더하다. *陽 : 빛. 양기. 봄기운.

[鑑賞] 道學的(도학적)인 내용에 바탕을 두고 읊은 시. 陰氣(음기)의 극치인 음력 10월이 지나 추운 冬至(동지)가 되면, 陽氣(양기) 하나가 밑바닥에 생기는 一陽來復(일양래복)으로 復卦(복괘)가 스미어드니 곧 봄기운인 것이다. 傲霜孤節(오상고절)의 국화도 서리와 눈 아래에서는 맥을 못 추는데, 창앞에 우뚝 선 매화나무가 봄을 기약해주니 얼마나 다행인가. 눈 오는 속에서 문득 읊은 즉흥시라 하겠다.

7언절구. 압운은 霜, 長, 陽 자로 평성 '陽' 평운이다. 평측은 차례로 '仄平平仄仄平平, 仄仄平平仄仄平, 仄平仄仄平平仄, 仄仄平平仄仄平'으로 이사부동이륙대는 모두 이루어졌고, 둘째 구에서 반법은 되었으나 셋째 구에서 점법이 이루어지지 않아, 넷째 구와 바꾸어 놓으면 모두 형성되겠다.

376-2 謁宋先生墓(알송선생묘) 송 선생의 묘소를 참배하다

邪魔外道喙爭鳴 志士仁人涙欲横 隻手障瀾誰復辦 九原欲起老先生.
(사마외도훼쟁명 지사인인누욕횡 척수장란수부판 구원욕기노선생)

사악한 외도로써 저마다 주장하는 세상이니, 지사 인인들은 분노의 눈물을 뿌릴 판일세.
누가 혼자서 이 사악함을 다시 다스리리오,
저승에 계신 우암 선생을 다시 불러보고 싶구나.

[語句] *謁 : 뵙다. 參拜(참배). 拜謁(배알). *宋先生 : 조선 중기의 대학자인 우암 송시열(1607~ 1689). →122. *邪魔 : ①邪惡(사악)한 마귀. ②<佛>妄見(망견)을 설하여 菩提(보리, 지혜)의 正見(정견, 올바른 깨달음)을 해하는 악마. 여기서는 ①의 뜻임. *外道 : 바르지 않은 길. '유교 이외의 불교, 도교 등 다른 종교나 사상'을 뜻함. *喙 : 부리. 주둥이. *爭鳴 : 다투어 욺. 제각기 지껄임. 百家爭鳴(백가쟁명, 많은 학자나 문화인 등의 논쟁). *志士 : 기개가 높고 포부가 큰 선비. *仁人 : 마음이 어신 사람. 仁者(인자). 志士仁人 無求生以害仁 有殺身以成仁(경국제세經國濟世의 큰 뜻이 있는 사람은 삶을 얻으려고 인을 해롭게 하지 않고, 제 몸을 죽여

인을 이루느니라)<論語 衛靈公> *隻手 : 한쪽 손. 외로움. *障瀾 : 큰 물결을 막음. *辨 : 다스리다. 처리하다. 힘을 들이다. *九原 : 저승. 九泉(구천).

[鑑賞] 우암 선생의 묘소를 참배하고 평소에 느끼는 바를 술회한 작품. 세상이 斯道(사도)가 아닌 邪道(사도)가 횡행하는 풍조가 만연하다. 말하자면 백가쟁명으로 바른 길이 아닌 주장을 떠들어대고 있으니, 나라에서 근본으로 삼은 유학 곧 성리학을 실천하는 지사와 인인들은 분노하지 않을 수 없다. 나 혼자서는 밀물처럼 밀려드는 이 풍조를 바로잡지 못하니 지하에 계신 우암 선생이 다시 살아나셨으면 이 혼란을 수습하여 正道(정도)로 바로잡을 수 있지 않을는지. 날로 혼란해지는 세태를 개탄했다.

7언절구. 압운은 鳴, 橫, 生 자로 평성 '庚(경)' 평운이다. 평측은 차례로 '平平仄仄仄平平, 仄仄平平仄仄平, 仄仄平平平仄仄, 平平仄仄仄平平'으로 이사부동이륙대와 반법, 점법 등이 모두 잘 이루어진 좋은 작품이다.

377. 田禹治(전우치 ?) : 조선 중종 때 도술가. 본관 潭陽(담양, 담양이 아닌 자료도 있음). 松都(송도)에 살았으며 仙術(선술)로 유명하여 남긴 奇談(기담)이 많다. 하루는 申光漢(신광한 →773)의 집에서 밥을 먹다가 입에 넣은 밥알을 내뿜으니 밥알 하나마다 흰 나비가 되어 하늘로 날아가더라 하며, 결국 기행과 도술로 백성을 현혹시켰다는 죄명으로 信川(신천) 감옥에서 옥사했다. 그가 죽은 뒤 친척들이 이장하려고 무덤을 파 보니 시체는 없고 빈 관만 있더라 하고, 어느 날 학자 車軾(차식)을 찾아와 '杜工部詩集(두공부시집)'을 빌려갔는데 나중에 알고 보니 이미 죽은 지가 오래더라는 것이다. 그는 고대소설 '전우치전'의 주인공이기도 하다. '전우치전'은 지은이와 지은 연대가 미상인데 '홍길동전'을 모방한 소설로, 역사적 인물 전우치가 무술을 배워서 신출기묘한 재주를 부린다는 내용이며, 당시 지방 정치의 부패상을 지적하고 빈민 구제에 헌신코자 하는 주인공의 의협심을 표현했다.

377-1 三日浦(삼일포) 삼일포

秋晚瑤潭霜氣淸 天風吹下紫簫聲 靑鸞不至海天闊 三十六峯明月明.
(추만요담상기청 천풍취하자소성 청란부지해천활 삼십륙봉명월명)

늦은 가을 구슬 같은 삼일포 못에 서리 내려 맑은데,
하늘 바람 따라 신선 퉁소 소리 들리네.
푸른 난새는 오지 않고 바다와 하늘 훤히 틔어, 서른여섯 봉우리에 명월이 밝구나.

[語句] *三日浦 : 강원도 高城(고성) 북쪽 70리쯤에 있는 潟湖(석호, 바닷물 호수). 관동8경의 하나로 주변에 산봉우리들이 겹으로 둘렀는데 36봉이라 하며 신선이 사흘

동안 머물렀다 하여 삼일포라 함. *瑤潭 : 구슬같이 아름다운 못. 瑤池(요지, 신선이 사는 곳의 못) 같은 못. *霜氣 : 서리가 조금 내린 기운. *天風 : 하늘 높이 부는 바람. *紫簫 : 하늘나라의 퉁소. '天帝(천제)가 사는 紫微宮(자미궁)에서 부는 퉁소'의 뜻임. *青鸞 : 푸른 난새. 봉황. 파랑새.

[鑑賞] 관동팔경의 하나인 삼일포를 도교적 관념으로 읊은 시. 瑤潭, 天風, 紫簫, 青鸞 같은 말이 모두 도교 곧 신선 사상과 관련되는 어휘이니, 지은이가 도술가이기 때문이리라. '늦가을이라 삼일포는 서리 기운이 서린 속에, 하늘에서 부는 바람 타고 퉁소 소리 같은 솔바람 소리 울린다. 그러하나 파랑새는 오지 않고 바다와 하늘이 넓게 트인 속에 서른여섯 봉우리를 달이 밝게 비춘다.' 하여 신선이 사는 하늘나라의 분위기를 풍기지 않는가.

7言絕句(7언절구). 압운은 清, 聲, 明 자로 평성 '庚(경)' 평운이다. 평측은 차례로 '平仄平平平仄平, 平平平仄仄平平, 平平仄仄仄平仄, 平仄仄平平仄平'으로 二四不同二六對(이사부동이륙대)와 反法, 粘法(반법, 점법) 등이 모두 이루어졌지만, 둘째 구만 제외하고는 孤仄(고측)과 孤平(고평)이 되었고 天자와 明 자가 두 번씩 쓰이어 흠이라면 흠이 되겠다.

378. 田濡(전유 ?) : 고려 후기의 文官(문관). 公州牧使(공주목사)를 역임했다.

378-1 赴任公州(부임공주) 공주에 부임하여

公事如雲鬢欲絲 雪晴江路馬遲遲 吏人不識憂民意 誤道溪山覓好詩.
(공사여운빈욕사 설청강로마지지 이인불식우민의 오도계산멱호시)

관청 일은 구름처럼 많이 일어 귀밑머리 세려하고, 눈 그친 강뚝 길에 말 걸음 더디어라.
아전들은 백성들 걱정하는 내 뜻 알지 못하고,
산수간에서 좋은 시만 찾는다고 그릇 말하네.

[語句] *公州 : 충청남도 공주시. 백제 때 熊川(웅천)으로 文周王(문주왕) 1년(475)부터 聖王(성왕) 16년(538)까지 약 60년간 백제의 서울이었음. *公事 : 관청의 일. *鬢如絲 : 구레나룻이 실같이 희게 됨. *遲遲 : 더디고 더딤. *吏人 : 관청의 낮은 벼슬아치. 衙前(아전). *憂民 : 백성의 일을 근심함. *誤道 : 잘못 말함. *覓 : 찾다. 구하다. 覓句(멱구, 좋은 시를 시으려고 애써 좋은 글귀를 찾음).

[鑑賞] 공주 고을원으로 부임하여 지은 시. '처리해야 할 관청 일은 자꾸만 일어나 머리가 셀 만큼 바쁜데, 눈 갠 강변길을 말 타고 지나노라니 눈길이라 말의 걸음이 느릿하다. 아전들은 백성들의 사는 형편을 걱정하는 내 심정을 이해하지 못

하고서, 우리 사또는 산천을 찾아다니며 시 지을 감만 찾는다고 잘못 말하고들 한다.' 했는데, 사실이야 우민과 산천 관람을 겸한 나들이가 아니겠는가. 읽는 사람이 미소 짓게 하는 좋은 작품이다.

7언절구. 압운은 絲, 遲, 詩 자로 평성 '支(지)' 평운이다. 평측은 차례로 '平仄平平仄仄平, 仄平平仄仄平平, 仄平仄仄平平仄, 仄仄平平仄仄平'으로 이사부동이륙대와 반법, 점법 등이 잘 갖추어졌다.

379. 田子壽(전자수 ?) : 고려말의 문신. 자 伯仁(백인). 호 晦亭, 月湖(회정, 월호). 본관 潭陽(담양). 조부 耕隱 祖生(경은 조생 →380). 父 諫議大夫 果川君 順(간의대부 과천군 순). 공민왕 18년(1369) 문과 급제하고 左司諫(좌사간), 匡靖大夫 僉議評理兼 進賢館大提學(광정대부 첨의평리 겸 진현관 대제학), 江原道按廉使(강원도안렴사) 등을 역임했다. 좌사간 때는 직위의 고하를 막론하고 비행을 지적하고 탄핵해 고치도록 했으며, 강원도안렴사 때 平海(평해, 현 경북 울진군)에 당도하여 산수의 수려함에 매료되고 암담한 고려의 국운을 애달파하여 벼슬을 버리고 평해에 정착하여 養眞齋(양진재) 초당을 지어 푸른 소를 타고 해변 송림과 백사장을 왕래하며 詩歌(시가)로써 망국의 한을 달래었다. 태어날 때부터 재주가 뛰어났고 성품이 조용하고 순수하며 학문을 즐기어 학문 연마에 독실했다고 한다. *편저자의 20代祖(20대 조)가 되심.

379-1 題觀魚臺(제관어대) 관어대에서 짓다

潑潑魚遊淵 嗈嗈雁至天 縱觀上下察 快樂終吾年.
(발발어유연 옹옹안지천 종관상하찰 쾌락종오년)

고기는 못에서 팔짝팔짝 뛰놀고, 기러기는 짝지어 울며 날아가네.
이 둘의 자연에 따르는 이치를 마음껏 살피며, 즐거이 내 여생을 마치리로다.

[語句] *觀魚臺 : 경상북도 영덕군 寧海邑 槐市洞(영해읍 괴시동) 동북쪽 바닷가의 上臺山(상대산) 바위 또는 동네 이름. 고려말 학자 牧隱 李穡(목은 이색 →243)이 외가인 호지마을에 왔다가 상대산에 올라보니 넓은 바다가 트이고 물고기가 뛰노는 것을 능히 볼 수 있어 붙인 이름이라 함. *潑潑 : 물고기가 뛰노는 모양. *嗈嗈 : 기러기 우는 소리. 새가 和唱(화창)하는 모양. 雝雝(옹옹). 雝雝鳴雁 旭日始旦(끼룩끼룩 우는 저 기러기, 해가 떠서 아침이 되네)<詩經 邶風 匏有苦葉> *縱觀 : 마음대로 봄. 자유로이 관람함.<史記 高帝紀> 縱覽(종람). *上下 : 위와 아래. 하늘과 땅. *快樂 : 기분이 좋고 즐거움. *吾年 : 내 나이. 내 여생. 吾餘年(오여년).

[鑑賞] 관어대에서 바다를 내려다보니 물고기들이 팔딱거리며 뛰놀고 있고, 하늘을 쳐다보니 기러기 떼가 짝을 지어 끼룩끼룩 울며 날아간다. 이는 鳶飛魚躍(연비어약) 곧 솔개는 하늘을 날고 물고기는 못에서 뛰노는 경지이니, 천지 만물은 자연의 바탕에 따라 움직여 저절로 그 즐거움을 얻는 자연의 이치인 것이다. 이 말은 '詩經 大雅(시경 대아) 旱麓(한록)' 편의 "鳶飛戾天 魚躍于淵(솔개는 날아 하늘에 이르고, 고기는 뛰어 연못에 놀도다)"에서 온 말로 삼라만상의 근본 이치를 설파한 것이다. 이러한 자연 속에서 나에게 주어진 여생을 즐기며 살아가리라 했다. 자연에 순종하며 세속의 욕심을 버리고 한가로이 살겠다는 지은이의 철학이 담겼다.

5言絕句(5언절구). 압운은 淵, 天, 年 자로 평성 '先(선)' 평운이다. 평측은 차례로 '仄仄平平平, 平平仄仄平, 平平仄仄仄, 仄仄平平平'으로 二四不同(이사부동)과 反法, 粘法(반법, 점법) 등이 모두 잘 이루어졌으며, 독특하게 첫 구에도 압운했다.

379-2 題月松亭(제월송정) 월송정을 두고 짓다

顯晦宜如月 守持乃若松 亭兼二正學 便是道中庸.
(현회의여월 수지내약송 정겸이정학 편시도중용)

세상에 드러내거나 감추는 일은 달과 같이 하고, 지조를 지킴은 소나무와 같이 할 것이라. 월송이란 이 정자는 그 둘의 올바른 배움을 겸하였으니, 이곧 중용을 말하고 있구나.

[語句] *月松亭 : 울진군 평해읍 月松里(월송리)에 있는 정자로 관동 8경의 하나임. 신라 때 네 화랑이 노닐던 터에 고려 때 창건했는데, 달밤에 송림 속에서 놀았다 하여 月松亭이라 하고 越(월) 나라에서 소나무 묘목을 가져다 심었다 하여 越松亭(월송정)이라고도 함. 1980년에 3차로 重建(중건)했는데, 송림 속에 우뚝 서 있어 백사장 너머 푸른 바다를 널리 조망할 수 있는 풍경이 뛰어나, 조선 성종이 그림을 보고는 찬탄했다고 전함. *顯晦 : 밝음과 어두움. 세상에 드러남과 알려지지 아니함. 晦顯. *守持 : 지킴. 지조를 지킴. 守志(수지). *正學 : 올바른 학문. *便 : 곧. 오로지. *中庸 : ①어느 쪽으로나 치우침이 없이 곧고 바름. ②유교의 경전 이름.

[鑑賞] 用舍行藏(용사행장) 곧 쓰임을 받으면 세상에 나와 자기의 도를 행하고 버림을 받으면 물러가 은퇴하는 일은 저 달을 본받으면 좋을 것이니, 달은 초순에 돋아 자꾸 둥글게 되다가 만월이 되고 하순이 되면 다시 없어진다. 또 굳은 지조는 사철 푸른 소나무를 닮을 것이니, 한 번 세운 절개는 바꾸지 말아야 할 것이다. 월송정 정자 이름이 이 두 가지를 겸하고 있어서, 우리의 가야 할 길 곧 중용의 도리를 말해 주고 있으니, 이 얼마나 뜻있는 정자인가.

5언절구. 압운은 松, 庸 자로 평성 '冬(동)' 평운이다. 평측은 차례로 '仄仄平平仄, 仄平仄仄平, 平平仄仄仄, 仄仄仄平平'으로 이사부동과 반법, 점법 등이 잘 이루어진 좋은 시이다.

380. 田祖生(전조생 ?) : 고려 후기의 문신. 자 季耕(계경). 호 耕隱(경은). 시호 文元(문원). 본관 潭陽(담양). 부 希慶(희경). 형 埜隱 祿生(야은 녹생), 耒隱 貴生(뇌은 귀생). 충숙왕 복위 5년(1336) 문과에 급제하여 벼슬길에 올라 충혜왕 복위 2년(1341)에는 왕이 밤에 특별히 불러 두 왕자를 부탁했으며, 충목왕 2년(1346) '編年綱目(편년강목)' 재편에 참여했고 충정왕 1년(1349) 贊成事(찬성사)에 올랐다. 동왕 3년(1351) 원 나라에서 江陵君(강릉군, 공민왕)을 왕으로 세우고 충정왕을 강화도로 추방하니, 조생은 李岡(이강), 朴思愼(박사신), 韓修(한수 →594), 申德麟(신덕린) 등과 함께 충정왕을 호종해 강화도로 가서 은거했는데, 충정왕은 이듬해에 서거했고 선생은 38세에 돌아가셨으니, 사람들이 顔子(안자, 공자의 제자)보다 겨우 6살을 더 살아 뜻을 펴 보지 못했다고 안타까워했다. 벼슬은 贊成僉議府事(찬성첨의부사)를 역임하였고 용모와 器量(기량)이 뛰어나고 학문이 깊어 성리학을 처음 연구한 학자이기도 했다. 고려말 전씨 삼은의 한 분이며 문집에 '耕隱先生實記(경은선생실기), 三隱合稿(삼은합고)' 등이 있다.

380-1 誡子詩 首尾聯(계자시 수미련) 자손들을 훈계하는 시 첫 연과 끝 연

家世相傳何物業 孝仁忠義禮廉節 人間至寶孰如是 宣用天下尙不竭<수련>
我之所指洛陽道 古今由者誰覆轍 爾受吾誡傳不極 保安萬世如今日.<미련>

(가세상전하물업 효인충의예염절 인간지보숙여시 선용천하상불갈
아지소지낙양도 고금유자수복철 이수오계전불극 보안만세여금일)

집안 대대로 이어가야 할 것이 어찌 물업이리오, 효인과 충의와 예도와 염절이라.
우리에게 이보다 큰 보배가 어찌 있으리,
천하에 널리 펴도 오히려 다함이 없느니라.<首聯>
내가 지향하는 바는 떳떳하고 큰 길이니, 이 길로 하여 잘못된 사람이 그 누가 있더냐.
너는 내 이 훈계를 후손에게 끝없이 전하여,
만세토록 오늘같이 편히 보전되도록 하라.<尾聯>

[語句] *誡子 : 아들을 訓戒(훈계)함. *家世 : 대대로 내려오는 그 집안의 지체. 門閥(문벌). *物業 : 재물과 관련되는 일이나 사업. *孝仁 : 효성과 어짊. *忠義 : 충성과 義理(의리, 지킬 바른 도리). *禮廉節 : 禮度(예도)와 廉恥(염치)와 節操(절조). *至寶 : 아주 진귀한 보배. *宣用 : 널리 쓰이거나 폄. *竭 : 다하다. 마르다. *洛陽道 : ①당 나라 서울 낙양의 큰 길. ②떳떳하고 변하지 않는 큰 도리. 여기서는 ②의

뜻임. *由者 : 이로 말미암음, 곧 낙양도로 가는 일 또는 사람. *覆轍 : ①뒤집혀진 수레바퀴. ②자기나 다른 사람이 전에 실패한 자취. 前轍(전철). *保安 : 안전하게 보전함. *萬世 : 오랜 세월. 오랜 세대. 萬代(만대).

[鑑賞] 지은이가 아들에게 훈계와 경계로 내려준 시. 중간 부분의 대강은 "효인충의예염절의 각각은 경전에 모두 있으니 차례로 익혀 진실되게 할 것이로되, 진실인 듯하면서 거짓된 것이 유교 도덕을 해치니 잘 살펴 질병을 피하듯 버려야 하리라. 공경을 으뜸으로 늘 마음에 두는 主敬存心(주경존심)이 학문의 바른 길이니 늘 가슴에 두어 잊지 않도록 하라. 새로운 공부를 하되 쉬운 데서 시작해 어려운 학문에 통하도록 해야 하며, 생각을 한 번 잘못하면 모든 행실이 그릇되어 버리는 법이라 그리되면 짐승이나 오랑캐들과 다를 바가 있겠느냐. 제 공적을 믿고 세력가에 빌붙으면 흉함에서 벗어나기 어렵고, 부지런히 공부하여 도리를 깨치면 종당에는 이로우니라. 게으르고 일에 소홀하며 교만하고 인색함이 그 누구의 일이던가, 제 몸과 집안을 모두 망치게 한 역사적 사실은 모두 여기에서 나온 것이니라. 온화하고 선량하며 공손하고 검소한 어진 군자들은 靑史(청사)에 길이 빛나, 시비를 다투는 일이 없음을 너희는 보지 않았느냐."이다. 학문을 하고 도덕적으로 완성된 인간이 되라는 절실한 훈계여서, 경은 선생의 후손들은 이 '계자시'를 모두 익히며, 특히 '孝仁忠義禮廉節' 구를 거개가 좌우에 걸어 두고 가훈으로 삼거나 座右銘(좌우명)으로 하고 있다.

7言古詩(7언고시) 12연 24구. 압운은 節, 竭, 轍, 日 자로 앞의 석 자는 입성 '屑(설)' 측운, 日 자도 입성 '質(질)' 측운으로 두 운자는 通韻(통운)이 된다. 평측은 차례로 '平仄平平平仄仄, 仄平平仄仄平仄, 平平仄仄仄平仄, 平仄平仄仄仄仄 ; 仄平仄仄仄平仄, 仄平平仄平仄仄, 仄仄平仄平仄仄, 仄平仄仄平平仄'으로 二四不同二六對(이사부동이륙대)는 수련에서 넷째 구만 어긋났고 미련에서는 첫 구와 끝 구만 이루어졌다. 반법과 점법은 고시이므로 이루어지지 않았다.

380-2 無題(무제) 무제

秋雨霏霏江水寒 黃昏獨坐望長安 海上陰雲西北立 不知明月落何山.
(추우비비강수한 황혼독좌망장안 해상음운서북립 부지명월낙하산)

가을 비 부슬부슬 내리는 속에 강물은 차고, 황혼에 홀로 앉아 장안을 바라보네.
바다 위 음침한 구름 서북쪽으로 가득 끼어 있어,
밝은 달은 어느 곳으로 지려는지 모르겠구나.

[語句] *無題 : 제목을 붙이지 않은 시. *霏霏 : 비나 눈이 계속 내리는 모양. *長安

: ①당 나라 서울. ②서울. 고려의 서울인 開城(개성). 여기서는 ②의 뜻임. *陰雲 : 음침한 구름. 검고 무거워 보이는 구름.

[鑑賞] 지은이가 폐위가 된 충선왕을 모시고 강화도에 와서 북쪽의 서울 松都(송도) 쪽을 바라보다가 지은 시. '가을비는 철에 맞지 않게 끊임없이 내리는 속에 강물은 차갑다. 해질녘에 혼자 앉아 서울 쪽을 바라보니 그 쪽으로 검은 구름이 가득 끼어 있어, 달이 어느 산으로 지려는지 알아볼 수가 없다,' 했는데, 지은이의 그 때 처지를 생각하면 陰雲은 '왕을 쫓아낸 못된 사람들'을, 明月은 '충선왕이나 자기 자신'을 비유한 말이라 할 수도 있다. '간신들이 우글거리고 있으니 임금님과 나는 어찌해야 하겠는가.'의 뜻을 담았으리라.

7言絕句(7언절구). 압운은 寒, 安, 山 자로 寒과 安은 평성 '寒' 평운, 山도 평성 '刪(산)' 평운으로 통운이다. 평측은 차례로 '平仄平平平仄平, 平平仄仄仄平平, 仄仄平平平仄仄, 仄平平仄仄平平'으로 二四不同二六對(이사부동이륙대)와 反法(반법)은 이루어졌으나 셋째 구가 粘法(점법)이 되지 않아 끝 구와 바뀌면 제대로 이루어지겠다.

381. 全坦夫(전탄부 ?) : 고려 인종, 명종 무렵의 선비.

381-1 晉陽留別(진양유별) 진양에서 이별하다

久住眞無計 重來未必期 人生百歲內 長作一相思.
(구주진무계 중래미필기 인생백세내 장작일상사)

오래 머무르며 참으로 아무 대책이 없었으니, 다시 오기를 기약할 수도 없네.
인생이 기껏 백 살 안인데, 길이 서로 그리워하는 일만 짓고 가는구나.

[語句] *晉陽 : 경상남도 晉州市(진주시). 본디 弁韓(변한) 땅이었다가 백제가 차지하여 居列城(거열성) 또는 居陀城(거타성)이라 했고, 신라 때 晉州摠管(진주총관)을 두었으며 이후 康州(강주), 菁州(청주), 晉州 등의 명칭을 거쳐 조선 태조 때 晉陽大都護府(진양대도호부)가 되었음. 한 때 도 행정의 중심이었으며 1949년 진주시와 진양군으로 나누었다가 진주시로 통합되었고, 矗石樓(촉석루) 등 명승고적이 많음. *留別 : 떠나는 사람이 남아 있는 사람에게 작별을 함. ↔送別(송별). *無計 : 계획이나 계책이 없음. *重來 : 다시 옴. *相思 : 서로 생각함. 서로 그리워함.

[鑑賞] 진양에 오래 머무르다가 떠나면서 친구들과 술자리라도 베풀면서 지은 作別詩(작별시). '친구들이 좋아 아무 대책없이 오래 유숙하다가 막상 떠나려니 섭섭하나 다시 찾아올 기약도 할 수 없는 처지이다. 사람이 한껏 산다고 해 보았자

백년 안쪽인데, 백년보다 긴 상사의 정만을 남기고 간다.'고 하여 헤어지지 섭섭한 정을 잘 표현했다.

5言絕句(5언절구). 압운은 期, 思 자로 평성 '支(지)' 평운이다. 평측은 차례로 '仄仄平平仄, 平平仄仄平, 平平仄仄仄, 平仄仄平平'으로 이사부동과 반법, 점법 등이 잘 이루어졌다.

382. 鄭可臣(정가신 ?~1298) : 고려 충렬왕 때의 명신. 초명 興(흥). 자 獻之(헌지). 시호 文靖(문정). 본관 羅州(나주). 부 鄕貢進士 松壽(향공진사 송수). 어려서 중 天琪(천기)를 따라 서울 송도에 와서 고종 때 문과 급제하여 여러 요직을 거치고, 충렬왕 때 承旨(승지), 密直學士(밀직학사), 政堂文學(정당문학) 등을 지냈으며, 충렬왕 16년(1290) 왕세자를 따라 왕세자의 스승으로서 閔漬(민지)와 함께 원 나라에 가 元帝(원제)의 사랑을 받아 翰林學士(한림학사)를 제수받았다. 僉議(첨의), 贊成事(찬성사)로 壁上三韓三重大匡守司徒(벽상삼한삼중대광수사도)가 더해졌다. 문장에 능하여 '金鏡錄(금경록)' 찬집 등 많은 辭令(사령)을 지었고 청렴결백해 세인의 중망이 높았으며, 사는 집을 雪齋(설재)라 이름했고 고관이건만 행동이 書生(서생)과 다름없었다 한다.

382-1 雲(운) 구름

一片纔從泥上生 東西南北已縱橫 謂爲霖雨蘇群槁 空掩中天日月明.
(일편재종이상생 동서남북이종횡 위위임우소군고 공엄중천일월명)

한 조각씩 막 진흙에서 생기더니, 어느 사이 동서남북 가로 세로로 펴졌구나.
장마 비를 내려 말라가는 생물들을 소생시키라 했더니,
공연히 중천에 떠 해와 달만 가리네.

[語句] *纔 : 겨우. 잠깐. 비롯하다. 막. 금방. *縱橫 : 세로와 가로. 이리저리. *霖雨 : 장마. *槁 : 마른 나무. =稾(고). *掩 : 가리다. 덮다. 막다. *中天 : 하늘의 한복판. 半空中(반공중).

[鑑賞] 구름은 지상의 물에서 증발되어 이루어지는 것으로 하늘에 떠서 제멋대로 떠다닌다. 아마 가뭄이 심한 때 읊었는지 말라가는 나무를 소생시켜 주기 바랐는데, 공연히 하늘에 떠서 해와 달의 밝음만 막는다고 나무랐다. 지은이가 왕세자를 모시고 원 나라에 갔을 때, 원제가 술을 내리고 駱駝鳥(낙타조)의 알을 보이며 시를 읊게 하니, 지은이는 "有卵大如甕 中藏不老春 願將千歲壽 醺及海東人(알이라는데 크기는 항아리만 하고, 속에는 늙지 않는 봄을 간직했으리. 원컨대 천세를 누리시고, 남은 덕택이 우리 해동에도 미치도록 하소서.)"라

지어 원제가 기뻐해 고깃국 안주를 내리더다 했다.<朴趾源 避暑錄>

7언절구. 압운은 橫, 明 자로 평성 '庚(경)' 평운이다. 평측은 차례로 '仄仄平平平仄仄, 平平平仄仄平平, 仄平平仄平平仄, 平仄平平仄仄平'으로 이사부동이륙대와 반법, 점법 등이 모두 잘 이루어졌다.

383. 鄭介淸(정개청 1529~1590) : 조선 선조 때 道學者(도학자). 자 義伯(의백). 호 困齋(곤재). 본관 羅州(나주). 학식이 높아 많은 청년들을 가르쳤고, 정부의 부름을 받아 典牲主簿(전생주부)가 되어 道德立本說(도덕입본설)을 주장하여 왕의 가납을 받았으며, 谷城縣監(곡성현감)에 보직되었지만 사직했다. 좌의정 鄭澈(정철 →424)의 사람됨을 악평하여 미움을 받고 있던 중, 鄭汝立(정여립)의 난이 일어나자 이에 관련된 혐의와 아울러 정철의 주장으로 慶源(경원)으로 귀양 가던 도중에 사망했다. 遺稿(유고)에 '隨手記(수수기 9권), 愚得錄(우득록 3권)' 등이 있다.

383-1 詠懷(영회) 회포를 읊다

三椽茅屋一架書 百歲人生半世餘 心上經綸賢聖事 世間無望冒潛居.
(삼연모옥일가서 백세인생반세여 심상경륜현성사 세간무망모잠거)

오막살이 초가집에 한 선반의 책뿐인데, 백년 인생이 반나마 가버렸구나.
마음 속 경륜이야 성현들이나 하는 일, 이 세상 바랄 것 없어 숨어 살다 마는구나.

[語句] *三椽茅屋 : 서까래가 세 개뿐인 조그만 草家(초가). *一架 : 한 시렁, 선반. 한 書架(서가). *半世 : 일생의 절반. *經綸 : 천하를 다스리는 방책. *賢聖 : 현인과 성인. 위대한 사람들. *冒 : 가리다. 무릅쓰다. *潛居 : 숨어 삶. 隱居(은거).

[鑑賞] 마음속으로는 천하를 경륜할 큰 뜻을 가지고 살았지만, 현실은 나에게 그 포부를 펼 기회를 주지 않는다. 그래도 기다리며 지내다보니 반편생이 흘러가버렸다. 세상을 경영하는 일은 성현들이 이룩할 일, 나는 그만 바랄 것 없어 숨어 살고 만다. 張九齡(장구령)이 읊은 "宿昔靑雲志 蹉跎白髮年"이 연상되는 작품이다. →351-3.

7언절구. 압운은 書, 餘, 居 자로 평성 '魚(어)' 평운이다. 평측은 차례로 '平平平仄仄仄平, 仄仄平平仄仄平, 平仄平平平仄仄, 仄平平仄仄平平'으로 이사부동이륙대는 첫 구만 어긋났고 반법과 점법은 그런대로 이루어졌다고 하겠다.

384. 鄭谷(정곡 ?) : 당 나라 시인. 자 守愚(수우).

384-1 淮上別故人(회상별고인) 회상에서 벗과 이별하다

揚子江頭楊柳春 楊花愁殺渡江人 數聲風笛離亭晩 君向瀟湘我向秦.

(양자강두양류춘 양화수쇄도강인 수성풍적이정만 군향소상아향진)

양자강 나루터에 버들 하늘거리는 봄, 버들꽃은 강을 건너려는 사람들을 시름겹게 하네.
바람결에 들려오는 피리 소리 이정에 날은 저물어,
그대는 소상으로 나는 진으로 가는구나.

[語句] *淮上 : 淮水(회수) 물가. 회수는 '하남성에서 발원하여 안휘성을 지나 강소성을 거쳐 바다로 흘러드는 중국 셋째의 큰 강. 淮河(회하).'임. *江頭 : 강가의 나룻배 타는 곳. *楊柳 : 버드나무. *殺 : 강조하는 접미사. 愁를 강조함. *離亭 : 여행가는 사람을 전별하는 정자. '이별의 酒宴(주연)을 베푸는 좌석'으로도 씀. *瀟湘 : 瀟水(소수)와 湘江(상강)이 모이는 경치 좋은 곳. →2-1. *秦 : 당 나라 서울 長安(장안) 지방. 秦川(진천). →221-2.

[鑑賞] 회수 강가 또는 양자강 나루터 이정에서 친구와 이별의 술잔을 나누며 지은 시. 봄이 무르익어 버들가지는 봄빛에 겨워 하늘거리는데, 흩어져 날리는 버들꽃은 강을 건너려는 사람의 마음을 시름겹게 한다. 거기다가 바람결에 들려오는 구슬픈 피리소리에 이정은 해가 지고 이제 그대는 소상으로 가고 나는 장안으로 가야만 한다. 애틋한 이별의 아쉬움을 읊었다.

7言絶句(7언절구). 압운은 春, 人, 秦 자로 평성 '眞(진)' 평운이다. 평측은 차례로 '平仄平平平仄平, 平平平仄仄平平, 仄平平仄平平仄, 平仄平平仄仄平'으로 二四不同二六對(이사부동이륙대)와 反法, 粘法(반법, 점법) 등이 잘 이루어진 좋은 작품이다.

385. 鄭光弼(정광필 1462~1538) : 조선 중종 때 정승. 자 士勛(사훈). 호 守天(수천). 시호 文翼(문익). 본관 東萊(동래). 부 右參贊 蘭宗(우참찬 난종 →388). 성종 23년(1492) 진사와 문과에 급제하여 玉堂(옥당, 弘文館홍문관)에 들어갔으며 副提學(부제학)과 吏曹參議(이조참의)로 승진하고, 연산군 10년(1504) 연산군에게 抗訴(항소)했다가 牙山(아산)으로 귀양 갔다. 중종 때 부름을 받아 大司憲(대사헌), 右參贊(우참찬) 및 예조와 병조의 판서, 咸鏡觀察使(함경관찰사), 우의정과 좌의정을 거쳐 중종 11년(1516) 영의정이 되었다. 동왕 14년(1519) 己卯士禍(기묘사화) 때 일시 파직되었으며 동왕 32년(1537) 金安老(김안로)의 참소로 金海(김해)에 귀양 갔다가 김안로가 실각하자 곧 석방되었다.

385-1 謫金海初到配所作(적김해초도배소작) 김해 귀양처에 처음 이르러 짓다

積謗如山竟見原 此生無計答天恩 十登峻嶺雙垂淚 三度長江獨斷魂
漢漠孤峯雲潑墨 茫茫大野雨翻盆 暮投臨海東村宿 草屋蕭蕭竹作門.

(적방여산경견원 차생무계답천은 십등준령쌍수루 삼도장강독단혼
막막고봉운발묵 망망대야우번분 모투임해동촌숙 초옥소소죽작문)

비방이 산같이 쌓이는 속에 드디어 용서 받으니, 내 평생 임금님 은혜 갚을 길 없구나.
준령 열 고개를 넘으며 두 줄기 눈물 흘렸고, 넓은 강 세 번 건너며 넋이 나갔으며,
막막한 외로운 봉우리에 구름 검게 덮였고, 넓은 들판에는 비가 세차게 쏟아지고 있었네.
저녁에서야 바닷가 동편 마을에 묵노라니, 초가집 대사립문에 바람 소리 드세었네.

[語句] *謫 : 꾸짖다. 귀양 보내다. *配所 : 죄인을 귀양 보내는 곳. *謗 : 헐뜯다. 욕하다. *見原 : 용서 받음. 두남둠을 입음. 두남두다는 '불쌍히 여겨 도와주다'임. 原은 '용서하다'임. *天恩 : 임금의 은덕. *峻嶺 : 높고 험한 고개. *斷魂 : 넋이 나감. 넋을 잃을 정도로 애통함. *漢漠 : (산이) 넓고 멀어 아득함. *潑墨 : 먹물을 뿌림. 먹물이 번지어 퍼짐. *茫茫 : (물이나 땅이) 넓고 멀어 아득함. *翻盆 : 물동이를 뒤엎음. 비가 세차게 쏟아짐. *蕭蕭 : 바람 소리가 굉장해 무서운 모양.

[鑑賞] 중종 32년 김안로의 참소로 경상남도 김해로 귀양가 지은 시. 首聯(수련 1~2구)은 수많은 비방을 받았는데도 사약을 받지 않고 이렇게 귀양 가게 된 것도 임금님의 은덕이라 그 은혜를 갚을 길 없다고 했고, 頷聯(함련 3~4구)은 承(승)으로 유배되어 가는 길의 어려움을 읊었으니 수많은 높은 고개를 넘고 넓은 강도 여러 번 건너느라 눈물 흘리고 넋이 나가곤 했다고 했는데 두 구의 對句(대구)가 잘 이루어졌다. 頸聯(경련 5~6구)은 轉(전)으로 넘어야 할 산봉우리는 먹장구름이 끼였고 가야 할 넓은 들판에는 장대비가 내려 귀양살이 길의 험함을 그렸는데 역시 대구가 잘 되었다. 尾聯(미련 7~8구)은 마무리인 結(결)로 배소에 도착하니 바닷가 동편 마을인데 쓸쓸한 초가집에 대사립문에 바람 소리 드세게 울리는 집이더라 했다. 왕조시대에는 귀양살이가 벼슬아치들 일상의 일처럼 되어 새롭지는 않으나 귀양길을 사실적으로 묘사한 점이 특이하고 명작이라 하겠다.

7言律詩(7언율시). 압운은 原, 恩, 魂, 盆, 門 자로 평성 '元(원)' 평운이다. 평측은 차례로 '仄仄平平仄仄平, 仄平平仄仄平平, 仄平仄仄平平仄, 平仄平平仄仄平, 仄仄平平平仄仄, 平平仄仄仄平平, 仄平平仄平平仄, 仄仄平平仄仄平'으로 이사부동이륙대와 반법, 점법 등이 잘 이루어졌고 평측 배열도 좋은 시이다.

386. 鄭矩(정구 1350~1418) : 조선 태종 때 문신. 자 仲常(중상). 호 雪壑齋(설학재). 시호 靖節(정절). 본관 東萊(동래). 부 監察大夫 良生(감찰대부 양생). 우왕 3년(1377) 을과에 두 번째로 급제하고 서울과 시골에서 벼슬하여 가는 곳마다 치적을 올렸다. 靖安君(정안군, 후의 태종) 밑에서 判尙瑞司(판상서사)를 겸했고 議政府參贊(의정부 참찬)에 이르러 명 나라에 건너가 角弓(각궁)을 구입했다. 벼슬이 贊成(찬성)에 이르렀고 예서, 전서, 초서 등 글씨를 잘 써 이름이 높았으며, 성품이 청백하여 家産(가산)에 탐심이 없었고 자제를 대해도 의관을 정제했다 한다. 조선 태조의 健元碑(건원비) 題額(제액)을 篆字體(전자체)로 썼다.

386-1 松山幽居(송산유거) 송산에서 조용히 살다

蓬蓽門前一老松 百年春雨養髯龍 暮天霜雪埋窮壑 看取亭亭特殊容.

(봉필문전일노송 백년춘우양염룡 모천상설매궁학 간취정정특수용)

오두막집 문앞에 선 오랜 소나무, 백년 세월 겪어 구레나룻 난 용같이 꿈틀거리네.
지난 밤 서리와 눈에 온 골짜기가 덮였는데,
홀로 우뚝 선 모양 뛰어난 대장부 모습이라.

[語句] *松山 : ①개성에 있는 산. ②평안북도 義州(의주)의 옛 이름. ③전라북도 茂長(무장)의 옛 이름. *幽居 : 한적하고 외딴 곳에 삶. *蓬蓽 : 蓬戶(봉호, 쑥대로 이은 지붕)와 蓽門(필문, 사립문). 가난한 사람의 집. '자기 집' 겸칭. *髯龍 : 구레나룻 난 용. '노송의 모습'을 비유했음. *暮天 : 저문 때의 하늘. 저녁 하늘. *窮壑 : 깊은 골짜기. *亭亭 : 우뚝 높이 솟은 모양. *特殊 : 아주 다름. '대장부 같은 모습'으로 쓴 말임.

[鑑賞] 늙어 벼슬살이를 은퇴하고 송산에서 한가로이 살며 겨울눈이 온 한 때의 모습을 읊었다. 용틀임하는 노송이 문앞에 서 있어 그 장한 모습 항상 볼 만했는데, 눈이 내린 뒤 온 천지가 눈으로 덮여 높낮이가 없이 한 일 자 일색이건만, 이 소나무는 우뚝 솟아 푸름을 자랑하니 그 모습 대장부의 기상이다. 조선 숙종 때 학자요 예학의 대가인 朴世采(박세채)는 "雪滿窮巷 孤松特立 丈夫之氣像(눈 덮인 시골에 외 소나무 우뚝 섰으니 장부의 기상이라)" 했다.

7언절구. 압운은 松, 龍, 容 자로 평성 '冬(동)' 평운이다. 평측은 차례로 '平仄平平仄仄平, 仄平平仄仄平平, 仄平平仄平平仄, 平仄平平仄平平'으로 이사부동이륙대는 끝 구에서 어긋났고, 반법과 점법은 그런대로 이루어졌다.

387. 鄭逑(정구 1543~1620) : 조선 선조, 광해군 때 학자. 자 道可(도가). 호 寒岡(한강). 시

호 文穆(문목). 본관 淸州(청주). 부 思中(사중). 7, 8세에 논어와 대학을 배워 대의에 통하니 신동이라 했고 德溪 吳健(덕계 오건)에게서 易學(역학)을 배웠다. 과거에 응하지 않고 退溪 李滉(퇴계 이황), 南冥 曺植(남명 조식), 大谷 成運(대곡 성운) 등에게서 학문을 닦았으며 여러 벼슬을 받았으나 모두 사퇴하고 百梅園(백매원)을 만들어 제자를 가르치는 데에 힘썼다. 선조 25년(1592) 임진왜란에 의병을 일으켜 싸웠고 江陵府使(강릉부사), 江原監司(강원감사), 成川府使(성천부사), 忠州牧使(충주목사), 安東府使(안동부사) 등을 지냈으며, 광해군 때 大司憲(대사헌)으로 소를 올려 臨海君(임해군)을 구출했고 영창대군 사건에 은혜 베풀기를 주장하다가 광해군이 응하지 않아 사퇴하고 고향에 은거했다. 算數(산수), 兵陣(병진), 의약, 풍수 등에 능통하고 문장에 깊이가 있었으며, '五先生禮說(오선생예설), 心經發揮(심경발휘), 聖賢風範(성현풍범), 景賢續錄(경현속록), 洙泗言仁錄(수사언인록)' 등 많은 저서를 남겼다.

387-1 武屹夜詠(무흘야영) 무흘의 밤을 읊다

峰頭殘月點寒溪 獨坐無人夜氣凄 爲謝親朋休理屐 亂雲疊雪徑全迷.
(봉두잔월점한계 독좌무인야기처 위사친붕휴이극 난운첩설경전미)

봉우리에 걸린 희미한 달 찬 시냇물에 잠기고, 홀로 앉았노라니 밤기운 더욱 처량쿠나.
친한 벗 오겠다는 걸 못 오게 말렸나니,
어지러운 구름에다가 쌓인 눈으로 길 온통 막혔기에.

[語句] *武屹 : 산 이름 또는 중국의 武陵桃源(무릉도원)이나 武夷九曲(무이구곡)을 상상하여 붙인 말, 光州市(광주시)의 옛 이름이 武州(무주)여서 광주의 산을 이르는 말 등으로 생각되나 미상임. 屹은 '산 우뚝 솟다'임. *殘月 : 거의 다 져 가는 달. 새벽녘의 희미한 달. *點 : 들다. 잠기다. *凄 : 쓸쓸하다. 춥고 쓸쓸하다. *謝 : 사절하다. 사양하다. *理屐 : 나막신을 손질함. 신발을 챙김. *徑 : 지름길. 길. *全迷 : 온통 헛길림. 모두 잘못 듦.

[鑑賞] 늦은 가을이나 겨울밤에 읊은 작품. 지는 달이 산봉우리에 있어 희미한 달이 시냇물에 비치어 잠겨 있다. 냇가에 홀로 앉았노라니 밤기운이 차고 처량한 느낌마저 든다. 구름이 어지러이 끼이고 눈마저 겹겹으로 쌓여 있어 찾아오겠다는 친구를 못 오게 말렸다. 이 끝 두 구는 '친한 벗이 말리는 걸 무릅쓰고 신발 단속을 하고 찾아 나섰다가, 구름과 눈이 쌓이어 길이 온통 막혀 갈 길을 찾지 못할 지경으로 아득하다.'로 풀이해도 좋겠다.

7言絕句(7언절구). 압운은 溪, 凄, 迷 자로 평성 '齊(제)' 평운이다. 평측은 차례로 '平平平仄仄平平, 仄仄平平仄仄平, 仄仄平平平仄仄, 仄平仄仄仄平平'으로 二四不同二六對(이사부동이

륙대)와 反法, 粘法(반법, 점법) 등이 모두 잘 이루어진 좋은 작품이다.

388. 鄭蘭宗(정난종 1433~1489) : 조선 성종 때 문신. 자 國馨(국형). 호 虛白堂(허백당). 시호 翼惠(익혜). 본관 東萊(동래). 부 晉州牧使 賜(진주목사 사). 세조 2년(1456) 생원, 진사에 급제하고 이어 문과 급제하여 여러 벼슬을 지내고 宗簿寺少尹(종부시 소윤) 때 重試(중시)에 급제, 承文院 同副承旨(승문원 동부승지)로 拔英試(발영시)에 급제, 예조참판으로 登俊試(등준시)에 또 급제하여 형조참판에 五衛將(오위장)을 겸했다. 세조 13년(1467) 李施愛(이시애)의 난에 황해도 관찰사가 되어 장정을 징발했으며, 성종 2년(1471) 純誠佐理功臣(순성좌리공신)이 되고 東萊君(동래군)에 피봉되었다. 세조와 예종 실록을 수찬했고 이조·호조·공조 판서를 거쳐 右參贊(우참찬)을 역임했다. 서도에도 뛰어나 서울의 圓覺寺碑(원각사비), 楊州(양주)의 高靈府院君申叔舟墓表(고령부원군 신숙주 묘표)의 글씨는 그의 필적이며 文武兼全(문무겸전)했다.

388-1 題海州鳳池樓(제해주봉지루) 해주 봉지루에서 짓다

鼓角邊城暮 湖山秋色新 敗荷終夜響 衰柳半池陰
簾幕螢初度 樓臺月欲侵 此時拚客恨 不必聽猿吟.

(고각변성모 호산추색신 패하종야향 쇠류반지음
염막형초도 누대월욕침 차시변객한 불필청원음)

고각 소리 들리는 변방 성에 해는 저물고, 호수와 산에는 가을 경치 산뜻해라.
시든 연잎은 밤새도록 바람에 사각거리고, 앙상한 버들가지는 못의 반나마에 그늘짓네.
발과 장막에 반딧불 날아들고, 누각에는 달빛 비추려 하는구나.
이 때가 나그네의 시름 이는 때이니, 구슬픈 잔나비 울음 들을 필요 없으리.

[語句] *題 : '시를 지음'으로 여기서는 '해주의 봉지루를 두고 시를 지음'을 뜻하는데, 편의상 '해주 봉지루에서 지음'이라고 제목을 풀이했으니, 이 책에서는 거의 이런 식으로 표현했음. *海州 : 황해도 도청 소재지. 고구려 때 內米忽郡(내미홀군), 신라 때 瀑池(폭지)라 했다가 고려 태조 때 남쪽이 바다에 임해 있어 海州로 고쳤고 四美亭(사미정), 首陽山(수양산), 9층탑, 夷齊遺墟碑(이제유허비), 神光寺(신광사) 등 명승고적이 많음. *鼓角 : 북과 나팔. *秋色 : 가을철의 맑은 색 곧 가을 경치. 秋光(추광). *敗荷 : 가을이 되어 시들고 찢어진 연잎. *終夜 : 밤새도록. *簾幕 : 발과 장막. *初度 : 처음 이름. 첫 번. *樓臺 : 높직한 누각. *拚 : 날다. 손장단 치다. = 抃(변). *客恨 : 나그네의 한이나 시름. 客愁(객수). *猿吟 : 원숭이의 울음.

[鑑賞] 해주 봉지루를 두고 읊은 시. '해가 질 무렵 변두리의 성에서는 북과 나팔 소리 들리고 산천은 가을 기운으로 산뜻하게 보인다. 밤들며 시든 연잎이 바람에 흔들려 사각사각 소리 내고, 잎진 버들가지는 못을 반이나 덮었다. 내린 발과 장막에 반딧불 날아들어 반짝이고 봉지루에는 달빛이 비추어 든다. 이런 광경을 대할 때가 나그네로서는 가장 시름에 잠기는 법이니, 구슬픈 원숭이 울음소리도 이 시름에 더하지는 않으리라.' 하여 서정과 서경이 어울리게 한 편의 작품을 이루었다.

5言律詩(5언율시). 압운은 新, 陰, 侵, 吟 자로 新은 평성 '眞(진)' 운이고 나머지 석 자는 평성 '侵'으로 두 운자는 通韻(통운)이 되지 않으니, 수련 곧 1, 2구는 압운을 하지 않았다 해도 되겠고 지은이가 의도적으로 轉韻(전운)했으리라. 평측은 차례로 '仄仄平平仄, 平平平仄平, 仄平平仄仄, 平仄仄平平, 平仄平平仄, 平平仄仄平, 仄平平仄仄, 仄仄平平平'으로 이사부동과 반법, 점법 등이 모두 이루어졌다.

389. 丁大栻(정대식 ?) : 조선 헌종 때 文官(문관). 자 士建(사건). 호 錦圃(금포). 본관 羅州(나주). 宗廟令(종묘령)을 역임했다.

389-1 秋晩出惠化門(추만출혜화문) 가을 저녁에 혜화문을 나오다

小靑門外市廛空 驢背斜陽冉冉紅 野菊溪楓霜意近 十分秋色畫圖中.

(소청문외시전공 여배사양염염홍 야국계풍상의근 십분추색화도중)

소청문 밖의 시장거리의 가게들 비었고, 나귀 등에 비치는 햇빛 저녁노을 되어 붉구나. 들국화와 시냇가 단풍잎들 서리 맞은 모양 완연하니, 가을 빛 짙어 그림 속일세.

[語句] *惠化門 : 서울 혜화동 고개에 있던 작은 都城門(도성문). 태조 5년(1396) 도성을 쌓을 때 세웠고 원래 弘化門(홍화문)이었음. 성종 14년(1483) 창경궁의 정문을 弘化門이라 하니, 중종 6년(1511) 혜화문으로 고쳤고 東小門(동소문)이라고도 함. 성벽 밑에 虹霓門(홍예문)이요 그 위에 단층의 門樓(문루)를 세운 형식인데, 이 문 밖에 새의 피해가 많아 문루 천장에 새의 왕인 봉황을 그렸으니, 다른 문루에는 모두 용을 그렸는데 이 문만 봉황을 그려 특징이 되었음. 순조 16년(1816) 중수했고 1929년 서울시의 확장으로 헐었다가, 몇 해 전에 길 서쪽 성벽에 붙여 복원했음. *小靑門 : 미상. *市廛 : 시장거리의 가게. 市肆(시사). *驢 : 나귀. *斜陽 : 저녁 때 서쪽으로 기울어진 해 또는 햇빛. 斜照(사조). *冉冉 : 달이나 해가 기울어져 가는 모양. 점점 멀어져 없어지려는 모양. *霜意 : 서리 기운. *十分 : 넉넉히. *畫圖 : 여러 종류의 그림 총칭.

[鑑賞] 당시 혜화문 바깥 지역은 도성 밖이어서 산수가 아름다웠으리라. 타고 가는 나귀 등에 비치는 저녁노을의 붉은 빛, 서리 맞은 노란 들국화, 붉게 단풍 든 시냇물 가의 단풍잎, 이 모든 것이 杜牧(두목)이 읊은 대로 "霜葉紅於二月花(가을의 단풍 든 잎사귀들 2월의 봄꽃들보다 더 붉구나)"의 좋은 경치이다. 그러니 가을 풍경을 그린 그림 속에 들어와 있다고 했다.

7言絕句(7언절구). 압운은 空, 紅, 中 자로 평성 '東(동)' 평운이다. 평측은 차례로 '仄平平仄仄平平, 平仄平平仄仄平, 仄仄平平平仄仄, 仄平平仄仄平平'으로 二四不同二六對(이사부동이륙대)와 反法, 粘法(반법, 점법) 등이 잘 이루어졌다.

390. 鄭道傳(정도전 1342~1398) : 조선 초기의 학자. 開國功臣(개국공신). 자 宗之(종지). 호 三峰(삼봉). 시호 文憲(문헌). 본관 奉化(봉화). 父 刑部尙書 云敬(형부상서 운경). 李穡(이색)의 문하에서 鄭夢周(정몽주), 李存吾(이존오) 등과 교유하면서 經史(경사)를 강론했는데 특히 문장과 성리학에 능하였다. 고려 공민왕 11년(1362) 進士試(진사시, 文科大科문과 대과)에 급제하여 내외 요직을 역임하고 우왕 1년(1375) 원 나라에 반대하다가 李仁任(이인임), 慶復興(경복흥) 등의 노여움을 사서 會津縣(회진현)으로 귀양 갔다가 2년 후 석방되어 학자들과 經學(경학)을 강의했고, 동왕 8년(1383) 李成桂(이성계)의 막하에 들어갔다. 이듬해에 정몽주의 서장관으로 명 나라에 갔다와서 성균관 祭酒(좨주)와 南陽府使(남양부사)를 역임, 동왕 14년(1388) 성균관 大司成(대사성)에 올랐다가 6월에 이성계의 위화도 회군 후 정권을 잡게 되자 趙浚(조준)과 함께 이성계의 우익이 되어 토지 개혁을 단행하고, 이듬해에는 우왕과 창왕을 신돈의 자손이라 하여 죽게 하고 공양왕을 세웠다. 공양왕 4년(1392)에 이성계를 추대하여 조선 왕조를 개국하고 개국 1등 공신이 되었다. 이후 判義興三軍府事(판의흥삼군부사) 등 군국의 요직을 역임하여 건국 사업에 크게 이바지하여 새 나라의 문물제도와 국책의 대부분을 결정했다. 한양 천도 당시 궁궐과 종묘의 위치 및 도성의 基地(기지)를 정하고 각 궁궐과 궁문의 명칭, 도성의 8대문과 성안 마을의 이름 등을 제정했다. 奉化伯(봉화백)에 봉해지고 태조 6년(1397) 東北面都宣撫巡察使(동북면도선무순찰사)가 되어 함경도 국경 지방의 방비를 튼튼히 했다. 이후 북방 요동 정벌을 위해 군사들을 조련 하던 중 芳遠(방원, 후의 태종)의 습격을 받아 사망했으니, 그가 세자 芳碩(방석)의 편이었기 때문에 희생된 것이라 이를 王子(왕자)의 亂(난)이라 한다. 그는 철저한 排佛論者(배불론자)로 유교 곧 주자학으로 문교를 통일하고자 했으며, '朝鮮經國典(조선경국전), 經濟文鑑·別集(경제문감·별집)' 등을 지었고 태조의 명으로 '高麗史(고려사 37권)'를 편찬했으나 전하지 않으며 유집 '三峰集(삼봉집 7책)'이 있다.

390-1 訪金居士野居(방김거사야거) 김거사의 별장을 찾아가다

秋陰漠漠四山空 落葉無聲滿地紅 立馬溪橋問歸路 不知身在畫圖中.

(추음막막사산공 낙엽무성만지홍 입마계교문귀로 부지신재화도중)

가을 구름 잔뜩 끼어 사방의 산들 쓸쓸하고, 소리 없이 지는 낙엽으로 땅 가득 붉네. 시냇물 다리에 말 멈추고 가는 길 묻다 보니, 내 몸이 그림 속에 들어가 있는 듯하구나.

[語句] *居士 : 숨어 살며 벼슬을 않는 선비. 處士(처사). *野居 : 교외 곧 시골에서 삶. 시골의 별장. *秋陰 : 구름 낀 가을 날씨. *漠漠 : 넓고 아득함. *歸路 : 돌아오거나 돌아가는 길.

[鑑賞] 이 시는 앞에 인용한 정대식의 '秋晩出惠化門' 시와 압운이 같으니, 아마 정대식이 이 시의 운자를 따라 차운했으리라. 李丙疇(이병주) 박사의 감상을 보자. "이 칠언절구는 그 출중한 격조가 문장 밖에 넘친다. 드높은 가을 하늘에 뭉게구름이 아스라하고, 을씨년스런 바람에 그지없이 지는 낙엽으로 해서 사뭇 땅이 불그레하다는 표상은 '滿' 자로 해서 실을 방불케 하는 재치다. 흔히 낙화로 창이 붉게 어린다지만, 여기서는 작자의 얼굴마저 반사한 낙엽이다. 요는 고시를 본뜨되, 이렇듯 감쪽같이 둘러맞추는 천의무봉이면, 자작에 진배없다는 우리 한시다. 이 점이 우리의 한시 문학을 이해하고 음미하는 첫걸음이자 상식이다. 이미 남이 쓴 때문은 詞華(사화)라고 망설이다가는 숫제 1구도 지을 수 없는 한시이니 도리가 없다. 따라서 중국의 시나 우리의 고시를 되베껴 쓰되, 새로운 감각을 자아내게 꾸미는 재치가 명인과 범인의 차이다. 구름이 아득하니 낙엽 소리가 날 리 만무하다. 만일 났다면 시가 아닌 군소리다. 시문의 허허실실이 바로 이것이다. 실한 가운데서 허가 생생해지고, 허한 가운데서 실이 돋뵈져야지, 실만으로 실다워지기는 여간 어렵지 않다. 그렇다고 허만이면 허풍선이다. 이 묘리를 아는 정도전 이었기에, 造語(조어)가 여물어 마침내는 다음의 구가 수월하게 이어졌다. 다리에서 말을 멎고 돌아갈 길을 찾다니, 분명 엉뚱한 수작이나, 덧없이 신선의 경지에 든 자기가 되고 말았다. 이른바 시에서 그림으로 들고, 그림에서 시로 들고, 다시 음악에 든다는 이치가, 이 칠언절구로 해서 새삼 새로와지는 정감이 감도는 작품이다."<교양의 고전세계> 인용이 길어졌지만 한시를 보는 눈과 작법을 시사 받을 수 있어 인용했다.

7언절구. 압운은 空, 紅, 中 자로 평성 '東(동)' 평운이다. 평측은 차례로 '平平仄仄仄平平, 仄平平仄仄平平, 仄仄平平仄平仄, 仄平平仄仄平平'으로 이사부동이륙대와 반법, 점법 등이 다 이루어졌다.

390-2 詠梅 二首(영매 이수) 매화를 읊다 두 수

久別一相見 楚楚着緇衣 但知風味在 莫問容顔非.<第1首>

鏤玉製衣裳 啜冰養性靈 年年帶霜雪 不識韶光榮.<第2首>

(구별일상견 초초착치의 단지풍미재 막문용안비)

(누옥제의상 철빙양성령 연년대상설 불식소광영)

오랜 이별 끝에 한 번 만나니, 산뜻하게 검은 옷을 입었구나.
다만 멋스러움이 있음을 볼 뿐, 얼굴 모습이 어떠함은 상관 않네.<첫 수>
옥을 새겨 넣어 옷을 짓고, 얼음 마시어 넋을 길렀네.
해마다 서리와 눈을 띠고는, 봄의 영화로움을 알지 못하는구나.<둘째 수>

[語句] *楚楚 : ①산뜻한 모양. 蜉蝣之羽 衣裳楚楚(하루살이 날개 같아, 옷이 산뜻도 해라)<詩經 曹風 蜉蝣> ②가시[나무]가 무성한 모양. 楚楚者茨 言抽其棘 自昔何爲 我蓺黍稷(가시 돋은 납가새, 그 가시를 뜯는 건, 예로부터 이르기를, 기장을 심기 위해서라)<詩經 小雅 楚茨> 여기서는 ①의 뜻임. *緇衣 : 검은 옷. 卿大夫(경대부)의 관복. 중이 입는 검은 옷. *風味 : ①사람 됨됨이가 멋스럽고 아름다움. ②음식의 고상한 맛. 여기서는 ①의 뜻임. *容顔 : 얼굴. 얼굴 모습. *鏤 : 새기다. *啜冰 : 얼음을 먹거나 마심. *性靈 : 영혼. 넋. *韶光 : 봄 경치. 春光(춘광).

[鑑賞] 매화나무를 읊은 5언시 두 수. 오랜 여행 뒤에 집에 돌아오니 뜰의 매화나무가 거무스름하다. 뻗은 가지 모양이나 꽃들이 피어난 멋스러움만 볼 뿐 그 모양은 따지지 않는다. 옥을 다듬어 만든 옷인가 맑기가 끝없고, 찬 얼음을 먹으며 닦은 넋인지 청백한 자태를 뽐낸다. 해 마다 눈과 서리 속에서 꽃 피우니, 봄의 영화로움은 모르는 듯 고고하기 짝이 없다. 매화의 조촐하고 깨끗하며 고고한 모양을 잘 그린 시이다.

5言絕句(5언절구) 두 수. 압운은 첫 수가 衣, 非 자로 평성 '微(미)' 평운, 둘째 수는 靈, 榮 자로 靈은 평성 '靑(청)', 榮도 평성 '庚(경)' 평운으로 두 운은 通韻(통운)이 된다. 평측은 차례로 '仄仄仄平仄, 仄仄仄平平, 仄平平仄仄, 仄仄平平平 ; 仄仄仄平平, 仄平仄仄平, 平平仄平仄, 仄仄平平平'으로 二四不同(이사부동)은 둘째 수 셋째 구에서 어긋났고, 反法(반법)은 첫 수 둘째 구에서 어긋났으며 粘法(점법)은 그런대로 이루어졌다.

390-3 嗚呼島弔田橫(오호도조전횡) 오호도의 전횡을 조상하다

曉日出海赤 直照孤島中 夫子一片心 正與此日同

相距曠千載 嗚呼感予衷 毛髮竪如竹 凜凜就英風.

(효일출해적 직조고도중 부자일편심 정여차일동
상거광천재 오호감여충 모발수여죽 늠름취영풍)

새벽 해 바다에서 붉게 솟아, 바로 고도를 비추니,
전횡님의 일편단심 바로 이 해와 같구나.
시대가 다르기 천 년도 넘었는데, 내 마음에 슬픈 감동을 느끼게 하네.
머리칼은 대나무같이 뻣뻣이 일어서, 영걸스러운 그 기상 늠름하게 이루었구나.

[語句] *嗚呼島 : 중국 山東半島(산동반도) 青島市(청도시) 관내 卽墨市(즉묵시)의 섬 같은 지역. 일명 半洋山(반양산), 전횡도. 齊(제) 나라 왕이었던 전횡이 숨었던 곳으로 옛날에는 섬이었는지도 모름. *田横 : 제 나라의 왕. 項羽(항우)와 싸워 제 나라 땅을 회복했으나, 漢高祖(한고조) 劉邦(유방)이 항우를 이겨 천하를 통일하자, 그는 따르는 사람 5백 명을 데리고 산동반도의 섬에 들어가 있었는데, 유방이 사람을 보내 이르기를 "오면 王侯(왕후)로 봉할 것이나 안 오면 군사를 보내 칠 것이다." 했음. 전횡은 할 수 없이 나와 한의 서울 낙양 30리 못 미쳐서 말하기를 "내가 유방과 같이 왕이라 칭하다가 이제 그의 신하가 될 수 없다." 하며 자결하니, 섬 속의 5백 명이 그 소식을 듣고 일시에 자살했음. 그 이후 섬을 오호도라 부르게 되었음. *曉日 : 새벽 해. *夫子 : 인격이 높아 남의 모범이 되는 사람에 대한 경칭. *一片心 : 한 조각 참된 마음. 一片丹心(일편단심). *相距 : 서로 떨어진 거리. *曠 : 비다. 오래다. 멀다. *衷 : 정성. 마음. *竪 : 세우다. 서다. 더벅머리. 俗字(속자)로 본자는 豎(수)임. *凜凜 : 위엄이 있고 의젓함. *就 : 나아가다. 이루다. *英風 : 英傑(영걸, 영특하고 기상이 뛰어남)스러운 풍채.

[鑑賞] 명 나라에 사신으로 가는 도중 오호도를 지나며 전횡의 옛 사실을 회상하며 그 기개를 칭송하여 그를 조상한 시로 지은이의 대표적인 시의 하나이다. 首聯(수련 1~2구)에서는 새벽의 태양이 바다를 붉게 물들이며 솟아 외로운 오호도를 비춘다고 虛頭(허두)를 뗀 뒤, 頷聯(함련 3 ~4구)에서 전횡의 일편단심은 바로 이 새벽 태양과 같이 빛난다고 했다. 頸聯(경련 5~6구)은 전환으로 전횡의 일이 천년 전 일이지만, 尾聯(미련 7~8구)으로 이어 머리칼이 분노로 뻣뻣이 선 늠름한 그 모습이 상상되어 지금의 나를 감동케 한다고 맺었다.

5言古詩(5언고시). 압운은 中, 同, 衷, 風 자로 평성 '東(동)' 평운이다. 평측은 차례로 '仄仄仄仄仄, 仄仄平仄平, 平仄仄仄平, 仄平仄仄平, 平仄仄平仄, 平平仄平平, 平仄仄平仄, 仄仄仄平平'으로 이사부동은 제 4, 5, 7, 8구만 이루어졌고 반법이나 점법은 전체적으로 이루어지지 않았으니 고시이기 때문이다.

390-4 遠遊歌 終聯(원유가 종련) 먼 길을 가는 노래 끝 연

熟非出民力 得失如薰蕕 徘徊感今昔 日晏旋我輈
滿堂賓未散 擧酒相獻酬 高歌未終曲 雙涕爲君流.
(숙비출민력 득실여훈유 배회감금석 일안선아주
만당빈미산 거주상헌수 고가미종곡 쌍체위군류)

어느 것이 백성의 힘에서 나오지 않는 게 있으랴마는,
그 득실은 훈 풀 같은 향기와 구린내 나는 유풀과 같아 천양으로 다르네.
배회하며 예와 이제의 일을 생각하다가, 해 저물어 내 수레를 돌렸네.
집에 가득찬 손이 흩어지지 않아, 술잔 들어 서로 주고받으면서,
크게 부르는 노래 곡조 끝나지 않아, 임금님을 위해 눈물 흘리노라.

[語句] *遠遊 : 집을 떠나 먼 곳에 감. *孰 : 누구. 어느. 무엇. *得失 : 얻음과 잃음. *薰蕕 : 향내 나는 풀인 훈과 구린내 나는 풀인 유. 善人(선인)과 惡人(악인). 여기서는 周文王(주문왕)의 靈臺(영대)를 훈 풀에, 秦始皇(진시황)의 阿房宮(아방궁)을 유 풀에 비유했음. *徘徊 : 이리저리 거닐어 다님. *日晏 : ①하늘이 개어 해가 밝음. 天淸日晏(하늘이 맑고 해가 밝다)<漢書 揚雄傳> ② 해가 짐. 늦음. 冉子退朝 子曰何晏也(염자가 조정에서 물러나오거늘, 공자 묻기를 어찌 늦었는고 했다)<論語 子路> 여기서는 ②의 뜻임. *輈 : 수레채. 수레. *獻酬 : 잔을 주고받고 하는 일. *高歌 : 높은 소리로 노래함. 高歌放言(고가와 마구 지껄이는 말)<舊唐書 裴度傳> *雙涕 : 두 눈에서 흐르는 눈물. 雙淚(쌍루). *爲君 : 임금을 위함. 여기서는 '魯國公主(노국공주)의 影殿(영전)을 지으려는 恭愍王(공민왕)을 위하여'의 뜻임.

[鑑賞] 이 시는 原註(원주)에 "공민왕이 돌아간 왕비 노국공주를 위하여 영전을 지으려고 토목 공사를 크게 일으키므로, 공이 주 나라와 진 나라의 득실 곧 이로움과 해로움을 비교하여 풍자 했다."고 했으니, 지은 의도가 드러나 있다. 이 앞부분은 "집에 손님 가득 모여 춤추며 원유의 노래를 부르나니, 원유하는 곳은 온 세상 밖일세. 아침에는 동정호에서 노를 젓고 저녁에는 易水(역수)에 배를 대네. 사방으로 널리 눈을 돌려 雍熙(옹희, 태평한 천하) 때를 상상하니, 웅장했던 요순시대요 크게 존경받던 하 나라 은 나라였네. 세월이 얼마나 흘렀는가, 아득해 찾을 수 없어 수레로 다시 가 주 나라로 가니, 문왕이 쌓은 靈臺(영대)는 높직해 상서로운 구름이 둘러싸 있고, 봉황은 높은 메에서 울고 징경이 새 암수가 정다이 노래섬에 있어, 전년 뒤까지 한가롭고도 아름다웠네. 뒤를 이은 임금들이 어찌 그 뜻을 이어받지 못했던고, 왕의 덕화가 날로 쇠퇴해지고 말아, 진시황

이 한 입으로 제후들을 한꺼번에 삼켜버렸다네. 아방궁이 하늘에 닿아 촉 땅의 산이 벌거숭이가 되고, 화는 陳勝(진승)과 吳廣(오광)에게 있어 하루아침에 項羽(항우)와 劉邦(유방)에게 천하를 넘겼네."이다. 전체적으로 풍자가 깊고 간절하여 이 시의 시대적 의미를 분명하게 보여 준다.

5언고시 18연 36구 중 끝 4연. 압운은 猶, 輈, 酬, 流 자로 평성 '尤(우)' 평운인데 이 시 모두가 같은 운자이다. 평측은 차례로 '仄平仄平仄, 仄仄平平平, 平平仄平仄, 仄仄平仄平, 仄平平仄仄, 仄仄平仄平, 平平仄平仄, 平仄仄平平'으로 이사부동은 둘째, 다섯째, 마지막 구의 셋만 이루어졌으니, 반법이나 점법은 형성되지 않았다.

390-5 村居卽事(촌거즉사) 시골에 살며 즉흥으로 읊다

茅茨數間屋 幽絕自無塵 晝永看書懶 風淸岸幘頻
青山時入戶 明月夜爲鄰 偶此息煩慮 原非避世人.

(모자수간옥 유절자무진 주영간서나 풍청안정빈
청산시입호 명월야위린 우차식번려 원비피세인)

띠풀로 이은 두어 칸 초가집, 그윽하고 외져 있어 먼지 없구나.
낮이 길어 책 보기가 게을러지고, 바람 맑아 두건 자주 벗게 되네.
청산은 늘 방으로 들고, 명월은 밤이면 이웃이 되어 주네.
우연하게 여기 와 번뇌를 식히는 것이지, 본디 세상을 피하려는 내가 아닐세.

[語句] *村居 : 시골 마을에서 삶. *卽事 : 눈앞의 사물을 즉흥으로 읊어 내는 일. *茅茨 : 이엉이나 띠로 이은 집. 草家(초가). 茅屋(모옥). *幽絕 : 인가에서 멀리 떨어진 고요한 곳. *懶 : 게으르다. 본음은 **란**이지만 속음으로 **라**라 읽음. 懶怠(난태→나태) 등. *岸幘 : 갓이나 두건을 비스듬히 쓰려는 마음. 이마를 시원하게 드러내려는 마음. 岸은 '갓을 비스듬히 쓰다. 이마를 드러내다'임. *煩慮 : 번거로운 생각. 번뇌로운 마음. *避世 : 세상을 피해 숨음. 隱遁(은둔).

[鑑賞] 고려 우왕 때 회진으로 귀양 가서 지은 시. 陶淵明(도연명 →62.)이 전원생활의 즐거움을 읊은 작품을 연상하게 한다. 다만 끝 구에서 자기는 본디 은둔하려는 사람은 아니라 하여, 세상사에 대한 관심과 미련을 두고 있음을 드러낸 점이 도연명과는 다르다 하리라. 외진 곳에 있는 초가라 먼지가 일어날 일이 없고, 낮이 길어 책 읽기도 지루하며 바람 시원하니 두건은 벗어 던진다. 문만 열면 청산이요 밤이면 밝은 달이 이웃이 되어 준다. 이 頷聯(함련 3~4구)과 頸聯(경련 5~6구)은 對句(대구)가 멋지게 이루어졌다. 자기가 여기 와 있는 것은 잠시 괴로운 마음을 가라앉히

려는 거지 은둔을 위한 게 아니라고 맺어 經國濟世(경국제세)의 의지를 드러냈다.

5言律詩(5언율시). 압운은 塵, 頻, 鄰, 人 자로 평성 '眞(진)' 평운이다. 평측은 차례로 '平平仄平仄, 平仄仄平平, 仄仄平平仄, 平平仄平平, 平平平仄仄, 平仄仄平平, 仄仄仄平仄, 平平仄仄平'으로 二四不同(이사부동)은 첫째와 넷째 구만 어긋났고 反法, 粘法(반법, 점법)은 그런대로 이루어졌다.

391. 鄭東浚(정동준 ?) : 조선 영조 때 문관. 자 士深(사심). 호 東齋(동재). 본관 東萊(동래). 영조 때 吏曹參議(이조참의)를 역임했다.

391-1 弔山人(조산인) 산인을 조상하다

來與白雲來 去隨明月去 去來一主人 畢竟在何處.

(내여백운래 거수명월거 거래일주인 필경재하처)

올 적에는 구름과 같이 왔다가, 갈 때에는 명월 따라 갔구나.

오고감을 마음대로 한 그 사람, 필경 어디멘가에 있으리라.

[語句] *山人 : ①깊은 산 속에서 세상을 멀리하고 사는 사람. ②<佛> 중. 道士(도사). *去來 : 가거나 옴. 가는 일과 오는 일. *一主人 : 뜻대로 주장하는 사람. *畢竟 : 마침내. 결국에는.

[鑑賞] 조상하는 대상이 산중에 숨어 살던 선비인지 절의 스님이나 도사인지 모르지만, 조상하는 마음이 도탑다. 산 속에서 흰 구름과 함께 이 세상에 왔다가, 다 살고 나서는 밝은 달을 따라 저 세상으로 가 버리니, 오고감 곧 삶과 죽음을 마음대로 하는 사람이라 할 만하다. 생사를 마음대로 할 수 있는 사람이기에 지금 죽었다고들 하지만 어딘가에 필경 살고 있으리라. 생사에 연연 않고 자연을 따르는 無爲自然(무위자연) 사상이 담긴 좋은 弔詩(조시)이다.

5언고시. 압운은 去, 處 자로 거성 '御(어)' 측운이다. 평측은 차례로 '平仄仄平平, 仄平平仄仄, 仄平仄仄平, 仄仄仄平仄'으로 이사부동과 반법, 점법 등이 모두 이루어져 5言絕句(5언절구)라 할 수도 있다. 그러나, 요즈음의 한시 작법으로는 엄밀하게 따져, 측운으로 압운했으므로 고시로 분류함이 합당하다고 하리라.

392. 鄭斗卿(정두경 1597~1673) : 조선 현종 때 학자. 자 君平(군평). 호 東溟(동명). 본관 溫陽(온양). 父 撫松堂 晦(무송당 회). 李恒福(이항복) 문하에서 공부하고 인조 7년(1629) 別試甲科(별시 갑과)에 장원급제하여 6품 벼슬을 역임하고 玉堂(옥당, 홍문관)에 들어갔다. 인조 14년(1636)

병자호란 때 禦敵十難(어적십난)을 상소했으나 뜻을 이루지 못했다. 그 후 여러 높은 벼슬에 임명되었지만 모두 사퇴했으며, 현종 때 弘文館提學(홍문관 제학)이 되고 이어 예조참판 등을 제수받았으나 사퇴했다. 시문에 뛰어나고 典故(전고)에 밝았으며, 당 나라 시인 高適(고적)과 岑參(잠삼)과는 겨루어 볼 만하다고 자부했다 한다. 호방한 성격으로 풍자를 잘하여 효종 즉위 초에 27諷(27풍)을 써 올려 상을 받은 바 있다. 저서에 '詩(시 9권), 文(문 9권), 詩諷(시풍 8권), 東溟集(동명집)' 등이 있다. 그의 아우 蒼谷 麟卿(창곡 인경)은 承旨(승지)를 지냈다.

392-1 塞上曲(새상곡) 변방의 노래

花門藩將氣雄豪 八尺長身帶寶刀 大獵陰山三丈雪 帳中歸飮碧葡萄.
(화문번장기웅호 팔척장신대보도 대렵음산삼장설 장중귀음벽포도)

화문을 지키는 장수 그 기상이 영웅호걸이라, 8 척 큰 키에 보배로운 칼을 찼구나.
음산의 세 길 눈 속에서 큰 사냥 마치고는, 장막으로 돌아오자 벽포도주를 들이키네.

[語句] *塞上 : 변방 要塞(요새). 새상곡이나 塞下曲(새하곡)은 대개 樂府(악부)의 시임. *花門 : 지명. 미상. *藩將 : 藩鎭(번진, 변방의 진지)을 지키는 장수. *雄豪 : 씩씩하고 의기가 큼. 英雄豪傑(영웅호걸). *大獵 : 크게 벌이는 사냥. 새나 짐승이 많이 잡힌 일. *陰山 : ①중국의 陰山山脈(음산산맥). 蒙古(몽고)와의 경계에 있음. ②산줄기의 북쪽. 햇볕이 들지 않는 음지쪽 산비탈. *三丈 : 세 길. 사람 키의 세 갑절. *碧葡萄 : 푸른빛 포도나 포도주.

[鑑賞] 중국 시에는 '새상곡'이나 '새하곡'이 많으니, 사방의 이민족의 침입이 잦아 그 방비를 위해 군사와 장수들이 변방으로 많이 출정하기 때문이리라. 이 시도 중국을 배경으로 하여 읊은 시 같으니 花門이나 陰山이 중국 지명으로 생각되기 때문이다. 어떻든 용맹한 변방의 장수가 사람 키의 세 배나 쌓인 눈 속을 누비며 크게 사냥하는 용감함을 말하고 막사에 돌아와 포도주를 들이키는 호쾌한 모습을 그렸다. 중국 당 나라의 새상곡에 못지않는 작품인 것이다.

7言絕句(7언절구). 압운은 豪, 刀, 萄 자로 평성 '豪' 평운이다. 평측은 차례로 '平平平仄仄平平, 仄仄平平仄仄平, 仄仄平平平仄仄, 仄平平仄仄平平'으로 二四不同二六對(이사부동이륙대)와 반법, 점법 등이 잘 이루어지고 평측 배열도 규칙에 어긋남이 없어, 7언절구의 전형이 되며 내용뿐 아니라 형식면에서도 名作(명작)이라 하겠다.

392-2 田園卽事 三首 第2首(전원즉사 삼수 제2수) 전원에서 읊다 세 수 둘째수

垂柳蔭中一逕微 雜花生樹草芳菲 騷人獨酌有詩句 村老相逢無是非

春水白魚爭潑潑 野田黃雀自飛飛 翟公未解閑居興 枉恨門前車馬稀.

(수류음중일경미 잡화생수초방비 소인독작유시구 촌로상봉무시비

춘수백어쟁발발 야전황작자비비 적공미해한거흥 왕한문전거마희)

실버들 그늘 속에 오솔길 희미하고, 온갖 꽃 핀 나무와 풀도 꽃답네.

시인은 혼자 술 마셔도 시가 나오고, 마을 노인 만나도 시비가 없구나.

봄물에 뱅어 고기들 팔팔거리고, 들밭의 참새 절로 펄펄 나는구나.

한漢의 적공은 이 한가로운 홍취를 모르고, 문앞에 찾아오는 수레와 말 드물다고 한탄했다니.

[語句] *卽事 : →390-5. *蔭 : 그늘. *逕 : 길. 좁은 길. *雜花 : 여러 가지 꽃. *芳菲 : 향기롭고 고움. 화초가 향그럽고 꽃다움. *騷人 : 시인. 풍류객. 여기서는 '지은이 자신'을 가리킴. *是非 : 이러니저러니 좋지 않게 말하는 일. *白魚 : 뱅어. 뱅어과의 바닷물고기로 몸길이 10cm 내외임. *潑潑 : 물고기가 뛰는 모양. *黃雀 : ①꾀꼬리. ②참새. *飛飛 : 새들이 나는 모양. *翟公 : 漢(한) 나라 下邽(하규)의 廷吏(정리). 처음 정리로 있을 때 손님이 하도 많아 문지방이 닳았는데, 그 자리에서 물러나자 문에 거미줄이 슬어 새를 잡는 그물을 친 듯하니 이를 門前羅雀(문전나작)이라 함. 그가 다시 정리가 되니 또 손님이 들끓어서, 문에 크게 방을 붙여 세상 인정의 경박함을 말했음.<史記 汲鄭傳> *枉 : 굽히다. 오다.

[鑑賞] 농촌 전원의 아늑하고 조용한 생활을 그림과 같이 그려냈다는 평을 받는 명작이다. 首聯(수련 1~2구)에서는 버들 그늘 속에 토끼가 다니는 좁은 길이 감추어져 있고 이름 모를 꽃을 달고 있는 나무와 더부룩 자란 풀마저 꽃답도록 곱다 했고, 頷聯(함련 3~4구)은 시를 짓는 스스로와 시골의 순박한 노인을 대비하여 對句(대구)를 잘 이루었다. 頸聯(경련 5~6구)은 전환으로 앞의 함련이 서정적이어서 虛(허)임에 비해, 서경적인 實(실)로 조화를 이루었고 물고기는 못 속에서 뛰놀고 솔개는 하늘을 난다는 鳶飛魚躍(연비어약)의 자연의 이치에 따르는 삼라만상의 즐거움을 읊었다. 이와 같은 허실의 구성과 자연의 섭리를 그린 점이 명작다운 솜씨인 것이다. 尾聯(미련 7~8구)은 結聯(결연)으로 한 나라 적공의 고사를 들어 그가 이런 전원의 홍취를 모르고 괜스레 손님이 찾아오지 않는다고 한탄했다고 나무라며 마무리 지었다.

7言律詩(7언율시). 압운은 微, 菲, 非, 飛, 稀 자로 평성 '微' 평운이다. 평측은 차례로 '平仄仄平仄仄平, 仄平平仄仄平平, 平平仄仄仄平仄, 平仄平平平仄平, 平仄仄平平仄仄, 仄平平仄仄平平, 仄平仄仄平平仄, 仄仄平平平仄平'으로 二四不同二六對(이사부동이륙대)와 反法, 粘法(반법, 점법) 등이 모두 이루어지고 평측 대비가 잘된 작품이다.

393. 鄭夢周(정몽주 1337~1392) : 고려말의 학자, 충신. 초명 夢蘭, 夢龍(몽란, 몽룡). 자 達可(달가). 호 圃隱(포은). 시호 文忠(문충). 본관 迎日(영일). 父 瓘(관). 경북 永川郡 愚巷里(영천군 우항리)에서 태어나 공민왕 9년(1360) 三角山(삼각산) 절간에서 글을 읽다가 과거 乙科(을과) 三場(삼장)에 연달아 장원급제, 藝文館檢閱(예문관 검열)을 거쳐 동왕 13년(1364) 兵馬使 李成桂(병마사 이성계)의 從事官(종사관)으로 女眞族(여진족)을 和州(화주)에서 격퇴했다. 典農寺丞(전농시승), 禮曹正郎(예조정랑), 司成(사성)을 거쳐 동왕 21년(1372) 서장관으로 명 나라에 다녀와 우왕 1년(1375) 右司議大夫(우사의대부)를 거쳐 大司成(대사성)으로서 北元(북원)을 섬기지 말 것을 주장하다가 권신 李仁任(이인임)에 의해 彦陽(언양)으로 귀양 갔으며, 사신으로 일본에 가서 海寇(해구)를 금지할 것을 교섭하였다. 동왕 6년(1380) 이성계를 따라 雲峯(운봉)에서 해구를 친 공으로 密直提學(밀직제학)이 되고, 4년 뒤 政堂文學(정당문학)으로 명 나라에 가서 국교를 두텁게 하고 돌아왔으며, 동왕 16년(1386)에 또 명에 가 세공을 면제할 것을 청하고 돌아와 永原君(영원군)에 피봉되고 三司左使(삼사좌사)를 거쳐 창왕 1년(1389) 大提學(대제학)이 되었다. 이성계와 같이 공양왕을 세우고 門下贊成(문하찬성) 등 여러 벼슬을 받고 益陽郡忠義伯(익양군충의백)에 피봉, 佐命功臣(좌명공신)이 되었으며, 공양왕 4년(1392) 大明律(대명률)을 새로 撰定(찬정)해 바쳤다. 당시 이성계의 위력이 날로 커져 趙浚(조준), 鄭道傳(정도전) 등이 그를 왕으로 추대하려 하므로 우선 조준을 제거하려 하는 동시에 고려조를 끝까지 받들고자 했으나, 李芳遠(이방원, 후의 태종)의 문객 趙英珪(조영규) 등에게 善竹橋(선죽교)에서 피살되었다. 성미가 호방하고도 매서웠고 충효로 일관했으며 성리학에 매우 밝아 東方理學祖宗(동방이학 조종)으로 추앙받았고 오부학당, 향교를 설치하여 유학을 진흥시켰으며, 詩文(시문)도 호방하여 일가를 이루었다. 불교와 도교를 배척하여 '朱子家禮(주자가례)'에 따라 家廟(가묘)를 세우게 하는 등 주자학의 실천에 힘썼으며, 문집에 '圃隱集(포은집)'이 있고 시조 丹心歌(단심가)는 유명하다.

393-1 江南柳(강남류) 강남의 버들

江南柳江南柳 春風裊裊黃金絲 江南柳色年年好 江南行客歸何時
蒼海茫茫萬丈波 家山遠在天之涯 天涯之人日夜望歸舟 坐對落花空長歎
但識相思苦 肯識此間行路難 人生莫作遠遊客 少年兩鬢如雪白.

(강남류강남류 춘풍요뇨황금사 강남유색연년호 강남행객귀하시
창해망망만장파 가산원재천지애 천애지인일야망귀주 좌대낙화공장탄
단식상사고 긍식차간행로난 인생막작원유객 소년양빈여설백)

강남 버들아 강남 버들아, 봄바람에 하늘하늘 황금실을 늘였구나.
강남의 버들 빛 해마다 좋건만, 강남의 나그네는 언제 돌아가리.

푸른 바다 아득해 만 길 높은 파도 일고, 고향은 멀리 있어 하늘 저 끝일세.
하늘 끝에 있는 사람 밤낮 돌아가는 배만 바라보며,
지는 꽃 보며 헛되이 길게 탄식할 뿐이라.
다만 서로 그리워하는 괴로움은 알겠지만, 이 사이의 인생길 어려움을 어이 알리오.
인생은 먼 길 가는 나그네 되지 말 것이니, 소년이던 귀밑 털 눈같이 세고 만다네.

[語句] *裊裊 : 나무가 바람에 간들거리는 모양. *行客 : 길 가는 사람. 나그네. *蒼海 : 푸른 바다. 滄海(창해, 크고 넓은 바다). *茫茫 : 넓고 멀어 아득함. *家山 : ① 고향 집과 산. 고향 산천. ②한 집안의 묘지. 여기서는 ①임. *天之涯 : 하늘의 끝. 아득히 멀리 떨어진 타향. 天涯. *行路難 : 세상살이의 어려움. → 234-64. *遠遊 : 먼 곳으로 감. 멀리 유람함. *兩鬢 : 양쪽 구레나룻.

[鑑賞] 봄날 강남땅에서 바람에 하늘거리는 버들을 보며 감상을 읊은 시인데, 중국에 세 번이나 사신으로 간 바 있어서 그 중 어느 때에 지은 듯하다. 강남의 버들은 봄바람에 나부끼며 해마다 좋은 모습인데, 고향을 멀리 떠나 여기 온 사람은 돌아갈 날을 기약할 수 없다. 푸른 바다에는 만 길 파도만 높고 고향은 저 하늘가에 있어, 밤낮 고국으로 돌아가는 배만 바라보고 떨어지는 꽃잎을 보며 긴 탄식만 한다. 서로 그리는 정도 괴롭지만 인생길의 어려움을 그 누가 알리. 그러기에 사람은 먼 여행을 하지 말아야 하나니, 향수로 하여 젊은 나이에도 귀밑털이 세도록 파삭 늙어버린다. 杜甫(두보)의 "今春看又過 何日是歸年(올 봄도 이렇게 지나가거니, 고향에 돌아가는 날 그 언제일꼬)"가 연상된다. →64-41.

7言古詩(7언고시) 6연 12구. 5, 6, 7, 9언구가 두루 쓰이었지만 7언구가 주조를 이루어 7언고시로 처리한 것이다. 압운은 두 연씩 나누어 볼 수 있겠는데 처음 네 구는 絲, 時 자로 평성 '支(지)' 평운, 다음 네 구는 모두 평성으로 끝맺었지만 공통되는 운자가 없으며, 마지막 네 구는 客, 白 자가 입성 '陌(맥)' 측운이다. 그런데 歎과 難 자는 평성 '寒(한)' 평운이기도 하다. 평측은 차례로 '平平仄平平仄, 平平仄仄平平平, 平平仄仄平平仄, 平平平仄平平平, 平仄平平仄仄平, 平平仄仄平平平, 平平平平仄仄平平平, 仄仄仄平平平平, 仄仄平平仄, 仄仄仄平平仄平, 平平仄仄仄平仄, 仄平仄仄平仄仄'으로 이사부동이륙대나 이사부동에 어긋나는 구는 제1, 7, 8, 12구의 넷인데 반법이나 점법은 고시이기에 무시되었다.

393-2 姑蘇臺(고소대) 고소대

衰草斜陽欲暮秋 姑蘇臺上使人愁 前車未必後車戒 今古幾番麋鹿遊.
(쇠초사양욕모추 고소대상사인수 전거미필후거계 금고기번미록유)

시드는 풀 저녁 해에 늦가을 되려는데, 고소대에 오르니 시름겹구나.

앞 왕조가 멸망하고 뒷 왕조가 이를 경계하지 못하니,
지금까지 고라니와 사슴들이 고소대에서 얼마나 놀고 있었던고.

[語句] *姑蘇臺 : 춘추시대 吳(오) 나라 지금의 강소성 蘇州市(소주시)에 있던 대. 오의 임금 夫差(부차)가 越王 句踐(월왕 구천)을 쳐서 항복받으니, 구천은 미인 西施(서시)를 바치며 퇴각하는 길을 열어 달라 하여 허락받았고, 부차는 서시를 극히 총애하여 이 고소대를 지어 향락에 빠지게 되었음.<史記 吳世家> *暮秋 : 늦가을. 晩秋(만추). *前車後車戒 : 앞에 간 수레의 잘못됨을 뒤에 가는 수레가 경계로 삼음. 前車覆後車戒(전거복후거계). 앞 사람이나 왕조의 실패를 뒷사람이나 뒷 왕조가 경계함.<漢書 賈誼傳> *今古 : 이제와 예. 今昔(금석). *麋鹿 : 고라니와 사슴.

[鑑賞] 중국에 가서 고소대에 올라 지은 시. 마침 모든 풀이 시드는 늦가을인데, 고소대에 오르니 시름겨워진다. 미인 서시와 관련되어 나라가 망하는 일을 겪었으면서도 그 후의 임금들은 그 일을 경계 삼아 몸가짐을 조심하지 않아 계속 그런 잘못을 되풀이하고 있으니, 고소대를 보는 사람으로 하여금 더욱 감회를 느끼게 한다. 예로부터 殷鑑不遠(은감불원)이라 하여 夏(하) 桀王(걸왕)의 음탕함을 은나라 임금들이 거울삼아 처신을 바로 해야 한다는 경각심을 나타내는 말이 있었건만, 계속 걸왕이나 은의 紂王(주왕) 같은 왕이 끊어지지 않으니 더욱 비애를 느끼게 된다. 이 고소대도 옛 영화는 간 곳 없고 짐승들의 놀이터가 된 지 그 얼마의 세월이 흘렀던가.

7言絶句(7언절구). 압운은 秋, 愁, 遊 자로 평성 '尤(우)' 평운이다. 평측은 차례로 '平仄平平仄仄平, 平平平仄仄平平, 平平仄仄仄平仄, 平仄仄平平仄平'으로 二四不同二六對(이사부동이륙대)와 反法, 粘法(반법, 점법) 등이 모두 이루어졌다.

393-3 過揚州(과양주) 양주를 지나며

經過楚地山川 像想隋家宮闕 往時興廢誰嗟 此日繁華可悅
仙花杳杳難尋 官柳依依堪折 晩來偶泊蘭舟 二十四橋明月.

(경과초지산천 상상수가궁궐 왕시흥폐수차 차일번화가열
선화묘묘난심 관류의의감절 만래우박난주 이십사교명월)

초 나라 땅 산천을 지나가며, 수 나라 궁전을 상상하네.
지난날의 흥망을 누가 슬퍼하겠는가, 오늘의 이 번화로움을 즐길 판인데.
신선 세계의 꽃은 아득하여 찾기 어렵겠고, 관청의 버들은 무성해 꺾을 만하구나.
마침 밤에 와 목란 배에서 자노라니, 이십사 교의 밝은 달일세.

[語句] *揚州 : 강소성의 揚州市(양주시). 南京(남경) 동쪽 揚子江(양자강) 북안에 위치해 육상과 수상 교통의 중심지이며 경치 좋기로 유명함. *楚地 : 춘추전국 시대 초 나라 땅. 현재의 양자강 남쪽 호남성, 강서성 지역. 隋 : 남북조에 이은 중국 왕조로 581~619년 간 존립했는데 唐(당) 나라 앞 왕조이며, 楊堅(양견, 高祖고조, 文帝문제)이 세워 4대가 이어졌고 서울은 長安(장안)과 揚州였음. *興廢 : 일어남과 망함. 興亡(흥망). *嗟 : 탄식하다. 슬퍼하다. *悅 : 기뻐하다. 즐겁다. *仙花 : 신선 세계에 있는 꽃. *杳杳 : 아득함. *官柳 : 관청에 심은 버드나무. *依依 : 버들가지가 하늘거리는 모양. 昔我往矣 楊柳依依(전에 내가 갔을 때엔 버들잎이 파릇파릇 했네)<詩經 小雅 采薇> *偶 : 마침. 뜻밖에. *蘭舟 : 木蘭(목란) 나무로 만들어 호화롭게 꾸민 배. *二十四橋 : 스물 네 개의 다리. 양주는 강과 호수의 도시여서 다리가 많고 경치 좋기로 유명함.

[鑑賞] 옛날 초 나라 땅이었던 강남 지방의 양주를 지나면서, 초의 서울이었던 양주에 있었을 궁전들을 상상해 본다. 그 궁전들이 지금은 모두 없어지고 오늘날에는 경치 좋은 명승지로 번성하고 있으니, 지난 왕조의 흥망을 누가 슬퍼할 겨를이 있겠는가. 신선 세계는 이제 찾을 길 없고 관청의 버드나무 가지 나부껴 이별할 때 꺾어 송별할 만하겠다. 저녁에 양주에 배를 대고 묵노라니, '二十四橋明月夜'의 시구 그대로 양주의 스물다섯 다리에 달이 밝은 밤이다.

6言詩(6언시) 4연. 압운은 차례로 闕, 悅, 折, 月 자로 闕과 月은 입성 '月' 측운, 悅과 折도 입성 '屑(설)' 측운으로 두 운은 通韻(통운)이다. 평측에 있어 6언시의 한 구는 7언구에서 제 5자를 생략한 형식이니, 제 2-4-5자를 살펴보아야 하므로 차례로 보면 '平平仄仄平平, 仄仄平平平仄, 仄平平仄平平, 仄仄平平仄仄, 平平仄仄平平, 平仄平平平仄, 仄平仄仄平平, 仄仄仄平平仄'으로 이사부동이륙대에 맞는 곳은 제 1, 3, 4, 5, 7구의 다섯이며 반법이나 점법은 이루어지지 않았다.

393-4 渡渤海(도발해) 발해를 건너다

之罘山下片帆張 不覺須臾入渺茫 雲接蓬萊仙闕遠 月明遼海客衣凉
百年天地身如粟 兩字功名鬢欲霜 何日長歌賦歸去 篷牕終日寸心傷.

(지부산하편범장 불각수유입묘망 운접봉래선궐원 월명요해객의량
백년천지신여속 양자공명빈욕상 하일장가부귀거 봉창종일촌심상)

지부산 밑에서 바람 받는 돛을 펼치니, 잠깐임을 깨닫지 못하는 사이 망망대해에 드는구나.
구름 저편 봉래에 신선 궁궐은 멀고, 달 밝은 요해에 나그네 옷 서늘하네.
천지간에 백년뿐인 이 몸 한 낟 좁쌀인데, 공명 두 글자에 얽매어 귀밑머리 서리로다.
어느 날에야 귀거래사를 장가로 읊을꼬, 온 종일 봉창에서 마음 속 쓰려 하네.

[語句] *渤海 : 중국 요동반도와 산동반도 사이의 內海(내해). 渤海灣(발해만). *之罘山 : 산동반도의 산 이름. 芝罘(지부). →258-3. *片帆 : 돛을 한쪽으로 기울여, 바람을 받게 하는 일. *須臾 : 잠시 동안. *渺茫 : 끝없이 넓고 아득함. *蓬萊 : 신선이 산다는 전설적인 三神山(삼신산)의 하나. *仙闕 : 신선들의 궁궐. *遼海 : 요동반도 서쪽의 遼東灣(요동만). 발해의 한 부분임. *鬢 : 귀밑털. *歸去 : 돌아감 또는 도잠의 '歸去來辭(귀거래사)'. →62-1. *篷牕 : 배의 창문. 篷窓(봉창). *寸心 : 마음속의 자그마한 뜻. 寸衷(촌충).

[鑑賞] 산동반도에서 배로 귀국하며 읊은 작품 같다. 바람 받는 돛을 펼치니 잠깐 새에 망망대해로 든다. 구름은 봉래산에 끼어 신선 궁궐은 아득하고, 요동만에 달은 밝아 나그네 옷 서늘하다. 이 承聯(승련 3~4구)은 對句(대구)가 되었다. 넓은 바다를 보니 백년 짧은 인생은 滄海一粟(창해일속, 넓은 바닷속의 좁쌀 한 알 같은 하찮은 존재)인데, 공명 두 글자에 매여 살며 덧없이 늙어간다. 이 轉聯(전련 5~6구)도 대구가 이루어졌다. 어느 날에나 도연명처럼 '귀거래사' 같은 긴 노래를 읊으며 벼슬살이를 그만두게 될까, 배의 거적 창문에서 바다를 바라보며 시름에 잠긴다고 맺었다. 고려의 국운이 기울어감을 느끼고 있었던 듯한 잘 지은 시이다.

7言律詩(7언율시). 압운은 張, 茫, 凉, 霜, 傷 자로 평성 '陽(양)' 평운이다. 평측은 차례로 '平平平仄仄平平, 仄仄平平仄仄平, 平仄平平平仄仄, 仄平平仄仄平平, 仄平平仄平平仄, 仄仄平平仄仄平, 平仄平平仄平仄, 平平平仄仄平平'으로 이사부동이륙대는 일곱째 구에서 어긋나 '仄-平-平'이 되었고, 반법과 점법은 그런대로 이루어졌다.

393-5 讀易 二首 第1首(독역 이수 제1수) 역경을 읽고 두 수 첫째 수

石鼎茶初沸 風爐火發紅 坎禽天地用 卽此意無窮.
(석정차초비 풍로화발홍 감금천지용 즉차의무궁)

돌솥에 차를 끓이는데, 풍로에서는 빨간 불꽃이 피어오르니,
아래의 물과 위로 오르는 김이나 불꽃은 천지의 작용이라, 곧 이 뜻이 무궁하구나.

[語句] *易 : 유교의 경전인 易經(역경). 5경 또는 13경의 하나로 중국 고대 周(주) 나라 文王(문왕), 周公(주공)과 孔子(공자)에 의해 대성된 易學(역학). 周易(주역). *石鼎 : 돌솥. *沸 : 끓다. *風爐 : 화로의 하나. 흙이나 쇠붙이로 만드는데 아래에 구멍이 있어 바람이 통함. *坎禽 : 물이나 구덩이와 날짐승. 아래와 위. 鳶飛魚躍(연비어약)의 자연의 이치를 뜻함. →379-1. 坎은 '물이나 북방을 뜻하는 괘(☵)'이기도 함. *無窮 : 한이 없음. 영원히 계속함.

[鑑賞] 풍로에 차를 끓일 때 일어나는 현상을 주역의 오묘한 이치에 비유해 읊은 시. 물이나 구덩이는 아래로, 끓는 물에서 오르는 김이나 피우는 불에서 생겨나는 불꽃은 위로 날아 올라가는 이치는 하늘과 땅의 본디부터 가진 작용인 것이니, '潤下炎上(윤하염상, 물은 적시며 내려가는 것이고, 불은 올라가는 것이라)'이라는 이치와 같다. 올라가는 것은 陽(양)으로 離(이☲) 괘요, 내려오는 것은 陰(음)으로 감 괘인 것이다. 둘째 수는 7言絶句(7언절구)로 邵康節(소강절, 邵雍소옹 →120)의 '觀物吟(관물음)'의 영향을 받은 시이다.<李炳赫 鄭夢周의 詩文學>

5言絶句(5언절구). 압운은 紅, 窮 자로 평성 '東(동)' 평운이다. 평측은 차례로 '仄仄平平仄, 平平仄仄平, 仄平平仄仄, 仄仄仄平平'으로 二四不同(이사부동)과 反法, 粘法(반법, 점법) 등이 모두 잘 이루어졌다.

393-6 征婦怨(정부원) 군대에 간 아내의 원망

一別年多消息稀 寒垣存沒有誰知 今朝始寄寒衣去 泣送歸時在腹兒.
(일별연다소식희 한원존몰유수지 금조시기한의거 읍송귀시재복아)

헤어진 지 여러 해건만 소식조차 없어,
수자리 추운 곳에서 무사한가 어떤가를 누가 알겠소.
오늘에야 비로소 핫옷 지어 눈물로 보내면서, '가거든 저는 태중이라 전해 주오.' 하네.

[語句] *征婦 : 遠征(원정) 나간 병사의 아내. 군대에 간 군인의 아내. *寒垣 : 추운 울타리. 변방의 추운 城壁(성벽). *存沒 : 삶과 죽음. 存亡(존망). *寒衣 : 핫옷. 솜을 두어 지은 옷. '하늬[하늬바람, 西風서풍]'의 取音(취음)임. *在腹兒 : 뱃속에 아이가 있음. 임신 중임. 胎中(태중).

[鑑賞] 몇 해 전에 요즈음 말로 징집을 당해 군에 간 남편이 아무 소식이 없다. 마침 변방 군사들에게 보낼 것이 있으면 준비하라는 전갈을 받고, 때는 추운 겨울이 다가오는 철이라 솜옷을 지어 눈물 속에 擺撥(파발)꾼 곧 우체부 편에 보내면서, 남편을 만나거든 아내인 내가 임신 중이니, 몸조심하여 수자리 징집을 마치고 건강하게 돌아오라는 말을 전해 달라 당부한다. 남편을 기다리는 아내의 애틋한 정을 읊었으면서 소식이 없는 원망을 곁들였는데, 근엄한 지은이가 백성들의 애환을 담은 이런 시도 지었음을 알게 한다.

7言絶句(7언절구). 압운은 稀, 知, 兒 자로 稀는 평성 '微(미)' 운, 知와 兒도 평성 '支(지)' 평운으로 두 운은 通韻(통운)이 된다. 평측은 차례로 '仄仄平平平仄平, 平平平仄仄平平, 平平仄仄平平仄, 仄仄平平仄仄平'으로 二四不同二六對(이사부동이륙대)와 반법, 점법 등이 잘 이루어졌다.

393-7 春興(춘흥) 봄의 흥치

春雨細不滴 夜中微有聲 雪盡南溪漲 草芽多少生.
(춘우세부적 야중미유성 설진남계창 초아다소생)

가랑비 보슬보슬 내려 빗방울 지지 않더니, 밤 들자 나직한 빗소리 들리네.
눈도 녹아 앞개울 넘실거릴 게라, 봄 풀싹도 파릇이 돋았겠구나.

[語句] *春興 : 봄의 興致(흥치, 운치). *不滴 : 빗방울이 만들어지지 않음. *南溪 : 동네 앞 남쪽의 시냇물. *漲 : 물 많다. 물이 붇다. *多少 : 많음과 적음. 얼마간.

[鑑賞] 杜甫(두보)의 '春夜喜雨(춘야희우)' 시를 연상하게 하는 작품이다. 두보의 시는 "好雨知時節 當春乃發生 隨風潛入夜 潤物細無聲 野徑雲俱黑 江船火獨明 曉看紅濕處 花重錦官城(단비가 때맞추어 내리니, 봄이라 풀들 싹 트리라. 봄비는 바람 따라 밤에 스며들어서는, 소리 없이 만물을 적시는구나. 들길은 먹장구름으로 어둡고, 강의 낚시배만이 불 밝구나. 새벽에는 붉은 꽃빛으로 물들었을 그 곳, 금관성의 꽃송이 축 늘어졌겠지.)"이다. 두보의 시를 換骨奪胎(환골탈태)했다 하나, 시인의 감각에는 공통되는 점이 있어 포은 선생의 대표작으로 손색이 없다.

5언절구. 압운은 聲, 生 자로 평성 '庚(경)' 평운이다. 평측은 차례로 '平仄仄平仄, 仄平平仄平, 仄仄平平仄, 平平平仄平'으로 이사부동은 이루어졌으나 셋째 구에서 점법이 되지 않았고, 반법은 모두 이루어졌다.

394. 鄭文孚(정문부 ?~1624) : 조선 선조 때 義士(의사). 자 子虛(자허). 호 農圃(농포). 시호 忠毅(충의). 본관 海州(해주). 父 府使 愼(부사 신). 선조 21년(1588) 생원이 되고 계속해 문과 급제했다. 北評事(북평사) 때 임진왜란이 일어나 鏡城(경성)에서 유생 李鵬壽(이붕수), 崔配天(최배천) 등과 의병을 일으켜 반역한 鞠世弼(국세필)을 죽이고 吉州(길주)에서 적을 물리치고 전공을 세웠다. 이 공으로 길주목사가 되었으나 곧 사퇴하고 은거하다가 인조 때 장수 감으로 추천받았으나 그의 신기한 재주를 시기하는 자가 있어 誣告(무고)로 인해 무고하게 살해되었는데, 후에 북평사 李植(이식 →263)의 청으로 무죄가 밝혀져 左贊成(좌찬성)에 추증되고 현종 때 鏡城에 彰烈祠(창열사)를 北人(북인)들이 세워 제사했다.

394-1 詠史(영사) 역사 기록을 읊다

楚雖三戶亦秦亡 未必南公語得當 一入武關終不返 孱孫何事又懷王.
(초수삼호역진망 미필남공어득당 일입무관종불반 잔손하사우회왕)

초 나라가 비록 세 집이나 진 나라를 망하게 한다는, 남공의 말은 당치도 않아,

무관에 한 번 들어가 끝내 나오지 못해, 약한 후손 어이 되며 회왕마저 가엾구나.

[語句] *楚三戶 : 초 나라 세 집. 초 나라 사람들은 秦(진) 나라를 원수로 알기 때문에 세 집만 가지고도 진을 망하게 할 수 있다는 뜻으로 하는 말임. *南公 : 전국시대 초 나라 사람으로 曆數學(역수학)에 정통한 예언자였음. 楚南公日 楚雖三戶亡秦必楚也(초의 남공이 초 나라가 비록 세 집뿐이지만, 반드시 진 나라를 망하게 할 것이라 했다)<史記 項羽紀> *武關 : 漢高祖(한고조)가 秦(진)을 정벌한 곳. 하남성 洛陽市(낙양시) 서쪽 函谷關(함곡관) 남쪽에 있는 관문임. →249-1. *孱孫 : 어리고 약한 후손. *懷王 : 초 나라 임금. 기원전 329~299년까지 재위했는데, 屈原(굴원)의 충언을 듣지 않고 張儀(장의)에 속아 秦 나라에 잡혀가 객사했음. 그 후 회왕의 손자를 項梁(항량)이 왕으로 세워 懷王이라 했는데, 項籍(항적)이 義帝(의제)로 받들다가 몰래 죽였다는 설이 있고, 조선 성종 때 金宗直(김종직)이 지은 '弔義帝文(조의제문)'은 항우가 초회왕을 죽인 고사를 비유해 지었다고 하는데, 그는 무오사화 때 剖棺斬屍(부관참시) 당했음.

[鑑賞] 史記(사기) 등 역사적 기록을 읽고 그 실상이나 감상을 지은 작품. 초 나라 남공이 진 나라는 초 나라에 의해 멸망할 것이라 예언했지만, 사실은 그와 달라 무관으로 잡혀 들어간 이후로 왕도 죽음을 당하고 그 후손들도 똑똑하지 못해 나라를 잃었다는 史實(사실)을 읊었다. 조선 왕실에 대한 경계의 뜻이 담겨 있다.

7언절구. 압운은 亡, 當, 王 자로 평성 '陽(양)' 평운이다. 평측은 차례로 '仄平平仄仄平平, 仄仄平平仄仄平, 仄仄平平平仄仄, 平平平仄仄平平'으로 이사부동이륙대와 반법, 점법 등이 모두 잘 이루어져, 내용면에서나 형식면에서나 모두 佳作(가작)이다.

395. 丁範祖(정범조 1723~1801) : 조선 정조 때 문신. 자 法正(법정). 호 海左(해좌). 시호 文憲(문헌). 본관 羅州(나주). 父 同知 志寧(동지 지녕). 영조 때 문과에 장원급제하고 湖堂(호당, 독서당)에 뽑혀 三司(삼사)를 역임하고 참판을 거쳐 형조판서에 이르렀다. 弘文館提學(홍문관 제학)을 지내고 순조가 즉위하자 知實錄事(지실록사)에 보직되어 '正祖實錄(정조실록)' 편찬에 참여했다. 성품이 너그럽고 도타워 극심한 당파 싸움 속에서도 초연한 자세로 모함이나 지탄을 받지 않고 세인들의 존경을 받았다. 문집에 '海左集(해좌집 39권)'이 있다.

395-1 蟾江(섬강) 섬강

柳外多時望 烟中數客來 小舟春雨濕 柔櫓碧波開
共宿應山寺 幽期更釣臺 明朝移畫艇 南浦看花回.

(유외다시망 연중수객래 소주춘우습 유로벽파개
공숙응산사 유기갱조대 명조이화정 남포간화회)

버드나무 늘어선 저쪽을 바라보고 있노라니, 안개 속으로 몇 손님이 오는구나.
마상이는 봄비에 젖었는데, 푸른 물결 일으키며 조용히 노 저어 가네.
밤에는 응당 산속 절간에서 같이 묵으며, 다시 낚시터에 가자고 은근히 기약하겠구나.
내일 아침에는 화정으로 옮겨 타고, 남쪽 포구로 가 꽃구경 하고 돌아오리라.

[語句] *蟾江 : 蟾津江(섬진강). 전라북도 동부를 남류하여 전남과 경남의 경계로 흘러 南海(남해)로 흘러드는 강. 길이 220km. *多時 : 오랜 시간. *小舟 : 작은 배. 마상이. *幽期 : 비밀의 약속. 은근한 기약. *釣臺 : 낚시터. *畫艇 : 단청한 작은 배. 작은 유람 배. *南浦 : 남쪽 포구 또는 地名(지명).

[鑑賞] 섬강은 섬진강인지 분명하지는 않지만, 강가에서 바라보이는 광경을 객관적 視點(시점)에서 읊었다. '버드나무 늘어선 사이 안개 낀 속으로, 조그만 마상이에 몇 손님이 타고 봄비 속에 조용히 노 저어 온다. 그들은 부근에 객주집이 없으니 아마 산사에서 묵을 것이고 낚시터로 갈 것이다. 내일은 부근을 안내하는 배 곧 요즘으로 치면 조그만 관광선을 타고는 남포의 동백꽃을 구경할 것 같다.'했다. 頷聯(함련 3~4구)과 頸聯(경련 5~6구)은 作詩法(작시법)에 맞게 對句(대구)로 이루어졌다.

5言律詩(5언율시). 압운은 來, 開, 臺, 回 자로 평성 '灰(회)' 평운이다. 평측은 차례로 '仄仄平平仄, 平平仄仄平, 仄平平仄仄, 平仄仄平平, 仄仄平平仄, 平平仄仄平, 平平平仄仄, 平仄仄平平'으로 二四不同(이사부동)과 反法, 粘法(반법, 점법) 등이 잘 이루어지고 평측 배열도 좋은 5언율시의 典型(전형)이 되는 秀作(수작)이다.

396. 鄭思道(정사도 1318~1379) : 고려 공민왕 때 문신. 초명 良弼(양필). 시호 文貞(문정). 본관 延日(연일). 父 宗簿令 侑(종부령 유). 19세에 문과 급제하여 충혜왕 때 權知典校校勘(권지전교 교감), 直提學(직제학)을 지냈다. 공민왕 때 日城君(일성군)에 봉해지고 密直副使(밀직부사), 또 同知密直(동지밀직) 때 辛旽(신돈)의 꺼림을 받아 일시 파직되었다가, 다시 밀직으로서 東北面上元帥都巡問使(동북면상원수도순문사)가 되어 일 처리에 법도가 있으므로 사람들이 칭송했다. 우왕 때 知門下省事(지문하성사), 政堂文學(정당문학), 知書筵事(지서연사), 評理商議(평리상의)가 되고 烏川君(오천군)에 봉해졌으며 공신의 호를 받았다.

396-1 秋雨偶題(추우우제) 가을비에 우연히 짓다

迢遞雲連塞 淒凉雨送秋 滴階驚坐睡 着柳長詩愁

夜暗憐鷄呌 天寒愧客遊 戀君心愈切 矯首獨登樓.
(초체운련새 처량우송추 적계경좌수 착류장시수
야암연계규 천한괴객유 연군심유절 교수독등루)

구름은 아득하게 변방까지 이어졌고, 처량하게 내리는 비는 가을이 가게 하네.
섬돌에 떨어지는 빗물 소리로 졸다가 놀라고, 버들가지에 흩뿌리니 시 속의 시름에 잠기네.
어두운 밤에 우는 닭 울음 가엾고, 날씨 차니 나그네 신세 부끄럽구나.
임 생각이 너무 간절하여, 머리 돌려 홀로 누각에 오르네.

[語句] *偶題 : 우연하게 시를 지음. *迢遞 : 멀고 먼 모양. 迢遙(초요). *坐睡 : 앉아서 졺. *詩愁 : 시에서 느끼는 서글픔이나 시름. 또는 시를 지으려 할 때의 걱정이나 시름. *呌 : 부르짖다. =叫(규). *天寒 : 날씨가 추움. *客遊 : 손이 되어 타향에 감. *戀君 : 임금, 아내, 그리운 사람 등을 생각하거나 그리워함. *矯首 : 머리를 듦. 擧頭(거두).

[鑑賞] 타향에서 가을을 맞으면 향수에 잠기는 법인데, 더구나 가을비까지 내리니 더욱 고향 생각에 잠기게 된다. 頷聯(함련 3~4구)과 頸聯(경련 5~6구)은 對句(대구)가 이루어져, '버들가지에 흩뿌리는 빗줄기를 보며 오래 시에서나 느끼는 시름에 잠긴다'는 구는 기발하다 하리라. 끝 연의 '戀君'은 임금에 대한 충성으로 볼 수도 있으나, 고향의 아내나 가족을 그리워함으로 보아야 할 듯하다. 시에 감도는 분위기가 아주 우울한 작품이다.

5언율시. 압운은 秋, 愁, 遊, 樓 자로 평성 '尤(우)' 평운이다. 평측은 차례로 '平仄平平仄, 平平仄仄平, 仄平平仄仄, 仄仄平平平, 仄仄平平仄, 平平仄仄平, 仄平平仄仄, 仄仄仄平平'으로 이사부동과 반법, 점법 등이 잘 이루어지고 평측 배열도 좋은 5律의 전형이 되는 작품이다.

397. 鄭士龍(정사룡 1491~1570) : 조선 명종 때 문신. 자 雲卿(운경). 호 湖陰(호음). 본관 東萊(동래). 조부 蘭宗(난종 →388). 父 昌原都護 光輔(창원도호 광보). 중종 4년(1509) 문과에 장원급제하고 또 重試(중시)에도 올라 湖堂(호당)에 들었으며, 내외 요직을 거쳐 大提學(대제학), 判中樞府事(판중추부사)에 이르렀다. 시에 뛰어나고 음률에도 밝아 명 나라 사신을 여러번 접대하여 이름이 높았으며, 李樑(이양)의 당이 되어 정1품의 위계까지 올랐으나 이양이 실각한 뒤 관직이 삭탈되었다. 네 왕의 조정을 섬겨 문장이 豪邁(호매, 호탕영매)하여 太平宰相(태평재상)이라 일컬어지고 문집에 '湖陰雜稿(호음잡고)'가 있다.

397-1 後臺夜坐 二首 第2首(후대야좌 이수 제2수) 밤에 후대에 앉아 두 수 둘째 수

煙沙浩浩望無邊 千仞臺臨不測淵 山木俱鳴風乍起 江聲忽厲月孤懸
平生牢落知誰藉 投老迍邅只自憐 擬着宮袍放舟去 騎鯨人迹問高天.

(연사호호망무변 천인대림불측연 산목구명풍사기 강성홀려월고현
평생뇌락지수자 투로둔전지자련 의착궁포방주거 기경인적문고천)

이내 낀 모랫벌 넓어 가이없고, 천 길 돈대는 깊이를 가늠 못할 못에 다가있네.
바람 일어 숲의 나무들 함께 소리 내고,
강물 소리 문득 거세지는데 달은 외로이 걸려 있구나.
평생을 꿋꿋이 산 게 누굴 믿고 그랬던고, 늙어지며 머뭇머뭇 살아가니 절로 가련쿠나.
조복을 입고는 쪽배 타고 가서,
고래 타고 신선된 이태백의 자취 하늘에서 수소문해야 하리.

[語句] *後臺 : 마을이나 집 뒤의 돈대[조금 높직하고 평평한 땅]. '돈대의 이름<고유명사>'일 수도 있음. *煙沙 : 연기나 안개가 낀 모래밭. *浩浩 : 넓고 큰 모양. *千仞 : 천 길. 산이나 바다가 몹시 높거나 깊음. *俱 : 함께. 다. *乍 : 잠깐. 언뜻. *忽 : 문득. *厲 : 사납다. 힘쓰다. 갈다. *牢落 : ①성기거나 적적한 모양. ②마음이 활달한 모양. 마음이 넓고 비범함. 여기서는 ②의 뜻임. *藉 : 돕다. 빌리다. *投老 : 늙어짐. *迍邅 : 머뭇거림. *擬着 : 흉내내어 입음. 본따서 입음. *宮袍 : 궁중에서 입는 도포. 왕이 입는 袞龍袍(곤룡포)나 신하가 입는 朝服(조복). *騎鯨人 : 고래를 탄 사람. 李白(이백, 李太白이태백). 그가 고래를 타고 신선이 되어 하늘로 올랐다 함. *問 : 묻다. 수소문하다. *高天 : 높은 하늘.

[鑑賞] 이 시는 명작이라는 평판을 들어 申緯(신위)의 '東人論詩絶句(동인논시절구)'에도 "江聲忽厲月孤懸 早許湖陰壓卷篇('강물 소리 문득 거세지는데 달은 외로이 걸려 있네'를, 일찍이 정사룡의 시로는 압권이라 했더라)"라고 읊었다. 首聯(수련 1~2구)은 후대의 배경이요, 頷聯(함련 3~4구)은 敍景(서경)에 敍情(서정)을 조금 곁들여 對句(대구)를 이루면서 수련을 이었다. 나무를 울리는 바람 소리, 그 바람으로 하여 거세어지는 강물의 물결 소리 속에 달은 외로이 하늘에 떠 있으니, 외로운 달은 지은이의 심정인 것이다. 頸聯(경련 5~6)은 전환으로 서정을 읊어 대구를 이루었으니 평생을 꿋꿋하게 살아 왔지만 늙어지니 머뭇거리게 된다는 것이며, 벼슬살이를 하면서도 고래를 타고 신선이 되어 간 이태백을 부러워하게 된다고 시를 마무리했다.

7言律詩(7언율시). 압운은 邊, 淵, 懸, 憐, 天 자로 평성 '先(선)' 평운이다. 평측은 차례로 '平平仄仄仄平平, 平仄平平仄仄平, 平仄平平平仄仄, 平平仄仄仄平平, 平平平仄平平仄, 平仄

平平仄仄平, 仄仄平平仄平仄, 平平平仄仄平平'으로 二四不同二六對(이사부동이륙대)는 일곱째 구에서 어긋났고, 反法(반법)과 粘法(점법)은 그런대로 이루어졌다.

398. 鄭敍(정서 ?) : 고려 인종 때 문인. 호 瓜亭(과정). 본관 東萊(동래). 父 知樞密院事 沆(지추밀원사 항 →432). 일찍 등과하여 內侍郎中(내시낭중)을 지냈고 아내가 恭睿王后(공예왕후, 인종비)의 동생이어서 왕의 총애를 받았다. 성격이 경박했으나 문예에 뛰어났으며 의종 5년(1151)에 鄭諴(정함), 金存中(김존중) 등의 참소로 동래에 귀양 갈 때, 왕이 "조정의 물의로 경을 일시 물리치지만, 불원간 다시 불러 등용할 터이니 그리 알고 가 있거라." 하여 부르기를 고대했으나 부르지 않아, 거문고로 戀君(연군)의 정을 읊은 '鄭瓜亭曲(정과정곡)'은 유명하며, 그 후 용서를 받아 다시 조정에 나왔다.

398-1 題墨竹後(제묵죽후) 묵죽을 그린 뒤에 짓다

閑餘弄筆硯 寫作一竿竹 時於壁上看 幽姿故不俗.
(한여농필연 사작일간죽 시어벽상간 유자고불속)

너무도 한가하기에 벼루에 붓을 놀려, 한 줄기 대나무를 그려서,
벽에 붙여 두고 이따금 보노라니, 그윽한 자태가 짐짓 속되지는 않구나.

[語句] *墨竹 : 먹으로 그린 대나무. *筆硯 : 붓과 벼루. *一竿 : 한 줄기. 竿은 '장대. 낚싯대'임. *幽姿 : 그윽한 자태나 성품. 조용한 맵시. *故 : 짐짓. 과연.

[鑑賞] 대나무 묵화를 치고 나서 벽에 걸어 두고 이따금 바라보니, 잘 그렸는지 어떤지는 모르지만 그윽한 모양이 속되지는 않아 보여, 한 편의 시까지 곁들였다. 지은이는 문예에 뛰어났다 하니 물론 그림도 잘 그렸으리라. 지은이의 '정과정곡'을 참고로 제시해 본다. "내 님을 그리사와 우니다니, 산 접동새 난 이슷하요이다. 아니시며 거츠르신달 아으, 잔월효성(殘月曉星)이 아라시리이다. 넉시라도 님은 한데 녀져라 아으, 벼기더시니 뉘러시니잇가, 과(過)도 허물도 천만 업소이다. 말힛마리신뎌, 슬읏브뎌 아으, 니미 나랄 하마 니자시니잇가, 아소 님하 도람 드르샤 괴오쇼셔." 이 노래를 益齋 李齊賢(익재 이제현 →297)은 "憶君無日不霑衣 政似春山蜀子規 爲是爲非人莫問 只應殘月曉星知(임금님 그려 눈물로 옷 적시지 않는 날 없어, 바로 봄 산의 자규 새와 같네. 옳다 그르다는 말은 묻지를 마소서, 다만 지는 달과 새벽별은 알거니까요)"라 漢譯(한역)했고 魚世謙(어세겸 →153)도 한역한 바가 있다.

5言古詩(5언고시). 압운은 竹, 俗 자로 둘 다 입성 측운인데, 竹은 '屋(옥)', 俗은 '沃(옥)' 운으

로 두 운은 通韻(통운)이 된다. 평측은 차례로 '平平仄仄仄, 仄仄仄平仄, 平平仄仄平, 平平仄仄仄'으로 이사부동은 모두 이루어졌고 셋째 구에서 점법이 되지 않았다.

399. 丁壽崐(정수곤 ?) : 종종 때 문관. 본관 羅州(나주). 父 昭格署令 子伋(소격서령 자급). 校理(교리)를 역임했는데, 그의 아우 月軒 壽崗(월헌 수강)은 兵曹判書(병조판서)와 知中樞府事(지중추부사)를 지냈다.

399-1 鳳山館曉起(봉산관효기) 봉산 여관에서 새벽에 일어나

寒天短日擲輕梭 客子長吟出塞歌 自是生涯聞道晚 由來傳舍閱人多
十年宦海從愁老 萬里雲山和醉過 欲寫看來無限景 强題燈下筆頻呵.

(한천단일척경사 객자장음출새가 자시생애문도만 유래전사열인다
십년환해종수로 만리운산화취과 욕사간래무한경 강제등하필빈가)

추운 때라 가벼이 북 놀려 베 짜듯 해도 짧은데, 나그네는 길게 출새 악곡을 읊조리네.
내 평생에 도를 깨우치기는 이미 늦었고,
부귀는 '주막 같아 많은 사람들을 겪어 바꾸듯 무상하다'는 말에 따랐네.
10년의 벼슬길 시름 따라 늙어가고, 머나먼 구름 낀 산들을 술에 취해 넘어가네.
지나오며 본 무한경을 그려내고자 하나,
등불 아래서 억지로 시 지으려니 붓만 자주 불 뿐이라.

[語句] *鳳山 : 황해도의 鳳山郡(봉산군). 봉산 탈춤의 발상지임. 봉산은 또 '강원도 春川(춘천), 전북 高山(고산), 전북 金溝(금구)' 등의 엣 이름이기도 함. *寒天 : 추운 하늘 또는 추운 때. 寒節(한절). *擲輕梭 : 북을 가벼이 놀려 베를 짬. '북을 던지듯이 가벼이 놀림'의 뜻인데 시간이 빨리 감을 비유함. *客子 : 나그네. 子는 접미사임. 遊子(유자). *出塞歌 : 樂曲(악곡)의 이름. 국경을 넘어 진군한다는 뜻으로 從軍(종군)할 때 부르는 노래나 시임. *自是 : 스스로 그리 여김. *聞道 : 도를 들음. 도리를 들어서 아는 일<論語 里仁> *由來 : 애초부터. 원래. *傳舍 : 주막. 여관. *閱人 : 많은 사람을 겪어 봄. 漢(한) 나라 蓋寬饒(개관요, 합관요라고도 하며, 자는 次孔차공임)가 귀족 許伯(허백)의 집들이에 가서 술을 마시다가 "부귀는 무상하여 문득 사람을 바꾸는 것인 바, 이 집이 전사와 같아 사람을 많이 겪을 것이구먼." 했다고 함. *宦海 : 官吏(관리)의 사회. 벼슬길. *和醉 : 술에 알맞게 취함. *無限景 : 더 말할 수 없이 좋은 경치. *强題 : 억지로 지음. *呵 : ①꾸짖다. ②껄껄 웃다. ③내불다. 여기서는 ③의 뜻임.

[鑑賞] 추운 겨울 해는 베틀의 북 드나들 듯 잠깐 사이에 지고, 나그네인 나는 변방으로 가는 노래만 길게 읊조린다. 내 평생 도를 깨닫기는 틀렸고 부귀 또한 덧없는 것이라 내게 올 리 없다. 십년 동안 벼슬 살았지만 시름 따라 몸만 늙어, 만리 구름 낀 산들을 취한 속에 넘는다. 지나온 산천 경치 더없이 좋아, 시라도 지어 보려고 등잔불 아래서 억지로 붓을 들었지만 마땅한 詩想(시상)이 떠오르지 않아 붓방아만 찧는다. 頷聯(함련 3~4구)과 頸聯(경련 5~6구)의 對句(대구)가 잘 이루어졌고, 차공의 고사와 관련된 구의 풀이에 유의해야 한다.

7언율시. 압운은 梭, 歌, 多, 過, 呵 자로 평성 '歌' 평운이다. 평측은 차례로 '平平仄仄仄平平, 仄仄平平仄仄平, 仄仄平平平仄仄, 平平平仄仄平平, 仄平仄仄平平仄, 仄仄平平平仄平, 仄仄平平平仄仄, 仄平平仄仄平平'으로 이사부동이륙대와 반법, 점법 등이 모두 이루어졌다.

400. 鄭壽銅(정수동 1808~1858) : 조선 철종 때 시인, 譯官4家(역관 4가)의 한 사람. 이름 芝潤(지윤). 자 夏園(하원). 壽銅은 호인데 이름보다 더 알려졌다. 본관 東萊(동래). 자유를 속박하는 규율 생활을 싫어하는 성격이었고, 겸손하여 아무것도 모르는 사람같이 행동했다. 아무리 심오하고 번잡한 문장이라도 한 번 보면 그 요지를 깨달았다 하며, 시에 뛰어나고 술을 즐겼으며 희비와 이해득실 모두를 시로 표현했다. 하룻밤에 5언시 100운을 지어 내는 천재적 平民詩人(평민 시인)이라 일컬어진다. 역관 4가는 그와 홍세태, 이언진, 이상적을 말한다. →242.

400-1 滿月臺(만월대) 만월대

松嶽山高半入空 麗王基業亦豪雄 時來統合三分國 運去頹荒數畝宮
知有精靈遊夜月 更無父老泣春風 興亡不及吾曹事 猶自傷心夕照中.

(송악산고반입공 여왕기업역호웅 시래통합삼분국 운거퇴황수무궁
지유정령유야월 갱무부로읍춘풍 흥망불급오조사 유자상심석조중)

송악산 높디높아 반나마 공중에 솟았고, 고려 임금의 왕업 또한 크고 웅장했구나.
때가 오매 셋으로 나뉜 나라를 통일했고,
운수 다하자 궁전이 두어 이랑 밭으로 거칠어졌네.
고려 임금들과 신하들 넋은 달밤에 떠돌고 있겠지만,
그 당시처럼 봄바람에 눈물지는 늙은이들은 다시없으리.
흥하고 망하는 게 우리들에게는 아랑곳없지마는,
그래도 식양을 대하고 보니 마음 상하는구나.

[語句] *滿月臺 : 개성에 있는 고려 때의 왕궁터. 樓門(누문)과 殿閣(전각)의 초석만 남아 있지만 그 규모가 굉장함. 만월대는 正殿(정전)인 延慶宮(연경궁) 앞 계단 이름임. *松嶽山 : 개성 북쪽의 鎭山(진산). 산 아래에 만월대가 있고, 산 높이는 762m임. *基業 : 대대로 전해 오는 사업. 나라 세우는 기초. *豪雄 : 크고 웅장함. 호걸과 영웅. *頹荒 : 쇠퇴해 거칠어짐. *畝 : 밭이랑. *精靈 : 죽은 이의 영혼. 精魂(정혼). *父老 : 한 동네에서 나이가 많은 어른. *吾曹 : 우리들.

[鑑賞] 고려의 궁궐터인 만월대를 보며 감상을 읊은 시. 송악산은 하늘 높이 솟았고 그 밑에 벌인 궁궐은 굉장히 컸으리라는 것을 초석만 보고서도 알겠다. 좋은 운수가 와 고구려, 백제, 신라로 갈라졌던 나라 땅을 통일했고, 운수가 사나워져 그 웅장했던 궁전은 밭이랑으로 변하고 말았다. 이 함련은 對句(대구)가 잘 이루어졌다. 고려의 왕이나 신하들은 그 넋이 이 만월대 지하에서 떠돌고 있겠지만, 고려가 멸망할 때 노인네들이 눈물 흘리던 그 광경은 지금은 볼 수 없으리라. 이 경련도 역시 대구가 되었다. 지금의 우리들에게 고려의 흥망은 아랑곳없기는 하지만, 이 만월대에서 석양을 바라보노라니 절로 상심이 된다고 맺었다. 폐허가 된 왕궁 터를 보며 눈시울을 적시는 애조를 띤 佳作(가작)이다.

7言律詩(7언율시). 압운은 空, 雄, 宮, 風, 中 자로 평성 '東(동)' 평운이다. 평측은 차례로 '平仄平平仄仄平, 仄平平仄仄平平, 平平仄仄平平仄, 仄仄平平仄仄平, 平仄平平平仄仄, 仄平仄仄仄平平, 平平仄仄平平仄, 平仄平平仄仄平'으로 二四不同二六對(이사부동이륙대)와 反法, 粘法(반법, 점법) 등이 모두 잘 이루어지고 평측 배열도 좋은 시이다.

401. 鄭襲明(정습명 ?~1151) : 고려 의종 때 重臣(중신). 시호 滎陽(형양). 본관 迎日(영일). 鄕貢(향공)으로 급제하여 인종 때 國子司業(국자사업), 起居注(기거주), 知制誥(지제고) 등을 역임하고, 崔梓(최재), 金富軾(김부식), 李冲(이충), 崔奏(최주), 任元凱(임원개) 등과 함께 時弊十條(시폐십조)를 상주했다가 거부되자 관직을 사퇴했다. 의종이 즉위하자 翰林學士(한림학사), 樞密院知奏事(추밀원 지주사)를 역임했으며 儒學(유학)에도 조예가 깊었다. 전에 의종이 태자일 때 侍讀(시독)으로서, 태자가 경박하여 왕위 계승의 자격이 없다고 인종에게 인식되어 폐태자 논의까지 있었으나 그의 구원으로 폐태자를 면한 일이 있었다. 의종이 金存中(김존중), 鄭諴(정함) 등에게 유혹되어 失政(실정)을 거듭하므로 직언으로 보필했으나, 왕이 그들의 참소를 받아들여 도리어 그의 관직을 바꾸므로 격분 끝에 음독자살했다.

401-1 石竹花(석죽화) 패랭이꽃

世愛牡丹紅 栽培滿院中 誰知荒草野 亦有好花叢

色透村塘月 香傳隴樹風 地偏公子少 嬌態屬田翁.

(세애모란홍 재배만원중 수지황초야 역유호화총

색투촌당월 향전농수풍 지편공자소 교태속전옹)

세상 사람들 모란꽃을 좋아해, 집 안 가득 심어 가꾸는데,

거친 시골 구석에도, 또한 좋은 패랭이꽃 무더기가 있음을 누가 알리.

꽃 빛은 시골 연못에 잠긴 달 같고, 꽃향기는 언덕 나무의 바람 따라 풍겨 오누나.

후미진 시골이라 이 꽃을 즐기는 공자들이 없어, 그 교태는 결국 늙은 농부의 몫일세.

[語句] *石竹花 : 패랭이꽃. 너도개미자리과에 속하는 다년생 풀. 줄기는 총생하고 6~8월에 흰빛 또는 붉은빛 꽃이 피는데, 가는 실 모양으로 깊이 갈라짐. *牡丹 : 작약과의 낙엽 관목. 5월에 여러 겹의 꽃이 피는데 품종에 따라 꽃빛이 다름. 富貴花(부귀화). *院中 : 집 안. 주택 안. *草野 : 시골 들판. 시골의 궁벽한 곳. *花叢 : 꽃떨기. 꽃 떼. *透 : 통하다. 지나치다. *隴 : 언덕. 밭두둑. *偏 : 치우치다. 편벽되다. *公子 : 귀한 가문의 어린 子弟(자제). *嬌態 : 예쁘게 아양부리는 태도. 嬌姿(교자). *田翁 : 시골 할아버지. 농사짓는 늙은이.

[鑑賞] 패랭이꽃을 기린 시. 세상 사람들은 꽃 중의 왕이라는 붉게 피는 모란을 좋아해서 뜰 가득 모란을 가꾸는데, 거친 들판에도 그에 못지않은 패랭이 꽃떨기가 소담스럽게 꽃 피우고 있음을 모른다. 그 꽃빛은 연못에 잠긴 달 같고 그 향기는 언덕 바람을 타고 풍겨 온다. 워낙 후미진 시골이라 이 꽃을 즐기는 귀공자들이 없어 그 교태는 농사짓는 늙은이의 차지가 되고 마는구나. 頷聯(함련 3~4구)과 頸聯(경련 5~6구)은 對(대)가 잘 이루어진 좋은 작품이다.

5言律詩(5언율시). 압운은 紅, 中, 叢, 風, 翁 자로 평성 '東(동)' 평운이다. 평측은 차례로 '仄仄仄平平, 平平仄仄平, 平平平仄仄, 仄仄仄平平, 仄仄平平仄, 平平仄仄平, 仄平平仄仄, 平仄仄平平'으로 이사부동과 반법, 점법 등이 잘 이루어지고 평측 배치도 좋아 7律의 전형이 되는 좋은 시이다.

401-2 贈妓(증기) 기녀에게 주다

百花叢裏淡丰容 忽被狂風減却紅 獺髓未能醫玉頰 五陵公子恨無窮.

(백화총리담봉용 홀피광풍감각홍 달수미능의옥협 오릉공자한무궁)

백화 총총한 속에 청초한 그 모습, 홀연히 광풍 만나 붉은 기색 덜었구나.

수달의 골도 옥 같은 뺨 고치지 못하니, 오릉의 공자들 한이 무궁하여라.

[語句] *丰容 : 아름다운 모양. 맵시 있는 모양. 丰姿(봉자). *狂風 : 사납게 부는 바람. *減却 : 덜어 버림. 減은 '滅(덜 감)'의 속자임. *獺髓 : 수달의 골. 중국 삼국시대 吳(오)의 임금 孫權(손권)의 맏아들 南陽王 和(남양왕 화)가 玉如意(옥여의)를 가지고 놀다가 미인의 얼굴에 상처를 냈는데, 흰 수달의 골 곧 白獺髓(백달수)를 구하여 치료했다 함. *醫 : 병 고치다. *玉頬 : 옥 같은 뺨. 고운 뺨. *五陵公子 : 오릉의 귀한 집 자제. 五陵은 '漢(한) 나라 서울 長安(장안)의 풍류 남녀 들이 노는 곳'으로 한의 역대 제왕 다섯 능이 있음.

[鑑賞] 나이 먹은 기생이나 退妓(퇴기)에게 준 작품 같다. 젊었을 때에는 뭇 여인들 중 가장 조촐하게 고왔는데, 광풍과 같은 긴 세월 만나 불그레 곱던 뺨이 그 빛을 잃었다. 좋다는 백달수로도 그 뺨 도로 붉게 할 수 없으니, 오릉의 閑良(한량)들 그 얼마나 한스러워 하랴. 인생의 늙어감을 기생에 빗대어 無常(무상)함을 읊었다 하리라.

7言絶句(7언절구). 압운은 容, 紅, 窮 자로 容은 평성 '冬(동)' 운. 紅과 窮도 평성 '東(동)' 평운으로 두 운은 通韻(통운)이 된다. 평측은 차례로 '仄平平仄仄平平, 仄仄平平仄仄平, 仄仄仄平平仄仄, 仄平平仄仄平平'으로 이사부동이륙대와 반법, 점법 등이 모두 이루어졌다.

402. 丁時翰(정시한 1625~1707) : 조선 숙종 때 학자. 자 君翊(군익). 호 愚潭(우담). 본관 羅州(나주). 父 觀察使 彦璜(관찰사 언황). 본래 총명하여 스스로 학문을 닦았으며 행동이 진실하여 뛰어났다. 벼슬에 뜻을 두지 않고 原州(원주)에서 농사 지어 자급하면서 학문에 힘써 道(도)를 구했다. 조정에서 벼슬을 주어 여러번 불렀으나 응하지 않았으며, 현종 5년(1664) 耆老(기로)의 대우로 通政大夫, 僉知中樞府事(통정대부, 첨지중추부사)가 되었다. 숙종 17년(1691) 時弊6條(시폐 6조)를 상소했는데 그 말이 대체로 공평 정직하여 時事(시사)에 요긴치 않은 것이 없었지만, 廢妃 閔氏(폐비 민씨)의 일을 논급하여 왕의 격노를 사서 관작 삭탈을 당하였다. 본래 南人(남인)이지만 그 당의 해로운 일이라도 기탄없이 말했다. 한 때 금강산에 들어가 몇 달을 지내니 중들이 地上仙(지상선)이라 했고, 문장은 당세 일인자라 했으며 학자들이 '우담 선생'이라 존칭했다. 저서에 '壬午錄(임오록), 管規錄(관규록), 四七理氣辨(사칠이기변)' 등이 있다.

402-1 俗離山歸路偶題(속리산귀로우제) 속리산에서 돌아오는 길에 짓다

一入雲山世念空 擬將笙鶴御泠風 塵緣未了尋歸路 石室回看萬壑中.

(일입운산세념공 의장생학어령풍 진연미료심귀로 석실회간만학중)

구름 낀 산에 들어가니 세상 생각 없어져,

마치 학을 타고 생황 불며 찬 바람 타고 온 듯하네.

속세 인연 미진해 돌아오는 길 찾아오며, 되돌아보니 석실 한 칸이 수많은 골 속에 보이는구나.

[語句] *俗離山 : 소백산맥에 있는 산. 해발 1,057m. 충북 報恩郡(보은군)의 북동 군계를 이루고 아홉 봉이 솟아 있어 九峰山(구봉산)이라고도 함. 法住寺(법주사), 福泉庵(복천암), 天皇峰(천황봉) 등 명승고적이 있고, 신라 때부터 속리산이라 했다고 함. 전해오는 名句(명구)에 '山非離俗俗離山 道不遠人人遠道(산은 속세를 떠나지 않았는데 속세가 산을 떠나고, 도가 사람을 멀리하지 않는데 사람이 도를 멀리하는구나)'가 있음. *偶題 : 우연하게 시를 지음. *世念 : 세상살이에 대한 온갖 생각. *笙鶴 : 笙篁(생황, 퉁소나 피리)과 학. 신선이나 도사가 학을 타고 피리를 분다고 함. *御 : 거느리다. 몰다. *泠風 : 서늘한 바람. *塵緣 : 이 세상의 인연. *未了 : 아직 끝내지 못함. 未畢(미필). *石室 : 바위를 파서 만든 방. 돌로 된 방. 돌방. '신선이나 도사의 거처'를 뜻함. *萬壑 : 첩첩이 겹쳐진 깊고 큰 산골짜기.

[鑑賞] 속리산에 들어가니 세상의 온갖 생각 가시고 마치 신선처럼 학을 타고 피리 불며 서늘한 바람을 거느리는 듯하다. 거기 머물다가 그래도 집 생각, 나라 생각을 끊지 못해 집으로 돌아오며 되돌아보니 저기 겹친 산봉우리 골짜기에 신선이 사는 돌집이 보인다. 요즈음의 속리산은 인파가 붐비지만 이 때에는 첩첩 산중이었으리라 짐작이 된다. 老子(노자)의 無爲自然(무위자연) 사상은 세상이 어지러울수록 동경의 대상이 되는 법이었다.

7言絕句(7언절구). 압운은 空, 風, 中 자로 평성 '東(동)' 평운이다. 평측은 차례로 '仄仄平平仄仄平, 仄平平仄仄平平, 平平仄仄平平仄, 仄仄平平仄仄平'으로 二四不同二六對(이사부동이륙대)와 反法, 粘法(반법, 점법) 등이 모두 제대로 잘 이루어졌다.

403. 鄭氏(정씨 ?) : 草溪郡守(초계군수) 鄭點(정점)의 딸. 延興府院君 金悌男(연흥부원군 김제남)의 子婦(자부). 김제남은 선조의 비인 仁穆王妃(인목왕비)의 아버지로 광해군 5년(1613) 永昌大君(영창대군)을 옹립하려 한다는 무고를 받아 잡혀 죽고 그의 세 아들도 다 화를 당했다.

403-1 詠鶴(영학) 학을 읊다

一雙仙鶴叫清霄 疑是丹邱弄玉簫 三島十洲歸思濶 滿天風露刷寒毛.

(일쌍선학규청소 의시단구농옥소 삼도십주귀사활 만천풍로쇄한모)

두루미 한 쌍 맑은 하늘에 울며 날아가니, 단구에서 옥퉁소를 부는 듯 느껴지네.
십주 삼도 고향을 가려고 훨훨 날아,
하늘 가득한 바람과 이슬에 봄 깃을 깨끗이도 씻었구나.

[語句] *仙鶴 : 학. 두루미. 섭금류의 큰 새로 온 몸이 흰빛이며 부리는 길고 녹색임. 白鶴(백학). 仙禽(선금). *淸霄 : 맑은 하늘. *丹邱 : 신선이 사는 곳. 밤이나 낮이나 항상 밝다고 함. 丹邱城(단구성). 丹臺(단대).<列仙傳> *玉簫 : 옥으로 만든 퉁소. 玉洞簫(옥동소). *三島十洲 : 신선이 산다는 三神山(삼신산)과 열 곳의 섬. 十洲三島.<十洲記> *歸思 : 고향에 돌아가고 싶은 마음. 歸心(귀심). *風露 : 바람과 이슬. *寒毛 : 솜털. 잔털.

[鑑賞] 가을에 학 한 쌍이 울며 날아가는 것을 보고 읊은 시. '맑은 하늘에 두루미 한 쌍이 울며 날아가는데, 그 소리는 신선 세계 단구의 옥퉁소 소리 같다. 고향 삼도 십주를 찾아가느라 훨훨 날개짓도 시원하다. 바람과 이슬에 깃털을 깨끗이 씻고 빗어 희디희구나.' 했는데, 억울하게 남편을 잃고 독수공방하는 스스로의 한많은 심정을 학에 비겨 고고하게 살아가리라는 절조를 담고 있다 하리라.

7언절구. 압운은 霄, 簫, 毛 자로 평성 '蕭(소)' 평운이다. 평측은 차례로 '仄平平仄仄平平, 平仄平平仄仄平, 平仄仄平平仄仄, 仄平平仄仄平平'으로 이사부동이륙대와 반법, 점법 등이 잘 이루어졌다.

404. 丁若鏞(정약용 1762~1836) : 조선 후기의 대학자. 자 美鏞, 頌甫(미용, 송보). 호 茶山, 俟菴, 與猶堂, 洌樵, 竹翁, 籜翁(다산, 사암, 여유당, 열초, 죽옹, 탁옹). 천주교 교명 요안. 시호 文度(문탁). 본관 羅州(나주, 押海 압해). 父 晉州牧使 載遠(진주목사 재원). 정조 13년(1789) 문과 급제하여 副承旨(부승지)를 지냈다. 문장과 經學(경학)에 뛰어났으며 水原城(수원성)을 쌓을 때는 起重架說(기중가설)에 의한 滑車轆轤(활차녹로)를 만들어 과학적 기술을 이용하기도 했다. 정조말에 西敎(서교, 천주교)를 가까이한 일로 金井察訪(금정찰방), 谷山府使(곡산부사)로 좌천되었으나 다시 소환되어 좌부승지, 兵曹參知(병조참지), 同副承旨(동부승지), 副護軍(부호군), 刑曹參議(형조참의) 등을 역임했다. 순조 1년(1801) 辛酉邪獄(신유사옥)이 일어나 여러 천주교도들과 함께 체포되어, 두 형 중 若鍾(약종)은 杖死(장사)되고 若銓(약전)은 黑山島(흑산도)로, 그는 경북 長鬐(장기), 전남 康津(강진)으로 각각 귀양갔다. 그는 강진에서 19년간 독서와 저술에 힘써 대부분의 저서가 여기서 완성되었다. 순조 18년(1818) 귀양에서 풀려 승지에 올랐으나 己亥邪獄(기해사옥, 헌종 5년) 때 背敎(배교)한 것을 뉘우치고 고향 경기도 楊根(양근, 馬峴里 마현리, 마재)에 돌아가 저서와 신앙생활로 보내다가 사망했다. 그는 실학사상을 집대성했고 경학과 經世濟民(경세제민), 技術(기술), 詩作(시작) 등 다방면의 학자로서, 5백여 권의 저술과 3천 수 가까운 詩賦(시부)를 남겼다. 저서로 '經世遺表, 牧民心書, 論語古今注, 大東水經, 欽欽新書(경세유표, 목민심서, 논어고금주, 대동수경, 흠흠신서)' 등과 '與猶堂全書(여유당전서 76책)'가 있어 '신라 고려 이후의 최다 저작자'라 일컫는다.

404-1 古詩 二十七首 第8首(고시 이십칠수 제8수) 고시 27 수 여덟째 수

燕子初來時 喃喃語不休 語意雖未明 似訴無家愁
楡槐老多穴 何不此淹留 燕子復喃喃 似與人語酬
楡穴鸛來啄 槐穴蛇來搜.

(연자초래시 남남어불휴 어의수미명 사소무가수
유괴노다혈 하불차엄류 연자부남남 사여인어수
유혈관래탁 괴혈사래수)

제비 처음 날아왔을 때, 지지배배 우는 소리 그치지 않아,
그 우는 뜻은 비록 분명히 알 수 없지만, 마치 집 없는 설움을 하소연하는 듯하네.
'느릅나무와 회화나무는 오래되어 구멍이 많은데, 어찌 거기에 머무르지 않는가?' 하니,
제비는 다시 지지배배 울되, 마치 내 말에 대답하는 듯하구나,
'느릅나무 구멍에는 황새가 와서 쪼아대고,
괴목나무 구멍에는 뱀이 와서 뒤진다오.' 하고.

[語句] *燕子 : 제비. 子는 접미사임. *喃喃 : 제비가 우는 소리. 새 우는 소리. *楡槐 : 느릅나무와 회화나무. 楡는 '느릅나무과의 낙엽 교목', 槐는 '콩과의 낙엽 활엽 교목'임. *淹留 : 오래 머무름. 淹泊(엄박). *酬 : 대답하다[酬應수응]. 술 권하다. 갚다. *鸛 : 황새. 황새과의 새로 모양이 白鷺(백로)와 비슷함. 白鸛(백관). *搜 : 찾다. 더듬다.

[鑑賞] 지은이가 신유사옥으로 유배를 간 장기에서 40세 때 지은 시. 겉으로는 제비와 대화를 주고받는 형식을 취하고, 속으로는 약자인 백성이 강자인 벼슬아치나 양반들에게 핍박당하는 현실을 隱喩(은유)했다. 곧 제비는 백성이나 약자요 황새와 뱀은 벼슬아치나 양반인 강자인 것이며, 유괴 나무의 구멍은 백성의 생활 터전이요 제비의 울음은 백성의 怨聲(원성)을 나타낸다 하겠다. 제목을 '古詩'라 한 것은 '옛 시를 본받아 지은 시'라는 뜻이며, 그 옛 시처럼 일종의 社會詩(사회시) 즉 사회 고발 시라고 하겠다.

10句體 5言詩(10구체 5언시). 압운은 時, 休, 愁, 留, 酬, 搜 자로 평성 '尤(우)' 평운이다. 평측은 차례로 '仄仄平平平, 平平仄仄平, 仄仄平仄平, 仄仄平平平, 平平仄平仄, 平仄仄平平, 仄仄仄平平, 仄平平仄平, 平仄仄平仄, 平仄平平平'으로 二四不同(이사부동)은 셋째 구와 다섯째 구에서만 어긋났고 反法(반법)과 粘法(점법)은 지켜지지 않았다.

404-2 老人一快事六首效香山體 第5首 初頭(노인일쾌사육수효향산체 제5수 초두)

향산체를 본받아 지은 노인의 한 유쾌한 일 여섯 수 다섯째 수 첫머리

老人一快事 縱筆寫狂詐 競病不必拘 推藁不必遲
興到卽韻意 意到卽寫之 我是朝鮮人 甘作朝鮮詩.

(노인일쾌사 종필사광사 경병불필구 추고불필지
홍도즉운의 의도즉사지 아시조선인 감작조선시)

늙은이의 한 가지 즐거운 일은, 붓 따라 훌훌 써 버리는 일이라.
염 맞추는 일 같은 것에 얽매이지 말며, 글 다듬느라 늦출 것 없네.
홍이 나면 곧바로 뜻에 실어보고, 뜻에 맞으면 곧장 쓰고 마는 것이지.
나 곧 조선 사람이기에, 조선의 시를 즐겨 짓는다네.

[語句] *香山體 : 香山居士 白樂天(향산거사 백낙천 →90.)의 詩體(시체). 그의 '新樂府(신악부)' 서문의 "50 편의 신악부 시들은 일정한 句法(구법)은 없이 오직 뜻을 중시했고, 수식적인 면은 치중하지 않았다."의 작시 태도를 가리키는 듯함. *縱筆 : 붓이 써지는 대로 따름. *狂詐 : 미치거나 속임. '깊은 생각 없이 행동함'임. *競病 : 병폐를 따름. '한시의 簾(염, 拈념)이나 평측을 따져 지으려는 일에 따름'임. *推藁 : 초를 잡은 글을 여러번 생각하며 고침. 글을 다듬음. 推敲(추고·퇴고)함. →1.賈島(가도). *興到 : 흥이 남. 흥취가 일어남. *韻意 : 뜻에 조화됨. 소리와 뜻. *甘作 : 달게 여겨 지음. 즐겨 지음.

[鑑賞] 한시를 지으려면 고시가 아닌 경우 평측과 簾(염, 拈념) 등을 맞추어야 하기 때문에 짓기가 여간 까다롭지 않다. 지난날에는 그래도 한문이 선비의 일상 문자생활이 되다시피 해서 어렵지 않았는지는 모르나, 현대에 한시를 짓는다는 것은 시대에 뒤진 감도 있지만 아주 짓기 어렵다. 현대 중국에서도 운율과 평측을 무시하고 짓는다 하니, 형식을 타파함이 좋겠지만 그렇게 한시를 지으면 학자나 한시인 들이 그것은 한시가 아니라고 타박한다. 위의 시는 다산의 主體性(주체성)을 드러냈다 하겠다. 생각과 느낌을 고려해 영절히 문자로 옮기면 시가 되는게 아니냐는 주장은 당시로서는 혁명적 발상이었겠다.

5言古詩(5언고시). 압운은 遲, 之, 詩 자로 평성 '支(지)' 평운이다. 평측은 차례로 '仄平仄仄仄, 仄仄仄平仄, 仄仄仄仄平, 平仄仄仄平, 平仄仄仄仄, 仄仄仄仄平, 仄仄平平平, 平仄平平平'으로 이사부동은 처음 두 구와 끝 두 구에서 이루어졌고 반법과 점법은 무시되었으며 평측 배치도 고르지 못하다.

404-3 雨中兩妓(우중양기) 빗속의 두 기생

佳人來自錦江西 暮雨陽臺路不迷 羅襪一雙芳草路 錦裙千點落花泥
烏雲堆髻非緣睡 珠淚凝腮不是啼 猶帶眉間愁濕色 將身并坐學黃鸝.

(가인내자금강서 모우양대노불미 나말일쌍방초로 금군천점낙화니
오운퇴계비연수 주루응시불시제 유대미간수습색 장신병좌학황려)

고운 그대들 금강 서쪽까지 먼 길 찾아오니, 조운모우 양대의 길 헛갈리지 않았구나.
비단 당혜는 풀밭 길에서 젖었고, 비단 치마에는 꽃잎 무수히 붙었구나.
검은 낭자머리 보니 잠잔 모양 아니고, 뺨에 엉긴 눈물 자국 울었던 건 아니렷다.
미간에는 오히려 근심 띤 기색이니, 앞으로는 우리 나란히 앉아 꾀꼬리를 닮자꾸나.

[語句] *佳人 : 고운 여자. 미인. *錦江 : 충북과 충남에 걸쳐 흐르는 강. 길이 401 km. 충남과 전북의 경계인 群山灣(군간만)을 지나 황해로 들어감. *暮雨 : 저녁때 내리는 비. *陽臺 : 중국 사천성 奉節(봉절, 夔州기주)에 있는 巫山巫峽(무산무협)의 지명. 楚(초)의 임금이 꿈에 무산의 선녀를 만나 인연을 맺었는데, 그 여인이 자기는 아침에는 구름이 되고 저녁에는 비가 된다고 했음. 이를 '朝雲暮雨(조운모우→雲雨)' 또는 '巫山之夢(무산지몽)'이라 하며 남녀간의 애정을 상징하는 말로 쓰임. *羅襪 : 얇은 비단 버선. 唐鞋(당혜) 신발. *一雙 : 한 쌍. 한 켤레. *錦裙 : 비단 치마. *烏雲 : 검은 구름. *堆髻 : 감아 올린 머리. 쪽진 머리 위에 덧얹는 낭자. 髻는 '상투'임. *珠淚 : 구슬 같은 눈물. *腮 : 뺨. 볼. 顋(시)의 俗字(속자)임. *眉間 : 눈썹 사이. 兩眉間(양미간). *并坐 : 함께 앉음. 나란히 앉음. *黃鸝 : 꾀꼬리.

[鑑賞] 아마 강진에 귀양 가 있을 때 전에 아끼던 두 기생이 먼 길을 걸어 비 내리는 속에 謫所(적소)로 찾아왔을 게다. 다시 만난 반가움에 시로써 회포를 풀었다. 首聯(수련 1~2구)에서는 금강의 서쪽인 여기까지 그 동안의 굄을 잊지 않고 양대의 선녀처럼 먼 길을 찾아와 주는 반가움을 그렸다. 頷聯(함련 3~4구)은 여인들의 겉모습으로 버선이나 신발은 비 내리는 풀밭을 거쳐 오느라 모두 젖었고, 비단 치마에는 떨어진 꽃잎이 점점이 붙어 있다 하여 좋은 對句(대구)를 이루었다. 頸聯(경련 5~6구)은 얼굴 모습이다. 비 오는 속을 왔으면서도 낭자머리는 흐트러지지 않았고, 뺨에는 구슬 같은 눈물 자국이 마르지 않은 채 있어 그리움에 울었겠지만 짐짓 울었던 자국은 아니렷다 하고 너스레를 떨었다. 함련과 마찬가지로 역시 대구가 되었다. 尾聯(미련 7~8구)은 마무리로 미간에는 근심하는 기색이 역력하니, 우리 앞으로 지난날처럼 꾀꼬리같이 나란히 앉아 다정하게 지내보자 했다. 기생에게 주는 작품으로는 매우 다정다감한 인정을 드러낸 좋은 시이다.

7言律詩(7언율시). 압운은 西, 迷, 泥, 啼, 鸝 자로 평성 '齊(제)' 평운이다. 끝 구의 鸝 자를 '리'로 읽으면 평성 '支(지)' 운이 되어 通韻(통운)은 된다. 평측은 차례로 '平平平仄仄平平, 仄仄平平仄仄平, 平仄仄平平仄仄, 仄平平仄仄平平, 平平平仄平平仄, 平仄平平仄仄平, 平仄平平平仄仄, 平平平仄仄平平'으로 二四不同二六對(이사부동이륙대)와 반법, 점법 등이 잘 이루어진 좋은 시이다.

405. 鄭汝昌(정여창 1450~1504) : 조선 성종 때 학자. 자 伯勗(백욱). 호 一蠹(일두). 시호 文獻(문헌). 본관 河東(하동). 父 義州通判 六乙(의주통판 육을). 부친을 일찍 여의고 학업에 전념, 金宗直(김종직) 문하에서 배웠고, 다시 지리산에 들어가 3년간 5경(經)을 밝히고 性理(성리)의 깊은 이치를 연구하며 體用(체용, 사물의 본체와 작용)의 학을 밝혀 經明修行(경명수행)으로 이름이 알려져 성종 11년(1480) 왕이 성균관에 명하여 명경수행자를 구할 때 徐居正(서거정)의 추천으로 首望(수망)에 올랐으나 나가지 않고 모친의 봉양에 효성을 다했다. 성종 21년(1490) 別試(별시)에 급제하여 藝文館檢閱(예문관 검열)에 보직되어, 성종이 술을 권하니 복지하여 "신의 어미 재세시에 음주를 책하여 금주를 맹세했기로 감히 명에 응하지 못하나이다." 하니, 왕이 몹시 한탄했다 한다. 이어 侍講院說書(시강원 설서)로서 남의 질시와 동궁의 꺼림을 받아서 安陰縣監(안음현감)으로 나가 치적을 올리고 향리 자제들을 훈도하니 師事(사사)하는 수가 적지 않았다. 연산군 4년(1498) 무오사화에 연좌되어 鍾城(종성)에 귀양가 그 곳 자제들을 가르치니 절도사 李允儉(이윤검)의 아들 希會(희회)는 2년간 배워 명유가 되고 등과했으며, 귀양살이 7년만에 사망하니 55세였다. 저서에 '庸學註疏(용학주소), 主客問答說(주객문답설)' 등이 있었으나 무오사화 때 그의 부인이 불태워버렸고 鄭述(정술)이 엮은 '文獻公實記(문헌공실기)'가 전한다.

405-1 遊頭流到花開縣(유두류도화개현) 두류산을 유람하고 화개 고을에 이르다

風蒲獵獵弄輕柔 四月花開麥已秋 看盡頭流千萬疊 孤帆又下大江流.

(풍포엽렵농경유 사월화개맥이추 간진두류천만첩 고범우하대강류)

솔솔 바람에 버드나무 긴 가지 부드럽게 흔들거리고,
사월이라 꽃 피니 보리 익는 철이로구나.
지리산 천만 겹친 봉우리 모두 구경하고는, 작은 배 저어 큰 강물 따라 내려왔네.

[語句] *頭流 : 智異山(지리산). 백두산의 맥이 크게 끝난 곳이어서 부르는 이름임<李重煥 擇里志> *花開縣 : 지금의 '경남 하동군 화개면' 지역인 듯함. *蒲 : 부들. 창포. 버들. 여기서는 '버들 곧 蒲柳(포류)'의 뜻으로 쓴 듯함. *獵獵 : 부는 바람이 가볍고 부드러움. *輕柔 : 가볍고 부드러움. *麥秋 : 보리가 익는 철. *

看盡 : 보기를 다함. *孤帆 : 외롭게 뜬 작은 배.

[鑑賞] 지리산을 유람하고 하동 화개 고을로 蟾津江(섬진강)에 배를 띄워 가면서 지은 시. 때는 늦은 봄 4월이라 훈풍이 불어 버들가지는 한들거리는데, 배도 바람을 받아 잘도 흘러간다. 수많은 산봉우리가 겹친 지리산을 배경으로 하고 또 누런 보리밭 곁으로 아래로 아래로 내려가노라니, 여기가 곧 仙境(선경)이로구나 하는 심정이 담긴, 즉흥적인 좋은 작품이다.

7言絕句(7언절구). 압운은 柔, 秋, 流 자로 평성 '尤(우)' 평운이다. 평측은 차례로 '平平仄仄仄平平, 仄仄平平仄仄平, 仄仄平平平仄仄, 平平仄仄仄平平'으로 二四不同二六對(이사부동이륙대)와 反法, 粘法(반법, 점법) 등이 잘 이루어지고 평측 배열도 잘된 7絕의 典型(전형)이 되는 시이다.

406. 鄭礦(정염 ?~1549) : 조선 중종, 명종 때 학자. 자 士潔(사결). 호 北窓(북창). 본관 溫陽(온양). 父 順朋(순붕). 중종 25년(1530) 司馬試(사마시)에 급제, 掌樂院主簿(장악원 주부)에 추대되어 관상감, 혜민서 교수를 겸했고, 抱川縣監(포천현감)이 되었으나 신병으로 그만두고 廣州 淸溪山(광주 청계산), 果川 冠岳山(과천 관악산) 등지에서 스스로 약을 구하여 정양하다가 사망했다. 儒佛仙(유불선)의 3교에 능통하고 천문, 지리, 의약에도 밝았으며 玄琴(현금, 거문고)에도 이름 높았다. 특히 고질병을 많이 고쳐 세상에서는 그를 異人(이인)이라 했다. 燕(연)에 사신으로 갔다 와서 여러 저서를 냈으니 '東垣珍珠囊(동원진주낭), 劉氏脈訣(유씨맥결)' 등이 있다.

406-1 登瓦嶺望冠岳(등와령망관악) 와령에 올라 관악산을 바라보며

荒村古木嘯飢鳶 蘆荻蕭蕭薄暮天 立馬橋頭回首望 蒼山遙在白雲邊.

(황촌고목소기연 노적소소박모천 입마교두회수망 창산요재백운변)

거친 마을 고목에서 주린 솔개 구슬피 울고, 갈대 바람 쓸쓸히 해는 저무네.
다리께에서 말 세우고 고개 돌려 바라보니, 푸른 산은 저 먼 흰 구름 가에 있구나.

[語句] *瓦嶺 : 경기도 果川市(과천시) 서울 대공원 청계산[높이 583m]의 한 봉우리 이름인 듯함. *冠岳 : 서울과 과천시 경계에 있는 산. 서울의 요새를 이루고 산 위의 靈珠臺(영주대)는 조선 세조가 기우제를 지내던 곳임. 높이 632m. *荒村 : 거칠어서 쓸쓸한 마을. *嘯 : 휘파람. 읊다. *鳶 : 솔개. *蘆荻 : 갈대. 갈대와 물억새. *蕭蕭 : 바람이나 빗소리가 쓸쓸함. *橋頭 : 다리가 있는 근처. *蒼山 : 파랗게 보이는 아득히 먼 산.

[鑑賞] 먼저 와령은 어느 산에 있는 고개인지 분명하지 않으나, 지은이가 광주의 청

계산과 과천의 관악산을 오가며 약초를 캤다고 하니, 아마도 지금의 서울 대공원 청계산의 고개 이름이리라. 청계산이란 이름의 산은 전국적으로 많다. '쓸쓸한 마을 오래된 나무에서 배고픈 솔개가 울고, 갈대밭에 바람 불어 사각사각 소리 나며 날은 저문다. 다리 근처에 타고 가던 말을 세우고 돌아보니, 관악산은 저 멀리 구름 가에 놓여 있구나.' 했으니, 한폭의 풍경화를 그려볼 수 있지 않은가? 詩中有畫(시중유화)의 좋은 작품이다.

7언절구. 압운은 鳶, 天, 邊 자로 평성 '先(선)' 평운이다. 평측은 차례로 '平平仄仄平平平, 平仄平平仄仄平, 仄仄平平平仄仄, 平平平仄仄平平'으로 이사부동이륙대와 반법, 점법 등이 모두 이루어졌다.

407. 鄭蘊(정온 1569~1642) : 조선 인조 때 명신. 자 輝遠(휘원). 호 桐溪(동계). 시호 文簡(문간). 본관 草溪(초계). 父 進士 惟明(진사 유명). 광해군 2년(1610) 別科(별과)에 급제하고 司諫院正言(사간원 정언)으로 있을 때 江華府使 鄭沆(강화부사 정항)이 영창대군을 죽이자 임금에게 상소, 그를 참수하라고 주장했다. 이에 광해군이 대로하여 투옥되었다가 10년간 大靜(대정)에서 귀양살이를 했다. 인조반정 후 獻納(헌납)과 사간이 되고 인조 2년(1624) 李适(이괄)의 난 때 이조참의로서 왕을 모시고 공주로 갔고, 병자호란 때에는 남한산성에서 청 나라와의 和議(화의)를 적극 반대했으며, 다음 해 곧 인조 15년(1637) 정월 화의가 성립되자 분하여 할복자살을 기도했다. 죽어 국은에 보답 못 한 것을 한탄하여 고향에 가지 않고 德裕山(덕유산)에 은거하다가 사망하니 후에 영의정을 추증하고 廣州(광주)의 顯節祠(현절사)에 享祀(향사)했다.

407-1 述懷(술회) 생각을 말하다

生世何巇險 三旬月暈中 一身無足惜 千乘亦云窮
外絕勤王事 朝多賣國兇 老臣何所事 腰下佩霜鋒.

(생세하희험 삼순월훈중 일신무족석 천승역운궁
외절근왕사 조다매국흉 노신하소사 요하패상봉)

세상 일 왜 이리 험악한가, 한 달을 두고 달무리 지듯 어둡구나.
내 한 몸 아까울 것 없지만, 상감님의 처지도 딱하다들 하오.
조정 밖에는 임금님 돕는 사람 끊이었고, 조정에는 나라를 팔아먹는 흉칙한 무리로 찼네.
이 늙은 신하 할 일이 무엇인가, 허리에 서릿발 같은 장검을 차고 있다오.

[語句] *述懷 : 마음먹은 여러 가지 생각을 말함. 또는 그 말. *生世 : 세상에 나서 살아감. *巇險 : 가파르고 험함. *三旬 : 세 열흘 곧 한 달. *月暈 : 달무리. *

千乘 : 諸侯(제후). 임금. 戰時(전시)에 큰 제후는 天子(천자)를 위해 兵車(병거, 전쟁에 쓰는 수레) 천 대를 내놓게 되어 이르는 말임. *勤王 : 임금의 일에 힘을 다하거나 환난을 구함. 임금에게 충성을 다함. *霜鋒 : 서릿발 같은 칼날. 날카로운 칼.

[鑑賞] 병자호란 때 청 나라와의 화의를 극력 반대하여 울분에 차서 지은 시로, 제목을 '言志(언지, 스스로의 뜻을 읊다)'라 한 자료도 있다. 남한산성으로 피신한 인조 임금은 斥和派(척화파)와 主和派(주화파) 사이에서 어찌할 바를 모르다가 결국은 三田渡(삼전도)에서 淸太宗(청 태종)에게 항복하는 치욕을 겪었던 것이다. 이런 어지러운 국난에 지은이는 울분을 참지 못하고 할복까지 시도했으니, 그 충절은 길이 빛날 것이다. 이 시도 이런 우국충정을 토로한 작품이다. 함련과 경련은 대구가 잘 이루어졌으니, '一身~-千乘~, 外絕~-朝多~' 연을 음미해 보자.

5言律詩(5언율시). 압운은 中, 窮, 兇, 鋒 자로 앞 두 자는 평성 '東(동)' 운, 뒤의 兇과 鋒 자도 평성 '冬(동)' 평운으로 두 운은 通韻(통운)이 된다. 평측은 차례로 '平仄平平仄, 平平仄仄平, 仄平平仄仄, 平仄仄平平, 仄仄平平仄, 平平仄仄平, 仄平平仄仄, 平仄仄平平'으로 二四不同(이사부동)과 反法, 粘法(반법, 점법) 등이 잘 이루어진 좋은 작품이다.

408. 鄭惟吉(정유길 1515~1588) : 조선 선조 때 정승. 자 吉元(길원). 호 林塘, 尙德齋(임당, 상덕재). 본관 東萊(동래). 조부 領議政 光弼(영의정 광필 →385). 父 府使 福謙(부사 복겸). 중종 33년(1538) 문과에 장원급제하여 典籍, 舍人, 正言, 中樞都事(전적, 사인, 정언, 중추도사) 등을 역임하고, 이황, 김인후 등과 함께 湖堂(호당)에 賜暇(사가)하고 執義, 應教, 副提學, 都承旨, 大司憲(집의, 응교, 부 제학, 도승지, 대사헌) 등을 거쳐 예조판서, 대제학, 이조판서, 우의정 등을 지내고 4대의 왕을 섬기며 좌의정에 이르러 명성이 높았다. 문장이 뛰어나고 시를 잘했으며 筆名(필명)도 있었고 처세에 모가 나지 않았다. 문집에 '林塘遺稿(임당유고)'가 있다.

408-1 夢賚亭春帖(몽뢰정춘첩) 몽뢰정의 춘첩

白髮先祖老判書 閒忙隨分且安居 漁翁報道春江暖 未到花時進鱖魚.

(백발선조노판서 한망수분차안거 어옹보도춘강난 미도화시진궐어)

백발 성성하셨던 우리 판서 할아버지, 분수 따라 한망 속에 편히 사셨나니,
늙은 어부 봄 강물 따뜻해졌다며, 꽃 피는 시절에 앞서 쏘가리를 잡아다 준다오.

[語句] *夢賚亭 : 정자 이름. 어디 있는지 미상이나 몽뢰는 '꿈을 주다'의 뜻임. *春帖 : 봄에 관한 글을 쓴 수첩. 또는 立春帖(입춘첩, 입춘날에 봄에 관한 글을 적은 종이)

같은 것. *閒忙 : 한가함과 바쁨. *隨分 : 분수에 따름. '사물은 각각 정해진 分限(분한, 일정한 한도나 한계)이 있음'을 뜻함. *安居 : 편안히 지냄. *漁翁 : 고기 잡는 늙은이. *報道 : 알림. 알려 줌. *花時 : 꽃이 피는 시절. *鱖魚 : 쏘가리. 농어과의 민물고기.

[鑑賞] 몽뢰정은 관서를 지낸 윗대 조선이 세운 정자로 강가에 위치했으리라. 집안 일화로 전해 내려오는 이야기를 소재로 봄날에 지은 작품이다. 그 할아버지는 벼슬살이를 늙어서 그만두고 이 강촌에 와 살면서 주민들에게 은혜를 베풀면서 동고동락했으리라. 그러니 어부들이 철 따라 잡히는 민물 생선을 맛보라고 가져다 주었으리라. 강촌의 풍경과 후한 인심을 보인다.

7言絕句(7언절구). 압운은 書, 居, 魚 자로 평성 '魚' 평운이다. 평측은 차례로 '仄仄平仄仄仄平, 平平平仄仄平平, 平平仄仄平平仄, 仄仄平平仄仄平'으로 二四不同二六對(이사부동이륙대)는 첫 구에서 어긋나 '仄-仄-仄'으로 되었고 반법과 점법은 이 첫 구 외에는 잘 이루어졌다.

409. 鄭允宜(정윤의 ?) : 고려 충숙왕 때 문관. 본관 草溪(초계). 충렬왕 때 문과 급제하여 密直提學(밀직제학)을 역임했다.

409-1 書江城縣舍(서강성현사) 강성현의 관사에 쓰다

凌晨走馬入孤城 籬落無人杏子成 布穀不知王事急 傍林終日勸春耕.
(능신주마입고성 이락무인행자성 포곡부지왕사급 방림종일권춘경)

이른 새벽 말을 달려 외로운 성에 드니, 울타리 곁에 사람은 없는데 살구는 달렸구나.
뻐꾸기는 나랏일 급한 줄도 모르면서, 온종일 숲 곁에서 봄 밭갈이 하라고만 권하네.

[語句] *江城縣 : 경상상남도 山淸郡(산청군)의 옛 이름. 신라 때 闕支郡(궐지군)으로 고려 초에 강성현으로 고쳤고, 1914년 산청군이 되었음. *縣舍 : 고을의 官舍(관사). *凌晨 : 호된 새벽. 이른 새벽. *籬落 : 울타리. *杏子 : 살구. *布穀 : 뻐꾸기. 포곡조. 郭公鳥(곽공조). 看蠶看火鳥(간잠간화조). '포곡, 곽공, 간잠간화'는 모두 뻐꾸기가 우는 소리를 擬聲(의성)한 말임. *王事 : 왕이 하는 일. 조정의 사무. *春耕 : 봄의 논밭갈이.

[鑑賞] 산골 고을 강성현 관사의 벽에 지어 쓴 시 같다. '이른 새벽에 외딴 성 같은 강성의 고을 현사에 오니, 인적은 없고 살구만 달려 있다. 뻐꾸기는 나라의 할 일 많은 줄도 모르면서 숲에서 종일토록 빨리 밭을 갈아 곡식을 심으라고 포곡포곡 하고 울고 있다.'는 것이다. 한적하고도 평화로운 시골 풍경이 연상되는

좋은 시로, 뻐꾸기 울음소리를 의성화하여 농사철임을 여실히 포착했다.

7언절구. 압운은 城, 成, 耕 자로 평성 '庚(경)' 평운이다. 평측은 차례로 '平平仄仄仄平平, 平仄平平仄仄平, 仄仄仄平平仄仄, 平平平仄仄平平'으로 이사부동이륙대와 반법, 점법 등이 잘 이루어지고, 끝 두 구의 평측 배치의 대조가 잘 되었다.

410. 丁胤禧(정윤희 1531~1589) : 조선 선조 때 문관. 자 景錫(경석). 호 顧庵, 順庵(고암, 순암). 본관 羅州(나주). 父 左贊成 應斗(좌찬성 응두). 어려서부터 영민하여 생원진사시에 장원하고 26세 때 謁聖文科(알성문과)에 장원, 36세 때 重試(중시)에도 장원하니, 세인들이 드문 일이라고 했다. 典籍(전적)에서 外職(외직)으로 나갔다가 예조와 호조의 參議(참의), 江原道觀察使(강원도 관찰사)로 나가 사건으로 면직당하고 고향에 돌아와 경서와 史記(사기)를 읽으며 지냈다. 四六文(사륙문)에 뛰어나 한 때 館閣(관각, 홍문관과 예문관)의 찬술이 모두 그의 손으로 이루어졌다. 병조참판을 지낸 丁胤福(정윤복)은 그의 아우이다.

410-1 芙蓉抱香死應製(부용포향사응제) 임금님의 '부용포향사' 시구에 따라 짓다

玉露凋銀渚 朱華隕碧潯 未堪秋水晚 叵耐曉寒侵
鏡裏銷紅臉 釵頭抱苦心 香魂招不得 愁絕暮江深.

(옥로조은저 주화운벽심 미감추수만 파내효한침
경리소홍검 차두포고심 향혼초부득 수절모강심)

구슬 같은 이슬 담던 연잎은 흰 물가에서 시들고, 붉은 꽃잎은 푸른 물에 떨어지네.
잎은 늦은 가을의 찬 물을 견디지 못했고, 꽃은 스며드는 새벽 추위를 참을 수 없었구나.
거울 속 붉은 뺨이 사라지듯 하고, 비녀 머리 같은 줄기는 괴로운 마음 품었어라.
연꽃 향기는 이제 불러 볼 수 없고, 내 시름만이 저무는 강물에 깊이 잠기고 마네.

[語句] *芙蓉抱香死 : 연꽃이 향기를 안고 시들었음. 선조 임금이 지은 시의 한 구절인 듯함. *應製 : 임금의 명에 의하여 詩文(시문)을 따라 지음. *玉露 : 맑고 깨끗하게 방울진 이슬. *凋 : 시들다. 이울다. *渚 : 물가[小洲소주]. *隕 : 떨어지다. *碧潯 : 푸른 물가[水厓수애]. *堪 : 견디다. *秋水 : 가을철의 차고 맑은 물. *叵耐 : 참을 수 없음. *銷 : 녹다. 녹이다. 사라지다. 흩어지다. *紅臉 : 붉은 뺨. *釵頭 : 비녀 꽂은 머리. *苦心 : 마음을 괴롭히며 애씀. 괴로운 마음. *香魂 : 꽃의 향기.

[鑑賞] 지은이는 선조 때 벼슬아치이므로 詩題(시제)의 '芙蓉抱香死'는 선조 임금의 어제시 중의 한 구절이거나 시 제목이었으리라 짐작된다. 화사하게 꽃 피우던 연

이 가을이 되자 잎도 시들고 꽃도 볼품없이 꽃잎 떨어지고 꽃줄기도 시든다. 그 화려하게 자랑하던 연꽃도 계절은 어쩔 수 없어 시들고 마니, 마치 인생이 늙어지면 아무 소용에 닿지 않는 이치와 같지 않은가? 그래도 한 가닥 희망적인 것을 읊었어야 할 터인데, 이 시는 '내 시름만이 저무는 강물에 깊이 잠가고 만다.'고 끝맺어 불만스럽다, 글쎄 임금님도 그렇게 끝맺었으면 할 수 없지만서도.

5言律詩(5언율시). 압운은 潯, 侵, 心, 深 자로 평성 '侵' 평운이다. 평측은 차례로 '平仄平平仄, 平平仄仄平, 仄平平仄仄, 仄仄仄平平, 仄仄平平仄, 平平仄仄平, 平平平仄仄, 平仄仄平平'으로 二四不同(이사부동)과 反法, 粘法(반법, 점법) 등이 잘 이루어진 작품이다.

411. 鄭乙輔(정을보 -1352-) : 고려 충목, 충정왕 때 문신. 호 勉齋(면재). 시호 文良(문량). 본관 晉州(진주). 충숙왕 때 國子試(국자시)에 올라 政堂文學(정당문학)에 이르고 菁川君(청천군)에 봉해졌다. 공민왕 때 趙日新(조일신)의 당으로 贊成事(찬성사)에 올랐으나 일신이 형벌을 받아 죽자 光陽監務(광양감무)로 좌천되었다. 문장으로 이름이 높았다.

411-1 晉州矗石樓(진주촉석루) 진주의 촉석루

黃鶴名樓彼一時 崔君好事偶留詩 登臨景物無增損 題詠風儀有盛衰
玉斝高飛江月出 珠簾半捲嶺雲垂 倚欄回首乾坤小 方信吾州特地奇.

(황학명루피일시 최군호사우류시 등림경물무증손 제영풍의유성쇠
옥가고비강월출 주렴반권영운수 의란회수건곤소 방신오주특지기)

황학루 이름난 누각도 그 한 때이니, 최호 시인이 수다스러워 우연히 시를 남겼으리.
올라보니 경치는 더함도 덜함도 없는데,
편액扁額에 쓰인 시들의 품격은 성쇠가 보이는구나.
옥 술잔 높이 드니 강에 달이 솟고, 구슬 발 반쯤 걷으니 영마루에 구름 드리우네.
난간에 올라 고개 돌리매 천지가 작아 보여,
바로 우리 고을 경치 특히 기이한 줄 알겠구나.

[語句] *矗石樓 : 경남 진주시 본성동에 있는 누각. →34-2, 152-1. *黃鶴樓 : 호북성 무한시에 있는 누각. →232-1, 234-65. *崔君 : 唐(당) 나라 시인 崔顥(최호 704~754). 그의 시 '黃鶴樓'는 명작으로 일컬어짐. →573. *好事 : 일을 벌여 하기를 좋아함. *登臨 : 높은 곳에 올라 내려다 봄. *景物 : 철 따라 달라지는 風物(풍물, 경치). *題詠 : 시를 짓고 읊음. *風儀 : 빛나고 드러나 보이는 사람의 겉모양. 風采(풍채). *盛衰 : 성함과 쇠함. 잘되고 못됨. *玉斝 : 옥으로 만든 술

잔. *珠簾 : 구슬을 꿰어 만든 발. 玉簾(옥렴). *倚欄 : 난간에 의지함. 난간에 올라 섬. *乾坤 : 하늘과 땅. 천지. *方信 : 바야흐로 믿음. 이제 믿음.

[鑑賞] 황학루도 유명한 누각이겠지만 우리 촉석루도 그에 못지않은 훌륭한 누각임을 찬양했다. 최호 시인이 황학루 시를 지어 유명해지고 명작 대접을 받는데, 나도 그 시에 뒤지지 않는 시를 짓겠다는 의지를 은연중에 나타냈다. 지은이의 자신에 찬 말대로 이 시도 명작 반열에 넣어도 좋을 듯하다. 頷聯(함련 3~4구)과 頸聯(경련 5~6구)은 對句(대구)가 잘 이루어졌음을 알 수 있고, 끝 연에서 촉석루가 높음을 하늘땅이 작아 보인다고 표현하고, 진주의 경치가 특이함을 자랑하며 마무리 지었다. 사실 촉석루는 웅장한 모습이기도 하다.

7言律詩(7언율시). 압운은 時, 詩, 衰, 垂, 奇 자로 평성 '支(지)' 평운이다. 평측은 차례로 '平仄平平仄仄平, 平平仄仄仄平平, 平平仄仄平平仄, 平仄平平仄仄平, 仄仄平平平仄仄, 平平仄仄仄平平, 仄平平仄平平仄, 平仄平平仄仄平'으로 二四不同二六對(이사부동이륙대)와 반법, 점법 등이 잘 이루어지고 평측 배치도 좋아 7律의 전형이 되는 명작이다.

412. 鄭以吾(정이오 ?) : 고려말~조선초의 문신. 자 粹可(수가). 호 郊隱(교은). 시호 文定(문정). 본관 晉州(진주). 고려 공민왕 때 문과 급제, 조선 태종 때 大提學(대제학)으로 과거를 주관했고 贊成事(찬성사) 등을 역임했다. 특히 글에 뛰어나 高麗名人(고려 명인)으로 꼽히며, 저서에 '郊隱集(교은집), 火藥庫記(화약고기)' 등이 있다.

412-1 新都雪夜效歐陽體(신도설야효구양체)

새 서울의 눈 오는 밤에 구양수의 시체를 본따 짓다

繡屏圍暖酒初酣 不覺庭除勢已嚴 夜靜更無風掃地 窓明疑有月窺簷
茅茨萬屋平初合 蓑笠孤舟重乍添 曉望終南渾一色 應餘馬耳出雙尖.

(수병위난주초감 불각정제세이엄 야정갱무풍소지 창명의유월규첨
모자만옥평초합 사립고주중사첨 효망종남혼일색 응여마이출쌍첨)

수놓은 병풍 따스하게 둘린 속에 술 거나해져서,
뜰에는 눈이 세차게 내림을 모르고 있었네.
땅을 쓸어내는 바람 소리 없이 밤은 조용하고,
창이 밝아 달이 처마를 비추는 줄 알았어라.
수많은 초가마다 한결같이 눈이 평평하게 덮였으니,
외로이 뜬 쪽배의 도롱이와 삿갓에도 무게 더했으리라.
새벽에 남산을 보니 모두 한 빛이라,

응당 마이산의 말귀 같은 두 봉우리만 뾰족 솟았겠구나.

[語句] *新都 : 새 수도 곧 조선의 수도였던 현재의 서울특별시. *歐陽體 : 宋(송) 나라 歐陽修(구양수)의 詩體(시체). 그가 여러 사람들과 함께 눈을 두고 시를 지으면서 玉, 銀, 瓊, 梨(옥, 은, 경, 리) 등 눈을 읊을 때 자주 쓰는 글자를 쓰지 못하도록 하고 시를 짓던 일을 말함. *繡屛 : 수를 놓은 병풍. *酒酣 : 술을 즐김. 술에 취함. *庭除 : 섬돌 아래. *掃地 : 땅을 쓺. *窺簷 : 처마를 엿봄. 처마를 비춤. *茅茨 : 띠풀로 이은 지붕이나 집. 초가집. 茅屋(모옥). *蓑笠 : 도롱이와 삿갓. *終南 : 終南山(종남산). 周(주) 나라 서울 豊鎬(풍호)의 남쪽에 있는 산. 대개 수도의 남쪽 산을 이르니, 여기서는 서울의 남산을 가리킴. *馬耳 : 馬耳山(마이산). 전라북도 鎭安郡(진안군)에 있는 산으로 말의 귀처럼 두 봉우리가 쫑긋 솟았는데 높이 685m임. 또는 중국의 산을 가리킬 수도 있음. *雙尖 : 한 쌍으로 뾰족함.

[鑑賞] 새 수도인 서울 당시의 漢陽(한양)에서 눈 오는 밤에 술을 마시며 구양수의 눈 오는 밤의 詩會(시회)를 본받아, 눈과 관련되는 글자를 피하면서 지은 작품이다. 수놓은 병풍에 화로라도 곁들인 따뜻한 방에서 술에 거나히 취해, 밖에서는 눈이 오는지를 모르고 있다. 왜냐 하면, 바람 소리도 없고 창문이 훤해지는 걸 달빛 때문으로 알고 있었기 때문이다. 새벽이 되어 창 밖을 보니 초가지붕들이 눈으로 평평하게 덮여 있어, 낚시질하는 늙은이의 도롱이와 삿갓에도 눈이 쌓여 무게를 더했으리라 상상해 본다. 남산을 보니 흰빛 일색이라 저 마이산도 뾰족한 봉우리 조금만 남기고 모두 눈으로 덮였으리라 느껴진다. 頷聯(함련 3~4 구)과 頸聯(경련 5~6 구)은 對句(대구)로 이루어졌다.

7언율시. 압운은 酣, 嚴, 簷, 添, 尖 자로 酣만 '覃(담)' 운이고 나머지는 평성 '鹽(염)' 평운으로 두 운은 통운이 된다. 평측은 차례로 '仄平平仄仄平平, 仄仄平平仄仄平, 仄仄仄平平仄仄, 平平平仄仄平平, 平平仄仄平平仄, 平仄平平仄仄平, 仄仄平平平仄仄, 平平仄仄仄平平'으로 이사 부동이륙대와 반법, 점법 등이 잘 이루어진 좋은 작품이다.

412-2 次韻寄鄭伯容(차운기정백용) 정백용의 시에 차운하여 주다

二月將闌三月來 一年春色夢中回 千金尙未買佳節 酒熟誰家花正開.

(이월장란삼월래 일년춘색몽중회 천금상미매가절 주숙수가화정개)

2월이 가고 3월이 오려는데, 한 해의 봄 경치 꿈이런 듯 지나가네.

천금을 들여도 살 수 없는 가절이라, 뉘네 집에 술 익고 꽃 활짝 피었을꼬.

[語句] *鄭伯容 : 미상. *闌 : 다하다. *春色 : 봄철의 아름다운 경치. 봄빛. *千金 : 천 냥. 많은 돈. *佳節 : 좋은 철. 佳辰(가신).

[鑑賞] 가는 봄의 아쉬움을 잘 그린 시이다. 음력 정월에 봄이 시작되어 3월이면 늦봄이 된다. 이제 봄이 무르익는 2월이 가고 3월이 되니 이 해의 봄도 지난 일로 되어버리려 한다. 宋(송)의 문호 東坡 蘇軾(동파 소식 →119)이 '春夜(춘야)'에서 읊은 대로 "春宵一刻直千金(봄밤의 한 시각은 천금에 값하나니)"이니, 가는 봄을 조금이라도 붙잡고 즐길 수 있는 술 익고 꽃이 만발한 집을 수소문해 찾아갈 법하지 않는가.

7言絶句(7언절구). 압운은 來, 回, 開 자로 평성 '灰(회)' 평운이다. 평측은 차례로 '仄仄平平平仄平, 仄平平仄仄平平, 平平仄仄仄平仄, 仄仄平平平仄平'으로 二四不同二六對(이사부동이륙대)와 反法, 粘法(반법, 점법) 등이 모두 이루어졌다.

413. 鄭寅普(정인보 1892~?) : 한문학자. 사학자. 兒名(아명) 景施(경시). 자 經業(경업). 호 守坡, 薇蘇山人, 爲堂, 薝園(수파, 미소산인, 위당, 담원). 서울에서 출생하여 조선 순종 隆熙(융희) 4년(1910) 중국에 유학, 동양학을 전공하면서 동지들과 함께 同濟社(동제사)를 조직하여 조국 광복 운동에 종사하다가, 1919년에 귀국하여 연희전문학교를 비롯하여 이화여자전문학교, 세브란스의학전문학교, 중앙불교전문학교 등에서 국학, 동양학을 강의하는 한편, '시대일보'와 '동아일보'의 논설위원으로서 날카로운 필봉으로 민중들에게 國魂(국혼)을 환기시켰다. 광복 후 1948년에 국학대학장에 취임했고 초대 감찰위원장을 지내다가 6·25 동란 때 납북되었다. 국문학사, 한문학, 국사학에 연구가 깊었으며 시조와 한시에도 능숙했다. 최남선, 양주동과 함께 우리나라 3대 천재라 일컬어지며, 저서에 '朝鮮史研究(조선사연구), 薝園文存(담원문존), 月南李商在先生傳(월남이상재선생전), 朝鮮文學源流考(조선문학원류고), 薝園時調(담원시조), 薝園國學散藁(담원국학산고), 薝園文錄(담원문록, 한시문집)' 등이 있다.

413-1 題梁柱東鄕歌證釋卷首 五首 第1首(제양주동향가증석권수 오수 제1수)

양주동의 '향가증석' 저서 첫머리에 짓다 다섯 수 첫 수

閼川川水淸且綠　東原送唱花滿谷　長短自與仁性宜　不屑爲變調相續
一從玄文燒殘後　篇籍寥寥僅寄躅　吏讀借寫已詰屈　又兼古言殊今讀
有如玉笛過嶺啞　彎引無人發宮角　誰歟健者梁柱東　雙瞳的的不移矚
傑然一夕驚四解　緊言雅奏隨所觸　爲君起作如意舞　言之歎之俱未足.

(알천천수청차록 동원송창화만곡 장단자여인성의 불설위변조상속

일종현문소잔후 편적료료근기촉 이두차사이힐굴 우겸고언수금독
유여옥적과령아 만인무인발궁각 수여건자양주동 쌍동적적불이촉
걸연일석경사해 번언아주수소촉 위군기작여의무 언지탄지구미족)

알천의 냇물은 맑고 또 푸르른데, 서라벌 배웅하는 노래 골짝에 꽃이 활짝.
그 노래 장단 어진 성품에 저절로 맞자, 변조로 뒤 잇기를 마다고 하였겠느냐.
역대의 병화로 옛 문적은 다 타버린 뒤, 노래 적은 책 없어지고 겨우 발자취만 남았으나,
이두로 적혔기로 진작부터 사뭇 어려웠고, 더구나 옛말이라 지금과는 아주 달라서,
마치 옥피리가 재를 넘으면 벙어리 된 듯, 본래의 가락을 낼 사람이 없더니만,
건장할손 누구란말고, 양주동 그 사람, 또렷한 두 눈동자에 끄덕 않는 그 눈초리,
놀랍게도 하룻밤에 빨리도 모두 풀어서, 번화한 소리와 아담한 곡조가 짚는 대로 울려.
그대 위해 일어나서 여의춤을 추노니, 말로나 감탄으로나 한 가지로 못다 한다.

<李丙疇 博士의 釋譯 그대로를 引用했음>

[語句] *梁柱東(1903~) : 시인. 국문학자. 호 无涯(무애). *鄕歌證釋 : 향가를 고증해 풀이함. 양주 동의 저서 '朝鮮古歌硏究(조선고가연구)'를 뜻함. *卷首 : 책의 첫머리. 卷頭(권두). *閼川 : 경주의 냇물 이름. 박혁거세의 비가 태어났다는 閼英井(알영정) 우물이 있음. *東原 : 동쪽 들판. 신라 곧 徐羅伐(서라벌)의 뜻으로 썼는데, 강원도 강릉의 옛 이름이기도 함. *送唱 : 이별하며 노래를 부름. *仁性 : 어진 성품. *不屑 : 우습게 여겨 마음에 두지 않음. *玄文 : 玄妙(현묘, 심오하고 미묘)한 글. 文籍(문적, 서적). '향가'를 이름. *燒殘 : 불타 없어짐. '전란으로 불에 타 없어짐'임. *篇籍 : 책. 서적과 문서. *寥寥 : 괴괴하고 쓸쓸함. *躅 : 자취. *吏讀 : 한자의 뜻과 음을 따서 우리말을 표기한 글자. 신라 향가를 표기한 글자. *借寫 : 빌리어 기록함. *詰屈 : 구부러져서 펴지지 않음. 詰屈聱牙(힐굴오아, 글 뜻이 어려워서 읽기가 매우 거북한 모양). *玉笛 : 옥피리. 신라 三寶(삼보)의 하나. 萬波息笛(만파식적)을 말하는 듯함. *啞 : 벙어리. 만파식적의 효능이 없어짐을 뜻함. *彎 : 갸웃이 보다. *宮角 : 음률의 궁음과 각음. 동양 음악의 5음인 宮商角徵羽(궁상각치우). *歟 : 語助辭(어조사)로 '그런가'의 뜻을 가졌음. *的的 : 밝은 모양. 明明(명명). *矚 : 보다. *傑然 : 썩 뛰어난 모양. 원문에는 傑 자가 '言'과 '桀'을 합친 글자로 되어 있음. *四解 : 모두 풀이함. *繁音雅奏 : 많은 음조와 아담한 연주. '향가의 여러 가락을 잘 짚었음'의 뜻임. *如意 : (나의) 뜻과 같음. *未足 : 아직 넉넉하지 못함. '찬사를 보내고 감탄해도 오히려 칭송함이 모자람'의 뜻임.

[鑑賞] 무애 선생은 일본인 학자 小倉(소창, 오구라)이 처음으로 향가를 풀이함에 민족적 긍지로 분발하여, 향가를 바르게 해석해 1942년 10월 '조선고가연구'를 펴내니,

그 쾌거를 칭송하는 7언고시 5수를 지어 책 첫머리에 실었던 것이라 한다. 이 시는 또한 우리나라 한시 문학의 마지막을 장식한 작품이라는 평가를 받는다. 이 뒤 네 수의 대강은 '마침내 향가의 조목조목을 꿰어냈고 신라와 고려의 노래를 문헌으로 고증해 如合符節(여합부절)했으며, 그대의 재주와 노력에 경탄하는 바, 그대가 아니었더라면 이 우아한 노래가 없어질 뻔하지 않았나.'이다. 한학자의 시라 僻字(벽자)도 많고 措辭(조사, 글의 구성과 배치)도 격이 높아 풀이하기가 쉽지 않다.

7言古詩(7언고시) 8연 16구. 압운은 綠, 谷, 續, 躅, 讀, 角, 矚, 觸, 足 자로 谷과 讀은 입성 '屋(옥)' 운, 角도 입성 '覺(각)' 운, 나머지 6자도 입성 '沃(옥)' 측운인데 이 세 운자는 通韻(통운)이 된다. 평측은 차례로 '仄平平仄平仄仄, 平平仄仄平仄仄, 平仄仄平平仄平, 仄仄平仄平平仄, 仄平平平平平仄, 平仄平平仄仄平, 仄仄仄仄仄仄仄, 仄平仄平平平仄, 仄平仄仄平仄仄, 仄仄平平仄平仄, 平平仄仄平仄平, 平平仄仄仄平仄, 仄平仄仄平仄仄, 平平仄仄平仄仄, 平平仄仄平仄仄, 平平仄平平仄仄'으로 이사부동이륙대에 맞는 곳은 셋째, 다섯째, 열한째 구의 셋뿐이어서 반법이나 점법은 이루어지지 않았으니, 고시이기에 지킬 필요가 없기 때문이다.

414. 鄭仁弘(정인홍 1535~1623) : 조선 광해군 때 權臣(권신), 大北(대북)의 領袖(영수). 자 德遠(덕원). 호 萊菴(내암). 본관 瑞山(서산). 증조부 正字 僖(정자 희). 貧農(빈농) 출신으로 성품이 강직하고 孝悌(효제)에 독실했으며 南溟 曺植(남명 조식) 문하에서 수학했다. 선조 때 經明行修(경명행수, 경학에 밝고 행실이 착함)로 掌令(장령)에 특채되어 大司憲(대사헌)에 이르렀으며 매사를 잘 처리했다. 그 후 사건으로 朴光玉(박광옥)과 함께 삭직되었다가 임진왜란 때에는 陜川(합천)에서 여러 선비들과 함께 의병을 일으켜 倡義將(창의장)이 되었고, 선조 41년(1608) 세자 책봉 문제를 둘러싸고 대북과 소북 사이에 논쟁이 벌어지자, 소북의 영수 柳永慶(유영경) 등을 탄핵했으나 도리어 寧邊(영변)으로 귀양가는 도중 廣州(광주)에 이르자, 광해군이 즉위하니 귀양이 풀려 돌아와 이조판서를 거쳐 광해군 4년(1612)에는 영의정이 되고 瑞寧府院君(서령부원군)에 피봉되어 대북의 전성기를 이루었다. 그러나 인조반정에 李爾瞻(이이첨)과 함께 잡혀 참형을 당했다. 문집에 '萊菴集(내암집)'이 있다. 종제 仁涵(인함)은 郭再祐(곽재우 →11)와 함께 창의했다.

414-1 牧童(목동) 목동

短短蓑衣露兩臂 童童小髮掩雙眉 斜陽坐着黃牛背 雨過平原睡不知.
(단단사의노양비 동동소발엄쌍미 사양좌착황우배 우과평원수부지)

모지랑이 도롱이라 두 팔뚝 드러났고, 나팔거리는 더벅머리 두 눈썹을 가렸네.
저녁 햇빛 받으며 황소를 타고는, 들판에 소나기 내려도 조느라고 알지 못하는구나.

[語句] *短短 : 아주 짧은 모양. 모지랑이. *蓑衣 : 도롱이. 綠蓑衣(녹사의). 蓑의 俗字(속자)인 '簑(사)'를 쓰기도 함. *臂 : 팔. 팔뚝. *童童 : 우뚝우뚝 성한 모양. 나팔거리는 모양. *小髮 : 더벅머리. 아이의 더부룩하고 흩어진 머리털. *雙眉 : 좌우 양쪽의 눈썹. *斜陽 : 저녁 때 서쪽으로 기울어진 해. *黃牛 : 누런 빛깔의 소. 황소. *平原 : 들판.

[鑑賞] 소 먹이는 아이 곧 목동의 모습을 읊은 시. 雨裝(우장)의 하나인 짧은 도롱이라서 팔뚝이 다 드러나고 더벅머리라 머리칼이 눈썹을 가린 모습이다. 골짜기에서 소에 풀을 뜯기고 돌아올 때는 소를 타고 들길을 거쳐 돌아오는데, 소의 등에서 조느라 한 차례 소나기가 지나도 모르고 한가로이 집으로 향한다. 풍경화 소품 한 폭이 연상된다.

7言絕句(7언절구). 압운은 眉, 知 자로 평성 '支(지)' 평운으로 첫 구의 臂 자는 거성 '寘(치)' 측운이어서 압운 자는 아니지만 韻紐(운뉴)는 된다. →287-17. 평측은 차례로 '仄仄平平仄仄仄, 平平仄仄仄平平, 平平仄仄平平仄, 仄仄平平仄仄平'으로 二四不同二六對(이사부동이륙대)와 反法, 粘法(반법, 점법) 등이 모두 이루어졌다.

415. 靜一堂姜氏(정일당 강씨 1772~1832) : 조선 정조 때 여류 학자, 문인. 호 정일당. 본관 晉州(진주). 父 在洙(재수). 남편 坦齋 尹光演(탄재 윤광연). 어려서부터 총명이 뛰어나 詩文(시문)을 잘 지었고 등불 밑에서 붓을 놀리면 글씨가 바르며 道谷 黃運祚(도곡 황운조)의 필법을 모방했다 한다. '詩集(시집 30여권)'과 '經說(경설 3권)'이 있었으나 전하지 않고 시 몇 편이 전할 뿐이다.

415-1 聽秋聲(청추성) 가을의 소리를 듣다

萬木迎秋氣 蟬聲亂夕陽 沈吟感物性 林下獨彷徨.

(만목영추기 선성난석양 침음감물성 임하독방황)

모든 나무는 가을빛을 맞아들였는데, 석양에 우는 매미 소리 어지러울 지경일세.
사물마다에 깃들인 성품을 깊이 느끼면서, 홀로 수풀 아래를 이리저리 거닐어 보네.

[語句] *秋氣 : 가을철다운 기운. 秋涼(추량). *沈吟 : 입 속으로 웅얼거리며 깊이 생각함. 근심에 잠겨 깊이 생각함. *物性 : 사물의 성질. *彷徨 : 할 일 없이 이리저리 거닐거나 헤맴. 오락가락 하며 거닒.

[鑑賞] 가을은 멜랑콜리한 계절이라 일러 온다. 죽음의 계절 겨울을 앞두고 있기에 마치 인생의 황혼기 같기 때문이리라. 보이는 나무들마다 잎이 져 가을 기운을

느끼는데, 매미는 석양을 받아 몹시도 울어댄다. 나무와 매미 소리에 사물의 본성을 느끼면서 숲길을 아무 일 없이 거닐며 자연과 인생을 되씹어 본다.

5言絕句(5언절구). 압운은 陽, 徨 자로 평성 '陽' 평운이다. 평측은 차례로 '仄仄平平仄, 平平仄仄平, 平平仄仄仄, 平仄仄平平'으로 이사부동과 반법, 점법 등이 모두 잘 이루어졌다.

416. 鄭子厚(정자후 ?) : 고려 말기의 문신. 자 載物(재물). 호 愚谷(우곡).

416-1 送洪敏求進士(송홍민구진사) 홍민구 진사를 송별하다

文憲文和並主文 業文餘慶溢高門 世稱父子兩中令 今見雲仍一外孫
久客難禁歸覲意 老夫何惜贈行言 北堂獻壽還西笑 當繼家傳乙壯元.

(문헌문화병주문 업문여경일고문 세칭부자양중령 금견운잉일외손
구객난금귀근의 노부하석증행언 북당헌수환서소 당계가전을장원)

최충과 그 아들 유선이 모두 과거 시관의 우두머리 되었으니,
글을 업으로 하는 집안 여경이 고귀한 가문에 넘치네.
세상에서 최충 부자를 두고 두 중서령이라 일컫더니,
이제 그 후손의 외손인 그대를 보는구나.
오랜 객지 생활에서 어버이 뵈올 생각 간절했으리니,
늙은 내가 작별하는 말 주기를 어찌 아끼리오.
어머니께 헌수하고 다시 사모하는 정을 가지리니,
집안 대대로 전해 오는 을과 장원 전통을 마땅히 이어야 하리라.

[語句] *洪敏求 : 미상이나 조선의 대과와 같은 진사과에 乙科(을과)로 급제했음. 을과도 조선 때의 甲科(갑과)와 같음. *文獻 : 고려 문종 때 학자 崔沖(최충 984~1068)의 시호. 中書令(중서령)을 지내고 퇴관하여 후진 양성으로 여생을 보냈음. *文和 : 최충의 아들 惟善(유선 ?~1076)의 시호. 현종 때 을과 첫째로 급제하여 동중서문하평장사와 守司徒(수사도)를 지냈음. *主文 : 科擧試官(과거 시관)의 우두머리. 知貢擧(지공거). *業文 : 문장을 직업으로 함. *餘慶 : 조상이 積善(적선)한 보람으로 자손이 누리게 되는 경사. *高門 : 부귀한 집. *中令 : 中書令(중서령, 중앙 최고 의정 기관의 우두머리). *雲仍 : 雲孫(운손, 8대 후손)과 仍孫(잉손, 7대 후손). 먼 후손. 홍민구는 최충의 10대 외손이라 함. *歸覲 : 고향에 돌아가 어버이를 뵘. 歸省(귀성). *贈行言 : 떠나는 사람에게 말을 선사함. 贈人以言重于金石珠玉(남에게 말을 선사함이 금은이나 주옥을 선물하는 것보다 더 값지다)<荀子 非相> *北堂

: 남의 어머니 존칭. 慈堂(자당). *獻壽 : 환갑 잔치 등에서 오래 살기를 비는 뜻으로 술잔을 올림. 上壽(상수). 稱觥(칭굉). *西笑 : 서쪽을 보고 웃음. 서쪽 의 長安(장안, 서울)을 그림. 사모함. *乙壯元 : 과거 을과 장원.

[鑑賞] 최충 후대의 외손인 홍민구가 과거에 급제하여 고향으로 돌아감을 송별하는 송별시. 首聯(수련 1~2구)에서는 홍 진사의 외가가 대대로 문장으로 가업을 삼은 고귀한 가문임을 칭송하고는 이어 頷聯(함련 3~4구)에서도 최충 부자가 모두 중서령을 지냈는데 홍 진사는 그 후대 외손임을 밝혔다. 頸聯(경련 5~6구)은 그대 홍 진사가 오래 고향을 떠나 서울에 와 있어 귀성하려는 뜻을 이기지 못할 것이라 늙은 내가 송별 물품보다는 이 글 한 편을 지어 준다 하고는, 尾聯(미련 7~8구)에서 어머니께 헌수하며 사모의 정을 크게 가지면서 을장원의 가통을 이 어 열심히 학문에 힘쓸 것을 당부하며 끝맺었다. 젊은 수재를 아끼는 정이 담뿍 담겼다.

7言律詩(7언율시). 압운은 文, 門, 孫, 言, 元 자로 文은 평성 '文' 운, 나머지는 평성 '元' 평운으로 두 운는 通韻(통운)이 된다. 평측은 차례로 '平仄平平仄仄平, 仄平平仄仄平平, 仄平仄仄仄平仄, 平仄平平仄仄平, 仄仄平平平仄仄, 仄平平仄仄平平, 仄平仄仄平平仄, 平仄平平仄仄平'으로 이사부동이륙대와 반법, 점법 등이 모두 이루어졌다.

417. 鄭碏(정작 1533~1603) : 조선 선조 때 학자. 자 君敬(군경). 호 古玉(고옥). 본관 溫陽(온양). 父 順朋(순붕). 형 磏(염 →406). 의약에 조예가 깊어 선조 29년(1596) '東醫寶鑑(동의보감)' 편찬에 참여했고, 아버지가 乙巳士禍(을사사화)에 가담하자 방탕생활을 했다. 시와 술을 즐겼으며 隸書(예서)를 잘 썼고 司評(사평) 벼슬을 지냈다.

417-1 聞笛(문적) 피리 소리를 듣고

遠遠沙上人 初疑雙白鷺 臨風忽橫笛 寥亮江天暮.

(원원사상인 초의쌍백로 임풍홀횡적 요량강천모)

저 멀리 물가에 있는 사람, 처음에는 백로 한 쌍인가 했더니,

바람결에 문득 들려오는 피리 소리, 저무는 강 하늘을 더욱 쓸쓸하게 하는구나.

[語句] *遠遠 : 먼 모양. *沙上 : 물가 모래 위. 砂上(사상). *白鷺 : 해오라기. 白鳥(백조). *橫笛 : 저. 입에 가로 대고 부는 관악기 총칭. 唐笛(당적). *寥亮 : 쓸쓸함을 더함. 寥는 '쓸쓸하다. 잠잠하다', 亮은 '밝다. 알다. 믿다. 돕다'임.

[鑑賞] 날 저무는 강가 멀리 해오라기인지 사람인지 모르게 흰 것이 보이는데, 바람결에 들려오는 피리 소리는 황혼의 강 하늘을 더욱 쓸쓸하게 한다. 석양 무렵

강변의 遠景(원경)을 묘사해 외롭고 한적한 느낌을 나타냈으니, 각 구의 끝 자 鷺, 笛, 暮로 하여 더욱 그런 이미지를 강하게 느끼게 된다.

5言古詩(5언고시). 압운은 鷺, 暮 자로 거성 '遇(우)' 측운이다. 평측은 차례로 '仄仄平仄平, 平平平仄仄, 平平仄平仄, 平仄平平仄'으로 二四不同(이사부동)은 둘째와 끝 구에서 지켜졌고 反法(반법)과 粘法(점법)은 불완전하게 이루어졌다.

418. 鄭種(정종 ?~1476) : 조선 세조 때 武臣(무신). 자 畝夫(무부). 호 吾老齋(오로재). 본관 東萊(동래). 조부 左贊成 矩(좌찬성 구 →386). 세종 24년(1442) 무과에 급제하여 단종 1년(1453) 咸吉道都節制使(함길도도절제사) 李澄玉(이징옥)이 난을 일으키자 鍾城判官(종성판관)으로서 야습하여 그를 죽이고 난을 평정했다. 세조 7년(1461) 中樞院副使(중추원부사)로 賀正使(하정사)가 되어 명 나라에 다녀오고, 세조 13년(1467) 李施愛(이시애)를 토벌하여 精忠敵愾功臣(정충적개공신)에 東平君(동평군)으로 피봉 되었으며 벼슬이 府尹(부윤)에 이르렀다.

418-1 退休吾老齋(퇴휴오로재) 오로재로 물러나다

世間從富不從貧 藏踪幽谷耳聾人 猶有乾坤無厚薄 數椽茅屋亦靑春.

(세간종부부종빈 장종유곡이롱인 유유건곤무후박 수연모옥역청춘)

세상 모두 가멸음을 따르고 가난을 싫어해, 깊은 골에 자취 감추고 살아가니 귀머거리일세.
하늘땅의 뜻은 오히려 도타움이나 박함이 없이 공평해,
몇 간 초가에도 봄을 보내주는구나.

[語句] *退休 : 벼슬을 그만두고 물러나 쉼. *世間 : 세상. 세상 사람. *藏踪 : 자취를 감춤. 藏蹤(장종). *幽谷 : 그윽하고 깊은 산골. 고요한 골짜기. *耳聾 : 귀가 먹어 들리지 않음. *乾坤 : 하늘과 땅. 양과 음. '造物主(조물주)'로 보아도 좋음. *厚薄 : 후함과 박함. *椽 : 서까래. *茅屋 : 草家(초가). *靑春 : 새싹이 돋는 봄철.

[鑑賞] 벼슬에서 물러나 깊은 산골에 숨어 사는 감상을 읊은 시. 세상 사람들 모두 부귀를 따르고 청빈은 몰라라 하는데, 홀로 깊은 산골에 숨어 살아가노라니 세상 형편을 몰라 귀머거리가 된다. 다만 조물주는 후하게 베풀거나 야박하게 대우하는 법이 없이 공평해서 은거하는 이 초가집에도 봄을 선물로 가져다주니 얼마나 고마운 일인가.

7言絕句(7언절구). 압운은 貧, 人, 春 자로 평성 '眞(진)' 평운이다. 평측은 차례로 '仄平平仄仄平平, 平平平仄仄平平, 平仄平平平仄仄, 仄平平仄仄平平'으로 이사부동이륙대는 이루어졌으나, 둘째 구에서 반법이 되지 않았고 따라서 점법도 어긋났다.

419. 鄭轃(정주 ?) : 조선 중종 때 문관. 자 大輿(대여). 호 九柳齋(구류재). 본관 東萊(동래). 縣監(현감)을 역임했다.

419-1 栗里幽興(율리유흥) 율리의 그윽한 흥취

世道羊腸欲斷魂 頭童齒豁老林村 榮親敢望三槐宅 責子將歸五柳門
雨態濛濛滋翠草 蟲聲唧唧濕黃昏 何時覓酒隨明月 對友峨洋一曲論.

(세도양장욕단혼 두동치활노임촌 영친감망삼괴댁 책자장귀오류문
우태몽몽자취초 충성즉즉습황혼 하시멱주수명월 대우아양일곡론)

세상 길 양의 창자같이 꼬불꼬불하여 넋을 잃게 하니,
두동치활 모습으로 시골에서 늙어가네.
삼공의 지위에 올라 어버이 영광되게 하기를 감히 바라랴만,
자식을 가르치려 도연명처럼 버드나무 다섯 그루 심은 집에 숨어 살아야 하리.
자욱하게 내리는 비 푸른 풀 자라게 하고, 찍찍거리는 벌레 소리에 황혼이 되네.
그 언제 명월을 벗해 술을 얻어, 친구와 마시며 아양 곡조를 얘기하며 즐기리.

[語句] *栗里 : 晋(진)의 陶潛(도잠, 淵明연명→62.)이 은거하던 곳. 여기서는 우리나라 지명인지 모르나, 도잠처럼 은거하는 곳이란 의미로 썼다 할 수 있음. *世道 : ①세상살이. 世路(세로). ②세상을 올바르게 다스리는 도리. *羊腸 : ①양의 창자. ②꼬불꼬불한 길. 九折羊腸(구절양장, 양의 창자처럼 몹시 구불구불하고 험한 산길, '인생길'을 비유함). *頭童齒豁 : 민둥머리에 잇사이가 벌어짐. 늙은이의 얼굴. *榮親 : 부모를 영화롭게 함. *三槐 : 세 그루의 槐木(괴목). 三公(삼공, 영의정 · 좌의정 · 우의정)의 지위. 周(주) 나라 때 삼공이 앉는 자리 맞은편에 심은 세 그루의 홰나무에서 온 말임<周禮 秋官> *責子 : 자식을 꾸짖음. 도잠의 시에 '責子'가 있는데, 그 중에 "雖有五男兒 總不好紙筆(비록 다섯 아들들이 있으나, 모두 종이와 붓을 좋아하지 않네)"라 있음. *五柳門 : 문앞에 버드나무 5그루를 심은 집. 도잠이 벼슬을 버리고 고향 율리에 돌아와 문앞에 버드나무 다섯 그루를 심고 五柳先生(오류선생)이라 자칭했음. *濛濛 : 비나 안개가 자욱한 모양. *翠草 : 파릇한 풀. *唧唧 : 벌레 우는 소리. '즐즐'로도 읽음. *覓酒 : 술을 구함. 술집으로 술 마시러 감. *隨明月 : 밝은 달을 따름. 달을 벗한다는 뜻으로 李白(이백)의 음주 경지를 연상해 쓴 듯함. →234-41. *峨洋曲 : 중국 고대 거문고의 명수 伯牙(백아)가 탄 거문고 곡조. 그가 높은 산이나 양양한 강물을 형용해 거문고를 타면 친구 鐘子期(종자기)만이 그 뜻을 알아 찬탄했다고 함.

[鑑賞] 은거 생활의 그윽한 흥취를 故事(고사)와 관련지어 가며 읊은 시. '세상살이 하도 험하니 정신을 잃을 듯해 대머리에 이빨은 벌어진 모습으로 산 속에서 늙어간다.' 하고는, '높은 정승이 되어 부모님을 영화롭게 하기는 틀렸고, 도잠처럼 율리에 숨어 아들들이나 책하며 가르친다.' 했는데 對句(대구)가 잘 이루어졌다. 이어 전환으로 敍景(서경)이니 '자욱하게 내리는 비로 풀들 잘 자라겠고, 귀뚜라미 같은 벌레 소리에 해는 져 황혼이 된다.' 하여 역시 대구가 잘 되었다. 앞 연은 敍情(서정)이요 이 연은 서경이니, 前虛後實(전허후실)의 구성이다. → 392-2. 마무리는 '언제 이백 이달 아래에서 술을 마시는 경지와, 백아가 타는 것 같은 거문고 곡조를 들으며 친구와 함께 인생과 예술을 이야기하며 한가로움과 풍류를 즐기려뇨.' 했으니 은둔의 참맛을 그린 좋은 작품이다.

7言律詩(7언율시). 압운은 魂, 村, 門, 昏, 論 자로 평성 '元(원)' 평운이다. 평측은 차례로 '仄仄平平仄仄平, 平平仄仄仄平平, 平平仄仄平平仄, 仄仄平平仄仄平, 仄仄平平平仄仄, 平平仄仄仄平平, 平平仄仄平平仄, 仄仄平平仄仄平'으로 이사부동이륙대와 반법, 점법 등이 잘 이루어지고 평측 글자 배치도 좋은 7律의 典型(전형)이 되는 좋은 시이다.

420. 鄭地(정지 1347~1391) : 고려말의 武官(무관). 초명 准提(준제). 시호 景烈(경렬). 본관 羅州(나주). 걸출한 용모에 성격이 너그러우면서 후했고 어려서부터 뜻이 컸으며 독서를 좋아했다. 공민왕 23년(1374) 檢校中郎將 李禧(검교중랑장 이희)가 글을 올려 처음으로 水軍(수군)을 훈련하려던 때에, 速古赤(속고적, 원 나라의 영향을 받아 설치된 관직으로 宿衛兵숙위병의 일종임. 속고치)으로서 왕을 모시고 있던 그는 마침 준비해 두었던 수군에 대한 獻策(헌책)을 올려 왕의 신임을 받아 全羅道按撫使(전라도 안무사)로 특명되고 이희도 양광도 안무사가 되었다. 두 사람은 수십 차에 걸친 헌책을 올려 수군을 쇄신 향상시켰다. 우왕 3년(1377) 順天兵馬使(순천 병마사)로서 순천 樂安(낙안)에 침입한 왜구를 쳐부수었으며, 이후 자주 海寇(해구)를 물리쳐 知門下府事(지문하부사), 海道都元帥(해도도원수), 楊廣全羅慶尙江陵道都指揮處置使(양광전라경상강릉도 도지휘처치사), 門下評理(문하평리) 등을 역임했다. 우왕 14년(1388) 이성계를 따라 威化島回軍(위화도 회군)에 종군했고, 이듬해 공양왕 1년 양광전라경상도 節制體察使(절제체찰사) 겸 招討營田繕城摠事(초토영 전선성총사)가 되었다. 공양왕 2년(1390) 金佇(김저)의 옥사에 연루되어 귀양 가고 또 尹彝(윤이), 李初(이초)의 옥사에 연좌되었으나 수재로 인해 모면했다. 공양왕 3년 위화도 회군의 공으로 2등공신이 되고 光州(광주) 별저에 물러가 있다가 判開城府事(판개성부사)에 임명되었으나 병으로 부임치 못했으며, 아들 耕(경)은 전라도관찰사, 都節制使(도절제사)를 역임했다.

420-1 題錦江松亭(제금강송정) 금강의 송정에서 짓다

隋家賀若弼 晉室祖將軍 杖劍過江水 期還誓掃雲.
(수가하약필 진실조장군 장검과강수 기환서소운)

수 나라 하약필과, 진 나라의 조적 장수 들이,
장검을 짚고 강물을 건너간 것은,
맹세코 해를 가린 어두운 구름을 쓸고 돌아오기를 기약함이더라.

[語句] *松亭 : 미상. *賀若弼 : 隋(수) 나라 장수로 陳(진) 나라를 쳐서 멸망시켰음. *祖將軍 : 祖逖(조적)으로 晉(진) 나라 奮威將軍(분위장군)인데, 北伐(북벌)할 때 장강을 건너며 중류에서 노를 치며 맹세하기를 "중원을 맑게 하지 못하면, 이 강물의 흐름처럼 다시 돌아오지 않으리라." 하더니 과연 石勒(석륵)을 격파, 황하 이남 땅을 회복했음. *掃雲 : 구름을 쓸어냄. '오랑캐나 나쁜 무리들을 소탕함'의 뜻임.

[鑑賞] 장수의 기개를 드러낸 작품이다. '수 나라의 하약필 장군이나 진 나라의 조적 분위장군 들은, 모두 임금의 권위를 해치는 무리와 중국 중원을 침범해 차지한 오랑캐들을 격파하고자 양자강을 건너 북벌한 것이다. 이와 같이 나도 우리 서남 해안을 침범해 임금과 나라의 근심거리인 왜구의 무리를 쳐부수기 위해 이 금강을 건너는 것이다.' 했다. 起句(기구, 첫째 구)와 承句(승구, 둘째 구)는 對(대)가 되었으니, '隋家-晉室', '賀若弼-祖將軍'이 각각 짝인 것이다.

5言絕句(5언절구). 압운은 軍, 雲 자로 평성 '文(문)' 평운이다. 평측은 차례로 '平平仄仄仄, 仄仄仄仄平, 仄仄平平仄, 平平仄仄平'으로 二四不同(이사부동)은 둘째 구에서 어긋나 '仄-平' 이어야 할 것이 '仄-仄'이 되어 어긋났는데, 將 자는 '장차. 나아가다. ~으로써'의 뜻이어야 평성 '陽(양)'이 되고, 이 시처럼 '장수'의 뜻이면 거성 '漾(양)' 측성이다. 그리하여 反法, 粘法(반법, 점법)은 불완전하게 이루어졌다 하겠다.

421. 鄭知常(정지상 1084~1135) : 고려 인종 때 文臣(문신), 大詩人(대시인). 초명 之元(지원). 호 南湖(남호). 西京(서경, 평양) 태생으로 예종 7년(1112) 과거에 올라 正言, 司諫(정언, 사간)을 지내고 인종 때 起居注(기거주)에 이르렀다. 일찍이 時事(시사)를 상소한 바 있으며 인종 5년(1127) 李資謙(이자겸)을 축출한 拓俊京(탁준경, 척준경)이 그 공을 믿고 발호하자 왕에게 상소하여 그와 동조자들을 巖墮島(암타도)에 유배시켰다. 이듬해에 동향인인 妙淸(묘청) 일파에 가담하여 한 때 묘청, 白壽翰(백수한) 등과 함께 三聖(삼성)이란 칭호를 받으면서 서울을 서경으로 옮길 것과 금 나라를 정벌하고 고려도 임금을 황제로 칭할 것을 주장했는데, 인종 13년(1135) 묘청의 난이 일어나자 이에 관여했다는 혐의로 金安(김안), 백수한과 함께

金富軾(김부식)에게 참살되었다. 당시 정치에 능한 정지상을 죽였다 하여 김부식은 세인들의 비난의 대상이 되었다고 한다. 그는 시에 뛰어나 고려 12시인의 한 사람으로 뽑혔고, 시어가 맑고 고와 晩唐(만당)의 詩格(시격)이었으며 老莊哲學(노장 철학)을 숭상한 것으로 알려져 있다. 일설에 의하면 김부식과 함께 어느 山寺(산사)에 놀러갔다가 그가 지은 시 끝연 "琳宮梵語能 天色淨琉璃(절은 예불 소리 뛰어나고, 하늘빛은 유리처럼 깨끗해라)"를 김부식이 아껴 자기에게 달라 했으나 듣지 않아 이후 둘 사이에 틈이 생겼다 한다.

421-1 開聖寺八尺房(개성사팔척방) 개성사의 여덟 자 길이 방

百步九折登巑岏 家在半空唯數間 靈泉澄淸寒水落 古壁暗淡蒼苔斑
石頭松老一片月 天末雲低千點山 紅塵萬事不可到 幽人獨得長年閑.

(백보구절등찬완 가재반공유수간 영천징청한수락 고벽암담창태반
석두송로일편월 천말운저천점산 홍진만사불가도 유인독득장년한)

백 걸음에 아홉 구비 돌아 가파른 산을 오르니,
절 집 오직 두어 채가 반공중에 솟았구나.
영험스런 샘물 맑고 깨끗해 찬 물 떨어져 내리고,
오랜 절벽 거무스름해 푸른 이끼 얼룩졌네.
바위 머리 노송에는 조각달이 걸렸고, 하늘 가 구름은 많은 산에 낮게 드리웠네.
속세의 온갖 일 이르지 못할 것이라, 절 사람 혼자서 평생토록 한가로이 살겠구나.

[語句] *開聖寺 : 어디에 있는 절인지 미상임. *巑岏 : 산이 높고 뾰족한 모양. *靈泉 : 靈驗(영험)한 약효가 있는 샘. *澄淸 : 맑고 깨끗함. *暗淡 : 어둡고 묽음. 거무스름함. *蒼苔 : 푸릇푸릇한 이끼. 翠苔(취태). *天末 : 하늘의 끝. 天際(천제). *紅塵 : 속세의 티끌. 번거로운 세상. *幽人 : 세상의 어지러움을 피해 그윽한 곳에 숨어 사는 사람. *長年 : 긴 세월.

[鑑賞] 개성사의 팔척 방을 읊는다는 제목이지만 개성사를 읊은 시라 할 수도 있겠다. 사람의 키가 6척이니 8척방은 그다지 큰 방은 아닌 것이다. 首聯(수련 1~2구)은 개성사의 지리적 배경이니, 굽이굽이 산을 오르는 높은 곳에 몇 간 절이 공중에 솟은 듯하다. 頷聯(함련 3~4구)은 절 옆 샘물과 주변의 바위 절벽을 그렸는데 對句(대구)가 잘 되었으며, 頸聯(경련 5~6구)도 좋은 짝을 이루면서 절 주변의 먼 모습이다. 尾聯(미련 7~8구)은 이렇게 인간 속세의 온갖 것이 근접하지 못하는 곳이라 스님은 혼자 한가로움을 오래도록 누리며 살리라 하며 끝맺었다.

7言律詩(7언율시). 압운은 岏, 間, 斑, 山, 閑 자로 岏 자만 평성 '寒(한)' 운이고 나머지는 평

성 '刪(산)' 평운인데 두 운은 通韻(통운)이 된다. 평측은 차례로 '仄仄平仄平平平, 平仄仄平平仄平, 平平平平平仄仄, 仄仄仄平平平平, 仄平平仄仄仄仄, 平仄平平平仄平, 平平仄仄仄平仄, 平平仄仄平平平'으로 二四不同二六對(이사부동이륙대)에 맞는 곳은 제 2, 6, 7, 8구로 반이어서, 반법이나 점법은 이루어지지 않았다. 엄밀한 의미에서는 7언율시라 하기보다 7言古詩(7언고시)라 하겠지만, 당시에는 반법이나 점법을 엄밀히 따지지 않았으리라 추측된다. 孤仄(고측)과 孤平(고평), 連三平(연삼평)과 連三仄(연삼측)이 된 구도 많아 형식상으로는 좋은 시라 할 수 없다.

421-2 分行驛寄忠州刺史(분행역기충주자사) 분행역에서 충주자사에게 부치다

暮經靈鷲峯前路 朝到分行樓上吟 花接蜂鬚紅半吐 柳藏鶯翼綠初深
一軒春色無窮興 千里皇華欲去心 回首中原人不見 白雲低地樹森森.

(모경영취봉전로 조도분행누상음 화접봉수홍반토 유장앵익녹초심
일헌춘색무궁흥 천리황화욕거심 회수중원인불견 백운저지수삼삼)

지난 저녁에는 영취봉 앞길을 지나, 오늘 아침에 분행 역참의 누각에 올라 읊조리네.
벌이 앉은 꽃들은 반쯤 붉게 피어났고,
꾀꼬리가 숨은 버들은 이제 막 초록빛 짙어가는구나.
충주 동헌에서의 봄 홍취 끝없었는데, 임금의 사절이라 돌아가야 할 마음 바빴었네.
머리 돌려 충주를 바라보니 사람은 볼 수 없고, 흰 구름 낮게 깔리고 숲만 빽빽하여라.

[語句] *分行驛 : 옛 경기도 果川(과천) 良才驛(양재역)에 속한 驛站(역참). *刺史 : 州(주)의 知事(지사). 조선 때의 觀察使(관찰사)와 같음. *靈鷲峯 : 미상. 충남 舒川(서천)에도 있음. *鬚 : 턱수염. '벌의 촉수'임. *軒 : 추녀끝. '충주의 東軒(동헌)'인 듯함. *皇華 : ①임금의 위엄과 덕망. ②皇華使(황화사) 곧 임금의 명을 받은 사신이나 사절. *中原 : 충청북도 충주의 별칭. *森森 : 나무가 빽빽하게 들어선 모양.

[鑑賞] 충주에 왕의 使節(사절)로 가서 충주자사를 만나 봄 경치를 즐기다가 서울 개성으로 돌아가는 길에, 양재역 소속의 분행 역참에서 여기까지 따라온 충주 아전들에게 자사에게 주는 시를 지어 주며 돌려보낸 것이다. 수련은 경로를 나타냈으니 저녁때에 영취봉 앞길을 거쳐 아침에 분행 역참의 누각에 올랐다 했다. 봄이라 활짝 피려는 꽃에는 벌들이 날아들고 버드나무에서는 괴꼬리가 운다고 이어받았는데 역시 시작법에 따라 대구를 이루었다. 경련은 충주에서 자사와 함께 봄을 즐긴 홍취와 사절의 몸이라 더 머물지 못하고 떠나온 아쉬움을 대구로 읊었다. 그 아쉬움에 머리 돌려 충주 쪽을 바라보니 사람은 보이지 않고 구름 낀 속에 나무들만 빽빽히 차 있다고 마무리 지었다.

7言律詩(7언율시). 압운은 吟, 深, 心, 森 자로 평성 '侵(침)' 평운이다. 평측은 차례로 '仄平

平仄平平仄, 平仄平平平仄平, 平仄平平平仄仄, 仄平平仄仄平平, 仄平平仄平平仄, 平仄平平仄仄平, 平仄平平平仄仄, 仄平平仄仄平平'으로 二四不同二六對(이사부동이륙대)와 反法, 粘法(반법, 점법) 등이 모두 잘 이루어졌다.

421-3 西都(서도) 서경[평양]

紫陌春風細雨過 輕塵不動柳絲斜 綠窓朱戶笙歌咽 盡是梨園弟子家.

(자맥춘풍세우과 경진부동유사사 녹창주호생가열 진시이원제자가)

번화한 거리에 봄바람 불고 이슬비 지난 뒤, 먼지도 가라앉고 버들개지 늘어졌네.
푸른 창 붉은 대문 집에 흐느끼는 듯한 노랫가락, 이곧 당 현종 때의 이원제자 집 아닌가.

[語句] *紫陌 : 서울의 번화한 거리. *輕塵 : 가볍게 날리는 먼지. *柳絲 : 버들의 실같이 가는 가지. *綠窓 : 초록빛 창 곧 부녀자가 거처하는 방. *朱戶 : 대문을 붉게 칠한 집. *笙歌 : 笙簧(생황, 아악에 쓰는 관악기의 하나)과 노래. 노랫가락. *梨園 : 唐(당) 나라 玄宗(현종)이 伶人(영인) 곧 악공이나 女妓(여기)들을 모아 음악을 가르치던 곳. 여기서 교육받은 사람을 '梨園弟子'라 함.

[鑑賞] 서도 곧 서경은 지금의 평양으로 지은이의 고향이다. 평양은 예로부터 풍류의 고장이요 미인의 고장이라 벼슬아치들은 平安監司(평안감사)를 자원했다고 전해오고 조선 후기의 풍자 한글 소설 '李春風傳(이춘풍전)'의 무대이기도 하다. 그 평양 거리에 봄바람에 봄비 가볍게 내려 먼지도 일지 않고 버들가지만 간들거린다. 그런 속에 붉게 칠한 대문을 단 집의 부녀자가 거처하는 방의 창에서는 생황과 노랫가락 소리가 홍겹게 들려오니 이곧 이원에서 여인들이 풍류를 배우는 것과 같지 않은가. 이원은 기생 교육장 같은 곳이라 할 수 있는 것이다.

7言絶句(7언절구). 압운은 過, 斜, 家 자로 過는 거성 '箇(개)' 또는 평성 '歌(가)' 운으로 볼 수 있고, 斜와 家는 평성 '麻(마)' 평운인데 '歌' 운과 通韻(통운)이 된다. 평측은 차례로 '仄仄平平仄仄平, 平平仄仄仄平平, 仄平平仄平平仄, 仄仄平平仄仄平'으로 이사부동이륙대와 반법, 점법 등이 모두 이루어졌다.

421-4 送人(大同江) (송인-대동강) 임을 보내며(대동강)

雨歇長堤草色多 送君南浦動悲歌 大同江水何時盡 別淚年年添綠波.

(우헐장제초색다 송군남포동비가 대동강수하시진 별루년년첨녹파)

비 개자 긴 방죽에 풀빛 푸른데, 남포로 임 보내며 슬픈 노래 들리네.
대동강 물이야 언제 마르리, 해마다 이별 눈물 강물에 보태지는데.

[語句] *歇 : 쉬다. 그치다. *長堤 : 긴 防築(방축, 물을 막기 위 쌓은 둑. 방죽). *南浦 : ① 남쪽 포구. 대동강 하류의 鎭南浦(진남포, 현재의 南浦). ②중국 福建省 浦城縣(복건성 포성현) 南門(남문) 밖의 지명. 江淹(강엄)이 '別賦(별부)'에서 "送君南浦 傷如之何(그대를 남포에서 보내니 상심을 어이할꼬)"라 읊은 이후 이별하는 곳의 대명사처럼 쓰고 있음. *悲歌 : 슬픈 노래. 엘레지(elegy). *別淚 : 이별할 때에 흘리는 눈물. *綠波 : 푸른 물결.

[鑑賞] 이 시는 지은이의 대표작으로 명작 중의 명작이다. 다음에 소개하는 '送人' 시와 구별하기 위해선지, '大同江'이라 제목을 단 자료도 있다. 지은이는 어릴 때부터 詩才(시재)가 있어 다섯 살 때 강물에 떠 노는 흰 오리를 보고 "何人將白筆 乙字寫江波(그 누가 흰 붓을 잡아, 강물 위에 새 을 자를 저리 써 놓았는고)"라 읊었다니 얼마나 기발한가. "해마다 이별의 눈물이 강물에 떨어지니 대동강이사 마를 까닭이 있는가"는 '景中有情 情中有景(경치 속에 정이 넘나들고 정 속에 경치가 넘실거림)이 분명하다.' <이병주 교양의 고전세계> 중국 당 나라 시인 王維(왕유)의 '送元二使之安西(송원이사지안서)'를 '陽關三疊(양관 삼첩)'이라 함에 견주어 이 시를 '海東三疊(해동 삼첩)'이라 일컬으니 명작 중의 명작이란 평가가 적중한 것이다. →164-10.

7언절구. 압운은 多, 歌, 波 자로 평성 '歌' 평운이다. 평측은 차례로 '仄仄平平仄仄平, 仄平平仄仄平平, 仄平平仄平平仄, 仄仄平平平仄平'으로 이사부동이륙대와 반법, 점법 등이 모두 잘 이루어졌다.

421-5 送人(송인) 임을 보내고

庭前一葉落 床下百蟲悲 忽忽不可止 悠悠何所之
片心山盡處 孤夢月明時 南浦春波綠 君休負後期.
(정전일엽락 상하백충비 홀홀불가지 유유하소지
편심산진처 고몽월명시 남포춘파록 군휴부후기)

뜰 앞 나무의 한 잎 떨어지니 이미 가을이라, 마루 밑에서는 온갖 벌레 소리 구슬프다오.
빠른 세월은 그치게 할 수 없는데, 그대 유유히 어느 곳으로 가시는 게요.
내 마음은 막다른 데까지 이르고, 달 밝을 때면 외로움에 잠긴다오.
남포에 봄 물결 푸를 때 돌아오겠다는, 그대가 한 기약을랑 제발 저버리지 마오.

[語句] *一葉 : 잎사귀 하나. 一葉知秋(일엽지추, 낙엽 하나 떨어짐을 보고 가을이 옴을 앎). *忽忽 : ①세월이나 시간의 흐름이 빠름. ②일을 돌보지 않는 모양. *悠悠 : 여유가

있고 한가함. *片心 : 작은 마음. 일방적인 마음. *山盡處 : 산으로 막힌 곳. 막다른 곳. *孤夢 : 홀로 꾸는 꿈. 외로움. *休負 : 저버림을 그침. 저버리지 말라. *後期 : 뒷기약. 이 뒤로 어찌하겠다는 약속.

[鑑賞] 남편을 멀리 떠나보내고 홀로 남아 그 남편을 그리워하는 아내의 심정을 읊은 시. 첫 연부터 셋째 연까지 각각 對句(대구)를 이루었으니, '뜰의 오동잎 하나 떨어짐을 보고는 가을임을 깨닫게 되고, 마루 밑에서 귀뚜라미 같은 벌레 소리 구슬프게 들린다.'와 '세월은 붙잡아 둘 수 없는 것, 그대는 유유히 어디론가 가 버린 것' 및 '그대를 그리워하는 마음 막다른 데까지 이르고, 달 밝은 밤이면 외로움에 젖는다.'가 그것이다. '원망스럽기는 하나 봄이 되면 돌아오리라는 약속이나마 잊지 말고 지켜 주기를 바랄 뿐이다.'로 시를 맺었다.

5言律詩(5언율시). 압운은 悲, 之, 時, 期 자로 평성 '支(지)' 평운이다. 평측은 차례로 '平平仄仄仄, 平仄仄平平, 仄仄仄仄仄, 平平平仄平, 仄平平仄仄, 平仄仄平平, 平仄平平仄, 平平仄仄平'으로 二四不同(이사부동)은 셋째 구에서 어긋나 측성으로 일관했다. 그 구 이외에는 反法(반법) 과 粘法(점법)도 이루어질 것인데 아쉽다.

421-6 長遠亭(장원정) 장원정

岧嶢雙闕枕江濱 淸夜都無一點塵 風送客帆雲片片 露凝宮瓦玉鱗鱗
綠楊閉戶八九屋 明月掩簾三兩人 縹渺蓬萊在何處 夢闌黃鳥囀靑春.

(초요쌍궐침강빈 청야도무일점진 풍송객범운편편 노응궁와옥린린
녹양폐호팔구옥 명월엄렴삼량인 표묘봉래재하처 몽란황조전청춘)

우뚝 높은 두 별궁이 강가를 베고 있는데, 맑은 밤에 도무지 한 점 티끌도 없구나.
바람 타고 지나가는 배 돛은 구름 조각이요, 이슬은 궁전 기와에 엉기어 옥 비늘 같구나.
우거진 버들 속에 문을 닫은 아홉 집이요, 명월 아래 발을 걷은 두 세 사람일세.
아득히 먼 신선 고장 봉래산 그 어디멘고, 꿈에서 깨어나니 봄철 꾀꼬리 울음소리.

[語句] *長遠亭 : 경기도 開豊郡 光德面 柳井里(개풍군 광덕면 유정리)에 있는 고려 離宮(이궁). 문종 10년(1056)에 道詵(도선)의 圖讖思想(도참사상)에 따라 지었는데, 領座山(영좌산) 남쪽 기슭에 남은 터가 있음. *岧嶢 : 우뚝 높은 모양. *客帆 : 지나가는 돛단배. *片片 : 조각조각. *鱗鱗 : 고기 비늘처럼 가지런히 반짝이는 모양. 화려하고 선명한 모양. *綠楊 : 푸르게 우거진 버드나무. *三兩 : 셋이나 둘. *縹渺 : 멀리 아득한 모양. *蓬萊 : 신선이 산다는 봉래산. *夢闌 : 꿈이 다함. 꿈을 깸. 환상에서 깨어남. *黃鳥 : 꾀꼬리. *靑春 : 봄. 봄철.

[鑑賞] 장원정은 도선의 '松嶽明堂記(송악명당기)'에 "西江(서강) 가에 君子御馬(군자 어마)의 명당 터가 있는 바, 태조가 통일하고 丙申年(병신년, 태조 19년, 936)으로부터 120년 뒤 이 자리에 궁궐을 지으면 국가가 연장되리라." 한 기록에 따라 문종 10년(1056)에 太史令 金宗允(태사령 김종윤) 등에게 명하여 지었다는 이궁이다. 首聯(수련 1~2구)에서 강가의 이 별궁은 티끌 하나 없이 깨끗함을 말하고, 頷聯(함련 3~4구)은 지나는 돛단배와 궁전 기와를 대비해 대구를 이루었으며, 頸聯(경련 5~6구)도 문 닫은 집과 열린 집을 대구로 읊었다. 尾聯(미련 7~8구)은 여기가 仙境(선경)임을 봉래산을 들어 은유하며 봄철 꾀꼬리 울음에 환상에서 깨어난다고 맺었다. 지은이는 장원정을 또 7언절구로도 읊었으니, "玉漏丁東月掛空 一春天與牡丹風 小堂捲箔春波綠 人在蓬萊縹渺中(물시계 소리 뎅뎅 울리고 달은 하늘에 걸렸는데, 봄 하늘에 모란을 스치는 바람 불어오네. 마루의 주렴 발 걷으니 봄 물결 푸르고, 마치 멀리 봉래산에 들어 있는 듯하구나)"이다. 그러니 장원정 이궁은 퍽 그윽하고 아름다운 곳이었음을 알 수 있다

7言律詩(7언율시). 압운은 濱, 塵, 鱗, 人, 春 자로 평성 '眞(진)' 평운이다. 평측은 차례로 '平平仄仄平平, 平仄平平仄仄平, 平仄仄平平仄仄, 仄平平仄仄平平, 仄平仄仄仄平仄, 平仄仄仄平仄平, 仄仄平平仄平仄, 仄平平仄仄平平'으로 二四不同二六對(이사부동이륙대)와 반법, 점법 등이 모두 이루어졌다. 지은이의 시 작품에는 孤平(고평)이나 孤仄(고측)이 자주 있어서 잘못이라고 평할 수 없을는지 모르나, 완벽한 구성은 아니므로 아쉽다 하지 않을 수 없다. 이 시에도 제 5, 6, 7구는 고평이나 고측으로 맺었음을 볼 수 있다.

421-7 題邊山來蘇寺(제변산내소사) 변산반도의 내소사에서 짓다

古徑寂寞縈松根 天近斗牛聊可捫 浮雲流水客到寺 紅葉蒼苔僧閉門
秋風微涼吹落日 山月漸白啼淸猿 奇哉尨眉一老衲 長年不夢人間喧.

(고경적막영송근 천근두우요가문 부운유수객도사 홍엽창태승폐문
추풍미량취낙일 산월점백제청원 기재방미일노납 장년불몽인간훤)

오래된 길 적막한데 솔뿌리 얽히었고, 하늘이 가까워 북두 별을 만질 듯하구나.
뜬 구름과 유수같이 흘러든 나 길손되어 절에 이르니,
붉은 잎 푸른 이끼 속에 중은 문 닫았네.
가을바람 솔솔 석양 속에 불고, 산에 뜬 달 훤해지자 잔나비 소리 맑구나.
기이하여라, 눈썹 짙은 노승은
한 평생 인간 세상의 시끄러운 생활을랑 본체만체 하는구나.

[語句] *邊山 : 전라북도 扶安郡(부안군)에 있는 半島(반도). *來蘇寺 : 변산반도에 있는 절. 신라 선덕여왕 2년(633) 惠丘(혜구)가 창건했고 조선 인조 11년과 고종 2년에 각각 중건했음. 대웅보전, 고려동종, 백지묵서, 묘법연화경 등 보물이 있고, 당 나라 장수 蘇定方(소정방)이 찾아온 고사에서 절 이름이 유래한다는 설도 있음. *縈 : 얽히다. 매다. *斗牛 : 북두칠성과 견우성. *聊 : 애오라지. 좀. 잠시. *捫 : 어루만지다. 잡다. *紅葉 : 붉게 단풍 든 잎. *蒼苔 : 푸른 이끼. *微凉 : 조금 서늘함. *漸白 : 차츰 밝아짐. *奇哉 : 기이하구나. 기특하여라. *厖眉 : 눈썹이 짙음. *老衲 : 늙은 중. 老僧(노승). 衲은 '長衫(장삼, 중의 검은 옷). 중'임. *長年 : 긴 세월. 한 평생. *喧 : 시끄럽다. 떠들다.

[鑑賞] 변산반도에 있는 내소사에 가서 감상을 읊은 시. 첫 연에서는 내소사 가는 길은 사람의 내왕이 없는 길이라 적막하여 솔뿌리가 길에 얽혔는데, 산이 높아 하늘의 별을 만질 듯하다 했고[起聯기련], 떠다니는 구름과 흐르는 물 같은 나그네 되어 절에 도착하니, 빨간 단풍과 푸른 이끼에 싸인 절의 스님은 이미 문을 닫았다 하여 위[雲]와 아래[水] 및 색깔[紅-蒼]의 대조가 돋보이며 對句(대구)를 잘 이루었다[承聯승련]. 셋째 연은 시간과 공간의 대비로 대구를 이루며 내용을 전환했고[轉聯전련], 이 내소사의 눈썹 짙은 노승은 속세의 일에는 아무런 관심이나 미련이 없이 한적한 곳에서 유유자적하며 불도에 정진할 뿐이라 기이하고도 기특하다고 맺었다[結聯결련].

7언율시. 압운은 根, 捫, 門, 猿, 喧 자로 평성 '元(원)' 평운이다. 평측은 차례로 '仄仄仄仄平平平, 平仄仄平平仄平, 平平平仄仄仄仄, 平仄平平平仄平, 平平平平平仄仄, 平仄平仄平平平, 平平平平仄仄仄, 平平仄仄平平平'으로 이사부동이륙대는 둘째, 넷째, 여덟째 구의 셋만 지켜지고 평측 배열도 치우치게 되어 반법이나 점법은 이루어지지 않았다.

421-8 醉後(취후) 술에 취한 뒤

桃花紅雨鳥喃喃 繞屋靑山間翠嵐 一頂烏紗慵不整 醉眠花塢夢江南.

(도화홍우조남남 요옥청산간취람 일정오사용부정 취면화오몽강남)

복사꽃 꽃비에 새들 지저귀고, 집을 두른 청산에 푸른 이내 아련거려,
비스듬히 쓴 사모 바로잡기 귀찮아, 꽃동산에 취해 졸며 강남 꿈을 꾸었소.

[語句] *紅雨 : 꽃잎이 비 오듯 많이 떨어지는 일. 꽃비. *喃喃 : 새 우는 소리. *翠嵐 : 먼 산에 낀 푸르스름한 이내. *頂 : 이마. *烏紗 : 검정색 엷은 명주. 관복을 입을 때 머리에 쓰는 모자 곧 烏紗帽(오사모, 사모). 一頂烏紗는 '머리에 쓴

사모 하나'임. *慵 : 게으르다. *不整 : 가지런하지 못함. 정돈되지 않음. *花塢 : 꽃이 핀 언덕. 꽃동산. 塢는 '언덕. 마을'임. *江南 : 강의 남쪽. 중국 양자강 남쪽 지방. '따뜻하고 살기 좋으며 문물이 성하여 동경을 자아내는 곳'이란 뜻으로 쓰는 말임.

[鑑賞] '복숭아 꽃잎이 비나 눈이 내리듯 붉게 떨어져 내리는 가운데 새들은 야단스레 지저귀고, 집을 둘러싸고 있는 푸른 산에 아지랑이 같은 것이 끼어 봄 경치를 더한다. 관을 비스듬히 쓰고는 바로잡기도 귀찮아 삐딱한 그대로 낮잠을 자며 강남을 꿈속에 그려보았다.' 소폭의 그림으로 그려, 봄의 화사한 경치와 한적한 주인공의 해학적인 모습을 연상할 수 있겠다.

7言絶句(7언절구). 압운은 喃, 嵐, 南 자로 喃은 평성 '咸(함)' 운, 나머지 두 자도 평성 '覃(담)' 평운으로 두 운은 通韻(통운)이 된다. 평측은 차례로 '平平平仄仄平平, 仄仄平平平仄平, 仄仄平平平仄仄, 仄平平仄仄平平'으로 二四不同二六對(이사부동이륙대)와 反法, 粘法(반법, 점법) 등이 잘 이루어진 좋은 작품이다.

422. 鄭之升(정지승 ?) : 조선 선조 때 문관, 시인. 자 子愼(자신). 호 叢桂堂(총계당). 본관 溫陽(온양). 磏(염 →406)의 조카.

422-1 留別(유별) 작별

細草閒花水上亭 綠楊如畫掩春城 無人解唱陽關曲 只有靑山送我行.
(세초한화수상정 녹양여화엄춘성 무인해창양관곡 지유청산송아행)

풀과 꽃이 있는 물가의 정자, 푸른 버들 그림같이 봄 성을 가렸구나.
누구라 날 위해 송별 노래 불러주지 않고, 다만 저 청산만이 나를 전별해 주네.

[語句] *留別 : 떠나는 사람이 남아 있는 사람에게 작별함. ↔送別(송별). *細草 : ①자잘하게 돋은 풀. ②애기풀. 遠志科(원지과)의 다년생 야생초. *閒花 : 한가로이 피어 있는 꽃. *春城 : 봄철의 성곽. '봄기운이 성처럼 둘러있는 경치'의 뜻으로도 씀. *解唱 : 노래나 창을 불러줌. *陽關曲 : 이별할 때 부르는 노래. 王維(왕유)의 '送元二使之安西(송원이사지안서)' 시와 鄭知常(정지상)의 '送人(송인)' 시. →164-10, 421-4.

[鑑賞] 쓸쓸하게 작별하는 심정을 읊은 시. 이별할 때는 다리 옆의 정자까지 가서 서로 이별의 아쉬움과 장래의 健勝(건승)과 再會(재회)의 기약을 하는 게 관행이며 풍류객이라면 서로 이별의 시를 주고받았었다. 지은이도 물가의 정자에서 봄 경치 속에 작별을 하는데, 이별의 노래를 불러주는 사람은 없고 다만 푸른 산만이 나를 전

별해 줄 뿐이라 했다. 끝 구 '只有靑山送我行'은 名句(명구)라 할 만하다.

7언절구. 압운은 亭, 城, 行 자로 亭은 평성 '靑(청)' 운, 城과 行도 평성 '庚(경)' 평운으로 두 운은 통운이 된다. 평측은 차례로 '仄仄平平仄仄平, 仄平平仄仄平平, 平平仄仄平平仄, 仄仄平平仄仄平'으로 이사부동이륙대와 반법, 점법 등이 모두 잘 이루어졌다.

423. 鄭昌時(정창시 ?) : 조선 고종 때 문관. 자 公期(공기). 호 蘭屋(난옥). 본관 草溪(초계). 蔭仕(음사, 조상의 덕으로 하던 벼슬)로 三品(삼품)에 이르렀다.

423-1 通州途中(통주도중) 통주 길에서

通州饁婦爛成群 熨着飜翻白布裙 問路含羞不能對 回身遙指嶺頭雲.

(통주엽부난성군 울착번번백포군 문로함수불능대 회신요지영두운)

통주 땅의 농장에 점심 이고 온 아낙네들 무리로 모여들 있는데,
모두 팔랑거리는 잘 다린 흰 치마 입었구나.
길을 물으니 수줍어하며 대답 못 하고, 몸 돌린 채 손가락으로 고갯마루 구름만 가리키네.

[語句] *通州 : 강원도 동북단 通川郡(통천군)의 옛 이름. 조선 태종 13년(1413)에 통천군으로 고쳐음. *饁婦 : 논밭으로 점심이나 참음식을 이고 온 부인. *爛 : 빛나다. 밝다. *熨 : 다리미. 다리미질하다. '위'로도 읽음. *飜翻 : 펄럭이는 모양. 나는 모양. 飜이나 翻은 '뒤치다. 번득이다. 날다'임. *白布 : 흰 베. *含羞 : 부끄러워하거나 부끄러운 기색을 띰.

[鑑賞] 지난날 우리 사회에는 內外法(내외법)이 엄격하여 낯선 남녀간에는 얼굴을 마주대하는 일이 없었다. 어릴 때부터 男女七歲不同席(남녀칠세부동석)이라 하여 일곱 살만 되어도 사내아이와 계집아이는 자리를 같이할 수 없다 했던 것이다. 鄭澈(정철)의 '訓民歌(훈민가)'에도 "간나희 가는 길을 사나희 에돌 듯이, 사나희 가는 길을 계집이 치돌듯이, 제 남진 제 계집 아니어든 이름 묻지 마오려." 하지 않았던가. 나그네가 묻는 길을 여인네들은 몸은 돌린 채 손가락으로만 저쪽이라 가리켰던 것이니, 지금 사람들이 보면 웃을 정경이다.

7언절구. 압운은 群, 裙, 雲 자로 평성 '文(문)' 평운이다. 평측은 차례로 '平平仄仄仄平平, 仄仄平平仄仄平, 仄仄平平仄平仄, 平平平仄仄平平'으로 이사부동이륙대는 셋째 구에서 어긋났고 반법, 점법은 대개 이루어졌다.

424. 鄭澈(정철 1536~1593) : 조선 선조 때 명신, 문인. 자 季涵(계함). 호 松江(송강). 시호

文淸(문청). 본관 延日(연일). 父 判官 惟沈(판관 유심). 서울에서 나 어려서 金麟厚(김인후), 奇大升(기대승)에게 배우고 명종 17년(1562) 문과 급제하여 성균관 典籍(전적)이 되었다가 동왕 22년(1567) 李珥(이이)와 함께 湖堂(호당, 독서당)에 들어갔다. 그 때는 이미 동서의 당쟁이 노골화하던 때라 그는 어느덧 서인의 거두가 되어 동인인 李潑(이발) 일파와 맞서서 싸웠다. 선조 13년(1580) 반대당에 밀려 江原道觀察使(강원도관찰사)로 나가 조용히 관동팔경을 벗하며 지냈다. 이듬해 다시 조정에 돌아왔으나 동인들 세력이 굳어 있어 관직을 사퇴하고 昌平(창평)에 물러가 있었다. 선조 22년(1589) 다시 부름을 받아 右議政(우의정)에 올랐으나 동인에 밀려 明川, 晋州, 江界(명천, 진주, 강계) 등지로 귀양 가고, 선조 25년 임진왜란을 당해 귀양에서 풀려나 평양에서 임금을 맞았다. 이후 명 나라에 사신으로 다녀오는 등 임금과 나라를 위해 정성을 다하다가 江華(강화)에서 병사했다. 바른 말을 잘하는 데다 당쟁의 화를 입어 평생을 거의 귀양살이로 마쳤지만 학문이 깊고 시를 잘 지었다. '關東別曲, 星山別曲, 思美人曲, 續美人曲(관동별곡, 성산별곡, 사미인곡, 속미인곡)' 등 歌辭(가사)는 뛰어난 작품으로 평가된다. 이 밖에 將進酒辭(장진주사)와 시조 70여 수가 전하며 '松江集(송강집 11권)'과 유고집 '松江歌辭(송강가사)'가 있다.

424-1 山寺夜吟(산사야음) 산속 절에서 밤에 읊다

蕭蕭落木聲 錯認爲疎雨 呼僧出門看 月掛溪南樹.
(소소낙목성 착인위소우 호승출문간 월괘계남수)

우수수 나뭇잎 떨어지는 소리를, 성글게 내리는 빗소리로 잘못 알아,
중을 불러 문 밖으로 나가 보랬더니, 달이 시냇가 나뭇가지에 걸려 있다 하네.

[語句] *蕭蕭 : 바람이나 비 오는 소리가 쓸쓸한 모양. *落木 : 잎이 떨어진 나무. *錯認 : 그릇 앎. 잘못 앎. *疎雨 : 성기게 오는 비. 疎는 疏 자와 같고 踈 자는 잘못 쓰는 글자임. *溪南 : 시냇물의 남쪽. 시냇가.

[鑑賞] 마치 중국 당 나라 어느 유명 시인의 시를 읽는 느낌이 드는 멋진 작품이다. '산속 절간의 고요한 밤, 바람에 후두둑 낙엽 지는 소리는 꼭 비 오는 소리 같다.' 그래서 중-아마도 어린 沙彌僧(사미승)이리라-더러 비가 오는가 나가 보라 했더니, 중은 나갔다 와서 '비는커녕 밝은 달이 시냇가 나뭇가지에 걸려 있네요.' 했다. 끝구가 시적인데, 조선 선조 때의 權韠(권필)은 '過松江墓(과송강묘)'에서 "空山木落雨蕭蕭"라 읊었고[→20-1], 조선 후기의 申緯(신위)는 '東人論詩絶句(동인논시절구)'에서 "樂府至今傳絶唱 松江歌曲石洲詩(악부로 지금까지 절창으로 전함은, 정철의 가곡에다 권필의 시라)" 읊어 두 사람을 기렸으니 名作(명작)임에 틀림없다.

5言古詩(5언고시). 압운은 雨, 樹 자로 상성 '麌(우)' 측운이다. 평측은 차례로 '平平仄仄平, 仄仄平平仄, 平平仄平平, 仄仄平平仄'으로 二四不同(이사부동)은 셋째 구에서 어긋나 反法(반법)과 粘法(점법)도 고시라서 무시되었다.

425. 鄭招(정초 ?~1434) : 조선 세종 때 重臣(중신). 자 悅之(열지). 시호 文景(문경). 본관 河東(하동). 父 熙(희). 태종 5년(1405) 문과에 급제했고 후에 重試(중시)에도 급제하여 공조와 이조 판서를 거쳐 대제학에 이르렀다. 세종의 명으로 鄭麟趾(정인지) 등과 함께 해시계인 簡儀臺(간의대)를 만들었으며, '農事直說(농사직설), 會禮文武樂章(회례문무악장), 三綱行實圖(삼강행실도)' 등의 편찬을 주재하고 曆法(역법)도 교정했으며 총명이 뛰어났고 문장으로 당세에 이름이 높았다.

425-1 寄梁使君汝恭(기양사군여공) 양여공 사군에게 부치다

戇也端宜世我疎 天涯且喜故人書 羸形有似喪家狗 濡沫誰憐涸轍魚
良會謾勞馳夢想 窮愁唯有話樵漁 金鷄何日流洪澤 匹馬相從展素攄.

(당야단의세아소 천애차희고인서 이형유사상가구 유말수련학철어
양회만로치몽상 궁수유유화초어 금계하일유홍택 필마상종전소터)

내 아주 어리석어 세상이 나를 데면데면하게 대함이 당연한데,
하늘가처럼 멀어진 곳에서 오랜 친구 글월 받으니 기쁘기 한량없네.
바싹 마른 몰골 마치 상갓집 개 같아,
누가 한 방울 물로 수레바퀴 자국의 물고기를 동정할꼬.
좋은 만남을 가지려 애쓰지만 몽상으로만 달리고,
궁한 신세에 말동무는 나무꾼과 어부뿐이라.
언제나 사면의 큰 은혜가 내려,
한 필 말 타고 의좋게 지내며 평소의 회포를 풀어보려는고.

[語句] *使君 : 관찰사나 고을원 또는 御史(어사)의 존칭. *戇 : 어리석다. 고지식하다. *端 : 오로지. 끝. *宜 : ~함이 마땅하다. *故人 : 오래 사귄 친구. *羸形 : 바싹 마른 몸. 홀쭉한 몰골. *喪家狗 : 초상 난 집의 개. 얻어먹지 못해 여윈 개. 공자가 56세 때[기원전 496] 11월 衛靈公(위영공)에게서 떠나 陳(진)으로 가려다가 창망한 속에 제자들과 떨어져 東門(동문) 밖에 혼자 있었는데, 子貢(자공)이 공자를 찾느라 행인에게 물으니, "저기 동문 밖에 키는 아홉 자 여섯 치에 이마는 堯(요) 임금 같고, 목은 옛날 皐繇(고요) 같으며 어깨는 鄭(정) 나라 子産(자산) 같고, 허리

아래는 禹(우) 임금보다 세 치가 짧은 그런 사람이 서 있는데, 쩔쩔매는 꼴이 마치 상갓집 개와 같았소." 하더라 함.<孔子家語 入官> *濡沫 : 물방울로 적심. 물을 줌. 濡는 '적시다', 沫은 '물방울'임. *涸轍魚 : 수레바퀴가 지나간 자국에 괸 물에 든 고기. 몹시 고단하고 옹색한 처지. 涸轍鮒魚(학철부어). 轍中鱗(철중린).<莊子 外物> *良會 : 좋은 만남이나 모임. *謾勞 : 무례하게 애씀. 부질없이 애를 씀. *夢想 : 꿈속의 생각. 헛된 생각. *窮愁 : 궁핍해서 겪는 근심. *樵漁 : 樵夫(초부, 나무꾼)와 어부. 漁樵. *金鷄 : 하늘의 桃都山(도도산)에 산다는 닭. 이 닭이 해가 뜨자 울어야 천하의 닭들이 따라 운다고 함. 天鷄(천계).<淮南子> 여기서는 金鷄放(금계방) 곧 '赦免(사면, 죄인의 형벌을 면해 주는 일)'의 뜻으로 썼는데, 당 나라에서 큰 사면이 있으면 붉은 옷을 입은 아전이 금으로 만든 닭을 들고 돌아다닌 고사에서 유래함. *洪澤 : 넓은 혜택. 큰 덕택. *匹馬 : 한 필의 말. *相從 : 서로 의좋게 지냄. 過從(과종). *素攄 : 평소의 생각을 펴 나감. 일상의 회포를 풂.

[鑑賞] 직무상의 잘못으로 근신을 위해 벽지에 살고 있거나, 귀양살이로 외진 곳에 갇힌 처지인 듯하다. 자기의 심정을 친구인 양 사또에게 시로 알렸다. 이에 대해 양여공도 次韻(차운)했으니, "서북쪽으로 소식 드물다고 한탄 말게나, 한 달에 세 번 부친 편지 받았네. 이르기를 변방 塞翁(새옹)이 말을 잃은 것이 아니며, 莊子(장자)가 물고기의 즐거움을 알았다 하네. 비록 하늘 저쪽 수자리 지키는 신세야 되었지만, 屈原(굴원)처럼 못가를 떠돌며 신세타령 하는 건 아니잖나. 돌아오라는 詔書(조서)가 내릴 날이 있겠지만, 그 동안의 나그네 회포 누구에게 펴는고."<東文選 권17 '次韻寄梁使君汝恭'> 하고 위로했으니 둘 사이의 도타운 우정이 넘친다.

7言律詩(7언율시). 압운은 疎, 書, 魚, 漁, 攄 자로 평성 '魚' 평운이다. 평측은 차례로 '仄仄平平仄仄平, 平平仄仄仄平平, 平平仄仄平平仄, 平仄平平仄仄平, 平仄仄平平仄仄, 平平平仄仄平平, 平平平仄平平仄, 仄仄平平仄仄平'으로 二四不同二六對(이사부동이륙대)와 반법, 점법 등이 모두 이루어졌다

426. 鄭摠(정총 ?) : 고려말, 조선초의 학자. 자 曼碩(만석). 호 復齋(복재). 시호 文愍(문민). 본관 淸州(청주). 父 政堂文學 珩(정당문학 형). 고려 우왕 2년(1376) 문과에 장원급제하고 벼슬이 올라 정당문학에 이르렀다. 이성계를 도와 조선 개국 일등공신이 되고 西原君(서원군)에 피봉되었다. 鄭道傳(정도전)과 함께 '高麗史(고려사)'를 편찬했는데 글씨에도 능하여 그 때의 表箋(표전, 임금께 올리는 글인 表文과 箋文전문)에는 그의 글씨가 많았다. 조선 태조 5년(1396)에 明太祖(명 태조)는 고려사 表(표, 표문)의 글이 불손하다 하며 표의 집필자를 밝히라 한 바, 당시 그의 아우 擢(탁)이 표를 찬했고 金若恒(김약항)이 箋(전, 임금에게 아뢰던 四六體사륙체의 글. 箋文)을 찬했으며, 그와

權近(권근)이 潤色(윤색)했었다. 그는 권근과 같이 명 나라에 들어가 문책되어 권근은 용서되어 귀국하고, 그는 大理衛(대리위, 현재의 운남성 대리시인 듯함)로 유배되어 가는 도중 사망했다.

426-1 過揚子江(과양자강) 양자강을 지나며

兩岸春旗簇酒樓 數聲柔櫓過滄洲 白鷗也識忘機客 故故飛來近葉舟.
(양안춘기족주루 수성유로과창주 백구야식망기객 고고비래근엽주)

양편 언덕의 깃발 단 술집들 총총한데, 조용한 노 젓는 소리 창주도 지났구나.
갈매기는 잡으려는 마음이 없는 나그넨 줄을 아는 듯,
짐짓 이 조각배에 떼지어 날아드네.

[語句] *揚子江 : 중국 대륙 중앙부를 가로 흐르는 긴 강. 길이 4,989km. 長江(장강). *春旗 : 술집 깃발. 春은 '술'의 다른 이름임. *簇 : 모이다. 떼를 짓다. *柔櫓 : 조용히 젓는 노. *滄洲 : ① 신선이 사는 곳. 滄浪洲(창랑주). ②맑고 푸른 물가. 江湖(강호). ③朱子(주자 →498)가 학문을 강론 하던 곳. *白鷗 : 갈매기. *也 : 감탄을 나타내는 조사. *忘機客 : 機心(기심)이 없는 사람. 세속의 일을 잊은 사람. '갈매기를 붙잡으려는 생각이 없는 사람'임. *故故 : 짐짓. 일부러. *葉舟 : 조그만 조각배. 一葉片舟(일엽편주).

[鑑賞] 아마도 지은이가 명 나라에서 대리위로 귀양 갈 때 양자강을 배로 건너면서 지은 시 같다. 양자강 양쪽 기슭에는 술집들이 즐비해 술집 표시 깃발이 떼로 몰려 있다. 그런 광경을 보느라고 경치 좋은 창주를 언제 지나버렸는지도 모르게 조각배는 조용히 노저어가고 있는 것이다. 갈매기들은 내가 저들을 잡을 염두가 없음을 아는지 일부러 배 가까이 몰려 날아든다. 귀양 가는 착잡한 속에서도 선비의 襟度(금도)를 드러내는 작품이다.

7言絕句(7언절구). 압운은 樓, 洲, 舟 자로 평성 '尤(우)' 평운이다. 평측은 차례로 '仄仄平平仄仄平, 仄平平仄仄平平, 平平仄仄平平仄, 仄仄平平仄仄平'으로 이사부동이륙대와 반법, 점법 등이 모두 잘 이루어지고 평측 배치도 좋아 7絕의 전형이 되는 좋은 시이다.

427. 鄭樞(정추 1333~1382) : 고려 공민왕 때 학자. 자 公權(공권). 호 圓齋(원재) 또는 圓翁(원옹), 雪谷(설곡). 시호 文簡(문간). 본관 淸州(청주). 父 左司議大夫 誧(좌사의대부 포 →430). 정당문학을 역임했으며, 공민왕 20년(1371) 成均館大司成(성균관 대사성)으로 江寧府院大君(강녕부원대군, 후의 우왕)의 師傅(사부)를 겸했고, 시에 능하여 이름이 높았다.

427-1 老妓(노기) 늙은 기생

寒燈孤枕淚無窮 錦帳銀屛昨夢中 以色事人終見棄 莫將紈扇怨西風.

(한등고침누무궁 금장은병작몽중 이색사인종견기 막장환선원서풍)

쓸쓸한 등불 외로운 베개에 눈물 끝없고, 비단 장막 은병풍은 지난날의 꿈속일세.
미모로 섬기면 마침내 버림받으니,
서풍 부는 가을 되면 비단 부채 소용없이 됨을 원망 말라.

[語句] *寒燈 : ①추운 밤에 비치는 등불. ②쓸쓸히 비치는 등불. *孤枕 : 혼자 자는 외로운 베개. *錦帳 : 비단 휘장이나 장막. 繡帳(수장). *銀屛 : 은빛 병풍. *以色事人 : 얼굴의 고움으로 사람을 섬김. 마음으로보다는 미모로만 남편을 섬김. *紈扇 : 얇은 비단으로 만든 부채.

[鑑賞] 늙어 물러난 기생을 두고 읊었는데 사실 모든 여인에게 주는 작품으로도 볼 수 있다. 쓸쓸한 등잔불 아래 홀로 잠잘 때는 외로움이 사무치며, 화려했던 지난날의 영화를 회상하게 되지만, 좋은 心德(심덕)으로 남을 섬겨야지 다만 아름다운 미모를 가졌다고 그것만을 자랑한다면 결국에는 가을바람에 아무 소용에 닿지 않는 비단 부채의 꼴이 되고 만다는 걸 깨달아야 하리라는 뜻이다. 미모란 늙으면 사라지는 것, 훌륭한 덕을 갖추는 게 소중한 것이다.

7言絕句(7언절구). 압운은 窮, 中, 風 자로 평성 '東(동)' 평운이다. 평측은 차례로 '平平平仄仄平平, 仄仄平平仄仄平, 仄仄仄平平仄仄, 仄平平仄仄平平'으로 二四不同二六對(이사부동이륙대)와 反法, 粘法(반법, 점법) 등이 잘 이루어졌고, 첫 구와 셋째 구의 평측 배열이 잘 대비되었다.

427-2 讀唐中宗紀(독당중종기) 당 나라 역사의 중종 기록을 읽고

由來哲婦敗嘉謨 呫囁盟言淺丈夫 地下若逢韋處士 帝心還愧點籌無.

(유래철부패가모 첩섭맹언천장부 지하약봉위처사 제심환괴점주무)

본디 슬기로운 부인은 좋은 계책을 망치게 하고,
귀에 소곤거려 맹세하는 말은 장부를 천박하게 하네.
지하에서 만일 위후韋后의 아버지 위처사를 만나게 되면,
중종 임금의 마음은 도리어 점주한 일이 부끄럽지 않으리오.

[語句] *唐中宗 : 중국 당 나라[618~907] 제4대 임금[재위 683~684 및 705~710]. *紀 : 帝王(제왕)의 事跡(사적)을 기록한 글. *由來 : ①사물의 내력. ②애당초부터. 元來(원래). 여기서는 ②임. *哲婦 : 어질고 현명한 부인. *嘉謨 : 좋은 꾀. 임금에게

아뢰거나 권하는 좋은 의견. 爾有嘉謨嘉猷 則入告爾后于內(그대에게 좋은 생각이나 꾀가 있거든 곧 들어가 안으로는 그대 임금께 아뢰고)<書經 周書 君陳> *呫囁 : 귀에 대고 소곤소곤 말함. 呫은 '잔소리하다. 말 많다', 囁은 '속살거리다'임. *韋處士 : 중종의 廢后(폐후) 韋氏(위씨)의 아버지. *點籌 : 산가지로 점수를 헤아림. 중종이 처음 則天武后(측천무후)에게 폐위당하여 房州(방주)에 나가 있을 때, 위후에게 맹세하기를 "이 뒤 다시 복위되면 모든 것을 그대가 하는 대로 간섭하지 않겠소." 했는데, 복위 후 위후가 武三思(무삼사)를 궁중에 끌어들여 임금의 평상에 올라가 雙六(쌍륙) 놀이를 하면 중종은 옆에서 산가지로 점수를 헤아려 주었다 함.

[鑑賞] 당 나라 중종은 즉위 1년만에 어머니인 측천무후의 명으로 동생인 睿宗(예종)에게 帝位(제위)를 내어주고 방주에 있다가 무후가 물러난 705년 다시 제위에 올랐다. 그 동안 황후 위씨의 위로와 격려로 괴로운 세월을 넘겼기로 다시 임금이 된 후, 위씨의 하는 일을 간섭 않겠다는 약속에 따라 황후가 무삼사와 쌍륙 놀이를 하면, 옆에서 산가지로 점수 계산을 해 주는 어리석은 행동을 풍자했다. 이는 고려왕들에게도 주의를 환기시키는 뜻을 내포했다 하리라.

7언절구. 압운은 謨, 夫, 無 자로 평성 '虞(우)' 평운이다. 평측은 차례로 '平平仄仄仄平平, 仄仄平平仄仄平, 仄仄仄平平仄仄, 仄平平仄仄平平'으로 이사부동이륙대와 반법, 점법 등이 잘 이루어진 좋은 작품이다.

427-3 宿驪興淸心樓(숙여흥청심루) 여흥의 청심루에서 묵다

夜入黃驪縣 舟人欲臥時 渚行風作暴 樓宿月如期
天豁長江動 沙明雜樹奇 三更發淸嘯 便覺舞馮夷.

(야입황려현 주인욕와시 저행풍작폭 누숙월여기
천활장강동 사명잡수기 삼경발청소 변각무풍이)

밤에 황려현에 들어가니, 뱃사공들은 잠자려 할 때로구나.
강가를 거니니 바람 사나워지고, 누각에 자려니 달이 기약한 듯 나오네.
하늘이 트이어 긴 강물 꿈틀거리고, 모래 밝아 온갖 나무들 기이하구나.
한밤중에 맑은 휘파람 나는 소리, 그 소리 문득 물의 신 풍이가 춤추는 걸로 알겠네.

[語句] *驪興 : 경기도 驪州郡(여주군)의 옛 이름. *淸心樓 : 여주에 있는 누각. → 321-1. *黃驪縣 : 경기도 여주군의 고려 초의 이름. 黃利縣(황리현). *舟人 : 뱃사람. 뱃사공. *渚 : 물가. *豁 : 내뚫리다. 탁 트이다. *三更 : 한밤중. 밤 12

시경. *嘯 : 휘파람 불다. 읊조리다. *便覺 : 문득 깨달음. 곧 알게 됨. 便은 이 경우 변으로 읽음. *馮異 : 물의 신. 黃河 水神(황하 수신). 河伯(하백).

[鑑賞] 神勒寺(신륵사) 등 명승고적이 많은 고장인 여주 땅에 밤에 이르니, 밤늦어 뱃사공들은 잠자리에 들 시각이라, 냇가에서 밤을 지내려니 바람이 사납고 청심루에는 기약한 듯 달이 돋아 운치 있어 그 누각에서 밤을 새우고자 했다. 누각에서 바라보니 하늘은 확 트이어 강물은 꿈틀거리는 용 같고, 모래밭은 밝아 나무들은 기이하게 보인다. 한밤중에 휘파람 소리 같은 게 맑게 들려오니, 물의 신이 춤추며 내는 소리인가 한다. 신비스러운 느낌이 들면서 조금은 무서운 경지를 읊었다 하리라. 3, 4구와 5, 6구는 對句(대구)로 구성되었다.

5言律詩(5언율시). 압운은 時, 期, 奇, 夷 자로 평성 '支(지)' 평운이다. 평측은 차례로 '仄仄平平仄, 平平仄仄平, 仄平平仄仄, 平仄仄平平, 平仄平平仄, 平平仄仄平, 平平仄平仄, 平仄仄平平'으로 이사부동은 일곱째 구에서 어긋나 '平-仄'이어야 할 것이 '平-平'이 되었다. 반법과 점법은 그런대로 이루어졌다.

427-4 定州途中(정주도중) 정주 길에서

定州關外草萋萋 沙磧無人日向西 過海腥風吹戰骨 白榆多處馬頻嘶.

(정주관외초처처 사적무인일향서 과해성풍취전골 백유다처마빈시)

정주 관문 바깥은 풀 무성한데, 모랫벌에 사람 없고 해는 지려는구나.
바다를 거친 비린 바람 전사들 백골에 부는데, 흰 느릅나무 많은 여기 말 자주 우네.

[語句] *定州 : 평안북도 서남단에 위치한 정주군. 七嶽山(칠악산), 玉壺洞藥水(옥호동약수), 表節祠(표절사), 兩聖記蹟碑(양성기적비), 葦島(위도) 등의 명승고적이 있음. *萋萋 : 초목이 우거져 무성함. *沙磧 : 모래밭. 磧은 '물가 자갈. 모랫벌'임. *白榆 : 흰 느릅나무. 느릅나무는 '느릅나무과의 낙엽 교목'으로 잎은 타원형이며 잎줄기와 연한 가지에는 부옇고 거친 털이 있음. *嘶 : 말이 울다. 새나 벌레가 울다.

[鑑賞] 평북 정주 땅을 지나며 읊은 시. '정주성 관문의 교외에는 풀들 우거지고 바닷가 모래밭에는 사람 자취 없이 해는 서쪽으로 기운다. 중국 쪽에서 불어오는 비릿내 나는 바람은 옛날의 전쟁에서 죽은 병사들의 백골 위로 불고, 흰 느릅나무 우거진 곳인데 타고 가는 말도 지난날을 아는지 자주 힝힝 울어댄다.' 정주는 고구려의 후신 渤海(발해) 나라 땅이었다가 여진족이 차지한 적이 있어 전쟁이 잦았던 고을이었다.

7言絕句(7언절구). 압운은 萋, 西, 嘶 자로 평성 '齊(제)' 평운이다. 평측은 차례로 '仄平平仄

仄平平, 平仄平平仄仄平, 仄仄平平平仄仄, 仄平平仄仄平平'으로 二四不同二六對(이사부동이륙대)와 反法, 粘法(반법, 점법) 등이 모두 이루어지고 평측 배치도 잘된 좋은 작품이다.

428. 鄭致(정치 ?) : 조선 선조 때 선비. 자 可遠(가원). 호 機軒(기헌). 본관 漢川(한천). 선조 임금이 그의 재주를 듣고 內司別座(내사별좌)에 채용했다.

428-1 觀音寺望日出(관음사망일출) 관음사에서 해돋이를 바라보다

清晨薰沐上高臺 目極扶桑曙色開 風動玻瓈金柱立 彩雲擎出九烏來.

(청신훈목상고대 목극부상서색개 풍동파려금주립 채운경출구오래)

맑은 새벽에 몸 깨끗이 하고 높은 누대에 오르니,
동쪽 바다 저 멀리서 새벽 빛 열리는구나.
옥 같은 물에 바람 일어 금기둥이 서더니,
찬란한 구름이 해를 떠받들어 나오게 하는구나.

[語句] *觀音寺 : 강원도 通川郡(통천군) 금강산에 있는 절. 신라 문무왕 15년(675) 義湘(의상) 대사가 창건하고 조선 헌종 12년(1846) 影潭道濳(영담도잠)이 중건했음. 관음사는 관악산, 경기도 개풍군과 연천군, 전남 곡성군 등에도 있음. *薰沐 : 향료를 옷에 뿌리고 머리를 감아 몸을 깨끗이 함. *目極 : 눈으로 볼 수 있는 데까지 봄. 極目. *扶桑 : 해가 뜨는 곳인 동쪽. 해 뜨는 동쪽 바다 속에 있다는 상상의 신령스러운 나무[神木신목]. *曙色 : 새벽 빛. 서광을 받은 산천의 빛깔. *玻瓈 : <佛> 7가지 보석[七寶칠보]의 하나. 玻璃(파리). 칠보는 무량수경에 '금, 은, 유리, 파리, 마노, 硨磲(차거, 거거), 산호'라 있고, 법화경에는 '금, 은, 마노, 유리, 차거, 진주, 玫瑰(매괴)'라 했음. *彩雲 : 빛깔이나 무늬가 있는 구름. *擎出 : 떠받들고 나옴. *九烏 : 해. 태양. 해 속에 까마귀가 살며, 또 본디 해가 열 개였다가 하나만 남기고 떨어뜨렸다는 전설에서 생긴 말임.

[鑑賞] 금강산 관음사에서 해돋이를 보며 지은 시. 관음사가 금강산의 절임을 보이는 것은 둘째 구의 '扶桑'이란 말에서 알 수 있다. 맑은 이른 새벽에 몸을 깨끗이 씻고 높은 누대에 올라 동해 바다 쪽을 바라보니 새벽빛이 열리고, 칠보 같은 바다에 바람이 일더니 금 기둥이 솟아오르며 오색구름이 붉은 해를 모시어 떠받들 듯하며 해돋이가 시작되는 것이다. 해 뜨는 광경을 아주 절실하게 그린 작품으로 조금의 과장도 섞이지 않았다.

7언절구. 압운은 臺, 開, 來 자로 평성 '灰(회)' 평운이다. 평측은 차례로 '平平平仄仄平平,

仄仄平平仄仄平, 平仄平平平仄仄, 仄平仄仄平平平'으로 이사부동이륙대와 반법, 점법 등이 모두 이루어졌다.

429. 鄭太和(정태화 1602~1673) : 조선 현종 때 정승. 자 侑春(유춘). 호 陽坡(양파). 시호 翼憲(익헌). 改諡(개시) 忠翼(충익). 본관 東萊(동래). 父 참판 廣成(광성). 인조 6년(1628) 아우 致和(치화)와 함께 문과 급제했고 동왕 12년(1634) 청 나라 사신의 遠接使從事(원접사 종사)로 뽑혔으며, 이듬해 北邊 元帥府(북변 원수부)의 元帥從事에 선발되었다. 다음해에 청 나라 군사들이 별안간 쳐들어와 원수는 도망가고 우리 군사가 대패했는데 그는 패잔병을 수습하여 縣館(현관)에 의지하여 항전해 전과를 올렸다. 昭顯世子(소현세자, 인조의 맏아들)를 따라 瀋陽(심양)에 들어가 그 인물과 재주를 떨쳤고, 귀국하여 湖嶺按察使(호령안찰사)가 되었는데 이 때 조정에서는 명 나라와 密約(밀약)을 맺고 있었지만 청 나라에 탄로되어 난처하게 되매, 그를 鳳凰城(봉황성)에 보내어 청 나라의 공갈을 막아내게 하여 일이 무사해졌다. 뒤에 우의정, 좌의정을 거쳐 여섯 차례나 영의정을 지냈다. 현종 12년(1671) 耆老社(기로사)에 들어가 병으로 조정에 나갈 수 없으므로 임금은 가마를 타고 대궐로 들어오도록 명했다.

429-1 別關東伯(별관동백) 관동 지방 도백을 작별하며

爲謝新東伯 來尋病判樞 多情求別語 得意向仙區
海濶經層浪 山高歷畏途 城西門獨掩 閒靜不如吾.

(위사신동백 내심병판추 다정구별어 득의향선구
해활경층랑 산고역외도 성서문독엄 한정불여오)

고마워라 새로 임명된 관동의 도백이여, 병든 이 판중추부사를 찾아 주었구나.
다정하게 이별의 말 나누고, 뜻대로 신선의 경지 같은 강원도로 가시네.
바다 트이어 거센 파도를 겪어야 하고, 산이 높아 험한 길을 지나야 하리.
도성 서문 밖에서 홀로 문 닫아 걸고, 한가하고 편안히 살아가는 나와 달리 바쁘겠구려.

[語句] *關東伯 : 강원도 道伯(도백). 관동은 '강원도 특히 동해안 지방의 별칭'이며, 도백은 '관찰사, 현재의 도지사'임. *判樞 : 判中樞府事(판중추부사, 중추부의 領事영사 아래 종1품직인 판사). *別語 : 이별할 때 주고받는 말. *得意 : 뜻을 이룸. 뜻대로 됨. *仙區 : 신선이 사는 구역. 금강산 등 명승지가 많은 강원도를 미화해 쓴 말임. *層浪 : 거세게 겹쳐 이는 파도. *畏途 : 험하여 가기 두려운 길. *閒靜 : 한가하고 편안함.

[鑑賞] 새로 임명받은 강원도 관찰사의 방문을 받고 그를 축하하여 지은 시. 首聯(수련 1~2구)은 새로 부임하게 된 강원도 관찰사가 병든 자기를 찾아와 준 고마움을 나

타냈고, 頷聯(함련 3~4구)은 다정하게 이야기를 나누고 뜻에 맞게 도백으로 가는 걸 對句(대구)로 그렸다. 頸聯(경련 5~ 6구)은 전환으로 동해의 큰 파도와 관동으로 가는 길의 험함을 역시 대구로 잘 표현하고, 尾聯(미련 7~8구)에서 한가한 자기와는 달리 바쁜 몸이니 지방을 잘 다스려 달라는 당부를 곁들여 나타내었다.

5言律詩(5언율시). 압운은 樞, 區, 途, 吾 자로 평성 '虞(우)' 평운이다. 평측은 차례로 '仄仄平平仄, 平平仄仄平, 平平平仄仄, 仄仄仄平平, 仄仄平平仄, 平平仄仄平, 平平平仄仄, 平仄仄平平'으로 이사부동과 반법, 점법 등이 잘 이루어지고, 평측 배열도 좋아서 5律의 典型(전형)이 되는 명작이다.

430. 鄭誧(정포 1309~1345) : 고려 충혜왕 때 문관. 자 仲孚(중부). 호 雪谷(설곡). 본관 淸州(청주). 父 贊成事 瑎(찬성사 해 →433). 충숙왕 13년(1326) 문과에 급제하고 藝文修撰(예문 수찬)으로 表(표)를 가지고 원 나라로 가는 도중에 충숙왕을 만나 이로부터 왕의 아낌을 받았으며, 충혜왕 때 左司議大夫(좌사의대부)에 이르렀으나 무고를 받아 형 頫(오)는 寧海(영해)에, 그는 蔚州(울주)로 귀양 갔다. 후에 원 나라 燕都(연도)에 건너가니 丞相 別哥不花(승상 별가불화)가 매우 존경하여 장차 원의 임금에게 추천하려 했지만 정포는 병으로 죽었다. 그는 문장과 서예에 능했으며 문집으로 '雪谷集(설곡집)'이 있다.

430-1 江口(강구) 강어귀

移舟逢急雨 倚棹望歸雲 海闊疑無地 山明喜有村.
(이주봉급우 의도망귀운 해활의무지 산명희유촌)

배 떠나자 소나기를 만나, 노에 기대어 고향 쪽으로 흐르는 구름을 바라보네.
바다 넓어 뭍이 없는가 했는데, 산 모습이 맑게 보이니 마을 있을 거라 반갑구나.

[語句] *江口 : 강의 어귀. 나루. *急雨 : 급작스럽게 쏟아지는 비. 소나기. *倚棹 : 노에 기댐. *歸雲 : 고향 쪽으로 가는 구름. *無地 : 육지가 없음.

[鑑賞] '배로 포구를 떠나자 소나기가 내려 노에 몸을 맡겨 흐르는 구름을 바라보니 고향쪽으로 가는 구름이라 고향 생각이 문득 난다. 배는 나아가 바다만 확 트이어 육지가 없는 듯했는데, 문득 저편으로 맑은 산이 보이기 시작하니 반드시 마을도 있으리라 안심이 된다.' 했는데, 바다를 건너는 한 순간을 찍은 그림 같다.

5言絕句(5언절구). 압운은 雲, 村 자로 雲은 평성 '文(문)' 운, 村도 평성 '元(원)' 평운으로 두 운은 通韻(통운)이 된다. 평측은 차례로 '平平平仄仄, 仄仄平平平, 仄仄平平仄, 平平仄仄平'으로 二四不同(이사부동)과 反法, 粘法(반법, 점법) 등이 모두 잘 이루어졌다.

430-2 東萊雜詩 十首 第9首(동래잡시 십수 제9수) 동래를 읊은 잡시 열 수 아홉째 수

周令誰相識 江臺跡已陳 知渠是循吏 說德有遺民
政簡印生綠 宴疎琴冪塵 朱輪久放浪 回首媿斯人.

(주령수상식 강대적이진 지거시순리 설덕유유민
정간인생록 연소금멱진 주륜구방랑 회수괴사인)

사또 주씨를 뉘라서 알리, 강 누대의 자취도 이미 없어져 가네.
이분이 선정善政한 수령임을 알겠나니, 백성들이 그 덕을 칭송하네.
정사政事는 간소하여 관인官印에는 녹이 나고,
잔치도 드물어 거문고 상자에는 먼지 앉았구나.
벼슬아치 붉은 수레로 오래 돌아다닌 나, 고개 돌려 보니 주 사또에게는 부끄럽구나.

[語句] *雜詩 : 느끼는 대로 쓴 시. 특정 제목을 붙이지 않고 여러 가지 내용을 담은 시. '雜絕(잡절)', '雜題(잡제)' 등으로 제목을 붙이기도 함. →164-12, 179-2, 312-3. *周令 : 周씨 성을 가졌던 동래 고을의 원. 미상. *陳 : 오래다. 묵다. *渠 : 그. 그분. *循吏 : 고을원으로 가서 善政(선정)한 사람. *綠 : 녹. 녹슬다. *冪 : 보자기. 덮개. *朱輪 : 붉게 칠한 수레바퀴. 漢(한) 나라에서 고귀한 지위에 오르면 그가 타는 수레바퀴를 붉게 칠하고 속바퀴를 곱게 장식했는데 이를 '朱輪華轂(주륜화곡)'이라 함. *放浪 : 이리저리 돌아다님. *媿 : 부끄럽다. =愧(괴). *斯人 : 이 사람 곧 주 사또.

[鑑賞] 부산의 동래 지방을 읊은 열 수의 시 중 아홉째 작품으로 지난날 주 사또의 어진 정사를 기렸다. '주 사또가 즐겨 올랐던 강가의 누대도 허물어졌는데 누가 그 옛날의 주 사또를 기억하겠는가.' 그러나, '백성들은 아직도 그의 덕을 칭송하고 있으니 그가 정치를 잘한 수령임을 알겠다.' 이 두 구는 對句(대구)가 되었다. 다음으로 주 수령의 행적을 더듬었으니 '정사를 간편하게 하니 관인을 찍을 문서가 드물어 그 도장은 오래 쓰지 않아 녹이 나고, 놀고 즐기는 잔치도 열지 않아 거문고를 넣는 상자에는 먼지만 앉았다.' 이 轉換聯(전환연)도 멋진 대구로 이루어졌다. 마무리로 스스로를 돌보아 '오래 벼슬살이를 한 나이지만 주 사또에 비하니 부끄럽기 짝이 없다'고 겸손해 했다. 나머지 아홉 수도 모두 좋은 시이다.

5言律詩(5언율시). 압운은 陳, 民, 塵, 人 자로 평성 '眞(진)' 평운이다. 평측은 차례로 '平仄平平仄, 平平仄仄平, 平平仄平仄, 仄仄仄平平, 仄仄仄平仄, 仄平平仄平, 平平仄仄仄, 平仄仄平平'으로 이사부동은 셋째 구에서 어긋났고, 반법과 점법은 이 구 외에는 모두 잘 이루어졌다.

430-3 普濟寺(보제사) 보제사

金銀佛寺側城闉 夜夜鳴鍾不失晨 誰道令人發深省 祇能喚起利名人.

(금은불사측성인 야야명종부실신 수도영인발심성 지능환기이명인)

성문 옆의 보제사 금은으로 찬란한데, 밤마다 범종 울리며 새벽을 알리네.
새벽 종소리는 사람에게 감명을 준다 누가 말했던가,
명리에 얽매인 몸 깨닫도록 해 주는구나.

[語句] *普濟寺 : 경기도 개성시 演福洞(연복동)에 있던 절. 언제 창건했는지 모르는데, 고려 문종 때 보제사란 말이 있었고, 충숙왕 때 연복사라 있어 중간에 개칭한 듯함. 正殿(정전)이 왕궁보다 컸다 하며 조선 초에 중건했으나 완전히 허물어졌고, 在北韓文化財(재북한문화재)로 지정된 梵鐘(범종)은 개성 남대문 위에 걸었으며 비석은 서울 용산 철도구락부에 옮겼는데 碑身(비신)이 없어졌음. 비문은 조선 태조 3년(1394) 權近(권근)이 지었는데 '東國輿地勝覽(동국여지승람)'에 실려 있음. *佛寺 : 절. *闉 : 城門(성문). *不失晨 : 새벽을 잃지 않음. 새벽을 알림. *道 : 말하다. *深省 : 깊이 반성함. 깊이 깨달음. 欲覺聞晨鍾 令人發深省(첫새벽 범종 소리 깨우침이 있어, 나로 하여금 깊은 감명을 가지도록 하네.)<杜甫 遊龍門奉先寺> *祇 : 공경하다. ≒祗(지). 마침. 다만. *喚起 : 불러일으킴. *利名 : 이익과 명예. 利門名路(이문명로, 이익과 명예를 얻는 길). 名利.

[鑑賞] 송도의 고려 왕궁과 규모가 맞먹는 보제사 곧 연복사와 그 절의 유명한 범종을 기린 시. 금과 은으로 화려하게 단장한 절이 성문 옆에 있어 새벽이면 쇠북을 울려 시각을 알린다. 그 종소리 신비로워 두보가 읊은 대로 반성과 깨달음을 주는 바가 있어 세속의 명예와 이익만을 찾는 삶을 깨닫도록 해 준다. 두보의 시구를 그대로 인용했으면서도 끝구에서 換骨脫胎(환골탈태)로 마무리한 솜씨가 대가답다.

7言絕句(7언절구). 압운은 闉, 晨, 人 자로 평성 '眞(진)' 평운이다. 평측은 차례로 '平平仄仄仄平平, 仄仄平平仄仄平, 平仄平平仄平仄, 平平仄仄仄平平'으로 二四不同二六對(이사부동이륙대)는 셋째 구에서 어긋난 것으로 보았으나, 深 자는 '깊이'의 뜻이면 측성이 되니 어긋나지 않았다 해도 좋겠으며, 반법과 점법은 이루어졌다.

431. 丁學淵(정학연 ?) : 조선 정조 때 문관. 자 穉修(치수). 호 酉山(유산). 본관 羅州(나주). 父 若鏞(약용 →404). 정조 때 벼슬이 直長(직장)에 이르렀고, 아우 學游(학유)는 '農家月令歌(농가월령가)'를 지어 유명하다.

431-1 秋砧(추침) 가을 다듬이 소리

百濟城高一雁飛 憶郎秋夜減腰圍 西關北塞無征戍 只是忠州估客衣.

(백제성고일안비 억랑추야감요위 서관북새무정수 지시충주고객의)

백제 때의 옛 높은 성에 외기러기 날고, 낭군 그리는 가을밤 허리만 가늘어졌구나.
서도에나 북도에나 수자리 간 일 없으니, 다만 충주의 나그네 옷 삯 다듬이질이로세.

[語句] *腰圍 : 허리통. *西關 : 황해도와 평안남북도. 西道(서도). *北塞 : 북쪽 국경 지대. 함경북도 지역. 北邊(북변). 北垂(북수). *征戍 : 수자리 곧 국경을 지키러 民兵(민병)이 되어 감. *估 : 값. 市場稅(시장세). *估客衣 : 삯을 받고 다듬이질을 해 주는 일.

[鑑賞] 가을은 겨울옷을 마련하느라 바쁜 계절이다. 그래서 시인들은 가을 다듬이 소리를 많이 읊었다. 첫 구는 당 나라 詩聖(시성) 杜甫(두보)의 '秋興(추흥)' 첫 수의 끝구인 "白帝城高急暮砧(백제성 높은 곳 저녁에 다듬잇방망이 소리 다급하기도 하구나)"와 詩想(시상)이 비슷하다. →64-50. 둘째 구에서 다듬이 소리를 듣고는 멀리 간 남편을 기다리는 아내는 걱정으로 몸이 여위었다고 느꼈는데, 생각해 보니 서북 국경 수비로 징발된 장정들이 없는 때라, 다만 삯을 받기로 하고 옷을 다듬는 다듬이 소리라고 시를 맺었다.

7언절구. 압운은 飛, 圍, 衣 자로 평성 '微(미)' 평운이다. 평측은 차례로 '仄仄平平仄仄平, 仄平平仄仄平平, 平平仄仄平平仄, 仄仄平平仄仄平'으로 이사부동이륙대와 반법, 점법 등이 잘 이루어진 좋은 작품이다.

432. 鄭沆(정항 1080~1136) : 고려 인종 때 重臣(중신). 자 子臨(자림). 시호 文安(문안). 본관 東萊(동래). 父 大府卿穆(대부경 목). 숙종 때 과거 급제하여 尙州司錄(상주 사록)이 되었는데, 모두들 나이가 어리다고 얕보았으나 사무에 능란하여 놀라게 했으며, 이어 直翰林院(직한림원)에 임명되었다. 예종 때 공적인 일을 임금께 아뢰는 奏事(주사)를 관장했고 李資諒(이자량)을 따라 송 나라에 건너갔을 때 館伴學士(관반학사) 王黼(왕보)가 그의 문장을 보고는 크게 경탄했다. 귀국하여 右正言(우정언)이 되어 곧은 말을 하므로 권신들의 시기를 받아 全州通判(전주 통판)으로 좌천되고, 뒤에 右司諫(우사간)을 거쳐 양광, 충청 두 도의 按察使(안찰사)를 역임했다. 인종 1년(1123) 인종이 어려서 즉위하고 외척 李資謙(이자겸)의 세도가 당당해지자 그에게 아부하는 자들이 많았지만 정항만은 굽히지 않았으며, 인종 4년(1126) 이자겸이 실각하자 樞密院承宣(추밀원 승선)을 거쳐 知奏事(지주사)로 왕의 학업에 많은 진전을 보게 했다. 동왕 7년(1129) 중 妙淸(묘청) 등이 왕을 西京(서경)에 오래 머물게 하기를 꾀하자, 소를

올려 舊宮(구궁)을 수리하고 돌아올 것을 청하여 그대로 따르게 했다. 그 후 지추밀원사, 禮部尙書(예부상서), 翰林學士(한림학사), 承旨(승지) 등을 지냈다.

432-1 題僧伽窟(제승가굴) 승가굴에서 짓다

崎嶇石棧躡雲行 華構隣天若化城 秋露輕霏千里爽 夕陽遙浸一江明
漾空嵐細連香穗 啼谷禽閑遞磬聲 可羨高僧心上事 世途名利摠忘情.

(기구석잔섭운행 화구인천약화성 추로경비천리상 석양요침일강명
양공남세연향수 제곡금한체경성 가선고승심상사 세도명리총망정)

험준한 돌길을 구름 밟고 오르니, 화려한 절집들 하늘에 닿아 화성이로세.
가을 이슬 가벼이 내려 천리가 상쾌하고, 석양이 멀리 지며 강 한 줄기 밝게 하네.
공중에 일렁거리는 이내는 절의 향 연기와 가늘게 이었고,
골짜기의 한가한 새 울음소리 풍경 소리와 갈마드는구나.
고승의 마음에서 우러나는 일 부러워할 만하나니, 세상의 명리를 모두 잊은 심정이더라.

[語句] *僧伽窟 : 승가사. 서울 서대문구 구기동 삼각산에 있는 절. 신라 경덕왕 15년(756) 秀台(수태)가 바위를 뚫어 굴을 만들고 세운 절로 고려 현종 15년(1024) 등 여러 번 중수했고 절 뒤의 큰 자연 立石(입석)에 부조한 석가모니불이 있음. *崎嶇 : 산길이 험준함. *石棧 : 돌길. 棧은 '사다리. 선반처럼 만든 길'임. *躡 : 밟다. 오르다. *華構 : 집을 화려하게 세움. *化城 : <佛>번뇌를 막아주는 안식처. 法華道師(법화도사)가 험한 길 가운데에서 변화를 부려 한 성을 만들고 피로한 대중들을 그 안에 들어가 쉬게 했음.<法華經> *霏 : 눈, 비, 서리 등이 내리는 모양. *漾 : 출렁거리다. *嵐 : 아지랑이나 연기. 안개. 폭풍. *香穗 : 향이 타는 연기의 줄기. 穗는 '이삭'임. *磬聲 : 절의 추녀에 단 風磬(풍경) 소리. *羨 : 부러워하다. *高僧 : <佛>도덕과 학식이 많거나 지위가 높은 스님. *世途 : 세상길. 속세에서 살아가는 길. *名利 : 명예와 이익. *摠 : 다. 거느리다. 묶다.

[鑑賞] 서울의 鎭山(진산)이며 전국적 명산인 서울 삼각산 승가사의 모습, 부근의 광경 및 거기 사는 스님의 마음 등을 읊었다. 승가사 가는 길은 돌 구름다리로 험준한데, 일단 오르고 보니 화려한 佛殿(불전)이라 옛 불교 설화 속의 화성과 같다. 가을 이슬 맑아 천리까지 상쾌함이 번져 있고 멀리 지는 석양에 한강 줄기 밝다. 이 頷聯(함련 3~4구)은 對句(대구)가 잘 되었다. 절에서 피우는 향 연기 한 줄기 피어올라 공중의 이내와 섞였고 골짜기의 새 울음은 풍경소리와 교대로 운다. 이 頸聯(경련 5~6구)도 역시 대구가 잘 이루어졌다. 세상의 온갖 명리를 잊고 사는

이 승가사의 고승이 부럽다 하며 시를 맺었는데, 寫實的(사실적)인 명작이다.

7言律詩(7언율시). 압운은 行, 城, 明, 聲, 情 자로 평성 '庚(경)' 평운이다. 평측은 차례로 '平平仄仄仄平平, 平仄平平仄仄平, 平仄平平平仄仄, 仄平平仄仄平平, 仄平平仄平平仄, 平仄平平仄仄平, 仄仄平平平仄仄, 仄平平仄仄平平'으로 二四不同二六對(이사부동이륙대)와 反法(반법), 粘法(점법) 등이 잘 이루어져 형식면에서도 명작이라 할 만하다.

433. 鄭瑎(정해 1254~1305) : 고려 충렬왕 때의 중신. 자 晦之(회지). 초명 玄繼(현계). 시호 章敬(장경). 조부 大將軍 顗(대장군 의). 어려서 아버지를 여의고 힘써 공부하여 과거에 급제, 祕書校勘(비서교감)에 보직되고 史翰(사한)을 거쳐 충렬왕 때 大常錄事(대상녹사)로 必闍赤(필도적, 필도치-벼슬아치의 전형에 종사하던 文士문사)이 되고 李混(이혼), 尹珤(윤보)와 함께 이름이 높았다. 왕을 따라 원 나라에 다녀와 閤門祗侯(합문지후)에 임명되고, 左副承旨(좌부승지), 司議大夫(사의대부)를 거쳐 詮注(전주)를 관장하며 법을 공정히 처리했다. 知申事(지신사), 副知密直(부지밀직)으로 승진, 南京留守(남경유수), 廣陵府尹(광릉부윤), 밀직, 參判(참판), 三司事(삼사사), 僉議評理(첨의평리) 등을 지냈다. 그 때 宦官(환관) 王惟紹(왕유소), 宋邦英(송방영) 등이 충선왕을 폐하고 瑞興侯 琠(서흥후 전)을 세우려고 꾀하자 의분을 금치 못했고, 송방영이 원 나라에 사신으로 갈 때 그의 무례에 분노해 병을 얻었다. 충렬왕 31년(1305) 贊成事(찬성사)에 올라 과거를 맡아보았는데 그 때 급제한 선비들 중 명사들이 많아 韓宗愈(한종유), 金永旽(김영돈) 등도 그가 뽑은 사람들이다.

433-1 古燕道中(고연도중) 옛 연 나라 길에서

燕塞高風戰白楊 道邊唯見古祠堂 郎官出獵天微雪 狐兎原頭意氣長.

(연새고풍전백양 도변유견고사당 낭관출렵천미설 호토원두의기장)

연새의 높은 바람에 백양 나뭇잎은 파르르 떨고, 길가에는 옛 사당만 보이는구나.
낭관이 사냥을 가자 눈발이 날려, 여우와 토끼 잡는 들판에서 그 기상 장하도다.

[語句] *燕 : 춘추전국시대에 중국 북부 지방에 있던 나라. 서울이 燕京(연경, 지금의 北京북경)이었음. *燕塞 : 연 나라 북방 국경 지역. *高風 : 높은 곳으로 부는 바람. *戰 : 떨다. *白楊 : 버들과의 낙엽 활엽 교목. 높이 15~20m이고 잎은 타원형에 표면은 짙은 녹색인데 바람에 하늘하늘 잘 흔들림. *祠堂 : 신주를 모셔 놓은 집. *郎官 : 堂下(당하)의 벼슬아치. *狐兎 : 여우와 토끼. *原頭 : 들판 근처. 들가. *意氣 : 뜻을 이룬 마음. 氣象(기상).

[鑑賞] 옛 연 땅은 중국의 북쪽 지방으로 바람이 세고 추운 곳이라 인적이 드물 것이

다. 그리하여 처음 두 구가 이루어졌다. '郎官'은 지은이의 다른 시에 '東還寄李起郎在燕都(동환기이기랑재연도)'와 '代書寄李起郎(대서기이기랑)'이란 제목의 작품이 있어서, '李起' 아니면 '李起郎'이란 사람으로 추정된다. 이 사람은 연 땅에 익숙한 듯 날래게 여우와 토끼 사냥을 잘 하는 것으로 표현했다. 귀국하는 지은이를 전송하면서 그 사람이 사냥을 한 듯하다.

7言絕句(7언절구). 압운은 楊, 堂, 長 자로 평성 '陽(양)' 평운이다. 평측은 차례로 '平仄平平仄仄平, 仄平平仄仄平平, 平平仄仄平平仄, 平仄平平仄仄平'으로 이사부동이륙대와 반법, 점법 등이 잘 이루어졌다.

434. 鄭顯德(정현덕 ?~1883) : 조선 고종 때의 문신. 자 伯純(백순). 호 雨田(우전). 본관 草溪(초계). 철종 13년(1862) 副司果(부사과)가 되었고 고종 초에 書狀官(서장관)으로 정사 徐衡淳(서형순)을 따라 청 나라에 다녀왔다. 흥선대원군의 심복으로 東萊府使(동래부사)가 되어 일본 배척의 선봉으로 활약했으며, 吏曹參議(이조참의) 때 대원군의 실각으로 파면되어 귀양 갔고, 고종 19년(1882) 대원군이 정치에 참여하자 형조참판에 등용되었으나, 이어 파면되어 귀양을 갔다가 謫所(적소)에서 賜死(사사)되었다.

434-1 禁直(금직) 대궐 당직

官槐翳日影幢幢 金碧樓臺十二窓 深院無人春晝永 碧桃花外燕雙雙.

(관괴예일영당당 금벽누대십이창 심원무인춘주영 벽도화외연쌍쌍)

관청 앞 느티나무 해를 가려 그림자 흐릿하고, 단청이 고운 누대 열 두 창문이라.
궁궐 안뜰에는 사람 없이 봄날은 길고, 벽도화 꽃 위로 제비 쌍쌍이 날고 있구나.

[語句] *禁直 : 궁중에서 일직이나 숙직을 하는 일. 禁中當直(금중 당직). *槐 : 회화나무. 느티나무. *翳日 : 해를 가림. *幢幢 : 덮여져서 흐린 모양. *金碧 : 황금빛과 푸른 빛깔. 아름다운 색채. *樓臺 : 누각이나 정자. *十二窓 : 열 두 창문. 궁궐에 열 두 문이 있듯 누대도 12곳이 있음. 12란 숫자는 음률의 12律(율, 6률과 6려)과 12支(지)와 통함. *深院 : 그윽하고 깊은 안뜰. *碧桃花 : 벽도나무의 꽃. 벽도나무는 '복숭아나무의 일종'으로 천 겹의 꽃이 희고 아름다우며 열매는 잘아 먹지 못하고 관상용으로 심음. *雙雙 : 둘씩 짝을 이룬 모양.

[鑑賞] 봄날 낮에 대궐 안에서 日直(일직)을 하며 눈에 띄는 광경을 읊은 시. 요즘의 공휴일인지 대궐 안은 한적하니, 임금을 비롯한 궁궐 안 사람들은 모두 봄 낮잠을 자는가보다. 봄날은 긴 데 벽도화 고운 꽃 위로 제비만이 쌍을 이루어 날고 있을

뿐, 고요하고 평화로운 모습이다. 첫 구와 끝 구는 對句(대구)라 해도 좋겠다.

7言絕句(7언절구). 압운은 幢, 窓, 雙 자로 평성 '江(강)' 평운이다. 평측은 차례로 '平平平仄仄平平, 平仄平平仄仄平, 平仄平平平仄仄, 仄平平仄仄平平'으로 二四不同二六對(이사부동이륙대)와 反法, 粘法(반법, 점법) 등이 모두 이루어졌다.

435. 鄭澔(정호 1648~1736) : 조선 영조 때 정승. 자 仲淳(중순). 호 丈巖(장암). 시호 文敬(문경). 본관 延日(연일). 父 觀察使 演(관찰사 연). 松江 鄭澈(송강 정철 →424)의 玄孫(현손). 일찍이 학문이 성숙했는데 宋時烈(송시열)의 문하에 드나들며 학문을 물어 송시열에게 매우 촉망을 받았고 숙종 1년(1675) 송시열이 사화를 만나 귀양 가자 과거보기를 단념하고 성리학에 힘을 기울였다. 그 후 여러 형제들의 권유로 太學(태학)에 들어가고 숙종 10년(1684) 문과 급제하여 正言(정언)이 되자, 붕당을 키우고 권세를 부리는 吳道一(오도일)의 파면을 주장했다. 숙종 15년(1689) 인현왕후를 폐하자 송시열이 賜死(사사)되고 그는 鏡城(경성)으로 좌천되었다가 숙종 20년 왕후가 복위되자 持平(지평)이 되고 영동과 영서의 按廉使(안렴사), 咸鏡監司(함경감사)를 지냈다. 大司諫(대사간) 때 崔錫鼎(최석정)의 죄를 논하고는 李泰宇(이태우)의 탄핵을 받아 甲山(갑산)에 귀양 가 그곳 사람들에게 글을 가르치고 뒤에 용서되어 樓巖江(누암강) 강가로 돌아왔다. 경종이 즉위하고 영조가 동궁으로 확정되어 조정의 기강이 안정되었지만, 少論(소론) 柳鳳輝(유봉휘) 등이 宦妾(환첩)들과 결탁해 왕위를 위태롭게 하려고 꾸미자 상소를 올려 그들을 맹렬히 공격했다가 도리어 理山(이산)으로 귀양 갔다. 영조 1년(1725) 석방되어 돌아와 영의정에 이르렀다. 문장과 도덕으로 당세에 이름이 높았고 權尙夏(권상하), 李箕洪(이기홍) 등과 가까이 지냈으며 문집에 '丈巖集(장암집 25권)'이 있다.

435-1 虛川謫路贈諸君(허천적로증제군) 허천의 귀양길에서 제군에게 주다

賓館逢迎記昔年 相看今日更依然 傷心國事層碁上 極目鄉關落照邊
衆惡叢身憐一介 舊情緘骨荷群賢 夷城此去何時到 默算前程尙半千.

(빈관봉영기석년 상간금일갱의연 상심국사층기상 극목향관낙조변
중오총신연일개 구정함골하군현 이성차거하시도 묵산전정상반천)

빈청에서 뜻을 함께 하던 옛 일이 생각나는데, 오늘 이렇게 만나니 그 때와 같구려.
바둑판 위처럼 어수선한 나랏일에 마음 상하고, 까마득한 내 고향은 해 지는 저편일세.
온갖 허물 한 몸에 받아 이 몸 가련한데, 여러분의 옛 정이 뼈에 묶이도록 잊지 못하네.
귀양 가야 할 변방 땅 언제 다다를 것인가, 가만히 헤아려보니 앞길 아직 5백 리일세.

[語句] *虛川 : 함경남도 동북부의 갑산군을 흐르는 강. *賓館 : 大臣(대신)과 備局(비국,

군사 사무 관청 곧 備邊司비변사)의 堂上(당상)들이 임금을 만날 때 모여서 회의하던 곳. 賓廳(빈청). *逢迎 : 맞이하여 접대함. 남의 뜻을 맞추어 줌. *依然 : 전과 같이 다름없음. *傷心 : 마음을 상함. 걱정을 함. *層碁上 : 바둑판 위의 바둑돌이 겹치듯 복잡함. *極目 : 눈으로 볼 수 있는 데까지 봄. *鄕關 : 고향. *落照 : 저녁 해. *衆惡 : 모든 미움이나 부끄러움. 모든 잘못. *叢身 : 한 몸에 모임. *一介 : 한 개. 한 사람. 보잘것없는 한 낱. *緘骨 : 뼈에 묶임. 뼈에 사무치도록 잊지 못함. *荷 : 지다. 더하다. *群賢 : 많은 어진 사람들. *夷城 : 오랑캐의 성. 변방 지방. *黙算 : 마음속으로 셈함. *半千 : 천의 반. 5백 리.

[鑑賞] 함경북도 갑천으로 귀양 가면서 전송해 주는 선비들에게 준 시. 首聯(수련 1~2구)은 선비들을 만나니 전에 조정에서 나라 일을 의논하던 생각이나 예 그대로의 모습이라 했고, 頷聯(함련 3~4구)에서는 어지러운 나라 일을 걱정하고 먼 고향 땅을 그리워했는데 對句(대구)를 이루었다. 頸聯(경련 5~6구)은 내용의 전환으로 모든 허물은 나에게 있고 또 내가 뒤집어썼는데, 여러분의 잊지 않는 옛 정이 하도 고마워 잊지 못할 것이라고 역시 대구로 표현했다. 尾聯(미련 7~8구)은 마무리로 이제 가야 할 유배지에 언제 도착할 것인가, 가만히 헤아려 보니 아직 5백 리나 남았다 했다. 선비답게 남을 탓하지 않는 마음을 보인다.

7言律詩(7언율시). 압운은 年, 然, 邊, 賢, 千 자로 평성 '先(선)' 평운이다. 평측은 차례로 '平仄平平仄仄平, 平平平仄仄平平, 平平仄仄平平仄, 仄仄平平仄仄平, 仄仄平平平仄仄, 仄平平仄仄平平, 平平仄仄平平仄, 仄仄平平仄仄平'으로 이사부동이륙대와 반법, 점법 등이 이루어진 좋은 작품이다.

436. 鄭希良(정희량 1469~?) : 조선 연산군 때 문관. 자 淳夫(순부). 호 虛庵(허암). 본관 海州(해주). 시호 文襄(문양). 父 府使 延慶(부사 연경). 일찍이 생원에 급제하고 연산군 1년(1495) 문과 급제하여 翰林(한림)이 되어 疏章(소장)을 지은 문제로 귀양 갔다가 연산군 3년 藝文館待敎(예문관 대교)에 보직되어 임금에게 時事(시사)를 바로잡으라는 疏(소)를 올렸다. 연산군 4년(1498) 戊午士禍(무오사화) 때 어지러운 언론을 펴고 난을 고하지 않았다는 혐의를 받아 義州(의주)에 귀양 갔다가 金海(김해)로 옮겨진 뒤, 연산군 10년(1504) 갑자에 사면되어 세상일을 버리고 산수간에 배회했다. 어머니상을 당해 개풍군 풍덕에서 守墓(수묘)하다가 산책을 나간 후 다시 돌아오지 않았다. 성격이 강건하고 문장과 시에 능했으며 陰陽學(음양학)에도 밝았는데 영달에는 마음이 없었다 하며 문집에 '虛庵集(허암집)'이 있다.

436-1 九龍山中(구룡산중) 구룡산 산속

八十山中老 三彭已掃除 人間應不夢 鶴伴意無餘
雪榻蟾光冷 雲窓日影疎 誰知無累鑑 萬代自淸虛.

(팔십산중로 삼팽이소제 인간응불몽 학반의무여
설탑섬광랭 운창일영소 수지무루감 만대자청허)

여든 나이 된 산 속의 노인, 장생의 팽조쯤은 저리 비켜라 했네.
인간 세상일은 응당 꿈에도 없었고, 학을 벗삼아 마음은 무여열반에 들었구나.
눈 덮인 평상에 달빛은 차고, 구름 속의 창문에는 햇빛 엷어라.
무엇에도 얽매임이 없으면, 영원토록 저절로 청허해짐을 그 누가 알리오.

[語句] 九龍山 : 어디 있는 산인지 미상이나, 지은이가 수묘하던 개풍군 풍덕에 있지 않은가 추측됨. *三彭 : 중국의 옛날 陸終(육종)의 셋째아들인 彭祖(팽조).<史記 楚世家> 팽조는 '列仙傳(열선전)'에 堯(요) 임금의 신하로 장수한 사람인데, 고대의 임금 顚頊(전욱)의 현손으로 殷(은) 나라 말 나이 7백여 세인데도 노쇠하지 않았다 했음. *無餘 : 여지가 없음. 無餘涅槃(무여열반)의 경지에 듦. 무여열반은 '온갖 번뇌를 말끔히 없애고 분별하는 슬기를 떠나 肉身(육신)까지도 없이하여 靜寂(정적)에 들어간 경지'임. *雪榻 : 눈 덮인 평상. *蟾光 : 달빛. '蟾魄(섬백, 달)의 빛'이란 뜻임. *雲窓 : 구름 곁 창문. 구름이 드나드는 창. *累 : 여러 것이 포개다. 더럽히다. 얽히다. *鑑 : 거울. 본뜨다. 경계하다. *淸虛 : 마음에 잡된 생각이 없이 아주 맑고 깨끗함.

[鑑賞] 구룡산은 아마도 지은이가 모친의 산소에서 侍墓(시묘)살이를 하다가 실종된 개풍군 풍덕에 있는 산인 듯하다. 거기 사는 여든 살이 된 노인은 도사와 같아, 장수했다는 팽조 노인보다 더 오래 산 것 같다. 그는 인간 세상의 일은 염두에 두지 않고 학을 친구 삼아 신선의 길 또는 부처의 경지에까지 이른 듯 느껴진다. 눈에 덮인 평상에 달빛은 싸늘하게 비추고 구름이 드나드는 초가의 창문은 그 구름으로 하여 어둑하다. 어디에도 구애받음이 없으니, 심신이 맑아 선경에 든 사람이라 하리라. 그 여든 살 노인은 지은이의 자화상인지도 모른다.

5言律詩(5언율시). 압운은 除, 餘, 疎, 虛 자로 평성 '魚(어)' 평운이다. 평측은 차례로 '仄仄平平仄, 平平仄仄平, 平平平仄仄, 仄仄仄平平, 仄仄平平仄, 平平仄仄平, 平平平仄仄, 仄仄仄平平'으로 二四不同(이사부동)과 反法, 粘法(반법, 점법) 등이 모두 잘 이루어졌고, 평측 배열도 좋아 5律의 典型(전형)이 되는 秀作(수작)이다.

436-2 鴨江春望(압강춘망) 봄에 압록강을 바라보다

邊城事事動傷神 海上狂歌異隱淪 春不見花猶見雪 地無來鴈況來人
輕陰漠漠雨連曉 細草萋萋風滿津 惆悵芳時長作客 可堪垂淚更沾巾.

(변성사사동상신 해상광가이은륜 춘불견화유견설 지무내안황내인
경음막막우련효 세초처처풍만진 추창방시장작객 가감수루갱첨건)

변방 성의 일마다 마음 상하게 하는데, 바다에서 크게 노래함이 은륜과는 다르구나.
봄인데도 꽃은 볼 수 없이 눈이 쌓였고,
땅에는 기러기도 내리지 않으니 하물며 사람 있으랴.
엷게 그늘진 땅 아득한데 비는 새벽까지 이었고,
잔 풀 무성한데 바람은 나루터에 가득하네.
꽃다운 시기에 오래 나그네 됨이 슬프니, 흐르는 눈물 다시 수건을 적셔 어찌 견디리.

[語句] *鴨江 : 鴨綠江(압록강). *傷神 : 정신을 해침. *狂歌 : 가락에 맞지 않게 큰 소리로 부르는 노래. *隱淪 : 세상을 피해 숨음. 숨어서 낙오됨. 隱逸(은일). *漠漠 : 넓고 멀어서 아득함. *萋萋 : 초목이 우거져 무성함. *惆悵 : 근심하고 슬퍼함. *芳時 : 꽃다운 시절. 봄철.

[鑑賞] 무오사화 때 의주로 귀양 가 압록강을 바라보며 지은 시인 듯하다. 바다에서 광가를 부르는 사람은 지은이 자신이라 할 수도 있으니, 숨어 살기 위해 여기 온 게 아니라 억울하게 귀양을 온 처지여서 울분을 풀어 본 것이리라. 봄인데도 꽃은 없고 쌓인 눈만 보이며, 강가에는 기러기도 내리지 않으니 사람이 보일 리 없다 했으니, 이 연은 對句(대구)이다. 다음의 새벽까지 이어지는 빗발과 나루에 우거진 풀을 그린 연도 대구이다. 이 좋은 봄철에 오랜 귀양살이로 나그네가 된 신세가 슬퍼 눈물 흘린다고 처참한 심정을 읊어 시를 맺었다.

7言律詩(7언율시). 압운은 神, 淪, 人, 津, 巾 자로 평성 '眞(진)' 평운이다. 평측은 차례로 '平平仄仄仄平平, 仄仄平平仄仄平, 平仄仄平平仄仄, 仄平平仄仄平平, 平平仄仄仄平仄, 仄仄平平平仄平, 平仄平平平仄仄, 仄平平仄仄平平'으로 二四不同二六對(이사뷰동이륙대)와 반법, 점법 등이 모두 이루어졌다.

437. 諸葛亮(제갈량 181~234) : 중국 삼국시대 蜀漢(촉한)의 名相(명상). 자 孔明(공명). 별칭 臥龍(와룡). 시호 忠武(충무). 산동성 琅琊(낭야) 사람으로 호북성의 隆中(융중)에 은거했는데, 劉備(유비)의 三顧草廬(삼고초려) 禮(예)에 감격하여 유비를 도와 天下三分(천하삼분)의 계책을 쓰고 유비 곧 昭烈帝(소열제, 재위 221~224)의 사거 후 後主 禪(후주 선, 재위 224~263)을 보좌하여 柱石之臣(주석지신)이 되었다. 曹操(조조)가 세운 魏(위)를 치고 漢(한) 나라의 중흥을 꾀했으나 五丈

原(오장원)의 진중에서 사망했다. 徐庶(서서)가 그를 와룡이라 평했는데 군사 전략에 뛰어나 "죽은 공명이 산 仲達(중달, 위의 장수)을 도망케 한다." 할 만큼 지략이 풍부했다. 풍류가 넘치는 인품으로 삼국 제일의 인물이란 칭송을 받았고 문집으로 '諸葛武侯集(제갈무후집)'이 있다.

437-1 梁甫吟(양보음) 양보산을 읊은 노래

步出齊城門 遙望蕩陰里 里中有三墓 纍纍正相似
問是誰家塚 田疆古冶氏 力能排南山 文能絕地紀
一朝被讒言 二桃殺三士 誰能爲此謀 國相齊晏子.

(보출제성문 요망탕음리 이중유삼묘 유류정상사
문시수가총 전강고야씨 역능배남산 문능절지기
일조피참언 이도살삼사 수능위차모 국상제안자)

걸음을 옮겨 제 나라 성문을 나와, 멀리 탕음리를 바라보노라.
마을 안에 묘가 셋 있으니, 겹친 듯 연해 있음이 비슷비슷 하여라.
이것이 누구의 묘냐고 물으니, 전강 고야씨 들의 무덤이라네.
그 힘은 능히 남산을 밀어 던질 만하고, 그 문장은 능히 지유를 끊을 만했지만,
하루아침에 음해하는 참언을 입어, 두 복숭아로 세 선비가 죽고 말았네.
누가 이런 간계로 모략했는가, 바로 제 나라 정승 안자라 하는구나.

[語句] *梁甫 : 산동성 泰安市(태안시) 泰山(태산)의 기슭에 있는 산. 梁父(양보). *齊城門 : 제 나라의 서울이었던 산동성 臨淄(임치, 현재의 淄博市치박시 부근)의 성문. *纍纍 : 서로 잇닿은 모양. 겹쳐 쌓이는 모양. *誰家 : 누구. 家는 접미사임. *塚 : 무덤. *田疆古冶 : 제 나라의 田開疆(전개강) 과 古冶子(고야자). 이들은 公孫接(공손접)과 함께 文武兼全(무무겸전)한 용사였음. *排 : 밀어내다. 물리치다. *地維 : 대지를 얽어서 받들고 있다는 밧줄. 地紀(지기). 옛 전설에 하늘을 괴고 있는 天柱(천주)와 지유가 있어 천지가 보전된다고 함. 天柱絕地維缺 女媧乃鍊五色石以補天(천주가 부러지고 지유가 빠져버리니, 여왜가 이에 오색 돌을 불리고 다듬어 하늘을 기웠다)<史記 三皇紀> *讒言 : 거짓 꾸며서 남을 讒訴(참소)하는 말. *二桃殺三士 : 복숭아 두 개로 세 용사를 죽임. 기묘한 계책을 써서 걸출한 인물을 죽임. 제 나라의 晏子(안자, 晏平仲안평중)가 자기가 지나갈 때 일어나 예를 하지 않음을 미워하여, 景公(경공)으로 하여금 공손접과 전개강 및 고야자 세 사람에게 두 개의 복숭아를 주게 해, 공로가 많은 사람이 먼저 먹도록 명하니, 세 사람이 서로 다투어 공손접과 전개강이 먼저 자살하고 고야자도 결국 자살하여 셋 모두 죽게 한 고사가

있음<晏子春秋> *國相 : 나라의 정승. 宰相(재상). *晏子 : 제 나라의 大夫(대부). 이름은 嬰(영), 자는 平仲인데 검소하기로 유명하며 사람들과 잘 사귀었음. 제의 경공이 36세의 孔子(공자)를 존경하여 중용하려는 생각에 泥谿(이계) 땅을 공자에게 주려 했으나 안자가 반대했는데, 공자는 오히려 안자가 30년 동안 옷 한 벌로 산 검소함에 감복하여 칭찬하는 말을 남겼음.<論語 公冶長>

[鑑賞] 탕음 마을에 있는 세 용사의 무덤을 보며 옛 고사를 회상하여 그들의 죽음을 아까워했다. 안자는 유능하고도 검소한 인물이지만 도량이 좁은 사람이었다. 세 용사들이 일어서며 인사를 하지 않았다고 죽음으로 몰아버렸으니 얼마나 안타까운 일인가. 두 개의 복숭아를 앞에 두고 안자는 詰難(힐난)하는 듯이 "그대들이 무슨 공이 있어 그 복숭아를 먹는가?" 하니, 공손접은 "멧돼지나 범을 단번에 잡은 힘이 있기 때문이오." 했고, 전개강은 "복병을 감추고 적을 도망케 한 공이 있소." 했으며, 고야자는 "그대를 따라 황하를 건널 때 河伯(하백)이 변신한 큰 거북이 말을 물고 물 속으로 들어가는 걸, 거북을 죽이고 말을 물 속에서 건졌소." 하니, 앞의 두 용사는 공이 고야자에 미치지 못하여 복숭아를 먹는 것은 탐욕이며 탐욕의 불명예를 받고 죽지 않는 것은 용기 없는 일이 된다 하여 자결했고, 고야자는 두 용사가 죽었는데 자기만 살아 있는 것은 不仁, 不義(불인, 불의)라며 따라 죽고 말았다는 것이다. 지은이는 융중에 은거하며 늘 이 시를 노래 불렀다고 하는데, 지은이가 지은 시가 아니라는 주장도 있다.

5言古詩(5언고시) 6연 12구. 압운은 里, 似, 氏, 紀, 士, 子 자로 상성 '紙(지)' 측운이다. 평측은 차례로 '仄仄平平平, 平平仄平仄, 仄平仄平仄, 仄仄仄平仄, 仄仄平平仄, 平平仄仄仄, 仄平平平平, 平平仄仄仄, 仄平仄平平, 仄平仄平仄, 平平平仄平, 仄仄平仄平'으로 二四不同(이사부동) 은 제1, 4, 5, 6, 8, 11구에서 이루어졌고, 反法(반법)과 粘法(점법)은 불규칙하다.

438. 趙簡(조간 ?) : 고려 충렬왕, 충선왕 때의 문신. 시호 文良(문량). 본관 金堤(김제). 충렬왕 5년 (1279) 문과에 장원 급제하여 書籍店錄事(서적점 녹사)가 되고 이듬해 왕이 문신들에게 詩賦(시부)를 시험할 때 또 수석이 되었다. 黃牌(황패)를 받고 內侍(내시)가 되었다가 補闕(보궐)에 이르러 부친상을 당해 3년을 侍墓(시묘)하니 왕이 이를 기특하게 여겨 起居注(기거주)로 특진시켰다. 후에 慶尙按廉使(경상안렴사)를 거쳐 충선왕 때 刑曹侍郎(형조시랑), 右諫議大夫(우간의대부), 右副承旨(우부승지), 同知貢擧(동지공거), 僉議評理(첨의평리), 贊成事(찬성사) 등을 역임했으며 詩文(시문)에 뛰어났다.

438-1 暎湖樓(영호루) 영호루

此樓風景惱人多 八詠雙溪不敢加 旗盖影交樵牧路 管絃聲落吏民家
跨空簷豁膚生粟 照水軒危眼眩花 玉斧修成廣寒殿 飄然還訝上仙槎

(차루풍경뇌인다 팔영쌍계불감가 기개영교초목로 관현성락이민가
과공첨활부생속 조수헌위안현화 옥부수성광한전 표연환아상선사)

이 누각 풍경이 사람들을 크게 애타게 하나니, 팔영과 쌍계의 경치도 이보다는 못하리라.
귀한 행차의 깃발과 가마 그림자는 오솔길까지 어른거리고,
풍악 소리는 지방 민가에 울리네.
하늘에 걸터앉은 듯 솟은 추녀는 살에 소름 돋아 오싹하게 하고,
물에 비치는 누각 난간은 높아 눈이 아찔하구나.
옥도끼로 다듬은 광한전 같아, 훌쩍 신선배 타고 오른 듯하여라.

[語句] *暎湖樓 : 경상북도 安東(안동)에 있는 누각. →170-1. *惱 : 괴로워하다. 애타도록 매혹하다. *八詠 : 八詠樓(팔영루). 梁(양) 나라 沈約(심약 →142)이 東陽太守(동양태수)때 팔영시를 지어 玄暢樓(현창루)에 쓰니, 후세 사람들이 현창루를 팔영루라 부르게 되었음. *雙溪 : 어디를 가리키는지 미상이나, 중국 조계종의 開祖(개조)인 惠能(혜능) 스님이 있던 곳이나 전라남도 나주의 쌍계산 또는 지리산의 쌍계사 절 등을 두고 쓴 듯함. *旗盖 : 깃발과 가마 덮개. '고을원이나 귀인의 행렬에 따르는 기와 가마'를 뜻함. 盖는 '蓋(덮개 개)'의 속자임. *樵牧 : 樵童牧豎(초동목수) 곧 땔나무하는 아이와 짐승 치는 아이. 樵牧路는 '초동목수가 다니는 오솔길'임. *管絃 : 관악기와 현악기. 風樂(풍악). *吏民 : 지방의 아전과 백성. 吏民家는 '시골 마을 집'임. *跨 : 걸터앉다. *生粟 : 소름이 끼침. 소름이 끼치면 살갗에 좁쌀 같은 것이 돋기에 하는 말임. *軒 : 난간. 軒檻(헌함). *危 : 높다. *眩花 : 눈앞에 꽃이 아른거리듯 아찔한 모양. *玉斧 : 옥도끼. 아주 좋은 도끼. *修成 : 다듬어 완전하게 이루어 놓음. *廣寒殿 : 달나라의 궁전. 廣寒淸虛府(광한청허부). *飄然 : ①비바람에 가볍게 나부끼는 모양. ②훌쩍 떠나거나 나타나는 모양. *還訝 : 돌이켜 의아함. 訝는 '의심하다. 맞이하다'임. *仙槎 : 신선이 타는 배.

[鑑賞] 안동의 영호루는 시인들이 많이 읊은 누각이니 그만큼 경치가 뛰어나기 때문이며, 고려 공민왕이 현판을 써서 내려보낸 유서깊은 누각이기도 하다. 首聯(수련 1~2구)은 영호루가 다른 데와는 비할 수 없게 경치가 뛰어남으로 시상을 일으켰고, 頷聯(함련 3~4구)에서는 고관이나 귀인들의 영호루 관광 행차를 對句(대구)로

그려 시상을 이었다. 頸聯(경련 5~6구) 역시 대구로 누각의 위용을 그려 내용을 전환했고, 尾聯(미련 7~8구)에서 마치 신선배를 타고 달나라 광한전에 오른 듯하다고 시를 맺은 좋은 작품이다.

7言律詩(7언율시). 압운은 多, 加, 家, 花, 槎 자로 多만 평성 '歌(가)' 운, 나머지는 평성 '麻(마)' 평운으로 두 운은 通韻(통운)이 되며, 영호루를 읊은 7律에 공통되는 운자이다. 평측은 차례로 '仄平平仄仄平平, 仄仄平平仄仄平, 平仄仄平平仄仄, 仄平平仄仄平平, 仄平平仄平平仄, 仄仄平平仄仄平, 仄仄平平仄平仄, 平平平仄仄平平'으로 二四不同二六對(이사부동이륙대)는 일곱째 구에서 어긋났고 반법과 점법은 그런대로 이루어졌다.

439. 趙觀彬(조관빈 1691~1757) : 조선 영조 때 문신. 자 國甫(국보). 호 晦軒(회헌). 본관 楊州(양주). 부 忠益公 泰采(충익공 태채). 숙종 40년(1714) 문과에 급제하여 檢閱(검열), 副修撰(부수찬), 수찬 등을 역임하고 파면되었다가 다시 吏曹參議(이조참의)로 承旨(승지)에 특진했는데 경종 때 興陽(흥양, 전남 고흥)으로 귀양 갔다. 영조 즉위 후 弘文提學(홍문제학), 同知義禁府事(동지의금부사)를 거쳐 同知敦寧(동지돈녕)에 보직되었으나 金昌集(김창집 →719), 李頤命(이이명) 정승이 죄에 묶여 있어 의리상 취임할 수 없다고 거절했고, 네 정승의 사건을 論疏(논소)하여 왕의 뜻에 거슬려 大靜(대정, 제주도 북제주군)으로 귀양 갔다. 후에 호조참판, 平安監司(평안감사)를 지내고 호조판서에 이르러 파면되었다가 冬至正使(동지정사)로 청 나라에 다녀온 후 예조판서로 승진했으며, 守禦使(수어사)가 되어 남한산성에 군량미를 저축하자 하여 그대로 시행되었고, 홍문제학이 되었다가 왕의 뜻에 거슬려 星州牧使(성주목사)로 좌천되었다. 이어 함경남도 三水(삼수)로 귀양 가고 다시 함남 端川(단천)으로 옮겨졌다가 석방되어 知中樞府事(지중추부사)에 이르렀고, 문집에 '晦軒集(회헌집)'이 있다.

439-1 題披襟亭(제피금정) 피금정에서 짓다

晴川深樹檻西東 正好炎天納晚風 太守不曾私一物 欲分清吹與民同.

(청천심수함서동 정호염천납만풍 태수부증사일물 욕분청취여민동)

맑은 냇물 우거진 나무는 난간 밖을 둘렀고, 더운 염천에 마침 저녁 바람 불어 시원하구나. 태수는 아무것도 가진 게 없으니, 이 시원한 바람을 백성들과 함께 즐기고자 하네.

[語句] *披襟亭 : 어디에 있는 정자인지 미상이나 경북 성주에 있을 듯함. 披襟은 '옷섶을 헤침. 흉금을 털어놓음'의 뜻임. *晴川 : 맑게 갠 내. *深樹 : 우거진 숲의 나무. *檻 : 난간. *炎天 : 여름날의 몹시 더운 날씨. *晚風 : 저녁 바람. *太守 : 고을원 곧 牧使(목사), 郡守(군수), 縣監(현감) 등의 地方官(지방관). *曾 :

일찍. *私一物 : 내 물건 하나. *淸吹 : 맑고 시원한 바람. 吹는 '바람. 부추기다'의 뜻이면 거성 '寘(치)'임. *與民同 : 백성들과 함께 하거나 즐김.

[鑑賞] 피금정을 두고 지은 시인데 피금정은 지은이가 목사를 지낸 경상북도 성주에 있거나, 시원한 정자라는 뜻으로 한 말일 것이다. 청렴한 고을원의 일면을 읊었다 하리라. 첫 구의 西東은 東西라 할 것을 운자를 맞추기 위해 거꾸로 썼으니 한시에는 이런 경우가 허다하다. 끝 구의 與民同은 與民同樂(여민동락)이라 할 수 있으니, 여민동락은 '임금이 백성과 함께 즐김'의 뜻인데, 고을원은 임금을 대신해서 고을을 다스리므로 지방관도 쓸 수 있겠다.

7言絕句(7언절구). 압운은 東, 風, 同 자로 평성 '東' 평운이다. 평측은 차례로 '平平平仄仄平平, 仄仄平平仄仄平, 仄仄仄平平仄仄, 仄平平仄仄平平'으로 二四不同二六對(이사부동이륙대)와 反法(반법), 粘法(점법) 등이 모두 이루어졌다.

440. 趙光祖(조광조 1482~1519) : 조선 중종 때 성리학자. 자 孝直(효직). 호 靜菴(정암). 시호 文正(문정). 본관 漢陽(한양). 父 司憲府監察 元綱(사헌부감찰 원강). 조선 개국공신 趙溫(조온)의 玄孫(현손, 5세손)으로 일찍부터 학문의 뜻이 컸으며, 18세 때 부친이 魚川察訪(어천찰방)으로 부임할 때 따라가, 마침 熙川(희천)에 귀양 와 있던 金宏弼(김굉필)에게 수학할 기회를 얻었다. 학문은 '小學(소학)'과 '近思錄(근사록)'을 토대로 하여 경전 연구에 응용했으며, 평소에도 의관을 단정히 갖추고 언행도 옛 가르침을 따라 절제가 있었고, 松都 天魔山(송도 천마산)과 砥平 龍門山(지평 용문산)에 들어가 발분 역학하여 巨儒(거유)가 되었다. 중종 5년(1510) 進士試(진사시)에 장원하고 성균관에 들어가 공부하던 중 동료 유생들의 聲望(성망)과 이조판서 安瑭(안당)의 추천으로 중종 10년(1515) 28세 때 造紙署司紙(조지서 사지)에 초임되니 탄식하기를 "내가 작록을 구한 바 아니어늘, 차라리 과거에 응하여 정식으로 出身(출신)해 聖主(성주)를 섬김만 같지 못하다." 했다. 마침 그 해의 謁聖試(알성시)에 장원하고 典籍(전적), 司諫院正言(사간원 정언), 弘文館修撰(홍문관 수찬), 校理(교리), 應敎(응교), 承旨(승지) 등을 거쳐 副提學(부제학)이 되어 昭格署(소격서) 폐지를 단행하고, 유학자 정치를 구현하려 함으로써 중종에게 각별한 대우를 받았다. 이어 大司憲(대사헌)과 世子副賓客(세자부빈객)을 겸임, 묵은 폐단을 개혁했다. 중종 14년(1519) 賢良科(현량과)를 설치해 才行(재행)이 겸비한 선비들을 뽑아 요직에 등용하니 간신들이 자취를 감추게 되었다. 이에 王道政治(왕도 정치)와 道學政治(도학 정치)가 시행되었으나, 그 해 사림 출신의 소장 관료들이 중종반정 공신들의 僞勳削除(위훈 삭제)를 요구하여 76명을 공신 훈적에서 삭제하니, 勳舊派(훈구파)의 심한 반발과 모략으로 그 해 10월 15일 南袞(남곤) 등의 고변으로 己卯士禍(기묘사화)가 일어나 개혁 세력은 투옥되어 사약

이나 유배 등을 받았다. 조광조도 전라도 綾州(능주, 전남 和順화순)로 귀양 가서 12월 20일 賜死(사사)되니 38세였다. 유고집에 '靜菴集(정암집)'이 있다. 그는 사후에 영의정에 추증되고 文廟(문묘, 孔子廟공자묘)에 배향되었으며, 율곡 이이 선생은 김굉필, 鄭汝昌(정여창), 조광조, 李彦迪(이언적) 등을 東方四賢(동방사현)으로 숭배했고, 후세에 조광조의 治(치, 정치), 李滉(이황)의 道(도, 도학), 李珥(이이)의 學(학, 학문), 金長生(김장생)의 禮(예, 예학), 宋時烈(송시열)의 義(의, 의리)를 조선 선비의 이상으로 삼아 이들을 朝鮮五賢(조선오현)이라 했다.

440-1 綾城謫中(능성적중) 능성 귀양 중에

誰憐身似傷弓鳥 自笑心同失馬翁 猿鶴定嗔吾不返 豈知難出覆盆中.

(수련신사상궁조 자소심동실마옹 원학정진오불반 기지난출복분중)

화살 맞은 새 같은 이 몸을 누가 가련타 하리,
소 잃고 외양간 고치는 늙은이 마음이라 절로 웃음이 나네.
고향의 원숭이와 학은 내 돌아오지 않음을 비웃겠으나,
엎은 동이 속에 든 몸이라 빠져나올 수 없음을 그들이 어찌 알리오.

[語句] *綾城 : 신라 때의 지명. 현재 전라남도 和順郡 綾州面(화순군 능주면)임. *傷弓鳥 : 화살에 다친 새. 먼젓일에 질려 늘 공포를 느끼는 일. 傷弓之鳥 聞弦音烈而高飛(상궁지조는 핑 하는 활 시위소리를 들으면 높이 난다)<戰國策 楚策>. *失馬翁 : 말을 잃어버리고 나서야 마굿간을 고치는 노인. '소 잃고 외양간 고친다'는 속담임. 失馬治廐(실마치구). 失牛治廐(실우치구). 亡羊補牢(망양보뢰)<洪萬宗 旬五志> *猿鶴定嗔 : 원숭이와 학이 반드시 성내어 꾸짖음.<孔德璋 北山移文> *覆盆 : ①엎은 동이. 근거 없는 죄를 뒤집어 씀. ②동이의 물을 뒤집어엎음. '소나기'를 형용 하는 말이기도 함.

[鑑賞] 지은이는 너무 급진적인 개혁을 단행하여 旣得圈(기득권) 인사들에게서 강한 반발을 샀고, 아낌을 베풀던 중종 임금도 일마다 개혁 건의라 나중에는 지치게 되었다. 그리하여 중종 14년 기묘사화에는 훈구파들의 손을 들어 주지 않을 수 없어 능주에 귀양 갔다가 결국 사약을 받았다. 이 시에서 지은이도 풀려나지 못함을 예감하고 있었던 듯, 끝 구에 그런 뜻을 비치었다. 처음 두 구는 對句(대구)가 되었고 古典(고전)에 쓰인 어휘가 많다.

7언절구. 압운은 翁, 中 자로 평성 '東' 평운이며 첫 구에는 압운하지 않았다. 평측은 차례로 '平平平仄平平仄, 仄仄平平仄仄平, 平仄仄平平仄仄, 仄平平仄仄平平'으로 이사부동이륙대와 반법, 점법 등이 모두 잘 이루어졌다.

440-2 送安順之赴求禮(송안순지부구례) 구례현감으로 부임해 가는 안순지를 송별하다

君行屬春時 天地養仁和 活潑江新流 丰茸草生坡
道迥千里遠 眼中歷幾多 君子惟心遠 無非意所加
它日聞報政 須憶此日歌.

(군행속춘시 천지양인화 활발강신류 봉용초생파
도형천리원 안중역기다 군자유심원 무비의소가
타일문보정 수억차일가)

그대 좋은 봄날 부임해 가니, 하늘땅이 함께 그대를 축하해 인화롭구나.
강물은 활기차게 새로 흐르고, 언덕에는 무성하게 풀들 자라리라.
길은 천리 멀리까지 뻗치고, 눈앞의 풍경들 얼마나 바뀌겠는가.
군자는 오직 마음가짐이 원대해야 하나니, 무슨 일에든 조심해야 하리.
뒷날 좋은 정치를 편다는 소문이 들리면, 모름지기 오늘 이 시를 되새기리라.

[語句] *求禮 : 전라남도 동북부의 郡(군). 華嚴寺(화엄사), 老姑壇(노고단), 龍湖寺(용호사), 天壇瀑布(천단폭포) 등의 명승고적이 있음. *屬 : 좇다. 따르다. *仁和 : 자비롭고 화순함. *活潑 : 기운차게 움직임, 그런 모양. *丰茸 : 풀이 무성한 모양. *迥 : 멀다. *君子 : 학식과 덕행이 높은 사람. *非意所加 : '뜻하지 않게 마음을 써야 하는 별안간의 일들. 不意(불의)에 생기는 일들.'의 뜻으로 '조심해야 할 일들'을 말함. *它日 : 다른 날. 他日(타일). *聞報政 : 올바른 政事(정사)를 편다는 소문을 들음. *須 : 마땅히. 모름지기.

[鑑賞] 구례 현감으로 부임해 가는 안순지는 지은이의 후배거나 제자이리라. 그가 현감이 됨을 기쁘게 축하하고 가는 도정의 모습과 마음가짐을 당부하는 시이다. 모두 10구의 7언시인데 제 3, 4구와 5, 6구가 각각 대구로 이루어졌다.

10句體 7言古詩(10구체 7언고시). 압운은 和, 坡, 多, 加, 歌 자로 加만 평성 '麻(마)' 운이고 나머지는 평성 '歌' 평운인데 두 운은 通韻(통운)이 된다. 평측은 차례로 '平平仄平平, 平仄仄平平, 仄仄平平平, 平平仄平平, 仄仄平仄仄, 仄平仄仄平, 平仄平平仄, 平平仄仄平, 平仄平仄仄, 平仄仄仄平'으로 이사부동은 제 2, 3, 6, 7, 8구에서만 이루어져 반에 그쳤고, 반법과 점법은 무시되었기에 비록 평운 압운이지만 고시로 처리했다.

440-3 絕命詩(절명시) 절명시

愛君如愛父 憂國如憂家 白日臨下土 昭昭照丹衷.

(애군여애부 우국여우가 백일임하토 소소조단충)

임금 사랑하기를 어버이 사랑하듯 했고, 나라 걱정을 내 집 걱정하듯 했노라.
밝은 해가 이 세상을 내려다보고 있으니, 내 충성된 마음을 환히 비추리라.

[語句] *絕命詩 : 죽음에 임하여 읊은 시. *白日 : 맑은 날의 밝은 해. *臨下土 : 땅 위에 내림. 땅을 내려다봄. *昭昭 : 밝은 모양. 昭昭明明(소소명명, 일이 아주 환하게 밝음). *丹衷 : 속에서 우러나는 정성. 충성. 丹誠(단성).

[鑑賞] 지은이가 중종 14년 10월에 능주에 귀양 가 그 해 12월 20일 賜藥(사약)을 받아 죽음을 앞두고 지은 시. 절박한 상황에서 지은 시여서인지 압운도 하지 못했다. 오직 임금님께 충성을 다했고, 나라 걱정만을 했건만 이렇게 죽어 가니 밝은 해만은 나의 충성된 마음을 알고 있으리라 했다. 이 때 禁府都事(금부도사)에게서 자신을 漢(한) 나라 때 王莽(왕망)에 비유한다는 말을 듣고는 "왕망은 사사로운 욕심을 취한 자가 아니더냐?" 하면서 크게 웃었다고 한다. 임금과 社稷(사직)을 위한 그의 충절은 길이 빛나리라.

5言古詩(5언고시). 각 구 끝 자의 운을 보면 차례로 상성 '麌(우)', 평성 '麻(마)', 상성 '麌', 평성 '東(동)'이어서 첫 구와 셋째 구의 운이 같지만 압운한 것으로 볼 수 없다. 평측은 차례로 '仄平平仄仄, 平仄平平平, 仄仄平仄仄, 平平仄平平'으로 二四不同(이사부동)은 처음 두 구에서 이루어졌으나 끝 두 구에서 反法(반법)과 粘法(점법)이 형성되지 못했다.

441. 趙龜錫(조구석 1615~1665) : 조선 현종 때 문관. 자 禹瑞(우서). 호 藏六堂(장륙당). 본관 楊州(양주). 父 判書 啓遠(판서 계원). 21세에 생원, 34세에 문과 급제하여 槐院(괴원, 承文院승문원)에 들어가 說書(설서)를 거쳐 藝文檢閱(예문 검열), 三司(삼사)를 역임하고, 현종 초에 執義(집의)로서 修德行政(수덕행정) 11조를 올렸으며, 楊州牧使(양주목사) 때 通政大夫(통정대부)가 되었다. 이어 全羅監司(전라감사)가 되어 道政(도정) 여가에 자제들의 권학에 힘쓰다가 사건으로 파직되어 돌아와 독서로 세월을 보내던 중 松禁(송금) 위반 혐의로 귀양을 갔다. 문집에 '藏六堂集(장륙당집)'이 있다.

441-1 晩發鳳山夕後有雨(만발봉산석후유우) 늦게 봉산을 떠나 석후에 비를 만나다

春雲漠漠轉悽悽 十里官街柳色迷 裛露濃花芳蝶舞 隔溪深樹怪禽啼
江涵澄碧輕波濶 山欲微紅夕照低 正是村村農務急 喜看佳雨滿前畦.

(춘운막막전처처 십리관가유색미 읍로농화방접무 격계심수괴금제
강함징벽경파활 산욕미홍석조저 정시촌촌농무급 희간가우만전휴)

봄 구름 막막해 서글픔을 자아내고, 긴 관청 길에 버들빛 미혹되네.

이슬에 젖은 짙은 꽃에 고운 나비 날며,
시내 건너 숲 나무에서는 괴상한 새 울음소리 들리네.
강물은 맑고 푸르러 잔물결 퍼지고, 산에는 연분홍 빛 띠며 저녁노을 둘러 있구나.
지금이 바로 마을마다 농삿일에 바쁠 때라,
단비 내려 밭두둑에 물 넘침을 즐겁게 바라보네.

[語句] *鳳山 : 황해도의 봉산군. 봉산탈춤이 유명함. *夕後 : 저녁밥을 먹고 난 뒤. *漠漠 : 넓고 멀어 아득함. *悽悽 : 서글픈 모양. *官街 : 관청 거리. *迷 : 반하다. 미혹하다. 헷갈리다. *裛露 : 이슬에 젖음. *澄碧 : 맑고 푸른빛이 남. *微紅 : 엷게 붉음. *夕照 : 해질 무렵의 햇빛. *正是 : 이 때가 바로. *佳雨 : 좋은 비. 甘雨(감우). *畦 : 밭두둑. 밭 쉰 이랑.

[鑑賞] 저물녘에 봉산을 떠나 저녁밥을 먹은 뒤에 비가 오는 걸 보며 지은 시. 봄가물이 든 때인 듯 첫 연에 구름이 멀리서만 끼어 있으며, 관청 거리의 버들빛만 푸르다 했다. 다음 연은 對句(대구)를 잘 이루어 꽃과 나비 숲과 새 소리를 잘 그렸다. 셋째 연도 강과 산을 읊어 대구를 잘 이루어 역시 寫景(사경)이다. 끝 연에서 농삿일에 바쁜 시골 마을에 비가 내려 논밭에 물이 흡족함을 반기었다. 자연의 풍경을 잘 그린 작품이라 하리라.

7言律詩(7언율시). 압운은 悽, 迷, 啼, 低, 畦 자로 평성 '齊(제)' 평운이다. 평측은 차례로 '平平仄仄仄平平, 仄仄平平仄仄平, 仄仄平平平仄仄, 仄平平仄仄平平, 平平平仄平平仄, 平仄平平仄仄平, 仄仄平平平仄仄, 仄平平仄仄平平'으로 二四不同二六對(이사부동이륙대)와 반법, 점법 등이 잘 이루어졌다.

442. 趙國賓(조국빈 ?) : 조선 광해군 때 문관. 자 景觀(경관). 호 雪竹(설죽). 선조 때 문과 급제하여 刑曹參議(형조참의)를 역임했고, 노경에 벼슬에서 물러나 시골에 묻혀 살았다.

442-1 鄕居自歎(향거자탄) 시골에 살며 스스로 탄식하다

玉露凋傷金井梧 九秋佳節亦須臾 乾坤有意生男子 歲月無情老丈夫
少日交遊俱寂寞 異鄕蹤跡復江湖 家貧衆口多鵝雁 赤貧荒年活計迂.

(옥로조상금정오 구추가절역수유 건곤유의생남자 세월무정노장부
소일교유구적막 이향종적부강호 가빈중구다아안 적빈황년활계우)

옥 같은 맑은 이슬에 우물가의 오동잎이 시들었고,
구월이라 좋은 가을철도 잠깐 동안일세.

하늘땅이 무심치 않아 남자로 태어나게 했을 텐데, 세월은 무정하여 사나이로 늙었구나.
젊은 날 사귀었던 벗들 모두 소식 없고, 타향을 떠돌던 몸 다시 시골 고향으로 찾아드니,
집은 가난한데 식구는 거위와 오리새끼처럼 많아, 가난에 흉년이라 살길 막막하여라.

[語句] *玉露 : 맑고 깨끗하게 방울진 이슬. *凋傷 : 시들어 상함. *金井 : '우물' 미칭. *九秋 : ① 가을 석 달. 三秋(삼추). ②9월. *須臾 : 잠시 동안. *乾坤 : 하늘과 땅. *少日 : 젊은 날. *蹤跡 : 발자취. *江湖 : 강과 호수가 있는 자연이나 시골. *鵝雁 : 거위와 기러기. *赤貧 : 살림이 아주 가난함. *荒年 : 흉년. *活計 : 生計(생계, 살아갈 방도). *迂 : 멀다. 굽다.

[鑑賞] 벼슬살이를 마치고 고향에 돌아와 가난한 처지를 읊은 처절한 작품이다. 첫 구의 金井은 부산 東萊(동래)의 별칭이기도 하니 거기가 고향인지도 모른다. 頷聯(함련) 곧 3~4구는 敍情(서정)을 대구로 읊었는데 다음의 頸聯(경련) 곧 5~6구도 똑같이 서정으로 대구를 잘 지었다. 마지막 尾聯(미련)에서 가난에다가 식솔은 많은데, 더구나 흉년마저 들어 살아갈 계책이 막연하다고 맺었다. 선비는 가난을 이르지 않는다는데 이 시는 솔직히 털어낸 바가 있다.

7언율시. 압운은 梧, 臾, 夫, 湖, 迂 자로 평성 '虞(우)' 평운이다. 평측은 차례로 '仄仄平平平仄平, 平平平仄仄平平, 平平仄仄平平仄, 仄仄平平仄仄平, 仄仄平平平仄仄, 仄平平仄仄平平, 平平仄仄平平仄, 仄平平平仄仄平'으로 이사부동이륙대는 끝 구에서 어긋났고 반법과 점법은 그런대로 이루어졌다.

443. 趙斗淳(조두순 1796~1870) : 조선 철종 때 명신. 자 元七(원칠). 호 心菴(심암). 시호 文獻(문헌). 본관 楊州(양주). 父 牧使 鎭翼(목사 진익). 우의정 泰采(태채)의 5세손으로 순조 26년(1826) 문과 급제하여 待敎(대교, 규장각 말단 벼슬)를 시작으로 여러 청직 요직을 거쳐 철종 1년(1850) 大提學(대제학)이 되었다. 철종 4년(1853) 우의정을 거쳐 좌의정과 영의정에 이르렀고 고종 3년(1866) 은퇴하여 耆社(기사, 耆老所기로소)에 들어갔다. 일찍이 '同文考略(동문고략)'을 편수했고 영의정 때 '大典會通(대전회통)'을 편집했으며, 문집에 '心菴集(심암집)'이 있다.

443-1 重題降仙樓(중제강선루) 강선루를 두고 거듭 짓다

畫船簫鼓似當時 月岫雲江摠舊知 漫筆祇愁成功讖 白頭來讀少年詩.

(화선소고사당시 월수운강총구지 만필지수성공참 백두내독소년시)

호화로운 배에 퉁소 장구 풍악 소리 그 때와 같은데,
산의 달 강의 구름 모두 예 그대로일세.

내가 지은 시 뒷날을 예감한 듯,

백발 되어와 소년 때의 그 시를 읽으니 다만 시름겹구나.

[語句] *重題 : 같은 사물에 대하여 두 번 시나 글을 지음. *降仙樓 : 평안남도 成川(성천) 있는 누각. 조선 광해군이 창건했는데 국내에서 으뜸가는 누각으로, 임진왜란 때 세자이던 광해군이 성천에 廟祠(묘사)를 만들어 난을 피했으며, 즉위하자 客館(객관) 옆에 이 누각을 세웠음. *畫船 : 화려하게 채색한 배. 나라 잔치 때 船遊樂(선유악)에 쓰는 배. 彩船(채선). *簫鼓 : 퉁소와 북. 풍악. *月岫 : 산의 바위에 걸린 달. 岫는 '바위 구멍'임. *雲江 : 구름 낀 강. *漫筆 : 되는 대로 지은 글. '자기가 지은 글' 겸칭. 漫文(만문). *祇 : 다만. '편안하다. 땅의 신'의 뜻이면 기로 읽음. *成功讖 : 입신출세할 것이라는 비결. '뒷날을 아는 듯함'의 뜻으로 쓴 말임. *白頭 : 백발 머리.

[鑑賞] 젊었을 때 강선루에 올라 시 한 수를 지었는데, 백발이 된 지금 다시 그 누각에 오르니, 선유놀이 하는 광경이 여전하고 산과 강의 달과 바람도 예 그대로다. 누각을 둘러보니 내가 지었던 시가 詩板(시판)에 새겨져 걸려 있으니 감개가 새롭다. 지은이가 정승에 올랐으니 고을원이나 고을 선비들이 그 시를 새겨 걸었으리라.

7言絕句(7언절구). 압운은 時, 知, 詩 자로 평성 '支(지)' 평운이다. 평측은 차례로 '仄平平仄仄平平, 仄仄平平仄仄平, 仄仄平平平平仄, 仄平平仄仄平平'으로 二四不同二六對(이사부동이륙대)는 셋째 구에서 어긋났고 反法(반법)과 粘法(점법)은 그런대로 이루어졌다.

444. 趙明鼎(조명정 ?) : 조선 영조 때 문신. 자 和叔(화숙). 호 老圃(노포). 본관 林川(임천). 영조 때 과거 급제하여 벼슬이 吏曹判書(이조판서)에 이르렀다.

444-1 靑石嶺(청석령) 청석령

山木深深石棧開 春衣一振最高臺 回頭已有千峰隔 不復遼陽野色來.

(산목심심석잔개 춘의일진최고대 회두이유천봉격 불부요양야색래)

나무숲 깊숙한 속에 돌길이 뚫리었는데, 봄 옷 크게 떨치며 청석령 높은 곳에 올랐네.

머리 돌려 바라보니 첩첩 봉우리 가려 있어, 요양 땅 넓은 들판 경치 다시는 못 보는구나.

[語句] *靑石嶺 : 중국 만주 瀋陽(심양) 가는 길에 있는 지명. '入瀋路程記(입심노정기)'에 "義州(의주)에서 25리에 九連城(구련성), 65리에 湯站(탕참), 63리에 鳳凰城(봉황성), 50리에 松站(송참), 30리에 草河溝(초하구), 60리에 靑石嶺, 80리에 遼陽(요양)"이라

있고, 조선 孝宗(효종) 임금의 시조 초장에 "청석령 지나거냐 초하구 어디메오"라 했음. *石棧 : 돌길. 돌 棧道(잔도). *遼陽 : 만주 遼寧省(요녕성)의 遼陽市(요양시). 중국 본토와 우리나라와의 교통의 요지였음. *野色 : 들 경치. 野景(야경).

[鑑賞] 중국에 갔다가 돌아오는 길에 청석령의 높은 대에 올라 지나온 길을 되돌아본다. 지나온 곳은 수천 봉우리가 가려 있어 요양 땅 너른 들판의 봄 경치를 다시 볼 수 없다 했다. 청석령은 중국 연경으로 가는 육로의 반드시 거치는 곳이라 우리 선인들에게는 낯익은 곳이었다.

7언절구. 압운은 開, 臺, 來 자로 평성 '灰(회)' 평운이다. 평측은 차례로 '平仄平平仄仄平, 平平仄仄仄平平, 平平仄仄平平仄, 仄仄平平仄仄平'으로 이사부동이륙대와 반법, 점법 등이 잘 이루어져 7絕의 典型(전형)이 되는 좋은 작품이다.

445. 趙文命(조문명 1680~1732) : 조선 영조 때 정승. 자 叔章(숙장). 호 鶴岩(학암). 시호 文忠(문충). 본관 豊壤(풍양). 父 都事 仁壽(도사 인수). 判書 珩(판서 형)의 증손이요 金昌業(김창업)의 사위로 숙종 39년(1713) 문과 급제 후 大提學(대제학), 五軍門大將(오군문대장) 등을 역임했으며, 영조 4년(1728) 奮武功二等(분무공 2등)에 책록되고 豊陵府院君(풍릉부원군)에 피봉되었다. 2년 후에는 우의정에서 左議政(좌의정)이 되었고, 筆名(필명)이 있어 淸州(청주)의 三忠祠事蹟碑(삼충사사 적비)와 北伯郭再祐表(북백곽재우표)의 글씨는 그의 필적이다. 그의 딸이 眞宗王后(진종왕후, 영조의 세자로 요절한 敬義君경의군의 비)이며 형은 景命(경명)이다.

445-1 燕坐(연좌) 한가로이 앉다

奔走衣冠日在公 忽忽時節百憂中 山村十月砧聲急 庭院微霜柿葉空
歲惡奈難贍國策 才疎本乏濟民功 深深燕坐無窮念 獨對虛窓小燭紅.

(분주의관일재공 총총시절백우중 산촌시월침성급 정원미상시엽공
세악내난섬국책 재소본핍제민공 심심연좌무궁념 독대허창소촉홍)

의관을 갖추고는 날마다 공무를 보기에 분주해, 온갖 근심 속에 세월은 빨리도 가는구나.
산골 마을 시월에 다듬이 방망이 소리 잦고, 뜰에는 서리 조금 내려 감나무 잎 떨어졌네.
흉년 든 나라 살림 어려움을 어이 도우랴, 내 재주 없어 백성 구제하지 못하네.
조용히 앉으니 생각은 끝이 없는데, 빈 창 마주하니 작은 촛불만 붉게 가물거리는구나.

[語句] *燕坐 : 한가로이 앉음. 讌坐(연좌). *衣冠 : 옷과 관. 예의바른 옷차림. *在公 : 벼슬을 삶. *砧聲 : 다듬이질 하는 소리. *庭院 : 뜰. *歲惡 : 세월이 나쁨 곧 흉년이 듦. *奈 : 어찌. *贍 : 돕다. 넉넉하다. *國策 : 나라의 정책. *濟民

: 도탄에서 허덕이는 백성들을 구제함.

[鑑賞] 음력 시월이면 추수도 거의 끝나 풍년을 구가하는 철인데, 올해는 흉년이 들어 나라와 백성들의 살림이 어렵게 되었다. 높은 벼슬자리에 있는 지은이로서도 애타지만 어쩔 방도가 없다. 한가로이 앉아 곰곰 생각하느라 잠도 오지 않아 창문만 바라보며 한숨지을 뿐이다. 頷聯(함련 3~4구)과 頸聯(경련 5~6구)은 규칙에 맞게 對句(대구)가 잘 이루어졌다.

7言律詩(7언율시). 압운은 公, 中, 空, 功, 紅 자로 평성 '東(동)' 평운이다. 평측은 차례로 '平仄平平仄仄平, 平平平仄仄平平, 平平仄仄平平仄, 平仄平平仄仄平, 仄仄仄平仄仄仄, 平平仄仄仄平平, 平平仄仄平平仄, 仄仄平平仄仄平'으로 이사부동이륙대와 반법 및 점법은 모두 이루어졌으나, 다섯째 구가 평성이 한 자뿐이어서 아쉽다.

446. 曺文秀(조문수 ?) : 조선 인조 때 문관. 자 子實(자실). 호 雪汀(설정). 본관 昌寧(창녕). 인조 때 문과 급제하여 監司(감사)에 이르고 夏寧君(하령군)에 봉해졌다.

446-1 遣愁(견수) 시름을 풀다

陌頭楊柳正依依 遠客登樓恨未歸 芳草鳥啼烟外逕 落花人掩雨中扉
鄕心暗逐春波動 驛路遙連古樹微 怊悵秦城一千里 憑欄獨有淚沾衣.

(맥두양류정의의 원객등루한미귀 방초조제연외경 낙화인엄우중비
향심암축춘파동 역로요련고수미 초창진성일천리 빙란독유누첨의)

길가의 버들가지 하늘거리는데, 먼 길 나그네 누각에 올라 고향 못 돌아감을 한탄하네.
꽃다운 풀 우는 새들 이내 낀 길에, 빗속에 지친 사립문에 꽃잎 져 날리는구나.
고향 그리는 생각 봄 물결치듯 일고, 가야 할 길은 멀리 숲 사이로 이어져 희미하구나.
만리장성 천리에 이어 서글픔을 자아내는데, 난간에 홀로 기대어 눈물 적시네.

[語句] *遣愁 : 시름을 보냄. 시름을 풂. *陌頭 : 길가. 길바닥. *楊柳 : 버드나무. *依依 : 약하게 하늘거리는 모양. *芳草 : 꽃다운 풀. *逕 : 길. 좁은 길. *掩 : 가리다. 닫다. *鄕心 : 고향 그리는 마음. *怊悵 : 마음에 섭섭함. 원망하는 모양. *秦城 : 진시황이 쌓은 성. 萬里長城(만리장성). *沾衣 : 옷을 적심.

[鑑賞] 중국에 사신으로 거가나 書狀官(서장관)으로 가서 지은 작품 같다. 首聯(수련 1~2구)은 길가의 버들가지 하늘거리는데 멀리 온 나그네 누각에 올라 고향에 돌아가지 못함이 한스럽다 했고, 頷聯(함련 3~4구)에서는 이내나 안개에 싸인 길에는 풀 우거지고 새들이 울며 비가 오기에 사립문을 닫은 집에는 꽃잎이 날며 떨

어진다 했는데 對句(대구)가 되었다. 頸聯(경련 5~6구)은 전환으로 鄕愁(향수)는 봄 물결처럼 세차게 일고 가야 할 길은 아득히 이어져 숲의 큰 나무들에 막히어 희미하다 했는데 역시 대구로 이루어졌다. 尾聯(미련 7~8구)은 천리에 이어진 만리장성은 서글픔을 자아내고 누각 난간에 기대어 눈물 흘려 옷이 젖는다고 맺었다. 주제는 향수라 하겠다.

7言律詩(7언율시). 압운은 依, 歸, 扉, 微, 衣 자로 평성 '微' 평운이다. 평측은 차례로 '仄平平仄仄平平, 仄仄平平仄仄平, 平仄仄平平仄仄, 仄平平仄仄平平, 平平仄仄平平仄, 仄仄平平仄仄平, 平仄平平仄平仄, 平平仄仄仄平平'으로 二四不同二六對(이사부동이륙대)는 제 7구에서 어긋났는데, 끝 석자 '一千里'를 '千一里'로 바꾸면 뜻도 크게 어긋남이 없이 '仄-平-仄'이 되어 완벽할 것이다. 反法(반법)과 粘法(점법)은 그런대로 이루어졌다.

447. 曺尙治(조상치 ?) : 조선 초기의 문인. 자 子景(자경). 호 丹皐, 靜齋(단고, 정재). 시호 忠貞(충정). 본관 昌寧(창녕). 父 江界兵馬使 信忠(강계병마사 신충). 冶隱 吉再(야은 길재)에게 글을 배우고 세종 1년(1419) 문과에 장원급제하여 正言(정언)과 집현전에 들고 세종, 문종, 단종의 3조를 섬기고 벼슬이 副提學(부제학)에 이르렀으며 成三問(성삼문)과 친히 지냈다. 단종이 선위하고 세조가 왕위에 올라 禮曹參判(예조참판)을 준다 해도 거절하고 경북 永川(영천)에 落鄕 隱居(낙향 은거)하여 독서와 저작으로 지내면서, 서쪽은 조금도 향하지 않고 단종의 '子規詩(자규시)'를 보고는 동쪽을 우러러 四拜(사배)하며 개탄했다. 단종이 승하하매 일체의 손님을 사절하고 돌에다 '魯山朝副提學逋人曺尙治之墓(노산조부제학 포인조상치지묘)'라 쓰고, 임종할 때 지은 글들을 모두 불살라 버렸다 한다.

447-1 奉和端宗子規詞(봉화단종자규사) 단종의 자규사를 받들어 화답하다

子規啼子規啼 夜月空山何所訴 不如歸不如歸 望裏巴岑飛欲度
看他衆鳥摠安巢 獨向花枝血謾吐 形單影孤貌憔悴 不肯尊崇誰爾顧
嗚呼人間寃恨豈獨爾 義士忠臣增慷慨 不平屈指難盡數.

(자규제자규제 야월공산하소소 불여귀불여귀 망리파잠비욕도
간타중조총안소 독향화지혈만토 형단영고모초췌 불긍존숭수이고
오호인간원한기독이 의사충신증강개 불평굴지난진수)

자규가 우네, 자규가 우네. 밤의 빈 산 달을 안고 무얼 호소하려 그리도 우는고.
'돌아감만 못하다, 돌아감만 못하다' 우니, 고향 파촉의 산을 바라 날아가려 하는가.
다른 새들 모두 둥지에 편히 있건만, 홀로 꽃가지를 향해 피나게 우는구나.
몸도 홀로요 그림자도 외짝인 그 모습 초췌하니, 누가 있어 너를 돌아보며 존숭하리.

아아, 인간 세상에 원한 많은 게 유독 너뿐이랴,
의사 충신들이 더욱 원통해 하고 슬퍼했나니, 억울한 일 손가락으로 셀 수가 없었단다.

[語句] *奉和 : 임금이나 귀인의 詩句(시구)에 시로 받들어 和答(화답)함. *端宗 : 조선 여섯째 임금. →296-1. *子規 : 소쩍새. 杜鵑(두견). 蜀魄(촉백). 杜宇(두우). →104-2. *不如歸 : 돌아감만 못함. 不如歸去(불여귀거). 소쩍새의 울음소리가 '불여귀거'라 들리어 하는 말로 소쩍새의 뜻으로도 씀. *巴쏙 : 巴蜀(파촉)의 산봉우리. 파는 四川省(사천성) 옆 重慶市(중경시) 지방, 촉은 사천성 成都市(성도시) 지역으로, 촉왕 두우가 두견새로 화했으니 파촉의 산은 두견새의 고향이 되는 셈임. *謾 : 행동이 무례함. 褻謾(설만)함. *形單影孤 : 몸도 홀로요 그림자도 외짝임. 의지할 곳 없이 몹시 외로움. 形單影隻(형단영척). *憔悴 : 몸이 여위고 파리함. *不肯 : 즐겨 하지 않음. *尊崇 : 존경하고 숭배함. *爾 : 너. 그대. *嗚呼 : 아아.<感歎詞> *寃恨 : 원통함과 한스러움. 冤恨(원한). *義士 : 義俠心(의협심, 남을 위해 제 몸을 희생하는 마음)이 있는 사람. 義人(의인). *慷慨 : 의기가 북받치어 원통해 하고 슬퍼함. 悲憤慷慨(비분강개). *屈指 : 손가락을 꼽아 셈. *不平 : 공평하지 않음. 원망을 품음.

[鑑賞] 단종이 영월에 유폐되어 자규의 울음소리를 듣고 지은 시가 두 편이 있는데, 먼저 7언율시를 보면 "궁중을 나와 원한 많은 새 되어, 깊은 산중에서 孤身隻影(고신척영) 신세로구나. 밤마다 잠을 청하건만 잠은 오지 않고, 해마다 한은 쌓여 끝간 데 없네. 새벽 산 지는 달에 그 소리 애끊나니, 봄 골짝에 그 피 흘러 지는 꽃 붉었구나. 하늘은 귀가 멀어 이 슬픈 하소연 듣지를 못하고, 시름겨운 사람들만 귀가 밝으니 어쩐 일인고."<寧越郡樓作 영월군루작>이고, 雜言短詩(잡언단시) '子規樓(자규루)'는 "月白夜蜀魄啾 含愁情依樓頭 爾啼悲我聞苦 無爾聲無我愁 寄語世上苦勞人 愼莫登春三月子規樓(두견새 우는 달 밝은 밤 시름 품고 누각에 오르니, 너의 울음 가여워 나 듣기 괴롭구나. 너의 울음소리 안 들리면 내 시름도 없어지려나. 세상의 원통하고 괴로운 사람에게 말하노니, 제발 춘삼월에는 이 자규루에 오르지를 마오)"이다. 자기 신세를 자규의 울음에 비겨 원한에 찬 삶을 애소했다. 이 시를 읽은 지은이도 비탄을 견디지 못하며 임금의 시에 화답했으리라.

雜言古詩(잡언고시). 압운은 모두 측운 압운인데 訴, 度, 顧 자는 거성 '遇(우)' 운, 吐와 數 자는 상성 '麌(우)' 운이다. 평측은 차례로 '仄平平仄平平, 仄仄平平平仄仄, 仄平平仄平平, 仄仄平平平仄仄, 平平仄仄仄平平, 仄仄平平仄仄仄, 平平平仄仄平仄, 仄仄平平平仄仄, 平平平平平仄仄仄仄, 仄仄平平平平仄, 仄平仄仄平仄仄'으로 이사부동이륙대는 끝 세 구 이외에는 이루어졌고, 반법과 점법은 무시되었다. 첫머리 6언구도 7언구의 다섯째 자를 생략한 것으로 보기 때문에 이사부동이륙대가 이루어졌다고 본 것이며, 아홉째 구의 '嗚呼'는 덧붙인 말이라 7언구라 해도 무방하다.

448. 曺庶(조서 ?) : 조선 태조 때 문관. 본관 仁川(인천). 禮曹參議(예조참의)를 역임했으며 명 나라에 사신으로 다녀왔다.

448-1 贈本國海守師(증본국해수사) 본국의 해수 스님에게 주다

三業水俱淨 一生雲與閑 觀空微一笑 皓月當靑山.
(삼업수구정 일생운여한 관공미일소 호월당청산)

삼업은 물과 함께 깨끗하고 일생은 구름과 더불어 한가롭네.
허공 보며 미소 한 번 지으니 흰 달이 청산에 머물러 있구나.

[語句] *三業 : <佛>세 가지 선악의 행동. 곧 몸으로 짓는 身業(신업), 입으로 짓는 口業(구업), 마음으로 짓는 意業(의업). 신업은 '살생, 偸盜(투도), 邪淫(사음)', 구업은 '망녕된 말, 꾸미는 말, 거짓말, 욕하는 말', 의업은 '貪心(탐심), 嗔心(진심, 성내는 마음), 癡心(치심, 미련한 마음)'인데, 이를 十惡罪(십악죄) 또는 十惡이라 함. *皓月 : 밝게 비치는 달.

[鑑賞] 原註(원주)에 "在雲南圓通寺(재운남원통사)"라 있으니, 우리나라 해수 스님이 중국 운남성 원통사에 있었던가보다. 불교의 이치를 깊이 알고 있는 지은이인 듯하니, 불교의 自戒(자계)와 觀照(관조)의 세계가 그려 있다고 보기 때문이다. 삼업의 십악을 짓지 않으니 심신은 물처럼 깨끗하고, 유유자적 살아가니 한가하기가 구름 같다. 虛心(허심)하니 삼라만상이 사랑스럽기만 하여 입가에 미소가 떠나지 않기에 청산을 비추는 밝은 달 같은 삶인 것이다.

5言絕句(5언절구). 압운은 閑, 山 자로 평성 '刪(산)' 평운이다. 평측은 차례로 '平仄仄平仄, 仄平平仄平, 平平平仄仄, 仄仄平平平'으로 二四不同(이사부동)과 反法(반법), 粘法(점법) 등이 잘 이루어졌다.

449. 趙錫胤(조석윤 ?~1654) : 조선 인조 때 문관. 자 胤之(윤지). 호 樂靜(낙정). 시호 文孝(문효). 본관 白川(배천). 父 大司諫 廷虎(대사간 정호). 張維(장유 →362)의 문하에서 수학하고 인조 4년 (1626) 문과급제했으나 罷榜(파방)되고 2년 뒤 장원급제하여 侍講院司書(시강원사서)가 되었는데, 그의 書筵(서연) 업무 처리를 보고 鄭經世(정경세)는 탄복하며 奇才(기재)라 일컬었다. 修撰(수찬), 詮郎(전랑)을 거쳐 晉州牧使(진주목사)로 고을을 잘 다스렸으므로 떠난 뒤 진주 백성들이 송덕비를 세워 칭송했다. 應敎(응교) 때 상소문에 왕의 뜻에 거슬리는

문장이 있어 임금이 그 문장의 수정을 명하니 죄를 받을지언정 수정할 수 없다고 대답한 일이 있었다. 효종 때 대사간, 홍문관 대제학으로 있으면서 말했고 정책의 득실을 극론했으며, 大司憲(대사헌)에 보직되매 온 조정이 서로 경계하여 감히 범죄를 저지르는 자가 없었다. 후에 당과 관련된 일로 杆城(간성)에 귀양 갔다가 효종의 특지로 鍾城府使(종성부사)에 부임했다. 효종 초에 金尙憲(김상헌 →701), 金集(김집 →717) 등이 당세의 인재를 논할 때 그를 첫째로 꼽았고 淸白吏 (청백리)에 들었다.

449-1 涪溪村(부계촌) 부계 마을

四面滄溪一帶川 誰知勝景在窮邊 野老生涯眞足樂 逐臣身世祇堪憐
炎天快閣誰留客 丙穴嘉魚不用錢 含杯半日題詩去 此地遨遊定宿緣.

(사면창계일대천 수지승경재궁변 야로생애진족락 축신신세지감련
염천쾌각수류객 병혈가어불용전 함배반일제시거 차지오유정숙연)

푸른 시냇물 사방으로 굽어 돌며 흐르니, 변방에 이런 승경이 있음을 뉘라서 알리.
시골 늙은이들 삶이 정말 즐겁겠는데, 귀양 온 내 신세 가련함을 못 견디겠구나.
더운 여름 시원한 누각은 손님들을 이끌고, 물 속 구멍의 고기는 돈 안 들이고 잡아내네.
한 나절을 술마시다 시 지으며 돌아오나니,
이 곳 즐거운 놀이도 내 오랜 인연이었던가보다.

[語句] *涪溪 : 지은이가 귀양 갔던 강원도 간성의 마을 이름인 듯함. *勝景 : 뛰어나게 좋은 경치. *窮邊 : 아주 후미진 시골. *野老 : 농촌에 사는 늙은이. 野翁(야옹). *生涯 : 일생. 생활. 생계. *逐臣 : 내몰려 쫓겨난 신하. 귀양 온 신하. *丙穴 : 입구가 丙方(병방, 남쪽)으로 향한 물 속의 구멍. *嘉魚 : ①좋은 고기. ②곤들매기. 연어과의 민물고기로 길이 20cm쯤이며 맛이 좋음. *題詩 : 시를 지음. *遨遊 : 재미있게 놂. *宿緣 : 오래 묵은 인연. <佛>전생의 인연.

[鑑賞] 먼저 이런 후미진 시골에 이다지도 경치가 뛰어나고 놀기도 좋은 곳이 있을 줄 알랴 하고 부계 마을을 칭송하고는, 여기 사는 노인네들은 참된 즐거움을 누리며 사는데 나는 귀양살이 온 신세라 가엾다고 對句(대구)로 이어받았다. 무더위에 시원함을 맛볼 수 있는 정자까지 있으니 사람들이 모여들기 마련이며, 시냇물에 들어가 좋은 민물고기까지 돈 안 들이고 잡아 술안주로 삼으니 이 곧 신선의 삶이라고 내용을 전환하며 역시 대구를 이루었다. 한 나절을 술마시며 시를 읊거나 지으며 보내고 있으니, 이 곳이 나와는 전생의 인연이 깊이 맺어져 있는 게 아닌가 하는 생각이 든다고 맺었다. 流配(유배)를 당한 처지이면서

도 즐겁고 한가로운 전원 생활의 한 단면을 보이는 佳作(가작)이다.

7言律詩(7언율시). 압운은 川, 邊, 憐, 錢, 緣 자로 평성 '先(선)' 평운이다. 평측은 차례로 '仄仄平平仄仄平, 平平仄仄仄平平, 仄仄平平平仄仄, 仄平平仄仄平平, 平平仄仄平平仄, 仄仄平平仄仄平, 平平仄仄平平仄, 仄仄平平仄仄平'으로 二四不同二六對(이사부동이륙대)는 잘 이루어졌으나 반법과 점법이 되지 않았다. 곧 셋째 구 2, 4, 6자가 平-仄-平이 되어야 하는데 그렇지 못하며, 제 4, 5구도 仄-平-仄이 되어야 하고 제 6구는 平-仄-平이 되어야 하는 것이다.

450. 朝鮮 太祖(조선 태조 1335~1408) : 성 李氏(이씨). 初諱(초휘, 처음 이름) 成桂(성계). 휘 旦(단). 初字(초자) 仲潔(중결). 자 君晉(군진). 호 松軒(송헌). 시호 康獻(강헌). 본관 全州(전주). 부 桓祖 子春(환조 자춘). 永興(영흥) 출생. 활쏘기에 뛰어나 고려 공민왕 5년(1356)에 등용되어 紅巾賊(홍건적)을 방어하고 동왕 11년(1362)에는 홍건적에게 유린된 도성을 탈환하고 적을 대파했으며, 이듬해 원 나라가 침입하자 東北面兵馬使(동북면병마사)가 되어 대파했고 남해 일대에 출몰하는 왜구를 여러 차례 토벌하여 이름을 떨쳤다. 이후 門下侍中(문하시중)이 되고 우왕때 右軍都統使(우군도통사)로 요동 정벌에 나가 威化島(위화도)에서 회군, 권력을 잡아 창왕을 영립했다가 다시 공양왕을 내세웠다. 三軍都摠制使(삼군도총제사)가 되어 특권층 세력을 좌절시키고 자기들의 신흥 세력의 기반을 굳혔다. 鄭夢周(정몽주 →393) 등이 제거되자 공양왕 4년(1392) 7월 鄭道傳(정도전 →390), 趙浚(조준 →475) 등의 영립으로 壽昌宮(수창궁)에서 禪位(선위)의 형식으로 왕위에 올라 개국, 처음에는 민심의 동요를 염려해 국호를 그대로 고려로 두었다가 이듬해 2월 15일 朝鮮(조선)이라 고쳤다.

450-1 登白雲峰(등백운봉) 백운봉에 올라

引手攀蘿上碧峰 一庵高臥白雲中 若將眼界爲吾土 楚越江南豈不容.
(인수반라상벽봉 일암고와백운중 약장안계위오토 초월강남기불용)

댕댕이 넝쿨 휘어잡아 푸른 봉우리 오르니, 한 암자 구름 속에 높이 누웠구나.
눈앞에 보이는 지경이 모두 내 땅이 될 양이면, 저 초와 월나라 강남땅도 어이 마다 하리.

[語句] *白雲峰 : 서울 북쪽 三角山(삼각산)의 가장 높은 봉우리. 白雲臺(백운대)라고도 함. *蘿 : 담쟁이덩굴. 댕댕이넌출. *眼界 : 눈으로 바라보는 범위. *楚越 : 중국 揚子江(양자강, 長江장강) 이남 지역. 옛날 초와 월나라 강토. *江南 : 양자강이남. *不容 : 용납할 수 없음. 수용하지 않음.

[鑑賞] 장수의 기개가 담긴 시. 삼각산 백운봉에 올라 바라보면 사방 먼 곳까지 한 눈에 들어온다. 그렇게 바라보이는 땅이 나의 수중에 들어온다고 하면, 저 먼

중국 강남의 초월 땅까지도 마다고 할 리가 있을까 했다. 새 나라를 세울 야심을 드러냈다고 할 수도 있으리라.

7言絕句(7언절구). 압운은 峰, 中, 容 자로 中은 평성 '東(동)' 운, 峰과 容도 평성 '冬(동)' 평운으로 두 운은 通韻(통운)이 된다. 평측은 차례로 '仄仄平平仄仄平, 仄平平仄仄平平, 仄平仄仄平平仄, 仄仄平平仄仄平'으로 이사부동이륙대와 반법, 점법 등이 잘 이루어졌다.

451. 趙聖期(조성기 1638~1689) : 조선 숙종 때 학자. 자 成卿(성경). 호 拙修齋(졸수재). 본관 林川(임천). 父 郡守 時馨(군수 시형). 벼슬은 하지 않고 학문에만 힘썼으며 詩文(시문)에 능통하고 性理學(성리학)을 대성했으며 경제학에도 조예가 깊었다. '彰善感義錄(창선감의록)'의 저자로 추측되며 문집에 '拙修齋集(졸수재집)'이 있다.

451-1 山寺(산사) 산 속의 절

小雨初晴淑氣新 巖花如錦草如茵 花間細路穿雲去 溪上和風吹角巾.
(소우초청숙기신 암화여금초여인 화간세로천운거 계상화풍취각건)

열비 개니 맑은 기운 새롭고, 바위에 핀 꽃 비단이요 풀은 방석일세.
꽃 사이 오솔길을 구름 속으로 가노라니, 시냇물에 부는 화풍이 두건을 스치는구나.

[語句] *小雨 : 조금 오다 마는 비. 열비[←널비, 지나가는 비]. ↔豪雨(호우). *淑氣 : 맑은 기운. *茵 : 방석. *細路 : 작은 길. 오솔길. *和風 : 부드러운 바람. 건들바람. *角巾 : ①隱士(은사) 가 쓰는 두건. ②대궐 안 잔치 때 舞童(무동)이 쓰던 두건.

[鑑賞] 산 속의 절을 찾아가는 길에 읊은 시. '지나가는 비가 그치니 공기는 맑고 바위에 붙어 핀 꽃은 비단 같고 길가의 풀들은 방석처럼 부드럽다. 꽃 사이 작은 길을 구름을 헤치며 가노라니 시냇물 따라 부는 바람에 각건 쓴 머리 시원하다.' 했다. 산뜻함을 느끼게 하는 작품이다.

7言絕句(7언절구). 압운은 新, 茵, 巾 자로 평성 '眞(진)' 평운이다. 평측은 차례로 '仄仄平平仄仄平, 平平平仄仄平平, 平平仄仄平平仄, 平仄平平仄仄平'으로 二四不同二六對(이사부동이륙대)와 反法(반법), 粘法(점법) 등이 잘 이루어졌다.

452. 趙成夏(조성하 1845~1881) : 조선 고종 때 重臣(중신). 자 舜韶(순소). 호 小荷(소하). 시호 文獻(문헌). 본관 豊壤(풍양). 父 判書 秉駿(판서 병준). 趙大妃(조대비, 翼宗익종의 비)의 친정 오빠인 이조판서 秉龜(병구)의 양자가 되었다. 철종 11년(1860) 문과에 급제하고 이조판서를 지냈으며, 閔氏(민씨) 일파와 손을 잡고 大院君(대원군)을 배척했으나 민비 피

살 후 실각했다. 저서에 '金剛山記(금강산기)'가 있다.

452-1 淮陽道中(회양도중) 회양 길에서

峽店生涯極可憐 賣醪賣飯不多錢 黃昏又作行人導 執炬前程渡大川.

(협점생애극가련 매료매반부다전 황혼우작행인도 집거전정도대천)

산골 주막 살림살이 정말 불쌍하나니, 막걸리에 밥 곁들여 팔아야 몇 푼 되지를 않네.
거기다가 해가 지면 길손들을 인도해 주느라,
횃불 들고 앞장서서 큰 냇물도 업어 건네주네.

[語句] *淮陽 : 강원도 동북부의 회양군. 금강산, 斷髮嶺(단발령), 鐵嶺(철령) 등의 명승 고적이 있음. *生涯 : 생활. 살림살이. *可憐 : 가엾다. 불쌍하다. *醪 : 막걸리. 濁酒(탁주). *炬 : 횃불. *前程 : 앞길.

[鑑賞] 아마 금강산 가는 길에 회양 땅을 지나며 지었으리라. 산골 주막집 주인들의 가난한 생활을 읊은 社會詩(사회시)이다. 술과 밥을 팔아야 엽전 몇 닢 되지 않는데다가, 날이 저물면 그 손님들을 길 안내까지 해 주어야 하니, 횃불을 들고 길을 비추어 주다가 냇물을 건너는 경우에는 그들을 업어 건네주어야 하는 것이다.

7언절구. 압운은 憐, 錢, 川 자로 평성 '先(선)' 평운이다. 평측은 차례로 '仄仄平平仄仄平, 仄平仄仄仄平平, 平平仄仄平平仄, 仄仄平平仄仄平'으로 이사부동이륙대와 반법, 점법 등이 잘 이루어져 7언절구의 典型(전형)이 된다.

453. 趙須(조수 ?) : 조선 태종 때 문인. 자 亨父(형보). 호 松月堂, 晩翠(송월당, 만취). 본관 平壤(평양). 태종 1년(1401) 문과에 급제하여 成均司藝(성균 사예)를 지냈으나 家禍(가화)로 30여 년간 관동지방을 유람하며 학문에 힘쓰고 시에 능하여 이름이 높았다. 세종 17년(1435) 다시 임용되었는데 죽을 때 자기의 글들을 모두 불살랐다.

453-1 贈金相國(증김상국) 김 정승에게 드리다

今朝零露冷 履遠獨凄其 處世同炊黍 持身若累碁
浮沈元有數 覆載本無私 白酒可人意 頹然一中之.

(금조영로랭 이원독처기 처세동취서 지신약누기
부침원유수 복재본무사 백주가인의 퇴연일중지)

오늘 아침 이슬 내려 차기도 한데, 멀리 홀로 가는 길 쓸쓸하기도 하오.
세상살이란 조밥 익을 동안 같은데, 몸가짐은 바둑돌 쌓아 올리듯 위태하다오.

홍성하거나 멸망함은 이미 정해진 운수요, 하늘과 땅은 본디부터 사사로움이 없는 법. 독한 술이 내 마음에 들어, 한 번 술에 취하면 몸 가눌 수 없게 되네요.

[語句] *相國 : 영의정, 좌의정, 우의정의 총칭. *零露 : 서리가 내림. 降露(강로). 野有蔓艸 零露溥兮(들에는 넝쿨풀이 뻗었는데, 이슬 내려 촉촉하네)<詩經 鄭風 野有蔓艸> *履遠 : 멀리 감. 履는 '신발. 신다. 밟다'임. *處世 : 이 세상에서 살아감. *炊黍 : 기장 또는 좁쌀 밥을 지음. 잠깐 동안. 옛날 盧生(노생)이 邯鄲(한단)에서 道士 呂洞賓(도사 여동빈) 옹의 베개를 빌어 베고, 조밥을 지을 잠깐 동안 잠이 들었다가 부귀와 영화를 50년간 한껏 누린 꿈을 꾸었다 함<小說 枕中記> *持身 : 몸가짐. *累碁 : 바둑판 또는 바둑돌을 포개어 쌓아 올림. 극히 위험함. 累棊(누기). 累卵(누란).<說苑> *浮沈 : 떴다 잠겼다 함. 홍성함과 망함. *有數 : 운수가 있음. 攝理(섭리)가 존재함.<莊子天道> *覆載 : 하늘은 덮고 있고 땅은 싣고 있음. 天地(천지).<禮記><莊子 天道><周禮> *無私 : 私心(사심)이 없이 공평함. *白酒 : ①빛깔이 흰 술. 막걸리. ②배갈. *頹然 : 무너지는 모양. 술에 취해 넘어지는 모양. *一中 : 한 번 술에 얻어맞음. 한 차례 술에 취함.

[鑑賞] 김 정승에게 자기의 소회를 펴서 드린 시. 고전이나 고사에 나오는 어휘를 많이 써서 한 편의 시를 깔끔하게 지은 점은 지은이의 소양을 잘 드러내었다. 특히 3, 4구와 5, 6구의 對句(대구)는 짝이 더없이 잘 맞추어진 佳句(가구)이다.

5言律詩(5언율시). 압운은 其, 碁, 私, 之 자로 평성 '支(지)' 평운이다. 평측은 차례로 '平平平仄仄, 仄仄仄平平, 仄仄平平仄, 平平仄仄平, 平平平仄仄, 仄仄仄平平, 仄仄仄平仄, 平平仄仄平'으로 이사부동과 반법, 점법 등이 이루어졌는데 일곱째 구는 평성이 한 자뿐이라 아쉽다.

454. 曺守誠(조수성 -1607-) : 조선 선조 때 義兵將(의병장). 자 一之(일지). 벼슬이 內司別座(내사별좌)에 이르렀다.

454-1 次鄭可遠韻(차정가원운) 정가원의 시에 차운하다

漂泊天涯今幾載 再逢青眼是關西 一宵難盡平生語 把酒如何更聽鷄.

(표박천애금기재 재봉청안시관서 일소난진평생어 파주여하갱청계)

하늘 끝 떠돈 지 이제 몇 해인가, 여기 관서 땅에서 다시 만나니 참으로 반갑네. 평생을 겪은 일 하룻밤에 못다 이르니, 술잔 들고 닭 우는 시각까지 회포 풀어 보세나.

[語句] *漂泊 : 떠돌아다님. *天涯 : 하늘 끝. *青眼 : 푸른 눈. 친근한 사람을 대할 때의 정

다운 눈길. ↔白眼(백안, 눈의 흰자위 곧 흘겨보는 눈초리). 晋(진) 나라 阮籍(완적)이 자기와 가까운 사람은 청안으로 맞이하고 거만한 사람을 보면 백안으로 보더라고 함.<晋書 阮籍傳> *關西 : 摩天嶺(마천령) 서쪽 지방 곧 平安道(평안도). *宵 : 밤. *把酒 : 술잔을 잡음.

[鑑賞] 친구 정가원과는 오래 헤어져 있어 만나지 못하다가 평안도 지방에서 우연히 만났다. 함께 주막에 들어 지난 일들을 이야기하며 술을 마신다. 하룻밤으로는 회포를 모두 풀기 어려우니 닭이 울 때까지 기다리며 잠자지 말고 얘기를 나누자 했다. 오래간만에 만난 친구와의 우정을 드러낸 좋은 시이다.

7言絶句(7언절구). 압운은 西, 鷄 자로 평성 '齊(제)' 평운인데 5언절구처럼 첫 구에는 압운하지 않았다. 평측은 차례로 '平仄平平平仄仄, 仄平平仄仄平平, 仄平平仄平平仄, 仄仄平平仄仄平'으로 二四不同二六對(이사부동이륙대)와 反法(반법), 粘法(점법) 등이 잘 이루어졌다. 끝 구의 聽 자는 '듣다. 받다'이면 평성 '靑(청)' 운, '기다리다. 맡기다'의 뜻이면 거성 '徑(경)' 운이다.

455. 趙承肅(조승숙 ?) : 고려말 학자. 충효를 겸전한 大碩學(대석학)이란 평판을 받았고 三隱(삼은)의 한 사람인 冶隱 吉再(야은 길재 →23)를 사모했다 한다.

455-1 贈吉冶隱(증길야은) 야은 길재 선생께 드리다

負山臨水卜閑居 月夕烟朝興有餘 京洛故人如問我 竹林深處臥看書.
(부산임수복한거 월석연조흥유여 경락고인여문아 죽림심처와간서)

뒤에는 산이요 앞에는 물이 있는 한적한 곳에 사시면서,
달 밝은 저녁이나 안개 끼는 아침이나 홍취 넘치겠지요.
서울의 옛 친구들 요즘 어떠냐고 나에게 물으면,
대숲 으슥한 곳에서 쉬엄쉬엄 글 읽으신다고 전하리다.

[語句] *吉冶隱 : 고려말 학자 길재(1353~1419). 야은은 그의 아호임. →23. *負山臨水 : 산을 등지고 물 가까이에 있음. 背山臨水(배산임수). *卜閑居 : 살 만한 곳을 가려 한가로이 살아감. *月夕 : 달 밝은 저녁. 花朝月夕(화조월석, 꽃 피는 아침과 달 밝은 저녁, 봄과 가을). *烟朝 : 안개나 연기가 끼는 아침. *有餘 : 넉넉함. 남음이 있음. *京洛 : 서울. 京師(경사). *故人 : 오랜 친구.

[鑑賞] 이 시는 길재 선생에게 드린 시로, 길재의 시에 쓰인 어휘를 인용해 지은 것이 한 특징이며 길재 자신이 自問自答(자문자답)한 형식으로 볼 수도 있겠다. 길재의 '閑居' 시에 "臨溪茅屋獨閑居 月白風淸興有餘 外客不來山鳥語 移床竹塢臥看書"라 했으니, 비교해 보면 같은 어휘가 많음을 알 수 있다. '한거'

시는 →23-2에서 풀이했다.

7언절구. 압운은 居, 餘, 書 자로 평성 '魚(어)' 평운이며 야은의 시와 운자가 같다. 압운은 차례로 '仄平平仄仄平平, 仄仄平平仄仄平, 平仄仄平平仄仄, 仄平平仄仄平平'으로 이사부동 이륙대와 반법, 점법 등이 잘 이루어진 좋은 작품이다.

456. 曹植(조식 Tsao Chih 192~232) : 중국 魏(위)의 시인. 자 子建(자건). 平原侯(평원후), 東阿王(동아왕), 陳王(진왕) 등에 봉해져 사후에 시호를 思(사)라 했기에 세칭 陳思王(진사왕)이라 부르며, 魏武帝曹操(위무제 조조)의 둘째 아들로 형인 文帝(문제, 曹丕조비)와 함께 詩作, 詩論(시작, 시론)에 뛰어났다. 아버지의 강건한 詩風(시풍)과 형의 雅艶(아염)한 시작을 합친 희유의 천재 시인이었으나, 형 문제의 멸시와 압박으로 정치적 포부를 펴보지 못한 채 일생을 불평으로 끝냈다. 東晉(동진) 말의 시인 謝靈運(사영운)은 "天下才共一石 陳王獨得八斗(천하의 재주가 모두 한 섬이라면, 조식 혼자 그 중 여덟 말을 차지했다)"고 그를 높이 평가했으며, 문집에 '曹子建集(조자건집, 10권)'이 있다. 다음에 인용하는 '七步詩'는 문제가 동생인 식을 미워하여 일곱 걸음 걷는 사이에 시를 지으라고 명하여 지은 유래가 있는 시이다.

456-1 七步詩(칠보시) 칠보시

煮豆持作羹 漉豉以爲汁 萁在釜底然 豆在釜中泣 本是同根生 相煎何太急.
(자두지작갱 녹시이위즙 기재부저연 두재부중읍 본시동근생 상전하태급)

콩을 쪄서 국을 만들고, 콩자반을 걸러 즙으로 하려는데,
콩대는 솥 아래서 타고, 콩은 솥 안에서 울고 있구나.
본디 한 뿌리에서 났는데, 불 때어 달이기를 어찌 그리 서두르는고.

[語句] *七步詩 : 일곱 걸음 걷는 동안에 지은 시. 七步之詩(칠보지시).<世說新語 文學> 시나 글을 빨리 짓는 재주를 '七步才(칠보재)'라 함. *煮 : 찌다. 지지다. 삶다. *持 : 가지다. '以(이, 으로써)'의 뜻으로 썼음. *羹 : 국. *漉 : 거르다. 스미다. *豉 : 콩자반. 메주. *萁 : 콩대. 콩을 모두 딴 뒤의 줄기. *然 : 불타다. =燃(연). *釜 : 가마. 가마솥. *煎 : 달이다. 지지다. *太急 : 썩 급함.

[鑑賞] 지은이의 형인 문제 임금은 아우가 너무 똑똑해 시기했던 것이리라. 일곱 걸음 안에 시를 짓지 못하면 큰 벌을 내리겠다 했는데, 지은이가 일곱 걸음 걷는 사이에 이와 같이 시를 읊으니, 문제는 심히 부끄러운 기색을 보이더라 했다. 콩대는 형인 문제를, 콩은 아우인 지은이 조식을 은유하고 있다. '한 뿌리에서

나온 가지와 같이 함께 부모의 핏줄을 타고 났는데, 왜 이렇게 죽이지 못해 하는가?' 하는 뜻을 비유적으로 나타내었다.

6句體 5言古詩(6구체 5언고시). 압운은 汁, 泣, 急 자로 입성 '緝(집)' 측운이다. 평측은 차례로 '仄仄平仄平, 仄仄仄平仄, 平仄仄平平, 仄仄平平仄, 仄仄平平平, 平平平仄仄'으로 이사부동은 첫 구만 어긋났고, 반법과 점법은 이루어지지 않았다.

457. 曺植(조식 1501~1572) : 조선 중기 중종 때 큰 학자. 자 健仲(건중). 호 南冥, 山天齋(남명, 산천재). 시호 文貞(문정). 본관 昌寧(창녕). 父 正郎彦亨(정랑 언형). 어려서부터 성리학을 공부하여 통달했고 인품이 뛰어났다. 중종 때 李彦迪(이언적 →269)의 추천으로 獻陵參奉(헌릉참봉)에 임명 되었으나 불응하고 또 丹城縣監(단성현감)도 거절했다. 退溪 李滉(퇴계 이황 →329)이 서신으로 벼슬에 나오라고 권했으나 듣지 않다가, 尙瑞院判官(상서원 판관)을 받아 思政殿(사정전)에서 명종 임금을 뵙고 治亂(치란)의 도리와 학문의 방법을 表(표)로 올리고 다시 산으로 들어갔다. 이후에도 계속 부름을 받았으나 끝내 나가지 않고 頭流山(두류산, 智異山지리산) 德小洞(덕소동)에 살며 山天齋(산천재)라 堂號(당호)를 짓고 사색과 연구에 전념했다. 그의 學行(학행)은 당세의 師表(사표)가 되었으며 퇴계와 더불어 이름 높은 학자였다. 사후에 大司諫(대사간)으로 추증되었고 문집에 '南冥集(남명집 3권)', 저서로 '南冥學記類編(남명학기류편), 喪禮節要(상례절요)' 등이 있으며, 작품으로 南冥歌(남명가), 王弄歌(왕롱가), 勸善指路歌(권선지로가)와 시조가 전한다.

457-1 偶吟(우음) 우연히 읊다

人之愛正士 好虎皮相似 生前欲殺之 死後方稱美.
(인지애정사 호호피상사 생전욕살지 사후방칭미)

사람들이 올바른 선비를 아끼고 사랑함이, 마치 호랑이 가죽을 좋아함과 같네.
범은 죽여야 한다고 떠들 듯 그 선비를 생전에는 죽일 놈 살릴 놈 하고 헐뜯다가도,
그 선비 죽은 뒤에는 호피가 좋다고 하듯이 낭자히 입 모아 그를 칭찬하는구나.

[語句] *偶吟 : 우연히 읊음. 偶詠(우영). →208-1, 106-1. *正士 : 언행이 올바른 선비. 참된 선비. *相似 : 서로 비슷함. *生前 : 살아 있는 동안. 죽기 전. *稱美 : 좋은 일을 칭찬함.

[鑑賞] 세상 사람들의 인심을 비유적으로 읊은 시. 언행이 올바른 선비를 두고 이러쿵저러쿵 헐뜯기를 좋아하다가, 그 선비가 죽고 나면 참 곧은 사람이었는데 아깝다고 칭송한다. 이는 마치 호랑이는 가축이나 사람을 해치므로 잡아 죽여야

한다고 하며, 죽이고 나서는 그 가죽 곧 호피를 얻어 방석이나 장식품으로 만들고는 참 좋다고 하는 것과 같다. 올바른 사람이라 했으면 생전에 공경하고 본받아야 할 것임을 강조하는 작품이다.

5言古詩(5언고시). 압운은 士, 似, 美 자로 상성 '紙(지)' 측운으로 7언절구처럼 첫 구에도 압운한 것이 독특하다. 평측은 차례로 '平平仄仄仄, 仄仄平平仄, 平平仄仄平, 仄仄平平仄'으로 二四不同(이사부동)은 잘 이루어졌으나 反法(반법) 위주로 되었고 粘法(점법)은 무시되었다.

457-2 涵碧樓(함벽루) 함벽루

喪非南郭子 江水渺無知 欲學浮雲事 高風猶破之.
(상비남곽자 강수묘무지 욕학부운사 고풍유파지)

남곽처사를 슬퍼하는 것은 아니나, 강물은 아득히 흘러 끝간 데를 알 수 없구나.
학문이란 뜬구름 같은 게 아닌가 하는데, 함벽루의 고풍이 이런 생각을 못 하게 하네.

[語句] *涵碧樓 : 경상남도 陜川(합천)에 있는 누각. *喪 : 조상하다. 슬퍼하다. 죽다. 잃어버리다. *南郭子 : 중국 齊(제) 나라의 南郭處士(남곽처사). 宣王(선왕)이 竽(우, 笙簧생황) 음악 소리를 듣기 좋아해서 악사 3백 명을 갖추었는데, 남곽처사는 불 줄도 모르면서 생황을 불겠다고 자청해 후한 녹을 받았음. 뒤에 泯王(민왕)이 즉위하여 한 사람씩 부는 생황 소리 들어보기를 좋아하니, 그는 폭로될까 두려워 도망쳤음.<韓非子 內儲說> 학문이나 기예에 전문적 지식이나 체계 또는 조리가 없이 함부로 날뜀을 '南郭濫吹(남곽남취)'라 하며, 관직의 수나 채우는 사람을 '濫竽(남우)'라 함. *渺 : 아득하다. *浮雲 : 뜬구름. 덧없는 세상 일. *高風 : 高雅(고아)한 모습. *猶 : 오히려. 머뭇거리다. *之 : 이것 곧 '欲學浮雲事'.

[鑑賞] 남곽처사같이 학문 길에서 함부로 날뛰는 것을 슬퍼하는 것은 아니지만, 유유히 흐르는 강물을 보니 학문의 길도 끝이 없게 느껴진다. 그러니, 학문한다는 게 뜬구름처럼 헛된 것이 아닌가 하는 생각이 들다가도, 고아한 풍모를 지닌 이 누각을 보니 그런 생각을 머뭇거려 못 하도록 해 학문의 길로 매진해야겠구나. 道家的(도가적)인 느낌이 짓든 작품이라는 평을 받는 시이다. 함벽루는 고려 공민왕 때 정당문학 安震(안진 →148)의 '涵碧樓記(함벽루기)'에 "평양의 浮碧樓(부벽루)와 晉陽(진양, 晉州진주)의 龍頭寺 狀元樓(용두사 장원루)에 비겨 조금도 손색이 없는 누각이라 하고는 '白雲飛兮山蒼蒼 明月圓兮水泱泱 樓上四時看不是 渺渺余懷天一方 山其崩兮水亦渴 使君之德不可忘(흰 구름 나는데 산은 푸르고, 밝은 달 둥근데 물 질펀하구나. 누각 위 사철은 보아도 모자라리니, 아득한

내 회포여 하늘 저 한 쪽이로구나. 산이 무너지고 강물이 마르더라도, 이 누각 지은 사또의 덕은 잊지를 못하리라.)' 하고 노래했었다.

5言絕句(5언절구). 압운은 知, 之 자로 평성 '支(지)' 평운이다. 평측은 차례로 '平平平仄仄, 平仄仄平平, 仄仄平平仄, 平平仄仄平'으로 이사부동과 반법, 점법 등이 잘 이루어진 佳作(가작)이라 할 수 있겠다. 끝 구의 猶는 '머뭇거리다'로 거성 '宥(유)' 운이다.

458. 曺伸(조신 ?) : 조선 성종 때 문장가, 譯官(역관). 자 叔奮(숙분). 호 適庵(적암). 본관 昌寧(창녕). 父 縣監 繼門(현감 계문). 梅溪 曺偉(매계 조위 →466)의 庶兄(서형). 시와 어학에 능하여 司譯院卿(사역원경)에 특채되었다. 성종 10년(1479) 申叔舟(신숙주 →130) 통신사를 따라 일본에 갔다와 성종의 아낌을 받았다. 이후 일본에 3회, 중국 연경에 7회나 使行(사행)했고, 명 나라에 갔을 때는 安南國使(안남국사)와 수십 편의 시를 주고받아 이름을 떨쳤으며, 金安國(김안국 →705)과 함께 '二倫行實圖(이륜행실도)'를 지었다. 뒤에 金山(금산)에 은거했고 '詩稿(시고 5권), 謏聞瑣錄(수문쇄록 1권)' 등의 저서를 남겼다.

458-1 書交龜院柱(서교구원주) 교구원 기둥에 쓰다

每到交龜院 尋詩坐石溫 虛廊風掃淨 古屋雀穿喧
嶺路如蛇走 山巖如虎蹲 喜有村俗朴 籬缺不扃門.

(매도교구원 심시좌석온 허랑풍소정 고옥작천훤
영로여사주 산암여호준 희유촌속박 이결불경문)

이 교구원에 올 적마다, 돌 위에 앉아 시 짓느라 돌이 따뜻해지네.
텅 빈 마루는 바람이 먼지 쓸어가 깨끗하고, 오랜 지붕에는 새들 집 지어 조잘거리네.
영마루 길은 뱀이 기어가듯 꼬불꼬불 하고, 산의 바위는 범이 웅크리고 앉은 모양일세.
그래도 시골 마을 인심 소박하여, 울타리 뚫리고 사립문 잠그지 않아 기쁘다네.

[語句] *交龜院 : 어디 있는지 미상이나 國營(국영)의 여관임. *尋詩 : 시를 지음. 시의 素材(소재)를 찾음. *雀穿 : 참새가 초가의 지붕을 뚫어 집을 지음. *蛇走 : 뱀이 기어가듯이 구불구불함. *虎蹲 : 범이 웅크리고 앉은 모양. *村俗 : 시골의 풍속. *扃 : 빗장. 잠그다.

[鑑賞] 교구원은 국내에 있는지 중국에 있는지 모르나, 院은 나라에서 멀리 가는 官員(관원)들을 위해 세운 여관이다. 지은이는 중국에 자주 왕래했고 일본에도 세 차례나 갔다 왔으니, 교구원은 자주 들르는 곳이었다. 뜰에 있는 큰 돌에 앉아 시상을 가다듬느라 앉은 돌이 체온으로 하여 따뜻해진다. '여관 빈 마루는 바람이 먼지를 쓸어가 깨끗하고 지붕에는 참새들이 깃들어 짹짹거린다. 고개마룻길은 꼬불

꼬불 이어지고 산에 보이는 바위는 범이 웅크린 형상이다.' 이 두 연은 각각 對句(대구)를 잘 이루었다. 이런 경치 좋은 곳이라 인심도 순박해 울타리가 없고 사립문도 잠그지 않은 채로 살아간다고 맺었다. 마음의 고향을 보는 느낌을 준다.

5言律詩(5언율시). 압운은 溫, 喧, 蹲, 門 자로 평성 '元(원)' 평운이다. 평측은 차례로 '仄仄平平仄, 平平仄仄平, 平平平仄仄, 仄仄仄平平, 仄仄平平仄, 平平平仄平, 仄平平仄仄, 平仄仄平平'으로 이사부동과 반법, 점법 등이 모두 잘 이루어졌다. 제 6구가 측운이 한 자뿐이어서 아쉽기는 하지만.

459. 曺臣俊(조신준 ?) : 조선 선조 때 문관. 자 公著(공저). 호 寧耐(영내). 본관 嘉興(가흥). 선조 때 문과 급제하여 長淵府使(장연부사)를 역임했다.

459-1 閨怨(규원) 아내의 원망

金風凋碧葉 玉淚銷紅頰 瘦削只緣君 君歸應棄妾.
(금풍조벽엽 옥루소홍협 수삭지연군 군귀응기첩)

가을바람에 푸르던 잎은 시들어지고, 옥 같은 눈물 붉은 뺨을 지우네.
몹시 여윈 이 꼴 임 때문이련만, 임 돌아와 보고는 산다 안 산다 하시지 않으려나.

[語句] *閨怨 : 남편에게 버림을 받거나 이별을 당한 부녀의 원한. 여자가 뜻을 못 이룬 원망. *金風 : 가을바람. 가을의 신선한 기운을 띤 바람. *凋 : 시들다. 이울다. *銷 : 녹이다. 꺼지다. =消(소). *紅頰 : 붉은 뺨. 연지를 바른 뺨. *瘦削 : 몹시 여윔. *緣君 : 남편으로 인함. *應 : 응당. *棄妾 : 나를 버림. 妾은 '아내가 자기를 낮추어 쓰는 말'임.

[鑑賞] 멀리 떠난 남편을 그리워하는 아내의 심정을 읊은 시. 그리움에 지쳐 파삭 늙어버린 이 몸을 남편이 돌아와 그대로 받아줄까를 걱정하고 있다. 중국 唐(당)나라 王昌齡(왕창령)의 '閨怨' 시를 참고해 볼 만하다. →167-1.

5언고시. 압운은 葉, 頰, 妾 자로 입성 '葉' 측운이다. 평측은 차례로 '平平平仄仄, 仄仄平平仄, 仄仄仄平平, 平平平仄仄'으로 이사부동과 반법, 점법 등이 고시답지 않게 잘 이루어졌고, 첫 구에도 압운한 점이 독특하다.

460. 趙彦觀(조언관 1805~1870) : 조선말 헌종, 철종 때의 선비. 자 用賓(용빈). 호 荷潭(하담). 본관 漢陽(한양). 父 南復(남복). 백부 弘復(홍복)에게서 글을 배워 文理(문리)에 통했고, 경상북도 英陽 三池洞(영양 삼지동)에 世居(세거)하며 영남 지방 당세의 賢士(현사)들과 교유했다. 학문에 전념하면서도 孝悌(효제)가 남달랐으며 어질고 후덕하여 칭송

이 자자했다. 문집에 '荷潭集(하담집 5권)' 이 있다.

460-1 春日獨坐(춘일독좌) 봄날에 홀로 앉아

長對青山趣味深 閒花啼鳥各春心 超然坐我煙霞富 忘却頭邊白雪侵.

(장대청산취미심 한화제조각춘심 초연좌아연하부 망각두변백설침)

푸른 산을 오래 마주 하니 정취 깊고, 피는 꽃 우는 새 각기 봄을 즐기는구나.

세속을 벗어나 무심히 앉으니 연하가 둘러싸고, 모르는 사이 센 머리카락 몇 올 생기네.

[語句] *趣味 : 즐기는 일. 정취를 알고 느낄 수 있는 힘. *春心 : 봄철에 느끼는 정서. *超然 : 뛰어난 모양. 세속을 벗어난 모양. *煙霞 : 안개와 노을. 산수의 고요한 경치. *忘却 : 잊어버림. *白雪 : '흰 머리카락'을 눈에 비겨 쓴 말임.

[鑑賞] 조용히 봄빛을 즐기는 선비의 모습이 떠오른다. 청산과 피는 꽃과 지저귀는 새들, 안개와 노을, 봄의 행진이 계속되는 속에서 늙는 줄도 모른다 했다. 宋時烈(송시열)이 지었다고도 하고 金麟厚(김인후)가 지었다고도 하는 시조 "청산도 절로절로 녹수도 절로절로, 산 절로 수 절로 산수간에 나도 절로, 이 중에 절로 자란 몸이 늙기도 절로 하리라."가 연상된다.

7言絕句(7언절구). 압운은 深, 心, 侵 자로 평성 '侵' 평운이다. 평측은 차례로 '平仄平平仄仄平, 平平平仄仄平平, 平平仄仄平平仄, 仄仄平平仄仄平'으로 二四不同二六對(이사부동이륙대)와 反法, 粘法(반법, 점법) 등이 잘 이루어져 7絕의 典型(전형)이 되는 작품이다.

461. 祖詠(조영 699~762) : 盛唐(성당)의 시인. 河南省 洛陽(하남성 낙양) 사람. 進士試(진사시)에 급제하고 駕部員外郎(가부 원외랑)이 되었다. 그의 시는 刻苦(각고)와 스스로 애써서 나온 작품이라 고상하지는 못하나 脫俗(탈속)한 맛이 있다는 평을 들으며 '詩集(시집 1권)'이 있다.

461-1 終南望餘雪(종남망여설) 종남산에서 눈을 바라보다

終南陰嶺秀 積雪浮雲端 林表明霽色 城中增暮寒.

(종남음령수 적설부운단 임표명제색 성중증모한)

종남산 북쪽 고개는 경치 뛰어나, 쌓인 눈이 구름 위에 있구나.

숲 바깥은 비 갠 뒤의 밝은 경치인데, 성 안은 해가 지자 추위가 더하네.

[語句] *終南 : 종남산. 周(주) 나라 서울 豊鎬(풍호)의 남쪽 또는 漢(한)과 唐(당)의 서울 長安(장안) 남쪽에 있는 산. 南山(남산). 지금의 섬서성 西安市(서안시) 장안 남쪽에 있음. *

餘雪 : 남은 눈. 봄에 녹다가 남은 눈. *陰嶺 : 산의 북쪽 영마루. *浮雲 : 공중에 떠도는 구름. *霽色 : 비나 눈이 갠 뒤의 빛. *暮寒 : 해가 진 뒤의 추위.

[鑑賞] 봄에 눈이 녹으려 하는 무렵의 종남산을 바라보며 지은 시인데, 사실은 당시 進士試(진사시)의 試題(시제, 과거 시험의 글 제목)였다고 한다. 그런데 규정은 이 제목으로 12구를 지어야 함에도 위와 같이 4구만 지어 제출하니, 試官(시관)이 왜 이처럼 짧은가 하고 물으매 조영은 다만 '盡意(진의, 할 말을 다함)' 두 자로 대답했다는 일화가 있다.<計有功 唐詩記事> 눈이 쌓인 산은 맑고 밝은 모습이지만, 해가 지고 저녁이 되면서 장안 성 안은 봄추위가 더한다는 것이 기발하다고 하리라.

5言絕句(5언절구). 압운은 端, 寒 자로 평성 '寒' 평운이다. 평측은 차례로 '平平平仄仄, 仄仄平平平, 平仄平仄仄, 平平平仄平'으로 이사부동은 셋째 구에서 어긋났고 반법과 점법은 불완전하나마 이루어졌다고 보겠다.

462. 趙永仁(조영인 1133~1202) : 고려 명종 때 정승. 시호 文景(문경). 본관 橫川(횡천, 橫城횡성). 의종 때 과거 급제하여 全州 書記(전주 서기)로 선정을 베풀어 명성을 떨쳤고 명종이 즉위하자 태자를 輔導(보도)했다. 이후 承旨(승지), 參知政事(참지정사), 政堂文學(정당문학), 翰林學士(한림학사), 守太尉(수태위), 上柱國(상주국) 등 여러 요직을 거쳐 신종 초에 開府儀同三司(개부의동삼사), 守太師(수태사), 門下侍郎平章事(문하시랑평장사), 判吏部事(판이부사), 門下侍中(문하시중) 등을 역임하고 사후 신종의 廟庭(묘정)에 배향되었다.

462-1 扈從安和寺應製 中(호종안화사응제 중) 안화사에 호종하여 응제하다 중간

東西仗衛歡聲洽 遠近溪山協氣浮 角奏五更無事曉 河澄九曲太平秋
周王賜宴歌常棣 漢帝吟風感蓐收 只磬三歸資福利 敢并四事恣遨遊.

(동서장위환성흡 원근계산협기부 각주오경무사효 하징구곡태평추
주왕사연가상체 한제음풍감욕수 지경삼귀자복리 감병사사자오유)

동서의 시위侍衛들 환성이 흐뭇하고, 원근의 시내와 산들 화기가 떠오르네.
오경에 울리는 태평소는 새벽이 무사함을 아뢰고,
강물은 아홉 구비 맑아 태평 시절이로다.
주 나라 임금은 잔치 내려 현제간 우애를 읊은 상체를 노래했고,
한 나라 무제는 추풍사를 읊어 가을 신 욕수에게 늙어감을 탄식했네.
다만 불법승의 삼귀의에 의지해 복리를 바라면서,
나아가 네 가지 일을 겸해 재미있는 놀이를 양껏 즐기네.

[語句] *扈從 : 임금이 탄 수레를 모시고 따라감. *安和寺 : 개성에 있던 절. 일명 安和禪庵(안화선암). 고려 태조 13년(930)에 창건했고 예종 13년(1118)에 중수했는데, 태조가 건국할 때 甄萱(견훤)에게 희생된 再從弟(재종제)인 王信(왕신)의 명복을 빌려고 지은 절임. 태조 왕건과 견훤이 和約(화약)을 맺고 서로 볼모를 교환하니 태조는 왕신을 보냈고 견훤은 조카 眞虎(진호)를 보내왔는데, 진호가 急病(급병)으로 죽으니 견훤은 고려에서 고의로 죽인 줄 알고 왕신을 죽였던 것임. *應製 : 임금의 명을 받아 시나 글을 따라 지음. 應制(응제). →70-1, 308-1. *杖衛 : 신분을 보호하는 군사 대열. 儀仗(의장, 의식에 쓰는 무기나 물건)을 호위하는 일. *洽 : 젖다. 흡족하다. *協氣 : 서로 화합된 기운. *角 : 太平簫(태평소, 날라리). *五更 : 하룻밤을 다섯으로 나눈 다섯째 시각. 곧 오전 3~5시 사이. 새벽. *河澄九曲 : 강물 9구비가 맑음. 중국 黃河(황하)는 백리에 작은 구비, 천리에 큰 구비를 지으며 아홉 구비 곧 九曲으로 黃海(황해)에 들어가며, 천년만에 한 번 맑아지는데 이때 聖人(성인)이 날 징조라는 말이 있어서, 이를 인용해 고려 임금과 왕조를 칭송했음. *周王 : 중국 고대 주 나라의 임금들. *常棣 : 꽃 이름. 꽃이 다닥다닥 붙어 있어서 兄弟(형제)에 비유함. 棠棣(당체). 山梅子(산매자). <詩經 小雅 常棣> 안화사에 왕의 아우와 종실 인사들이 따라갔음을 찬양한 말임. *漢帝 : 중국 한 나라 武帝(무제, 재위 B.C 141~87). *吟風 : 바람을 읊음. 곧 무제가 읊은 秋風辭(추풍사). 첫 구는 "秋風起兮白雲飛(가을바람 이니 흰 구름 날리고)"이고 끝구는 "少壯幾時兮奈老何(젊음도 얼마 가지 않아 늙어짐을 어이하리)"임. *蓐收 : 가을의 신. 少皞金天氏(소호금천씨)의 아들로 이름은 該(해)임. <禮記 月令> *磬 : 경쇠. 경쇠처럼 몸을 구부리다. *三歸 : <佛>三歸依(삼귀의) 또는 三寶歸依戒(삼보귀의계)의 준말. 부처, 불법, 스님 곧 佛法僧(불법승)에 귀의함<大藏法數> *福利 : 행복과 이익. 福祉(복지). *敢 : 과단성이 있다. 날래다. 감히. *四事 : ①<佛>부처나 法師(법사)에게 공양하는 옷, 방[침구], 음식, 탕약의 네 가지. ②'四美(사미)'를 두고 쓴 말로 보는 견해도 있음. 사미는 '네 가지 아름다움 곧 좋은 시절[良辰양진], 아름다운 경치[美景미경], 그 경치를 감상하고 즐기는 마음[賞心상심], 술이나 詩歌(시가)와 음악 등의 유쾌한 일[樂事낙사]임.<王勃 滕王閣序> *遨遊 : 재미있게 놂.

[鑑賞] 안화사로 거둥하는 왕을 모시고 가서 그 명령에 따라 지은, 모두 10연 20구의 7言排律(7언배율)이다. 이 앞 4연은 "향나무로 지은 불전들 몇 겹으로 이어져 10리에 향그러운 바람은 중국 균주와 닮았구나. 일찍이 먼 장래를 내다보며 勝地(승지)를 골라 경치에 맞게 높은 누각 지었네. 앞 샘물은 은하수와 통하니 張騫(장건)이 다녀간 듯하고 뒷산이 하늘을 지탱하고 있어 杞憂(기우)가 필요 없네. 다행

히 좋은 절기에 안화사로 가시기를 명하시어 잠깐 맑은 운치와 그윽함을 맛보는구나."이고, 뒤의 두 연은 "임금님 은혜 바다같이 넓어 고기들 즐겁고 聖壽無彊(성수무강)이라 학이 부끄러워하네. 내일 아침 임금님 궁중으로 돌아가실 줄 아는 듯 골짜기에 안개 자욱 끼어 시름하는 것 같구나."이다. 응제시여서 역사와 고사에서 인용한 어휘가 많으며, 왕의 덕을 칭송하고 성수무강을 비는 내용으로 마무리지었다. 崔讜(최당 →531) 이 차운한 시도 있다.

7언배율 10연 20구. 압운은 浮, 秋, 收, 遊 자로 평성 '尤(우)' 평운으로 이 시 모두에 일관했다. 평측은 차례로 '平平仄仄平平仄, 仄仄平平仄仄平, 仄仄仄平平仄仄, 平平平仄仄平平, 平平仄仄平平仄, 仄仄平平仄仄平, 仄仄平平平仄仄, 仄平仄仄仄平平'으로 二四不同二六對(이사부동 이륙대)와 反法(반법), 粘法(점법) 등이 배율시의 규칙에 맞게 잘 이루어졌다.

463. 趙昱(조욱 1498~1557) : 조선 명종 때 학자. 자 景陽(경양). 호 憂菴, 洗心堂(우암, 세심당). 본관 平壤(평양). 父 判官 守誠(판관 수함). 중종 11년(1516) 生員(생원)과 進士(진사) 과거 모두에 급제하고 道學(도학)에 뜻이 있어 趙光祖(조광조)의 문하에 들어가 침식을 잊으며 학문을 닦으니 스승에게서 求道(구도)에 돈독함을 칭찬받았고, 중종 14년 己卯士禍(기묘사화)에 연좌되었으나 나이 어려 죄를 모면했다. 뒤에 몇 곳의 陵參奉(능참봉)을 역임했으나 곧 사임하고 龍門山(용문산)에 들어가 道義(도의)의 학문을 강론하니 많은 학자들이 모여들었고 용문 선생이라 칭하였다. 어진 선비로 뽑혀 宣務郎內贍主簿(선무랑 내섬주부), 長水縣監(장수현감)을 지냈다. 詩文, 書畫(시문, 서화)에 능했고 花潭 徐敬德(화담 서경덕), 退溪 李滉(퇴계 이황), 慕齋 金安國(모재 김안국) 등 당세의 賢士(현사)들과 벗했으며 문집으로 '龍門集(용문집)'이 있다.

463-1 酬奇高峯(수기고봉) 고봉 기대승에게 주다

樗櫟生深山 歲月閱飛電 枝幹老擁腫 剝落苔滿面
久無斧斤浸 敢望明堂薦 願爲仙槎去 不怕海波卷.
(저력생심산 세월열비전 지간노옹종 박락태만면
구무부근침 감망명당천 원위선사거 불파해파권)

가죽나무 깊은 산중에 나서, 번개같이 빠른 세월 오래 겪으니,
줄기는 울툭불툭 혹이 튀어나왔고, 껍질 떨어져 나간 데는 온통 이끼 끼었구나.
오래도록 도끼가 넘보지 못했으니, 어찌 명당의 기둥으로 쓰이길 바라리.
원컨데 신선배 뗏목으로 쓰이게 되면, 굽이치는 바다 파도를 어찌 두려워하리오.

[語句] *奇高峯 : 조선 선조 때 성리학자 奇大升(기대승 1527~1572). 그의 아호가 高峯이

며 大司諫(대사간)을 역임했으나 벼슬을 그만두고 은거했음. 이퇴계와 성리학을 문답하는 편지를 8년이나 주고받은 일로 유명함. *樗櫟 : 가죽나무. 쓸모가 없는 나무.<莊子 逍遙遊> *閱 : 겪다. 지내다. *枝榦 : 가지와 밑줄기. 榦은 '幹(줄기 간)'의 본자임. *擁腫 : 부스럼을 가짐. '나무에 이리저리 혹이 튀어나온 것'을 뜻함. *剝落 : 긁히고 깎여서 떨어짐. *斧斤 : 큰 도끼와 작은 도끼. 도끼와 자귀. *明堂 : 빛 밝은 집. 임금의 朝廷(조정). 명당자리. 썩 좋은 장소나 지위. *仙槎 : 신선이 타는 배. 신선이 타는 뗏목이나 수레. *怕 : 두려워하다. *卷 : 말다. 굽다.

[鑑賞] 고봉 기대승 선생을 쓸모없는 나무인 저력에 비겨 얼핏 보면 그를 낮본 듯하지만, 그가 벼슬을 살지 않은 일을 장자의 無用之用(무용지용)을 말하기 위해 설정한 것이라 하겠다. 무용지용은 '쓰여지지 않는 것이 크게 쓰임' 또는 '세상에서 쓸데없는 것이나 능력 없는 것이 오히려 괴로움을 당하지 않고 제 삶을 보전할 수 있음.'을 뜻한다. 장자 '人間世(인간세)'에 "人皆知有用之用 而莫知無用之用也(사람들은 모두 쓸모 있는 것이 쓰임은 알지만, 아무 쓸데없는 것이 쓰임은 알지 못한다)" 했다. 고봉의 학문이 결국은 신선이 타는 뗏목배가 되어 아무리 거센 파도라도 헤쳐 나가듯 세상을 이끄는 선도적 역할을 하게 될 것이라 칭송했다.

5言古詩(5언고시). 압운은 電, 面, 薦, 卷 자로 거성 '霰(선)' 측운이다. 평측은 차례로 '平仄平平平, 仄仄仄平仄, 平仄仄平仄, 仄仄平仄仄, 仄平仄平仄, 仄仄平平仄, 仄仄平平仄, 仄仄仄平仄'으로 이사부동이 이루어지지 않은 곳은 넷째와 다섯째 구 둘이고, 반법과 점법은 형성되지 않았다.

464. 朝雲(조운 ?) : 조선 연산군 때 全州 妓生(전주 기생).

464-1 歌贈南止亭袞(가증남지정곤) 지정 남곤께 노래로 드리다

富貴功名可且休 有山有水足遨遊 與君共臥一間屋 秋風明月成白頭.

(부귀공명가차휴 유산유수족오유 여군공와일간옥 추풍명월성백두)

부귀와 공명은 이제 그만 구하고, 산수 좋은 곳에서 즐겁게 지내는 게 좋으리.
임과 함께 한 간 초가에서 지내며, 맑은 가을 바람과 밝은 달 보며 늙어갔으면.

[語句] *南袞(1471~1527) : 조선 중종 때 정치가. 호 止亭. 大提學, 領議政(대제학, 영의정)에 이르렀으나, 己卯士禍(기묘사화)를 꾸며 사람들의 욕을 먹었고 자신도 잘못을 깨달아 죽을 때 평생의 글 지은 원고를 태웠음. 명종 때 官爵(관작)을 追奪(추탈)당했음. *富貴功名 : 재산이 많고 지위 가 높음과 공을 세워 이름을 떨침. *遨遊 : 재미있게 놂.

[鑑賞] 남곤이 부귀공명을 구하기를 애쓰는 것을 이 기생도 간파했던가보다. 사실 부귀와 공명이란 뜬구름과 같은 것, 죽을 때 무덤까지 가져가는 것도 아니요 늙어지면 그 헛됨을 깨닫게 되는 것이라, 산 좋고 물 좋은 곳에서 초가삼간 짓고 부부끼리 정답게 살다가 바르게 늙어 가는 게 인생의 참맛인 것이리라. 순진무구한 작품이다.

7言絕句(7언절구). 압운은 休, 遊, 頭 자로 평성 '尤(우)' 평운이다. 평측은 차례로 '仄仄平平仄仄平, 仄平仄仄仄平平, 仄平仄仄仄平仄, 平平平仄平仄平'으로 이사부동이륙대는 끝 구에서 어긋났고, 반법과 점법은 끝 구에서 불완전하나 대체로 이루어졌다 하겠다.

465. 趙云仡(조운흘 1332~1404) : 고려말의 문신. 본관 豊壤(풍양). 공민왕 6년(1357) 과거 급제하여 安東書記(안동서기)가 되고 閤門舍人(합문사인)에 들었으며 동왕 9년에 刑部員外郎(형부원외랑)이 되었다. 다음 해 홍건적의 난 때 왕을 따라 남행하여 2등 공신이 되었으며, 國子直講(국자 직강)을 거쳐 전라, 서해, 양광 세 도의 按廉使(안렴사)를 역임하고 동왕 23년(1374) 典法摠郎(전법총랑) 때 벼슬을 떠나 尙州 露陰山(상주 노음산) 밑에 기거하며 스스로 石磵捿霞翁(석간서하옹)이라 호하고 소를 타고 다녔다. 우왕 3년(1377) 다시 등용되어 좌간의대부, 判典校寺事(판전교시사)로 있다가 3년 뒤 사임하고 廣州(광주)에 살다가 우왕 14년(1388) 典理判書(전리판서), 密直提學(밀직제학), 서해도 도관찰사로 치적을 올리고 창왕 때 簽書密直司事(첨서밀직사사), 공양왕 2년(1390) 鷄林府尹(계림부윤)이 되었다. 조선에 들어와 江陵大都護府使(강릉대도호부사), 檢校政堂文學(검교정당문학)을 지냈으며 '三韓詩龜鑑(삼한시귀감)'을 편찬했다.

465-1 送春日別人(송춘일별인) 봄날에 벗을 송별하다

謫宦傷心涕淚揮 送春兼復送人歸 春風好去無留意 久在人間學是非.

(적환상심체루휘 송춘겸부송인귀 춘풍호거무류의 구재인간학시비)

귀양살이 같은 벼슬길 상심으로 눈물 뿌리는데, 봄을 보내니 또 사람도 돌아가는구나.
봄바람이 더 머무를 뜻이 없어 즐겨 가 버리니,
인간에 오래 있어 보아야 시비만 배울 것이기 때문이리.

[語句] *謫宦 : 벼슬길에서 귀양살이를 함. 벼슬길이 귀양살이 같음. *傷心 : 마음을 상함. 걱정을 함. *揮 : 휘두르다. 뿌리다. *留意 : ①머무를 생각. ②마음에 둠. *是非 : 옳으니 그르니 하고 다투는 일.

[鑑賞] '귀양살이 같은 벼슬길에 마음 상해 눈물 흘리는 판인데, 봄이 가려 하자 찾아왔던 친구마저 가겠다 한다. 봄바람도 더 머물 뜻이 없이 가 버리니, 인간 세상에 있어 보았자 옳으니 그르니 하고 다투는 일만 본받을 것이기 때문이리

라.' 했다. 시비가 많은 속세를 비꼬는 뜻을 가 버리는 봄바람에 비기어 표현한 것이 기발하다. 가는 사람이 임인지도 모르나 친구로 보았다.

7言絕句(7언절구). 압운은 揮, 歸, 非 자로 평성 '微(미)' 평운이다. 평측은 차례로 '仄仄平平仄仄平, 仄平平仄仄平平, 平平仄仄平平仄, 仄仄平平仄仄平'으로 二四不同二六對(이사부동이륙대)와 反法(반법), 粘法(점법) 등이 잘 이루어져, 내용면에서나 형식면에서 秀作(수작)이다.

466. 曺偉(조위 1454~1503) : 조선 성종 때 학자. 자 太虛(태허). 호 梅溪(매계). 시호 文莊(문장). 본관 昌寧(창녕). 父 縣監 繼門(현감 계문). 金宗直(김종직)의 처남으로 그의 문하에서 수학하고 성종 5년(1474) 문과 급제하여 史局(사국, 역사 기록청)에 천거되고 弘文館 修撰(홍문관 수찬)을 거쳐 戶曹參判(호조참판)에 이르렀다. 성종의 명을 받들어 김종직의 문집을 편찬할 때, 중국 義帝(의제, 項羽항우가 죽인 楚懷王초회왕)를 추모하는 서문을 실었는데, 이를 읽은 연산군이 크게 노하여 연산군 4년(1498) 戊午士禍(무오사화)가 일어나서, 조위가 명 나라에 賀正使(하정사)로 갔다 오는 도중에 즉시 죽이라 했으나 정승 李克均(이극균)의 구원으로 죽음을 면하고 義州(의주)에 杖流(장류)당하고, 다시 順天(순천)으로 移配(이배)되어 病死(병사)했으며 甲子士禍(갑자사화)에 죄가 추록되어 무덤이 파헤쳐지는 화를 당하였다. 博學(박학)한 文士(문사)로 문하에 제자들이 많았고 義砧(의침) 스님과 함께 '杜詩諺解(두시언해)'를 편찬했다. 庶兄(서형) 伸(신)도 유명하다. →458.

466-1 金藏臺 二首 第2首(금장대 이수 제2수) 금장대 두 수 둘째 수

臺上蒼茫烟景遲 那堪弔古更憑危 丘園薺麥爭春色 城郭人民異昔時
阮籍聊興廣武歎 鄒湛空作峴山悲 興亡萬古長如此 不用哀歌詠黍離.

(대상창망연경지 나감조고갱빙위 구원제맥쟁춘색 성곽인민이석시
완적료흥광무탄 추담공작현산비 흥망만고장여차 불용애가영서리)

누대 위에서 바라보는 넓은 봄 경치 날은 저물었으니,
옛날 일을 슬퍼하며 다시 높은 누대에 오른들 어찌 견디랴.
언덕 동산에는 냉이와 보리가 봄빛을 다투고, 성곽이나 백성들은 옛날과는 다르구나.
완적은 애오라지 광무성에 올라 초한楚漢 전쟁터를 보며 탄식했고,
양호의 종사從事 추담은 부질없이 현산의 슬픔을 지었구나.
흥망은 만고에 이 금장대와 같거늘, 슬픈 노래로 시경의 서리편을 읊을 필요 없으리.

[語句] *金藏臺 : 경주시에 있는 누대. 도시 일대를 넓게 바라볼 수 있다고 함. *蒼茫 : 넓고 멀어 아득함. *烟景 : 아지랑이와 이내 등이 아물거리는 봄 경치. *堪 :

견디다. *憑危 : 높은 곳에 의지함. 높은 누대 같은 데로 오름. *丘園 : 언덕과 동산. *薺 : ①자-납가새. 덩굴 풀로 여름에 노란 꽃이 피며 씨와 뿌리는 藥用(약용)함. ②제-냉이. *阮籍 : 晉(진) 나라 竹林七賢(죽림칠현)의 한 사람. 廣武城(광무성)에 올라 옛날 楚漢(초한)의 전쟁터를 보고 탄식하기를 "때에 영웅 이 없어서 더벅머리 자식들로 하여금 이름을 이루게 했구나." 했다고 함. *鄒湛 : 襄陽太守(양양태수) 羊祜(양호)의 從事(종사). 양호가 峴山(현산)에 올라 추담을 돌아보며 "산은 그대로인데 오르던 사람들은 간 곳 없으니, 내 죽어 혼백이 있다면 응당 이 산에 오르리라." 하니, 추담이 "공은 어진 명성이 반드시 이 산과 함께 하련만, 저와 같은 자는 참으로 흔적 없을 것입니다." 하며 탄식했음. *黍離 : 詩經 王風(시경 왕풍)의 篇名(편명). 어느 大夫(대부)가 周(주)의 옛 서울에 갔다가 종묘와 궁전이 폐허가 된 것을 보고 슬퍼 부른 노래로 첫머리는 "彼黍離離 彼稷之苗(저 옛 종묘에는 기장이 더부룩 자랐고, 저 궁전은 돌피의 못자리가 되었구나)"임.

[鑑賞] 신라의 서울이었던 경주의 금장대에 올라 옛 도성을 바라보며 나라의 흥망과 인생무상을 탄식한 시. 首聯(수련 1~2구)은 저무는 봄날 금장대에 올라 창망한 경치를 바라보며 신라 때의 일을 돌이켜 비감에 잠기고, 頷聯(함련 3~4구)에서는 동산의 풀과 곡식을 백성들과 대비하며 자연은 그대로나 사람은 바뀌었음을 슬퍼해 對句(대구)를 잘 이루었다. 頸聯(경련 5~6구)은 중국의 고사 둘을 들어 人生無常(인생무상)을 대구로 읊어 내용을 전환했는데, 함련은 서경이니 實(실)이요 경련은 서정이니 虛(허)가 된다. 尾聯(미련 7~8구)은 마무리로 세상의 흥망이란 이와 같으니 굳이 옛 서울을 보며 슬픈 노래를 읊을 것은 무엇인가 했다. 이 시의 첫 수도 경주 시가를 바라보며 모든 것이 허물어진 걸 탄식하며 "天地無情如昨日 人間蠛蠓等秋毫(천지의 무정함은 지난날과 똑같나니, 인간은 하루살이라 가을 털처럼 가벼운 존재일세)"라 맺었다.

7言律詩(7언율시). 압운은 遲, 危, 時, 悲, 離 자로 평성 '支(지)' 평운이다. 평측은 차례로 '平仄平平平仄平, 平平仄仄仄平平, 平平仄仄平平仄, 平仄平平仄仄平, 仄仄平平仄仄仄, 平平平仄仄平平, 平平仄仄平平仄, 仄仄平平仄仄平'으로 이사부동이륙대 반법, 점법 등이 모두 잘 이루어진 名作(명작)이다.

466-2 寄誼老(기의로) 속리사 학의 주지에게

數日遊山不厭山 今朝胡乃出雲關 殷勤邀我又相送 却咲山僧亦未閑.

(수일유산불염산 금조호내출운관 은근요아우상송 각소산승역미한)

며칠간의 산 유람으로 산이 싫지 않은데,

오늘 아침 학의 주지는 어이하여 절간을 나가는가.
나를 은근히 맞았는데 이제는 그대를 보내니, 우습다 산 속의 스님도 한가롭지 않구려.

[語句] *誼老 : 학의 늙은 중. 이 시 原註(원주)에 '學誼(학의)는 俗離寺(속리사)의 주지이다.'라 했음. *胡 : 어찌. *雲關 : 구름 낀 關門(관문) 또는 빗장. 산의 높은 곳에 있는 관문이나 절간 등을 이르는 말임. *殷勤 : 태도가 겸손하고 정중함. 慇懃(은근). *邀 : 맞다. 맞이하다. *相送 : 피차간에 서로 보냄. *咲 : 웃다. 笑(소)의 古字(고자)임. *山僧 : <佛>산 속 절에 있는 중.

[鑑賞] 속리사는 아마 속리산에 있는 지금의 法住寺(법주사)인 듯하다. 그 절에 들어가 며칠 동안 산과 친해져 산 속 절에 잘 왔다고 생각하고 있는데, 오늘 아침에는 주지가 출타한다고 한다. 내가 올 때 은근하게 맞이하더니 이제는 오히려 내가 전송하는 판이라, 산 속 절에 사는 스님들도 한가롭지 않으니 속세 사람으로서는 우습게 느껴지는 것이다. 짧은 시 속에 유머 감각이 넘치는 좋은 작품이다.

7言絕句(7언절구). 압운은 山, 關, 閑 자로 평성 '刪(산)' 평운이다. 평측은 차례로 '仄仄平平仄仄平, 平平平仄仄平平, 平平平仄仄平仄, 仄仄平平仄仄平'으로 二四不同二六對(이사부동이륙대)와 反法(반법), 粘法(점법) 등이 모두 이루어졌다.

466-3 南遷過漢江(남천과한강) 남쪽으로 옮겨 가며 한강을 지나다

眊矂歸來不見天 終南咫尺望雲烟 三年塞下孤臣淚 今日江頭倍黯然.
(모조귀래불견천 종남지척망운연 삼년새하고신루 금일강두배암연)

눈 흐릿한 속에 돌아와 하늘도 보이지 않더니, 남산의 운연을 지척에서 바라보네.
3년 동안 변새에서 외로운 신하 흘린 눈물, 오늘 이 한강 나루에서도 더욱 아뜩하구나.

[語句] *眊矂 : 눈이 어두워짐. *終南 : 서울의 남산. →461-1. *咫尺 : 서로 떨어진 거리가 아주 가까움. *雲烟 : 구름과 연기. *塞下 : 변방 아래. 국경 경비 지역. *孤臣 : 외로운 신하. 임금의 신임을 받지 못하는 신하. *江頭 : 강가의 나룻배 타는 곳. *黯然 : 어두운 모양. 이별을 애석하게 여겨 슬퍼하는 모양. 작별할 무렵에 서운해서 정신이 아뜩한[까무러질 듯한] 상태.

[鑑賞] 지은이가 무오사화에 화를 입어 매질 형벌을 입고 의주에 유배되었다가, 전라남도 순천으로 이배되면서 한강 나루에 이르러 지은 시. 매 맞은 몸이라 온전치 못했을 것이니 눈도 제대로 뜰 수 없었을 것이다. 그래도 임금님이 계신 서울이라 얼핏 보니 남산이 구름 속으로 흐릿하게 보인다. 억울하게 임금의 신임

을 잃은 몸이라, 조정을 떠나 귀양길에 또 오르니 더욱 정신이 아뜩해진다. 충성심이 은연중에 담긴 작품이다.

7언절구. 압운은 天, 烟, 然 자로 평성 '先(선)' 평운이다. 평측은 차례로 '仄仄平平仄仄平, 平平仄仄仄平平, 平平仄仄平平仄, 平仄平平仄仄平'으로 이사부동이륙대와 반법, 점법 등이 잘 이루어졌다.

466-4 半月城 初・終聯(반월성 초・종련) 반월성 첫 연, 끝 연

彎彎半月蚊川曲 廢城正對南山麓 羅王宮殿盡爲塵 碧草芊芊走麋鹿<첫 연>
嗚嗚齊唱後庭花 檀板瑤箏雜豪竹 歸來還過五陵路 似聽蕭蕭鬼夜哭.<끝 연>

(만만반월문천곡 폐성정대남산록 나왕궁전진위진 벽초천천주미록
오오제창후정화 단판요쟁잡호죽 귀래환과오릉로 사청소소귀야곡)

활처럼 굽어진 반월성이 문천 구비에 있는데, 폐허된 성이 바로 남산 기슭을 마주했구나. 신라 왕궁 먼지 되어 없어졌고, 푸른 풀 우거진 속에 사슴 노루들만 뛰노네.<初聯>
소리 높여 제창하던 옥수후정화 망국의 노래, 단판 악기와 거문고와 온갖 피리 섞였겠지. 돌아오며 오릉 길을 지나노라니, 귀신이 밤에 나와 어이 어이 우는 듯하네.<終聯>

[語句] *半月城 : 경주에 있는 반달 모양의 신라 때의 성곽. 月城(월성). 경주시 仁旺里, 校里(인왕리, 교리)에 있는데, 신라 파사왕 22년(101)에 축조했다고 전하며 둘레가 약 7백m로 대부분 지하에 매몰되고 石氷庫(석빙고)와 崇信殿(숭신전)만 남아 있음. 부여에도 반월성이 있음. →287-3. *彎彎 : 굽은 모양. *羅王 : 신라의 임금. *芊芊 : 풀이 무성한 모양. *麋鹿 : 고라니와 사슴. 사슴과 노루. *嗚嗚 : 우는 소리. 울려오는 소리. *齊唱 : 여러 사람이 일제히 소리를 질러 부름. *後庭花 : 玉樹後庭花(옥수후정화). 중국 남북조 때 陳(진) 나라 後主(후주)가 지은 가곡. 음란하여 진나라 멸망의 계기가 되었음. *檀板 : 박자를 맞추는 木板(목판) 악기. *瑤箏 : 아름다운 쟁이나 거문고. 쟁은 '13줄의 현악기'임. *豪竹 : 호쾌한 絲竹(사죽, 관현악기). *五陵 : 경주에 있는 다섯 능. 시조 朴赫居世(박혁거세)와 왕비, 南解王, 儒理王, 婆娑王(남해왕, 유리왕, 파사왕)을 모신 능이라 함. *蕭蕭 : 소리가 쓸쓸한 모양.

[鑑賞] 반월성에 올라 천년 영화를 누렸던 신라도 이제는 폐허에 가까워졌음을 안타깝게 읊은 10연 20구의 시. 시 중간 부분의 대강은 "까마귀 울다 가고 저녁해 붉은데 냇물은 옥 굴리듯 맑게 흐르고, 나는 눈물 흘리며 동풍 속에 멀리 바라본다. 楊山(양산)의 白馬(백마), 閼井(알정)의 神龍(신룡) 들 모두 가고 없고, 17만 호 집들과 六姓(육성)의 자손들도 다 가고 말았구나. 천년 王氣(왕기) 아득히

사라졌고 하늘 땅이 거칠어져 陵谷之變(능곡지변)이 되었다. 이 강산을 조상하려 술잔을 드니 흐느끼는 슬픈 노래 숲을 흔든다."이다.

7言古詩(7언고시) 10연 20구. 압운은 曲, 麓, 鹿, 竹, 哭 자로 曲만 입성 '沃(옥)' 운, 나머지는 입성 '屋(옥)' 측운인데 두 운은 通韻(통운)이다. 평측은 차례로 '平平仄仄平平仄, 仄平仄仄平平仄, 平平平仄仄仄平, 仄仄平平仄平仄 ; 平平平仄仄平平, 平仄平平仄平仄, 平平平仄仄平仄, 仄平平平仄仄仄'으로 이사부동이륙대는 첫 연의 셋째와 끝 연의 둘째, 넷째 구 등 세 곳에서 어긋났고 반법과 점법은 이루어지지 않았다.

466-5 扶餘懷古次稼亭韻 後半(부여회고차가정운 후반)

가정의 시에 차운하여 '부여 회고'를 짓다 후반

香鈿翠翹墮嵓底 驚魂飄散隨風花 不用忠言悔噬臍 至今荊棘悲銅駝
地下纍臣目不瞑 凄涼麥秀聞哀歌 袞袞興亡天亦考 青山脉脉江生波.

(향전취교타암저 경혼표산수풍화 불용충언회서제 지금형극비동타
지하류신목불명 처량맥수문애가 곤곤흥망천역고 청산맥맥강생파)

향그런 비녀와 푸른 목걸이의 궁녀들 바위 밑으로 떨어지니,
흩어지는 놀란 넋들 바람 앞의 꽃같이 날리네.
충성된 말 듣지 않아 사향노루가 자기 배꼽 물 만큼 후회막급이라,
지금 가시밭이 된 궁궐 폐허에 동타만 슬프구나.
지하의 충신들 눈을 감지 못하고, 처량한 맥수지탄의 노래만 구슬프게 들리는구나.
흥망이란 끝없이 이어지니 하늘도 헤아리는가, 청산은 이어 있고 강물은 물결치네.

[語句] *扶餘 : 충청남도의 도시. 백제 26대 성왕부터 31대 의자왕까지의 서울로 당시에는 泗沘(사비)라 했음. *懷古 : 지나간 옛일을 돌이켜 생각함. *稼亭 : 고려말 학자 李穀(이곡 1298~1351)의 아호. →217. *鈿 : 비녀. *翠翹 : 물총새의 깃. 부인의 푸른빛 목걸이나 비녀. *嵓 : 바위. ≒ 巖(암). *飄散 : 펄럭이며 날아 흩어짐. *噬臍 : 배꼽을 묾. 포수에게 쫓기는 사향노루가 제 배꼽의 향내 때문에 잡힌다고 여겨 자기의 배꼽을 물어뜯으려 하지만 이미 때가 늦었다는 이야기에서 온 말로, 후회해도 소용없음을 뜻함. 噬臍之患(서제지환).<左傳 莊公6년> *荊棘 : 나무의 가시. 苦難(고난). *銅駝 : 구리로 만든 駱駝像(낙타상). 西晉(서진) 때 洛陽(낙양) 왕궁 앞 네거리에 마주 대하여 세웠는데, 索靖(삭정)이란 사람이 세상의 혼란을 미리 짐작하고 그 낙타상을 보면서 "얼마 안 있어 너를 폐허 속에서 보게 되겠구나." 하더니, 과연 五胡(오호)의 침입이 있어 낙양이 폐허가 되더라 함. *纍臣 :

죄가 있어 갇힌 신하. 땅 속에 매인 신하. *瞑 : 눈을 감다. *麥秀 : 麥秀歌(맥수가) 또는 麥秀之歎(맥수지탄). 나라의 서울이 보리밭으로 변해 버렸음을 탄식한 노래. 옛 殷(은) 나라 충신 箕子(기자)가 옛 도성을 지나면서 읊었음. *袞袞 : 끊임없이 이어지는 모양. *考 : 상고하다. 헤아리다. *脉 : 脈(맥-줄기. 맥)의 속자.

[鑑賞] 가정 이곡의 '扶餘懷古' 시 운자는 河, 家, 多, 羅, 華, 花, 駝, 歌, 波 자인데, 이 시도 똑같은 운자이다. 그 시에 차운했으니 이 시도 그 운자를 그대로 밟은 것은 당연하다. 이 시의 전반부 4연은 "부소산 북쪽 泗沘(사비) 강으로 언제 옮아와 나라를 세웠던가. 성과 못의 튼튼함만 믿어 이웃 나라와 다투고 군사만 끌어안아 민생은 돌보지 않았네. 임금과 신하 술잔치에 빠져 원대한 계략이 없었으니, 羅唐(나당)의 많은 군사들 국경에 몰려왔었네. 양처럼 순한 말에 구슬 재갈 물려도, 가련하여라 陳後主(진후주)의 張麗華(장여화) 신세였네."여서 백제 조정을 너무 나무라는 인상을 준다. 그러나, 의자왕은 충신 成忠(성충)의 계책을 무시해 버려 나라를 잃었으니 自業自得(자업자득)이라 할 수도 있겠다. →50-2, 179-1.

7言古詩(7언고시) 8연 16구. 인용한 후반부의 압운은 花, 駝, 歌, 波 자로 花는 평성 '麻(마)' 운, 나머지는 평성 '歌' 평운으로 두 운은 通韻(통운)이 된다. 평측은 차례로 '平平仄平仄平仄, 平平平仄平平平, 仄仄平平仄仄仄, 仄平平仄平平平, 仄仄仄平仄仄平, 平平仄仄仄平平, 仄仄平平平仄仄, 平平仄仄平平平'으로 二四不同二六對(이사부동이륙대)는 첫 구만 어긋났고 反法(반법)이나 粘法(점법)은 이루어지지 않았다.

466-6 宿直旨寺與善源同賦(숙직지사여선원동부) 직지사에 묵으며 선원과 함께 짓다

東華十載久迷津 今日禪房岸角巾 霜後烏椑渾脫葉 月中鴦瓦漸生鱗
篆盤香細寒更促 佛榻燈昏軟語眞 滿耳石泉淸不寐 明朝其奈踏紅塵.

(동화십재구미진 금일선방안각건 상후오비혼탈엽 월중앙와점생린
전반향세한경촉 불탑등혼연어진 만이석천청불매 명조기내답홍진)

한림학사 10년에 오래 갈 길 헤매다가,
오늘은 절의 선방에서 은사의 두건을 비스듬히 썼네.
서리 온 뒤의 감나무는 잎 모두 졌고, 달빛 속의 기와는 차츰 비늘 번득이듯 하는구나.
전자처럼 가늘게 타는 향불 추위를 재촉하고,
불탑의 등불 어두워 부드러운 말이 제격일세.
귀에 가득한 석간수 소리 맑아 잠 이루지 못하나니,
내일 아침 어찌 다시 속세로 가려는가.

[語句] *直旨寺 : 直指寺(직지사)인 듯함. 경북 금릉군 대항면 黃岳山(황악산)에 있는 절. 신라 때 墨胡子(묵호자)가 창건했다고 함. *東華 : 翰林學士(한림학사). 중국 宋(송)나라에서 한림학사로 임명되면 대궐 동화문으로 들어가 左承天門(좌승천문)에 이르러서 말에서 내리기에 이르는 말임. *迷津 : 나루터를 찾아 헤맴. '갈 길 또는 정착할 곳을 못 찾아 헤맴'의 뜻임. *禪房 : <佛>참선하는 방 또는 절간의 방. *岸 : 갓을 비스듬히 쓰다. *角巾 : 隱士(은사)가 쓰는 頭巾(두건). *烏椑 : 떫은 감. 감. *鴦瓦 : 기와지붕의 기왓등과 기왓골. 鴛鴦瓦(원앙와). 수키와[童瓦동와]와 암키와[仰瓦앙와]가 어울려 지붕을 이루므로 원앙새의 암수같이 사이좋게 놓였음에서 하는 말임. *生鱗 : 고기의 비늘처럼 生動(생동)함. '기와가 반짝임'을 뜻함. *篆盤香 : 꼬불꼬불한 篆字(전자) 모양으로 타는 향과 향로. *更 : 바꾸다. 시각 따라. *佛榻 : <佛>부처를 모신 평상. *軟語 : <佛>부드러운 말소리. 상냥한 말. 어느 중이 노새를 연어로 칭찬하니 알아듣더라 함.<法苑珠林> *石泉 : 산골짜기의 돌이 많은 곳에 흐르는 맑은 시냇물. 바위틈에서 흐르는 샘물. 石澗水(석간수). *其奈 : 그 어찌. *紅塵 : 속세의 티끌. 번거로운 세상.

[鑑賞] 선원이란 분은 지은이 및 김종직과 인척 관계이거나 문하생인 듯, 김종직의 시에도 '선원은 진실로 내 동지라.'라 한 구절이 있다. 지은이와 선원 두 사람이 직지사 절간 방에 묵으면서 함께 지은 시이다. 첫 연에서는 '번거로운 벼슬에서 잠시 벗어나 이 절에 와서 한가로움을 맛본다' 했고, 둘째 연은 절의 감나무와 지붕 기왓골을 對句(대구)로 읊었으니, '서리로 감잎은 모두 떨어져 을씨년스럽고 지붕의 물고기 비늘처럼 가지런한 기와들은 달빛에 반짝여 움직이는 듯하다.' 했다. 셋째 연은 가늘게 타는 향과 불상 앞의 등불 등 방안의 모습을 역시 대구로 묘사했다. 마지막 넷째 연은 '맑은 샘물 소리로 잠이 오지 않는데 내일 아침이면 또다시 속세로 돌아가 번거롭게 살아야 하는' 절을 떠나기 아쉬움으로 끝맺은 좋은 작품이다.

7言律詩(7언율시). 압운은 津, 巾, 鱗, 眞, 塵 자로 평성 '眞' 평운이다. 평측은 차례로 '平平仄仄仄平平, 平仄平平仄仄平, 平仄平平平仄仄, 仄平平仄仄平平, 仄平平仄平平仄, 仄仄平平仄仄平, 仄仄仄平平仄仄, 平平平仄仄平平'으로 이사부동이륙대와 반법, 점법 등이 모두 잘 이루어졌고, 끝 연 두 구의 평측 배열이 대조를 잘 이룬 7律의 전형이 되는 명작이다.

466-7 鮑石亭 終聯(포석정 종련) 포석정 끝 연

君不見臨春閣中醉醺醺 不知門外韓將軍 玉樹璧月歌未闋 江南王業隨烟滅
前車可爲後車戒 後車相尋迷覆轍 我願天公令鬼守 留與後人鑑次石.

(군불견임춘각중취훈훈 부지문외한장군 옥수벽월가미결 강남왕업수연멸
전거가위후거계 후거상심미복철 아원천공영귀수 유여후인감차석)

그대 모르는가 진 후주陳後主의 임춘각에서 술이 얼큰하여,
문밖의 수隋 나라 한금호韓擒虎 장군을 알지 못해,
옥수와 벽월의 음란 노래 끝나기도 전에, 강남의 왕업이 연기 따라 사라진 것을.
앞 수레 넘어진 것이 뒷 수레의 경계가 되건만, 뒷 수레도 그 자국에 빠져 넘어져 버렸네.
내 바라노니 하늘이 귀신 시켜, 뒷사람들 이 포석정을 거울삼도록 잘 간수하게 되기를.

[語句] *鮑石亭 : 경북 경주시 남쪽 탑정동과 배동 경계에 있는 신라 유적지. 통일 신라 시대에 건립했는데, 정자는 없어지고 전복의 형태를 본받아 만든 물도랑이 남아 있음. 이 도랑에 술잔을 띄우고 시를 읊으며 놀던 곳으로 경애왕이 927년 9월 비빈 궁녀, 신하들과 함께 놀다가 견훤의 습격을 받아 자살했고 11월에 경순왕을 세웠음. *臨春閣 : 중국 남조 陳(진)의 後主(후주)가 세운 화사한 누각. 여기서 비빈 궁녀들과 놀이에 빠졌고, 隋(수)의 장수 韓擒虎(한금호) 군사들이 성문 안으로 들어오는 것도 몰랐으며, 후주와 그 왕비 張麗華(장여화)는 참살당했음. *醺醺 : 술에 취하여 기분이 좋은 모양. *韓將軍 : 한금호. *玉樹璧月 : 옥수후정화와 벽월 가곡. 모두 음란한 곡조임. 벽월은 '둥근 달'의 뜻임. →466-4. *闋 : 쉬다. 다하다. 끝나다. *江南王業 : 양자강 이남의 왕조 곧 陳 나라. *前車~後車戒 : 前車覆後車戒(전거복후거계). 앞 서 가는 수레가 넘어지면 뒤에 가는 수레가 경계해 조심함. 앞 사람의 실패를 보고 뒷사람이 조심함.<漢書 賈誼傳> *覆轍 : 뒤집혀진 수레바퀴. 실패한 자취. 前轍(전철). *天公 : 하늘. 조물주. 하느님.

[鑑賞] 포석정에 어린 신라 왕조의 슬픈 역사를 회고하며 뒷사람들이 경계로 삼을 것을 읊은 시. 이 앞부분의 대강은 "거친 골짜기 맑은 시냇가에 깔려 있는 전복 모양의 돌들에 이끼 끼었는데, 옛 신라왕이 정사는 돌보지 않고 신하들과 여기와 술잔 물에 띄워 취하며 노래했다. 풍악 소리 크게 울려 적병이 서울에 들어온 줄도 몰라, 궁궐은 피로 물들고 조정과 도읍은 폐허가 되었다. 궁녀들의 애처로운 울음 옥비녀는 풀섶에 버려졌고, 蟹目嶺(해목령) 고개 위 뭉게구름과 솔바람 소리 지금도 천년 슬픔을 띠었다."이다.

7언고시 13연 26구. 인용한 부분은 끝 4연으로 압운은 醺, 軍, 闋, 滅, 轍, 石 자로 醺과 軍은 평성 '文(문)' 평운, 闋·滅·轍은 입성 '屑(설)' 측운이며 끝의 石은 입성 '陌(맥)' 측운이다. 한편 이 시의 앞 부분 9연은 평성 '灰(회)' 평운으로 일관했으니, 네 가지 운으로 轉韻(전운)한 셈이다. 평측은 차례로 '平仄仄平平仄平仄平平, 仄平平仄平仄平, 仄仄仄仄平仄仄, 平平平仄平平仄, 平平仄仄仄平仄, 仄平平平平仄仄, 仄仄平平仄仄仄, 平仄仄平仄仄仄'으로 이사부동이륙대가 이루어

진 곳은 제 4, 5, 7, 8구의 넷이고, 반법이나 점법은 무시되었으니 고시이기에 흠결이 되지 않는다.

467. 趙緯韓(조위한 ?~1649) : 조선 인조 때 정치가. 자 持世(지세). 호 玄谷(현곡). 본관 漢陽(한양). 父 陽定(양정). 선조 34년(1601) 司馬試(사마시), 광해군 1년(1609) 문과 급제하여 金德齡(김덕령 →697) 장군에 從事(종사)하고 명 나라에 갔다 와서 權石洲(권석주) 등과 함께 벼슬을 받았으나 國舅(국구) 金悌男(김제남)의 誣獄(무옥, 거짓 옥사)에 연좌되어 체포되었다가 仁祖反正(인조반정) 때 司成(사성)을 거쳐 尙衣正, 掌令, 執義(상의정, 장령, 집의)가 되어 湖堂(호당, 독서당)에 들었고, 이괄의 난과 정묘호란에 참전 후 工曹參判(공조참판)을 거쳐 知中樞府事(지중추부사)에 이르렀다. 성격이 호방하고 尊賢(존현)과 자신의 단속에 규범이 있었고 孝友(효우)가 돈독했으며 문장에 능하여 권석주는 그의 시에 자기가 미치지 못한다고 말한 바가 있다.

467-1 宮詞(궁사) 궁중 여인의 노래

柳葉陰陰荷葉肥 水晶簾外落薔薇 黃鶯似識君王意 不斷柔腸終不飛.

(유엽음음하엽비 수정렴외낙장미 황앵사식군왕의 부단유장종불비)

버들잎 그늘지게 자랐고 연잎 제법 넓적해졌는데, 수정 발 밖으로 고운 장미꽃은 지네. 노란 꾀꼬리는 임금님 뜻을 알고 있는지, 내 마음 달래려는 듯 끝내 날아가지 않는구나.

[語句] *宮詞 : 궁중의 후궁이나 궁녀 등의 노래. *陰陰 : ①수목이 무성하게 뒤덮임. 그늘이 짐. ②어둑어둑 함. *水晶簾 : 수정 구슬을 꿰어 꾸민 발. *柔腸 : 부드러운 마음. 마음을 부드럽게 함 곧 마음을 달램. 哀鳴傷我腸(슬피 울어 내 마음 상하게 하네)<中國古詩 傷歌行>

[鑑賞] 중국과 우리나라 옛 한시에는 궁사 시가 많은데, 이 책에서 인용한 작품은 司馬禮(사마례)의 '宮怨(궁원 →98-1)', 成侃(성간 →114)과 李建勳(이건훈 →214) 및 張祜(장호 →369)의 '宮詞'이니, 그 시들은 나름대로 궁중 여인들의 수심을 읊었다. 이 시는 늦은 봄날의 궁중 모습이니 '버들잎 그늘이 제법 짙고 연잎은 넓적해졌는데, 뜰의 장미꽃은 지기 시작이다. 노란 꾀꼬리는 임금님이 곧 찾아오실 터이니 조금만 기다려 보라는 듯 날아가지도 않고 울어댄다.' 했다. 끝 두 구는 '오시지 않는 임금님을 원망하는 나를 달래려는 듯 꾀꼬리는 날아가지도 않고 계속 울고 있다.'로 풀이할 수도 있겠다.

7言絕句(7언절구). 압운은 肥, 薇, 飛 자로 평성 '微(미)' 평운이다. 평측은 차례로 '仄仄平平平仄平, 仄平平仄仄平平, 平平仄仄平平仄, 仄仄平平平仄平'으로 二四不同二六對(이사부동이

륙대)와 反法(반법), 粘法(점법) 등이 잘 이루어졌다.

468. 趙胤(조윤 ?) : 고려말의 문신. 改名(개명) 狷(견). 본관 平壤(평양). 형 조선개국공신 浚(준 → 475). 어릴 때부터 독서를 좋아하여 고려말에 문과 급제하고 按廉使(안렴사)를 역임했다. 형인 준이 이성계를 도와 반란의 뜻을 가졌음을 눈치채고 자기네는 고려와 존망을 같이할 집안임을 울면서 말하며 반란에 참여치 말라고 호소했다. 형은 동생을 귀찮은 존재로 여겨 영남안찰사로 보냈는데, 그가 영남에서 돌아오기 전에 고려가 망하매 하늘을 우러러 통곡하며 경기도 과천의 清溪山(청계산)에 들어가 松都(송도) 쪽을 바라보며 대성통곡했다. 그 후 楊州(양주)의 松山(송산)으로 옮겨 清涼山(청량산) 속에서 여생을 보냈는데, 형은 화가 동생에게 미칠까 하여 開國功臣券(개국공신권)에 기입해 보내니, 조윤은 이를 물리치고 이름마저 狷이라 고쳤다. 임종 때 자손들에게 조선 조정에서 벼슬하지 말라고 당부했다.

468-1 嶺南樓(영남루) 영남루

三年再過嶺南樓 細細梅香勸少留 擧酒消憂堪送老 平生此外不須求.

(삼년재과영남루 세세매향권소류 거주소우감송로 평생차외불수구)

3년 만에 다시 영남루를 지나노라니, 알뜰한 매화의 향기 나를 잠시 머무르게 하네. 술잔 들어 나라 걱정 사그라뜨리며 늙어가고 있으니, 평생에 술 밖에 또 무얼 구하리오.

[語句] *嶺南樓 : 경상남도 密陽市 內一洞(밀양시 내일동)에 있는 누각. 고려 공민왕 때 건립했다는데 밀양 객사의 부속 건물임. 조선 헌종 9년(1843)에 불탔고 이듬해에 재건했는데 조선 후기 대표적 건축물로 보물 147호로 지정되었음. *細細 : 매우 가는 모양. 알뜰한 모양. *此外 : 이 밖. '술 이외에'의 뜻임.

[鑑賞] 다시 영남루에 들러 소회를 읊은 시. 봄날 매화 향기는 가늘게 번져 나를 알뜰히 맞아주니 잠시 머물러 술잔을 든다. 셋째 구의 '근심'은 개인적인 근심으로 볼 수도 있으나, 지은이는 고려 왕조에 충성을 다하며 쇠약해 가는 나라를 붙잡으려고 애쓴 사람이라 '나라 걱정'으로 풀이했다. 나 한 사람의 힘으로 어찌할 수 없으니 忘憂之物(망우지물)이라는 술을 마시어 울분을 달랠 길밖에 없다고 했다.

7언절구. 압운은 樓, 留, 求 자로 평성 '尤(우)' 평운이다. 평측은 차례로 '平平仄仄仄平平, 仄仄平平仄仄平, 仄仄平平平仄仄, 平平仄仄仄平平'으로 이사부동이륙대와 반법, 점법 등이 모두 잘 이루어졌다.

469. 趙仁規(조인규 1227~1308) : 고려 충선왕 때 功臣(공신). 자 去塵(거진). 시호 貞肅(정숙).

본관 平壤(평양). 어릴 때부터 뛰어나게 총명하더니 공부에 힘써 문리에 통하였고, 나라에서 蒙古語(몽고어) 배울 아이를 뽑을 때 선발되었으며, 諸校(제교)에서 將軍(장군)으로 승진, 여러 벼슬을 거쳐 知密直司事, 僉議贊成事(지밀직사사, 첨의찬성사)가 되고 자기 딸을 충선왕의 비로 삼았다. 한 때 원 나라 安西(안서)에 유배되기도 했으나 충렬왕 때 공신이 되고 평양군에 봉해졌다. 몽고어에 능숙하여 원에 30번이나 사신으로 왕래했고, 왕의 장인으로 위세가 당당하여 벼슬을 그만둔 뒤에도 나라의 큰일에는 반드시 그에게 자문을 구했다.

469-1 示諸子(시제자) 여러 아들에게 훈계하다

事君當盡忠 遇物當至誠 願言勤夙夜 無忝爾所生.
(사군당진충 우물당지성 원언근숙야 무첨이소생)

임금을 섬길 때는 마땅히 충성을 다하고, 무슨 일을 당했을 때에는 정성을 다해야 하리.
바라건대 밤낮으로 부지런하게 되면, 너희들에게 욕될 일은 생기지 않으리라.

[語句] *示子 : 아들에게 가르침. *遇物 : 어떤 일을 만남. *至誠 : 지극한 정성. *夙夜 : 이른 아침과 늦은 밤. 밤낮으로. *忝 : 욕되다. *爾 : 너. *所生 : ①생기는 바. ②자기가 낳은 자식.

[鑑賞] 지은이의 아들이 셋이니 端, 璉, 延壽(단, 연, 연수)인데 모두 높은 벼슬살이를 했다. 자손들을 앞에 앉히고 가훈 같은 이 시를 읊으며 훈계했으리라. 임금께 충성을 다하라는 것은 봉건 사회의 한 덕목이 되겠고, 매사에 지성을 다하라는 것은 정직 성실하게 살아가라는 뜻이겠다. 그리고, 부지런하면 너희들이나 후손들에게도 욕될게 없으리라 했다.

5言古詩(5언고시). 압운은 誠, 生 자로 평성 '庚(경)' 평운이다. 평측은 차례로 '仄平平仄平, 仄仄平仄平, 仄平平仄仄, 平仄仄仄平'으로 이사부동은 첫째, 셋째 구에서 이루어졌고 반법과 점법은 이루어지지 않았다. 5언절구라 해도 되겠지만, 첫 구가 평성으로 끝났고 반법과 점법이 이루어지지 않았으며, 또 가훈이나 자손에게 훈계하는 시는 굳이 절구나 율시 같은 近體 詩體(근체 시체)로 지을 필요가 없을 것이기 때문에 고시로 처리했다.

470. 趙仁璧(조인벽 ?~1393) : 고려 공민왕 때 무관. 본관 漢陽(한양). 父 工部尙書 龍城君 暾(공부 상서 용성군 돈). 일찍이 아버지를 따라 동북병마사 柳仁雨(유인우)를 도와 雙城(쌍성) 회복에 공을 세웠으며, 萬戶(만호)로서 咸州, 北靑(함주, 북청) 지방에 들어온 왜구를 몰아내어 奉翊大夫(봉익대부)가 되었다. 우왕 때 密直副使(밀직부사)로 江陵上元帥(강릉상원수)가 되어 왜구를 격파하고 문하찬성사, 동북면도체찰사를 거쳐 四道指揮使(사도지휘사), 三司左使(삼사좌

사)를 지냈다. 창왕 때 判懿德府事(판의덕부사)였으며, 조선 태조 초에 위화도 회군의 공으로 2등공신에 책록되었고, 아들 溫(온, 前室전실의 아들)과 涓(연)도 조선 창업의 공신이 되었다.

470-1 絕句(절구) 절구

蝶翅勳名薄 龍腦富貴輕 萬事驚秋夢 東窓海月明.

(접시훈명박 용뇌부귀경 만사경추몽 동창해월명)

공훈 명성은 하늘거리는 나비 날개같이 얇고, 부귀도 용뇌 향기처럼 가벼이 날아가네. 만사가 한바탕 가을 꿈에 지나지 않아, 놀라 깨니 동창에 바다의 달만 밝구나.

[語句] *勳名 : 功勳(공훈, 나라를 위해 드러나게 세운 공로)과 명성. 공훈의 칭호. 勳號(훈호). *龍腦 : 용뇌향. 용뇌나무에서 채취한 무색투명한 향료. 용뇌나무는 '남방의 상록 교목으로 높이 30m 가량'인데, 열매의 씨가 약으로나 향료로 쓰임. *秋夢 : 가을 꿈. '봄 꿈 곧 春夢(춘몽)처럼 덧없음'을 뜻함. *東窓 : 동편으로 난 창문.

[鑑賞] 부귀공명이란 헛된 것이다. 세상만사가 모두 一場春夢(일장춘몽)이니 따라서 인생 자체도 무상한 것이다. 꿈에서 깨어난 듯 놀라 일어나니 동창에는 바다에 뜬 밝은 달만이 영원하다. 허무한 이승의 삶에 대해 얼핏 깨달은 바를 즉흥으로 읊은 시이다.

5言絕句(5언절구). 압운은 輕, 明 자로 평성 '庚(경)' 평운이다. 평측은 차례로 '仄仄平平仄, 平仄仄仄平, 仄仄平平仄, 平平仄仄平'으로 二四不同(이사부동)은 둘째 구에서 어긋났고 反法(반법)과 粘法(점법)도 이루어지지 않았다.

471. 趙寅永(조인영 1782~1850) : 조선 헌종 때 정승. 자 義卿(의경). 호 雲石(운석). 시호 文忠(문충). 본관 豊壤(풍양). 父 吏曹判書 鎭寬(이조판서 진관). 형 萬永(만영). 순조 16년(1816) 사신을 따라 청 나라 燕京(연경)에 들어가 金石文大家 劉喜海(금석문 대가 유희해 →242-4)와 사귀었다. 순조 19년(1819) 侍直(시직)으로 문과에 장원급제하여 호조판서를 거쳐 헌종 5년(1839) 우의정이 되고 동왕 7년(1841)부터 철종 1년(1850)까지 네 번이나 領議政(영의정)을 지냈다. 奉君愛民(봉군애민)의 정신이 투철하고 문장으로 이름이 높았다. 문집에 '雲石遺稿(운석유고)'가 있다.

471-1. 渡錦江(도금강) 금강을 건너며

錦江江口畫船高 春雨春澌長一篙 忽覺飄然如得意 幾多車馬道中勞.

(금강강구화선고 춘우춘시장일고 홀각표연여득의 기다거마도중로)

금강 머리에 호화선을 띄우니, 봄비에 녹아 흐르는 얼음 긴 삿대 같구나.
문득 세상 일 모두 잊는 뜻 이루어, 수레나 말을 타고 강산 경치 구경하고 싶어지네.

[語句] *錦江 : 충청북도 天摩山(천마산) 등지에서 발원하여 충북과 충남을 걸쳐 흘러 群山灣(군산만) 으로 흘러드는 강. 길이 401km. *畫船 : 채색하여 호화롭게 꾸민 배. 彩船(채선). *澌 : 성에. 강물에 떠서 흘러가는 얼음덩이. 성엣장. *篙 : 삿대. *飄然 : 훌쩍 떠나거나 나타나는 모양. 세상일에 구애받지 않는 모양. *得意 : 뜻을 이룸. *車馬 : 수레와 말. '차마'로도 읽을 수 있음. *道中 : 길 가운데. 旅行(여행).

[鑑賞] 봄비 맞으며 배로 금강을 건넌다. 얼어붙었던 강물이 녹아 성에는 긴 삿대처럼 함께 흐르고 사방 경치 좋아, 문득 세상의 번거로운 일들 모두 잊어버리고 훌쩍 수레나 말을 타고 멀리멀리 강산의 좋은 경치나 양껏 구경하러 떠나고 싶어진다.

7言絶句(7언절구). 압운은 高, 篙, 勞 자로 평성 '豪(호)' 평운이다. 평측은 차례로 '仄平平仄仄平平, 平仄平平平仄平, 仄仄平平平仄仄, 仄平平仄仄平平'으로 二四不同二六對(이사부동이륙대)와 반법, 점법 등이 모두 이루어졌다.

472. 趙任(조임 1573~1644) : 조선 인조 때 知中樞府事(지중추부사). 자 子重(자중). 호 沙月(사월). 본관 한양. 조선 개국공신 仁璧(인벽 →470)의 후예. 父 贈漢城府判尹 光仁(증한성부판윤 광인). 학문에 대한 집념이 강해 松澗 金允明(송간 김윤명)의 문하에서 수학하니 호방한 성품, 뛰어난 재주와 도량을 보고 스승이 탄복하며 크게 칭찬했다. 임진왜란 때 20세의 나이로 郭再祐(곽재우 →11)의 의병 진영에 들어가 수년간 충의를 다하였다. 광해군 5년(1613) 蔭仕(음사)로 司憲府 監察(사헌부 감찰), 이어 宣敎郎 軍資監判官(선교랑 군자감판관), 通政大夫(통정대부) 등이 除授(제수) 되었으나 나아가지 않았다. 인조 5년(1627) 丁卯胡亂(정묘호란)에는 나라에 많은 곡식을 희사하고 어려운 사람들에게 재물을 나누어 주는 등 義捐(의연)을 행하니, 조정에서 그 공적을 기리어 資憲大夫(자헌대부) 지중추부사로 승진시켰다. 丙子胡亂(병자호란) 때는 고령으로 싸움터에 나갈 수 없어 후원에 祝天壇(축천단)을 쌓아 사직의 안녕을 비는 충절로 칭송이 자자했다. '沙月先生文集(사월선생문집 2권)'이 전하며 그 宗中(종중)에서 국역하여 '月潭軒世稿(월담헌세고)'로 간행한 바 있다.

472-1 愛蓮辭 四首 第2首(애련사 사수 제2수) 애련사 네 수 둘째 수

春水方生葉 平平水與齊 乘來太乙艇 潛伏老龜棲
露滴明珠轉 風飜翠蓋低 憐渠淸且潔 何事在淤泥.

(춘수방생엽 평평수여제 승래태을정 잠복노구서

노적명주전 풍번취개저 연거청차결 하사재어니)

눈 녹은 봄물 불어나니 연잎도 나와, 물과 함께 평평하게 보이는구나.

태을정 배를 타고 온 듯, 늙은 거북이 엎드린 듯,

이슬 내리면 방울져 구슬처럼 구르고, 바람 불면 숙인 양산이 되네.

가엾구나, 너는 맑고도 깨끗하건만, 어찌하여 진흙 속에 담겼는고.

[語句] *愛蓮辭 : 연을 아끼고 사랑하는 시. *春水 : 봄철에 흐르는 물. 봄물. *平平 : 높낮이가 없이 널찍하고 판판함. *太乙艇 : 신선이 타는 배. 태을은 '太一(태일, 天帝천제) 또는 太乙眞人(태을진인, 하늘의 신선)'임. *潛伏 : 몰래 숨어 엎드림. 埋伏(매복). *明珠 : 투명하고 티가 없는 구슬. 아름다운 구슬. *翠蓋 : 푸른 비단 양산. *低 : 숙이다. *憐 : 가련하다. 사랑스럽다. *渠 : 그. 너. *淸潔 : 맑고 깨끗함. *何事 : 어찌된 일. 무슨 일. *淤泥 : 진흙. 진흙탕.<周敦頤 愛蓮說> 淤는 '진흙. 앙금. 찌끼'로 평성과 거성으로 두루 쓰임.

[鑑賞] 이 연작시의 첫 수는 蓮根(연근)을 읊었는데 다음과 같다. "희고 깨끗한 연근이 물 속에서 나오니, 漢(한) 나라 궁녀가 잃은 은비녀인가, 周(주)의 태자 晉(진)이 緱山(구산)에서 불던 옥피리인가. 돋은 촉은 누런 송아지 뿔이요, 진액은 누에의 실이로다. 앞 연못에서 캐낼 수 있으니, 신선 나라 태화 못까지 갈 것은 없으리." 셋째 수 蓮花(연화)는 "조촐한 꽃 군자의 모습이요, 옥 같은 빛깔 程子(정자)의 얼굴이며, 얼음 같은 자태 康節 邵雍(강절 소옹)의 마음일세. 꽃 대 솟아 티끌에 물들지 않았고, 고요하고 맑기는 물이요 하늘 같구나. 연꽃의 이러한 뜻 느끼는 이 드물어, 저녁 바람 속에 무심히 섰노라."이고, 끝 수 蓮實(연실)은 "가을 들어 꽃 지자 좋은 열매 꽃보다 낫네. 개미집처럼 겹쳤고 벌집같이 벌여 있구나. 검은 껍질에 싸인 곧은 자태, 어린 싹이 생생하게 안겨 있구나. 갖가지 기이한 모습 모두를 이 처사의 집에 보여 주고 있네."이다. 연뿌리, 연잎, 연꽃, 연밥 등의 특징을 세밀한 관찰로 묘사하고 故事(고사)를 곁들여 읊은 名作(명작)이다.

5言律詩(5언율시). 압운은 齊, 棲, 低, 泥 자로 평성 '齊' 평운이다. 평측은 차례로 '平仄平平仄, 平平仄仄平, 平平仄仄仄, 平仄仄平平, 仄仄平平仄, 平平仄仄平, 平平平仄仄, 平仄仄平平'으로 二四不同(이사부동)과 反法(반법), 粘法(점법) 등이 모두 잘 이루어져 5律의 典型(전형)이 되는 작품이다.

473. 趙載浩(조재호 1702~1762) : 조선 영조 때 정승. 자 景大(경대). 호 損齋(손재). 본관 豊壤(풍양). 父 좌의정 文命(문명 →445). 영조 20년(1744) 문과급제하여 누이동생인 孝純

王后(효순왕후, 眞宗妃진종비)의 권유로 외직에 있다가 누이가 죽은 뒤, 영조 30년 右議政(우의정)에 오르니 과거 급제한 지 불과 10년만이었다. 또 효순왕후의 남긴 훈계로 春川(춘천)에 은거하다가 영조 37년(1761) 思悼世子(사도세자)를 구하려고 결사 노력했으나 뜻을 이루지 못하고 鍾城(종성)에 유배되었다가 사약을 받았다.

473-1 亡弟墓(망제묘) 아우의 무덤에서

故宅妻兒守 空山歲月徂 積哀餘淚盡 半割此身孤
極目黃雲斷 驚心遠鴈呼 人生虧一樂 後死獨憐吾.

(고택처아수 공산세월조 적애여루진 반할차신고
극목황운단 경심원안호 인생휴일락 후사독련오)

옛 집에는 제수와 조카들만 남아 살고, 묘 있는 빈산에는 세월만 빠르구나.
쌓인 슬픔에 눈물조차 말랐고, 동생 잃은 할반지통의 이 신세 외로워라.
바라보니 누런 구름 끊이고, 놀란 외기러기들 서로 부르며 날아가네.
인생의 한 즐거움 이지러졌으니, 아직 살아 있는 나 홀로 가엾구나.

[語句] *故宅 : 옛 집. 지난날 살던 집. 故家(고가). *空山 : 사람이 없는 깊은 산. *徂 : 가다. *半割 : 割半之痛(할반지통). 同氣(동기)가 죽은 슬픔. '몸의 반쪽을 베어내는 듯한 고통'이라는 뜻임. *極目 : 육안으로 볼 수 있는 데까지 한없이 봄. *虧 : 이지러지다. 줄다. *一樂 : 한 가지 또는 첫째 즐거움. 군자에게 세 가지 즐거움이 있으니, 부모 俱存(구존)하고 형제 無故(무고)함이 첫째요, 하늘을 우러러보아 부끄러움이 없고 사람을 대하여도 부끄러움이 없는 것이 둘째이며, 천하의 英才(영재)를 얻어 교육함이 셋째의 樂(낙)이라 함.<孟子 盡心上>

[鑑賞] 아우의 묘지에서 읊은 시로 素材(소재)가 드문 편의 작품이다. 정이 많은 지은이라 동생을 추모하는 정이 애절하다. 頷聯(함련 3~4구)과 頸聯(경련 5~6구)은 作詩法(작시법)에 맞게 對句(대구)로 잘 구성되었다. 맹자의 君子三樂(군자삼락) 중 첫째로 꼽는 '부모 구존과 형제 무고'가 무너진 애통함으로 마무리한 좋은 작품이다.

5언율시. 압운은 徂, 孤, 呼, 吾 자로 평성 '虞(우)' 평운이다. 평측은 차례로 '仄仄平平仄, 平平仄仄平, 仄平平仄仄, 仄仄仄平平, 仄仄平平仄, 平平仄仄平, 平平平仄仄, 仄仄仄平平'으로 이사부동과 반법, 점법 등이 모두 잘 이루어지고 평측 배치도 좋은 작품이다.

474. 曹操(조조 154~220) : 漢(한) 나라 獻帝(헌제) 때 丞相(승상). 자 孟德(맹덕). 한 나라 沛國 譙(패국 초) 사람. 후에 魏(위) 나라를 세웠고 아들 丕(비)가 文帝(문제)가 되어 武帝

(무제)라 追尊(추존) 했다. 權謀(권모)에 능하여 많은 공을 세우고 승상으로서 정권을 專斷(전단)했으며 魏王(위왕)에 봉해졌으나, 위 나라를 세워 蜀漢(촉한), 吳(오)와 더불어 중국 三國時代(삼국시대)를 열었다.

474-1 苦寒行(고한행) 모진 추위의 노래

北上太行山 艱哉何巍巍 羊腸阪詰屈 車輪爲之摧.
(북상태행산 간재하외외 양장판힐굴 거륜위지최)

북쪽 태행산에 오르려니, 어찌나 높고도 험한지,
양의 창자 같은 굽이굽이 언덕길 돌자면, 수레바퀴 꺾어지고야 만다네.

[語句] *苦寒 : 모진 추위. 추위로 인한 괴로움. *太行山 : 중국 河北省(하북성)과 山東省(산동성)의 경계에 있는 산과 산맥. *艱 : 어렵다. 괴롭다. *巍巍 : 높고 큰 모양. 우뚝 솟은 모양. *羊腸 : 양의 창자. 꼬불꼬불한 길. 九折羊腸(구절양장, 양의 창자처럼 몹시 구불구불하고 험한 산길). 膓은 '腸(장)'의 속자임. *阪 : 산비탈. 고개. =坂(판). *詰屈 : 구부러짐. 굽음. 詰은 '꾸짖다. 굽다'임. *摧 : 꺾다. 억누르다.

[鑑賞] 지은이 위무제는 군사와 정치에 뛰어났지만 문학에 있어서도 그에 못지않은 바가 있어 建安文學(건안문학)을 열었다. 곧 위무제와 아들 文帝 丕(문제 비)와 植(식 → 456)은 賦(부)보다 낮은 위치에 있던 5言詩(5언시)를 문학의 한 형태로 확립했다는 평가를 받는다. 이 시는 태행산맥의 험한 고개를 넘으며 그 괴로움을 읊었다.

5言古詩(5언고시). 압운은 巍, 摧 자로 巍는 평성 '微(미)' 운, 摧도 평성 '灰(회)' 평운으로 두 운은 通韻(통운)이 된다. 평측은 차례로 '仄仄仄平平, 平平平平平, 平平仄仄仄, 平平仄平平'으로 이사부동은 첫째와 셋째 구에서 이루어졌고 반법이나 점법은 무시되었으니, 5언시 형성의 초기 작품이라 그런 규칙이 확립되기 전이기에 그럴 것이다.

474-2 短歌行 初・終聯(단가행 초・종련) 단가행 첫 연・끝 연

對酒當歌 人生幾何 譬如朝露 去日苦多
慨當以慷 幽思難忘 何以解憂 惟有杜康<첫 연>
月明星稀 烏鵲南飛 繞樹三匝 無枝可依
山不厭高 水不厭深 周公吐哺 天下歸心.<끝 연>
(대주당가 인생기하 비여조로 거일고다
개당이강 유사난망 하이해우 유유두강
월명성희 오작남비 요수삼잡 무지가의

산불염고 수불염심 주공토포 천하귀심)

술 마시며 크게 노래 부르자꾸나, 사람의 일생이란 그 얼마인가,
마치 아침 이슬처럼 덧없는 것이라, 빠르게 지나는 날들 괴롭도록 많다네.
그걸 생각하면 탄식 않을 수 없고, 생각조차 막히어 잊을 수가 없구나.
무얼로 이 근심 이 슬픔을 풀려는고, 오직 술만이 있을 뿐일세.<初聯>
달 밝으니 별은 드문데, 까막까치는 따뜻한 남으로만 날아가네.
나무들 세 겹으로 두르고 있어, 새들이 의지할 가지가 없구나.
산은 높기를 싫어하지 않고, 물 또한 깊을 대로 깊다네.
옛 주공은 극진하게 어진이들을 만나, 온 천하 인심이 주 나라로 쏠렸었다네.<終聯>

[語句] *短歌行 : 詩體(시체)의 이름. *幾何 : 얼마. *去日 : 빠르게 지나가는 날. 지난 날. *苦多 : 괴롭도록 많음. 매우 많음. *慨 : 분하다. 슬프다. 강개하다. 慷慨(강개, 의기가 복받치어 원통해 하고 슬퍼함). *幽思 : 생각에 잠김. 생각을 막음. *杜康 : 중국 고대에 처음으로 술을 만든 사람. 술. *烏鵲 : 까마귀와 까치. *三匝 : 세 둘레. 세 겹. 匝은 '둘리다. 두루'임. *周公 : 옛 주 나라 文王(문왕)의 아들, 武王(무왕)의 아우. 이름은 旦(단)이요 시호는 元(원)인데, 문왕과 무왕을 도와 殷(은)의 紂王(주왕)을 치고 조카인 成王(성왕)을 도와 왕실의 기초를 튼튼히 하고 제도와 禮樂(예악)을 정하여 주의 문화 발전에 이바지했음. *吐哺 : 입 안의 밥을 뱉어냄. 주공이 식사 중에 어진이나 손님이 오면 입 안의 음식을 뱉고 맞이하고, 머리를 감을 때 찾아오면 머리칼을 움켜쥐고 만났는데 이를 '吐哺握髮(토포악발)'이라 하며, '하던 일을 멈추고 극진히 영접함'을 뜻함.

[鑑賞] 첫 연은 '인생은 무상한데 온갖 근심이 인다. 이 근심을 술로 풀어버리자' 했는데, 자고로 술을 근심을 잊는 물건 곧 忘憂之物(망우지물)이라 했다. 생략한 중간 부분은 모두 8연으로 인생과 자연을 읊었고, 끝 연에서 '달이 밝으니 별은 드물다'는 것은 '자기의 위력에 뭇 영웅들이 자취를 감춘다'는 것을 비유했고, '烏鵲南飛 ~ 無枝可依'는 '劉備(유비) 같은 사람이 몸을 붙일 만한 곳이 없어 남쪽으로 패주함'을 뜻한다는 풀이도 있다. 그리고 자기의 위세는 산이 높을수록, 물이 깊을수록 좋음과 같으니 주공처럼 덕을 쌓아 천하의 인심을 모으겠다는 포부를 폈다 하리라.

4言詩(4언시) 16연 32구. 압운에 있어서, 첫 연 모두와 끝 연의 앞 네 구는 7言絕句(7언절구)와 같이 세 구에 압운하는 3句韻法(3구운법) 방식이니, 歌·何·多 자는 평성 '歌' 평운이고 慷·忘·康 자는 평성 '陽(양)' 평운이며 稀·飛·依 자도 평성 '微(미)' 평운이다. 뒤의 끝 연 네 구는 5언절구처럼 제 2, 4구만 압운했으니 이를 隔句押韻法(격구압운법)이라 하며, 이 시에서 深·心 자는 평성 '侵(침)' 평운이다. 평측은 차례로 '仄仄平平, 平平仄平, 仄平平仄,

仄仄仄平, 仄平仄平, 平仄平平, 平仄仄平, 平仄仄平 ; 仄平平平, 仄仄仄平, 平平仄仄, 平仄平平'으로 각 구 둘째와 끝 자의 평측 곧 二四不同(이사부동)을 따지는데 대개 이루어졌고, 反法(반법)과 粘法(점법)은 지켜지지 않았다.

475. 趙浚(조준 1346~1405) : 조선 개국공신. 자 明仲(명중). 호 吁齊, 松堂(우제, 송당). 시호 文忠(문충). 본관 平壤(평양). 증조부 평양군 仁規(인규 →469). 공민왕 23년(1374) 문과 급제하여 우왕 2년(1376) 通禮門副使, 江原道按察使(통례문부사, 강원도안찰사)를 거쳐 典法判書(전법판서), 大司憲(대사헌)으로 이성계, 정도전 등과 더불어 私田改革運動(사전개혁운동)을 전개하여 이를 방해하는 左侍中 曺敏修(좌시중 조민수)를 탄핵한 바 있다. 공양왕 4년(1392) 정도전과 함께 왕을 폐위하고 이성계를 추대하여 조선의 개국공신이 되었다. 특히 경제 문제에 밝아 조선의 토지 제도는 그의 안에 따라 정비되었다. 조선 초 都統使(도통사)를 거쳐 門下左侍中(문하좌시중)이 되고 정종 초부터 8년간 首相職(수상직)에 있었다. 태종비 민씨 일파의 참소로 한 때 巡衛獄(순위옥)에 갇혔으나 태종이 즉위하자 곧 용서되어 判門下府事, 左政丞(판문하부사, 좌정승)에 임명되고 領議政府事(영의정부사)를 지냈으며 平壤府院君(평양부원군)에 피봉되었다. 詩文(시문)에 능했고 태조 6년(1397) 河崙(하윤) 등과 함께 '經濟6典(경제6전)'을 편찬했다. →468 趙胤(조윤) 참조.

475-1 安州懷古(안주회고) 안주에서 옛일을 돌이키다

薩水湯湯漾碧虛 隋兵百萬化爲魚 至今留得漁樵話 不滿征夫一笑餘.

(살수상상양벽허 수병백만화위어 지금유득어초화 불만정부일소여)

살수 강물 파도치며 허공에 출렁이니, 수 나라 백만 군사 고기밥이 되었겄다.
지금까지 어초들의 얘깃거리로 남아, 지나는 나그네의 한바탕 웃음거리 되고도 남네.

[語句] *安州 : 평안남도 서북쪽 淸川江(청천강) 남안에 위치한 고을. 七佛寺, 天王寺, 鵂岩寺, 百祥樓, 汰香山, 安州城(칠불사, 천왕사, 휴암사, 백상루, 태향산, 안주성) 등의 명승고적이 있음. *懷古 : 지나간 옛일을 돌이켜 생각함. 懷舊(회구). *薩水 : 청천강의 옛 이름. *湯湯 : 물이 한창 흐르는 모양. 물이 파도치는 모양. 湯은 '탕-끓다. 상-물결 출렁거리다'임. *漾 : 물결 출렁거리다. *碧虛 : 푸른 하늘. 碧天(벽천). *漁樵 : 고기잡이하는 어부와 나무하는 초부. *征夫 : 먼 곳으로 가는 사람. 나그네. *一笑 : 한 번 또는 한바탕 웃음. 업신여기는 웃음.

[鑑賞] 고구려 영양왕 23년(612) 隋煬帝(수양제)가 113만여 군사를 이끌고 침공한 것을 乙支文德(을지문덕) 장군이 청천강에서 대파한 薩水大捷(살수대첩)의 통쾌한 史實(사

실)을 읊은 시. 이 때 살아 돌아간 수 나라 군사는 겨우 2천 7백여 명이었다니 두고두고 人口(인구)에 膾炙(회자)될 전과가 아니겠는가. 민족적 긍지로 어깨를 죽 펼, 한바탕 크게 웃을 일인 것이다.

7言絕句(7언절구). 압운은 虛, 魚, 餘 자로 평성 '魚' 평운이다. 평측은 차례로 '仄仄平平仄仄平, 平平仄仄仄平平, 仄平平仄平平仄, 仄仄平平仄仄平'으로 二四不同二六對(이사부동이륙대)와 반법, 점법 등이 잘 이루어지고 평측 배치도 뛰어나 내용면이나 형식면에서 名作(명작)이라 아니할 수 없다.

475-2 夜泊金陵(야박금릉) 밤에 금릉에 배를 대다

蘭舟綠水晩荷紅 夜泊金陵一夜風 老柳長堤揚子渡 寒花細草館娃宮
百年榮辱人將老 六代興亡鳥沒空 天下莫强仁可結 鍾山隱隱月朦朧.

(난주녹수만하홍 야박금릉일야풍 노류장제양자도 한화세초관왜궁
백년영욕인장로 육대흥망조몰공 천하막강인가결 종산은은월몽롱)

목란 배 뜬 푸른 물에 저녁 연꽃 붉은데, 금릉의 밤바람 속에 하룻밤 묵어가네.
오래된 버들 있는 긴 뚝은 양자강 나루, 한화와 세초 속에 옛 서시의 관왜궁이 있네.
백년 영욕 속에 사람은 늙어가고, 여기 도읍했던 6왕조의 흥망 공중을 지난 새와 같구나.
천하에서 강한 것은 인으로 맺어지는 것, 종산은 은은하고 달은 몽롱하구나.

[語句] *金陵 : 지금의 중국 江蘇省 南京市(강소성 남경시). 시대에 따라 建業, 建康, 應天府, 江寧府(건업, 건강, 응천부, 강녕부)라 부른 적이 있음. *蘭舟 : 木蘭(목란)으로 만들어 호화롭게 꾸민 배. 蘭船(난선). *揚子 : 중국 양자강. *寒花 : 겨울에 피는 꽃. *細草 : 가느다란 풀. 애기풀. *館娃宮 : 吳王(오왕) 夫差(부차)가 西施(서시)를 거처토록 했던 궁전. *榮辱 : 명예와 수치. 榮譽(영예)와 恥辱(치욕). *六代 : 금릉에 도읍했던 여섯 나라. 六朝(육조). →176-1. *莫强 : 매우 강함. *鍾山 : 남경에 있는 산. 紫金山(자금산). *隱隱 : 그윽하고 은근함. 아득하여 똑똑하지 않음. *朦朧 : 분명하지 않음.

[鑑賞] 양자강 남쪽 강가에 위치한 남경에 배를 대고 밤을 지내면서, 풍경과 역사적 사실을 회고하여 읊은 시. 首聯(수련 1~2구)에서 호화선 떠 있고 저녁의 연꽃이 붉은 남경에서 하룻밤을 묵는다고 導入(도입)하고, 頷聯(함련 3~4구)은 강의 나루와 관왜궁의 풍경을 對句(대구)로 그려 虛實論(허실론)으로 볼 때 실이다. 頸聯(경련 5~6구)은 내용을 전환하여 사람과 국가의 무상함을 역시 대구로 읊은 서정적인 내용이라 허이다. 尾聯(미련 7~8구)에서 인간관계나 국가는 역시 仁으로 맺어져야 함을 강조하면서 이러한 교훈을 달빛 몽롱한 속에 아득히 보이는 자금산에서 받는다

고 시를 맺었다. 논리적으로 전개한 좋은 작품이다.

7言律詩(7언율시). 압운은 紅, 風, 宮, 空, 朧 자로 평성 '東(동)' 평운이다. 평측은 차례로 '平平仄仄仄平平, 仄仄平平仄仄平, 仄仄平平平仄仄, 平平仄仄仄平平, 仄平平仄平平仄, 仄仄平平仄仄平, 平仄仄平平仄仄, 平平仄仄仄平平'으로 이사부동이륙대와 반법, 점법 등이 잘 이루어지고 평측 배열도 좋은 명작이다.

475-3 次原州東軒韻有懷元秉甲(차원주동헌운유회원병갑)

원병갑을 생각하며 원주동헌시에 차운하다

鐵關胡馬若風行 一劍功高白面生 許國孤忠應貫日 忘身大義便長城
至今父老蒙餘澤 後世英雄揖盛名 我亦掃淸敷奏已 杏花春雨耦而耕.

(철관호마약풍행 일검공고백면생 허국고충응관일 망신대의편장성
지금부로몽여택 후세영웅읍성명 아역소청부주이 행화춘우우이경)

철령 관새에 호마가 바람 치듯 횡행하는데, 한 칼로 높이 공을 이룬 벼슬 없는 선비일세.
나라 위한 외로운 충절은 응당 해를 꿰었고, 자기 몸을 잊은 대의는 곧 만리장성이로구나.
이제까지도 나이 많은 어른들은 남은 덕택 입었고, 후세 영웅들은 그 큰 명성에 절하리라.
나 역시 오랑캐를 쓸어버리고 임금께 아뢴 뒤에는, 살구꽃 봄비 속에 짝을 지어 밭 갈리라.

[語句] *東軒 : 고을원이 업무를 처리하던 대청이나 집. *元秉甲 : 고려 충렬왕 때 進士(진사). 원주 別抄(별초)로 哈丹賊(합단적)의 침공을 막아 큰 공을 세웠음. 합단적은 '원 나라 태조의 동생인 哈赤溫(합적온)의 손자'로 충렬왕 16년(1290) 고려에 침입해 강원도 원주에 집결했는데 元冲甲(원충갑)을 비롯한 원주 별초들이 선전하여 그들을 사살했음. *鐵關 : 함경남도 安邊郡(안변군)과 강원도 淮陽郡(회양군) 사이에 있는 鐵嶺(철령) 關塞(관새). 높이 685m. *胡馬 : 오랑캐의 말. 만주나 중국 북방에서 나는 말. *白面生 : 白面書生(백면서생). 글만 읽고 세상일에 경험이 없는 선비. 벼슬 없는 선비. *許國 : 몸을 돌보지 않고 나라를 위해 힘을 다함. *大義 : 바르고 큰 의리. *長城 : 길게 둘러쌓은 성. 萬里長城(만리장성). '튼튼함'을 비유함. *父老 : 한 동네에서 나이가 많은 어른. *餘澤 : 남겨준 덕택. 끼쳐 놓은 은택. *盛名 : 크게 알려진 명성. *掃淸 : 깨끗이 쓸어냄. '오랑캐를 물리침'의 뜻임. *敷奏 : 임금에게 아뢰어 말함. 임금의 귀에 들어가도록 함. 奏達(주달). 奏聞(주문). *耦耕 : 짝지어 밭을 갊. 함께 농사지음. 孔子(공자)와 같은 시대의 隱者(은자)인 長沮(장저)와 傑溺(걸닉)이 짝을 지어 밭을 갈더라 함.<論語 微子>

[鑑賞] 원주 동헌에서 원병갑의 충절 이야기를 듣고 동헌 시의 운자에 맞추어 그를

찬양한 시. 합단적 도당들이 吉州(길주)를 거쳐 안변을 함락하고 원주에 집결하니 조정은 강화도로 피난했고, 民兵(민병)과 다름없는 원충갑, 원병갑 등이 적장 都剌闔(도라도)등 적병 반수 이상을 사살했다 한다. '백면서생인 이들의 충성심은 해와 같이 빛나고 만리장성처럼 굳세다. 후세의 백성이나 영웅들도 이들의 명성을 우러를 것이고, 나도 오랑캐를 무찔러 왕께 고하고는 이 시골에 와서 숨은 선비들과 농사지으며 살아가고 싶다.'고 읊었다.

7言律詩(7언율시). 압운은 行, 生, 城, 名, 耕 자로 평성 '庚(경)' 평운이다. 평측은 차례로 '仄平平仄仄平平, 仄仄平平仄仄平, 仄仄平平平仄仄, 平平仄仄仄平平, 仄平仄仄平平仄, 仄仄平平仄仄平, 仄仄仄平平仄仄, 仄平平仄仄平平'으로 二四不同二六對(이사부동이륙대)와 反法(반법), 粘法(점법) 등이 모두 이루어졌다.

476. 趙持謙(조지겸 1639~1685) : 조선 숙종 때 정치가, 少論(소론)의 거두. 자 光甫(광보). 호 迂齋(우재). 본관 豊壤(풍양). 父 대제학 復陽(복양). 현종 11년(1670) 문과에 급제하여 翰林, 吏郎, 副提學(한림, 이랑, 부제학)에 이르렀다. 韓泰東(한태동 →608)과 함께 소론의 영수로서 청렴하고 곧았으며 문집에 '迂齋集(우재집 11권)'이 있다.

476-1 登鐵嶺(등철령) 철령에 올라

鐵嶺千秋棘路開 逐臣前後幾人來 悄悵萬山皆在眼 回頭不見白雲臺.

(철령천추극로개 축신전후기인래 초창만산개재안 회두불견백운대)

철령 험한 길 긴 세월에 걸쳐 열렸으니, 쫓겨난 신하들 이 앞뒤로 얼마나 이어질꼬. 뭇 산들은 모두 눈앞에 들건만, 아무리 고개 돌려보아도 백운대는 보이지 않아 섭섭하구나.

[語句] *鐵嶺 : →475-3.鐵關. *千秋 : 썩 오랜 세월. *棘路 : 가시밭길. 험한 길. *逐臣 : 내몰려 쫓겨난 신하. 귀양간 신하. *悄悵 : 마음에 섭섭함. 원망하는 모양. *白雲臺 : 서울 북쪽 三角山(삼각산)의 가장 높은 봉우리. →156-2.

[鑑賞] 철령은 추가령구조곡에 위치해 함경도로 가는 험한 고개이다. 길이 없었던 것이 관북지방으로 귀양 가는 사람들로 해서 길이 열렸다고 읊은 것이다. 둘러보니 모든 산들이 다 발밑에 있건만 오직 그리운 서울 쪽 삼각산의 백운봉만은 보이지 않아 섭섭하고 원망스럽다는 것이다. 悄悵은 다음 구의 不見과 呼應(호응)됨에 유의할 것이다.

7言絕句(7언절구). 압운은 開, 來, 臺 자로 평성 '灰(회)' 평운이다. 평측은 차례로 '仄仄平平仄仄平, 仄平平仄仄平平, 平仄仄平平仄仄, 平平仄仄仄平平'으로 이사부동이륙대는 잘 이루

어졌으나, 둘째 구의 반법에 이어 셋째 구는 점법이 되어야 하는데 또 반법이 된 셈이다.

477. 趙沖(조충 1171~1220) : 고려 고종 때 將軍, 文臣(장군, 문신). 자 堪若(감약). 시호 文正(문정). 본관 橫川(횡천, 橫城횡성). 父 侍中 永仁(시중 영인 →462). 태어난 지 한달만에 어머니가 사망해 자라면서 모친을 지극히 그리워하니 사람들이 효동이라 했다. 명종 때 문과 급제하여 내시가 되고 희종 때 國子大司成, 翰林學士(국자대사성, 한림학사)로서 글씨에 뛰어났다. 고종 3년(1216)에 樞密院副使(추밀원부사), 한림학사, 承旨(승지), 上將軍(상장군)이 되었다. 그 해에 황해도에 침입한 글안 군사들을 치러 부원수로서 출정했고 다음 해에 鹽州(염주)에 출정해 패하여 한때 파면되었으나, 다시 西北面兵馬使(서북면병마사)로 麟州(인주) 부근에서 글안군을 무찔렀다. 고종 7년(1220) 守司空尙書左僕射(수사공상서좌복야)가 되고 다시 서북면 원수가 되어 글안족을 진압하는 등 전과를 올렸는데 崔忠獻(최충헌)이 그의 공을 시기하여 환영하지 않았다 한다. 벼슬이 政堂文學, 判禮部事, 守太尉同中書門下侍郎平章事修國史(정당문학, 판례부사, 수태위 동중서문하시랑평 장사수국사)에 이르렀다.

477-1 賀琴平章得外孫(하금평장득외손) 금 평장사가 외손을 얻었음을 하례하다

排陰命代我先知　行止休憑六眼龜　英物一朝呱繡帳　微陽午夜動葭帷
何煩弓韣勤求子　已呪桃花屢靧兒　叶得半千爲世瑞　看將十五作人師
文高華國靑錢鷟　威敵扶王白棒羆　自昔通家恩岳在　賀懷聊展一篇詩.

(배음명대아선지　행지휴빙육안귀　영물일조고수장　미양오야동가유
하번궁촉근구자　이축도화누전아　협득반천위세서　간장십오작인사
문고화국청전작　위적부왕백봉비　자석통가은악재　하회료전일편시)

동짓날 밤에 태어났기 음기를 물리치는 큰 인물 될 것을 내 먼저 아나니,
장래의 일을 여섯 눈 거북에 점쳐 무엇하리.
영특한 인물이 비단 장막 안에서 고고의 울음을 터뜨리니,
한밤중에 장막 안의 갈대 재가 양기 하나로 움직였구나.
번거롭게 궁촉사에 빌어 아들을 구해 무엇하리, 이미 도화수로 아기 얼굴 자주 씻겨 보는데.
반천이란 이름과 화합되니 세상의 상서로움이요, 장차 열다섯 살에 남의 스승됨을 보리로다.
문고 화국은 청전학사 장작과 같고, 위엄은 백봉으로 적을 쫓아 왕을 살린 왕비와 같으리라.
예로부터 우리는 통가 사이에 장인께서 계시오니, 치하의 뜻으로 시 한 수를 바치옵네.

[語句] *琴平章 : 琴儀(금의 1153~1230) 同中書門下侍郎平章事(동중서문하시랑평장사). 고려 고종 때 문신인데 문장으로 이름이 높아 '翰林別曲(한림별곡)'에 "琴學士(금학사)"로 나

와 있음. *排陰 : 음 곧 어둠을 헤침[물리침]. *命代 : 운수를 받음. *行止 : ① 감과 멈춤. 행하는 일과 그치는 일. ② 德行(덕행). 品行(품행). 止는 '모습, 용모'의 뜻을 가졌음. *休憑 : 의지함을 그침. *六眼龜 : 여섯 눈 달린 거북. 옛날 長山縣(장산현) 사람 王惠(왕혜)가 잡았다 함. 여기서는 '거북占(점)을 치는 일'을 두고 한 말임. *呱 : 아이가 막 태어나면서 처음으로 우는 소리. 呱呱之聲(고고지성). *繡帳 : 수를 놓은 비단 휘장. *微陽 : 陽氣(양기)가 약하게 움직임. '冬至(동지)가 되면 陰氣(음기) 가득한 속에 一陽(일양) 곧 양기 하나가 생겨남'을 말함. *午夜 : 子正(자정). 밤 12시. *葭帷 : 갈대 장막. 동짓날에 갈대 태운 재를 장막 안에 두고 양기가 움직이는 것을 보았다 함. *弓韣 : 활을 넣는 자루. 활 전대. 옛날 3월에 천자와 妃嬪(비빈)들이 神殿(신전)에 가서 활 전대를 드려 제사하며 아들을 점지해 달라 빌었다고 함. 이렇게 비는 신전을 弓韣祠(궁촉사)라 하며, 왕자가 탄생하는 것을 '궁촉의 경사'라 함. *桃花 : 桃花水(도화수). 복숭아꽃이 필 무렵 얼음이 녹아 불어난 물. 중국 北齊(북제) 盧士深(노사심)의 처가 도화수로 아이의 얼굴을 씻기면서 "붉은 꽃과 흰 눈으로 아이 얼굴을 씻으니 곱고 빛나게 해 주시오" 하고 빌더라고 함. *睍 : 물끄러미 보다. *叶 : 화합하다. 協(협-화하다. 돕다)의 古字(고자)임. *半千 : 員半千(원반천). 唐(당) 나라 王義方(왕의방)이 어린 그를 보고 뛰어나게 생긴 것을 칭찬하여 "5백년 만에 한 어진이가 나게 마련인데 네가 그에 해당된다." 하니, 반천의 아버지가 이름을 5백 년이란 뜻으로 半千이라 지었다 함. *文高華國 : 문장에 뛰어나 나라를 빛냄. *青錢鷟 : 青銅錢(청동전, 청동으로 만든 엽전) 같은 학사. 과거를 보기만 하면 급제하는 선비. 당 나라 張鷟(장작, 자 文成문성)이 과거를 보기만 하면 급제하므로, 원반천이 그 글을 칭찬하기를 "청동전은 만 번 가려 보아도 틀림없는 돈인 것과 같이, 재주 있는 선비는 과거를 만 번 보아도 급제한다." 했는데, 장작의 손자 薦(전)도 그러했으므로 이들을 青錢學士(청전학사)라 하게 되었음.<唐書 張薦傳> *扶王 : 임금을 도움. *白棒羆 : 흰 몽둥이를 든 王羆(왕비). 왕비는 북제의 猛將(맹장)인데, 南齊(남제)의 神武帝(신무제)가 韓軌(한궤) 등을 보내어 밤에 강을 건너 습격해 옴을 모르고 있다가 새벽에 한궤의 군병들이 사다리를 타고 성에 들어오니, 왕비는 자다가 문밖의 떠드는 소리를 듣고는 흰 몽둥이를 들고 내달으며 크게 외치기를 "늙은 곰이 여기 길목에 누워 있는데 어느 담비가 지나갈 테냐?" 하매, 적들이 보고 놀라 물러섰음. *通家 : 선조 때부터 친밀히 왕래하던 家門(가문). 世誼(세의)가 있는 집안. *恩岳 : 은혜로운 岳父(악부, 丈人장인·聘父빙부). *聊 : 애오라지. 잠시. 즐거워하다.

[鑑賞] 금의 평장사가 외손자를 얻었음을 축하하며 지은 시인데, 이 시에 李奎報(이규

보)도 차운했다. 두 시 모두 극도의 찬양을 보이니 이규보의 시는 "평장사의 사위 咸君(함군)은 세상이 아는 재주로 일찍 사위로 점지되었것다. 영특한 인물이 밤에 나니 방에 빛이 환하고 하객들이 아침에 모이니 옷깃이 장막을 이루었네. 훌륭한 사위를 맞지 않았더라면 특이한 손자를 어찌 보았으리오. 晉(진)의 溫嶠(온교)처럼 아기 桓溫(환온)을 울려 볼 필요 없고 寶誌禪師(보지선사)같이 두어 살 徐陵(서릉)의 이마 만지며 '하늘 위의 기린이로다' 할 것 없으리. 자라면 마땅히 하늘을 찌르는 학이 되고 기운은 웅당 나무 뽑는 곰을 삼키리라. 두고보면 내 말이 여합부절할 것이니 이 뒤에 이 시를 증거로 삼을 수 있으리다."이다. 대개 두 구씩 對句(대구)를 이루는 배율 시이다.

7言排律(7언배율) 6연 12구. 압운은 知, 龜, 帷, 兒, 師, 羆, 詩 자로 평성 '知(지)' 평운이다. 평측은 차례로 '平平仄仄仄平平, 平仄平平仄仄平, 平仄仄平平仄仄, 平平仄仄仄平平, 平平平仄平平仄, 仄仄平平仄仄平, 仄仄仄平平仄仄, 平平仄仄仄平平, 平平平仄平平仄, 平仄平平仄仄平, 仄仄平平平仄仄, 仄平平仄仄平平'으로 二四不同二六對(이사부동이륙대)와 反法(반법), 粘法(점법) 등이 모두 이루어진 좋은 작품이다.

478. 趙泰億(조태억 1675~1728) : 조선 영조 때 문신. 자 大年(대년). 호 謙齋, 胎祿堂(겸재, 태록당). 시호 文忠(문충). 본관 楊州(양주). 父 戶曹參議 嘉錫(호조참의 가석). 19세에 진사 급제, 숙종 28년(1702) 문과에 급제했고 동왕 33년(1707) 重試(중시)에도 급제하여 벼슬에 올라 副提學(부제학)을 지내고 大司成(대사성)으로 동왕 35년 日本通信使(일본통신사)로 다녀왔다. 경종 말기에 대제학에 보직되어 영조 즉위의 반포문을 지었으며, 兵曹判書(병조판서)를 거쳐 우의정이 되고 좌의정에 올랐다가 삭직되었고, 영조 3년(1727) 다시 좌의정이 되어 이듬해에 사직하여 領敦寧府事(영돈녕부사)에 이르렀으나 사후인 영조 52년(1776) 官爵(관작)을 追奪(추탈)당했다. 그는 7세에 고아가 되었으나 힘써 공부하여 스스로 태록당이란 호를 짓고는 "나는 胎內(태내)에서 이미 관록으로 길러졌으니, 어찌 하필 벼슬하여 녹을 받을까?" 하여 듣는 사람이 모두 놀랐다 한다. 문집에 '謙齋集(겸재집)'이 있다.

478-1 先到練光亭待巡使(선도연광정대순사) 연광정에 먼저 와 순찰사를 기다리며

江城雨色掩千峰 滿目雲烟淡復濃 坐待輶軒乘夕至 畫樓樽酒一從容.

(강성우색엄천봉 만목운연담부농 좌대유헌승석지 화루준주일종용)

평양에 비 오려는 기색 온 산봉우리를 덮어, 눈에 가득 보이는 구름 옅었다가 다시 짙어지네.
저녁 되어서야 기다리던 순찰사가 오시니, 단청한 정자에서 조용히 한 통의 술을 비우네.

[語句] *練光亭 : 평양 대동강 가의 德巖(덕암) 바위 위의 정자. 조선 중종 때 평안감사 許硡(허굉)이 세웠는데 경치가 좋기로 유명하며 임진왜란 때 명 나라 沈惟敬(심유경)과 일본의 小西行長(소서행장, 고니시유끼나가)이 講和談判(강화 담판)을 하던 곳임. *江城 : 강 가의 성 곧 평양성. *掩 : 가리다. 덮다. *雲烟 : 구름과 연기. 연기 같은 구름. *輶軒 : 가벼운 수레. 임금의 사신이 타는 수레인데 순찰사를 뜻함. *畫樓 : 단청을 한 누각이나 정자. 畫閣(화각). *樽酒 : 통술. 한 통이 되는 술. *從容 : 조용함.

[鑑賞] 연광정 정자에서 순찰사를 만나기로 약조가 되어 먼저 와서 기다리며 지은 시. 날씨는 흐려 곧 비가 올 듯한데, 순찰사는 저녁때가 되어 유헌을 타고 나타났다. 기다리다 지쳤는가, 말없이 서로 앉아 함께 술 한 통을 다 마시었다. 좀 싱거운 느낌이 드는 작품이다.

7言絕句(7언절구). 압운은 峰, 濃, 容 자로 평성 '冬(동)' 평운이다. 평측은 차례로 '平平仄仄仄平平, 仄仄平平仄仄平, 仄仄平平平仄仄, 仄平平仄仄平平'으로 이사부동이륙대와 반법, 점법 등이 잘 이루어졌다.

479. 趙泰采(조태채 1660~1722) : 조선 숙종 때 정승. 자 幼亮(유량). 호 二憂堂(이우당). 시호 忠翼(충익). 본관 楊州(양주). 조부 判書 啓遠(판서 계원). 숙종 12년(1686) 문과에 급제하여 沃溝縣監, 平安觀察使(옥구현감, 평안관찰사) 등을 거쳐 右議政(우의정)에 이르렀다. 경종이 즉위하여 後嗣(후사) 문제로 노론과 소론이 다툴 때, 그는 노론의 네 정승의 한 사람으로 世弟(세제) 延礽君(연잉군, 후의 英祖 영조)을 세자로 삼음에 찬성하여 실현했으나, 金一鏡(김일경) 등 소론파의 모함으로 金昌集, 李健命, 李頤命(김창집, 이건명, 이이명) 등과 함께 珍島(진도)로 유배되었다가 睦虎龍(목호룡)의 고변으로 賜死(사사)되었다. 문집에 '二憂堂集(이우당집)'이 있고 아들 觀彬(관빈)은 영조 때 문신이었다. →439.

479-1 望宸樓(망신루) 망신루

移舟獨上望宸樓 細草閒花一徑幽 借問主人何處去 無心惟有泛江鷗.
(이주독상망신루 세초한화일경유 차문주인하처거 무심유유범강구)

배에서 내려 홀로 망신루에 오르니, 풀과 꽃 사이로 토끼길 그윽하네.
묻노니 이 누각 주인은 어디를 갔는고, 오직 갈매기만 무심히 강물에 떠 있을 뿐일세.

[語句] *細草 : 가느다란 풀. 애기풀. *閒花 : 한가롭게 피어 있는 꽃. *一徑 : 한 좁은 길. 지름길. 토끼길. *借問 : ①무엇에 대하여 남에게 물음. ②가정해 물음 곧 묻는 형식을 취함. 시에 자주 쓰이는 어휘로 여기서는 ②임. *無心 : 아

무 생각이 없음. 순진함.

[鑑賞] 망신루는 어디에 있는 누각인지 상고하지 못했는데, '멀리 궁궐을 바라보는 누각'이라는 뜻을 가졌다. 당나라 王勃(왕발)의 '滕王閣(등왕각)' 시 중 "閣中帝子今何在 檻外長江空自流"가 연상되니, 이미지와 압운이 같아서 그럴 것이다. →160-2. 한적하고 조용한 망신루 주변의 바라보이는 정경을 담담하게 읊은 점이 남다르다 하리라.

7言絕句(7언절구). 압운은 樓, 幽, 鷗 자로 평성 '尤(우)' 평운이다. 평측은 차례로 '平平仄仄仄平平, 仄仄平平仄仄平, 仄仄仄平平仄仄, 平平平仄仄平平'으로 二四不同二六對(이사부동이륙대)와 反法(반법), 粘法(점법) 등이 잘 이루어졌다.

480. 趙通(조통 ?) : 고려 신종 때 학자. 자 亦樂(역락). 玉果縣(옥과현, 지금의 전남 곡성군 옥과면) 사람. 몸집이 크고 經史百家(경사백가)에 정통했다. 명종이 그의 學行(학행)을 듣고 자주 불렀으며 과거 급제 후 正言(정언)에 이르고, 신종이 즉위하자 考功員外郎(고공원외랑)으로 金(금) 나라에 건너가 억류되었다가 이듬해에 돌아와 太子文學(태자문학)을 거쳐 知西北面留守事(지서북면유수사)가 되어 신의로 사람들을 대하여 신망을 얻었다. 少府少監(소부소감)으로 晉州(진주)에 나가 백성들을 위로했으며, 左諫議大夫, 國子監大司成(좌간의대부, 국자감대사성) 등을 역임하고 翰林學士(한림학사)에 이르러 사퇴했다. 崔讜, 白光臣(최당 →531, 백광신) 등과 耆老會(기로회)를 조직하고 逍遙自適(소요자적)하니 세상에서 지상신선이라 했으며, 吳世才, 李仁老, 林椿, 皇甫抗, 咸淳, 李湛之(오세재, 이인로, 임춘, 황보항, 함순, 이담지) 등과 벗하며 스스로들 七賢(칠현)이라 했다.

480-1 芍藥(작약) 작약

誰道花無主 龍顔日賜親 也應迎早夏 獨自殿餘春
午睡風吹覺 晨粧雨洗新 宮娥莫相妬 雖似竟非眞.

(수도화무주 용안일사친 야응영조하 독자전여춘
오수풍취각 신장우세신 궁아막상투 수사경비진)

누가 꽃에는 임자가 없다 했는고, 임금님이 날마다 친히 보아 주시는데.
응당 일찍 여름을 맞이하면서, 혼자서 남은 봄기운을 마무리하네.
낮잠 자다가 바람결에 깨어난 모습이요, 빗물로 씻어 새벽 단장을 깨끗이 하는구나.
궁중 여인네는 이 꽃을 보며 질투하지 말라,
예쁘기는 비슷하지만 투기하려는 건 아니니까.

[語句] *芍藥 : 미나리아재비과의 다년생 풀. 꽃빛이나 생장지에 따라 여러 종류가 있으며 첫여름에 모란꽃 비슷한 큰 꽃이 피며 뿌리는 한약재로 쓰임. 함박꽃.

*道 : 말하다. *龍顏 : 임금의 얼굴. 天顏(천안). *也應 : 응당 그러함. *獨自 : 혼자. *殿 : 가라앉히다. 끙끙거리다. *午睡 : 낮잠. 午寢(오침). *宮娥 : 궁중의 여인. 宮女(궁녀). *妬 : 투기하다. 질투하다. *竟 : 마침내. 결국에는.

[鑑賞] 대궐 안 뜰에 핀 함박꽃을 읊은 시. 首聯(수련 1~2구)에서 임금님이 함박꽃을 애지중지하니 꽃은 누구나 보는 것이지 따로 주인이 없다는 말은 헛말이라 했고, 頷聯(함련 3~4구)은 작약은 다른 꽃보다 일찍 여름을 맞이하지만 홀로 봄기운을 많이 간직하고 있다고 對句(대구)로 표현했다. 頸聯(경련 5~6구) 역시 함박꽃의 모습으로 바람에 살랑거리는 모양은 낮잠을 즐기다 깨어난 듯하고 새벽 비에 말끔히 씻기어 신선해 보인다고 대구로 그렸다. 尾聯(미련 7~8구)은 궁중의 이리따운 궁녀들이 함박꽃을 너무 곱다고 시샘할 듯하지만 꽃은 시샘의 뜻이 조금도 없으니 괜한 질투를 할 까닭이 없다고 해학적으로 마무리했다.

5言律詩(5언율시). 압운은 親, 春, 新, 眞 자로 평성 '眞' 평운이다. 평측은 '平仄平平仄, 平平仄仄平, 仄平平仄仄, 仄仄仄平平, 仄仄平平仄, 平平仄仄平, 平平仄仄仄, 平仄仄平平'으로 이사부동과 반법, 점법 등이 모두 규칙에 맞게 잘 이루어졌고 평측 배치도 좋은 佳作(가작)이다.

481. 趙嘏(조하 810?~856?) : 晩唐(만당)의 시인. 嘏는 本音(본음)이 '가'여서 '조가'라 하기도 한다. 자 承祐(승우). 별칭 趙倚樓(조의루). 시집 '渭南集(위남집 3권)'이 있는데, 杜牧(두목 →63.)이 이 '위남집'을 보다가 "長笛一聲人倚樓(장적일성인의루, 피리 소리 길게 들리는 속에 누대에 기댄 사람)"이란 구절을 보고 그의 별명을 '조의루'라 하여 명성을 얻었다고 한다.

481-1 江樓書懷(강루서회) 강가 누각에서 회포를 쓰다

獨上江樓思悄然 月光如水水如天 同來翫月人何在 風景依稀似去年.
(독상강루사초연 월광여수수여천 동래완월인하재 풍경의희사거년)

홀로 강루에 오르니 생각이 쓸쓸한데, 달빛은 물 같고 물은 하늘과 같구나.
같이 와서 달구경하던 그 사람 지금 어디 있는고, 보이는 풍경은 그 때와 같건만.

[語句] *悄然 : 뜻을 잃어 기운이 없는 모양. 근심스러운 모양. 쓸쓸한 모양. *翫月 : 달구경을 함. *依稀 : ①같음. 비슷함. 방불함. ②어렴풋함.

[鑑賞] 강가의 누각에 혼자 올라 바라보노라니 쓸쓸한 생각이 가득하다. 왜 그러할까? 달빛은 바로 물빛과 같이 파랗고 파란 물은 곧 하늘과 함께 한다. 지난 날 임과 함께 와 보던 광경 그 대로건만, 그 임은 지금 어디 가고 없어 나 혼자이니 쓸쓸하기 짝이 없는 것이다. 마음에서 떠나지 않는 추억을 강루에 부쳐 잘 표현했다.

7언절구. 압운은 然, 天, 年 자로 평성 '先(선)' 평운이다. 평측은 차례로 '仄仄平平仄仄平, 仄平平仄仄平平, 平平仄仄平平仄, 平仄平平仄仄平'으로 이사부동이륙대와 반법, 점법 등이 잘 이루어졌다.

481-2 越中寺居(월중사거) 월 땅의 절에 묵으며

遲客疎林下 斜溪小舟通 野橋連寺月 高竹半樓風
水靜魚吹浪 枝閒鳥下空 數峰相向綠 日夕郡城東.
(지객소림하 사계소주통 야교연사월 고죽반루풍
수정어취랑 지한조하공 수봉상향록 일석군성동)

성긴 숲 아래로 가끔 나그네가 오는 것은, 비낀 좁은 시냇물로 작은 배가 다니기 때문이라.
달은 절로 이어지는 다리를 비추고, 바람은 누대를 두른 대밭에서 이네.
물 고요해 물고기는 물밖으로 입을 오물거리고, 나뭇가지 조용하니 새들 내려앉는구나.
몇몇 산들은 마주보며 푸른데, 저녁 해는 고을의 성 동쪽으로 노을 지네.

[語句] *遲 : 더디다. 늦다. '가끔'의 뜻으로 봄. *斜溪 : 비낀 시냇물. 좁은 냇물. *野橋 : 들에 놓인 다리. *高竹半樓 : 누각의 반쯤 자란 대나무. *吹浪 : 물결을 뿜어냄. 물고기가 물위에 입을 내밀고 입을 벌렸다 오므렸다 함. *郡 : 고을. 한 지역. *日夕 : 저물 때. '저녁 해와 저녁 노을'을 표현한 듯함.

[鑑賞] 중국 양자강 남쪽 옛 월나라 땅의 절에 묵으며 지은 작품. 전체적으로 고요하고 한적한 곳이라는 인상을 주게 잘 표현했다. 3·4구와 5·6구 곧 頷聯(함련)과 頸聯(경련)은 각각 對句(대구)를 잘 이루었고, 끝 연은 나무가 무성한 산 속의 그윽한 분위기를 나타냈다.

5언율시. 압운은 通, 風, 空, 東 자로 평성 '東' 평운이다. 평측은 차례로 '平仄平平仄, 平平仄平平, 仄平平仄仄, 平仄仄平平, 仄仄平平仄, 平平仄仄平, 仄平平仄仄, 仄仄仄平平'으로 이사부동은 둘째 구만 어긋났고 반법, 점법은 그런대로 이루어졌다.

482. 曺漢英(조한영 ?~1670) : 조선 현종 때 문관. 자 守而(수이). 호 晦谷(회곡). 시호 文宗(문종). 본관 昌寧(창녕). 父 參判 文秀(참판 문수). 일찍이 古文(고문)을 澤堂 李植(택당 이식 →263)에게, 禮文(예문)을 沙溪 金長生(사계 김장생 →710)에게 배우고 생원에 급제한 뒤 인조 15년(1637) 문과에 장원 급제했으며, 동왕 18년(1640) 持平(지평)으로 청 나라에서 명 나라를 공격하려고 구원병과 元孫(원손)을 보내라는 것을 반대하다가 金尙憲(김상헌 →701), 崔鳴吉(최명길 →535), 蔡以恒(채이항) 등과 함께 審陽(심양)으로 잡혀 갔다. 龍骨大

(용골대)에게 심문을 받았으나 끝내 굽히지 않고 심양 감옥에 갇혀 김상헌과 함께 '雪窖集(설고집)'을 지었으며 3년만에 義州(의주)에 이감되었다가 석방되었다. 효종 때 承旨(승지)로 尹鑴(윤휴)의 등용을 적극 반대하다가 벼슬아치의 전형을 맡아보는 직책에서 물러났다. 현종 때 예조참판을 거쳐 漢城府右尹(한성부우윤)에 이르러 夏興君(하흥군)이 되었고, 이어 형조와 예조참판, 경기관찰사를 거쳐 현종 11년(1670) 한성좌윤에 이르렀다.

482-1 瀋獄踏靑日呈淸陰(심옥답청일정청음) 심양 감옥에서 답청일에 청음에게 주다

二年猶異域 萬里幾佳辰 物色當三日 羈囚恰四人
塞雲還帶雪 邊草不生春 排悶憑詩句 詩成恨轉新.
(이년유이역 만리기가신 물색당삼일 기수흡사인
새운환대설 변초불생춘 배민빙시구 시성한전신)

오랑캐 나라에서 두 해가 되니, 만리 먼 땅에서 좋은 명절 몇 번이나 맞이했는가.
만물의 풍경 삼짇날이 되었는데, 우리 네 사람 똑같이 갇힌 몸이로구나.
북방의 구름 눈발을 머금었고, 오랑캐 땅 풀은 봄에도 돋아나지 않네.
번민 잊으려고 시 글귀 지으니, 시 이루어지자 한스러움만 새로워지는구나.

[語句] *踏靑日 : 음력 3월 3일 삼짇날. 이 날 들에 나가 봄풀을 밟으며 놀이를 한다는 뜻에서 하는 말임. *淸陰 : 조선 효종 때 학자, 정승 金尙憲(김상헌 1570~1652)의 아호. *異域 : 외국 땅. 먼 곳. *佳辰 : 좋은 시절. 좋은 명절. 佳節(가절). *物色 : 사물의 빛깔. 風景(풍경). *羈囚 : 갇힘. 감옥에 갇힘. *塞雲 : 북방 국경의 구름. *邊草 : 오랑캐 땅 심양의 풀.

[鑑賞] 위 지은이 난에서 든 네 사람은 丙子胡亂(병자호란) 전후에 청 나라를 싫어한 신하들이었다. 이들이 청 나라에 잡혀가 심문을 받았으나 굴하지 않아 심양 감옥에 갇혔던 것이다. 이 때 지은이는 김상헌과 시를 주고받으며 괴로운 심정을 서로 달랬다 한다. 삼짇날이 되어 봄이 오지만 추운 땅이라 눈발이 날리고 풀싹은 돋아날 엄두도 내지 못하고 있다. 괴로운 마음을 달래보려고 시를 지어보지만 오히려 새로운 한만 더 생길 뿐이라 했다. 아무 명분 없이 억울하게 오랑캐들에게 잡혀 있는 분하고 괴로운 심정은, 나라의 힘이 약한 것에 대한 뼈저린 통한과 후회를 담고 있어, 암울했던 우리 민족의 過去史(과거사)를 되돌아보게 한다.

5言律詩(5언율시). 압운은 辰, 人, 春, 新 자로 평성 '眞(진)' 평운이다. 평측은 차례로 '仄平平仄仄, 仄仄仄平平, 仄仄平平仄, 平平仄仄平, 仄平平仄仄, 平仄仄平平, 平仄平平仄, 平平仄仄平'으로 二四不同(이사부동)과 反法, 粘法(반법, 점법) 등이 잘 이루어져 내용면이나 형식면

모두 名作(명작)이라 함에 손색이 없는 작품이라 하겠다.

483. 趙憲(조헌 1544~1592) : 조선 선조 때 학자, 義兵將(의병장). 자 汝式(여식). 호 重峯(중봉). 시호 文烈(문열). 본관 白川(배천). 父 應祉(응지). 어려서부터 자질이 뛰어나고 효행, 유순했으며 학문에 힘써 명종 22년(1567) 문과 급제하여 校書館(교서관)에 속했다가 定州敎授(정주교수)로 3년 간 있으면서 그 곳 선비의 풍속을 일신시켰다. 坡州(파주) 교수로 옮겨 成渾(성혼)을 찾아가 가르침을 청하니 성혼은 사양하면서 감히 사제간의 예로 대하지 않았고, 선조 5년(1572) 弘文館 正字(홍문관 정자)로 임금의 佛供(불공)이 옳지 않음을 極諫(극간)하다가 파면되었는데, 이때부터 곧은 말을 잘 한다는 평이 자자했다. 2년 뒤 賀正官(하정관)으로 명 나라에 다녀와 그 곳 문물제도의 따를 만한 것을 조목을 따라 적어 '東還封事(동환봉사)'를 내놓았다. 후에 박사, 호조와 예조 좌랑, 전적, 감찰 등을 거쳐 通津縣監(통진현감)으로 잘 다스리다가 법을 어긴 종을 취조 중 杖殺(장살)하고 富平(부평)으로 귀양갔다. 선조 14년(1561) 工曹佐郎(공조좌랑), 全羅都事(전라도사), 報恩縣監(보은현감) 등을 거치면서 많은 상소를 올려 파면되었다. 그 후 公州提督(공주제독) 때 벼슬을 내어놓고 沃川(옥천)으로 돌아갔다. 선조 22년(1589) 대궐에 엎드려 時弊(시폐)의 득실을 극론하니 미친 논의라 배척받아 함북 吉州(길주)로 유배되었다가 그 해 겨울 鄭汝立(정여립)의 모반 사건이 일어나매 그가 선견지명이 있다 하여 석방되었다. 이후에도 많은 상소를 올렸으나 받아들여지지 않아 시골로 내려가 탄식하며 지냈다. 임진왜란 때 의병장으로서 청주에서 왜적을 대파하고, 7백 의병과 함께 錦山(금산)에서 왜적과 싸우다가 전사했다. 사후 高敬命(고경명 →8), 金千鎰(김천일), 郭再祐(곽재우 →11)와 함께 壬辰四忠臣(임진사충신)으로 추앙받았다.

483-1 聞赦到摩天嶺(문사도마천령) 사면받아 마천령에 이르다

北闕君恩重 南州母病深 摩天有歸日 感淚自盈衿.

(북궐군은중 남주모병심 마천유귀일 감루자영금)

대궐의 임금님 은혜 두텁고, 남쪽 고향의 어머니 병환 위중하네.
마천령에서 돌아오는 날, 감사의 눈물로 옷깃 가득 젖는구나.

[語句] *赦 : 지은 죄를 용서함. 赦免(사면). *摩天嶺 : 함경남북도의 경계에 있는 산맥. *北闕 : 궁전의 북쪽 정문. 대궐. 대궐은 모두 남향이어서 쓰는 말이기도 하고, 서울의 경복궁을 창덕궁과 경희궁에 상대하여 일컫기도 했음. *南州 : 남쪽의 고을 또는 강남. *感淚 : 감사와 감격의 눈물. *衿 : 옷깃.

[鑑賞] 이 시는 선조 22년 함경북도 길주로 귀양갔다가 풀려 돌아오며 마천령에 이르

러 읊은 작품이다. 나라를 위해 상소한 일 외에는 잘못이 없어 사실상 유배될 사유가 되지 않음에도, 이렇게 용서해 주시는 임금님을 고마워했으니, 그것이 봉건 시대 옛 선비의 도덕관이었다 하겠다. 처음 두 구는 대구가 잘 이루어졌으니 北闕-南州, 君恩-母病, 重-深이 각각 짝인 것이다.

5言絕句(5언절구). 압운은 深, 衿 자로 평성 '侵(침)' 평운이다. 평측은 차례로 '仄仄平平仄, 平平仄仄平, 平平仄平仄, 仄仄仄平平'으로 이사부동은 셋째 구에서 어긋났고, 반법과 점법은 그런대로 이루어졌다.

484. 趙顯命(조현명 1690~1752) : 조선 영조 때 명신. 자 稚晦(치회). 호 歸鹿(귀록). 시호 忠孝(충효). 본관 豊壤(풍양). 父 都事 仁壽(도사 인수). 형 文命(문명 →445). 숙종 45년(1719) 문과 급제하여 檢閱(검열)이 되었고, 영조에게서 재능을 인정받아 영조 4년(1728) 李麟佐(이인좌)의 난 때 원수 吳命恒(오명환)의 從事官(종사관)으로 출정한 공으로 振武功臣(진무공신)이 되고 豊原府院君(풍원부원군)에 봉해졌다. 영조 16년(1740) 우의정이 되고 이어 영의정을 역임했다. 청렴 검소하고 언행이 단정 강직하여 공사가 분명하며 蕩平論(탕평론)을 굳게 지켜 붕당에 끼지 않았다.

484-1 內延(내연) 심정을 펴다

鞋杖蕭然上翠微 春深谷口百花飛 逢僧若問何爲者 道是東岡一布衣.

(혜장소연상취미 춘심곡구백화비 봉승약문하위자 도시동강일포의)

죽장망혜로 쓸쓸히 산을 오르니, 봄 깊어 골짜기 어귀에 온갖 꽃잎 날리는구나.
중을 만나 뭘 하는 사람이냐고 묻는다면,
동쪽 언덕에 사는 벼슬 없는 한 선비라 말하리라.

[語句] *內延 : 마음을 폄. 內는 '마음'임. *鞋杖 : 신발과 지팡이. 竹杖芒鞋(죽장망혜, 대지팡이와 짚신). *蕭然 : 쓸쓸함. *翠微 : 산의 푸른빛. 산꼭대기에서 조금 내려온 곳 곧 산의 八分(팔분) 정도의 자리. *東岡 : 동쪽 언덕. 崗(강)은 岡의 속자임. *布衣 : 베옷. 벼슬이 없는 사람.

[鑑賞] 짚신 신고 대막대 짚으며 혼자서 쓸쓸하게 산을 오르니 봄도 이미 깊어 온갖 꽃들이 지느라고 꽃잎이 落花(낙화)되어 바람에 날리는 게 눈 같다. 이 호젓한 산속에서 절간의 중을 만나 만약 그가 뭘 하는 분인가고 물으면 무엇이라 대답할까? 벼슬아치임을 말하면 말이 길어질 것이라 저쪽 동편 마을의 한 백성이라 할 수밖에 없겠다. 늦봄의 정취와 심정을 그렸다.

7言絕句(7언절구). 압운은 微, 飛, 衣 자로 평성 '微' 평운이다. 평측은 차례로 '平仄平平仄

仄平, 平平仄仄仄平平, 平平仄仄平平仄, 仄仄平平仄仄平'으로 二四不同二六對(이사부동이륙대)와 反法(반법), 粘法(점법) 등이 잘 이루어졌다.

485. 趙徽(조휘 ?) : 조선 선조 때 문관. 자 子美(자미). 선조 때 문과에 급제하여 縣監(현감)을 지냈다

485-1 戲贈燕京面紗美人(희증연경면사미인) 연경의 면사포 쓴 미인에게 주다

也羞行路護輕紗 淸夜微雲露月華 約束蜂腰纖一掬 羅裙新剪石榴花.

(야수행로호경사 청야미운노월화 약속봉요섬일국 나군신전석류화)

한길에서는 부끄러움을 타 온몸을 얇은 비단으로 둘러,
맑은 밤 얇은 구름 새로 나온 달이어라.
가는 허리 잘끈 동여 가늘기가 한 줌인데, 새로 마름한 비단 치마 석류꽃이로다.

[語句] *戲贈 : 장난삼아 줌. *燕京 : 중국 北京(북경)의 옛 이름. 五代(오대 420~581) 이후 부르게 된 이름으로, 春秋戰國時代(춘추전국시대) 燕(연)의 서울이어서 생긴 이름임. *面紗 : 面紗布(면사포). 머리에 쓰고 땅에 질질 끌리도록 길게 늘이는 흰 빛의 하늘한 비단인 紗. *也羞 : 부끄러워 함. 也는 강조의 뜻을 가진 접두사임. *行路 : 한길. *微雲 : 얇은 구름. *月華 : 달빛. 月光(월광). *約束 : 모아 묶음. *蜂腰 : 벌의 허리같이 잘룩한 허리. *一掬 : 한 웅큼. 한 줌. *羅裙 : 얇은 비단치마.

[鑑賞] 북경 거리에서 중국 미인을 보고 장난삼아서 지은 시. '온몸을 면사 비단으로 두르고 한 길을 부끄러운 듯 머리 숙여 걸어가는 미인은 마치 얇은 구름 사이로 살짝 나온 맑은 밤의 달과 같이 조촐하고 어여쁘다. 속이 하늘하게 비치는 면사라 허리는 동여매어 한 줌밖에 안 되어 보이고 새로 지은 듯한 비단 치마는 석류꽃 빛깔이다.' 미인의 특징을 사물에 비유하여 잘 묘사했으니, 얇은 구름은 곧 면사포요 그 구름 사이로 내민 달은 미인의 얼굴이다. 벌의 잘룩한 허리, 얇게 붉은 석류꽃 등 비유가 좋다 하리라. 중국 미인들은 허리가 가느니, 옛날 周幽王(주 유왕)의 寵妃(총비) 褒姒(포사)도 허리가 가늘기로 유명했다.

7언절구. 압운은 紗, 華, 花 자로 평성 '麻(마)' 평운이다. 평측은 차례로 '仄平平仄仄平平, 平仄平平仄仄平, 仄仄平平平仄仄, 平平平仄仄平平'으로 이사부동이륙대와 반법, 점법 등이 잘 이루어졌다.

486. 趙熙龍(조희룡 1789~1866) : 조선 후기의 시인, 화가, 명필. 자 致雲, 而見, 雲卿

(치운, 이견, 운경). 호 壺山, 又峰, 鐵笛, 丹老, 梅叟, 滄洲, 石憨(호산, 우봉, 철적, 단로, 매수, 창주, 석감) 등. 본관 平壤(평양). 父 相淵(상연). 어려서부터 준수하고 才藝(재예)가 뛰어났으며, 벼슬은 五衛將(오위장)을 지냈다. 金正喜(김정희 →44)에게 배우고 스승의 그림과 글씨에 심취하여 필법이 방불한 경지에 이르렀다. 헌종의 총애를 받아 헌종 12년(1846) 금강산 그림을 그려 오라는 어명을 받고 금강산을 유람했다. 매화 그림에 남다른 경지를 개척하여 자신의 당호를 '梅花百詠樓(매화백영루)'라 했다. 그림으로는 '梅花大屛(매화대병)'과 '江岸泊舟圖(강안박주도)'가 유명하며 저서로 '壺山外史(호산외사)'가 있다.

486-1 哭古藍(곡고람) 전기를 곡하다

自子遽爲千古客 塵寰餘債意全孤 雖云土壤無情物 果朽斯人十指無.
(자자거위천고객 진환여채의전고 수운토양무정물 과후사인십지무)

그대 갑자기 영원히 못 올 나그네 되니, 이 세상에 남긴 빚이 모두 없어진 걸로 되었구나.
비록 땅이란 게 무정한 것이라 하지만,
정말 이 사람의 열 손가락 재주를 썩혀 없애기야 하리.

[語句] *古藍 : 조선 철종 때 화가 田琦(전기 1825~1854)의 아호. →809. *遽 : 갑자기. *千古 : 永遠(영원). *塵寰 : 티끌 많은 세상 곧 세속의 사람들이 사는 곳. 塵世(진세). *斯人 : 이 사람.

[鑑賞] 이 시는 지은이가 조선 철종 때 화가인 田琦를 조상해 지은 시이다. 겨우 30세에 병사한 그의 집을 찾아가니, 고람의 '梅花書屋圖(매화서옥도)'에 畫題 3絕(화제 3절) 시가 씌어 있어 통곡하며 지었다 했다.<壺山外史 田琦篇> '그대가 영원히 돌아오지 못할 저승으로 갔지만, 이 세상에 더 많이 남겨 두어야 할 뛰어난 작품들이 더 있어야 하는데 이제는 어찌할 수 없게 되었다. 무덤 속인 땅은 무정하다지만 그대가 이승에 남긴 그림 재주야 어찌 없어질 것이리.'하고 읊었다.

7언절구. 압운은 孤, 無 자로 평성 '虞(우)' 평운이다. 평측은 차례로 '仄仄仄平平仄仄, 平平平仄仄平平, 平平仄仄平平仄, 仄仄平平仄仄平'으로 이사부동이륙대와 반법, 점법 등이 모두 이루어졌는데, 첫 구에 압운하지 않았다.

487. 趙希逸(조희일 1575~1638) : 조선 인조 때 문장가. 자 怡叔(이숙). 호 竹陰(죽음). 본관 林川(임천). 부 瑗(원). 선조 35년(1602) 문과 급제하여 承政院注書(승정원 주서)가 되고, 명 나라 사신 朱之蕃(주지번)이 왔을 때 禮曹佐郎(예조좌랑)으로 특진하여 영접하며 詩名(시명)을 떨쳤다. 광해군 때 이조정랑으로 있다가 許筠(허균)의 옥사에 관련되어 쫓

겨났다. 인조반정 후 弘文館校理, 副應敎(홍문관 교리, 부응교)를 역임했고 벼슬은 禮曹參判(예조참판)에 그쳤으며, 유고로 '經史質疑(경사질의 10여권), 竹陰集(죽음집)' 등이 있다.

487-1 次玄翁韻(차현옹운) 현옹의 시에 차운하다

蓬萊遙隔五雲端 關路漫漫歷險艱 每到花時愁作客 謾從林下說休官
魚龍大澤層城底 烟雨荒村亂磧間 入夜危樓瞻北斗 角聲凄斷海天寬.
(봉래요격오운단 관로만만역험간 매도화시수작객 만종임하설휴관
어룡대택층성저 연우황촌난적간 입야위루첨북두 각성처단해천관)

신선 사는 봉래산은 오색구름 저 멀리에 가렸고, 고향 가는 길은 아득해 지나기 험난하네.
꽃 피는 시절이 오면 나그네의 시름이 일어, 벼슬 그만두고 임하에 가 살고 싶어라.
성 아래는 물고기 뛰노는 큰 못이요,
가랑비 속에 거친 마을이 돌무더기 사이로 보이는구나.
밤 누각에 올라 북두성을 쳐다보노라니, 피리 소리 구슬프게 울리고 바다와 하늘 넓구나.

[語句] *蓬萊 : 신선이 산다는 三神山(삼신산)의 하나인 봉래산. *五雲 : 오색구름. *關路 : 국경 요새의 길 또는 關山(관산, 고향)의 길. *漫漫 : 끝이 없이 지루함. 구름이 길게 낀 모양. *險艱 : 험하고 어려움. 아주 험난함. *謾 : 또. *林下 : 수풀 밑. 조용한 시골 자연. 벼슬을 그만두고 은퇴한 곳. *大澤 : 큰 못. *層城 : 층층히 쌓은 성. *烟雨 : 안개처럼 부옇게 내리는 가랑비. *荒村 : 거칠어서 쓸쓸한 마을. *亂磧 : 이리저리 쌓인 돌무더기. *危樓 : 높은 누각. *角聲 : 뿔피리 소리. *凄斷 : 소리가 구슬프게 끊어짐.

[鑑賞] 사신의 일행으로 중국에 갔다가 귀국하며 渤海灣(발해만) 가의 중국 땅에서 지은 듯하니, 봉래산이 오색구름 저 멀리에 보인다 해서이며, 關路는 요새 관문으로 이어지는 길이라 할 수도 있겠으나 다음 연의 내용으로 미루어 고향 가는 길로 보았다. 다음 연 곧 頷聯(함련)은 봄날의 향수와 그 때가 되면 벼슬 그만두고 자연 속에서 한가로이 살고 싶어진다며 對句(대구)로 잘 읊었다. 다음의 頸聯(경련)도 대구이며 머무는 곳 주변 풍경이다. 밤들어 누각에 올라 기대어 북두칠성을 쳐다보며 향수에 젖는데, 어디서 들려오는 피리는 소리 끊어졌다 이어졌다 하며 구슬프게 넓은 바다와 하늘에 퍼져 나가 더욱 고향 그리워진다고 맺었다.

7言律詩(7언율시). 압운은 端, 艱, 官, 間, 寬 자로 艱과 間은 평성 '刪(산)' 운, 나머지도 평성 '寒(한)' 평운으로 두 운은 通韻(통운)이 된다. 평측은 차례로 '平平平仄仄平平, 平仄平平仄仄平, 仄仄平平平仄仄, 平平平仄仄平平, 平平仄仄平平仄, 平仄平平仄仄平, 仄仄平平平仄仄, 仄平

平仄仄平平'으로 二四不同二六對(이사부동이륙대)와 反法(반법), 粘法(점법) 등이 모두 잘 이루어졌다.

488. 朱慶餘(주경여 797~?) : 中唐(중당)의 시인. 이름 可允(가윤). 越州(월주, 浙江省紹興절강성 소흥) 사람. 進士科(진사과)에 급제했고 벼슬은 하지 않았으며 張籍(장적→365)의 아낌을 받았다.

488-1 宮中詞(궁중사) 궁중 여인의 노래

寂寂花時閉院門 美人相並立瓊軒 含情欲說宮中事 鸚鵡前頭不敢言.

(적적화시폐원문 미인상병입경헌 함정욕설궁중사 앵무전두불감언)

꽃 피는 봄철에 대문을 닫고, 미인들 나란히 아름다운 난간에 서서,
궁중의 여러 가지 서러운 일 기쁜 일 들을 털어내 말하고 싶으나,
고놈의 앵무새가 앞에 있어 감히 입 열지 못하는구나.

[語句] *宮中詞 : 궁중의 후궁이나 궁녀 등의 노래. 宮詞. →114-1. *寂寂 : 외롭고 쓸쓸함. *院門 : 거처하는 건물의 문. '궁중의 院이란 이름이 붙은 殿閣(전각)의 문'을 뜻함. *瓊軒 : 아름다운 난간이나 마루. 瓊은 '아름다운 옥'임. *含情 : 정 또는 생각을 품음. *鸚鵡 : 앵무새과의 새. 다른 새의 소리나 사람의 말을 잘 흉내내는 것이 특징임.

[鑑賞] 궁중 여인들의 적적하고 조심스러운 생활상을 읊은 시. 잘못 말해 소문이 퍼지는 날에는 궁중에서 쫓겨남은 고사하고 목숨마저 잃을 수도 있다. '낮말은 새가 듣고 밤말은 쥐가 듣는다'는 속담 그대로 언행이 조심스럽다. 화창한 봄날 오랜만에 모였으니 그 얼마나 할 말이 많겠는가, 그러나 고놈의 앵무새가 머리 위의 새장에 갇혀 내려다보고 있으니, 하는 말을 그대로 옮길까 조심스러워 간지러운 입술을 놀리지 못하는 것이다.

7言絕句(7언절구). 압운은 門, 軒, 言 자로 평성 '元(원)' 평운이다. 평측은 차례로 '仄仄平平仄仄平, 仄平平仄仄平平, 平平仄仄平平仄, 平仄平平仄仄平'으로 이사부동이륙대와 반법, 점법 등이 잘 이루어지고 평측 배치도 좋아 7絕의 典型(전형)이 되는 작품이다.

488-2 近試上張籍水部(근시상장적수부) 과거가 가까운 때 장적 수부께 올리다.

洞房昨夜停紅燭 待曉堂前拜舅姑 妝罷低聲問夫婿 畫眉深淺入時無.

(동방작야정홍촉 대효당전배구고 장파저성문부서 화미심천입시무)

어젯밤 동방에서 촛불을 끄고, 새벽 되기를 기다려서 시부모께 문안하네.
화장 끝내고 살며시 남편에게

'제가 그린 눈썹의 짙고 옅음이 요즘 유행에 맞는지요?' 하네.

[語句] *近試 : 考試(고시) 곧 科擧(과거) 시행 가까이. '요즈음 시험삼아 지어'로 풀이할 수도 있겠음. *張籍(768~830?) : 중당의 문관, 시인. →365. *水部 : 중국 夏(하)나라부터의 관직으로 河川(하천) 일을 맡았음. 工曹(공조)의 별칭. *洞房 : 침실. 부인이 거처하는 곳. *紅燭 : 붉게 만든 초. 홍초. *舅姑 : 시아버지와 시어머니. 媤父母(시부모). *妝 : 단장하다. 化粧(화장). =粧(장). *夫婿 : 남편. 夫壻(부서). *深淺 : 깊음과 얕음. 짙음과 옅음. *入時 : 그 때의 時俗(시속) 곧 유행에 맞음.

[鑑賞] 이 시는 제목을 '作閨意上張籍水部(작규의상장적수부)'라고도 하는 지은이의 대표작으로 '부인의 생각을 지어 장적 수부께 올리다'의 뜻이다. 지난날 우리나라나 중국이나 부인들은 외출을 자주 못 하기 때문에 세상 돌아가는 실상을 모르고 지내는 형편이었다. 그러니 눈썹먹으로 눈 화장을 하고서도 이것이 요즘 유행에 맞는지 어떤지 몰라, 남편에게 물어본다는 유머러스한 작품이다. 끝 구의 '入時無'가 詩眼(시안)이라 하리라.

7언절구. 압운은 姑, 無 자로 평성 '虞(우)' 평운인데 첫 구에는 압운하지 않았다. 평측은 차례로 '仄平仄仄平平仄, 仄仄平平仄仄平, 平仄平平仄平仄, 仄平平仄仄平平'으로 이사부동이 륙대와 반법, 점법 등이 잘 이루어졌다.

489. 朱大畜(주대축 ?) : 조선 선조 때 문관. 자 景蘊(경온). 선조 때 문과 급제하여 벼슬이 佐郎(좌랑)에 이르렀다.

489-1 湖上卽事(호상즉사) 호수에서 즉흥으로 읊다

霜後渾黃草 人稀湖上道 寥寥心事閒 欲共乾坤老.

(상후혼황초 인희호상도 요요심사한 욕공건곤로)

서리 온 뒤 온갖 풀들 누렇게 시들고, 호수 가의 길에는 다니는 사람 없네.
쓸쓸한 속에서도 내 마음은 한가롭나니, 하늘땅과 함께 늙어가고자 하기 때문이리라.

[語句] *渾 : 모두. *黃草 : ①누렇게 시든 풀. ②약쑥. 뜸쑥. 여기서는 ①의 뜻임. *寥寥 : 쓸쓸하고 고요함. 寂寥(적료). 寂寞(적막). *乾坤 : 하늘과 땅.

[鑑賞] 호수 가를 거닐며 당장에 일어나는 느낌을 읊은 시. '가을 깊어 서리가 온 뒤라 풀들은 누렇게 시들었고, 차가워서 그런가 인적도 없다. 적료한 속에서도 마음은 한가로우니 나도 하늘과 땅 곧 자연의 이치에 순응하며 아무 욕심 없

이 늙어가니 그러하리라.' 했다. 고고한 선비의 삶을 보는 느낌이다.

5言古詩(5언고시) 단편. 압운은 草, 道, 老 자로 상성 '皓(호)' 측운으로 7언절구처럼 첫 구에도 압운했다. 평측은 차례로 '平仄平平仄, 平平平仄仄, 平平平仄平, 仄仄平平仄'으로 이사부동과 반법, 점법 등이 다 이루어져, 5言絕句(5언절구)로 처리하기도 한다.

490. 朱灣(주만 ?) : 唐(당) 나라 시인. 자 巨川(거천). 호 滄洲子(창주자). '詩集(시집 1권)'이 있다.

490-1 尋隱者韋九山人東溪草堂(심은자위구산인동계초당)

동계초당에 은거하는 위구 산인을 찾아가다

窮得仙源訪隱淪 漸來深處漸無塵 初行竹裏唯通馬 直到花開始見人
四面雲山誰作主 數家煙火自爲隣 路傍樵客何須問 朝市如今不是秦.
(궁득선원방은륜 점래심처점무진 초행죽리유통마 직도화개시견인
사면운산수작주 수가연화자위린 노방초객하수문 조시여금불시진)

무릉도원같이 후미진 곳에 숨은 위구를 찾아가노라니,
깊이 찾아들수록 속세 티끌 없어지네.
처음 가는 대밭 좁은 길을 말만 몰고 가니, 꽃 핀 곳에 이르자 겨우 사람이 보이는구나.
사방이 구름 낀 산이니 누가 주인 노릇하랴,
밥 짓는 연기 내는 몇 집들 절로 이웃이 되었네.
길가의 나무꾼이 요즘 어떠냐고 묻지만, 조정이나 백성들이나 옛 진 나라와는 다르다 했네.

[語句] *隱者 : 숨은 선비. 隱士(은사). *山人 : 산 속에서 세상을 멀리하고 사는 사람. <佛> 중. 도사. *仙源 : 신선이 사는 곳. 武陵桃源(무릉도원). *隱淪 : 세상을 피해 숨음. 隱逸(은일). *煙火 : 人家(인가)에서 나는 연기. 사람이 사는 기척. 人煙(인연). *樵客 : 땔나무 하는 사람. 나무꾼. 樵夫(초부). *朝市 : 朝廷(조정)과 市場(시장). 임금과 백성들.

[鑑賞] 옛날 무릉도원 고사를 회상하며 지은 시로, 위씨가 숨어 사는 동계초당을 찾아가는 과정을 노래했다. 말 한 필이 지날 만큼 좁은 대숲을 지나 꽃 핀 넓은 곳에 이르러 비로소 사람을 보게 된다. 이 頷聯(함련 3~4구)은 對句(대구)로 되었다. 구름으로 뒤덮인 산에 드문드문 있는 몇 집은 절로 이웃이 될 수밖에 없다 했는데 이 頸聯(경련 5~6구)도 대구이다. 궁금하게 묻는 나무꾼에게 지금 세상은 진 나라 때와 달리 좋은 세상이라 이르며 시를 맺었다.

7言律詩(7언율시). 압운은 淪, 塵, 人, 隣, 秦 자로 평성 '眞(진)' 평운이다. 평측은 차례로 '平仄平平仄仄平, 仄平平仄仄平平, 平平仄仄平平仄, 仄仄平平仄仄平, 仄仄平平平仄仄, 仄平

平仄仄平平, 仄平平仄平平仄, 平仄平平仄仄平'으로 二四不同二六對(이사부동이륙대)와 反法(반법), 粘法(점법) 등이 잘 이루어졌다.

491. 朱楘(주목 ?) : 조선 인조 때 문관. 자 司文(사문). 호 雪峰(설봉). 인조 때 문과 급제하여 郡守(군수)를 역임했다.

491-1 朝發歸州庵馬上口占(조발귀주암마상구점) 아침에 암자를 나와 말 타고 오며 읊다

雪後層峰半入霄 霽谷春意晩來饒 寒梅何處傳消息 懶策蹇驢渡野橋.

(설후층봉반입소 제곡춘의만래요 한매하처전소식 나책건려도야교)

눈 온 뒤에 겹친 산들 하늘에 솟고, 눈 그친 골짜기의 봄기운 뒤따라 가득하구나.
매화는 어디에 피어 봄소식 가져오려는지,
그 소식 살피느라 저는 나귀 채찍질 않으며 들판 다리를 건너오네.

[語句] *口占 : 즉석에서 시를 지음. 口號(구호) *層峰 : 겹친 산봉우리. *霄 : 하늘. *霽 : 비개다. 光風霽月(광풍제월, 비 갠 뒤에 맑게 부는 바람과 달). *晩來 : 늦게. 뒤따라. *饒 : 넉넉하다. *寒梅 : 매화. 이른 봄에 피기에 寒 자를 붙임. *懶 : 게으르다. 慣用(관용)으로 '란'으로 읽기도 함. *策 : 채찍. 채찍질하다. 꾀. *蹇驢 : 절뚝거리는 나귀. 약한 나귀.

[鑑賞] 절에서 齋(재)를 올렸던지 이튿날 아침에 나귀를 타고 고을로 돌아오며 즉흥으로 읊은 시. 이미 봄기운이 가득해서 이른 봄이면 피어나는 매화가 어디에 피어 있는지 살펴보느라, 더디 가는 나귀에 채찍질을 가하지도 않고 천천히 살피며 온다고 했다. 매화는 봄의 상징이라 옛 선비들은, 오동잎 하나 떨어지면 가을임을 느끼듯, 매화가 피어나는 걸 보면 이미 봄임을 알아 봄 정취에 취하였던 것이다.

7言絕句(7언절구). 압운은 霄, 饒, 橋 자로 평성 '蕭(소)' 평운이다. 평측은 차례로 '仄仄平平仄仄平, 仄仄平仄仄平平, 平平平仄平平仄, 仄仄仄平仄仄平'으로 이사부동이륙대는 둘째 구에서 어긋났고 반법, 점법도 이루어지지 않았다.

492. 周世鵬(주세붕 1495~1554) : 조선 중종 때 학자. 자 景游(경유). 호 愼齋(신재). 본관 尙州(상주). 중종 17년(1522) 문과 급제하여 承文院正字(승문원 정자)로 독서당에 들었고 弘文館副修撰(홍문관 부수찬), 都事(도사)를 거쳐 獻納(헌납) 때 金安老(김안로)의 비행을 탄핵했다. 이어 禮賓寺正, 豊基郡守, 直提學, 都承旨(예빈시정, 풍기군수, 직제학, 도승지) 등 內外職(내외직)을 역임하고, 호조참판에서 황해도관찰사로 나갔다가 돌아와 大司成, 經筵成

均館事(대사성, 경연성균관사)에 이르렀다. 특히 중종 36년(1541) 풍기군수 때 安珦(안향 →150)의 고향에 白雲洞書院(백운동서원)을 세우니 우리나라 최초의 서원이었고, 또 황해도관찰사 때에는 海州(해주)에 文憲公 崔沖(문헌공 최충 →565)을 추모해 首陽書院(수양서원, 文憲書院)을 창설했다. 중국의 周敦頤(주돈이)와 朱子(주자 →498) 등의 사적과 學理(학리)를 연구했으며 淸白吏(청백리)로 일생을 보내 朝野(조야)에 신망이 높았다. 저서에 '武陵雜稿, 竹溪志, 東國名臣言行錄(무릉잡고, 죽계지, 동국명신언행록)' 등이 있고, 작품에 '關東別曲, 太平曲, 儼然曲, 君子歌, 五倫歌(관동별곡, 태평곡, 엄연곡, 군자가, 오륜가)' 등과 시조가 전한다.

492-1 榮川浮石寺(영천부석사) 영주 부석사

浮石千年寺 半臨鶴背山 樓居雲雨上 鍾動斗牛間
斫木分河迴 開巖鍾玉閒 非關耽佛宿 蕭灑却忘還.

(부석천년사 반림학배산 누거운우상 종동두우간
작목분하형 개암종옥한 비관탐불숙 소쇄각망환)

천년 옛 절인 부석사, 한 가닥은 학배산에 다가가 있구나.
누각은 구름 위에 솟았고, 종소리는 북두와 견우별에까지 울리네.
나무 홈으로 강물을 멀리서 받아, 바위를 통해 흐르니 옥을 심은 듯 청한하구나.
절에서 묵는 데에는 관심이 없는데, 맑고도 깨끗한 경지라 돌아가기를 잊고 있네.

[語句] *榮川 : 경상북도 榮州(영주)의 옛 이름. *浮石寺 : 영주시 부석면에 있는 절. 신라 문무왕 16년(676) 義湘大師(의상대사)가 왕명을 받아 창건했으며, 가장 오래된 목조건물인 無量壽殿(무량수전) 등 국보와 보물로 지정된 유물이 많음. *斗牛 : 北斗七星(북두칠성)과 牽牛星(견우성). *斫 : 베다. 쪼개다. *迴 : 멀다. *鍾玉 : 옥을 심음. 옛날 중국의 楊公雍伯(양공옹백)이 효성이 커 無終山(무종산)에 부모를 장사지냈는데 산이 높고 물이 없어, 그는 3년 동안 미음 같은 것을 행인들에게 주었는데, 한 사람이 품에서 돌 한 되쯤을 꺼내 주면서 "이 돌을 심으면 고운 옥을 얻고 또 아름다운 아내를 얻을 것이오." 했음. 심은 지 몇 해 후에 北平(북평)의 서씨 딸이 드문 미인이라 청혼하니, 서씨는 흰 옥 한 쌍을 가져오면 허혼하겠다 하매 양공은 심었던 돌에서 나온 흰 옥 다섯 쌍을 바쳐 아내로 맞았다 하는데, 이에서 鍾玉于藍田(종옥우남전)이란 말이 생겼음.<搜神記> 여기서는 물이 옥을 심은 듯 맑다는 뜻으로 쓴 듯함. *閒 : 조용하다. 고요하다. '淸閒(청한, 깨끗하고 고요함)'의 뜻인 듯함. *耽佛宿 : 佛寺(불사) 곧 절에서 숙박함을 즐김. *蕭灑 : 말쑥하고 깨끗한 모양.

[鑑賞] 起聯(기련 1~2구)은 부석사의 역사와 전체적인 배경이요, 承聯(승련 3~4구)은 절의

누각과 종소리를 대비하여 對句(대구)를 잘 이루었다. 轉聯(전련 5~6구)은 나무로 홈을 파서 먼 곳의 강물을 끌어들여 바위틈을 통해 흐르도록 해 맑기가 옥과 같다 하여 역시 대구를 이루었는데, 閒 자는 '淸閒'을 줄여 썼다고 보았다. 結聯(결련 7~8구)은 이 부석사에 유숙할 마음은 없으나 하도 맑고 깨끗한 곳이어서 돌아갈 마음을 잃고 있다고 맺었다. 각 연의 명칭은 '수련, 함련, 경련, 미련'을 주로 썼는데 '기, 승, 전, 결'의 연이라고도 하기에 여기서는 후자를 따랐다. 부석사의 풍광을 주로 읊은 좋은 시이다.

5言律詩(5언율시). 압운은 山, 間, 閒, 還 자로 평성 '刪(산)' 평운이다. 평측은 차례로 '平仄平平仄, 仄平仄仄平, 平平平仄仄, 平仄仄平平, 仄仄平平仄, 平平平仄平, 平平平仄仄, 平仄仄平平'으로 二四不同(이사부동)과 反法, 粘法(반법, 점법) 등이 모두 이루어졌다.

493. 朱汝翼(주여익 ?) : 조선 현종 때 문관. 자 翼之(익지). 父 汝斗(여두). 문과 과거에 급제하여 司馬(사마) 벼슬을 지냈다.

493-1 居館申汝確送湖西(거관신여확송호서) 객사에서 호서로 가는 신여확을 송별하다

秋風落葉滿庭飛 千里湖山送子歸 來歲江南春好處 更期函丈共摳衣.

(추풍낙엽만정비 천리호산송자귀 내세강남춘호처 갱기함장공구의)

가을바람에 지는 낙엽 뜰 가득 날리는데, 호서 땅 먼 길로 그대 송별하네.
오는 해 강남에 봄 좋게 들거든,
스승님 다시 만나 옷자락 걷어 올리는 예법 갖추기를 기약하세.

[語句] *居館 : 客舍(객사)나 여관에 있음. *湖西 : 충청남북도. 湖中(호중). *函丈 : 스승. 스승과 제자 사이를 한 丈 곧 열 자 간격으로 떼어놓는 일. *摳衣 : 옷을 걷어 올림. 옷의 뒷자락을 걷어 올리는 옛 중국의 예법.<禮記 曲禮>

[鑑賞] 신여확은 아마도 지은이와 同門修學(동문수학)한 친구인가보다. 그 친구가 가을바람에 낙엽이 날리는 때에 멀리 충청도 땅으로 가는 것을 전송하며 지어준 일종의 송별시이다. 오늘 쓸쓸한 가을날에 그대를 송별하지만, 세월이 가서 내년 강남의 봄이 되면 다시 만나 함께 스승을 뵙자는 약속을 하자는 내용이다.

7言絕句(7언절구). 압운은 飛, 歸, 衣 자로 평성 '微(미)' 평운이다. 평측은 차례로 '平平仄仄仄平平, 平仄平平仄仄平, 平仄平平平仄仄, 仄平平仄仄平平'으로 二四不同二六對(이사부동이륙대)와 반법, 점법 등이 모두 잘 이루어졌다.

494. 朱悅(주열 ?~1287) : 고려 충렬왕 때 문관, 문장가. 자 而和(이화). 시호 文節(문절). 본관 綾城(능성). 父 縣吏 慶餘(현리 경여). 고종 때 登科(등과)하여 南原判官, 監察御史(남원판관, 감찰어사)를 역임하고 이어 忠淸·慶尙·全羅 按察使(충청·경상·전라 안찰사)를 지냈으며 知都僉議府事(지도첨의부사)에 이르렀다. 천성이 활달하고 너그러웠으며 家産(가산)에 힘쓰지 않았고, 세 도의 안찰사를 지낼 때에는 가는 곳마다 명성과 공적을 높이 떨치었으며, 관직이 높아도 빈한한 선비와도 같이 검소했다. 문장에 능하고 글씨에도 뛰어났는데, 코에 붉은 혹이 생기는 鼻紅症(비홍증)이 있어 얼굴이 추하게 보였으나, 임금이 그의 어진 재주를 칭찬했고 사후에 시호까지 내렸다.

494-1 淸風客舍寒碧軒(청풍객사한벽헌) 청풍 객사 한벽헌

水光澄澄鏡非鏡 山氣藹藹烟非烟 寒碧相凝作一縣 淸風萬古無人傳.
(수광징징경비경 산기애애연비연 한벽상응작일현 청풍만고무인전)

물빛은 아주 맑아 거울 아닌 거울이요,
산은 아지랑이 서리어 연기 같기도 아닌 것 같기도 하네.
글자 그대로 찬 물인 寒과 푸른 산인 碧이 서로 엉기어 한 고을을 이루었으니,
맑은 바람이란 청풍 고을 만고토록 전하는 이 없으리오.

[語句] *淸風 : 충청북도 제천군의 지명. 본래 고구려 沙熱伊縣(사열이현)인데 신라 경덕왕 때 청풍으로 고쳤고 고려 현종 9년(1018) 충주에 속했다가, 조선 현종 1년(1317) 府(부)로 승격되고 1914년 제천군에 병합되었음. *客舍 : 다른 곳에서 온 벼슬아치들을 대접하여 묵게 하던 집. *寒碧軒 : 한벽이란 현판이 붙은 건물. 제천시에 寒碧樓(한벽루)가 있음. *水光 : 수면에 비치는 빛. *澄澄 : 물이 매우 맑은 모양. *山氣 : 산의 빼어난 기세. 산의 깨끗한 공기나 낀 아지랑이. *藹藹 : 아주 많은 모양. 초목이 우거져 무성한 모양. 향기로운 모양. *凝 : 엉기다. 이루다. *萬古 : 오랜 옛날부터. 오랜 세월.

[鑑賞] 청풍 고을은 글자 그대로 맑은 바람이 부는 시원하고 깨끗한 고장이리라. 거기다가 찬물과 푸른 하늘이 파란 빛깔 일색으로 깃들인 고장이니 요즈음 말로 얼마나 淸淨(청정)하랴. 처음 두 구는 물과 산을 대비해 對句(대구)를 잘 이루었고, 끝구의 마무리도 멋지게 묘사했다. 한벽헌은 글자 그대로 산수를 두루 감상할 수 있는 관용 여관인 것이다. 끝 구를 '청풍을 만고에 전하는 사람 없네.'로 풀이할 수도 있겠으나 어쩐지 미진해 위와 같이 풀었다.

7언절구. 압운은 烟, 傳 자로 평성 '先(선)' 평운인데 첫 구에 압운 않은 것은 관례에 어긋

난다. 평측은 차례로 '仄平平平仄平仄, 平仄仄仄平平平, 平仄平平仄仄仄, 平平仄仄平平平'으로 이사부동이륙대는 처음 두 구에서 어긋났고 따라서 반법이나 점법도 이루어지지 않았는데, 다만 평측 글자의 대비가 詩的(시적)이다.

495. 朱義植(주의식 ?) : 조선 숙종 때 歌客(가객). 자 道遠(도원). 호 南谷(남곡). 본관 羅州(나주). 숙종 초에 武科及第(무과 급제)하여 漆原縣監(칠원현감)에 그쳤으나, 그림에 능했고 노래를 짓고 부르기에 뛰어나서 政界(정계)의 분쟁을 떠나, 사위 金三賢(김삼현)과 함께 심중의 불평을 노래로 풍자해 불렀다. 그의 노래는 다분히 도덕적이고 건실한 내용으로 되어 14수의 시조가 '청구영언', '해동가요', '가곡원류' 등에 실려 있는데, 그와 사위의 시조 한 수씩을 인용해 보자. "주려 죽으려고 수양산 들었거니, 설마 고사리를 먹으려 캐었으랴, 物性(물성)이 굽음을 애달파 펴 보려 캠이라."<朱義植> "공명을 즐겨 마라 榮辱(영욕)이 반이로다. 부귀를 탐치 마라 危機(위기)를 밟느니라. 우리는 일신이 한가하니 두렬 일이 없어라."<金三賢>

495-1 項羽(항우) 항우

英雄運去歎天亡 八載干戈夢一場 不獨江東羞父老 泉臺何面拜懷王.

(영웅운거탄천망 팔재간과몽일장 부독강동수부로 천대하면배회왕)

영웅 항우는 운수가 다하여 하늘을 탄식하며 망했나니, 8년간의 전란이 일장춘몽이었구나. 강동의 부형들에게만 부끄러운 게 아니라, 저승에 가서 무슨 염치로 초회왕을 뵐 거나.

[語句] *項羽(B.C 232~202) : 중국 秦(진) 나라 말의 장수. 楚覇王(초패왕). 이름은 籍(적), 羽는 자임. 下相(하상) 사람. 숙부 梁(량)과 함께 군사를 일으켜 진 나라 군사를 쳐서 咸陽(함양)을 불사르고 진의 임금 子嬰(자영)을 죽이고는 스스로 초 패왕이 되었음. 劉邦(유방)과 천하를 다투었으나 垓下(해하)의 싸움에서 패하자 烏江(오강)에 이르러 자살했음. *八載 : 8년. *干戈 : 방패와 창. 전쟁에 쓰이는 무기. 전쟁. 병란. *夢一場 : 한 바탕의 꿈. 허무 무상함. 一場春夢(일장춘몽). *江東 : 揚子江(양자강) 하류 남쪽 연안 지역. 항우가 군사를 일으킨 곳임. 江左(강좌). *泉臺 : 저승. 黃泉(황천). 泉下(천하). *懷王 : 춘추전국시대 楚(초) 나라 36 대 임금.

[鑑賞] 산도 뽑아 올릴 수 있다는 힘을 가진 항우의 일을 읊은 시. 8년이나 유방과의 싸움터에서 보낸 그였지만, 운수가 다하니 망하고 말아 한바탕 봄꿈처럼 허무하게 되고 말았다. 항우가 오강에서 四面楚歌(사면초가)에 몰렸을 때, 亭長(정장)이 "강동이 비록 좁으나 천리나 되는 땅이니 또한 임금이 될 만하오." 하며 강을

건너기를 권했지만 항우는 자살하며, 고향의 8천 군사들을 데리고 와 모두 죽였으니, 고향 강동의 부형들을 대할 면목이 없다 했다. 하지만 저승에 가 자기 조국인 초 나라의 회왕을 어찌 만날 것인가, 마땅히 초회왕도 대할 면목이 없다 해야 하리라고 꼬집은 작품이다. 杜牧(두목 →63)도 '題烏江亭(제오강정)'에서 "勝敗兵家事不期 包羞忍恥是男兒 江東子弟多才俊 卷土重來未可知(이기고 지는 건 병가지상사兵家之常事거늘, 수치를 참고 견디는 게 사나이가 아니랴. 강동 땅 젊은이들 모두 재주 뛰어나니, 권토중래捲土重來라 앞일은 알 수 없는 게 아닌가)"하고 안타까워하는 시를 남겼다.

7言絕句(7언절구). 압운은 亡, 場, 王 자로 평성 '陽(양)' 평운이다. 평측은 차례로 '平平仄仄平平平, 仄仄平平仄仄平, 仄仄平平平仄仄, 平平平仄仄平平'으로 二四不同二六對(이사부동이륙대)와 反法, 粘法(반법, 점법) 등이 잘 이루어진 佳作(가작)이다.

496. 朱椗(주정 ?) : 조선 숙종 때 문관. 자 定叔(정숙). 호 湖村(호촌). 부 汝斗(여두). 숙종 때 과거 급제하여 佐郎(좌랑)을 역임했다.

496-1 詠菊(영국) 국화를 읊다

籬菊開花早 秋風有意催 催花也自是 恐入鬢毛來.

(이국개화조 추풍유의최 최화야자시 공입빈모래)

울타리의 국화 일찍 꽃 핀 것은, 가을바람이 생각 있어 재촉해서이리라.
꽃 피기를 재촉한 것은 가을바람의 뜻이겠으나,
내 귀밑털에 들어 하얗게 세게 할까 두렵네.

[語句] *籬菊 : 집 울타리를 둘러 있는 국화. *有意 : 생각이나 뜻이 있음. *自是 : 제 뜻대로임. 제 의견만 옳게 여김. *鬢毛 : 살쩍. 귀밑털.

[鑑賞] 국화는 늦가을에 피는 傲霜孤絕(오상고절)이라 서리를 맞기 십상이다. 서리는 흰 빛이기에 희게 센 머리칼을 상징하는 것이다. 찬 가을바람이 국화꽃을 일찍 피어나게 하는 것은 좋으나, 내 머리털을 하얗게 세게 하지나 않을는지 두렵다. 세월이 가 늙어짐을 아쉬워하는 심정을 가을바람과 국화에 비겨 잘 그렸다.

5言絕句(5언절구). 압운은 催, 來 자로 평성 '灰(회)' 평운이다. 평측은 차례로 '平仄平平仄, 平平仄仄平, 平平仄仄仄, 仄仄仄平平'으로 이사부동과 반법, 점법 등이 잘 이루어졌다.

497. 朱震楨(주진정 ?) : 조선 효종 때 문관. 자 用卿(용경). 효종 때 과거 급제하여 벼

슬이 佐郎(좌랑)이었다.

497-1 偶吟(우음) 우연히 읊다

雨霽山猶濕 風高葉自吟 草堂良夜寂 明月照幽襟.
(우제산유습 풍고엽자음 초당양야적 명월조유금)

비가 개니 산 촉촉하게 젖었고, 바람 세어 잎은 우수수 소리내네.
초당의 좋은 밤 깊어 적적한데, 밝은 달은 그윽히 소매를 비추는구나.

[語句] *偶吟 : 우연히 읊음 또는 그런 노래. 偶詠(우영). →106-1. *自吟 : 스스로 사각사각 소리냄. *草堂 : 집의 원채 밖 따로 떨어진 곳에 짚이나 억새로 지붕을 인 조그만 집채. *良夜 : 좋은 밤. 하늘이 맑고 달이 밝은 밤. 良宵(양소). *襟 : 옷깃.

[鑑賞] 초당에 홀로 앉아 밤늦게까지 독서하다가 잠시 머리를 식히려고 툇마루에 나와, 보이는 풍경을 우연하게 읊은 시. 시간적 배경은 가을 같으니 바람 높고 달이 밝다는 표현에서 그러하다. 당 나라 시인 王維(왕유)의 "深林人不知 明月來相照(숲 깊어 사람들은 모르고, 명월만이 날 알아 비춰 주네)"가 연상된다. →164-15.

5언절구. 압운은 吟, 襟 자로 평성 '侵(침)' 평운이다. 평측은 차례로 '仄仄平平仄, 平平仄仄平, 仄平平仄仄, 平仄仄平平'으로 이사부동과 반법, 점법 등이 모두 이루어졌다.

498. 朱熹(주희 1130~1200) : 南宋(남송)의 大儒學者(대유학자), 朱子學(주자학) 창시자. 자 元晦, 仲晦(원회, 중회). 호 晦庵, 晦翁, 雲谷老人, 滄州病老, 遯翁(회암, 회옹, 운곡노인, 창주병로, 둔옹). 존칭 朱子. 시호 文公(문공). 안휘성 婺源(무원) 사람. 송의 고종, 효종, 광종, 영종 네 조정을 거쳐 轉運副使, 煥章閣待制, 秘閣修撰(전운부사, 환장각대제, 비각수찬) 등의 벼슬을 지냈다. 周敦頤, 程子(주돈이, 정자) 등의 학문을 집대성하여 주자학을 세우니, 이를 程朱學, 宋學, 性理學, 理氣說(정주학, 송학, 성리학, 이기설) 등으로도 부른다. 철학자로서 가장 위대한 업적이 있고 또한 우수한 시인이었으며 '詩經, 楚辭(시경, 초사)' 등을 평론 주석하여 그 식견을 높이 드러내었다. 송학의 일단을 보면 다음과 같다. '우주에는 氣의 본원인 理와 거기서 생겨나 변화하는 음양의 두 氣가 있어 이 두 기가 자연 만물을 생성하고 사람에게도 理氣가 존재한다. 理는 인간이 태어나기 이전에 이 우주에 존재하는 것으로, 사람이 생을 받음과 동시에 氣가 주어지는데 맑은 기는 선하지만 혼탁한 기는 욕망을 일으켜 理의 생각과 행동을 방해한다고 보니 이것이 理氣說이다. 그러므로, 사람은 각각 주어진 理를 본래의 선한 것으로 하기에 애써야 하니 이것이 窮理盡性(궁리진성)이며, 이러기 위해 성현의 저서를 읽어 道(도)를 밝혀가야 하는 格物致知(격물치지)가 필요한 것이다.'

저서에 '文集, 大全集, 語錄, 通鑑綱目(문집, 대전집, 어록, 통감강목)' 등 이 있다.

498-1 勸學文(권학문) 학문하기를 권장하는 글

勿謂今日不學而有來日 勿謂今年不學而有來年
日月逝矣 歲不我延 嗚呼老矣 是誰之愆.

(물위금일불학이유내일 물위금년불학이유내년
일월서의 세불아연 오호노의 시수지건)

오늘 배우지 않으면서 내일이 있다 하지 말고,
올해에 배우지 않아도 내년이 있다고 하지 말라.
하루하루 해와 달은 가나니, 나를 위해 멈춰 주지 않네.
아아, 늙어버렸네, 이 누구의 허물인고.

[語句] *勸學 : 학문을 힘써 배우도록 함. *日月逝矣 : 해와 달 세월이 지나감. 日月逝矣 歲不我與(날과 달이 가는지라, 세월이 나를 맞아주지 아니하니라.)<論語 陽貨> *嗚呼 : 아아. *愆 : 허물. 어그러지다.

[鑑賞] 제목을 '朱文公勸學文(주문공권학문)'이라고도 한다. 학문은 쉬지 않고 열심히 노력하는 것 외에 王道(왕도)가 없음을 강조한 작품이다. '오늘 공부하지 못했으면 내일 해야지,' 하거나, '올 해에 못 했으니 내년에는 꼭 해야지.' 해 보아야 아무 소용이 없다는 것이다. 천천히 하더라도 황소걸음으로 쉬지 않아야 한다. 해와 달이 가며 세월은 흐르는 것이지 공부하라고 나에게 머물러 주지 않으니, 어느 사이에 늙고 말아 아무것도 이룬 바가 없게 된다. 이렇게 되는 것이 누구의 허물인가, 바로 열심히 공부하지 않은 내 잘못인 것이지 세월이나 남의 탓은 아니다. 처음 두 구는 對句(대구)로 반복의 형식을 써서 내용을 강조하며, 다음의 네 구는 주자 자신의 후회라 할 수도 있으나 읽는 이들에게 주는 警句(경구)이다. 학문의 발달이 시간을 다투게 빠른 현대에는 더욱 명심해야 할 권학문이다.

雜言詩(잡언시) 6구. 압운은 年, 延, 愆 자로 평성 '先(선)' 평운이다. 평측은 차례로 '仄仄平仄仄仄平仄平仄, 仄仄平平仄仄平仄平平, 仄仄仄仄, 仄仄仄平, 平平仄仄, 仄平平平'으로 10언 구 둘과 4언 구 넷으로 이루어져 이사부동이나 반법, 점법 등은 살펴볼 필요가 없겠다.

498-2 武夷九曲 十首 初頭 2首(무이구곡 십수 초두 2수) 무이구곡 열 수 첫 두 수

武夷山上有仙靈 山下寒流曲曲淸 欲識箇中奇絶處 櫂歌閒聽兩三聲.<첫 수>
一曲溪邊上釣船 幔亭峰影蘸晴川 虹橋一斷無消息 萬壑千峰鎖翠烟.<둘째 수>

(무이산상유선령 산하한류곡곡청 욕식개중기절처 도가한청양삼성)

(일곡계변상조선 만정봉영잠청천 홍교일단무소식 만학천봉쇄취연)

무이산 산 위에 신선의 넋이 어려 있어, 산 아래로 흐르는 찬 냇물 굽이굽이 맑아라. 그 중 기이한 절경 알아보려 하니, 뱃노래 두세 가락 한가로이 들리네.<第1首>

첫 구비 승진동升眞洞 냇가에 낚싯배 오르고, 만정봉 그림자 맑은 내에 잠겼구나. 무지개다리 한 번 끊기어 아무 기별 없고, 만학천봉이 푸른 이내로 막혔네.<第2首>

[語句] *武夷 : 무이산. 복건성 建甯府 崇安縣(건녕부 숭안현, 지금의 武夷山市무이산시)에 있는 산. 옛날 武夷君(무이군)이란 신선이 살았기에 붙인 이름이라고도 하고, 상고 때 장수한 사람 籛鏗(전갱, 彭祖팽조)의 두 아들 武(무)와 夷(이)가 은거했다 하여 이름했다고도 함. 이 산에 경치 좋은 아홉 곳이 있어 '무이구곡'이라 하며 자연보호구로 지정되었음. *仙靈 : 신선의 넋. 신선이나 그 자취. *櫂歌 : 뱃노래. 棹歌(도가). *釣船 : 낚싯배. *幔亭峰 : 무이산의 봉우리 이름. *蘸 : 물에 담그다. '潛(잠-잠기다)'으로 쓰기도 함. *萬壑千峰 : 첩첩이 겹쳐진 깊고 큰 골짜기와 많은 봉우리. *翠烟 : 푸른 연기. 멀리 낀 안개나 이내. 翠嵐(취람).

[鑑賞] 주자가 무이산을 유람하며 九曲溪(구곡계) 승경 아홉 곳을 읊은 시. 첫 수는 序詩(서시)의 성격이고 9곡을 차례로 지었는데 2곡부터의 시를 번역해 보면 다음과 같다. "2곡은 우뚝 솟은 玉女峰(옥녀봉)이라 꽃 꽂고 물가에 있어 누구 위한 치장인고. 도사는 다시 황대의 꿈꾸지 않으니 앞산에 홍취 들어 푸르름이 몇 겹인가. 3곡 仙機岩(선기암) 골에 줄 잡고 가던 배를 보리니 노 젓지 않은 지 그 몇 해인지 몰라라. 상전벽해란 말이 이와 같으니 거품이나 바람 앞 등불 같아 자못 가련쿠나. 4곡 金鷄岩(금계암)은 동과 서의 두 돌바위인데 바위 이끼 드리우고 덩굴풀 파랗게 늘어졌네. 하늘닭 울기를 그치니 사람은 보이지 않고 달빛은 빈 산에 차고 못에 물 가득하네. 5곡은 鐵笛亭(철적정)인데 산 높고 구름 깊어 오랜 안개비에 평평한 숲이 어둡구나. 숲속에 사람 있지만 눈치 챈 이 없어 뱃노래 소리 속에 변치 않는 만고의 심사러라. 6곡 仙掌峯(선장봉) 푸른 병풍 파란 물굽이 둘렀고 초가집은 종일토록 사립 빗장 지쳐 있네. 손님은 노에 기대고 이끼는 위에서 떨어지는데 놀던 원숭이와 새들은 놀라지 않아 봄은 한가롭구나. 7곡은 石唐寺(석당사)라 隱屏峰(은병봉)과 선장봉을 다시 돌아보노라. 지난 밤 봉우리에 내린 비 도리어 곱나니 폭포에 물 더하고 길 거의 서늘해라. 8곡 鼓樓巖(고루암)의 흐릿한 기운 열리려 하고 고루암 밑 물은 빙 돌아 흐르네. 이 땅에 좋은 경관이 없더라고 말하지 않아야 되랴, 유람객이 오지 않는 게 오히려 좋으리. 9곡 新村市(신촌시)는 마지막

인데 눈앞이 확 트이어 뽕밭과 삼밭에 이슬비 내리는 속으로 냇물이 보이네. 늙은 어부 다시 무릉도원 길 찾으려나, 인간 세상의 별천지인 여기를 제쳐두고."

7言絕句(7언절구) 連作(연작). 첫 수의 압운은 靈, 淸, 聲 자로 靈은 평성 '靑(청)', 나머지도 평성 '庚(경)' 평운으로 두 운은 通韻(통운)이다. 평측은 차례로 '仄平平仄仄平平, 平仄平平仄仄平, 仄仄仄平平仄仄, 仄平平仄仄平平'으로 二四不同二六對(이사부동이륙대)와 반법, 점법 등이 잘 이루어졌다. 둘째 수는 압운이 船, 川, 烟 자로 평성 '先(선)' 평운이며, 평측은 차례로 '仄仄平平仄仄平, 仄平平仄仄平平, 平平仄仄平平仄, 仄仄平平仄仄平'으로 이사부동이륙대와 반법, 점법 등이 역시 잘 이루어졌다.

498-3 偶成(우성) 우연히 시가 되다

少年易老學難成 一寸光陰不可輕 未覺池塘春草夢 階前梧葉已秋聲.

(소년이로학난성 일촌광음불가경 미각지당춘초몽 계전오엽이추성)

소년은 늙기 쉽고 학문은 이루기 어려우니,
아주 짧은 시간이라도 아껴 가벼이 해서는 안 되네.
연못 가 봄풀에 얽힌 화사한 봄꿈 깨기도 전에,
뜰앞 오동나뭇잎은 이미 가을을 알리는구나.

[語句] *偶成 : 우연히 이루어짐. *一寸 : 한 치 길이. 아주 짧음. *光陰 : 세월. 때. 본디의 뜻은 '빛과 그늘, 해와 달'임. *池塘 : 못. 연못. *梧葉 : 오동나무의 잎.

[鑑賞] 앞에서 든 지은이의 '勸學文' 시와 마찬가지로 그때그때를 놓치지 말고 제 때에 열심히 공부해야 함을 강조한 역시 권학하는 시로, 지난날 우리나라 학교에서 이 시에 곡을 붙여 唱歌(창가) 시간에 가르친 바가 있는 유명한 작품이다. 시간 곧 세월은 빨리도 가는 것이라 白駒過隙(백구과극) 곧 흰 망아지가 달려감을 문틈으로 보는 듯하다는 말도 있지 않은가. 온갖 꽃이 화사함을 다투는 봄이더니, 아느새 뜰앞의 오동잎이 떨어지는 가을이 되고 말아 시간을 아껴 때를 놓치지 말고 열심히 공부해야 한다고 강조했다.

7언절구. 압운은 成, 輕, 聲 자로 평성 '庚(경)' 평운이다. 평측은 차례로 '仄平仄仄仄平平, 仄仄平平仄仄平, 仄仄平平平仄仄, 平平平仄仄平平'으로 이사부동이륙대와 반법, 점법 등이 모두 잘 이루어진 名作(명작)이다.

499. 竹西朴氏(죽서박씨 ?) : 朴宗彦(박종언, 본관 潘南반남) 側室(측실)의 딸이며, 判書(판서) 徐箕輔(서기보)의 副室(부실).

499-1 十歲作(십세작) 열 살에 지은 시

牕外彼啼鳥 何山宿便來 應識山中事 杜鵑開未開.

(창외피제조 하산숙편래 응식산중사 두견개미개)

창밖에 와 울고 있는 저 새야, 어느 산에서 자고 왔느뇨.
너는 응당 산중의 일을 잘 알 테지, 진달래꽃이 피었더냐 안 피었더냐.

[語句] *牕 : 창. 창문. =窗(창), 窓(창). *便 : 소식. 풀이하지 않아도 되는 글자임. *杜鵑 : 진달래. 두견화. 躑躅(척촉).

[鑑賞] 어린이의 마음이 그대로 드러난 小品(소품)이다. 小室(소실)의 딸이라 글도 떳떳하게 배우지 못하고 嫡室(적실)의 동기들이 배우는 어깨 너머로 글을 익혔으리라. 워낙 총명했던가보다, 이 만한 시를 엮어냈으니. 가마 타고 산 구경도 못하고 좋아하는 진달래가 피었는지 궁금해 창밖에 와 우는 새에 물어보는 어린 마음이 가련하게 느껴진다. 봉건시대의 班常嫡庶(반상적서)의 관습으로 해서 얼마나 많은 인재들이 빛을 잃고 말았던가. 생각사록 안타깝다.

5言絕句(5언절구). 압운은 來, 開 자로 평성 '灰(회)' 평운이다. 평측은 차례로 '平仄仄平仄, 平平仄仄平, 仄仄平平仄, 仄平平仄平'으로 이사부동은 잘 이루어졌고, 제 3, 4구를 바꾸면 반법과 점법도 잘 되었겠다.

500. 曾鞏(증공 1019~1083) : 중국 宋(송)의 文人. 자 子固(자고). 南豊(남풍, 강서성) 사람.

仁宗(인종) 때 進士(진사)에 올라 史官(사관)의 직책에 있었으며 歐陽修(구양수 →692)에게 배워 古文(고문)에 능통했다. 唐宋8大家(당송8대가)의 한 사람이며 저서로 '元豊類稿(원풍유고 50권)'가 있다.

500-1 虞美人草 初終聯(우미인초 초종련) 우미인초 첫 연·끝 연

鴻門玉斗紛如雪 十萬降兵夜流血 咸陽宮殿三月紅 覇業已隨煙燼滅<첫 연>
滔滔逝水流今古 漢楚興亡兩丘土 當年遺事久成空 慷慨樽前爲誰舞.<끝 연>

(홍문옥두분여설 십만항병야유혈 함양궁전삼월홍 패업이수연신멸

(도도서수유금고 한초흥망양구토 당년유사구성공 강개준전위수무)

홍문의 옥 국자 눈처럼 부서지고, 진秦의 항복한 군사 10만 하룻밤에 피 흘리며 학살당했네.
함양 궁전은 석 달 동안 불타느라 붉었고, 항우의 패업도 이미 연기 따라 없어졌구나.<初聯>
도도한 강물은 옛날이나 지금이나 다름없이 흐르는데, 한과 초의 흥망은 두 언덕의 흙일세.
그 때의 옛일 이미 자취없이 사라진지 오래거니,

항우의 술잔 앞에서 슬퍼하던 우희虞姬의 몸부림 이제는 누굴 위해 저리도 하늘거리는고.<終聯>

[語句] *虞美人草 : 개양귀비. 양귀비꽃과의 일년생 풀. 높이 50cm쯤이고 봄에 홍색, 자색, 백색의 꽃이 피는데 관상용으로 심음. 項羽(항우)가 烏江(오강)에서 자살할 때 그의 愛姬(애희)인 虞姬(우희)도 따라 죽어 그 묘 위에 자라난 풀이라 우미인초라 했다고 함. *鴻門 : 劉邦(유방)과 항우가 만났던 곳으로 섬서성 潼關(동관) 부근임. *玉斗 : 술을 뜨는 옥 국자. *紛如雪 : 눈처럼 부서짐. 유방과 항우가 만났을 때 위험을 느낀 유방이 몰래 탈출해버리니, 항우의 부하 范增(범증)이 유방의 부하 張良(장량)이 예물로 바친 옥두를 칼로 부수며 애석해 했음. *三月紅 : 항우가 진 나라 서울 함양의 阿房宮(아방궁)을 불태우니 석 달 동안 탔다고 함. *覇業 : 무력으로 천하를 잡아 왕이나 제후가 되는 일. 霸業(패업). *煙燼 : 연기와 불탄 나머지. 연기와 재. *滔滔 : 물이 거칠 것 없이 질펀하게 흐르는 모양. *漢楚 : 유방의 한 나라와 항우의 초 나라. *遺事 : 전해 오는 일의 자취. *慷慨 : 의기가 북받치어 원통해 하고 슬퍼함.

[鑑賞] 우희의 무덤 위에 돋아났다는 우미인초를 두고 한과 초의 싸움을 비겨 지은 작품. 모두 10연인데 앞 뒤 2연씩만 인용했다. 중간 6연의 내용은 "강하다는 것은 반드시 부러지기 마련이고 仁義(인의)만이 으뜸이라, 항우가 淮陽(회양) 땅 陰陵(음릉)에서 길을 잃은 것은 하늘이 망친 게 아니었네. 영웅은 본디 글이나 한 사람을 상대하는 장검보다 만인을 적으로 삼아 싸우는 것이라고 항우는 말했지만 그게 무슨 소용이었던고, 장막 안에서 우희를 슬퍼했으니. 三軍(삼군)이 흩어지고 대장 깃발은 꺾어지니, 장막 안 미인 우희도 수심으로 늙어 보였네. 우희는 밤들자 칼날의 번득임과 함께 죽으니, 푸른 피가 화해서 무덤 위의 풀이 되었다네. 미인의 꽃다운 마음은 쓸쓸하게 우미인초의 가지 끝에 매달린 듯하니, 살아 생전에 항우의 장막 안에서 사면초가를 듣고 눈썹 찡그리던 모습과 같구나. 가슴에 품은 애수와 원망은 바람 속을 헤매면서 말이 없으니, 꼭 사면초가를 듣던 그 때의 모습이 아니겠는가."이니, 항우의 미련함과 우희의 비애를 일관해 그렸다 하겠다. 송나라 彭淵材(팽연재)가 훌륭한 것에 결점이 있다며 5 가지 곧 五恨(오한)의 하나로 "증자고가 시를 잘 못하는 것"을 들었는데, 이 시는 명작이라 할 만하지 않은가.

7言古詩(7언고시) 10연 20구. 압운은 雪, 血, 滅 ; 古, 土, 舞 자로 첫 연은 상성 '屑(설)' 운, 끝 연도 상성 '麌(우)' 측운이다. 평측은 차례로 '平平仄仄平平仄, 仄仄平平仄平仄, 平平平仄平仄平, 仄仄仄平平仄仄 ; 平平仄仄平平仄, 仄仄平平仄平仄, 平平平仄仄平平, 平仄平平仄平仄'으로 二四不同二六對(이사부동이륙대)는 첫 연의 첫째와 넷째 구, 끝 연의 첫째와 셋째 구에서만 이루어졌고 反法(반법)과 粘法(점법)은 고시이기에 이루어지지 않았다.

501. 池天錫(지천석 ?) : 조선 숙종 때 문관. 자 大受(대수). 호 壺山(호산). 숙종 때 과거 급제하여 正郎(정랑)을 지냈다.

501-1 偶吟(우음) 우연히 읊다

白首無緣報聖恩 太平烟月臥山樊 多情何物長相對 黃菊花前白酒尊.
(백수무연보성은 태평연월와산번 다정하물장상대 황국화전백주준)

백발로 임금님 은혜 갚을 길이 없어, 태평연월 속에 산림에 엎드려 사네.
무엇을 다정하게 오래도록 상대하겠는가, 노란 국화꽃 앞에서 술잔 기울이는 일일세.

[語句] *白首 : 허옇게 센 머리. 白頭(백두). *無緣 : 아무 인연이 없음. 어찌할 길이 없음. *太平烟月 : 태평하고 안락한 생활. 太平은 '세상이 잘 다스려지고 풍년이 듦'이고, 烟月은 '안개 어린 은은한 달이나 달빛'임. *山樊 : 산 밑. 산의 곁. 樊은 '울타리'임. *白酒 : ①막걸리. ②배갈. *尊 : ①준-술. =樽(준, 술단지). ②존-높다. 여기서는 ①임.

[鑑賞] 벼슬길에서 물러나 백발이 되니 임금님 은혜 크지만 갚을 방도가 없다. 시절이 태평하니 산 속 마을에 은거하며 오직 가을 노란 국화꽃을 마주하여 술을 마시는 게 하루하루의 취미이다. 조용하고 한가한 삶의 한 단면이다.

7言絕句(7언절구). 압운은 恩, 樊, 尊 자로 평성 '元(원)' 평운이다. 평측은 차례로 '仄仄平平仄仄平, 仄平平仄仄平平, 平平平仄平平仄. 平仄平平仄仄平'으로 이사부동이륙대와 반법, 점법 등이 다 이루어졌다.

502. 陳陶(진도 ?) : 晩唐(만당)의 시인. 자 嵩伯(숭백). 嶺南(영남) 사람. 宣宗(선종 846~859) 때 長安(장안)으로 가 遊學(유학)하고 뒤에 洪州 西山(홍주 서산)에 은거했다.

502-1 隴西行(농서행) 농서의 노래

誓掃匈奴不顧身 五千貂錦喪胡塵 可憐無定河邊骨 猶是春閨夢裡人.
(서소흉노불고신 오천초금상호진 가련무정하변골 유시춘규몽리인)

흉노를 쓸어버리리라 맹세하여 제 몸 돌보지 않는,
5천의 병사들을 오랑캐 땅에서 다 잃었네.
가련타 무정하 강가의 해골들이여, 아직도 그들은 청춘 규방의 꿈속 사람들이로구나.

[語句] *隴西 : 甘肅省 隴西縣(감숙성 농서현). 隴西行은 '樂府(악부)의 제목'임. *匈奴 :

기원전 3세기 경부터 몽고 지방에서 활약하던 北狄(북적, 북쪽 오랑캐)의 일파인 유목 민족. 酋長(추장)을 單于(선우)라 했음. *貂錦 : 貂皮(돈피, 담비의 가죽)와 비단. 갖옷과 비단옷을 입은 戰士(전사). *胡塵 : 오랑캐 땅의 먼지. 오랑캐 땅. 胡地(호지). *無定河 : 섬서성 延安市(연안시)의 강 이름 또는 사방의 변방에서 황하로 흘러 들어가는 강. 奢延江(사연강). *春閨 : 봄의 閨房(규방, 부부의 침실).

[鑑賞] 漢民族(한민족)의 나라를 자주 침범하는 북쪽 오랑캐인 흉노를 정벌한다고 많은 장정들을 징발하여 출정했으나, 흉노의 땅에서 그 군사들 5천 명이나 전사하여 무정하 강변에 백골로 변해 있다. 그러하지만 그 장정의 고향 아내들은 규방에서 獨宿空房(독숙공방)하며 남편이 돌아오는 꿈을 연신 꾸며 살아간다. 이미 저승으로 간 임을 살아 있으려니 하고 만날 날을 기다리는 사람들이, 2차 세계 대전과 6·25 전란을 겪은 우리나라에도 얼마나 많았던가! 전란의 비참한 한 단면을 그린 이 시로 하여 지은이는 유명해졌다고 한다.

7언절구. 압운은 身, 塵, 人 자로 평성 '眞(진)' 평운이다. 평측은 차례로 '仄仄平平仄仄平, 仄平平仄仄平平, 仄平平仄平平仄, 平仄平平仄仄平'으로 이사부동이륙대와 반법, 점법 등이 잘 이루어져, 내용면과 함께 名作(명작)의 반열에 들 만하다.

503. 秦韜玉(진도옥 ?) : 晩唐(만당)의 시인. 자 仲明(중명). 섬서성 長安(장안) 사람. 일찍이 僖宗(희종, 재위 873~888)을 따라 黃巢(황소)의 난을 피해 蜀(촉) 땅으로 간 일이 있고 벼슬은 工部侍郎(공부시랑)을 역임했으며, '詩集(시집 3권)'을 남겼다.

503-1 貧女(빈녀) 가난한 여인

蓬門未識綺羅香 擬托良媒益自傷 誰愛風流格調高 共憐時世儉梳妝
敢將十指誇針巧 不把雙眉鬪畫長 苦恨年年壓金線 爲他人作嫁衣裳.

(봉문미식기라향 의탁양매익자상 수애풍류격조고 공련시세검소장
감장십지과침교 불파쌍미투화장 고한년년압금선 위타인작가의상)

가난한 집이라 비단과 향수를 모르니, 좋은 중매 부탁하기 더욱 슬펐네.
누가 내 풍류의 격조 높음을 아껴줄까, 모두 수수한 내 차림새만 가여워하더라.
나는 감히 열손가락의 바느질 솜씨만 자랑할 뿐, 눈썹 그리는 재주 겨루기는 염두에도 없었네.
해마다 금실 잡고 바느질하기 애쓰는 건, 남의 시집 갈 때 입는 옷을 짓기 위할 뿐이라네.

[語句] *蓬門 : 쑥대로 지붕을 인 집의 문. 가난한 집. *綺羅 : 고운 비단. 화려한 옷. *擬托 : 부탁함. 擬는 '의논하다', 托은 '밀다'임. *良媒 : 좋은 중매. 중신

*格調 : 삶의 품격과 趣向(취향). *時世 : 그 때의 세상. *梳妝 : 머리 빗고 단장함. 化粧(화장). *針巧 : 바느질 솜씨가 뛰어남. *雙眉鬪畫 : 두 눈썹 그리기를 다툼. *苦恨 : 괴로움. 고통. *金線 : 금빛 나는 실. 금실.

[鑑賞] 가난한 여인의 처지를 마치 그 여인이 짓듯 한 작품. 오막살이집에 살다보니 비단옷이나 향수는 꿈에도 가지지 못한다. 그러니 媒婆(매파)에게 중매를 부탁할 수도 없다. '내 격조 높은 풍류를 누가 알아주겠는가, 모두들 내 수수한 옷차림과 화장 않은 모습을 가여워할 뿐이다.' 이 頷聯(함련)은 對句(대구)가 되었다. '나에게는 바느질 솜씨밖에 자랑할 게 없고, 두 눈썹을 잘 그리는 재주 겨루기에는 관심도 없다.' 이 頸聯(경련)도 대구로 이루어졌다. 해마다 남 시집가는 옷만 지어줄 뿐 나는 시집갈 엄두도 못 내는 게 아닌가 하고 맺었다.

7言律詩(7언율시). 압운은 香, 傷, 妝, 長, 裳 자로 평성 '陽(양)' 평운이다. 평측은 차례로 '平平仄仄仄平平, 仄仄平平仄仄平, 平仄平平仄仄仄, 仄平平仄仄平平, 仄平仄仄平平仄, 仄仄平平仄仄平, 仄仄平平仄平仄, 平平平仄仄平平'으로 二四不同二六對(이사부동이륙대)와 反法(반법), 粘法(점법) 등이 이루어졌으나, 셋째 구는 連三仄(연삼측), 일곱째 구는 孤平(고평)이 되어 아쉽다.

504. 陳尙漸(진상점 ?) : 조선 현종 때 문관. 자 以正(이정). 현종 때 과거 급제하여 郡守(군수)를 역임했다.

504-1 閒居漫吟贈隣友(한거만음증인우) 한가로이 살며 만음해 이웃 벗에게 주다

一抹靑山幸見分 邇來林壑鳥爲群 客來問我塵間事 笑指南山一片雲.

(일말청산행견분 이래임학조위군 객래문아진간사 소지남산일편운)

안개 짙은 푸른 산을 늘 보며, 가까운 숲 골짜기의 떼를 짓는 새들을 보는 것도 좋다오. 어쩌다 손님이 와 세상일을 물을라치면, 웃으며 남산의 한 조각 구름을 가리켜 보이오.

[語句] *漫吟 : 일정한 글제가 없이 생각나는 대로 시를 지어 읊음. *一抹 : 한 번 길게 칠함. '길게 이어진 연기나 안개 같은 것의 모양'을 이름. *邇 : 가깝다. *林壑 : 숲의 깊숙하고 으슥한 곳. *塵間事 : 세상의 일. 속세의 일. *片雲 : 조각구름.

[鑑賞] 속세를 떠나 깊은 산중에서 悠悠自適(유유자적)하는 생활을 이웃 벗에게 근황으로 알리는 작품. 늘 청산과 거기 끼는 안개나 아지랑이를 대하고, 새들이 떼지어 조잘거리는 소리를 듣는 게 좋다. 이러니 속세의 일에 관심이 있으랴. 남이 물으면 저 남산의 조각구름을 가리킨다. 당 나라의 시가 연상되니, 李白(이백)의 "笑而不答心自閑(웃을 뿐 대답 않지만 마음은 한가로 워.)"의 경지이다. →234-4.

7言絕句(7언절구). 압운은 分, 群, 雲 자로 평성 '文(문)' 평운이다. 평측은 차례로 '仄仄平平仄仄平, 仄平平仄仄平平, 仄平仄仄平平仄, 仄仄平平仄仄平'으로 이사부동이륙대와 반법, 점법 등이 모두 잘 이루어졌다.

505. 陳溫(진온 ?) : 고려 고종 때 문관. 본관 驪陽(여양). 父 兵部尙書 光修(병부상서 광수). 형은 湜(식)이요 동생은 澕(화 →512)이다. 강종 2년(1213) 과거에 급제했는데 형제가 앞뒤로 연달아 급제하니 일세의 영예가 되었다고 한다. 禮賓卿(예빈경)으로서 문장 또한 세상에 떨쳤고 羅州牧使(나주목사)를 역임하고 北門(북문) 안에 살았다.

505-1 四時詞 春(사시사 춘) 사시의 노래 봄

玉帳牙床別院中 閑吟隨意繞花叢 忽聞杏杪鶯兒囀 手放金丸看落紅.

(옥장아상별원중 한음수의요화총 홀문행초앵아전 수방금환간낙홍)

화사하게 꾸민 별당에서, 꽃 무더기 사이를 거닐며 한가로이 시를 읊다가,
살구나무 끝가지에서 꾀꼬리 소리 들리어, 방울 노리개 던지니 살구꽃잎 우수수 날리네.

[語句] *玉帳 : ①훌륭한 揮帳(휘장, 커튼). ②'將軍(장군)의 幕舍(막사)' 미칭. *牙床 : 상아 평상. '희고 좋은 평상'의 뜻임. *別院 : 별당. <佛>승려가 거처하기 위해 세운 건물. *隨意 : 생각나는 대로 좇아 함. 任意(임의). *繞 : 두르다. 둘러싸다. 감기다. *花叢 : 꽃떨기. 꽃 무더기. *杪 : 끝가지. 끝. *囀 : 새 지저귀다. *金丸 : 금이나 쇠로 만든 방울 같은 노리개. '금으로 만든 탄 환. 하늘의 달.'의 뜻도 있음.

[鑑賞] 봄날 별당에서 한가로이 봄빛을 즐기는 양반댁 규수의 한 때를 포착한 시. 연작시라 여름, 가을, 겨울을 읊은 시는 다음과 같다. "붉은 술 두른 금소반에 얼음을 담았고, 누각은 우거진 나무 그늘에 싸였는데, 오사모 비스듬히 쓰고 옥베개 베고 누워, 부채를 서로 부치니 여인의 섬섬옥수에 맑은 바람 이는구나. <夏> 섬돌에 서리 조금 내려 흰 듯 만 듯하건만, 겹옷 꺼내 입고 서늘함을 막는구나. 낭군님은 가을의 서글픔을 읊은 '悲秋賦(비추부)'를 모르는 듯, 다만 규방의 밤 길어짐만을 기뻐하는구나.<秋> 수놓은 장막 둘렀고 꽃 수 놓은 담요는 겹겹이라, 용무늬 화로에 봉황 모양의 숯을 피워 붐꽃처럼 붉구나. 얼큰하게 취한 속에 사향 향기 풍겨 훈훈하여, 금빛 창을 열고 눈바람을 쏘이네. <冬>" 모두 왕실이나 상류 계층 사람들의 네 계절 모습인 것이다.

7언절구. 압운은 中, 叢, 紅 자로 평성 '東(동)' 평운이다. 평측은 차례로 '仄仄平平仄仄平, 平平平仄仄平平, 仄平仄仄平平仄, 仄仄平平仄仄平'으로 이사부동이륙대와 반법, 점법 등이 모두 이루어졌다.

506. 陳宇(진우 ?~1535) : 조선 중종 때 青年志士(청년 지사). 자 廓而(곽이). 본관 驪陽(여양). 父 進士 福命(진사 복명). 중종 29년(1534) 진사에 장원하고 太學(태학, 성균관)에 들어가 당시 정치의 득실을 비평, 金安老(김안로)의 뜻에 거슬려 조정을 비방했다는 죄명으로 사형이 결정되었다. 同年(동년)의 벗인 李悌胤(이제윤)이 태학 제생에게 "오늘 진우가 죽으니 나와 같이 가서 전별할 사람이 없는가?" 했으나 응하는 사람들이 없어, 제윤이 홀로 진우와 함께 술을 마시고 통곡하면서 작별했다는 일화가 있다. 중종 32년 김안로 등 3 凶(흉)이 사형되니 寃死(원사, 원통하게 죽음)로 그에게 執義(집의)를 추증했다. 그는 어릴 때부터 聰明多才(총명다재)하여 才童(재동)이라 칭찬받았었다.

506-1 絕命詩(절명시) 죽음에 임해 지은 시

漠漠皇天不我明 浮雲流水奈吾生 平生所抱無人識 終得淸朝寃鬼名.

(막막황천불아명 부운유수내오생 평생소포무인식 종득청조원귀명)

넓고 먼 저 하늘이 나를 밝혀 주지 않으니, 뜬 구름 흐르는 물 같은 내 목숨 어이할거나.
평생에 내 품은 바를 알아주는 이 없어,
끝내는 맑은 아침에 원귀란 이름만 얻고 마는구나.

[語句] *漠漠 : 넓고 멀어서 아득함. *皇天 : 넓고 큰 하늘. 하느님. *寃鬼 : 원통하게 죽은 사람의 귀신. 寃은 '冤(원)의 속자'임.

[鑑賞] 태학생으로서 현실 정치의 잘못된 점을 비평하다가 김안로의 뜻을 거슬리어, 조정을 비방했다는 거짓 죄명으로 죽음을 당하면서 지은 시이다. 선비의 곧은 기개를 드러내었다고 볼 수도 있으나, 젊은 혈기로 너무 과격했던 것은 아닌지. 강하면 부러지게 마련이라, 은연중에 소신을 피력해 목표를 달성해 가는 지혜도 필요할 것이다. 죽으면 이름이야 남겠지만 개혁은 이루어지지 않을 게 아닌가.

7言絕句(7언절구). 압운은 明, 生, 名 자로 평성 '庚(경)' 평운이다. 평측은 차례로 '仄仄平平仄仄平, 平平平仄仄平平, 平平仄仄平平仄, 平仄平平平仄平'으로 二四不同二六對(이사부동이륙대)와 反法, 粘法(반법, 점법) 등이 모두 이루어졌다.

507. 陳祐(진우 ?) : 唐(당) 나라 시인. 行蹟(행적) 미상.

507-1 雜詩(잡시) 잡시

無定河邊暮笛聲 赫連臺畔旅人情 函關歸路千餘里 一夕秋風白髮生.

(무정하변모적성 혁련대반여인정 함관귀로천여리 일석추풍백발생)

무정하 강가의 저물 녘 피리 소리, 혁련대 옆에서 듣고 있는 나그네 심정.
함곡관으로 돌아가는 길 천여 리, 하루 저녁 가을바람에 백발만 늘어나네.

[語句] *雜詩 : 사물이나 계절의 느낌 등 여러 가지를 읊은 시. 雜詠詩(잡영시). *無定河 : 강 이름. →502. *赫連臺 : 하북성 북쪽 옛 幽州(유주, 范陽범양)에 있는 누대. 晉(진) 무렵에 赫連勃勃(혁련발발)이 쌓았다고 함. *函關 : 函谷關(함곡관). 하남성 咸陽(함양) 서쪽에 있는 험하기로 유명한 관문. →297-10.

[鑑賞] 지은이는 지금 혁련대 누대 가에 있다. 혁련대는 옛 유주에 있다고 하니, 지금의 발해만 서북쪽 내몽고와의 접경이다. 북쪽 국경에 있는 것인데 우리는 당나라 시에서 변방을 읊은 작품은 거의 서쪽 국경이라는 선입견 때문에 서쪽 변방에 있다는 느낌을 받는다. 또 무정하도 주로 서쪽 지방의 황하 지류로만 느끼고 있다. 무정하는 황하로 흘러드는 지류이니 반드시 중국 서쪽 지방의 지류라고만 할 수 없을 것이다. 혁련대에서 함곡관까지는 서남쪽으로 천여 리 길이라, 오랜 세월이 소요되니 가을바람에 많이 늙어버린다는 것이다. 처음 두 구는 서로 對句(대구)가 되었다.

7언절구. 압운은 聲, 情, 生 자로 평성 '庚(경)' 평운이다. 평측은 차례로 '平仄平平仄仄平, 仄平平仄仄平平, 平平平仄平平仄, 仄仄平平仄仄平'으로 이사부동이륙대와 반법, 점법 등이 잘 이루어졌다.

508. 陳義貴(진의귀 ?~1424) : 고려말에서 조선초의 문신. 호 栗亭(율정). 본관 驪陽(여양). 증조부 三陟君 懿(삼척군 의). 고려 공민왕 때 문과 급제하여 中書門下右常侍, 集賢殿提學(중서문하우상시, 집현전제학)을 역임하고 조선 태종 때 左司諫, 刑曹典書, 吏曹參議, 恭安府尹(좌사간, 형조전서, 이조참의, 공안부윤) 등을 지냈다. 그는 정의로운 일에 일신을 돌보지 않아 많은 사적이 전해 오며, 문장에도 뛰어나 문집 '氷玉亂稿(빙옥난고)'가 있다고 하나 전해지지 않았다.

508-1 哭鄭三峯(곡정삼봉) 삼봉 정도전을 곡하다

應時開國際明君 畫圖長生第一勳 恨不當年端國本 泰山功業等浮雲.
(응시개국제명군 화도장생제일훈 한불당년단국본 태산공업등부운)

때를 따라 개국할 때 밝은 임금 만나, 장생전에 초상화 그려 붙일 만큼 으뜸가는 훈공이었네.
한스러운 건 그 당시 세자 옹립을 바로하지 못해, 태산 같은 공업이 뜬구름이 되고 만 일일세.

[語句] *鄭三峯 : 鄭道傳(1342~1398). 조선 개국공신, 학자. 호가 三峯임. →390. *應時 : 시기에 따름. *開國 : 나라를 새로 세움. 李成桂(이성계)가 朝鮮(조선)을 세운 일. *長生 : 長生殿(장생전). 唐玄宗(당 현종) 때 華淸宮(화청궁) 안에 있던 전각. *當年 : 그 해. 그 때. 그 사건이 있었던 때. 當時(당시). *端 : 바로하다. *國本 : ①나라의 근본. ②太子(태자). 世子(세자). 조선 태조가 세자를 繼妃康氏(계비 강씨)의 아들인 芳碩(방석)으로 정하자, 다섯째 아들인 芳遠(방원, 후의 태종)이 방석을 보필하는 정도전과 방석을 죽이고 형인 芳果(방과, 태조의 둘째 아들로 후의 정종)를 세자로 책봉토록 한 사건이 있었는데 이를 '방원의 난 또는 방석의 난'이라 함. *泰山 : 중국 산동성에 있는 산. 五嶽(오악)의 하나로 東嶽(동악)이라고도 하며, '크고 많음'을 가리키는 말로도 씀. *功業 : 큰 공로. 勳業(훈업).

[鑑賞] 근세 조선의 개국 공신인 삼봉은 한양 천도 당시 궁궐과 종묘의 위치 및 명칭을 비롯하여 도성의 8대문과 성 안 마을의 이름 등을 정한 학자이기도 했다. 태조의 아낌을 받은 몸이니 태조가 정한 세자를 보필하라는 명을 거역할 수 없어 세자 방석을 도왔을 것이다. 이를 방치할 방원이 아닌지라 왕자의 난을 일으켜 삼봉은 억울한 죽음을 당한 것이 아닌지? 이로 하여 삼봉의 그 많은 공업은 물거품처럼 사라지고 만 것인데, 그 살벌한 시기에 挽詩(만시)를 지은 지은이의 용기도 대단하다 할 것이다.

7언절구. 압운은 君, 勳, 雲 자로 평성 '文(문)' 평운이다. 평측은 차례로 '仄平平仄仄平平, 仄平平平仄仄平, 仄仄平平平仄仄, 仄平平仄仄平平'으로 이사부동이륙대는 둘째 구에서 어긋났고, 반법도 둘째 구 둘째 자 圖가 평성임으로 하여 어긋나게 되었으며, 그로 하여 점법도 이루어지지 않은 것이 되니 글자 한 자의 힘이 크다 하겠다.

509. 秦益重(진익중 ?) : 조선 영조 때 선비. 자 大哉(대재). 본관 富平(부평).

509-1 雪後(설후) 눈 온 뒤

白髮羞看雪 終朝不啓門 家僮疑我病 窓外問寒溫.
(백발수간설 종조불계문 가동의아병 창외문한온)

백발에 눈 구경한다는 것도 부끄러운 일이라, 아침 늦도록 방문 열지 않으니,
종 녀석이 병든 게나 아닌가 의심이 드는지, 방문 밖에서 안부 인사를 하네.

[語句] *羞 : 부끄럽다. *終朝 : 아침이 다 가도록. *家僮 : 어린 사내 종. *寒溫 : 날씨의 차고 따뜻함. 계절의 문안 인사말.

[鑑賞] 나이 먹으면 관심을 두던 사물도 시들해지는 법이라, 전 같으면 눈 온 아침이라 방문을 박차고 나가 설경을 즐겼겠지만, 백발이 되어 그러는 것도 쑥스러운 일이 되어버린다. 아침 늦도록 기침하지 않으니 아이종은 궁금할 수밖에. 감히 방문을 열지는 못하고 밖에서 잘 주무셨는지 문안 인사를 한다. 짧은 작품이지만 양반 계층의 생활상을 보게 된다.

5言絕句(5언절구). 압운은 門, 溫 자로 평성 '元(원)' 평운이다. 평측은 차례로 '仄仄平平仄, 平平仄仄平, 平平平仄仄, 平仄仄平平'으로 二四不同(이사부동)과 反法, 粘法(반법, 점법) 등이 잘 이루어졌다.

510. 陳子昂(진자앙 Chen Tsu-ang 661~701) : 初唐(초당)의 시인. 자 伯玉(백옥). 사천성 梓州(재주) 사람. 고종 때 進士(진사)가 되고 靈臺正字(영대정자)를 거쳐 右拾遺(우습유)가 되었다. 그의 시 작품은 많지 않으나, 시가의 復古(복고)를 주장하여 六朝詩(6조시)의 화려한 시풍을 부정하고 漢魏詩(한위시)의 기골을 추구하여 쉬운 字句(자구)로 감회를 바로 나타내는 혁신 운동을 일으켰다. 그의 재산을 탐낸 縣令(현령)의 무고로 옥중에서 사망했으며, 感遇詩(감우시) 38수가 널리 알려졌고 '詩集(시집 10권)'이 있다.

510-1 感遇(감우) 느낌을 받다

蘭若自春夏 芊蔚何青青 幽獨空林色 朱蕤冒紫莖
遲遲白日晚 嫋嫋秋風生 歲華盡搖落 芳意竟何成
白日每不歸 青陽時暮矣 茫茫吾何思 林臥觀無始
衆芳委時晦 鶗鴂鳴悲耳 鴻荒古已頹 誰識巢居子.

(난약자춘하 천울하청청 유독공림색 주유모자경
지지백일만 요요추풍생 세화진요락 방의경하성
백일매불귀 청양시모의 망망오하사 임와관무시
중방위시회 제결명비이 홍황고이퇴 수식소거자)

난초와 구약 풀은 봄과 여름에, 어이 저렇게 푸르디푸르게 우거지는고.
텅빈 숲속에 그윽하게도, 빨간 꽃 무더기로 피어 자줏빛 줄기를 가렸구나.
더디고 더딘 여름날도 저물어, 가을바람 솔솔 생기네.
흐르는 세월은 나뭇잎 모두 지게 하니, 봄의 꽃다웠던 뜻 무얼 이루었는고.
밝은 해는 매양 되돌아오는 일 없고, 봄철도 시절이 가서 저물었구나.
아득하게 나는 무얼 생각하는가, 숲속에 누워 시작이 없는 오랜 옛날을 고요히 음미하네.

꽃답던 여러 풀들 철 따라 시들고, 소쩍새 우는 소리 귀에 슬피 울리네.
태고 때의 옛 풍습 다 무너졌으니, 누가 있어 저 소부의 절개를 알아주려나.

[語句] *感遇 : 감상을 마주함. 느낌을 받음. *蘭若 : 난초와 杜若(두약, 여름에 황적색 꽃이 피는 다년생 풀). '난야'로 읽으면 '절. 寺刹(사찰)'의 뜻임. *芊蔚 : 초목이 우거진 모양. *朱蕤 : 빨갛게 우거짐. '빨간 꽃이 무더기로 피어남'의 뜻임. 蕤는 '우거지다'임. *冒 : 가리다. *遲遲 : 더디고 더딤. *嫋嫋 : 바람이 부드럽고 가볍게 붊. *歲華 : 세월. 年華(연화). *搖落 : 늦가을에 나뭇잎이 떨어짐. *靑陽 : 봄. <爾雅> *無始 : <佛>시작이 없음. 한없이 오랜 과거. '아무리 거슬러 올라가도 그 처음이 없음'을 뜻함. *晦 : 그믐. 어둡다. *鶗鴂 : 접동새. 소쩍새. 子規(자규). *鴻荒 : 먼 옛날. 太古(태고). 洪荒(홍황). *巢居子 : 새 집에 사는 사람 곧 巢父(소부). 옛날 堯(요) 임금 때의 높은 선비로 속세를 피해 나무 위에 살았다 함.

[鑑賞] 지은이의 대표작이라 할 수 있는 36편의 '感遇' 시 중의 한 수. 이루어 놓은 것 없이 한 평생을 헛되게 보내버린 悔恨(회한)을 읊었다. 전반 4연은 숲속에 우거지게 꽃 피는 난초와 두약도 세월이 가 가을 되면 모두 시들고 마니 봄철의 그 화사하던 희망이 남은 게 무엇인가, 인생도 이와 같이 헛된 것이라 비유했고, 후반 4연은 자신의 復古主義(복고주의)가 스며 있어, 흘러가는 세월 따라 옛날의 좋은 풍습도 바뀌어 서글픔을 금할 길 없다. 요 임금 때의 소부처럼 소박하고 고고한 삶이 그리워짐을 토로했다.

5言古詩(5언고시). 압운은 靑, 莖, 生, 成 ; 矣, 始. 耳, 子 자로, 전반부 넉 자 중 靑은 평성 '靑'운, 莖・生・成도 평성 '庚(경)' 평운으로 두 운은 通韻(통운)이 된다. 후반부의 넉 자는 모두 상성 '紙(지)' 측운이니, 이 시는 평운에서 측운으로 轉韻(전운)했다. 평측은 차례로 '平仄仄平仄, 平仄平平平, 平仄平平仄, 平平仄仄平, 平平仄仄仄, 仄仄平平平, 仄平仄平仄, 平仄仄平平, 仄仄仄仄平, 平平平仄仄, 平平平平平, 平仄仄平仄, 仄平仄平仄, 平仄平平仄, 平平仄仄平, 平仄平平仄'으로 이사부동은 제 7, 9, 11, 13구에서 어긋났고 반법과 점법은 이루어지기도 하고 어긋나기도 하여 불규칙하다.

510-2 薊丘覽古(계구남고) 계구에서 옛날을 회상하다

南登碣石館 遙望黃金臺 邱陵盡喬木 昭王安在哉
覇圖悵已矣 驅馬復歸來.

(남등갈석관 요망황금대 구릉진교목 소왕안재재
패도창이의 구마부귀래)

남쪽 갈석관에 올라, 멀리 황금대를 바라보나니,

그 언덕은 없어져 큰 나무들만 있고, 연 나라 소왕은 지금 어디 있는가.
패자覇者의 큰 계획 슬퍼하나니, 부질없이 말 달려 왔구나.

[語句] *薊丘 : 계 또는 薊縣(계현)의 언덕. 계는 '중국 북경 북쪽에 있었으며 堯(요) 임금 후예의 나라인 燕(연)의 서울'이었음. 幽州(유주), 范陽(범양)이라 부르기도 함. *覽古 : 고적을 찾아 그 당시의 일을 회상함. 懷古(회고). *碣石 : 갈석산. →14-3. *黃金臺 : 전국시대 燕昭王(연 소왕)이 齊(제) 나라의 원수를 갚고자 천하의 어진 선비를 맞아들이려고 만든 누대. 누대 위에 황금을 쌓아두고 기다렸다 하며, 지금까지 燕京八景(연경8경)의 하나로 '金臺夕照(금대석조)'가 유명하다고 함. *邱陵 : 언덕. 丘陵(구릉). *喬木 : 줄기가 곧고 굵으며 높이 자라는 나무. 소나무, 전나무 같은 나무. *昭王 : 춘추전국시대 연 나라 39대 왕. 재위 B.C. 312~279. *覇圖 : 힘 있는 왕이나 제후 곧 覇者(패자)가 되려는 계략. *驅馬 : 말을 달림.

[鑑賞] 그토록 패권을 잡으려고 애를 쓰던 연 나라 소왕도 허물어진 자취만 남기고 간 곳 없다. '황금대는 교목의 숲으로 변했으니 소왕은 어디에 있단 말인가. 패권을 잡으려는 계획이란 이같이 부질없는 것인데, 나는 왜 굳이 말 달려 여기를 왔더란 말인가, 後悔莫及(후회막급)이다.' 했다

6句體 5言詩(6구체 5언시). 압운은 臺, 哉, 來 자로 평성 '灰(회)' 평운이다. 평측은 차례로 '平平仄仄仄, 平仄平平平, 平平仄平仄, 平平平仄平, 仄平仄仄仄, 平仄仄平平'으로 이사부동은 셋째 구에서 어긋났고 반법과 점법도 이루어지지 않았다.

510-3 白帝城懷古(백제성회고) 백제성에서 옛날을 회고하다

日落滄江晚 停橈問土風 城臨巴子國 臺沒漢王宮
荒服仍周甸 深山尚禹功 岩懸青壁斷 地險碧流通
古木生雲際 歸帆出霧中 川途去無限 客思坐何窮.

(일락창강만 정요문토풍 성림파자국 대몰한왕궁
황복잉주전 심산상우공 암현청벽단 지험벽류통
고목생운제 귀범출무중 천도거무한 객사좌하궁)

푸른 강에 해 떨어져 저녁이 되어, 노 젓기 멈추고 여기 풍토를 살펴보네.
성은 옛 주 시대 파자국에 임했고, 누대는 촉한의 영안궁과 함께 무너졌구나.
황무지 같으나 옛 주 나라 땅이요, 깊은 산에는 아직도 우왕이 만든 수로가 남았네.
바위는 푸른 절벽에 매달려 있고, 지대는 파란 냇물만 통하는 험한 곳이로구나.
고목은 구름 끝에서 생겨나고, 돌아가는 돛단배는 안개 속에서 나오네.

강의 뱃길은 끝없이 멀어, 나그네 시름도 절로 가이없구나.

[語句] *白帝城 : 四川省 夔州(사천성 기주, 현재 重慶市 奉節縣중경시 봉절현)와 그 성. 漢(한)나라 말 公孫述(공손술)이 이곳에 웅거했고, 劉備(유비)가 죽은 곳임. →64-50, 234-53. *土風 : 風土. 기후와 토지의 상태. 압운 자로 하여 거꾸로 쓴 말로, 토풍은 '지방 풍속'의 뜻임. *巴子國 : 周(주) 나라 때 백제성 지역 이름. *漢王宮 : 蜀漢(촉한)의 왕궁 永安宮(영안궁). 백제성에 있는 궁전으로 유비가 지었고, 그가 吳(오)를 치다가 패해 돌아오는 길에 여기서 죽었음. *荒服 : 거친 땅. 服은 '제후의 땅'임. *仍 : 그대로 따르다. 거듭. *周甸 : 주 나라 강토. 甸은 '王都(왕도)의 둘레 땅'임. *禹功 : 우 임금의 공적. 곧 우왕의 治水工事(치수공사).<書經 禹貢> *碧流 : 푸른 강 흐름. *川途 : 냇물 길. 뱃길. *客思 : 나그네의 생각이나 시름. *坐 : 앉은 그대로. 저절로.

[鑑賞] 백제성은 양자강 가의 巫山巫峽(무산무협)과 가까운 곳이라 험하기로 유명한 곳이다. 첫 연과 끝 연을 제하고, 중간의 4연은 두 구씩 對句(대구)를 잘 이루었다. 곧 '백제성과 촉한의 영안궁', '거친 땅과 깊은 산'을 대비한 두 연은 역사적인 일을 읊었고[敍情], '매달린 바위와 험한 지세' 및 '고목의 구름과 안개 속의 배'를 읊은 두 연은 경치이니[敍景], 서정과 서경이 잘 대비된 명구라 하겠다. 제 5연[古木~霧中]이 멋지다.

5言排律(5언배율). 압운은 風, 宮, 功, 通, 中, 窮 자로 평성 '東(동)' 평운이다. 평측은 차례로 '仄仄平平仄, 平平仄仄平, 平平平仄仄, 平仄仄平平, 平仄平平仄, 平平仄仄平, 平平平仄仄, 仄仄仄平平, 仄仄平平仄, 平平仄仄平, 平平仄平仄, 仄仄仄平平'으로 二四不同(이사부동)은 열한째 구만 어긋나 '平[途]-平[無]'이 되었고, 이 구만 빼고는 反法(반법)과 粘法(점법)도 잘 이루어졌다.

511. 眞宗(진종 968~1022) : 중국 宋(송, 北宋북송) 나라 제3대 皇帝(황제). 태종의 셋째 아들. 이름 恒(항). 처음에 襄王(양왕)에 봉해졌고 태종에 이어 즉위하여 997~1022년 까지 25년간 재위했으며, 아들 仁宗(인종)이 뒤를 이어 즉위했다.

511-1 勸學文(권학문) 학문하기를 권장하는 글

富家不用買良田 書中自有千鍾粟 安居不用架高堂 書中自有黃金屋
出門莫恨無人隨 書中車馬多如簇 娶妻莫恨無良媒 書中自有顔如玉
男兒欲遂平生志 六經勤向窓前讀.

(부가불용매양전 서중자유천종속 안거불용가고당 서중자유황금옥
출문막한무인수 서중거마다여족 취처막한무양매 서중자유안여옥
남아욕수평생지 육경근향창전독)

집 가멸케 하려고 좋은 논밭 살 것 없네, 글 속에 절로 많은 녹봉이 들어 있는 것을.
편안히 살려고 높은 집 세울 것 없네, 글 속에 절로 황금으로 꾸민 집 있나니.
나들이에 뒤따르는 종이 없음을 한하지 말라, 글 속에 수레와 말이 총총히 있는 것을.
아내를 취함에 좋은 매파 없음을 한하지 말라, 글 속에 옥같이 고운 얼굴의 여인이 있는 것을.
사나이 되어 평생의 뜻 이루고자 하거든,
잡념 버리고 창앞에서 6경을 부지런히 익힐지니라.

[語句] *富家 : 부잣집. '집을 부자 되게 함'으로 풀이함. *千鍾粟 : 천종이 되는 곡식. 祿俸(녹봉)을 말하는데 1종은 '여섯 섬 너 말'임. *黃金屋 : 금으로 장식한 훌륭한 저택. *簇 : 모여듦. 떼를 지음. *娶妻 : 아내를 얻음. 장가듦. *良媒 : 좋은 중매인. *六經 : 유교의 여섯 경전. 대개 詩經, 書經, 樂經, 易經, 禮經, 春秋經(시경, 서경, 악경, 역경, 예경, 춘추경) 등을 말함. 악경은 진 나라 때 불에 타 없어지고 대신 周禮(주례)를 넣기도 함.

[鑑賞] 儒家(유가)에서 학문을 하는 근본은 '大學(대학)'에서 말한 대로 "修身齊家治國平天下(수신제가 치국평천하)"에 있을 것인데, 이 권학문은 다분히 立身出世主義(입신출세주의)를 위한 현실적인 권학이다. 4연까지는 구체적인 사례를 들어 대비 반복하다가 끝 한 연에서 그러기 위해서는 유교 경전을 열심히 익히는 길밖에는 없다고 맺어 현실감이 있는 권장을 했다. 둘째 구 "書中自有千鍾粟"은 李熙昇(이희승) 박사의 수필 '淸秋數題(청추수제)'에 인용되기도 했다.

7言古詩(7언고시) 5연 10구. 압운은 粟, 屋, 簇, 玉, 讀 자로 粟·玉은 입성 '沃(옥)' 운, 나머지 屋·簇·讀도 입성 '屋' 측운으로 두 운은 通韻(통운)이 된다. 평측은 차례로 '仄平仄仄仄平平, 平平仄仄平平仄, 平平仄仄仄平平, 平平仄仄平平仄, 仄平仄仄平平平, 平平平仄平平仄, 仄平仄仄平平平, 平平仄仄平平仄, 平平仄仄平平仄, 仄平平仄平平仄'으로 二四不同二六對(이사부동이륙대)는 모두 이루어졌는데, '平-仄-平'으로 일관하여 반법이나 점법은 안 되었으니 고시이기에 고려하지 않은 듯하다.

512. 陳澕(진화 1181?~?) : 고려 신종 때 문인. 자 大景(대경). 호 梅湖(매호). 본관 驪陽(여양). 父 兵部尙書 光修(병부상서 광수). 신종 3년(1200) 문과에 둘째로 급제하여 內侍(내시)에 보직되었는데 이 때의 내시는 宿衛(숙위)와 近侍(근시)의 일을 맡은 관직으로 재주와 용모가 뛰어나고 시와 경서에 능통한 文臣(문신)으로 임명했었다. 희종 5년(1209) 國子監學正(국자감 학정)이 되었고 강종 2년(1213) 言事(언사, 무고 사건)에 연루되어 관직에서 물러났다가 翰林院(한림원)에 들어가 右司諫(우사간)에 이르렀고, 고종 15년(1228) 金(금) 나라에 書狀官(서장관)으로 다녀오고 知公州事(지공주사, 공주목사) 때 사망했다. 그는 시에 능하여 詩語(시어)가 맑고 고와 妙境(묘경)에 들었다는 평판을 받아, 李奎報(이규보 →220)와

함께 이름을 떨쳐 '翰林別曲(한림별곡)'에 "李正言 陳翰林 雙韻走筆(정언 이규보와 한림 진화는, 운문이 서로 짝을 이루어 달리듯 시를 지어 썼다네.)"라 했다. 유고집에 '梅湖集(매호집)'이 있다.

512-1 陶潛漉酒(도잠녹주) 도잠이 술을 거르다

督郵風味最高高 何用眞珠滴小槽 漉罷拂巾還自着 不妨衰鬢帶霜糟.

(독우풍미최고고 하용진주적소조 녹파불건환자착 불방쇠빈대상조)

막걸리의 고상한 맛이 가장 높거늘, 무엇하러 진주 같은 술을 작은 체로 거르랴.
술 거른 뒤 두건 털어 도로 머리에 쓰니, 늙은 머리에 흰 지게미 묻은들 무슨 상관일꼬.

[語句] *陶潛(365~472) : 東晉(동진)의 시인, 문학가. 일명 淵明(연명). →62. *漉 : 술 같은 것을 거르다. *督郵 : 순찰하는 벼슬아치. '나쁜 술'의 隱語(은어). 晉桓公(진 환공)의 하인들이 좋은 술을 靑州從事(청주종사), 나쁜 술을 平原督郵(평원독우)라 했는데, 청주에 齊縣(제현), 평원에 鬲縣(격현) 이 있어서, 좋은 술은 배꼽[臍제]까지 내려가고 나쁜 술은 가슴[膈격]에서 오르내린다고 하면서 臍=齊, 鬲=膈으로 음이 같아 그렇게 불렀다 함.<世說新語> *風味 : 고상한 맛. *槽 : 술주자. 술 거르는 틀[체]. 酒槽(주조). *漉罷拂巾 : 두건으로 술을 거른 뒤에 두건을 텂. 도잠이 머리에 썼던 葛巾(갈건)을 벗어 술을 거른 뒤 다시 털고 쓰더라 함. *衰鬢 : 쇠약해진 귀밑털. 늙은 머리. *霜糟 : 서리같이 흰 술지게미.

[鑑賞] 술을 즐긴 도연명의 故事(고사)를 연상해 지은 작품. 술이 익었다 하면 언제 격식을 차려 술주자나 체로 술 거르기를 기다리랴, 머리에 쓴 갈건을 벗어 거꾸로 들고 밑술을 부어 짜서 마시니 격식을 벗어난 그 활달함이 지은이의 마음에 들었으리라.

7言絶句(7언절구). 압운은 高, 槽, 糟 자로 평성 '豪(호)' 평운이다. 평측은 차례로 '仄平平仄仄平平, 平仄平平仄仄平, 仄仄仄平平仄仄, 仄平平仄仄平平'으로 二四不同二六對(이사부동이륙대)와 反法(반법), 粘法(점법) 등이 잘 이루어졌다.

512-2 奉使入金(봉사입금) 사신을 받들고 금 나라에 가다

西華已蕭索 北寨尙昏蒙 坐待文明旦 天東日欲紅.

(서화이소삭 북채상혼몽 좌대문명단 천동일욕홍)

서쪽 송 나라는 이미 쓸쓸해졌고, 북쪽 진영은 아직도 혼몽한 상태일세.
앉아서 문명의 새 아침을 기다리노라니, 우리나라 쪽의 태양은 붉게 동트려 하는구나.

[語句] *金 : 12세기 초반 중국 북부와 만주 일대에 있던 나라. 女眞(여진)의 추장 阿骨打(아골타)가 세웠는데, 北宋(북송)을 병합하고 燕京(연경, 북경)을 서울로 삼아 고려에도 자주 침범했음. 李資謙(이자겸)의 집권 시대인 인종 2년(1124) 무렵에 上國(상국)으로 섬겼고, 元(원) 나라가 일어나면서 고려 고종 21년(1234)에 멸망했음. *西華 : 서쪽의 중국. 금 나라에 밀려 양자강 남쪽으로 온 南宋(남송). *蕭索 : 분위기가 아주 쓸쓸함. 蕭條(소조). *北寨 : 북쪽 陣營(진영). 금나라 또는 蒙古(몽고). 寨는 '나무 울타리. 陣'임. *昏蒙 : 어둡고 어리석음. *文明 : ①文彩(문채, 문장의 광채. 무늬)가 나고 분명함. ②사회의 물질적 여러 요소의 일정한 발전 상태. ↔未開(미개). ③ 사람의 덕이 빛남. *天東 : 하늘의 동쪽. '우리나라 곧 고려'를 가리킨다고 풀이하기도 함.

[鑑賞] 지은이가 당시 세력을 떨치던 금 나라로 서장관이 되어 가서 지은 시. 고려는 송 나라와 친교를 맺고 있었는데 송나라는 금의 세력에 밀려 강남땅으로 쫓기었고, 고려도 위협에 못 이겨 금과 국교를 맺었던 것이다. 崔滋(최자)는 '補閑集(보한집)'에서 '북쪽 진영은 아직도 혼몽하네.'를 예의에 어긋난다고 했으나, 후일 明(명) 나라가 일어나 중국을 통일한 점이나 고려의 문명을 기린 점은 先見之明(선견지명)이 있다는 평가를 받으며 愛國詩(애국시)라고 칭송받는다.

5言絕句(5언절구). 압운은 蒙, 紅 자로 평성 '東(동)' 평운이다. 평측은 차례로 '平平仄平仄, 仄仄仄平平, 仄仄平平仄, 平平仄仄平'으로 이사부동은 첫 구에서 어긋났고 반법과 점법은 그런대로 이루어졌다.

512-3 夕守(석수) 저녁 숙직

薄暮趨宸仗 彤庭逐貴遊 詩懷憑酒得 世態向人羞
新月彎宮樹 華燈上御樓 坐思天下事 何日借前籌.
(박모추신장 동정축귀유 시회빙주득 세태향인수
신월만궁수 화등상어루 좌사천하사 하일차전주)

초저녁에 대궐로 달려가, 대궐 뜰에서 귀인들과 사귀었네.
시 지을 생각은 술을 빌어 얻어지지만, 내 세상살이 형편은 남 대하기 부끄럽구나.
초승달이 궁중 안 나무에 걸렸고, 꽃등은 임금의 누각 위로 올라가네.
앉아 천하의 일 생각하니, 어느 날에 장량처럼 어전의 젓가락 빌려 계책을 올리려는고.

[語句] *守 : 지키다. 守直(수직, 맡아서 지킴). *薄暮 : 땅거미. 해가 막 떨어져 어스레한 때. *宸仗 : 임금이 거처하는 곳. 宸은 '대궐. 임금에 관한 접두사', 仗은 '궁전을 지

키는 병사'임. *彤庭 : 대궐의 뜰. 붉게 꾸민 뜰이기에 쓰는 말임. *世態 : 세상의 형편 또는 세상살이. *彎 : 굽다. *華燈 : 꽃무늬가 있는 종이 등. 꽃등. *借前籌 : 임금의 밥상 앞의 젓가락을 빌려 계획을 헤아림. 漢高祖(한 고조) 劉邦(유방)이 식사 중에 張良(장량)이 들어와 고조의 젓가락을 빌려 산가지로 삼아 계획을 의논한 고사에서 나온 말임. 借籌, 借箸(차주, 차저).<漢書 張良傳>

[鑑賞] 중앙의 벼슬아치들은 낮이나 밤에 궁궐에서 일직과 숙직을 해야 했다. 규정에 따라 궁궐을 순회하고 나면, 시간이 나기 때문에 글을 지을 여유가 있어 당직 때 지은 시가 많다. 이 시도 저녁 숙직을 하며 감상과 대궐의 저녁 풍경을 읊고, '나는 언제 임금님께 나라를 다스림에 좋은 계책을 올릴 수 있을까'하고 맺었다. 頷聯(함련 3~4구)과 頸聯(경련 5~6구)은 對句(대구) 로 잘 구성했다.

5言律詩(5언율시). 압운은 遊, 羞, 樓, 籌 자로 평성 '尤(우)' 평운이다. 평측은 차례로 '仄仄平平仄, 平平仄仄平, 平平平仄仄, 仄仄仄平平, 平仄平平仄, 平平仄仄平, 仄平平仄仄, 平仄仄平平'으로 이사부동과 반법, 점법 등이 모두 잘 이루어졌다.

512-4 宋迪八景圖 山市晴嵐 前半(송적팔경도 산시청람 전반) 송적 팔경도 산시청람 앞부분

青山宛轉如佳人 雲作香鬢霞作脣 更敎橫嵐學眉黛 春風故作西施嚬.

(청산완전여가인 운작향빈하작순 갱교횡람학미대 춘풍고작서시빈)

청산이 바뀌어 미인같이 되고, 구름은 향긋한 귀밑털이요 노을은 입술이 되네.
다시 비낀 아지랑이로 눈썹먹을 본뜨게 하니, 봄바람은 일부러 서시의 찡그림을 짓는구나.

[語句] *宋迪 : 중국 송 나라 때 화가. 그가 그린 '瀟湘八景圖(소상팔경도)'가 유명함. *山市 : 산골 마을. *晴嵐 : 멀리 보이는 산의 푸르스름한 기운. 화창한 날에 아른거리는 아지랑이. *宛轉 : 바뀜. 변화함. *佳人 : 고운 여자. 미인. *香鬢 : 향그러운 머리결. 鬢은 '구레나룻. 귀밑털'임. *眉黛 : 눈썹을 그리는 먹. 눈썹먹. *西施嚬 : 서시의 찡그림. 더욱 고와 보임. 춘추시대 越(월) 나라 미인 서시가 속병이 있어 찡그리니 더욱 예뻐 보이더라는 고사가 있음. →60-1, 164-6.

[鑑賞] 송적이 그린 소상8경도 중에서 산골 마을의 아지랑이 낀 모습의 그림인 '산시청람' 그림을 보고 지은 시. 앞 4구인데 구마다 비유로 읊어 실감을 더했다. '짙은 안개로 덮였던 산이 안개가 엷어지면서 드러낸 모습이 꼭 미인의 모습이며, 산을 두른 엷은 구름은 미인의 귀밑머리요 노을은 그 미인의 입술 같다. 거기다가 비껴 낀 아지랑이는 눈썹먹의 구실을 하고 봄바람 살랑살랑 불어 산마을을 아른거리게 해 서시가 찡그린 모습처럼 아름다움을 더한다.' 했다. 뒤의

네 구는 "아침에는 햇발 따라 모든 게 걷히어 텅 빈 듯하다가, 저녁에는 숲을 끼고 경치 더욱 새로워지네. 강 언덕에서 그 모습 보아도 자꾸 보고 싶으니, 속세의 벼슬살이와는 바꾸지 못하리."이다.

7言古詩(7언고시). 압운은 人, 脣, 嚬 자로 평성 '眞(진)' 평운이다. 평측은 차례로 '平平仄仄平平平, 平仄平仄平仄平, 仄平平平仄平仄, 平平仄仄平平平'으로 이사부동이륙대는 첫 구와 넷째 구에서만 이루어졌고 반법이나 점법은 이루어지지 않았다. 7언절구라 해도 되는 작품이다.

512-5 野步(야보) 들길을 거닐다

小梅零落柳僛垂 閑踏靑嵐步步遲 漁店閉門人語少 一江春雨碧絲絲.
(소매영락유기수 한답청람보보지 어점폐문인어소 일강춘우벽사사)

매화 지고 버들가지 한들거리는데, 한가로이 아지랑이 낀 속을 천천히 거니네.
주막은 문 닫아 인기척 있는 듯 만 듯, 앞강의 봄 보슬비 푸른 실오리 같구나.

[語句] *小梅 : 조그만 매화. '거의 떨어지고 조금밖에 남지 않은 매화, 또는 매화'로 볼 수도 있음. *零落 : 시들어 떨어짐. *僛 : 비틀거리며 춤추는 모양. *靑嵐 : 푸릇푸릇한 산의 기운. 푸른 아지랑이. *漁店 : 물가의 주막. 어부가 주인인 주막.

[鑑賞] 지은이의 대표작에 드는 시. 李丙疇(이병주) 박사의 감상을 보자. "이 7언절구는 결구의 마무리가 더욱 값지다. 언뜻 보기에는 별다른 어려움이 없이 단숨에 써 내려간 구호인 것 같으나, 실은 이 한 마디가 나오기까지 얼마나 되새김질을 거친 추고가 오갔는가는 작자만의 비밀이다. 이렇듯 수월한 듯하면서도 바자로운 시적 향기가 결구의 극치다. 워낙 절구라면 연못을 스치는 날렵한 제비의 날씬이 묻어나야 한다. 진화는 이규보보다 이 묘리를 터득한 명수임에 틀림이 없다. 그래서 정지상의 '送人(송인)'과 함께 詩話(시화)의 단골로 꼽혔다."<韓國漢詩의 理解> 살그머니 오는 봄을 이렇게 절실히 표현한 현대시로는 李章熙(이장희 1902~1928)의 '봄은 고양이로다'가 해당되려나?

7言絕句(7언절구). 압운은 垂, 遲, 絲 자로 평성 '支(지)' 평운이다. 평측은 차례로 '仄平平仄仄平平, 平仄平平仄仄平, 平仄仄平平仄仄, 仄平平仄仄平平'으로 二四不同二六對(이사부동이륙대)와 反法(반법), 粘法(점법) 등이 잘 이루어지고 평측 배열도 좋아 내용면과 함께 명작이다.

512-6 春晩題山寺(춘만제산사) 늦봄에 산사에서 짓다

雨餘庭院簇莓苔 人靜雙扉晝不開 碧砌落花深一寸 東風吹去又吹來.
(우여정원족매태 인정쌍비주불개 벽체낙화심일촌 동풍취거우취래)

비 온 뒤뜰에는 이끼 가득 돋고, 인적 없어 사립은 낮에도 열지 않았네.
푸른 섬돌에 꽃잎 한 치나 쌓여, 봄바람에 이리 저리 날리는구나.

[語句] *庭院 : 절의 뜰. *簇 : 모이다. 떼를 짓다. *莓苔 : 이끼. 莓는 '이끼. 딸기'임. *雙扉 : 두 짝 사립문. *砌 : 섬돌. *東風 : 동쪽에서 부는 바람. 봄바람.

[鑑賞] 늦은 봄날 한적하고 고요한 산 속의 절에서 읊은 시. 한적하다는 어휘를 쓰지 않았으면서도 읽는 사람으로 하여금 한적함을 느끼도록 시어 모두에 스미어 있다. 이런 점이 운문에 공통되지만 한시에서 요구되는 특성이다. 떨어진 꽃잎이 섬돌에 한 치나 쌓였다는 표현을 두고 徐居正(서거정)의 '東人詩話(동인시화)'에 보면 "비평하는 이가 말하기를 '낙화가 한 치의 깊이라 고 한 것은 밭을 갈아 놓은 밭고랑 같다.' 했는데, 내가 말하기를 '趙退庵(조퇴암)의 시에 길 위에 날리는 꽃잎 무릎까지 묻히겠네 했으니 한 자보다도 더 깊은 것이라.' 했다." 하면서 과장적인 표현의 예를 더 들고는, 詩語(시어)가 詩想(시상)을 해치는 것이 아니고 다만 그 뜻에 마땅할 뿐이라 했다. 이는 작자의 느낌에 달린 것이 아니겠느냐 하는 뜻 같다.

7언절구. 압운은 苔, 開, 來 자로 평성 '灰(회)' 평운이다. 평측은 차례로 '仄平平仄仄平平, 平仄平平仄仄平, 仄仄仄平平仄仄, 平平平仄仄平平'으로 이사부동이륙대와 반법, 점법 등이 모두 잘 이루어지고, 끝 두 구는 평측 배치가 대조를 이루어 율조의 묘미가 있다.

513. 車雲輅(차운로 1559~?) : 조선 중기의 문장가. 자 萬理(만리). 호 滄洲(창주). 본관 延安(연안). 父 平海郡守 頤齋 軾(평해군수 이재 식). 형 天輅(천로 →514). 선조 16년(1583) 문과에 급제하여 校理(교리)를 역임했다. 문장과 시와 글씨가 형과 함께 뛰어났고 문집이 있다.

513-1 東屯八詠 中 1首(동둔팔영 중 1수) 동둔 8영 중 한 수

楊花雪欲漫 桃花紅欲燒 繡作暮江圖 天西餘落照.

(양화설욕만 도화홍욕소 수작모강도 천서여낙조)

버들개지 눈같이 날리고, 복숭아 꽃 타는 듯 붉어,

저무는 강에 그림처럼 수놓았으니, 하늘 서쪽에 지는 해 있어 더욱 그러하네.

[語句] *東屯 : 지명인지 동쪽 軍營(군영)인지 미상인데, 거기의 여덟 곳을 읊었음. *楊花 : 버들의 꽃. 버들개지. 버들강아지. *漫 : 흩어지다. 질펀하다. *落照 : 저녁때의 해. 저녁나절. 석양.

[鑑賞] 버들개지 날리고 복숭아꽃이 만발한 봄날의 풍경을 그린 시. 唐(당) 나라 어느 시인의 시처럼 느껴지는, 敍景(서경)의 묘사가 뛰어난 작품이다. 머리속에 그 영상이 떠오르지 않는가. 이것이 곧 詩中有畫(시중유화)인 것이다.

5言古詩(5언고시). 압운은 燒, 照 자로 볼 수 있는데, 燒는 평성 '蕭(소)' 운, 照는 거성 '嘯(소)' 운으로 두 운은 通韻(통운)이 되지 않아, 셋째 구 圖 자의 '虞(우)' 운[평성]과 함께 韻紐(운뉴)를 이루었다고 보겠다. 평측은 차례로 '平平仄仄仄, 平平平仄平, 仄仄仄平平, 平平平仄仄'으로 이사부동은 잘 되었으나 반법과 점법은 이루어지지 않았다.

514. 車天輅(차천로 1556~1615) : 조선 선조 때의 학자. 자 復元(복원). 호 五山, 蘭嵎, 淸妙居士(오산, 난우, 청묘거사). 본관 延安(연안). 父 평해군수 식. 동생 운로. 선조 10년(1577) 문과 급제하여 문사로 뽑혀 선조 22년(1589) 通信使 黃允吉(통신사 황윤길)을 따라 일본에 다녀왔으며, 여러 벼슬을 거쳐 奉常寺僉正(봉상시첨정)에 이르고 原從功臣(원종공신)이 되었다. 문장이 수려하여 선조 임금이 명 나라에 보내는 서한을 전담케 했으며, 임진왜란 때 명 나라에 원군을 청하는 서한도 썼다. 명 나라 장수 李如松(이여송)이 떠날 때 임금이 송별시를 짓게 했는데, 하루 동안에 6백운을 지어 이여송의 칭송을 받아 그의 이름이 명 나라에도 알려져 '東方文士(동방문사)'라 일컬어졌다. 어느 때 韓石峯(한석봉)과 遼東(요동)에 가서 병풍에 그의 글을 한석봉이 一筆揮之(일필휘지)하여 좌중을 놀라게 했다는 일화가 전해 오고, 동생 운로도 문장이 높아 세상사람들이 宋(송) 나라 蘇軾(소식) 등의 '蘇家三父子(소가삼부자)'에 비하였다. 歌辭(가사)로 '江村別曲(강

촌별곡)'이 있고 문집에 '五山集(오산집 4책)', '五山說林草藁(오산설림초고 1책)' 등이 있다.

514-1 江夜(강야) 밤의 강에서

夜靜魚登釣 波淺月滿舟 一聲南去雁 啼送海山秋.

(야정어등조 파천월만주 일성남거안 제송해산추)

밤 고요하여 고기는 낚시를 잘 물고, 물결 얕아 달빛 배 안에 가득하네.

남쪽으로 날아가는 기러기, 기럭기럭 울며 가을 산과 바다 건너는구나.

[語句] *釣 : 낚시. 낚다.

[鑑賞] 한가로이 강에 작은 배 띄우고 낚시질을 한다. 밤이 조용하니 물고기들 잘 낚이고 강물결 잔잔해 배 가득 달빛이다. 문득 들리는 기러기 울음소리, 바다와 산의 가을을 싣고 남으로 남으로 날아간다. 앞의 차운로의 시와 마찬가지로 시 속에 그림이 있는 작품이다. 가을밤의 정적을 깨는 것은 오직 기러기 울음과 낚싯줄 채어 올리는 소리뿐일 것이다.

5言絕句(5언절구). 압운은 舟, 秋 자로 평성 '尤(우)' 평운이다. 평측은 차례로 '仄仄平平仄, 平仄仄仄平, 仄平平仄仄, 平仄仄平平'으로 二四不同(이사부동)은 둘째 구에서 어긋났고 反法(반법)과 粘法(점법)은 이루어지지 않았다.

514-2 書畫板(서화판) 그림 판목에 쓰다

積雪層峯色 寒雲萬木陰 斜陽石棧路 驢背獨歸心.

(적설층봉색 한운만목음 사양석잔로 여배독귀심)

겹으로 겹친 봉우리에 눈 덮여 하얗고, 차가운 구름은 나무 숲을 어둡게 감도네.

석양에 돌벼랑 길, 나귀 탄 나 돌아갈 마음 바쁘구나.

[語句] *畫板 : 수채화나 목탄화를 그리거나 제도를 할 때에 종이를 올려놓는 널판. *萬木 : 많은 나무. 숲. *石棧 : 돌사다리 길. 돌벼랑 길. *驢 : 나귀. *歸心 : 집에 돌아가고 싶은 마음.

[鑑賞] 먼저 제목을 '書畫版木(서화 판목)의 시 곧 간결한 시'라 해도 어울릴 듯하다. 짧은 시 속에 자연에 동화된 사람 주인공과 동물인 나귀를 볼 수 있으니, 하얗게 눈 덮인 여러 봉우리와 구름에 휩싸인 너른 숲 또 돌 벼랑길 등이 위압감을 주기보다 친밀하게 비쳐지게 그렸다. 역시 한 폭의 동양화 소품을 보는 듯하다.

5언절구. 압운은 陰, 心 자로 평성 '侵(침)' 평운이다. 평측은 차례로 '仄仄平平仄, 平平仄

仄平, 平平仄仄仄, 平仄仄平平'으로 이사부동과 반법, 점법 등이 잘 이루어지고, 평측 배치도 좋아 5언절구의 典型(전형)이 되겠다.

515. 昌壽(창수 ?) : 조선 정종의 玄孫(현손) 李昌壽(이창수). [조선 초기의 왕손 후예들 중 더러 성을 쓰지 않는 경우가 있었음.] 호 恥齋(치재). 終南守(종남수)에 봉해졌다. 寒暄堂 金宏弼(한훤당 김굉필)의 인품을 사모했고 靜庵 趙光祖(정암 조광조)와 두텁게 사귀었다. 그가 죽자 정암은 울면서 "종남이 죽었으니 잘못을 말해 줄 사람이 없을 것이 한이 된다."고 말했다 한다.

515-1 自警(자경) 스스로를 경계하다

蕪穢靈臺不自鋤 辛勤空誦五車書 百年奔走迷南北 誰信人間有廣居.
(무예영대부자서 신근공송오거서 백년분주미남북 수신인간유광거)

거칠고 더러워진 정신을 스스로 김매듯 하지 않고,
다섯 수레 책을 부질없이 애쓰며 읽었구나.
백년을 분주해도 남북을 못 가리니, 인간에 넓은 곳 있다고 누가 믿으리오.

[語句] *自警 : 스스로의 마음이나 행동을 경계하여 주의함. *蕪穢 : 땅이 거칠고 잡초가 무성함. 荒廢(황폐). *靈臺 : 마음. 정신. 靈府(영부). *鋤 : 호미. 김매다. *辛勤 : 아주 애써서 일에 힘씀. *五車書 : 수레 다섯 대에 실을 만큼 많은 책. 莊子(장자)의 친구 惠施(혜시)가 학식이 많았는데, 장서가 五車之書(오거지서)였다 함. *廣居 : 넓은 곳. '仁(인)의 큼'을 천하의 넓음에 비유해 하는 말임. 居天下之廣居 立天下之正位(사람이 넓은 세상에 살면서 올바른 자리에 서서)<孟子 滕文公下>

[鑑賞] 자기의 마음을 닦는 데에 학문의 목적을 두지 않고, 공명을 염두에 두고 하는 학문은 아무 가치가 없음을 강조했다. '정신의 수양을 하지 않고 공연히 많은 책을 읽었다. 평생을 분주히 살기는 해도 바른 길을 분간 못 하고 있으니, 인간 세상이 넓다든가 어짊이 세상만큼 넓다는 것을 믿기 어렵지 않은가. 마음을 닦는 공부가 참 공부인 것이다'하고 자신을 경계했다.

7言絕句(7언절구). 압운은 鋤, 書, 居 자로 평성 '魚(어)' 평운이다. 평측은 차례로 '平仄平平仄仄平, 平平平仄仄平平, 仄平平仄平平仄, 平仄平平仄仄平'으로 二四不同二六對(이사부동이륙대)와 반법, 점법 등이 잘 이루어졌다.

516. 蔡錦紅(채금홍 ?) : 平壤(평양)의 名妓(명기), 기미 독립운동의 義妓(의기). 일찍 아버지를

여의고 편모슬하에서 14세에 普通學校(보통학교, 현 초등학교)를 졸업했다. 가난하여 상급학교로 진학 못 하고 기생학교에 들어가 歌舞(가무)를 배웠는데, 얼굴이 예쁘고 총명이 남보다 뛰어나 발군의 성적으로 졸업하고는 기생 영업을 시작했다. 그러면서도 틈만 있으면 평남 漢詩壇(한시단)의 거성인 崔在學(최재학)의 지도를 받았다. 3・1운동이 일어나자 임진왜란 당시의 의기인 桂月香(계월향)을 추모하여 그 義烈祠(의열사)를 찾아가 三拜(삼배)로 참배했다.

516-1 追慕桂月香(추모계월향) 계월향을 추모하다

嗟歎李朝桂月香 芳魂何處獨悽傷 練光亭上朱欄朽 義烈祠頭蔓草長.

(차탄이조계월향 장혼하처독처상 연광정상주란후 의열사두만초장)

슬프도다 조선의 계월향이여,
꽃다운 영혼 어디서 피 뿌리는 동포들을 보며 슬퍼하고 있을꼬.
왜장에게 붙잡혔던 연광정 난간은 썩어지고, 그대 의열사 위에는 덩굴풀만 무성하네.

[語句] *桂月香 : 선조 때 임진왜란 당시의 평양 기생. *嗟歎 : 몹시 한탄함. *李朝 : 이성계가 세운 조선 왕조. 李氏王朝(이씨 왕조). *芳魂 : 꽃다운 영혼. *悽傷 : 슬퍼하고 마음 아파함. *練光亭 : 평양 덕암바위 위의 정자. 선조 26년(1593) 임진왜란 때 일본 장수 小西行長(소서행장)이 연광정의 토굴에 숨은 일이 있음. →33-1. *朱欄 : 붉게 칠한 난간. *義烈祠 : 계월향의 祠堂(사당). 의열은 '정의심이 강함'임. *蔓草 : 줄기가 덩굴진 풀.

[鑑賞] 1919년 기미 독립운동이 일어나자 지은이는 임진왜란 때의 기생 계월향의 사당을 참배하고 소감을 시로 나타낸 것이다. 이 시가 평양 시중에 널리 퍼지자 채금홍은 평양 경찰의 要視察 妓生(요시찰 기생)이 되고 말았는데, 그 때 그녀의 나이는 20세에 불과했다고 전해온다. 첫 구의 李朝란 말은 왕조를 세운 성씨를 앞에 써서, 조씨가 세운 송 나라를 趙宋(조송)이라 하듯, 이씨가 세운 조선이란 뜻에서 하는 말인데, 요즘은 쓰지 않기로 하여 '조선 또는 근세조선'이라 한다. 둘째 구는 임진왜란 당시의 백성들 또는 삼일 운동 당시의 동포를 슬퍼한다는 두 의미를 가졌다고 본다.

7언절구. 압운은 香, 傷, 長 자로 평성 '陽(양)' 평운이다. 평측은 차례로 '平仄仄平仄仄平, 平平平仄仄平平, 平平平仄平平仄, 仄仄平平仄仄平'으로 이사부동이륙대와 반법, 점법 등이 모두 이루어졌다.

517. 蔡聖龜(채성구 1607~1647) : 조선 인조 때 문관. 자 用九(용구). 호 知非齋(지비재).

본관 平康(평강). 인조 때 과거 급제하여 持平, 禮曹正郎(지평, 예조정랑) 등을 역임했다.

517-1 亂後志感(난후지감) 난리 뒤의 감상

三綱已倒國垂傾 公義千秋愧汗青 忍背神宗皇帝德 何顔宣祖大王靈
寧爲北地王諶死 不作東窓賊檜生 野老呑聲行且哭 穆陵殘日照微誠.
(삼강이도국수경 공의천추괴한청 인배신종황제덕 하안선조대왕령
영위북지왕심사 부작동창적회생 야로탄성행차곡 목릉잔일조미성)

삼강은 이미 무너지고 나라 체신마저 기울어, 대의명분이 천추토록 역사에 부끄럽구나.
신종 황제의 구원해 준 덕 어이 버리겠으며, 선조 대왕의 영혼 앞에 무슨 면목 있으리.
차라리 유비의 손자 왕심과 같은 자살을 택할지언정,
도적 같은 진회의 삶을 짓지 않으리라.
이 촌늙은이 소리 삼켜 울고 가며, 목릉에서 해 지도록 통곡해 작은 정성 바쳤다오.

[語句] *志感 : 뜻과 느낌. 감상을 기록함. *三綱 : 유교 도덕의 기본이 되는 세 가지 綱(강, 벼리. 줄기). 곧 君爲臣綱(군위신강), 父爲子綱(부위자강), 夫爲婦綱(부위부강). *國垂 : 나라의 垂範(수범). 국가 體身(체신). *公義 : 公共義理(공공 의리) 또는 공평한 의리. 大義名分(대의명분). *千秋 : 썩 오랜 세월. 먼 미래. *汗靑 : 진을 뺀 대나무 조각. 문서 또는 서적. 史書(사서) 또는 기록. 靑史(청사). *神宗 : 중국 明(명) 나라 14대 황제. 萬曆帝(만력제). 재위 1572~1620. 선조 25년(1592) 임진왜란 때 祖承訓(조승훈), 沈惟敬(심유경), 李如松(이여송) 등과 원군을 우리나라에 보냈었음. *宣祖(1552~1608) : 조선 제 14대 임금. 德興君(덕흥군)의 아들. 妃(비) 懿仁王后朴氏(의인왕후 박씨), 繼妃(계비) 仁穆王后金氏(인목왕후 김씨). 재위 1567~1608. *寧 : 차라리. *王諶 : 蜀漢(촉한) 昭烈帝劉備(소열제 유비)의 손자. 後主(후주)인 아버지 劉禪(유선)이 魏(위)의 장수 鄧艾(등애)에게 항복하려는 것을 간하다가 듣지 않자, 소열제 사당에 들어가 自刎(자문)했음. 앞의 '北地'는 '북쪽 땅'의 뜻이지만, 이 시에서는 글자 수를 맞추기 위한 것일 뿐이므로 풀이하지 않음. 다음 구의 '東窓'도 같음. *賊檜 : 도적 같은 秦檜(진회). 진회는 南宋(남송) 高宗(고종) 때의 정승으로 고종의 신임을 받았지만, 金 太祖(금 태조)의 아들 兀朮(올출)의 뇌물을 받고 主戰論(주전론)을 펴는 충신 岳飛(악비)를 모함해 죽였음.<續通鑑綱目> *野老 : 농촌에 사는 늙은이. 野翁(야옹). 지은이 자신을 가리킴. *呑聲 : 소리를 삼킴. 묵묵히 소리를 내지 않음. *穆陵 : 宣祖(선조)와 선조의 두 비인 의인왕후와 인목왕후의 능. 경기도 九里市(구리시) 東九陵(동구릉)에 있음. *殘日 : 저무는 해. 殘陽(잔양). *微

誠 : 작은 정성. '자신의 정성' 謙稱(겸칭).

[鑑賞] 임진왜란 후의 서글픈 감회를 읊은 시. '참혹한 전쟁을 겪어 나라의 체면이 말이 아니고 역사에 부끄러운 오점만 찍혔다.' '명 나라 황제의 도와준 은덕을 어이 배신하며 선조 임금의 영혼 앞에 무슨 면목이 있겠는가.' 이 頷聯(함련)은 對句(대구)로 이루어졌다. '차라리 유비의 손자와 같은 의리의 죽음을 택할지언정 진회와 같은 나라를 망치게 하는 신하가 되랴.' 이 頸聯(경련)도 역시 좋은 대구이다. '늙은 이 몸 속으로 통곡하며 선조 왕릉 앞에서 저물도록 悔恨(회한)에 젖었다.' 하며 맺었다. 우국충정을 피력한 애국시라 하겠다.

7言律詩(7언율시). 압운은 傾, 靑, 靈, 生, 誠 자로 靑과 靈은 평성 '靑' 운, 나머지도 평성 '庚(경)' 평운으로 두 운은 通韻(통운)이 된다. 평측은 차례로 '平平仄仄仄平平, 平仄平平仄仄平, 仄仄平平平仄仄, 平平平仄仄平平, 平平仄仄平平仄, 仄仄平平仄仄平, 仄仄平平平仄仄, 平平平仄仄平平'으로 二四不同二六對(이사부동이륙대)와 反法(반법), 粘法(점법) 등이 잘 이루어지고 평측 배치도 좋은 佳作(가작)이다.

518. 蔡壽(채수 1449~1515) : 조선 중종 때 문신, 靖國功臣(정국공신). 자 耆之(기지). 호 懶齋(난재). 시호 襄靖(양정). 본관 仁川(인천). 父 府使 申保(부사 신보). 세조 14년(1468)에 生員試(생원시)에 급제하고 이듬해에 甲科, 會試, 殿試(갑과, 회시, 전시)에 장원급제하니, 科擧三場(과거 삼장)에 연달아 장원한 일은 조선 건국 이래 李石亨(이석형 →247)과 채수 두 사람뿐이었다. 修撰, 知製敎(수찬, 지제교)에서 經筵春秋館(경연춘추관)에 들었고 弘文館應敎(홍문관 응교)가 되었다. 이 때 都承旨 任士洪(도승지 임사홍)의 간교함을 上奏力說(상주 역설)하여 외부로 몰아내니 조정과 백성 모두 통쾌해 했다고 한다. 이어 도승지, 大司憲(대사헌)에 특진하여 廢妃尹氏(폐비 윤씨)를 옹호하다가 파면되었다. 이후 충청도 관찰사, 한성부 좌윤, 호조와 예조 및 형조 참판을 역임하고 평안도 관찰사 등을 지냈다. 연산군 10년(1504) 갑자사화에 관련되어 丹城(단성)에 귀양갔다가 방면되어 중종반정에 참여했고 仁川君(인천군)에 피봉되었다. 어릴 때부터 독서를 즐겨 山水學, 稗官小說(산수학, 패관소설)에까지 통했고 詩文(시문)과 글씨로 중국 사람들을 놀라게 했으며, 士禍(사화)로 浮沈(부침)하는 삶을 보냈다.

518-1 張良(장량) 장량

奇謀不遂浪沙中 杖劍歸來相沛公 借箸便能成漢業 分符獨自讓齊封
平生智略傳黃石 老去功名付赤松 堪笑世人長役役 功成勇退是英雄.

(기모불수낭사중 장검귀래상패공 차저편능성한업 분부독자양제봉
평생지략전황석 노거공명부적송 감소세인장역역 공성용퇴시영웅)

기이한 꾀로도 박랑사에서 뜻 못 이루고, 긴 칼 짚고 돌아와 패공 유방을 도왔네.
임금 밥상의 젓가락을 빌려 계략을 세워서 능히 한 나라 대업을 이루었고,
공적에 따라 제후가 될 때 넓은 땅인 제의 제후 되기를 사양했네.
평생의 좋은 지략 황석공에게서 전해 받고, 늙어서는 공명을 마다하고 적송자 신선을 따랐네.
세상 사람들 오래 경박 간사함이 우습나니, 공을 이루고는 장량처럼 용퇴함이 이곧 영웅이라.

[語句] *張良 : 漢高祖(한 고조) 때 충신. 자 子房(자방). 시호 文成(문성). 韓(한) 나라 사람으로 한을 멸망시킨 진시황을 보복하고자, 博浪沙(박랑사)에서 滄海力士(창해역사)와 함께 쇠몽둥이로 그의 수레를 쳤으나 진시황은 다른 수레를 타고 있어 실패했음. 변성명하고 下邳(하비)에 숨었다가 劉邦(유방)을 도와 천하 통일에 참여했음. 공을 이룬 뒤 유방이 齊(제) 땅을 주려 하니 사양하고 물러나 赤松子(적송자)를 따라 신선이 되려 했음. *奇謀 : 기묘한 꾀. *浪沙 : 박랑사. *沛公 : 한 고조 유방이 帝位(제위)에 오르기 전의 칭호. *借箸 : 젓가락을 빌림. 임금 밥상의 젓가락을 빌려서 계획을 헤아려 보는 일. →512-3. *分符 : 제후가 되는 符節(부절)을 나눔. 分封(분봉). *智略 : 슬기로운 計略(계략). *黃石 : 黃石公(황석공). 장량이 하비의 흙다리에서 만난 노인으로 兵書(병서)를 그에게서 받았다 함.<史記 留侯世家> *赤松 : 적송자. 장량이 따라갔던 신선. *堪笑 : 아주 우스움. 堪은 '견디다. 이기다.'임. *役役 : ①마음과 몸을 몹시 쓰는 모양. ②경박하고 간사한 모양. 여기서는 ②임. *勇退 : 용감하게 물러남.

[鑑賞] 한 나라 개국공신이요 충신인 장량을 기린 시. 장량은 같은 공신인 韓信(한신)과는 달리 넓은 제 땅을 주려는 것을 사양하고, 제 고향의 조그만 땅 留(유)의 제후가 되었다가 나중에는 모든 것을 버리고 신선의 길을 가겠다고 적송자를 따라갔다. 현재의 湖南省 張家界(호남성 장가계)의 金鞭峽(금편협) 언덕에 그의 묘소가 있으니, 거기가 곧 武陵桃源(무릉도원)이라고 전해 온다. 장량은 고조 유방이나 그 척족의 욕심을 미리 알아차리었고, 한신은 반대로 권력을 지향하다가 죽음을 당하고 말았으니, 이 시의 結聯(결련)은 만고의 진리이다. →216-2, 3.

7언율시. 압운은 中, 公, 封, 松, 雄 자로 封과 松은 평성 '冬(동)' 운, 나머지 셋도 평성 '東(동)' 평운으로 두 운은 通韻(통운)이 된다. 평측은 차례로 '平平仄仄仄平平, 仄仄平平仄仄平, 仄平平平仄仄, 平平仄仄仄平平, 平平仄仄平平仄, 仄仄平平仄仄平, 平仄仄平平仄仄, 平平仄仄仄平平'으로 이사부동이륙대와 반법, 점법 등이 잘 이루어지고 평측 배열도 좋아 대가의 작품다우며, 내용면이나 형식면 모두에서 名作(명작)이라 하겠다.

518-2 快哉亭 二首 第2首(쾌재정 이수 제2수) 쾌재정 두 수 둘째 수

光陰袞袞繩難繫 雲路悠悠馬不前 何事盡抛塵世事 蓬萊頂上伴神仙.

(광음곤곤승난계 운로유유마부전 하사진포진세사 봉래정상반신선)

세월은 쉬지 않고 흘러 밧줄로 매어둘 수 없는데,

구름 떠도는 곳 멀어 말도 나아가지 못하네.

어찌타 속세의 일 모조리 벗어버리고, 봉래산 정상에 가 신선을 벗삼으려네.

[語句] *快哉亭 : 어디 있는 정자인지 미상임. 宋(송) 나라 蘇轍(소철)의 글에 '快哉亭記(쾌재정기)'가 있음. 쾌재는 '유쾌하도다. 뜻대로 잘되어 매우 유쾌함.'임. *光陰 : 해와 달. 세월. *袞袞 : 끊임없이 이어지는 모양. 강물이나 구름이 가득 흐르는 모양. 滾滾(곤곤). *繩 : 노. 새끼. 繫 : 매다. 묶다. *雲路 : 구름이 움직여 왔다 갔다 하는 곳. *悠悠 : 썩 멂. 느릿느릿함. *盡抛 : 모조리 던져버림. *塵世 : 티끌이 있는 세상. 이 세상. 俗世(속세). *蓬萊 : 봉래산. 신선이 산다는 三神山(삼신산)의 하나. *頂上 : 꼭대기. 絕頂(절정).

[鑑賞] 이 시의 첫 수는 "老我年今六十七 因思往事意茫然 少年才藝期無敵 中歲功名亦獨賢(늙은 내 나이 예순 일곱인데, 지난 일 생각하니 아득히 멀구나. 소년 때의 재주 당할 사람 없었고, 중년의 공명도 남부럽지 않았네.)"이다. 그렇게 활기차고 자신만만했는데 '세월은 무정하게 빨리도 흘러가 늙어버려, 타고 다니는 말조차 제대로 가지 못한다. 그러니 세속의 모든 일 떨쳐 버리고 봉래산 꼭대기에 가 신선이나 만나 놀았으면 좋겠다.' 했다. 처음 두 구는 대구로 이루어졌다.

· 7言絕句(7언절구). 압운은 前, 仙 자로 평성 '先(선)' 평운이다. 평측은 차례로 '平平仄仄平平 仄, 平仄平平仄仄平, 平仄仄平平仄仄, 平平仄仄仄平平'으로 二四不同二六對(이사부동이륙대)와 反法(반법), 粘法(점법) 등이 잘 이루어졌다. 첫 수도 然, 賢이 '先' 운이어서 두 수를 합쳐 7言律詩(7언율시)로 보아도 좋겠는데, 그리되면 七 자는 압운한 것이 아니므로 첫 구에 압운하지 않은 율시가 된다.

519. 蔡裕後(채유후 1599~1660) : 조선 효종 때 문신, 문장가. 자 伯昌(백창). 호 湖洲(호주). 시호 文惠(문혜). 본관 平康(평강). 父 成均進士 忠衍(성균진사 충연). 17세에 생원시에 급제하고 인조 1년(1623) 문과 급제하여 玉堂(옥당, 홍문관)에 들어갔다가 賜暇讀書(사가독서)로 湖堂(호당, 독서당)에서 공부하고 右副承旨, 吏曹正郎(우부승지, 이조정랑)을 거쳐 大提學, 吏曹判書(대제학, 이조판서)에 이르렀다. 어릴 때부터 학문에 힘쓰고 文才(문재)가 있어 實錄編纂(실록 편찬)에 참여했고, 澤堂 李植(택당 이식 →263), 白洲 李明漢(백주 이명한 →229) 등이 그의 詩文(시문)을 칭찬했다.

519-1 省中夜作(성중야작) 관청에서 밤에 짓다

禁漏風交響 華燈月並明 良宵宜勝集 熱酒且徐傾
節意寒將煖 身名寵若驚 何當謝簪組 林水送餘生.

(금루풍교향 화등월병명 양소의승집 열주차서경
절의한장난 신명총약경 하당사잠조 임수송여생)

물시계 소리는 바람 따라 울리고, 등불은 달과 함께 밝구나.
이런 좋은 밤은 즐겁게 모여 놀기 마련이라, 따끈히 데운 술 천천히 기울이네.
가는 계절은 추위 가면 따뜻해지기 마련이고, 신명은 총욕약경일세.
언제나 벼슬살이 버리고, 자연 산수 속에서 남은 삶을 보내게 되려는가.

[語句] *省 : 관청. 省寺(성시). *禁漏 : 궁중의 물시계. 禁中漏水器(금중 누수기). *華燈 : 밝은 등불. *良宵 : 하늘이 맑고 달이 밝은 밤. 良夜(양야). *勝集 : 즐겁게 모임. *節意 : 계절의 뜻, 의미. *身名 : 몸과 명예. *寵若驚 : 寵辱若驚(총욕약경). 寵榮(총영, 총애와 영예. 명예)에 놀라는 게 困辱(곤욕, 심한 모욕. 불명예)에 놀람과 같음. 왜냐하면 총영을 누리다보면 곤욕이 반드시 따르기 마련임. 그러하니 '내 몸을 총욕 이외에 두어야 함'을 뜻함. 寵辱若驚 貴大患若身(총욕에 놀라는 것과 같이 하여, 큰 우환-총욕-을 지나치게 중요시해 내 몸과 같이 한다-내 몸을 무無로 보면 재앙이란 없다.)<老子 道德經 13장> *何當 : 언제쯤. →240-6. *簪組 : 비녀와 인끈. 벼슬.

[鑑賞] 달 밝고 가을바람 솔솔 부는 대궐에 모여 조용히 술잔을 기울이며 즐겁게 논다. 그러면서도 마음 한 구석에는 춘하추동 계절이 바뀌듯, 사람의 마음도 바뀌기 마련이라 오늘의 왕의 총애가 내일은 괴임을 잃어 역신이 될 수도 있다. 하루라도 빨리 이 벼슬을 던져버리고 산수 속에 은거하여 여생을 마치는 게 좋겠다. 왕조 시대 신하의 영욕이 심함을 실감했으리라. 제 3, 4구와 5, 6구 곧 頷聯(함련)과 頸聯(경련)은 對句(대구)가 잘 되었다.

5言律詩(5언율시). 압운은 明, 傾, 驚, 生 자로 평성 '庚(경)' 평운이다. 평측은 차례로 '仄仄平平仄, 平平仄仄平, 平平平仄仄, 仄仄仄平平, 仄仄平平仄, 平平仄仄平, 平平仄平仄, 平仄仄平平'으로 이사부동은 일곱째 구에서 어긋났고 반법과 점범은 그런대로 이루어졌다.

520. 蔡濟恭(채제공 1720~1799) : 조선 정조 때 정승. 자 伯規(백규). 호 樊巖(번암). 시호 文肅(문숙). 본관 平康(평강). 父 知中樞府事 膺一(지중추부사 응일). 영조 19년(1743) 문과에 급제하여 承文院副正字(승문원부정자)를 비롯하여 여러 요직을 거치고 암행어사로 호남을 다녀와,

승지에 이르러 '列聖誌狀, 御製補篇(열성지장, 어제보편)' 등을 편수한 공으로 虎皮(호피)를 상으로 받았다. 이조참판과 호조참판을 지낸 뒤 영조 47년(1771) 冬至正使(동지정사)로 청 나라에 다녀왔고 정조 초에 刑曹判書(형조판서)가 되어 金尙魯(김상로) 잔당의 죄를 밝혀 처벌했으며, 병조판서가 되었다가 洪國榮(홍국영)과 뜻이 맞지 않아 그만두었는데, 그 때에 變(변)이 일어나 守宮大將(수궁대장)이 되어 궁궐을 지키니 왕이 마음을 놓았다 한다. 정조 4년(1780) 奎章閣提學(규장각 제학)이 되어 徐命膺(서명응) 등과 함께 '國朝寶鑑(국조보감)'을 찬수했고, 우의정, 좌의정을 거쳐 정조 17년(1793) 領議政(영의정)이 되었다. 그는 영조와 정조의 총애를 받았으며 천주교인 탄압에 힘썼고 西學(서학)을 邪學(사학)이라 하여 배척했으나, 좌의정으로서 희생을 막는데 공로가 많았다는 기록도 있다. 천주교도인 李家煥(이가환 →212)의 사건으로 파직되어 長湍(장단)에 付處(부처)되었다. 판중추부사로 사망하니 정조 임금이 친히 축문을 지어 제사토록 했다. 순조 1년(1801) 인척에 천주교도가 많았다는 이유로 관작을 추탈당했다가 순조 23년(1823) 복관되었으며 문집에 '樊巖集(번암집 59권)'이 있다.

520-1 次霞鶩亭原韻 後半(차하목정원운 후반) 하목정의 원운에 차운하다 후반

開簾草色斜陽遠 俯檻天光永夜明 塵裡聞名空白首 百年匏繫笑吾生.

(개렴초색사양원 부함천광영야명 진리문명공백수 백년포계소오생)

정자 기둥 밖 풀빛은 석양 멀리까지 펼쳤고, 난간 아래에는 맑은 하늘빛 밤새도록 밝구나.
속세에서 명예를 구하다가 헛되이 백발 되었고, 평생 박처럼 매달린 내 삶이 우습네.

[語句] *原韻 : 본디의 押韻(압운) 곧 본디의 시. *開簾 : 발을 걷음. '정자 기둥 테두리 밖'의 뜻으로 풀이했음. *檻 : 난간. 欄檻(난함). *天光 : 맑게 갠 하늘의 빛. 天色(천색). *永夜 : 긴 밤. 밤새도록. *塵裡 : 티끌 속. 속세. *聞名 : 이름 곧 명예를 구하거나 드러냄. *白首 : 하얗게 센 머리. *匏繫 : 매달려 있는 박. 매달려만 있고 먹지 못하는 박. 가만히 있는 사람. 無用(무용) 한 사람.

[鑑賞] 하목정 정자가 어디에 있는지는 미상이나 '노을이 곱고 따오기가 나는 정자'라는 뜻을 가졌으니 경치가 뛰어난 곳이라 생각된다. 전반부에서도 "두 호수 사이를 강줄기 하나 빙 돌아 흐르니, 조물주가 애써서 좋은 경치 이루어냈구나. 고기 뛰고 새 날아다니는 고요한 경치 속세 밖의 것이 아니니, 누대에서 풍악 울리는 소리 태평 시절을 구가하네"하고 경치가 좋다고 읊었다. 인용한 후반의 앞 두 구도 경치를 대구로 읊고, 세속의 공명을 좇다가 머리만 세고 그 공명에 매달려온 스스로의 일생에 대해 실소가 나온다고 맺었다.

7言律詩(7언율시) 후반 4구. 압운은 明, 生 자로 평성 '庚(경)' 평운이다. 평측은 차례로 '平平

仄仄平平仄, 仄仄平平仄仄平, 平仄平平平仄仄, 仄平平仄仄平平'으로 이사부동이륙대와 반법, 점법 등이 모두 이루어졌다. 전반부도 압운이 橫, 成, 平 자로 같은 '庚' 운이며, 이사부동이륙대와 反法(반법)과 粘法(점법)이 모두 이루어져 7언율시의 좋은 작품이라 하겠다.

521. 蔡之洪(채지홍 1683~1741) : 조선 영조 때 학자. 자 君範(군범). 호 三患齋, 鳳巖(삼환재, 봉암). 본관 仁川(인천). 父 僉知中樞府事 領用(첨지중추부사 영용). 遂菴 權尙夏(수암 권상하)의 문하에서 학문을 배워 經傳(경전)의 義理學(의리학)을 연구했으며, 과거를 보지 않기로 결심하고 학문에 정진하니 知德(지덕)이 날로 진취했다. 숙종 42년(1716) 학행으로 추천되어 王子師傅(왕자사부)가 되고 다시 世子侍講院 諮議(세자시강원 자의)에 보직되었으나 모두 사절했다. 효종 때 金一鏡(김일경) 등의 흉계로 동궁의 지위가 위태롭게 되매 분연히 상소를 올려 흉당을 극구 탄핵했다. 그들이 권상하를 무고하니 더욱 분개하여 세상과 인연을 끊고 집을 九雲山(구운산) 속으로 옮겨 학문을 연구하는 한편 후진들을 가르침에 힘썼다. 영조가 즉위하여 권상하의 관직을 회복하면서 특별히 불렀으나 응하지 않았다. 후에 扶餘縣監(부여현감)으로 부름을 받고 대궐에 나아가 수암[권상하]과 우암[송시열]을 참소한 간신들이 아직 조정에 있으니, 그들과 동렬에 머무를 수 없다며 사절했으나 왕의 간절한 권유에 감격하여 임지에 나가 선정을 베풀고, 公洪道(공홍도, 충청도) 都事(도사)를 역임했다. 그는 천문, 지리, 산수에까지 정통했고 저서에 '性理管規(성리관규)'가 있으며 문집도 남겼다.

521-1 臘梅經冬不開謾吟(납매경동불개만음) 겨울이 지나도 피지 않는 매화를 읊다

吾病歲新猶閉關 汝寒冬盡未開顏 何時共帶春風面 朗月孤琴一笑看.

(오병세신유폐관 여한동진미개안 하시공대춘풍면 낭월고금일소간)

나 병 들어 새해가 되어도 빗장 걸고 사는데, 매화 너는 겨울 다가도록 꽃 피지 않는구나.
언제든 봄바람을 함께 맞이하게 되거들랑, 밝은 달 아래 거문고 안고 함께 웃자꾸나.

[語句] *臘梅 : 섣달에 꽃이 피는 매화. *謾吟 : 일정한 글제가 없이 생각나는 대로 시를 지어 읊음. 漫吟(만음). *閉關 : 대문 빗장을 닫아 겂. *開顏 : 얼굴을 내보임 곧 꽃이 핌. *何時 : 어느 때. 언제. *面 : 대하다. 마주하다. *朗月 : 밝은 달.

[鑑賞] 추위가 다 가시지 않은 늦겨울이나 이른 봄에 피는 것이 매화인데, 이찌된 일인지 우리 집 매화는 겨울이 다 가는데도 꽃 피지 않는다. 겨울 내내 병으로 대문을 닫아걸고 지내다가, 오직 매화꽃이 피어나는 걸 보려고 고대하고 있는데 피지 않으니 시라도 지어 읊어볼 수밖에. 한 편의 待春賦(대춘부)라 하겠다.

7言絕句(7언절구). 압운은 關, 顏, 看 자로 關과 顏은 평성 '刪(산)' 운, 看도 평성 '寒(한)' 평운

으로 두 운은 通韻(통운)이 된다. 평측은 차례로 '平仄仄平平仄平, 仄平平仄仄平平, 平平仄仄平平仄, 仄仄平平仄仄平'으로 二四不同二六對(이사부동이륙대)와 반법, 점법 등이 모두 이루어졌다.

522. 蔡洪哲(채홍철 1262~1340) : 고려 충선, 충숙왕 때 정승. 자 無悶(무민). 호 中菴(중암). 본관 平康(평강). 충렬왕 때 과거 급제하여 膺善府錄事(응선부 녹사)를 거쳐 長興府使(장흥부사)로 나가 고을을 잘 다스리다가 벼슬에서 떠나 中菴居士(중암거사)라 자칭하고 14 년간 은퇴생활을 했다. 충선왕이 즉위하자 司醫副正(사의부정)에 보직되었다가 密直副使, 前祗侯(밀직부사, 전지후) 등 여러 벼슬을 거쳐 정승 반열에 올랐다. 충숙왕 1년(1314) 田籍(전적)과 稅制(세제)를 제정할 때 五道巡訪計定使(오도순방계정사)가 되어 임무는 완수했으나, 탐욕으로 많은 民田(민전)을 횡령하여 큰 부자가 되었다. 충숙왕이 復位(복위)하자 贊成事(찬성사)를 거쳐 三重大匡(삼중대광)에 이르러 順天君(순천군)에 피봉되고 공신의 호를 받았다. 文章技藝(문장 기예)에 정교했고 불교를 즐겼으며, 노후에 자기 집 북쪽에 栴檀園(전단원)을 두어 禪僧(선승)을 길러내면서 병자에게 약을 분배하니 活人堂(활인당)이라 했고, 충선왕이 한때 전단원에 행차하여 백금 30근을 내렸다 한다. 한편 집 남쪽에 中和堂(중화당)이라는 집을 짓고 永嘉君 權溥(영가군 권부 →693) 등 國老(국로) 일여덟 명을 맞아들여 耆老會(기로회)를 조직하여 '紫霞洞新曲(자하동신곡)'을 지으니 이것이 '高麗樂府(고려악부)'에 전한다.

522-1 月影臺(월영대) 월영대

文章習氣轉崔嵬 忽憶崔侯一上臺 風月不隨黃鶴去 烟波相逐白鷗來
雨晴山色濃低檻 春盡松花亂入盃 更有琴心隔塵土 也時好與雨雲廻.

(문장습기전최외 홀억최후일상대 풍월불수황학거 연파상축백구래
우청산색농저함 춘진송화난입배 갱유금심격진토 야시호여우운회)

문장과 행적이 우뚝하게 된, 최치원 선생이 문득 생각이 나 이 누각에 올랐더니,
바람과 달 좋은 경치는 신선이 된 선생을 따라가지 않았고,
안개 낀 물결과 갈매기는 오라고 서로 부르고 따르는구나.
비 개니 난간 밖으로 산 경치 짙고, 봄 다 가매 송화 가루는 술잔에 날아드네.
속세를 멀리한 심정 다시 거문고 가락에 담기어, 비구름 감도는 참으로 좋은 때일세.

[語句] *月影臺 : 경상남도 馬山(마산)에 있는 누대. 孤雲 崔致遠(고운 최치원)이 자주 유람했던 곳이라 함. *習氣 : 이때까지의 습관. 버릇. '行蹟(행적)'으로 풀이했음. *崔嵬 : 꼭대기에 돌이 있는 土山(토산, 흙메). 높고 험함. 우뚝함. 陟彼崔嵬 我馬虺隤(저 높은 산에 오르려 하니, 내 말이 헉헉거리오)<詩經 周南卷耳> *崔侯

: 고운 최치원. 시호가 文昌侯(문창후)여서 侯를 썼음. →566. *風月 : ①바람과 달. 좋은 경치. ②吟風詠月(음풍영월). 맑은 바람과 밝은 달을 대하여 시를 짓고 즐겁게 놂. 吟風弄月(음풍농월). 여기서는 ①로 봄. *黃鶴 : 누런 학. 崔顥(최호)의 '黃鶴樓(황학루)' 시의 첫 구가 "昔人已乘黃鶴去(옛 사람 이미 황학을 타고 가버려)"라 했으니, 신선이 되었음을 뜻함. →573-4. *烟波 : 아지랑이가 낀 물 위. *山色 : 산의 경치. *松花 : 소나무의 꽃, 그 꽃가루. *琴心 : 거문고를 타서 생각하는 바를 나타내는 일. *塵土 : 먼지와 흙. 더럽혀진 땅. 俗世(속세). 泥塗(이도). *也 : 助詞(조사)로 뜻이 없거나 형용의 뜻을 강하게 함.

[鑑賞] 고운 선생이 유람한 월영대에 오른 감상을 읊은 시. 首聯(수련 1~2구)에서는 글과 행적이 높은 고운이 그리워 월영대에 오른다 했고, 頷聯(함련 3~4구)은 風月, 黃鶴과 烟波, 白鷗를 대비해 좋은 對句(대구)를 이루면서 경치 뛰어남을 그렸다. 頸聯(경련 5~6구)도 서경 위주의 대구로 구성되었는데 지금 월영대에서 벌어진 술잔치로 전환의 구실을 했다. 尾聯(미련 7~8구)에서는 이 자리에서 여인들이 타는 거문고 가락에 고운 선생같이 속세를 떠난 심정이 담겨 있어 비구름 감도는 월영대와 함께 홍취 높다는 말로 마무리했다.

7言律詩(7언율시). 압운은 嵬, 臺, 來, 盃, 廻 자로 평성 '灰(회)' 평운이다. 평측은 차례로 '平平仄仄仄平平, 仄仄平平仄仄平, 平仄仄平平仄仄, 平平平仄仄平平, 仄平平仄平平仄, 平仄平平仄仄平, 仄仄平平仄平仄, 仄平仄仄仄平平'으로 이사부동이륙대와 반법, 점법 등이 모두 이루어졌다.

523. 處能(처능 1617~1680) : 조선 현종 때의 高僧(고승). 자 愼守(신수). 호 白谷道人(백곡도인). 俗姓(속성) 金氏(김씨). 열두 살에 義賢(의현)에게 글을 배우다가 중이 되었고, 申翊聖(신익성)에게 外典(외전)을 배워 시와 글에 능했다. 智異山(지리산) 雙溪寺(쌍계사)의 碧巖 覺性(벽암 각성) 밑에서 23년 동안 도를 닦고 법을 전해 받았다. 金佐明(김좌명)의 奏請(주청)으로 八道禪教十六宗摠攝(팔도선교십륙총섭)이 되었으나 곧 사퇴하고 속리산, 青龍寺(청룡사), 계룡산 등에서 法席(법석)을 열고 安心菴(안심암)에 오래 있었다. 현종이 불교를 배척하고 尼院(이원, 여자 중이 있는 절)을 폐쇄할 때 諫廢釋教疏(간폐석교소)를 올렸으며, 숙종 때 金山寺(금산사)에서 대법회를 열었고 문집으로 '白谷集(백곡집 2권)'이 있다.

523-1 贈別(증별) 떠나는 사람에게 주다

白衲白如雪 着來多歲月 春風忽飄然 萬水千山別.

(백납백여설 착래다세월 춘풍홀표연 만수천산별)

그대가 입은 장삼 검은 빛 배래어 눈처럼 희게 되었으니,

입은 지 그 얼마나 오랜 세월이었나.
이제 봄바람에 펄럭이며, 만수 천산을 또 떠도는 이별일세그려.

[語句] *贈別 : 친한 사이의 情表(정표)로 시 같은 것을 지어 주고 떠나게 함. *白衲 : 흰 長衫(장삼). 장삼은 '검은 베로 만든 길이가 길고 소매가 넓은 중의 옷'임. *飄然 : ①비바람에 가볍게 나부끼는 모양. ②훌쩍 떠나거나 나타나는 모양. *萬水千山 : 많은 물과 많은 산.

[鑑賞] 함께 불도를 닦으며 친하게 지내던 동료 스님이 멀리 떠나고자 하여 이별을 아쉬워하며 지어준 시. 검은 장삼이 바래어 눈같이 희게 되었으니 입은지 그 얼마의 세월을 보냈던가. 이제 또 떠난다 하니 물 건너고 산 넘어 얼마의 세월이 지나야 우리 다시 만날 수 있으려는가. 부디 몸조심하고 다른 날 반갑게 다시 만나세나.

5言古詩(5언고시). 압운은 雪, 月, 別 자로 雪과 別은 입성 '屑(설)' 운, 月도 입성 '月' 측운으로 두 운은 通韻(통운)이 된다. 평측은 차례로 '仄仄仄平仄, 仄平平仄仄, 平平仄平平, 仄仄平平仄'으로 二四不同(이사부동)은 셋째 구에서 어긋났고 反法(반법)은 잘 되었으나 粘法(점법)이 불완전하게 이루어졌다.

524. 處黙(처묵 ?) : 조선 선조 때 僧侶(승려). 속성 崔氏(최씨). 젊어서부터 詩文(시문)에 능통했다.

524-1 詠石花(영석화) 굴을 읊다

前身曾是大夫平 漁腸忠魂變化成 衰俗亦知尊敬意 只稱其姓不稱名.
(전신증시대부평 어장충혼변화성 쇠속역지존경의 지칭기성불칭명)

너의 전신이 바로 삼려대부 굴평이렷다, 물에 빠져 죽은 충혼 너로 환생하였구나.
다른 인심 야박해도 그 충혼을 존경하여,
이름은 안 부르고 다만 성만 일러 '굴'이라 하네.

[語句] *石花 : ①굴조개. ②이끼 종류 총칭. 仰天皮(앙천피). 여기서는 ①임. *前身 : <佛>前世(전세)에 태어났던 몸. *大夫平 : 三閭大夫 屈平(삼려대부 굴평 B.C 343~277). 전국시대 말 楚(초) 나라의 귀족. 자가 原(원)이어서 屈原이라고도 함. 고대 중국 최고의 시인으로 楚辭(초사)의 시형을 처음 이루었고, 懷王(회왕)을 도와 삼려대부가 되었으나 소인들의 무고로 추방되어 강남을 떠돌다가 汨羅水(멱라수)에 몸 던져 죽었음. *漁腸 : '고기 잡는 곳의 물고기 창자 곧 물고기 밥'의 뜻으로 쓴 듯함. 腸은 腸(장)의 속자임. *忠魂 : 忠義(충의)를 위해 죽은 사람의 넋. *化成 : 모양을 바

꾸어 다른 물체가 됨. *衰俗 : 풍속, 인심이 쇠약해짐.

[鑑賞] 해산물인 굴을 두고 지었는데, '굴'이란 이름에서 옛 중국의 '굴원'의 '굴'을 연상하여 諧謔的(해학적)으로 읊었다. 충성스러웠던 굴원을 존경하여 그의 이름인 平이나 자인 原 자는 빼고 성인 '屈 곧 굴' 자로만 이름지어 부른다 했다. 그 굴은 굴원의 충성스러운 영혼이 모양을 바꾸어 굴로 변신한 것이라 하여 기발한 면을 드러내 보이었다. 결국은 굴원의 행적을 찬미 칭송한 시라 하겠다.

7言絕句(7언절구). 압운은 平, 成, 名 자로 평성 '庚(경)' 평운이다. 평측은 차례로 '平平平仄仄平平, 平平平平仄仄平, 平仄仄平平仄仄, 仄平平仄仄平平'으로 二四不同二六對(이사부동이륙대)는 둘째 구에서 어긋나 '仄-平-仄'이어야 할 것이 '平-平-仄'이 되었다. 따라서, 반법과 점법이 이 둘째 구로 하여 불완전하게 되고 말았다.

524-2 被拒村家有詩(피거촌가유시) 어느 시골 집에서 묵기를 거절당해 지은 시

黃昏雨立叩柴扉 三被村翁手却揮 蜀魄亦知衰俗薄 隔林啼送不如歸.

(황혼우립고시비 삼피촌옹수각휘 촉백역지쇠속박 격림제송불여귀)

해는 지고 어두운데 비마저 와 하룻밤 묵자고 사립문 두드리니,
촌 늙은이 나와 재울 수 없다고 마구 손사래치네.
두견이도 요즘 인심 야박해졌음을 아는지, 건너 숲에서 돌아감만 못하다고 울어대는구나.

[語句] *被拒 : 거절당함. *柴扉 : 사립문. *三被 : 세 번 당함. 여러 번 당함. *却 : 물리치다. 거절하다. *蜀魄 : 촉 나라 望帝(망제)의 넋. 두견이. 소쩍새. 子規(자규). →104-2. *不如歸 : 돌아감만 못함. 두견이 우는 소리의 擬聲語(의성어)임. →447-1.

[鑑賞] 해는 지고 비마저 오는 속에 어느 시골집에서 하룻밤 유숙하기를 청하니, 노인이 나와 손사래치며 다른 집에 가 보라며 거절이다. 이렇게 각박한 인심을 이미 알고 있다는 듯 두견이는 건너편 숲에서 '불여귀거 불여귀거' 하며 울고 있다. 앞에 인용한 시와 마찬가지로 해학성이 짙은 작품이다. 어릴 때의 기억으로 승려는 우선 복장이 다르고 목탁을 두드리는 등 異邦人(이방인) 같은 인상이라 자기 집에 선뜻 유숙하도록 하지 않았던 듯하다.

7언절구. 압운은 扉, 揮, 歸 자로 평성 '微(미)' 평운이다. 평측은 차례로 '平平仄仄仄平平, 平 仄平平仄仄平, 仄仄仄平平仄仄, 仄平平仄仄平平'으로 이사부동이륙대와 반법, 점법 등이 다 이루어졌다.

525. 草衣(초의 1786~1866) : 조선 정조 때 승려, 시인. 이름 意恂(의순). 자 中孚子(중부자). 호

草衣, 海翁, 海師, 海陽後學, 芋社, 一枝庵(초의, 해옹, 해사, 해양후학, 우사, 일지암) 등. 시호 大覺登階普濟尊者艸衣大禪師(대각등계보제존자 초의대선사). 속성 張氏(장씨, 본관 興城흥성). 15세에 雲興寺(운흥사, 전남 나주)의 大德 碧峰敏性(대덕 벽봉 민성)을 스승으로 출가했고, 24세에 康津(강진)에서 유배생활을 하던 丁若鏞(정약용 →404)과 교유했으며, 30세에 서울에 올라와 金正喜(김정희 →44), 申緯(신위 →132) 등과 사귀었다. 이 때 많은 시를 지었으며 55세 때 살아 있는 채로 헌종에게서 시호를 받았고, 詩書畫(시서화)에 뛰어난 三絕(삼절)이었다. 저서에 '一枝庵詩稿·文集(일지암시고·문집), 艸衣禪課(초의선과), 禪門四辨漫語(선문사변만어), 東茶頌(동다송)' 등이 있다.

525-1 歸故鄕(귀고향) 고향에 돌아와서

遠別鄕關四十秋 歸來不覺雪盈頭 新基草沒家安在 古墓苔荒履跡愁
心死恨從何處起 血乾淚亦不能流 孤笻更欲隨雲去 已矣人生愧首邱.

(원별향관사십추 귀래불각설영두 신기초몰가안재 고묘태황이적수
심사한종하처기 혈건누역불능류 고공갱욕수운거 이의인생괴수구)

고향을 멀리 떠난 지 사십 년인데, 돌아와 보니 머리 하얗게 센 줄도 몰랐었네.
집터가 잡초에 묻혔으니 살던 집 어찌 있으며,
조상들 산소 이끼로 거칠어 걸음마다 시름일세.
고향 그리던 마음 다했으니 한스러움이 어디서 생기리,
피눈물도 말라서 흘러내리지 않는구나.
막대 짚고 외로이 구름 따라 다시 떠나니, 고향 그리던 이 인생이 정말 무색하구나.

[語句] *鄕關 : 고향. *新基 : 새 터. '잡터 또는 부모의 묘소'를 뜻할 수 있음. *古墓 : 옛 묘. 윗대 조상의 묘. *履跡 : 나의 발걸음. *笻 : 대나무 지팡이. *已矣 : ~하구나. 아서라<强勢語> *首邱 : 首邱初心(수구초심). 고향을 그리워함. 여우가 죽을 때면 머리를 제가 살던 언덕 쪽으로 향하여 죽는다는 데서 하는 말임.

[鑑賞] 40년이란 긴 세월 동안 집을 떠나 불도를 닦다가 집에 오니, 머리가 반백이 되었음을 비로소 깨닫는다. 집 터전에 잡초 우거졌으니 살던 집 건물이야 말할 것 없이 무너졌고, 조상들의 산소도 이끼 덮혀 밟는 곳마다 시름겹게 한다. 이 頷聯(함련 3~4구)은 對句(대구)가 되었다. 여태 고향을 그리워하던 마음이 모두 없어져버리고 마니 한스러움이 어디서 생기랴, 눈물조차 말라 흘러내리지 않는다. 이 頸聯(경련 5~6구)도 대구로 이루어졌다. 이제 또다시 홀로 구름 가는 대로 지향 없이 떠나니 인생에 있어 고향 그린다는 게 얼마나 부끄러운 일인가를 절실히 깨닫게 된다고 마무리했다. 西山大師(서산대사)의 '還鄕(환향)' 시가 연상된다. →104-2.

7言律詩(7언율시). 압운은 秋, 頭, 愁, 流, 邱 자로 평성 '尤(우)' 평운이다. 평측은 차례로 '仄仄平平仄仄平, 平平仄仄仄平平, 平平仄仄平平仄, 仄仄平平仄仄平, 平仄仄平平仄仄, 仄平仄仄仄平平, 平平仄仄平平仄, 仄仄平平仄仄平'으로 二四不同二六對(이사부동이륙대)와 反法(반법), 粘法(점법) 등이 잘 이루어지고 평측 배열도 좋아 내용과 함께 7律의 典型(전형)이 되는 시이다.

526. 崔慶昌(최경창 1539~1583) : 조선 중기의 시인. 자 嘉運(가운). 호 孤竹(고죽). 본관 海州(해주). 父 守仁(수인). 일찍이 白光勳(백광훈 →755)과 함께 李後白(이후백 →330)과 梁應鼎(양응정 →152)의 문하에서 배운 뒤 李珥(이이 →283), 宋翼弼(송익필 →123) 등 재사와 더불어 8문장이라 일컬어졌다. 23세에 進士(진사)에 오르고 선조 1년(1568) 문과 급제하여 咸鏡道兵馬節度使(함경도 병마절도사)의 보좌관인 北評事(북평사)에 임명되었고, 예조와 병조의 員外郞(원외랑)을 거쳐 선조 8년(1575) 司諫院正言(사간원 정언)이 되고 이 해에 사절의 수행원으로 명 나라에 다녀왔다. 이후 조정의 논란에 휩싸였으나 임금의 신망으로 鍾城府使(종성부사)를 역임하고 成均館直講(성균관 직강)으로 임명받아 상경 도중 鏡城客館(경성 객관)에서 사망했다. 인품이 호탕하고 영민하며 학문에 뛰어났다. 또 피리를 잘 불어 靈岩(영암) 바다에서 해적의 습격을 피한 일화가 전한다. 백광훈, 李達(이달 →222)과 함께 三唐詩人(삼당시인)이라 하니, 그들의 시가 한결같이 唐詩風(당시풍)의 영향을 받은 데서 연유한다. 북평사 때 기생 洪娘(홍낭)과의 艶聞(염문)은 유명하며 홍낭의 시조도 전한다. 문집에 '孤竹遺稿(고죽유고 1책)'가 있다.

526-1 高峯山齋(고봉산재) 높은 봉우리의 재실

古郡無城郭 山齋有樹林 蕭條人吏散 隔水搗寒砧.
(고군무성곽 산재유수림 소조인리산 격수도한침)

오래된 고을에 성곽은 없어졌고, 산 속의 재실은 숲으로 덮였네.
벼슬아치들은 흩어지고 없어 쓸쓸한데, 개울 건너 다듬이 소리만이 을씨년스럽구나.

[語句] *高峯 : 높은 산봉우리. *山齋 : 운치스럽게 산에 지은 書齋(서재) 또는 산에 있는 齋室(재실). 재실은 '①능 같은 데에 있는 殿閣(전각). ②儒生(유생)들이 공부하는 집. ③무덤이나 사당 옆에 제사지내려고 지은 집' 등의 뜻이 있음. *古郡 : 옛 고을. 어디인지는 미상임. *蕭條 : 분위기가 아주 쓸쓸함. *人吏 : 사람과 벼슬아치. '재실을 지키는 관원과 종사하는 사람들'을 뜻함. *搗砧 : 피륙을 다듬이질함.

[鑑賞] 옛날의 작은 왕국이나 豪族(호족)이 차지했던 고을이 오랜 세월을 거치는 동안 성은 허물어지고 오직 산 속의 재실만이 우거진 숲속에 보인다. 번성했을 때에

는 지키는 벼슬아치나 종사했던 인부들이 있었겠지만 지금은 모두 흩어지고 없어 쓸쓸하기 죽음 속이다. 그래도 백성들은 아직 살아, 개울 건너 초가집에서 들리는 다듬이 소리는 삶의 끈질김을 보여 준다.

5言絕句(5언절구). 압운은 林, 砧 자로 평성 '侵(침)' 평운이다. 평측은 차례로 '仄仄平平仄, 平平仄仄平, 平平平仄仄, 仄仄仄平平'으로 이사부동과 반법, 점법 등이 잘 이루어졌고, 평측 배열도 좋아 5絕의 典型(전형)이 되는 名作(명작)이다.

526-2 次大同江韻(차대동강운) 대동강 시에 차운하다

水岸依依楊柳多 小船爭唱采蓮歌 紅衣落盡秋風起 日暮芳洲生白波.

(수안의의양류다 소선쟁창채련가 홍의낙진추풍기 일모방주생백파)

강 언덕은 하늘거리는 버드나무 숲인데, 조각배들에서는 채련가가 낭자하네.

붉은 연꽃 지자 가을바람 불어, 해 저무는 나루에는 흰 물결만 이는구나.

[語句] *水岸 : 강 언덕. *依依 : 약하게 하늘거리는 모양. *小船 : 조그만 배. *采蓮歌 : 연꽃의 열매 곧 연밥을 따며 부르는 노래. *紅衣 : 붉은 옷. '연꽃의 붉은 빛깔'을 뜻함. *芳洲 : 꽃다운 물가. 풍광이 좋은 나루터 있는 물가.

[鑑賞] 고려 때 鄭知常(정지상)의 명작 '送人(송인, 일명 大同江)' 시에 차운한 시. →421-4. 原題(원제)는 '浿江樓舡題詠(패강루강제영)'으로, 정지상의 시는 소재가 草色(초색), 悲歌(비가), 江水(강수), 綠波(녹파)인데, 이 시는 楊柳, 采蓮歌, 落花[紅衣落盡], 夕波(석파, 日暮白波)로 대비해 볼 수 있다. 정지상은 이별의 눈물을 주제로 읊었고 이 시는 연밥을 따는 낭만을 주제로 삼았으니, 詩心(시심)이 다름에 따라 시의 내용도 달라짐을 알 수 있다.

7언절구. 압운은 多, 歌, 波 자로 평성 '歌' 평운이다. 평측은 차례로 '仄仄平平平仄平, 仄平平仄仄平平, 平平仄仄平平仄, 仄仄平平平仄平'으로 이사부동이륙대와 반법, 점법 등이 잘 이루어졌다. 다만 첫 구와 끝 구의 마지막 석 자가 孤仄(고측)인데, 압운을 해야 하는 구라서 작 법에 어긋나지 않는다 할 수 있다.

527. 崔匡裕(최광유 ?) : 신라말의 학자. 진성여왕 3년(889) 唐(당) 나라에 유학하여 학문에 밝았으며 시에 능하여 당 나라에서도 명성이 높았고, 崔承祐(최승우 →553) · 崔致遠(최치원 →566) · 朴仁範(박인범 →80) 등과 함께 新羅10賢(신라 10현) 중의 한 사람이었다. 저서에 4 · 6문으로 된 '糊本集(호본집 465권)'이 있었다 하는데 전하지 않고, 그의 시집은 '十抄詩(십초시)' 한권에 수록되어 고려 때 간행되었다가 조선 문종 때 密陽府伯

李伯常(이백상)이 중간했다.

527-1 商山路作 前半(상산로작 전반) 상산 길에서 짓다 앞부분

春登時嶺雁回低 馬足移遲雪潤泥 綺季家邊雲擁岫 張儀山下樹籠溪.

(춘등시령안회저 마족이지설윤니 기계가변운옹수 장의산하수롱계)

봄날 시령에 오르니 기러기 나직이 도는데, 눈은 진흙같이 미끄러워 말은 더디 가네.
기리계 살던 집 가에는 구름이 산을 가렸고, 장의가 살던 산 밑에는 나무가 냇물을 둘렀구나.

[語句] *商山 : 섬서성 華山(화산) 남쪽에 있는 산. 漢高祖(한 고조) 때 네 노인인 商山四皓(상산사호)가 은거했는데, 수염과 눈썹까지 희어 사호라 했으며 東園公(동원공), 綺里季(기리계), 夏黃公(하황공), 甪里先生(녹리선생)이 그들임. *綺季 : 기리계. *岫 : 산의 바위 구멍. 산. *張儀 : 중국 전국시대의 웅변가. 魏(위) 나라 사람으로 蘇秦(소진)과 함께 縱橫(종횡)의 술책을 鬼谷先生(귀곡선생)에게서 배우고, 소진의 은밀한 도움을 입어 戰國7雄(전국7웅) 여섯 나라가 秦(진) 나라를 섬기자는 連衡策(연형책)을 주장하여 진의 정승이 되었음. 한편 소진은 여섯 나라가 힘을 합쳐 진에 대항하자는 合從策(합종책)을 주장하여 이를 '合從連衡'이라 함.

[鑑賞] 상산사호가 은거하던 상산의 길을 가며 지은 시. 후반은 "懸崖猛石驚龍虎 咽澗狂泉振鼓鼙 懶問帝鄉多少地 斷煙斜日共凄凄(절벽의 사나운 바위 용이나 범이 아닌가 놀라겠고, 목메듯 흐르는 세찬 냇물 소리 북 장구 치는 듯하네. 서울이 얼마 남았나 묻기도 귀찮은데, 밥 짓는 연기 끊이고 저무는 해 모두가 처량하구나.)"이다. 承(승 3~4구)과 轉(전 5~6구)에 해당되는 네 구는 두 구씩 對句(대구)가 잘 이루어졌다.

7言律詩(7언율시) 앞부분. 압운은 低, 泥, 溪 자로 평성 '齊(제)' 평운이다. 평측은 차례로 '平平平仄仄平平, 仄仄平平仄仄平, 仄仄平平平仄仄, 平平平仄仄平平'으로 二四不同二六對(이사부동 이륙대)와 反法(반법), 粘法(점법) 등이 모두 잘 이루어졌다.

527-2 長安春日有感(장안춘일유감) 장안 봄날의 감상

麻衣難拂路岐塵 鬢改顔衰曉鏡新 上國好花愁裏艶 故國芳樹夢中春
扁舟煙月思浮海 羸馬關河倦問津 祇爲未酬螢雪志 綠楊鶯語大傷神.

(마의난불노기진 발개안쇠효경신 상국호화수리염 고국방수몽중춘
편주연월사부해 이마관하권문진 지위미수형설지 녹양앵어대상신)

벼슬 없는 몸이라 거리에서 먼지 털기 어렵고,

새벽에 거울 보니 센 머리 여윈 얼굴 새롭구나.
당 나라의 좋은 꽃들 시름 속에 요염한데, 고국의 꽃다운 나무 꿈속의 봄으로 그립네.
조각배로 달빛 은은한 바다 건널 생각을 하니,
여윈 말 타고 강가에서 나루터 묻기도 지치네.
형설의 공 이루려는 뜻 아직 성공하지 못해, 푸른 버들에 꾀꼬리 울어도 마음 크게 상하네.

[語句] *長安 : 唐(당) 나라 서울. 섬서성 西安市(서안시) 남쪽에 있음. *麻衣 : 삼베 옷. 당 나라 때 과거에 급제 못 한 사람이 입었다 함. *路岐 : 길이 갈라지는 곳. 갈림길. *上國 : 작은 나라로부터 朝貢(조공)을 받는 큰 나라. '당 나라'임. *艶 : 곱다. 예쁘다. *故國 : 조국. 본국. '신라'임. *芳樹 : 꽃다운 나무. 향기 풍기는 나무. *扁舟 : 작은 배. 쪽배. 片舟(편주). *煙月 : 구름이나 연기에 어린 은은한 달빛. *羸 : 여위다. 파리하다. 지치다. *關河 : 강가의 關門(관문, 요새의 문). *祇 : 다만. '地神(지신)'의 뜻일 때는 '기'로 읽음. *酬 : 갚다. '성공하다'의 뜻임. *螢雪志 : 애써 공부해 성공하려는 뜻. 螢雪之功(형설지공). 晋(진) 나라 때 반딧불 불빛으로 공부한 車胤(차윤)과 눈을 옆에 쌓아 그 빛으로 공부한 孫康(손강)의 고사에서 온 말임. *傷神 : 정신을 해침. 마음 상함.

[鑑賞] 당 나라에 유학할 때 지은 시. 아직 과거에 급제하지 못한 처지라 행동이 조심스러우니, 길거리에서 옷의 먼지도 훌훌 털지 못하였고 집에 와 거울을 보니 센 머리에 몸은 말랐다고 虛頭(허두)를 떼었다. 다음의 두 구 곧 頷聯(함련)은 중국의 좋은 꽃을 보니 고국의 꽃나무가 그리워진다 하여 對句(대구)로 읊었다. 頸聯(경련) 곧 제 5, 6구는 望鄕(망향)의 심정을 역시 대구로 그려 전환했으며, 아직 과거 급제해 성공하지 못하여 좋은 시절의 풍물도 시름만 일으킬 뿐이라고 맺었다. 당 나라 서울의 봄날, 망향의 정을 나타낸 좋은 작품이다.

7언율시. 압운은 塵, 新, 春, 津, 神 자로 평성 '眞(진)' 평운이다. 평측은 차례로 '平平平仄仄平平, 仄仄平平仄仄平, 仄仄仄平平仄仄, 仄仄平仄仄平平, 平平平仄仄平仄, 平仄平平仄仄平, 平平仄平平仄仄, 仄平平仄仄平平'으로 이사부동이륙대는 넷째 구와 일곱째 구에서 어긋나, 반법과 점법이 온전하지 못하다.

528. 崔國輔(최국보 ?) : 唐(당) 나라 시인. 山陰(산음) 사람. 그윽하게 원망하는 시로 유명하여 幽怨體(유원체) 시인이라 칭하며, 許蘭雪軒(허난설헌)이 유원체를 본딴 시를 즐겨 지었다 한다.

528-1 古意(고의) 고풍의 생각

淨掃黃金階 飛霜皎如雪 下簾彈箜篌 不忍見秋月.

(정소황금계 비상교여설 하렴탄공후 불인견추월)

금빛 나는 섬돌을 깨끗이 쓸고 있노라니, 날리는 서리 눈처럼 희어라.
발을 내리고 공후 악기를 타 보지만, 저 가을 달만은 차마 바라볼 수가 없구나.

[語句] *古意 : 古風(고풍)의 생각. 懷古(회고)의 정. *黃金階 : 금으로 만들었거나 금빛을 입힌 섬돌이나 계단. *箜篌 : 하프 비슷한 동양의 현악기.

[鑑賞] '황금계'로 보아 궁중 여인 곧 궁녀의 마음을 읊은 시이다. 황금 섬돌을 깨끗이 쓸어내려니 앉은 서리가 눈과도 같이 하얗게 날린다. 방에 들어와 발을 내리고 공후를 퉁겨 보나 저 밝은 가을달이 원망스럽기만 하다는 것이다. 추야장 긴긴 밤을 홀로 지낼 외로움에 임금의 상징인 밝은 달이 원망스럽다는 것이다. 은근한 원망을 나타낸 유원체의 시이다.

5言古詩(5언고시). 압운은 雪, 月 자로 雪은 입성 '屑(설)' 운, 月도 입성 '月' 측운으로 두 운은 通韻(통운)이 된다. 평측은 차례로 '仄仄平平平, 平平仄平仄, 仄平平平平, 仄仄仄平仄'으로 이사부동은 첫 구와 끝 구에서만 이루어졌고 반법과 점법은 무시되었다.

529. 崔奇男(최기남 ?) : 조선 효종 때 시인. 자 黃叔(황숙). 호 龜谷(구곡). 본관 川寧(천녕). 서울 사람으로 地閥(지벌)이 미천하고 집안이 가난하여, 선조 임금의 딸 貞淑翁主(정숙옹주)의 남편 東陽尉 申翊聖(동양위 신익성)의 저택 宮奴(궁노)로 있으면서 시와 글을 익혀 시인이 되었다. 그의 학문은 禪(선)에, 시는 唐(당)에 가까워 양반 시인을 압도했다고 한다.

529-1 自挽 三首 第1首(자만 삼수 제1수) 자기 만사 세 수 첫 수

乘化會歸眞 六十敢言促 但恨失師友 無善可以錄
魂氣散何之 風號墓前木 在世無賞音 弔我有誰哭
縱有妻兒啼 冥冥我何覺 不省貴者榮 焉知賤者辱
青山白雲中 歸臥無不足.

(승화회귀진 육십감언촉 단한실사우 무선가이록
혼기산하지 풍호묘전목 재세무상음 조아유수곡
종유처아제 명명아하각 불성귀자영 언지천자욕
청산백운중 귀와무부족)

죽는다는 것은 진으로 돌아가는 것이거늘, 예순에 죽는다고 밭다 할 수 있으랴.

다만 한스러운 것은 사우를 잃는 것과, 적을 만한 착한 행실이 없다는 것일세.
영혼은 흩어져 어디로 갈꼬, 무덤 앞 나무에 씽씽 부는 바람이 아닐는지.
이승에서 칭찬 들은 바 없으니, 누가 있어 나를 조상해 곡을 하리.
비록 아내와 자식들이 운다 한들, 어두운 땅 속에 있을 내가 어찌 알리오.
고귀한 사람의 영화로움을 알지 못하니, 어찌 미천한 자의 욕됨을 알겠는가.
푸른 산 흰 구름 속에 돌아와 누웠으니 아무 부족한 게 없어라.

[語句] *自挽 : 스스로가 지은 자기의 挽詞(만사). 自輓(자만). *乘化 : 자연의 변화와 조화에 맡김. 天運(천운)에 맡김. '죽음'을 이름. *歸眞 : 眞 곧 근본과 本元(본원)으로 돌아감. *促 : 밭다. 촉박하다. *師友 : 스승과 벗. *魂氣 : 정신. 영혼. *之 : 가다. *在世 : 세상에 살아 있을 동안. *賞音 : 칭찬하는 말. *哭 : 큰 소리로 욺. *縱 : 비록. *冥冥 : 어두운 모양. *省 : 살피다. 보다. *焉 : 어찌.

[鑑賞] 이 시는 지은이가 63세 때 병을 앓게 되자 陶潛(도잠)의 자만시를 보고는 따라 지었다고 한다. 자기 스스로가 자신의 죽음을 조상하는 시를 짓는다는 것이 쉬운 일은 아닐 것이지만, 지나온 세월을 뒤돌아보며 남은 여생을 좀더 가치있게 보내려는 의지를 담는다고 보면 나름의 의의가 있다 할 것이다. 인생은 후회가 따르기 마련이라 이 시도 지난 삶을 후회하고 사회적으로 불우했던 자신의 신분 등의 처지를 은근히 담았다.

5言古詩(5언고시) 7연[14구]. 압운은 促, 錄, 木, 哭, 覺, 辱, 足 자로 促・錄・辱・足은 입성 '沃(옥)'운, 木・哭도 입성 '屋(옥)' 운, 覺도 입성 '覺' 운인데 모두 측운으로 通韻(통운)이 된다. 평측은 차례로 '平仄仄平平, 仄仄仄平仄, 仄仄仄平仄, 平仄仄仄仄, 平仄仄平平, 平平仄平仄, 仄仄平仄平, 仄仄仄平仄, 仄仄平平平, 平平仄平仄, 仄仄仄仄平, 平平仄仄仄, 平平仄平平, 平仄平仄仄'으로 二四不同(이사부동)은 제 1, 2, 3. 5, 8, 9, 12구의 일곱 구에서만 이루어졌고 反法, 粘法(반법, 점법)은 무시되었으니 고시이기 때문이리라.

529-2 閒中用杜詩韻(한중용두시운) 한가하여 두보 시의 운자를 써서 짓다

綠樹陰中黃鳥啣 靑山影裏白茅家 閒來獨步蒼苔逕 雨後微香動草花.
(녹수음중황조즉 청산영리백모가 한래독보창태경 우후미향동초화)

푸른 숲 속에서는 꾀꼬리 울고, 푸른 산 그림자에 초가집 담겼구나.
한가로이 홀로 이끼 푸른 오솔길을 걷노라니, 비 온 뒤의 풀과 꽃들 은근한 향기 풍겨 주네.

[語句] *杜甫 : 唐(당) 나라 詩聖(시성). →64. *綠樹 : 잎이 푸른 나무. *啣 : 찍찍거리

다. *白茅 : 띠. 포아풀과의 다년생 풀로 길이 80~100cm 정도여서 지붕을 잇는 데 쓰임. *白茅家 : 초가집. *逕 : 길. 좁은 길.

[鑑賞] 두보의 시에서 家와 花 자로 압운한 시는 '漫興(만흥)' 첫 수이니 "手種桃李非無主 野老牆低還是家 恰似春風相欺得 夜來吹折數枝花(내 손으로 복숭아와 오얏을 심었으니 어엿한 주인이며, 시골 늙은이의 집 담장이 낮아도 또한 내 집이거늘, 봄바람은 마치 나를 희롱하는 듯, 밤에 불어 젖혀 몇 가지의 꽃이 지게 하다니.)"이다. 소재와 주제가 비슷하며 서정시로서 격이 비슷한 명작이라 하리라.

7言絕句(7언절구). 압운은 家, 花 자로 평성 '麻(마)' 평운이다. 평측은 차례로 '仄仄平平平仄仄, 平平仄仄仄平平, 平平仄仄平平仄, 仄仄平平仄仄平'으로 二四不同二六對(이사부동이륙대)와 반법, 점법 등이 잘 이루어지고 평측 배치도 좋은 작품이다.

530. 崔南善(최남선 1890~1957) : 문학가. 사학자. 호 六堂(육당). 서울에서 태어나 어려서 漢學(한학)에 통달하고 1904년 15세에 도일하여 早稻田義塾(조도전-와세다- 의숙)에 입학했으나 동맹휴학으로 중퇴하고, 李光洙(이광수) 등 유학생들과 사귀면서 서구, 러시아의 문학 작품들을 탐독했다. 유학생 회보인 '大韓興學會報(대한흥학회보)'를 편집하면서 새로운 형식의 시와 시조를 발표했다. 또 신문화운동을 목표로 인쇄 시설을 구입, 귀국하여 융희 2년(1908) 19세의 젊은 나이로 新文館(신문관)을 창설하여 '大韓歷史, 大韓地誌, 外國地誌(대한역사, 대한지지, 외국지지)' 등을 출판하고 1908년 잡지 '少年(소년)'을 발행했다. 이 잡지는 새로운 문체의 자유시와 이광수의 소설을 발표하여 우리나라 근대문학 개척기의 선구자가 되었다. 언문일치의 문체로 이광수와 함께 애국문학, 계몽문학에 매진했고, 1919년 3·1 운동 때에는 독립선언서를 기초하고 체포되어 2년 10개월 동안 감옥생활을 했다. 출옥 후 잡지 '東明(동명)'을 발행하면서 국사 연구에 몰두해 많은 저서를 내어 민족 주체 의식 확립을 기하고 史學界(사학계)의 원로가 되었다. 1925년부터 朝鮮史編修委員(조선사편수위원), 朝鮮總督府中樞院參議(조선총독부중추원참의), 만주 建國大學(건국대학) 교수, 在日朝鮮留學生(재일조선유학생)의 學兵志願(학병지원) 강연 등으로, 해방 후 親日反民族行爲者(친일반민족행위자)로 비난받았다. 끝까지 학자적 소신을 지켜 '한국역사대사전'을 집필하다가 병사했다. 주요 저서로 '朝鮮歷史, 朝鮮常識, 故事通, 朝鮮遊覽歌, 朝鮮獨立運動史(조선역사, 조선상식, 고사통, 조선유람가, 조선독립운동사)' 등이 있고 '해에게서 소년에게'는 우리나라 최초의 新體詩(신체시)로 평가받는다.

530-1 詠懷(영회) 회포를 읊다

十年一劒在長腰 回首問天尚寂寥 日事咿唔君莫笑 書中處處見圯橋.

(십년일검재장요 회수문천상적료 일사이오군막소 서중처처견이교)

10년 동안 허리에 검을 길게 차고, 머리 돌려 하늘에 물어도 아직 아무 대답 없네.
날마다 글만 읽는다고 그대여 웃지 말라,
글 속 곳곳에 장량이 병서를 받던 이교 다리 보인다오.

[語句] *詠懷 : 회포를 시나 노래로 읊음. →64-30, 65-1. *寂寥 : 쓸쓸하고 고요함. 적적함. '적요' 로도 읽음. *咿唔 : 글 읽는 소리. 吾伊(오이). *圯橋 : 중국 강소성 長利池(장리지)에 놓였던 흙다리. 여기서 漢(한)의 張良(장량)이 黃石公(황석공, 圯上老人이상노인)을 만나 노인이 다리 아래로 떨어뜨린 신발을 주워 드리니, 황석공이 太公(태공)의 素書(소서, 兵書병서)를 주더라 하며, 이 병서를 읽고 劉邦(유방)을 도와 項羽(항우)를 이겨 중국을 통일했음.<史記 留侯世家>

[鑑賞] 이 시는 지은이가 27, 8세경에 지은 시라고 漢詩人 白大鎭(한시인 백대진)이 쓴 바 있다. 아마도 어느 志士(지사)가 지은이더러 "그대는 나라가 망하는 판인데, 어째서 救國(구국)의 일은 외면하고 책만 읽는가?"하고 나무라는 데 대한 답으로 쓴 작품이리라. '하늘이 내 뜻을 펴도록 해 주지 않아, 책 속에 옛날 장량이 받은 병서와 같은 구국의 방책에 관한 것이 많으니 후일을 기하고자 하노라.' 하는 뜻을 담았다.

7언절구. 압운은 腰, 寥, 橋 자로 평성 '蕭(소)' 평운이다. 평측은 차례로 '仄平仄仄仄平平, 平仄仄平仄仄平, 仄仄平平平仄仄, 平平仄仄仄平平'으로 이사부동이륙대와 반법, 점법 등이 잘 이루어져 7언절구의 典型(전형)이 되는 시이다.

531. 崔讜(최당 1135~1211) : 고려 의종~희종 때 문인. 시호 靖安(정안). 본관 昌原(창원). 父 平章事 惟淸(평장사 유청 →559). 어려서부터 총명하고 학문을 좋아하여 능히 문장을 지었다. 명종 초에 正言(정언)에 오른 후 論事(논사)로 물러났다가 吏部員外郎, 東南道按察使(이부원외랑, 동남도 안찰사)로 치적을 올렸고 參知政事(참지정사)가 되었다. 신종 때 守太尉, 門下侍郎, 同中書門下平章事(수태위, 문하시랑, 동중서문하평장사)에 이르러 벼슬에서 물러나, 雙明齋(쌍명재)에서 閑居(한거)하며 동생 詵(선 →543)을 비롯한 여러 선비들과 耆老會(기로회)를 만들어 逍遙自適(소요자적)하니 사람들이 地上仙(지상선)이라 했다.

531-1 馬上寄人 三首 第3首(마상기인 삼수 제3수)

말 타고 가며 사람들에게 주다 세 수 셋째수

一別有一見 覽別又何傷 情知不再見 斷腸仍斷腸.

(일별유일견 잠별우하상 정지부재견 단장잉단장)

헤어지더라도 다시 만날 수 있다면야, 잠깐 헤어진들 어찌 마음 상하랴.

다시는 만나지 못할 것을 알기에 애끊는 마음 더욱 더하네.

[語句] *蹔 : 잠깐. =暫(잠). *斷腸 : 창자가 끊어질 듯이 슬픔. *仍 : 인하다. 거듭하다.

[鑑賞] 다시 만나지 못할 곳으로 떠나면서 아는 사람들에게 준 시 같다. 잠깐 헤어진다면야 이렇게 슬플 수 있으랴마는, 앞으로 두 번 다시 못 만날 것을 알기에 더욱 슬프다 했다. 앞의 두 수는 "고개 돌려 海陽城(해양성)을 보니 성 앞으로 산들 우뚝 솟았는데, 가노라니 그 산들도 보이지 않거늘 성 안 사람들이야 말해 무엇하리.<第1首> 그 산을 보노라니 마음 아프고 들리는 냇물 소리도 수심을 자아내네. 이런 때 그 무엇을 빌어 이 마음을 위로받을 수 있을꼬.<第2首>" 이다. 이별의 안타까움이 깊이 배어 있는 작품이다.

5言絶句(5언절구). 압운은 傷, 腸 자로 평성 '陽(양)' 평운이다. 평측은 차례로 '仄仄仄仄仄, 仄仄仄平平, 平平仄仄仄, 仄平平仄平'으로 二四不同(이사부동)은 첫 구만 어긋났고, 둘째 구에서 反法(반법)이 되지 않아 粘法(점법)도 이루어지지 않았다. 더구나 첫 구는 모두 측성이라 古詩(고시)라 해도 좋겠다.

532. 崔大立(최대립 ?) : 조선 인조 때 驛官(역관). 자 秀夫(수부). 호 蒼厓(창애). 본관 隋城(수성). 역관으로서 明(명) 나라 사신들과 많이 사귀었다.

532-1 練光亭別後(연광정별후) 작별 후 연광정에서

鉤盡緗簾獨倚樓 酒醒人去又生愁 桃花水漲春江闊 何處飛來雙白鷗.

(구진상렴독의루 주성인거우생수 도화수창춘강활 하처비래쌍백구)

누런 발 밖으로 그믐달은 져 홀로 연광정에 오른 것은,

술 깨자 그 사람 가 버리고 내 시름만 일어나서였네.

도화수 넘치어 봄 강물은 넘실거리고, 어느 곳에서 날아왔는가 백구 한 쌍.

[語句] *練光亭 : 평양 대동강 강가에 있는 정자. →212-1. *鉤 : 갈고리. 갈고랑이. '갈고리 같은 그믐달'을 뜻함. 緗 : 엷은 누런색. 淡黃色(담황색). *桃花水 : 복숭아꽃이 필 무렵 얼음이 녹아 불어난 물 또는 복숭아 꽃잎이 떠가는 물. 봄물. *漲 : 물이 넘치다. *闊 : 넓다. =濶(활). *白鷗 : 갈매기.

[鑑賞] 시 제목을 '연광정에서 작별하고 나서'로 풀이할 수도 있으나, 시의 내용으로 보

아 이별한 뒤 시름겨워 연광정에 오른 것이라고 하는 것이 합당할 것 같아, '작별 후 연광정에서'로 풀었다. 헤어진 사람은 知己(지기)의 친구거나 愛慕(애모)하는 여인으로 볼 수 있겠다. 봄 강물 넘실거리는데, 어디서 왔는지 백구 한 쌍이 정답게 날고 있는 광경을 보니, 간 사람이 더욱 아쉽고 그리워진다는 것이다.

7言絕句(7언절구). 압운은 樓, 愁, 鷗 자로 평성 '尤(우)' 평운이다. 평측은 차례로 '平仄平平仄仄平, 仄平平仄仄平平, 平平仄仄平平仄, 平仄平平平仄平'으로 二四不同二六對(이사부동이륙대)와 반법, 점법 등이 잘 이루어진 작품이다.

533. 崔塗(최도 854~?) : 晚唐(만당)의 시인. 자 禮山(예산). 江南(강남) 사람. 행적은 미상이나 방랑 생활의 어려운 경지를 읊은 시가 많다고 한다.

533-1 除夜有懷(제야유회) 그믐날 밤의 회포

迢遞三巴路 羈危萬里身 亂山殘雪夜 孤獨異鄕人
漸與骨肉遠 轉於僮僕親 那堪止漂泊 明日歲華新.

(초체삼파로 기위만리신 난산잔설야 고독이향인
점여골육원 전어동복친 나감지표박 명일세화신)

멀고 험하여라 삼파의 길, 나그네 되어 만리를 가는 몸이러라.
어지럽게 솟은 산들 눈에 쌓인 밤, 외로운 이향인이 되었네.
골육지친은 점점 멀어져 가고, 오히려 하인들과 친근해지는구나.
이렇게 떠돌아다니는 신세를 어이 견디리, 내일이면 새해가 되는데.

[語句] *除夜 : 섣달 그믐날. 대그믐밤. 歲除(세제). 除夕(제석). *迢遞 : ①멀고 먼 모양. 迢遙(초요). ②높은 모양. *三巴 : 巫峽(무협)의 동쪽 호북성 長江三峽(장강 삼협)의 巴東縣(파동현)과 巴郡(파군), 巴西(파서) 지방. *羈 : 말굴레. 覊(기)는 속자이고, 羇(나그네 기)와 통하여 '나그네'의 뜻으로도 씀. 羈危는 '삼파의 위험한 길을 말 타고 감 또는 그 나그네'의 뜻임. *亂山 : 어지럽게 우뚝우뚝 솟아 있는 산. *殘雪 : 봄이 되어도 남아 있는 눈. *異鄕人 : 낯선 고장에 온 사람. *骨肉 : 骨肉之親(골육지친)의 준말. 부자, 형제 등 가까운 血族(혈족). *僮僕 : 종. 하인. 使喚(사환). *止 : 머무르다. *漂泊 : 떠돌아다니며 지냄. *歲華 : 세월. 光陰(광음). 年華(연화).

[鑑賞] 타향을 떠돌면서 세모를 맞이한 회포를 읊은 시. 首聯(수련 1~2구)은 장강 삼협의 멀고 험한 길에서 만리를 떠도는 나그네 신세임을 말하고, 頷聯(함련 3~4구)에서 눈에 덮인 산들이 우뚝 솟은 낯선 고장에 있다고 이었다. 頸聯(경련 5~6구)은

부모 형제와는 점점 멀어지고 데리고 다니는 하인들과 친근히 지내게 되는 이상한 처지라고 전환했는데, 對句(대구)를 잘 이루었다. 마지막 尾聯(미련 7~8구)은 내일이면 새해를 맞게 되는데 이렇게 떠도는 신세를 견디기 어렵다고 맺어 읽는 사람마저 우울감을 지니게 한다.

5言律詩(5언율시). 압운은 身, 人, 親, 新 자로 평성 '眞(진)' 평운이다. 평측은 차례로 '平仄平平仄, 平平仄仄平, 仄平平仄仄, 平仄仄平平, 平平仄仄仄, 仄平平仄平, 平平仄平仄, 平仄仄平平'으로 이사부동은 일곱째 구에서 어긋났고, 반법은 잘 이루어졌으나 다섯째 구에서 점법이 되지 않았다.

534. 崔魯(최로 ?) : 晩唐(만당)의 시인. 宣宗(선종) 大中(대중) 연간에 활약했는데, 無杌詩集(무올시집 4권)이 전한다.

534-1 華淸宮(화청궁) 화청궁

草遮回磴絕鳴鑾 雲樹深深碧殿寒 明月自來還自去 更無人倚玉欄干.

(초차회등절명난 운수심심벽전한 명월자래환자거 갱무인의옥난간)

풀은 돌계단을 덮었고 임금의 말방울 소리 끊이어, 높은 나무들 빽빽한 벽전은 쓸쓸하네.
명월은 지금도 절로 떠올랐다가 절로 지는데, 옥난간에 기대었던 그분들 다시없구나.

[語句] *華淸宮 : 섬서성 臨潼縣(임동현, 현재 西安市서안시) 驪山(여산)에 있는 溫泉 離宮(온천 이궁). 唐(당)의 太宗(태종)이 세웠는데 玄宗(현종)이 화청궁이라 이름을 고치고 楊貴妃(양귀비)와 자주 찾았음. *遮 : 가리다. 막다. *磴 : 돌다리. 돌계단. 돌사닥다리. *鳴鑾 : 수레의 방울이 울림. 鑾鈴(난령, 임금이 탄 수레에 달린 난새 모양의 방울)이 울림. *雲樹 : 구름에 닿도록 높은 나무. *深深 : 매우 깊음. *碧殿 : 화청궁에 있는 전각 이름. 長生殿(장생전). *倚 : 기대다. 의지하다. *玉欄干 : 옥으로 장식한 欄干(난간).

[鑑賞] 당 현종이 양귀비를 대동하고 자주 찾던 온천인 화청궁이, 그 번성함과 영화로움을 잃고 쓸쓸하게 된 모양을 두고 읊었다. 임금의 말방울 소리 끊어진 지 오래라 풀만 무성하고 하늘로 치솟은 나무 숲속의 벽전은 찬 기운이 느껴진다. 다만 달은 절로 떴다가 절로 잠기며 영원한 세월을 누리건만, 당 현종과 양귀비의 모습은 옥난간에서 사라진 지 그 얼마의 세월이 흘렀던가. 人生無常(인생무상)이 절실하게 느껴진다.

7언절구. 압운은 鑾, 寒, 干 자로 평성 '寒' 평운이다. 평측은 차례로 '仄平平仄仄平平, 平

仄平平仄仄平, 平仄仄平平仄仄, 仄平平仄仄平平'으로 二四不同二六對(이사부동이륙대)와 反法, 粘法(반법, 점법) 등이 잘 이루어졌다.

535. 崔鳴吉(최명길 1586~1647) : 조선 인조 때 문신. 자 子謙(자겸). 호 遲川(지천). 시호 文忠(문충). 본관 全州(전주). 父 永興府使 起南(영흥부사 기남). 선조 38년(1605) 문과 급제하여 承文院(승문원)을 거쳐 藝文館典籍(예문관 전적)으로 있다가 광해군 6년(1614) 강화부사 鄭沆(정항)이 永昌大君(영창대군)을 죽인 사건에 관련되어 파면되었다. 1623년 仁祖反正(인조반정) 참여의 공으로 參議(참의)에 靖社元勳1等(정사원훈 1등) 공신 및 完城府院君(완성부원군)에 봉해졌다. 인조 5년(1627) 丁卯胡亂(정묘호란) 때 主和論(주화론)을 주장하여 화의가 끝나 胡兵(호병)들이 돌아간 뒤 많은 지탄을 받았으나, 왕의 만류로 경기관찰사로 나감으로써 일단락을 지었다. 이어 예조판서가 되고 이조판서와 대제학을 겸했고 호조판서를 역임했다. 인조 14년(1636) 병자호란 때에는 왕을 모시고 남한산성에 피난하여, 조정이 主戰一色(주전일색)일 때 혼자 주화론을 펴 이듬해 왕이 淸太宗(청태종)에게 항복했다. 이때 우의정으로서 흩어진 정치를 잘 정리하여 안정되어 가서 좌의정과 영의정에 이르렀다. 한편 인조 18년(1640) 明(명) 나라를 치는 구원병을 보내라는 淸(청) 나라의 요구를 반대하여 청 나라에 잡혀갔다가 동왕 23년 봄 김상헌 등과 함께 귀국했다. 그는 성리학과 문장에도 뛰어나 일가를 이루었고 글씨로도 유명했으며, 문집과 저서로 '遲川集(지천집 19권), 經書記疑(경서기의), 丙子封事(병자봉사)' 등이 있다.

535-1 在瀋獄和金淸陰韻(재심옥화김청음운) 심양 옥중에서 청음 김상헌의 시에 화운하다

靜處觀群動 眞成爛漫歸 湯氷俱是水 裘葛莫非衣
事或隨時別 心寧與道違 君能悟斯理 語黙各天機.

(정처관군동 진성난만귀 탕빙구시수 구갈막비의
사혹수시별 심녕여도위 군능오사리 어묵각천기)

조용히 만물의 움직임을 보고 있노라니, 참으로 봄기운 넘쳐 무르익어 가는구나.
'끓는 물이나 얼음이나 모두 물이요, 겨울옷이든 여름옷이든 옷이라'는 청음의 말씀.
일이란 경우에 따라 달라지지만, 마음이야 어찌 도에 어긋나게 가지리오.
당신께서도 이 이치를 깨달아서, 묵묵히 하늘의 기밀을 서로서로 지켜보기로 하지요.

[語句] *審獄 : 淸(청) 나라 瀋陽(심양)의 감옥. *和韻 : 남이 지은 시의 운자를 빌려서 答詩(답시)를 지음. *金淸陰 : 金尙憲(김상헌 1570~1652). 조선 중기의 학자. 호가 청음이며 병자호란 때 판서로 備邊司堂上(비변사당상)을 겸한 그는 주화론을 극력

반대한 斥和臣(척화신)으로 심양에 잡혀가 감옥에서 3년간 갇혔다 풀려났음. →701. *眞成 : 참되고 올바름. 眞正(진정). *爛漫 : ①꽃이 무르익은 모양. 百花爛漫(백화난만). ②화려한 광채가 넘쳐 흐름. 天眞爛漫(천진난만). ③많이 흩어져서 번성함. *湯氷 : 뜨거운 물과 얼음. *裘葛 : 갖옷[가죽옷]과 葛衣(갈의, 칡옷, 베옷). 겨울옷과 여름옷. *隨時 : 그때그때 때를 따름. *天機 : ①모든 조화를 꾸미는 하늘의 機密(기밀). ②天賦(천부)의 성질이나 機智(기지, 재치와 슬기).

[鑑賞] 김상헌의 시에 화운한 작품인데, 병자호란 때 주전파인 김상헌이, 주화파였던 지은이도 함께 심양 감옥에 갇히게 되자, 주화파의 주장을 이해하며 시를 주고 받았는데, 이 시의 頷聯(함련 3~4구)은 김상헌의 詩句(시구)로 주장하는 바가 서로 달라도 한 핏줄 같은 민족임은 어쩔 수 없는 것이라는 의미를 담고 있어, 다음 頸聯(경련 5~6구)에서 지은이도 "일이란 경우에 따라 주장하는 바가 다르다 해도 도리에 어긋난 일이야 하겠소"하고 읊은 것이다. 그리고 나서 자연의 攝理(섭리)를 묵묵히 따르자고 끝맺었다.

5言律詩(5언율시). 압운은 歸, 衣, 違, 機 자로 평성 '微(미)' 평운이다. 평측은 차례로 '仄仄平平仄, 平平仄仄平, 平平平仄仄, 平仄仄平平, 仄仄平平仄, 平平仄仄平, 平平仄平仄, 仄仄仄平平'으로 이사부동은 일곱째 구에서 어긋났고 반법과 점법은 그런대로 이루어졌다.

536. 崔敏童(최민동 ?) : 盛唐(성당)의 시인. 山東省 聊城市(산동성 요성시) 서쪽 博州(박주) 사람. 아버지는 冀州刺史 庭玉(기주자사 정옥)이요 형이 惠童(혜동 →571)이다.

536-1 宴城東莊(연성동장) 성동장의 잔치에서

一年又過一年春 百歲曾無百歲人 能向花中幾回醉 十千沽酒莫辭貧.

(일년우과일년춘 백세증무백세인 능향화중기회취 십천고주막사빈)

한 해가 또 가니 한 번의 봄이 가는 게고, 백년이 가도 백 살 사는 사람 없네.

꽃 속에 묻혀 술에 취하기 몇 번이나 있겠는가, 값 비싼 술을 삼에 가난 핑계는 대지 말게나.

[語句] *十千 : 천이 열 개 곧 一萬(일만). 新豊美酒斗一千(신풍의 맛나는 술 한 말에 만전萬錢인데).<王維 少年行> →164-7. *沽酒 : 술을 삼. 沽는 '사다. 팔다'임.

[鑑賞] 한 해가 간다는 것은, 곧 가장 즐겁고 생동하는 봄이 간다는 말과 같은 것이다. 백년동안 있어 보아야 백 살 살았다는 사람을 보지 못하듯 인생은 세월 따라 빨리도 가 버리니, 온갖 꽃 만발한 속에서 꽃을 즐기며 술에 취할 날이 그 몇 번이나 되겠는가. 그러니 돈이 없다는 핑계는 대지 말고 자꾸자꾸 술을 사게나.

7언절구. 압운은 春, 人, 貧 자로 평성 '眞(진)' 평운이다. 평측은 차례로 '仄平仄仄仄平平, 仄仄平平仄仄平, 平仄平平仄平仄, 仄平平仄仄平平'으로 이사부동이륙대는 셋째 구에서 어긋났고 반법과 점법은 그런대로 이루어졌다.

537. 崔溥(최부 1454~1504) : 조선 성종 때 문장가. 자 淵淵(연연). 호 錦南(금남). 본관 羅州(나주). 父 進士 澤(진사 택). 성종 13년(1482) 문과에 급제하고 4년 뒤 重試(중시)에 장원하여 湖堂(호당)에서 賜暇讀書(사가독서)를 하고 修撰, 校理(수찬, 교리)를 역임, '東國通鑑(동국통감)'을 편수했다. 성종 19년(1488) 濟州推刷敬差官(제주추쇄경차관)이 되었을 때 부친상을 당해 돌아오는 도중 표류하여 明(명) 나라까지 갔다가 돌아와 성종의 명으로 '漂海錄(표해록)'을 지었다. 성종 23년 (1492) 持平(지평)이 되고 연산군 4년(1498) 戊午士禍(무오사화)에 연좌되어 端川(단천)에 유배되었다가 甲子士禍(갑자사화) 때 사형되었다.

537-1 讀宋史(독송사) 송 나라 역사를 읽고

挑燈輟讀輟長吁 天地間無一丈夫 三百年來中國土 如何付與老單于.

(도등철독철장우 천지간무일장부 삼백년래중국토 여하부여노선우)

심지 돋우며 송사를 읽다 말고 길게 탄식하고 말았나니,
송 나라 천지에 대장부 하나 없어서,
3백 년 누린 중국 땅을, 어찌하여 교활한 오랑캐 흉노에게 내어주고 말았던가.

[語句] *宋史 : 중국 송 나라 역사책. 중국 24史의 하나로 元(원) 나라 脫脫(탈탈)이 편찬했는데 496권임. *挑燈 : 등잔의 심지를 돋아 불을 밝게 함. *輟 : 거두다. 그치다. *長吁 : 긴 탄식. *丈夫 : 대장부. 늠름하고 씩씩한 남자. *付與 : 주는 일. 줌. 附與(부여). 付는 '부치다. 주다. 부탁하다'로 附와 통함. *老 : 老猾(노회, 경험이 많고 교활함). *單于 : 匈奴(흉노)의 酋長(추장).

[鑑賞] 송 나라 欽宗(흠종, 재위 1125~1127) 때 흉노족인 金(금) 나라 군사가 침입하니, 송에서는 땅을 떼어주고 화의하려 했는데, 금에서는 徽宗(휘종, 흠종의 부왕)의 아홉째 아들인 康王(강왕)을 오라 하여, 강왕이 처음 갔다가 돌아와 두 번째 가려다가 일이 틀린 것을 보고 말머리를 돌렸다. 금에서 휘종과 흠종을 잡아가매 강왕이 강남으로 옮겨 임금이 되니, 이가 곧 南宋(남송)의 高宗(고종)으로 송 나라는 겨우 명맥을 유지하게 되었던 것이다. 지은이는 이러한 송 나라 역사를 읽고 길게 탄식하며 이 시를 지었으리라.

7言絕句(7언절구). 압운은 吁, 夫, 于 자로 평성 '虞(우)' 평운이다. 평측은 차례로 '仄平仄仄

仄平平, 平仄平平仄仄平, 平仄平平平仄仄, 平平仄仄仄平平'으로 二四不同二六對(이사부동이륙대)와 反法, 粘法(반법, 점법) 등이 잘 이루어졌다.

538. 崔斯立(최사립 ?) : 고려 후기의 文官(문관)으로 舍人(사인)을 역임했다.

538-1 待人(대인) 친구를 기다리다

天壽門前柳絮飛 一壺來待故人歸 眼穿落日長程晚 多少行人近却非.
(천수문전유서비 일호내대고인귀 안천낙일장정만 다소행인근각비)

천수문 앞에 버들개지 솜처럼 날리는데, 술 한 병 들고 옛 친구 기다리네.
먼 길에 저무는 해를 뚫어지라 보는데, 오가는 사람 중 친구 같은데 다시 보면 아닐세.

[語句] *柳絮 : 버들개지. *故人 : 오래 사귄 벗. *穿 : 뚫다. 파다. *落日 : 서쪽의 지는 해. *長程 : 매우 먼 길. 긴 여행. 長途(장도).

[鑑賞] '멀리 여행했던 오랜 벗이 돌아온다는 기별을 받고, 술 한 병 들고 천수문에 나가 기다린다. 버들개지는 솜같이 날리는 속에 해는 서산에 지는데, 지나는 사람 기다리는 친구 같기도 하다가도 가까이서 보면 기다리는 사람이 아니더라.' 했는데, 기다림의 초조함을 읊었다.

7언절구. 압운은 飛, 歸, 非 자로 평성 '微(미)' 평운이다. 평측은 차례로 '平仄平平仄仄平, 仄平平仄仄平平, 仄平仄仄平平仄, 平仄平平仄仄平'으로 이사부동이륙대와 반법, 점법 등이 잘 이루어졌다.

539. 崔思齊(최사제 ?~1091?) : 고려 선종 때 문신. 시호 良幸(양행). 본관 海州(해주). 조부 文憲公 沖(문헌공 충 →565). 父 吏部尙書 惟善(이부상서 유선 →558). 문종 때 문과 급제하여 선종 때 監修國史, 判吏部事, 上柱國(감수국사, 판이부사, 상주국) 등을 역임했다.

539-1 古意(고의) 고풍의 정

羲軒去大忙 天地何早闢 散髮臥淸風 一鳥沒空碧.
(희헌거대망 천지하조벽 산발와청풍 일조몰공벽)

복희씨와 헌원씨는 너무 바쁘게 가고 말아, 하늘과 땅은 어찌 그리도 일찍 개벽했는가.
머리 풀어 헤치고 맑은 바람에 누우니, 새 한 마리 푸른 하늘로 파묻혀 가는구나.

[語句] *古意 : 古風(고풍)의 생각. 懷古(회고)의 정. →227-1, 528-1. *羲軒 : 伏羲氏(복희

씨)와 軒轅氏(헌원씨). 복희씨는 중국 고대 전설상의 임금으로 백성들에게 처음으로 漁獵(어렵, 고기잡이와 사냥), 牧畜(목축) 등을 가르치고 八卦(팔괘)와 文字(문자)를 만들었다 하며, 헌원씨는 중국 고대 임금인 黃帝(황제)의 별칭으로 軒轅의 언덕에서 태어났다 하여 이르는 말로 문물제도를 확립했고 12律(율)을 만들었다 함. 복희씨, 神農氏(신농씨)와 함께 三皇(삼황)이라 함. 이후의 少昊金天氏(소호금천씨), 顓頊高陽氏(전욱고양씨), 帝嚳高辛氏(제곡고신씨), 堯(요), 舜(순) 임금 등을 함께 일러 三皇五帝(삼황오제)라 함.<帝王世紀> *大忙 : 크게 분주함. 심히 바쁨. *闢 : 열다. 開闢(개벽, 천지가 처음으로 열림). *散髮 : 머리를 풀어 헤침. *空碧 : 푸른 하늘. 碧空.

[鑑賞] 태고 때의 정경을 그려 보려고 제목도 '고풍의 정'으로 잡은 듯하다. 머리 풀어 헤치고 맑은 바람을 쏘이며 누우니, 하늘을 날아가는 새 한 마리 푸른 하늘 속을 멀리 가 무슨 일이 있었던가 싶게 하늘만 파랗게 펼쳐 있다. 이것이 太古然(태고연)한 모습인데 지금은 천지개벽한 뒤라, 복희씨와 헌원씨는 어째서 그렇게 빨리 천지를 열고 가 버렸는지 원망스럽다, 지금이 꼭 천지개벽 당시의 모습인데. 鳶飛魚躍(연비어약) 같은 철학적 의미를 담은 시이다.

5言古詩(5언고시). 압운은 闢, 碧 자로 입성 '陌(맥)' 측운이다. 평측은 차례로 '平平仄仄平, 平仄平仄仄, 仄仄仄平平, 仄仄仄平仄'으로 이사부동은 둘째 구에서 어긋났고 반법이나 점법도 온전하지 못하다.

539-2 入宋船上寄京中諸友(입송선상기경중제우)

송 나라로 가는 배에 올라 서울의 여러 벗에게 주다

天地何疆界 山河自異同 君無謂宋遠 廻首一帆風.
(천지하강계 산하자이동 군무위송원 회수일범풍)

천지에 어찌 경계가 있으리오마는,
내 땅이니 네 땅이니 하여 산하가 같느니 다르느니 하네.
그대들 송 나라가 멀다고 말하지 말라, 고개 돌려 한 돛대 바람이면 닿는 것을.

[語句] *京中 : 서울의 안. *疆界 : 疆土(강토, 국경 안에 있는 땅)의 경계. 疆境(강경). 疆은 彊(굳셀 강)과 다른 자임. *異同 : 서로 같지 못함. 다른 것과 같은 것. 同異. *廻首 : 머리를 돌이킴. 回首(회수). 回頭(회두). *一帆 : 한 개의 돛. 한 척의 돛배.

[鑑賞] 四海一家(사해일가)임을 읊은 시. 첫 구와 끝 구는 서로 呼應(호응)하는 관계에 있다고 보겠으며, 끝구와 비슷한 내용으로 '詩經 衛風 河廣(시경 위풍하광)'에 "誰謂河廣 一葦杭之 誰謂宋遠 跂予望之(누가 황하를 넓다 했는가, 갈대 같은 작

은 배로 건널 수 있는 것을. 누가 송 나라를 멀다 했는가, 발돋움하면 바라보이는 것을.)" 했는데, 이 때의 위 나라나 송 나라는 周(주) 나라 시대 곧 春秋戰國時代(춘추전국시대)의 黃河(황하) 南北岸(남북안)에 있던 작은 나라들이라 이 시의 송 나라와는 다르기는 하다. 지은이의 대표작이요 명작이라 할 만하다.

5언절구. 압운은 同, 風 자로 평성 '東(동)' 평운이다. 평측은 차례로 '平仄平平仄, 平平仄仄平, 平平仄仄仄, 平仄仄平平'으로 이사부동과 반법, 점법 등이 잘 이루어졌고 평측 배치도 좋은 시이다.

540. 崔曙(최서 704~739) : 盛唐(성당)의 시인. 하남성 사람. 玄宗 開元(현종 개원) 26년(738) 進士(진사)에 급제했다. 李商隱(이상은 →240.)은 최서의 시에 대해 "말이 간절하고 정이 슬퍼서 어떤 시는 눈물이 흐른다." 했는데, '詩集(시집 1권)'을 남겼다.

540-1 九日登望仙臺呈劉明府(구일등망선대정유명부)

9월 9일 중양절에 망선대에 올라 유명부에게 드리다

漢文皇帝有高臺 此日登臨曙色開 三晉雲山皆北向 二陵風雨自東來
關門令尹誰能識 河上仙翁去不回 且欲近尋彭澤宰 陶然共醉菊花杯.

(한문황제유고대 차일등림서색개 삼진운산개북향 이릉풍우자동래
관문령윤수능식 하상선옹거불회 차욕근심팽택재 도연공취국화배)

한 나라의 문황제가 쌓은 높은 누대에, 중구날 올라가니 새벽 빛 동트는구나.
삼진의 구름 덮인 산들 북으로 향했고, 이릉의 비바람은 동쪽에서 몰려오네.
관문을 맡은 윤희를 누가 알아주었던가, 하상선옹도 가 버리고는 아니 오니,
우선 가까운 시대의 팽택령을 찾아가, 함께 국화주를 마시며 얼큰히 취해보고 싶구나.

[語句] *望仙臺 : 섬서성 長安(장안) 서쪽 鄠縣(호현)에 있는 누대. 하상선옹이 漢文帝(한문제)에게 '老子(노자)'를 주고 떠난 뒤 소식이 없어 이 누대를 쌓고 올라 바라보았다 함. *明府 : 縣知事(현지사, 縣令현령)의 존칭. *漢文皇帝 : 한 나라 제5대 임금 文帝. 太宗(태종)이라고도 하며 180~ 157B.C. 동안 재위했음. *三晉 : 전국시대에 晉 나라를 분할하여 독립한 魏(위), 韓(한), 趙(조)의 총칭.<戰國策> *二陵 : 秦(진)의 요새인 殽山(효산)의 두 능. *關門令 : 국경 요새의 관문을 지키는 벼슬아치의 우두머리. *尹 : 尹喜(윤희)를 가리키는 듯함. 윤희는 전국시대 秦의 大夫(대부)로 자는 公道(공도)이며 老子에게서 '道德經(도덕경)'을 받았고 '關尹子(관윤자)'를 지었음. *河上仙翁 : 한 문제 때 異人(이인). 강가에 초막을 짓고 살았는데 문제가 '老子'를 읽다가 모르는 곳이 있어 사자를 보내어 물으니, "도는 높

고 덕은 귀한 것이라 사람을 보내 물을 것이 아니다." 하므로 문제가 몸소 그 초막에 가서 "온 천하 사람이 모두 제왕의 신하인데 스스로 굽히지 않음은 거만함이 아닌가?" 하자, 그는 곧 공중에 날아올라 "나는 위로는 하늘 이 미치지 못하고 중간으로는 사람이 미치지 못하며 밑으로는 땅이 미치지 못하는데, 거기 무슨 신하가 있는가?" 했음. 이에 문제는 머리를 조아리며 수레에서 내리니 그가 문제에게 '業書(업서)' 한 권을 주더라 함. *彭澤宰 : 강서성 팽택의 지방관. 彭澤令(팽택령) 陶潛(도잠, 淵明 연명)을 말함. →62. *陶然 : 술이 얼큰히 취한 모양. *菊花杯 : 菊花酒(국화주)를 마시는 술잔. 국화주는 '甘菊(감국, 약용이나 양조용 국화의 일종) 꽃을 섞어 빚은 술 또는 국화 옆에서 마시는 술'임.

[鑑賞] 우선 중구날 새벽에 유서 깊은 망선대에 오름으로 시상을 일으키고 삼진과 이릉의 자연 경관을 對句(대구)로 읊어 시상을 이었다. 다음으로 망선대와 관련이 깊은 신선 같은 두 인물을 대구로 들어 내용의 전환을 꾀하고, 옛 일만 들추어 낼 게 아니라 팽택령 도잠과 같은 그대 유 사또를 찾아가 함께 술에 함빡 취해보고 싶다고 맺었다. 유 사또도 이 시를 읽고는 즐거이 그를 초대했으리라. 낭만적인 작품이다.

7言律詩(7언율시). 압운은 臺, 開, 來, 回, 杯 자로 평성 '灰(회)' 평운이다. 평측은 차례로 '仄平平仄仄平平, 仄仄平平仄仄平, 平仄平平平仄仄, 仄平平仄仄平平, 平平仄仄平平仄, 平仄平平仄仄平, 仄仄仄平平仄仄, 平平仄仄仄平平'으로 二四不同二六對(이사부동이륙대)와 反法, 粘法(반법, 점법) 등이 잘 이루어지고, 대구와 虛實(허실)이 잘 조화된 7律의 전형이 되는 명작이다.

541. 崔錫鼎(최석정 1646~1715) : 조선 숙종 때 정승. 초명 錫萬(석만). 자 汝和(여화). 호 明谷(명곡). 시호 文貞(문정). 본관 全州(전주). 조부 영의정 鳴吉(명길 →535). 父 應教 後尙(응교 후상). 어려서 南九萬(남구만 →727)에게 배우고 다시 朴世采(박세채)에게도 배웠으며, 진사에 장원한 뒤 현종 12년(1671) 문과에 급제, 벼슬에 올라 大提學(대제학)을 역임하고 숙종 때 우의정과 영의정에 이르렀는데, 의정부에 들어가기를 10번, 영의정을 여섯 번이나 지냈다. 저서로 문집 '明谷集(명곡집)'과 '禮記類編(예기류편)'이 있다.

541-1 送成川朴使君之行(송성천박사군지행) 박 성천부사를 보내며

關西都會此稱雄 滿眼繁華勝越中 共惜分麾辭禁闥 可堪歸袂起秋風
雲開巫峽群峰秀 天襯仙樓百尺崇 倚賴江山供嘯傲 休牽香夢醉裙紅.

(관서도회차칭웅 만안번화승월중 공석분휘사금달 가감귀메기추풍
운개무협군봉수 천친선루백척숭 의뢰강산공소오 휴견향몽취군홍)

관서에서는 이 성천을 으뜸으로 치니,
눈에 가득 번화로워 중국 강남의 월 땅보다 낫다 하네.
임금님께 하직하고 나오며 헤어짐을 함께 아쉬워했고,
헤어지며 차마 소매 놓지 못할 때 가을바람 불었었지.
구름 걷힌 성천 열 두 봉은 모두 빼어나고, 하늘에 솟은 강선루는 백 자로 높네.
경치 좋은 강산을 두루 감상함은 좋으나, 미인의 치마폭 향그런 꿈에 끌리지 말라.

[語句] *成川 : 평안남도 동남부에 있는 郡(군). 紇骨城址(흘골성지), 檜巖城址(회암성지), 白靈山(백령산), 香風山(향풍산), 成川12峰(성천 12봉), 降仙樓(강선루) 등의 명승고적이 있음. *使君 : 나라의 사절 또는 지방 장관, 고을원. *關西 : 摩天嶺(마천령) 서쪽 지방 곧 평안남북도. *都會 : 도시. 고을. 都會地(도회지). *越中 : 중국 양자강 이남 지방. 옛 월 나라로 경치가 뛰어나고 미인이 많이 나는 고장임. *分麾 : 지휘하는 구역 또는 다스리는 지방이 나누어짐. *禁闥 : 궁중의 閤門(합문, 왕이 거처하는 궁전의 앞문). *可堪 : 감명이 깊어 견디기 힘듦. *歸袂 : 잡은 소매를 놓고 헤어짐. *巫峽 : 중국 三峽(삼협, 중경시와 호북성 사이에 있음)의 하나. 巫山(무산)의 깊은 골짜기. 여기서는 '성천 12봉'을 무산에 비겨 쓴 말임. *天襯 : 하늘에 다가 있음. 襯은 '속옷. 접근하다'임. *仙樓 : 강선루. 성천의 沸流江(비류강) 가에 있는 누각으로 관서 8경의 하나이고 光海君(광해군)이 창건했으며, 열 칸이 넘는 국내 으뜸의 누각임. *倚賴 : 믿고 의지함. *嘯傲 : 휘파람 불며 놂. 구속됨이 없이 자유로움. 嘯는 '휘파람. 읊다', 傲는 '업신여기다. 놀다. 즐기다'임. *香夢 : 향기로운 꿈. 봄철의 꿈. *裙紅 : 붉은 치마. '고운 여인, 기생'을 뜻함.

[鑑賞] 제목의 之行은 '임지로 감'의 뜻도 되지만, 박 부사의 이름 같은데 찾지 못했다. 함께 임금 앞에서 임명장을 받아 각기 맡은 고을로 헤어져 가면서 친구인 성천부사에게 준 시이다. 먼저 성천 고을이 평안도에서 으뜸가는 고을이라 중국 강남보다 낫다고 하고, 다음 연에서 대궐을 나와 가을바람 맞으며 아쉽게 헤어진다 했는데 對句(대구)가 되었다. 다음 연은 성천 12봉과 강선루를 대구로 읊어 내용 전환을 하면서, 경치 구경은 좋지만 자칫 미인들의 치마폭에 싸여 누가 되지 않도록 조심하라는 당부로 맺었다. 깊은 우정을 나타낸 작품이다.

7언율시. 압운은 雄, 中, 風, 崇, 紅 자로 평성 '東(동)' 평운이다. 평측은 차례로 '平平平仄仄平平, 仄仄平平仄仄平, 仄仄平平平仄仄, 仄平平仄仄平平, 平平平仄平平仄, 平仄平平仄仄平, 仄仄平平平仄仄, 平平平仄仄平平'으로 이사부동이륙대와 반법, 점법 등이 모두 이루어졌다.

542. 崔錫恒(최석항 1654~1724) : 조선 경종 때 정승. 자 汝久(여구). 호 損窩(손와). 시호 文簡(문간). 본관 전주. 조부 鳴吉(명길 →535)의 아우 參判 惠吉(참판 혜길). 숙종 6년(1680) 문과에 급제하여 경종 때 이조판서, 우의정, 좌의정을 지냈다. 그가 영남관찰사로 부임하니 몸집이 작고 차림이 초라하여 胥吏(서리)들이 업신여겼는데, 사리 판단이 정확하고 일 처리가 밝으니 모두 경탄했고 전국 관찰사 중 제일이라 알려졌다. 경종 1년(1721) 李頤命(이이명) 등 노론 4대신이 延礽君(연잉군, 후의 英祖영조)을 世弟(세제)로 책봉하고 왕세제 代理聽政(대리청정)의 備忘記(비망기)가 내리자, 左參贊(좌참찬)으로서 밤중에 어전에 이르러 그 부당성을 논리정연하게 지적하여 왕으로 하여금 그 뜻을 돌리게 했다. 당시 그는 소론 4대신 중의 한 사람이었다.

542-1 秋景(추경) 가을 풍경

秋山樵路轉 去去唯青嵐 夕鳥空林下 紅葉落兩三.
(추산초로전 거거유청람 석조공림하 홍엽낙양삼)

가을 산의 구비 도는 나뭇길은, 가도 가도 푸른 안개뿐이로구나.
저녁의 잘 새는 빈숲으로 내려오는데, 단풍잎 두서너 잎 떨어지누나.

[語句] *樵路 : 나무꾼들이 나무하러 다니는 좁은 산길. 나뭇길. *青嵐 : 산의 푸릇푸릇한 아지랑이나 안개, 연기 같은 기운. *紅葉 : 단풍이 든 나뭇잎. 붉은 잎.

[鑑賞] 가을의 풍경을 단적으로 읊은 시. 울긋불긋 단풍이 들기 시작하는 좁은 산길은 굽이 돌게 나 있는데, 가도 가도 푸릇한 산 기운이 싸여 있다. 사방으로 날아갔던 산새들은 숲의 깃으로 찾아드는데, 붉은 단풍 두세 잎이 진다. 한 폭의 그림이 연상되는 詩中有畫(시중유화)이다.

5言絕句(5언절구). 압운은 嵐, 三 자로 평성 '覃(담)' 평운이다. 평측은 차례로 '平平平仄仄, 仄仄平平平, 仄仄平平仄, 平仄仄仄平'으로 二四不同(이사부동)은 끝 구에서 어긋났고 反法, 粘法(반법, 점법)은 그런대로 이루어졌다.

543. 崔詵(최선 ?) : 고려 중기의 문인. 시호 文懿(문의). 본관 昌原(창원). 父 平章事 惟淸(평장사 유청 →559). 형 讜(당 →531). 명종 때 右司諫(우사간)을 지내고 왕태후의 동생인 중 沖曦(충희)가 궁중에 들어와 궁녀들과 음란한 행위를 함부로 함을 간하다가 벼슬에서 쫓겨났다. 다시 判秘書省事(판비서성사)가 되어 吏部尙書 鄭國儉(이부상서 정국검)과 함께 '增續資治通鑑(증속자치통감)'을 교정하고 또 '太平御覽(태평어람)'을 교정 간행했다. 신종 때 參知政事(참지정사)에 올라 나이와 덕망으로 하여 守太傅門下侍郎平章事判吏部事(수태부문

하시랑평장사 판이부사)로 특진했다. 그는 문학으로 명성을 올렸고 서도에도 능했으며, 두 번 과거를 관장하여 명사들을 많이 뽑았다.

543-1 喜姪文牧魁司馬試(희질문목괴사마시) 조카 문목이 사마시에 장원해 기쁘다

積善吾家慶未央 後生頻見擅詞場 憐渠戰藝先多士 怪我乘軺滯遠方
喜淚也從雙袖汗 歸心空逐尺書忙 殷勤報道攻文字 且趁春風折桂芳.
(적선오가경미앙 후생빈견천사장 연거전예선다사 괴아승초체원방
희루야종쌍수한 귀심공축척서망 은근보도공문자 차진춘풍절계방)

적선한 우리 집안에 경사가 그지없어, 우리 뒷 아이들이 과거 급제 휩씀을 자주 보는구나.
기특하도다 네가 많은 인재를 제치고 앞섰다니,
그런데 나는 초헌 타고 먼 곳에 있어 기쁨을 함께 나누지 못하는구나.
기쁨의 눈물 두 소매를 질펀히 적시고, 고향 갈 마음은 부질없이 편지 쓰기에 바쁘구나.
은근히 이르노니, 부지런히 글공부해서 새 봄에는 대과 과거에 장원을 하여라.

[語句] *魁 : 우두머리. 으뜸. *司馬試 : 進士(진사)와 生員(생원)을 뽑는 小科 科擧(소과 과거). 生進科. *積善 : 착한 일을 많이 함. 積善之家 必有餘慶(착한 일을 많이 쌓은 집에는, 반드시 후손에까지 미치는 경사스러움이 있다)<易經 文言> *未央 : 다하지 않음. 그지없음. *後生 : 뒷사람 곧 핏줄을 이은 후손. *擅 : 멋대로 일을 결단하다. 휩쓸다. *詞場 : 문장과 詩歌(시가)를 겨루는 장소 곧 科擧場(과거장). *憐渠 : 네가 사랑스럽고 기특함. *多士 : 많은 인재. *軺 : 작은 수레. 從2品(종2품) 이상의 벼슬아치가 타는 수레. 軺軒(초헌). *汗 : 질펀하다. *尺書 : 글을 적은 한 자 길이의 널빤지. 尺牘(척독). *殷勤 : 은밀하게 정이 깊음. 慇懃(은근). *報道 : 알려 줌. *趁 : 밟다. 좇다. *折桂芳 : 계수나무 꽃가지를 꺾음. 대과 과거에 장원 급제함.

[鑑賞] 조카가 소과 과거에 급제했다는 소식을 듣고 기쁨에 겨워 지은 시. 요즈음으로 말하면 어떤 考試(고시)에 합격한 셈이니 얼마나 기쁘랴. 그 기쁨 속에서도 시의 형식은 잘 갖추었으니, 承聯(승련 3~4구)과 轉聯(전련 5~6구)은 對句(대구)가 잘 이루어졌다. 은근히 새 봄에는 과거의 최고봉인 大科(대과)에서 장원하기를 격려 부탁하며 맺었다.

7言律詩(7언율시). 압운은 央, 場, 方, 忙, 芳 자로 평성 '陽(양)' 평운이다. 평측은 차례로 '仄仄平平仄仄平, 仄平平仄仄平平, 平平仄仄平平仄, 仄仄平平仄仄平, 仄仄仄平平仄仄, 平平平仄仄平平, 平平仄仄平平仄, 仄仄平平仄仄平'으로 二四不同二六對(이사부동이륙대)와 반법, 점법 등이 다 이루어졌다.

544. 崔成大(최성대 1691~?) : 조선 영조 때 문장가. 자 士集(사집). 호 杜機(두기). 본관 全義(전의). 父 正郞 守慶(정랑 수경). 蔭仕(음사)로 別提(별제 정6품) 때 문과에 급제하여 世子侍講院(세자시강원), 大司諫(대사간) 등을 역임했다. 시로써 이름을 떨쳐 三淵 金昌翕(삼연 김창흡 →721) 뒤의 제 일인자라 일컬어졌고 靑泉 申維翰(청천 신유한)과 친교가 있어 시를 함께 읊었으며 '杜機詩集續(두기시집속)'이 있다.

544-1 旅思(여사) 나그네 마음

春城月曉聽棲鴉 河上津亭驛路斜 楊柳花時渡江客 山桃開盡未還家.
(춘성월효청서아 하상진정역로사 양류화시도강객 산도개진미환가)

무르익은 봄 달이 뜬 새벽에 까마귀 울고, 강나루 정자에서 역로 길 비껴 있네.
버들개지 날리는 때 강 건너는 나그네, 산도화 다 피도록 집에 돌아가지 못하는구나.

[語句] *旅思 : 나그네의 마음. 旅愁(여수). *春城 : 봄날의 성곽. 무르익은 봄. 花爛春城(화란춘성, 꽃이 무르익은 봄 성). *棲鴉 : 깃들인 까마귀. *驛路 : 驛站(역참)으로 통하는 길. *山桃 : 소귀나무. 상록 활엽 교목으로 높이 10~20m이며 4월에 연붉은 꽃이 피고 산기슭에 자생하고 열매는 식용함. 楊梅(양매).

[鑑賞] 여행 중의 심사를 읊은 시. 여행 중에는 아무리 좋은 景觀(경관)을 감상하다가도 문득문득 고향 생각이 나 향수에 젖게 마련이다. 이 시도 비록 萬化方暢(만화방창)한 봄이지만, 까마귀 울음, 나루에서부터 비껴 트인 역로 길, 산도화가 만발한 산길 등 쓸슬하고 적막한 느낌을 주어 고향 생각에 잠긴 주인공을 보게 되는, 조촐한 敍情詩(서정시)라 하겠다.

7언절구. 압운은 鴉, 斜, 家 자로 평성 '麻(마)' 평운이다. 평측은 차례로 '平平仄仄平平平, 平仄平平仄仄平, 平仄平平仄平仄, 平平平仄仄平平'으로 이사부동이륙대는 셋째 구에서 어긋났고 반법과 점법은 그런대로 이루어졌다.

545. 崔成原(최성원 ?) : 경상북도 醴泉(예천)의 선비. 70평생 글을 읽고 시를 읊음을 낙으로 삼은 漢詩壇(한시단)의 巨匠(거장)이며, 일본에 건너가 방랑 생활을 하기도 했다 한다.

545-1 觀月思親(관월사친) 달을 보며 어버이를 그리다

可憐一片月 應照故園庭 白首高堂上 同光萬里情.
(가련일편월 응조고원정 백수고당상 동광만리정)

애틋한 조각달이여, 응당 고향집 뜰도 비추리라.

백발 되신 부모님 마루에 앉으시어,
나와 똑같이 저 달을 바라보시며 만리 먼 곳의 나를 생각하시리.

[語句] *可憐 : 애틋함. 정을 끄는 알뜰한 맛이 있음. *片月 : 조각달. *故園 : 옛 뜰. 예전에 살던 곳. 고향집. *高堂 : 높은 마루. 높은 집. *萬里情 : 멀리 떨어진 곳에서 느끼는 情感(정감).

[鑑賞] 이 시는 지은이가 일본에서 방랑 생활을 할 때 조각달을 바라보며 읊었다고 한다. 고향과 어버이를 그리워하는 정이 담뿍 담겼다. 지은이의 '歎人世無常(탄인세무상, 인간 세상의 무상을 탄식하다)' 시는 다음과 같다. "世無專富貴 風雨多花時 日昨紅滿樹 朝來半空枝(세상에는 부귀를 오로지 누리는 일이 없고, 비바람은 꽃 필 때에 많다네. 어제까지 붉은 꽃이 나무에 가득했는데, 오늘 아침에는 반나마 빈 가지로구나)".

5언절구. 압운은 庭, 情 자로 庭은 평성 '靑(청)' 운, 情도 평성 '庚(경)' 평운으로 두 운은 通韻(통운)이 된다. 평측은 차례로 '仄平仄仄仄, 平仄仄平平, 仄仄平平仄, 平平仄仄平'으로 二四不同(이사부동)과 反法, 粘法(반법, 점법) 등이 모두 이루어졌다.

546. 崔誠之(최성지 1265~1330) : 고려 중기의 名臣(명신). 자 純夫(순부). 호 松坡(송파). 시호 文簡(문간). 본관 全州(전주). 父 贊成事 毗一(찬성사 비일). 이름을 阜(부), 瑺(당) 등으로 다섯 번이나 바꾸었다. 충렬왕 때 문과에 급제하여 史翰(사한)을 거쳐 春宮(춘궁, 세자궁)에 속했다가, 충선왕을 따라 원 나라에 가서 내란을 평정하고 원의 武宗(무종)을 세움에 공이 컸다. 충선왕이 귀국하여 즉위하자 知監察司事, 大司憲, 僉議評理(지감찰사사, 대사헌, 첨의평리) 등을 역임하고 찬성사에 올라 光陽君(광양군)에 피봉되었다. 蒙古(몽고)에 가서 고려 병합의 책동을 중지토록 하고 만년에 돌아와 7년 동안 한적하게 살았다. 시와 글씨에 뛰어났고 원 나라에서 曆數(역수) 학문을 배워 와 고려 학계에 큰 공헌을 했다. 아들 文度(문탁)은 첨의평리를 지냈고 효자였다.

546-1 寄謝方于宣學士見過(기사방우선학사현과)

선 학사사 방금 왔다가 그냥 지나갔음을 그에게 사죄하여 부치다

應門僮僕頑如木 誤使明公興盡廻 踏襪歸鞍攀未得 至今胸臆撥難開.
(응문동복완여목 오사명공흥진회 답말귀안반미득 지금흉억발난개)

손님 맞이하는 아이종이 미련키 목석이라, 귀한 분인 학사를 흥이 다해 되돌아가시게 했네.
뒤따라가 돌아가는 말안장을 붙잡지 못했으니,

이제 와서 가슴 풀어 헤쳐 보이기도 어렵구나.

[語句] *方 : 이제. 바야흐로. *見過 : 왔다가 지나감. *應門僮僕 : 문을 나와 손님을 맞이하는 아이종. 應門玉尺之童(응문옥척지동, 문을 나와 손님을 맞이하는 동자)<李密 陳情表> 僮僕은 '사내아이종'임. *明公 : 貴人(귀인). *興盡 : 흥취가 없어짐. 乘興而來 興盡而去(흥이 나서 왔다가, 흥이 없어져서 돌아감-王獻之왕헌지의 고사에서 온 말임).<初學記> *襪 : 버선. *攀 : 더위잡다. 당기다. *胸臆 : 가슴 속의 생각. *撥 : 뒤집다. 다스리다.

[鑑賞] 선 학사가 누구인지는 미상이며 '方于宣'을 성명으로 볼 가능성도 있다. 그러나, 주인공과 잘 아는 사이의 손님인데도 대문지기의 아이종이 알아보지 못하고 출타중이라 했거나 하여 逐客(축객)한 처지라 '方于'는 '이제 막 (선 학사)에게'로 봄이 옳을 듯싶다. 그냥 돌려보냈다는 아이종의 전갈을 받은 주인이 나가 붙잡지 못하고 놓쳐 미안한 마음에 사죄하는 시이리라.

7言絕句(7언절구). 압운은 廻, 開 자로 평성 '灰(회)' 평운으로 첫 구에는 압운하지 않았다. 평측은 차례로 '仄平平仄平平仄, 仄仄平平仄仄平, 仄仄平平平仄仄, 仄平平仄仄平平'으로 二四不同二六對(이사부동이륙대)와 반법, 점법 등이 잘 이루어졌다.

547. 崔星煥(최성환 ?) : 조선 정조 때 시인. 호 昨悔齋(작회재). 일찍이 공명과 영달을 멀리하고 시와 술을 즐기며 일생을 보냈다고 한다.

547-1 偶成(우성) 우연히 시가 되다

三春如過客 來往政無期 柳色烟中好 山容雨後奇
謝塵心寂寞 得酒意驕痴 吾輩有眞樂 敎他庭鶴知.

(삼춘여과객 내왕정무기 유색연중호 산용우후기
사진심적막 득주의교치 오배유진락 교타정학지)

봄이란 지나가는 나그네와 같아서, 오고 가는 게 정해진 기약이 없구나.
이내 싸인 버들잎 더욱 좋고, 산 모양은 비 온 뒤가 더 기이해라.
세속 일 멀리하니 마음 적막하나, 술 마시니 내 뜻이 멋대로 되는구나.
우리들에게 참 즐거움이 있으니, 뜰에서 서성이는 학만은 알고 일러주리라.

[語句] *偶成 : 우연히 이루어짐. →498-3. *三春 : 봄 석달. *政 : 바로. 바르게 하다. *謝塵 : 티끌 세상 곧 속세 일을 사절함. 세속을 멀리함. *寂寞 : 고요하고 쓸쓸

함. *驕痴 : 교만하고 어리석음. 교만하고 멋대로임. 驕肆(교사). *敎 : 알리다.

[鑑賞] 首聯(수련 1~2구)은 계절 특히 봄은 과객과 같아 오고감의 기약이 없이 왔는가 하면 가 버린다 했고, 비록 봄은 갔지만 이어지는 여름은 이내 낀 버들이 보기 좋고 산 모양은 비가 온 뒤가 더 기이하다고 對句(대구)로 頷聯(함련 3~4구)에서 이어받았다. 頸聯(경련 5~6구)은 敍情(서정)으로 세속과 멀리하니 마음은 쓸쓸하지만, 술을 마시면 오히려 활달해진다고 대구를 이루며 내용을 전환했다. 마무리 尾聯(미련 7~8구)은 이러한 나의 삶은 뜰에서 한가로이 어정거리고 있는 학과 같은 모습과 심정이라고 맺었다.

5言律詩(5언율시). 압운은 期, 奇, 痴, 知 자로 평성 '支(지)' 평운이다. 평측은 차례로 '平平平仄仄, 平仄仄平平, 仄仄平平仄, 平平仄仄平, 仄平平仄仄, 仄仄仄平平, 平仄仄平仄, 仄平平仄平'으로 이사부동과 반법, 점법 등이 잘 이루어진 좋은 시이다.

548. 崔脩(최수 ?) : 고려 후기의 文人(문인).

548-1 題驪興淸心樓(제여흥청심루) 여흥의 청심루를 두고 짓다

甓寺鍾聲半夜鳴 廣陵歸客夢初驚 若敎張繼曾過此 未必寒山獨擅名.

(벽사종성반야명 광릉귀객몽초경 약교장계증과차 미필한산독천명)

신륵사의 종소리 밤중에 울리니,
광릉 가려는 거문고 명수인 나그네 꿈 처음으로 놀라 깨네.
만약 장계가 일찍 여기를 지났더라면, 한산사 읊은 것만으로는 이름 날리지 못했으리.

[語句] *驪興 : 경기도 驪州郡(여주군)의 옛 이름. *淸心樓 : 여주에 있는 누각. →321-1. *甓寺 : 벽돌 절. 여주의 神勒寺(신륵사). 절의 탑을 벽돌로 쌓은 것으로 하여 그 지방 사람들이 하는 말인데, 신륵사는 신라 때 창건된 절로 추정되며 보물로 지정된 문화재가 많음. *半夜 : 한밤중. *廣陵客 : 거문고를 잘 타는 사람. 거문고 곡명에 '廣陵散(광릉산)'이 있는데, 晉(진)의 嵇康(혜강)이 隱者(은자)에게서 배웠다 하며, 唐(당)의 시인 李頎(이기 →221)의 '琴歌(금가)'에 "請奏鳴琴廣陵客(광릉객의 거문고 타기를 청해 보자)"는 구절이 있음. *敎 : 하여금. *張繼 : 중당의 시인. →350. *寒山 : 한산사. 중국 강소성 蘇州(소주)의 楓橋鎭(풍교진)에 있는 큰 절. *擅名 : 이름이나 명예를 들날림.

[鑑賞] 한밤중에 신륵사의 종소리가 울리니, 그 소리 거문고 소리같이 淸雅(청아)해 거문고 명수조차 놀라 깰 만하다. 당의 시인 장계는 '한산사' 시에서 "고소성 밖

한산사의 한밤중 종소리, 이 나그네의 배에까지 들려오네."라 읊어→350-1 詩名(시명)을 드높였지만, 이 신륵사의 종소리를 들었더라면 잘못 읊었다고 후회하리라 했다. 깔끔한 명작이다. →321-1 이해수의 시 참조.

7언절구. 압운은 鳴, 驚, 名 자로 평성 '庚(경)' 평운이다. 평측은 차례로 '仄仄平平仄仄平, 仄平平仄仄平平, 仄平平仄平平仄, 仄仄平平仄仄平'으로 이사부동이륙대와 반법, 점법 등이 잘 이루어지고 평측 배열도 좋은 7絕의 전형이 되는 시이다.

549. 崔壽城(최수성 1487~1521) : 조선 중종 때 문신, 名賢(명현). 이름을 壽峸(수성)으로 쓴 자료도 있다. 자 可鎭(가진). 호 猿亭, 北海居士, 鏡浦山人(원정, 북해거사, 경포산인). 시호 文正(문정). 본관 江陵(강릉). 父 生員 世孝(생원 세효). 학문과 도의를 깊이 연구하여 絕世奇才(절세기재)요 大儒(대유)가 되었으나, 중종 14년(1519) 己卯士禍(기묘사화)를 보고 벼슬길에 나가지 않기로 결심하고 명산을 유람했다. 文章, 書法, 畫格, 音律(문장, 서법, 화격, 음률) 등에 모두 정통했으나 간신의 무리가 모함해 사망했다. 사후에 좌찬성과 영의정이 追贈(추증)되었다.

549-1 渡驪江(도여강) 여강을 건너며

人情隨世變 岸不逐波流 細雨江邊立 烟中迷一舟.
(인정수세변 안불축파류 세우강변립 연중미일주)

사람의 정이란 세월 따라 바뀌는데, 강기슭은 강의 흐름에 따르지 않는구나.
가랑비 속에 강가에 섰노라니, 안개 속에 배 한척 희미하여라.

[語句] *驪江 : 경기도 驪州郡(여주군)의 남한강. 여주의 옛 이름이기도 함. *細雨 : 가랑비.

[鑑賞] 가랑비 오는 속에 여주의 남한강을 건너려고 강가에 서서 유유히 흐르는 강물을 내려다보고 있노라니, 문득 세월 따라 변하는 인심도 저 강물의 흐름과 같다고 느껴진다. 한편 강기슭은 강의 흐름에 휩쓸리지 않고 그대로 벼티고 있어 인심과 대조가 된다. 비 내리는 속에 연기인지 안개인지 잔뜩 끼어 물에 뜬 배마저 희미하다. 자연에서 인생의 의미를 유추했다.

5言絕句(5언절구). 압운은 流, 舟 자로 평성 '尤(우)' 평운이다. 평측은 차례로 '平平平仄仄, 仄仄仄平平, 仄仄平平仄, 平平平仄平'으로 二四不同(이사부동)과 反法, 粘法(반법, 점법) 등이 모두 이루어졌다.

550. 崔淑生(최숙생 1457~1520) : 조선 중종 때의 문관. 자 子眞(자진). 호 忠齋(충재). 본관 慶州(경주). 부 鐵重(철중). 성종 23년(1492) 문과에 급제했고 詩文(시문)에 능했으며, 大司憲(대사헌)으로 있을 때 법 집행이 공정했고 右議政(우의정)에 이르렀다가 중종

14년(1519) 기묘사화 때 官爵(관작)이 삭탈되었다.

550-1 新秋(신추) 첫가을

雨霽山中露氣淸 蒼茫桂影半規明 夜深金井梧桐落 人靜紗窓蟋蟀鳴
萬里雲開銀漢迥 一簷風動玉繩橫 秋來多病腰圍減 怊悵安仁白髮生.

(우제산중노기청 창망계영반규명 야심금정오동락 인정사창실솔명
만리운개은한형 일첨풍동옥승횡 추래다병요위감 초창안인백발생)

비가 개자 산속에는 이슬 맑고, 아득히 먼 저 달은 반달로 밝아라.
밤 깊어 우물가의 오동잎 지고, 고요한 방 밖에서는 귀뚜라미 우네.
구만리 하늘에 구름 걷히니 은하수 멀어 보이고, 처마에 바람 일어 설렁줄 늘어졌구나.
가을 들어 병이 잦아 몸집이 줄고, 마음 쓰지 않고 사는데도 섭섭하게 백발이 생기네.

[語句] *新秋 : 첫가을. 음력 7월 별칭. *蒼茫 : 넓고 멀어 아득함. 滄茫(창망). *桂影 : 달 속에 있다는 계수나무 그림자. 달. *半規 : 半圓(반원, 절반 둥긂). *金井 : 테두리를 井자 모양으로 두른 우물. 우물. *紗窓 : 비단으로 바른 창. 부녀자가 거처하는 방. *蟋蟀 : 귀뚜라미. *銀漢 : 은하수. 迥 : 멀다. *玉繩 : 설렁줄. '바깥에서 마루로 올라올 때 붙잡는 줄'로 볼 수도 있겠음. *腰圍 : 허리통. 몸집. *怊悵 : 마음에 섭섭함. *安仁 : 최고의 도덕 곧 仁을 편하게 여김. 마음을 쓰지 않아도 절로 仁에 틀림이 없음. 仁者安仁 知者利仁(어진 이는 인을 편케 여기고, 지혜 있는 이는 인을 이롭게 여기니라)<論語 里仁>

[鑑賞] '초가을 들어 날씨도 썰렁해지고 나뭇잎이 지기 시작하며 가을벌레 구슬프게 우니 내 마음도 허전해진다. 몸에 병은 잦아 몸집도 작아지며 그다지 불안하고 괴로운 마음을 가지지 않는데도, 백발은 영락없이 찾아들어 늙어가니 섭섭하기 그지없다.'고 했다. 3~4구와 5~6구는 작시법에 맞게 각각 對句(대구)로 읊었다.

7言律詩(7언율시). 압운은 淸, 明, 鳴, 橫, 生 자로 평성 '庚(경)' 평운이다. 평측은 차례로 '仄仄平平仄仄平, 平平仄仄仄平平, 仄平平仄平平仄, 平仄平平仄仄平, 仄仄平平平仄仄, 仄平平仄仄平平, 平平平仄平平仄, 平仄平平仄仄平'으로 二四不同二六對(이사부동이륙대)와 반법, 점법 등이 잘 이루어진 좋은 작품이다.

551. 崔淑精(최숙정 1433~1480) : 조선 초기의 문인. 자 國華(국화). 호 逍遙齋(소요재). 본관 陽川(양천). 父 司正 仲生(사정 중생). 세조 8년(1462) 문과에 급제하고 4년 후 重試(중시), 다시 拔英試(발영시)에 뽑혀 湖堂(호당, 독서당)에 들어갔다. 驪州牧使(여주목사)에서 파면되자

실망이 컸었는데 마침 弘文館副提學(홍문관 부제학)으로 임명되니 기쁨에 도취되어 하사받은 술을 폭음한 데서 병을 얻어 사망했다고 한다. 문집으로 '逍遙齋集(소요재집)'이 있다.

551-1 坡州途中(파주도중) 파주 길에서

古國春方好 是子西去時 東歸春亦老 添我鬢邊絲.

(고국춘방호 시자서거시 동귀춘역로 첨아빈변사)

고구려 옛 땅에도 봄이 한창인데, 이 때는 그대가 서쪽으로 갈 때였네.

그대가 다시 돌아올 때쯤에는 봄 또한 지나고, 내 센 구레나룻은 더 생기게 되리라.

[語句] *坡州 : 현재의 경기도 파주시. 고구려 때 述爾忽縣(술이홀현), 신라 때는 峯城(봉성)이라 했음. *古國 : 역사가 오래된 나라. 여기서는 '고구려'인 듯함. *子 : 당신. 그대. *鬢絲 : 흰 실처럼 센 구레나룻.

[鑑賞] 파주에서 關西(관서) 지방으로 친구를 보내는 餞別詩(전별시) 같다. '봄이 한창 무르익은 이 때에 그대 서쪽 지방으로 가니, 자네가 돌아올 때쯤에는 이 봄도 다 가서 나는 세월 따라 늙어 가리라.' 했다.

5언절구. 압운은 時, 絲 자로 평성 '支(지)' 평운이다. 평측은 차례로 '仄仄平平仄, 仄仄平仄平, 平平平仄仄, 平仄仄平平'으로 이사부동은 둘째 구에서 어긋났고 따라서 반법과 점법도 온전치 못하다.

552. 崔承老(최승로 927~989) : 고려 초기의 한학자, 명신. 시호 文貞(문정). 본관 慶州(경주). 부 신라 元甫 殷合(원보 은합). 총민하고 학문에 독실하여 문장에 능했는데 12세에 '論語(논어)'를 읽는 것을 태조가 보고 상을 내리고 이어 元鳳省學士(원봉성 학사)에 올렸다. 태조 때부터 성종까지 여섯 왕에 이르도록 계속 관직에 종사했으며, 성종 원년(982) 正匡行選官御事, 上柱國(정광행선관어사, 상주국)이 되어 왕의 명으로 역대 왕의 善惡得失(선악득실)과 인재 등용 대책 등을 수천 글, 時務數十條(시무수십조)를 써서 바친 일로 유명하다. 동왕 7년(988)에 門下侍郎平章事(문하시랑평장사)가 되고 淸河侯(청하후)에 피봉되었다. 아들 肅(숙)도 문하시중을 역임했다.

552-1 禁中東池新竹(금중동지신죽) 대궐 동쪽 못의 새 대숲

金籜初開粉飾明 低臨輦路綠陰成 宸遊何必將天樂 自有金風撼玉聲.

(금탁초개분식명 저림연로녹음성 신유하필장천악 자유금풍감옥성)

금빛 대 껍질이 벗겨지고 화장한 듯 밝은 모습, 임금님 가시는 길에 나직이 그늘 이루었구나.

임금님 잔치에 하필 천상의 음악이 필요하랴, 가을바람 불면 절로 옥 같은 음률을 내는데.

[語句] *禁中 : 宮闕(궁궐). *金籜 : 금빛 나는 대나무 껍질. 籜은 '대 껍질'임. *粉飾 : 분을 발라 화장함. 거죽만을 꾸밈. *輦路 : 임금의 수레만이 내왕하는 길. *宸遊 : 임금이 여러 곳으로 다니며 노는 일. 임금이 임석한 잔치. *將 : 돕다. 받들다. *天樂 : 하늘의 음악. 궁중 음악. *金風 : 가을의 신선한 바람. *撼 : 흔들다. 움직이다.

[鑑賞] 대궐 뜰 동편 못가에 새로 만든 대나무 숲을 두고 읊은 시. 죽순이 자라 껍질을 벗어 임금님 지날 때 제법 그늘을 만들어 준다. 가을이 되어 시원한 바람 불면 사각거리는 소리가 옥을 울리는 소리와 같아 고아한 음률을 이루니, 임금님 모신 잔치에 천악을 아뢸 것은 없으리라. 끝 두 구의 시적인 이미지가 뛰어나다.

7言絕句(7언절구). 압운은 明, 成, 聲 자로 평성 '庚(경)' 평운이다. 평측은 차례로 '平仄平平仄仄平, 平平仄仄仄平平, 平平平仄平平仄, 仄仄平平仄仄平'으로 二四不同二六對(이사부동이륙대)와 反法, 粘法(반법, 점법) 등이 잘 이루어졌다.

552-2 代人寄遠(대인기원) 멀리 있는 남편에게 주는 시를 대신 지어주다

一別征車隔歲來 幾勞登覩倚樓臺 雖然有此相思苦 不願無功便早廻.
(일별정거격세래 기로등도의누대 수연유차상사고 불원무공편조회)

떠나가는 수레 한 번 작별하고 해가 바뀌었는데,
누대에 올라 가신 곳 바라보기에 얼마나 수고했던가.
임 그리는 정 비록 그러하더라도, 아무런 보람 없이 빨리 돌아옴을 바라지는 않는다네.

[語句] *代人 : 代人作(대인작, 남을 대신해 지음). *征車 : 수레를 타고 감. *隔歲 : 해가 바뀜. *覩 : 보다. =睹(도). *相思 : 서로 그리워함. *便 : 편한 대로. 곧.

[鑑賞] 집을 떠나 멀리 간 남편을 기다리는 여인을 위해 대신 지어준 시. 남편이 집을 떠난 지 한 해가 지난다. 그 동안 하루도 빠짐없이 누대 곧 望夫臺(망부대)에 올라 임이 간 곳을 바라보기 얼마나 애태웠던가. 이러한 상사의 괴로움이 크다고 해도 남편이 아무런 소득이 없이 일찍 돌아옴을 바라지는 않는다. 여인의 심정을 동정하고 남편이 성공해 돌아오기를 기원하는 부인의 속마음을 짐작해 그렸다.

7언절구. 압운은 來, 臺, 廻 자로 평성 '灰(회)' 평운이다. 평측은 차례로 '仄仄平平仄仄平, 仄平平仄仄平平, 平平仄仄平平仄, 仄仄平平仄仄平'으로 이사부동이륙대와 반법, 점법 등이 잘 이루어진 좋은 작품이다.

553. 崔承祐(최승우 ?) : 신라 말기의 학자. 진성여왕 3년(889) 당 나라에 유학하여 3 년 뒤 賓貢科(빈공과)에 급제하고 귀국했다. 당 나라에서 공부한 學士(학사) 중에서 가장 문장에 능하기로 유명했으며, 崔致遠(최치원 →566), 崔彦撝(최언위) 등과 더불어 세상에서 三崔(삼최)라 했다. 甄萱(견훤)의 격문을 초하여 후인들의 비난을 받게 되었고, 작품에 '代甄萱寄高麗王書(대견훤기고려왕서)'와 시 10수가 전하며 문집 '餬本集(호본집)'이 있었다고 하나 전하지 않는다.

553-1 鏡湖(경호) 경호

採蕨山前越國中 麴塵秋水澹連空 蘆花散撲沙頭雪 菱荣吹生渡口風
方朔絳囊遊渺渺 鴟夷桂楫去悤悤 明皇乞與知章後 萬頃恩波竟不窮.

(채궐산전월국중 국진추수담연공 노화산박사두설 능채취생도구풍
방삭강낭유묘묘 치이계즙거총총 명황걸여지장후 만경은파경불궁)

채궐산 앞은 옛 월 나라인데, 국진 같은 파란 물 하늘까지 맑게도 닿았구나.
갈대꽃 어지러이 흩어지니 물가에 눈이 오는 듯,
마름풀은 나루 어귀의 바람에 마구 흔들리네.
동방삭은 불사약이 든 붉은 주머니 차고 어디서 노는지 아득하고,
범려는 계수나무 노 저으며 어딘가로 바삐 가버렸네.
현종이 이 호수 한 구비를 하지장에게 빌려준 뒤로, 그 은혜 입은 물결 끝날 날이 없구나.

[語句] *鏡湖 : 중국 절강성 紹興市(소흥시)에 있는 호수. 일명 鑑湖(감호). 唐玄宗(당 현종) 때 시인 賀知章(하지장 →587)이 늙어 고향 吳中(오중)으로 돌아갈 때 임금이 이 호수의 한 구비를 하사하여, 秘書監(비서감)을 지낸 그를 기념하여 경호를 賀監湖(하감호)라고 했음. *採蕨山 : 미상. *越國 : 춘추전국시대에 절강성에 있던 나라. *麴塵 : 꽃 이름. 여름에 淡紫色(담자색, 엷은 자줏빛) 꽃이 핌.<嶺南錄異> *澹 : 깨끗하다. 맑다. 澹泊(담박). ≒淡(담). *撲 : 맞부딪치다. 치다. *沙頭 : 물가 모래밭. *菱荣 : 마름 풀. *渡口 : 나루 어귀. 나룻배로 건너다니는 곳. *方朔 : 東方朔(동방삭). 漢(한) 나라 때 金馬門侍中(금마문 시중). 해학과 변설로 이름났고 오래 살아 三千甲子 東方朔(삼천갑자 동방삭)이라 함. *絳囊 : 仙藥(선약)이 든 붉은 주머니. *渺渺 : 아득함. 渺茫(묘망). *鴟夷 : 鴟夷子(치이자). 전국시대 월 나라 정승 范蠡(범려). 그는 楚(초)의 伍子胥(오자서)가 모함을 입고 죽어 술부대인 鴟夷에 넣어져 강에 던져졌음을 애통히 여겨, 鴟夷子皮(치이자피)라 변성명하고 五湖(오호)에 배를 띄우고 놀았다 함. *桂楫 : 계수나무 노. *悤悤 : 바쁜 모양. *明皇 : 당 나라 현종. *乞與 : 빌려주다. *萬頃 : 만 이랑. '물이 한없이

넓음'임. *恩波 : 임금의 은혜를 받은 물결. *竟 : 마침내. 다하다. 끝나다.

[鑑賞] 소흥시의 유서 깊은 경호를 유람하며 읊은 시. 옛 월 나라 땅의 넓은 호수가 파랗게 하늘로 이어 있다고 虛頭(허두)를 떼고, 이어 頷聯(함련 3~4구)에서 호숫가의 갈대꽃이 눈처럼 날리는 모양과, 마름풀이 나루 어귀에서 불어오는 바람에 흔들리는 모습을 對句(대구)로 잘 읊었으니, 敍景(서경)으로 虛實論(허실론)에서 實이다. 전환에 해당되는 頸聯(경련 5~6구)은 동방삭과 범려의 옛 일을 대구로 想起(상기)한 敍情(서정)으로 虛가 되어 허실의 배치가 좋게 되었다. 마무리로 현종과 하지장의 고사를 들어 경호의 은파가 끝없이 이어질 것이라고 맺은 명작이다.

7言律詩(7언율시). 압운은 中, 空, 風, 悤, 窮 자로 평성 '東(동)' 평운이다. 평측은 차례로 '仄仄平平仄仄平, 仄平平仄仄平平, 平平仄仄平平仄, 平仄平平仄仄平, 平仄仄平平仄仄, 平平仄仄仄平平, 平平仄仄平平仄, 仄仄平平仄仄平'으로 이사부동이륙대와 반법, 점법 등이 잘 이루어졌고, 평측 배치도 잘 되어 7언율시의 典型(전형)이 된다.

553-2 送曹進士松入羅浮 前半(송조진사송입나부 전반)

나부산으로 들어가는 조송 진사를 보내며 전반

雨晴雲斂鷓鴣飛 嶺嶠臨流話所思 厭次先生須讓賦 宣城太守敢言詩.
(우청운렴자고비 영교임류화소사 염차선생수양부 선성태수감언시)

비개고 구름 걷히니 자고새 날고, 고갯길 넘고 넘어 강에 다다라 느낌을 이야기하네.
염차선생 동방삭東方朔은 부 짓기를 양보하라, 선성태수 사조謝眺는 감히 시를 말하겠는가.

[語句] *進士 : 당 나라 과거에서 詩賦(시부)로 시험하여 뽑힌 선비. 우리나라의 大科(대과) 급제에 해당되며, 經義(경의)로써 뽑히면 明經(명경)이라 했음. *羅浮 : 나부산. 중국 광동성 惠州市(혜주시) 博羅縣(박라현, 傅羅縣부라현)에 있는 명산. 晉(진)의 葛洪(갈홍)이 여기서 신선의 도술을 얻었다 하며, 긴 시내가 70군데이고 洞天(동천, 산천으로 싸인 승경)이 세 군데라 함. *鷓鴣 : 중국 남방에 사는 꿩 비슷한 새. 越雉(월치). *嶺嶠 : 산 고갯길. 嶠는 '산길. 산이 뾰족하고 높다'임. *所思 : 생각. 느낌. *厭次先生 : 앞 시에서 풀이한 동방삭. 그가 平原 厭次(평원 염차) 고을 사람이어서 자칭 厭次狂生(염차광생)이라 한 데서 일컫는 말임. *賦 : 문체의 하나. 韻(운)을 달고 對(대)를 맞추어 짓는 글인데, 동방삭도 부의 작가였음. *宣城太守 : 중국 남북조 때 南齊(남제)의 문인인 謝朓(사조 464~499). 당시의 대표적 시인으로 5언시를 잘 지었음. →759.

[鑑賞] 신선 수양으로 유명한 나부산으로 가는 조송 진사를, 비 오던 하늘 맑아지고 자고새 우는 속을 산 넘고 재를 넘어 물가에 이르러 헤어지며, 조 진사를 칭송

하기를 '동방삭은 부를 짓는다고 자랑 말고, 사조도 시를 잘 짓는다고 말하지 말라. 여기 조 진사는 그대들보다 훨씬 윗길이니라.' 했다. 후반은 "달 속 계수나무를 찾아 험한 하늘길 안 오르고, 아지랑이와 안개 따라 위태로운 속세를 피해 가니, 일흔 시냇물과 세 동천 속에서 후일에 명성 이룸이 마땅한 일이겠네."라 하여, 벼슬길을 버리고 세속의 일을 피하여 신선의 길을 걸어 이름을 이루리라고 읊으며 전송한 것이다.

7言律詩(7언율시) 앞 네 구. 압운은 飛, 思, 詩 자로 飛는 평성 '微(미)' 운, 思와 詩도 평성 '支(지)' 평운으로 두 운은 通韻(통운)이다. 평측은 차례로 '仄平平仄仄平平, 仄仄平平仄仄平, 仄仄平平平仄仄, 平平仄仄仄平平'으로 二四不同二六對(이사부동이륙대)와 反法, 粘法(반법, 점법) 등이 잘 이루어졌다.

554. 崔瀹(최약 ?) : 고려 예종 때 문신. 본관 海州(해주). 父 思齊(사제 →539). 知制誥(지제고) 때 임금이 西京(서경)에 자주 거둥하여 대동강에서 잔치를 열고 시 짓는 신하들과 시를 주고받으며 즐기니, 상서하기를 제왕은 마땅히 선비들과 經史(경사)를 토론하고 정치의 자문을 받아야지 경박한 시인들과 시를 주고받음이 부당하다 했다. 왕은 옳은 말이라 했는데 신하들은 그가 시를 잘 짓지 못하여 그런 말을 한다고 여러 가지로 참소하매, 왕은 어쩔 수 없이 그를 春州府使(춘주부사)로 좌천했다. 뒤에 다음에 인용하는 시를 왕이 보고는 다시 불러들이니, 이후에 禮部尚書, 翰林學士(예부상서, 한림학사) 등을 역임했다.

554-1 出守春州和人贈別(출수춘주화인증별) 춘주 수령으로 가며 증별에 화답하다

吾家世受盛朝恩 欲繼忠淸不墜門 但把螢輝增聖日 敢將蠡測議詞源
自慚風月無功業 回望雲霄已夢魂 駭汗未收還感淚 謫來猶得駕朱幡.

(오가세수성조은 욕계충청불추문 단파형휘증성일 감장여측의사원
자참풍월무공업 회망운소이몽혼 해한미수환감루 적래유득가주번)

우리 집이 대대로 임금님 은덕을 입어,
충성과 청백을 이어서 가문을 떨어뜨리지 않으려 하네.
단지 작은 반딧불 빛으로 임금님 밝으심에 보태고자 할 뿐,
좁은 견식으로 감히 글 짓는 재주를 의논할 수 있으리오.
시를 짓는다거나 업적을 이룬다거나 하는 일 없음이 부끄럽고, 높은 곳 바라보아야 꿈속일세.
땀 닦기 전에 감사의 눈물을 거두지 못하며 놀라는 것은,
이 길이 귀양 길 못지않은데도 오히려 태수의 깃발을 달았기 때문일세.

[語句] *春州 : 강원도 춘천의 옛 이름. *贈別 : 친한 사이의 情表(정표)로 시나 글을 지어 주고 떠나게 함. *盛朝 : 번성하는 王朝(왕조). *忠淸 : 충성과 淸白(청백). *聖日 : 성스러운 해. 임금. *蠡測 : 표주박으로 바다의 물을 헤아려 봄. 조그만 꾀로 큰일을 헤아리려 함. 見識(견식)이 좁음. 蠡는 '표주박'임. *詞源 : 글의 근원, 밑천. 글재주. *風月 : 시를 지으며 즐겁게 놂. 吟風詠月(음풍영월). *功業 : 이룬 업적. 공적. *雲霄 : 구름 낀 하늘. 높은 하늘. 왕이나 정승 같은 높은 지위. *夢魂 : 꿈속의 넋. *駭 : 놀라다. *感淚 : 감격이나 감사의 눈물. *謫 : 꾸짖다. 귀양 보내다. *朱幡 : 붉은 깃발. 太守(태수, 地方官지방관)의 깃발.

[鑑賞] 임금 곁에서 詔書(조서)나 敎書(교서)를 지어 바치던 지제고로 있다가 강원도 춘천 고을의 원으로 좌천되니 이는 귀양을 가는 것이나 다름없었던가보다. 이런 지은 이를 동료들이 시를 지어 전별해 주니 그 시에 和答(화답)한 작품이다. 또 文憲公 崔冲(문헌공 최충)의 증손자로 시도 잘 지을 만한데, 시 짓는 신하들이 지를 짓지 못한다고 했으니 억울했을 것이다. 이 시를 보면 시 작법에 어긋남이 없이 對句(대구)도 잘 이루어졌고 충성심을 드러낸 秀作(수작)이다.

7언율시. 압운은 恩, 門, 源, 魂, 幡 자로 평성 '元(원)' 평운이다. 평측은 차례로 '平平仄仄仄平平, 仄仄平平仄仄平, 仄仄平平平仄仄, 仄平仄仄仄平平, 仄平平仄平平仄, 平仄平平仄仄平, 仄仄仄平平仄仄, 仄平平仄仄平平'으로 이사부동이륙대와 반법, 점법 등이 모두 이루어졌다.

555. 崔洳(최여 ?) : 고려 중기의 시인, 문관. 中書省(중서성)의 벼슬을 역임했다.

555-1 春日昭陽江行 終聯(춘일소양강행 종련) 봄날에 소양강을 가다 끝 연

自從身嬰利名累 十載蠢蠢趨塵埃 如今按轡水雲界 坐使逸想凌蓬萊
此江無盡眞聲色 休道關東多寂寞 誰將醉墨語江風 紫薇花下草綸客.

(자종신영이명루 십재준준추진애 여금안비수운계 좌사일상능봉래
차강무진진성색 휴도관동다적막 수장취묵어강풍 자미화하초륜객)

몸이 명예와 이익을 좇은 이래로, 10년 동안 굼틀굼틀 티끌세상인 속세를 달렸었네.
지금 물 있고 구름이 와 머무는 이 자연에 오니, 조용히 막힘없는 생각 봉래산을 넘보네.
이 소양강의 참된 맵시 다함이 없으니, 관동 지방이 많이 적막하더라는 말은 하지 말라.
누가 취중에 글씨를 써서 강바람에 말하리,
중서성에서 임금님 말씀을 초하던 벼슬아치라고.

[語句] *昭陽江 : 강원도 춘천 지방을 흐르는 강. →3-1, 198-1. *嬰 : 얽히다. 걸리다.

*利名 : 이익과 명예. 名利. *累 : 관계되다. 더럽히다. *蠢蠢 : 굼틀거림. 느리고 어리석음. 蠢蠢無識(준준무식, 느리고 어리석어 아무것도 알지 못함). *塵埃 : 티끌. 俗世(속세). *按轡 : 말고삐를 당김. *水雲界 : 강물과 구름이 떠 있는 자연계. 시골의 자연. *逸想 : 생각이 막히는 데가 없음. 흥취가 크게 일어남. 凌 : 넘보다. 능가하다. *蓬萊 : 봉래산. 신선이 산다는 삼신산의 하나. *聲色 : 말소리와 얼굴빛. 물소리와 자연의 경관. 맵시. *關東 : 大關嶺(대관령) 동쪽 강원도 지역. 嶺東(영동). *寂寞 : 고요하고 쓸쓸함. *醉墨 : 취중에 쓴 글씨. *紫薇花 : 백일홍. 고려의 중서성이나 中書門下省(중서문하성). 唐(당) 나라의 한림원이나 중서성 뜰에 백일홍을 많이 심었기로 그 관청을 일컫는 말로 쓰임. *草綸客 : 임금의 말씀을 草案(초안)하는 벼슬아치. 知制誥(지제고) 같은 관직. 綸은 '인끈. 임금의 말씀[綸言 윤언]'임.

[鑑賞] '춘일소양강행'이란 제목의 시는 여러 수가 있는데, 이 책에서는 俞孝通(유효통)과 李先齊(이선제)의 시 첫머리만을 앞에서 인용했다[→198-1, 248-1]. 이 시들은 7言古詩(7언고시) 15연[30구]으로 압운이 煙, 天, 前, 鞭, 川, 然, 絃, 年(연, 천, 전, 편, 천, 연, 현, 년)과 梅, 懷, 苔, 廻, 盃(매, 회, 태, 회, 배), 埃, 萊 및 色, 寞, 客으로 공통되는데, 세 차례 轉韻(전운)한 운인 것이다. 아마도 여러 文士(문사)들이 봄이 시작되는 무렵에 소양강을 유람하며 운자를 내고 각자가 시를 지은 것 같다. 대개 경치의 빼어남과 故事(고사) 등을 인용해 읊은 長詩(장시)라 전문을 보이지 못했다.

7언고시 15연 중 끝 4연[8구]. 압운은 埃, 萊 ; 色, 莫, 客 자로 埃와 萊는 평성 '灰(회)' 평운이고, 色은 입성 '職(직)', 莫도 입성 '藥(약)', 客도 입성 '陌(맥)'으로 측운이며 이 세 운은 通韻(통운)이 된다. 평측은 차례로 '仄平平平仄平仄, 仄仄仄仄平平平, 平平仄仄仄平仄, 仄仄仄仄平平平, 仄平平仄平平仄, 平仄平平平仄仄, 平平仄仄仄平平, 仄平平仄仄平仄'으로 이사부동이륙대는 첫째, 둘째, 넷째 구의 셋이 어긋났고, 전체적으로 반법과 점법은 무시되었으니 고시이기에 그러하리라.

556. 崔永慶(최영경 1529~1590) : 조선 중기의 문인. 자 孝元(효원). 호 守愚堂(수우당). 본관 和順(화순). 父 兵曹佐郎 世俊(병조좌랑 세준). 대대로 서울에서 살았는데 명종 22년(1567) 南冥 曺植(남명 조식 →457)에게 배우니 스승이 세상에 드문 인물이라 했다. 文名(문명)이 높아 선조 6년 (1573) 조정에서 5 賢士(현사)의 한 사람으로 발탁되었고, 2년 뒤 晉州道洞(진주도동)으로 이사해 은거하니 지금도 그를 모시는 道洞書院(도동서원)이 있다. 동왕 14년(1581) 사헌부 지평을 제수받았으나 사직 상소를 내고 나아가지 않았다. 동왕 22년(1589) 鄭汝立(정여립)의 모반 사건인 己丑獄事(기축옥사)에 관련되었다는 참소를 입어, 우의정 鄭澈(정철 →424)의 鞫問(국문)으로 옥사했다. 그는 학문이 높았을 뿐 아니라 효성과 형제간의 우애가 돈독했으며 大司憲(대사헌)이 추증되었다.

556-1 題伽倻山(제가야산) 가야산에서

落落嚴陵表 巖巖岳王眞 天涯瘴霧裏 經幾賞心人.

(낙락엄릉표 암암악왕진 천애장무리 경기상심인)

높고도 험한 언덕 모습에, 겹쳐 치솟은 모양 산의 왕자가 분명쿠나.
하늘 끝까지 짙게 낀 안개 속에서, 사람들의 올곧지 못한 마음을 얼마나 겪었을꼬.

[語句] *伽倻山 : 경북 星州郡(성주군)과 경남 陜川郡(합천군) 사이에 있는 산. 높이 1,430 m. 海印寺(해인사), 黃溪瀑布(황계폭포) 등이 있음. *落落 : 높이 솟아 늘어진 모양. *嚴陵 : 험악한 큰 언덕. *表 : 겉모습. 表象(표상). *巖巖 : 바위가 높게 겹쳐 위험한 모양. *岳王 : 으뜸되는 山嶽(상악). 산의 王者(왕자). *天涯 : 하늘 끝. *瘴霧 : 毒氣(독기)를 품은 안개. 짙은 안개. *經 : 겪다. *賞心人 : '賞人心(사람들의 마음을 보다)'이라 할 것을 운자로 하여 倒置(도치)한 구절인 듯한데, 賞心은 '경치를 즐기는 마음'이라 '경치를 즐기는 사람들'로 풀 수도 있음.

[鑑賞] 처음 두 구는 對句(대구)가 되었고, 끝 구의 풀이에 異說(이설)이 있을 수 있다. 곧, '이 가야산의 경치를 감상하려는 사람들을 몇 번이나 겪었을까'로 온건하게 풀이할 수도 있으나, 지은이는 당시의 세상을 비정상적이라 보아 벼슬도 마다하고 은거했기로 올곧지 못한 인심을 비유해 읊었다고 풀었다.

5言絕句(5언절구). 압운은 眞, 人 자로 평성 '眞' 평운이다. 평측은 차례로 '仄仄平平仄, 平平仄仄平, 平平仄仄仄, 平仄仄平平'으로 二四不同(이사부동)과 反法, 粘法(반법, 점법) 등이 모두 잘 이루어졌다. 셋째 구의 王자는 '임금 노릇 하다'로 측성에 해당된다.

556-2 題頭流山(제두류산) 두류산에서

誰將神斧削貞珉 矗立巖巖入翠旻 棱角却嫌何太露 故敎煙雨半藏身.

(수장신부삭정민 촉립암암입취민 능각각혐하태로 고교연우반장신)

누가 신령스러운 도끼로 굳은 옥돌을 깎아, 바위들 겹치게 해 푸른 하늘로 곧추 세웠는고.
뾰족한 봉우리를 오히려 싫어할까봐 드러내 놓지 못해, 안개비로 하여금 반쯤 가리게 했구나.

[語句] *頭流山 : 智異山(지리산)의 별칭. *將 : 가지고. 로써. *貞珉 : 굳은 옥돌. 곧은 옥 *矗立 : 똑바로 섬. 솟아 있음. *翠旻 : 푸른 가을 하늘. *棱角 : 뾰족한 모. 모서리각. *太露 : 크게 드러나게 함. *煙雨 : 안개처럼 부옇게 내리는 가는 비. *敎 : 하여금. *藏身 : 몸을 감춤.

[鑑賞] 지리산의 특징을 단적으로 잘 잡아 표현한 시. 도끼로 일부러 깎은 듯 곧추

선 바위 봉우리들, 그 둘레에 드리운 푸른 가을 하늘, 너무 뾰족한 것을 싫어 할까보아 안개로 하여금 그 뾰족한 모습을 반쯤 가리게 했다. 속세의 일을 싫어한 지은이의 곧은 마음을 상징적으로 나타냈다 하리라.

7言絕句(7언절구). 압운은 珉, 旻, 身 자로 평성 '眞(진)' 평운이다. 평측은 차례로 '平平平仄仄平平, 仄仄平平仄仄平, 平仄仄平平仄仄, 仄平平仄仄平平'으로 二四不同二六對(이사부동이륙대)와 반법, 점법 등이 잘 이루어져 내용과 함께 명작이라 할 만하다.

557. 崔元祐(최원우 ?) : 고려 충숙왕 때 문관. 司憲府執義(사헌부 집의)를 역임했다.

557-1 永州文會樓(영주문회루) 영주의 문회루

林外長川野外山 倚樓人在畫圖間 已爲才俊登臨地 雲物千年定不閑.
(임외장천야외산 의루인재화도간 이위재준등림지 운물천년정불한)

숲 밖에는 긴 냇물이요 들 밖에는 산이라, 누각 다락에 올라 기대니 바로 그림 속일세.
이미 재주 있는 이들이 오르던 곳이 되어, 천년 구름빛이 한가롭지 않구나.

[語句] *永州 : 경북 永川市(영천시)의 고려 때 이름. *畫圖 : 여러 종류의 그림 총칭. *才俊 : 재주가 있고 풍채가 뛰어난 사람. *雲物 : 태양 곁에 있는 구름 빛깔. 옛날에는 이것으로 길흉, 수재, 한재 등을 예측했다고 함.

[鑑賞] 起句(기구)는 문회루의 지리적 배경이니, 숲 건너 강물이 흐르고 들판 저쪽으로 산이라 했다. 承句(승구)는 문회루의 뛰어난 경관을 읊어 기구를 이었다. 轉句(전구)는 이 정자에 올랐을 옛 인물들을 想定(상정)해 내용을 전환하고, 이런 유서 깊은 누각이라 구름빛도 예사롭지는 않다고 結句(결구)에서 맺었다. 차분하게 詩想(시상)을 이끌어 간 작품이다.

7언절구. 압운은 山, 間, 閑 자로 평성 '刪(산)' 평운이다. 평측은 차례로 '平仄平平仄仄平, 仄平平仄仄平平, 仄平平仄平平仄, 平仄平平仄仄平'으로 이사부동이륙대와 반법, 점법 등이 잘 이루어졌다.

557-2 題順天八馬碑(제순천팔마비) 순천의 팔마비를 두고 짓다

來往昇平節物移 送迎多愧奪民時 莫言無德堪傳後 復起崔君八馬碑.
(내왕승평절물이 송영다괴탈민시 막언무덕감전후 복기최군팔마비)

순천과 승주를 오고 가는 동안 철 따른 물건들이 바뀌고,
보내고 맞이하는 일로 백성들의 농사철을 방해해 부끄럽구나.

후세에 전할 만한 덕이 없다고 말하지 마오, 청렴했던 최 사또의 팔마비를 복구해 세웠으니.

[語句] *順天 : 전남 남단의 순천시. 仙巖寺(선암사), 松廣寺(송광사), 新城浦(신성포) 등의 명승고적이 있음. *八馬碑 : 순천시에 있는, 최석 부사를 기리는 비석. 고려 때 순천에서는 부사가 임지를 떠나면 주민들이 말 8필을 모아 주었는데, 최석이란 부사는 말 8필과 그 동안 낳은 망아지까지 되돌려 주어 이를 기리는 비석을 세웠던 것임. *昇平 : ①나라가 태평함. ②순천시 관할의 전 昇州郡(승주군)의 신라 때 이름. 여기서는 ②임. *節物 : 철 따라 나는 물건.

[鑑賞] 지은이도 순천에서 벼슬을 살았던 듯싶다. 벼슬길에서 전출입이 있으면 백성들이 길가에서 마중하거나 배웅을 하는 게 관례였으리라. 특히 농삿일에 바쁜 시기에는 이것이 하나의 민폐였음에 틀림이 없으니, 지은이도 이를 미안해 했다. 그러나, 최 사또의 청렴을 기리는 팔마비를 세웠으니 하나의 공적임에 틀림없어, 은근히 자기도 청백하게 벼슬을 살았음을 보였다.

7언절구. 압운은 移, 時, 碑 자로 평성 '支(지)' 평운이다. 평측은 차례로 '平仄平平仄仄平, 仄平平仄仄平平, 仄平平仄平平仄, 仄仄平平仄仄平'으로 이사부동이륙대와 반법, 점법 등이 잘 이루어지고 평측 배치도 좋은 시이다.

558. 崔惟善(최유선 ?~1076) : 고려 문종 때 문신. 시호 文和(문화). 본관 海州(해주). 父 文憲公 沖(문헌공 충 →565). 동생 惟吉(유길). 현종 때 을과 첫째로 뽑혀 7품직에 올라 翰林院(한림원)에 들었고, 문종 7년(1053) 中書侍郎(중서시랑)에서 同中書門下平章事, 吏部尙書, 中書令, 判尙書吏部事(동중서문하평장사, 이부상서, 중서령, 판상서이부사) 등을 거치며 공신의 작호를 받았고 守司徒(수사도)에 이르렀다. 문헌공이 나이 높았을 때 왕이 國老宴(국로연) 잔치를 베풀었는데, 유선과 유길이 부친을 부축하여 연회장에 들어오니, 한림학사 金行瓊(김행경)이 "尙書令擁中書令 乙壯元扶甲壯元(상서령-유길-이 중서령-유선-을 옹위했고, 을장원-유선-이 갑장원-문헌공-을 부축했네)" 라 읊어 좋은 글귀라 칭찬받았다. 또 중구날 왕이 松嶽亭(송악정)에서 신하들에게 시를 짓게 한 바, 유선이 첫째에 들어 말 한 필을 하사받았다. 아들이 思齊(사제)로 선종 때 높은 관직을 역임한 閥族(벌족) 가문이다. →539.

558-1 御苑仙桃(어원선도) 대궐 동산의 선도 복숭아

御苑桃新種 異從閬苑仙 結根丹地上 分影紫庭前
細葉看如畫 繁英望欲燃 品高鷄省樹 香按獸爐煙
天近知春茂 晨清帶露鮮 是應王母獻 聖壽益千年.

(어원도신종 이종낭원선 결근단지상 분영자정전
세엽간여화 번영망욕연 품고계성수 향안수로연
천근지춘무 신청대로선 시응왕모헌 성수익천년)

대궐 동산에 새로 심은 복숭아, 신선 사는 낭원에서 옮겨 왔다네.
궁중 땅에 뿌리 내리고, 자줏빛 뜰 앞에 그림자 지네.
가느다란 잎사귀 그림 같고, 숱한 꽃봉오리 불타듯 붉구나.
중서성 나무 중 품질이 높고, 향기는 수로 향로의 향 냄새로구나.
임금님 가까움을 알아 봄 일찍 무성하고, 맑은 새벽에 이슬 머금어 고와라.
이 나무 서왕모가 드린 것이니, 임금님 춘추 천년을 더하리라.

[語句] *仙桃 : 신선 세계에 있다는 복숭아나무. *閬苑 : 崑崙山(곤륜산)에 있다는 신선 동산. 閬風瑤池(낭풍요지). 閬風苑. *丹地 : 궁중의 붉은 칠을 하거나 붉은 벽돌을 깐 마당. *紫庭 : 자줏빛 뜰 또는 紫宸殿(자신전) 궁전 앞뜰. *繁英 : 번성한 꽃봉오리. 많은 꽃봉오리. *鷄省 : 고려 때 중앙 최고 의정 기관의 하나인 中書省(중서성). *按 : 살피다. 詳考(상고)하다. *獸爐 : 짐승 모양으로 만든 향로 또는 獸炭(수탄, 짐승 모양으로 빚은 숯)을 피우는 화로. *天近 : 하늘이 가까움. 임금이 가까이 있음. *王母 : 西王母(서왕모). 곤륜산에 산다는 선녀. *聖壽 : 임금의 나이[연세, 춘추].

[鑑賞] 대궐 동산에 심은 선도를 두고 읊은 6연 12구의 5言排律(5언배율). 배율시는 첫 연 또는 끝 연 이외에는 모두 對句(대구)가 되게 지어야 하는 특징이 있는데, 이 시도 제 3구에서 10구까지 각각 두 구씩 대구가 잘 이루어졌다. 즉 뿌리와 그림자[3, 4구], 잎과 꽃봉오리[5, 6구], 품질과 향기[7, 8구], 하늘이 가까움과 새벽이 맑음[9, 10구] 등으로 짝을 잘 이룬 것이다. 흔히 볼 수 없는 귀한 복숭아이고 또 궁중에 심은 것이라 왕의 존엄과 직접 관련되기로 배율로 읊음이 마땅하겠고, 임금님의 만수무강을 祝禱(축도)하는 내용으로 마무리했다.

5언배율. 압운은 仙, 前, 燃, 煙, 鮮, 年 자로 평성 '先(선)' 평운이다. 평측은 차례로 '仄仄平平仄, 平平仄仄平, 仄平平仄仄, 平仄仄平平, 仄仄平平仄, 平平仄仄平, 仄平平仄仄, 平仄仄平平, 平仄平平仄, 平平仄仄平, 仄平平仄仄, 仄仄仄平平'으로 二四不同(이사부동)이 잘 지켜졌고, 反法(반법)과 粘法(점법)도 어느 한 곳도 어긋남이 없이 완벽하게 이루어졌으니, 이는 帝王(제왕)과 관련되는 작품이므로 더욱 짓기에 신중해야 하기 때문이리라.

559. 崔惟淸(최유청 1095~1174) : 고려 명종 때 학자, 문신. 자 直哉(직재). 시호 文淑(문숙). 본관 昌原(창원). 父 中書門下平章事 奭(중서문하평장사 석). 早失父母(조실부모)하고 학문에 힘

써 예종 때 문과에 급제, 다시 학문을 닦고 독서하다가 추천으로 한림원에 들어갔고, 인종 즉위 후 실직되었다가 左司諫(좌사간)이 되고 尙州守(상주수)로 나가 치적을 올렸다. 侍御史, 殿中少監, 諫議大夫(시어사, 전중소감, 간의대부)가 되고 金(금) 나라에 사신으로 가서 언행으로 왕이 경탄케 했으며 돌아와 戶部侍郎, 東北面兵馬副使(호부시랑, 동북면병마부사)가 되어 북방을 중시토록 했다. 의종 초에 중서시랑, 동중서문하평장사, 判兵部事(판병부사)에 올랐다. 의종 24년(1170) 鄭仲夫亂(정중부난) 때 왕을 巨濟(거제)로 추방하고 왕의 동생인 명종을 영입하면서, 모든 문신이 화를 입었으나 그는 지난날의 덕망으로 친척까지 화를 면했다. 명종 때 守司空, 集賢殿大學士, 判禮部事(수사공, 집현전대학사, 판예부사)를 역임했다. 어려서부터 늙기까지 손에서 책을 떼지 않았고 經史(경사)에 밝으며 佛經(불경)에도 조예가 깊어, 유생과 승려들의 내방과 질의가 많았다. 예종부터 네 임금을 섬겼으며 저서로 '李翰林集註, 柳文事實(이한림집주, 유문사실)'과 문집 '南都集(남도집)'이 있다.

559-1 初歸故園(초귀고원) 고향에 처음 돌아오다

里閭蕭索人多換 墻屋傾頹草半荒 唯有門前石井水 依然不改舊甘凉.

(이려소삭인다환 장옥경퇴초반황 유유문전석정수 의연불개구감량)

미을은 쓸쓸하고 사람은 많이 바뀌었는데, 담장은 기울고 무너져 풀이 거반 우거졌네.
오직 문앞의 돌우물은 그대로 있어, 옛날의 달고 시원한 맛 변치 않은 대로로구나.

[語句] *里閭 : 태어나 자란 고향 마을. 鄕里(향리). 마을의 문. 里閈(이한). *蕭索 : 아주 쓸쓸함. 蕭條(소조). *墻屋 : 담. 牆屋(장옥). *傾頹 : 기울어져서 무너짐. *石井 : 돌로 쌓은 우물. 돌우물. *依然 : 전과 같이 다름없음.

[鑑賞] 오래 고향을 떠났다가 처음으로 찾아간 감상을 읊은 시. "고향은 떠날 수는 있어도 잊지는 못한다."는 말이 있는데, 이는 당 나라 詩聖 杜甫(시성 두보)의 '遣悶(견민)' 시 끝 구 "百年從萬事 故國耿難忘(살아 백년 동안 온갖 일을 겪지만, 고향은 늘 마음에 애틋해 잊기 어려우이)" 와 관련된다 하리라. '고향 마을은 쓸쓸해 아는 이 없고 집 담장은 무너져 잡초만 무성한데, 다만 돌우물의 물맛만은 예 그대로 달고 시원하다.' 했다. 자연은 영원한데 인생은 무상이다.

7言絕句(7언절구). 압운은 荒, 凉 자로 평성 '陽(양)' 평운이다. 평측은 차례로 '仄平平仄平平仄, 平仄平平仄仄平, 平仄平平仄仄仄, 平平仄仄仄平平'으로 二四不同二六對(이사부동이륙대)와 반법, 점법 등이 모두 이루어졌고 첫 구에는 압운하지 않았다.

559-2 杏花(행화) 살구꽃

平生最是戀風光 今日花前興欲狂 願借漆園胡蝶夢 遶枝攀蘂恣飛揚.
(평생최시연풍광 금일화전흥욕광 원차칠원호접몽 요지반예자비양)

평생에 좋은 경치를 그리워함이 으뜸이었는데, 오늘 꽃을 대하니 그 흥취 미칠 듯하네. 원컨대 장자의 나비 꿈을 빌어, 가지에 돌고 꽃술에 앉으며 마음대로 날아 봤으면.

[語句] *風光 : 경치. *漆園 : 莊子(장자, 이름 周주)의 별칭. 그가 칠원이라는 곳의 벼슬아치를 지냈기로 하는 말임. *胡蝶夢 : 나비가 된 꿈. 장자가 꿈에 나비가 되어 날아다니니 유쾌했지만 자기가 장자인 줄을 알지 못했고, 꿈을 깨니 장자가 꿈에 나비가 되었는지 나비가 꿈에 장자로 되었던 것인지 분간 못 하겠더라 했는데, 나와 外物(외물)은 원래 하나라는 이치를 뜻하는 말임.<莊子 齊物論> *遶 : 둘리다. =繞(요). *攀 : 휘어잡다. 당기다. *蘂 : 꽃술. 꽃의 암술과 수술. *恣 : 멋대로 하다. 방자하다. *飛揚 : 높이 날아오름. 飛騰(비등).

[鑑賞] 봄에 알찍 활짝 피는 살구꽃을 읊은 시. '늘 좋은 경치를 감상하게 되기를 바라는 처지인데, 만발한 살구꽃 앞에 서니 흥취가 더욱 높다. 장자가 꿈에 나비가 되었다는 고사처럼 나도 벌이나 나비가 되어 저 꽃가지 위를 높이높이 날며 꽃구경을 실컷 하고 싶어진다.' 했다. 순수한 詩心(시심)을 소박하게 그린 名作(명작)이다.

7言絕句(7언절구). 압운은 光, 狂, 揚 자로 평성 '陽(양)' 평운이다. 평측은 차례로 '平平仄仄仄平平, 平仄平平仄仄平, 仄仄仄平平仄仄, 仄平平仄仄平平'으로 二四不同二六對(이사부동이륙대)와 反法, 粘法(반법, 점법) 등이 모두 이루어졌고 첫 구에도 압운했다.

560. 崔應賢(최응현 1428~1507) : 조선 성종 때의 문관. 자 寶臣(보신). 본관 江陵(강릉). 父 吏曹參判 致雲(이조참판 치운). 사마시에 급제하고 단종 2년(1454) 문과 을과에 1등으로 급제하여 고향에 老母(노모)가 있어 서울의 벼슬자리에는 나가지 않고 늘 江陵訓導(강릉훈도)에 보직되었으니, 著作, 博士, 成均典籍(저작, 박사, 성균전적) 등에 보직되어도 나가지 않았던 것이다. 성종 11년(1480) 어머니상을 당하고 상을 마친 다음 成均司成, 執義(성균사성, 집의) 등에 이르고 충청도와 강원도 관찰사를 거쳐 大司憲(대사헌)과 공조, 병조, 형조의 참판을 역임했다.

560-1 次慶州營廳韻(차경주영청운) 경주 감영 청사의 시에 차운하다

塵間榮辱幾番春 案牘堆邊白髮新 夜半慣成林下計 明朝又作未歸人.
(진간영욕기번춘 안독퇴변백발신 야반관성임하계 명조우작미귀인)

속세의 영화와 욕됨으로 몇 해가 지났는가, 관청 문서 더미 곁에서 백발이 새로 생기네.
밤에는 늘 시골 자연 속으로 가야지 하면서도,
이튿날 아침이면 가지 못한 사람이 되고 마네.

[語句] *營廳 : 監營(감영, 監司감사-觀察使관찰사-가 직무를 보던 관청)의 廳舍(청사). *塵間 : 티끌 속 곧 속세. *榮辱 : 榮譽(영예)와 恥辱(치욕). 명예와 수치. *春 : 해. 세월. *案牘 : 관청의 문서. *堆 : 쌓이다. 더미. *夜半 : 한밤중. *慣 : 버릇. *林下 : 수풀 밑. 벼슬을 그만두고 은퇴한 곳. 시골의 자연.

[鑑賞] 경주 감영의 청사에 걸린 시에 차운해 지은 작품. '벼슬자리에 매이어 여러 가지 좋은 일, 나쁜 일 들을 겪은 지 몇 해나 지났나, 문서 더미에 묻히어 늘어난 것은 백발뿐이다. 밤중 조용한 때만 되면 벼슬에서 물러나 시골 조용한 곳에 가서 은거하자고 마음 다잡는 게 습관처럼 되었는데, 이튿날이면 또 업무에 밀려 그런 생각을 언제 했던가 하고 만다.'고 했다.

7언절구. 압운은 春, 新, 人 자로 평성 '眞(진)' 평운이다. 평측은 차례로 '平平平仄仄平平, 仄仄平平仄仄平, 仄仄仄平平仄仄, 平平仄仄仄平平'으로 이사부동이륙대와 반법, 점법 등이 모두 이루어졌다.

561. 崔岦(최입 1539~1612) : 조선 중기의 학자. 자 立之(입지). 호 東皐, 簡易(동고, 간이). 본관 通川(통천). 父 進士 自陽(진사 자양). 명종 16년(1561) 문과에 장원급제하여 임진왜란 때 承文提調(승문 제조)로서 명 나라에 보내는 글을 초안했는데, 글이 심오하고도 법도가 있었다. 명 나라에 使節(사절)로 세 번 갔는데 禮部(예부)에 올린 그의 글을 명 나라의 여러 학사들이 보고는 손벽을 치며 탄복했다고 하며 글씨는 趙松雪體(조송설체)를 썼다. 벼슬은 刑曹參判(형조참판)에 이르렀다. 대대로 開城(개성)에 사는 한미한 집안이었으나 문장에 능하고 학문에 통달했으며 특히 易書(역서)를 깊이 알아 저명해졌고 문집에 '簡易集(간이집 9권)'이 있다. 許筠(허균)은 '答李生書(답이생서)'에서 "오늘의 문으로는 동고를 추천한다." 했다. 아들 東望(동망)은 문과 급제 후 京畿都事(경기도사)로서 일찍 사망했다.

561-1 洛山寺八月十七日朝(낙산사팔월십칠일조) 낙산사 8월 17일 아침

玉宇迢迢落月東 滄波萬頃忽飜紅 蜿蜿百怪皆啣火 送出金輪黃道中.

(옥우초초낙월동 창파만경홀번홍 원원백괴개함화 송출금륜황도중)

달이 지자 맑은 하늘 동녘 저멀리 아득한데,
동해 바다 만 이랑 푸른 물결 갑자기 붉게 물드네.

숱한 괴물들이 불을 물고 굼틀굼틀 하는 듯하더니, 금빛 태양을 황도 길로 내 보내는구나.

[語句] *洛山寺 : 강원도 양양군 해안에 있는 절. 몇 해 전 산불로 전소되어 재건했음. →31-1. *玉宇 : 옥같이 맑은 하늘. *迢迢 : 높은 모양. 까마득한 모양. *滄波萬頃 : 넓은 바다의 한없이 너른 푸른 물결. 萬頃蒼波. 萬頃은 '백만 이랑으로 땅이나 물이 한없이 너름'임. *蜿蜿 : 굼틀거리는 모양. '완완'으로도 읽음. *百怪 : 여러 가지 많은 괴물. *啣 : 머금다. 물리다. 銜(함)의 속자임. *金輪 : ①금빛 화려한 수레 곧 해. 태양. ②<佛>세계의 밑바닥에서 세계를 받치고 있다는 三輪(삼륜)의 하나. 삼륜은 '금륜, 風輪(풍륜), 水輪(수륜)으로 地輪(지륜) 곧 大地(대지)'임. *黃道 : 태양이 운행하는 길. 지구가 태양을 도는 큰 궤도.<漢書 天文志>

[鑑賞] 8월 보름 둥근 달이 뜨는 날의 이틀 뒤, 아침의 日出(일출) 광경을 묘사한 시. 경주 吐含山(토함산) 石窟庵(석굴암)에서의 해맞이가 유명한데, 낙산사에서의 해맞이도 그에 못지 않으리라. 아무튼 해돋이는 암흑의 밤을 헤치고 광명을 가져다 주는 신비스러운 광경이기에, 고대부터 민족마다 신화나 전설이 있고 문인들의 글 소재로 많이 등장한다.

7언절구. 압운은 東, 紅, 中 자로 평성 '東' 평운이다. 평측은 차례로 '仄仄平平仄仄平, 平平仄仄仄平平, 平平仄仄平平仄, 仄仄平平平仄平'으로 이사부동이륙대와 반법, 점법 등이 모두 이루어졌다.

562. 崔滋(최자 1186~1260) : 고려 강종, 고종 때 학자, 문신. 초명 宗裕, 安(종유, 안). 자 樹德(수덕). 호 東山叟(동산수). 시호 文淸(문청). 본관 海州(해주). 文憲公 沖(문헌공 충 →565)의 후손. 강종 때 문과에 급제하여 尙州司錄(상주사록)이 되어 잘 다스렸으므로 國學學諭(국학학유)에 보직되었으며, 李奎報(이규보 →220)의 추천으로 文翰(문한)을 맡아보았다. 이어 給田都監錄事(급전도감녹사) 로 성적을 올렸고 고종 37년(1250) 사신으로 몽고에 다녀와 상주목사, 안찰사를 거쳐 殿中少監, 寶文閣待制(전중소감, 보문각대제), 충청・전라 안찰사를 지냈다. 이후 國子大司成, 知御史臺事, 尙書, 左僕射, 翰林學士(국자대사성, 지어사대사, 상서, 좌복야, 한림학사)가 되었고, 벼슬이 守太師, 門下侍郎, 同中書侍郎平章事, 判吏部事(수태사, 문하시랑, 동중서시랑평장사, 판이부사) 등에 이르렀다. 시문에 뛰어나 문명을 떨쳤으며 학식과 행정력을 겸비하여 많은 치적을 쌓았으나, 일찍이 고종에게 몽고에 항복하기를 권했으므로 사람들에게 조소를 받았다. 저서로 '家集(가집 10권), 補閑集(보한집 3권)' 등이 있다.

562-1 南堤柳(남제류) 남쪽 제방의 버들

南堤一株柳 濯濯秀風標 毒虺藏空腹 嬌鶯弄細腰

歲寒無勁節 春暖有長條 但問材何用 休論百尺喬.
(남제일주류 탁탁수풍표 독훼장공복 교앵농세요
세한무경절 춘난유장조 단문재하용 휴론백척교)

남쪽 둑의 한 그루 버드나무, 윤이 나서 한들한들 그 모습 빼어나는구나.
주린 독사뱀이 숨어 있지만, 아리따운 꾀꼬리는 그걸 모른 채 가는 허리만 흔드네.
추운 겨울에는 굳은 절개 보이지 않더니, 봄 따스해지자 긴 가지 늘어지는구나.
다만 묻노니 그 버드나무 재목 어디다 쓸 것인고, 백 자 길이 키 크다고 자랑할 건 못 되리.

[語句] *堤 : 방죽. 둑. 堤防(제방). *濯濯 : ①윤이 나는 모양. 濯濯如春月柳(봄철의 새싹 튼 버들처럼 윤이 나네)<世說 容止> ②밝은 모양. ③산이 빨간 모양. ④살이 쪄 기름기가 흐르는 모양. 여기서는 ①임. *風標 : 빛나고 드러나 보이는 겉모양. 風采(풍채). *毒虺 : 毒蛇(독사). 虺는 '뱀. 이무기'임. *嬌鶯 : 아리따운 꾀꼬리. 아양부리는 꾀꼬리. *歲寒 : 추운 계절. 겨울. *勁 : 굳세다. *休論 : 논하지 않음.

[鑑賞] 이 시의 본디 제목은 '南堤柳崔校勘韻(남제류최교감운)'으로 '비서직에 있는 최씨의 운자를 따라 남제의 버들을 읊다'는 뜻이다. 풍자가 많은 시로 버들은 고관 벼슬아치를 뜻하니, 평소에는 버드나무처럼 미끈한데 겨울이면 버들이 맥을 추지 못하듯, 국난을 당하면 아무런 타개책도 마련하지 못한다는 것이고, 독사는 나쁜 무리들을 은유하며 꾀꼬리는 높은 벼슬아치들에게 아부하는 부류를 뜻한다. 지은이가 활동하던 당시의 시는 풍자와 은유의 작품이 많은 것이 한 특징이 된다고 한다. 사실 버드나무는 땔감으로나 쓰지 棟梁(동량) 감은 못 된다.

5言律詩(5언율시). 압운은 標, 腰, 條, 喬 자로 평성 '蕭(소)' 평운이다. 평측은 차례로 '平平仄平仄, 仄仄仄平平, 仄仄平平仄, 平平仄仄平, 仄平平仄仄, 平仄仄平平, 仄仄平平仄, 平平仄仄平'으로 二四不同(이사부동)은 첫 구에서 어긋났고, 反法(반법)과 粘法(점법)은 그런대로 이루어졌다.

563. 崔澱(최전 1567~1588) : 조선 선조 때 학자. 자 彦沉(언침). 호 楊浦(양포). 進士(진사)에 급제했고 시와 글씨와 그림에 뛰어났었다.

563-1 鏡浦臺(경포대) 경포대

蓬壺一入三千年 銀海茫茫水淸淺 鸞笙今日獨飛來 碧桃花下無人見.
(봉호일입삼천년 은해망망수청천 난생금일독비래 벽도화하무인견)

신선 동산에 한 번 들면 3천 년이라는데, 망망한 은빛 바다 맑고도 얕구나.
신선이 난새 타고 피리 불며 날 듯 오늘 홀로 왔으나, 벽도화 아래에서 보이는 사람 없네.

[語句] *鏡浦臺 : 강원도 강릉시 동쪽 경포 가에 있는 누각. →91-1. *蓬壺 : 신선이 산다는 蓬萊(봉래)와 方壺(방호). 봉래는 '三神山(삼신산)의 하나'이고, 방호는 '渤海(발해) 동쪽 바다 속에 있다는 신선이 사는 五山(오산)의 하나'임. *茫茫 : 넓고 멀어 아득함. *淸淺 : 물이 맑고 얕음. *鸞笙 : 봉황의 일종인 난새를 타고 笙簧(생황, 피리)을 붊. '신선의 행적'을 나타냄. *碧桃花 : 복숭아의 일종인 벽도의 꽃.

[鑑賞] 경포 호수와 경포대를 신선이 사는 봉래와 방호에 비유해 읊었다. 이 선경에 홀로 오니 벽도화 흐드러진 속에 나 혼자라 꼭 신선 같다는 것이다. 李重煥(이중환 →806)의 '擇里志(택리지)'에 "이 시는 드디어 고금을 통해 절창이 되었고, 이 시를 따라 짓는 이도 없었다. 혹자는 '이 시구에는 한 마디의 속된 표현이 없으니 이는 신선의 말이다.' 또 어떤 사람은 '이 시구는 너무 太虛(태허, 하늘) 같으며 그윽하니 귀신의 말이다.' 했는데, 최전은 집에 돌아가서 곧 죽었다 한다."라 있다. 옛날 이 경포 호숫가에 큰 부자가 살았는데, 아주 인색한 사람이라 어느 날 중이 쌀 시주를 오니 곡식은커녕 오물을 퍼다 주어, 그 道僧(도승)의 도술로 곧 이 곳이 내려앉아 호수가 되었고, 물에 가라앉은 곡식이 모두 작은 조개로 변해 맛이 달고 향기가 있어 허기를 면할 수 있었는데, 흉년이 들면 조개가 많이 나고 풍년에는 적게 생산된다고 하는 전설이 전한다. 주민들은 이 조개를 積穀蛤(적곡합)이라 부르며, 봄여름에는 사방에서 사람들이 모여들어 이 조개를 주워 간다고 했다.

7言古詩(7언고시). 압운이라 볼 수 있는 자는 淺 자와 見 자인데 淺은 上聲 '銑(선)' 측운, 見도 거성 '霰(산)' 측운으로 아무 연관이 없다. 평측은 차례로 '平平仄仄平平平, 平仄平平仄平仄, 平平平仄仄平平, 仄平平仄平平仄'으로 二四不同二六對(이사부동이륙대)는 둘째 구에서 어긋났고 반법과 점법은 그런대로 이루어졌다.

563-2 老馬(노마) 늙은 말

老馬枕松根 夢行千里路 秋風落葉聲 驚起斜陽暮.
(노마침송근 몽행천리로 추풍낙엽성 경기사양모)

늙은 말이 소나무 뿌리에 누워, 꿈길에 천리 길을 달리는구나.
가을바람에 우수수 지는 낙엽 소리, 놀라 벌떡 일어나니 저무는 석양일세.

[語句] *枕 : 베개. 베다. *斜陽 : 저녁 때 서쪽으로 기울어진 해. 그 햇빛. 斜照(사조).

[鑑賞] 늙은 말을 노인에 비기어 읊었는데 簡單明瞭(간단명료)하다. 이제 늙어서 아무 소용에 닿지 않아 주인은 큰 소나무에 말을 매어 두었으리라. 그 말은 그래로 지난 젊은 날의 날랬던 제 모양을 추억하며 지금 잠잠한 속에서도 천릿길을 달리고 있는

것이다. 그러다가 우수수 낙엽 소리를 끌고 가을바람이 몰아와 놀라 일어나니, 자기와 같은 황혼이 되려 한다. 인생도 이 노마와 같다는 無常(무상)을 주제로 했다.

5언고시. 압운은 路, 暮 자로 거성 '遇(우)' 측운이다. 평측은 차례로 '仄仄仄平平, 仄平平仄仄, 平平仄仄平, 平仄平平仄'으로 이사부동과 반법, 점법 등이 모두 이루어졌다. 이와 같이 이사부동이륙대, 반법, 점법 등 형식이 갖추어지면 비록 측운 압운이라도 絕句(절구)나 律詩(율시)로 처리하기도 한다.

564. 崔昌大(최창대 1669~1720) : 조선 숙종 때 학자. 자 孝伯(효백). 호 昆侖(곤륜). 본관 全州(전주). 父 영의정 錫鼎(석정 →541). 숙종 20년(1694) 문과에 급제하여 南床, 翰林, 吏郎, 舍人(남상, 한림, 이랑, 사인) 등을 거쳐 副提學, 吏曹參議(부제학, 이조참의)에 이르렀다. 정직하고 곧은 성품이었으며 문필가로 이름이 높았다. 문집에 '昆侖集(곤륜집 20권)'이 있다.

564-1 杜鵑啼(두견제) 두견의 울음

春去山花落 子規勸人歸 天涯幾多客 空望白雲飛.
(춘거산화락 자규권인귀 천애기다객 공망백운비)

봄이 가자 산꽃들 지는데, 소쩍새는 나더러 고향 돌아가라 하는구나.
타관 땅을 떠도는 사람 그 얼마나 많던고, 부질없이 흰 구름만 바라보고 있네.

[語句] *杜鵑 : 두견이과의 새. 뻐꾸기와 같으나 몸이 작음. 집을 짓지 못하여 다른 새의 집에 알을 낳아 번식함. 子規(자규). →104-2, 447-1. *天涯 : 하늘의 끝. 아득히 떨어진 타향.

[鑑賞] 봄철이 지나가는 타향에서 두견이 우는 소리를 들으며 지은 시. '봄이 가니 산의 그 많던 꽃들이 지고 두견새는 어서 고향으로 돌아가 농사를 지으라고 권하는 듯 울고 있다. 타향을 떠도는 그 많은 사람들, 두견이 울음소리 듣고는 공연히 고향 땅 저쪽에 떠 있는 흰구름만 바라보고 있을 뿐이리라.' 했다. 봄의 鄕愁(향수)를 읊은 산뜻한 시이다.

5언절구. 압운은 歸, 飛 자로 평성 '微(미)' 평운이다. 평측은 차례로 '平仄平平仄, 仄平仄平平, 平平仄平仄, 平仄仄平平'으로 이사부동은 둘째, 셋째 구에서 어긋나 반법과 점법도 온전치 못하다.

565. 崔沖(최충 984~1068) : 고려 문종 때 대학자. 자 浩然(호연). 호 惺齋, 月圃, 放晦齋(성재, 월포, 방회재). 시호 文憲(문헌). 본관 海州(해주, 옛 명칭 大寧대녕). 당시 사람들이 海東孔子(해동공자)라 추앙했다. 목종 8년(1005) 甲科(갑과)에 장원급제하여 현종 때 拾遺補

闕, 翰林學士, 禮部侍郎, 諫議大夫(습유보궐, 한림학사, 예부시랑, 간의대부) 등을 지내고, 덕종 초에 右散騎常侍, 同知中樞院事, 刑部尙書, 中樞院事(우산기상시, 동지중추원사, 형부상서, 중추원사) 등을 역임했다. 정종 때 尙書左僕射, 參知政事, 判西北路兵馬使, 門下侍郎平章事(상서좌복야, 참지정사, 판서북로병마사, 문하시랑평장사) 등을 거치고, 문종 초에 문하시중으로 都兵馬使(도병마사)가 되어 흉년에 시달리는 서북 지방민들의 부역을 금지했으며, 東女眞(동여진)의 변경 침입에 강경책을 쓰도록 했다. 문종 7년(1053) 中書令(중서령)으로 관직에서 물러나 후진 양성에 여생을 보냈는데, 학도들이 운집하매 9齋(재)로 나누어 우수한 제자들을 많이 배출하니 이를 文憲公徒(문헌공도)라 하며 12공도 중의 하나이다. 그는 우리나라 교육 진흥에 많은 공을 남겼다.

565-1 絕句(절구) 절구

滿庭月色無煙燭 入座山光不速賓 更有松絃彈譜外 只堪珍重未傳人.

(만정월색무연촉 입좌산광불속빈 갱유송현탄보외 지감진중미전인)

뜨락의 밝은 달빛 그을음 없는 촛불이요, 방에 드는 산 경치 청하지 않은 손님일세.
또 소나무가 악보에 없는 곡조 타니,
다만 아끼고 조심해 세상 사람들에게 전해지지 않기를.

[語句] *山光 : 산 경치. *不速賓 : 초청하지 않은 손님. 不速之客(불속지객). 速은 '청함. 초청'임.<易經 需卦>. *松絃 : '소나무의 작은 가지나 솔잎'을 뜻함. 絃은 '絃樂器(현악기)의 줄'임. *譜 : 樂譜(악보). *珍重 : 아끼어 조심함. 貴重(귀중).

[鑑賞] 자연을 인위적인 것에 비유하여 잘 읊은 시이다. 밝은 달은 만물을 비추어 주니 연기가 나지 않는 촛불 같고, 앉은 자리에 비추어 드는 산 경치는 바로 청하지도 않았는데 찾아온 불청객 같다. 솔바람 소리는 곧 거문고 타는 소리인데 악보에 없는 곡조인 바, 이 달빛과 산빛과 솔바람 들이 어우러진 이 한적하고 맑은 경지를 일반 속세 사람들이 느낄 수 없으리라 한 것이다. 다른이의 감상한 부분을 보면 "이 시는 자연을 즐기는, 자연을 애호하는 정신을 가득 담고 있다. 인공보다는 자연의 소리에 귀를 기울일 줄 아는 삶이 바로 군자의 삶이 아닐까 한다. 이 시를 통하여 최충의 도학자로서의 경지를 엿볼 수 있을 것 같다. 천지조화의 순리가 바로 도라면 최충이야말로 이런 도의 경지를 이 시에 쏟아 놓은 꾸밈새라고 볼 수 있다."<李丙疇 韓國漢詩의 理解>

7言絕句(7언절구). 압운은 賓, 人 자로 평성 '眞(진)' 평운이다. 평측은 차례로 '仄平仄仄平平仄, 仄仄平平仄仄平, 仄仄平平平仄仄, 仄平平仄仄平平'으로 二四不同二六對(이사부동이륙대)

와 反法, 粘法(반법, 점법) 등이 잘 이루어져, 비록 첫 구에는 압운하지 않았지만 내용과 함께 명작이라 하겠다.

566. 崔致遠(최치원 857~?) : 신라 말기의 대학자. 자 孤雲, 海雲, 海夫(고운, 해운, 해부). [孤雲은 그의 호라고도 함]. 시호 文昌侯(문창후). 경주 沙梁部(사량부) 혹은 本彼部(본피부) 사람이라 하며, 호남의 沃溝(옥구)에서 출생했다는 설도 있다. 경문왕 때인 12세에 唐(당) 나라에 유학하여 18세 때인 僖宗 乾符(희종 건부) 원년-신라 경문왕 14년(874)- 禮部侍郎 裵瓚(예부시랑 배찬)이 주관한 과거에 장원했다. 宣州漂水縣尉(선주표수현위)를 거쳐 承務侍郎御史內供奉(승무시랑 어사내공봉)이 되어 紫金魚袋(자금어대)를 하사받았다. 黃巢(황소)의 난이 일어나자 兵馬都統 高騈(병마도총 고병)의 從事官(종사관)이 되어 '討黃巢檄書(토황소격서)' 격문을 지어 적의 간담을 서늘케 했고 이로부터 그의 文名(문명)이 천하에 떨치게 되었다. 28세 때인 헌강왕 11년(885) 당 나라의 國書(국서)를 가지고 귀국하여, 侍讀兼翰林學士(시독 겸 한림학사)가 되었고 진성여왕 7년(893) 遣唐使(견당사)에 임명되었으나 도둑이 횡행하여 가지 못하고 이듬해에 阿湌(아찬)이 되었다. 時務策 10餘條(시무책 10여 조)를 올려 정치를 바로잡으려 했으나, 난세로 뜻을 이루지 못하고 경주 南山(남산), 剛州永山(강주 영산), 陜州 淸凉寺(합주 청량사), 지리산 雙溪寺(쌍계사), 合浦縣 月影臺(합포현 월영대) 등 산수간을 방랑하며 시문으로 소요하다가, 마지막에는 伽倻山 海印寺(가야산 해인사)에 은거하며 定玄禪師(정현선사)와 사귀면서 佛仙(불선)을 논하거나 시문을 담론하다가 여생을 마쳤다 한다. 고려 태조가 건국하여 그의 학풍을 듣고 글로써 문답했다고 하며 그의 門人(문인)들이 고려에 벼슬한 사람이 많았다고 한다. 후에 薛聰(설총)과 함께 文廟(문묘) 에 배향되었고, '文集(문집 20권), 桂苑筆耕(계원필경 20권), 四六集(사륙집 1권), 山中覆簣集(산중복궤집)' 등의 저서를 남겼다 하나 전하지 않는 것이 많다.

566-1 江南女(강남녀) 강남의 딸

江南蕩風俗 養女嬌且憐 冶性恥針線 粧成調管絃
所學非雅音 多被春心牽 自謂芳華色 長占艶陽年
却笑隣舍女 終朝弄機杼 機杼縱勞身 羅衣不到汝.

(강남탕풍속 양녀교차련 야성치침선 장성조관현
소학비아음 다피춘심견 자위방화색 장점염양년
각소인사녀 종조농기저 기저종노신 나의부도여)

강남땅은 풍속이 방탕한 데가 있어, 딸은 아리땁고 예쁘게 키운다네.
바느질 하는 일을 부끄러워하는 성품을 기르고, 몸단장하고 나서는 풍악만 익히네.

배운 풍악이란 고상한 것이 아니어서, 온통 춘정을 이끄는 곡조여라.
스스로 꽃다운 얼굴이라 하며, 언제나 청춘일 것으로 알고 있어라.
이웃집 딸을 도리어 비웃나니, "아침 내내 베틀에서 베를 짜 무엇하려는고" 하기도 하고,
"베를 짜느라 애쓰기는 하지만, 그 비단옷이 너에게 갈 리가 없느니" 하기도 한다네.

[語句] *江南女 : '중국 양자강 이남 미인의 고장인 吳越(오월) 땅의 딸'의 뜻임. *蕩 : 마음대로 거리낌 없이 놀다. 주색에 빠져 난봉을 부리다. 放蕩(방탕). *冶 : 닦다. 단련하다. *針線 : 바늘과 실. 바느질. *管絃 : 관악기와 현악기. 風樂(풍악). *雅音 : 바르고 고상한 음악. *春心 : ① 봄철에 느끼는 정서. ②남녀간의 정욕. 春情(춘정). 여기서는 ②임. *芳華 : 향기로운 꽃. 꽃다움. *艶陽 : 따스한 봄날의 기후. 봄 햇빛. 청춘. *終朝 : 아침이 지날 때까지의 동안. 아침 내내. *機杼 : 베틀의 북. *縱 : 비록. *羅衣 : 비단옷.

[鑑賞] '중국 강남 미인의 고장에서 딸을 키우는 풍습은 몸치장과 풍류를 배우도록 하는 일뿐이며, 그 딸들도 따라서 고운 용모를 치장하는 일과 거문고 등 악기를 능숙하게 다루는 일을 배운다. 그리하여 부잣집 총각에게 시집가거나 화류계에 나가 호사스럽게 살아가는 데 목표를 두고 있다. 그러니 열심히 베를 짜는 이웃집 처녀를 비웃는 것이다.' 했다. 당 나라에 유학할 때 지은 풍자적인 시이다.

5言古詩(5언고시) 6연 12구. 압운은 憐, 絃, 牽, 年, 杼, 汝 자로 앞의 넉 자는 평성 '先(선)' 평운이고, 뒤의 杼와 汝는 상성 '語(어)' 측운이다. 고시에는 이렇게 운자를 바꾸는 경우가 많은 편이다. 평측은 차례로 '平平仄平仄, 仄仄平仄平, 仄仄仄平仄, 平平仄仄平, 仄仄平仄平, 平仄平平平, 仄仄平平仄, 平仄仄平平, 仄仄平仄仄, 平平仄平仄, 平仄仄平平, 平平仄仄仄'으로 이사부동은 제 3, 4, 6, 7, 8, 11, 12구에서만 이루어져 반법과 점법은 불규칙하다.

566-2 登潤州慈和寺上房(등윤주자화사상방) 윤주의 자화사 상방에 올라

登臨暫隔路岐塵 吟想興亡恨益新 畫角聲中朝暮浪 靑山影裏古今人
霜催玉樹花無主 風暖金陵草自春 賴有謝家餘境在 長敎詩客爽精神.
(등림잠격노기진 음상흥망한익신 화각성중조모랑 청산영리고금인
상최옥수화무주 풍난금릉초자춘 뇌유사가여경재 장교시객상정신)

올라보니 속세와의 갈림길이 잠시 멀어져, 흥망을 되새겨 보니 한이 더욱 새롭구나.
바라 소리 속에 조석으로 일렁이는 메아리요, 푸른 산 그 속에는 고금 사람들 그림자 서렸네.
스산한 꽃인 양 옥수후정화 곡조에 진 후주 임금은 없고,
바람 따뜻해 금릉의 풀 절로 봄일세.

사씨 시인들이 남겨둔 시의 경지 남아 있어, 시 쓰는 사람으로 하여금 정신 삽상케 하는구나.

[語句] *潤州 : 중국 강소성 鎭江市(진강시)의 隋, 唐(수, 당) 때 이름. 일명 丹徒(단도). 동쪽에 潤浦(윤포)가 있음. *上房 : 관청의 우두머리가 있는 방. <佛>住持(주지)가 있는 방. *登臨 : 높은 곳에 오름, 올라 내려다봄. 登山臨水(등산임수, 산에 오르고 물에 다다름). *岐塵 : 티끌세상 곧 속세와 갈라지는 길. *吟想 : 시를 읊거나 생각에 잠김. *畫角 : ①바라. 솥뚜껑 모양의 두 짝을 마주 쳐서 소리내는 악기. ②三絃六角(삼현육각). *朝暮 : 아침때와 저녁 무렵. *浪 : 물결. 파도처럼 일렁거리는 모양. *霜催 : 서리 맞듯 스산함. 쓸쓸하고 어수선함. *玉樹花 : 玉樹後庭花(옥수후정화). 중국 남북조 때 陳(진) 나라 後主(후주)가 지은 가곡으로 나라 멸망의 계기가 된 음란한 곡조였다고 함. *無主 : 주인공 곧 진 후주가 없음. *金陵 : 지금의 중국 南京市(남경시). 建康(건강). *賴 : 믿다. 힘입다. 밑바탕 삼다. *謝家 : 사씨. 晉(진)의 謝靈運(사영운)이나 南齊(남제)의 謝朓(사조) 같은 문인. *餘境 : 시의 소재나 주제가 되는, 읊을 사물들을 남겨 두어 뒷사람들이 읊도록 한 境地(경지). *爽 : 시원하다. 상쾌하다. 颯爽(삽상).

[鑑賞] 이 시는 朴仁範(박인범)의 '涇州龍朔寺閣(경주용삭사각 →80-1)' 시 및 朴寅亮(박인량)의 '使宋過泗州龜山寺(사송과사주구산사 →79-1)' 시와 함께 三詩(삼시)라 하여 人口(인구)에 膾炙(회자)되어 오는 작품이다. 首聯(수련 1~2구)은 起(기)로 자화사에 올라 내려다보니 속세와는 멀리 벗어났고 인간의 홍망성쇠는 덧없는 것이 실감이 난다고 실마리를 잡았고, 頷聯(함련 3~4구)은 承(승)으로 절에서 울리는 바라 소리는 아침저녁 메아리져 일렁거리고, 푸른 산에는 아름다운 경치를 찾았던 예와 이제 사람들의 그림자가 서려 있다고 수련을 이어받았다. 朝暮浪은 아침저녁의 양자강 물결처럼 일렁거리는 바라 소리의 메아리인데 물결과 메아리의 뜻을 포함한 重義法(중의법)이라 볼 수도 있겠고 청각적 이미지를 시각적 이미지로 묘사했다. 청산 속에서 探勝(탐승)하는 사람들의 모습을 찾았으니 기발한 그림이며, 이 두 구는 對句(대구)가 멋지게 이루어졌다. 頸聯(경련 5~6구)은 轉(전)으로 승의 敍景(서경)에서 다시 敍情(서정)으로 전환했다. 진 후주의 고사를 염두에 두고 스산한 꽃은 달리 보아주는 이 없어도 고운 자태를 자랑하고, 봄바람에 옛 서울 금릉의 풀들은 봄을 자랑한다. 이 두 구 역시 대구가 잘 이루어졌으며 자연은 그대로이나 인생은 無常(무상)함을 그렸다. 霜催는 실제로 서리를 맞았다고 볼 수 없으니 시절이 봄이 아닌가. 尾聯(미련 7~8구)은 結(결)로 사영운이나 사조 같은 시인들이 미쳐 읊지 못한 경지가 남아 있어 나로 하여금 시를 짓게 하니 내 마음 상쾌하다고 맺었는데, 이는 그분들과 시로

써 한번 겨루어볼 만하다는 自負心(자부심)을 내포하고 있는 것이다. 실로 명작이며 지은이의 傲氣(오기)와 自尊心(자존심)이 깃든 작품이라 하리라.

7言律詩(7언율시). 압운은 塵, 新, 人, 春, 神 자로 평성 '眞(진)' 평운이다. 평측은 차례로 '平平仄仄仄平平, 平仄平平仄仄平, 仄仄平平平仄仄, 平平仄仄仄平平, 平平仄仄平平仄, 平仄平平仄仄平, 仄仄仄平平仄仄, 平平平仄仄平平'으로 二四不同二六對(이사부동이륙대)와 反法(반법) 및 粘法(점법) 등이 모두 잘 이루어졌고, 함련과 미련은 각각 두 구의 평측 배열이 대조를 이루어 함련은 '仄仄平平平仄仄 : 平平仄仄仄平平', 미련은 '仄仄仄平平仄仄 : 平平平仄仄平平'으로 짝이 되어 律調(율조)의 조화가 돋보여, 가히 7언율시의 典型(전형)이라 하겠다.

566-3 郵亭夜雨(우정야우) 우정의 밤비

旅館窮秋雨 寒窓靜夜燈 自憐愁裏坐 眞箇定中僧.

(여관궁추우 한창정야등 자련수리좌 진개정중승)

여관에 밤새도록 내리는 가을비, 쓸쓸한 창가의 고요한 등잔불.
시름에 잠긴 이 몸 가여워라, 정말로 선정에 든 중이 아닌가.

[語句] *郵亭 : 驛站(역참, 역말을 갈아타는 곳)에 있는 숙소. 漢(한) 나라 때 5리에 1亭, 10 리에 1郵를 두었음<漢舊儀> *窮 : 다하다. *寒窓 : 쓸쓸한 창문 곧 客地(객지). *眞箇 : 참으로. 정말로. *定 : <佛>禪定(선정, 參禪참선하여 三昧境삼매경에 이름)에 들어가는 일.

[鑑賞] 당나라에 유학을 갔을 때의 鄕愁(향수)를 읊은 시. 가을은 계절의 끝으로 들어가는 때라 스산한 법인데, 더구나 밤새도록 가을비가 내리니 객지에서 달리 옴직일 엄두도 내지 못할 판이라, 더욱 외롭고 쓸쓸하기 마련이다. 시름에 잠겨 홀로 앉아 있는 꼴이 꼭 참선하는 승려와도 같다.

5言絕句(5언절구). 압운은 燈, 僧 자로 평성 '蒸(증)' 평운이다. 평측은 차례로 '仄仄平平仄, 平平仄仄平, 仄平平仄仄, 平仄仄平平'으로 이사부동과 반법, 점법 등이 잘 이루어졌다.

566-4 題伽倻山讀書堂(제가야산독서당) 가야산 독서당에서 짓다

狂奔疊石吼重巒 人語難分咫尺間 常恐是非聲到耳 故敎流水盡籠山.

(광분첩석후중만 인어난분지척간 상공시비성도이 고교유수진농산)

돌 서리를 마구 흘러 겹친 봉우리 사이 골에 마주 울리니,
남의 말하는 소리 지척인데도 알아듣기 어렵네.
옳으니 그르니 시비하는 소리 귀에 들릴까 늘 두려워하여,

일부러 흐르는 물로 하여금 온 산을 둘러싸게 했구나.

[語句] *伽倻山 : 경상북도 성주군과 경상남도 합천군 사이에 있는 산. 높이 1,430 m. 일명 牛頭山(우두산). 산기슭에는 海印寺(해인사)가 있으며 이 절에 보관된 大藏經版木(대장경 판목)은 세계적 보물임. 黃溪瀑布, 武陵橋, 紅流洞(황계폭포, 무릉교, 홍류동) 등이 있고, 최치원의 전설로 더욱 유명함. *讀書堂 : 독서하도록 지은 건물. 해인사 입구 籠山亭(농산정)이 당시의 독서당이었다고 함. *狂奔 : 미친 듯 달아남. 물이 세차게 흐름. *疊石 : 겹쳐 놓인 바위나 큰 돌. *巒 : 멧부리. 산봉우리. *咫尺 : 서로 떨어진 사이가 아주 가까움. *是非 : 옳음과 그름. *故敎 : 일부러 ~으로 하여금. *籠 : 싸다. 들어박히다.

[鑑賞] 지은이의 명작의 하나로 꼽는 깔끔한 시이다. 높은 산봉우리와 바위들이 서로 얽혀 있는 골짜기를 멋대로 내달리는 세찬 냇물 곁에 고요한 독서당 건물 한 채와, 그 건물 안의 儒冠(유관)을 쓰고 독서에 열중하는 주인공 등 산수 동양화 한 폭이 연상된다. 바로 곁에서 말하는 사람들의 말소리도 세차게 흐르는 물소리에 묻혀 들을 수 없다. 이는 필시 속세와의 인연을 끊고 글 읽기에 열중하라는 조물주의 배려가 아닐 수 없다. 지은이는 당 나라에 유학하며 文名(문명)을 드날리고 돌아와 경륜을 마음껏 펴려는 의지가 있었다. 이는 '和答顧雲送別詩(화답고운송별시)'에도 나타나 있으니, "巫峽重峰之歲 絲入中國 銀河列宿之年 錦還東國(무협의 열 두 봉우리 같은 나이인 열두 살에 실 같은 미약한 존재로 중국에 와, 은하계 28수와 같은 나이인 스물여덟 살에 신라에 錦衣還鄕금의환향하네)"라 읊었던 것이다.

7언절구. 압운은 巒, 間, 山 자로 巒은 평성 '寒(한)' 운, 間과 山도 평성 '刪(산)' 평운으로 두 운은 通韻(통운)이 된다. 평측은 차례로 '平平仄仄仄平平, 平仄平平仄仄平, 平仄仄平平仄仄, 仄平平仄仄平平'으로 이사부동이륙대와 반법, 점법 등이 잘 이루어지고 평측 배치도 좋다.

566-5 題芋江驛亭(제우강역정) 우강의 역정에서 짓다

沙汀立馬待回舟 一帶煙波萬古愁 直得山平兼水渴 人間離別始應休.

(사정입마대회주 일대연파만고수 직득산평겸수갈 인간이별시응휴)

물가에 말을 세우고 배 돌아오기를 기다라노라니, 물위에 길게 낀 안개 만고의 시름일세.
이제 바로 산이 평지가 되고 강물 말라 뭍이 되면, 인간의 이별이 비로소 없어지려는가.

[語句] *驛亭 : 역말을 갈아타던 곳. 驛站(역참). 역말은 '역참에 항상 대기시키어 두고 官用(관용)에 쓰던 말'임. *沙汀 : 물가의 모래밭. *一帶 : 띠처럼 길게 잇닿은 한 줄.

*煙波 : 자욱하게 낀 연기. 아지랑이가 낀 水面(수면). *萬古愁 : 만고의 시름. 영원히 없어지지 않을 근심. *直得 : 바로 ~할 수 있음. *應休 : 마땅히 그침.

[鑑賞] 이별의 시름을 읊은 시. 자연에 그대로 순응하며 살던 때라 높은 산과 깊고 넓은 물은 왕래에 장애가 되어 서로 헤어짐이 예사의 일이었을 것이다. 지은이도 물가 나루에서 돌아오거나 돌아가려는 배를 기다리니, 반가운 사람과 오랜만에 만날 기대에 부풀어 있다가 강물에 안개는 잔뜩 끼었고 배는 보이지 않아, 이 시를 즉흥으로 읊었으리라.

7言絕句(7언절구). 압운은 舟, 愁, 休 자로 평성 '尤(우)' 평운이다. 평측은 차례로 '平平仄仄仄平平, 仄仄平平仄仄平, 仄仄平平平仄仄, 平平平仄仄平平'으로 二四不同二六對(이사부동이륙대)와 反法, 粘法(반법, 점법) 등이 모두 이루어졌다.

566-6 秋夜雨中(추야우중) 가을밤 빗속에서

秋風唯苦吟 擧世少知音 窓外三更雨 燈前萬里心.

(추풍유고음 거세소지음 창외삼경우 등전만리심)

가을바람 선들 불어 괴롭고 안타까운데, 세상에는 날 알아줄 친구 없구나.
한밤중의 창밖에는 비가 내리고, 등불 앞의 내 마음 고향 만리로 달려가네.

[語句] *苦吟 : ①괴롭고 안타까움. ②고심하여 시나 노래를 지음. 여기서는 ①임. *擧世 : 온 세상. *知音 : 음악의 곡조나 그 곡조에 담긴 뜻을 잘 앎. 마음이 통하는 친한 벗. 伯牙(백아)와 鐘子期(종자기)의 故事(고사)에서 온 말임. →139-1. *三更 : 한밤중. 밤 11시부터 오전 1시까지의 사이. 하룻밤을 다섯 更으로 나눈 세 번째라는 뜻임. 丙夜(병야). *萬里心 : 만리 먼 곳을 그리는 마음. 중국에서 멀리 떨어진 고향 신라를 그리워하는 마음.

[鑑賞] 이 시는 지은이의 대표작 중의 하나로 중등학교와 대학의 한문 교과서에 빠짐없이 실리는 시이다. 외롭고 쓸쓸한 타향살이라 가을바람은 향수를 더하는데 더구나 한밤중에 스산한 가을비까지 내리니, 방 안 등잔불을 바라보며 만리 먼 신라의 고향을 그리는 정이 끝간 데가 없다. 기와 승, 전과 결이 각각 對句(대구)를 잘 맞추었으니, '秋風-擧世, 唯-少, 苦吟-知音', '窓外-燈前, 三更雨-萬里心' 등으로 짝이 잘 이루어진 것이다. 황소를 치자는 격문으로 유명해진 지은이건만 고향 그리는 정은 어쩔 수 없었던가보다. "不唯天下之人이 皆思顯戮이라, 兼恐地中之鬼ㅣ 已議陰誅러라.(천하의 사람들이 모두 죽여 없애려고 생각할 뿐만 아니라, 겸해 땅 속의 귀신까지도 이미 몰래 죽이려고 의논했느니

라)"<檄黃巢書> 한 바, 황소가 벌벌 떨더라는 것이니 그 얼마나 통쾌한가. 이 글이 高駢(고병)의 名儀(명의)가 아닌 고운 선생의 이름으로 賊中(적중)에 발표되었더라면 얼마나 좋았을까 하는 생각이 든다.

5言絕句(5언절구). 압운은 吟, 音, 心 자로 평성 '侵(침)' 평운이니, 5언절구임에도 독특하게 첫 구에 압운했다. 평측은 차례로 '平平平仄平, 仄仄仄平平, 平仄平平●, 平平仄仄平'으로 이사부동과 반법, 점법 등이 잘 이루어졌다.

566-7 鄕樂雜詠 五首 金丸(향악잡영 오수 금환) 향악잡영 다섯 수 금방울놀이

迴身掉臂弄金丸 月轉星浮滿眼看 縱有宜僚那勝此 定知鯨海息波瀾.

(회신도비농금환 월전성부만안간 종유의료나승차 정지경해식파란)

몸 돌리고 팔 흔들며 금방울을 놀리니, 달이 구르고 별이 뜨는 듯 눈 가득 요란해라. 웅의료의 재주인들 이보다 나으랴, 큰 동해 바다 파도 소리 잔잔해지리.

[語句] *鄕樂 : 우리나라 고유의 풍류. *雜詠 : 여러 가지 사물이나 계절의 느낌을 읊은 詩歌(시가). 雜吟(잡음). *金丸 : ①금빛 나는 방울. 금방울. ②금이나 쇠로 만든 탄환. ③달의 별칭. 金鏡(금경). 여기서는 ①임. *掉 : 흔들다. 휘두르다. *縱 : 비록. *宜僚 : 중국 楚(초) 나라 장수로 금방울놀이의 명수인 熊宜僚(웅의료). 그는 한꺼번에 방울 9개를 가지고 노는데, 8개는 공중에서 각각 빙빙 돌며 차례로 받고 한 개는 언제나 수중에 있게 하는 기묘한 솜씨였음. 초와 宋(송) 나라가 싸울 때 그가 군사들 앞에서 금방울을 놀리니, 두 나라 군사들이 그걸 구경하느라고 싸움이 멈추어졌다고 함.<莊子 則陽> *那 : 어찌. *勝 : 낫다. *鯨海 : 고래가 사는 큰 바다. '신라의 동쪽 바다'를 가리킨다고 볼 수도 있으니, 倭寇(왜구)가 자주 침범하는 바다를 말함.

[鑑賞] '향악잡영' 다섯 수 중 네 수는 '月顚(월전, 다리꼭지춤), 大面(대면, 용탈춤), 束毒(속독, 꼭두각시춤), 狻猊(산예, 사자춤)'을 각각 읊은 7언절구 들인데 인용하지 못했다. 이 '金丸' 시는 '재주꾼이 몸을 이리저리 돌리고 팔을 요리조리 까불거리며 금빛 방울들을 돌리는데, 어찌나 혼란스러운지 하늘이 온통 달이요 별인 듯 금방울로 가득 찬다. 초 나라의 유명한 방울놀이의 명수인 웅의료의 기술도 이보다 낫지는 않으리라. 이 놀이가 바로 웅의료가 전쟁을 멈추게 했듯이, 동해 바다로 침범해 오는 왜구들을 막는 구실을 하는 것이다.'라고 읊은 것이다.

7언절구. 압운은 丸, 看, 瀾 자로 평성 '寒(한)' 평운이다. 평측은 차례로 '平平仄仄仄平平, 仄仄平平仄仄平, 平仄平平平仄仄, 仄平平仄仄平平'으로 이사부동이륙대와 반법, 점법 등이

잘 이루어졌고, 평측 배열도 좋은 7絕의 전형이 되는 작품이다.

567. 崔咸一(최함일 ?) : 고려 후기의 文人(문인). 忠烈王(충렬왕) 때 直郎(직랑)을 역임했다.

567-1 泛舟遊晉州南江(범주유진주남강) 진주 남강에 배를 띄우고 유람하다

鷗鴨雙雙掠水飛 映山紅倒碧琉璃 畫工未意千般景 盡入書生一首詩.
(구압쌍쌍약수비 영산홍도벽유리 화공미의천반경 진입서생일수시)

갈매기와 오리는 물을 차며 쌍쌍이 날고,
영산홍은 푸른 유리 같은 맑은 물에 거꾸로 비치네.
화공은 이 온갖 경치가 서생의 시 한 수에 모두 들어와 있음을 모를 터이리라.

[語句] *南江 : 경상남도 진주시를 흐르는 강. *鷗鴨 : 갈매기와 오리. *掠 : 차다. 노략질하다. *映山紅 : 石南科(석남과)에 속하는 관목. 높이 1m 가량으로 가지가 많고 잎은 피침형에 광택이 남. 나리꽃 모양의 꽃이 피는데, 꽃빛에 따라 映山白(영산백), 映山紫(여산자), 영산홍 등으로 부름. *琉璃 : '유리처럼 맑고 투명한 강물'을 비유한 말임. *畫工 : 그림 그리는 것을 업으로 하는 사람. 畫師(화사). *千般 : 천 가지로 많음. 아주 많음. *書生 : 儒學(유학)을 공부하는 학생. 공부하는 선비.

[鑑賞] 진주 남강에서 뱃놀이를 즐기며 지은 시로, 시 속에 그림으로 표현하는 모든 것이 들어있 음을 자부한 작품이다. 글쎄, 갈매기와 오리가 물을 차며 날아오르고 영산홍이 맑고 푸른 강물에 거꾸로 그림자 진다는 표현으로 모든 경치가 다 들어있다고 할 수 있을는지. 하기는 시나 그림이나 과감한 생략을 필수로 하기에 그 자부가 합당할 듯도 하다.

7言絕句(7언절구). 압운은 飛, 璃, 詩 자로 飛는 평성 '微(미)' 운, 璃와 詩도 평성 '支(지)' 평운으로 두 운은 通韻(통운)이 된다. 평측은 차례로 '平仄平平仄仄平, 仄平平仄仄平平, 仄平仄仄平平仄, 仄仄平平仄仄平'으로 二四不同二六對(이사부동이륙대)와 反法, 粘法(반법, 점법) 등이 잘 이루어졌고 평측 배치도 잘된 시이다.

568. 崔恒(최항 1409~1474) : 조선 세조 때 학자, 정승. 자 貞父(정보). 호 幢梁, 太虛亭(동량, 태허정). 시호 文靖(문정). 본관 朔寧(삭녕). 父 司藝 士柔(사예 사유). 세종 16년(1434) 謁聖試(알성시)에 장원급제하여 宣教郎, 集賢殿副修撰(선교랑, 집현전 부수찬)을 거쳐, 세종 25년(1443) 집현전 학사로 정인지 등과 함께 '訓民正音(훈민정음)'을 諺解(언해)했으며 '龍飛御天歌(용비어천가)'를 註解(주해)했다. 단종 1년(1453) 承旨(승지)로 있을 때, 수양대군이 金宗瑞(김종서) 등을 제거함에 참여한 공으로 靖難功臣(정난공신) 1등이 되고 이듬해에 이조참판

이 되어 '功臣宴曲(공신연곡 4장)'을 지어 바쳤다. 세조가 등극하자 벼슬이 올라 영의정을 역임했고, 예종 때 '經國大典(경국대전)'을 찬수했으며 성종 2년(1471) 佐理功臣(좌리공신), 좌의정이 되고 寧城府院君(영성부원군)에 책봉되었다. 겸손, 근실, 과묵하고 문장에 능하여 당시의 表箋(표전)은 거의 그의 손을 거쳤다 하며, 문집에 '太虛亭集(태허정집)'이 있다.

568-1 桃源圖 中(도원도 중) 도원도 중에서

綉口便能揮玉筯 虎頭仍遣掃霜紈 依稀寫出丹青裏 彷彿徜徉紫翠間.

(투구변능휘옥저 호두잉견소상환 의희사출단청리 방불상양자취간)

비단 같은 입으로 잘 이르는 말을 옥저 화법으로 휘둘러,
진의 화가 고개지를 불러와 흰 비단에 붓 놀린 듯 잘도 그렸구나.
가서 본 듯 그럴 듯하게 단청으로 그려 내어, 마치 울긋불긋한 산속을 거니는 것 같네.

[語句] *桃源圖 : 武陵桃源(무릉도원)을 그린 그림. 夢遊桃源圖(몽유도원도). 세종의 셋째 아들 安平大君(안평대군 1418~1453)이 꿈에 무릉도원에서 놀아본 경지를 安堅(안견)이 그린 名畫(명화)임. *綉口 : 비단 같은 입. 繡口(수구). 綉는 '비단조각'임. *便 : 말을 잘하다. *玉筯 : 옥젓가락. 그림 그리는 畫法(화법)의 한 가지. *虎頭 : 晉(진)의 유명한 화가인 顧愷之(고개지)의 자 또는 어릴 때 이름. 才絕, 畫絕, 癡絕(재절, 화절, 치절)의 삼절을 가졌다고 함. *仍 : 거듭. 그대로 따르다. *霜紈 : 서리같이 흰 비단. 紈은 '흰 비단'임. *依稀 : 그럴 듯하게 같음. 彷彿(방불). 어렴풋함. *徜徉 : 이리저리 거닒. 어슷거려 노닒. 취한 듯 맥없이 걸음. *紫翠 : 자줏빛과 푸른 색. '산 경치'를 형용하는 말임.

[鑑賞] 안평대군이 꿈에 무릉도원에 가서 유람한 내용을 듣고, 안견이 들은 내용 따라 상상해 그린 무릉도원도를 읊은 시. 모두 30연 60구나 되는 長篇(장편)의 7言排律(7언배율)인데, 인용한 부분은 제 19~22구의 두 연이다. 이 시의 첫머리는 "무릉도원은 우리나라와 아득히 먼데 대군이 어찌 보았을꼬. 나를 잊고 하늘길 단잠에 들어 넋이 점심나절까지 달려갔다네."로 시작해 對句(대구)를 이루며, 여러 가지 고사와 역사적 인물 특히 신선의 길을 걸었던 사람들을 들어 인용하며 읊은 大作(대작)이다.

7언배율 30연 60구의 일부인 제 19~22구. 압운은 紈, 間 자로 紈은 평성 '寒(한)' 운, 間도 평성 '刪(산)' 평운으로 서로 通韻(통운)이 된다. 평측은 차례로 '仄仄平平平仄仄, 仄平平仄仄平平, 平平仄仄平平仄, 平仄平平仄仄平'으로 이사부동이륙대와 반법, 점법 등이 잘 이루어지고 앞뒤로도 계속 규칙에 맞게 이어갔다. 또한 배율 시는 반드시 두 구씩 대구가 되도록

지어야 하므로, 인용한 부분도 처음 두 구와 나중의 두 구가 각각 짝을 이룬 것이다. 다만 작품의 첫 연과 끝 연에서는 대구가 되지 않아도 된다.

568-2 贈日本僧 終聯(증일본승 종련) 일본 승려에게 주다 끝 연

歲歲宜投李 年年好灌瓜 師乎利他日 成佛薩婆訶.
(세세의투리 연년호관과 사호이타일 성불사바하)

해마다 좋게 시경에서와 같이 오얏 선물 주고, 양 나라 송취처럼 남의 외밭에 물 주기를. 스님이여 일후에 중생을 이롭게 제도해서, 부디 성불하시오 사바하.

[語句] *投李 : 오얏 곧 자두를 던져 줌. 서로 잘 지내자는 선물을 줌. 投我以木李 報之以瓊玖 匪報也 永以爲好也(내게 오얏을 던져 주기에 좋은 옥으로 갚아 주었네, 답례가 아니라 영원히 좋아하자는 뜻으로.)<詩經 衛風 木瓜> *灌瓜 : 오이에 물을 줌. 상대편을 도와줌. 옛 중국 梁(양) 나라와 楚(초) 나라 국경을 지키는 두 진영에서 외를 심었는데, 양 나라 군사들은 물을 자주 주어 외가 무성하고 초 나라 지역의 외는 그러하지 못했음. 초의 군사들이 몰래 양 나라 외밭에 들어가 외를 비틀어 버려, 양의 군사들도 그와 같이 보복하려고 하니 양의 宋就(송취) 사또는 말리면서 밤에 몰래 초의 외밭에도 물을 주도록 하매, 초 나라 측에서 그걸 알고 감복해 두 나라의 사이가 좋아졌다고 함. *利他 : 남을 이롭게 함. <佛>사람들에게 공덕과 이익을 주어 濟度(제도)하는 일. 愛他(애타). *成佛 : <佛>보살이 '上求菩提(상구보리), 下化衆生(하화중생)'의 덕을 완성하여 부처가 됨. *薩婆訶 : <佛>'행운이 깃들기를 바람, 소원 성취하기를 바람'으로 하는 말임. 한자대로 읽으면 '살파하'이지만 불교 용어라 '사바하'라 읽음.

[鑑賞] 일본에서 사신으로 온 중에게 준 작품 같다. 앞에 인용한 시와 유사한 5言排律(5언배율)로 58연 116구의 장편이다. 처음에 새로 건국한 조선은 날로 발전하여 나라가 융성함을 말하고, 그대 일본 승려가 우리 임금을 뵌 후 아름다운 우리나라를 두루 구경하여 실상을 잘 보았을 것이라 한 후, 자기는 이제 늙어 아무 소용에 닿지 않는다고 했다. 그리고 나서 위에 인용한 대로 두 나라가 의좋게 지내기를 바라고 그의 성불하기를 빌어 주었다.

5언배율 58연 116구의 끝 두 연. 압운은 瓜, 訶 자로 瓜는 평성 '麻(마)' 운, 訶도 평성 '歌 (가)' 평운으로 통운이 된다. 평측은 차례로 '仄仄平平仄, 平平仄仄平, 平平仄平仄, 平仄仄平平' 으로 이사부동은 셋째 구에서 어긋났고 반법과 점법은 그런대로 이루어졌다. 물론 처음 두 구는 대구를 잘 맞추었다.

568-3 海雲臺(해운대) 해운대

登臨不必御泠風 拂盡東華舊軟紅 醉踏金鼇吟未已 紫簫聲徹海雲中.

(등림불필어영풍 불진동화구연홍 취답금오음미이 자소성철해운중)

해운대에 올라 서늘한 바람 걱정은 않아도 되니, 봄이 가 부드러운 꽃잎 모두 날렸네.
신선 경지에 취한 풍류 아직 끝나지 않았는데,
하늘의 퉁소 소리 바다 구름 속을 꿰뚫는구나.

[語句] *海雲臺 : 부산광역시의 명승지. 八景(팔경)이 있는데 지금은 해수욕장으로 유명함. *登臨 : 높은 데에 오름, 올라 내려다봄. *泠風 : 서늘한 바람. *東華 : ①신선의 이름. 東華帝君(동화제군). 남자 신선을 거느리는데, 여자 신선은 西王母(서왕모)가 거느린다고 함. ②우리나라 별칭. 여기서는 '東君(동군) 곧 해, 봄의 신, 봄'의 뜻으로 쓴 듯함. *軟紅 : 부드러운 꽃잎. *金鼇 : 금빛 큰 자라. ①三神山(삼신산)을 떠받치고 있다는 여섯 마리 자라. ②신라 또는 경주의 南山 (남산) 별칭. *吟 : 읊다. 吟風詠月(음풍영월). *紫簫 : 신선 또는 天上(천상)의 퉁소. *徹 : 뚫다.

[鑑賞] 해운대는 최 고운이 노닐었다는 곳이기도 한데다가 고운이 가야산에서 신선이 되어 하늘로 올랐다는 전설마저 있어서, 해운대는 仙境(선경) 같은 곳임을 읊었다. 아직 겨울바람이 남아 있지만 봄이 갔으니 훈훈한 바람이 불어올 것이다. 너른 바다 저편에서 하늘의 신선이 부는 퉁소 소리 은은하게 들려 오는 듯하다.

7言絶句(7언절구). 압운은 風, 紅, 中 자로 평성 '東(동)' 평운이다. 평측은 차례로 '平平仄仄仄平平, 仄仄平平仄仄平, 仄仄平平平仄仄, 仄平平仄仄平平'으로 二四不同二六對(이사부동이륙대)와 反法, 粘法(반법, 점법) 등이 잘 이루어졌다.

569. 崔瀣(최해 1287~1340) : 고려 충숙왕 때 문학자. 자 彦明父, 壽翁(언명보, 수옹). 호 拙翁, 猊山農隱, 取足(졸옹, 예산농은, 취족). 본관 慶州(경주). 崔致遠(최치원 →566)의 후예. 父 民部議郎 伯倫(민부의랑 백륜). 9세에 능히 문장을 짓더니 문과에 급제하여 長興庫使, 成均學官, 藝文春秋館 注簿(장흥고사, 성균학관, 예문춘추관 주부) 등을 거쳐 충숙왕 7년(1320) 元(원) 나라 制科(제과)에 급제하여 遼陽路盖州判官(요양로개주판관)이 되었다가 병을 핑계로 귀국해 檢校, 成均館大司成(검교, 성균관 대사성)에 이르렀다. 뜻이 높고 시와 글로 이름이 높았으나, 가세 빈한하여 말년에는 城南 獅子山(성남 사자산) 밑에서 獅子岬寺(사자갑사)의 寺田(사전)을 경작하며, 예산농은이라 스스로 호하고 시와 술로 지내면서 저술에도 힘썼다. 또한 그는 성품이 강직하여 세속에 아부하지 않고 남의 선악을 말하기를 좋아해 사람들의 미움을 받아 처세에 기복이 많았다고 한다. 저서에 '東人

之文(동인지문, 東人文選동인문선), 拙稿千百(졸고천백 2권), 農隱集(농은집)' 등이 있다.

569-1 送尹樂正莘傑北上(송윤악정신걸북상) 윤신걸 악정이 북으로 귀양감을 송별하다

人生一世間 有命懸在天 窮達各其分 惟道貴如絃
奈何枉尋者 悠悠動千百 先生中有恃 外物莫相牽
願言一終始 名節兩俱全.

(인생일세간 유명현재천 궁달각기분 유도귀여현
내하왕심자 유유동천백 선생중유시 외물막상견
원언일종시 명절양구전)

인생 한 세상이란, 그 운수 하늘에 달려 있다오.
가난이나 영화로움은 각자의 분수이니,
오직 도의 귀중함을 악기 줄같이 늘 다잡아야겠지요.
왕심직척하는 사람들은 어찌하여 천백 가지 많은 일들을 모두 가지려고 날뛰는지.
선생은 마음속에 믿음을 가지시어, 외물에 이끌리지 않으시리다.
바라건대 시종일관하여, 명예와 절조를 모두 보전하소서.

[語句] *樂正 : 掌樂署(장악서)의 정3품 벼슬. *尹莘傑(1266~1337) : 고려 충숙왕 때 문신. 자 伊之(이지). 본관 慶州(경주). 寧海(영해)로 좌천되거나 杖流(장류)되기도 했으며 大提學, 僉議評理(첨의평리)를 역임했음. *窮達 : 궁함과 잘됨. 困窮(곤궁)과 顯達(현달). *分 : 分數(분수). 타고난 運數(운수). 제 몸에 알맞은 分限(분한, 限度한도). *如絃 : 현악기의 줄처럼 팽팽하게 함. 긴장함. 악기의 줄이 느슨하면 제 소리가 나지 않으므로 하는 말인데, 비슷한 말로 佩弦(패현, 팽팽한 활시위를 참)이 있음. *奈何 : 어찌하랴. *枉尋 : 작은 욕됨에 집착하여 큰일을 하지 못함. 枉尋直尺(왕심직척). 본디의 뜻은 '여덟 자[尋]를 굽혀 한 자[尺]를 바르게 함'이고, 반대로 '작은 일을 돌보지 않고 큰일을 이룸'을 枉尺直尋(왕척직심)이라 함. 枉은 '굽다. 굽히다'임. *悠悠 : 많은 모양. *中有恃 : 마음속에 믿음을 가짐. *外物 : 다른 대상. 물욕, 부귀, 명리 등 자기 이외의 사물. *牽 : 끌다. 끌어당기다. *一終始 : 끝과 시작이 한결같음. 始終一貫(시종일관). *名節 : 명예와 節操(절조, 절개와 지조). *俱全 : 모두 온전함.

[鑑賞] 20년이나 연상인 윤신걸이 북방으로 귀양감에 실망 말고 명예와 절조를 지켜 나가시라고 격려하는 송별시이다. 對句(대구)를 이룸이 없이 말하듯 지은 작품으로, 이렇게 귀양을 감은 운명으로 여기고 물욕이나 부귀나 명리 등에 이끌리지 말고 도를 지키라고 당부했다. 암담한 현실이지만 얼마나 가겠는가, 희망찬 내

일이 올 것을 기대하자는 뜻을 은유하고 있다.

5言古詩(5언고시) 5연 10구. 압운은 天, 絃, 牽, 全 자로 평성 '先(선)' 평운인데, 첫 구의 間 자도 通韻(통운)이 되는 평성 '刪(산)' 운이며, 제 5~6구[奈何~千百]에는 압운하지 않아 挿入句(삽입구)의 성격이어서 5言律詩(5언율시)라 해도 좋겠다. 평측은 차례로 '平平仄仄平, 仄仄平仄平, 平仄仄平仄, 平仄仄平平, 仄平仄平仄, 平平仄平仄, 平平平仄仄, 仄仄仄平平, 仄平仄平仄, 平仄仄平平'으로 이사부동은 제 2, 5, 6, 9구의 넷이 어긋났고 반법이나 점법은 이루어지지 않았다.

569-2 雨荷(우하) 빗속의 연을 보며

貯椒八百斛 千載笑其愚 何如綠玉斗 竟日量明珠.

(저초팔백곡 천재소기우 하여녹옥두 경일양명주)

당唐의 원재元載가 후추 8백 섬을 쌓아 놓았다고, 천년토록 그 어리석음을 비웃는데,
푸른 녹옥으로 만든 말로, 종일토록 구슬을 되고 있는 건 그 어떠한고.

[語句] *荷 : ①연. 연꽃. ②지다. 띄다. *貯椒八百斛 : 唐(당)의 정승 元載(원재)가 죽음을 당한 뒤 家産(가산)을 압수하니 후추가 8백 섬이었고 다른 재물도 아주 많았다고 함. 椒는 '산초나무. 후추'이고 斛은 '열 말 들이'임. *千載 : 천년. 긴 세월. 千歲(천세). *綠玉斗 : 푸른 옥으로 만든 말. '연잎의 푸름'을 뜻함. *竟日 : 해가 질 때까지. 종일토록. *明珠 : 아름다운 구슬. '연 꽃이나 연잎에 떨어져 둥글게 방울지는 빗방울'을 두고 한 말임.

[鑑賞] 비가 내리는 날 마루에 앉아 蓮塘(연당)에 내리는 비를 바라보고 있노라니, 연꽃이나 연잎에 내린 비는 동글게 방울져 떨어진다. 그것은 꼭 아름다운 구슬 같아 중국 원재의 고사가 떠올라 즉흥으로 한 편의 小品(소품) 시를 엮었다. 후추 8백 섬을 곳간에 재어 놓을 것 없이 구슬같이 떨어지는 저 빗방울을 푸른 연잎을 말로 삼아 한 말 두 말 하루 종일 세고 있으면 얼마나 좋았을까 했다. 牧隱 李穡(목은 이색 →243)은 이 시를 두고 "탐하여 부자가 된 사람을 풍자한 시이다."라 했다는 脚註(각주)가 있으며, 바람 앞의 연을 읊은 '風荷(풍하)' 시도 있다.

5언절구. 압운은 愚, 珠 자로 평성 '虞(우)' 평운이다. 평측은 차례로 '仄平仄仄仄, 平仄仄平平, 平平仄仄仄, 仄仄平平平'으로 이사부동과 반법은 잘 이루어졌는데, 점법이 되지 않았다.

569-3 次韻答鄭載物子厚 終聯(차운답정재물자후 종련)

재물 정자후의 시에 차운하여 화답하다 끝 연

先生古君子 道在接物中 自有五經笥 不憂四壁空.

(선생고군자 도재접물중 자유오경사 불우사벽공)

선생은 옛 선비의 전통 그대로라, 지니신 도는 사물을 처리하는 그 속에 있었네.
변소와 같은 오경 상자를 지녔으니, 가난으로 네 벽이 비었음을 근심하지 않으리.

[語句] *鄭載物 : 고려 말기의 문신. 이름 子厚. 자 載物. 호 愚谷(우곡). →416. *古君子 : 옛 군자. 학식과 덕행이 높은 전통적인 선비. *接物 : 물건에 접함. 사물을 처리함<漢書 司馬遷傳> *五經笥 : 오경의 상자. '시경, 서경, 예경, 역경, 춘추 등 다섯 경전에 통달함'을 비유하는 말임. 漢(한)의 邊韶(변소, 자 孝先효선)가 수백 명의 제자를 가르쳤는데, 하루는 낮잠을 자고 있으려니 제자들이 "배가 뚱뚱하여 낮잠만 주무신다."고 조롱하는 글을 지으매, 변소가 그 글을 보고는 "腹便便五經笥(복편편 오경사, 뚱뚱한 배는 5경 상자니라)"라 하더라 함. *四壁空 : 네 벽이 비었음. 가난으로 온 집 안이 쓸쓸함. 四壁靜(사벽정).

[鑑賞] 자후의 시에 차운하여 그를 칭송한 시로 모두 16연 32구의 장시이다. 당시의 사회 전반이 만족스럽지 못함을 한탄하는 내용이 주되는데, 첫머리는 "今人賤古人 兒子欺老翁 先儒去逾遠 誰復回淳風(요새 사람들 옛 사람들을 천히 여기고, 젊은이는 늙은이를 업신여기네. 옛 선비 돌아가신 지 오래거니, 누가 있어 순박한 풍속을 되돌리겠는가.)"이다. 서양에서는 소크라테스가, 동양에서는 孔子(공자)가 "요즘 젊은이들은 못 쓰겠다."고 한탄했다는데, 이 시의 첫 머리를 보면 그 말과 똑같지 않은가. 어느 시대이고 어른들이 볼 때 젊은이들은 버릇없고 못마땅한 점이 너무나도 많은 법인가보다. 그래도 사회는 발전해 가기 마련이다.

5言古詩(오언고시) 16연 32구의 끝 연. 압운은 中, 空으로 평성 '東(동)' 평운이다. 평측은 차례로 平平仄平仄, 仄仄仄仄平, 仄仄仄平仄, 仄平仄仄平'으로 二四不同(이사부동)은 셋째와 넷째 구에서만 이루어졌고 反法, 粘法(반법, 점법)은 불완전하다.

569-4 責任長沙監務(책임장사감무) 벌을 받아 장사감무로 임명되다

腐儒無狀自招尤 敢向傍人說所由 身負國恩微一報 未應此去便休休.

(부유무장자초우 감향방인설소유 신부국은미일보 미응차거편휴휴)

썩은 선비 이룬 것 없이 스스로 화를 불러, 어찌 옆 사람들에게 그 까닭을 변명하랴.
나라의 은혜를 진 몸 조금이라도 갚지 못하고, 이렇게 떠나기가 편치 않구나.

[語句] *責任 : 벌로 임명됨. *長沙 : 경북 영덕군과 경남 진주시 등 두 곳이 있음. *監務 : 고려 때 縣令(현령)을 둘 수 없는 작은 縣(현, 고을)의 감독관. 조선 초까

지 존속되다가 후에 현감으로 개칭했음. *腐儒 : 썩은 선비. 낡은 사상을 가진 쓸모없는 선비. *無狀 : 공적이 없음.<史記 夏紀> *自招 : 스스로 불러들임. *尤 : 허물. 잘못. *所由 : 그리 된 이유. 까닭. *國恩 : 국민이 받는 나라의 은혜. *未應 : ~하지 않음. *休休 : 마음 편히 착한 일을 즐기는 모양.

[鑑賞] 고을 사또도 아닌 감무로 좌천되어 가면서도 겉으로는 나라와 임금을 위하는 충성을 읊었다. 이렇게 좌천된 사유는 따로 있지만 남에게 밝힐 수 없어, 모두 내 탓이라는 由我之歎(유아지탄)으로 돌리고 이 정도의 좌천도 임금님의 큰 은덕이라고 했다. 봉건 제도하에서 자기의 속마음을 직설적으로 드러내기가 쉬운 일이 아니었을 것이다.

7言絕句(7언절구). 압운은 尤, 由, 休 자로 평성 '尤' 평운이다. 평측은 차례로 '仄平平仄仄平平, 仄仄平平仄仄平, 平仄仄平平仄仄, 仄平仄仄仄平平'으로 二四不同二六對(이사부동이륙대)와 반법, 점법 등이 잘 이루어졌다.

569-5 太公釣周(태공조주) 강태공이 주 나라를 낚다

當年把釣釣無鉤 意不求魚況在周 終遇文王眞偶爾 此言吾爲古人羞.

(당년파조조무구 의불구어황재주 종우문왕진우이 차언오위고인수)

그 때에 드리운 낚시에는 미늘이 없었으니,
그 뜻이 고기 낚기에 없었는데 어찌 주 나라를 낚으려 했으랴.
마침 문왕을 만난 건 참으로 우연이라,
나의 이런 말이 옛 사람에게는 부끄러워할 일이겠거니.

[語句] *太公 : 周文王(주문왕)의 스승. 성은 呂(여) 또는 姜(강)이요 이름은 望(망) 또는 尙(상)이어서 呂望 또는 呂尙이라 하며, 文王은 주 나라 초대 임금인 武王(무왕)의 아버지인 西伯昌(서백창)임. 여망이 渭水(위수)에서 낚시질을 하며 지내는데, 서백창이 어느 날 사냥을 가려고 점을 치니 '장차 큰 것을 잡으리니 범도 아니요 곰도 아니어라.' 하는 점괘가 나와 사냥을 가다가 여망을 만났고, 여망은 서백창에게 등용되어 주 나라 건국에 공헌하고 齊王(제왕)에 봉해졌음. 태공은 할아버지나 아버지를 뜻하는 말로 '서백창 곧 문왕의 아버지 때부터 聖人(성인)을 만나기를 소망해 왔음'에서 여망을 '太公望(태공망)'이라고도 부르며, 성이 강이므로 '姜太公(강태공)'이라고도 하는데, 후세에 낚시질을 좋아하는 사람을 '강태공'이라 하게 되었음. *釣周 : 주 나라를 낚음. *釣無鉤 : 낚시에 물고기가 물리는 미늘이 없음. 일설에 강태공의 낚시는 곧은 낚시였다는 말이 있어, 물고기를 낚기 위한 낚시질

이 아니었다 함. *古人 : 옛날 사람 곧 주 문왕이나 강태공. *爾 : ~이다. ~일 뿐이다. 語助辭(어조사)임. *羞 : 부끄러워하다.

[鑑賞] 강태공의 고사를 읊은 시. 강태공은 서백창 곧 주 문왕이 발탁해 써 주기를 기다리느라 곧은 낚시를 위수에 드리우고 있었다는 것이니, 그들이 만난 것은 정말 우연이라 할 만하다. 그러나, 강태공이나 주 문왕은 저들의 만남을 우연이 아닌 필연이라 주장하는데, 이렇게 우연이리고 말하면 그들이 얼마나 부끄러워할 것인가. 서백창의 점괘도 두 사람의 만남이 필연임을 강조하기 위해 美化(미화)한 이야기가 아닐는지? 흥미를 일으키게 하는 발상이다.

7언절구. 압운은 鉤, 周, 羞 자로 평성 '尤(우)' 평운이다. 평측은 차례로 '平平仄仄仄平平, 仄仄平平仄仄平, 平仄平平平仄仄, 仄平平仄仄平平'으로 이사부동이륙대와 반법, 점법 등이 모두 잘 이루어지고 평측 배치도 좋은 7絕의 典型(전형)이 되는 좋은 시이다.

570. 崔行歸(최행귀 ?) : 고려 문종 때의 학자, 문신. 翰林學士, 內議承旨, 知制誥(한림학사, 내의승지, 지제고) 등을 역임했다.

570-1 普賢十願頌 十一首 禮敬諸佛頌(보현십원송 십일수 예경제불송)

보현십원송 열 한 수 예경제불송

以心爲筆畫空王 瞻拜唯應遍十方 一一塵塵諸佛國 重重刹刹衆尊堂
見聞自覺多生遠 禮敬寧辭浩刧長 身體語言兼意業 總無疲厭此爲常.
(이심위필화공왕 첨배유응편시방 일일진진제불국 중중찰찰중존당
견문자각다생원 예경영사호겁장 신체어언겸의업 총무피염차위상)

마음을 붓으로 삼아 부처님을 그려, 우러러 예불함은 오직 시방세계에 두루 펴고자 함이라.
하나하나 세세로 여러 부처의 나라요, 하많은 절들은 여럿 존귀한 분의 당일세.
듣고 봄에서 삼생의 먼 진리를 깨닫고, 예불 공경함에 어찌 영겁을 사양하오리.
몸과 말과 아울러 마음으로 짓는 삼업으로, 다 싫어함을 입지 않아 이로써 버리를 삼으리라.

[語句] *普賢 : <佛>普賢菩薩(보현보살). 부처의 理, 定, 行(이, 정, 행)의 덕을 맡아보는 보살. 文殊菩薩(문수보살)과 함께 석가모니불의 脇侍(협시)로 불타의 우측에 있음. *十願 : 소원하는 바 열 가지. *普賢十願頌 : 均如大師(균여대사)의 '普賢十願歌(보현십원가)'를 번역, 칭송한 漢詩(한시). 보현십원가는 '고려 제4대 광종 18년(967) 이전에 균여대사가 지은 10句體(구체) 향가 11수'로, 불교의 힘으로 백성을 교화하며 또 못된 귀신을 좇고 질병을 낫게 하는데 쓰기 위해 지었는데, 문종 29년(1075)

進士 赫連挺(진사 혁련정)이 찬한 '大華嚴首座圓通兩重大師均如傳(대화엄수좌원통양중대사균여전) 歌行化世分(가행화세분)'에 실려 전함. *禮敬 : 부처나 聖賢(성현)에게 예배함. *空王 : 부처 존칭<圓覺經> *瞻拜 : 우러러 拜禮(배례)함. *十方 : <佛>十方世界(시방세계). 온 세계. 사방과 四間(사간, 동남·남서·서북·북동) 및 上下(상하)의 무수한 세계<無量壽經> *一一 : 하나하나. '구별되는 하나하나'임. *塵塵 : ①世世(세세). 代代(대대). ②和(화)한 모양. *尊堂 : ①높은 분의 집. ②남의 어머니 경칭. 여기서는 ①임. *多生 : <佛>차례차례로 태어나는 헤아릴 수 없이 많은 세상. 과거·현재·미래 또는 前生(전생)·現生(현생)·來生(내생)의 三生(삼생). *刦 : ①<佛>겁. 극히 오랜 시간. 천지가 한 번 개벽한 때부터 다음 개벽할 때까지의 동안. ↔刹那(찰나). ②위협하다. 부지런하다. 대궐 층계. 火災(화재). 劫(겁)으로도 쓰는데 俗字(속자)임. *身體 ~意業 : <佛> 세 가지 선악의 행동인 三業(삼업). 몸으로 짓는 身業(신업), 입 곧 말로 짓는 口業(구업)과 마음으로 짓는 意業(의업). → 448-1. *被厭 : 싫어함을 받게 됨. *常 : 항상. 변하지 않는 것. 벼리.

[鑑賞] 균여대사의 '보현십원가'는 '華嚴經(화엄경) 제40권 普賢行願品(보현행원품)'의 열가지 곧 예경제불원·稱讚如來願(칭찬여래원)·廣修功德願(광수공덕원)·懺悔業障願(참회업장원)·隨喜功德願(수회공덕원)·請轉法輪願(청전법륜원)·請佛往世願(청불왕세원)·常修佛學願(상수불학원)·常順衆生願(상순중생원)·普改廻向願(보개회향원) 등을 願자를 歌 자로 바꾸어 향가로 읊고, 總結无盡歌(총결무진가)를 더하여 11수가 이루어졌다. 이를 다시 최행귀가 歌를 頌으로 바꾸어 한시로 번역하였다. 예경제불가를 현대 철자법으로 풀이하면 "마음의 붓으로 그리온 부처 앞에 절하는 몸은, 법계 마치도록 이르거라. 티끌마다 부처의 절이, 절마다 뫼시옵는, 법계 차신 부처, 구세(九世) 다 예하고지고, 아! 신어의업(身語意業) 피염(被厭) 없이, 이에 부지런히 사무치거라."이다<李丙疇 교양의 고전세계> 인용한 시는 본디 노래의 뜻에 어긋남이 없고, 형식면에서도 함련과 경련이 시 작법에 맞게 對句(대구)로 짝을 맞추었고, 평측 배치에 조금의 흠도 없는 잘 지은 시이다.

7言律詩(7언율시). 압운은 王, 方, 堂, 長, 常 자로 평성 '陽(양)' 평운이다. 평측은 차례로 '仄平平仄仄平平, 平仄平平仄仄平, 仄仄平平平仄仄, 平平仄仄仄平平, 仄平仄仄平平仄, 仄仄平平仄仄平, 平仄仄平平仄仄, 仄平仄仄仄平平'으로 二四不同二六對(이사부동이륙대)와 反法, 粘法(반법, 점법) 등이 잘 이루어졌다.

571. 崔惠童(최혜동 ?) : 盛唐(성당)의 시인. 이름을 薰童(훈동)이라 한 자료도 있다. 아버지는 冀州刺史(기주자사)를 역임한 崔庭玉(최정옥)이요, 玄宗(현종) 임금의 사위이며, 동생

은 앞에서 인용한 敏童(민동 →536)이다.

571-1 和敏童詩(화민동시) 민동의 시에 화답하다

一月主人笑幾回 相逢相値且銜盃 眼看春色如流水 今日殘花昨日開.
(일월주인소기회 상봉상치차함배 안간춘색여유수 금일잔화작일개)

그대는 한 달에 몇 번이나 웃을꼬, 서로 공교롭게 만났으니 위선 술잔을 드세나.
눈앞에 펼쳐지는 봄 경치 유수처럼 가나니, 오늘의 시든 꽃은 바로 어제 피었던 꽃일세그려.

[語句] *一月笑幾回 : 한 달에 몇 번 웃음. 盜跖(도척)이 말하기를 "사람은 上壽(상수)가 백 살이요 中壽(중수)가 여든 살이며 下壽(하수)가 예순 살인데, 늙고 병들고 죽은이를 조상하는 일과 근심 걱정을 빼고 나면 입을 열고 웃을 수 있는 날이 한 달 중에서 불과 4~5일에 지나지 않는다"<莊子 雜篇 盜跖> 했음. 主人은 '지금 마주하는 주인공'의 뜻임. *相値 : 두 가지의 일이 공교롭게 마주침. *銜盃 : 술잔을 입에 댐 곧 술을 마심. *殘花 : 시들어 가는 꽃.

[鑑賞] 동생 민동이 지은 시에 화답한 작품. 최민동의 시는 "한 해가 또 가니 한 번의 봄이 가는 게고, 백년이 가도 백 살 사는 사람 없네. 꽃 속에 묻혀 술에 취하기 몇 번이나 있겠는가, 값 비싼 술을 삼에 가난 핑계는 대지 말게나."이다 →536-1. 동생이 이렇게 읊으매 지은이는 '지금 만난 사람, 도척이 말한 대로 한 달에 몇 번이나 웃겠는가, 이렇게 만났으니 술이나 한 잔 나누자. 눈앞의 봄 경치는 흘러가는 물과도 같이 빠르게 지나가나니, 지금 보이는 저 시든 꽃도 바로 어제 피어나 화려함을 자랑하던 꽃이 아니던가'하고 화답했으니, 그 동생에 그 형으로 難兄難弟(난형난제)라 하리라. 萬象(만상)의 無常(무상)을 단적으로 실감나게 읊은 두 작품인 것이다.

7言絕句(7언절구). 압운은 回, 盃, 開 자로 평성 '灰(회)' 평운이다. 평측은 차례로 '仄仄仄平仄仄平, 平平平仄仄平平, 仄平平仄平平仄, 平仄平平仄仄平'으로 이사부동이륙대와 반법, 점법 등이 모두 이루어졌다.

572. 崔護(최호 ?) : 中唐(중당)의 문신, 시인. 자 殷功(은공). 博陵(박릉) 사람. 德宗 貞元(덕종 정원) 12년(796)에 과거 급제하여 嶺南節度使(영남절도사)를 역임했고 시 6수가 전한다.

572-1 題昔所見處(제석소견처) 지난날 와 보았던 곳에서 짓다

去年今日此門中 人面桃花相映紅 人面不知何處去 桃花依舊笑春風.

(거년금일차문중 인면도화상영홍 인면부지하처거 도화의구소춘풍)

작년 오늘에는 이 문 안에서, 사람들 얼굴과 복숭아꽃이 서로 비치어 불그레했는데,
그 때 그 사람들 지금 어디 갔는고, 복사꽃은 예대로 봄바람에 하늘거리고 있건만.

[語句] *去年 : 지난해. 昨年(작년). *依舊 : 옛 모양과 변함이 없음.

[鑑賞] '작년 이맘때 곧 복숭아꽃이 만발했을 때 이 곳에 왔었는데, 그 때는 꽃구경 나온 사람들 모두 복숭아 붉은 꽃에 물들어 붉게 보였었다. 그런데, 오늘 와 보니 그 때 그 사람들은 보이지 않으니 어디로 갔단 말인가, 복숭아꽃은 지난해 그대로 봄빛을 즐겨 하늘거리고 있는데.' 했다. 劉希夷(유희이)의 "年年歲歲花相似 歲歲年年人不同(해마다 피는 꽃은 똑같은 그 꽃이건만, 해마다 꽃구경하는 사람은 그 사람이 아니어라)"는 구절이 연상된다.→199-1. 꽃이라 하면 중국에서는 복사꽃이요 우리나라에서는 살구꽃이며 일본에서는 벚꽃이 대표적이다.

7언절구. 압운은 中, 紅, 風 자로 평성 '東(동)' 평운이다. 평측은 차례로 '仄平平仄仄平平, 平仄平平仄仄平, 平仄仄平平仄仄, 平平平仄仄平平'으로 이사부동이륙대와 반법, 점법 등이 잘 이루어진 좋은 시이다.

573. 崔顥(최호 704~754) : 盛唐(성당)의 시인. 開封(개봉, 河南省하남성) 사람. 현종 開元(개원) 11년(723) 進士(진사)가 되었다. 술과 도박을 좋아하고 미인만을 골라 아내를 얻었지만 오래지 않아 버렸다. 벼슬은 겨우 司勳員外郎(사훈원외랑)에 이르렀고, 젊어서는 그의 시가 경박했으나 노후에는 기개가 있다는 평가를 받았다.

573-1 入若耶溪(입약야계) 약야계로 들어가다

輕舟去何疾 已到雲林境 起坐雲鳥間 動搖山水影
巖中響自答 溪裏言彌靜 事事令人幽 停橈向餘景.

(경주거하질 이도운림경 기좌운조간 동요산수영
암중향자답 계리언미정 사사영인유 정요향여경)

조그만 배는 어찌 그리도 빠른고, 어느 사이 구름 숲에 들었구나.
배 자리에서 일어서니 구름과 산새 사이요, 물에 비친 산 그림자 흔들거리네.
양쪽 바위 언덕에서 메아리 제풀로 울려오고, 시내 골짜기라 고요하기 그지없다 하겠구나.
일마다 나를 그윽하게 하니, 노를 멈추고 또 다른 경치를 보노라.

[語句] *若耶溪 : 중국 浙江省(절강성)에 있는 시내. 越(월) 나라 미인 西施(서시)와 관련

깊은 곳임. →164-6, 165-1. *輕舟 : 가볍고 빠른 작은 배. *雲林 : 구름이 감도는 숲. *言 : 말하다. 동사 앞에 끼워 앞뒤의 연결, 상태, 조건 등을 나타내는 語助辭(어조사). *彌 : 더하다. *事事 : 모든 일. 일마다. *橈 : 노. *餘景 : 남은 경치. 다른 경치.

[鑑賞] 首聯(수련 1~2구)은 경쾌하게 떠가는 작은 배가 어떻게나 빠른지 잠깐 사이에 구름 낀 숲에 이르렀다 하고, 頷聯(함련 3~4구)은 좁고 높은 골짜기라 배에서 일어서니 바로 구름 곁이요 새 들이 날아다니는 곳이며, 시냇물에는 산 그림자가 잠겨 일렁거린다 했는데, 對句(대구)가 잘 이루어졌고 특히 셋째 구는 기발한 표현이라는 평을 받는다. 頸聯(경련 5~6구)은 메아리가 절로 이루어지는 암벽 기슭과 고요하기 그지없는 시냇물 흐르는 골짜기 묘사로 대구로써 내용을 전환했다. 尾聯(미련 7~8구)에서 보이는 것마다 그윽한 흥취를 더해 주어 노 젓기를 멈추고 여러 경치를 감상한다고 맺었다. 똑같은 제목의 王籍(왕적)의 시와 대비해 보라. →165-1.

5言古詩(5언고시). 압운은 境, 影, 靜, 景 자로 상성 '梗(경)' 측운이다. 평측은 차례로 '平平仄平仄, 仄仄平平仄, 仄仄平仄平, 仄平平仄仄, 平平仄仄仄, 平仄平平仄, 仄仄平平平, 平平仄平仄'으로 二四不同(이사부동)은 첫째, 셋째, 끝 구에서 어긋났고 反法, 粘法(반법, 점법)은 불규칙하나마 이루어졌다.

573-2 長干曲(장간곡) 장간곡

君家定何處 妾住在橫塘 停船暫借問 或恐是同鄉
家臨九江水 來去九江側 同是長干人 自少不相識.

(군가정하처 첩주재횡당 정선잠차문 혹공시동향
가림구강수 내거구강측 동시장간인 자소불상식)

'당신 사시는 집은 정말 어디인가요, 저는 횡당에 산답니다.'
배를 멈추고 잠시 묻나니, 혹시 한 고향이 아닌가 해서이라.
'내 집은 구강 가에 있소, 오나 가나 구강 가일뿐이지요.
그러고 보니 우리 모두 장간 사람이면서, 어려서부터 서로 모르고 지냈구려.'

[語句] *長干 : 중국 강소성 南京市(남경시) 부근의 色鄉(색향). →234-48. *長干曲 : 樂府(악부)의 가사. '江南曲(강남곡)'이라고도 함. →285-1. *定 : 확실히. 정확히<副詞> *橫塘 : 남경시 관내 江寧縣(강녕현)의 강[運河운하]인 秦淮(진회) 지역. 이 주변이 六朝(육조) 때 陳(진)의 도읍지였고 秦 나라 때 운하를 만들었음. *借問 : 시험삼아 물음. 찾아 물음. *恐 : 의심을 내다. 속대중을 하다. *九江 : 강서성 九江市(구강

시). 동정호의 옛 이름. 또는 호남성의 洞庭湖(동정호)에서 구강시의 鄱陽湖(파양호, 彭澤팽택)와 남경시, 장간 등은 모두 양자강 연안으로 아홉 강이 모여든다 하며, 여기서는 '아홉 강이 모이는 곳'이란 뜻으로 쓴 듯함. 뒷 구의 "오나 가나 구강 가일 뿐이지요."가 이를 뒷받침하고 있음. *同是 : 둘이 똑같이. *自少 : 어릴 적부터. *相識 : 서로 面分(면분)이 있음. 면분은 '얼굴이나 알 정도의 情分(정분, 사귄 정)'임.

[鑑賞] 남녀간의 은근한 艶情(염정)을 그린 악부체의 노래이다. 아마 두 사람은 양자강 연안을 배로 오가며 장사를 하는 水上商人(수상상인) 같다. 몇 번 안면이 익어 대화도 나누어 보았으리라. 여인은 상대 남자가 신실해 보이고 말씨도 자기와 같은 장간 어투라, 처음 두 연에서처럼 노 젓던 배를 멈추고 "당신이 사는 곳이 내가 사는 횡당이 아니냐?"고 물었다. 남자의 대답은 나중 두 연처럼 "나는 구강에 사는데 횡당이나 구강이나 같은 곳 아닌가요? 그러고 보니 우리는 같은 장간 사람들인데, 어려서 만나지 못한 처지로군요." 하였을 것이다. 이 대화 속에 서로 끌리고 사모하는 정이 숨겨 있어, 만고의 絕唱(절창)이라는 평판도 있다고 한다.

5언고시. 압운은 塘, 鄕, 側, 識 자로 앞 두 자는 평성 '陽(양)' 평운, 뒤의 側과 識은 입성 '職(직)' 측운이어서 평운에서 측운으로 轉韻(전운)했다. 평측은 차례로 '平平仄平仄, 仄仄仄平平, 平平仄仄仄, 仄仄仄平平, 平平仄平仄, 平仄仄平仄, 平仄平平平, 仄仄仄平仄'으로 이사부동은 첫 구와 다섯째 구에서만 어긋났고 반법과 점법은 이루어지지 않았다.

573-3 行經華陰(행경화음) 화음 땅을 지나가다

岧嶢太華俯咸京 天外三峰削不成 武帝祠前雲欲散 仙人掌上雨初晴
河山北枕秦關險 驛路西連漢畤平 借問路旁名利客 何如此處學長生.

(초요태화부함경 천외삼봉삭불성 무제사전운욕산 선인장상우초청
하산북침진관험 역로서련한치평 차문노방명리객 하여차처학장생)

우뚝 솟은 태화산은 서쪽 멀리 함경을 내려다보고, 저 먼 세 봉우리는 뾰족하지 않구나.
무제의 사당 앞에는 구름이 흩어지려 하고,
선인장 모양의 봉우리에는 처음으로 비가 갰구나.
강과 산은 북쪽으로 함곡관을 베고 있어 험난하고,
역로는 서쪽으로 한치에 닿아 평평하네.
묻노니 길가의 명리를 구하는 사람들이여, 여기 와서 장생불사술을 배움이 어떠한가.

[語句] *華陰 : 지금의 섬서성 華陽市(화양시). 그 남쪽 渭河(위하)를 건너 華山(화산)이 있음. *岧嶢 : 우뚝 높은 모양. *太華 : 태화산. 중국 五嶽(오악) 중 西嶽(서악)인 華

山의 서쪽에 있는 산이라 하나, 화산과 같은 脈(맥)으로 華陰山(화음산)이라고도 하는데 화산, 태화산, 화음산은 같은 산을 지칭하는 듯함. 화산은 산 모양이 위아래가 평평하다고 함<爾雅 釋山> *咸京 : 秦(진)의 서울이었던 咸陽(함양). *天外 : 하늘의 바깥. 썩 높거나 먼 곳. *削成 : ①깎아서 만듦. ②뾰족하게 깎은 듯한 모양의 산. 太華之山 削成而四方 其高五千仞(태화산은 깎아지른 듯해 네 곳이 모나고 그 높이는 5천 길이다)<山海經 西山經> *武帝祠 : 前漢(전한)의 제7대 임금 武帝(무제, 재위 141~87 B.C)의 사당 또는 무제가 河神(하신) 巨靈(거령)을 위해 세운 사당. 거령은 '물의 신 또는 황하의 신'인데 큰 도끼로 태화산과 龍門(용문)을 찍어 열어 놓아 黃河水(황하수)를 통하게 했다고 함. →287-15. *仙人掌 : 선인장 모양의 봉우리. 한 무제가 甘露水(감로수) 곧 이슬을 받기 위해 建章宮(건장궁)에 설치한 承露盤(승로반)의 20丈(장) 높이 기둥인 金莖(금경) 위에 둔 선인장. 그 선인장이 이슬을 받아 금경을 통해 내린 감로수에 옥가루를 타서 마셨다 함.<漢書 郊祀志> *河山 : 강과 산. 황하와 태화산. *秦關 : 진 나라 때의 관문. 函谷關(함곡관). →297-10. *驛路 : 驛站(역참, 역말을 갈아타는 곳)으로 가는 길. *漢畤 : 한 무제 때 天地神(천지신)에게 제사지내던 곳. 畤는 '제사터. 신령이 머무는 곳'임. *旁 : 곁. = 傍(방). *名利 : 명예와 이익. *長生 : 長生不死(장생불사). 오래 살아 죽지 않음.

[鑑賞] 천하에서 가장 험하다는 함곡관과 무협, 서악 화산 등이 몰려 있는 섬서성, 하남성, 산서성의 경계 지역을 지나며 읊은 시. 태화산은 하도 높아 함양을 내려다보고 그 세 봉우리는 뾰족한 모양이 아니라고 시상을 일으켰는데, 보는 방향에 따라 뾰족하기도 하고 평평하기도 한 듯하다. 시상을 이어받은 다음 두 구는 무제사와 선인장을 對句(대구)로 읊어 오랜만에 맑게 갠 모습이라 했는데 무제사와 선인장은 두 가지 뜻이 포함된 重義法(중의법)이다. 그 다음 두 구 역시 멋진 대구로써 진관과 한치의 험함과 평평함을 대비하여 전환의 구실을 했고, 세상의 명리를 모두 버리고 여기에서 장생불사의 仙術(선술)을 닦고 싶다고 맺었다.

7言律詩(7언율시). 압운은 京, 成, 晴, 平, 生 자로 평성 '庚(경)' 평운이다. 평측은 차례로 '平平仄平仄平平, 平仄平平仄仄平, 仄仄平平平仄仄, 平平仄仄仄平平, 平平仄仄平平仄, 仄仄平平仄仄平, 仄仄仄平平仄仄, 平平仄仄仄平平'으로 二四不同二六對(이사부동이륙대)와 반법, 점법 등이 모두 이루어졌고, 특히 頷聯(함련 3~4 구)과 頸聯(경련 5~6 구)의 평측 대비가 남다르다.

573-4 黃鶴樓(황학루) 황학루

昔人已乘黃鶴去 此地空餘黃鶴樓 黃鶴一去不復返 白雲千載空悠悠
晴川歷歷漢陽樹 芳草萋萋鸚鵡洲 日暮鄕關何處是 煙波江上使人愁.

(석인이승황학거 차지공여황학루 황학일거불부반 백운천재공유유
청천력력한양수 방초처처앵무주 일모향관하처시 연파강상사인수)

옛 사람 황학 타고 이미 떠나버려, 이 땅에 부질없이 황학루만 남았구나.
황학은 한 번 떠나 다시 오지 않고, 흰 구름만 천 년 그대로 유유히 떠도네.
맑은 내 건너 한양의 나무숲 뚜렷하고, 꽃다운 풀 앵무주에 더부룩 자랐구나.
날은 저무는데 내 고향은 어디멘고, 안개 낀 장강 언덕에서 시름겨워 하노라.

[語句] *黃鶴樓 : 호북성 武漢市(무한시)에 있는 누각. 양자강과 南湖(남호)에 임했고 蜀(촉)의 費褘(비위)가 신선이 되어 황학을 타고 여기 와 쉬었다 하여 이 이름이 유래되었다고도 하고<寰宇記>, 辛氏(신씨) 술집에 온 사람이 술값 대신 벽에 누런 학을 그렸는데 후에 그 그림 학이 날아가 버려 신씨가 누각을 세워 항학루라 했다고도 하며<武昌誌>, 仙人(선인) 子安(자안)이 황학을 타고 여기를 지났다고도 함<齊諧志> →232-1, 234-65. *昔人 : 옛날 사람. 古人(고인). *空 : 헛되이. 부질없이. *悠悠 : 여유있고 한가함. *歷歷 : 하나하나 그 자취가 뚜렷함. *漢陽 : 무한시 서쪽에 있던 지명. 漢陽縣(한양현)이었고 晴川閣(청천각)이 있다고 함. *萋萋 : 초목이 우거져 무성함. *鸚鵡洲 : 무한시의 남쪽 강 가운데 있는 모래 섬. 後漢(후한)의 江夏太守黃祖(강하태수 황조)가 禰衡(이형)을 죽인 곳으로, 이형은 문인으로 단숨에 글을 잘 짓는 재주로 독수리에 비기기도 했고, 曹操(조조)를 모욕하다가 쫓겨나 황조에게 의지해 '鸚鵡賦(앵무부)'를 지어 칭찬을 받기도 했으나 황조의 비위를 거슬려 피살당하니, 앵무주는 그의 '앵무부'에서 따 이름 붙였다고 하는데, 앵무새를 바친 사람이 있어 이름 삼았다는 異說(이설)도 있음. *鄕關 : 고향. *煙波 : 아지랑이나 안개가 낀 水面(수면). *江上 : ①강가의 언덕. ②강물 위. 여기서는 ①임. *使 : 하여금.

[鑑賞] 이 시는 唐詩(당시) 7言律詩(7언율시) 중에서 첫째로 치며, 가장 많이 人口(인구)에 膾炙(회자)되는 작품의 하나로 제목을 '登黃鶴樓(등황학루)'라 하기도 한다. 詩仙李白(시선 이백)이 황학루 시를 지으러 왔다가 이 시가 이미 지어진 것을 읽고는 감복하여 짓지 않고, 이에 필적할 시를 짓겠다고 金陵(금릉, 지금의 南京市남경시)의 봉황대로 가 '登金陵鳳凰臺(등금릉봉황대)' 7언율시를 지으니, 착상과 운자가 같아 그 또한 명작으로 이름 높다. →234-7. 首聯(수련, 起기 1~2구)은 전설상의 仙人(선인)에 대한 동경의 念(염)을 담았고, 頷聯(함련, 承승 3~4구)에서는 그 동경이 헛된 것임을 흰구름에 의탁해 시상을 이었는데, 이 두 연은 懷古(회고)의 정을 담았다 하겠다. 頸聯(경련, 轉전 5~6구)은 눈앞에 펼쳐지는 뛰어난 경치를 그린 敍景(서경, 寫景사경)으로 멋지게 시상을 전환했다. 물론 함련과 경련은 詩作法(시작법)대로

對句(대구)로 구성되었다. 尾聯(미련, 結결 7~8구)은 나그네의 처지가 된 자신의 시름과 望鄕(망향)의 정을 읊어 시를 마무리했다. 우리의 고등학교와 대학의 한문 敎材(교재)에 필수로 실리니, 명작임에 틀림이 없다 하리라.

7언율시. 압운은 樓, 悠, 洲, 愁 자로 평성 '尤(우)' 평운이다. 평측은 차례로 '仄平仄平平仄仄, 仄仄平平平仄平, 平仄仄仄仄仄仄, 仄平平仄平平平, 平平仄仄仄平仄, 平仄平平平仄平, 仄仄平平平仄仄, 平平平仄仄平平'으로 二四不同二六對(이사부동이륙대)는 첫째와 셋째의 두 구에서 어긋났는데, 특히 셋째 구는 평성이 한 자뿐이어서 古詩(고시)로 분류하기도 한다. 그 외에는 反法, 粘法(반법, 점법) 등이 이루어져 율시의 규칙을 지키려는 의도가 엿보인다.

574. 崔孝一(최효일 ?~1644) : 조선 인조 때 忠義士(충의사). 자 元讓(원양). 시호 忠壯(충장). 본관 義州(의주). 무과 출신으로 광해군 때 訓練判官(훈련판관)에 이르렀고, 지혜와 용맹이 뛰어나 金應河(김응하 →707)와 함께 이름이 알려졌다. 인조 7년(1629) 청 나라 군사들이 의주에 침입하매 張應林(장응림)과 함께 統軍亭(통군정)에서 적 수십 명을 죽이고 포로가 되었다가 명 나라의 毛文龍(모문룡)과 적을 칠 것을 내통하고 도망하여 靑梁山(청량산)에서 장사를 모아 적을 방어했다. 인조 14년(1636) 적이 다시 침입하니 의주부윤 林慶業(임경업 →336)에게 청하여 騎兵(기병)을 데리고 압록강에서 싸워 크게 전과를 올렸다. 인조 22년(1644) 적장 李自成(이자성)이 燕京(연경)을 침입하매 吳三桂(오삼계)와 함께 연경으로 갔으나 삼계는 항복하고, 그는 명 나라 임금의 빈소에서 단식 10일만에 죽었으며 병조판서가 추증되었다.

574-1 與諸義士相別(여제의사상별) 여러 의사들과 작별하며

壯氣連天鬱 精忠貫日明 男兒一掬淚 不獨爲今行.
(장기연천울 정충관일명 남아일국루 부독위금행)

건장한 기세 하늘에 닿을 듯하고, 우리의 깨끗한 충성 해를 꿰뚫은 듯 밝구나.
사나이 흘리는 한 주먹 눈물, 이렇게 헤어져 가는 그 때문만은 아닐세.

[語句] *義士 : 옳은 일을 위해 제 몸을 희생하는 마음이 있는 사람. *壯氣 : 건장한 기운. 왕성한 원기. *鬱 : 무성하다. *精忠 : 세밀하고도 순수한 충성. *一掬 : 한 웅큼. 한 주먹. *不獨 : 그것만이 아님. 혼자가 아님.

[鑑賞] 대장부의 기개를 읊은 시. '장한 기운은 하늘에 닿듯 성하고, 우리의 깨끗한 충성은 태양을 꿰뚫은 듯 밝다.'는 처음 두 구는 對句(대구)가 잘 이루어졌다. 이렇게 각기 헤어져 가면서 흘리는 눈물은 이별의 아쉬움에서만이 흘리는 눈물

이 아니라, 우리의 뜻을 모두 이루지 못했거나 앞으로 만날 기약이 막연한 데서 오는 등 여러 감정이 서린 눈물이라 했다.

5言絶句(5언절구). 압운은 明, 行 자로 평성 '庚(경)' 평운이다. 평측은 차례로 '仄仄平平仄, 平平仄仄平, 平平仄仄仄, 仄仄平平平'으로 이사부동과 반법, 점법 등이 어긋남이 없고, 끝 두 구의 평측이 멋지게 대를 잘 이루었다.

575. 春香傳(춘향전) : 조선 영조, 정조 때의 한글 고대소설. 우리나라 고대소설 중 가장 으뜸가는 작품이라 평한다. 내용은 당시의 사회상을 그려낸 작품으로 계급 및 봉건주의 타파, 四民平等(사민평등), 특권 계층에 대한 반항 등을 부르짖었다. 지은 연대와 작자는 미상이며 木版本(목판본), 寫本(사본) 등 20여 종이 전해 온다.

575-1 御史出頭詩(어사출두시) 어사 출두 시

金樽美酒千人血 玉盤佳肴萬姓膏 燭淚落時民淚落 歌聲高處怨聲高.
(금준미주천인혈 옥반가효만성고 촉루낙시민루락 가성고처원성고)

금항아리의 맛있는 술은 많은 사람의 피요, 옥쟁반의 좋은 안주는 만백성의 기름일세.
촛농이 떨어질 때 백성들의 눈물도 떨어지고,
노랫소리 높은 잔치 자리에 백성들 원성도 높네.

[語句] *御史出頭 : 暗行御史(암행어사)가 중요한 사건을 처리하기 위해 지방 관청에 가서 坐起(좌기, 관청의 우두머리로서 집무함)하던 일. 어사출또. 별칭 '露蹤(노종, 종적을 드러냄)'. *金樽 : 금으로 만든 술통. 술항아리 미칭. *美酒 : 맛이 썩 좋은 술. *玉盤 : 옥으로 만든 예반. 예반은 '쟁반 모양의 그릇'임. *佳肴 : 맛 좋은 안주. 美肴(미효). *膏 : 기름. 기름지다. *燭淚 : 촛농. 초가 녹아서 흘러 엉기는 것. *怨聲 : 원망하는 소리.

[鑑賞] '춘향전'에서 춘향과 百年佳約(백년가약)을 맺은 李夢龍(이몽룡)이, 太平科(태평과) 과거에 장원 급제하고 전라도 어사를 제수받아 남원으로 가, 卞(변) 사또가 베푸는 잔치 자리에 앉아 雲峰營將(운봉영장)이 낸 운자에 따라 차운한 시로, 어사출두 바로 전에 지은 작품인데, 제목은 편자 나름으로 붙인 것이다. '춘향전'에서 으뜸가는 시로 양반들의 횡포와 벼슬아치들의 苛斂誅求(가렴주구)에 시달리는 백성들의 고통스러운 심정을 후련하게 해 준 효과가 있었으리라. '잔치 자리의 맛난 술과 기름지고 맛 좋은 안주는 모두 백성들의 재물을 搾取(착취)하여 마련된 것이니 그것이 곧 백성들의 피요 살인 것이다. 잔치 자리를 밝히는 輝煌燦

爛(휘황찬란)한 촛불로 하여 떨어지는 촛농은 백성들의 비애의 눈물과 같고, 홍청망청 불러대는 노랫소리 따라 백성들의 원망하는 목소리도 높아진다.'라 하여 두 구씩 짝을 맞추어 외기 쉽게 지었다.

7언절구. 압운은 膏, 高 자로 평성 '豪(호)' 평운이다. 평측은 차례로 '平平仄仄平平仄, 仄平平平仄仄平, 仄仄仄平平仄仄, 平平平仄仄平平'으로 二四不同二六對(이사부동이륙대)는 둘째 구에서 어긋났고 反法(반법)과 粘法(점법)은 둘째 구로 하여 온전치 못하며, 제 3, 4구의 평측 배열이 대조적이다.

576. 翠蓮(취련 ?) : 北道(북도)의 기생. 자 一朶紅(일타홍). 시와 歌舞(가무)에 능하였고, 評事 徐命彬(평사 서명빈)의 사랑을 받았다 한다.

576-1 奉呈徐公(봉정서공) 서공께 올리다

令節當三春 鄕愁日日新 學士風流盡 空歸千里人.

(영절당삼춘 향수일일신 학사풍류진 공귀천리인)

시절은 삼춘가절 좋은 때인데, 고향 생각 임 생각 날로 새로워지네.

학사이신 임의 풍류 이제는 볼 수가 없어, 기다려야 부질없는 천리 먼 사람 되었어라.

[語句] *奉呈 : 받들어서 드림. *令節 : 좋은 철. 좋은 명절. 佳節(가절). 佳辰(가신). *三春 : 봄의 석 달. *鄕愁 : 고향을 그리워하는 마음. *日日新 : 날로 새로워짐. *學士 : ①學者(학자). ②조선 때 종2품직 벼슬. 여기서는 '6품직에 있는 서명빈을 경칭하여 한 말'임. *風流 : 속된 일을 떠나 풍치가 있고 멋스럽게 노는 일. 운치스러운 일. *千里人 : 천리 멀리 떨어진 사람.

[鑑賞] 戀情詩(연정시). 평사를 지낸 서명빈이 어떤 사람인지 상고해 보지 못했지만, 아마 함경도나 평안도의 兵馬節度使(병마절도사) 밑에서 일을 보던 6품직 兵馬評事(병마평사)였을 것이다. 그 때 고향을 멀리 떠나 살면서 지은이 일타홍과 사귀었으리라. 그러다가 관직이 바뀌어 전근을 가고 말아, 지은이는 그에의 그리움을 이기지 못해 이 시를 지었을 것이다. 여인 더구나 妓女(기녀)의 처지로서는 기다림과 그리움이 일상사와 같아 그 가련한 정경이 떠오른다. 더구나 '春女感陽氣而思男(봄 여인은 양기를 느껴 사내를 생각하게 되네)'<詩經 七月 鄭箋>의 봄철이니 떠나간 임이 더욱 그리울 것이다. 지은이의 '賞月(상월, 달구경)' 시는 "亭亭新月最分明 一片金光萬古精 無限世間今夜望 百年憂樂幾人情(뚜렷한 저 초승달 높게도 떠있어, 한 조각 금빛 만고의 정기일세. 고금의 사람들 변함없이 오늘 밤처럼 저 달 바라보았겠건만, 백년 근심과 즐거움은 사람마다 달랐으리라.)"이다.

5言絕句(5언절구). 압운은 春, 新, 人 자로 평성 '眞(진)' 평운이며 독특하게 첫 구에도 압운했다. 평측은 차례로 '仄仄平平平, 平平仄仄平, 仄仄平平仄, 平平平仄平'으로 이사부동은 모두 이루어졌고 반법으로 일관해 점법이 되지 못했다.

577. 卓光茂(탁광무 ?) : 고려 후기의 문신, 시인. 본관 光州(광주). 左諫議大夫(좌간의대부)를 역임했다. 유고집 '景濂亭集(경렴정집 5권2책)'을 후손 雲翰(운한)이 조선 철종 1년(1850)에 간행했다. 아들 愼(신)은 조선 초의 성리학자로 이름난 효자였고, 세종 3년(1421) 議政府參贊(의정부참찬)에 이르렀으며, 경학, 음률, 무예에 이르기까지 능했고 평생 재산을 탐하지 않았다.

577-1 景濂亭(경렴정) 경렴정

懶向人前强作顔 水亭終日對靑山 吾家嗜好與時異 此地淸幽非世間
風月無私隨處足 乾坤大度放予閑 逍遙自適忘機裏 臥看長空倦鳥還.

(나향인전강작안 수정종일대청산 오가기호여시이 차지청유비세간
풍월무사수처족 건곤대도방여한 소요자적망기리 와간장공권조환)

남들 앞에서 억지웃음 짓기가 싫어, 홀로 수정에서 푸른 산만 마주하네.
내 좋아하고 즐기는 건 시속과는 다른데, 이 곳은 청유하여 세상과 달라 안성맞춤일세.
청풍명월은 공평하여 가는 곳마다 흡족하고,
천지는 도량이 커 날 한가로이 내버려두는구나.
소요자적하며 세상사를 잊고는, 저 하늘을 날다 지쳐 돌아오는 새들을 바라보노라.

[語句] *景濂亭 : 어디에 있는 정자인지 미상이나 "益齋(익재, 李齊賢이제현 →297)가 이름지었다."는 原註(원주)가 있으며 지은이의 아호도 되지 않은가 생각됨. *懶 : 게으르다. 싫다. *强作顔 : 억지 안색을 지음. 억지로 웃는 얼굴을 함. *水亭 : 물위 또는 물가에 지은 정자. *吾家 : 우리 집. 나. *嗜好 : 즐기고 좋아함. *時 : 時俗(시속, 그 시대의 인정과 풍속). *淸幽 : 맑고 그윽함. 속세와 떨어진 조촐하고 고요한 곳. *世間 : 세상. *風月 : 맑은 바람과 밝은 달. *無私 : 사삿되지 않음. 사심이 없이 공평함. *乾坤 : 하늘과 땅. 陽(양)과 陰(음). *大度 : 큰 度量(도량). 도량이 넓음. *予 : 나. *逍遙自適 : 이리저리 거닐며 마음 내키는 대로 즐김. *忘機 : 世上事(세상사)를 잊음. 機心(기심, 무엇을 꾸미려는 마음)을 버림. *長空 : 높고 먼 공중. *倦鳥還 : 날다가 지친 새가 돌아옴. '虛心坦懷(허심탄회)한 심정'을 비유함. 鳥倦飛而知還(새도 날다 지치면 돌아 올 줄을 아는구나)<陶潛 歸去來辭>

[鑑賞] 남들과 함께 있다 보면 마음에도 없이 억지로 웃어야 하는 일이 생겨, 그것이 싫

어서 혼자 물가 정자에 앉아 종일토록 청산만 바라본다. 다음 두 구는 承(승)으로 짝을 잘 이루어 이 경렴정 정자 있는 곳이 세상과 떨어져 내 마음에 쏙 든다 했다. 吾家는 '우리집, 우리 가문'으로 볼 수도 있으나 家를 접미사로 보아 그냥 '나'로 풀었다. 다음 두 구는 轉(전)으로 바람과 달, 하늘과 땅을 들어 앞 연과 같이 對句(대구)를 잘 맞추어 마음에 만족함을 그렸고, 끝 두 구는 結(결)로 세상 속된 일을 잊어버리고 이리저리 거닐다 아무 곳에나 앉아 날다가 지쳐 돌아오는 하늘의 새들을 바라보는 허심탄회의 심정으로 시를 마무리한 佳作(가작)이다.

7言律詩(7언율시). 압운은 顔, 山, 間, 閑, 還 자로 평성 '刪(산)' 평운이다. 평측은 차례로 '仄仄平平仄仄平, 仄平平仄仄平平, 平平仄仄仄平仄, 仄仄平平平仄平, 平仄平平平仄仄, 平平仄仄仄平平, 平平仄仄仄平仄, 仄仄平平仄仄平'으로 이사부동이륙대와 반법, 점법 등이 잘 이루어진, 7律의 典型(전형)이 되는 작품이다.

578. 卓文君(탁문군 ?) : 중군 漢(한) 나라 때 여류문학가. 臨邛(임공)의 부호인 卓王孫(탁왕손)의 딸로 과부로서 司馬相如(사마상여)의 아내가 되었다. 사마상여는 탁왕손의 집 연회에 초대받아 갔다가 갓 과부가 된 탁문군이 얼굴이 곱고 음률을 좋아한다는 것을 알고, 거문고로 鳳求凰曲(봉구황곡)을 타니 밤에 탁문군이 상여에게로 달려와 부부가 되었다 한다. 남편 사마상여가 武陵(무릉)의 딸을 첩으로 맞으려 하자 '白頭吟(백두음)'을 지어 단념케 했고, 남편이 죽자 誄文(뇌문)을 지었으니, 뇌문이란 '죽은 사람의 生前(생전)의 공덕을 열거하여 칭송한 글이나 그러한 문체'를 말한다.

578-1 白頭吟(백두음) 백발의 노래

皚如山上雪 皎若雲間月 聞君有兩意 故來相決絕
今日斗酒會 明旦溝水頭 躞蹀御溝上 溝水東西流
凄凄復凄凄 嫁娶不須啼 願得一心人 白頭不相離
竹竿何嫋嫋 魚尾何簁簁 男兒重意氣 何用錢刀爲.

(애여산상설 교약운간월 문군유양의 고래상결절
금일두주회 명단구수두 섭접어구상 구수동서류
처처부처처 가취불수제 원득일심인 백두불상리
죽간하요요 어미하사사 남아중의기 하용전도위)

그대 머리는 산 위의 눈처럼 또 구름 사이의 달같이 흰데,
들으니 또 장가들려는 마음을 가졌다니, 그 일로 하여 서로 헤어지려네.
오늘 술 마시며 즐거이 모였으나, 내일 아침이면 개천물에 머리를 두어,

대궐 도랑물을 저벅저벅 걸어, 그 도랑물 흐름을 따라 동과 서로 갈라지리.
거듭거듭 쓸쓸하고도 가련하고 원망스러워라, 시집가고 장가들면 울 일이 없다 하거늘.
바라건대 오직 한 마음 가진 사람 만나, 검은 머리 파뿌리 되도록 떨어지지 말았으면.
대나무 줄기는 어이하여 하늘하늘 날씬하며, 물고기 꼬리는 왜 저토록 체질 하듯 흔들꼬.
사내대장부는 의기를 중히 여기거늘, 어찌 돈을 소용없이 마구 쓰려 하는고.

[語句] *白頭 : 백발. *皚 : 희다. *皎 : 밝다. 희다. *兩意 : 두 마음. 또 장가들려는 마음. *決絕 : 헤어짐. 이별함. *斗酒 : 한 말 가량의 술. 많이 마시는 술. 말술. *溝水 : 개천물. 도랑물. *躞蹀 : 저벅저벅 걸음. *御溝 : 궁궐 안의 도랑. *淒淒 : 쓸쓸하고 가련한 모양. 슬퍼하며 원망하는 모습. *嫁娶 : 시집가고 장가듦. 혼인하는 일. *相離 : 서로 떨어짐. *竹竿 : 대나무 장대. *嫋嫋 : 약하디 약함. 맵시가 날씬하고 아름다움. *簁簁 : 체질 하듯 흔듦. 簁는 '체. 체로 치다'임. *意氣 : 장한 마음. 氣象(기상). *錢刀 : 돈.

[鑑賞] '머리 허옇게 센 그대가 여인을 또 얻으려고 하니 나는 그대와 헤어져야겠소. 오늘 이렇게 술잔을 나누지만 내일 아침이면 도랑물에 떨어져 어정어정 구정물 따라 헤어지겠지요. 서로 혼인하면 슬픈 일 없으리라 했고 오직 나만을 사랑하는 남편 만나 백발 되도록 떨어지지 않기를 바랐는데 이 지경이 되고 보니 슬프고 원망스럽소. 대나무는 한들거리기 마련이요 물고기 꼬리는 힘차게 흔들기 마련이며 사나이는 의기를 소중히 여겨야 하는데 어찌 부질없는 데에 돈을 쓰려고 하시는지요.' 했다. 이 시를 읽고 사마상여는 무릉의 딸에게 또 장가들기를 포기했다니 탁문군의 문장력이 센 것이리라. 對句(대구)로 된 연은 첫째, 셋째 및 일곱째 연의 셋이며, 竹竿과 魚尾는 각각 여자과 남자를 상징하는 어휘로 볼 수도 있다.

5言古詩(5언고시) 8연 16구. 압운은 4구마다 나누어 볼 수 있으니, 첫 네 구의 雪, 絕 자 는 입성 '屑(설)' 운, 月 자도 입성 '月' 측운으로 두 운은 通韻(통운)이 된다. 둘째 네 구는 頭, 流 자로 평성 '尤(우)' 평운이며, 셋째 네 구는 淒, 啼, 離 자로 앞의 둘은 평성 '齊(제)' 운, 離 도 평성 '支(지)' 평운으로 두 운은 通韻(통운)이다. 끝 네 구는 簁, 爲 자인데 簁는 평성 '佳(가)' 운, 爲도 평성 '支' 평운으로 역시 통운이 되어, 후반 네 연[8구]의 압운은 결국 한 운이라 할 수 있다. 그러니 이 시는 세 운이 쓰인 셈이 되는 것이다. 평측은 차례로 '平平平仄仄, 仄仄平平仄, 平平仄仄仄, 仄平平仄仄 ; 平仄仄仄仄, 平仄平仄平, 仄仄仄平仄, 平仄平平平 ; 平平仄平平, 仄仄仄平平, 仄仄仄平平, 仄平仄平平 ; 仄平平仄仄, 平仄平平平, 平平仄仄仄, 平仄平平平'으로 二四不同(이사부동)은 제 5, 6, 9, 12구의 넷이 어긋났고 反法, 粘法(반법, 점법)은 불규칙하다.

579. 太上隱者(태상은자 ?) : 唐(당) 나라 시인. 연대와 행적은 미상이다.

579-1 答人(답인) 속세 사람에게 대답하다

偶來松樹下 高枕石頭眠 山中無日曆 寒盡不知年.

(우래송수하 고침석두면 산중무일력 한진부지년)

가끔 소나무 아래 와서, 돌베개 높이 베고 잠을 자기도 한다네.

산속이라 책력이 없어, 추위 갔으나 해가 바뀐 줄 모르네.

[語句] *偶來 : 우연히 옴. 來를 조사로 보아 '우연히, 이따금'으로 풀이할 수도 있음. *高枕 : 높은 베개. 베개를 높이 벰. *石頭 : 바위. 돌머리. 頭는 조사임. *日曆 : 달력. 册曆(책력).

[鑑賞] 속세 사람이 '요즈음 무얼 하며 지내는가?'하고 묻는 말에 대답하는 형식을 취했으나 사실은 自問自答(자문자답)으로, 한시에는 이런 형식의 문답 기교를 많이 쓴다. 지은이의 행적이 분명치 않아 作者未詳(작자미상)으로 처리한 자료도 있는데, 한적한 곳에 은거하는 도사나 처사의 삶 한 단면을 잘 드러낸 小品(소품)이다. 山中無日曆으로 속세의 일에는 일체 관심을 두지 않는 심정을 나타낸 것이다.

5言絕句(5언절구). 압운은 眠, 年 자로 평성 '先(선)' 평운이다. 평측은 차례로 '仄平平仄仄, 平仄仄平平, 平平平仄仄, 平仄仄平平'으로 이사부동은 모두 이루어졌으나, 반법으로 일관해 점법이 이루어지지 않았다.

580. 鞭羊堂 彦機(편양당 언기 1581~1645) : 조선 인조 때 승려. 호 편양당. 속성 張氏(장씨). 본관 竹州(죽주). 父 珀(박). 어릴 때 玄賓大師(현빈대사)에게 具足戒(구족계, 비구・비구니가 지켜야 할 계법)를 받았으며, 자라서는 妙香山(묘향산)에 들어가 西山大師(서산대사 →104)에게 법을 받고 대사의 도를 전했다. 그 후 남쪽으로 가 여러 노승들을 방문하여 얻은 바가 많았다. 楓岳山(풍악산)의 天德寺(천덕사), 묘향산의 天授寺(천수사) 등에서 머물며 開堂說法(개당설법)하여, 널리 禪敎(선교)를 강론하니 깨닫는 사람들이 많았다 하며 문집으로 '鞭羊堂集(편양당집 3권)'이 있다.

580-1 山居(산거) 산속에 살며

自棲通性後 幽事日相干 造圃移芳茗 開亭望遠山

晴窓看貝葉 夜榻究禪關 世上繁華子 安知物外閑.

(자서통성후 유사일상간 조포이방명 개정망원산

청창간패엽 야탑구선관 세상번화자 안지물외한)

통성암에 머문 뒤로, 고요한 일들 날로 관계가 되니니,

님새밭 일구어 향그른 차도 옮겨 심어야 하고, 정자 만들어 먼 산도 바라보아야 하네.

창이 밝으면 불교 경전을 읽고, 밤이면 평상에서 참선의 길을 찾아야 하리.
속세의 일에 번거롭게 매달린 이들, 이 물외한을 어찌 알리오.

[語句] *通性 : 묘향산의 普賢寺(보현사) 안에 있는 암자 通性庵(통성암). *幽事 : 고요한 일. 그윽한 일. *干 : 干與(간여)하다. 관계되다. *圃 : 채마밭. 남새밭. *茗 : 차싹. 茶(차). *貝葉 : 印度(인도) 多羅樹(다라수) 나무의 잎. 佛經(불경). 다라수 잎에 종이 대신 불경을 써 둔 것이 많아 불경을 패엽이라 함.<舊唐書> 貝多羅葉. *榻 : 긴 걸상. 평상. *禪關 : 參禪(참선)에 드는 문. 禪理(선리, 참선의 이치)에 관한 일. *繁華子 : 번성하고 화려한 사람. *安知 : 어찌 알리. *物外閑 : 세상 물정의 번잡을 피해 한가로움.

[鑑賞] 서산대사에게서 법통을 이어받고 문장에도 뛰어난 스님이라 이 시도 깔끔하다. 통성암에서 조용히 살면서도 조용한 속에 해야 할 일들이 퍽 많이 생긴다고 시상을 일으키고, 頷聯(함련 3~4구)에서 남새밭 일구기와 정자 세우기를 들어 對句(대구)로 이어받았다. 또 해야 할 일을 頸聯(경련 5~6구)에서도 이어 나타냈으니, 낮에는 불경을 읽고 밤에는 참선에 든다고 역시 대구로 읊었다. 속세의 번잡한 일에 매달린 사람들이 이러한 한가로운 경지를 어찌 알 수 있으랴 하고 맺었다.

5言律詩(5언율시). 압운은 干, 山, 關, 閑 자로 干은 평성 '寒(한)' 운, 나머지 석 자도 평성 '删(산)' 평운으로 두 운은 通韻(통운)이 된다. 평측은 차례로 '仄平平仄仄, 平仄仄平平, 仄仄平平仄, 平平平仄平, 平平平仄仄, 仄仄仄平平, 仄仄平平仄, 平平仄仄平'으로 二四不同(이사부동)과 反法, 粘法(반법, 점법) 등이 모두 이루어졌다.

580-2 贈覺地(증각지) 각지에게 주다

興來長嘯上高樓 明月蘆花兩岸秋 最好一聲漁父笛 夜深吹過白鷗洲.
(흥래장소상고루 명월노화양안추 최호일성어부적 야심취과백구주)

흥이 나 읊조리며 높은 누각에 오르니, 밝은 달에 갈대꽃 어우러진 가을 언덕일세.
어부의 피리 소리 한 가락 정말 좋으니, 밤 깊었는데 백구주 옆을 불며 지나가누나.

[語句] *覺地 : 스님인 듯하나 미상임. *長嘯 : 詩歌(시가)를 길게 읊음. *蘆花 : 갈대꽃. *白鷗洲 : 갈매기가 깃드는 강 가운데의 모래섬.

[鑑賞] 달 밝은 밤 강가의 누각에 올라 바라보이는 시각적인 모습과 청각적인 이미지를 겹쳐 그린 禪家詩(선가시)이다. 밝은 달빛에 하얀 갈대꽃이 주변을 더욱 환하게 하여 정취를 더하는데, 강 물결에 조각배를 맡겨 집으로 돌아가는 어부가

부는 피리 소리, 더욱 고요한 분위기를 더한다. '산새가 우니 산 더욱 고요하여라.'는 시구가 있듯 어부의 피리 소리로 해서 이 강가는 더욱 한적한 느낌을 준다. 脫俗(탈속)한 仙境(선경)을 그려보게 되는 詩中有畫(시중유화)이다.

7言絕句(7언절구). 압운은 樓, 秋, 洲 자로 평성 '尤(우)' 평운이다. 평측은 차례로 '仄平平仄仄平平, 平仄平平仄仄平, 仄仄仄平平仄仄, 仄平平仄仄平平'으로 二四不同二六對(이사부동이륙대)와 반법, 점법 등이 모두 이루어졌다.

581. 表沿沫(표연말 ?~1498) : 조선 연산군 때 文士(문사), 문관. 자 少遊(소유). 호 藍溪(남계). 본관 新昌(신창). 金宗直(김종직 →46)의 문인으로 성종 3년(1472) 生員, 文科, 重試(생원, 문과, 중시)에 급제하여 湖堂(호당, 독서당)에 뽑혔으며, 藝文館 檢閱(예문관 검열)로서 동료들과 잔치하며 술을 마실 때 쇠고기를 잔칫상에 올린 일로 파직당했다. 그 후 고기를 금하고 諫官 任士洪(간관 임사홍)의 간사함을 논하다가 海島(해도)에 유배당했다. 善山府使, 成均館 司成, 知中樞府事(선산부사, 성균관 사성, 지중추부사)에 이르렀으며 문장과 역사에 통하여 이름이 높았다. 김종직의 行狀(행장)을 아름답게 꾸며 썼다 하여 연산군 4년(1498) 戊午士禍(무오사화) 때 화를 입어, 慶源(경원)으로 귀양가던 도중 銀溪驛(은계역)에서 사망했다. 아들 憑(빙, 호 退憂퇴우)도 文名(문명)이 있었다.

581-1 爲官述懷(위관술회) 벼슬아치가 되어 생각을 펴다

新築書堂壁未乾 馬蹄催我上長安 兒時但道爲官好 老去方知行路難
千里關山千里夢 一番風雨一番寒 何時靜坐雲林下 翠竹蒼梧仔細看.

(신축서당벽미건 마제최아상장안 아시단도위관호 노거방지행로난
천리관산천리몽 일번풍우일번한 하시정좌운림하 취죽창오자세간)

새로 짓는 서재의 벽이 미처 마르지도 않았는데, 말은 나를 재촉해 서울 가자 하네.
어릴 적에는 벼슬길이 좋은 줄로만 알았는데, 늙어 가는 이제야 인생살이 어려움을 알겠구나.
천리 험한 길이라 갈 일이 아득한데, 비바람 치고 또 추위 닥치는 괴로움을 번갈아 겪네.
언제 시골 자연 속에 고요히 앉아, 푸른 대와 소나무 들을 자세히 살피며 살게 되려는고.

[語句] *爲官 : 벼슬아치가 됨. 관직을 가짐. *述懷 : 마음먹은 여러 가지 생각을 말함, 그 말. *書堂 : 글방. 書齋(서재). *乾 : 마르다. 本音(본음)은 간, 慣用(관용)으로 건으로 읽음. *馬蹄 : 말굽. '말'의 뜻으로 썼음. *長安 : 서울. *道 : 말하다. *老去 : 늙어짐. 늙어 감. *方知 : 이제야 알게 됨. *行路難 : 세상살이의 어려움. 人生行路(인생행로)의 어려움. →234-64. *關山 : ①고향의 산. 고향. ②關門(관문)

근처의 산. 여기서는 ②의 뜻으로 '넘어야 할 관문이 많은 서울 길'을 뜻함. *千里夢 : 천리의 꿈. 꿈결같이 먼 천리길. *一番 : ①한 번. 한 차례. ②첫째. *靜坐 : 마음을 가라앉히고 고요히 앉음. *雲林 : 구름 감도는 숲. 구름이 흐르고 숲이 있는 시골 자연. *翠竹 : 푸른 대나무. 靑竹(청죽). *蒼梧 : ①푸른 오동나무. ②중국 고대 舜(순) 임금이 남쪽을 순시하던 중에 사망한 산 이름. 그의 두 비인 娥皇, 女英(아황, 여영)이 이곳에서 슬피 울어, 그 눈물이 얼룩져 떨어져서 瀟湘(소상)의 斑竹(반죽) 대나무가 되었다 함. 여기서는 '소나무를 뜻하는 蒼髥(창염)'의 뜻으로 쓴 것이 아닌가 생각되기도 함. *仔細 : 썩 잔 것에까지 주의가 미치어 빠짐이 없음. 子細(자세). 仔詳(자상). 詳細(상세).

[鑑賞] 지은이가 파직을 당하고 咸陽(함양) 고향으로 낙향했을 때 연산군이 자주 그를 불러 올렸다. 그가 서재를 새로 짓고 있을 때에 연산군은 타고 갈 말까지 보내어 또 상경하라는 召命(소명)을 내리니, 떠나면서 이 시를 지어 자기의 심경을 披瀝(피력)했던 것이다. 무오사화를 예감했음인가, 벼슬살이와 인생길의 험난함을 새삼 느끼었고, 한적한 시골에서 은거하기를 소망했으나 그 바램은 이루어지지 못하고 만 것이다. 함련과 경련은 시작법에 맞게 對句(대구)를 잘 이루었다. 그의 시에 '山樓消暑(산루소서, 산 누각에서 더위를 식히다)' 7언율시도 있다.

7언율시. 압운은 乾, 安, 難, 寒, 看 자로 평성 '寒' 평운이다. 평측은 차례로 '平仄平平仄仄平, 仄平平仄仄平平, 平平仄仄平平仄, 仄仄平平平仄平, 平仄平平平仄仄, 仄平平仄仄平平, 平平仄仄平平仄, 仄仄平平仄仄平'으로 이사부동이륙대와 반법, 점법 등이 모두 잘 이루어졌다.

582. 河偉量(하위량 ?) : 조선 선조 때 官員(관원). 자 君受(군수). 본관 江華(강화). 선조 때 과거 급제하고 參奉(참봉) 벼슬을 지냈다.

582-1 紫霞洞(자하동) 자하동

松花金粉落 春澗玉聲寒 盤石客來坐 仙人舊有壇.
(송화금분락 춘간옥성한 반석객래좌 선인구유단)

송화는 금가루처럼 날리고, 봄 시냇물 옥소리같이 맑게도 흐르네.
너럭바위에 사람들 와 앉나니, 옛 신선들이 놀던 터가 있구나.

[語句] *紫霞洞 : 신선이 사는 곳. 중국 長山 楊謨洞(장산 양모동)의 절벽 속에 있는데, 너댓 사람이 누런 옷을 입고 왕왕 나타나니, 임금이 조서를 내려 양모동을 '紫霞洞'으로 고치고 紫霞觀(자하관)을 두었다 함<錄異記> 우리나라에서도 경치가 뛰

어난 곳을 '자하동'이라 이름 붙인 경우가 많음. *松花 : 소나무의 꽃. 또 그 꽃가루. 松黃(송황). *澗 : 산골 물. *仙人 : 神仙(신선). 仙子(선자).

[鑑賞] 서울 紫霞門(자하문) 너머 洗劍亭(세검정) 부근이거나 자하동이라 이름한 다른 곳에서 읊은 시이리라. 송화 가루 날리는 봄날에 눈 녹은 산골 물 맑은 옥 소리를 내며 흐르는데, 넓은 바위 있어 이곳을 찾는 사람들이 앉아 놀며 쉴 만하다. 살펴보니 옛날 신선들이 놀던 단이 있는 듯하다 한 것은 이 곳의 아름다운 경치를 더욱 돋보이게 하는 技巧(기교)이다.

5言絕句(5언절구). 압운은 寒, 壇 자로 평성 '寒' 평운이다. 평측은 차례로 '平平平仄仄, 平仄仄平平, 平仄仄平仄, 平平仄仄平'으로 二四不同(이사부동)과 反法, 粘法(반법, 점법) 등이 잘 이루어졌다.

583. 河緯地(하위지 1387~1456) : 조선 단종 때의 死六臣(사육신). 자 天章, 仲章(천장, 중장). 호 丹溪(단계). 시호 忠烈(충렬). 본관 晉州(진주). 세종 17년(1435)에 生員試(생원시)에 급제하고, 3년 뒤 문과에 장원급제하여 湖堂(호당)에 들어가 독서한 뒤, 禮曹參判(예조참판)에 이르러 단종 복위를 모의하다가 세조 2년(1456) 성삼문, 박팽년, 이개, 유응부, 유성원 등과 함께 殉節(순절)했다. 성미가 과묵하고 공손했으며 집현전 經筵(경연)에서 늘 왕을 모시며 학문에 많은 도움을 드렸다. 일찍이 세종의 명으로 '歷代兵要(역대병요)' 편집에 참여하여 단종 1년(1453) 이 책이 간행되니, 總裁(총재)했던 수양대군이 편집에 공이 많은 신하들에게 벼슬을 높여 주는데, 하위지는 굳이 사양하며 "임금님이 연세 어리셔서 나라가 위태로운데, 王族(왕족)이 벼슬과 포상으로 조정 신하들을 농락하면 안 되오." 했다. 그 해에 수양대군이 김종서 등을 죽이고 영의정이 되자 벼슬을 버리고 前司諫(전사간)의 자격으로 善山(선산)에 물러가 있었는데, 수양대군이 단종에게 청하여 좌사간으로 불렀으나 나아가지 않았다. 단종 3년 곧 세조 1년(1455) 세조가 왕위를 찬탈하고 예조참판으로 부르니 마지못해 취임했으나 받은 祿米(녹미)를 별실에 쌓아두기만 하고 먹지 않았다. 이듬해 사육신의 변이 일어나자 세조는 하위지의 재주를 아껴 몰래 불러 모의 사실을 고백하면 용서하리라 했으나 그는 一笑(일소)에 부쳤다. 문초를 받을 때 그는 "이미 반역죄로 정해져 사형을 받게 된 바에야 새삼 물을게 무엇이 있느냐?" 하매 세조도 그에게 烙刑(낙형)을 가하지 못했다 한다. 그가 처형되자 선산에 있던 두 아들 琥(호) 와 珀(박)도 연좌되어 사형되었는데, 박은 어린 나이였으나 죽음을 두려워 않고 모친에게 "죽는 것은 어렵지 않습니다. 제가 어찌 혼자 살아남겠습니까, 자결해야 마땅한 처지입니다." 하면서 奴婢(노비)로 끌려가게 된 누이동생더러 여자의 의리를 지켜 두 주인을 섬기지 말 것을 부탁한 다음 태연히 죽음을 받으니, 모두들 그 아버지에 부끄럽지 않은 아들이라 칭찬했다고 한다.

583-1 謝人贈蓑衣(사인증사의) 도롱이를 준 분에게 감사하다

男兒得失古猶今 頭上分明白日臨 持贈蓑衣應有意 五湖煙雨好相尋.

(남아득실고유금 두상분명백일림 지증사의응유의 오호연우호상심)

사나이 얻고 잃음이 예와 지금이 어찌 다르리, 머리 위에 밝은 태양 뚜렷이 떠 있음에랴.
도롱이 보내 주심에는 응당 뜻이 담겼으니, 오호의 경치 찾아 서로 즐기며 살자는 것이지만.

[語句] *蓑衣 : 도롱이. 볏짚 등으로 엮어 어깨에 걸쳐 두르는 雨裝(우장). 綠蓑衣(녹사의). *得失 : 얻음과 잃음. 성공과 실패. *白日 : 밝은 해. '임금'을 상징함. *五湖 : 중국의 다섯 호수, 곧 太湖(태호), 謝陽湖(사양호), 洞庭湖(동정호), 丹陽湖(단양호), 宮亭湖(궁정호, 彭蠡湖팽려호) 등을 말하는데, 여러 이설이 있으며 越(월)의 정승 范蠡(범려)가 벼슬을 그만두고 西施(서시)와 함께 배를 띄우고 놀았다 함. 여기서는 '자연 곧 강호'를 뜻함. *煙雨 : 안개처럼 부옇게 내리는 비. *好 : 즐거이. 기쁘게.

[鑑賞] 지은이의 친구거나 아끼는 사람이 도롱이를 보내왔다. 그 뜻을 알아차리고 감사하는 마음을 겸해서 스스로의 의지를 나타낸 시이다. '사나이 대장부의 성공과 실패는 옛날이나 지금이나 똑같으니, 머리 위에 밝은 해가 항상 있듯 임금님이 위에 계심은 분명한 일이다. 험한 벼슬살이를 그만두고 시골 한적한 곳에 와서 자연을 즐기며 일생을 편안히 마치는게 어떠한가 하고, 도롱이를 보내주었음을 모르는 바 아니나, 백성 특히 벼슬을 사는 신하는 임금님을 위해 목숨도 바치는 충성을 가져야 하는 것이니, 내 한 몸만의 편안을 위해 어찌 벼슬을 버리고 은퇴하랴. 준 뜻은 고맙지만 나는 임금님과 함께 생사를 같이할 뿐이니 이해해 주시오.' 하는 뜻을 담았다. 단종을 향한 결연한 충성심을 보이는 忠節詩(충절시)라 하리라.

7言絕句(7언절구). 압운은 今, 臨, 尋 자로 평성 '侵(침)' 평운이다. 평측은 차례로 '平平仄仄仄平平, 平仄平平仄仄平, 平仄仄平平仄仄, 仄平平仄仄平平'으로 二四不同二六對(이사부동이륙대)와 반법, 점법 등이 모두 잘 이루어진 좋은 작품이다.

583-2 送徐剛中兄弟榮親歸大丘(송서강중형제영친귀대구)

강중 서거정 형제가 영친하러 대구로 돌아감을 송별하다

一家文武姓名香 兄執金吾弟玉堂 鶴髮北堂應孝養 錦衣南國已輝光
鴒原先後君堪羡 荊樹參差我獨傷 回首月波亭下路 滿山松柏鬱蒼蒼.

(일가문무성명향 형집금오제옥당 학발북당응효양 금의남국이휘광
영원선후군감선 형수참치아독상 회수월파정하로 만산송백울창창)

한 가문의 문과 무로 그 성명이 향기롭거니, 형은 집금오요 아우는 옥당에 들었구나.

늙으신 어머니를 효도로 봉양하리니, 금의환향한 영남에 이미 영광을 드러내었네.
형제간 의좋게 앞서거니 뒤서거니 가는 그대 참 부러운데,
자형나무 꽃 갈라지듯 한 나는 홀로 상심에 잠긴다네.
머리 돌려 월파정 아래를 바라보면, 온 산 가득 송백이 울울창창하리라.

[語句] *徐剛中 : 조선 초기의 명신인 徐居正(서거정 1420~1488). 그의 자가 剛中임. →101. *榮親 : 부모를 영화롭게 함, 또는 영화롭게 모심. 榮養(영양). *大丘 : 大邱廣域市(대구광역시)의 신라 때 이름. 본래 達勾火縣(달구화현) 또는 達弗城(달불성)인데 경덕왕 때 大丘로 고쳤음. *執金吾 : 중국 漢(한) 나라 때 무관 명칭. 金吾. 조선 때 司憲府(사헌부) 또는 義禁府(의금부) 별칭. 서거정은 大司憲(대사헌)을 역임했음. *玉堂 : 弘文館(홍문관)이나 그 관원 별칭. *鶴髮 : 학의 깃처럼 흰 머리털. 노인의 백발. *北堂 : 남의 어머니 존칭. 慈親(자친). *孝養 : 부모를 효행으로써 봉양함. *錦衣 : 비단옷. '錦衣還鄕(금의환향, 출세를 하여 고향으로 돌아옴)'을 줄여 쓴 말임. *南國 : 남쪽에 위치한 나라나 지방. 嶺湖南(영호남) 지방. *輝光 : 빛을 발함. 영광이 드러남. *鴒原 : 할미새가 날아다니는 들이나 언덕. 형제간에 의가 좋은 일. 할미새는 머리와 꼬리가 서로 응하므로 형제가 서로 도움을 비유하고, 날면 울고 가면 까불어 가만히 있지 않아 바쁜 것에도 비유함. 鶺鴒飛原 兄弟急難(들에 있는 할미새 바삐 날듯, 형제는 위난을 급히 구하는도다)<詩經 小雅 常棣> *堪羨 : 크게 부러워함. *荊樹 : 紫荊(자형)나무. 박태기나무. 콩과의 낙엽활엽 관목으로 잎이 피기 전에 紅紫色(홍자색) 꽃이 나비 모양으로 피는데, 중국 원산으로 절이나 인가 부근에 심는 관상용이며 줄기는 약재로 씀. 이 나무의 꽃이 다닥다닥 피어 常棣(상체, 棠棣당체. 山梅子산매자)와 같이 형제간의 우애에 비유함<續齊諧記> *參差 : 고르지 않아 가지런하지 못함. '參差不齊(참치부제)'를 줄인 말임. *月波亭 : 미상. *松柏 : 소나무와 잣나무. *鬱蒼蒼 : 나무가 빽빽하고 푸르게 우거진 모양. 鬱鬱蒼蒼(울울창창).

[鑑賞] 서거정 형제가 고향 대구로 모친을 모시러 감을 송별하며 지은 시. 두 사람 모두 서울에서 무와 문을 나누어 벼슬하는 처지라 그 이름이 빛난다 하고, 이어 頷聯(함련 3~4구)에서 모친에의 효도와 금의환향을 對句(대구)로써 기리었다. 頸聯(경련 5~6구)은 내용을 전환하여 강중 형제를 부러워하고 외로운 자기자신의 상심을 역시 대구로 토로했다. 끝 연은 '月波亭'이 어디에 있는 정자인가에 따라 풀이가 달라지니, 대구에 있다고 보면 위의 풀이가 맞지만 지은이가 사는 곳에 있다면 "월파정 아랫길로 고개를 돌리니, 온 산 가득 송백이 울창하여라."라 해야 할 것이다. '송백'은 강중 형제 또는 지은이의 굳은 節操(절조)를 나타내는 어휘이다.

7言律詩(7언율시). 압운은 香, 堂, 光, 傷, 蒼 자로 평성 '陽(양)' 평운이다. 평측은 차례로 '仄平平仄仄平平, 平仄平平仄仄平, 仄仄仄平平仄仄, 仄平平仄仄平平, 平平平仄平平仄, 平仄平平仄仄平, 平仄仄平平仄仄, 仄平平仄仄平平'으로 二四不同二六對(이사부동이륙대)와 反法, 粘法(반법, 점법) 등이 모두 이루어졌다.

584. 河崙(하윤 1347~1416) : 조선초 명신. 자 大臨(대림). 호 浩亭(호정). 시호 文忠(문충). 본관 晉州(진주). 父 府使 允麟(부사 윤린). 판서 李仁美(이인미)의 사위로 학문을 좋아해 손에서 항상 책을 놓지 않았다 하며 諸子百家(제자백가)와 陰陽(음양), 醫術(의술) 등에 능통했다. 고려 공민왕 14년 (1365) 문과에 급제하니, 시험관 李仁復(이인복 →288)이 한 번 보고 사람됨이 큼을 알고는 아우 인미의 딸과 혼인케 했다. 공민왕 20년(1371) 榮州(영주) 지방을 잘 다스려 안렴사 金湊(김주?)가 그의 치적을 가장 높이 평가하여 보고했다. 考功佐郎, 簽書密直司事(고공좌랑, 첨서밀직사사)에 오르고 監察糾正(감찰규정) 때 辛旽(신돈)을 탄핵하다가 파직당했다. 우왕 14년(1388) 崔瑩(최영)의 요동 정벌 정책을 극력 반대하다가 襄州(양주)에 귀양갔다. 이성계 즉위 후 京畿左右道都觀察使(경기좌우도 도관찰사)로 기용되었을 때 계룡산 建都役事(건도 역사)의 부당함을 홀로 역설하여 중지케 했다. 鄭道傳(정도전)을 대신해 명 나라에 가 明太祖(명 태조)의 오해를 풀었고, 태조 7년 (1398) 왕자의 난이 일어나자 충청도 도관찰사로서 군사를 이끌고 와 평정하여 공을 세우기도 했다. 정종 즉위 때 政堂文學(정당문학), 定社(정사) 1등 공신, 晉山君(진산군)이 되고 이듬해에 우의정이 되었다. 태종 때 좌의정, 영의정이 되어 70세에 벼슬을 그만두고 진산부원군에 피봉되었으며, 문집에 '浩亭集(호정집)'이 있다.

584-1 題廣州淸風樓(제광주청풍루) 광주의 청풍루를 두고 짓다

少年曾此一看花 老大今來感慨多 歲月不留人換盡 眼前風物尙繁華.

(소년증차일간화 노대금래감개다 세월불류인환진 안전풍물상번화)

소년 시절 여기서 꽃구경을 한 번 했었는데, 늙어진 이제 다시 오니 감개무량하구나. 세월은 멈추지 않고 가 사람들 모두 바뀌었는데, 눈앞에 펼쳐진 풍물은 아직도 번화하네.

[語句] *廣州淸風樓 : 경기도 광주시에 있는 누각. *曾 : 일찍. *老大 : 한창때를 지나서 늙음. ↔少壯(소장). 少壯不努力 老大徒傷悲(젊었을 때 노력하지 않으면, 늙어서 상심해 슬퍼할 뿐이라)<沈約 長歌行> →142-1. *感慨 : 마음속 깊이 사무치는 느낌. *風物 : 경치. 그 지방의 경치. *尙 : 오히려. 아직. 더하다. *繁華 : 번성하고 화려함.

[鑑賞] 어릴 때 와 본 적이 있는 광주의 청풍루에 늙바탕이 되어 다시 찾아본 감상을 읊은 시. 세월은 사람을 기다리지 않고 무심하게 흘러가, 그 때 알던 사람들은 보이지 않는다. 그러나, 지난날 보던 청풍루 주변의 경치는 예 그대로이다. 자연의 영원성과 인생의 무상함을 대비한 작품이다.

7言絕句(7언절구). 압운은 花, 多, 華 자로 花와 華는 평성 '麻(마)' 운, 多도 평성 '歌(가)' 평운으로 두 운은 通韻(통운)이 된다. 평측은 차례로 '仄平平仄仄平平, 仄仄平平仄仄平, 仄仄仄平平仄仄, 仄平平仄仄平平'으로 이사부동이륙대와 반법, 점법 등이 모두 이루어졌다.

585. 河允源(하윤원 ?) : 고려 공민왕 때 문신. 본관 晉州(진주). 父 贊成事 楫(찬성사 즙). 충혜왕 때 과거 급제하여 典校校勘(전교교감)이 되고 공민왕 때 典理摠郎(전리총랑)으로 여러 장군에게 從事(종사)하여 서울을 회복하고 2등 공신이 되었다. 慶尙, 西海, 楊廣, 交州(경상, 서해, 양광, 교주) 등 네 도를 按察(안찰)하고, 原州(원주)와 尙州(상주)의 牧使(목사)를 지내면서 행정적 업적이 높았으며, 우왕 초에 벼슬이 大司憲(대사헌)에 이르고 진산군에 봉해졌다. 모친상을 당하여 3년상 전에 사망했으며 有宗(유종), 自宗(자종), 啓宗(계종)의 세 아들이 있었다.

585-1 養性亭(양성정) 양성정

養性亭西矗石東 竹林深翠柿垂紅 秋光滿院還無主 長入征夫一夢中.

(양성정서촉석동 죽림심취시수홍 추광만원환무주 장입정부일몽중)

양성정 서편 촉석루 동쪽에, 대나무 숲 짙게 푸르고 붉은 홍시 늘어졌구나.
가을 빛 뜰에 가득한데 주인은 돌아올 줄 몰라, 먼 길 간 사람의 꿈속에 오래도록 들겠네.

[語句] *養性亭 : 미상. *矗石樓 : 경상남도 진주시 본성동에 있는 누각. →34-2, 152-1. *無主 : 주인이 없음. 임자가 없음. *征夫 : 먼 곳으로 가는 사람.

[鑑賞] 양성정 정자 부근 어느 집에서 보이는 광경을 읊은 듯싶다. '가을 들어 대숲은 푸른데 나무에 달린 감은 紅柿(홍시)가 되어 빨갛다. 가을빛은 뜰에 가득한데 주인은 먼 길을 갔는지 비어 있어, 그 주인은 필시 오늘의 이 가을 풍경을 他地(타지)에서 그려보며 향수에 젖을 듯싶다'고 했다. 征夫를 지은이로 보면 '가을 경치 온 집에 가득한데 주인이 없어, 늘 나그네인 나의 꿈속에 드네.'로 풀어 자신의 향수를 그린 것으로 되리라.

7언절구. 압운은 東, 紅, 中 자로 평성 '東' 평운이다. 평측은 차례로 '仄仄平平仄仄平, 仄平平仄仄平平, 平平仄仄平平仄, 平仄平平仄仄平'으로 이사부동이륙대와 반법, 점법 등이 잘 이루어져 7언절구의 典型(전형)이 될 만하다.

586. 河應臨(하응림 1536~1567) : 조선 명종 때 문장가. 자 大而(대이). 호 菁川(청천). 본관 晉州(진주). 父 參奉 永水(참봉 영수). 從叔(종숙, 5촌숙) 牧使 億水(목사 억수)의 양자가 되었다. 진사가 되고 명종 14년(1559) 문과에 급제하여 檢閱, 修撰(검열, 수찬)을 역임했으며 32세로 사망했다. 문장으로 이름이 높아 龜峯 宋翼弼(구봉 송익필 →123) 등과 8문장의 한 사람이며 蘇東坡 軾(소동파 식 →119)의 시를 애송했다.

586-1 春日山村(춘일산촌) 봄날의 산골 마을

竹籬臨水是誰家 隱約靑帘出杏花 欲典春衣沽酒飮 不堪芳草日西斜.
(죽리임수시수가 은약청렴출행화 욕전춘의고주음 불감방초일서사)

대 울타리 물가에 있는 집이 누구 집인고, 은근한 술집 깃발 살구꽃 사이로 보이네.
봄 옷 잡히고 술을 사 마시니, 꽃다운 풀밭 위로 해가 기울어짐이 안타까울 뿐일세.

[語句] *隱約 : ①분명치 않음. 隱微(은미, 겉으로 드러나지 않음)하고 간략함. ②困窮(곤궁)함. *靑帘 : 술집임을 나타내는 푸른 깃발. *典 : 典當(전당)잡히다. *沽酒 : ①술을 사다. ②술을 팔다. 여기서는 ①임 *芳草 : 꽃다운 풀.

[鑑賞] 봄날 산골 마을에 살며 춘흥을 이기지 못해 물가의 술집에 가서 봄에 입는 옷을 잡히고 술을 마신다. 술집은 대나무 울타리를 두르고 강가에 위치하며, 흐드러지게 핀 살구꽃 사이로 술집 푸른 깃발이 봄바람에 어른거려 나부끼니, 술을 마시지 않고 견딜 수 있으랴. 주머니를 뒤지니 엽전이 없다. 그러나, 봄옷은 곧 벗을 것이라 그걸 잡히고 술을 마시려는 욕구를 참지 못하고, 방초를 마주하며 저물도록 술을 마신다. 산골의 조그만 浪漫(낭만)을 그렸다.

7言絶句(7언절구). 압운은 家, 花, 斜 자로 평성 '麻(마)' 평운이다. 평측은 차례로 '仄平平仄仄平平, 仄仄平平仄仄平, 仄仄平平平仄仄, 仄平平仄仄平平'으로 二四不同二六對(이사부동이륙대)와 反法, 粘法(반법, 점법) 등이 모두 잘 이루어지고 평측 배치도 좋은 佳作(가작)이다.

587. 賀知章(하지장 677~744) : 初唐(초당)의 시인. 자 季眞(계진). 自號(자호) 四明狂客(사명광객). 越州 永興(월주 영흥) 사람. 일설 浙江省 會稽(절강성 회계) 사람. 성품이 넓고 평탄하며 談論(담론)을 잘했다. 陸象先(육상선)과 친하여 그가 말하기를 "계진은 淸談風流(청담풍류)라 내가 하루만 안 보면 마음에 꾀죄죄함이 생긴다." 했다. 현종 때 禮部侍郞(예부시랑)이 되었고 肅宗(숙종)이 태자일 때 太子賓客(태자 빈객)으로 뽑혔으며 秘書監(비서감)이 되어 '賀監'이라 별칭되기도 했다. 태자 빈객일 때 李白(이백)을 한 번 보고는 '謫仙人(적선인, 죄를 입어 이 세상에 내려온 신선)'이라 불러 이백은 술을 사 함께 즐긴 일이 있었고 이백을 현

종 임금에게 추천했다고 한다. →234-5. 만년에는 벼슬을 버리고 절강성의 四明山(사명산)에 들어가 '사명광객'이라 자칭하며 신선의 도를 닦았다. 시와 글뿐 아니라 초서와 예서에도 능했고 술을 좋아했으며, 고향 吳中(오중)으로 돌아갈 때 현종이 鏡湖(경호)의 한 구비를 그에게 하사하여 그 호수를 '賀監湖(하감호)'라 부르게 되었다 한다.

587-1 題袁氏別業(제원씨별업) 원씨의 별장을 두고 짓다

主人不相識 偶坐爲林泉 莫謾愁沽酒 囊中自有錢.

(주인불상식 우좌위임천 막만수고주 낭중자유전)

주인과는 서로 알지 못하나, 이렇게 마주 앉았음은 이 좋은 숲과 샘물 때문일세.
쓸데없이 술 살 걱정은 말게나, 내 주머니에도 돈이 있나니.

[語句] *袁氏 : 미상. *別業 : 別莊(별장). *相識 : 서로 面分(면분, 얼굴이나 알 정도의 사이, 顔面안면)이 있음. *偶坐 : 마주 대하여 앉음. 對坐(대좌). *林泉 : ①숲과 샘. 수풀 속에 있는 샘. 산수 자연. ②隱士(은사)의 庭園(정원). *謾 : 무례하다. 속이다. 또. '漫(만)'과 같은 뜻으로 '부질없이'로 풀기도 함. *沽酒 : 술을 삼. →앞 시.

[鑑賞] 지은이의 소탈하고 탈속한 성품을 보이는 시. 원씨와는 안면도 없는 사이지만 그 별장의 산수 자연이 좋아서 이렇게 경치를 마주하고 있는 것이다. 이렇게 좋은 곳이니 술 한 잔 안 마실 수가 없다. 나에게도 술 살 돈은 있으니, 술을 살 걱정을랑 말라고 주인에게 말하라. 이렇게 읊은 뒤에는 푸짐한 술판이 벌어졌을 것이라 상상된다. 지은이 난에서 보인대로 신선의 길을 찾는 풍류남아인 것이다.

5言絶句(5언절구). 압운은 泉, 錢 자로 평성 '先(선)' 평운이다. 평측은 차례로 '仄平仄平仄, 仄仄平平平, 仄仄平平仄, 平平仄仄平'으로 이사부동은 첫 구에서 어긋났으나 相 자는 측성으로도 쓰이기에 모두 이루어졌다고 해도 되겠고, 반법과 점법도 잘 된 시이다.

587-2 回鄕偶書(회향우서) 고향에 돌아와서

少小離鄕老大回 鄕音無改鬢毛摧 兒童相見不相識 笑問客從何處來.

(소소이향노대회 향음무개빈모최 아동상견불상식 소문객종하처래)

젊어서 고향 떠나 늙어서 돌아오니, 사투리는 그대로인데 내 머리카락만 희었구나.
아이들은 나를 알아보지 못하고, 어디서 오신 손님이냐고 웃으며 물어보네.

[語句] *偶書 : 우연히 쓴 글. 얼핏 떠오르는 생각을 씀. *少小 : 나이가 젊음. 年少(연소). *老大 : 한창때를 지나서 늙음. →584-1. *鄕音 : 고향의 말소리. 시골

사투리. *鬢毛 : 살쩍. 귀밑털. *相見 : 서로 봄. 만남.

[鑑賞] 젊은 날 청운의 뜻을 품고 서울로 가서 벼슬을 살다가 늙바탕에서야 고향을 찾으니, 고향 사투리는 그대로인데 나만 백발이 되고 아는 사람도 없다. 만나는 아이들은 나를 알아볼 턱이 없어, 어디에서 오신 손님이시냐고 웃으며 묻는다. 西山大師(서산대사)도 '還鄕(환향)' 시에서 "조무라기 아이들 떼지어 문틈으로 엿보고, 백발 이웃 노인 누구냐고 묻네"라 했고,→104-3. 편저자도 '고향길'이란 시조에서 "만나는 젊은이 그 아비 물어야 알겠구나." 했었으니, 늙은이 되어 고향에 가 보아야 아는 벗 드물기 마련이라 인생무상이다.

7언절구. 압운은 回, 摧, 來 자로 평성 '灰(회)' 평운이다. 평측은 차례로 '仄仄平平平仄仄平, 平平平仄仄平平, 平平平仄仄平仄, 仄仄仄平平仄平'으로 이사부동이륙대와 반법, 점법 등이 모두 이루어졌다.

588. 韓景琦(한경기 1472~1529) : 조선 중종 때 문관. 자 稚圭(치규). 호 香雪堂(향설당). 조부 영의정 明澮(명회). 성종 20년(1489) 司馬試(사마시)에 급제했으나 벼슬을 바라지 않았다. 그러나, 元勳(원훈)의 嫡孫(적손)이어서 敦寧府奉事(돈녕부봉사)와 敦寧府正(돈녕부정)을 역임했다. 조정에서도 본인의 뜻을 알고 항상 閑職(한직)에 있게 했다.

588-1 漢江途中(한강도중) 한강 길에서

江泥滑滑雨霏霏 柳市人家笑語稀 朝旭漏雲叢薄照 馬頭蝴蝶作團飛.

(강니활활우비비 유시인가소어희 조욱누운총박조 마두호접작단비)

강가의 진흙 미끄럽고 비는 부슬부슬 내리니,
둑가의 주막에 웃음 소리 안 들려 손님들 없구나.
구름 새로 아침 햇발 엷게 비치니, 말 머리에는 나비 떼지어 날고 있네.

[語句] *滑滑 : 미끄러운 모양. *霏霏 : 비나 눈이 계속 내리는 모양. 今我來思 雨雪霏霏(지금 우리가 돌아와 보니, 비와 눈이 부슬부슬 내리네)<詩經 小雅 采薇> *柳市 : 둑가 버드나무가 있는 곳의 저자나 주막집들. *朝旭 : 아침 해. 旭日(욱일). *蝴蝶 : 나비. 들나비.

[鑑賞] 한강 가의 적막한 모습을 떠올리게 하는 시. 강가의 길은 진창으로 말조차 가기 어려운데 비까지 부슬부슬 내리니, 버들 마을 술집에 손님이 없다. 아침 햇살은 구름 새로 겨우 비치는데 말 주변에서는 나비들만 떼를 지어 날아 더욱 쓸쓸한 느낌을 더한다.

7언절구. 압운은 霏, 稀, 飛 자로 평성 '微(미)' 평운이다. 평측은 차례로 '平平仄仄仄平平, 仄仄平平仄仄平, 平仄仄平平仄仄, 仄平平仄仄平平'으로 二四不同二六對(이사부동이륙대)와 反法, 粘法(반법, 점법) 등이 잘 이루어지고 평측 배치도 좋아, 7絕의 전형이 되는 작품이라 하겠다.

589. 漢高祖(한고조 B.C 256~195, 재위 B.C 206~195) : 성명 劉邦(유방). 前漢(전한)의 初代皇帝(초대 황제). 자 季(계). 江蘇省 徐州市 沛縣(강소성 서주시 패현) 사람. 秦(진)의 2세 황제 胡亥(호해) 때 군사를 일으켜 咸陽(함양)을 공략하여 漢王(한왕)이 되고, 楚(초)의 項羽(항우)를 垓下(해하)에서 격파하여 帝位(제위)에 올라 국호를 漢이라 하고 長安(장안)에 도읍했다. 그가 천하를 통일 하고 천자가 되었으나, 둘러앉은 將相(장상)들이 전날의 술친구나 노름꾼이어서 권위가 서지 않았는데, 叔孫通(숙손통)이 옛 예법을 적용하여 朝儀(조의, 조정 군신간의 거동에 관한 규정)를 제정해 魯(노)의 선비들을 불러다가 연습해서 長樂宮(장락궁) 낙성 때 그대로 실시해 보였다. 그때서야 한고조는 "내 이제야 만승천자 황제된 기분이 난다." 하며 좋아하더라고 전해 온다.

589-1 大風歌(대풍가) 대풍가

大風起兮雲飛揚 威加海內兮歸故鄕 安得猛士兮守四方.
(대풍기혜운비양 위가해내혜귀고향 안득맹사혜수사방)

큰 바람 일어나니 구름이 날리는구나. 내 위력이 전국토에 더하여 고향으로 돌아오누나. 어떻다, 용맹한 인물을 얻어 온 사방을 지키리라.

[語句] *大風 : 큰 바람. 黑風(흑풍). 자기자신을 비유해서 말한 것임. *兮 : 어조사. 운문의 구 끝이나 중간에 쓰이어 정지 또는 감정을 터뜨리는 구실을 하며 '~이여. ~인가' 등으로 풀이함. *雲 : 구름. '보잘것없는 인물. 어지러운 세상'을 비유함. *飛揚 : 높이 날아오름. *海內 : 나라 안. 중국 본토. *安 : 어찌. 어떻게든지. *猛士 : 용맹한 인물이나 兵士(병사). *四方 : 동서남북 여러 곳. 東夷, 西戎, 南蠻, 北狄(동이, 서융, 남만, 북적) 등 오랑캐와의 국경.

[鑑賞] 이 시는 유방이 淮南王 鯨布(회남왕 경포)를 치고 돌아올 때, 고향 땅 沛(패)에 들러 고향 사람들과 잔치를 하며 箏(쟁)과 같은 12줄 악기인 筑(공)을 치면서 부른 노래이다. 帝王(제왕)의 기상을 드러낸 작품이니, '대풍 같은 내가 군사를 일으키매 조무라기 장수들은 숨어버리고 어지러운 세상도 바로잡혔다. 내 위세와 위력이 온 나라에 떨치어 이제 고향에 돌아왔다. 이제부터는 용맹한 인재들을 얻어 사방 국경을 튼튼히 함에 힘쓰리라.' 했다. 이성계 조선 태조의 "눈앞에 보이는 지경이 모두 내 땅이 될 양이면, 저 초와 월 나라 강남 땅도 어이 마다

하리."가 연상된다. →450-1.

歌謠(가요) 3구. 둘째와 셋째의 兮 자를 제하면 7言詩(7언시) 3구라 해도 되겠다. 가요는 '어구를 길게 늘여서 읊는 글'이며, 사람의 마음을 興起(흥기)시키거나 명랑한 기분이 되게 한다는 것이고 물론 고저와 節調(절조)가 있다고 한다. 이 '대풍가'의 압운은 揚, 鄉, 方 자로 평성 '陽(양)' 평운이며 구마다 압운했다. 평측은 차례로 '仄平仄平平平平, 平平仄仄平平仄平, 平仄仄仄平仄仄平'으로 이사부동이륙대나 반법, 점법 등은 이루어지지 않았다.

590. 韓明遠(한명원 ?) : 조선 현종 때 문관. 자 用晦(용회). 호 百堂(백당). 벼슬이 府使(부사)에 이르렀다.

590-1 黌舍偶作(횡사우작) 글방에서 우연히 짓다

雲散天高夜景淸 一輪明月漸分晴 少年行樂今如夢 老去悲秋感我情.

(운산천고야경청 일륜명월점분청 소년행락금여몽 노거비추감아정)

구름 흩고 하늘 높아 밤 경치 맑은데, 둥근 보름달 더욱 밝아지는구나.

젊을 때 즐겁게 지내던 일 이제는 꿈결로 되어, 늙바탕의 시름 내 마음을 때리네.

[語句] *黌舍 : 글방. 서당. 黌堂(횡당). *夜景 : 밤경치. 夜色(야색). *一輪明月 : 보름의 둥글고 밝은 달. '한 수레바퀴처럼 둥글고 밝은 달'의 뜻임. *行樂 : 잘 놀고 즐겁게 지냄. *悲秋 : 쓸쓸한 가을. 가을철을 쓸쓸하게 여기어 슬퍼함.

[鑑賞] 늦도록 글방에서 책을 읽다가 밖으로 바람을 쐬러 나와 드는 느낌을 읊은 시. 흐렸던 하늘에 구름은 흩어지고 보름달이 밝게 비추려 한다. 때는 가을이라 내 인생도 가을철 같은 황혼에 접어드니, 어린 시절 즐겁게 지내던 일들이 꿈결같이 느껴진다. 노경의 쓸쓸한 심정을 단적으로 표현한 좋은 작품이다.

7言絶句(7언절구). 압운은 淸, 晴, 情 자로 평성 '庚(경)' 평운이다. 평측은 차례로 '平仄平平仄仄平, 仄平平仄仄平平, 仄平平仄平平仄, 仄仄平平仄仄平'으로 이사부동이륙대와 반법, 점법 등이 모두 이루어지고 평측 배치도 좋은 시이다.

591. 漢武帝(한무제 B.C 159~87, 재위 B.C 141~87) : 성명 劉徹(유철). 前漢(전한) 景帝(경제)의 아들로 7대 임금이다. 영토는 넓고 문화가 흥성하여 全盛時代(전성시대)를 맞이했으며, 司馬相如(사마상여), 司馬遷(사마천) 같은 위대한 인물들이 이 때에 나왔다. 문학을 아끼고 樂府(악부)를 세워 詩歌(시가)를 짓기도 하고 작곡도 하게 했다.

591-1 秋風辭(추풍사) 추풍사

秋風起兮白雲飛 草木黃落兮雁南歸 蘭有秀兮菊有芳 懷佳人兮不能忘
泛樓船兮濟汾河 橫中流兮揚素波 簫鼓鳴兮發棹歌 歡樂極兮哀情多
少年幾時兮奈老何.

(추풍기혜백운비 초목황락혜안남귀 난유수혜국유방 회가인혜불능망
범누선혜제분하 횡중류혜양소파 소고명혜발도가 환락극혜애정다
소년기시혜내노하)

가을바람 이니 흰 구름 날리고, 초목이 누렇게 시드니 기러기 남녘으로 나는도다.
난초는 빼어나고 국화 향기로운데, 그 선녀들을 생각하매 잊을 수가 없음이여.
두 층 다락배 띄워 분하를 건너노라니, 강 복판에 가로 걸쳐 흰 물결이 솟구치는구나.
피리와 북 소리 울리며 뱃노래 부르니, 환락이 극도에 이르러 오히려 슬픈 정이 많아라.
소년 젊음이 그 얼마 동안인고, 이내 늙어짐을 어이하리오.

[語句] *辭 : 文體(문체)의 하나. 楚辭(초사) 등의 歌詞(가사)로 漢代(한대)에는 '辭賦(사부)'라 했음. →62-1. *黃落 : 풀이나 나뭇잎이 누렇게 변하여 떨어짐<禮記 月令> *雁南歸 : 겨울이 가까워 기러기가 남쪽으로 날아감. *佳人 : 고운 여자. 미인. '仙女(선녀)'를 가리킨다고 봄. *樓船 : 다락이 있는 배. *汾河 : 산서성 太原市(태원시)에서 서남쪽으로 흘러 河津市(하진시)에서 황하와 합류되는 강. *中流 : 강의 중간. 강 가운데. *素波 : 흰 파도. *簫鼓 : 퉁소와 북. *棹歌 : 뱃노래. 노를 저으며 부르는 사공의 노래. 櫂歌(도가). *歡樂 : 기뻐하고 즐거워함. 娛樂(오락). *哀情 : 가엾이 여기는 마음. 슬픈 정. *奈何 : 어찌하랴. 老는 목적어임.

[鑑賞] 한 나라 무제가 河東(하동)에 行幸(행행, 궁중 밖으로 거둥함)하여 토지의 신 곧 后土神(후토신)을 제사지내고 분하를 건너면서 가을바람의 감흥을 편 노래. 첫머리에 지은 뜻을 적었는데, "임금님이 하동에 행행하여 후토를 제사지내고 서울을 돌아보며 기뻐하시더라. 중류에서 여러 신하들과 함께 술을 마시며 스스로 추풍사를 지으셨다."라 했다. 한 무제는 미인이나 선녀와도 인연이 많으니, 西王母(서왕모)가 먹으면 장수한다는 蟠桃(반도) 세 개를 바친 일도 있고, 傾國之色(경국지색)이라는 평판이 있는 李延年(이연년)의 누이인 李夫人(이부인)과도 인연을 맺었던 것이다. 앞에서 든 한 고조의 '大風歌(대풍가)'와 詩想(시상)이나 형식이 비슷한 점이 있으나, '대풍가'는 소박하며 호탕하고 壯快(장쾌)하여 武(무)의 시인 반면 이 '추풍사'는 아주 아름다우며 섬세하여 文(문)의 시라고 평한다.

辭賦(사부) 5연 9구. 7言句(7언구)가 중심을 이루었으며, 구마다 압운하여 飛, 歸 자는 평성

'微(미)' 운, 芳, 忘 자도 평성 '陽(양)' 운, 河, 波, 歌, 多, 何 자도 평성 '歌' 평운이고 세 운으로 轉韻(전운)한 것이다. 평측은 차례로 '平平仄平仄平平, 仄仄平仄平仄平平, 平仄仄平仄仄平, 平平平平仄平平, 仄平平平仄平平, 平平平平平仄平, 平仄平平仄仄平, 平仄仄平平平平, 仄平仄平平仄仄平'으로 二四不同二六對(이사부동이륙대)는 셋째 구와 일곱째 구에서만 이루어졌고 反法, 粘法(반법, 점법)은 형성되지 않았다.

592. 韓方信(한방신 ?) : 고려 공민왕 때 문신. 본관 清州(청주). 父 贊成事 渥(찬성사 악). 과거 급제 후 공민왕 때 樞密院直學士(추밀원 직학사)가 되었고, 장수로서의 지략이 있어 東北面兵馬使(동북면병마사)로서 紅巾賊(홍건적)의 난에 安祐(안우) 등과 함께 서울을 회복하여 勳一等(훈일등)으로 政堂文學(정당문학)에 올랐다. 또 女眞(여진)을 쳐 西原君(서원군)에 봉해졌으나 아들 安(안)이 공민왕을 살해하여 유배당했다가 伏誅(복주, 형벌로 죽음)되었다.

592-1 哭平齋李文敬公岡(곡평재이문경공강) 문경공 평재 이강을 곡하다

我出杏村門 視君如弟昆 忠淸來有種 恭儉獨超群
謂答蒼生望 何違日者言 從今合坐所 高論更難聞.

(아출행촌문 시군여제곤 충청내유종 공검독초군
위답창생망 하위일자언 종금합좌소 고론갱난문)

내가 행촌 이암 선생 문하생이라, 그대를 아우요 형과 같이 여겼었네.
충성스럽고 청백함은 타고난 성품이었고, 공손하고 검소함은 홀로 뭇 사람보다 뛰어났었지.
모든 사람들의 기대에 보답될 줄 알았는데,
어찌 정승이 되리라던 음양가의 말이 틀려버렸는고.
아아, 이제부터는 합좌소에서
그대의 높은 생각과 글 풀이를 다시 듣기 어렵게 되고 말았구려.

[語句] *李岡(1333~1368) : 고려 말기의 書家(서가). 자 思卑(사비). 호 平齋. 시호 文敬. 본관 固城(고성). 李嵒(이암)의 아들로 충목왕 3년(1347) 문과에 급제하여 密直副使(밀직부사)를 지냈음. 부친을 닮아 서도에 뛰어나 글자체가 정결하고 아름다워 풍치를 갖추었다 함. *杏村 : 고려 말기의 書畫家(서화가)인 이암의 아호.→268. *弟昆 : 형제. 昆弟. *忠淸 : 忠誠(충성)과 淸白(청백). *來有種 : 근본으로 있어 옴. 태어날 때부터 있었음. *恭儉 : 공손하고 검소함. *蒼生 : 세상의 모든 사람. *日者 : 남의 길흉을 점치는 사람. 陰陽學(음양학)으로 점치는 사람. 점장이. *合坐所 : 두 사람 이상의 堂上官(당상관, 정3품 이상의 관직자)들이 모여 나라의 일을 의론하던 자리. *高論 : 높은 생각이나 글 뜻풀이. 論은 여기서 '논하다. 평하

다'의 평성 '元(원)' 운으로 보지 않고, 거성 '願(원)'으로 '생각. 글 뜻을 풀다'의 뜻으로 보아야 평측 구성 형식에 맞게 됨.

[鑑賞] 이강의 사거를 애도한 挽詩(만시). 이강은 스승의 아들이라 그를 형제처럼 생각하고 있었다 하고는, 그의 충청과 공검을 對句(대구)로 읊어 성품을 기렸다. 점술가들이 그를 정승감이라 점쳐 모두들 그리되리라 바랐는데, 그 바람에 보답 못 하고 갔는가 하고 역시 대구로 읊었다. 마무리인 끝 연도 그의 高談峻論(고담준론)을 듣지 못하게 되었다고 아쉬워하며 맺었다. 작시법에 조금도 어긋남이 없는 만시이다.

5言律詩(5언율시). 압운은 門, 昆, 群, 言, 聞 자로 群과 聞만 평성 '文(문)' 운이고 나머지 석 자도 평성 '元(원)' 평운인데 두 운은 通韻(통운)이 된다. 평측은 차례로 '仄仄仄平平, 仄平平仄平, 平平平仄仄, 平仄仄平平, 仄仄平平仄, 平平仄仄平, 平平仄仄仄, 平仄仄平平'으로 이사부동과 반법, 점법 등이 모두 잘 이루어지고 평측의 배치도 잘된 작품이다.

593. 寒山(한산 ?) : 唐(당) 나라 僧侶詩人(승려 시인). 속세의 성명이나 생졸 연대는 미상이며, 늘 浙江省 天台縣(절강성 천태현)에 있는 寒岩(한암) 굴속에 살아 寒山이라 부른다. 몸은 바싹 마르고 미친 사람 같은 행동을 하며, 國淸寺(국청사)에 자주 와서는 중 拾得(습득)과 함께 대중이 먹고 남은 밥을 얻어 대통에 넣어서 둘이 함께 한암으로 들어가고는 했다고 한다. 하는 말은 佛道(불도)의 이치에 맞고 시를 잘하여, 어느 날 台州刺史(태주자사) 閭丘胤(여구윤)이 한암으로 찾아가 옷과 약을 주니 큰 소리로 "도적놈아, 이 도적놈아 물러가라." 하면서 굴속으로 들어간 뒤로 소식을 알 수 없었다고 한다. 세간에서 한산과 습득은 중 豊干(풍간)의 제자로 한산은 文殊菩薩(문수보살)의 化身(화신)이요 습득은 普賢菩薩(보현보살)의 화신이고 풍간은 阿彌陀佛(아미타불)의 화신이라 하며, 이 세 중을 三型(삼형)이라 불렀다고 한다.<高僧傳> 한편 江蘇省 蘇州(강소성 소주)의 寒山寺(한산사)에 한산과 습득이 머물렀다고 전해 온다.

593-1 無題 一(무제 일) 무제 첫 수

登涉寒山道 寒山路不窮 溪長石磊磊 澗闊草濛濛
薹滑非關雨 松鳴不假風 誰能超世累 共坐白雲中.

(등섭한산도 한산로불궁 계장석뇌뇌 간활초몽몽
대활비관우 송명불가풍 수능초세루 공좌백운중)

한산길 가자면 산 넘고 물 건너야 하나니, 한산 가는 길은 끝이 없다네.
골짜기 길어 바윗돌 모여 쌓여 있고, 산골 개울이 넓어 풀밭은 안개로 자욱하네.
풀들 미끄러운 것은 비 온 탓이 아니요, 바람 빌리지 않아도 소나무는 절로 운다네.
누가 이 세상 번거로움을 멀리 떠나, 흰구름 그 속에서 나와 함께 앉아 놀려는고.

[語句] *無題 : '제목을 붙이지 않은 시'의 뜻임. *登涉 : 산에 오르고 물을 건넘. 登涉山水(산을 오르고 물을 건너다)<晋書> *寒山 : 천태산의 한 봉우리. '중 이름, 산 이름'을 겸한 말로 '불교적인 진리'를 상징하기도 함. *磊磊 : ①돌이 쌓인 모양. ②마음이 활달한 모양. 磊落(뇌락). 여기서는 ①임. *濛濛 : 비나 안개로 자욱한 모양. *薹 : ① 포아풀과의 다년생 풀. 띠. 茅草(모초). ② 겨자과의 풀. 蕓薹(운대). *假 : 빌다. 빌리다. *世累 : 세상의 번거로운 걱정, 괴로움.

[鑑賞] 자기가 거처하는 한암으로 가는 길을 읊었다 하리라. 산 넘고 물 건너 먼 길을 가야 하는 곳이라 가도 가도 끝이 없다. 다음 두 구 곧 頷聯(함련)은 골짜기와 산골 물로 짝을 잘 지어 對句(대구)를 이루었다. 다음 연인 頸聯(경련)도 '풀은 안개에 싸여 있으니 비와는 상관없이 미끄럽고, 솔가지는 바람 불지 않아도 솔바람 소리를 낸다' 하여 대구를 잘 맞추었다. 이 곳은 속세와는 동떨어진 仙境(선경)이라 함께 할 사람은 오라 했으나, 실은 아무도 오지 않으려 함을 강조하며 맺었다.

5언율시. 압운은 窮, 濛, 風, 中 자로 평성 '東(동)' 평운이다. 평측은 차례로 '平仄平平仄, 平平仄仄平, 平平仄仄仄, 仄仄仄平平, 平仄平平仄, 平平仄仄平, 平平平仄仄, 仄仄仄平平'으로 이사부동과 반법, 점법 등이 모두 잘 이루어지고, 특히 각 연의 평측 대비가 잘된 좋은 시이다.

593-2 無題 二(무제 이) 무제 둘째 수

人問寒山道 寒山路不通 夏天氷未釋 日出霧濛朧
似我何由屬 與君心不同 君心若似我 還得到其中.
(인문한산도 한산로불통 하천빙미석 일출무몽롱
사아하유속 여군심부동 군심약사아 환득도기중)

사람들 한산길을 묻지마는, 한산에는 길이 통하지 않는다네.
여름날에도 얼음 풀리지 않고, 해가 떠 올라도 안개만 자욱하다네.
나와 같아지기가 어찌 될 수 있으리, 그대와 내 마음 똑같지 않은데.
그대 마음이 내 마음과 같아진다면, 절로 그 한산 속에 이를 수 있으리.

[語句] *濛朧 : 어둡고 흐릿함. *由 : 역시. 또한. '猶(유, 같다)'와 통함. *屬 : 무리. 붙이. 何由屬은 '어찌 같은 무리가 되랴'의 뜻임. *還 : 돌아오다. 돌이켜.

[鑑賞] 寒山道는 자기가 사는 곳을 나타낸다고 볼 수 있으나, 앞 시 [語句]에서 밝힌 대로 '불교를 닦는 길 또는 절대적 진리를 찾는 길'을 비유한다고 하겠다. 佛道(불도)를 닦는 것이 그만큼 어렵다는 것이다. 어떻든 한산 길은 여름에도 얼음이 녹지 않고 해가 솟아도 안개로 몽롱한 상태라 세상과는 다른 곳이라 하여

對句(대구)로 읊었다. 그대와 나는 서로 다른 마음을 가졌기로 같지 않은데, 만약 우리 두 마음이 같아진다면 그대도 한산에 들어갈 수 있겠다고 했다. 말하자면 佛心(불심)이 일치해야 한다는 철학적 작품이다.

5言律詩(5언율시). 압운은 通, 朧, 同, 中으로 앞 시와 같은 평성 '東(동)' 평운이다. 평측은 차례로 '平仄平平仄, 平平仄仄平, 仄平平仄仄, 仄仄仄平平, 仄仄平平仄, 仄平平仄平, 平平仄仄仄, 平仄仄平平'으로 二四不同(이사부동)과 反法, 粘法(반법, 점법) 등이 잘 이루어졌다.

593-3 無題 三(무제 삼) 무제 셋째 수

家住綠岩下 庭蕪更不芟 新藤垂繚繞 古石竪巉岩
山果獼猴摘 池魚白鷺銜 仙書一兩卷 樹下談喃喃.

(가주녹암하 정무갱불삼 신등수요요 고석수참암
산과미후적 지어백로함 선서일량권 수하담남남)

집이 푸른 잎 덮인 바위 아래 있고, 뜰에 나는 풀 베지 않아 거칠다네.
새로 난 등나무는 이리저리 얽혔고, 이끼 낀 오랜 바위 위태로이 높이 서 있네.
나무 열매는 원숭이의 몫이요, 못의 물고기는 해오라기의 먹이일세.
도가의 책 한두 권 들고, 나무 밑에서 읽는 대로 읽는다네.

[語句] *蕪 : 거칠다. *芟 : 풀 베다. *藤 : 등나무. *繚繞 : 둘림. 이리저리 둘려서 서로 얽힌 모양. 繞繚(요료). 繞繞. *古石 : 이끼가 낀 오래된 바위. *巉岩 : 바위가 높고 위태함. *獼猴 : 원숭이. 가장 흔한 원숭이로 널리 기르며 쉽게 길들어서 재주를 부린다고 함. *銜 : 물다. 물리다. *仙書 : 신선에 관한 책. 不老長生(불로장생)의 仙術(선술)에 관련되는 道家(도가)의 책. *一兩 : 한두. *談 : 말씀. 이야기하다. *喃喃 : 글 읽는 소리. 도란도란 이야기함.

[鑑賞] 인공은 조금도 가하지 아니한 자연 그대로의 환경에서 살아가는 신선의 길을 걷는 생활을 읊었다. 지은이가 불교도라 仙書는 불경으로 보아도 좋아 고요한 참선의 경지라 해도 되리라. 首聯(수련 1~2구)은 지리적 배경이니 이끼 낀 바위 아래 뜰에는 풀이 자랄 대로 자란 집이다. 頷聯(함련 3~4구)과 頸聯(경련 5~6구)은 주변의 풍경으로 각 연이 對句(대구)를 잘 이루었으며, 주인공은 선서나 불경을 들고 시원한 나무 밑에서 읽고 싶은 대로 읽다가 쉬다가 하는 한가로운 모습으로 시를 맺었다. 悠悠自適(유유자적)의 삶이라 모두가 동경하는 경지인 것이다.

5언율시. 압운은 芟, 岩, 銜, 喃 자로 평성 '咸(함)' 평운이다. 평측은 차례로 '平仄仄平仄, 平平仄仄平, 平平平仄仄, 仄仄仄平平, 平仄平平仄, 平平仄仄平, 平平仄仄仄, 仄仄平平平'

으로 이사부동과 반법, 점법 등이 모두 잘 이루어지고 평측 배치도 잘된 작품이니, 앞에 든 두 시와 함께 5언율시의 典型(전형)이 되며, 내용면에서 억지로 꾸민 흔적이 없는 天衣無縫(천의무봉)의 명작이라 하겠다.

594. 韓脩(한수 1333~1384) : 고려 충정왕 때 名筆(명필). 자 孟雲(맹운). 호 柳巷(유항). 시호 文敬(문경). 본관 淸州(청주). 조부 中贊 渥(중찬 악). 충목왕 3년(1347) 15세로 과거에 올라 여러 벼슬을 거쳐 同知密直(동지밀직)에 이르러 공신의 호를 받고 判厚德府事(판후덕부사)에 이르렀다. 淸城君(청성군)에 봉해졌고 뜻과 행실이 높고 견식이 밝아 士林(사림)의 모범이었으며 특히 초서와 예서를 잘 썼다. '柳巷詩集(유항시집 1권)'이 전한다.

594-1 木落(목락) 나뭇잎이 지다

木落悲秋盡 床寒覺夜長 回風搖閉戶 飢鼠鬪空梁
世事莊生蝶 人情華氏羊 塵纓未濯久 明發問滄浪.

(목락비추진 상한각야장 회풍요폐호 기서투공량
세사장생접 인정화씨양 진영미탁구 명발문창랑)

나뭇잎 지니 가을 다함이 슬프고, 침상이 차니 밤이 깊을 깨닫게 되네.
회오리바람은 닫힌 문을 흔들고, 주린 쥐는 빈 들보에서 소란스럽네.
세상일은 장자의 나비 꿈이요, 인정은 송 나라 화원의 양고기같이 불평거리가 되네.
먼지 묻은 갓끈을 오래 씻지 못했으니, 내일은 창랑의 맑은 물을 찾아가리라.

[語句] *回風 : 회오리바람. 迴風(회풍). *鬪 : 싸우다. '내달리다'의 뜻임. *莊生夢 : 莊子(장자)의 꿈. 장자가 꿈에 나비가 되어 날아다니니 유쾌했지만, 자기가 장자인지 알지 못했고 꿈을 깨니 자기가 꿈에 나비가 된 것인지 나비가 자기로 되었던 것인지 분간 못 하겠더라 함. '혼돈이나 허무 또는 나와 외물은 본래 하나임'을 나타내는 말임. 莊周之夢(장주지몽). 胡蝶之夢(호접지몽). *華氏羊 : 華元(화원)의 양고기. 춘추시대 宋(송)의 화원이 鄭(정) 나라 군사의 침공을 받아 大棘(대극)에 진을 치고 양을 잡아 모든 병사들을 먹였는데, 그의 마부 羊斟(양침)은 얻어먹지 못해서 불평을 품고 있다가 다음날 아침 정 나라 군사와 싸울 때 양침이 "어제 양고기를 대접할 때에는 당신 마음대로 했지만, 오늘 싸움에 수레를 모는 것은 내 마음대로 하겠소."하고는, 화원이 탄 수레를 몰고는 정 나라 군중으로 달려 들어가 화원이 패하고 말았음<呂氏春秋 권16> *塵纓 : 오래 쓰지 않아 먼지가 낀 갓끈. *滄浪 : 하북성의 漢水(한수)의 하류로 옛날 楚(초) 땅을 흐름. 滄浪之水淸

兮 可以濯吾纓(창랑의 물이 맑으면, 가히 내 갓끈을 씻으리)<屈原 漁夫辭>

[鑑賞] 나뭇잎이 진 겨울을 맞이하여 드는 感傷(감상)을 읊은 시. 앙상한 나무를 보니 가을이 다 가서 슬픈 마음이 일고 잠자리 추워 겨울밤 길어짐을 느낀다. '겨울 바람은 닫힌 문풍지를 울리고 천장에는 배고픈 쥐들이 들락거린다.' 이 함련은 대구가 되었다. '세상일은 장자가 나비 되었던 꿈처럼 혼돈 허무하고, 사람의 마음이란 화원의 양고기 고사와 같이 불평거리가 된다' 이 경련도 대구이다. 굴원의 어부사를 들어 '맑은 냇물 창랑을 찾아가 갓끈을 씻고 세상에 나가보아야 하지 않으려나.'하고 시를 맺어 현실을 비관하지는 않았다.

5언율시. 압운은 長, 梁, 羊, 浪 자로 평성 '陽(양)' 평운인데, 끝 구의 浪 자는 '물결'의 뜻이면 거성 '漾(양)' 측운이지만, 여기서는 '창랑'이란 강 이름으로 씌었기로 평성인 것이다. 평측은 차례로 '仄仄平平仄, 平平仄仄平, 平平平仄仄, 平仄仄平平, 仄仄平平仄, 平平平仄平, 平平仄仄仄, 平仄仄平平'으로 이사부동과 반법, 점법 등이 이루어졌다.

594-2 無題 二首 第2首(무제 이수 제2수) 무제 두 수 둘째 수

浩蕩白鷗千萬里 斯須蒼狗古今雲 何妨卽墨不求譽 無復張湯巧舞文.

(호탕백구천만리 사수창구고금운 하방즉묵불구예 무부장탕교무문)

호탕한 갈매기 천만 리로 놀고,
흰옷 모양이 잠깐 새에 강아지 모양 짓는 구름 고금이 같네.
齊의 즉묵대부가 칭찬을 구하지 않음이 어찌 거리낌이 되랴,
한 무제 때의 장탕처럼 법문을 교묘히 농락하는 일은 없어져야 하리.

[語句] *浩蕩 : 썩 넓어서 끝이 없음. '浩浩蕩蕩'의 준말. 白鷗沒浩蕩 萬里誰能馴(갈매기는 드넓은 바다 저편으로 날아가는 법, 만리 먼 길에 누가 능히 길들이리오)<杜甫 奉贈韋左丞丈> *斯須 : 잠시. 須臾(수유).<孟子 告子上> *蒼狗 : 흰털 강아지. 天上浮雲如白衣 須臾改變如蒼狗(하늘의 구름 흰 옷 같더니, 잠깐 사이에 복슬강아지 모양으로 바뀌어버리네)<杜甫 可歎>→64-1. *卽墨 : 전국시대 齊(제)의 威王(위왕) 때 卽墨大夫(즉묵대부). 왕이 그를 불러 "그대가 즉묵에 부임한 뒤, 헐뜯는 말이 날로 많이 들어오기에 사람을 시켜 알아보았더니, 治績(치적)이 매우 좋다고 했다. 이는 그대가 내 측근에게 뇌물을 쓰지 않았기 때문에 헐뜯긴 것이다." 하며 표창했다고 함. *張湯 : 漢武帝(한무제) 때 太中大夫(태중대부). 趙禹(조우)와 함께 모든 법령을 제정했는데, 御史大夫(어사대부)가 되자 法文(법문)을 교묘하게 舞文曲筆(무문곡필, 붓을 함부로 놀려 왜곡된 글을 씀. 舞文弄筆무문농필)하여 감

옥을 다스림이 너무 가혹해 酷吏(혹리)로 유명하게 되었음.

[鑑賞] 당 나라 시성 두보의 시구와 중국 고사 들을 인용하여 즉석에서 생각나는 대로 읊은 시. 바다 먼 저쪽으로 날아다니는 갈매기처럼, 뜻은 높으며 자유분방하게 살고 싶은데, 하늘의 구름이 흰 옷 모양이다가 이내 복슬강아지 모양으로 바뀌듯 세상인심이 豹變(표변)한다. 그러니 즉묵대부와 같이 성실 정직하게 살아야지, 장탕처럼 남을 농락하는 일은 하지 말아야 하리라 하는 뜻을 담았다.

7言絕句(7언절구). 압운은 雲, 文 자로 평성 '文' 평운이다. 평측은 차례로 '仄仄仄平平仄仄, 平平平仄仄平平, 平平仄仄仄平仄, 平仄平平仄仄平'으로 二四不同二六對(이사부동이륙대)와 反法, 粘法(반법, 점법) 등이 모두 이루어졌다.

594-3 夜坐次杜工部詩韻(야좌차두공부시운) 밤에 조용히 두공부의 시에 차운하다

此日亦云暮 百年眞可悲 心爲形所役 老與病相隨
篆冷香殘後 窓明月上時 有懷無與晤 聊和古人詩.

(차일역운모 백년진가비 심위형소역 노여병상수
전랭향잔후 창명월상시 유회무여오 요화고인시)

이 날도 또 저문다 하니, 인생 백년이 참으로 슬프구나.
마음이 몸에 매여 먹고 사느라 애썼고, 늙음은 병과 함께 따라오네.
향불은 다 타서 재만 꼬불꼬불 남았고, 새벽달 떴는가 창이 밝구나.
회포야 많건만 더불어 이야기할 상대가 없어, 애오라지 옛날 분의 시에 화답할 뿐일세.

[語句] *杜工部 : 당 나라 시인 杜甫(두보). →64. *心爲形役 : 마음이 육체의 부림을 당함. 본심을 지키지 못하고 생활 방편에 매임. →62-1. *相隨 : 서로 따름. *篆 : 篆字(전자). 여기서는 '타고 남은 향의 재가 전자 모양으로 꼬불꼬불한 것'을 말함. *晤 : 밝다. 만나다. 깨우쳐 주다. 저녁별. *聊 : 애오라지. 겨우. *古人 : 옛날 사람. '두보'를 말함.

[鑑賞] 이 시의 운자와 같은 두시는 찾지 못했으나, 한 자가 다르지만 같은 운에 속하는 '悲, 時, 辭(사), 詩'로 된 시는 두 수가 있으니 '垂白(수백)'과 '寄杜位(기두위)'이다. 이 시의 주제와 유사한 '수백'을 들면 "垂白馮唐老 淸秋宋玉悲 江喧長少睡 樓迥獨移時 多難身何補 無家病不辭 甘從千日醉 未許七哀詩(백발 드리운 게 풍당처럼 늙었고, 맑은 가을을 송옥과 같이 슬퍼하네. 강물 소리 커 오래 조름이 오지 않고, 누각이 멀어 새벽 되도록 홀로 있노라. 어려움 많은 처지라 무엇으로 몸을 추스르리, 집이 없으니 병만 드는구나. 천일주에 취

해 있음은 달게 받아들이지만, 조식처럼 칠애시는 짓지 않으리라.)"이다. 풍당은 90세 되도록 낮은 벼슬인 郎官(낭관)이었던 漢文帝(한문제) 때 사람인데 두보 자신을 비유했고, 가을이 감은 슬프나 곤궁한 자신의 처지는 曹操(조조)의 아들 曹植(조식)이 칠애시를 지어 슬퍼하듯 슬퍼하지는 않는다는 선비의 오기가 밴 시이니, 지은이의 시와 詩想(시상)이 비슷하지 않은가.

5言律詩(5언율시). 압운은 悲, 隨, 時, 詩 자로 평성 '支(지)' 평운이다. 평측은 차례로 '仄仄仄平仄, 仄平平仄平, 平平平仄仄, 仄仄仄平平, 仄仄平平仄, 平平仄仄平, 仄平平仄仄, 平仄仄平平'으로 이사부동과 반법, 점법 등이 모두 이루어졌다.

595. 韓舜繼(한순계 ?) : 조선 선조 때 학자. 자 仁淑(인숙). 호 市隱(시은). 본관 交河(교하). 중년에 松都(송도, 開城개성)로 이사하여 花潭 徐敬德(화담 서경덕 →103)의 문하에서 공부해 시가와 초서에 정교했다. 李珥(이이 →283), 成渾(성혼 →766) 등과 교제하며 도를 강론하다가 해가 저물 때가 많았으므로 두 분이 그를 市隱이라 칭하여 아호가 되었다. 모친을 지극한 효성으로 받들었고 봉양을 위해 구리 그릇을 만들어 팔았는데, 그릇이 정묘할 뿐 아니라 값이 싸서 많은 사람들이 모여들었다. 이익은 다만 어머니를 봉양할 정도면 만족해 했고 만약 남은 재물이 있으면 친척 중 가난한 사람에게 나누어 주었으며, 어머니 상을 당해 3년 동안 鹽菜(염채, 소금과 채소)를 먹지 않았고, 이로부터 구리그릇 제조를 그만두고 다시는 장사를 하지 않았다. 집안 사람들에게 죽음을 예언하고 목욕 후 자리를 정돈하고 죽으니, 나라에서 司憲府持平(사헌부 지평)을 추증하고 개성의 四賢祠(사현사)에 모셨으며 문집으로 '市隱集(시은집)'이 있다.

595-1 山水歌(산수가) 산수의 노래

水綠山無厭 山靑水自親 浩然山水裏 來往一閒人.

(수록산무염 산청수자친 호연산수리 내왕일한인)

물이 푸르다고 산이 싫증 내지 않으며, 산이 푸르니 물 절로 친해지네.
넓디넓은 산수 속에, 한가로이 거니는 한 나그네로세.

[語句] *無厭 : 싫증남이 없음. *浩然 : 크고 왕성한 모양. 浩然之氣(호연지기). 썩 넓고 커서 온 세상에 가득하고 넘치는 元氣(원기). *來往 :오고 감. *閒人 : 한가한 사람. 閑人(한인).

[鑑賞] 산수 자연 속에 묻혀 사는 한가로움을 읊었다. '냇물이 푸르러서 산이 싫증을 내지 않는다.'나 '산이 푸르니 물이 절로 친해진다.'는 구절은 '물이 푸르니 내

가 산이 싫지를 않고, 산이 푸르니 물이 나와 절로 친밀해진다.'로 풀어도 될 듯하다. '그런 자연 속에 사는 나는 한가로운 자연인인 것이다.' 했다. 스무 글자 시 속에 선비의 고고한 뜻이 담겼다.

5언절구. 압운은 親, 人 자로 평성 '眞(진)' 평운이다. 평측은 차례로 '仄仄平平仄, 平平仄仄平, 仄平平仄仄, 平仄仄平平'으로 이사부동과 반법, 점법 등이 잘 이루어진 좋은 시이다.

596. 韓偓(한악 844~?) : 晩唐(만당)의 시인. 자 致堯, 冬郎(치요, 동랑). 兵部侍郎, 翰林學士(병부시랑, 한림학사) 등을 역임했으며, 시는 閨房女人(규방여인)의 고운 자태와 애정을 읊은 작품이 많아, 그러한 詩風(시풍)을 香奩體(향렴체)라 하며, 시집에 '玉山樵人集(옥산초인집), 香奩集(향렴집)' 등이 있다.

596-1 效崔國輔體 三首(효최국보체 삼수) 최국보의 시체를 본받다 세 수

雨後碧薹院 霜來紅葉樓 閒階上斜日 鸚鵡伴人愁<제1수>
澹月照中庭 海棠花自落 獨立俯閒階 風動鞦韆索<제2수>
羅幕生春寒 繡窓愁未眠 南湖夜來雨 應濕采蓮船<제3수>
(우후벽대원 상래홍엽루 한계상사일 앵무반인수)
(담월조중정 해당화자락 독립부한계 풍동추천삭)
(나막생춘한 수창수미면 남호야래우 응습채련선)

비 내린 뒤 뜰의 띠풀은 푸르고, 서리 오니 누대의 단풍 붉구나.
적막한 섬돌에 저녁 해 비치고, 앵무새는 주인의 시름을 함께 하네.<第1首>
맑은 달은 안뜰을 비추고, 해당화는 절로 지는구나.
한적한 섬돌에 홀로 서서 내다보니, 바람 일어 그넷줄 흔들거리네.<第2首>
비단 커튼 안에 봄추위 일고, 수놓은 창 앞에서 시름으로 잠 못 드는구나.
남호에 밤비 내리니, 응당 연밥 따러 나간 배도 비에 젖겠네.<第3首>

[語句] *崔國輔 : 당 나라 시인. 그는 그윽하게 원망하는 幽怨體(유원체)를 짓는 시인이라 함. →523. *薹 : 띠풀. →593-1. *澹月 : 맑은 달. 澹은 淡(담)과 같음. *俯 : 구부리다. *鞦韆 : 그네. *羅幕 : 비단 장막. 비단 커튼. *繡窓 : 수놓은 창문. *南湖 : ①남쪽에 있는 호수. ②湖北省 武漢市(호북성 무한시)의 沙湖(사호)와 東湖(동호)의 남쪽에 있는 호수. *采蓮船 : 연밥을 캐는 배. 采 는 採(채)와 같음.

[鑑賞] 連作詩(연작시) 같은 성격의 5언시 세 수. 지은이는 향렴체의 시를 읊은 분이라 하고 최국보는 유원체의 시를 잘 지었다 한다. 향렴이란 말은 '향 그릇 또는

향과 경대'를 뜻하니 여인들에게 소용되는 물건이며, 유원은 '그윽하게 원망함'을 뜻하니 역시 여인과 관련이 깊은 말이다. 그러니 이 시는 궁녀나 어느 부호의 저택에 홀로 있는 여인을 주인공으로 읊은 시이다. 시간적 배경은 첫 수는 서리 내리는 가을, 뒤의 두 수는 늦봄이나 여름이다. 전반적으로 적막하고 쓸쓸한 느낌을 일으키는 詩語(시어)로 이루어져 많은 의미를 含蓄(함축)하고 있어, 송(송)의 嚴羽(엄우 →779)가 '滄浪詩話(창랑시화)에서 말한 言有盡而意無窮(언유진이의무궁, 말은 다했으면서도 그 뜻은 무궁한 변화를 나타냄)이라 하겠다.

5言絕句(5언절구) 세 수. 첫 수의 압운은 樓, 愁 자로 평성 '尤(우)' 평운이고 둘째 수는 落, 索 자로 입성 '藥(약)' 측운이어서 5言古詩(5언고시)라 하기도 한다. 셋째 수는 眠, 船 자로 평성 '船(선)' 평운이다. 첫 수의 평측은 차례로 '仄仄仄平仄, 平平平仄平, 平平仄平仄, 平仄仄平平'으로 二四不同(이사부동)은 셋째 구에서 어긋났고 反法, 粘法(반법, 점법)은 대체로 이루어졌다. 둘째 수는 '仄仄仄平平, 仄平平仄仄, 平平仄平平, 平仄平平仄'으로 이사부동은 역시 셋째 구에서 어긋났고 반법, 점법도 그런대로 이루어졌다. 셋째 수는 '平仄平平平, 仄平平仄平, 平平仄平仄, 平仄仄平平'인데 똑같이 셋째 구에서 이사부동이 어긋났고 반법, 점법도 그런대로 이루어져 세 수의 律調(율조)가 특이하게 잘 조화되었다고 하겠다.

597. 韓龍雲(한용운 1879~1944) : 승려 시인. 독립운동가. 호 卍海(만해, 萬海 만해). 부 應俊(응준). 충남 洪城(홍성)에서 둘째아들로 태어나 6세 때 서당에서 漢學(한학)을 배우고 18 세에 東學(동학) 운동에 투신했으며 28세에 佛門(불문)에 들어가 중이 되었다. 순종 隆熙(융희) 2년(1908) 일본에 가 新文物(신문물)을 시찰하고 돌아왔으며 國恥(국치) 후 중국으로 망명, 의병학교를 세워 독립군을 양성했다. 귀국하여 불교학원에서 교편을 잡았고 1918년 종합잡지 '唯心(유심)'을 발간했다. 3・1 운동 때 민족대표 33인의 한 사람으로 체포되어 3년만에 출옥했으며, 1925년 시집 '님의 침묵'을 냈고 49세 때 新幹會(신간회)를 창설, 중앙집행위원과 京城(경성, 서울) 지부장을 지냈고, 1930년 '佛教(불교)' 잡지를 인수 속간했으며 1935년 '조선일보'에 장편소설 '黑風(흑풍)'을 연재했다. 문학을 전문으로 하지 않았지만 세 편의 장편을 썼고 불교적 세계관과 깊은 관조 아래 주옥 같은 시를 남겼다. 저서에 '佛教維新論(불교유신론), 佛教大典(불교대전), 十玄談註解(십현담 주해), 님의 침묵, 흑풍, 삼국지 번역' 등이 있다.

597-1 次映湖和尙(차영호화상) 영호 화상에게 화답하다

詩酒人多病 文章客亦老 風雪來書字 兩情亂不少.

(시주인다병 문장객역로 풍설래서자 양정란불소)

시와 술로 보내는 이 사람 시름의 병 많은데, 문장으로 살아가는 당신도 또한 늙어가네요.
눈바람에 부쳐 온 글월 받으니, 오가는 두 정 설레임이 적지 않구료.

[語句] *次 : 次韻(차운). 和答(화답). *映湖 : 韓末(한말)의 승려 시인인 朴漢永(박한영)의 법호. 호 石顚(석전). 법명 鼎鎬(정호). *和尙 : <佛>受戒者(수계자)를 위하여 師表(사표)가 되는 중. 범어의 Khosha에서 온 말임. *文章客 : 문장을 뛰어나게 잘 짓는 사람. 文章家(문장가). *書字 : 편지. 간략한 편지. *亂 : 어지럽다. '설레다'로 풀었음. *不少 : 적지 아니함.

[鑑賞] 이 시는 박한영이 지은이더러 술을 삼가라는 시를 보내옴에 대한 화답의 시이다. '나는 시름이 많아 시와 술을 즐기며 늙어가는데, 영호 화상은 문장가로서 역시 문장으로 연세 들어가는 게 아니겠소이까. 궂은 날에 화상의 간곡한 편지를 받고 보니, 우리 두 사람의 서로 아끼는 정이 많이 느껴집니다.' 하는 뜻이다. 영호 화상의 시를 들지 못해 유감이다.

5언고시. 압운은 老, 少 자로 老는 상성 '皓(호)' 운, 少도 상성 '篠(소)' 측운으로 두 운은 通韻(통운)이 된다. 평측은 차례로 '平仄平平仄, 平平仄仄仄, 平仄平平仄, 仄平仄仄仄'으로 이사부동은 이루어졌고, 둘째 구에서 반법은 지켜졌는데 셋째 구에서 점법이 되지 못했다.

598. 韓友琦(한우기 ?) : 조선 효종 때 문관. 자 尙干(상간). 호 雲谷(운곡). 과거에 급제했고 郡守(군수)를 역임했다.

598-1 山村暮景(산촌모경) 산골 마을의 저녁 풍경

屋上烟初起 林間鳥欲棲 牧童橫短笛 驅犢下山蹊.

(옥상연초기 임간조욕서 목동횡단적 구독하산혜)

저녁밥 짓는 연기 지붕 위로 나기 시작하는데, 숲 사이에는 잘 새들 깃을 찾아드네. 목동들은 짧은 피리 비껴 불며, 송아지들을 몰아 좁은 산길로 내려오는구나.

[語句] *暮景 : 저녁때의 경치. 晩景(만경). *棲 : 깃들이다. =栖(서). *犢 : 송아지. *蹊 : 작은 길. 지름길.

[鑑賞] 산골 마을의 저녁 풍경을 아주 절실하게 읊은 시인데, 요즈음의 산골 마을에서는 볼 수 없는 풍경이리라. 왜냐하면, 연탄이나 석유로 또는 전기밥솥으로 밥을 짓고, 소를 먹이는 집들도 우리 안에 가두어 꼴만 먹이어 肉牛(육우)로만 기를 뿐, 農耕用(농경용)으로 소를 치지는 않기 때문이다. 점심을 먹은 뒤 온 동네 청소년들이 함께 자기 집 소를 몰고 풀이 많은 산자락으로 풀뜯기러 한 줄로 잇달아 가서는, 담당 구역을 나누어 소가 논밭 곡식을 먹지 못하도록 또는 멀리 가지 못하도록 지키는 광경을 지금은 볼 수 없을 것이다. 어릴 때는 소

먹이러 가는 일이 귀찮은 일 중의 하나였지만 나이 지긋해지면 그리운 추억거리가 되었던 것이니, 1950년대 우리나라 시골 농촌 생활 경험이 있는 사람들은 동감할 것이다. 한 폭의 풍경화를 그려보게 하는 잘 지은 작품이다.

5言絕句(5언절구). 압운은 棲, 蹊 자로 평성 '齊(제)' 평운이다. 평측은 차례로 '仄仄平平仄, 平平仄仄平, 仄平平仄仄, 平仄仄平平'으로 二四不同(이사부동)과 反法, 粘法(반법, 점법) 등이 모두 잘 이루어지고 평측 배치도 좋은 5언절구의 典型(전형)이 되는 시이다.

599. 韓愈(한유 Han Yü 768~824) : 中唐(중당)의 儒學者, 詩人, 文章家(유학자, 시인, 문장가). 唐宋八大家(당송팔대가)의 한 사람. 자 退之(퇴지). 시호 文公(문공). 하남성 昌黎(창려)에서 태어났기로 '昌黎 선생'이라고도 한다. 어려서 부모를 잃고 공부에 힘써 進士(진사)에 급제했는데, 성격이 剛直(강직)하여 남들과 不和(불화)했으며 오랫동안 國子監四門博士(국자감사문박사), 國子博士(국자박사) 등으로 있다가 吏部侍郎(이부시랑)에 이르렀다. 老佛(노불, 노자와 불교)을 배척하여 儒家(유가)를 수호하고 古文復古運動(고문복고운동)의 우두머리로서 문장의 자연 복귀, 고문 부흥 등을 주장했으며, 孟子(맹자)를 亞聖(아성)으로 존칭함도 그로부터 비롯되었다. 문장에 있어서는 柳宗元(유종원 →196)과 병칭하여 韓柳라 하고, 시로는 白樂天(백낙천, 居易거이 →90)과 나란하여 韓白이라 일컬어졌다. 憲宗(헌종)이 佛骨(불골)을 맞아들이므로 表(표)를 올려 임금의 노여움을 사 潮州(조주)로 귀양갔다가 임금의 후회로 袁州(원주)로 옮겨지기도 했다. 문집에 '昌黎集(창려집 40권), 外集(외집 10권)'이 있다.

599-1 奉和庫部盧四兄曹長元日朝廻(봉화고부노사형조장원일조회)

고부 노사형 조장의 '원일조회'에 받들어 화답하다

天仗宵嚴建羽旄 春雲送色曉鷄號 金爐香動螭頭暗 玉佩聲來雉尾高
戎服上趨承北極 儒冠列侍映東曹 太平時節身難遇 郎署何須笑二毛.

(천장소엄건우모 춘운송색효계호 금로향동이두암 옥패성래치미고
융복상추승북극 유관열시영동조 태평시절신난우 낭서하수소이모)

천자의 의장병들이 밤부터 엄숙하게 우모를 세우는데,
봄 새벽 구름 찬란할 때 효계가 우네.
금향로에 향 연기 오를 때 이두는 아직 어둡고,
옥패 소리 쟁그렁거리며 치미선 높이 들었네.
융복 입은 군사들이 왼쪽으로 달려가 임금님을 호위하고,
만조 백관들은 동편에 보이는구나.
이러한 태평 시절은 만나기 어려우리니, 낮은 숙위 벼슬로 늙어간다고 어찌 쓴웃음을 지으리.

[語句] *庫部 : 尙書省(상서성) 兵部(병부)의 한 부서. 무기 관리와 儀仗(의장)을 맡았음. *四兄 : 노씨 형제 중 네 번째 사람[四]의 존칭[兄]. *曹長 : 관청 부서의 우두머리. 郎中(낭중)이나 員外郎(원외랑) 벼슬. *元日朝迴 : 정월 초하루 곧 설날에 朝會(조회, 신하들이 임금께 세배하는 모임)를 마치고 돌아옴. *天仗 : 임금의 儀仗兵(의장병). *羽旄 : 꿩의 깃과 소의 꼬리를 단 깃발. *曉鷄 : 새벽을 알리는 닭. *螭頭 : 궁전의 섬돌 등에 뿔 없는 용이 서린 모양을 새긴 조각상. 螭首(이수). *玉佩 : 옥으로 만든 패물. 허리에 찬 구슬. *雉尾 : 雉尾扇(치미선). 꿩의 꼬리털로 만든 큰 부채. 玉座(옥좌)의 좌우에 들고 서서 호위함에 쓰임. *戎服 : 軍服(군복). 철릭과 朱笠(주립, 붉은 칠을 한 갓)으로 이루어진 옛 군복임. 철릭은 天翼(천릭)에서 변한 말로 '남빛이나 분홍빛으로 된 무관의 제복'임. *北極 : 地軸(지축)의 북쪽 끝. 임금의 자리, 황제의 玉座(옥좌). *儒冠列侯 : 조정에 가득한 諸侯(제후). 滿朝百官(만조백관). 儒冠은 '선비가 쓰는 관', 列侯는 '제후. 여러 高官(고관)'임. *東曹 : 동쪽에 있는 官署(관서). 대궐의 동편. *郎署 : 궁중을 밤샘하며 지키는 宿衛(숙위)들이 있는 관청. *何須 : 어찌 구태여. *二毛 : ①검은 머리에 백발이 섞인 노인. ②二毛之年(이모지년). 흰 머리카락 두 올이 나는 나이 곧 백발이 나기 시작하는 나이로 32세를 말함. 西晉(서진)의 학자 潘岳(반악)이 散騎省(산기성)에서 숙직하며 '秋興賦(추흥부)'를 지어 읊기를 "서른두 살에 처음 흰 머리카락 두 올을 보았네."라 읊은 데서 유래하는 말임.

[鑑賞] 아마도 노 조장이 '원일조회'란 시에서 신세 한탄 같은 내용을 읊었는지도 모르는데, 이 화답 시는 그러한 노 조장을 위로 격려하는 의미를 지녔다. 새해를 맞는 설날 아침 임금께 賀禮(하례)를 드리는 조회의 모습을 생생하게 그렸으니, '그믐날 밤부터 조회 준비가 시작되어 새벽닭이 울 때에야 마쳤다. 사방이 아직 어두운데 향불은 피어오르고 임금님의 옥 패물이 쟁그렁 들리자 치미선이 높이 세워진다. 군복 입은 호위병들은 날래게 올라 임금님을 호위하고, 유관 쓴 문관들은 동쪽에 열지어 서 있다. 이런 태평성대의 광경은 자주 볼 수 있는 게 아니니 노 조장이시여, 낮은 벼슬아치로 늙어간다고 스스로 쓴웃음 짓지 마소서.' 했다. 황실 조정의 어휘를 많이 써서 장중한 느낌을 주며 함련과 경련의 對句(대구)도 잘 이루어졌다.

7言律詩(7언율시). 압운은 旄, 號, 高, 曹, 毛 자로 평성 '豪(호)' 평운이다. 평측은 차례로 '平仄平平仄仄平, 平平仄仄仄平平, 平平平仄平平仄, 仄仄平平仄仄平, 平仄仄平平仄仄, 平平仄平仄平平, 仄平平仄平平仄, 平仄平平仄仄平'으로 二四不同二六對(이사부동이륙대)와 반법, 점법 등이 잘 이루어졌다.

599-2 左遷至藍關示姪孫湘(좌천지남관시질손상)

좌천되어 남관에 이르러 질손 상에게 보여주다

一封朝奏九重天 夕貶潮州路八千 欲爲聖明除弊事 肯將衰朽惜殘年
雲橫秦嶺家何在 雪擁藍關馬不前 知汝遠來應有意 好收吾骨瘴江邊.

(일봉조주구중천 석폄조주노팔천 욕위성명제폐사 긍장쇠후석잔년
운횡진령가하재 설옹남관마부전 지여원래응유의 호수오골장강변)

아침에 상주문 한 통을 임금께 올렸다가, 저녁에는 8천 리 조주땅으로 좌천일세.
다만 임금 위해 나쁜 일을 제거코자 했을 뿐,
어찌 다 늙은 몸 남은 목숨을 아끼려 함이었으리.
구름은 망진령에 걸렸는데 집은 그 어디 있나, 눈은 남관을 덮어 말도 나아가지 못하는구나.
네가 멀리까지 따라온 뜻을 알겠나니, 내 죽거든 유골을 장강 가에서 잘 거두어 다오.

[語句] *左遷 : 높은 지위에서 낮은 지위로 떨어짐. ↔榮轉(영전). *藍關 : 당 나라 서울 長安(장안, 현 섬서성 西安市서안시 관내)의 남쪽에 있는 藍田縣(남전현)의 관문. 藍田關. *姪孫 : 형제의 손자. 從孫(종손). *一封 : 한 통의 편지 또는 上奏文(상주문). *奏 : 아뢰다. 상소하다. *九重天 : 높은 하늘. 宮中(궁중). 九天. 九霄(구소). *貶 : 깎아 내리다. 좌천시키다. *潮州 : 광동성의 조주시. 복건성과의 경계에 있음. *聖明 : 임금의 밝은 지혜. *弊事 : 폐단. 해롭거나 좋지 못한 일. *肯 : '즐기다. 긍정하다. 응하다'의 뜻을 가졌는데 대개 풀이하지 않음. *衰朽 : 늙음. 노쇠함. *殘年 : 餘生(여생). *秦嶺 : 장안 남쪽에 있는 고개인 望秦嶺(망진령). 江州(강주)로 통하는 고개로 이 고개를 넘으면 秦 곧 장안이 보이지 않게 되므로, 나그네들이 이 고개에 오면 장안을 뒤돌아본다고 함. *瘴江 : 중국 남방 오랑캐 땅에 있는, 毒氣(독기)를 품은 강물.

[鑑賞] 唐憲宗 元和(당헌종 원화) 14년(819)에 헌종이 석가의 손가락 뼈를 궁중으로 맞아들이려고 할 때, 刑部侍郎(형부시랑)이던 지은이가 유학자의 입장에서 이에 반대하여 '論佛骨表(논불골표)'를 상주하니, 헌종이 크게 노해 潮州刺史(조주자사)로 좌천시켜 조주로 갈 때 남전까지 따라온 종손에게 지어준 시로, 지은이의 대표작이라 할 만큼의 명작이다. 首聯(수련 1~2구)에서는 좌천된 까닭과 좌천지를 밝혔고, 頷聯(함련 3~4구)에서 상주문을 올린 것은 임금의 올바르지 못한 불골 영입을 막으려는 뜻일 뿐, 내 한 몸을 위한 것이 아님을 대구로 수련을 잘 이어받았다. 頸聯(경련 5~6구)은 망진령에 구름이 덮이고 남전관에는 눈이 쌓여 말도 나아가지 못한다고 하여 앞길의 험난한을 역시 대구로 읊어 내용을 전환하고, 尾聯(미련 7~8구)에서 종손자

의 동행을 고마워하며 독가 많은 오랑캐 땅에서 내 죽거든 뼈나 잘 거두어 달라고 당부하며 시를 맺었다. 읽는 사람으로 하여금 처연함을 느끼게 하는 작품이다.

7언율시. 압운은 天, 千, 年, 前, 邊 자로 평성 '先(선)' 평운이다. 평측은 차례로 '仄平平仄仄平平, 仄仄平平仄仄平, 仄仄仄平平仄仄, 仄平平仄仄平平, 平平平仄平平仄, 仄仄平平仄仄平, 平仄仄平平仄仄, 仄平平仄仄平平'으로 二四不同二六對(이사부동이륙대)와 反法, 粘法(반법, 점법) 등이 잘 이루어지고 평측 배치도 좋은 7언율시의 전형이 되는 시이다.

599-3 秋懷詩 初頭(추회시 초두) 가을의 회포를 읊은 시 첫머리

秋夜不可晨 秋日苦易暗 我無汲汲志 何以有此憾.

(추야불가신 추일고이암 아무급급지 하이유차감)

가을밤은 새벽이 되기가 어려운데, 가을 해는 빨리 져 쉬이 어두워지는게 괴롭구나.
내게는 마음 쏟을 바쁜 일도 없는데, 어찌하여 이리도 한이 되는 것일꼬.

[語句] *汲汲 : 무슨 일에 마음을 쏟아 쉴 사이가 없음. 劫劫(겁겁). *憾 : 한하다. 한을 품다.

[鑑賞] 5言古詩(5언고시)의 첫머리이다. 가을은 낮이 짧고 밤이 긴 계절에다가 한 해도 가려는 준비를 하는 철이다. 天高馬肥(천고마비)의 좋은 계절이라고도 하지만, 봄부터 시작해 온 모든 일들을 마무리해야 하는 바쁜 때이기도 한데, 나는 급하게 서두를 일도 없는 몸이라 급급할 것 없건만 웬지 한스러운 느낌이 드니 이상도 하다 했다.

5언고시 중 2연 4구. 압운은 暗, 憾 자로 거성 '勘(감)' 측운이다. 평측은 차례로 '平仄仄仄平, 平仄仄仄仄, 仄平仄仄仄, 平仄仄仄仄'으로 이사부동은 셋째 구에서만 이루어졌고 반법이나 점법은 무시되고 평측도 고르지 못하니 고시이기에 그러하다.

600. 韓翃(한익 ?) : 당 나라 문관, 시인.

600-1 送王誕渤海使赴李太守行營(송왕탄발해사부이태수행영)
발해 사신 왕탄이 이태수의 행영으로 감을 송별하다

少年結客散黃金 中歲連兵掃綠林 渤海明王曾折首 漢家諸將盡傾心
行人去指徐州近 飮馬回看泗水深 喜見明時鍾太尉 功名一似舊淮陰.

(소년결객산황금 중세연병소녹림 발해명왕증절수 한가제장진경심
행인거지서주근 음마회간사수심 희견명시종태위 공명일사구회음)

소년 시절에는 각지를 유람하며 돈도 많이 썼고,
중년에는 군사들을 이끌고 도적들을 소탕했네.

발해의 어진 임금들도 일찍이 머리 숙였고, 한 나라 장수들도 그대에게 마음을 기울였네.
길잡이는 저편을 가리키며 서주 가까이 왔다 하지만, 말에 물 먹이며 보니 사수 물은 깊어라.
날이 밝으면 기쁘게 종 태위를 만날 것이니, 공명은 회음후 한신과 하나같이 닮겠구나.

[語句] *王誕 : 발해의 무장. *渤海 : 고구려 멸망 후의 고구려 장군 大祚榮(대조영)이 세운 나라. 後高句麗(후고구려). 만주 동부, 연해주, 한반도 북부에 걸친 넓은 영토였고 699~926년까지 227년, 14대 왕으로 이어왔으며, 당 나라와 일본과의 교류가 활발하여 '海東盛國(해동성국)'이라 일컬어졌음. *行營 : 巡行(순행) 陣營(진영). *中歲 : 40세 전후의 나이, 그 때. 中年(중년). 壯年(장년). *綠林 : 도적의 소굴. 중국 漢(한) 때 綠林山(녹림산)에 도적들이 모인 데서 유래함. *明王 : 정사에 밝은 어진 임금. *傾心 : 마음을 기울임. 마음을 쏟음. *徐州 : 중국 강소성 서북부의 교통 요지인 徐州市(서주시). *泗水 : 산동성의 강. 공자가 제자들을 가르쳤던 곳이며 曲阜(곡부) 동쪽에 泗水縣(사수현)이 있음. *太尉 : 당 나라 무관의 품계 이름. *功名 : 공을 세운 이름. *淮陰 : 漢(한)의 개국공신 韓信(한신)의 고향이면서 실각 후의 封地(봉지). 그리하여 한신을 '회음후'라 별칭함.

[鑑賞] 당 나라에 사신으로 온 왕탄이 이 태수의 진영으로 감을 송별해 한익이 지은 시로, 왕탄은 발해 나라의 뛰어난 장수인 듯하니, 발해 임금이 존경하고 당 나라 여러 장수들도 그를 흠모한다고 했다. 이 태수의 진영은 서주에 있고 왕탄은 산동성에서 서주로 향하여 가는 것이며, 그 진영에 가서 한신과 같은 공명을 들날릴 것이라 칭송했다. 발해의 사신들을 칭송한 시는 일본에도 있었으니 고급관리 阪上今繼(판상금계), 시의 거장 島田忠臣(도전충신) 등의 시가 전해 온다.<李鍾燦 渤海·高麗의 漢文學>

7言律詩(7언율시). 압운은 金, 林, 心, 深, 陰 자로 평성 '侵(침)' 평운이다. 평측은 차례로 '仄平仄仄仄平平, 仄仄平平仄仄平, 仄仄平平平仄仄, 仄平平仄仄平平, 平平仄仄平平仄, 仄仄平平仄仄平, 仄仄平平平仄仄, 平平仄仄仄平平'으로 이사부동이륙대와 반법, 점법 등이 잘 이루어지고 평측 배치도 좋으며, 頷聯(함련 3, 4구)과 頸聯(경련 5, 6구)이 대구로 잘 표현된 점 등 내용과 형식 모두에 있어 秀作(수작)이라 하겠다.

601. 韓章錫(한장석 1832~1894) : 조선 고종 때 문신. 자 稚綏, 穉由(치수, 치유). 호 經香, 眉山(경향, 미산). 시호 文簡(문간). 본관 淸州(청주). 父 弼敎(필교). 고종 9년(1872) 문과 급제 후 吏曹判書(이조판서), 大提學(대제학) 등을 역임했다. 어릴 때부터 학문을 좋아하여 鳳棲 俞莘煥(봉서 유신환)에게 배웠으며 문필로 이름이 높았고 문집으로 '眉山集(미산집 14권)'을 남겼다.

601-1 送林鼎汝(송임정여) 임정여를 송별하다

西風吹動白蘋花 山日冥冥十里沙 細柳驛亭三四店 故人今夜宿誰家.

(서풍취동백빈화 산일명명십리사 세류역정삼사점 고인금야숙수가)

하늬바람 불어 흰 마름꽃 흔들거리는데, 산에 걸린 해로 긴 모래밭 어둑어둑 하구나.
세버들 있는 역참에 객주집 서너 곳, 오늘밤 친구는 어느 집에서 묵으려는가.

[語句] *西風 : 서쪽에서 불어오는 바람. 갈바람. 하늬바람. *白蘋花 : 흰 마름꽃. 蘋은 '마름, 개구리밥, 浮萍草(부평초)'임. *冥冥 : 어두운 모양. *細柳驛亭 : 세버들이 있는 驛站(역참, 역말을 바꿔 타던 곳). *店 : 가게. 주막. 客店(객점). *故人 : 오래 사귄 친구.

[鑑賞] 가을바람 부는 으으스한 저물녘에 친구를 송별하며 지은 시. 공간적 배경은 넓은 호숫가인 듯하니, '서풍은 흰 부평초 꽃이 흔들거리도록 불어오고, 산에 걸린 저녁 햇빛은 엷어 길고 흰 모래톱이 어둑어둑해진다. 그대는 이제 가다가 버드나무 있는 역마을에서 머물겠는데, 서너 집밖에 없는 어느 객주집에서 묵게 되려는가.' 했다. 말 속에 친구와의 이별을 아쉬워하고 앞길을 걱정하는 정이 숨겨져 있다.

7言絕句(7언절구). 압운은 花, 沙, 家 자로 평성 '麻(마)' 평운이다. 평측은 차례로 '平平平仄仄平平, 平仄平平仄仄平, 仄仄仄平平仄仄, 仄平平仄仄平平'으로 이사부동이륙대와 반법, 점법 등이 모두 잘 이루어진 시이다.

602. 韓宗愈(한종유 1287~1354) : 고려 충숙왕, 충혜왕 때 문신. 자 師古(사고). 호 復齋, 楊花徒(복재, 양화도). 시호 文節(문절). 본관 漢陽(한양). 父 英(영). 충렬왕 30년(1304) 18세로 과거 급제하여 史翰(사한, 예문춘추관)에 들어가 충숙왕 때 修撰, 藝文應敎(수찬, 예문응교) 등을 지내고 政房(정방)에 들어가 司僕副正, 代言, 知申事(사복부정, 대언, 지신사)로서 李兆年(이조년 →298)과 함께 간신들을 몰아냈다. 충혜왕 때 贊成事左政丞(찬성사 좌정승)으로 漢陽府院君(한양부원군)에 봉해졌고 연로하여 벼슬을 버리고 귀향했다. 공민왕 초에 三重大匡(삼중대광)에 이르고 인재의 전형, 선발을 주관했다. 시에도 능하고 담소를 즐겨 당시의 명사들과 내왕했다.

602-1 漢陽村庄(한양촌장) 한양 시골 농막

十里平湖細雨過 一聲長笛隔蘆花 直將金鼎調羹手 閒把漁竿下晩沙.

(십리평호세우과 일성장적격노화 직장금정조갱수 한파어간하만사)

10리 잔잔한 호수에 가랑비 지나고, 갈대꽃 저편에서 피리 소리 들려오네.
솥 걸어 생선국 끓일 차비 하라 이르고는,

한가로이 낚싯대 들고 저무는 모래톱으로 내려가네.

[語句] *漢陽 : 지금의 서울. *村庄 : 살림집 외에 시골에 따로 장만해 두는 집. 農幕(농막). *細雨 : 가랑비. *蘆花 : 갈대꽃. *金鼎 : 쇠 솥. 가마솥. *羹 : 국. *手 : 솜씨. *漁竿 : 낚싯대.

[鑑賞] 고려의 서울 개성에 살며 지금의 서울인 한양에 농토가 있어 농막이나 별장을 지었으리라. 한가한 겨를에 거기 내려가 호수와도 같은 한강 가에서 낚시질을 하는 재미를 그렸다. 물고기를 많이 낚아 올 터이니 미리 생선국 끓일 준비를 해 두라고 당부하고는 어슬렁어슬렁 모래밭을 걸어 물가로 간다. 한적하고 여유 있는 삶의 모습이다. 셋째 구는 중국 고대 殷高宗(은 고종)과 어진 정승 傅說(부열)의 고사 "고종이 부열을 정승으로 삼을 때 '큰 내를 건널 때 너를 배로 삼고 ~ 국을 끓일 때 너는 양념이 되어 다오.' 했다"<書經 說命>를 적용해서 "정승으로 나라를 다스리던 솜씨를 가지고"로 풀이한 자료도 있다.

7言絶句(7언절구). 압운은 過, 花, 沙 자로 過는 평성 '歌(가)' 운, 花와 沙도 평성 '麻(마)' 평운으로 두 운은 通韻(통운)이 된다. 평측은 차례로 '仄仄平平仄仄平, 仄平平仄仄平平, 仄平平仄平平仄, 平仄平平仄仄平'으로 二四不同二六對(이사부동이륙대)와 反法, 粘法(반법, 점법) 등이 잘 이루어졌다.

603. 韓浚謙(한준겸 1557~1627) : 조선 선조, 인조 때 문신. 인조의 國舅(국구, 장인). 자 益之(익지). 호 柳川(유천). 시호 文翼(문익). 본관 淸州(청주). 父 判官 孝胤(판관 효윤). 生員(생원)에 장원하고 進士(진사)에도 급제하여 泰陵參奉(태릉참봉)이 되었다가 선조 19년(1586) 문과에 급제, 史局(사국, 實錄廳실록청 등)에 뽑혀 檢閱(검열)이 되고 玉堂正字(옥당 정자)에 보직되었다. 선조가 글제를 내려 儒臣(유신)들에게 글을 짓게 했을 때 수위를 차지해 豹皮(표피, 표범가죽)를 상으로 받았고 李山海(이산해)는 장차 대제학이 될 사람이라 했다. 衿川縣監(금천현감)으로 있을 때 鄭汝立(정여립)의 반란이 일어나자 사위 李震吉(이진길)을 천거했던 일로하여 감옥에 갇혔다. 선조 25년 (1592) 예조정랑을 거쳐 原州牧使, 持平(원주목사, 지평)이 되었고, 선조 30년(1597) 承旨(승지)일 때 왜적이 또 쳐들어오자 명 나라 提督 麻貴(제독 마귀)를 도와 식량과 말먹이 등의 수집 저장에 애썼으며 경기도관찰사, 대사성, 영남안찰사 등을 역임했다. 鄭仁弘(정인홍)에 의해 파직되었다가 선조 33년(1600) 재기용되어 병조참판, 4道體察使副使(4도체찰사 부사) 및 호남안찰사, 예조참판, 4道都元帥(4도도원수), 부제학, 호조판서, 관서와 영북 안찰사 등을 거쳐, 광해군 5년 (1613) 癸丑獄事(계축옥사, 영창대군 옹립 사건)에 관련되어 쫓겨났다. 인조반정 후 領敦寧府事, 西平府院君

(영돈녕부사, 서평부원군)이 되고 인조 2년(1624) 李适(이괄)의 난에 왕을 공주로 모셨고 인조 5년 정묘호란 때는 세자를 전주로 모셨다. 선조의 遺敎7臣(유교7신)의 한 사람이다.

603-1 過鹿屯島有感(과녹둔도유감) 녹둔도를 지나며 느끼는 바

立馬荒田有所思 經營此地更何爲 臨風一陣如山骨 白草黃沙處處悲.
(입마황전유소사 경영차지갱하위 임풍일진여산골 백초황사처처비)

말을 세우고 거칠어진 논밭을 보매 느끼는 바 있나니,
이 땅을 어이 다시 다스릴 수 있겠는고.
바람 맞듯 군사 진영이 백골로 산같이 되어, 시든 풀 누런 먼지 곳곳마다 원혼 가득하네.

[語句] *鹿屯島 : 함경남도 咸興灣(함흥만) 慶興(경흥) 앞의 섬. 선조 20년(1587) 女眞族(여진족)이 공격해 와 추수하던 군사들이 죽고 지키던 장수 吳亨, 林景藩(오형, 임경번)도 화살에 맞아 죽었으며, 경흥부사 李慶祿(이경록)과 造山萬戶 李舜臣(조산만호 이순신)이 겨우 적을 막았는데, 北兵使 李鎰(북병사 이일)이 이 두 사람의 죄를 청했고, 그 뒤 이일이 楸島(추도)의 여진족을 정벌하고 32인의 목을 베어 왔음. 이를 녹둔도 사건이라 함. *所思 : 생각하거나 느끼는 바. *經營 : 계획하여 다스림. *一陣 : 군사의 한 진영. *黃沙 : 누런 모래나 먼지.

[鑑賞] 처절했던 녹둔도 사건을 회고하여 읊은 시. 그 사건 이후 녹둔도는 황무지처럼 되고 말아 그 때처럼 곡식 심어 거두어 들이기는 어렵게 되었다. 시든 풀밭에 누런 먼지 날리는 속에서는 그 때 바람 맞듯 죽어 간 영혼들의 원망하는 鬼哭聲(귀곡성)이 떼지어 들려오는 듯하다고 했다. 패전한 땅의 비참한 정경이 눈앞에 펼쳐지는 작품이다.

7언절구. 압운은 思, 爲, 悲 자로 평성 '支(지)' 평운이다. 평측은 차례로 '仄仄平平仄仄平, 平平仄仄仄平平, 平平仄仄平平仄, 仄仄平平仄仄平'으로 이사부동이륙대와 반법, 점법 등이 잘 이루어지고 평측도 定式(정식)에 맞아 7絕의 典型(전형)이 되는 좋은 시이다.

604. 韓鎭棨(한진계 ?) : 조선 순조 때 문관. 자 大臨(대림). 호 鶴南(학남). 본관 淸州(청주). 순조 때 문과 급제하여 戶曹參判(호조참판)을 역임했다.

604-1 田舍翁(전사옹) 시골 늙은 농부

衰年聽子小商量 百劇千忙了自忘 向午手持蠅拂子 綠槐樹下臥乘凉.
(쇠년청자소상량 백극천망요자망 향오수지승불자 녹괴수하와승량)

나이 늙어 잘 생각해 보지도 않고는 아들에게 맡기고, 온갖 집안일은 모두 잊어버리네.
한낮 되자 손에 파리채 들고는, 느티나무 그늘 아래 누워 더위를 쫓는구나.

[語句] *田舍 : 농부의 집. 田家(전가). 田舍翁은 '견문이 좁고 고집스러운 시골 늙은이'의 뜻도 있음. *衰年 : 늙어 쇠약해 가는 나이. *聽 : 듣다. 맡기다. *商量 : 헤아려 생각함. *百劇千忙 : 여러 가지 어렵고 바쁜 일. 온갖 일. *了 : 마치다. 끝내다. *蠅拂子 : 파리채. 蠅拂. *綠槐 : 잎 푸른 느티나무. *乘 : 타다. 의지하다.

[鑑賞] 시골 노인의 무료한 생활 모습의 한 단면이다. 이제 나이 먹어 몸도 마음도 마음대로 움직여지지 않아, 아들에게 모든 가사 일을 맡겨 모르는 체 시원한 느티나무 그늘에 누워 파리채를 흔들며 한가로이 살아간다. 그것이 자연스러운 인생의 모습이요 세대교체인 것이다. 환갑이 지나면 시어머니가 곳간 열쇠를 며느리에게 넘겨준다고 전해오지 않는가.

7언절구. 압운은 量, 忘, 涼 자로 평성 '陽(양)' 평운이다. 평측은 차례로 '平平仄仄仄平平, 仄仄平平仄仄平, 仄仄仄平平仄仄, 仄平仄仄仄平平'으로 이사부동이륙대와 반법, 점법 등이 모두 이루어졌다.

605. 韓忠(한충 ?~1521) : 조선 중종 때 문신. 자 恕卿(서경). 호 松齋(송재). 시호 文貞(문정). 본관 淸州(청주). 父 主簿 昌愈(주부 창유). 중종 8년(1513) 문과에 장원 급제하여 典籍, 正言, 吏曹正郎(전적, 정언, 이조정랑)을 거쳐 應敎(응교) 때 宗系辨誣(종계변무)의 서장관으로 燕京(연경)에 가서 많은 글을 지으니 문장의 훌륭함에 감탄한 관리들이 줄지어 찾아왔다. 正使(정사)인 南袞(남곤)이 그를 시기해 해치고자 했다. 중종 14년(1519) 典翰, 直提學, 左承旨(전한, 직제학, 좌승지) 등으로 영전하니 남곤이 忠州水使(충주수사)로 쫓아냈으며, 중종 16년 辛巳誣獄(신사무옥)에 관련된 黃瑞慶(황서경)이 한충의 字(자)와 '서경'으로 같아 남곤의 계략으로 옥에 갇혔으나, 중종이 직접 신문하여 혐의가 없음이 밝혀져 석방되었지만 남곤이 보낸 병졸에 의해 살해되었다.

605-1 回文詩(회문시) 회문시

少年才藝倚天摩 手把龍泉幾許磨 石上梧桐將發響 音中律呂有詩和
口傳三代詩書敎 文起千秋道德波 皮幣已成賢士價 賈生何事謫長沙.

(소년재예의천마 수파용천기허마 석상오동장발향 음중율려유시화
구전삼대시서교 문기천추도덕파 피폐이성현사가 가생하사적장사)

소년 때의 재주와 솜씨 하늘을 어루만질 듯 높아, 용천검 손에 잡고 몇 번을 연마했던가.

바위 위에 선 오동나무 장차 거문고 되어 소리내듯, 그 음악의 가락이 시와 화답하였네.
구전되는 옛 시경 서경을 배워 익혀, 문명을 천추에 일으켜 도덕이 널리 퍼졌고,
사슴 가죽이 귀한 화폐 되듯 이미 어진 선비 명성을 얻었거늘,
가의는 어찌된 일로 장사로 좌천되어 갔던고.

[語句] *回文詩 : 바로 읽거나 거꾸로 읽거나 모두 뜻이 이루어지는 시. →259-2, 287-17. *才藝 : 재능과 技藝(기예). 재주와 솜씨. *龍泉 : 보배로운 칼의 이름. 龍泉太阿(용천 태아). *律呂 : 음악. 음악의 가락. 六律(육률)과 六呂(육려). *口傳 : 입으로 전해짐. *三代 : 중국 고대 夏, 殷, 周(하, 은, 주)의 세 나라 왕조. *詩書 : 詩經(시경)과 書經(서경). *千秋 : 썩 오랜 세월. *皮幣 : ①가죽과 비단. 옛날 '예물로 주고받던 물건'의 뜻임. ②白鹿(백록, 흰 사슴)의 가죽으로 만든 貨幣(화폐, 돈). *賢士 : 어진 선비. *賈生 : 賈誼(가의 201~168B.C). 前漢 文帝(전한 문제) 때의 문신으로 20여 세에 博士(박사)가 되니 사람들이 연소한 수재라 하여 賈生이라 별칭했고, 降灌(강최)와 等均(등균) 등이 시기 모함하여 南楚(남초)의 長沙王太傅(장사왕 태부)로 좌천되었음. *謫 : 귀양살이하다.

[鑑賞] 한 문제 때의 가의의 일을 자기 스스로에게 빗대어 나타낸 듯하다. 첫머리 首聯(수련 1~2구)에서는 어릴 적부터 재예가 뛰어나 문무를 연마했다 하고, 頷聯(함련 3~4구)에서 오동나무가 장차 거문고로 변신하여 그 곡조가 시와 화답되듯 할 것이라고 對句(대구)로 읊었다. 頸聯(경련 5~6구)도 불멸할 그 공적을 대구로 나타내었으니 시경 서경 등 유가의 경서에 통달하고 문명을 일으켜 널리 도덕을 펴리라 칭송했으며, 尾聯(미련 7~8구)에서는 어진 선비로 이름났으나 어찌하여 가의처럼 귀양살이를 해야 하는가 하고 맺었다. 회문시이기에 거꾸로 읽어도 뜻이 되어야 하니, "沙長謫事何生賈(사장적사하생가, 모랫벌 땅 장사에 귀양 온 가의가 무슨 까닭일까) ~" 등으로 읽어볼 수가 있겠다.

7言律詩(7언율시). 압운은 摩, 磨, 和, 波, 沙 자로 앞 넉 자는 평성 '歌(가)' 운, 沙도 평성 '麻(마)' 평운으로 두 운은 通韻(통운)이 된다. 평측은 차례로 '仄平平仄仄平平, 仄仄平平仄仄平, 仄仄平平平仄仄, 平平仄仄仄平平, 仄平平仄平仄仄, 平仄平平仄仄平, 平仄仄平平仄仄, 仄平平仄平平平'으로 二四不同二六對(이사부동이륙대)와 反法, 粘法(반법, 점법) 등이 잘 이루어졌다.

606. 韓就(한취 ?) : 고려 고종 때 문관. 侍郎(시랑), 慶尚道按察使(경상도 안찰사) 등을 지냈다.

606-1 次韻寄金學士之岱(차운기김학사지대) 학사 김지대의 시에 차운해 부치다

雨浥輕塵唱渭城 臨分醉臉纈紋生 嶺南遺愛春江綠 塞北閑愁夕照明
青眼縱多新識面 白頭那及舊交情 自天忽洒眞紅露 不忝尚書舊按行.
(우읍경진창위성 임분취검힐문생 영남유애춘강록 새북한수석조명
청안종다신식면 백두나급구교정 자천홀쇄진홍로 불첨상서구안행)

'아침 비가 가벼운 먼지 적신다'는 위성곡을 부르니,
작별하는 마당에 취한 뺨에는 주름살 생기네.
영남의 유애는 봄 강물같이 푸르고, 북쪽 변방의 한가한 시름 석양에 비치는구나.
정다운 눈길로 새로 알게 되는 사람 많겠지만, 백발 되도록 사귄 오랜 정만 하겠는가.
하늘에서 갑자기 붉은 이슬 내리듯 정 3품 되니,
상서로 다시 안렴사가 됨이 욕은 아니로세.

[語句] *學士 : 고려 때 翰林院, 詞林院, 普文閣(한림원, 사림원, 보문각) 등의 정4품, 정3품, 종3품 벼슬. *金之岱(1190~1266) : 고려 고종 때의 문신. 守太傅中書侍郎平章事(수태부중서시랑평장사)를 지냈음. →715. *雨浥輕塵 : 王維(왕유)의 '送元二使之安西(송원이사지안서)' 시 첫머리에 "渭城朝雨浥輕塵(위성조우읍경진, 위성의 아침 비 먼지를 가벼이 적시어)"라 있음. →164-10. *臨分 : 헤어짐에 다다름. *臉 : 뺨. 瞼은 '눈시울 검'임. *纈紋 : 주름살. 纈은 '무늬 얽히다. 맺다'임. *嶺南 : 鳥嶺(조령)의 남쪽 곧 경상남북도 지방. *遺愛 : 옛 사람의 仁愛(인애)한 유풍. 어진 守令(수령)이 善政(선정)하면 그가 떠난 뒤에도 남아 있는 사랑. *塞北 : 북쪽 국경 지역. *青眼 : 정다운 눈 길. ↔白眼(백안). *洒 : 씻다. 뿌리다. *眞紅 : 正三品(정삼품) 별칭. 벼슬아치가 띠는 紅鞓(홍정, 붉은 가죽띠) 중 4품이 띤 것은 假紅(가홍)이라 하고 3품이 띤 것은 眞紅이라 한 데서 유래함. *忝 : 욕되다. *尙書 : 고려 六部(육부, 六曹육조)의 으뜸벼슬. 조선 때의 判書(판서). *按行 : 조사하러 다님. 按廉使(안렴사, 按察使안찰사, 觀察使관찰사)가 됨.

[鑑賞] 이 시는 김지대의 '寄慶尙按部韓侍郎就(기경상안부한시랑취)'에 차운한 시로 김지대의 시는 다음과 같다. 柳色初黃出鳳城 嶺南仍過一陽生 尋僧不害穿山翠 携妓何妨踏月明 昨夜依稀相見面 前山重阻若爲情 簿書餘暇休忘我 我亦當年按轡行(버들잎 누렇게 되는 가을에 서울을 떠나 영남에서 동지를 보냈는데, 중을 찾아 푸른 산을 가기도 하고 기생과 달을 감상하기도 했었네. 어젯밤 꿈속에서 그대를 보았는데 그 정겨움이 산이 겹겹이 막히듯 했구나. 공무 문서 보다가 틈이 나면 부디 나를 잊지 마오, 나 또한 거기 안찰사를 지낸 바 있으

니). 두 시가 압운도 같고 내용도 서로의 우정이 돈독함을 알 수 있으며, 함련과 경련이 두 시 모두 대구를 잘 이룬 좋은 작품이다.

7언율시. 압운은 城, 生, 明, 情, 行 자로 평성 '庚(경)' 평운이다. 평측은 차례로 '仄仄平平仄仄平, 平平仄仄仄平平, 仄平平仄平平仄, 仄仄平平仄仄平, 平仄平平平仄仄, 仄平平仄仄平平, 仄平仄仄平平仄, 仄仄仄平仄仄平'으로 이사부동이륙대와 반법, 점법 등이 모두 잘 이루어졌다.

607. 韓致應(한치응 ?) : 조선 정조 때 문신. 자 溪甫(계보). 호 凭山(빙산). 본관 淸州(청주). 정조 때 문과 급제하여 兵曹判書(병조판서)를 역임했다.

607-1 水原八絕 中1首(수원팔절 중 1수) 수원의 절경 8 곳 그 중의 한 수

隨州不改舊山河 父老如今感慨多 夾路兩行千柳樹 枝枝曾拂翠華過.

(수주불개구산하 부로여금감개다 협로양행천류수 지지증불취화과)

고을 이름 바뀌어도 산천은 예 그대로요, 연세 많은 노인들 아직도 감개 크겠네.

길을 끼고 두 줄 버드나무 벌여선 속으로, 가지마다 나부끼며 취화가 지났으리라.

[語句] *水原 : 경기도 水原市(수원시). 신라 때 水城郡(수성군), 고려 때 水州(수주)라 했으며 수원 성곽, 西湖(서호), 八達門(팔달문), 杭眉亭(항미정), 華虹門(화홍문), 鍊武臺(연무대), 華寧鎭(화녕진), 華城將臺(화성장대) 등의 명승고적이 있음. *父老 : 나이가 많은 어른. *如今 : 지금. 이제. *翠華 : 임금의 日傘(일산, 양산 모양의 儀仗의장).

[鑑賞] 수원은 정조의 아버지인 思悼世子(사도세자)의 능이 있어, 정조 임금을 비롯하여 그 후의 왕들 행차가 잦았다. 그 거둥을 소재로 하여 읊은 수원 팔절의 한 수이다. 왕의 행렬은 장관이어서 그 광경을 목도한 사람들은 평생 잊지 못하여, 가로에 두 줄로 늘어선 버들길만 보면 감회에 젖는다 했다.

7言絕句(7언절구). 압운은 河, 多, 過 자로 평성 '歌(가)' 평운이다. 평측은 차례로 '平平仄仄仄平平, 仄仄平平仄仄平, 仄仄仄平平仄仄, 平平平仄仄平平'으로 二四不同二六對(이사부동이륙대)와 反法, 粘法(반법, 점법) 등이 잘 이루어졌고, 셋째와 넷째 구의 평측이 짝이 잘 지어졌다.

608. 韓泰東(한태동 1646~1687) : 조선 숙종 때 문관. 자 魯瞻(노첨). 호 是窩(시와). 본관 淸州(청주). 父 掌令 縝(장령 진). 생원을 거쳐 현종 10년(1669) 문과에 장원급제하여 三司(삼사, 홍문관 · 사헌부 · 사간원 총칭)의 둘째 관직에 이르렀다. 淸白剛直(청백강직)하여 논의가 정연하며 권문 호족에 굽히지 않아 배척받아서 사망했다. 尹拯(윤증), 趙持謙(조지겸 →476)과 함께 少論(소론)의 영수였고 문집에 '是窩遺稿(시와유고)'가 있다.

608-1 胡歌(호가) 호인의 노래

日暮邊風急 胡兒白雪騧 行行歌一拍 平磧起寒沙.
(일모변풍급 호아백설과 행행가일박 평적기한사)

해지는 변방에 바람 드센데, 되놈 아이 눈발 속에 공골말을 탔구나.
마구 달리면서 노래 곡조 맞추며 채찍질하니, 평평하던 모랫벌에 찬 모래 바람 날리네.

[語句] *胡歌 : 胡人(호인)의 노래. 호인은 '滿洲(만주) 사람. 오랑캐. 되'임. *騧 : 공골말. 털빛이 누런 말. 입 부분이 검은 누런 말. 황부루. 왜로도 읽음. *拍 : 노래 曲節(곡절, 곡조의 마디). 치다. 손벽치다. *磧 : 돌무더기. 물가의 자갈. 모랫벌.

[鑑賞] 북쪽 국경 지방에서 만주의 되놈 아이가 말을 달리며 노래를 부르는 씩씩한 모습을 보며 지은 시. 북방 민족은 騎馬族(기마족)이라 어릴 때부터 말타기를 배워야 한다는 것이다. 둘째 구의 白雪騧는 '눈같이 흰 말'로 풀 수도 있으나 공골말은 털빛이 누렇기에 위와 같이 풀었다. 그림으로 素描(소묘)할 수 있는 작품이다.

5言絕句(5언절구). 압운은 騧, 沙 자로 평성 '麻(마)' 평운이다. 평측은 차례로 '仄仄平平仄, 平平仄仄平, 平平平仄仄, 平仄仄平平'으로 二四不同(이사부동)과 反法, 粘法(반법, 점법) 등이 모두 잘 이루어졌다.

609. 韓濩(한호 1543~1605) : 조선 중기의 명필. 자 景洪(경홍). 호 石峯, 晴沙(석봉, 청사). 본관 三和(삼화). '청주'란 자료도 있음. 조부 正郎 寬(정랑 관). 松都(송도, 개성)에서 태어나 재주가 뛰어났으며 스스로 붓글씨를 익혔고, 書法(서법)을 愼喜男(신희남)에게 배워서 글씨 공부에 전심전력하여 해서, 행서, 초서 등 각 서체가 모두 妙境(묘경)에 이르렀다. 명종 22년(1567) 진사에 급제하고 선조 16년(1583) 瓦署別提(와서별제), 임진왜란 때는 왕의 행재소에 가서 문서 관계의 일을 맡았으며 加平郡守(가평군수)를 지냈다. 이미 명필 한석봉이라 이름이 나서 명 나라로 가는 사신 일행에 자주 끼어 중국에까지 유명해졌으며, 명 나라 장수 李如松(이여송), 麻貴(마귀) 등도 그의 필적을 구해 귀국했다. 중국 王世貞(왕세정)은 그의 글씨를 "성난 사자가 바위를 긁어내고 목마른 천리마가 내로 달리는 것같이 힘차다." 했으며, 명 나라 韓林(한림)과 朱之蕃(주지번)도 "석봉의 글씨는 王羲之(왕희지), 顔眞卿(안진경)과 어깨를 겨눌 만하다." 했다. 선조도 그를 매우 아껴 가평군수로 보내면서 "필법을 후세에 전하게 하고자 하니 피곤할 때에는 구태여 쓰지 말고, 게을리도 말고 서두르지도 말라." 했다. 안평대군 李瑢(이용), 金絿(김구), 楊士彦(양사언)과 함께 조선 초기 四大書家(사대서가)로 꼽히고, 箕子墓新碑(기자묘신비)와 善竹橋碑(선죽교비), 幸州勝戰碑(행주승전비), 徐敬德神道碑(서경덕신도비) 등 필적이 남아있다.

609-1 後西江(후서강) 서강 뒤쪽에서

千頃澄波一鑑光 曲欄斜倚賦滄浪 蒹葭兩岸西風急 無數飛帆亂夕陽.

(천경징파일감광 곡란사의부창랑 겸가양안서풍급 무수비범난석양)

천 이랑 맑은 물결 거울 같이 빛나는데, 굽은 난간에 비스듬히 기대어 창랑가를 읊네.
양쪽 물가의 갈대에 하늬바람 마구 일고, 크고 작은 돛단배 석양에 어지러이 달리는구나.

[語句] *西江 : 서울 마포구의 한강 이름 또는 동명. →55-1. *千頃澄波 : 천 이랑처럼 굽이치는 맑은 파도. *滄浪 : ①너르고 큰 바다의 푸른 물결. ②滄浪歌(창랑가). 중국 전국시대 楚(초) 나라의 屈原(굴원)이 읊은 '漁父辭(어부사)' 별칭. '세상 모든 일은 자연에 맡기고 이 세상과 거슬리지 않음이 좋다.'는 어부의 말이 담겨 있음. *蒹葭 : 갈대. *西風 : 서쪽 바람. 하늬바람.

[鑑賞] 서풍이 세차게 부는 가을, 서강 뒤쪽의 정자 난간에서 서강을 바라보며 지은 시이다. 서강에 이는 물결 거울같이 맑은데, 난간에 기대어 굴원의 어부사에서와 같이 험한 세상 거슬리지 말며 살아가야겠다고 느낀다. 보라, 서강 양쪽의 갈대들이 서풍에 휘어지며 크고 작은 돛단배들이 석양빛을 받으며 달리는 게, 험한 세상을 굽히며 살거나 굳세게 헤쳐 가는 인생과 꼭 닮지 않았는가.

7언절구. 압운은 光, 浪, 陽 자로 평성 '陽' 평운이다. 평측은 차례로 '平仄平平仄仄平, 仄平平仄仄平平, 平平仄仄平平仄, 平仄平平仄仄平'으로 이사부동이륙대와 반법, 점법 등이 잘 이루어지고 평측 비치도 좋아 7絕의 典型(전형)이 되는 시이다.

610. 韓希卨(한희설 ?) : 조선 인조 때 문관. 지 聖弼(성필). 인조 때 문과 급제하여 府使(부사)를 역임했다.

610-1 詠新曆(영신력) 새 달력을 읊다

爾帶明年節 先傳世上人 天涯老病客 寧欲不知春.

(이대명년절 선전세상인 천애노병객 영욕부지춘)

너는 내년의 절후를 띠어, 온 세상에 미리 알리는구나.
하늘 끝 나그네 신세인 이 늙고 병든 늙은이, 차라리 오가는 세월 모르는 게 좋겠다.

[語句] *新曆 : 새 册曆(책력). 새해의 달력. *爾 : 너. '신력'을 가리킴. *天涯 : 하늘 끝. 아득히 떨어진 타향. *寧 : 차라리. *春 : 봄. 해[歲세]. 세월.

[鑑賞] 새해의 책력을 보며 감상을 읊었다. 오는 해의 날짜와 節候(절후)를 산뜻하게

기록하여 세상 사람들에게 미리 알려주는 그 정성이 고맙기는 하나, 천리 타향에서 병들고 늙은 이 몸은 차라리 세월이 가는 것을 알지 못하는 것이 나을 것이라 했다. 老境(노경)에 들면 세월의 흐름이 빠르게 느껴지고 저승길만 가까워지니 비감에 잠기게 마련이리라.

5언절구. 압운은 人, 春 자로 평성 '眞(진)' 평운이다. 평측은 차례로 '仄仄平平仄, 平平仄仄平, 平平仄仄仄, 平仄仄平平'으로 이사부동과 반법, 점법 등이 잘 이루어졌다.

611. 咸傅霖(함부림 1360~1410) : 조선 개국공신, 문신. 자 潤物(윤물). 호 蘭溪(난계). 시호 定平(정평). 본관 江陵(강릉). 父 承慶(승경 →612). 고려 우왕 11년(1385) 과거 급제하여 左正言(좌정언)이 되고 공양왕 때 刑曹正郎, 兵曹正郎兼都評議使(형조정랑, 병조정랑겸도평의사) 등을 지냈다. 조선 개국공신 3등으로 溟城君(명성군)에 봉해졌으며 禮曹議郎, 左散騎常侍兼尙瑞少尹(예조의랑, 좌산기상시겸상서소윤), 태종 때 參知議政府事(참지의정부사)로 東原君(동원군)에 봉해지고 이후 대사헌, 8도관찰사, 형조판서에 이르렀으며 詩(시)로써 이름이 났었다.

611-1 法住寺(법주사) 법주사

鷄園閒日月 雁塔鎖雲烟 偶入三淸洞 都忘世事牽.
(계원한일월 안탑쇄운연 우입삼청동 도망세사견)

닭 울음만 들리는 동산이라 세월 한가롭고, 탑은 높아 구름 서려 있구나.
우연히 신선 동산 같은 곳에 들어와 보니, 속세의 일은 모조리 잊게 되네.

[語句] *法住寺 : 충청북도 報恩郡(보은군) 俗離山(속리산)에 있는 절. *雁塔 : 탑. 西域(서역)에서 기러기를 묻고 탑을 세운 故事(고사)에서 하는 말임<大唐西域記> *鎖 : 잠그다. 가두다. *雲烟 : 구름과 연기. 연기처럼 서린 구름. *三淸洞 : 道敎(도교)의 세 신인 삼청이 사는 별천지인 골짜기. *都忘 : 모조리 잊음. *牽 : 끌다. 잇다.

[鑑賞] 속리산 법주사의 한적한 모습을 읊은 시. 절에서 기르는 닭이 아니라 절 주변의 작은 마을의 닭일 것이다. 안탑은 서역에서 기러기 한 쌍이 날아가는 것을 보고 比丘(비구)가 생각하기를 '저 기러기를 손에 넣으면 음식에 보탤 수 있겠다.' 했는데, 갑자기 한 마리가 떨어져 죽었다. 大衆(대중)들이 "이 기러기는 계율을 내린 것이다." 하며 그 덕을 기리자 하여 기러기를 묻고 탑을 세웠다 한다. 법주사 주변이 마치 도교의 신선들이 사는 별천지의 골짜기 같아 속세의 일을 모두 잊게 하니, 절은 수양과 공부에 좋은 분위기를 예로부터 가진 곳이다.

5言絕句(5언절구). 압운은 烟, 牽 자로 '先(선)' 평운이다. 평측은 차례로 '平平平仄仄, 仄仄仄平

平, 仄仄平平仄, 平平仄仄平'으로 二四不同(이사부동)과 反法, 粘法(반법, 점법) 등이 잘 이루어졌다.

611-2 次清心樓韻(차청심루운) 청심루 시에 차운하다

秋月春風混大江 蘆花柳絮畫蓬窓 早年遊覽半天下 一片驪城信少雙.
(추월춘풍혼대강 노화유서화봉창 조년유람반천하 일편여성신소쌍)

가을 달 봄바람은 큰 강과 어울려 하나 되고, 갈대꽃 버들개지는 봉창에 어려 그림 같구나.
젊어서부터 온 천하의 반이나 유람했는데,
그 중 조그만한 여주지만 참으로 짝이 될 데가 적도록 경치 뛰어나는구나.

[語句] *清心樓 : 경기도 驪州(여주)에 있는 누각, →321-1, 427-3. *混 : 섞이다. 한 덩어리가 되다. *蘆花 : 갈대꽃. *柳絮 : 버들개지. *蓬窓 : 배의 창문. *早年 : 젊을 때. *驪城 : 여주. 여주의 성곽. *信 : 참되다. 참으로.

[鑑賞] 여주 청심루 앞 남한강에 배를 띄우고 바라본 광경을 읊었다. 봄부터 가을까지 철 따라 경치가 뛰어나서, 젊었을 때부터 많은 곳을 유람 다닌 바가 있지만 여기와 같은 勝景(승경)은 보지 못했다고 찬미했다. 처음 두 구는 對句(대구)가 되었고 끝 두 구도 대구를 이루었다고 보아도 좋겠다. 청심루를 읊은 시가 많은 걸 보면 참으로 경치 좋은 곳인가보다.

7言絕句(7언절구). 압운은 江, 窓, 雙 자로 평성 '江' 평운이다. 평측은 차례로 '平仄平平仄仄平, 平平仄仄仄平平, 仄平平仄仄平仄, 仄仄平平仄仄平'으로 二四不同二六對(이사부동이륙대)와 반법, 점법 등이 이루어졌다.

612. 咸承慶(함승경 ?) : 고려 공민왕 때 문관. 본관 江陵(강릉). 아들이 앞에서 든 傅霖(부림)이며, 檢校中樞院學士(검교중추원학사)를 지냈다.

612-1 埜行(야행) 들길을 가다

淸曉日將出 雲霞光陸離 江山更奇絕 老子不能詩.
(청효일장출 운하광육리 강산갱기절 노자불능시)

맑은 새벽 해 장차 떠오르려 하니, 구름과 노을의 빛 눈부시게 빛나네.
강산이 더욱 신기로워서, 이 늙은이 시를 지을 수 없구나.

[語句] *埜 : 들. 野(야)의 옛 글자임. *陸離 : ①빛이 뒤섞여 눈부시게 아름다움.<司馬相如 上林賦> ②뒤섞여 혼잡한 모양.<屈原 離騷> *奇絕 : 아주 신기함. 썩 기이

함. *老子 : 이 늙은 사람. 사람이 늙은 후 스스로를 일컫는 말임.

[鑑賞] 어느 계절인지는 모르나, 날 맑은 이른 아침에 들길을 나서니 막 해가 떠오르려는 무렵이다. 동편의 구름과 노을이 눈부시도록 붉어, 산천이 더욱 기기절묘하기 이를 데 없다. 이런 광경을 보면서 시라도 한 수 지어야 하는데, 적절한 말이 없어 짓지를 못한다는 것이다. 사실이야 이렇게 시를 지어 보았지만, 그 모습은 글로 나타낼 수 없으니 말이나 글은 참으로 부자연스러운 존재인 것이다. 불교에서 이르는 言語道斷(언어도단)인 것이다.

5언절구. 압운은 離, 詩 자로 평성 '支(지)' 평운이다. 평측은 차례로 '平仄仄平仄, 平平平仄平, 平平仄仄仄, 仄仄仄平平'으로 이사부동과 반법, 점법 등이 모두 이루어졌다.

613. 涵虛堂(함허당 1376~1433) : 조선 초기의 승려. 法名(법명) 得通(득통). 호가 함허당이며, 속성은 劉氏(유씨). 이름은 己和, 無準(기화, 무준)이다. 본관 忠州(충주). 21세에 중이 되었고 無學大師(무학대사)의 제자이며, 세종 2년(1420) 임금의 청으로 大慈御刹(대자어찰)에 4년간 있다가 세종 13년(1431) 奉巖寺(봉암사)를 넓혀 수리했다. 歌頌(가송) '永嘉集十章讚頌(영가집십장찬송)'이 유명하며, 저서에 '圓覺疏(원각소 3권), 般若經五家解說義(반야경오가해설의)' 등이 있다.

613-1 遊神勒寺(유신륵사) 신륵사를 유람하다

衆山超遞一江深 殿閣崢嶸萬樹林 江月軒明江月下 始知江月昔年心.

(중산초체일강심 전각쟁영만수림 강월헌명강월하 시지강월석년심)

산들은 높고 한 가람 깊은데, 전각은 우뚝 숲들 위로 솟았네.

강 위로 뜬 달 아래 강월헌이 밝으니, 강월헌 나옹 스님의 깊은 뜻을 이제야 알겠구나.

[語句] *神勒寺 : 경기도 여주군 北內面 上橋里(북내면 상교리)에 있는 절. 신라 때 창건으로 추정되며 다층석탑, 多層塼塔(다층전탑), 普濟尊者石鐘(보제존자 석종)과 석종비, 大藏閣記碑(대장각기비), 보제존자 석등, 祖師堂(조사당) 등의 보물이 있음. *超遞 : ①멀고 먼 모양. 超遙(초요). ②높은 모양. *殿閣 : 佛殿(불전)과 樓閣(누각). *崢嶸 : 산이 높고 가파른 모양. *江月軒 : 신륵사 경내의 정자 이름이요, 고려 공민왕 때 名僧(명승)으로 신륵사에서 入寂(입적)한 懶翁大師(나옹대사)의 아호임. *昔年 : ①옛날. ②지난해.

[鑑賞] 첫 구[起기]는 신륵사의 遠景(원경) 곧 공간적 배경으로 '뭇 산들이 높이 둘러있고 남한강 한 줄기는 깊다' 했고, 둘째 구[承승]는 신륵사 경내로 視點(시점)을 옮겼

으니 近景(근경)이다. 셋째 구[轉전]는 시점이 더욱 좁아져 나옹대사와 관련되는 강월헌의 달 밝은 모습이요, 마지막 구 [結결]는 그 달은 훌륭했던 나옹대사의 깊은 뜻이 담긴 것이라 맺었는데, 이는 그의 가송 중에서 "月不昇空空不明 ~ 空月騰輝宇宙淸(달이 안 뜨면 하늘은 밝지가 않고 ~ 하늘에 달 뜨면 온 우주가 맑아지네)"와 같이 得道(득도)는 자연의 攝理(섭리)와 같음을 강조한 것이리라.

7언절구. 압운은 深, 林, 心 자로 평성 '侵(침)' 평운이다. 평측은 차례로 '仄平平仄仄平平, 仄仄平平仄仄平, 平仄平平平仄仄, 仄平平仄仄平平'으로 이사부동이륙대와 반법, 점법 등이 잘 이루어진 佳作(가작)이다.

614. 項斯(항사 ?) : 당 나라 시인. 자 子遷(자천). 江東(강동) 또는 台州(태주) 사람이라 하며 그의 시는 서울 長安(장안)에서 유명했다고 전해 온다.

614-1 宿山寺(숙산사) 산 속 절에서 묵으며

栗葉重重覆翠微 黃昏溪上語人稀 月明古寺客初到 風動閒門僧未歸
山果經霜多自落 水螢穿竹不停飛 中宵能得幾時睡 又聽鍾聲催著衣.

(율엽중중복취미 황혼계상어인희 월명고사객초도 풍동한문승미귀
산과경상다자락 수형천죽부정비 중소능득기시수 우청종성최착의)

밤나무 잎 무성해 푸른 산을 덮었고, 황혼이 깃든 시냇가에는 사람 자취 드물어라.
달 밝은 옛 절에 나그네로 처음 와 보니, 절간 문은 바람에 열렸다 닫혔다 하고 스님은 없네.
서리 맞은 산나무 열매 절로 떨어지는데, 물가 대밭에는 반딧불 어지러이 날고 있네.
한밤중에 얼마 동안이나 잠을 잤던가, 또 새벽 종소리 울리며 옷 입으라고 재촉하는구나.

[語句] *重重 : 거듭거듭 포개져 있는 모양. 重重疊疊(중중첩첩). *翠微 : 산의 푸른빛. *穿 : 뚫다. 꿰다. '대밭 속'의 뜻임. *中宵 : 한밤중. 中霄(중소)는 '半空中(반공중)'임. *能得 : 능히 얻거나 이룸.

[鑑賞] 그윽한 산 속 절간에 묵으며 지은 시. 첫 구의 '밤나무 잎 무성함'과 다섯째 구의 '산나무 열매의 서리 맞음', 여섯째 구의 '반딧불이 날아다님' 등으로 보아 때는 늦여름에서 이른 가을임을 알 수 있다. 頷聯(함련 3~4구)과 頸聯(경련 5~6구)은 對句(대구)가 잘 이루어졌으니, '밝은 달-부는 바람', '산나무 열매-개울의 반딧불'이 각각 짝을 이룬 素材(소재)인 것이다. 이런 고즈넉한 분위기 속에서 잠이 든 듯 만 듯한데 새벽 예불을 올린다는 종이 울린다고 맺었다. 산사의 생활 단면을 보이는 좋은 작품이다.

7言律詩(7언율시). 압운은 微, 稀, 歸, 飛, 衣 자로 평성 '微' 평운이다. 평측은 차례로 '仄仄平平仄仄平, 平平平仄仄平平, 仄平仄仄仄平仄, 平仄平平平仄平, 平仄平平平仄仄, 仄平平仄仄平平, 平平平仄仄平仄, 仄仄平平平仄平'으로 二四不同二六對(이사부동이륙대)와 反法, 粘法(반법, 점법) 등이 모두 이루어졌다.

615. 許景胤(허경윤 ?) : 조선 인조 때 학자. 자 士述(사술). 호 竹庵(죽암). 본관 金海(김해). 父 參奉 世節(참봉 세절). 어려서부터 학문에 뜻을 두었고 李厚慶(이후경), 韓夢參(한몽삼) 등과 經史(경사) 강론으로 도의로써 사귀었으며 학문과 덕행으로 명성이 높았다. 禮賓寺主簿(예빈시주부)에 보직되었으나 받지 않았으며, 인조 14년(1636) 병자호란 때 아들 瀕(빈)으로 하여금 의병을 모집해 참전토록 했는데, 和議(화의)가 성립되었다는 소식을 聞慶(문경)에서 듣고 돌아오고 말았다. 이후 남과의 교제를 끊고 시를 읊으며 세월을 보냈다.

615-1 山居(산거) 산속에 살며

柴扉尨亂吠 窓外白雲迷 石徑人誰至 春林鳥自啼.

(시비방난폐 창외백운미 석경인수지 춘림조자제)

사립문에서 삽살개 요란히 짖고, 창밖으로 흰 구름만 떠도는데,
돌 자갈길에 누가 날 찾아오리, 봄 숲에서 새들만 지저귀고 있구나.

[語句] *柴扉 : 사립문. *尨 : ①삽살개. 尨犬(방견). ②크다. 尨大(방대). *吠 : 짖다. *迷 : 희미하다. 망설이다. *石徑 : 돌이 많은 좁은 길. *啼 : 울다. 새가 울다.

[鑑賞] 깊은 산 속이라 삽살개도 하 심심하여 흰 구름 뜬 하늘을 보고 또는 새 지저귀는 소리에도 짖는다. 찾아올 사람이 아무도 없건만, 그래도 삽살개가 하도 짖어대니 혹시나 하고 창밖을 내다보니 아무도 없고 흰 구름만 떠 있다. 그리고는 새들 지저귀는 소리만 들린다. 한적한 속에 외로움도 곁들인 시라 하겠다.

5言絕句(5언절구). 압운은 迷, 啼 자로 평성 '齊(제)' 평운이다. 평측은 차례로 '平平平仄仄, 平仄仄平平, 仄仄平平仄, 平平仄仄平'으로 이사부동과 반법, 점법 등이 잘 이루어졌다.

616. 許誡(허계 ?) : 조선 성종 때 문관. 본관 河陽(하양). 父 中樞院副使 倜(중추원부사 척). 숙부 좌의정 稠(조 →627). 세조 5년(1459) 문과에 급제하여 성종 20년(1489) 副提學(부제학)에 이르렀다. 글씨를 잘 써서 당시의 金石(금석)에 그가 쓴 것이 많았다.

616-1 題山水圖(제산수도) 산수도를 두고 짓다

十年流落二毛人 千里江山入眼新 楚子不成巫峽夢 漁翁虛負武陵春
雲烟洞口僧三輩 風雨峯頭月一輪 隱几早知吾喪我 北山何必更尋眞.

(십년유락이모인 천리강산입안신 초자불성무협몽 어옹허부무릉춘
운연동구승삼배 풍우봉두월일륜 은궤조지오상아 북산하필갱심진)

10년을 떠돌다가 반백으로 늙었으나, 천리로 넓은 강산 눈에 드는 대로 새롭구나.
초 양왕은 무산 무협의 꿈을 이루지 못했고,
무릉땅의 어부 늙은이도 무릉도원을 다시 찾지 못했다네.
구름 낀 골의 어귀에는 중 셋이 있어 삼소도 같고, 비바람 치는 봉머리에 둥근 달 떴구나.
안석에 기대어 내가 나 스스로를 잃듯 참 깨달음 있으니,
하필 북산에 숨어 살며 참된 도를 찾을 것 있으랴.

[語句] *山水圖 : 산천의 경치를 主體(주체)로 그린 그림. 山水畫(산수화). *流落 : 타향을 떠돌아다님. *二毛人 : 검은 머리와 흰 머리가 섞인, 斑白(반백)이 된 사람. →599-1. *楚子 : 중국 옛 초 나라 사람 또는 초의 襄王(양왕). 양왕이 高唐(고당)을 유람하던 중 낮잠의 꿈에 巫山(무산)의 선녀와 인연을 맺었다는 고사가 있음. *武陵 : 武陵桃源(무릉도원). →163-1, 164-3. *僧三輩 : 중 세 사람. 虎溪三笑圖(호계삼소도)를 연상해 쓴 말인 듯하니, 晋(진)의 慧遠法師(혜원법사)와 문인 陶潛(도잠)과 陸修靜(육수정)이 호계에서 웃고 있는 그림이 있음. *隱几 : 案席(안석)에 기댐. *吾喪我 : 자기가 자기자신을 잊어버림. '莊子 齊物論(장자 제물론)' 첫머리에 나오는 말로 '南郭子綦(남곽자기, 楚昭王초소왕의 庶弟서제)가 天籟(천뢰, 하늘의 피리소리) 곧 깊은 道(도)와 벗하는 경지에 이른 모습'임. *北山 : 북쪽에 있는 산. 여기서는 중국 남북조 때 齊(제)의 孔德璋(공덕장)이 쓴 '北山移文(북산이문)'을 두고 한 말임. '북산이문'은 '南京(남경) 동북의 鍾山(종산, 북산)에 은거하던 周顒(주옹)이 벼슬을 살다가 다시 종산으로 돌아오려는 것을 막은 글'임.

[鑑賞] 누가 그렸는지는 밝혀지지 않았으나 산수화 한 폭을 보며 느낀 대로 읊은 시이다. 10년이나 떠돌이 생활을 하다 보니 반백이 되었지만, 천리로 뻗게 그린 산수의 그림을 보니 새로운 느낌이 든다. "무협과 같은 골짜기가 있어 초 양왕의 고사가 생각나고, 저기는 또 무릉도원 같아 도잠의 '도화원기'에 나오는 어부가 연상된다." 이 함련은 대구를 잘 이루었다. "또 한 곳은 호계삼소도인가 세 사람의 중이 있고, 비바람을 띠고 있는 산봉우리에는 둥근 달 하나가 그려져 있다." 이 경련도 역시 대구로 구성되었다. 이 산수도를 보고 있으매 남곽자기처럼 큰 깨달음에 들게 하니, 주옹이 시도했던 북산에 숨어 살 필요가 없겠다 하고 시를 맺었다. 산수화 하

나를 보고 온갖 고사를 이끌어 와 시 한 편을 잘 이루었다 하겠다.

7言律詩(7언율시). 압운은 人, 新, 春, 輪, 眞 자로 평성 '眞' 평운이다. 평측은 차례로 '仄平平仄仄平平, 平仄平平仄仄平, 仄仄仄平平仄仄, 平平平仄仄平平, 平平仄仄平平仄, 平仄平平仄仄平, 仄仄仄平平仄仄, 仄平平仄仄平平'으로 二四不同二六對(이사부동이륙대)와 反法, 粘法(반법, 점법) 등이 잘 이루어졌고 평측 글자도 짝을 잘 지으며 배치한 좋은 시이다.

617. 許珙(허공 1233~1291) : 고려 원종, 충렬왕 때 명신. 초명 儀(의). 자 韞匱(온궤). 시호 文敬(문경). 본관 孔岩(공암, 陽川 양천). 父 樞密院副使 遂(추밀원부사 수). 고종 말 문과에 급제하여 內侍(내시)로서 政事點筆員(정사점필원)이 되어 崔寧(최영), 元公植(원공식)과 함께 政房3傑(정방 3걸)이라 했다. 國學博士(국학박사), 閤門祇侯(합문지후), 戶部侍郎(호부시랑), 右副承宣吏部侍郎知御史臺事(우부승선 이부시랑 지어사대사)를 역임했다. 당시 정권을 잡고 있던 林衍(임연)의 미움을 샀었는데, 원종 10년(1269) 임연이 원종의 아우 安慶公(안경공, 淐창)을 왕으로 세울 때 많은 신하들이 살해되었으나, 허공은 喪配(상배)로 양천에 가 있어서 죽음을 면했으며, 안경공은 원 나라의 압력으로 왕위에서 물러나고 원종이 복위했었다. 그 후 簽書樞密院事(첨서추밀원사)를 거쳐 충렬왕 때 參文學事修國史(참문학사수국사), 僉議中贊(첨의중찬)이 되었고, 청렴하기로 이름났으며 程(정), 評(평) 등 아들 5형제를 두었다.

617-1 藏春塢(장춘오) '장춘오' 현판

老矣宜春朴秀才 何曾望我二人來 紫樞黃閣同年會 試向藏春塢裏開.
(노의의춘박수재 하증망아이인래 자추황각동년회 시향장춘오리개)

노숙老熟하구나 의춘 박 수재여, 어찌 우리 두 사람이 찾을 줄을 일찍이 바랐던가.
밀직사와 의정부에 각각 소속된 우리들 동년 모임을, 이 장춘오 안에서 열어나 보세그려.

[語句] *藏春塢 : 朴祿之(박녹지)의 집에 단 懸板(현판) 이름. 塢는 '산 언덕. 둑. 마을'임. *宜春 : 박 녹지의 아호인 듯함. 宜春은 '봄을 좋아함'의 뜻으로 봄을 반긴다는 말인데, 옛 중국 楚(초)의 풍속에 입춘 날 대문에 宜春이라 立春帖(입춘첩)을 써 붙였다 함. *秀才 : ①재주가 빼어난 사람. ②科擧(과거)의 과목 이름 또는 급제자<史記 儒林傳>. 당 나라 인재 선발 때 가장 뛰어난 사람을 秀才, 다음을 明經(명경), 그 다음을 進士(진사)라 했음<日知錄> *紫樞 : 고려의 中樞院(중추원, 후에 密直司밀직사로 개칭했음). 宋(송)의 樞密院(추밀원)을 본따 만들었는데 王命出納(왕명출납) 등을 맡았음. *黃閣 : 議政府(의정부) 또는 宰相(재상, 黃閣老황각로, 정승)의 별칭. *同年 : 같은 해에 과거에 급제한 사람. 同榜(동방). *試向 : 시험삼아 해 봄.

[鑑賞] 이 시의 原題(원제)는 '與同年李密直尊庇訪同年宜春朴祿之扁其所居日藏春塢(여동년이밀직존비 방동년의춘박녹지편기소거왈장춘오)'이니, '동년 이밀직 존비와 함께 동년 의춘 박녹지를 방문했더니, 그가 거처하는 집에 장춘오라는 현판을 걸었더라'의 뜻이다. 이 세 사람은 莫逆之友(막역지우)임이 시 속에 진하게 배어 있다. 더구나 같은 해에 과거에 급제하고 저마다 관직에 몸담고 있으니, 서로를 위하는 정이 남달리 도타울 것이다. →805李尊庇(이존비).

7言絶句(7언절구). 압운은 才, 來, 開 자로 평성 '灰(회)' 평운이다. 평측은 차례로 '仄仄平平仄仄平, 平平仄仄仄平平, 仄平平仄平平仄, 仄仄平平仄仄平'으로 이사부동이륙대와 반법, 점법 등이 모두 잘 이루어졌다.

618. 許蘭雪軒(허난설헌 1563~1589) : 조선 선조 때 女流詩人(여류시인). 본명 楚姬(초희). 자 景樊(경번). 호 蘭雪軒. 본관 陽川(양천). 父 草堂 曄(초당 엽), 許筠(허균)의 누이동생. 金誠立(김성립)의 부인. 천품이 뛰어나고 아름다운 용모를 타고나 어렸을 때는 女神童(여신동)이라고까지 했으며, 8세에 廣寒殿白玉樓上樑文(광한전백옥루상량문)을 지었다 한다. 한시에 능하여 '閨怨(규원)'을 비롯한 많은 시를 지었고 그림에도 능하였다. 두 남매를 낳았으나 모두 잃었고 설상가상으로 친정집에 獄事(옥사)가 있었으며 동생 筠마저 甲山(갑산)으로 귀양가는 등 비극의 연속이라 삶의 의욕을 잃고 시를 짓는 일로 나날을 보내다가 선조 22년 27세로 요절했다. 한편 남편 김성립도 임진왜란 때 의병을 거느리고 싸우다가 31세로 전사했다. 유고집 '蘭雪軒集(난설헌집)'은 중국과 일본까지 퍼졌고, '遊仙詞(유선사 87수)'가 대표작이라 할 만하다.

618-1 遣興 八首 第3首(견흥 팔수 제3수) 즉흥을 풀다 여덟 수 셋째 수

我有一端綺 拂拭光凌亂 對織雙鳳凰 文章何燦爛
幾年篋中藏 今朝持贈郎 不惜作君袴 莫作他人裳.
(아유일단기 불식광능란 대직쌍봉황 문장하찬란
기년협중장 금조지증랑 불석작군고 막작타인상)

나에게 비단 한 자락이 있어, 털고 닦으니 빛깔이 어지러울 판일세.
한 쌍의 봉황새를 마주해 수놓아 짠 것이니, 그 무늬 얼마나 찬란한지.
몇 해를 옷상자 속에 간수하다가, 오늘 아침 임자에게 드리나니,
당신의 바지로 짓는 건 아깝지 않지만, 남의 치마로 만들게 하지는 마소서.

[語句] *遣興 : 즉흥을 풂. '심심풀이의 노래'라 하기도 함. *一端 : 한 끝. 사물의 일부

분. *綺 : 비단. 무늬 있는 비단. *拂拭 : 털고 훔침. *凌亂 : 어지러워짐. 단정하지 못함. *文章 : 무늬. 장식. *篋 : 상자. 行擔(행담). *袴 : 바지. *裳 : 치마.

[鑑賞] 아마 먼 길을 떠나는 남편에게 비단 한 필을 내놓으며, 가다가 입은 바지가 더럽혀지면 삯을 주고라도 바지로 만들어 입으라고 즉흥으로 읊었다. 봉황 한 쌍이 마주 보도록 수놓은 좋은 비단이라 하도 아까워 옷상자 속 깊이 간수해 두었던 것인데, 먼 길을 가다가 아낙이나 사귀어 그녀에게 치마 감으로 주지 않기를 바란다 했다. 넷째 수도 주제가 비슷하니 "칠보의 때깔을 지닌 순금에 반달을 새긴 이 귀한 노리개, 시집 올 때 시부모님이 내려주신 예물로 늘 치마끈에 달고 있었어요. 오늘 길 떠나는 임에게 드리나니 당신의 패물에 끼워 차소서. 길가에서 잃어버리는 건 아깝지 않지만, 혹여 새 여인의 허리띠에 달아주지는 마시기를." 여류 시인이 아니고는 읊을 수 없는 섬세하고 야무진 여인네의 심정이 고스란히 담겨 있는 佳作(가작)이다

5言古詩(5언고시). 압운은 亂, 爛, 郎, 裳 자로 앞 두 자는 거성 '翰(한)' 측운, 뒤의 郎과 裳은 평성 '陽(양)' 평운이니 轉韻(전운)했다. 평측은 차례로 '仄仄仄平仄, 仄仄平平仄, 仄仄平仄平, 平平平仄仄, 仄平仄平平, 平平平仄平, 仄仄仄平仄, 仄仄平平平'으로 이사부동은 셋째와 다섯째 구에서 어긋났고 반법과 점법은 고시이기에 무시되었다.

618-2 寄夫江舍讀書(기부강사독서) 강사에서 글 읽는 남편에게 부치다

燕掠斜簷兩兩飛 落花撩亂撲羅衣 洞房極目傷春意 草綠江南人未歸.

(연략사첨양량비 낙화요란박나의 동방극목상춘의 초록강남인미귀)

제비는 멋대로 처마를 차지해 쌍쌍이 날며, 꽃가지를 흔들어 마구 꽃잎 떨구네.
동방에서 보이는 대로 봄을 애태우는 이 마음, 강남은 풀 푸르겠건마는 그이는 소식 없네.

[語句] *江舍 : '江南(강남) 땅 독서당'의 뜻임. *掠 : 노략질하다. '멋대로 차지하다'임. *簷 : 처마. 지붕의 도리 밖으로 내민 부분. *撩亂 : 가지런하지 못하고 어지러움. 시끄럽고 어지러움. 搖亂(요란). *撲 : 두드리다. 엎드러지다. *羅衣 : 얇은 비단옷. *洞房 : 침실. 부인이 거처하는 곳. *極目 : 볼 수 있는 곳까지 한없이 봄. *春意 : 이른 봄에 온갖 것이 피어나는 화창한 기분이나 정서. 春情(춘정). *草綠江南 : 봄이 지나 풀이 무성해지는 강남 땅.

[鑑賞] 지은이의 남편인 김성립은 독서를 핑계하고 집을 자주 비워 부부 사이의 정이 도타운 편은 못 된다고 전해 온다. '봄이 되어 먼 강남땅에서 찾아온 제비 한 쌍이 제멋대로 남의 집 추녀를 차지해 어지러이 날며 꽃잎을 떨어뜨린다. 미물

도 봄을 찾아 먼 강남땅에서 찾아오건만, 가까운 우리나라 남녘에 독서하러 간 남편은 독수공방하는 이 아내의 심정을 모르는지 돌아올 줄 모른다. 내 신세는 낙화 같고 저 미물인 제비만도 못하구나.' 둘째 구의 羅衣를 '제비의 비단 같은 날개'로 풀이하기도 하니 李丙疇(이병주) 박사가 그러하다.

7言絕句(7언절구). 압운은 飛, 衣, 歸 자로 평성 '微(미)' 평운이다. 평측은 차례로 '仄仄平平仄仄平, 仄平平仄仄平平, 仄平仄仄平平仄, 仄仄平平平仄平'으로 二四不同二六對(이사부동이륙대)와 反法, 粘法(반법, 점법) 등이 모두 이루어졌다.

618-3 貧女吟 四首 第1, 2首(빈녀음 사수 제 1, 2수)

가난한 집 처녀의 노래 네 수 첫째, 둘째 수

豈是乏容色 工鍼復工織 少小長寒門 良媒不相識<제1수>
不帶寒餓色 盡日當窓織 唯有父母憐 四隣何曾識<제2수>
(기시핍용색 공침부공직 소소장한문 양매불상식)
(부대한아색 진일당창직 유유부모련 사린하증식)

예쁘고 고운 자태 누구에게 뒤지랴, 바느질도 능하지만 길쌈도 잘 해.
어려서부터 가난한 집에서 자라, 중매 할미는 아직 모르고 있다오.<第1首>
추위와 배고픔은 내색을 않고, 온종일을 창가에서 길쌈을 한다오.
오직 부모님만은 가엾다 하시지만, 이웃들이야 어찌 알겠어요.<第2首>

[語句] *乏 : 모자라다. *容色 : 容貌(용모)와 顔色(안색). *工 : 공교하다. 교묘하다. *鍼 : 바늘. 바느질. =針(침). *織 : 짜다. 만들다. 길쌈. 織造(직조). *少小 : 나이가 젊음. *寒門 : 가난하고 문벌이 없는 집안. *良媒 : 좋은 중매. →511-1. *寒餓 : 추위와 굶주림. *盡日 : 온종일. 하루 종일. 盡終日(진종일). 四隣 : 이웃. 이웃 사람들.

[鑑賞] 가난하나 어여쁜 이웃 노처녀를 素材(소재)로 읊은 連作詩(연작시)로 지은이의 대표작으로 꼽혔다. 가난으로 하여 시집도 못 간 노처녀를 대신해 그 노처녀가 읊듯이 지었는데, 노처녀의 설움은 진작 지은이 자신의 설움이 投影(투영)된 것인지도 모른다. 이 뒤의 두 수는 "밤깊도록 쉴 틈이 없이 길쌈하자니 베틀 소리 찰각찰각 처량도 하고, 베틀에 짜여 감기는 이 비단 끝내는 누구의 옷이 될는고, 내 옷 되기는 글렀지<第3首>. 가위 들고 옷을 마르지니 추운 밤 열 손가락 곱아지네. 남을 위해 그 혼수婚需를 짓고 있을 뿐 내 신세는 해마다 홀로 자는 신세라오<第4首>."이다.

5言古詩(5언고시). 압운은 두 수 모두 織, 識 자로 입성 '職(직)' 측운이다. 평측은 차례로 '仄

仄仄平仄, 平仄仄平仄, 仄仄平平平, 平平仄仄仄 ; 仄仄平仄仄, 仄仄平平仄, 平仄仄仄平, 仄平平平仄'으로 이사부동은 첫 수에서 모두 이루어졌고 둘째 수는 둘째 구에서만 이루어졌으며, 반법과 점법은 이루어지지 않았다.

618-4 楊柳枝詞 五首 第1首(양류지사 오수 제1수) 버들가지의 노래 다섯 수 첫째 수

楊柳含煙灞岸春 年年攀折贈行人 東風不解傷離別 吹却低枝掃路塵.

(양류함연파안춘 연년반절증행인 동풍불해상이별 취각저지소노진)

파정 언덕에 봄이 드니 버들에 이내 끼는데, 해마다 가지 꺾어 가는 임에게 보내네.
동풍은 애끊는 이별을 풀어줄 줄 모르고, 도리어 낮은 가지에 불어 길 먼지만 쓸고 있구나.

[語句] *楊柳 : 버드나무. 楊은 '갯버들', 柳는 '수양버들'임. *詞 : 말. 詞賦(사부, 한문시 총칭). *灞岸 : 灞水(파수, 夾御河협어하)의 강변. 파수는 중국 長安(장안)의 동쪽의 강인데, 灞橋(파교) 다리가 있고 그 옆에 灞亭(파정) 정자가 있어 사람들이 이별할 때 이 다리에 이르러 버들가지를 꺾어주며 파정에 올라 송별의 뜻을 표했다 함. →166-2. *攀折 : 올라가 꺾음. *傷 : 애태우다. 근심하다. *路塵 : 길에 일어나는 먼지.

[鑑賞] 중국 당 나라 이별의 풍습을 연상하여 길가에 늘어선 버드나무를 보며 읊은 시. 우리나라에서도 서로 헤어질 때에는 마을 어귀의 다리 있는 곳까지 함께 가서 작별의 아쉬움을 나누었던 것은 중국의 풍습과 비슷하다 하리라. 동쪽에서 부는 샛바람은 이별의 애끊는 슬픔을 풀어주기는커녕, 오히려 버들가지만 흔들어 길 먼지만 일으키고 있다고 안타까움을 그린 멋진 작품이다. 崔慶昌(최경창 →526)의 愛妓(애기) 洪娘(홍낭)의 시조 "맷버들 가려 꺾어 보내노라 님의손대, 자시는 창밖에 심어두고 보소서. 밤비에 새잎곧 나거든 나인가도 여기소서"도 이별한 임을 그리는 안타타까움이 배어 있다.

7언절구. 압운은 春, 人, 塵 자로 평성 '眞(진)' 평운이다. 평측은 차례로 '平仄平平仄仄平, 平平平仄仄平平, 平平仄仄平平仄, 平仄平平仄仄平'으로 이사부동이륙대와 반법, 점범 등이 잘 이루어졌다.

618-5 染指鳳仙花歌 終聯(염지봉선화가 종련) 손톱에 봉숭아 물들이는 노래 끝 연

徐勻粉頰整羅鬟 湘竹臨紅淚血斑 時把彩毫描却月 只疑紅雨過春山.

(서균분협정나환 상죽임홍누혈반 시파채호묘각월 지의홍우과춘산)

천천히 골고루 뺨에 분 바르고 비단결 고운 머리 매만지자니,
소상 강가의 대나무 붉은 피눈물 자국인 듯.

때마침 붓을 쥐고 초생달 눈썹 그리는데,
붉게 물든 열 손가락이 꼭 붉은 빗방울같이 팔자춘산 같은 눈썹에 내리듯 하는구나.

[語句] *染指 : ①손가락[손톱]에 물을 들임. ②손가락을 적심. 부정 이득을 취하거나 남의 물건을 정당하지 않게 몰래 가짐. 중국 춘추전국시대 鄭(정) 나라 子公(자공)이, 임금 靈公(영공)이 만들고 있던 자라 요리를 자기만 주지 않으므로 화를 내어 나오면서 솥에 몰래 손가락을 넣어 맛보더라는 고사가 있음<左傳 宣公4年> 여기서는 ①임. *鳳仙花 : 봉선화과의 1년생 풀. 봉숭아. *勻 : 고르다. 두루. =均(균). *粉 : 분. 분바르다. *羅鬟 : 비단 같은 곱고 검은 머리결. 鬟은 '땋은머리. 쪽찌다'임. *湘竹 : 중국 湘水(상수) 강가의 얼룩무늬 있는 대나무. 舜(순) 임금이 南巡(남순) 도중 蒼梧山(창오산)에서 죽자, 그의 두 비인 娥皇(아황)과 女英(여영)이 상수 가에서 슬피 울어 눈물이 대나무에 번져 얼룩졌다 함. *斑 : 얼룩지다. 얼룩. *彩毫 : 그림을 그리는 붓. 눈썹 그리는 붓. *描却 : 그림. 却은 어조사임. *紅雨 : ①붉은빛 비. ②꽃을 적시는 비. ③비 오듯 많이 떨어지는 꽃잎. *春山 : ①고운 봄 산. ②八字春山(팔자춘산). 여덟 八자 같은 고운 눈썹. 여기서는 ②임.

[鑑賞] 옛날 손톱을 물들이는 화장품이 없던 시절에는, 처녀들이 봉숭아 꽃잎을 따서 찧어 솥톱에 동여매어 하룻밤을 지내면 손톱이 붉게 물들여졌던 것이다. 이 시의 앞부분은 4연인데 그 대강은 "저녁 이슬 받는 아가씨의 열 손가락 곱기도 한데, 따 둔 봉숭아 꽃잎 찧어 배춧잎에 말아서는 귀고리 울리며 등잔불 앞에서 동여매었네. 새벽에 일어나 밤새 쳐 두었던 발을 걷으며 거울에 비치는 붉은 별 같은 손톱을 기쁘게 보는구나. 나물 캘 때 붉은 나비 날아온 듯, 가야금 탈 때 복숭아꽃 조각이 떨어져 붙은 듯하네."이니, 봉숭아꽃으로 물들이는 과정과 손톱에 물든 모양을 비유를 써 가며 절실하게 잘 그렸다.

7言古詩(7언고시) 6연 12구 중 끝 연. 압운은 鬟, 斑, 山 자로 평성 '刪(산)' 평운이다. 이 시의 앞 연에서는 평성 '陽(양)'과 거성 '霰(산)' 운으로 압운해 평운, 측운이 두루 쓰이어 고시가 된다. 평측은 차례로 '平平仄仄仄平平, 平仄平平仄仄平, 平仄仄平平仄仄, 仄平平仄仄平平'으로 二四不同二六對(이사부동이륙대)와 反法, 粘法(반법, 점법) 등이 잘 이루어졌다.

618-6 遊仙詞 八十七首 最終首(유선사 팔십칠수 최종수) 신선 마을 유람시 87 수 끝 수

六葉羅裙色曳煙 阮郎相喚上芝田 笙歌暫向花間盡 便是人寰一萬年.
(육엽나군색예연 완랑상환상지전 생가잠향화간진 편시인환일만년)

여섯 폭 비단 치마 고운 모양을 안개 속에 끌며,

신선의 길 찾는 완랑을 부르며 지초 밭에 오르네.
생황 소리 들리더니 잠깐 사이에 꽃 속으로 사라져 버리니,
이곧 인간의 만년이 흐른 것이더라.

[語句] *遊仙 : 신선과 함께 놂. 신선 세계를 유람함. *六葉 : 여섯 잎이나 바람[한 발 길이]. 여섯 폭. *曳 : 끌다. 당기다. *阮郎 : 晉(진) 나라 때 竹林七賢(죽림칠현)의 한 사람인 阮籍(완적). 老莊學(노장학)을 즐겨하여 仙道(선도)를 닦았음. '신선'으로 풀이하기도 함. *芝田 : 芝草(지초) 밭. 신선 동산. 지초는 '靈芝(영지)나 靈草(영초)'로 不死藥(불사약)이라 신선이 먹는 것임. *笙歌 : 피리 종류인 笙簧(생황)과 노랫소리. 신선이 부는 피리 소리. *便是 : 이곧. 이것이 곧. *人寰 : 인간 세상. 寰은 '천하. 세계. 임금의 영토. 대궐 담'임.

[鑑賞] 지은이는 親家(친가)의 불운에다가 남편과의 琴瑟(금슬)도 좋지 않아, 속세를 고난과 외로움으로 찬 세계로 느끼어, 꿈에 의지해 신선 세계를 동경한 작품이 이 '유선사' 87수이리라. 신선 동산에 올라가 근심 걱정 없는 편안한 마음과 호사스러운 놀이를 하룻밤 잠깐 동안에 즐겨본 것인데, 그것이 인간 세상의 1만 년에 해당되더라는 것이다. 신선의 세계는 時空(시공)을 초월하니 "신선놀음에 도끼 자루 썩는다"는 속담도 있지 않은가.

7言絕句(7언절구). 압운은 煙, 田, 年 자로 평성 '先(선)' 평운이다. 평측은 차례로 '仄仄平平仄仄平, 仄平平仄仄平平, 平平仄仄平平仄, 仄仄平平仄仄平'으로 이사부동이륙대와 반법, 점법 등이 잘 이루어졌다.

618-7 六偉抛梁詩 六首 第1, 2首(육위포량시 육수 제1, 2수) 육위포량시 6 수 첫째, 둘째 수

抛梁東 曉起仙鳳入珠宮 平明日出扶桑底 萬縷丹霞射海紅 <제1수>
抛梁南 玉龍無事飮珠潭 銀床睡起花陰午 咲喚瑤姬脫碧衫 <제2수>
(포량동 효기선봉입주궁 평명일출부상저 만루단하사해홍)
(포량남 옥룡무사음주담 은상수기화음오 소환요희탈벽삼)

동쪽을 보면, 신선이 새벽에 일어나 봉황새 타고 구슬 궁전에 들며,
날 새자 해는 부상에서 솟아올라, 일만 가닥 붉은 노을이 바다를 빨갛게 비추는구나.<第1首>
남쪽을 보면, 옥룡이 아무 일 없이 구슬못 물을 마시네.
은 평상에서 일어나니 꽃그늘 한낮인데, 웃으며 선녀 불러 푸른 적삼 벗기게 하네.<第2首>

[語句] *六偉 : 여섯 가지 위대한 것 곧 東西南北 上下(동서남북 상하). 六合(육합). *抛

梁 : '대들보에서 눈길을 돌림'의 뜻으로 '보다'임. 梁은 '대들보'로 속자인 樑(량)을 쓰기도 함. *珠宮 : 구슬 궁전. 아름답게 꾸민 궁궐. 珠宮貝闕(주궁패궐). *平明 : 아침 해가 뜰 시각. *扶桑 : 해가 돋는 동쪽 바다. *丹霞 : 햇빛에 비치는 붉은 빛 雲氣(운기). *玉龍 : 용. 용을 미화한 말임. *花陰 : 꽃이 핀 나무의 그늘. *瑤姬 : 신선이 사는 瑤池(요지)의 여인 곧 선녀.

[鑑賞] 이 시는 지은이가 여덟 살에 지었다는 '광한전 백옥루 상량문' 끝에 붙인 시이다. 상량문 끝에는 대개 '兒郎偉(아랑위) 抛梁東'에서 시작하여 '兒郎偉 抛梁下'까지 이어지는 시나 글을 짓는데, 이 시에는 '일꾼들이 외쳐 부르는 소리'인 '아랑위'라는 餘音句(여음구)가 생략되었다. 천상 세계의 백옥루 상량문이므로 지은이의 '유선사'와 같이 신선 세계를 그린 것이다.

7言詩(7언시) 두 수. 첫 수의 압운은 東, 宮, 紅 자로 평성 '東' 평운이고, 둘째 수는 南, 潭, 衫 자로 앞 두 자는 평성 '覃(담)' 운, 衫도 평성 '咸(함)' 평운으로 두 운은 通韻(통운)이 된다. 이 뒤의 西, 北, 上, 下를 읊은 부분도 운자가 각각 西, 北, 上, 下 자가 속하는 운자로 압운함이 특색이다. 평측은 차례로 '平平平, 仄仄平仄仄平平, 平平仄仄平平仄, 仄仄平平仄仄平 ; 平平平, 仄平平仄仄平平, 平平仄仄平平仄, 仄仄平平仄仄平'으로 첫 구만 제외하면 이사부동이륙대가 모두 이루어졌고 반법과 점법은 따질 수 없다. 첫 구 앞에 '兒郎偉' 석 자를 넣으면 7언절구라 해도 되겠다.

618-8 鞦韆詞 二首 第1首(추천사 이수 제1수) 그네 뛰는 노래 두 수 첫째 수

隣家女伴競秋千 結帶蟠中學半仙 風送綵繩天上去 珮聲時落綠楊煙.

(인가녀반경추천 결대반중학반선 풍송채승천상거 패성시락녹양연)

이웃 처녀들 짝을 지어 그네를 뛰니, 잡아맨 긴 치마끈 공중에 펄럭이어 반은 선녀일세.
오색 그넷줄 바람 타고 하늘로 오르니,
패옥 소리 푸른 버들 안개 속에 쟁그랑 들리는구나.

[語句] *秋千 : 그네. 鞦韆과 같음<事物起原> *蟠中 : 공중에 서림. *學 : 본받다. *綵 : 오색 비단. *珮聲 : 佩玉(패옥, 옷의 좌우에 늘이어 차는 옥) 소리. 珮는 '차다'로 佩(패)의 속자임. *綠楊 : 푸르게 우거진 버들.

[鑑賞] 난설헌의 걸작 중의 하나라 칭송받는 시이다. 端午(단오) 날 여인네들이 그네를 뛰며 즐기는 것은 우리나라 歲時風俗(세시풍속)의 하나여서, 규중에 갇혀 지내던 여인들의 꿈을 펼치는 놀이인 것이다. '춘향전'에서 이 도령과 춘향이 만나는 계기도 그네였고, "세모시 옥색 치마 금박 물린 저 댕기가 …"라는 김말봉이 지은 시 '그네'는 금수현 작곡으로 좋은 가곡이 되었다.

7언절구. 압운은 千, 仙, 煙 자로 평성 '先(선)' 평운이다. 평측은 차례로 '平平仄仄仄平平, 仄仄平平仄仄平, 平仄仄平平仄仄, 仄平平仄仄平平'으로 이사부동이륙대와 반법, 점법 등이 모두 잘 이루어지고 평측 배치도 좋은 시이다.

618-9 效崔國輔體 三首(효최국보체 삼수) 최국보 시 격식을 본받아 짓다 세 수

妾有黃金釵 嫁時爲首飾 今日贈君行 千里長相憶<제1수>
池頭楊柳疎 井上梧桐落 簾外候蟲聲 天寒錦衾薄<제2수>
春雨暗西池 輕寒襲羅衣 愁倚小屛風 墻頭杏花落<제3수>

(첩유황금차 가시위수식 금일증군행 천리장상억)
(지두양류소 정상오동락 염외후충성 천한금금박)
(춘우암서지 경한습나의 수의소병풍 장두행화락)

나에게 황금 비녀 있으니, 시집 올 때 머리에 꽂았던 것이라오.
오늘 길 떠나시는 임께 드리나니, 천리 먼 길에서도 길이길이 생각하소서.<第1首>
못가의 버들 잎 성글어졌고, 우물가의 오동잎도 한둘 지네요.
발을 친 창밖에는 귀뚜라미 소리, 추워지는 날씨에 비단 이불 엷다오.<第2首>
부슬부슬 내리는 봄비로 연못은 어둑하고, 으스스 찬 기운 비단옷 파고드오.
시름에 겨워 머릿병풍에 기대니, 담장 머리 살구꽃도 하마 지네요.<第3首>

[語句] *崔國輔體 : 당 나라 시인 최국보의 詩體(시체). 은근하게 또 그윽하게 원망하는 여인의 심정을 그리는 幽怨體(유원체)임. →528. *釵 : 비녀. *首飾 : 부녀자의 머리에 꽂는 갖가지 장식품. *疎 : 성기다. 성글다. 드물다. *候蟲 : 철에 맞추어서 나오는 벌레. 가을의 귀뚜라미 등. *天寒 : 날씨가 추움. *錦衾 : 비단 이불. *輕寒 : 가벼운 추위. *襲 : 갑자기 파고들다. 엄습하다. *羅衣 : 비단옷. *小屛風 : 머리맡에 치는 작은 병풍. 머릿병풍. 枕屛(침병). *墻頭 : 담 위. 墻은 牆(장)과 같음.

[鑑賞] 閨中婦人(규중부인)이 집을 떠나 멀리 간 남편이 돌아오지 않음을 기다리며 가벼이 원망하는 심정을 읊은 시. 낭군이 떠나갈 때 고이 지녔던 금비녀를 주며 노자에라도 보태 쓰며 자기를 오래도록 생각해 달라 한 것이 첫 수요, 둘째 수는 가을이 되었을 때를 시간적 배경으로 읊어 獨守空房(독수공방)의 외로움을 하소연했다. 끝 수는 덧없는 세월이 흘러 이미 봄이 되어 봄비 내리고 살구꽃도 지는 무렵이니, 남편이 떠난 지 세 계절이 지난 것이다. 여름을 읊지 않은 것으로 보아 남편은 늦여름이나 초가을에 떠난 것은 아닌지. 여인의 情恨(정한)을 섬세 한 솜씨로 그려낸 명작이다.

5言古詩(5언고시) 세 수. 압운은 첫 수가 飾, 憶 자로 입성 '職(직)' 측운이며, 둘째 수는 落, 薄 자로 역시 입성 '藥(약)' 측운으로 通韻(통운)은 되지 않는다. 셋째 수는 독특하게 끝구만 압운한 것으로 볼 수 있으니 落 자로 둘째 수의 압운과 같다. 평측은 차례로 '仄仄平平平, 仄平平仄仄, 平仄仄平平, 平仄平平仄 ; 仄仄仄平仄, 仄仄平平仄, 平仄仄平平, 平平仄平仄 ; 平仄仄平平, 平平仄平平, 平仄仄平平, 平平仄平仄'으로 二四不同(이사부동)은 둘째 수의 제4 구, 셋 째 수의 제2, 4구의 셋만 어긋났고, 反法(반법)과 粘法(점법)은 온전하지 못하니 고시이기에 흠은 되지 않는다.

619. 許穆(허목 1595~1682) : 조선 숙종 때 명신. 자 和甫, 文父(화보, 문보). 호 眉叟, 台嶺老人(미수, 태령노인). 시호 文正(문정). 본관 陽川(양천). 父 縣監 喬(현감 교). 鄭逑(정구)의 문하에서 공부하고 효종 8년(1557) 持平(지평)이 된 뒤 掌令(장령)에 올랐다. 효종 10년(1659, 현종 즉위년) 禮論(예론)으로 宋時烈(송시열)과 맞서다가 三陟府使(삼척부사)로 쫓겨나 2년을 지내고 벼슬에서 물러나 고향 漣川(연천)으로 돌아갔다. 숙종이 즉위하자 大司憲(대사헌), 이조참판이 되어 德禮刑政(덕예형정)의 4조에 대한 상소를 했고 숙종 3년(1677) '經說(경설)' '東事(동사)' 등을 왕에게 바쳤다. 이듬해에 연로로 우의정을 그만두고 判中樞府事(판중추부사)가 되어 송시열을 사형에 처함이 마땅하다고 통박했고, 영의정 許積(허적)의 실정과 그 아들의 죄상을 논핵하여 왕의 노여움을 받아, 西人(서인)이 다시 집권하게 되자 쫓겨나 저술에 몰두했다. 문장과 글씨에 뛰어났으며 일찍이 허적과는 같은 南人(남인)이었으나 서인 송시열에 대한 공격에 있어 허목은 과격파요 허적은 온건파여서, 허목을 淸南(청남), 허적을 濁南(탁남)이라 하게 되었다. 저서로는 위의 '경설, 동사' 외에 '眉叟記言(미수기언 93권), 邦國王朝禮(방국왕조례)' 등이 있다.

619-1 題蔣明輔江舍(제장명보강사) 장명보의 강사에서 짓다

江水綠如染 天涯又暮春 相逢偶一醉 皆是故鄉人.

(강수녹여염 천애우모춘 상봉우일취 개시고향인)

강물은 물들인 듯 푸르고, 천리 먼 타향에서 또 봄은 저무는구나.
서로 만나 우연히 취하고 보니, 우리 모두 같은 고향 사람이로구나.

[語句] *江舍 : 강가 또는 江南(강남) 땅의 집이나 書齋(서재). →618-2. *天涯 : 하늘 끝. 아득히 떨어진 타향.

[鑑賞] 고향 연천에서 멀리 떨어진 강원도 삼척부사를 지내던 때거나, 三南(삼남) 지방을 유람하던 중 저무는 봄을 보내며 지은 시이리라. 강물은 파란데 먼 타관에서 봄을 보낸다. 우연히 아는 사이인 장명보를 만나 그의 강가 집에서 함께 술

마시며 취한다. 아마 몇 사람 더 동석했을 것 같다. 이렇게 정겹게 만나 술잔 들며 이야기를 나누니, 고향은 모두 달라도 다 고향 사람인 듯이 친밀하게 되나니 모두 한 겨레 한 핏줄인 것을.

5言絕句(5언절구). 압운은 春, 人 자로 평성 '眞(진)' 평운이다. 평측은 차례로 '平仄仄平仄, 平平仄仄平, 平平仄仄仄, 平仄仄平平'으로 이사부동과 반법, 점법 등이 잘 이루어졌다.

620. 許伯(허백 ?) : 고려 원종(1259~1274) 무렵의 문인.

620-1 丁卯重陽(정묘중양) 정묘년 중구날

秋晩長風萬里來 登高極目思難裁 莫辭白酒殷勤飮 可惜黃花爛漫開
懷土士衡猶得信 登臺子美不勝哀 舊時高契今餘幾 感歎諸公骨已苔.

(추만장풍만리래 등고극목사난재 막사백주은근음 가석황화난만개
회토사형유득신 등대자미불승애 구시고계금여기 감탄제공골이태)

늦가을의 큰 바람 만리 먼 데서 불어, 높은 곳 올라 바라보매 고향 생각 걷잡기 어려워라.
독한 술 사양 않고 은근하게 마시노라니, 흐드러지게 핀 국화꽃 애틋하여라.
고향 그리던 육기는 그래도 고향 소식 받았지만, 누대에 오른 두보는 슬픔을 못 이겼으니,
우리 옛 벗들 이제 몇이나 남았나, 여러 친구 백골에 이끼 돋듯 해 두보의 슬픔과 같구나.

[語句] *丁卯 : 육십갑자의 네 번째. 고려 원종 8년(1267). *重陽 : 음력 9월 9일의 명절. 重陽節(중양절). 重九(중구). *長風 : 멀리까지 불어 가는 큰 바람. *登高 : 높은 곳에 오름. 중양절에 높은 곳에 올라 국화 술을 마시는 풍습이 중국에 있는데, 仙道(선도)를 닦은 後漢(후한)의 費長房(비장방)이 제자 桓景(환경)에게 9월 9일의 집안 재난을 방지하는 방책으로 이른 데서 유래함<續齊諧記> *極目 : 눈으로 볼 수 있는 데까지 봄. *難裁 : 헤아리거나 결단하기 어려움. *白酒 : 독한 술. 배갈. *殷勤 : 은밀하게 정이 깊음. 慇懃(은근). *可惜 : 애틋하게 아까움. 可憐(가련). *爛漫 : 꽃이 만발하여 화려함. 흐드러짐. *士衡 : 西晉(서진)에서 벼슬한 吳(오) 나라 명사요 시인인 陸機(육기 261~303)의 자. 그가 고향의 소식이 궁금해 누렁이 개 목에 편지를 넣은 대통을 달아 보냈더니, 누렁이가 천리를 달려 오 땅에 가서 전하고 답장을 받아 돌아왔다고 함. →217-2. *子美 : 당의 시성 杜甫(두보 →64)의 자. 그의 '登高' 시에 "萬里悲秋常作客 百年多病獨登臺(고향 멀리 떠나 늘 가을을 슬퍼하는 나그네요, 인생 백년 병 앓는 몸 홀로 누대에 오르노라)"라 있음. *高契 : 고상하게 사귄 모임의 좋은 벗들. *諸公 : 여러분.

[鑑賞] 정묘년 중양절에 타향에서 떠오르는 감회를 읊은 시. 首聯(수련 1~2구)은 세차게 부는 가을바람을 안고 풍속 따라 높은 산에 올라 고향 쪽을 바라보니 고향 생각 걷잡기 어렵다 했고, 頷聯(함련 3~4구)에서는 독한 술과 국화꽃을 소재로 菊花酒(국화주) 대신 배갈에 취하고 만발한 국화꽃이 애틋하게 느껴진다고 對句(대구)를 이루었다. 頸聯(경련 5~6구)은 내용의 전환으로 육기와 두보의 고사와 시를 원용해 대구를 지으면서 두보가 느꼈던 중구날의 슬픈 감회가 자기와 같음을 비치었고, 尾聯(미련 7~8구)에서 지난날 이 곳에서 사귀었던 친구들이 몇 남지 않고 많이 죽어 더욱 슬프고 외롭다고 하면서 시를 맺었다.

7言律詩(7언율시). 압운은 來, 裁, 開, 哀, 苔 자로 평성 '灰(회)' 평운이다. 평측은 차례로 '平仄平平仄仄平, 平平仄仄仄平平, 仄平仄仄平平仄, 仄仄平平仄仄平, 平仄仄平平仄仄, 平平仄仄仄仄平, 仄平平仄平平仄, 仄仄平平仄仄平'으로 二四不同二六對(이사부동이륙대)는 여섯째 구에서 어긋났으나 勝은 뜻에 따라 평성으로 쓰일 수도 있다. 反法(반법)과 粘法(점법)은 그런대로 이루어졌다.

621. 許篈(허봉 1551~1588) : 조선 중기의 문인. 자 美叔(미숙). 호 荷谷(하곡). 본관 陽川(양천). 父 草堂 曄(초당 엽). 선조 1년(1568) 生員(생원)에 장원하고 선조 5년(1572) 문과 급제하여 후에 典翰, 昌原府使(전한, 창원부사)가 되었다. 율곡 이이를 논하다가 甲山(갑산)으로 귀양갔으며 선조 18년(1585) 풀려나와 白雲山(백운산), 인천, 춘천 등지로 방랑하다가 선조 21년(1588) 금강산에 들어갔다. 술을 많이 하여 冷痰(냉담)으로 고생하며 의원에게 보이려고 東郊(동교)로 향하다가 金化 生昌驛(금화 생창역)에서 客死(객사)했다. 시를 잘하고 문장에 능해 젊었을 때 평양 부벽루에 놀러가 '春遊浮碧樓歌(춘유부벽루가)'를 지어 인구에 회자되었으며, 저서에 '伊山雜述(이산잡술), 朝天錄(조천록), 北邊記事(북변기사), 讀易管見(독역관견), 荷谷粹語(하곡수어), 海東野言(해동야언)' 등이 있다.

621-1 謫中送朴甥(적중송박생) 적소에서 조카를 보내고

爾去向庭闈 余還掩舊扉 重逢難自料 一別更誰依
北闕春雲滿 西山夕照微 當筵欲忍淚 不覺已沾衣.

(이거향정위 여환엄구비 중봉난자료 일별갱수의
북궐춘운만 서산석조미 당연욕인루 불각이첨의)

너는 서울 고향 집으로 떠나고, 나는 귀양 사는 집에 돌아와 낡은 사립문 닫아걸었다.
다시 만난다는 것은 기약할 수 없이 헤어졌으니, 나는 다시 누구에게 의지해야 할꼬.
임금 계신 서울 쪽은 봄 구름 잔뜩 끼었고, 서산머리의 저녁 햇빛 희미하다.
너와 헤어지는 자리에서 흐르는 눈물 참았더니, 모르는 새에 옷자락이 눈물에 젖었더라.

[語句] *甥 : ①甥姪(생질, 누이의 아들). ②사위. 外甥(외생). ③외손자. 여기서는 ①로 보는데, 친생질은 아닌 듯함. 朴甥은 '성이 박씨인 생질'임. *庭闈 : 부모가 사는 집. 부모. *舊扉 : 낡은 사립문. '謫所(적소)의 사립문'임. *自料 : 스스로 헤아려 봄. *北闕 : 대궐. 궁전의 북쪽 正門(정문). 서울. *夕照 : 해질 무렵에 비치는 햇빛. *筵 : 대자리. 자리. *沾 : 젖다.

[鑑賞] 함경도 갑산으로 귀양가 있을 때 조카가 찾아왔다가 서울로 돌아감을 전송하며 지은 시. '너를 집으로 떠나보내고 나는 귀양살이하는 집의 대문을 닫아걸었다.'로 실마리를 잡고, 다음 두 구는 '우리가 다시 만날 기약이 없으니, 너와 헤어진 나는 누구를 의지해야 하랴.' 하며 對句(대구)로 읊었다. 그 다음 연은 轉換(전환)으로 '서울 쪽을 보니 구름에 덮였고 서산머리 지는 해는 엷은 빛을 보낼 뿐이다.' 하여 쓸쓸한 심정을 대구로 담았으며, '헤어질 때 참았던 눈물이 옷깃을 적신다.'고 외로운 귀양살이의 슬픔으로 시를 맺어, 읽는 사람도 눈물이 글썽거리게 하는 좋은 작품이다.

5言律詩(5언율시). 압운은 闈, 扉, 依, 微, 衣 자로 평성 '微' 평운이다. 평측은 차례로 '仄仄仄平平, 平平仄仄平, 平平平仄仄, 仄仄仄平平, 仄仄平平仄, 平平仄仄平, 平平仄仄仄, 仄仄仄平平'으로 二四不同(이사부동)과 반법, 점법 등이 잘 이루어지고 평측 대비가 뛰어나 5언율시의 典型(전형)이 되는 명작이다.

622. 許筬(허성 1548~1612) : 조선 선조 때 문신. 자 功彦(공언). 호 岳麓, 山前(악록, 산전). 본관 陽川(양천). 父 草堂 曄(초당 엽). 동생 篈(봉 →621), 筠(균), 누이 蘭雪軒(난설헌 →618) 모두 유명하다. 柳希春(유희춘) 문하에서 수학했고 선조 1년 생원에 급제했을 때 동생 봉이 장원이었다. 선조 16년(1583) 문과에 급제하여 史局(사국)에 들어가 正言, 獻納, 舍人(정언, 헌납, 사인)을 지내고, 典籍(전적)일 때 金誠一, 黃允吉(김성일, 황윤길) 일행의 書狀官(서장관)으로 일본을 다녀왔다. 吏曹參議, 大司成, 大司諫, 副提學(이조참의, 대사성, 대사간, 부제학) 등을 역임하고 선조 34년(1601) 全羅道按察使(전라도안찰사)를 거쳐 예조와 이조의 判書(판서)에 이르렀다. 선조 40년(1607) 선조의 遺訓(유훈)을 받은 이른바 顧命七臣(고명칠신)의 한 사람이었다. 천성이 정직하고 충효에 힘썼으며 옳다고 본 일은 끝까지 관철시켰고 성리학으로 이름을 떨쳤다. 서장관으로 일본을 다녀왔을 때는 정사나 부사보다도 더 확실하게 일본이 침입할 것을 말했으며, 임진왜란 때는 吏曹佐郎(이조좌랑)을 자청, 강원도 召募御史(소모어사)가 되어 군병 모집에 힘썼다. 봉과 균은 이복 아우이며, 부친 허엽의 神道碑(신도비, 果川과천 소재) 비문은 그의 필적이다.

622-1 夜登南樓(야등남루) 밤에 남루에 오르다

招提日落倚沙門 絕壑沈沈暝色昏 千里孤燈明滅處 隔江遙認廣陵村.

(초제일락의사문 절학침침명색혼 천리고등명멸처 격강요인광릉촌)

절간에 해가 져 스님에게 의지하려니, 깊은 골짜기 흐릿하고 황혼 되어 어둑하구나. 멀리 외로운 등불 깜박이는 그 곳, 강 건너에 있는 광릉 마을임을 알겠구나.

[語句] *南樓 : 어느 고을의 남쪽 누각. 중국 武昌(무창)의 남루에서의 연회가 유명하여 李白(이백)의 시에 "淸景南樓夜 風流在武昌(남루의 깨끗한 밤경치, 풍류는 무창에 있구나)"라 했음. *招提 : <佛>절. '초리'로도 읽으며 梵語(범어)로 拓鬪提奢(척벽제사)인데 사방에서 모이는 승려들이 쉬어가게 마련한 절이란 뜻으로 拓提(척제)라고도 함. *沙門 : <佛>집을 떠나서 佛門(불문)에 들어가 도를 닦는 사람. 중. *絕壑 : 절벽 골짜기. 깊고 험한 골. *沈沈 : 어둡고 흐림. *暝色 : 해질 무렵의 어둑어둑한 빛. 暮色(모색). *孤燈 : 외따로 있는 등불. *明滅 : 보였다 안 보 였다 하거나 깜박임. *廣陵 : ①漢城府(한성부) 곧 지금의 서울 별칭. ②경기도 廣州(광주)의 별칭. ③ 거문고 곡조 이름인 廣陵散(광릉산).

[鑑賞] 남루가 어디에 있는 누각이나 누대인지를 알아야 끝구의 광릉이 어느 곳을 가리키는지를 알게 되는데 詳考(상고)하지 못했다. 남루에 올라 해가 저무니 절간에 유숙하려 한다고 한 것으로 보아 광릉은 지금의 경기도 광주가 아닌가 하는 생각이 든다. 아무튼 광릉은 지은이가 가고자 하는 곳임을 시 속에서 느낄 수 있다.

7言絕句(7언절구). 압운은 門, 昏, 村 자로 평성 '元(원)' 평운이다. 평측은 차례로 '平平仄仄仄平平, 仄仄平平仄仄平, 平仄平平平仄仄, 仄平平仄仄平平'으로 二四不同二六對(이사부동이륙대)와 반법, 점법 등이 잘 이루어진 좋은 작품이다.

623. 許少由(허소유 ?) : 고려 공민왕 때 문인.

623-1 旌善郡次韻(정선군차운) 정선군 시에 차운하다

地僻誰能取次行 驅馳併日得江城 犬牙當路高丹遠 娥黛浮空太白橫
冷淡爲歡違俗尙 優游自適是眞情 土墝賦重流亡遍 忍見家抽石蜜淸.

(지벽수능취차행 구치병일득강성 견아당로고단원 아대부공태백횡
냉담위환위속상 우유자적시진정 토요부중유망편 인견가추석밀청)

후미진 고장이라 누가 능히 다닐 수 있으랴, 며칠을 말 달려 여기 정선으로 왔네.
개 이빨처럼 들쭉날쭉한 산골 춘천 길은 멀기만 하고,

미인의 고운 눈썹 공중에 뜬 듯 태백산 비껴 있구나.
무관심으로 환영하는 뜻을 삼으니 시속 인정과는 다르지만,
나는 오히려 우유자적할 수 있어 내 마음에 쏙 드네.
토지는 메마른데 부세는 과중해 두루 떠도는 백성들,
집집마다 석청 찾아 꿀 뽑는 일 차마 못 보겠구나.

[語句] *旌善郡 : 강원도에 있는 군. 東溪八景(동계팔경), 花巖洞窟(화암동굴) 등의 명승고적이 있음. *地僻 : 고장이 매우 窮僻(궁벽, 후미져 으슥함)함. *取次 : 차례. 순서. *驅馳 : 말이나 수레를 빨리 달림. *併日 : 몇 날을 아우름. 며칠이 걸림. '해와 함께 함'으로 풀 수도 있음. *江城 : 강가의 성. 강으로 둘러싸인 곳. '정선읍'을 가리킴. *犬牙 : 개의 어금니. 개의 이빨처럼 사물이 서로 어긋나 맞지 않음. *當路 : 요긴한 길로 나아감. 길. *高丹 : 강원도의 중심 도시 春川(춘천). *娥黛 : 미인의 눈썹. 黛는 '눈썹 그리다. 파랗다'임. *太白 : 태백산. 강원도 태백시와 경북 봉화군 사이의 산으로 태백산맥의 주봉이며 높이 1,561m임. *冷淡 : 태도나 마음이 쌀쌀함. 무관심함. *俗尙 : 공경하며 좋아하는 인정과 풍속. *優游自適 : 한가롭고 스스로 만족하게 지냄. *墝 : 메마른 땅. 자갈 땅. *賦重 : 세금이 많음. 賦稅過重(부세 과중, 힘에 겨운 세금을 물림). *流亡 : 떠돌아다님. 떠돌아다니는 사람. *遍 : 두루. *抽 : 뽑다. 빼다. *石蜜淸 : 산 속의 나무나 바위 사이에 벌이 모아 둔 꿀. 꿀 중에서 가장 좋다고 함. 石蜜. 石淸.

[鑑賞] 지난날 奧地(오지)로 유명한 정선군을 읊은 시에 차운한 작품이다. '이렇게 궁벽한 곳을 누가 즐겨 오겠는가, 며칠 걸려 또는 하늘의 해를 따라 강으로 둘러싸인 정선읍에 왔다.' 하고는 '같은 도의 춘천 고을은 들쭉날쭉한 산길로 멀기만 하고, 태백산은 미인의 눈썹처럼 공중에 비껴 떠 있어 보인다.' 이 頷聯(함련)은 對句(대구)가 잘 이루어졌다. '이 곳 사람들은 무관심한 듯한 표정 속에 환영하는 뜻을 담아 다른 고장과는 풍속이 다르지만, 나는 오히려 내 마음 내키는 대로 다니며 구경할 수 있어서 좋게 느껴진다.' 이 頸聯(경련)도 대구가 되었다. '논밭은 메마른 편인데 세금이 과중하여 떠도는 백성들이 많고, 집집마다 산에 올라 歲貢(세공)으로 바쳐야 하는 자연산 꿀을 따느라 고생하는 모습은 차마 눈 뜨고 볼 수가 없다.'고 맺어 하나의 告發詩(고발시)의 성격을 띠었다. 지은이는 같은 제목의 5언율시를 짓기도 했다.

7言律詩(7언율시). 압운은 行, 城, 橫, 情, 淸 자로 평성 '庚(경)' 평운이다. 평측은 차례로 '仄仄平平仄仄平, 平平仄仄仄平平, 仄平平仄平平仄, 仄仄平平仄仄平, 仄仄平平平仄仄, 平平仄仄仄平平, 仄平仄仄平平仄, 仄仄平平仄仄平'으로 二四不同二六對(이사부동이륙대)와 反法, 粘法

(반법, 점법) 등이 잘 이루어지고 평측 배치도 좋아 7律의 典型(전형)이 되는 佳作(가작)이다.

624. 許邕(허옹 ?) : 고려 충숙왕 때 문신. 호 迂軒(우헌). 본관 丹城(단성, 金海김해 분파). 충숙왕 때 과거에 올라 典理判書(전리판서)를 역임했고 강직함으로써 세상에 이름이 났었다. 아들 繼道(계도)는 開城少尹(개성소윤)으로 효도로 이름나 우왕 9년(1383) 모친상을 당해 侍墓(시묘) 3년 때 海寇(해구)가 근방을 침입했는데도 하루도 墓幕(묘막)을 떠나지 않아 旌閭(정려)되었다.

624-1 驪江樓(여강루) 여강의 누각

景物來呈非一端 登臨是處可開顔 好風微雨凉生樹 殘照歸雲半隱山
海客査通銀漢上 仙人笙降紫霄間 可憐老被名韁縛 只得樓中半日閑.

(경물내정비일단 등림시처가개안 호풍미우양생수 잔조귀운반은산
해객사통은한상 선인생강자소간 가련노피명강박 지득누중반일한)

경치 드러내 보이는 게 하나만이 아니어서, 여기 올라 바라보니 즐거운 웃음 절로 나네.
잘 부는 바람과 이슬비로 나무에서 서늘함이 일어,
저녁노을 흐르는 구름 반쯤 산을 가렸구나.
뱃사공의 뗏목배는 은하수에 통하고, 신선의 피리 소리 하늘에서 들려오네.
가련쿠나 늙도록 벼슬 고삐에 얽매이어, 이 누각에 와 겨우 한나절만을 즐기다니.

[語句] *驪江樓 : 경기도 驪州(여주, 옛 이름이 驪江임)에 있는 누각. '淸心樓(청심루)'인 듯함. *景物 : 사철에 따라 달라지는 경치. *一端 : 한 끝. 하나. *登臨 : 높은 곳에 올라 내려다봄. *開顔 : 즐겁게 웃는 일. 破顔(파안). *好風 : 좋은 바람. 잘 부는 바람. *微雨 : 가는 비. 가랑비. 이슬비. *殘照 : 저녁놀. 落照(낙조). *査 : 떼. 떼배. ≒槎(사). *銀漢 : 銀河水(은하수). *笙 : 笙簧(생황). 피리. *紫霄 : ①하늘. ②王宮(왕궁). *韁 : 고삐. *縛 : 묶다. 韁縛은 '벼슬이라는 고삐에 묶임'의 뜻으로 썼음. *半日 : 한나절.

[鑑賞] 여강루에 올라 바라보니 여러 가지 철 따라 나타나는 볼 만한 경치가 많아 즐거운 마음이 된다고 시의 실마리를 삼았고, 바람과 가랑비 및 저녁놀과 뜬 구름을 소재로 대비해 對句(대구)로 詩想(시상)을 이었다. 다음의 두 구는 전환으로 고사를 원용해 역시 대구를 이루었는데, 중국의 전설에 해마다 8월이면 떼배가 바닷가에 떠 왔다가 늘 가는 시기를 잃지 않아, 어느 뱃사공이 그 배를 타고 열흘만에 은하수에 이르러 견우와 직녀를 보았다고 하니, 이 배를 八月槎(팔월

사)라 한다고 했고, 신선은 학을 타고 생황을 불며 인간 세계에 나타나는 수도 있다고 한다. 끝으로 하찮은 벼슬로 하여 이런 좋은 곳에 늘 머무르지 못하고 한나절밖에 즐기지 못하는 아쉬움으로 맺은 좋은 시이다.

7언율시. 압운은 端, 顏, 山, 間, 閑 자로 端만 평성 '寒(한)' 운, 나머지는 평성 '刪(산)' 평운으로 두 운은 通韻(통운)이 된다. 평측은 차례로 '仄仄平平平仄平, 平平仄仄仄平平, 仄平平仄平平仄, 平仄平平仄仄平, 仄仄平平平仄仄, 平平平仄仄平平, 仄平仄仄平平仄, 仄仄平平仄仄平'으로 이사부동이륙대와 반법, 점법 등이 모두 이루어졌다.

625. 許源(허원 1671~1729) : 조선 영조 때 문관. 자 淸甫(청보). 본관 陽川(양천). 慶尙左道節度使 完(경상좌도절도사 완)의 후손. 19세에 順陵參奉(순릉참봉)이 되고 여러 고을의 수령을 지낸 후 영조 4년(1728) 天安郡守(천안군수)가 되어 李麟佐(이인좌)의 난을 잘 막은 공으로 淸州牧使(청주 목사)로 승진했으나 사건으로 이듬해에 파면되어 사망했다.

625-1 自博義洞還來(자박의동환래) 박의동에서 돌아오다

搖櫓上灘來 江天日欲暮 隔岸兩三家 炊烟生暗樹.

(요로상탄래 강천일욕모 격안양삼가 취연생암수)

조각배 노 흔들거리며 여울 거슬러 저어 오느라니, 강 하늘에 해는 저무려 하네.
언덕 너머 두세 집들, 저녁 짓는 연기 나무 새로 피어 오르는구나.

[語句] *櫓 : 노. *灘 : 여울. *江天 : 강 위의 하늘. *隔岸 : 사이가 언덕으로 막힘. *炊烟 : 밥을 짓는 연기.

[鑑賞] 저물녘 한 때의 강가 모습을 그린 小品(소품). 小品이란 '일상생활에서 보고 느낀 바를 간단하게 쓴 짤막한 시나 글 또는 그렇게 그리거나 만든 그림이나 조각'이며, 小品文(소품문) 또는 小品物(소품물)이라 하여 구분하겠다. 지난날에는 밥 짓는 연기가 마을과 마을 숲을 감도는 것이 아주 情趣(정취) 있는 풍경이었지만, 지금은 모두 연탄이나 油類(유류)로 炊事(취사)하기에 그런 모습은 볼 수 없다. 문명의 발달이 인간 본연의 정이나 홍을 망가뜨리는 것이다.

5言古詩(5언고시). 압운은 暮, 樹 자로 거성 '遇(우)' 측운이다. 평측은 차례로 '平仄仄平平, 平平仄仄仄, 仄仄仄平平, 平平平仄仄'으로 이사부동은 모두 이루어졌고 반법뿐 점법이 안 되었으니, 각 구의 2, 4자가 차례로 '仄-平, 平-仄, 仄-平, 平-仄'인 것이다.

626. 許蔣(허장 ?) : 조선 현종 때 선비. 자 仲鎭(중진). 본관 陽川(양천). 父 경상좌도절도사

완. →앞 시[625]. 成均進士(성균 진사)였다. 부친 完은 武官(무관)으로 문과에 급제해 선조 말에 湖南水軍節度使(호남수군절도사)를 역임했고, 경상좌도절도사 때 병자호란이 일어나 1만 병사를 이끌고 남한산성 밖에서 죽기로 싸웠으나 패하여 자결했다. 왕이 듣고 병조판서를 추증하고 자손들을 등용했으니, 장의 동생 岦(입)은 縣監(현감)을 역임했다.

626-1 溪亭偶吟(계정우음) 시냇가 정자에서 읊다

野老無榮不出門 鉤簾終日坐幽軒 胸中自爾心機靜 竹雨松風亦厭喧.

(야로무영불출문 구렴종일좌유헌 흉중자이심기정 죽우송풍역염훤)

이 늙은이 명예에는 뜻이 없어 문밖을 나가지 않고,
발 걷고 종일 조용한 정자에 앉았노라니,
마음속 절로 고요하게 가라앉아, 대밭의 빗소리나 솔바람 소리 또한 시끄럽게 여겨지는구나.

[語句] *野老 : 농촌에 사는 늙은이. 野翁(야옹). *鉤簾 : 발을 거는 갈구리. 발. 커튼. 簾鉤. *幽軒 : 조용한 집 곧 정자. *自爾 : 절로. 爾는 어조사임. *心機 : 마음의 기틀이나 활동. 마음가짐. *厭喧 : 물리도록 시끄러움. 시끄럽게 느껴짐.

[鑑賞] 조용하고 한가롭게 살아가며, 사색에 잠기는 선비의 일상을 읊은 시. 끝 두 구에 主題(주제)가 담겼는데, 마음이 고요히 가라앉아 깊이 사색에 잠기니 고요를 더하는 빗소리나 바람 소리조차도 시끄럽게 느껴진다는 것이다. 厭을 '싫다'로 풀이하기보다 '물리도록 만족스럽다'로 보아야 할 듯하다.

7言絕句(7언절구). 압운은 門, 軒, 喧 자로 평성 '元(원)' 평운이다. 평측은 차례로 '仄仄平平仄仄平, 平平平仄仄平平, 平平仄仄平平仄, 仄仄平平仄仄平'으로 二四不同二六對(이사부동이륙대)와 反法, 粘法(반법, 점법) 등이 모두 이루어졌다.

627. 許稠(허조 1369~1439) : 조선 세종 때 정승. 자 仲通(중통). 호 敬菴(경암). 시호 文敬(문경). 본관 河陽(하양). 형 漢城判尹 周(한성판윤 주). 權近(권근 →14)에게 배우고 고려 우왕 11년(1385) 17세로 진사에, 2년 뒤 생원에 급제하고 공양왕 2년(1390) 문과 과거에 장원 급제하여 조선 태조 즉위 후 左補闕(좌보궐)을 거쳐 奉常寺丞(봉상시승) 때 禮制(예제)를 옛 제도에 따라 집행했다. 司憲雜端(사헌잡단)에서 完山判官(완산 판관)으로 좌천되었다가 이조정랑, 예조참의를 지내며 학당을 세우고 새 법전을 만들었다. 예조참판에 봉상시제조를 겸했고 세종이 즉위하자 예조판서가 되어 對馬島人(대마도인)의 출입을 제한했고 進賀使(진하사)로 명 나라에 출입하는 등 외교적 활약이 많았다. 의정부 참찬, 이조판서, 판중추원사 등을 거쳐 우의정 때 '璿源類附錄(선원류부록)'을 수찬했고 좌의정을 역임했다. '小學(소학)'

과 '近思錄(근사록)' 등을 항상 애독하고 자손들에게도 권했으며, 사람을 쓰는 데도 공정하여 賢愚(현우)를 구분하는 안목이 높았다. 고을에서 官妓廢止論(관기폐지론)이 일어 문의하니, 이를 폐지하면 더 큰 폐단이 양민에게 미칠 것이라 주장하여 그대로 두게 했다.

627-1 次鎭南樓韻(차진남루운) 진남루 시에 차운하다

爲綠淸景倚新樓 縱目初驚一葉秋 萬戶炊煙靑靄靄 四山佳氣碧浮浮
分符留守二千石 仗鉞觀風五十州 自幸此時當盛際 鷄鳴狗吠達窮陬.

(위록청경의신루 종목초경일엽추 만호취연청애애 사산가기벽부부
분부유수이천석 장월관풍오십주 자행차시당성제 계명구폐달궁추)

맑은 경치 푸르러 새 누각에 오르니, 눈에 드는 모습 벌써 가을임을 놀라게 되네.
집집이 밥 짓는 연기 푸르게 자욱하고, 사방 산의 고운 모양 파란 빛 성하구나.
유수 벼슬은 2천 석 녹봉인데, 임금님 명으로 관풍찰속을 하기 쉰 고을일세.
이 때가 태평성대임이 다행스럽나니, 닭 울음 개짖는 소리 후미진 고을에서도 들려오네.

[語句] *鎭南樓 : 충청남도 서산시 해미면 海美邑城(해미읍성)의 누각. *縱目 : 눈에 마음대로 들어옴. 눈에 띔. *一葉秋 : 나뭇잎 하나 떨어짐을 보고 가을이 옴을 앎. 一葉知秋(일엽지추)<文錄> *靄靄 : 이내[푸르스름하고 흐릿한 기운]가 끼이는 모양. 평화로운 기운이 있는 모양. *佳氣 : 고운 모양. 맑고 상쾌한 날씨. *浮浮 : 성한 모양. 雨雪浮浮 見晛日流(눈이 펄펄 쏟아져도 햇살 나면 녹느니라)<詩經 小雅 角弓> *分符 : 벼슬아치. 分符客(분부객). *留守 : 옛 도읍을 다스리는 정2품 지방관. 개성, 강화, 廣州(광주), 수원, 춘천 등에 두었음. *二千石 : 곡식 2천 섬. 太守(태수). 한 州(주)의 지방관인 태수의 녹봉임. *仗鉞 : 왕궁에서 쓰는 도끼 모양의 儀仗(의장, 의식에 쓰는 무기나 물건). '帝王(제왕, 임금)'을 가리킴. *觀風 : 풍속을 세밀히 살핌. 觀風察俗(관풍찰속). *盛際 : 성할 즈음이나 때. 태평한 시절. 太平聖代(태평성대). *窮陬 : 궁벽한 마을. 후미진 산골 마을.

[鑑賞] 처음 가 보는 진남루에 올라 감회를 읊은 시. '푸르게 경치 맑은 진남루에 올라보니 일엽지추로 가을이 다가옴을 알아 세월이 이렇게 갔는가 놀라게 된다.' '집집마다 밥 짓는 연기 피어오르고 산의 고운 경치 파랗다.' 이 頷聯(함련)은 대구가 잘 이루어졌으니 '萬戶-四山, 炊煙 -佳氣, 靑-碧, 靄靄-浮浮'로 짝을 잘 지었다. '나는 유수 벼슬로 2천 석 녹봉을 받으면서 왕명을 띠고 관풍찰속하기 50고을이다.' 이 頸聯(경련)도 대구가 되었는데, 함련과 마찬가지로 숫자 배열로 대구를 이룬 점은 한시에서 좋다고 하지 않는 바이다. 마지막으로 태평성대임을

읊어 임금의 덕을 칭송한, 벼슬아치의 典型的詩形(전형적 시형)이다.

7言律詩(7언율시). 압운은 樓, 秋, 浮, 州, 陬 자로 평성 '尤(우)' 평운이다. 평측은 차례로 '仄仄平仄仄平平, 仄仄平平仄仄平, 仄仄平平平仄仄, 仄平平仄仄平平, 平平平仄仄平仄, 仄仄平平仄仄平, 仄仄仄平平仄仄, 平平仄仄仄平平'으로 이사부동이륙대는 모두 이루어졌으나 반법과 점법이 첫머리 세 구에서 이루어지지 않았다.

628. 許琮(허종 1434~1494) : 조선 성종 때의 정승. 자 宗卿, 宗之(종경, 종지). 호 尙友堂(상우당). 시호 忠貞(충정). 본관 陽川(양천). 父 載寧郡守 蓀(재령군수 손). 생원 급제 후 세조 3년(1457) 문과에 급제하여 世子右正字(세자우정자)로 월식의 天變(천변)이 있을 때 임금께 상소해 언론의 길을 열고 이단을 물리치며 經筵(경연)을 자주 열 것 등 정치개혁을 제안하여 加資(가자, 정3품 이상 품계)를 받았다. 불교 배척을 자주 간했고, 문무겸전하여 세조 13년(1467) 李施愛(이시애)의 난 때 同知中樞府事(동지중추부사)로 함길도 절도병마사가 되어 난을 평정하고 敵愾功臣(적개공신)에 陽川君(양천군)으로 봉해졌다. 성종 8년(1477) 예조판서로 평안도 순찰사가 되어 압록강 너머 野人(야인)의 침입을 견제했으며, 성종 22년(1491)에는 동북 방면에 침입한 女眞(여진) 군사들을 北征都元帥(북정도원수)로서 두만강을 건너 여진 부락을 소탕하고 돌아와 이듬해에 우의정이 되었다. 성품이 강직하고 도량이 넓었으며 담력과 학식이 뛰어나 문관으로 무관을 겸했다. 일찍이 병조판서로 부원군이 되어 永安觀察使(영안관찰사)를 겸했고 右贊成(우찬성)으로 入居巡察使(입거순찰사)를 겸하기도 했으며 淸白吏(청백리)로도 이름이 높았다.

628-1 夜坐卽事(야좌즉사) 밤에 즉흥으로 읊다

滿庭花月寫窓紗 花易隨風月易斜 明月固應明夜又 十分愁思屬殘花.
(만정화월사창사 화이수풍월이사 명월고응명야우 십분수사속잔화)

뜰에 가득한 꽃과 달 비단 창에 비치더니, 꽃은 쉬이 바람에 지고 달 또한 쉬 기우네.
밝은 달은 당연히 내일 밤에도 떠서 비치겠지만,
하고많은 내 수심은 붙일 데 없으니 시들어 가는 꽃에나 붙여야 하리.

[語句] *卽事 : 눈앞의 사물을 즉흥으로 읊는 일. *窓沙 : 비단 종류로 바른 창. 沙窓. *固應 : 당연히. 응당. *愁思 : 愁心(수심)에 찬 생각. *殘花 : 떨어지고 남은 꽃. 시들어 가는 꽃.

[鑑賞] 밤에 홀로 앉아 즉흥으로 일어나는 감상을 단적으로 읊었다. 창에 비치는 꽃과 달 그림자가 이내 없어진다. 즉 꽃은 바람에 지고 달은 서쪽으로 기울어지

고 마는 것이다. 달은 내일 밤에도 떠오르겠지만, 내 가슴 가득한 이 근심을 어디에다 의지하랴, 단지 시들어가는 꽃에다가 붙일 수밖에 없구나.

7言絕句(7언절구). 압운은 紗, 斜, 花 자로 평성 '麻(마)' 평운이다. 평측은 차례로 '仄平平仄仄平平, 平仄平平仄仄平, 平仄仄平平仄仄, 仄平平仄仄平平'으로 二四不同二六對(이사부동이륙대)와 反法, 粘法(반법, 점법) 등이 잘 이루어졌다.

628-2 次南原東軒韻(차남원동헌운) 남원 동헌 시에 차운하다

客裏方知事事艱 人生何術駐紅顏 行伸懶脚尋芳草 坐點吟頭數亂山
夢枕已諳身一世 醉鄕那得屋三間 朝來驟雨非無意 借我忙中半日閑.

(객리방지사사간 인생하술주홍안 행신나각심방초 좌점음두수난산
몽침이암신일세 취향나득옥삼간 조래취우비무의 차아망중반일한)

나그네 되니 일마다 어려움을 이제야 알겠으니,
인생이 무슨 재주로 젊은 홍안에 머무를 수 있으랴.
걷기 게으른 다리 끌고 가며 꽃다운 풀밭 찾고,
앉아 쉬면서는 머리 끄덕여 가며 어지럽게 늘어선 산봉우리를 세어 보네.
이 몸의 한 세상 꿈과 같음을 이미 깨달아, 취향에서 초가 삼간이나마 어찌 구하려나.
아침부터 내리는 소나기 뜻이 없는 게 아니니, 바쁜 속에서도 한나절 한가로이 쉬라는 걸세.

[語句] *南原 : 전라북도 동남단의 남원군. 春香祠(춘향사), 實相寺(실상사), 南原城址(남원성지), 廣寒樓(광한루), 蛟龍山城(교룡산성), 烏鵲橋(오작교), 龍潭石塔(용담석탑), 龍城館(용성관), 萬福寺址(만복사지), 源川瀑布(원천폭포) 등의 명승고적이 있음. *方 : 이제. 바야흐로. *駐紅顏 : 늘 고운 안색을 가져 늙지 아니함. 駐顏. *懶脚 : 걷기 게을러지는 다리. *點頭 : 머리를 끄덕임. *夢枕 : 꿈꾸는 베개. 꿈. *諳 : 외다. 깨닫다. *一世 : 한 세상. 30년. *醉鄕 : 술을 마시어 느끼는 즐거운 경지. *驟雨 : 소나기. *無意 : 특별한 뜻이 없음. *半日 : 한나절.

[鑑賞] 남원의 동헌에 걸린 시를 보며 그 시의 운자를 따라 지은 시. '나그네 신세는 일마다 어려움을 겪게 되고, 또한 늙어가니 청춘의 홍안은 사라지고 만다. 무거운 다리 끌면서도 고운 풀밭을 찾아 앉아, 무료하게 어지러이 둘러선 산봉우리들이 얼마인가 헤아려 본다. 꿈결처럼 지나는 인생의 한 평생, 술 마시며 그 속에서나마 안식을 찾아야 하리. 또 지향 없이 걸어야 할 판인데, 한나절이나마 좀 쉬라고 소나기 내리니 고맙기 한량없다.' 했다.

7言律詩(7언율시). 압운은 艱, 顏, 山, 間, 閑 자로 평성 '刪(산)' 평운이다. 평측은 차례로 '仄仄平

平仄仄平, 平平平仄仄平平, 平平仄仄平平仄, 仄仄平平仄仄平, 仄仄仄平平仄仄, 仄平平仄仄平平, 平平仄仄平平仄, 仄仄平平仄仄平'으로 이사부동이륙대, 반법, 점법 등이 잘 이루어졌다.

628-3 次安邊東軒韻詠雪(차안변동헌운영설) 안변 동헌시에 차운해 눈을 읊다

詩情不必灞橋中 鶴駕樓前勢漫空 日照藍田初纈眼 林飄薝蔔已搖風
嚙氈老監眞堪惜 擒賊將軍最是雄 遙想邊城寒又甚 窮沙無路駐元戎.

(시정불필파교중 가학루전세만공 일조남전초힐안 임표담복이요풍
교전노감진감석 금적장군최시웅 요상변성한우심 궁사무로주원융)

시정이란 꼭 파교에서만 일어나는 게 아니니, 학가루 앞의 자연 형세 하늘에 가득하네.
옥이 나는 남전에 해 비추니 눈이 아른거리고,
숲에 몰아치는 바람에 치자나무 꽃 흔들리네.
북쪽 사막에서 담요를 씹은 소무蘇武는 참으로 애석하고,
적장을 사로잡은 이소李愬가 영웅이라.
멀리 변방 성을 생각하면 추위 더욱 심하나니, 모래밭에 길 없어 원융을 머무르게 했구나.

[語句] *安邊 : 함경남도 최남단의 안변군. 三防峽(삼방협)과 삼방폭포 및 삼방약수, 釋王寺(석왕사), 智陵(지릉, 조선 태조 증조부 翼祖익조의 능), 鶴駕樓(학가루), 鶴城山城(학성산성), 鐵嶺(철령), 秋哥嶺(추가령) 등의 명승고적이 있음. *詩情 : 시적인 情趣(정취). 시를 짓고 싶어지는 마음. *灞橋 : 중국 당 나라 서울 長安(장안) 동쪽 灞水(파수)의 다리. 사람들이 이별할 때 이 다리에 함께 와서 버들가지를 꺾어주며 송별의 뜻을 표했다 함. *藍田 : ①선녀 西王母(서왕모)가 사는 옥의 명산지인 玉山(옥산). →240-1. ②섬서성 장안 부근의 藍田縣(남전현). 당의 시인 王維(왕유)의 輞川莊(망천장) 별장이 서남쪽에 있었음. →164. *纈眼 : 찬란하여 눈이 아른거림. 纈은 '무늬 얽히다. 맺다'임. *飄 : 회오리바람. 나부끼다. *薝蔔 : 梔子(치자)나무의 꽃으로 향기가 있음. 치자나무는 '꼭두서니과의 상록 낙엽 관목'으로 높이 2~3m이고 7월에 흰색 큰 꽃이 피며 과실은 황홍색으로 익는데 이뇨제나 염료로 씀. *嚙氈 : 모직 담요를 뜯어 씹음. 漢武帝(한무제) 때 蘇武(소무)가 匈奴(흉노)에 사절로 갔다가 잡혀 북쪽 사막 호수 곁에 갇혀, 겨울에는 먹을 것이 없어 깔고 있던 담요를 뜯어 눈에 싸서 먹으며 19년 동안 옥고를 치르며 절개를 지켰다 함. *老監 : '老臣(노신)'의 뜻인 듯함. 소무는 中郎將(중랑장)으로 흉노로 가서 고생하다가 昭帝(소제) 때 귀환하여 典屬國(전속국, 오랑캐나 屬國속국의 일을 맡는 관청)의 2천석(2千石, 태수의 녹봉) 관직을 가졌고, 宣帝(선제) 때에는 노신으로서 祭酒(좨주, 연로하고 덕이 높으며 공이 큰 신하에게 내리는 관직)가

되었고, 사후에 麒麟閣(기린각)에 그 화상이 걸렸음.<李瀚 蒙求> *擒賊將軍 : 도적을 사로잡은 장군. 당의 李愬(이소). 吳元濟(오원제)가 淮西(회서) 지방에서 반란을 일으키매, 이소가 토벌에 나서서 반란군의 근거지인 蔡州(채주)까지 120리를 눈 오는 밤을 틈 타 달려가서 닭 울 무렵 성중에 돌입해 오원제를 사로잡았었음. *邊城 : 邊方(변방)에 있는 성. *元戎 : 대장이나 元帥(원수) 또는 많은 군사.

[鑑賞] 함남 元山(원산)의 永興灣(영흥만) 남쪽 안에 위치한 안변은 지난날 군사적 요충지였는데, 근대에 원산항이 개항 발전되면서 기능이 약해졌다. 이 시는 안변 동헌에서 중국의 역사적 사실과 故事(고사)를 인용해 가면서 눈에 싸인 풍경을 보며 읊은 작품이다. 마지막 연에서 군사들의 주둔지요 군사적 요충지였음을 알게 하며, 북방 국경 수비의 중요성을 엿볼 수 있는데 지금에 있어서도 북방 국경 문제는 중국과의 재협상을 요하는 사안인 것이다.

7언율시. 압운은 中, 空, 風, 雄, 戎 자로 평성 '東(동)' 평운이다. 평측은 차례로 '平平仄仄仄平平, 仄仄平平仄仄平, 仄仄平平平仄仄, 平平仄仄仄平平, 仄平仄仄平平仄, 平仄仄平仄仄平, 平仄平平平仄仄, 平平平仄仄平平'으로 이사부동이륙대와 반법, 점법 등이 잘 이루어졌다.

629. 許采(허채 ?) : 조선 영조 때 학자. 자 仲若, 景晦(중약, 경회). 호 聾窩(농와). 본관 양천. 부 牧使 源(목사 원).→625. 영조 1년(1725) 司馬試(사마시)에 급제하고 2년 뒤 형인 集(집)과 함께 문과 급제하여 벼슬이 掌令(장령)에 이르렀다. 풍채가 늠름하여 사람의 마음을 움직였으며 문장으로 이름이 높았다. 저서에 '修眞玄覽(수진현람), 詩林雜錄(시림잡록), 聾窩稿(농와고)' 등이 있다.

629-1 絕句(절구) 절구

志士逢時少 佳人薄命多 相看一歎息 頭白奈何何.

(지사봉시소 가인박명다 상간일탄식 두백내하하)

지사들은 시운을 만나기 어렵고, 미인들은 박명함이 많다네.
제각기 탄식만 하다가, 머리 백발됨을 어이하리.

[語句] *絕句 : 漢詩(한시)의 한 체. 起承轉結(기승전결)의 네 句(구)로 이루어짐. *志士 : 기개가 높고 포부가 큰 사람. 국가나 사회를 위해 일신을 바치려는 사람. *佳人薄命 : 미인은 수명이 짧거나 운수가 기박함. 美人薄命(미인박명). *奈何 : 어찌하랴.

[鑑賞] '뜻이 큰 사람은 시대적인 좋은 운수를 만나기가 어려워 실패하는 경우가 많고, 얼굴과 몸매가 고운 미인은 오래 살지 못하는 수가 많은 법이라, 지사와 미인은

제각기 탄식만 하다가 늙어지고 마는 법이더라' 했다. 東坡 蘇軾(동파 소식 →119)도 '薄命佳人' 시에서 "自古佳人多命薄 閉門春盡楊花落(예로부터 미인의 운수 순탄치 않다더니, 문 닫고 봄날 가자 버들개지 떨어지네)"라 읊었었다.

5言絕句(5언절구). 압운은 多, 何 자로 평성 '歌(가)' 평운이다. 평측은 차례로 '仄仄平平仄, 平平仄仄平, 平平仄仄仄, 平仄仄平平'으로 二四不同(이사부동)과 反法, 粘法(반법, 점법) 등이 잘 이루어지고 평측 배치도 좋아 5絕의 典型(전형)이 되는 佳作(가작)이다.

630. 許琛(허침 1444~1505) : 조선 연산군 때 정승. 자 獻之(헌지). 호 頤軒(이헌). 시호 文貞(문정). 본관 陽川(양천). 父 재령군수 蓀(손). 형 우의정 琮(종 →628). 어려서부터 총기가 있어 학문을 배울 때 한 번 읽으면 잊지 않았다. 세조 8년(1462) 진사에 급제하고 성종 6년(1475) 문과에 급제했으며 성종 13년(1482) 進賢試(진현시)에 뽑혀 湖堂(호당)에 들어가 독서했다. 校理, 弼善, 直提學, 全羅慶尙兩道 觀察使, 大司憲, 吏曹判書(교리, 필선, 직제학, 전라경상양도 관찰사, 대사헌, 이조 판서) 등을 역임하고 연산군 10년(1504) 좌의정이 되었다. 형 종과 함께 학문으로 당시 선비들의 존경을 받았으며 일찍이 성종의 총애를 받았다. 성종이 尹妃(윤비)를 폐위하려 할 때 반대했으므로 연산군 10년 甲子士禍(갑자사화) 때에 화를 면할 수 있었으며, 항상 연산군의 그릇됨을 구해 내려고 애쓰다가 사망했다. 욕심이 없고 부드러운 성미여서 집은 항상 가난했고, 지은 시는 담담하면서도 깊이 있고 비범했으나 남에게 내놓기를 싫어했다. 청백리에 뽑혔다.

630-1 松都本闕古基(송도본궐고기) 송도 고려 궁궐 옛터

操鷄搏鴨已雄飛 一炬秦宮舊業微 天下董公元自健 輦前嵇紹竟何歸
假威不恤窺神器 蹈尾方知觸駭機 未待百年悲麥秀 君王當日亦霑衣.

(조계박압이웅비 일거진궁구업미 천하동공원자건 연전혜소경하귀
가위불휼규신기 도미방지촉해기 미대백년비맥수 군왕당일역점의)

선조계후박압으로 이미 크게 떨쳤으나, 진의 아방궁이 불붙어 옛 왕업이 쇠하듯 했네.
스스로 건장하다 했던 천하의 동탁과, 임금을 몸으로 지킨 혜소 이들은 결국 어디로 갔던가.
호가호위로 생각없이 신성한 왕의 자리를 엿보다가-우왕이 공민왕의 아들이 아니면서 왕이 되어-
범의 꼬리를 밟고서야 비로소 위험에 부딪친 줄 알았네.
맥수지탄을 읊은 기자의 망국을 슬퍼한 노래가 백년 뒤에 들리리라 기다릴 것 없이,
임금은 최영 장군을 조정에서 내보내는 그 날로 옷에 눈물 젖었었네.

[語句] *松都 : 고려의 서울이었던 지금의 開城(개성). *本闕 : 중심 궁궐. *操鷄搏鴨 :

先操鷄後搏鴨(선조계후박압). 먼저 닭을 잡고 뒤에 오리를 취함. 당 나라 장사꾼 王昌瑾(왕창근)이 異人(이인)에게서 샀다며 弓裔(궁예)에게 바친 거울에 비춰진 문구의 일부인데, 王建(왕건)이 풀이하기를 '먼저 鷄林(계림) 곧 신라를 멸하고 뒤에 鴨綠江(압록강)을 취한다.'라고 했다 함.<三國史記 권50> *雄飛 : 기운차고 용기 있게 활동함. *一炬 : 횃불 하나. *秦宮 : 중국 옛 진 나라 궁전 곧 阿房宮(아방궁). *舊業 : 전부터 내려온 王業(왕업). *董公 : 後漢(후한)의 정치가 董卓(동탁). 자 仲穎(중영). 12대 靈帝(영제)가 죽은 뒤 13대 제왕인 辯(변)을 폐하고 獻帝(헌제)를 세웠으며, 何太后(하태후)도 죽였으나 部將 呂布(부장 여포)에 의해 피살되었음. *自健 : 스스로 건장하다고 함. 동탁이 새 임금을 세우려고 조정에서 의논하니 袁紹(원소)가 "천하에 健者(건자, 건장한 사람)가 어찌 동공뿐이냐" 했다는데, 여기서는 고려 禑王(우왕)을 폐한 일을 비유했음. *輦 : 임금이 타는 가마. *嵇紹 : 晉(진)의 武帝, 惠帝(무제, 혜제) 때의 侍中(시중). 嵇康(혜강)의 아들로 河間王 顒(하간왕 옹)이 반란을 일으켰을 때, 혜제가 싸움에 패하여 모든 신하들이 달아났으나 혜소는 혼자서 몸으로 혜제를 가리고 있다가 적의 화살에 맞아 죽었음. *假威 : 위엄을 빌림. 신하가 임금의 권위를 빌어 다른 사람들을 위협함. 狐假虎威(호가호위). 호랑이가 여우를 만나 잡아먹으려 하니, 여우는 "내가 天帝(천제)의 명으로 百獸(백수)의 왕이 된 바, 그대가 나를 잡아먹으면 이 곧 천제의 명령을 어기는 것이 된다. 믿지 못하겠거든 내가 앞장 설 터이니 뒤따라와 보라." 하여 함께 가노라니, 모든 짐승이 이들을 보고는 모두 도망쳤음. 호랑이는 짐승들이 자기를 보고 도망친 것을 모르고 여우를 두려워하여 도망치는 것으로 알더라.<戰國楚策> *恤 : 근심하다. *神器 : ①신령에 제사를 올릴 때 쓰는 그릇. 大器(대기). ②임금의 자리. *蹈尾 : 蹈虎尾(도호미). 범의 꼬리를 밟음. 아주 두려운 일. *駭機 : 두려운 機微(기미, 낌새나 기틀). *麥秀 : 麥秀之歌(맥수지가) 또는 麥秀之歎(맥수지탄). 殷(은) 나라 충신 箕子(기자)가 은의 옛 서울을 지나면서 번화하던 서울이 보리밭으로 변했음을 탄식해 "보리 잘 되어 이삭 빼어났네. 벼와 기장 자라 올라 우거졌구나. 저 교활한 주왕紂王이여, 나와는 좋을 수가 없구나." 하고 읊었음<史記 宋微子世家> *當日 : 그날. 威化島(위화도) 回軍(회군)에 성공한 李成桂(이성계)는, 崔瑩(최영) 장군이 명 나라 天子(천자)에게 불충했다는 죄목으로 禑王(우왕)에게 강요하여 최영을 高峰縣(고봉현, 고양군)으로 유배시킬 때, 우왕이 울면서 최영 장군을 보냈던 그 날을 가리킴.

[鑑賞] 개성의 고려 왕궁 빈 터를 보며 감회를 읊은 시. 首聯(수련 1~2구)은 신라를 병합하고 압록강까지 국토를 확장한 고려도 중국 진 나라 아방궁이 불타 없어졌듯 궁궐은 빈터만 남았다고 시상을 일으키고, 頷聯(함련 3~4구)에서는 동탁 같은 고려의 역

신이나 혜소와 같았던 고려의 충신들 모두 지금은 간 곳을 모른다고 對句(대구)로 이어받았다. 頸聯(경련 5~6구)은 우왕은 辛旽(신돈)의 아들이면서 공민왕의 아들인 양 왕위에 올랐으니, 그것이 호가호위에 의한 것이었고 이어 廢位(폐위)되었으니 이곧 범의 꼬리를 밟은 무모한 짓이었다고 역시 대구로써 내용을 전환했다. 尾聯(미련 7~8구)은 기자의 '맥수지가'의 비탄을 들먹일 것 없이, 당시 이성계 등의 위협에 밀려 최영 장군을 귀양 보내면서 눈물 흘린 게 망국의 전조였다고 마무리했다.

7言律詩(7언율시). 압운은 飛, 微, 歸, 機, 衣 자로 평성 '微' 평운이다. 평측은 차례로 '平平仄仄仄平平, 仄仄平平仄仄平, 平仄仄平平仄仄, 仄平平仄仄平平, 仄平仄仄平平仄, 仄仄平平仄仄平, 仄仄仄平平仄仄, 平平平仄仄平平'으로 二四不同二六對(이사부동이륙대)와 반법, 점법 등이 모두 잘 이루어졌고, 함련과 미련의 평측 대비가 잘 이루어진 좋은 작품이다.

630-2 壽昌宮 後半(수창궁 후반) 수창궁 후반

無情鳥語珠欄曉 滿目苔斑玉座春 莫句前朝耆舊說 摩挲銅狄會霑巾.
(무정조어주란효 만목태반옥좌춘 막구전조기구설 마사동적회점건)

무정한 새 소리로 구슬 난간에 새벽이 오고, 옥좌에는 눈에 가득 봄 이끼 무늬가 덮였구나.
고려 왕조의 노인들에게 나라 망한 이야기 조금도 말하지 말 것이니,
그들은 구리 동상 어루만지며 수건에 눈물 적시게 되리.

[語句] *壽昌宮 : 고려의 궁궐. 공민왕 때 紅巾賊(홍건적, 紅頭賊홍두적)의 침입으로 延慶宮(연경궁)이 불 타버리자 수창궁을 궁궐로 사용했으며, 조선 태조 이성계도 이 궁전에서 즉위식을 거행했음. *珠欄 : 옥돌로 두른 난간. *玉座 : 龍床(용상)이 있는 자리. 寶榻(보탑). 御座(어좌). *前朝 : 앞 왕조 곧 고려. 勝國(승국). 勝朝(승조). *耆舊 : 매우 늙은 사람. 耆耈(기구). *摩挲 : 손으로 어루만짐. *銅狄 : 구리로 만든 사람 동상. 秦始皇(진시황)이 만들어 咸陽(함양)에 세웠는데, 後漢(후 한)의 도사 薊子訓(계자훈)이 동적을 어루만지며 "전날 이것을 만들 때 마침 보았는데 지금 벌써 5백 년이 되었구나." 하더라 함. 金狄(금적). 狄은 '북방 오랑캐'임. 한편 西晉(서진) 때 洛陽(낙양) 왕궁 앞 네거리에는 銅駝(동타, 구리 낙타상)를 세웠었음. *霑巾 : 수건이 눈물로 젖음.

[鑑賞] 고려의 왕궁이었던 허물어져 가는 수창궁을 보며 지은 시. 이 앞 네 구는 "개성 扶蘇山(부소산)의 王氣(왕기)가 없어지려 할 때, 仲父 呂不韋(중보 여불위)의 은근한 꾀가 진시황의 나라를 교묘히 빼앗듯, 중 신돈이 설치었네. 그래도 우왕은 아이 마음으로 한껏 놀고 즐겼지만, 하늘의 뜻이 眞人(진인, 李成桂이성계)에게 있음을 어찌 알았으리오."이다.

7言律詩(7언율시) 후반 4구. 압운은 앞 4구까지 보면 [淪, 秦, 人(륜, 진, 인)], 春, 巾 자로 평성 '眞(진)' 평운이다. 평측은 차례로 '平平仄仄平平仄, 仄仄平平仄仄平, 仄仄平平平仄仄, 平平平仄仄平平'으로 二四不同二六對(이사부동이륙대)와 反法, 粘法(반법, 점법) 등이 잘 이루어졌다.

630-3 題權觀察使綸逍遙亭詩卷 前半(제권관찰사륜소요정시권 전반)

관찰사 권윤의 '소요정' 시집을 두고 짓다 앞 부분

回頭人世隔雲泥 夢斷東華迹已迷 直欲枕流兼漱石 也勝騎馬更聞鷄.

(회두인세격운니 몽단동화적이미 직욕침류겸수석 야승기마갱문계)

머리 돌리니 인간 세상 구름과 진흙같이 차이 나는데,
한림翰林의 꿈 끊어져 자취 이미 아득다.
바로 물흐름을 베개 하고 돌로 이를 닦는 산수간에 은거하려 하노니,
그게 말 타고 출근하며 새벽 닭 우는 소리 듣는 벼슬살이보다 나으리.

[語句] *觀察使 : 조선 때 道(도) 地方長官(지방 장관). 道知事(도지사). *詩卷 : 시를 모은 책. 詩集(시집). *雲泥 : 구름과 진흙. 하늘과 땅만큼이나 차이가 심함. 雲泥之差(운니지차). 霄壤之判(소양지판). 天壤之差(천양지차). *東華 : 翰林(한림). 중국 宋(송)나라 궁전 문에 東華門(동화문)이 있는데, 翰林學士(한림학사)로 임명되는 사람은 이 동화문으로 들어가 左承天門(좌승천문)에 이르러 말에서 내렸기에 이르는 말임. *枕流漱石 : 흐르는 물을 베개로 하고 돌로 양치질을 함. 산수간에 숨어 살려는 뜻을 나타내는 말인데, 晉(진)의 孫楚(손초, 자 子荊자형)가 젊었을 때 은거할 생각이 있어서 王濟(왕제)에게 '枕石漱流(침석수류, 돌을 베개 삼고 흐르는 물에 입을 씻음)'이라 할 것을 '침류수석'이라 잘못 말하니, 왕제가 물을 베개 할 수 없고 돌로 양치할 수 없다 하매 손초는 "물을 베개로 함은 세속의 말을 들은 귀를 씻으려 함이요, 돌로 양치질함은 이빨을 갈고자 함이라." 하더라 함<晉書> *也 : 또. 또한. 詩(시)에서 亦(역) 자와 같은 뜻으로 쓰임. *聞鷄 : 새벽 닭 우는 소리를 들음. '벼슬아치들이 조회에 참석하려고 새벽 일찍 출근함'을 뜻함.

[鑑賞] 逍遙는 '자연 속에 살며 산수를 벗삼아 이리저리 한가로이 거닐다'는 뜻을 가졌으니, 소요정은 조용한 자연 속에 세운 정자이리라. 그 정자에서 '인간 세상을 보니 높은 벼슬에 있어 성공한 사람과 과거에 실패하거나 인생살이에서 뒤떨어져 불우하게 사는 사람 등 그 차이가 크게 드러나 있다. 한림학사가 되려던 희망이 끊어져, 이렇게 자연 속에서 살고 있으니 오히려 새벽 일찍 관청으로 출근하는 벼슬아치보다 나은 삶이라.' 했다. 이 뒤는 "창문에는 먼 바다의

서늘한 해가 비추고, 대문은 울긋불긋한 낮은 산들과 마주했네. 호수와 산을 온통 가져 참으로 흥취 넘치니, 아득한 하늘과 땅 속의 그윽한 삶이로구나."로 이어 권윤의 시집 속 작품들을 기렸다.

7언율시 전반 4구. 압운은 泥, 迷, 鷄 자로 평성 '齊(제)' 평운이다. 평측은 차례로 '平平平仄仄平平, 仄仄平平仄仄平, 仄仄仄平平仄仄, 仄平平仄仄平平'으로 이사부동이륙대와 반법, 점법 등이 모두 이루어졌다.

630-4 次韻克己見贈 三首 第3首(차운극기견증 삼수 제3수)

극기의 시에 차운해 보내다 세 수 끝 수

世事看來熟 棊飜局局新 休誇印如斗 自笑甑生塵
几案留三友 林蔬當八珍 好觀齊物論 誰識贗耶眞.

(세사간내숙 기번국국신 휴과인여두 자소증생진
궤안류삼우 임소당팔진 호관제물론 수식안야진)

세상 일이란 밀가루 반죽이 익을 잠깐 동안이며,
바둑처럼 판세 뒤집혀 새 국면이 되기도 하네.
관인이 말만큼이나 크다고 자랑할 게 못 되고, 시루에는 먼지만 쌓였음을 스스로 웃노라.
책상에는 언제나 서창 삼우가 있고, 절로 나는 산나물은 맛나는 팔진미가 되네.
즐겨 장자의 제물론을 살펴보지만, 어느것이 가짜인지 진짜인지를 누가 알겠는가.

[語句] *克己 : 미상. 조선 성종 때 학자 金孟性(김맹성)의 시에도 '次克己韻(차극기운)'이 있으나 압운이 이 시와는 다름. *來熟 : 밀가루 반죽이 익음. 잠깐 동안. 來는 '詩經 周頌 思文(시경 주송 사문)'에 밀의 뜻으로 쓰이었고, 邯鄲之夢(한단지몽) 고사에서 '좁쌀 밥이 익을 동안의 꿈에 50년의 영화를 누렸다.'는 黃粱夢(황량몽)을 연상한 표현인 듯함. *棊 : 바둑. =棋(기), 碁(기). *飜局 : 판세나 局面(국면)이 뒤집히거나 바뀜. *印 : 관찰사나 고을원이 가지는 관직 도장. 官印(관인). *甑生塵 : 시루에 먼지가 앉음. '몹시 가난함'을 비유하는 말임. 甑塵釜魚(증진부어, 시루에 먼지 생기고 솥에 물고기가 놀고 있음). *几案 : ①책상. ②의자, 四方枕(사방침), 案席(안석) 등의 총칭. *三友 : ①벼루, 먹, 종이. 書窓三友(서창삼우). ②시, 거문고, 술. 北窓三友(북창삼우). ③소나무, 대나무, 매화. 歲寒三友(세한삼우). 여기서는 ①임. *八珍 : 여덟 가지 진귀한 음식. 용의 간, 봉황의 골, 토끼의 태 등 8 가지를 말함. 八珍味(팔진미). *齊物論 : 모든 사물을 같은 것으로 본다는 주장. '莊子(장자)' 篇名(편명)의 하나인데, 장자는 '모든 형상은 유기적으로 연관을 가진

하나의 전체이므로 그 기능의 우열을 논할 수 없으며, 만물 일체의 무차별 평등 상태에 도달하는 것이 수양의 궁극점이다' 했음. *贋 : 거짓 것. 위조하다.

[鑑賞] 남의 시에 차운했으면서도 청백리인 지은이의 생각을 드러낸 시이다. 세상일이란 잠깐 동안이요 새로운 판세로 뒤집히는 무상한 것임을 전제하고, 벼슬이 높은 것이 자랑될 것도 없고 오히려 가난함을 내 스스로 비웃을 판이라고 對句(대구)로 이어받았다. 다음은 스스로의 주변을 둘러보았는데, 책상에는 글 쓰는 데 필요한 삼우뿐이요 숲에서 절로 나는 산나물만 먹는다 하여 역시 대구로 전환했다. 그리고는 장자의 '제물론'이 그럴 듯하나 어느 것이 옳은 것인지 알지 못하겠다고 마무리했다. 일곱째 구의 끝 論 자는 '생각'을 뜻하는 측운임에 유의할 일이다.

5言律詩(5언율시). 압운은 新, 塵, 珍, 眞 자로 평성 '眞' 평운이다. 평측은 차례로 '仄仄平平仄, 平平仄仄平, 平平仄平仄, 仄仄仄平平, 仄仄平平仄, 平平平仄平, 仄平平仄仄, 平仄仄平平'으로 이사부동은 셋째 구에서 어긋나 平-平이 되었고 반법과 점법은 그런대로 이루어졌다.

630-5 花園(화원) 화원

血射無成便自嗔 到頭兵氣繞鉤陳 聚車未必能遮道 橫槊空勞枉殺人
運去君臣同掩涕 惡浮天地不容身 蒼皇一罷繁華夢 廢苑殘花寂寞春.

(혈사무성편자진 도두병기요구진 취거미필능차도 횡거공로왕살인
운거군신동엄체 악부천지불용신 창황일파번화몽 폐원잔화적막춘)

은殷의 무을武乙처럼 피를 매달고 쏘아 이룸이 없자 스스로 성을 내니,
마침내는 이성계 군사의 기세는 구진별을 둘러싸듯 궁궐을 포위했네.
수레를 모아 막는다고 이성계의 회군 길을 막을 수 없었고,
최영 장군은 창을 비껴들고 공연히 억울한 문지기 군사를 죽였네.
운수가 가니 임금과 신하 모두 눈물을 가렸고, 죄악이 천지에 가득차 몸 붙일 곳 없었구나.
번화한 꿈 창황하게 한 번 마치었으니, 황폐한 동산의 지다 남은 꽃에 봄은 적막하구나.

[語句] *花園 : 고려의 崔瑩(최영) 장군이 李成桂(이성계)에게 잡힌 곳으로 송도에 있음. *血射 : 피를 담은 주머니를 쏨. 殷(은) 나라 임금 武乙(무을)이 가죽 주머니에 피를 넣어 나무에 매달아 놓고 활을 쏘아 맞히고는 "내가 하늘과 싸워 이겼노라." 하더니, 들에 나갔다가 벼락에 맞아 죽었다고 함. 여기서는 최영이 明(명) 나라를 치려고 한 것을 비유한 것임. *嗔 : 성내다. *到頭 : ①이르는 곳마다. 到處(도처). ②드디어. 마침내. 결국. 여기서는 ②임. *兵氣 : 군사의 기세. *鉤陳 : 장군과 三公(삼공) 및 天子(천자)의 儀仗(의장)을 맡는 별. *遮道 : 길을 막음. 이성계가 위화도

에서 군사를 돌려 송도로 쳐들어오니 최영이 수레를 모아 송도 시가의 길을 막았다고 함. *橫槊 : 창을 겨드랑이에 낌. 橫槊賦詩(횡삭부시, 軍中군중에서 창을 끼고 시를 읊음)<蘇軾 前赤壁賦> *枉殺 : 원통하게 죽임. 억울하게 죽임. 枉은 '굽히다. 원통하다'임. 최영 장군이 화원으로 들어오면서 성이 북받치어 문지기 군사를 창으로 찔러 죽였다고 함. *掩涕 : 얼굴을 가리고 눈물을 흘림. 우는 얼굴을 감춤. *惡浮天地 : 죄악이 천지에 떠 있음. 죄악이 가득참. *蒼皇 : 어찌할 바를 모를 만큼 매우 급함. 倉皇(창황). *廢苑 : 황폐한 庭園(정원). 廢園(폐원). '花園'을 가리킴.

[鑑賞] 최영 장군이 후일 조선 태조가 된 이성계에게 잡힌 곳인 화원의 허물어져 가는 동산을 유람하며, 당시의 역사적 사실을 들어 감회를 읊은 시. 지은이는 조선의 정승이라 고려 조정의 흠결을 과장해 드러낸 면도 있는 반면, 명장이라 추앙받는 최영 장군도 시에서 읊은 대로 잔인한 면이 있었고, "田祿生(전녹생, 호 埜隱야은 →372)과 朴尙衷(박상충 →746)이 하옥되었을 때, 최영과 池奫(지윤)이 李仁任(이인임)의 뜻에 아부하여 이들에게 고문을 너무 심하게 하여, 둘 다 유배가는 도중에 죽었다."는 기록이 '高麗史(고려사)'와 '埜隱逸稿(야은일고)'에 나타나 있다. 이러니 역사나 인물 평가는 거의 兩面性(양면성)을 지니고 있음에 유의해야 하는 것이다. 아무튼 이 시는 명작에 들 만한 좋은 작품이다.

7言律詩(7언율시). 압운은 嗔, 陳, 人, 身, 春 자로 평성 '眞(진)' 평운이다. 평측은 차례로 '仄仄平平仄仄平, 仄平平仄仄平平, 仄平仄仄平平仄, 平仄平平仄仄平. 仄仄平平平仄仄, 仄平平仄仄平平, 平平仄仄平平仄, 仄仄平平仄仄平'으로 二四不同二六對(이사부동이륙대)와 反法, 粘法(반법, 점법) 등이 잘 이루어지고 평측 배치도 좋아 7律의 典型(전형)이 되겠다.

631. 許佖(허필 1709~?) : 조선 영조 때 학자. 자 汝正(여정). 호 烟客, 草禪, 舊濤(연객, 초선, 구도). 본관 陽川(양천). 증조부 持平 悅(지평 열). 영조 11년(1735) 진사에 급제했으며 본디 재주가 많아 전서와 예서를 잘 썼다. 史皇六法(사황육법)에 널리 통했고 시와 글씨와 그림에 모두 뛰어나 三絕(삼절)이라 했다.

631-1 酬仙槎令韻(수선사령운) 선사령의 시에 차운해 주다

湖水蓮花發 太守愛蓮花 乘舟莫深入 恐傷蓮花多.
(호수연화발 태수애연화 승주막심입 공상연화다)

호수에 연꽃 피어, 태수는 연화 꽃구경을 좋아하네.
배로 호수 깊이 들어가지 마시오, 고운 연꽃들 많이 상할까 염려가 되니.

[語句] *酬 : 주다. 갚다. 술을 권하다. '손에게서 받은 술잔을 다시 손에게 권함'의 뜻을 가진 글자임. *仙槎令 : 선사 고을의 원. 仙槎는 '신선이 타는 뗏목이나 수레. 경상북도 울진군의 별칭'임. *太守 : 郡守(군수) 등 地方官(지방관).

[鑑賞] 선사 고을은 경북 울진군의 별칭인데, 울진군 자료에서 花, 多 자로 압운한 縣令(현령)이나 군수의 시를 찾지 못하여, 다른 고을을 뜻하는 것이 아닌지 확인을 하지 못했다. 울진에 蓮湖(연호)와 蓮湖亭(연호정)이 있어 지금도 여름이면 연꽃이 많이 피어나 관광객들이 모여드니, 선사는 울진을 가리킨다고 해도 좋으리라. 고을원이 연꽃을 좋아하니 조각배로 연호에 들어가 가까이에서 연꽃 감상을 하려고 할 것이로되, 너무 깊이 들어가 연꽃을 상하게 해 남들이 연꽃을 즐기지 못하게 될는지도 모르니 조심하라고 간명하게 읊었다.

5言絕句(5언절구). 압운은 花, 多 자로 모두 평운인데 花는 '麻(마)', 多는 '歌(가)' 평성으로 通韻(통운)이 된다. 평측은 차례로 '平仄平平仄, 仄仄仄平平, 平平仄平仄, 仄平平平平'으로 이사부동은 처음 두 구에서만 이루어졌고, 반법이나 점법도 불완전하다.

632. 許澣(허한 ?) : 조선 중종 때 서화가. 자 浩夫(호부). 본관 陽川(양천). 曄(엽)의 아버지요 蘭雪軒(난설헌 →618) 등의 조부이다. 중종 23년(1528) 進士(진사)에 급제하고 軍資監副奉事(군자감부봉사)를 역임했다. 서화에 능했는데 특히 虎畫(호화, 호랑이 그림)에 신묘하여 이름을 떨쳤으며, 시도 잘 지어 唐(당) 나라 시인들의 韻格(운격)을 드러냈다고 한다.

632-1 村庄卽事(촌장즉사) 시골집에서 즉흥으로 읊다

春霖初歇野鳩啼 遠近平原草色齊 步啓柴門閒一望 落花無數漲南溪.

(춘림초헐야구제 원근평원초색제 보계시문한일망 낙화무수창남계)

봄 장마비 처음 개니 비둘기들 울고, 원근의 벌판에 풀빛 가지런하네.
사립문 열고 나가 한가로이 바라보니, 지는 꽃잎 무수히 시냇물에 가득 떠가는구나.

[語句] *村庄 : 시골에 따로 장만해 둔 집. 시골 농장. *卽事 : 눈앞의 사물을 즉흥으로 읊음. *霖 : 장마. *平原 : 평탄한 들판. ↔高原(고원). *柴門 : 사립문. *漲 : 물 많다. 넘치다.

[鑑賞] 눈을 녹이느라고 봄비가 오래 오다가 오랜만에 그치니 비둘기들 우는 소리 들리고, 멀리 바라보이는 들판은 새로 돋아나는 풀들이 파랗게 펼쳐 있다. 사립문 열고 나가 보니 남녘 시냇물에는 복숭아 꽃잎들이 무수히 떠 물 따라 흘러간다. 시골 봄날 한 때의 모습을 사진 찍듯 그린 시이다.

7言絕句(7언절구). 압운은 啼, 齊, 溪 자로 평성 '齊' 평운이다. 평측은 차례로 '平平平仄仄平平, 仄仄平平仄仄平, 仄仄平平平仄仄, 仄平平仄仄平平'으로 이사부동이륙대와 반법, 점법 등이 모두 잘 이루어졌다.

633. 許渾(허혼 791~854) : 晩唐(만당)의 시인. 江蘇省 丹陽(강소성 단양) 사람. 當塗(당도)와 太平(태평) 두 현의 縣令(현령)을 거쳐 潤州 司馬(윤주 사마), 睦州(목주)와 鄭州(정주) 두 州(주)의 刺史(자사)를 지냈다. 潤州의 丁卯橋(정묘교)에 그의 별장이 있어서 시집을 '丁卯集(정묘집)'이라 했다.

633-1 謝亭送別(사정송별) 사정에서의 송별

勞歌一曲解行舟 紅葉靑山水急流 日暮酒醒人已遠 滿天風雨下西樓.

(노가일곡해행주 홍엽청산수급류 일모주성인이원 만천풍우하서루)

뱃노래 한 가락에 배 띄워 떠나가니, 단풍 든 청산에 강물 세차게 흐르는구나.
날 저물어 술 깨고 그대 멀리 가 버려, 비바람 가득한 속에 쓸쓸히 누각을 내려오네.

[語句] *謝亭 : 미상. 晉(진)의 謝安(사안)이 놀기도 하고 王羲之(왕희지)와 함께 오르던 墩臺(돈대) 곧 謝安墩에 세운 정자가 아닌가 함. *勞歌 : 피로를 풀기 위해 부르는 노래. 뱃노래. 櫨歌(노가). 棹歌(도가). *紅葉 : 붉은 잎. 단풍 든 나뭇잎. *醒 : 술 깨다. 잠 깨다. 깨닫다.

[鑑賞] 사정에서 친구나 임과 송별 잔치 후 지은 시. '그는 뱃사공의 구성진 뱃노래 부르는 조각배를 타고 떠나버렸다. 남은 것은 붉은 단풍 든 푸른 산과 빠르게 흘러가는 강물만이다. 이별이 아쉬워 술에 취했다가 저물녘에야 깨고 보니 그는 이미 멀리 가버렸다. 비바람 치는 속을 홀로 정자에서 내려온다.'고 하여 노가, 홍엽, 일모, 풍우 등의 어휘를 통해 외롭고 쓸쓸한 심정이 드러난 좋은 작품이다.

7言絕句(7언절구). 압운은 舟, 流, 樓 자로 평성 '尤(우)' 평운이다. 평측은 차례로 '平平仄仄仄平平, 平仄平平仄仄平, 仄仄仄平平仄仄, 仄平平仄仄平平'으로 二四不同二六對(이사부동이륙대)와 反法, 粘法(반법, 점법) 등이 모두 이루어졌다.

633-2 早秋(조추) 첫가을

遙夜汎淸瑟 西風生翠蘿 殘螢棲玉露 早雁拂銀河
高樹曉還密 遠山晴更多 淮南一葉下 自覺老烟波.

(요야범청슬 서풍생취라 잔형루옥로 조안불은하
고수효환밀 원산청갱다 회남일엽하 자각노연파)

긴 밤 내내 맑은 바람 소리요, 하늬바람은 담쟁이덩굴에서 이는구나.

꺼져 가는 반딧불 비치는 누각에는 맑은 이슬 맺히고, 이른 기러기 은하수를 스쳐 나네.
높은 나무는 새벽에 더욱 빽빽하게 보이고, 먼뎃산은 비 갠 뒤에 더욱 맑아라.
회남 땅에 떨어지는 오동나뭇잎 하나, 안개 낀 자연 속에서 늙어감을 느끼게 되네.

[語句] *遙夜 : 긴 밤. 長夜(장야). *淸瑟 : 맑은 거문고 소리. 맑은 바람 소리. *西風 : 서쪽에서 불어오는 바람. 갈바람. 하늬바람. *蘿 : 담쟁이덩굴. 새삼 덩굴. *玉露 : 맑고 깨끗하게 방울진 이슬. *淮南一葉下 : 회남 땅의 나뭇잎 하나가 떨어짐. 가을이 됨을 앎. 一葉落而天下知秋(나뭇잎 하나 떨어지면 온 세상이 가을이 됨을 안다네)<淮南子> *烟波 : 아지랑이가 낀 수면. 자연 속.

[鑑賞] 첫가을의 감상을 읊은 시. 가을이 오는 하늬바람 소리 담쟁이덩굴에서 이는 듯 밤새 맑다고 詩想(시상)을 일으키고, 없어져 가는 반딧불과 이르게 찾아오는 기러기를 소재로 對句(대구)로 읊어 가을의 情感(정감)을 이어받았다. 높은 나무와 먼 산을 역시 대구로 그려 내용 전환을 하고는 '회남자'의 어구를 원용해 자연 속에서 덧없이 늙어간다고 시를 맺었다. 자연의 가을과 인생의 황혼기를 잘 비유한 명작이다.

5言律詩(5언율시). 압운은 蘿, 河, 多, 波 자로 평성 '歌(가)' 평운이다. 평측은 차례로 '平仄仄平仄, 平平平仄平, 平平平仄仄, 仄仄仄平平, 平仄仄平仄, 仄平平仄平, 平平仄仄仄, 仄仄仄平平'으로 이사부동과 반법, 점법 등이 모두 이루어졌다.

633-3 贈河東虞押衙 後半(증하동우압아 후반) 하동의 우압아에게 주다 후반

千里往來征馬疲 十年離別故人稀 生平志氣何人見 空上西樓望落暉.
(천리왕래정마피 십년이별고인희 생평지기하인현 공상서루망낙휘)

천리를 오가느라 말도 피로하고, 10 년을 이별하니 옛 친구 드물구나.
일생의 의지와 기개 어느 사람에게 드러나는가, 부질없이 서루에 올라 저녁 해 바라보네.

[語句] *河東 : 중국 黃河(황하) 동쪽 땅. 山西省(산서성)의 황하 동쪽 지방. *征馬 : 먼 길을 가는 말. *生平 : 一生(일생). *志氣 : 意志(의지)와 氣槪(기개). 어떤 사업을 이루려는 意氣(의기, 장한 마음). *見 : 나타나다. 드러나다. *落暉 : 거의 져 가는 햇발.

[鑑賞] 하동 땅의 친구에게 주는 작품 같다. 천리 먼 길을 말 달려오느라고 말도 나도 피로하다. 10년 동안이나 헤어져 있었으니 옛 친구들도 저세상으로 많이 가고 없다. 한 평생의 장한 기개는 누구에게서 이루어졌는지, 나는 부질없이 서쪽 누각에 올라 지는 해만 바라볼 뿐 아무것도 이룬 것 없이 늙바탕이 되었음이 부끄럽다.

7언율시 네 구. 압운은 稀, 暉 자로 평성 '微(미)' 평운이고, 첫 구의 疲 자도 평성 '支(지)' 운으로

通韻(통운)이 되나 압운한 것이 아니라 볼 수도 있겠다. 평측은 차례로 '平仄仄平平仄平, 仄平平仄仄平平, 平平仄仄平平仄, 平仄平平仄仄平'으로 이사부동이륙대와 반법, 점법 등이 이루어졌다.

633-4 咸陽城東樓(함양성동루) 함양성의 동루

一上高城萬里愁 蒹葭楊柳似汀洲 溪雲初起日沈閣 山雨欲來風滿樓
鳥下綠蕪秦苑暮 蟬鳴黃葉漢宮秋 行人無問當年事 故國東來渭水流.

(일상고성만리수 겸가양류사정주 계운초기일침각 산우욕래풍만루
조하녹무진원모 선명황엽한궁추 행인무문당년사 고국동래위수류)

높은 성에 오르니 끝간 데 없는 시름이요, 갈대와 버들 있는 모양 모래 섬 같구나.
시냇물에 구름 이니 해는 누각에 잠기고, 산에 비 내리려 하자 바람은 누대에 가득차네.
산새들은 해 저무는 함양궁 푸른 거친 동산에 내리고,
매미들은 가을의 한 나라 궁전 누런 나뭇잎새에서 우는구나.
나그네여! 진 나라나 한 나라 때의 일을 묻지 말라,
그 나라들은 위수를 따라 동쪽으로 흘러가 버렸다네.

[語句] *咸陽 : 陝西省 咸陽市(섬서성 함양시). 秦始皇(진시황)이 서울로 정하고 咸陽宮(함양궁, 渭城위성)을 세웠음. *萬里愁 : 만리에 뻗칠 시름. 끝없는 시름. *蒹葭 : 갈대. 詩經 秦風(시경 진풍)의 篇名(편명)이기도 함. *楊柳 : 버드나무. *汀洲 : 모래 섬. 내, 강, 못, 바다 등의 물이 얕고 흙이나 모래가 드러난 곳. *蕪 : 거칠다. 황무지. *秦苑 : 진 나라 왕궁의 뜰 곧 함양궁의 동산. *無 : ~하지 말라. ~해서는 안 된다. *當年 : 그 해. 그 때. '진 나라나 한 나라가 멸망하던 때'를 가리킴. *故國 : 옛 나라 곧 진과 한. *渭水 : 함양시를 관통해 흐르는 황하의 지류.

[鑑賞] 옛날 진 나라 서울이었던 함양성에 올라 지난 일을 회상하며 감회를 읊은 시. 首聯(수련 1~ 2구)은 '함양성에 올라보니 끝없는 시름에 잠기게 되고, 갈대와 버들이 늘어선 곳은 모래섬 같다' 했고, 頷聯(함련 3~4구)은 '시냇물에서 구름이 일 때 해는 누각에 지고, 산에 비 오려 하니 바람이 누대에 가득 분다'고 대구로 이었다. 頸聯(경련 5~6구)에서는 '새들은 황무지처럼 된 함양궁 동산에 날아 내리고, 매미들은 저쪽 한 나라 궁전이었던 곳 누런 잎새에서 운다'고 역시 대구로 읊어 내용 전환을 했다. 尾聯(미련 7~8구)은 '진 나라나 한 나라나 모두 저 위수 강물 따라 동쪽으로 흘러가 버렸으니, 나라나 사람 등 인생의 일은 無常(무상)한데 위수 같은 자연은 영원하다'고 마무리한 名作(명작)이다.

7언율시. 압운은 愁, 洲, 樓, 秋, 流 자로 평성 '尤(우)' 평운이다. 평측은 차례로 '仄仄平平

仄仄平, 平平平仄仄平平, 平平平仄仄平仄, 平仄仄平平仄平, 仄仄仄平平仄仄, 平平平仄仄平平, 平平平仄平平仄, 仄仄平平仄仄平'으로 이사부동이륙대와 반법, 점법 등이 이루어졌다.

634. 玄錡(현기 ?) : 조선 철종 때 문인. 자 信汝(신여). 호 希庵(희암). 본관 川寧(천녕).

634-1 守歲步唐人韻(수세보당인운) 섣달 그믐날 당 나라 시인의 운자를 따라 짓다

酒中三百六旬眠 夢裏無端鬢皓然 今夜獨醒因底事 聊將一刻抵長年.

(주중삼백륙순면 몽리무단빈호연 금야독성인저사 요장일각저장년)

한 해 삼백 예순 날 술에 취해 졸다 보니, 꿈속처럼 까닭없이 귀밑털만 희어졌구나.
오늘 밤 무슨 일로 홀로 깨어 있어야 하는가,
아마도 오늘 밤의 한 시각이 긴 세월을 당할 것이기 때문이리.

[語句] *守歲 : 음력 섣달 그믐날. 除夜(제야)의 등불을 집안 구석구석에 밝히고 온밤을 새우는 풍습이 있고, 이 날 밤에 자면 눈썹이 센다는 전설이 있음. '새 한 해를 지킨다'는 뜻에서 하는 말임. *六旬 : ①60일. ②예순 살. *無端 : 아무 까닭없이. *鬢 : 귀밑털. 살쩍. *皓然 : 희게 빛나는 모양. *底事 : 무슨 일. 어떤 일. *聊 : 애오라지. 잠시. 즐거워하다. *一刻 : 한 시각 곧 15분쯤. 매우 짧은 시간. *抵 : 막다. 거스르다. 당하다. 이르다. 무릇. 大抵(대저). *長年 : 긴 세월.

[鑑賞] 섣달 그믐날 밤의 민속과 관련하여 감회를 읊은 시. 지난 한 해를 무엇 하나 이룬 것 없이 어영부영 지냈다. 그믐날 밤에 잠을 자다가는 백발이 될지도 모른다는 풍습은 헛말이겠지만, 이 짧은 하룻밤이 앞으로의 긴 세월을 당하는 중요성을 지녀 그런 전설이 이루어졌으리라.

7言絕句(7언절구). 압운은 眠, 然, 年 자로 평성 '先(선)' 평운이다. 평측은 차례로 '仄平平仄仄平平, 仄仄平平仄仄平, 平仄仄平平仄仄, 平平仄仄仄平平'으로 二四不同二六對(이사부동이륙대)와 反法, 粘法(반법, 점법) 등이 모두 잘 이루어졌다.

635. 玄德升(현덕승 ?) : 조선 선조 때 官員(관원). 자 聞遠(문원). 호 希窩(희와). 선조 때 과거 급제 하여 司藝(사예)를 역임했다.

635-1 閒居(한거) 한가로운 삶

結茅溪水上 簷影落潭心 醉睡風吹醒 新詩鳥和吟
放牛眠細草 驚鹿入長林 依杖青松側 千峯紫翠深.

(결모계수상 첨영락담심 취수풍취성 신시조화음
방우면세초 경록입장림 의장청송측 천봉자취심)

시냇가에 초가집을 지으니, 처마 그림자 못 속에 비치네.
취해 졸다 보면 바람이 깨게 하고, 시 지어 읊으면 새들도 화답하는 듯.
풀 뜯던 소는 풀밭에 누워 졸고, 놀란 노루 수풀 속으로 숨네.
지팡이 짚고 푸른 솔 그늘에 섰노라니, 여러 봉우리는 아지랑이에 깊이 잠겼구나.

[語句] *長林 : 길게 이어 있는 수플. *紫翠 : 자줏빛과 푸른 색. 안개나 아지랑이 낀 산 경치.

[鑑賞] 시골 시냇가 초가집에서 한가로이 사는 재미를 읊은 시. 냇물이 흐르다가 못을 이룬 곳에 우리 집 지붕이 비친다. '낮잠 자다 보면 바람이 잠을 깨우고 새들은 내 시에 화답하는 듯 지저귀며, 소는 풀밭에 누워 졸고 노루는 숲 속으로 달아난다.' 이 頷聯(함련)과 頸聯(경련)은 각각 對句(대구)를 이루었다. 멀리 보이는 많은 산봉우리는 짙은 아지랑이에 잠겼다고 시를 맺어, 한적하고 평화롭게 살아가는 멋을 풍긴다.

5言律詩(5언율시). 압운은 心, 吟, 林, 深 자로 평성 '侵(침)' 평운이다. 평측은 차례로 '仄平平仄仄, 平仄仄平平, 仄仄平平仄, 平平仄仄平, 仄平平仄仄, 平仄仄平平, 平仄平平仄, 平平仄仄平'으로 이사부동과 반법, 점법 등이 잘 이루어졌다.

636. 玄鎰(현일 1807~1876) : 조선 말기의 문관. 자 萬汝(만여). 호 皎亭(교정). 본관 延州(연주). 父 知中樞府事 在明(지중추부사 재명). 문벌로 漣川郡守(연천군수)를 거쳐 지중추부사에 이르고 '皎亭詩集(교정시집 5권)'이 있다.

636-1 山居(산거) 산속에 살며

落絮繽紛日欲斜 門前種柳是誰家 山中富貴無人管 個個樵童一擔花.
(낙서빈분일욕사 문전종류시수가 산중부귀무인관 개개초동일담화)

버들개지는 어지러이 흩어지고 날은 저물려는데, 문앞에 버드나무 선 집 뉘네 집인고.
산중의 부귀는 아무에게도 매이지 않아, 나무하는 아이들마다 꽃다발 하나씩 들었구나.

[語句] *絮 : 솜. 버들개지. *繽紛 : 어지러운 모양. 성한 모양. *種 : 심다. *無人管 : 주관하는 사람 없음. 매이지 않음. *樵童 : 땔나무하는 아이. *擔 : 메다, 맡다[평성-覃]. 짐[거성-勘].

[鑑賞] 봄날의 산중 생활 한 단면을 그린 시. 뜰에 버드나무를 심은 집에서 눈이나 솜 같은 버들개지 어지러이 나는 속에 해는 저물려 한다. 산 속의 부귀라는 것

은 어느 누구에게도 매여 있지 않아 가지거나 보는 사람이 임자가 되는 것이라, 초동들이 지게에 산꽃 한 아름을 얹어 돌아온다. 셋째 구가 詩眼(시안)으로 무소유요 인위가 조금도 더하지 않은 순수 자연이다.

7언절구. 압운은 斜, 家, 花 자로 평성 '麻(마)' 평운이다. 평측은 차례로 '仄仄平平仄仄平, 平平仄仄仄平平, 平平仄仄平平仄, 仄仄平平仄仄平'으로 이사부동이륙대와 반법, 점법 등이 잘 이루어지고 평측 배치도 좋아 7언절구의 典型(전형)이 되는 작품이다.

637. 玄楫(현즙 ?) : 조선 광해군 때 문관. 咸鏡道兵馬使(함경도병마사)를 역임했다.

637-1 悼白沙李恒福(도백사이항복) 백사 이항복을 애도하다

鰲柱擎天天妥帖 鰲亡柱折奈天何 北風吹送因山雨 雨未多於我淚多.

(오주경천천타첩 오망주절내천하 북풍취송인산우 우미다어아루다)

오성부원군이 하늘을 받들어 하늘이 무사했었는데, 그가 가니 하늘이 어이 견디리. 북풍 불어 산에 비를 보냈지만, 그 비 내 눈물보다 많지를 않구나.

[語句] *白沙李恒福 : 조선 선조 때 정승. 白沙는 아호임. →320. *鰲 : 鰲城府院君(오성부원군). 이항복이 받은 封爵(봉작)임. *柱 : 기둥. 柱石之臣(주석지신, 기둥과 주추같이 나라에 없어서는 안 될 가장 중요한 신하). *擎天 : 하늘, 임금을 받듦. *妥帖 : 적당함. 온당함. 별 사고 없이 일이 끝남. *奈天何 : 하늘, 임금이 어이하리. 天奈何. *北風 : 북쪽에서 부는 바람. 뒤바람. 된바람. 북새.

[鑑賞] 광해군 때 永昌大君(영창대군)의 어머니인 仁穆大妃(인목대비)에 대한 廢母論(폐모론)이 온 조정을 휩쓸자, 이항복은 이를 반대하는 상소를 임금에게 올린 것이 화근이 되어 함경남도 北靑(북청)으로 귀양가 63세 때 謫所(적소)에서 사망하매, 당시 함경병사였던 지은이가 지어 애도한 輓詩(만시)이다. '오성은 나라의 기둥이어서 임금님이 편안했었는데, 이제 오성이 갔으니 임금님은 어이하실거나. 매서운 북풍이 비를 몰고 오지만, 내가 오성을 애도하며 흘리는 눈물보다는 적구나.' 하고 진심어린 심정을 토로했다.

7언절구. 압운은 何, 多 자로 평성 '歌(가)' 평운이다. 평측은 차례로 '平仄平平平仄仄, 平平仄仄仄平平, 仄平平仄平平仄, 仄仄平平仄仄平'으로 이사부동이륙대와 반법, 점법 등이 잘 이루어졌다.

638. 邢君紹(형군소 ?) : 미상. 고려 후기에 중국에서 歸化(귀화)한 문인인 듯하며, 충선왕 때 都僉議政丞(도첨의정승)을 지낸 權漢功(권한공, 호 一齋일재 →21)과 충숙왕 때 成均館大司成(성균

관 대사성)을 지낸 崔瀣(최해, 호 拙翁졸옹 →569) 등과 교유한 듯하다.

638-1 西京次大同江船窓韻(서경차대동강선창운) 서경에서 대동강 선창 시에 차운하다

江中石老烟波沒 城上臺荒草樹多 好古客來何所感 黃河一曲昔人歌.

(강중석로연파몰 성상대황초수다 호고객래하소감 황하일곡석인가)

강 가운데의 오래된 조천석 바위는 안개 속 물결에 잠겼고,
평양성 위의 을밀대는 풀과 나무에 싸여 있구나.
옛 것을 즐기는 나그네 여기 온 소감이 어떠한가,
황하 한 굽이를 읊듯 대동강 노래나 읊조리세나.

[語句] *西京 : 고려 때의 四京(사경)의 하나. 고구려 서울이었던 平壤(평양). *船窓 : 배의 창문. *石老 : 朝天石(조천석) 바위가 오래 되었음. 조천석은 부벽루 아래 麒麟窟(기린굴) 남쪽에 있는 바위로 東明聖王(동명성왕)이 기린말을 타고 기린굴에 들어갔다가 조천석이 되어 솟아올라 하늘로 올라갔다고 함. →243-4. 최자의 '三都賦(삼도부)'에 "강 가운데에 바위가 있으니 그 이름이 조천대라." 했음. *烟波 : 아지랑이가 낀 물결. *好古 : 옛 것을 즐김. *黃河一曲 : 중국의 황하 한 굽이. '水經(수경) 注(주)'에 "황하는 백리에 한 번씩 작은 굽이, 천리에 한 번씩 큰 굽이, 이렇게 아홉 구비를 돌아 바다에 이른다." 했음. 여기서는 대동강을 황하에 비겨 한 말임.

[鑑賞] 이 시의 原題(원제)는 '西京次權一齋大同江船窓韻(서경차권일재대동강선창운)'으로 '서경에서 일재 권한공의 대동강 선창 시에 차운하다'의 뜻이다. 權漢功(권한공 →21)은 고려 충선왕 때 문신으로 아호가 一齋인데 그의 시는 "磯邊綠樹春陰薄 江上青山暮色多 宛在水中迷遠近 夕陽何處竹枝歌(여울 가의 푸른 나무에 봄 날씨 흐렸고, 강가의 청산에는 해 저물어 가네. 죽지가 같은 민요를 부르는 사람 분명히 이 강위에 있겠건만 석양에 원근을 분별 못 해 볼 수가 없구나)" 이다. 또 崔瀣(최해 →569)도 일재의 시에 차운했으니 "濃濃淡淡雲烟好 去去來來客子多 極口道人難到處 又因行迫未成歌(짙고 묽게 깔린 구름과 연기 좋은데, 오가는 사람들 많기도 하다. 사람들이 말하기를 오기 어려운 곳이라 하면서, 바쁜 걸음에 몰려 흥겨운 노래 부르지 못하는구나)"라 읊었다.

7言絕句(7언절구). 압운은 多, 歌 자로 평성 '歌' 평운이다. 평측은 차례로 '平平仄仄平平仄, 平仄平平仄仄平, 仄仄仄平平仄仄, 平平仄仄仄平平'으로 二四不同二六對(이사부동이륙대)와 反法, 粘法(반법, 점법) 등이 잘 이루어졌다.

638-2 永明寺浮碧樓(영명사부벽루) 영명사 부벽루

江樓孤笛動龍眠 醉裏風流白日仙 遠岫似雲雲似岫 長天浮水水浮天
兩崖出沒高低岸 萬派朝宗巨細川 一葉扁舟何處客 茫茫獨去夕陽邊.

(강루고적동용면 취리풍류백일선 원수사운운사수 장천부수수부천
양애출몰고저안 만파조종거세천 일엽편주하처객 망망독거석양변)

강가 누각의 외로운 피리 소리 용의 잠을 깨우고, 취중의 풍류가 한낮의 신선일세.
먼 산은 구름 같고 구름은 산과 같은데, 넓고 먼 하늘은 물에 떴고 물은 그 하늘에 떠 있구나.
양쪽 벼랑은 들락날락 높고 낮은 기슭이요, 만 갈래 크고 작은 냇물 모여 바다로 가네.
일엽편주 탄 사람 어느 곳 나그네인지, 아득히 홀로 석양 쪽으로 가고 있구나.

[語句] *永明寺 : 평양 牡丹峯(모란봉, 牡丹臺모란대) 부근의 절. →243-4, 327-1. *浮碧樓 : 모란대 밑 절벽 위에 있는 누각. →243-4. *風流 : 韻致(운치) 있는 멋. *岫 : 바위 구멍. 산. *朝宗 : 제후가 천자를 우러러 뵙고 따름. '강물이 분주히 흘러 바다로 모여드는 것'을 비유해 씀. *巨細 : 큼과 작음. 巨大(거대)함과 細小(세소)함. *一葉扁舟 : 조그마한 조각배. 一葉片舟(일엽편주). *茫茫 : 넓고 멀어 아득함.

[鑑賞] 영명사 부근의 부벽루에서 바라본 원근의 경관을 읊었다. '대동강 가의 부벽루에 올라 술잔을 기울이노라니 경치 너무 좋은데다가 피리 소리마저 들리니 신선이 된 듯하다.' '먼 산은 구름인 듯 구름은 산인 듯, 먼 하늘이 물인 듯 물이 하늘인 듯, 산과 구름과 하늘과 강물이 하나 되어 보인다.' 이 연은 對句(대구)가 잘 이루어졌다. '강의 양쪽 언덕은 높았다 낮았다 하며 강기슭을 이루었고, 크고 작은 냇물이 합쳐지며 바다로 향한다.' 이 轉聯(전련, 頸聯경련)도 대구로 되었다. '저녁노을 이는데 조각배 하나 떠 지는 해 쪽으로 가고 있다.'고 맺어 한 폭의 그림을 연상할 수 있는 시이다. 3, 4구 곧 頷聯(함련, 承聯승련)이 名句(명구)라 하리라.

7言律詩(7언율시). 압운은 眠, 仙, 天, 川, 邊 자로 평성 '先(선)' 평운이다. 평측은 차례로 '平平平仄仄平平, 仄仄平平仄仄平, 仄仄仄平平仄仄, 平平平仄仄平平, 仄平仄仄平平仄, 仄仄平平仄仄平, 仄仄平平平仄仄, 平平仄仄仄平平'으로 이사부동이륙대와 반법, 점법 등이 모두 이루어지고 평측 배치도 잘된 名作(명작)이다.

639. 慧諶(혜심 1178~1234) : 고려 후기의 高僧(고승). 성 崔氏(최씨). 자 永乙(영을). 호 無衣子(무의자). 시호 眞覺國師(진각국사). 和順縣(화순현) 사람으로 홀어머니 밑에서 한학을 공부해 신종 4년(1201) 司馬試(사마시)에 급제, 太學(태학)에 들어갔다. 어머니의 병으로 집에 돌아와 있으면서 불경을 탐독하고 모친 사망 후 曹溪山(조계산)에 들어가 普照國師 知訥(보조국

사 지눌) 밑에서 중이 되었다. 鰲山(오산), 智異山 金臺庵(지리산 금대암) 등에서 수도했고, 보조국사 입적 후 王命(왕명)으로 修禪寺(수선사)에 들어가 그의 자리를 맡아 조계종 2세가 되었으며, 고종 6년(1219) 왕이 斷俗寺(단속사)에 있게 하고는 大禪師(대선사)로 대우했다. 儒學(유학)에도 통하여 유교와 불교가 다를 바 없다고 했으며, 저서에 '眞覺國師語錄(진각국사 어록 1권), 心要(심요 1편), 禪門拈頌(선문염송 30권), 無衣子詩集(무의자시집 2권)' 등이 있다.

639-1 國師圓寂日(국사원적일) 보조국사 돌아가신 날

春深院落淨無埃 片片殘花點綠苔 誰道少林消息絕 晚風時送暗香來.
(춘심원락정무애 편편잔화점녹태 수도소림소식절 만풍시송암향래)

깊은 봄의 절 뜰은 티끌 하나 없이 깨끗한데, 지는 꽃잎 조각조각 푸른 이끼 위에 지네.
누가 소림사의 참선 기풍 소식 끊겼다 하는고, 저녁 바람에 꽃향기 은근히 실려 오는데.

[語句] *國師 : 보조국사 지눌(1158~1210). 고려 신종 때 고승. 호 牧牛子(목우자). 시호 佛日普照國師(불일보조국사). *圓寂 : 중의 죽음. 圓滿具足(원만구족, 모난 데가 없고도 온전히 갖춘 상태)하여 寂滅(적멸, 열반의 경지에 이름, 죽음)함. *院落 : 울안의 정원. *殘花 : 시든 꽃. *少林 : 少林寺(소림사). 중국 하남성 登封縣(등봉현)에 있는 절로 서역에서 온 達磨(달마)가 9년간 面壁(면벽)하여 깨달음을 얻었고, 승려들의 무술 연마로 유명함. 少林消息은 '參禪得道(참선득도)의 이어짐'을 뜻함. *晚風 : 저녁 바람. *暗香 : 아주 그윽하게 풍기는 향기.

[鑑賞] 스승인 지눌의 입적을 당하여 읊은 시. '산골 절의 깨끗한 뜰에 이끼 위로 잔화의 꽃잎이 떨어진다. 저녁 바람에 은근한 향기 풍겨오나니, 소림사의 참선 득도의 전통이 이로써 끊어졌다고 말하지 말라' 했다. 떨어지는 꽃잎은 곧 지눌의 죽음을 비유한 표현이요, 이어서 비록 그분의 肉身(육신)은 갔지만 참선 득도의 法身(법신)은 꽃향기가 되어 계속 풍겨 전해진다고 하여 참선의 영원한 계승 의지를 나타내었다. 輓詩(만시)로서는 독특한 작품이라 하겠다.

7言絕句(7언절구). 압운은 埃, 苔, 來 자로 평성 '灰(회)' 평운이다. 평측은 차례로 '平平仄仄仄平平, 仄仄平平仄仄平, 平仄仄平平仄仄, 仄平平仄仄平平'으로 二四不同二六對(이사부동이륙대)와 反法, 粘法(반법, 점법) 등이 잘 이루어졌고 평측 배치도 좋은 작품이다.

639-2. 妙高臺上作(묘고대상작) 묘고대 위에서 짓다

嶺雲閑不撤 澗水走何忙 松下摘松子 煎茶茶愈香.
(영운한불철 간수주하망 송하적송자 전다다유향)

고개의 구름 한가로워 걷히지 않고, 산골 물은 무엇이 바빠 저리도 달리듯 흐르는고. 소나무 아래에서 솔방울을 따서, 차로 달이니 그 맛 더욱 향기롭구나.

[語句] *妙高臺 : 미상. 지리산에 있는 듯함. *嶺雲 : 산마루 위에 뜬 구름. *澗水 : 골짜기에서 흐르는 물. *松子 : 솔방울. *煎茶 : 차를 달임. 烹茶(팽다). *愈 : 더욱. 낫다.

[鑑賞] 산마루의 구름은 구름대로 떠 있고 산골짜기의 시냇물 또한 냇물대로 흘러간다. 시원한 바람도 또한 제대로 불어오리라. 그런 속에 지은이도 자연을 따라 솔방울을 따서 차로 끓여 마시니 그 향그러움이 더할 나위 없다. 사람도 자연의 理法(이법)에 따라 살아가는 모습인 것이다. 唐詩(당시)와 겨룰 좋은 작품이라 하리라.

5言絕句(5언절구). 압운은 忙, 香 자로 평성 '陽(양)' 평운이다. 평측은 차례로 '仄平平仄仄, 仄仄仄平平, 平仄仄平仄, 平平平仄平'으로 이사부동과 반법, 점법 등이 잘 이루어졌다.

640. 慧超(혜초 704~?) : 신라 경덕왕 때 고승. 일명 惠超(혜초). 일찍이 당 나라에 건너가 성덕왕 18년(719) 南印度(남인도)의 密敎僧 金剛智(밀교승 금강지 Vajabodhi)에게서 불도를 배웠다. 바닷길로 인도에 이르러 四大靈塔(사대영탑) 등의 모든 聖蹟(성적)과 五天竺國(오천축국) 등지를 순례하고, 지금의 中東(중동) 여러 지방을 다녔으며 동쪽의 여러 지방을 거쳐서 실크로드를 통해 성덕왕 26년(727) 당 나라 長安(장안)으로 돌아왔다. 장안에서 기행문인 '往五天竺國傳(왕오천축국전3권)'을 지었으나 전하지 않았는데, 1906~1909년 사이에 프랑스의 학자 펠리오(Paul Pillot)가 감숙성 지방을 탐사하다가 敦煌(돈황) 鳴沙山 千佛洞(명사산 천불동)의 石室(석실)에서 앞뒤가 떨어진 두루마리 책 두 권을 발견함으로써 세계적으로 史學(사학) 연구에 좋은 자료가 되었다. 혜초는 신라에 돌아오지 못하고 효성왕 5년(741) 스승 금강지가 입적한 뒤 그 제자인 不空三藏(불공삼장)에게서 密敎經典(밀교 경전) 강론을 받아 그의 6大弟子(6대 제자) 중의 한 사람으로 꼽혔다. 선덕왕 1년(780)에는 불공삼장과 인연이 깊다는 五臺山(오대산)의 乾元 菩提寺(건원 보리사)에 가서 밀교 경전 연구를 계속한 듯하나 그 이후는 정확히 알 수 없으며, 80여세에 건원 보리사에서 입적한 듯하다고 한다.

640-1 南天路爲言(남천로위언) 남천축 길에서 짓다

月夜瞻鄕路 浮雲颯颯歸 緘書參去便 風急不聽廻
我國天岸北 他邦地角西 日南無有雁 誰爲向林飛.

(월야첨향로 부운삽삽귀 함서참거편 풍급불청회
아국천안북 타방지각서 일남무유안 수위향림비)

달밤에 고향길을 바라보니, 구름만 스산하게 떠가는구나.

편지 써서 가는 편에 부치려 했더니, 그 바람은 세차 듣지 않고 돌아가버리네.
내 나라는 하늘가의 북쪽인데, 이 고장은 먼 땅 끝의 서쪽일세.
남쪽 고장이라 기러기도 있지를 않으니, 뉘라서 계림을 향해 날려 주려는고.

[語句] 南天 : 南天竺(남천축) 곧 남인도. *爲言 : 지음. 말을 함. *瞻 : 보다. 쳐다보다. *颯颯 : 바람이 쌀쌀하게 부는 소리. *緘書 : 봉한 편지. 封書(봉서). *參 : 보이다. '부치다'의 뜻임. *不聽 : 들어주지 않음. 들은 체도 않음. *天岸 : 하늘 가. 天涯(천애). *地角 : 땅의 한 모퉁이. 天涯地角(천애지각, 하늘과 땅의 한 귀퉁이). *日南 : 해의 남쪽 곧 南方(남방). *林 : 鷄林(계림) 곧 신라.

[鑑賞] 이 시는 혜초의 '왕오천축국전' 속에 있는 紀行詩(기행시) 중의 하나이다. 연대로 따지면 작자가 분명한 작품으로는 가장 오래된 기록이라고 한다. 남인도에서 鄕愁(향수)를 그린 작품으로 '구름에 의탁해 편지를 부치려 하나 바람이 그 구름을 몰아가 버리고, 기러기 편을 찾으려 해도 북쪽 내 고향 신라와 달리 기러기가 없는 남녘 먼 고장이라 그도 불가능하다.'고 했다. '왕오천축국전'은 玄奘(현장)의 '大唐西域記(대당서역기)'와 함께 서역의 역사와 천산 대로를 가로지른 실크로드의 考究(고구)에도 둘도 없는 자료라는 것이다. '三國遺事(삼국유사)'에 혜초를 지목한 것은 아니지만 천축으로 순례를 떠난 여러 스님들의 壯途(장도)를 讚(찬)한 시가 있으니, "天竺天遙萬疊山 可憐遊士力登攀 幾回月送孤帆去 未見雲隨一杖還(천축의 머나먼 길 만첩 산으로, 가련타 애써서 오른 분들이여. 몇 번이나 저 달은 고향 가는 외로운 배를 보냈던가, 구름 따라 돌아온 사람 하나도 못 보았구나.)"이다.<三國遺事 권4 歸竺諸師>

5言律詩(5언율시). 압운은 歸, 迴, 西, 飛 자로 歸와 飛는 평성 '微(미)' 운, 迴도 평성 '灰(회)' 운, 西도 평성 '齊(제)' 운인데 '灰'와 '齊' 운은 通韻(통운)이 되어, 평운에서 평운으로 轉韻(전운)한 것이다. 평측은 차례로 '仄仄平平仄, 平平仄仄平, 平平平仄仄, 平仄仄平平, 仄仄平仄仄, 平平仄仄平, 仄平平仄仄, 平平仄平平'으로 이사부동은 일곱째와 끝 구에서 어긋났고, 반법과 점법은 그런대로 이루어졌다. 그리고, 일곱째 구와 끝 구의 평측이 대조를 잘 이루기도 했다.

641. 混脩(혼수 1320~1392) : 고려말의 명승. 이름 混脩. 자 無作, 了圓(무작, 요원). 호 幻菴(환암). 시호 普覺國師(보각국사). 속성 豊壤趙氏(풍양 조씨). 父 叔鴒(숙령). 大禪師 繼松(대선사 계송) 아래서 중이 되어 내외 경전을 공부하고, 충혜왕 2년(1341) 禪試(선시)에서 장원했다. 攝心(섭심, 名利명리에서 벗어나 마음을 거둠) 공부를 금강산에서 2년간 하고, 노모로 하여 서울 부근의 산에서 5, 6년을 보내고 모친이 사망하자 '大字法華經(대자법화경)'을 써서 그 명복을 빌었다. 息彰鑑(식창감)에게서 楞嚴經(능엄경)을 배운 뒤 충주의 青龍寺(청룡사)

북쪽에 宴晦菴(연회암)을 짓고 살았는데, 공민왕이 檜巖寺(회암사)에 있게 했으나 오대산에 들어가 孤雲菴(고운암)의 懶翁(나옹 →108)을 찾아가 佛道要(불도요)를 묻고는 했으며, 왕이 다시 부르자 자취를 감추고 명산을 돌아다녔다. 공민왕 19년(1370) 조정의 工夫選場(공부 선장)에서 나옹의 한 물음에 그만이 응답해 합격했으나 圍鳳山(위봉산)에 숨었다. 그 후 왕의 명에 못 이겨 佛護寺(불호사)에 있으면서 內佛堂(내불당)에 들어가 임금과 불법을 문답하고 존경을 받았다. 우왕 9년(1383) 國師(국사)가 되고 大曹溪宗師 禪敎都摠攝 悟佛心宗興慈運悲福國利正 妙化無窮都大禪師 正遍智雄尊者(대조계종사 선교도총섭 오불심종흥자운비복국리정 묘화무궁도대선사 정편지웅존자)라는 긴 호를 받았다. 탑과 비가 靑龍寺 터에 남아있으며 탑호는 定慧圓融(정혜원융)이었고 비문은 權近(권근 →14)이 찬했다.

641-1 偈(게) 게송

三十年來不入塵 水邊林下養精眞 誰將擾擾人間事 繫縛逍遙自在身.
(삼십년래불입진 수변임하양정진 수장요요인간사 계박소요자재신)

서른 해를 속세에 들지 않고, 물가와 숲 있는 자연에서 정진을 길렀네.
누구라 뒤숭숭한 세상 일 끌어와, 조용히 거니는 한가로운 이 몸을 속박하리오.

[語句] *偈 : <佛>부처의 공덕 또는 교리를 찬미하는 노래 글귀. 伽陀(가타 gatha). 偈頌(게송). *塵 : 티끌. 속세. 塵世(진세). *精眞 : 깨끗하고 참됨. 불교의 참된 도리. *擾擾 : 정신이 뒤숭숭함. *繫搏 : 묶어서 매어 둠. 束縛(속박). *逍遙 : 한가롭게 거닒. 逍遙自適(소요자적). *自在 : 속박이나 장애가 없이 마음대로임.

[鑑賞] 오직 불도를 닦는 일에 정진하는 스님의 마음을 스스로 읊었다. 조용한 절에서 참선 수도하기 30년인데, 그 누가 속세의 인간사로 고요히 살아가는 이 몸을 속박할 수 있겠는가. 오직 부처님 도리만을 一心(일심)으로 닦아 나갈 것임을 게송으로 표현했다.

7言絶句(7언절구). 압운은 塵, 眞, 身 자로 평성 '眞' 평운이다. 평측은 차례로 '平仄仄平仄仄平, 仄平平仄仄平平, 平平仄仄平平仄, 仄仄平平仄仄平'으로 二四不同二六對(이사부동이륙대)와 反法, 粘法(반법, 점법) 등이 잘 이루어지고 평측 배치도 좋아 7絶의 典型(전형)이 된다.

642. 洪侃(홍간 ?~1304) : 고려 원종 때 시인. 호 洪崖(홍애). 知製誥(지제고)를 역임하고 僉正舍人(첨정사인)으로 있다가 東萊縣令(동래현령)으로 좌천되어 재직 중 사망했다. 詩文(시문)에 능했으며 詩體(시체)가 깨끗하고 곱기로 이름 높았고, '三韓詩龜鑑(삼한시귀감)'에 작품이 실려 있다.

642-1 諸郎席上次韻(제랑석상차운) 여러 낭관들 자리에서 차운하다

江湖數載漫爲州 藍袂西垣又滯留 龍尾蛇頭安敢擇 牛溲馬渤幸容收
空濛柳色層城晩 狼藉荷花太液秋 物色惱人人不會 百年宦海苦沉浮.

(강호수재만위주 남메서원우체류 용미사두안감택 우수마발행용수
공몽유색층성만 낭자하화태액추 물색뇌인인불회 백년환해고침부)

여러 해 시골로 나가 고을살이를 하다가, 남빛 옷깃 달린 관복 입고 한림원에 또 머무르네.
용의 꼬리니 뱀의 머리니 어찌 감히 고르리오, 우수마발이나마 요행히 거두어 들여진 것을.
높은 성의 저물녘에 버들잎 뽀얗고, 가을 태액 못에는 연꽃 어지러이 흩어졌네.
이런 풍경이 나를 고달프게 하는 걸 남들은 모르니,
평생 벼슬길에 뜨락 잠기락 하여 괴로워라.

[語句] *郎 : 郎官(낭관). 관청의 堂下(당하, 정3품 이하) 벼슬아치. *漫 : 두루 하다. 부질없다. *藍袂 : 남빛 소매. 벼슬아치의 제복. 官服(관복). *西垣 : 中書省(중서성) 또는 翰林院(한림원). 宮城(궁성)의 서쪽에 있기로 하는 말임. 西掖(서액). *龍尾蛇頭 : 용의 꼬리와 뱀의 머리. '큰 단체의 부하가 되기보다 작은 단체의 우두머리가 되라'의 뜻으로 쓰는 말임. 鷄口牛後(계구우후, 닭의 머리와 소의 궁둥이나 꼬리). *安 : 어찌. *牛溲馬渤 : 소 오줌과 말똥. 가치없는 말이나 보잘것없는 地位(지위). *空濛 : 이슬비가 뽀얗게 내리는 모양. 안개가 자욱히 낀 모양. *層城 : 거듭해 쌓은 높은 성. *狼藉 : 어지럽게 여기저기 흩어져 있음. *太掖 : 太液池(태액지). 漢武帝(한무제)가 궁중에 판 못. '궁중의 연못'이란 뜻으로 썼음. *物色 : 사물의 모습이나 풍경. *惱 : 고달프다. 걱정하다. 번뇌하다. *不會 : 理會(이회, 사리를 깨달아 앎)하지 못함. *宦海 : 벼슬 사회. 벼슬길. 官海(관해). 官界(관계). *浮沉 : 물위에 떠올랐다 잠겼다 함. 성함과 쇠함. 浮沈(부침).

[鑑賞] 당하관의 벼슬아치들이 모여 詩會(시회)라도 열었으리라. 운자를 내고 각자가 시 한 수씩 읊는데 지은이는 이와 같이 지었으리라. 3, 4구 곧 頷聯(함련)은 벼슬자리의 높낮이나 좋고 나쁨 곧 淸濁(청탁)을 취사선택할 여지가 없는 것이 벼슬길임을 對句(대구)로 읊은 敍情(서정)이요, 5, 6구 곧 頸聯(경련, 腹聯복련)은 도성의 버들 빛과 궁내의 연꽃을 敍景(서경)으로 그린 역시 대구인데, 함련은 虛(허)요 경련은 實(실)이어서 허실의 배치가 잘 이루어졌다. 이러한 사물의 바뀜이 꼭 인생길의 굴곡을 보여주는 듯해 나를 번뇌롭게 함을 남들은 이해하지 못하여 벼슬길의 성쇠가 괴롭다고 맺은 名作(명작)이다.

7言律詩(7언율시). 압운은 州, 留, 收, 秋, 浮 자로 평성 '尤(우)' 평운이다. 평측은 차례로 '平平仄仄仄平平, 平仄平平仄仄平, 平仄平平平仄仄, 平平仄仄仄平平, 平平仄仄平平仄, 平仄

平平仄仄平, 仄仄仄平平仄仄, 仄平仄仄仄平平'으로 이사부동이륙대와 반법, 점법 등이 모두 잘 이루어지고 평측 배치도 좋은 7언율시의 전형이라 하겠다.

642-2 早朝馬上(조조마상) 이른 아침 말을 타고 가며

紫翠橫空澗水流 風烟千里似滄洲 石橋西畔南臺路 拄笏看山又一秋.

(자취횡공간수류 풍연천리사창주 석교서반남대로 주홀간산우일추)

푸른 산 허공에 비껴 있고 산골 물 흐르는데, 이내 낀 천 리 신선 고장 창주와 같구나. 돌다리 서쪽 곁 남대 길에서, 홀 괴고 산을 보니 또 한 가을이로구나.

[語句] *紫翠 : 자줏빛과 푸른 색. '산의 경치'를 형용하는 말임. *澗水 : 산골짜기에서 흐르는 물. *風烟 : 멀리 보이는 공중에 서린 흐릿한 기운. 風煙(풍연). *滄洲 : ①동쪽 바다 가운데에 있다는 신선이 사는 곳. ②맑고 푸른 물가. 隱者(은자)가 사는 곳. 江湖(강호). ③南宋(남송)의 유학자 朱子(주자, 朱熹주희)가 학문을 강론하던 곳. *南臺 : 남쪽에 있는 墩臺(돈대, 조금 높직하고 평평한 땅). 고유명사일 수도 있음. *拄笏 : 홀을 턱에 굄. 笏은 '朝服(조복)을 입고 임금께 알현할 때 오른손에 쥐던 牌(패, 나뭇조각. 手板수판)'임.

[鑑賞] 가을에 말을 타고 가며 보이는 풍경과 남대 길에서 쉬면서 사방을 둘러본 가을 경치를 읊은 敍景詩(서경시). '단풍 들려는 가을 산은 공중을 가로질러 펼쳐 있는데 산골짜기의 물은 졸졸 소리내며 흐르고, 아지랑이 같은 흐릿한 기운 저 멀리까지 퍼져 있어 창주를 연상하게 한다. 돌다리 서편 남대 길에서 쉬면서 홀을 턱에 괴고 바라보니 온통 가을 기운이 서려 있다.'고 눈에 띄는 대로 술술 쉽게도 그려 나갔다.

7언절구. 압운은 流, 洲, 秋 자로 평성 '尤(우)' 평운이다. 평측은 차례로 '仄仄平平仄仄平, 平 平平仄仄平平, 仄平平仄平平仄, 仄仄平平仄仄平'으로 이사부동이륙대와 반법, 점법 등이 모두 이루어졌다.

643. 洪慶臣(홍경신 ?) : 조선 선조 때 문관. 자 德公(덕공). 호 鹿門(녹문). 선조 때 문과 급제하여 副提學(부제학)을 역임했다.

643-1 江東卽事(강동즉사) 강동에서 즉흥으로 읊다

日落江天碧 烟昏山火紅 漁舟殊未返 浦口夜多風.

(일락강천벽 연혼산화홍 어주수미반 포구야다풍)

해 지니 강과 하늘 푸르고, 연기 어린 어둠 속에 산 마을의 불만이 붉구나.
고기잡이 배 아직 돌아오지 못했는데, 포구의 밤에 바람 이는구나.

[語句] *卽事 : 눈앞의 사물을 즉흥으로 읊어 내는 일. *昏 : 어둡다. 황혼. *殊 : 아주. 조금도. 語助辭(어조사)로 쓰이기도 함. *山火 : 산불. '산마을의 불빛'으로 풀이했음. *浦口 : 배가 드나드는 개의 어귀.

[鑑賞] 강의 동편 포구 가까운 곳에서 보이는 광경을 즉흥으로 읊은 시. 어둑한 황혼 무렵 강 가까운 산골 마을의 저녁 불빛이 깜박이고, 고기잡이배들은 아직 돌아오지 않은 속에 포구에서는 밤바람이 크게 일고 있어 강에 나간 어부들이 걱정스럽다는 심정이 담겨 있어, 서경적인 속에서도 敍情的(서정적)인 작품이다. 山火는 산불로 풀이되기도 하겠지만, 시의 분위기로 보아 山村(산촌) 집들에서 밝힌 등불로 풀이했다.

5言絕句(5언절구). 압운은 紅, 風 자로 평성 '東(동)' 평운이다. 평측은 차례로 '仄仄平平仄, 平平平仄平, 平平平仄仄, 仄仄仄平平'으로 二四不同(이사부동)과 反法, 粘法(반법, 점법) 등이 모두 이루어졌다. 그리고, 첫 구의 둘째 자가 落으로 仄聲字(측성자)이므로 仄起式(측기식) 구성이 된다. 반대로 平聲字(평성자)이면 平起式(평기식) 구성이라 하는데, 5언절구에서는 측기식 구성을 正格(정격)이라 하고 평기식 구성은 偏格(편격)이라 한다.

644. 洪貴達(홍귀달 1438~1504) : 조선 연산군 때 문인. 자 兼善(겸선). 호 虛白堂, 涵虛亭(허백당, 함허정). 시호 文匡(문광). 본관 缶溪(부계). 父 孝孫(효손). 대대로 경북 咸昌(함창, 상주군)에 살았으며 어려서부터 총명했으나 가난하여 남의 책을 빌어 공부해 문장으로 이름이 높았다. 세조 7년(1461) 문과 3등으로 급제하여 奉敎, 說書(봉교, 설서)를 지내고 세조 12년(1467) 李施愛(이시애)의 난에 나가 싸워 공을 세워서 正郎(정랑)을 거쳐 直提學, 刑曹參判, 大提學, 吏曹判書, 左參贊(직제학, 형조참판, 대제학, 이조판서, 좌참찬)까지 올랐다. 연산군 4년(1498) 戊午士禍(무오사화) 때 좌참찬으로서 왕께 10여 조목에 달하는 진언을 해 노여움을 사서 좌천되고 여러 해 한직에 있다가 京畿監司(경기감사)가 되었으며, 사건으로 慶源(경원)에 유배되었다가 동왕 10년(1504) 甲子士禍(갑자사화) 때 모함으로 연좌되어, 소환되어 오던 도중 端川(단천)에서 왕명에 의해 교수형을 받았다. 아들 彦昇(언승), 彦邦(언방), 彦忠(언충), 彦國(언국)등 네 형제 모두 이 때 杖配(장배)되었다. 명나라 사신이 왔던 성종 때 文名(문명)을 떨쳐 碑碣文(비갈문)을 지어 달라는 사람들이 문 앞에 가득했다고 하며, 三日浦(삼일포) 四仙亭(사선정) 石刻(석각)은 그의 필적이다.

644-1 慶源烽火(경원봉화) 경원 봉화

邊日西斜已夕烽 此時城闕動昏鍾 我身恨不如烽火 飛到南山屋上峯.

(변일서사이석봉 차시성궐동혼종 아신한불여봉화 비도남산옥상봉)

변방의 태양이 서편으로 지려 하자 저녁 봉화 오르고, 때 맞추어 성문에는 저녁 종 울리네. 이 몸이 저 봉화보다도 못함을 한하노니, 저 봉화는 남산의 우리 집 지붕 위로 날아가는데.

[語句] *慶源 : 함경북도의 경원군. 우리나라 최북단이며 女眞文字碑(여진문자비), 龍堂(용당), 城址(성지), 關防(관방) 등의 명승고적이 있음. *邊日 : 변방 땅의 해. *城闕 : 城門(성문). *昏鍾 : 저녁 때 치는 종. 晩鐘(만종). *南山 : 木覓山(목멱산). 서울에 있는 산 이름.

[鑑賞] 경원 땅에 유배되어 있을 때 타오르는 봉화 불을 보며 망향의 정을 읊은 시. 국경 지방의 생활은 늘 불안하니 걸핏하면 외적의 침입 등 위험을 알리는 봉화가 오르지 않겠는가. 오늘도 해가 지려는데 봉화가 오르고 때맞추어 성에는 저녁 종이 울린다. 저 봉화 불빛은 날아 서울 우리 집 지붕의 남산 봉우리에 갈 것인데, 나는 이 낯선 고장에 갇혀 고향으로 가지 못하니 저 봉화만도 못한 신세가 아닌가.

7言絕句(7언절구). 압운은 烽, 鍾, 峯 자로 평성 '冬(동)' 평운이다. 평측은 차례로 '平仄平平仄仄平, 仄平平仄仄平平, 仄平仄仄平平仄, 平仄平平仄仄平'으로 二四不同二六對(이사부동이륙대)와 반법, 점법 등이 잘 이루어져 7언절구의 典型(전형)이 되겠다.

644-2 龍泉途中六言三絕(용천도중육언삼절) 용천 도중 6언절구 세 수

客館終宵聽雨 青燈一點題詩 路遠征人起早 泥深驛馬行遲<제1수>

樹深聞鶯不見 長途信馬含情 人間俯仰今古 天地幾回陰晴<제2수>

淋漓雙袖露浥 夾路無盡雲林 野水魚跳鏡面 春山鳥度屏心<제3수>

(객관종소청우 청등일점제시 노원정인기조 이심역마행지)

(수심문앵불견 장도신마함정 인간부앙금고 천지기회음청)

(임리쌍수노읍 협로무진운림 야수어도경면 춘산조도병심)

객관에서 밤새 빗소리 들으며, 푸른 등잔 한 점 켜고 시를 짓네.
갈 길 멀어 가는 사람 일찍 깨고, 진흙길 깊어 역마 더디 가더라.<第1首>
꾀꼬리 소리 들리나 숲 깊어 안 보이고, 먼 길에 말만 믿어 정이 도탑네.
인간 고금의 일 이리저리 헤아리니, 천지는 몇 번이나 갰다 흐렸다 했던고.<第2首>
두 소매에 이슬이 젖어 후줄근하고, 길 옆 구름 낀 숲은 끝이 없구나.
거울 같은 냇물에 고기 뛰놀고, 새들은 병풍 속 같은 경치 좋은 봄 산을 날아가네.<第3首>

[語句] *龍泉 : 미상. 평안북도 압록강 하류 삼각주에 龍川郡(용천군)이 있음. *三絕 : 絕句(절구) 세 수. *客館 : 객지의 숙소. 여관. 客舍(객사). *靑燈 : 푸른빛을 내는 등불. *題詩 : 제목을 붙여 시를 지음. *征人 : 여행하는 사람. 旅客(여객). *驛馬 : 각 驛站(역참)에 항상 대기시켜 두고 官用(관용)에 쓰던 말. 역말. *長途 : 먼 길. 오래 걸리는 여행. *俯仰 : 아래를 굽어보거나 위를 쳐다봄. *陰晴 : 흐림과 맑음. *淋漓 : 흘러 떨어지는 모양. *浥 : 젖다. *夾路 : 큰 길에서 갈 린 좁은 길. *無盡 : 끝이 없음. 無窮無盡(무궁무진, 한도 끝도 없음). *屛心 : 병풍 속.

[鑑賞] 봄날 용천으로 가면서 읊은 시. 첫 수는 '여관에서 밤새도록 비오는 소리를 들으며 시를 지었고, 이튿날 아침 일찍 길을 떠나니 길이 질어 말은 더디 간다.'고 두 구씩이 對句(대구)를 이루었다. '관용 여관'격인 客舍는 客館이라 하지 않으니 주의를 요하고, 驛馬라 한 것으로 보아 관용 여행임을 알 수 있다. 둘째 수는 '그래도 날씨는 맑아 긴 숲에서 꾀꼬리가 울고 오직 믿을 건 타고 가는 말뿐이다. 날씨가 비오다 갰다 하는 것을 생각하다 보니 고금의 인간 사회의 흥망성쇠가 생각난다.' 하여 역시 두 구씩 대구가 되었다. 끝 수는 '끝없이 이어지는 숲길을 가노라니 초목의 이슬로 양 소매가 젖었고, 냇물에는 고기 뛰놀고 새는 아름다운 봄의 산을 날아가는 鳶飛魚躍(연비어약)의 자연 이치를 깨닫게 한다.'고 읊었다. 끝 두 구는 대구가 멋지게 이루어졌으니 '野水-春山, 魚跳-鳥度, 鏡面-屛心'이 각각 짝인 것이다.

6言絕句(6언절구) 세 수. 압운은 첫 수가 詩, 遲 자로 평성 '支(지)' 운, 둘째 수는 情, 晴 자로 평성 '庚(경)' 운, 끝수는 林, 心 자로 평성 '侵(침)' 운으로 모두 평운 압운이다. 평측은 차례로 '仄仄平平仄仄, 平平仄仄平平, 仄仄平平仄仄, 仄平仄仄平平 ; 仄平平平仄仄, 平平仄仄平平, 平平仄仄平仄, 平仄仄平平平 ; 平平平仄仄仄, 仄仄平仄平平, 仄仄平平仄仄, 平平仄仄平平'이다. 6언구는 7언구의 다섯째 자를 생략한 형식이라 평측은 二四不同二五對(이사부동이오대)로 따져 보아야 하니[→68-2], 첫 수는 이사부동이오대가 모두 이루어졌고 둘째 수는 첫 구와 끝 구에서 어긋났으며 끝 수도 끝 두 구만이 이루어졌고, 반법과 점법은 형성되지 않았다.

645. 洪奎(홍규 ?) : 고려 원종 때 명신. 충숙왕의 장인. 초명 文系(문계). 시호 匡定(광정). 본관 南陽(남양). 父 同知樞密院事 縉(동지추밀원사 진). 원종 때 御史中丞(어사중승)이 되었고 왕이 원 나라에서 돌아오매, 당시 집권한 林惟茂(임유무)는 평소 그와 宋松禮(송송례)에게 매사를 의논해 왔지만, 임유무가 왕에게 항거하므로 홍규는 유무의 매부이면서도 대의를 위해 송송례와 함께 三別抄(삼별초)의 힘을 빌어 임유무를 죽였다. 그 공으로 원 나라에 건너가 元帝(원제)의 표창, 본국 1품직을 받아 左副承宣(좌부승선)에 이르렀으나, 고려의 나라 일이 기울고 간신배가 날뜀을 보고 추밀원부사마저 사퇴했다. 충렬왕이 良家(양가)의 여자를 뽑아 원 나라에 보내려 할 때, 딸의 머리를 깎은 사

건으로 가산이 몰수되고 섬으로 귀양갔다. 후에 金方慶(김방경 → 700), 洪子藩(홍자번 → 664) 등의 청으로 가산을 도로 찾고 사면되었으며, 충숙왕 때 定安功臣(정안공신), 南陽府院君(남양부원군)에 책록되고 商議僉議都監事(상의첨의도감사)에 이르렀다. 그의 딸인 충숙왕비가 곧 明德太后(명덕태후)이다.

645-1 朴杏山全之宅有題(박행산전지댁유제) 행산 박전지 댁에서 짓다

酒盞常須滿 茶甌不用深 杏山終日雨 細細更論心.

(주잔상수만 다구불용심 행산종일우 세세갱논심)

술잔은 모름지기 늘 가득 차야 하고, 차 그릇에는 가득 부을 것 없으리.
행산 댁에 종일토록 비가 내리니, 세세하게 다시 마음을 터놓는 것일세.

[語句] *朴全之(1250~1325) : 고려 충숙왕 때 공신. 호 杏山. 시호 文匡(문광). 延興君(연흥군)에 피봉 되고 守僉議贊成事(수첨의찬성사)를 역임했음. *甌 : 사발. 그릇. *細細 : 아주 자세함. *論心 : 속에 있는 생각을 서로 말함.

[鑑賞] 친구인 행산의 집에 가서 술대접을 받으며 지은 작품 같다. '잔은 차야 맛이라.'는 속담처럼 술잔에는 술이 가득차야 하지만 차는 그럴 필요가 없다. 친구 집에 왔다가 마침 비가 내려 가지 못하고 술대접을 받으니, 거리낌 없이 이렇게 말하는 것이요 서로 속마음을 털어놓고 이야기해 보자는 것이다. 처음 두 구는 對句(대구)이다.

5言絕句(5언절구). 압운은 深, 心 자로 평성 '侵(침)' 평운이다. 평측은 차례로 '仄仄平平仄, 平平仄仄平, 仄平平仄仄, 仄仄仄平平'으로 二四不同(이사부동)과 反法, 粘法(반법, 점법) 등이 모두 이루어졌다.

646. 洪鸞祥(홍난상 ?) : 조선 선조 때 문관. 본관 豊山(풍산). 文義縣監(문의현감), 佐郎(좌랑) 등을 지냈다.

646-1 拱北樓(공북루) 공북루

酒半高樓畫燭明 錦城絲竹正轟轟 佳人恐敗風流興 笑道鷄聲是鷺聲.

(주반고루화촉명 금성사죽정굉굉 가인공패풍류흥 소도계성시노성)

취흥이 도도해진 높은 누각에 촛불 밝고, 금성의 풍악이 낭자하구나.
미인은 풍류의 홍취 망가질까봐, 새벽 닭 우는 소리를 강의 백로 울음이라 농으로 말하네.

[語句] *拱北樓 : 충청남도 공주시 公山城(공산성)의 북문성 위에 있는 누각. *酒半 : 술

에 반쯤 취했음. 酒興(주흥)이 거나함. *畫燭 : 그림을 그린 비단이나 종이 둘레 속의 촛불. 화려한 燈籠(등롱). *錦城 : 비단같이 고운 성. '중국 촉한의 서울 成都(성도)의 金官城(금관성)처럼 아름다운 성 곧 공산성'을 가리킴. 杜甫(두보 →64)의 '贈花卿(증화경)' 시에 "錦城絲管日紛紛 半入江風半入雲(금관성의 풍악 소리 날마다 야단스러워, 반은 강바람에 들고 반은 구름 위로 치닫네)"라 있음. *絲竹 : 관악기와 현악기. 管絃(관현). 風樂(풍악). *轟轟 : 큰 소리로 울림. *佳人 : 미인. *恐敗 : 무너질까 두려워함. *鷺 : 白鷺(백로). 해오라기.

[鑑賞] 이 시는 조선 선조 때 문신이요 문인인 柳根(유근 1549~1627)이 忠淸道觀察使(충청도관찰사)인가 按察使(안찰사)인가로 공주에 왔을 때, 도내의 각 守令(수령)들과 공북루에서 큰 잔치를 베풀며 온종일과 온밤을 보내고 있을 때 지은 시이다. 취흥이 절정에 이르렀을 때 별안간 닭 우는 소리가 들리매, 유근이 "이 소리가 무슨 소린고?" 하고 묻자 곁에 있던 기생 陽臺雲(양대운)이 "그 소리는 강가에 있는 백로의 소리올시다." 대답하니, 유근은 이 대답이 자기 마음에 맞아 그 기생을 어루만지며 좌중으로 하여금 시를 짓게 했다. 그 때 문의현감인 지은이가 맨 먼저 이 시를 지어 내놓았는데, 가장 인기 있는 시여서 사람들이 다투어 읊었다고 한다. 기생의 대답도 기발하지만 이 시의 익살 또한 그에 못지않다.

7言絕句(7언절구). 압운은 明, 轟, 聲 자로 평성 '庚(경)' 평운이다. 평측은 차례로 '仄仄平平仄仄平, 仄平平仄仄平平, 平平仄仄平平仄, 仄仄平平仄仄平'으로 二四不同二六對(이사부동이륙대)와 반법, 점법 등이 잘 이루어지고 평측 배치도 좋아 즉석에서 읊은 작품으로는 俊秀(준수)하다.

647. 洪萬朝(홍만조 1645~1725) : 조선 숙종 때 문신. 자 宗之(종지). 호 晩退(만퇴). 시호 貞翼(정익). 본관 豊山(풍산). 증조부 大司憲 履祥(대사헌 이상 →661). 숙종 4년(1678) 문과 급제하여 여러 벼슬을 거친 뒤 동왕 19년(1693) 강화유수, 동왕 22년 謝恩副使(사은부사)로 청 나라에 다녀왔으며 左賓客, 刑曹判書, 判敦寧(좌빈객, 형조판서, 판돈녕)에 이르렀다. 청렴 근면하고 도량이 넓어 조정에 나간 지 48년 동안 반대파들이 감히 그의 欠缺(흠결)을 잡지 못했다고 한다.

647-1 矗石樓(촉석루) 촉석루

奇巖千尺起高樓 下有長江咽不流 今日經過征戰地 暮雲殘雪入邊愁.

(기암천척기고루 하유장강열불류 금일경과정전지 모운잔설입변수)

기이한 바위 천 자 되는 곳에 높은 누각 지었는데,
아래로는 긴 강물 출렁거려 흐르지 않는 듯하구나.

오늘 지난날의 싸움터를 지나노라니, 저녁 구름과 남은 눈 모두 다 시름겨워지네.

[語句] *矗石樓 : 경상남도 진주시에 있는 누각. →34-2, 152-1, 411-1. *長江 : 물줄기가 긴 강. 여기서는 '南江(남강)'을 말함. *咽 : 목이 메다. '출렁거리다'의 뜻임. *征戰 : 공격하여 싸움. *殘雪 : 녹다 남은 눈. *邊愁 : 邊方(변방)에서 느끼는 시름.

[鑑賞] 봄날 진주의 촉석루를 관광하며 읊은 시. 촉석루는 높직하고 그 아래로 흐르는 남강은 물결이 일어 흘러가는 것이 아닌 듯 흐름이 느리다. 지난날 金誠一(김성일 →34), 崔慶會(최경회) 등이 왜적과 싸운 일, 論介(논개)가 倭將(왜장)을 안고 남강에 빠져 함께 죽은 의로운 죽음 등을 회상하니, 저녁 구름이나 녹다 남은 봄 눈 등 보이는 사물마다 시름에 잠기게 한다.

7언절구. 압은은 樓, 流, 愁 자로 평성 '尤(우)' 평운이다. 평측은 차례로 '平平平仄仄平平, 仄仄平平仄仄平, 平仄平平平仄仄, 仄平平仄仄平平'으로 이사부동이륙대와 반법, 점법 등이 모두 이루어졌다.

648. 洪萬宗(홍만종 ?) : 조선 효종 때 학자. 자 宇海(우해). 호 玄黙子(현묵자). 본관 豊山(풍산). 널리 학문에 통하고 많은 저술을 남겼는데, 문학평론집이라 할 수 있는 '旬五志(순오지)'에서는 鄭澈(정철 →424)의 시가 등을 들어 평했다. 저서로 '순오지' 외에 '歷代總目, 詩話叢林, 小華詩評, 蓂葉志諧(역대총목, 시화총림, 소화시평, 명엽지해)' 등이 있다.

648-1 采蓮曲(채련곡) 연밥 따는 노래

彼美采蓮女 繫舟橫塘渚 羞見馬上郞 笑入荷花去.
(피미채련녀 계주횡당저 수견마상랑 소입하화거)

저 아리따운 연밥 캐는 아가씨, 연못가에 배 대고 내리네.
말을 탄 사내를 보고는 부끄러워, 수줍은 웃음 띠며 연꽃 사이로 숨는구나.

[語句] *采蓮曲 : 연밥 곧 연꽃의 열매를 따며 부르는 노래. 采는 '採(캘 **채**)'와 통함. *彼 : 저. 저것. *繫 : 매다. 묶다. *橫塘 : ①연못을 가로지름. ②중국 南京(남경) 부근의 지명. →315-1. 여기서는 ①임. *渚 : 물가.

[鑑賞] 이 시는 李白(이백)의 '越女詞(월녀사)' 셋째 수 "耶溪採蓮女 見客棹歌回 笑入荷花去 佯羞不出來(약야계에서 연밥 따는 처녀들, 사내 나그네를 보면 뱃노래 부르며 배를 돌리고는, 살며시 웃으며 연꽃 속으로 들어가, 일부러 부끄러운 척하며 나오지 않는구나. →234-39)"의 換骨奪胎(환골탈태), 나쁘게 말하면 剽竊(표절)이다. 이백의 시에는 '採蓮曲(채련곡)' 7언절구 두 수가 있기도 하나 이 시와는 주제

가 다르다. 어떻든 연밥 따는 처녀의 마음과 행동을 잘 표현했다.

5言古詩(5언고시). 압운은 女, 渚, 去 자로 상성 '語(어)' 측운이다. 5언시 단편은 첫 구에 압운 하지 않는 것이 통례인데 이 시는 女 자로 압운했고, 끝 구 去 자는 '가다'의 뜻이면 거성 '御(어)' 운이며 '감추다'의 뜻이면 상성 '語' 운인데 이 시에서는 '감추다'의 뜻이 합당하다. 평측은 차례로 '仄仄仄平仄, 仄平平平仄, 平仄仄仄平, 仄仄平平仄'으로 二四不同(이사부동)은 첫 구와 끝 구에서만 이루어졌고 反法(반법)과 粘法(점법)은 무시되었다. 둘째 구와 셋째 구의 평 측 배치가 대조를 잘 이루었다.

649. 洪瑞鳳(홍서봉 1572~1645) : 조선 인조 때 정승. 자 輝世(휘세). 호 鶴谷(학곡). 시호 文靖(문정). 본관 南陽(남양). 父 都承旨 天民(도승지 천민). 선조 27년(1594) 문과 급제하고 吏曹佐郞(이조 좌랑)에 이르러 그의 명망을 시기하는 자의 무고로 파직되었다가, 인조반정 후 吏曹參議(이조 참의)를 거쳐 同副承旨(동부승지)가 되고 寧社功臣(영사공신)에 益寧君(익녕군)으로 피봉되어 知義禁府事(지의금부사)를 겸했다. 병조·이조·예조 등의 판서를 역임하고 좌의정에 이르러 인조 14년(1636) 병자호란에 왕을 남한산성으로 모셨고 여러 번 적진에 드나들면서 화의를 성립시켜 전후 수습에 많은 힘을 썼다. 인조 19년(1641) 부원군이 되고 영의정, 다시 좌의정을 지냈다. 문장에 능했고 시에 뛰어나 당세에 이름을 떨쳤으며 문집으로 '鶴谷集(학곡집)'이 있다.

649-1 寄申象村(기신상촌) 상촌 신흠에게 부치다

雁拂魚沉歲序移 夢中顔面慰相思 年來世事難如意 老去交親更有誰
寒谷積陰春到晩 海村耕岸雪消遲 琴徽不是無情物 一奏峨洋待子期.

(안불어침세서이 몽중안면위상사 연래세사난여의 노거교친갱유수
한곡적음춘도만 해촌경안설소지 금휘불시무정물 일주아양대자기)

기러기 날아가고 고기 물에 잠겨 세월이 바뀌고, 꿈속에서 본 모습 그리운 정을 위로해 주었소.
요즈음의 세상 일 뜻대로 되지 않으니, 늙어가며 뉘와 더불어 다시 친해지리오.
추운 골짜기 그늘져 봄 더디 오고, 바다 마을 언덕 밭도 눈 아직 안 녹았다오.
거문고를 그 누가 무정타 했던가, 아양곡 한 가락 타며 종자기를 기다리듯 한다오.

[語句] *申象村 : 申欽(신흠 1566~1628). 조선 인조 때 학자. 호가 상촌임. →140. *拂 : 떨치다. 어기다. *沉 : 잠기다. *歲序 : 세월이 바뀌어 가는 차례. *如意 : 뜻대로 됨. *交親 : 친하게 사귐. *耕岸 : 바다나 강기슭의 경작지. *琴徽 : 기러기발. 거문고나 가야금의 줄을 고르는 기구. 雁足(안족). *無情物 : 나무나 쇠처럼 감각이

없는 물건. *峨洋 : 峨洋曲(아양곡). 높은 산과 양양한 강이나 바다를 나타내어 타는 곡조. 중국 고대 거문고의 명수인 伯牙(백아)가 이 곡을 타면 그 뜻을 아는 사람은 오직 그의 친구 鐘子期(종자기)였다고 함. →139-1. *子期 : 鐘子期.

[鑑賞] 지은이는 상촌보다 6년 연하이면서도 서로 오랜 知己(지기)로 사귀었던가보다. 首聯(수련 1~ 2구)의 기러기와 물고기 특히 잉어는 소식을 전하는 구실을 하는 동물이니, 오래 안부를 몰라 궁금하던 중 꿈에 상촌을 보아 조금은 위로를 받았다고 서두를 이루었다. 頷聯(함련 3~4구)은 세상 일 뜻대로 안 되고 늙바탕에 들어 친구가 그리워짐을 對句(대구)로 수련을 이어받았다. 頸聯(경련 5~6구, 腹聯복련)은 대구를 이룬 서경이며 내용을 전환한 연이다. 尾聯(미련 7~8구)에서는 거문고와 그 기러기발이 결코 무정한 물건이 아니니, '백아가 종자기를 기다리듯 나는 거문고를 켜며 벗인 그대와 만나기를 기다리니 거문고가 어찌 무정한 물건이리오.' 하여 그리워하는 절실한 심정으로 시를 마무리한 좋은 작품이다.

7言律詩(7언율시). 압운은 移, 思, 誰, 遲, 期 자로 평성 '支(지)' 평운이다. 평측은 차례로 '仄仄平平仄仄平, 仄平平仄仄平平, 平平仄仄平平仄, 仄仄平平仄仄平, 平仄仄平平仄仄, 仄平平仄仄平平, 平平仄仄平平仄, 仄仄平平仄仄平'으로 二四不同二六對(이사부동이륙대)와 반법, 점법 등이 잘 이루어진, 7律의 전형이 되는 작품이다.

650. 洪奭周(홍석주 1774~1842) : 조선 정조, 순조 때의 문신. 자 成伯(성백). 호 淵泉(연천). 시호 文簡(문간). 본관 豊山(풍산). 조부 領議政 樂性(영의정 낙성). 父 右副承旨 仁謨(우부승지 인모). 정조 19년(1795) 문과 급제하여 直長, 承政院注書, 檢閱, 司諫院正言(직장, 승정원 주서, 검열, 사간원정언) 등을 역임하고 修撰, 校理(수찬, 교리)를 거쳐 關東慰諭御史(관동위유어사)와 備邊司提調(비변사 제조), 충청도관찰사가 되어 무고를 받고 사직하려 했으나 왕이 윤허하지 않았다. 그러나, 병조판서에 이르러 삭직되는 일을 겪기도 했었다. 이후 청 나라에 사신으로 다녀와 대제학을 역임하고 이조판서가 되었으며 순조 34년(1834) 좌의정에 올랐다. 천성이 침착, 근면 검소하여 벼슬에 있으면서도 벼슬 없는 선비와 같은 생활을 했다. 한학과 문장뿐 아니라 정치, 경제, 과학 사상 등으로도 이름 높았다. 저서에 '豊山世稿(풍산세고 6권), 象藝薈粹(상예회수 10권), 鶴岡散筆書(학강산필서 4권), 戴記志(대기지 4권), 淵泉集(연천집), 學海(학해)' 등이 있다.

650-1 次永明詠寒韻(차영명영한운) 영명의 추위를 읊은 시에 차운하다

江風打笠捲長纓 征馬飢寒不敢鳴 多少危檣掀白浪 還應羡我岸邊行.

(강풍타립권장영 정마기한불감명 다소위장흔백랑 환응선아안변행)

강바람이 갓을 제치고 갓끈 말아 올리도록 세차고, 말은 배고프고 추워 울기조차 못하네.

거센 파도에 돛대 흔들거리는 크고 작은 배들, 응당 물가 뭍으로 오가는 우리를 부러워하리.

[語句] *笠 : 삿갓. 갓. *捲 : 걷다. 말다. *纓 : 갓끈. *征馬 : 타고 가는 말. *飢寒 : 배고프고 추움. 饑寒(기한). *危檣 : 높은 돛대. 위태한 돛대. *掀 : 흔들다. 나부끼다. *羨 : 부러워하다. *岸邊 : 물가 언덕. 물가.

[鑑賞] 영명이 평양의 永明寺(영명사)인지 누구의 이름이나 자인지 모르나 추위를 읊은 시에 차운하여, '하늬바람 세차게 불어 타고 가는 말조차 춥고 배고파 울지 못하는 판인데, 바다에는 크고 작은 배들이 거센 파도에 밀려 흔들거리는 게 곧 가라앉을 듯 위태하다. 그 배에 탄 사람들은 응당 기슭 땅을 가는 우리를 부러워할 것이다.' 했다. 처음 두 구는 對句(대구)가 되었고, 인생의 험한 길을 비유한 시이다.

7言絕句(7언절구). 압운은 纓, 鳴, 行 자로 평성 '庚(경)' 평운이다. 평측은 차례로 '平平仄仄仄平平, 平仄平平仄仄平, 平仄平平平仄仄, 平平仄仄仄平平'으로 이사부동이륙대와 반법, 점법 등이 잘 이루어졌다.

651. 洪暹(홍섬 1504~1585) : 조선 선조 때 명신. 자 退之(퇴지). 호 忍齋(인재). 시호 景憲(경헌). 본관 南陽(남양). 父 영의정 彦弼(언필). 중종 26년(1531) 문과 급제하여 吏曹佐郞, 大司憲(이조좌랑, 대사헌)을 지내고 동왕 30년(1535) 金安老(김안로)의 전횡을 탄핵하다가 오히려 誣訴(무소)로 興陽縣(흥양현)에 귀양갔다가 3년만에 석방되었으며, 명종 7년(1552) 廉謹人(염근인)으로 뽑혀 상을 받았다. 명종 13년(1558) 좌찬성으로 이조판서를 겸하고 이듬해에 대제학을 겸하게 되자 三大任(삼대임)을 겸할 수 없다 하여 좌찬성을 사임했다. 李樑(이양)과 뜻이 맞지 않아 사직했다가 예문관, 홍문관의 대제학을 지냈으며 선조 4년(1571) 좌의정이 되고 영의정에 승진하여 세 차례 역임했다. 문장에 능하고 경서에 조예가 깊었으며 문집에 '忍齋集(인재집)'이 있다.

651-1 詠薔薇(영장미) 장미를 읊다

絕域春歸盡 邊城雨送凉 落殘千樹艷 留得數枚黃
嫩葉承朝露 明霞護晚粧 移床故相近 拂袖有餘香.

(절역춘귀진 변성우송량 낙잔천수염 유득수매황
눈엽승조로 명하호만장 이상고상근 불수유여향)

낯선 땅에 와 봄을 보내고, 변방 성에는 비 내려 서늘한데,
못다 진 꽃은 그루마다 곱기도 하고, 남아 있는 몇 꽃잎 노랗구나.
새로 돋는 잎사귀들 아침 이슬 받고, 밝은 노을은 꽃 더욱 곱게 하네.

상위에 옮기고 보니 더욱 친해져, 소매 안에 남은 향기 가득 차는구나.

[語句] *絕域 : 먼 땅. 멀리 떨어져 있는 외국. 絕境(절경). *邊城 : 변방에 있는 성. *落殘 : 꽃이나 잎이 떨어지고 남음. 못다 진 꽃. *艶 : 곱다. *嫩葉 : 새로 나오는 곱고 부드러운 잎. *霞 : 노을. *晩粧 : 저녁 단장. 저녁에 하는 화장. *餘香 : 뒤에까지 남아 있는 향기. 餘薰(여훈).

[鑑賞] 장미는 이국의 화초나무라서 絕域이라 한 듯하고, 떨어지고 얼마 남지 않은 장미꽃을 두고 새로 돋아나는 새 순과 아울러 그렸다. 특히 기발한 표현은 없으나 율시 작법에 맞게 3, 4구 곧 頷聯(함련)과 頸聯(경련, 腹聯복련)인 5, 6구는 對句(대구)를 이루었다.

5言律詩(5언율시). 압운은 凉, 黃, 粧, 香 자로 평성 '陽(양)' 평운이다. 평측은 차례로 '仄仄平平仄, 平平仄仄平, 仄平平仄仄, 平仄仄平平, 仄仄平平仄, 平平仄仄平, 平平仄仄仄, 仄仄仄平平'으로 二四不同(이사부동)과 反法, 粘法(반법, 점법) 등이 잘 이루어졌다. 일곱째 구의 相 자는 '보다. 모습'의 뜻으로 거성이며, '서로'의 뜻으로 쓰이면 평성임에 유의해야 한다.

652. 洪世泰(홍세태 1653~1725) : 조선 숙종 때 문인. 자 道長(도장). 호 滄浪, 柳下(창랑, 유하). 본관 南陽(남양). 父 翊夏(익하). 어려서부터 經史(경사)에 통달하고 시에 능했다. 숙종 8년(1682) 통신사를 따라 일본에 갔을 때 그의 시와 글씨를 얻으려는 사람들이 많아 써 주면 보배로 알더라 했다. 燕(연)의 사신이 글에 능해 조선의 시를 보자 할 때 좌의정 崔錫鼎(최석정 →541)의 추천으로 시를 지어 보였고, 그 후 吏文學官, 蔚山監牧官(이문학관, 울산감목관) 등을 지냈다. 만년에 산과 바다를 유랑하며 풍월을 즐겼고 저서에 '海東遺珠(해동유주)'가 있다.

652-1 滿月臺歌(만월대가) 만월대가

滿月臺前落木秋 西風殘照使人愁 山河氣盡姜邯贊 日月名賢鄭夢周.

(만월대전낙목추 서풍잔조사인수 산하기진강감찬 일월명현정몽주)

만월대 앞은 나뭇잎 지는 가을인데, 서풍 부는 속의 저녁노을 나를 시름겹게 하네.
고려 산천의 기력이 다하니 강감찬 장군이 우뚝하고,
해와 달같이 빛나는 정몽주 명현이로구나.

[語句] *滿月臺 : 개성에 있는 고려 때의 왕궁터. →400-1. *殘照 : 저녁놀. 落照(낙조). *氣盡 : 氣力(기력, 일을 감당해 나갈 수 있는 힘)이 다함. *姜邯贊(948~1031) : 고려의 名

將(명장). 본관 衿州(금주). 契丹軍(글안군)의 침입을 여러 번 막았음. *名賢 : 이름난 어진 선비. *鄭夢周(1337~ 1392) : 고려말의 학자요 충신. 본관 迎日(영일). →393.

[鑑賞] 만월대에서 읊은 敍情詩(서정시). 만물이 시드는 가을이라 을씨년스러운 것이 사람으로 하여금 시름에 잠기게 하는데, 더구나 멸망한 고려의 왕궁터에 이르고 보니 회포가 더욱 컸으리라. 가을, 더구나 저녁놀이 고운 저녁 때 거기다가 불어오는 서풍, 이 모든 것이 시름겹게 하며, 강감찬 장군과 충신 정몽주 선생을 회상하게 된다. 鄭壽銅(정수동)의 '만월대' 시→400-1 및 元天錫(원천석)의 시조→173-1도 인용했으니 함께 감상해 봄 직하다.

7言絕句(7언절구). 압운은 秋, 愁, 周 자로 평성 '尤(우)' 평운이다. 평측은 차례로 '仄仄平平仄仄平, 平平平仄仄平平, 平平仄仄平平仄, 仄仄平平仄仄平'으로 二四不同二六對(이사부동이륙대)와 반법, 점법 등이 잘 이루어졌다. 더구나, 강감찬과 정몽주 같은 인명을 詩語(시어)로 썼으면서도 평측이 잘 들어맞았다.

653. 洪愼猷(홍신유 ?) : 조선 영조 때 문관. 호 白華子(백화자). 일찍이 문과 급제하여 典籍(전적)을 역임했다.

653-1 凝川雜詩(응천잡시) 응천잡시

江城春夜雨晴時 忽有飄風亂雪吹 可惜中天無限月 入雲容易出雲遲.
(강성춘야우청시 홀유표풍난설취 가석중천무한월 입운용이출운지)

강가 성의 봄 밤에 비가 갰는데, 별안간 회오리바람에 눈보라마저 날리네.
아깝다, 중천의 영원한 달은 구름 속으로 들어가기는 쉬운면서도 나오기는 더디구나.

[語句] *凝川 : 지명인지 내 이름인지 미상임. *雜詩 : 느끼는 대로 쓴 시. 詩句(시구)가 고르지 못한 시. →132-1. *飄風 : 회오리바람. *可惜 : 애틋하게 아까움. *中天 : 하늘의 한복판.

[鑑賞] 응천의 성 봄밤의 풍경을 읊은 지은이의 대표작 중의 하나이다. 봄 날씨는 종잡을 수 없을 만큼 변화가 심해 회오리바람에 눈발마저 어지럽게 날리는 밤이다. 공중의 달은 한 번 구름 속에 들어가면 다시 나오기가 어찌나 더딘지 안타까워진다는 것이다. 끝구의 표현이 새롭다 하리라. 栗谷 李珥(율곡 이이 →283)의 '雲間月(운간월)' 시에 "半生雲外半雲間(구름 밖에 반, 구름 속에 반일세)"라는 표현도 있다.

7언절구. 압운은 時, 吹, 遲 자로 평성 '支(지)' 평운이다. 평측은 차례로 '平平平仄仄平平, 仄仄平平仄仄平, 仄仄平平平仄仄, 仄平平仄仄平平'으로 이사부동이륙대와 반법, 점법 등이 잘 이루어지고 평측 배치도 좋아 7絕의 典型(전형)이 되는 秀作(수작)이다.

654. 洪爚(홍약 ?) : 고려 충선왕 때 文人(문인).

654-1 謝松坡崔相國誠之惠茶紙 二首 第1首(사송파최상국성지혜차지 이수 제1수)

송파 최성지 상국이 차와 종이를 보내줌을 사례하다 두 수 첫째 수

惠賜重重意轉深 酪奴側理勝籯金 龍團鳳餠堪同調 毛穎烏圭豈異心
陽羨遺風淸可掬 蘭亭故事杳難尋 玉川已遠右軍死 何處如今覺賞音.

(혜사중중의전심 낙노측리승영금 용단봉병감동조 모영오규기이심
양선유풍청가국 난정고사묘난심 옥천이원우군사 하처여금각상음)

주신 선물 거듭거듭 뜻이 깊어지니, 차와 종이가 주머니 속 돈보다도 값지네.
용단 차와 봉병 차는 맛을 같이하나니, 또한 붓과 먹이 어찌 딴 마음이리.
양선의 차를 나누는 남은 풍습은 맑기도 하고, 난정 고사는 찾기 어려운 옛 일일세.
옥천 노동은 이미 지난 일이요 왕희지마저 갔으니, 이제 어느 곳에서 이런 풍류를 알리오.

[語句] *松坡 崔誠之(1265~1330) : 고려 충선왕 때 명신. 호가 송파임. →546. *相國 : 삼정승 곧 영의정, 좌의정, 우의정의 총칭. 相臣(상신). *重重 : 거듭거듭. *酪奴 : 茶(차)의 별칭.<洛陽伽藍記> *側理 : 종이의 별칭.<太平廣記 器玩三> *籯金 : 주머니 속의 돈. 籯은 '젓가락통. 농'임. *龍團鳳餠 : 고급 차의 이름인 용단과 봉병. 龍園鳳餠(용원봉병).<石林燕語><大製茶論> *堪 : 견디다. 낫다[勝승]. *毛穎 : 붓.<韓愈 毛穎傳> *烏圭 : 먹. 모양이 검은 笏(홀) 같아서 하는 말임. *陽羨 : 차의 명산지. *遺風 : 선대에서 전하여 내려온 풍습. *掬 : 움켜 뜨다. 움큼. *蘭亭 : 중국 晉(진)나라 王羲之(왕희지 307~365)의 정자. 절강성 紹興市(소흥시) 會稽山(회계산) 북쪽에 있음. 왕희지가 명사들을 이 곳에 초청하여 曲水(곡수)의 잔치를 베풀고 그들이 지은 시를 모아 그 서문을 썼으니 이를 '蘭亭集序(난정집서, 蘭亭記난정기)'라 하는데 그의 글씨 중 가장 뛰어나다고 함. *杳 : 아득하다. *玉川 : 中唐(중당)의 시인 盧仝(노동 795?~845)의 아호. 차의 품평을 잘했음. *右軍 : 왕희지의 별칭. 右軍將軍(우군장군)을 지내어 하는 말임. *如今 : 지금. 이제. 현재. *賞音 : 아름다운 소식 또는 풍류.

[鑑賞] 송파 정승이 송구스럽게도 차와 종이를 보내줌을 감사해 지은 시. 차는 선비의 기호품이요 종이 또한 문인의 필수품이라 보내는 이의 더욱 정진하라는 소망이 담겼으리라. 그 고마운 마음을 두 수의 시로써 답했으니 문인다운 처신이다. 둘째 수는 "부모형제라도 이보다 더 정의가 도타우랴 그 은애 천금보다 중하네. 글로는 한유와 구양수의 학문이요 신의로는 관중과 포숙의 심정임을 그 누가 알리. 공이 충선왕을 모신 일은 역사에 기록할 만하고 신라 스님 眞定(진정) 같은 효자인 분을 모

시고 사권 일 꿈속에서도 서로 찾네. 못난 이 몸 공의 밀어주심을 입었으니 그 은공 어이 갚으리, 부끄럽기만 하여라."이다. 역사적 사실이나 故事成語(고사성어)를 많이 써서 풀이하기가 까다롭지만 율시 형식에 어긋남이 없는 시이다.

7言律詩(7언율시). 압운은 深, 金, 心, 尋, 音 자로 평성 '侵(침)' 평운이다. 평측은 차례로 '仄仄平平仄仄平, 仄平仄仄仄平平, 平平仄仄平平仄, 平仄平平仄仄平, 平仄平平平仄仄, 平平仄仄仄平平, 仄平仄仄仄平仄, 平仄平平仄仄平'으로 二四不同二六對(이사부동이륙대)와 反法, 粘法(반법, 점법) 등이 모두 이루어졌다.

655. 洪良浩(홍양호 1724~1802) : 조선 영조, 정조 때 학자. 초명 良漢(양한). 자 漢卿(한경). 호 耳溪(이계). 시호 文獻(문헌). 본관 豊山(풍산). 父 鎭輔(진보). 어려서부터 총명했으며 진사 급제 후 영조 28년(1752) 문과에 급제하여 문장과 博學(박학)으로 당대에 유명했다. 영조는 늘 그의 박학을 칭찬하고 의문나는 것이 있으면 꼭 그에게 물었으며, 정조 즉위 초에 洪國榮(홍국영)과 사이가 나빠 慶興府使(경흥부사)로 쫓겨났으나 홍국영이 실각하자 정조의 부름을 받아 漢城府右尹(한성부우윤)에 보직되고 寶鑑纂集堂上(보감찬집당상)이 되어 '英祖實錄, 國朝寶鑑, 羹墻錄, 同文彙考(영조실록, 국조보감, 갱장록, 동문휘고)' 등을 편찬했다. 후에 사신으로 燕京(연경)에 가 문명을 떨쳤고 판중추부사 겸 이조판서에 이르렀다. 저서로 '易象翼, 萬物原始, 六書經緯, 群書發悱, 格物解, 七情辨, 高麗大事記, 朔方拾遺, 北塞風土記, 東國名將傳(역상익, 만물원시, 육서경위, 군서발비, 격물해, 칠정변, 고려대사기, 삭방습유, 북새풍토기, 동국명장전)' 등이 있는데, 이 저서들은 정조 때 '耳溪集(이계집 49권)'에 총합 간행되었다. 서예에도 뛰어나 晋·唐(진·당)의 체법을 터득했고 황해도 谷山(곡산)의 神德王后私第舊基碑(신덕왕후사제구기비)와 水原(수원)의 北門樓上樑文(북문루상량문) 등을 썼다.

655-1 舟中望皐蘭寺(주중망고란사) 배에서 고란사를 바라보며

江雨霏霏滿客船 扶蘇王氣冷如烟 惆悵千年歌舞地 短燈疎磬一僧眠.

(강우비비만객선 부소왕기냉여연 추창천년가무지 단등소경일승면)

백마강에 내리는 비 객선 가득 부슬부슬 날리고,
부소산의 백제 왕기 연기마냥 차디차게 사라졌구나.
슬프다 천년 긴 세월을 노래하고 춤추며 즐기던 곳,
작은 등과 드문 풍경 소리 속에 다만 중 하나 잠자고 있네.

[語句] *皐蘭寺 : 충남 부여에 있는 절. 백제 말기에 지은 조그만 절로 앞에는 백마강, 뒤에는 부소산의 고란정 우물과 고란초가 있음. 일설에는 고려 현종 19년

(1028)에 세운 절이라 함. *霏霏 : 부슬부슬 내리는 비나 눈발이 배고 가늚. *客船 : 여객을 태우는 배. *扶蘇 : 부여의 백제 서울 옛터 북쪽에 있는 작은 산. *王氣 : 왕이 나거나 될 징조. *惆悵 : 근심하고 슬퍼함. *磬 : 경쇠. 風磬(풍경, 처마 끝에 달아서 바람에 흔들려 소리가 나게 하는 경쇠).

[鑑賞] 비 오는 속에 백마강을 배로 건너며 고란사를 바라보고 지은 시. 영화롭던 백제 사직과 왕궁은 연기처럼 사라진 옛 일이 되었고 조그만 등불만 깜박이고 풍경 소리조차 힘차지 못하게 들리는 고란사에 한 스님만이 낮잠을 자고 있을 뿐 한적하기 짝이 없어, 그 옛날 번화하던 백제 서울을 상상하니 슬프기 그지없다고 읊었다.

7言絕句(7언절구). 압운은 船, 烟, 眠 자로 평성 '先(선)' 평운이다. 평측은 차례로 '平仄平平仄仄平, 平平平仄仄平平, 平仄平平平仄仄, 仄平平仄仄平平'으로 이사부동이륙대는 잘 이루어졌고 반법으로만 일관해 점법이 되지 않았다.

656. 洪彦博(홍언박 1309~1363) : 고려 공민왕 때 정승. 자 仲容(중용). 호 陽坡(양파). 시호 文正(문정). 본관 南陽(남양). 조부 南陽府院君 奎(남양부원군 규 →645). 어릴 때부터 학문을 좋아하고 문장에 능하여 충숙왕 17년(1330) 문과 급제하여 충목왕 때 密直提學, 知申事(밀직제학, 지신사)가 되고 공민왕이 즉위하자 僉議贊成事(첨의찬성사)가 되어 佐理功臣, 南陽君(좌리공신, 남양군)에 봉해졌다. 공민왕 10년(1361) 門下侍中(문하시중) 때 홍건적이 침입하자 조정에서 피난의 의론이 있었으나 홀로 피난을 반대하다가, 서북 방어선이 무너지자 왕을 모시고 福州(복주)로 나가 전쟁 방침을 세워 서울을 회복했다. 金鏞(김용)의 무리가 興王寺(흥왕사)의 반란을 일으켰을 때 아들 師範(사범)이 사람을 보내어 피하기를 권하고 또한 적이 문밖에 이르니, 가족들이 피하기를 독촉했으나 "한 나라의 수상으로 어찌 죽음을 피할 수 있느냐." 하고 의관을 차리고 적을 향해 "너희는 도적인데 무슨 帝旨(제지, 제왕의 뜻) 운운 하느냐." 꾸짖고 적에게 피살되었다.

656-1 北山途中(북산도중) 북산 길을 가면서

千章古木兩山間 萬壑風烟信馬還 不是向來名利路 世人那解此淸閑.

(천장고목양산간 만학풍연신마환 불시향래명리로 세인나해차청한)

천 그루 큰 고목으로 빽빽한 두 산 사이, 골짜기 가득 낀 안개 속에 말 타고 돌아오네. 이것은 지금까지의 명리를 구하는 길 아니거니, 세인들 어찌 이 맑고 한가로운 맛 알까보냐.

[語句] *途中 : 길을 가고 있는 동안. *千章 : 천 그루의 나무. 많은 나무. 章은 '큰 재목'의 뜻으로 큰 나무를 세는 단위임. *萬壑 : 첩첩이 겹쳐진 깊고 큰 산골짜기. 萬壑千峰(만학천봉, 첩첩이 겹쳐진 깊고 큰 골짜기와 많은 봉우리). *風烟 : 멀리 보이는 공중에 서린 흐릿한

기운. 風煙(풍연). *信馬 : 말에 맡김. 말에 의지함. 信은 '믿다. 맡기다'로 쓰이면 去聲(거성), '펴다'로 쓰이면 平聲(평성)임. *名利 : 명예와 이익. 聲利(성리). *那解 : 어찌 깨우치리오. *淸閑 : 淸雅(청아, 맑고 아담함)하고 한가로움.

[鑑賞] 북산이 북쪽에 있는 산인지 고유한 산 이름인지 모르나, 세속을 떠난 자연 속을 가면서 그 속에 묻혀 한가로운 삶을 살아가고 싶은 심정을 읊었다. 큰 나무들로 빽빽한 만학천봉 속을 오직 말에 의지해 북산 길을 간다. 이 길은 속세의 명성이나 이익을 찾는 속된 일과는 다른 길이니 세상 사람들이 이 청한한 운치를 알 리가 없다고 했다.

7언절구. 압운은 間, 還, 閑 자로 평성 '刪(산)' 평운이다. 평측은 차례로 '平平仄仄仄平平, 仄仄平平仄仄平, 仄仄仄平平仄仄, 仄平平仄仄平平'으로 이사부동이륙대와 반법, 점법 등이 잘 이루어졌다.

656-2 慈孝寺次蓮樓詩韻(자효사차연루시운) 자효사에서 연루 시에 차운하다

白藕花開翠荇長 柳陰秋水滿陂塘 莫言今日空歸去 隨喜吾師一瓣香.

(백우화개취행장 유음추수만파당 막언금일공귀거 수희오사일판향)

흰 연꽃 피고 푸른 마름 자랐는데, 가을 못 물 가득한 둑에 버들 그늘 드리웠네.
오늘 헛걸음으로 돌아간다고 말하지 말라,
우리 스님에게서 한 묶음의 향으로 기쁨을 받았으니.

[語句] *蓮樓 : 연꽃을 구경하기 위해 연못가에 지은 누각. ≒蓮亭(연정). *白藕 : 흰 연꽃. 藕는 '연 뿌리'임. *翠荇 : 푸른 마름풀. *陂塘 : 둑. 堤塘(제당). *隨喜 : <佛> 남의 善行爲(선행위)를 따라서 기뻐함. 歸依(귀의)하거나 信仰(신앙)함으로써 고맙고 기쁘게 느끼는 마음. 隨는 '事理(사리) 에 따라서 無二無別(무이무별, 오직 하나요 다르지 않음)함'이고, 喜는 '나를 기쁘게 하는 것 곧 知慧(지혜)요 남을 기쁘게 하는 것 곧 慈悲(자비)'임<法華經 隨喜功德品> *瓣香 : 한 묶음의 향. 참선하는 중이 남을 축복할 때 이 향을 피움. 瓣은 '외씨. 실과씨. 꽃잎'임.

[鑑賞] 고려 사회는 불교가 護國佛敎(호국불교)의 성격을 가져 國敎(국교)가 되다시피 했으니 조선 사회와는 달리 사람들이 절을 친밀히 대했을 것이다. 지은이도 정승을 지낸 문신이면서 불교에 대해 긍정적임을 끝 구에서 느낄 수 있다. 처음 두 구는 寫景(사경)이요 뒤의 두 구는 敍情(서정)이다.

7言絕句(7언절구). 압운은 長, 塘, 香 자로 평성 '陽(양)' 평운이다. 평측은 차례로 '仄仄平平仄仄平, 仄平平仄仄平平, 仄平平仄仄平仄, 平仄平平仄仄平'으로 二四不同二六對(이사부동이륙대)와 反法, 粘法(반법, 점법) 등이 모두 이루어졌다.

657. 洪彦忠(홍언충 1473~1508) : 조선 연산군 때 문관. 자 直卿(직경). 호 寓菴(우암). 본관 缶溪(부계). 父 左贊成 貴達(좌찬성 귀달 →644). 연산군 1년(1495) 문과 급제하여 承文院副正字, 弘文館正字, 著作博士(승문원 부정자, 홍문관 정자, 저작박사) 등이 되고 동왕 4년(1498) 質正官(질정관)으로 명 나라에 다녀와 副修撰, 吏曹佐郎, 校書館校理, 禮曹正郎(부수찬, 이조좌랑, 교서관 교리, 예조정랑)에 이르렀다. 동왕 10년(1504) 갑자사화가 일어나던 해에 궁중의 일을 간하다가 왕의 노여움을 사 海島(해도, 거제도?)로 귀양갔다. 처음 謫所(적소)에 있을 때 집안 사람들이 도망하기를 권했으나, 왕의 명인데 어찌 도망하랴 하면서 듣지 않았고 압송 도중에 중종반정이 일어났다는 말을 듣고는 눈물을 흘리며 슬퍼했다. 중종이 자주 불렀으나 나가지 않고 술과 시를 즐기며 살았다. 천성이 관대하고 활달하며 약관에 학업이 크게 진보하여 글에 능했고 예서도 잘 썼으며, 鄭希良, 李擇之, 朴仲說(정희량, 이택지, 박중열) 등과 서로 벗하여 세칭 四傑(사걸)이라 일컬었고, 詩文(시문)과 自挽辭(자만사)를 남겼다. 아우 彦國(언국)도 저명했다.

657-1 遊橘島(유귤도) 귤도를 유람하다

海外還爲海外人　始知身世更無鄰　逢迎魑魅新相識　邂逅江山舊見親
鞭石擬窮烏兎窟　乘槎直泛斗牛津　平生此興元非淺　何用離騷學楚臣.

(해외환위해외인 시지신세갱무린 봉영이매신상식 해후강산구견친
편석의궁오토굴 승사직범두우진 평생차흥원비천 하용이소학초신)

바다 밖에서 또다시 바다 밖 사람이 되니, 이 신세 다시 이웃이 없음을 비로소 알게 되네.
내 뜻을 맞추어 주는 건 도깨비 귀신뿐임을 새로이 알겠고,
우연히 만난 강과 산은 오랜 친구 만난 듯 반가워라.
돌을 몰아 해와 달이 있는 굴을 엿보려 하며, 신선배 바로 타고 북두 견우성 나루에 뜨리라.
평생 자연에 사는 이 흥취 본디 가볍지 않은데, 어찌하여 이소로 초의 신하 굴원을 본받으리.

[語句] *橘島 : 미상. 지은이가 해도로 귀양간 일이 있어 그 부근의 섬이 아닌가 함. *海外 : 바다 밖. *身世 : 가련하거나 괴로움을 당하고 있는 사람의 처지나 형편. *逢迎 : 남의 뜻을 맞추어 줌. *魑魅 : 人面獸身(인면수신, 사람 얼굴에 짐승의 몸)으로 사람을 잘 홀린다는, 네발 가진 도깨비. 魑魅魍魎(이매망량, 도깨비나 귀신). *邂逅 : 우연히 서로 만남. '邂逅相逢(해후상봉)'의 준말임. *鞭石 : 돌을 채찍질하여 때림. 秦始皇(진시황)이 해 뜨는 곳을 가 보려고 바다에 긴 돌다리를 놓아가니 이 다리를 秦橋(진교)라 하는 바, 神人(신인)이 나타나 다리를 못 놓게 하려고 바위들을 몰아 바닷속으로 내려 가라앉게 하는데, 돌들이 빨리 움직이지 않으면 채찍으로 갈기어 바위들에서 피가 나더라함. 한편, 진시황이 도술로 바위들

을 부리니 바위가 절로 오더라고도 하며, 현재 바위들이 모두 머리를 동쪽으로 향한 것은 채찍 맞은 자국을 감추기 위한 것이라 함.<初學記> *烏兎 : 해 속에 있다는 까마귀와 달에 있다는 토끼. 해와 달. 세월. 金烏玉兎(금오옥토). *乘槎 : 신선이 타는 뗏목을 탐<張華博物志> *泛 : 뜨다. *斗牛 : 北斗七星(북두칠성) 과 牽牛星(견우성). *離騷 : 근심을 만남. 중국 전국시대 楚(초)의 屈原(굴원 343~285? B.C)이 지은 장편 敍情詩(서정시). 궁중에서 쫓긴 굴원이 간신의 참언으로 왕의 신임을 받지 못함을 실망하여 지었다고 함<史記 屈原傳> 굴원은 초의 귀족으로 옛 중국 최대의 시인이며 남방 문학을 대표하는 楚辭(초사)의 詩形(시형)을 처음 이루었고 三閭大夫(삼려대부)였으며 이름이 平(평), 자가 原(원)임.

[鑑賞] 해도에 귀양을 와서 부근의 귤도를 둘러보니 해도도 바다 밖인데 더욱 바다 밖의 사람이 되고 말았다고 시상을 일으키고, 이웃이 없음을 새삼 깨닫는다고 首聯(수련 1~2구)을 이루었다. 頷聯(함련 3~4구)과 頸聯(경련 5~6구)은 각각 對句(대구)로서 거센 바다의 무서움과 뭍을 보는 반가움, 신선이 되어 자유로이 우주간을 오갔으면 하는 상상을 펼쳤다. 이 귤도를 유람하는 홍취가 가벼운 게 아닌데 어찌 굴원처럼 슬픔에 잠기랴 하고 시를 맺어, 처한 신세를 한탄 않고 왕에의 충성도 보이는 선비의 기개를 드러낸 작품이다.

7言律詩(7언율시). 압운은 人, 鄰, 親, 津, 臣 자로 평성 '眞(진)' 평운이다. 평측은 차례로 '仄仄平平仄仄平, 仄平平仄仄平平, 平平平仄平平仄, 平仄平平仄仄平, 平仄仄平平仄仄, 平平仄仄仄平平, 平平仄仄平平仄, 平仄平平仄仄平'으로 이사부동이륙대와 반법, 점법 등이 잘 이루어진 명작이다.

658. 洪宇遠(홍우원 1605~1687) : 조선 숙종 때 명신. 자 君徵(군징). 호 南坡(남파). 시호 文簡(문간). 본관 南陽(남양). 父 漢城庶尹 榮(한성서윤 영). 인조 23년(1645) 문과 급제하여 翰林注書(한림주서)를 지내고 弘文館 修撰官(홍문관 수찬관) 때인 효종 5년(1654)에, 인조 23년 소현세자빈인 姜嬪(강빈)의 獄事(옥사)에 귀양간 昭顯世子(소현세자)의 세 아들을 사면할 것을 왕에게 청하여 유배되었다가 돌아왔으나, 황해감사 金弘郁(김홍욱)이 강빈의 억울한 죄를 벗겨 주려고 상소했다가 杖死(장사)되매 이에 연좌되어 삭직되었다. 후에 효종의 服喪(복상) 문제로 다시 남인과 서인이 대립하여 宋時烈(송시열)의 朞年說(기년설)이 채택되자 우원이 소를 올려 그 잘못을 논하여 三司(삼사)의 탄핵을 받고 벼슬에 나가지 못했다. 숙종이 즉위하여 송시열 등이 실각되매 이듬해에 왕의 부름을 받아 高城郡守(고성군수)로 보직, 이어 經筵參贊官, 吏曹判書, 左參贊(경연참찬관, 이조판서, 좌참찬)에 이르렀다. 숙종 6년(1680) 庚申大黜陟(경신대출척) 때 남인으로서 明川(명천)으로 귀양 갔다가 文川(문천)으로 옮겨져 거기서 사망했다.

658-1 寄鄭進士子修(기정진사자수) 진사 정자수에게 부치다

莫恨無書信 無書勝有書 書來人不見 愁緖更何如.

(막한무서신 무서승유서 서래인불견 수서갱하여)

편지 없음을 한하지 말라, 무소식이 희소식이라네.

편지는 오고 사람을 못 보면, 그 근심 또 어이하리.

[語句] *鄭子修 : 미상. *勝 : 낫다. *愁緖 : 근심스러운 마음. 愁心(수심). 愁意(수의).

[鑑賞] '무소식이 희소식이라'는 속담과 같이 소식이 없는 것은 무사히 잘 있다는 것을 뜻하니, 편지 주지 않는다고 원망 말라 했고, 편지는 받는데 그 사람을 볼 수 없으면 그로 인한 근심 걱정은 더 클 지도 모른다고 맺었다. 친구인 정진사가 편지나 인편으로 왜 그렇게 소식 주지 않느냐고 알려옴에 대한 答詩(답시) 같은데, 간단하나마 우정이 짙게 담긴 좋은 작품이다.

5言絶句(5언절구). 압운은 書, 如 자로 평성 '魚(어)' 평운이다. 평측은 차례로 '仄仄平平仄, 平平仄仄平, 平平平仄仄, 平仄仄平平'으로 二四不同(이사부동)과 反法, 粘法(반법, 점법) 등이 잘 이루어진 시이다.

658-2 黃江道中(황강도중) 황강 길에서

平沙如雪綠江回 白鳥飛飛去復廻 忽有小船歌側過 輕風一棹浪花開.

(평사여설녹강회 백조비비거부회 홀유소선가측과 경풍일도낭화개)

하얀 모래펄에 푸른 강물 굽어 돌고, 갈매기는 훨훨 날아 왔다갔다 하네.

갑자기 조각배 뱃노래 부르며 옆으로 지나고, 돛대에 부는 가벼운 바람에 흰 물결 이는구나.

[語句] *黃江 : 미상. 忠州湖(충주호) 주변에 황강이란 곳이 있음. *平沙 : 모래펄. 모래가 덮인 개펄. *飛飛 : 이리저리 나는 모양. *去復廻 : 갔다가 다시 돌아옴. 왔다갔다 함. *輕風 : 가볍게 솔솔 부는 바람. *浪花 : 흰 꽃처럼 솟구치는 물결.

[鑑賞] 그림 小品(소품) 하나를 보는 듯한 敍景詩(서경시)이다. 하얀 모래밭에 푸르게 흐르는 강물, 갈매기는 무수히 이리저리 날고 돛단 조각배 하나가 뱃노래 속에 돛 가득 바람을 싣고 흰 물결을 일으키며 떠간다. 즉흥으로 술술 한 편의 절구를 잘도 이루었다.

7言絶句(7언절구). 압운은 回, 廻, 開 자로 평성 '灰(회)' 평운이다. 평측은 차례로 '平平平仄仄平平, 仄仄平平仄仄平, 仄仄仄平平仄仄, 平平仄仄仄平平'으로 二四不同二六對(이사부동이륙대)와 반법, 점법 등이 잘 이루어졌다.

659. 洪瑋(홍위 1559~?) : 조선 인조 때 문관. 자 瑋夫(위부). 호 西潭(서담). 본관 南陽(남양). 父 訴(소). 사마시에 급제하고 선조 34년(1601) 문과에 급제하여 벼슬이 올라 兵曹佐郎, 正言(병조좌랑, 정언)이 되었다. 근면 공정했으며 사사로운 정에 흔들리지 않았고, 언론에 강직하고 공명하여 꺼리는 바가 없었으나 司憲府持平(사헌부 지평) 때 죄인에게 태형을 가한 사건으로 무소를 받아 귀양갔다. 인조반정 후 兵曹正郎(병조정랑), 成均司藝(성균 사예)를 지내고 醴泉郡守(예천군수)가 되어 선정을 베풀었다. 당시 예천 백성 중에 그를 싫어하는 자가 있어서 부정을 무소당해 구속되었다가 인조의 호의로 석방되었으나 이어 병사했다. 일찍이 柳成龍(유성룡 →184)에게 배웠고 효성이 돈독하여 이웃의 칭송을 받았다.

659-1 醉吟(취음) 취중에 읊다

落魄江湖一病翁 年來萬事摠違衷 風塵未靜憂何極 書劒無成志自雄
短髮緣愁千丈白 衰顔借酒半邊紅 江汀草綠春將老 日望關河恨無窮.

(낙탁강호일병옹 연래만사총위충 풍진미정우하극 서검무성지자웅
단발연수천장백 쇠안차주반변홍 강정초록춘장로 일망관하한무궁)

뜻을 잃고 강호에 사는 병든 이 늙은이, 여러 해를 두고 만사가 뜻대로 된 게 없구나.
말썽 많은 세상 가라앉지 않아 근심은 끝이 없어,
문도 무도 이루지 못했지만 뜻만은 크다네.
짧은 머리칼 근심 따라 희어졌고, 쭈그러진 얼굴 술 힘으로 반쯤 불그레하네.
강가의 초록빛 보니 봄은 가려 하는데,
날로 강과 산을 바라보아야 한탄만이 끝없이 이는구나.

[語句] *落魄 : ①넋을 잃음. ②때를 못 만나 뜻을 펴지 못하고 세력이나 살림이 아주 보잘것없이 됨. 落魄(낙백, 넋을 잃음). 零落(영락). *江湖 : 강과 호수. 시골 자연. *違衷 : 마음에 어긋남. 뜻대로 되지 않음. *風塵 : 비바람에 날리는 티끌. 세상의 속된 일. *書劒 : 글과 칼. 文武(문무). *千丈 : 천 길. '아주 긺'을 과장한 말임. *衰顔 : 여위어 쭈그러진 얼굴. *江汀 : 강가. 江邊(강변). *關河 : 關門(관문)과 하천. 산과 강. 山河(산하).

[鑑賞] 대과 급제하고도 높은 벼슬에 나아가지 못하고 늙어감을 술을 마시며 한탄했다. 인생은 늘 후회가 따르는 법이라 지난 일을 되돌아보아야 속만 더 상할 뿐이 아닌가. 함련과 경련은 시작법에 맞게 대구를 이루었다. 다섯째 구는 李白(이백)의 '秋浦歌(추포가)' 중 "白髮三千丈 緣愁似箇長(백발은 삼천 자 길이, 시름 따라 하나하나 자라났구나)"의 換骨(환골)이다. →234-58.

7言律詩(7언율시). 압운은 翁, 衷, 雄, 紅, 窮 자로 평성 '東(동)' 평운이다. 평측은 차례로 '仄仄平平仄仄平, 平平仄仄仄平平, 平平仄仄平平仄, 平仄平平仄仄平, 仄仄平平平仄仄, 平平仄仄仄平平, 平平仄仄平平仄, 仄仄平平仄平平'으로 이사부동이륙대와 반법, 점법 등이 잘 이루어졌고, 평측 배치가 좋으며 더구나 경련은 평측이 좋은 짝을 이루어 7언율시의 모범이 되는 명작이다.

660. 洪葳(홍위 ?~1660) : 조선 효종 때 문관. 자 君實(군실). 호 淸溪(청계). 본관 南陽(남양). 父 進士 遠湖(진사 원호). 인조 때 진사 급제하고 효종 1년(1650) 문과에 급제하여 三司(삼사, 홍문관 · 사헌부 · 사간원)에 출입하며 충성을 다했고 언행이 절실하여 空談(공담)이 없었으며 啓奏(계주, 임금께 아룀)에 힘써 올린 글이 수만 마디에 이르렀다. 東萊府使(동래부사)를 거쳐 경상도 관찰사 때에는 묵은 폐단을 일소하고 밀려 있던 안건을 공정히 처리했다. 현종이 즉위하자 承旨(승지)가 되었다.

660-1 夜坐(야좌) 밤에 앉아서

荷宜疎雨竹宜風 分外淸凉閉戶中 休把是非從我問 願將憂樂與人同
官榮漸覺思難報 袖短還慚舞未工 偶得新詩誰共詠 夜來床下有秋蟲.

(하의소우죽의풍 분외청량폐호중 휴파시비종아문 원장우락여인동
관영점각사난보 수단환참무미공 우득신시수공영 야래상하유추충)

연잎의 비 소리와 댓잎에 부는 바람 소리, 문을 닫고도 맑고 서늘한 경지 내 분수 밖이로세.
세상일의 시비를 내게는 묻지 마오, 다만 괴로움과 즐거움을 남들과 함께 하려고 하네.
벼슬의 영예로움 깨닫게 되나 그 은혜 갚을 길 없나니,
소매 짧아 춤 솜씨도 공교롭지 못하네.
우연히 시 한 수 지었으나 함께 읊을 이 없어, 밤들어 처마 밑의 가을벌레와만 함께 하네.

[語句] *疎雨 : 성기게 오는 비. *分外 : 분수에 지나는 일. ↔分內(분내). *是非 : 옳음과 그름. *憂樂 : 걱정스러운 일과 즐거운 일. *官榮 : 벼슬을 사는 영예. *工 : 교묘하다. 工巧(공교). *新詩 : 새로 지은 시. *秋蟲 : 가을벌레. 여치나 귀뚜라미 등.

[鑑賞] 가을 밤 홀로 집에 문 닫고 앉으니 심심하기 짝이 없다. 그렇지만 후두둑 연잎에 떨어지는 비 오는 소리와 댓잎에 사각거리는 바람 소리가 내 분수 밖으로 청량하다. 다만 남들과 함께 고락을 함께 할 뿐이니, 세상일의 옳고 그름을 가려 달라고 내게 묻지를 말라. 벼슬을 주신 임금님의 은혜 어찌 갚아야 할는지 모르겠고, 기쁨의 춤이라도 덩실덩실 추워야 할 텐데 그조차 서툴기만 하다. 새로 시 한 수를 지었으나 오직 섬돌 아래의 가을벌레하고만 함께 읊어볼 수밖에, 함께 할 아무도 없구나.

7言律詩(7언율시). 압운은 風, 中, 同, 工, 蟲 자로 평성 '東(동)' 평운이다. 평측은 차례로 '平平平仄仄平平, 仄仄平平仄仄平, 平仄仄平平仄仄, 仄平平仄仄平平, 平平平仄仄平仄, 仄仄平平仄仄平, 仄仄平平平仄仄, 仄平平仄仄平平'으로 二四不同二六對(이사부동이륙대)와 反法, 粘法(반법, 점법) 등이 모두 잘 이루어지고 평측 배치도 좋은 작품이다.

661. 洪履祥(홍이상 1549~1615) : 조선 선조 때 명신. 초명 麟祥(인상). 자 元禮(원례). 호 慕堂(모당). 시호 文敬(문경). 본관 豊山(풍산). 父 脩(수). 杏村 閔純(행촌 민순)에게 배우고 선조 12년(1579) 문과에 장원급제, 예조와 호조의 郎官(낭관)이 되고 正言(정언)을 거쳐 修撰知製敎騎郎, 校理, 執義, 應敎, 直提學, 同副承旨, 吏曹參議(수찬지제교기랑, 교리, 집의, 응교, 직제학, 동부승지, 이조참의) 등을 역임했다. 임진왜란 때 예조참의로서 왕을 서경까지 모신 공으로 병조참의가 되고 聖節使(성절사)로 명 나라에 다녀와 大司成, 大司憲(대사성, 대사헌)을 지냈다. 이 때 영남의 유생 文景虎(문경호)가 鄭仁弘(정인홍 →414)의 사주를 받아 疎(소)를 올려 牛溪成渾(우계 성혼 →766)을 배척, 선비들을 일망타진하려 하매, 그가 나서서 극력 변명하다가 安東牧使, 清州牧使(안동목사, 청주목사) 등으로 좌천되었다. 광해군 초에 대사간이 되고 이어 都憲, 副提學, 開城留守(도헌, 부제학, 개성유수)에 오르고 만년에 고향 松楸(송추)로 돌아가 시를 읊으며 自適(자적)했다.

661-1 夜坐聽雨(야좌청우) 밤에 비 오는 소리를 들으며

半夜空堂燭影斜 忽聞窓外雨聲過 杏花消息應非遠 欲解春衫問酒家.
(반야공당촉영사 홀문창외우성과 행화소식응비원 욕해춘삼문주가)

한밤중 빈 마루에 촛불 그림자 비껴 있는데, 갑자기 창밖에 비오는 소리.
살구꽃 피는 소식 멀지 않았으니, 봄옷 벗어 걸치고 술집 찾아가고 싶구나.

[語句] *半夜 : 한밤중. *空堂 : 텅 빈 大廳(대청, 집채 가운데 마루). *春衫 : 봄에 입는 홑옷. *問 : 찾다. 방문하다.

[鑑賞] 겨우내 움츠리고 지내다가 추위가 좀 풀리는가 싶었는데 봄을 재촉하는 밤비가 내린다. 홀로 텅 빈 대청마루에 앉았는데, 창밖으로 봄비 오는 소리가 들린다. 이제 곧 살구꽃도 피어나리니, 杏花村(행화촌)이라 별칭 되는 술집을 찾아가 봄맞이 술을 마시고 싶어진다고 읊었다. 봄을 기다리던 마음과 그 봄이 살그머니 가까이 다가온 기쁨을 드러낸 시이다.

7言絕句(7언절구). 압운은 斜, 過, 家 자로 斜와 家는 평성 '麻(마)' 운, 過도 평성 '歌(가)' 평운으로 두 운은 通韻(통운)이 된다. 평측은 차례로 '仄仄平平仄仄平, 仄平平仄仄平平, 仄平平仄平平仄, 仄仄平平仄仄平'으로 이사부동이륙대와 반법, 점법 등이 잘 이루어지고 평측도 고

르게 되어 7언절구의 典型(전형)이 되겠다.

662. 洪翼漢(홍익한 1586~1637) : 조선 인조 때 충신. 자 伯升(백승). 호 花浦(화포). 시호 忠正(충정). 본관 南陽(남양). 父 進士 以成(진사 이성). 月沙 李廷龜(월사 이정구)에게 배웠는데 월사는 그를 평하여 '후일 반드시 위인이 될 사람'이라 했다. 광해군 7년(1615) 생원시에 급제하고 인조 2년(1624) 인조가 공주에 내려와 시행한 庭試(정시)에 장원 급제하여 成均館典籍, 司憲府掌令(성균관 전적, 사헌부 장령)을 비롯하여 司書, 正言, 兵曹正郎(사서, 정언, 병조정랑) 등 청요직을 두루 지냈다. 인조 14년(1636) 청 나라가 조선을 속국시하는 모욕적인 조건을 내세워 사신을 보내왔을 때 그 사신을 죽여 모욕을 씻자고 주장했으며, 마침내 병자호란을 당하여 崔鳴吉(최명길) 등의 和議論(화의론)을 극구 반대했으나 왕이 남한산성에서 화의하고 말았다. 吳達濟, 尹集(오달제, 윤집 →154, 206)과 함께 청 나라에 잡혀가 굽히지 않고 죽음을 당하니 이 셋을 丙子三學士(병자 삼학사)라 한다. 영의정이 추증되고 廣州 顯節祠(광주 현절사)에 享祀(향사)했다.

662-1 瀋獄踏青日詠懷(심옥답청일영회) 심양 감옥에서 답청일에 회포를 읊다

陽坡細草坼新胎 孤島樊籠意轉哀 荊俗踏青心外事 禁城浮白夢中來
風飜夜石陰山動 雪入春澌月窟開 飢渴僅能聊縷命 百年今日淚沾腮.

(양파세초탁신태 고도번롱의전애 형속답청심외사 금성부백몽중래
풍번야석음산동 설입춘시월굴개 기갈근능요루명 백년금일누첨시)

양지 언덕 여린 풀들 새 싹 터지듯 돋으니, 외딴섬이나 새장에 갇힌 신세 마음 슬퍼지네.
우리 풍속의 답청놀이는 바랄 수 없고, 지난날 궁중의 곡수유상하던 일 꿈속에서 보는구나.
밤바람이 바위를 뒤흔드니 음산이 움직거리고,
잦아드는 봄물에 눈이 내려 월굴이 열리는구나.
굶주리고 목마른 속에 겨우 실낱같은 목숨 부지하니, 평생 오늘같이 뺨에 눈물 적시려나.

[語句] *瀋獄 : 심양 감옥. 지은이 등 삼학사들이 청 나라에 끌려가 갇혔던 滿洲(만주) 심양의 감옥. *踏青日 : 음력 3월 3일 삼짇날. 교외에 나가 봄풀을 밟으며 놀이를 연다는 데서 하는 말임. *詠懷 : 懷抱(회포)를 시나 노래로 읊음. *坼 : 터지다. *胎 : 아이 배다. 태아. 싹. 처음. 시초. *樊籠 : 새장. 鳥籠(조롱). *荊俗 : 우리 풍속. 荊楚歲時記(형초세시기)에 있는 풍속. *禁城 : 宮闕(궁궐). 宮城(궁성). *浮白 : '삼짇날 여는 曲水宴(곡수연)'을 가리키는 듯함. 곡수연은 '궁중의 후원에서 굽이돌며 흐르는 물에 술잔을 띄우고 시가를 읊으며 노는 잔치. 曲水流觴(곡수유상)' 임. *陰山 : 陰山山脈(음산산맥). 중국 內蒙古自治區(내몽고자치구) 고비 사막 동쪽에 있는 산

맥. *澌 : 물이 잦아들다. 다하다. *月窟 : 서쪽의 달 지는 곳. 崑崙山(곤륜산) 위에 있다고 함. *飢渴 : 배고프고 목마름. *縷命 : 실낱같은 목숨. 위태한 생명. *沾腮 : 뺨을 적심. 腮는 '뺨. 볼'로 顋(시)의 속자임.

[鑑賞] 심양 감옥에서 삼짇날을 맞아 소회를 읊은 시로 읽는 이로 하여금 눈물 흘리게 하는 작품이다. 首聯(수련 1~2구)은 '봄이 와 새 풀들이 돋고 답청놀이 갈 때건만 외딴 섬이나 새장에 갇힌 듯 감옥 속에 갇혔으니 슬퍼진다' 하고, 頷聯(함련 3~4구)에서 '답청놀이는 마음먹을 수 없는 일이요, 지난날 삼짇날에 궁궐에서 열린 곡수의 잔치에 참여했던 일이 꿈인 양 떠오른다' 하여 對句(대구)를 잘 이루었는데, 浮白을 '곡수연'으로 푼 것이 제대로 된 해석인지 미심쩍다. 頸聯(경련 5~6구)은 전환으로 현실로 돌아와 '바람 세차게 불고 눈발마저 심하게 내림'을 그렸는데, 陰山은 月窟과 짝이 되므로 음산산맥으로 보았으며, 감방 생활의 처참함을 중국의 지리적 특성에 비유해 간접적으로 나타내어 역시 대구를 지었다. 尾聯(미련 7~8구)은 '기갈 속에 겨우 목숨을 부지하며 늘 눈물 흘린다'고 시를 맺어 독자들을 비탄에 젖게 한다.

7言律詩(7언율시). 압운은 胎, 哀, 來, 開, 腮 자로 평성 '灰(회)' 평운이다. 평측은 차례로 '平平仄仄仄平平, 平仄平平仄仄平, 平仄仄平平仄仄, 仄平平仄仄平平, 平平仄仄平平仄, 仄仄平平仄仄平, 平仄仄平平仄仄, 仄平平仄仄平平'으로 이사부동이륙대와 반법, 점법 등이 모두 잘 이루 어졌다.

663. 洪逸童(홍일동 ?~1464) : 조선 세조 때 문신. 자 日休(일휴). 호 麻川(마천). 본관 南陽(남양). 父 節度使 尙直(절도사 상직). 세종 24년(1442) 문과에 급제하여 知中樞府事, 上護軍(지중추부사, 상호군)을 역임했다. 성격이 호탕하고 옷은 더러우며 술과 밥을 말로 먹고, 시를 읊으며 풀피리를 잘 부는 것으로 유명했다. 세조도 그를 보고 감탄하여 "돌아다니며 구경을 시키라." 하니, 명을 받들어 洪川(홍천)에 닿아 한없이 술을 마시다가 너무 취하여 그대로 사망했다.

663-1 傚八音體寄剛中(효팔음체기강중) 팔음체를 본따 강중 서거정에게 부치다

金多令人貴 無詩令人俗 石頭固不害 桂香終見伐
絲染不須悲 岐多何必泣 竹看君子操 松愛歲寒骨
匏飮信可樂 蝸室聊自適 土床冬暖足 葦牖夏散髮
革帶任男頑 藍衣置妾惡 草木與同腐 一生何役役.

(금다영인귀 무시영인속 석두고불해 계향종견벌
사염불수비 기다하필읍 죽간군자조 송애세한골
포음신가락 와실료자적 토상동난족 필유하산발

혁대임남완 남의치첩오 초목여동부 일생하역역)

황금이 많으면 사람을 귀하게 하고, 시를 짓지 못하면 사람을 속되게 하네.
돌대가리는 참으로 해를 입히지 않지만, 계수나무는 향기로 하여 마침내 베어지고 만다네.
묵자처럼 실이 물든다고 슬퍼할 것 없고, 양자와 같이 갈림길 많다고 울 것은 무언가.
대나무에서는 군자의 지조를 보고, 소나무는 겨울의 기골이 사랑스럽네.
바가지로 물 떠 마시는 게 정말 즐겁고, 달팽이 껍질 같은 오두막이 편안하고 즐겁다네.
흙마루가 겨울에는 발을 따습게 하고, 사립 창은 여름에 머리칼을 날리도록 시원하다네.
가죽띠는 사내를 완고하게 하고, 해진 옷은 소실이 싫어하게 한다네.
초목과 같이 썩어지고 말 것을, 왜 한평생 그리도 분주할 것은 무언고.

[語句] *傚 : 본받다. 배우다. ≒效(효). *八音體 : 팔음의 형체. 팔음은 '동양의 8악기 소리' 곧 金(금, 종), 石(석, 경쇠), 絲(사, 거문고), 竹(죽, 피리), 匏(포, 생황), 土(토, 질그릇 나팔), 革(혁, 북), 木(목, 敔어 -풍악을 그칠 때 쓰는 악기)임. *剛中 : 조선 성종 때 학자 徐居正(서거정)의 자. →101. *無詩 : 시가 없음. 시를 짓지 못함. *石頭 : 아무리 가르쳐 주어도 알지 못하는 머리. 속어로 '돌대가리'임. *絲染 : 실이 다른 색으로 물듦. 墨子(묵자, 墨翟묵적)가 실을 물들이는 사람을 보고 흰 실을 파란 물감에 물들이면 파래지고 노란 물감에 물들이면 노래지니, 한 번 물들면 다시 희게 할 수 없다며 탄식했음<墨子 所染篇> *岐多 : 갈래길이 많음. 楊子(양자, 楊朱양주)가 길을 가다 보니 갈래길이 하도 많아 어디를 가야 할는지 몰라 울며 되돌아왔다고 하고, 양자의 이웃 사람이 양 한 마리를 잃어 찾으려니 갈래길이 많아 찾지 못했다고도 함. 多岐亡羊(다기망양)<列子 說符> *操 : 志操(지조). *歲寒 : 추운 계절. 겨울. *匏 : 박. 바가지. *蝸室 : 달팽이 껍질같이 좁은 방. *聊 : 애오라지. 편안하다. *自適 : 무엇에도 속박됨이 없이 마음 내키는 대로 즐김. 悠悠自適(유유자적). *土床 : 널빤지를 깔지 않고 흙으로 된 마루. *葦牖 : 나뭇가지로 얽은 창. 葦은 '휘추리. 잡목. 木杪(목초)'이고, 牖는 '엇살창. 들창'임. *散髮 : 머리를 풀어 헤침. 머리칼이 흩어지게 함. *革帶 : 가죽띠. 어린아이에게 처음 옷을 입힐 때 아들은 가죽띠를 매게 하고 딸은 실띠를 매게 했다고 함. *藍衣 : 남색 옷. 해진 옷. 藍褸・襤褸(남루). *役役 : 마음과 힘을 몹시 쓰는 모양. 애쓰는 모양.<莊子 齊物論>

[鑑賞] 이 시는 동양 음악의 팔음 여덟 글자를 차례로 한 글자에 두 구씩 읊은 독특한 시이다. 즉 金, 石, 絲, 竹, 匏, 土, 革, 木 자가 두 구의 첫 자에 들어 있는데, 다만 木자만은 '草木~'으로 둘째 자에 들어 있다. 속담이나 警句(경구) 같은 句節(구절)을 죽 늘어놓고는, 강중에게 그렇게 벼슬길에 매이어 평생을 분주히 애쓰며 살아갈 것

은 무언가, 좀 유유자적하게 살아갈 수는 없는 것인가 하고 충고했다. 연에 따라 對句(대구)가 된 데도 있어 5言排律(5언배율)과 같은 성격도 띤 작품이다.

5言古詩(5언고시) 8연 16구. 압운은 네 구씩으로 나누어 볼 수 있는데, 첫 네 구의 끝 伇, 둘째 네 구의 끝 骨, 셋째 네 구의 끝 髮, 이렇게 석 자는 입성 '月(월)' 측운이고, 마지막 네 구의 끝 役 자도 입성 '陌(맥)' 측운이지만 두 운자는 通韻(통운)이 되지 않는다. 한편, 제 5연 의 끝 適 자도 役 자와 같은 '陌' 운이다. 평측은 차례로 '平平平平仄, 平平平平仄, 仄平仄仄仄, 仄平平仄仄 ; 平仄仄平平, 平平平仄仄, 仄平平仄仄, 平仄仄平仄 ; 平仄仄仄仄, 平仄平仄仄, 仄平平仄仄, 仄仄平仄仄 ; 仄仄仄平平, 平平仄仄仄, 仄仄仄平仄, 仄平平仄仄'으로 二四不同(이사부동)은 제 1, 2, 7, 8, 10구의 다섯 구에서 이루어지지 않았고, 反法(반법)과 粘法(점법)은 무시되었다. 이는 고시이기에 흠이 되지 않는다. 내용면이나 형식면에서 음미해 볼 만한 좋은 작품이라 하겠다.

664. 洪子藩(홍자번 1237~1306) : 고려 충렬왕 때 명신. 자 雲之(운지). 시호 忠正(충정). 본관 南陽(남양). 父 同知密直 裔(동지밀직 예). 과거 급제하여 南京留守判官(남경유수판관)으로 나갔으며 廣州通判(광주통판)을 거쳐 충청·경상·전라 按察使(안찰사) 등을 역임하며 치적이 많았다. 다시 戶部侍郎(호부시랑)으로 들어와 원종 때 右副承宣(우부승선)이 되고, 원 나라의 일본 정벌 때 判密直司事(판밀직사사)로서 전라도 都指揮使(도지휘사)가 되어 戰艦(전함)을 만들어 공을 세워 知僉議府事, 贊成事(지첨의부사, 찬성사)에 올랐다. 충렬왕 20년(1294) 僉議中贊(첨의중찬)과 우중찬에 올라 便民十八事(편민18사)를 지어 올렸으며 충렬왕 24년(1298) 세자인 충선왕이 왕위에 올랐으나 그 해 8월 충렬왕이 다시 복위하자 공신과 慶興郡開國侯(경흥군개국후)에 피봉되어 咨議都評議司事(자의도평의사사)가 되었다. 이 때 간신들이 왕의 부자를 이간하여 충선왕이 원나라에 가 있기로 그가 충렬왕을 모시고 원에 들어가 두 왕을 받들고 돌아오려다가 뜻을 이루지 못하고 원 나라에서 사망했다. 성품이 민첩 통달하고 학문을 좋아해 濟世之才(제세지재)라 했으며 翊戴功臣(익대공신)과 碧上三韓三重大匡(벽상삼한삼중대광)이 追贈(추증)되었다.

664-1 拜先塋不勝感慘卽成四韻(배선영불승감참즉성사운)

선영에 참배하며 슬픈 감회를 이기지 못해 곧 네 운을 짓다

兒啼乳歲別慈顔 那料孤墳在此山 雖隔音容冥路異 尙存恩愛綵衣斑
一抔宿草魂無昧 千里歸程淚忍潸 萬種哀情言未盡 題詩付與水潺潺.

(아제유세별자안 나료고분재차산 수격음용명로이 상존은애채의반
일부숙초혼무매 천리귀정누인산 만종애정언미진 제시부여수잔잔)

젖먹이 어린 나이에 어머니를 여의고, 외로운 무덤 이 산에 계심을 어찌 헤아렸으리.
저승과 이승이 다르니 말소리나 얼굴은 비록 막혔으나,
은애만은 아직 남아 색동옷에 아롱지네.

무덤 속에서 어머니 넋은 알고 계실 게니, 돌아가는 천릿길에 흐르는 눈물 참을 수 있으랴. 온 가지 슬픈 마음 말로 다 할 수 없어, 시 한 수 지어 졸졸 흐르는 물에 부쳐 두네.

[語句] *感慘 : 사모하는 마음에 슬픔. *四韻 : 네 운. 네 개의 脚韻(각운, 韻脚)으로 된 시 곧 律詩(율시). *乳歲 : 젖 먹는 어린 나이. *慈顔 : 자애로운 얼굴. '어머니의 얼굴'임. *音容 : 음성과 용모. *冥路 : 저승길. 저승. 冥途(명도). *恩愛 : 은혜와 사랑. *綵衣 : 색동옷. *斑 : 아롱지다. 얼룩지다. *抔 : 웅큼. 한줌. *宿草 : 오랜 풀. 우거진 풀. *無昧 : 어둡지 않음. 다 알고 있음. *歸程 : 돌아가거나 돌아오는 길. 歸路(귀로). *潸 : 눈물 줄줄 흘리다. *哀情 : 슬픈 마음. *題詩 : 제목을 붙여 시를 지음. *付與 : 줌. 주는 일. 附與(부여). *潺潺 : 물이 졸졸 흐르는 모양. 물 흐르는 소리가 가는 모양.

[鑑賞] 이 시는 제목이 길어 그 풀이만을 옮기면 "아버지께서 戊戌(무술) 연간에 沃州(옥주) 고을원으로 부임하셨을 때 어머니께서 불행히 세상을 떠나시니 내 나이 그때 세 살이었다. 그 뒤 28년이 지나 외람되게도 按部(안부)의 임명을 받잡고 선영에 와서 절하매 슬픈 감회를 이기지 못하여 그 자리에서 율시를 지었다"이다. 세 살 때 모친이 돌아갔으니 그 얼굴도 기억하지 못하지만, 효성이 지극한지라 늘 어머니를 그리워하는 정이 시 속에 담겨 있다. 頷聯(함련 3~4구)과 頸聯(경련 5~6구)은 시 작법에 어긋남이 없이 對句(대구)가 잘 이루어졌다.

7言律詩(7언율시). 압운은 顔, 山, 斑, 潸, 潺 자로 평성 '刪(산)' 평운이다. 평측은 차례로 '平平仄仄仄平平, 平仄平平仄仄平, 平仄平平平仄仄, 仄平平仄仄平平, 仄平仄仄平平仄, 平仄平平仄仄平, 仄仄平平平仄仄, 平平仄仄仄平平'으로 二四不同二六對(이사부동이륙대)와 反法, 粘法(반법, 점법) 등이 잘 이루어지고 평측 배치도 좋은 시이다.

665. 洪迪(홍적 1549~1591) : 조선 선조 때 문관. 자 太古(태고). 호 養齋, 荷衣生(양재, 하의생). 본관 南陽(남양). 父 恥齋 仁祐(치재 인우). 진사를 거쳐 선조 5년(1572) 문과에 급제하여 史局(사국)에 추천되었고 湖堂(호당, 독서당)에 뽑혔다. 홍문관에 10년 동안 있었고 經學(경학)에 매우 밝았다. 당시에 兩司(양사)에서 栗谷 李珥(율곡 이이)를 탄핵하자 그가 반박하니 왕이 크게 노하여 홍문관의 모든 사람들을 쫓아내니, 홍적은 長淵縣監(장연현감)으로 좌천되고 4년 후 병으로 사임하고 돌아와서 다시 등용되어 兵曹正郞, 執義, 舍人(병조정랑, 집의, 사인) 등에 이르렀다. 벼슬에 나간 지 24년 동안 당쟁에 휩쓸리지 않았으며 시와 문장에 능하고 筆名(필명)도 높았다. 시집으로 '荷衣詩什(하의시집)'이 있다.

665-1 暮春(모춘) 늦봄

草深窮巷客來稀 鳥啼聲中午枕依 茶罷小窓無個事 落花高下不齊飛.

(초심궁항객래희 조제성중오침의 다파소창무개사 낙화고하부제비)

풀 더부룩 깊은 궁항이라 찾아오는 손님 드물고, 새 우는 소리 속에 낮잠을 자네.
차 마시고 할 일 없이 창 밖을 보니, 떨어지는 꽃잎 마구 날리는구나.

[語句] *暮春 : 늦봄. 晩春(만춘). *窮巷 : 외딴 시골 마을. *午枕 : 낮잠. 枕은 '베개. 베다'임. 午寢(오침). *罷 : 마치다. 파하다. 내치다. *個事 : 해야 할 일들. *不齊 : 가지런하지 않음.

[鑑賞] 시골 외진 마을에서 한가하고 무료하게 지내는 생활의 한 단면인 늦은 봄의 한 때를 그렸다. 외진 곳이니 찾아오는 손님도 없어 새들 지저귀는 소리를 들으며 낮잠을 즐긴다. 낮잠에서 일어나 차 한 잔 마시며 창 밖을 내다보니 높은 곳에서 떨어지는 꽃잎들이 이리저리 마구 나는 게 무질서하게 내리는 눈 같다.

7言絕句(7언절구). 압운은 稀, 依, 飛 자로 평성 '微(미)' 평운이다. 평측은 차례로 '仄平平仄仄平平, 仄平平平仄仄平, 平仄仄平平仄仄, 仄平平仄仄平平'으로 이사부동이륙대는 둘째 구에서 어긋나 '平-平-仄'이 되었고, 반법과 점법은 불완전하나마 이루어졌다.

666. 洪鍾應(홍종응 1783~?) : 조선 순조 때 문신. 자 士協(사협). 호 芍玉(작옥). 본관 南陽(남양). 순조 때 과거 급제하여 吏曹判書(이조판서)를 역임했다.

666-1 退老(퇴로) 늙어 벼슬을 사퇴하고

一竿之釣短蓑衣 退老江干俗事稀 酒茶巖屋携妻至 鍾漏金門送子歸
郭外靑山田數頃 花間流水竹雙扉 騷客詩僧來起我 廣陵明月滿空磯.

(일간지조단사의 퇴로강간속사희 주차암옥휴처지 종루금문송자귀
곽외청산전수경 화간유수죽쌍비 소객시승내기아 광릉명월만공기)

도롱이 두르고 낚싯대 잡아, 벼슬 그만두고 강호에 사니 세속의 일 드물어 한가롭네.
아내는 가끔 술과 차를 낚시터에 내 오고,
대궐로 출근한 아들 돌아오기를 기다리기도 하네.
마을 밖 푸른 산에 밭 몇 이랑 있고,
꽃 사이로 흐르는 시냇물에 우리 집 대사립문이 가깝네.
시인과 시승이 나를 찾아와 함께 오느라면,
광릉의 밝은 달빛 빈 낚시터를 밝게도 비추는구나.

[語句] *退老 : 늙어서 벼슬을 사퇴함. *蓑衣 : 도롱이. *江干 : 강가. 坎坎伐檀兮 寘之河之干兮(박달나무를 찍어, 황하 물가에 쌓아놓네)<詩經 魏風 伐檀> *俗事 : 속세의 일. *巖屋 : 바위로 둘린 집. '강가 낚시터 바위'로 볼 수도 있음. *鍾漏 : 때를 알리는 종과 漏水器(누수기, 물시계). 그런 설비는 궁중에 있으므로 '궁중'을 가리키기도 함. *金門 : 대궐의 문. 중국 漢(한)의 未央宮(미앙궁)의 문 이름이 金馬門(금마문)이어서 쓰는 말임. *郭外 : 城郭(성곽) 밖. '마을 바깥'으로 볼 수도 있겠음. *頃 : 백 이랑. 百畝(백무). *竹雙扉 : 대나무 사립문 두짝. *騷客 : 詩人(시인). *詩僧 : 시에 능통한 중. *廣陵 : 경기도 廣州(광주)의 별칭. 중국 晉(진) 때 거문고 곡조에 '廣陵散(광릉산)'이 있었다 하는데, 여기서는 廣州로 보았음. *磯 : 낚시터.

[鑑賞] 나이 많아 벼슬길에서 물러나 시골 고향에서 한가로이 여생을 보내는 심정을 읊었다. 경제적으로 궁핍하지 않고 아들도 벼슬살이를 하고 있으니 근심, 걱정이 없다. 3~4구 곧 함련과 5~6구 곧 경련은 대구를 잘 이루었다.

7언율시. 압운은 衣, 稀, 歸, 扉, 磯 자로 평성 '微(미)' 평운이다. 평측은 차례로 '仄平平仄仄平平, 仄仄平平仄仄平, 仄平平仄平平仄, 平仄平平仄仄平, 仄仄平平平仄仄, 平平平仄仄平平, 平仄平平平仄仄, 仄平平仄仄平平'으로 이사부동이륙대는 모두 이루어졌으나 반법과 점법이 온전치 못하다.

667. 洪柱世(홍주세 ?) : 조선 효종 때 문장가. 자 叔鎭(숙진). 호 靜虛堂(정허당). 본관 豊山(풍산). 조부 佐郎 鸞祥(좌랑 난상). →646. 생원시에 급제하고 효종 1년(1650) 문과에 급제하여 벼슬이 正郎(정랑)에 이르렀다. 春沼 申最(춘소 신최)와 더불어 당시에 문명이 높았고 詩律(시율)에 능하여, 澤堂 李植(택당 이식 →263)은 그의 시를 평하여 '天然梅蘭(천연매란)과 같다.'고 했다.

667-1 詠竹(영죽) 대나무를 읊다

澤畔有孤竹 霜梢秀衆林 斜陽雖萬變 終不改淸陰.
(택반유고죽 상소수중림 사양수만변 종불개청음)

못 가에 우뚝 선 대나무, 그 푸름이 온 숲의 서리 맞은 나뭇가지 속에서 빼어나는구나.
지는 해가 비록 온갖 것을 바꾸게 해도, 끝내 그 푸른 그늘은 변함이 없구나.

[語句] *澤畔 : 못 가. 行吟澤畔(못 가를 거닐며 시를 읊네)<史記> *孤竹 : ①외로운 대나무. 우뚝한 대나무. ②중국 고대 殷(은) 나라 제후 孤竹君(고죽군). 그의 두 아들이 절개가 곧기로 유명한 伯夷叔齊(백이숙제)임. *梢 : 나뭇가지. 잎 떨어진 나뭇가지. 줄가리. *斜陽 : ①저녁 해. ②인조 병자호란 때 參判(참판)을 지

낸 金斜陽(김사양). *淸陰 : ①맑은 그늘. '소나무, 대나무 그늘'을 운치 있게 이르는 말. ② 조선 인조 때 문신이며 학자인 金尙憲(김상헌 1570~1652)의 雅號(아호).

[鑑賞] 된서리에도 시들지 않고 푸름을 그대로 지니는 대나무의 곧음을 읊었으나, 사실은 인조 병자호란 때 斥和臣(척화신)인 청음 김상헌을 찬양한 시이다. 병자호란 때 화의가 성립되고 김상헌은 고향 安東(안동)으로 내려가 은거했는데, 청 나라에서는 척화신의 거두인 '김사양'을 붙잡아 보내라고 요구했다. 청에서는 '김상헌'과 '김사양'의 발음이 비슷해 김상헌을 김사양이라 착각했던 것인데, 참판을 지냈던 김사양은 죽고 없어 나중에 결국 김상헌이 청 나라에 잡혀 가, 청 나라에 굴하지 않아 瀋陽(심양) 감옥에서 6년간 갇혔었다. 시에서 대나무와 청음은 김상헌을 가리키고, 사양은 김사양인 것이다. →701.

5言絕句(5언절구). 압운은 林, 陰 자로 평성 '侵(침)' 평운이다. 평측은 차례로 '仄仄仄平仄, 平平仄仄平, 平平平仄仄, 平仄仄平平'으로 이사부동과 반법 점법 등이 모두 이루어졌다.

668. 洪柱元(홍주원 ? ~1672) : 조선 선조의 駙馬(부마, 사위). 자 建中(건중). 호 無何堂(무하당). 시호 文懿(문의). 본관 豊山(풍산). 조부 大司憲 履祥(대사헌 이상 →661). 月沙 李廷龜(월사 이정구 →294)의 외손자로 월사의 가르침을 받았고 北渚 金瑬(북저 김유 →706)에게서도 배워 弱冠(약관)이 못 되어 과거 보는 장소에 출입했다. 인조 1년(1623) 특별히 뽑혀 선조의 딸인 貞明公主(정명공주)에게 장가들어 永安尉(영안위)에 책봉되었다. 천성이 온순하고 효성이 지극하여 형제간에 우애가 두터웠다. 또 문학을 항상 즐기고 선비들과 명승지를 찾아 놀기를 좋아했으며 특히 趙錫胤(조석윤 →449), 朴長遠(박장원)과의 우정이 깊었다. 현종 9년(1668) 왕이 온천에 행차할 때 신병을 무릅쓰고 모시고 가려다가 風病(풍병, 신경의 탈로 인한 온갖 병)을 얻어 뒤에 병사했다.

668-1 輓永昌大君還葬(만영창대군환장) 영창대군 환장을 애도하다

遺教終無賴 深寃孰不哀 人生八歲盡 天道十年回
白日重泉照 青山幽宅開 千秋永樂殿 應作望鄉臺.

(유교종무뢰 심원숙불애 인생팔세진 천도십년회
백일중천조 청산유택개 천추영락전 응작망향대)

선조의 유교는 끝내 이루어지지 않았으니, 대군의 깊은 원통함을 그 누가 슬퍼하지 않으리.
여덟 살로 끝난 인생에,
장례를 제대로 치러야 하는 하늘의 도리가 10년만에 되돌아왔구나.
밝은 해 저승까지 비추어, 청산에 좋은 무덤 이룩하게 되었으니,
천추토록 영락전이 되고, 또 응당 망향대가 되리라.

[語句] *輓 : 애도하다. 輓章(만장, 輓詩만시. 輓詞만사). ≒挽(만). *永昌大君(1607~1614) : 조선 선조의 元子(원자). 仁穆王后(인목왕후)의 所生(소생)으로 광해군에 의해 강화도로 내침을 당해 사망했음. *還葬 : 다시 장사지냄. *遺敎 : 임금이나 부모가 임종할 때 하는 분부. 遺命(유명). 여기서는 선조가 柳永慶(유영경) 등 7신하에게 영창대군을 보호하고 세자로까지 봉할 것을 부탁한 일을 말함. *無賴 : 믿을 바가 못 됨. 밑바탕으로 삼지 못함. *深寃 : 깊은 원통함. 冤(원통할 원)은 寃의 本字(본자)임. *天道 : 천지자연의 도리. 하늘의 도리. 하늘. *白日 : 밝은 해. *重泉 : 먼 곳. 저승. 九泉(구천). *幽宅 : 무덤. *千秋 : 썩 오랜 세월. *永樂殿 : 영원히 즐거운 곳이 되는 전각이나 집. *應作 : 응당 됨. *望鄕臺 : 고향을 바라보는 돈대.

[鑑賞] 억울하게 죽은 영창대군의 葬事(장사)를 다시 지내게 될 때 대군을 조상한 만시라 할 수 있다. 영창대군은 선조의 14 아들 중 막내이면서 오직 하나의 正宮(정궁, 왕비) 소생이었다. 선조는 이미 세자로 책봉된 광해군을 싫어하여 영의정 유영경 등 몇몇 신하들과 영창대군을 세자로 책봉할 것을 몰래 의론했다. 이를 눈치챈 李爾瞻, 鄭仁弘(이이첨, 정인홍) 등은 세자를 바꾸어서는 안 된다고 떠들다가, 선조의 비위를 거슬려 사실무근한 소문을 퍼뜨린다는 죄목로 귀양을 가게 되었다. 이들이 귀양길을 차일피일 미루다가 선조 41년(1608) 선조가 갑자기 세상을 뜨고 당일로 광해군이 왕위에 오르니 다시 불리워 등용되었다. 광해군 5년(1613) 광해군은 영창대군의 어머니인 인목왕후 전각에 건장한 여자들 수 10명을 보내 영창대군을 빼앗아 오게 하여, 庶人(서인)으로 만든 뒤 江華島(강화도)로 추방했다. 이듬해 2월 강화부사 鄭沆(정항 →432)은 대군의 방에 불이 나도록 나무를 많이 때어 대군은 열기를 이기지 못하고 殞命(운명)하니 나이 8세였다. 인조가 즉위하여 영창대군을 다시 遷葬(천장)토록 했던 것이다. 頷聯(함련 3~4구)과 頸聯(경련, 腹聯복련 5~6구)은 對句(대구)가 잘 이루어졌다.

5言律詩(5언율시). 압운은 哀, 回, 開, 臺 자로 평성 '灰(회)' 평운이다. 평측은 차례로 '平仄平平仄, 平平仄仄平, 平平仄仄仄, 平仄仄平平, 仄仄平平仄, 平平平仄平, 平平仄仄仄, 平仄仄平平'으로 二四不同(이사부동)과 反法, 粘法(반법, 점법) 등이 잘 이루어진 좋은 작품이다.

669. 洪處亮(홍처량 1607~1683) : 조선 인조, 숙종 때 문신. 자 子晦(자회). 호 北汀(북정). 시호 貞靖(정정). 본관 南陽(남양). 父 司宰監僉正 命顯(사재감첨정 명현). 일찍 진사가 되고 인조 15년(1637) 문과 급제하여 여러 벼슬을 지내고 兵曹正郎, 京畿都事(병조정랑, 경기도사)일 때 重試(중시)에 뽑혀 玉堂(옥당, 홍문관)에 들어갔고 수찬, 교리 등을 거쳐 淸風府使(청풍부사)가 되었다. 현종 15년(1674) 仁宣王后(인선왕후, 孝宗妃요 현종의 어머니 張氏장씨)의 국상 때 예조판서로서 殯魂殿都監(빈혼전도감)의 提調(제조)를 겸하고 대왕대비의 복제를 논할 때 공이 있어 이조판서가 되었

다. 현종 昇遐(승하) 후 이조판서를 사임하고 中樞府事(중추부사) 때 禮論(예론)이 일어나 두문불출하며 왕명을 기다렸고, 숙종 2년(1676) 耆社(기사, 기로소)에 들어간 뒤 판중추부사가 되었다. 숙종 5년(1679) 江都投書(강도투서) 사건 때 그의 처벌이 제기되었으나 왕이 허락 않아 이듬해 무사하게 되어 공조·예조 판서, 홍문관 부제학 등에 제수되었으나 병으로 모두 사퇴했다.

669-1 哭子(곡자) 아들의 죽음에 곡하다

靈帷晝掩暗生塵 寂寞虛堂酒果陳 床有借來書卷在 婦人收取哭還人.

(영유주엄암생진 적막허당주과진 상유차래서권재 부인수취곡환인)

상청은 낮에도 닫히어 먼지 쌓이고, 적막한 빈 마루에는 술과 과일 제물이 놓였구나. 책상에는 빌려 온 책들 있어, 그 어미 거두어 주인에게 울면서 돌려 보내는구나.

[語句] *靈帷 : 喪廳(상청)의 장막. 喪廳은 '几筵(궤연)의 속어로 신주를 모신 자리'임. *掩 : 가리다. 닫다. *寂寞 : 고요하고 쓸쓸함. *虛堂 : 텅빈 마루. *借來 : 빌려옴. *婦人 : '지은이의 아내'

[鑑賞] 喪明之痛(상명지통)을 당한 아버지의 슬픔을 읊은 시. 상명지통은 孔子(공자)의 제자 子夏(자하, 卜商복상)가 아들이 죽으매 너무 슬퍼하여 눈이 멀어버린 고사에서 나온 말이다. 靈帷는 '几筵' 이라 풀이할 것이지만 아들의 殯所(빈소)이기에 俗語(속어)인 喪廳이라 해석했다. 죽은 아들이 생전에 빌려 온 책들을 그 임자들에게 되돌려 주는 어머니의 심정을 느껴 볼 수 있다.

7言絕句(7언절구). 압운은 塵, 陳, 人 자로 평성 '眞(진)' 평운이다. 평측은 차례로 '平平仄仄仄平平, 仄仄平平仄仄平, 平仄仄平平仄仄, 仄平平仄仄平平'으로 二四不同二六對(이사부동이륙대)와 반법, 점법 등이 모두 이루어졌다.

670. 洪春卿(홍춘경 1497~1548) : 조선 중종, 인조 때 문신. 자 明仲(명중). 호 石壁(석벽). 본관 南陽(남양). 父 待敎 係貞(대교 계정). 사마시 급제 후 중종 23년(1528) 문과에 급제하여 예조, 병조, 홍문관, 사간원, 성균관 등에서 벼슬을 살았다. 궁중에 불온 문서 사건이 일어나자 金安老(김안로)는 朴貴人(박귀인)의 소행이라고 단정하여 그를 하옥시켰다. 司諫(사간)인 宋純(송순)은 혼자서 그 불가함을 논하다가 배척되니, 홍춘경은 송순을 구출하려다가 옥에 갇혔다. 이듬해에 다시 등용되어 형조와 공조의 正郎(정랑)을 거쳐 중종 31년(1536) 重試(중시)에 들었고, 승진을 거듭하여 황해도 관찰사, 工曹參議(공조참의)를 지내고 大護軍(대호군)이 되었다. 성품이 강직하여 권세에 굽히지 않고 권세가의 집을 찾은 일이 없으며 다만 宋麟壽(송인수)와 서로 내왕할 뿐이었다.

670-1 落花巖(낙화암) 낙화암

國破山河異昔時 獨留江月幾盈虧 落花岩畔花猶在 風雨當年不盡吹.

(국파산하이석시 독류강월기영휴 낙화암반화유재 풍우당년부진취)

백제 없어지니 산하가 그 때와는 다른데,

강 달만이 홀로 남아 찼다가 이지러지기 그 얼마던가.

낙화암 가에 꽃 아직 피나니, 그 때의 모진 비바람 다 몰아치치 못했던가보다.

[語句] *落花巖 : 충남 부여의 부소산 서쪽 끝 큰 바위. →50-2. *國破 : 나라 곧 백제가 깨져서 망함. 杜甫(두보)의 시 '春望(춘망)'에 "國破山河在(나라가 망하니 산과 강만 남아 있네)"라 있음. *盈虧 : 가득참과 이지러짐. *風雨 : 바람과 비. 비바람.

[鑑賞] 먼저 두보의 시 '春望'을 보자. "國破山河在 城春草木深 感時花濺淚 恨別鳥驚心 烽火連三月 家書抵萬金 白頭搔更短 渾欲不勝簪(나라는 결딴나도 산천은 그대로요 성 안은 봄인데도 초목만 우거졌구나. 시절이 한스러우니 꽃을 봐도 눈물이요 이별의 한에 새 소리조차 안타깝네. 봉홧불이 석 달이나 이어지는 난리판이라 집 소식은 만금도 싸다 하겠네. 백발 머리 긁으니 다시 더 빠져 도무지 상투에 꽂는 동곳을 꽂지 못하겠구나). '춘망'은 전란 중의 한탄을 읊었는데, 이 '낙화암' 시는 옛 백제의 패망을 회고하며 안타까운 심정을 그린 점이 다르다.

7言絕句(7언절구). 압운은 時, 虧, 吹 자로 평성 '支(지)' 평운이다. 평측은 차례로 '仄仄平平仄仄平, 仄平平仄仄平平, 仄平平仄平平仄, 平仄平平仄仄平'으로 二四不同二六對(이사부동이륙대)와 反法, 粘法(반법, 점법) 등이 잘 이루어지고 평측 배치도 좋은 典型的(전형적) 작품이다.

671. 黃景源(황경원 1709~1787) : 조선 영조, 정조 때 명신, 문장가. 자 大卿(대경). 호 江漢(강한). 시호 文景(문경). 본관 長水(장수). 父 璣(기). 영조 3년(1727) 생원시에 급제했고 동왕 16년 (1740) 문과에 급제하여 正字, 檢閱, 大司成, 大司諫, 大司憲, 吏曹參判兼兩館大提學(정자, 검열, 대사성, 대사간, 대사헌, 이조참판 겸 양관 대제학) 등을 지냈고, 정조 초에 이조판서를 거쳐 또 대제학에 임명되었으나 취임하지 않았다. 吳瑗(오원, 자 伯玉백옥), 李天輔(이천보, 호 晉庵진암 →807), 南有容(남유용, 호 雷淵뇌연) 등과 문장에 힘써 당세에 이름을 떨쳤으며 특히 禮學(예학), 古文(고문), 兩漢文章(양한 문장) 등을 잘했다. 淸(청)의 張廷玉(장정옥)이 지은 '明史(명사)' 중 本紀(본기)에서 빠진 것을 보고 '南明書(남명서)'를 지어 보충했으며 40여 列傳(열전)을 넣었다. 그가 한 때 사건으로 巨濟(거제)에 유배되었을 때, 영조 임금이 당세의 문장가를 신하들에게 물으니 황대경이라 한즉 왕이 즉시 그를 고향으로 돌아가게 했다고 한다. 글씨도 잘 썼으며 문집에 '江漢集(강한집 32권)'이 있다.

671-1 反棹(반도) 노를 돌리다

石門雲正杳 潭島日方低 漁父回舟去 仙源路更迷.

(석문운정묘 담도일방저 어부회주거 선원로갱미)

산에는 구름 깊게 피어오르고, 물 안의 섬으로 해는 져 잠기려 하네.

어부는 배를 돌려가 버리니, 무릉도원 길 찾지 못해 헤매게 되는구나.

[語句] *石門 : 바위가 자연적으로 문같이 된 곳. *杳 : 아득하다. 깊다. *潭島 : 못 속의 섬. 중국 武陵(무릉)의 潭水(담수) 냇물 안에 있는 섬. *方低 : 바야흐로 낮아짐. 잠기려 함. *仙源 : 신선이 사는 곳. 武陵桃源(무릉도원). *迷 : 헷갈려 헤매다. 길 잘못 들다.

[鑑賞] 경치 좋고 신선이 살고 있음직한 곳을 찾아 들어가다가 해가 져 어두워지니 찾지 못하고 배를 되돌려 돌아오며 아쉽고 서운한 심정을 읊었는데, 마음에 떠오르는 대로 아주 쉽게 한 편의 시를 이룬 大家(대가)다운 솜씨라 하겠다. 勝景(승경)을 찾아 隱居(은거)하려는 옛 선비의 모습을 연상하게 된다. 理想鄕(이상향)이나 무릉도원은 가상의 경지이건만 사람은 누구나 그 곳을 동경하며 살아간다.

5言絕句(5언절구). 압운은 低, 迷 자로 평성 '齊(제)' 평운이다. 평측은 차례로 '仄平平仄仄, 平仄仄平平, 平仄平平仄, 平平仄仄平'으로 이사부동과 반법, 점법 등이 모두 이루어졌고 평측 배치도 잘 되었다.

672. 黃啓沃(황계옥 ?) : 조선 성종 때 문인. 자 溥翁(부옹). 호 草谷(초곡). 본관 丹陽(단양). 父 監正 震孫(감정 진손). 성종 때 문과 급제하여 典翰(전한)을 역임했고 문집이 전한다.

672-1 淸明日有感(청명일유감) 청명일의 감상

短帽烏衫趁卯申 十年車騎逐黃塵 功名本是妨行樂 時序寧知已暮春

官柳市橋風雨後 鈿車油幕往來頻 淸明過了渾無省 非是東君解負人.

(단모오삼진묘신 십년거기축황진 공명본시방행락 시서녕지이모춘

관류시교풍우후 전거유막왕래빈 청명과료혼무성 비시동군해부인)

짧은 사모 검은 적삼으로 출퇴근 시간 맞추노라,

10 년을 수레와 말로 누런 티끌 쫓아다녔네.

공명이란 본디 즐거이 유람함을 못 하도록 하니, 절후가 이미 늦봄임을 어찌 알 수 있으랴.

관청과 시가에 비바람 지난 뒤, 청명이라 부인네의 수레들 오고감이 빈번하기도 하구나.

청명이 지나가는 걸 도무지 살피지 못했으니,

이것은 봄의 신이 나를 저버렸기 때문이 아닐세.

[語句] *淸明日 : 24절기의 하나. 양력 4월 4~5일경임. →46-5, 63-6. *有感 : 감상이나 느낌이 있음. *短帽 : 짧은 모자나 烏紗帽(오사모, 紗帽-관복을 입을 때 쓰는 얇은 비단으로 짠 모자). *烏衫 : 검은 적삼. *趂 : 좇다. 다다르다. =趁(진). *卯申 : 卯時(묘시, 아침 5시~7시)와 申時(신시, 오후 3시 ~5시). 벼슬아치들의 근무 시간. 묘시에 출근하고 신시에 퇴근했기로 하는 말임. *車騎 : 수레와 말. 車馬(거마). '벼슬아치의 출퇴근 수단'을 뜻함. *黃塵 : 누런 흙먼지. 俗世(속세). *功名 : 공을 세워 이름을 떨침. 공로와 명예. *行樂 : 잘 놀고 즐겁게 지냄. *時序 : 시절의 차례. 돌아가는 節候(절후, 절기)의 순서. *暮春 : 늦봄. 晩春(만춘). *官柳市橋 : 관청에 심은 버들과 시가지의 다리. 官廳(관청)과 市街(시가). *鈿車 : 호화롭게 꾸민 수레. 鈿은 '비녀[先선 운]. 자개 박다. 보배로 꾸민 그릇[霰산 운]'임. *油幕 : 빗물이 새지 않도록 기름을 먹인 장막. 鈿車油幕은 '여인들이 타는 수레'의 뜻으로 썼음. *頻 : 잦다. 頻繁(빈번)하다. *了 : 마치다. 깨닫다. 여기서는 語助辭(어조사)임. *渾 : 모두. 흐리다. *省 : 살피다. *東君 : 봄의 신. 東皇(동황). 靑帝(청제). *解 : 깨우쳐 주다. *負人 : 사람을 저버림.

[鑑賞] 벼슬에 얽매여 절후가 가는 것도 살필 겨를이 없이 살아오다가 문득 거리의 풍경을 보니 좋은 봄날의 청명임을 깨달아 한 편의 시를 지었다. 요즘도 직장에 다니는 사람들은 이른바 '세월 가는 줄도 모르고 산다.'는 푸념을 듣게 되니 실감하게 된다. 시작법에 어긋남이 없이 頷聯(함련 3~4구)과 頸聯(경련 5~6구)은 對句(대구)를 虛(허-함련)와 實(실-경련)로 잘 배치했다.

7言律詩(7언율시). 압운은 申, 塵, 春, 頻, 人 자로 평성 '眞(진)' 평운이다. 평측은 차례로 '仄仄平平仄仄平, 仄平平仄仄平平, 平平仄仄平平仄, 平仄平平仄仄平, 平仄仄平平仄仄, 仄平平仄仄平平, 平平仄仄平平仄, 平仄平平仄仄平'으로 이사부동이륙대와 반법, 점법 등이 제대로 이루어졌고 평측 배치도 좋아 내용과 함께 명작이라 할 만하다.

673. 黃瑾(황근 ?) : 고려 충숙왕 무렵의 문관. 司憲府(사헌부) 벼슬을 살다가 충북 沃川(옥천)의 고을원으로 좌천되었다.

673-1 將赴沃州漢江船上用華嚴信聰師韻(장부옥주한강선상용화엄신총사운)

옥주에 부임하려고 한강 배 위에서 화엄 신총 스님의 운자를 써서 짓다

欲知民水載君舟 要盡忠誠諴逸遊 諫苑未能呈藥石 長沙見謫不須愁.

(욕지민수재군주 요진충성계일유 간원미능정약석 장사견적불수수)

백성인 물이 임금인 배를 띄움을 알려거든, 충성을 다해 일유하는 일을 간해야 하는데, 사헌부 간관으로서 경계의 상소를 하지 못했으니, 장사로 귀양가듯 함을 근심할 건 없으리라.

[語句] *沃州 : 충청북도 沃川郡(옥천군)의 옛 이름. *華嚴 : <佛>온갖 행실로 많은 덕을 닦아 修行(수행)을 쌓아서 훌륭한 功德(공덕)을 얻는 일. 불교의 한 종파인 華嚴宗(화엄종). *民水君舟 : 백성은 물이요 임금은 그 물 위에 뜬 배. '도와주는 사람도 해가 되는 수가 있음'의 뜻으로도 씀. 君舟臣水(군주신수, 임금은 배요 신하 곧 백성은 그 배를 띄우는 물이다)<荀子 王制> *逸遊 : 마음대로 편안히 즐겁게 놂. 佚遊(일유). 樂驕樂樂佚遊(겸손치 않고 방자한 풍악을 즐기고, 음탕한 놀이를 즐기며)<論語 季氏> *諫苑 : 司憲府(사헌부) 또는 司諫院(사간원). 諫院. 苑은 '궁중의 동산'임. *藥石 : ①약과 石鍼(석침, 침). 藥材(약재) 또는 치료. ②정성으로 훈계하는 말. 임금에게 올리는 上疏(상소). 여기서는 ②임. *長沙 : 중국 湖南省 長沙市(호남성 장사시). 前漢文帝(전한 문제) 때 문신 賈誼(가의 201~168 B.C)가 좌천되었던 곳임. *謫 : 귀양 보내다. 꾸짖다. *不須 : ~할 것이 없음. 須는 '모름지기. 마땅히 ~해야 한다'임.

[鑑賞] 아마도 諫官(관관)의 소임에 있다가 무슨 일로 좌천되어 옥천의 고을원으로 좌천되어 가면서, 현재의 서울 한강을 나룻배로 건너며 신총 스님의 시 운자를 써서 지은 시이리라. '民水君舟'는 민주주의에 가까운 사상인 바, 봉건사회에서도 '以民爲天(이민위천)' 등 民本思想(민본사상)이 있었지만 사상으로 그치고 실천 의지가 박약했기에 백성들은 어느 시대를 막론하고 고통받는 존재에 지나지 않았다. 임금의 일락을 간하지 못했음을 뉘우치면서 충성심은 변함이 없음을 드러낸 작품이다.

7言絕句(7언절구). 압운은 舟, 遊, 愁 자로 평성 '尤(우)' 평운이다. 평측은 차례로 '仄平平仄仄平平, 仄仄平平仄仄平, 仄仄仄平平仄仄, 平平仄仄仄平平'으로 二四不同二六對(이사부동이륙대)와 反法, 粘法(반법, 점법) 등이 모두 이루어졌다.

674. 皇甫冉(황보염 723~767) : 中唐(중당)의 시인. 자 茂政(무정). 江蘇省 丹陽市(강소성 단양시) 사람. 열 살에 시를 지어 사람들을 놀라게 했고 進士科(진사과)에 급제하여 右補闕(우보궐)을 역임했다. 그의 시는 수려하면서 구차하지 않다는 평을 받는다.

674-1 山館(산관) 산 속 객사

山館長寂寂 閒雲朝夕來 空庭復何有 落日照青苔.
(산관장적적 한운조석래 공정부하유 낙일조청태)

산 속에 있는 객사는 늘 적적하여, 한가로운 구름만이 아침저녁으로 찾아오는구나.
빈 뜰에는 무엇이 또 있는가, 지는 햇발이 푸른 이끼를 비출 뿐일세.

[語句] *山館 : 산 속에 있는 客舍(객사). 산 속 여관. *寂寂 : 외롭고 쓸쓸함. *空庭 : 빈 뜰.

*落日 : 서쪽으로 지는 해. 落陽(낙양). 夕陽(석양). *青苔 : 푸른 이끼. 綠苔(녹태).

[鑑賞] 산 속에 있는 객사라 묵는 사람이 자주 있을 수 없어 쓸쓸하기 그지없다. 첫 구에서 그것을 강조하고 이어서 그 實例(실례)를 들었으니, 아침저녁의 한가로이 떠 있거나 떠가는 구름과 아무것도 없는 텅빈 마당의 푸른 이끼를 비추는 석양만이 있을 뿐이다. 우리나라 높은 산의 山莊(산장)이 연상된다.

5言絕句(5언절구). 압운은 來, 苔 자로 평성 '灰(회)' 평운이다. 평측은 차례로 '平仄平仄仄, 平平平仄平, 平平仄平仄, 仄仄仄平平'으로 이사부동은 둘째 구와 끝 구에서만 이루어졌고 반법과 점법은 불완전하나마 형성되었다.

674-2 宿嚴維宅送包七(숙엄유댁송포칠) 엄유의 집에 묵으면서 포칠을 보내다

江湖同避地 分手自依依 盡室今爲客 經秋空念歸
歲儲無別墅 寒眠羨鄰機 草色村橋晚 蟬聲江樹稀
夜涼宜共醉 時難惜相違 何事隨陽呂 汀洲忽背飛.

(강호동피지 분수자의의 진실금위객 경추공념귀
세저무별서 한면선인기 초색촌교만 선성강수희
야량의공취 시난석상위 하사수양려 정주홀배비)

강호에 함께 은거하다가, 헤어지기 절로 안타까워지네.
이 집에 있는 모두는 나그네라, 가을을 지내며 헛되이 고향 생각에 잠기네.
해가 가도 마련해 둔 집이 없어, 춥게 자며 옷감을 짜는 이웃집 베틀 소리 부러워하네.
마을의 다리께에 풀빛 시들어지고, 강가 나무에 매미 소리 그치었네.
밤이 서늘해 함께 취할 만하고, 세상이 어지러워 헤어지기 아쉽나니,
무엇 때문에 10월 기러기 따라, 갑자기 모래섬에서 날아가는가.

[語句] *嚴維, 包七 : 人名(인명). *避地 : 숨어 사는 곳. *分手 : 서로 이별함. 分袂(분메). *依依 : 마음에 그리워하거나 설레는 모양. *空念 : 헛된 생각. *儲 : 마련해 두다. 쌓다. *別墅 : 농장이나 들에 따로 지은 집. *機 : 베틀. *相違 : 서로 어긋남. 서로 헤어짐. 違에 '가다[去거]'의 뜻이 있음. *陽呂 : 기러기. '음력 10월의 짝'이란 뜻에서 하는 말임. *汀洲 : 물가. 강이나 호수 또는 바다의 물이 얕고 흙과 모래가 드러난 곳. 모래 섬.

[鑑賞] 속세를 피해 뜻을 함께 하는 사람들이 엄유의 집에 묵으면서, 포칠이 떠나감을 아쉬워하며 지은 시. 排律(배율) 시로 첫 연과 끝 연을 제외한 제2~5연은 대구를 이루었으니, '盡室-經秋, 今爲客-空念歸' 등으로 짝이 된 것이다. '얇은

옷으로 겨울을 나자니 이웃에서 들려오는 옷감 짜는 베틀 소리가 부럽다', '무슨 일로 기러기처럼 훌쩍 떠나가려는가' 등의 표현이 남다르다 하겠다.

5言排律(5언배율). 압운은 依, 歸, 機, 稀, 違, 飛 자로 평성 '微(미)' 평운이다. 평측은 차례로 '平平平仄仄, 平仄仄平平, 仄仄平平仄, 平平平仄平, 仄平平仄仄, 平平仄平平, 仄仄平平仄, 平平平仄平, 仄平平仄仄, 平仄仄平平, 平仄平平仄, 平平仄仄平'으로 이사부동은 여섯째 구에서 어긋나 '仄-平'이어야 할 것이 '平-平'이 되었고, 반법과 점법은 그런대로 이루어졌다.

675. 黃石奇(황석기 ?) : 고려 공민왕 때 문관. 호 檜山(회산).

675-1 次鄭愚谷子厚韻送洪敏求進士(차정우곡자후운송홍민구진사)

우곡 정자후의 시에 차운하여 홍민구 진사를 송별하다

好賢明主幸崇文 君出儒宗積善門 養老心爲洪佛子 捷科榮迫魏公孫
豈同荊璞經三獻 只效周詩蔽一言 況復遭逢忝選擧 却勝韓愈遇貞元.

(호현명주행숭문 군출유종적선문 양로심위홍불자 첩과영박위공손
기동형박경삼헌 지효주시폐일언 황부조봉참선거 각승한유우정원)

어진 신하를 좋아하는 명군이 다행히 글도 숭상하여,
그대는 유종의 적선한 가문에서 나왔구나.
노모를 봉양코자 하는 마음은 홍 불자와 같고,
과거 장원의 영예는 한위공 손자 한경무 같구나.
어찌 형산의 박옥처럼 세 번을 임금께 바치랴, 시경의 '일언이폐지'를 본받은 것뿐인 것을.
더구나 임금의 신임을 받아 인재 선출에 참여하니,
당 나라 한유가 덕종을 만난 것보다도 낫네.

[語句] *鄭子厚 : 고려 말기의 문신. 愚谷은 그의 아호임. →416. *洪敏求 : 고려 말기 사람. →416-1. *進士 : 고려 때 문과 또는 그 급제자. 조선의 大科(대과) 과거와 같음. *好賢 : 어진 사람 곧 현명한 신하를 좋아함. *明主 : 총명한 임금. 明君(명군). *儒宗 : 儒學(유학)에 통달된 권위가 있는 학자. 여기서는 '고려 때 崔沖(최충)과 崔惟善(최유선) 父子(부자) →558, 565.'를 가리킴. *積善 : 착한 일을 많이 함. *養老 : 부모나 늙은이를 받들어 시중함. *洪佛子 : 중국 宋(송)의 徽宗(휘종) 때 洪皓(홍호). 그가 쌀을 풀어 6만 5천 사람을 살리니 그가 지나갈 때마다 사람들이 손을 이마에 얹으며 부처의 제자 곧 佛子라고 불렀다 하며, 만년에 고향으로 돌아가 모친 봉양하기를 임금께 청하니 임금이 "그대의 뜻이 임금을

잊지 않는데 어찌 짐을 버리고 가는가." 하더라 함. *捷科 : 과거에 이김. 과거에 장원함. *榮迫 : 영예가 다가옴. *魏公孫 : 송 나라 韓魏公(한위공)의 손자 景茂(경무). 甲科(갑과)에 올라 太常博士(태상박사)가 되었음. *荊璞 : 荊山(형산)의 璞玉(박옥, 깎아 다듬지 않은 옥돌). 중국 楚(초) 나라 때 卞和(변화)가 형산에서 캔 박옥을 楚厲王(초 여왕)과 武王(무왕)에게 차례로 바쳤다가 속였다 하여 발뒤꿈치를 잘리었고, 다음의 文王(문왕)에게 바쳐 비로소 좋은 옥임을 인정받으니 이를 '和氏之璧(화씨지벽)'이라 함<韓非子 21편 和氏> *周詩 : 주 나라의 시. 詩經(시경). *蔽一言 : 한 마디로 가리거나 감쌈 또는 다함. 一言以蔽之(일언이폐지). 孔子(공자)가 시경 3백 편을 한 마디로 감싸면 '思無邪(사무사)'라 했는데, 사무사는 '생각을 바르지 않게 함이 없음 곧 시의 정신이 순수함'임. *況 : 하물며. 况(황)은 속자임. *遭逢 : ①우연히 서로 만남. ②임금의 신임을 받음. 遭遇(조우). 여기서는 ②임. *叅 : 끼다. 참여하다. 參(참)의 속자임. *選擧 : 여러 사람 중에서 훌륭한 사람을 골라 뽑음.<淮南子> *韓愈(768~824) : 중당의 유학자, 문장가, 시인. →599. *貞元 : 唐(당) 나라 9대 임금 德宗(덕종)의 年號(연호). 서기 785~804년 사이임.

[鑑賞] 홍민구 진사가 과거 급제하여 고향으로 돌아감을 송별한 정자후의 시에 차운하여 역시 송별을 읊은 시. 홍민구의 '외가 10대조는 文憲公(문헌공) 최충이요, 문헌공의 아들 文和公(문화공) 유선은 9대조인데, 그분들은 사람들을 잘 가르쳐 유종이라 일컬어졌고 둘다 中書令(중서령) 벼슬을 지냈다.'는 原註(원주)가 있다. 정자후의 시에 차운했으므로 운자가 똑같고, 내용도 故事(고사)나 史實(사실)에서 인용하여 이해하기가 쉽지 않다. 頷聯(함련 3~4구)과 頸聯(경련 5~6구)은 對句(대구)를 잘 이루었으며 홍 진사의 재주를 비유적으로 칭찬했다.

7言律詩(7언율시). 압운은 文, 門, 孫, 言, 元 자로 文은 평성 '文' 운, 나머지도 평성 '元' 평운으로 두 운은 通韻(통운)이 된다. 평측은 차례로 '仄平平仄仄平平, 平仄平平仄仄平, 仄仄平平平仄仄, 仄平平仄仄平平, 仄平平仄平平仄, 仄仄平平仄仄平, 仄仄平平平仄仄, 仄仄平仄仄平平'으로 二四不同二六對(이사부동이륙대)는 끝 구만 어긋났는데 勝 자는 평성으로 쓰일 때가 있기는 하다. 反法, 粘法(반법, 점법)은 그런대로 이루어졌다.

676. 黃暹(황섬 1544~1616) : 조선 선조 때 문신. 자 景明(경명). 호 遯庵, 息庵(둔암, 식암). 본관 昌原(창원). 父 敦寧 應奎(돈녕 응규). 鄭琢(정탁)의 문인으로 명종 19년(1564) 사마시에 급제하고 선조 3년(1570) 문과 급제하여 벼슬이 올라 都承旨, 星州牧使(도승지, 성주목사) 등을 역임했다. 임진왜란 때는 왕을 호종하고 募運使(모운사)로서 공을 세웠으며 이조, 호조, 예조, 병조의 參議(참의)와 대사성, 부제학, 호조와 병조의 참판, 대사헌 등을 역임했다. 광해군 초에 柳永慶(유영경)의 변이 일어나자 그는 유영경의 妻兄(처형)으로서 함께 벼슬에서 물러나 고향에서 養

蒙齋(양몽재)를 지어 후진을 가르쳤다. 경북 영주의 풍기에 있는 愚谷書院(우곡서원)은 그의 사당이며, 아우 是(시)와 아들 有中(유중)도 벼슬이 낮지 않았다.

676-1 分菊(분국) 국화 뿌리를 나누어 심다

帶雨香根信手分 遮曦灌水不辭勤 積功收効風霜裏 白酒浮黃滿酌醺.

(대우향근신수분 차희관수불사근 적공수효풍상리 백주부황만작훈)

비 오는데 향그런 국화 뿌리 나누어 심어, 햇빛 막고 물 주기를 게을리하지 않았네. 공 들인 효과 있어 바람서리 내리는 철이 되면, 술에 그 노란 꽃잎 띄워 취토록 마시리.

[語句] *帶雨 : 비를 띠고 있음. *信手 : 일이 손에 익어 능숙함. *曦 : 햇빛. *灌水 : 물을 댐. 물을 줌. 灌漑(관개). *不辭 : 사양하지 않음. *積功 : 공을 쌓음. 공을 들임. *風霜 : 바람과 서리. '늦가을이 됨'임. *白酒 : 막걸리. 배갈. *浮黃 : 노란 국화 꽃잎을 띄움. *滿酌 : 술잔 가득 술을 부음. *醺 : 기분 좋게 술에 취하다.

[鑑賞] 봄에 국화 떨기를 나누어 화분이나 다른 곳에 옮겨 심으며 지은 시. 옮겨 심고는 햇빛을 한동안 가려 주고 부지런히 물을 줄 것이다. 이렇게 정성을 들이면 늦은 가을바람 서리 칠 때 노랗게 피어난 꽃잎 하나하나씩 따서 독한 술에 띄워 취토록 마시면 얼마나 운치 있을 것인가. 정성과 기대를 함께 읊은 小品(소품)이다.

7言絕句(7언절구). 압운은 分, 勤, 醺 자로 평성 '文(문)' 평운이다. 평측은 차례로 '仄仄平平仄仄平, 平平仄仄仄平平, 仄平平仄平平仄, 仄仄平平仄仄平'으로 이사부동이륙대와 반법, 점법 등이 잘 이루어진, 7언절구의 典型(전형)이 되는 시이다.

677. 黃汝一(황여일 ?) : 조선 선조 때 문관. 자 會元(회원). 호 海月軒(해월헌). 본관 平海(평해). 父 應經(응경). 경상북도 蔚珍郡(울진군) 태생으로 어려서부터 문장에 능하여 이름이 높았고 선조 9년(1576) 進士(진사) 급제, 동왕 18년(1585) 문과 급제하여 藝文館檢閱兼春秋館記事官(예문관 검열 겸 춘추관 기사관)을 거쳐 湖堂(호당, 독서당)에서 경전 강의를 했다. 이어 예문관 奉敎(봉교), 이조 및 병조의 正郎(정랑), 司憲府監察(사헌부 감찰) 등 淸要職(청요직)을 역임하고, 선조 25년 임진왜란 때 元帥 權慄(원수 권율)의 從事官(종사관)으로 활약하여 宣武原從2等功臣(선무원종2등공신)이 되었다. 선조 31년(1598) 李恒福(이항복)과 함께 誣辯陳奏使(무변진주사)로 명 나라에 들어가 文名(문명)을 떨쳤고 벼슬이 吏曹參判(이조참판)에 이르렀다. 향리에서 후진을 양성할 때 덕행을 앞세워 많은 선비를 배출해 '해월 선생'이라 존칭을 받았고 明溪書院(명계서원)에 享祀(향사)되었다. 저서에 '朝天錄(조천록), 朱子節要註釋(주자절요주석), 遺集(유집 7권)' 등이 있다. 아들 中允(중윤)도

문과 급제하여 承旨(승지)에 이르고 명 나라에 사신으로 다녀와 '朝天錄'을 지었다.

677-1 修眞寺(수진사) 수진사

頭白匡山愧晩歸 竹林依舊護仙扉 傷心欲說平時事 奈此居僧一半非.

(두백광산괴만귀 죽림의구호선비 상심욕설평시사 내차거승일반비)

머리 세어서야 글 읽던 이 절에 온 게 부끄러운데, 대숲은 예 그대로 절 문을 둘렀구나.
여태 오지 못했던 까닭 말하려니 내 마음 상할 뿐,
어찌 여기 스님의 반나마의 잘못이 되리오.

[語句] *修眞寺 : 경상북도 울진군 평해읍 天竺山(천축산) 중턱에 있는 절. 신라 신문왕 때 창건했다고 전해지며 대웅전 안에 後佛幀畫(후불탱화) 한 점이 있음. *匡山 : 중국의 大匡山(대광산). 李白(이백 →234)이 글 읽던 곳임. 匡山讀書處 頭白好歸來(광산 글 읽던 곳으로, 머리 희게 세어 좋이 돌아오라)<杜甫 不見-'요즈음 이백의 소식이 없음'임> *愧 : 부끄러워하다. *仙扉 : 신선의 집 사립문. '절의 대문'을 비유한 말임. *傷心 : 마음을 상함. 걱정을 함. *平時 : ①보통 때. 평소. 平常時(평상시). ②평화스러운 때. 무사한 때. *一半 : 한 개의 반.

[鑑賞] 수진사는 해월 선생이 젊었을 때 공부를 하던 절이었던 듯하다. 그 후 벼슬길에 매이어 찾아와 보지 못했는데, 지금 와 보니 예 그대로 절 문은 대숲에 둘러싸여 있다. '平時事'를 '평소에 이 절을 찾아오지 못했던 일'로 풀이해 보았으나, 온전한 풀이인지 단정할 수 없다는 생각이 들기도 한다. 수진사를 읊은 시는 같은 압운으로 權啓(권계)와 宣世徽(선세휘)의 작품이 있으니, 당시에 세 분이 동행하여 지은 듯하다. 지은이는 또 關東八景(관동팔경)의 하나인 울진군 평해의 越松亭(월송정)을 16연 32구의 長篇 7言詩(장편 7언시)를 지어 남기기도 했고, 道指定文化財資料(도지정문화재자료) 161호인 海月軒(해월헌)에는 그의 유품과 유물이 많이 남아있다.

7言絕句(7언절구). 압운은 歸, 扉, 非 자로 평성 '微(미)' 평운이다. 평측은 차례로 '平仄平平仄仄平, 仄平平仄仄平平, 平平仄仄平平仄, 仄仄平平仄仄平'으로 二四不同二六對(이사부동이륙대)와 反法, 粘法(반법, 점법) 등이 잘 이루어지고 평측 배치도 좋은 전형적 작품이다.

678. 黃汝獻(황여헌 ?) : 조선 중종 때 문관. 자 獻之(헌지). 호 柳村(유촌). 본관 長水(장수). 영의정 喜(희 →688)의 5세손. 형 月軒 孟獻(월헌 맹헌). 중종 4년(1509) 문과 급제하여 三司(삼사)에 들었고 독서당에 뽑혔으며 吏曹參議(이조참의)를 역임했다. 중종 28년(1533) 사건으로 金山(금산) 옥에 구속되었다가 도망했으나 다시 체포되어 杖配(장배)가 정해졌지만, 혐의가 있었던 都事(도사) 鄭公淸(정

공청)의 숨은 죄악을 憲府(헌부)에 투서한 공으로 감형을 받았고, 兩司(양사)의 주청으로 전의 사건을 다시 캐어묻지 않게 되었다. 필법과 문장으로 이름이 높아 鄭士龍(정사룡 →397), 蘇世讓(소세양 →767) 등과 어깨를 겨루었으며 그가 지은 '竹枝詞(죽지사)'는 명 나라 사람들에게서 격찬을 받았다.

678-1 李將軍西湖知足堂(이장군서호지족당) 이 장군의 서호 지족당

龍山獺水杳茫邊 勝地逢人已十年 日落海門天遠大 夜深燈火見陽川.

(용산달수묘망변 승지봉인이십년 일락해문천원대 야심등화견양천)

용산의 달수는 저 끝으로 물 질펀하고, 경치 좋은 이 땅이 주인 만난 지 십년 되었구나. 해 지는 서쪽 해문의 하늘 멀고도 넓은데, 밤 깊자 양천 땅에 등불 환하네.

[語句] *西湖 : '서울 한강의 서쪽 부분'의 별칭인 듯하니, 성동구 옥수동 앞 한강을 '東湖(동호)'라 함과 같은 맥락이 아닌가 함. *知足堂 : 이 장군의 堂號(당호). 知足은 '제 분수를 알아 만족할 줄을 앎'으로 老子(노자)의 '道德經(도덕경)'에 나오는 말임. *龍山 : 서울의 용산구. 용산 앞의 한강을 '龍湖' 또는 '용산강'이라 함. 보통명사로 '용이 서린 듯 길게 이어진 산'으로 볼 수도 있음. *獺水 : 용산 앞의 한강 별칭이거나 물개가 노는 듯한 굽이치는 강의 모습을 나타내는 말임. 獺은 '물개'로 獺(달-물개, 수달)과 같음. *杳茫 : 물이 멀고 질펀함. *勝地 : 경치 좋고 아름다운 곳. 景勝(경승). *海門 : 두 육지 사이에 끼어 있는 바다의 통로. *陽川 : 서울의 양천구. 전에는 양천현이었다가 김포군에 합쳐졌음. 보통명사라면 '내나 강의 북쪽 기슭'이라 할 수 있겠으니, 강의 北岸(북안)이 陽이며 산은 남쪽 부분이 陽이 되기에 그리 볼 수 있음.

[鑑賞] 서호나 지족당의 정확한 위치를 고증하지 못해 풀이하기가 쉽지 않다. 용산, 달수, 양천을 고유명사로 보아 해석했는데, 보통명사로 보면 다음과 같이 풀이할 수 있으리라. "용이 꿈틀거리듯 하는 산과 물개들 뛰노는 듯한 강물은 저 멀리 펼쳐 있고, 이 경치 좋은 곳에 이 장군이 자리잡은 지 십년이 지났구나. 해 지는 서쪽 바다 어귀의 하늘 멀고도 넓은데, 밤 깊자 강가의 등불들 찬란히 반짝이네."

7언절구. 압운은 邊, 年, 川 자로 평성 '先(선)' 평운이다. 평측은 차례로 '平平仄仄仄平平, 平仄平平仄仄平, 仄仄仄平平仄仄, 仄平平仄仄平平'으로 이사부동이륙대와 반법, 점법 등이 잘 이루어졌다.

679. 黃五(황오 ?) : 조선 헌종 때 문인. 호 綠此(녹차).

679-1 彈琴臺(탄금대) 탄금대

東風東望彈琴臺 戰壘愁雲鬱未開 天地無功軍背水 江山有恨客停盃

漁村兩帆忠州入 海戍星烽鳥嶺來 日暮不逢申壯士 平沙漠漠白鷗回.

(동풍동망탄금대 전루수운울미개 천지무공군배수 강산유한객정배

어촌양범충주입 해수성봉조령래 일모불봉신장사 평사막막백구회)

동풍 부는 속으로 동쪽의 탄금대를 바라보노라니, 전루의 시름스러운 구름 우울하게 끼었네.
천지의 조화 없어 군사들 배수진을 쳤고, 강산에 한이 서려 나는 술잔을 들지 못하겠구나.
어촌의 두 돛단배 충주로 드는데, 바다 수자리의 별 같은 봉홧불 조령으로 비쳤겠구나.
날 저물어 신입 장군을 만날 수 없는데, 넓은 모래펄에 갈매기만이 날아 도는구나.

[語句] *彈琴臺 : 충북 충주시에 있는 대. →253-1. *戰壘 : 전투의 堡壘(보루), 陣地(진지). *愁雲 : 슬픔을 느끼게 하는 구름. 시름스러운 기색. *天地無功 : 하늘과 땅의 造化(조화)가 없음. 天地無全功(천지무전공, 하늘은 덮기는 하나 싣지 못하고 땅은 싣기는 하나 덮지 못함)<荀子> *背水 : 강을 뒤에 둠. 背水陣(배수진). *海戍 : 바다 수자리. 바다를 지키는 곳과 군사. *星烽 : 별처럼 멀게 반짝이는 봉화. 별을 봉홧불로 삼음. *鳥嶺 : 충북 수안보 온천 동남쪽과 경북 聞慶(문경) 사이의 고개. 높이 643m. *申壯士 : 임진왜란 때 申砬(신입) 장군. →253-1. *平沙 : 모래로 덮인 강가. 모래펄. *漠漠 : 넓고 멀어 아득함.

[鑑賞] 탄금대에서 술 한 잔을 마시며 임진왜란 당시 신입 장군의 무리한 배수진으로 왜적에게 패한 일을 회고하며 지었다. '지금도 구름은 시름을 띠고 우울하게 끼어 있는 탄금대, 하늘과 땅의 도움이 없어 탄금대에 배수신을 친 일을 생각하니 너무도 한이 서려 술잔을 들 수 없다. 저 멀리 돛단배 두 척이 충주로 드는 모습이 보이고, 그 당시 남쪽 부산에서 올리는 봉화의 불빛은 조령까지 전해 왔으리라. 해는 져 신입 장군을 만날 길 없는데 강에는 갈매기만이 한가로이 오락가락 날고 있구나.' 했다. 국운의 쇠미함을 함께 슬퍼했다.

7言律詩(7언율시). 압운은 臺, 開, 盃, 來, 回 자로 평성 '灰(회)' 평운이다. 평측은 차례로 '平平仄仄平平, 仄仄平平仄仄平, 平仄平平平仄仄, 平平仄仄仄平平, 平平仄仄平平仄, 仄仄平平仄仄平, 仄仄仄平平仄仄, 平平仄仄仄平平'으로 이사부동이륙대와 반법, 점법 등이 모두 이루어졌다. 다섯째 구의 帆 자는 평성과 거성으로 두루 쓰이는 글자로 여기서는 거성이다.

680. 黃庭堅(황정견 1045~1105) : 중국 宋(송)의 시인, 문관. 자 魯直(노직). 호 涪翁, 山谷老人(부옹, 산곡노인). 江西省(강서성) 사람. 進士(진사)에 뽑혀 起居舍人(기거사인)을 지냈고 哲宗(철종) 때

紹聖(소성) 초인 1094년 무렵 좌천되었다가, 徽宗(휘종) 1년(建中靖國건중정국, 1101)에 소환되어 太平州知事(태평주지사)가 되었는데 또 제명되어 宜州(의주)로 옮겼다가 사망했다. 시에 뛰어나 蘇軾(소식, 東坡동파) 門下(문하)의 6 군자의 첫째로 소식과 나란히 '蘇黃(소황)'이라 불리웠다. 글씨도 잘 써 楷法(해법)은 一家(일가)를 이루었고 문집에 '豫章集(예장집 30권), 別集(별집 14권)'이 있다.

680-1 子瞻謫海南(자첨적해남) 동파 소자첨이 해남으로 귀양가다

子瞻謫海南 時宰欲殺之 飽喫惠州飯 細和淵明詩
彭澤千載人 東坡百世師 出處雖不同 氣味乃相似.

(자첨적해남 시재욕살지 포끽혜주반 세화연명시
팽택천재인 동파백세사 출처수부동 기미내상사)

동파 소식이 해남으로 귀양 가니, 당시의 정승들은 그를 죽이려 했지만,
동파는 혜주의 밥을 싫도록 먹었고, 도연명의 시에 꼼꼼히 화답하기 일삼았네.
도연명은 천년에 한 번 날까 말까 한 인물이요, 소동파는 백세토록 스승이라.
벼슬에 나아감과 은퇴함이 똑같지는 않지만, 그 사람다운 기질은 내내 비슷도 하여라.

[語句] *子瞻 : 중국 송 나라의 문호 東坡 蘇軾(동파 소식)의 자. →119. *海南 : 海南島(해남도). 廣東省(광동성) 서남쪽의 큰 섬으로 지금의 해남성임. *時宰 : 그 당시의 宰相(재상, 정승). *飽喫 : 배가 부르게 잔뜩 먹음. 싫도록 먹음. 飽食(포식). *惠州 : 광동성의 惠州市(혜주시). 소식이 처음 혜주에 귀양갔다가 3년 뒤에 해남도로 移配(이배)되었음. *淵明 : 동진의 시인이요 문학가인 陶潛(도잠)의 다른 이름. →62. *彭澤 : 지금의 강서성 九江市 彭澤縣(구강시 팽택현). 도잠이 이 곳 현령인 彭澤令(팽택령)을 지냈기로 그의 별칭으로도 씀. *千載 : 천년. *百世 : 오랜 세대. *出處 : ①사물이 나온 근거. ②나아가 관직에 오르는 것과 물러나 집에서 사는 일. 여기서는 ②임. *氣味 : 마음과 취미. 그 사람의 氣質(기질)이나 人間味(인간미).

[鑑賞] 이 시는 '예장집'에 제목이 '跋子瞻和陶詩(발자첨화도시)'라 했다. 말하자면 소식이 도잠의 시에 화답해 지은 시편의 끝에 이 시를 지어 붙여 그 둘을 나란히 존숭했다는 것이다. 소식은 도잠과 그의 시를 좋아하여 화답해 짓기도 했고, 벼슬살이 진퇴를 추모해 자신의 본보기로 삼았다 한다. 이 시를 해설한다면 '소식이 해남도로 귀양 가니 재상 王珪, 蔡確(왕규, 채확) 등이 그를 죽이고자 천자에게 모함하는 말을 올렸다. 소식은 귀양지 혜주의 밥을 3년간 먹으면서 도잠의 시에 화답한 시가 109편이었다. 팽택의 현령 도잠은 천년만에 나온 한 사람이라고 할 賢人(현인)이며, 소식도 백세토록 우러러 존경받을 스승인 것이다. 도잠은 현령을

팽개치고 집으로 돌아갔고 소식은 조정의 높은 벼슬을 지낸 분으로, 두 사람의 출처는 같지 않지만 그 인간으로서의 기질과 사람된 멋은 서로 비슷한 데가 있는 것이다.'<崔仁旭譯 古文眞寶, 1964>라 하겠다.

5言古詩(5언고시). 압운은 之, 詩, 師, 似 자로 앞 석 자는 평성 '支(지)' 평운, 끝의 似 자는 상성 '紙(지)' 측운으로 轉韻(전운)한 것이며 韻紐(운뉴 →287-17)가 된다. 평측은 차례로 '仄仄仄仄平, 平仄仄仄平, 仄仄仄平仄, 仄仄平平平, 平仄平仄平, 平平仄仄平, 仄仄平仄平, 仄仄仄平仄'으로 二四不同(이사부동)은 셋째, 넷재, 여섯째, 여덟째 구에서만 이루어졌고 反法, 粘法(반법, 점법)은 이루어지지 않았다.

681. 黃廷彧(황정욱 1532~1607) : 조선 선조 때 문신. 자 景文(경문). 호 芝川(지천). 시호 文貞(문정). 본관 長水(장수). 父 副護軍 悅(부호군 열). 명종 13년(1558) 문과에 급제하여 오랫동안 侍講(시강)으로 있다가 충청도관찰사가 되었는데, 때 마침 명 나라 '大明會典(대명회전)'이 출간될 단계에 이르자 그 시대의 文士(문사)로 뽑혀 명 나라에 敷奏使(부주사)로 들어가, 조선의 여러 왕에 걸쳐 문젯거리였던 宗系辨誣(종계변무)에 성공하고 돌아왔다. 선조는 크게 기뻐하여 종묘에 고하고 死刑(사형) 이하의 죄수를 석방했으며 황정욱에게는 同知中樞府事(동지중추부사)를 내렸다. 그 후 '대명회통'에 내용이 뜻한 바대로 수정되었음이 밝혀져 왕은 다시 戶曹判書(호조판서)를 내렸고 이어 형조와 예조의 판서를 지내고 長溪府院君(장계부원군)에 봉해졌다. 선조 22년(1589) 鄭汝立(정여립)의 모반에 연좌되어 물러났다가 이어 復爵(복작)되었고, 임진왜란 때 왕자 順和君(순화군)을 모시고 강원도와 함경도에서 의병을 모집하다가 난동분자인 鞠景仁(국경인)에게 왕자와 함께 잡혀 왜장 加藤淸正(가등청정, 가도오 기요마사)에게 넘겨졌으나 왜군이 부산으로 철수할 때 석방되었다. 그러나, 이 일로 모함에 걸려 吉州(길주)로 귀양갔다가 선조 30년(1597)에 석방되었다. 그는 詩文(시문)에 능해 成俔(성현), 朴詳(박상), 申光漢(신광한) 등과 더불어 중종・선조 연간의 4가라 일컬어졌고, 아들 赫(혁)도 승지를 지냈다. →684.

681-1 將卜居鷺梁錄此贈人(장복거노량녹차증인) 노량에 은거하려고 지어 남에게 주다

江上漁村舊聚居 遺民此日是周餘 山川鬱鬱紆疇昔 風月依依竟自如
坐客不禁周顗淚 令人却厭武昌魚 十年問舍棲難定 何處田園可稅車.

(강상어촌구취거 유민차일시주여 산천울울우주석 풍월의의경자여
좌객불금주의루 영인각염무창어 십년문사서난정 하처전원가탈거)

강가의 어촌은 예부터 모여 살던 마을인데, 오늘에는 남아 있는 사람 적어 옛 주여 같구나.
산천에는 지난 일들이 서리었고, 맑은 바람 밝은 달은 예와 다름없으리.

모여 앉은 사람들 주의와 같은 망국의 눈물 흘리며,
사람들마다 이 고장이 싫어졌다 하는구나.
10년 동안이나 떠돌아다녔으니, 이 몸 자리잡을 곳 어디 있을 것인가.

[語句] *卜居 : 살만한 곳을 가려서 정함. '점을 쳐서 살 곳을 정함'의 뜻임. 卜地(복지). *鷺梁 : ① 경상남도 南海(남해) 섬과 河東(하동) 사이의 나루터. 선조 31년(1598) 11월 9일 李舜臣(이순신) 장군이 왜적의 유탄에 맞아 사망한 곳임. ②서울의 鷺梁津(노량진, 露梁津노량진). 死六臣墓(사육신묘)와 四忠書院(사충서원)이 있음. *聚居 : 모여 삶. 마을. 聚落(취락). *遺民 : ①남아 있는 백성. ②망하여 없어진 나라의 백성. *周餘 : 주 나라의 살아남은 백성. '난리 뒤에 마을 사람이 얼마 남지 않았음'의 뜻으로 씀. 周餘黎民(주여여민, 주 나라의 살아남은 백성)<詩經 大雅 雲漢> *鬱鬱 : 나무가 울창함. 마음이 상쾌하지 아니함. *紆 : 얽다. 얽히다. *疇昔 : 전날. 그리 오래 되지 않은 지난 날. *依依 : 마음속에 그리워하는 모양. *竟 : 마침내. 필경. *不禁 : 이기지 못함. 금하지 못함. 禁은 이 경우 평성임. *周顗 : 晉(진) 나라 사람. 조정이 江東(강동)으로 쫓겨 옮겨가자 新亭(신정)에서 통곡했음. *武昌魚 : 무창이 살 곳이 못됨. 무창 지금의 武漢市(무한시)는 토지가 각박해 살 고장이 못 된다는 동요가 퍼진 데서 온 말임. *問舍 : 살 곳 곧 집을 알아봄. *田園 : 논밭과 동산. 시골. *稅車 : 말을 수레에서 풀어 쉬게 함. 定着(정착)함. 나그네가 쉬는 곳. 稅는 脫(벗을 탈)의 뜻이며 '세가'로 읽을 수도 있음. 稅駕(탈가).

[鑑賞] 노량이 어디를 가리키는지 모르지만, 경남의 노량이나 서울의 노량진 모두 忠節(충절)이 어린 곳이라 지은이는 그런 곳에 자리잡아 살고 싶은 바람을 나타내었다 할 것이니, 병자호란 뒤의 참담한 현실과 국토의 황폐한 모습을 그렸는데 그 속에 애국 충정의 심정을 엿볼 수 있겠다. 역사적 사실과 고사성어를 구사하여 풀이하기가 까다로운 점은 지은이의 학문이 깊음을 알게 한다. 頷聯(함련 3~4구)과 頸聯(경련 5~6구)은 對句(대구)가 잘 이루어지고 虛實(허실)의 배치가 잘 되어 율시의 전형이 되는 명작이라 하리라.

7言律詩(7언율시). 압운은 居, 餘, 如, 魚, 車 자로 평성 '魚' 평운이다. 평측은 차례로 '平仄平平仄仄平, 平平仄仄仄平平, 平平仄仄平平仄, 平仄平平仄仄平, 仄仄仄平平仄仄, 平平仄仄仄平平, 仄仄平平, 仄平仄仄平平仄, 平仄平平仄仄平'으로 二四不同二六對(이사부동이륙대)와 반법, 점법 등이 모두 이루어졌다.

681-2 次玉堂小桃韻(차옥당소도운) 옥당의 소도를 읊은 시에 차운하다

無數宮花依粉墻 遊蜂戱蝶趁餘香 老翁不及春風看 空有葵心向太陽.

(무수궁화의분장 유봉희접진여향 노옹불급춘풍간 공유규심향태양)

궁중에 핀 수많은 꽃들 흰 담벽에 가득한데, 벌과 나비 마구 날며 남은 향기 따르네. 이 늙은이 봄의 풍정을 즐기지 못해, 부질없이 해바라기 마음 되어 햇볕만을 즐기네.

[語句] *玉堂 : 弘文館(홍문관) 별칭. 홍문관은 '三司(삼사)의 하나'로 궁중의 經籍(경적)과 文翰(문한) 및 經筵(경연)을 맡았음. *小桃 : 복숭아의 일종. 꽃이 일찍 핀다고 함 <老學菴筆記> *粉墻 : 희게 칠한 담장. 墻은 牆(장)과 같음. *趁 : 쫓다. 좇다. *餘香 : 남아 있는 향기. *老翁 : 늙은이. *春風 : 봄바람. 봄의 風情(풍정, 멋스러운 감회). *葵心 : 해바라기 마음. 해바라기 꽃이 해를 향하여 돌 듯 임금이나 군자의 덕을 우러러 사모하는 일. 葵傾(규경).

[鑑賞] '봄이 되어 궁중의 홍문관 앞뜰에 일찍 피는 소도가 피어났다. 벌 나비들이 꽃의 꿀을 찾아 이리저리 날며 봄빛을 한껏 즐기고 있다. 그러나, 늙은 나는 심신이 사그라들어 봄의 정취를 젊은 날처럼 즐기지 못하고, 꽃샘바람 차갑게 부는 속에 해바라기를 할 뿐이다.' 늘그막에 맞는 봄은 덤덤할 뿐인 듯 지었지만, 차운이기는 해도 압운이 '陽' 운으로 활발하고 생동 하는 느낌을 주는 운자라 봄을 맞이하는 기쁨은 느끼고 있다 하리라.

7言絶句(7언절구). 압운은 墻, 香, 陽 자로 평성 '陽' 평운이다. 평측은 차례로 '平仄平平平仄平, 平平仄仄仄平平, 仄平仄仄平平仄, 平仄平平仄仄平'으로 二四不同二六對(이사부동이륙대)와 反法, 粘法(반법, 점법) 등이 잘 이루어졌다.

682. 黃眞伊(황진이 ?) : 조선 中宗 때 開城(개성)의 名妓(명기), 여류시인. 본명 眞. 별명 眞娘(진낭). 妓名(기명) 明月(명월). 아버지는 黃進士(황진사)라 전하는데 서민의 딸이라고도 한다. 아름다운 용모와 총명으로 敎坊(교방)의 童妓(동기)로서 대성하여 詩書音律(시서음률)이 당대의 독보였으며, 문인이나 뛰어난 선비들과 사귀며 그들을 매혹시켰다. 자부심이 강하며 徐花潭(서화담, 敬德경덕 →103), 朴淵瀑布(박연폭포)와 함께 松都三絕(송도삼절)이라 불리워 더욱 유명하다. 10년 수도한 知足禪師(지족선사)를 破戒(파계)시켰고 碧溪守(벽계수)를 시조 한 수로 도취시켰다는 등의 일화도 전해 온다. 그녀는 전통적인 민족의 리듬으로 여성의 情恨(정한)을 시조로 表象(표상)하여 국문학사의 한 위치를 점하며, 기교적이면서도 자유로이 애정을 노래한 특징을 가졌다는 작품평을 들으며, '해동가요, 청구영언, 가곡원류, 대동풍아' 등에 시조가 실려 전한다.

682-1 滿月臺懷古(만월대회고) 만월대 회고

古寺蕭然傍御溝 夕陽喬木使人愁 煙霞冷落殘僧夢 歷月崢嶸破塔頭
黃鳳羽歸飛鳥雀 杜鵑花發牧羊牛 神松憶得繁華日 豈意如今春似秋.

(고사소연방어구 석양교목사인수 연하냉락잔승몽 역월쟁영파탑두
황봉우귀비조작 두견화발목양우 신송억득번화일 기의여금춘사추)

옛 절은 대궐 냇물 옆에 쓸쓸하고, 키 큰 나무에 걸린 지는 해는 나를 시름겹게 하네.
연하에 잠긴 괴괴한 경치 늙은 중의 꿈이런가, 그 활기차던 세월 탑머리에 부서졌구나.
봉황새는 날개 접어 돌아가버려 참새떼만 날고, 진달래 만발한 곳에 소와 양만 치고 있네.
신령스러운 송악산이 번화하던 지난날을 생각하니,
지금 이 봄이 가을 같을 줄 어이 알았으리.

[語句] *滿月臺 : 개성에 있는 고려 때의 왕궁터. →400-1, 652-1. *懷古 : 지나간 옛일을 돌이켜 생각함. 懷舊(회구). *蕭然 : 쓸쓸함. *御溝 : 대궐에서 흘러나오는 개천. *喬木 : 높은 나무. 소나무나 전나무처럼 줄기가 곧고 굵으며 높이 자라는 나무. ↔灌木(관목). *煙霞 : 안개와 노을. 고요한 山水(산수)의 경치. *冷落 : 시들거나 보잘것없이 되어 쓸쓸함. *殘僧 : <佛>늙어 쇠약한 중. *歷月 : 세월. 歷日(역일). *崢嶸 : 형세가 가파른 모양. *黃鳳 : 鳳凰(봉황). *杜鵑 : 진달래. *神松 : 신령스러운 松嶽山(송악산). *繁華 : 번성하고 화려함. *如今 : 지금. 현재.

[鑑賞] 허물어져 빈터가 된 만월대 궁터에서 고려 때 일을 돌이켜 보며 감강을 읊었다. 首聯(수련 1 ~2구)은 만월대 주변을 그리며 시의 실마리를 이루니, 대궐에서 흘러나오도록 된 개천 옆에 옛 절이 있고, 나무에 걸린 석양을 보니 고려의 멸망이 연상되어 시름에 잠긴다 했다. 頷聯(함련 3~4구)은 고려의 國敎(국교)처럼 번성하던 불교와 절간이 나라의 멸망과 함께 쇠퇴한 현실을 對句(대구)로 읊은 감상으로 虛實(허실)로 따지면 虛가 되고, 頸聯(경련 5~6구)은 내용의 전환으로 역시 대구로 이루어졌는데 만월대에는 참새들만 재재거리고 목장으로 변했음을 그렸으니 敍景(서경)으로 實이 된다. 黃鳳은 고려의 왕이나 뛰어난 인물을 비유하니 멸망을 상징한 것이다. 마지막 尾聯(미련 7~8구)에서는 송악산을 빌어 고려의 번성했을 일을 회고하자니, 지금 봄이 한창인데도 가을과도 같이 쓸쓸한 느낌이 든다고 마무리를 지은 명작이다.

7言律詩(7언율시). 압운은 溝, 愁, 頭, 牛, 秋 자로 평성 '尤(우)' 평운이다. 평측은 차례로 '仄仄平平平仄平, 仄平平仄仄平平, 平平仄仄平平仄, 仄仄平平仄仄平, 平仄仄平平仄仄, 仄平平仄仄平平, 平平仄仄平平仄, 仄仄平平平仄平'으로 이사부동이륙대와 반법, 점법 등이 이루어졌다.

682-2 朴淵瀑布(박연폭포) 박연폭포

一派長天噴壑礱 龍湫百仞水淙淙 飛泉倣瀉疑銀漢 怒瀑横垂宛白虹
雹亂霆馳彌洞府 珠舂玉碎徹晴空 遊人莫道廬山勝 須識天磨冠海東.

(일파장천분학롱 용추백인수총총 비천오사의은한 노폭횡수완백홍
박란정치미동부 주용옥쇄철청공 유인막도여산승 수식천마관해동)

하늘에서 떨어지는 한 줄기 물줄기가 골짜기를 갈 듯 뿜어내니,
용추에 떨어지는 백 길 물소리 우렁차라.
솟아 내리는 물줄기 쏟아지는 은하수인가 싶고,
노한 듯 가로 드리운 물줄기 바로 흰 무지갤세.
소쿠라지는 물벼락 온 골짜기에 가득하고, 물보라는 부서지는 옥인 양 갠 하늘에 사무치네.
유람객이여, 여산폭포가 낫다는 말은 하지 마오, 천마산의 박연폭포 우리나라의 으뜸이라오.

[語句] *朴淵瀑布 : 경기도 開豊郡(개풍군)에 있는 폭포. 개성 북쪽 40리쯤 되는 天磨山(천마산)에 있으며 높이 20여 m임. →260-4. *壑 : 골. 구렁. 礱 : 갈다. *龍湫 : 폭포가 떨어지는 바로 밑에 있는 웅덩이. 龍沼(용소). *百仞 : 백 길. 仞은 '길이의 단위'로 중국 周(주) 나라 때 7尺(척) 인데 1尺은 약 22.5cm임. *淙 : 물 모이다. 물소리. **총**으로 읽으면 평성 '東(동)' 운, **종**으로 읽으면 평성 '冬(동)' 운임. *倣瀉 : 거침없이 쏟음. 倣는 '업신여기다. 거만하다. 놀다. 즐기다.' 임. *飛泉 : 솟구쳐 오르는 샘. 폭포수. *銀漢 : 銀河水(은하수). *白虹 : 빛이 흰 무지개. *雹亂霆馳 : 우박[雹]과 벼락[霆]이 마구[亂] 달림[馳]. '급하게 달리는 물결이 굽이쳐 힘차게 용솟음치며 물벼락 때리듯 소쿠라지는 폭포의 모양'을 형용한 말임. *彌 : 두루. 넓다. *洞府 : 골짜기. 구렁. *珠舂 : 구슬 방아. '용소에서 튀어 오르는 흰 물보라'를 형용함. 舂은 '방아찧다. 쇠북소리. 해 지다'임. *徹 : 사무치다. *遊人 : 유람객. *廬山 : 중국의 廬山瀑布(여산폭포). →105-1, 234-9. *天磨 : 천마산. 높이 762m임. *海東 : 우리나라 별칭.

[鑑賞] 박연폭포의 장관을 여인의 솜씨답지 않게 어려운 어휘를 써 가며 지은 秀作(수작)으로, 중국의 여산 폭포를 지은 李白(이백)의 시와 견준다. 높이 20여 m의 폭포이니 그 웅장한 모양이 상상되며 더구나 지은이와 함께 송도삼절의 하나로 꼽히므로 지은이에게는 남다른 감회가 있었으리라. 함련과 경련은 대구가 잘 되어 시각적인 것과 청각적인 이미지를 대비했으니, 은하수가 쏟아지고 흰 무지개 같은 모습에 벼락 치는 듯하며 옥이 부서지는 듯한 맑은 물소리가 그것이다. 여산폭포보다 낫다고 마무리하여 국토애마저 느끼게 한다.

7언율시. 압운은 礱, 潀, 虹, 空, 東 자로 평성 '東' 평운이다. 평측은 차례로 '仄仄平平仄仄平, 平平仄仄仄平平, 平平仄仄平平仄, 仄仄平平仄仄平, 仄仄平平平仄仄, 平平仄仄仄平平, 平平仄仄平平仄, 平仄平平仄仄平'으로 이사부동이륙대와 반법, 점법 등이 잘 이루어지고, 특히 함련과 경련 두 구씩의 평측의 대비가 잘 되어 멋진 작품이 된다.

682-3 別金慶元(별김경원) 김경원과 헤어지며

三世金緣成燕尾 此中生死兩心知 揚州芳約吾無負 恐子還如杜牧之.
(삼세금연성연미 차중생사양심지 양주방약오무부 공자환여두목지)

삼세의 굳은 인연으로 좋은 짝을 이루니, 이승에서의 죽고 사는 일 둘만이 알리라.
양주의 꽃다운 언약이야 내 저버리지 않지만, 그대 두목지처럼 한량이 될까봐 두렵네요.

[語句] *金慶元 : 미상. *三世 : <佛>前世, 現世, 來世(전세, 현세, 내세)의 총칭. 곧 과거, 현재, 미래. *燕尾 : 제비 꼬리. 좋은 짝. 제비 꼬리의 깃 끝이 두 갈래로 나란히 갈라진 것처럼 짝이 됨을 뜻함. *兩心 : 두 사람의 마음. *揚州 : 강소성의 지명. 지금의 양주시. 아름답고 화려한 도시로 유흥가가 발달되었음. *負 : 어기다. *杜牧之 : 만당의 시인 杜牧(803~852). 자가 牧之이고 揚州와 秦州(진주) 등 당시의 유명한 환락가를 떠돌아다녔으며 이를 후회하는 시도 지은 바 있음. →63-2.

[鑑賞] 익살과 재치가 번득이는 시이다. '우리 사이는 삼세의 굳은 인연으로 맺어져 이는 우리 두 사람이 잘 알고 있는 사실인 것이다. 내야 그 약속과 그 인연을 중히 여겨 평생 간직하겠지만, 당신은 한량이라 두목지처럼 青樓(청루)에 빠지지 않을까 걱정된다.' 했다. 그녀의 운명적인 일화가 전하니, '그녀가 이팔청춘이 되었을 때 그 아름다운 자태에 이웃집 총각이 부질없이 그녀를 짝사랑하다가 병이 들어 죽었다. 장례 날에 그 총각의 상여가 그녀의 문앞을 지날 때 상여가 땅에서 떨어지지 않아, 총각의 가족 측에서 교섭하여 그녀의 저고리를 널 위에 놓으니 비로소 상여가 움직였다. 그 후 그녀는 자기의 미모로 하여 남의 집 총각을 죽음에까지 이르게 한 것을 깊이 속죄하는 뜻에서 규수의 길에서 벗어나 기생이 되었다.'는 것이다.

7言絕句(7언절구). 압운은 知, 之 자로 평성 '支(지)' 평운이다. 첫 구의 尾 자는 상성 '尾' 측운이라 압운한 건 아니지만 음이 비슷한 韻紐(운뉴 →680-1, 287-17)에는 해당된다. 평측은 차례로 '平仄平平平仄仄, 仄平平仄仄平平, 平平平仄平平仄, 仄仄平平仄仄平'으로 二四不同二六對(이사부동이륙대)와 反法, 粘法(반법, 점법) 등이 이루어졌다.

682-4 詠半月(영반월) 반달을 읊다

誰斷崑山玉 裁成織女梳 牽牛離別後 謾擲碧空虛.
(수단곤산옥 재성직녀소 견우이별후 만척벽공허)

누가 곤륜산의 옥돌을 잘라, 직녀의 얼레빗을 만들었는고.
견우 낭군과 헤어진 뒤, 아무렇게나 푸른 허공에 던져버렸구나.

[語句] *崑山 : 崑崙山(곤륜산). 중국 서쪽에 있는 최대의 靈山(영산). 西方樂土(서방 낙토)로 西王母(서왕모)가 살며 아름다운 옥이 나고 산 위에 醴泉瑤池(예천 요지)가 있다고 함<史記 大宛傳贊> *織女 : 織女星(직녀성). 직녀성에 산다는 선녀. 직녀성은 '은하수 동쪽에 있는 별'로 음력 7월 7일 七夕(칠석)날에 직녀와 牽牛星(견우성)의 목동 신선 견우가 은하수를 건너 서로 만나본다고 하니, 직녀성과 견우성이 칠석이면 가까이 다가 있어 보여서 생긴 전설임. *梳 : 빗. 얼레빗. 빗다. *牽牛 : 견우성. 견우성에 산다는 사나이 목동 신선. *謾 : 속이다. 느리다. 끝의 虛 자와 呼應(호응)되어 '함부로. 마구. 헛되이' 등의 뜻으로 쓴 듯함. *碧空 : 푸른 하늘.

[鑑賞] 맑게 갠 낮에 하늘 복판에 뜬 하얀 반달은 사람의 서정을 자아내는 마력을 지녔다. 우리 동요에도 낮의 반달을 '해님이 쓰다 버린 쪽박'이니 '하얀 쪽배'니 하는 표현이 있지 않은가. 이 시에서는 '직녀의 얼레빗'에 비유하고 자기의 路柳墻花(노류장화)와 같은 처지를 한탄했다. 한 해에 딱 한번 만나고는 헤어져야 하는 견우와 직녀의 전설을 상기하면서 설움이 짙게 밴 작품이다.

5言絕句(5언절구). 압운은 梳, 虛 자로 평성 '魚(어)' 평운이다. 평측은 차례로 '平仄平平仄, 平平仄仄平, 平平平仄仄, 平仄仄平平'으로 이사부동과 반법, 점법 등이 모두 잘 이루어졌다.

683. 黃徵(황징 ?) : 조선 숙종 때 御營大將(어영대장, 御營廳어영청의 우두머리 장수로 종2품임). 자 應三(응삼). 호 大癡(대치). 본관 尙州(상주). 徵은 치로 읽기도 한다.

683-1 應禮判口呼韻(응예판구호운) 예조판서가 부르는 운자에 따라 짓다

幾年京洛耐飢寒 十見秋光染樹端 囊有毛錐難售趙 世無蕭鑑孰知韓.
(기년경락내기한 십견추광염수단 낭유모추난수조 세무소감숙지한)

몇 해를 서울에서 추위와 배고픔을 견디며,
나무 끝에 단풍 드는 가을 경치 열 번을 보아왔네.
낭중지추 같은 재주 지녔건만 알아보는 사람 없어 나라 위해 일하기 어렵고,
세상에 소하 같은 안목을 가진 사람 없으니 그 누가 한신 같은 장수를 알아보겠는가.

[語句] *禮判 : 禮曹判書(예조판서). 조선 시대 때 6판서의 하나로 예조의 으뜸벼슬이며 정2품 문관임. *口呼 : 입으로 부름. *京洛 : 서울. *飢寒 : 배고프고 추움. *秋光 : 가을철의 모습. 秋色(추색). *毛錐 : 毛遂(모수)의 송곳. 숨겨져 있는 빼어난 재주. 중국 전국시대 趙(조) 나라 平原君(평원군) 때 秦(진) 나라가 조 나라를 치니, 식객인 모수가 자원하여 평원군을 따라 楚(초) 나라에 가서 合從協約(합종협약)을 맺는 공을 세웠음. 모수가 자기 자신을 천거할 때 평원군이 "무릇 선비는 세상에 처함에 있어, 마치 송곳이 주머니 속에 들어 있는 것과 같아서[譬若錐之囊中비약추지낭중] 그 끝이 밖으로 나타나 보이는 법인데, 그대는 내 집에 3 년 있었다면서 내가 듣지를 못했으니, 이는 그대가 능한 것이 없기 때문이 아닌가?" 하매, 모수는 "오늘부터 제가 주머니에 들어가려는 것입니다." 했음. 이것이 囊中之錐(낭중지추)의 고사임<史記 平原君傳> *售 : 팔다. 갚다. *蕭鑑 : 漢高祖 劉邦(한고조 유방)의 개국공신 蕭何(소하 ?~193)의 鑑定(감정)하는 識見(식견) 곧 사람을 잘 알아보는 능력. 鑑은 '거울. 법. 모범. 본보기' 등의 뜻이 있음. 소하는 沛縣(패현) 사람으로 시호가 文終(문종)이며 한고조를 도와 천하를 통일했고 법을 만들었으며, 韓信(한신)을 천거하여 項羽(항우)를 격파케 했고 張良(장량), 한신과 함께 三傑(삼걸)이라 했음. *韓 : 한고조의 개국공신 韓信(한신 ?~196).

[鑑賞] 당시의 예조판서가 누구인지는 모르나 지은이는 무관인 듯하니, 학문이 뛰어난 판서가 지은이를 얕잡아보는 뜻이거나 지은이가 시를 지을 줄 안다는 말을 듣고 운자를 부르며 시를 지어 보라고 시험했을 것이다. 운자를 부르는 대로 즉석에서 이만한 시를 지었으니 그 실력을 미루어 알 수 있다. '서울에서 10년 동안 배고픔과 추위를 견디며 등용해 주기를 기다렸으나, 모수를 알아보는 평원군이나 한신을 추천한 소하와 같은 안목을 지닌 높은 벼슬아치가 없어 실망했다.'고 했으니, 시를 지어 보라고 시험하는 판서 당신도 사람을 알아보는 안목은 없는 분이라 비꼰 것이다.

7언절구. 압운은 寒, 端, 韓 자로 평성 '寒' 평운이다. 평측은 차례로 '仄平平仄仄平平, 仄仄平平仄仄平, 平仄平平平仄仄, 仄平平仄仄平平'으로 이사부동이륙대와 반법, 점법 등이 모두 잘 이루어지고 평측 배치도 좋은 7絕의 전형이 되는 시이다.

684. 黃赫(황혁 1551~?) : 조선 선조 때 문신. 자 晦之(회지). 호 獨石(독석). 본관 長水(장수). 父 判書 廷彧(판서 정욱 →681). 선조의 왕자 順和君(순화군)의 장인. 일찍이 奇大升(기대승 →694) 문하에서 수학하고 선조 13년(1580) 문과에 급제하여 벼슬이 承旨(승지)에 이르렀다. 글의 구상이 넓고 크며 성질이 곧아 악을 원수같이 미워했다. 李潑(이발 →233), 鄭汝立(정여립) 등이 변덕스러운 것을 나쁘게 보고 탄핵해 제거되게 했으나 그 잔당들에게 몰렸다. 임진왜란 때 순화군과

함경도로 피난했다가 포로가 되어 갖은 위협을 물리치고 돌아왔다. 광해군 때 李爾瞻(이이첨)의 음모에 연좌되어 옥사했는데 인조반정 후 관작이 복관되고 吏曹判書, 左贊成(이조판서, 좌찬성)과 長川君(장천군) 등에 追贈, 追封(추증, 추봉)되었다.

684-1 將赴謫所寄景至(장부적소기경지) 유배지로 가면서 경지에게 주다

去年東北各飄然 生死飢寒杳莫傳 消盡光陰豹虎窟 歸來身世犬羊天
青燈夜雨空如夢 白髮秋霜已滿顚 玉樹依依雲樹暗 臨歧涕淚漳江邊.
(거년동북각표연 생사기한묘막전 소진광음표호굴 귀래신세견양천
청등야우공여몽 백발추상이만전 옥수의의운수암 임기체루장강변)

지난해에 동북으로 각각 떠돌아다닌 뒤로, 생사와 기한에 떠는 소식 전할 길 없었고,
시호의 굴인 오랑캐들 틈에서 세월을 보내고는,
돌아와 보니 내 신세는 견양의 다툼 속이더라.
푸른 등불 밤비 속에서 헛되이 잠 못 이루고, 백발은 가을 서리같이 정수리를 희게 덮었구나.
그대의 의젓한 모습 그립지만, 귀양 가는 갈림길 먼 강가에서 눈물만 흘리네.

[語句] *飄然 : 일정하게 사는 곳이 없이 떠도는 모양. *杳 : 아득하다. *光陰 : 세월. *豹虎 : 표범과 호랑이. '오랑캐'를 뜻함. *身世 : 가련하거나 괴로움을 당하고 있는 사람의 처지나 형편. *犬羊 : 개와 양. 악한 사람과 착한 사람. *青燈 : 등불의 푸른 빛. *秋霜 : 가을의 찬 서리. *顚 : 머리 위쪽. 정수리. *玉樹 : ①옥나무. '사람의 아름다운 몸가짐이나 재능이 뛰어남'을 비유함. ②느티나무. *依依 : 싱싱하게 무성함. 나뭇가지가 휘늘어진 모양. *雲樹 : ①구름에 닿을 듯 높은 나무. ②雲樹之懷(운수지회). 벗을 그리는 회포. 渭樹江雲(위수강운, 위수의 나무와 강동의 구름-먼 곳의 벗을 생각하는 간절한 정)<杜甫 春日憶李白> →64-51. *歧 : 두 갈래. 갈랫길. *涕淚 : 슬피 울어서 흐르는 눈물. *漳江 : 중국 산서성에서 發源(발원)하는 강.

[鑑賞] 임진왜란 때 사위인 순화군을 모시고 피난 가서 포로로 잡혔다가 돌아와 지은 작품일 것이다. 경지는 누구인지 모르나 아마 친하게 지내는 친구이리니, '玉樹'와 '雲樹' 같은 어휘로 미루어 짐작된다. '함경도 방면에서 죽을 고비를 넘기며 오랑캐들에게 잡혀 고생하다가 돌아와 보니 당파 싸움 등으로 어수선한 나라 형편이었다. 처량한 밤비 속에 잠 못 이루며 내 몰골을 보니 파삭 늙어버렸다. 이제 귀양길을 가면서 그리운 친구 그대를 생각하노라니 부질없이 흘러내리는 눈물 주체할 수 없다.' 했다. 3, 4구와 5, 6구는 對句(대구)가 잘 되었다.

7言律詩(7언율시). 압운은 然, 傳, 天, 顚, 邊 자로 평성 '先(선)' 평운이다. 평측은 차례로 '仄平

平仄仄平平, 平仄平平仄仄平, 平仄平平仄仄仄, 平平平仄仄平平, 平平仄仄平平仄, 仄仄平平仄仄平, 仄仄平平平仄仄, 平平仄仄平平平'으로 二四不同二六對(이사부동이륙대)와 反法, 粘法(반법, 점법) 등이 잘 이루어졌으나 連三平(연삼평, 제8구), 連三仄(연삼측, 제3구)이 된 데가 있다.

685. 黃玹(황현 1855~1910) : 大韓帝國末(대한제국 말, 구한국말)의 우국 열사, 시인. 자 雲卿(운경). 호 梅泉(매천). 본관 長水(장수). 父 時默(시묵). 영의정 黃喜(황희)의 후예. 전라남도 光陽 西石村(광양 서석촌)에서 나고 求禮(구례)로 이사해 살았다. 어려서부터 시를 잘 지어 인근 선비들을 경탄케 했고, 고종 22년(1885) 生員試(생원시)에 장원한 후 당시에 文名(문명)이 있던 李建昌, 姜瑋, 鄭萬朝, 金澤榮(이건창, 강위, 정만조, 김택영) 등과 친교가 있었다. 시국이 혼란하고 벼슬아치들이 부패하여 관직에 나아가기를 단념하고, 다시는 서울을 왕래치 않으며 시골에서 시를 짓다가 광무 9년(1905, 고종 42년) 을사보호조약이 체결되매, 비분하여 김택영과 함께 중국으로 망명하려 했으나 여비가 없어 뜻을 못 이루었고, 韓日合邦(한일합방)으로 나라가 망하니 遺詩(유시) 네 수를 남기고 음독 순절했다. 1962년 대한민국 建國功勞勳章 單章(건국공로훈장 단장)이 추서되었다. 저서에 '梅泉集(매천집 3권), 梅泉野錄(매천야록), 東匪紀略(동비기략)' 등이 있다.

685-1 哭勉庵先生 六首 第1首(곡면암선생 육수 제1수) 면암선생 영전에 통곡하다 6수 첫 수

英年抱贄蘗溪門 救火人家位偶尊 程氏三魂惟趙鼎 考亭一脈賴希元
文章不出經綸業 名節原從道學源 宰相儒林都結局 海東千載有公言.

(영년포지벽계문 구화인가위우존 정씨삼혼유조정 고정일맥뇌희원
문장불출경륜업 명절원종도학원 재상유림도결국 해동천재유공언)

젊어서는 화서 이항로에게서 배웠고, 백성의 어려움을 구하고자 상소를 올렸었네.
이천 선생 문하의 삼혼이면 조정과 같겠고, 주자의 한 갈래라면 서산 진덕수의 힘입었으리.
문장이 천하 다스리는 일에서 벗어나지 않고, 명분과 절의는 도학에 뿌리를 두고 나왔네.
정승이고 유림이고 이제 모두 끝장이라, 우리나라에서 오래 오래 공언이 있으리라.

[語句] *勉庵 : 조선 고종 때의 정치가 崔益鉉(최익현 1833~1906)의 아호. *英年 : 꽃다운 나이. 젊은 때. *抱贄 : 스승께 드리는 예물 곧 束脩(속수, 幣帛폐백)를 가짐. 執贄(집지). 贄는 '폐백'임. *蘗溪 : 경기도 양평군 서종면에 있는 李恒老(이항로, 호 華西화서, →319)의 태생지. *救火 : 불에서 구해 냄. 어려움에서 구해 냄. *位偶尊 : '시폐를 바로잡고자 임금에게 10조의 상소를 올린 일'을 말함. *程氏三魂 : 北宋(북송)의 대학자 程頤(정이, 伊川先生이천선생) 문하의 으뜸으로 꼽는 세 사람. 楊時(양시), 胡安國(호안국), 趙鼎(조정)을 차례로 避魂(피혼), 强魂(강혼), 道魂(도혼)

이라 했다고 함. *考亭 : 宋(송)의 대학자 朱子(주자, 朱熹주희 →498)의 아호. *希元 : 주자의 문하생인 西山 眞德秀(서산 진덕수). *經綸 : 천하를 다스림. *名節 : 名分(명분, 마땅히 지켜야 할 일)과 節義(절의, 절개와 의리). *道學 : ①도덕에 관한 학문. ②程朱學派(정주학파)의 心性理氣(심성이기)의 학. *宰相 : 정승. 相公(상공). *儒林 : 儒敎(유교)의 도를 닦는 학자들. 士林(사림). *結局 : 끝장에 이름. *海東 : 우리나라 별칭. *千載 : 천년. *公言 : 공개하여 하는 말. 공식적인 公論(공론).

[鑑賞] 면암 선생은 도끼를 걸머지고 대궐 앞에서 상소를 올렸던 분이라 그 곧음은 널리 알려진 분이다. 이 輓詩(만시)에는 일화가 있으니 "꾀죄죄한 괴나리봇짐을 진 시골의 깡마른 사팔뜨기 선비가 조상하고 놓고 간 輓詞(만사)여서 도외시했다가, 나중에야 새삼 황현임을 알았다." 했다<李丙疇 韓國漢詩의 理解> 이 첫 수를 보더라도 典故(전고)가 많아 풀이하기에 어려움이 많은데 뒤의 다섯 수도 마찬가지이다. 지면 관계로 풀이만이라도 소개 못 함이 아쉽다.

7언율시. 압운은 門, 尊, 元, 源, 言 자로 평성 '元' 평운이다. 평측은 차례로 '平平仄仄仄平平, 仄仄平平仄仄平, 平仄平平平仄仄, 仄平仄仄仄平平, 平平仄仄平平仄, 平仄平平仄仄平, 仄仄平平平仄仄, 仄平平仄仄平平'으로 이사부동이륙대와 반법, 점법 등이 모두 잘 이루어지고 평측 배치도 좋아 내용과 더불어 名作(명작)이다.

685-2 絕命詩 四首 第3, 4首(절명시 사수 제3, 4수) 절명시 네 수 셋째, 넷째 수

鳥獸哀鳴海嶽嚬 槿花世界已沈淪 秋燈掩卷懷千古 難作人間識者人<제3수>
曾無支厦半椽功 只是成仁不是忠 止竟僅能追尹穀 當時愧不躡陳東<제4수>
(조수애명해악빈 근화세계이침륜 추등엄권회천고 난작인간식자인)
(증무지하반연공 지시성인불시충 지경근능추윤곡 당시괴불섭진동)

새와 짐승도 울며 가고 바다와 산이 찡그리니, 무궁화 우리 땅이 이미 가라앉았구나.
가을 등불 아래 책을 덮고 옛 일 헤아려 보니, 글을 아는 사람의 할 일 참으로 어렵구나.<第3首>
일찍이 벼슬 살지 않아 조금의 공도 없으니, 내 죽음은 살신성인일까 충성은 아닐세.
내 이 죽음이 겨우 윤곡을 따를 뿐, 어려운 때를 만나 극간하다가 죽은 진동에게는 부끄럽네.<第4首>

[語句] *絕命詩 : 죽음에 임하여 지은 시. →115-2, 440-3, 506-1. *嚬 : 찡그리다. *槿花 : 무궁화. *沈淪 : 沈沒(침몰). *掩卷 : 책을 덮음. 掩卷輒忘(엄권첩망, 책을 덮으면 곧 잊어버림. 기억력이 부족함). *千古 : 오랜 옛적. *識者 : 아는 것이 많은 사람. *支厦 : 큰 집 곧 대궐을 지탱함. 벼슬을 삶. 厦≒廈(하). *半椽 : 조금의 인연. *成仁 : 仁을 이룸. 덕을 갖춤. 殺身成仁(살신성인, 몸을 바쳐 옳은 도리를 행함)<論語 衛

靈公> *止竟 : 마침. 그침. '목숨을 끊음'임. *僅 : 겨우. 적다. *尹穀 : 중국 宋(송) 나라 사람으로 몽고군이 침입하여 潭城(담성)이 포위되어 함락 지경에 이르자 처자와 작별하고 분신자살했음. *蹈 : 밟다. *陳東 : 송 나라 충신. 임금에게 간신배 6賊(적)을 참살해야 한다고 극간하다가 도리어 참살을 당했음.

[鑑賞] 한일합방으로 나라를 잃자 지은이는 그 한을 自決(자결)로써 맺었다. 을사보호조약이나 한일 합방 당시 忠正公 閔泳煥(충정공 민영환)을 비롯한 忠義之士(충의지사)들이 자결로 항거했으니 그 분들의 충절은 길이 빛날 것이다. '산천초목이나 짐승들까지도 통곡하니 나라 잃은 슬픔은 필설로 다하기 어렵다. 가을밤에 옛 일을 회고하니 글을 아는 선비의 길이 어렵기만 하다. 나는 벼슬을 살지 않아 내 죽음이 충성은 못 되겠고, 송 나라의 윤곡에 비길 만하지만 지극한 상소 하나 올리지 못했으니, 진동에게는 부끄러울 따름이다.' 했다. 이 앞 두 수는 '난리를 겪은 백발 나이에 죽지를 못 한 게 몇 번이던가. 오늘에야 어쩔 도리 없어 풍전등화의 불꽃이라 하늘을 밝히지를 못하네.<第1首> 나라 없어지자 요망한 기운이 덮쳐 구중궁궐도 어두컴컴하구나. 임금님 조서도 이제 마지막이니 그 조서에 천 가닥 눈물이 쏟아지네.<第2首>'이다. 가닥가닥 우국 충정과 망국의 한이 스며 있는 名詩(명시)이다.

7言絕句(7언절구) 두 수. 압운은 첫 수가 嚬, 淪, 人 자로 평성 '眞(진)' 평운, 둘째 수는 功, 忠, 東 자로 또한 평성 '東' 평운이다. 평측은 차례로 '仄仄平平仄仄平, 仄平仄仄仄平平, 平平仄仄平平仄, 平仄平平仄仄平 ; 平平平仄仄平平, 仄仄平平仄仄平, 仄仄仄平平仄仄, 平平仄仄仄平平'으로 二四不同二六對(이사부동이륙대)와 反法, 粘法(반법, 점법) 등이 잘 이루어졌다.

686. 黃鉉(황현 ?) : 조선 초 세종 무렵의 문인.

686-1 賀李中樞年七十壽九十慈親(하이중추연칠십수구십자친)

이 중추 연세 일흔에 아흔 살 자친 모심을 하례하다

慈顔九耋尙平安 七十霜髯爲奉歡 滿座佳賓皆國族 趍庭群季盡朝官
金樽酒洌春方暖 鳳管聲催日未殘 世世高門知有慶 更看奕葉長芝蘭.

(자안구질상평안 칠십상염위봉환 만좌가빈개국족 추정군계진조관
금준주렬춘방난 봉관성최일미잔 세세고문지유경 갱간혁엽장지란)

자친이 아흔 연세로 아직도 평안하시어, 일흔 살 흰 수염 아드님이 기쁨을 받드시네.
자리에 가득한 귀한 손님들 모두 국족이요, 뜰에 있는 아우들은 모조리 고관들일세.
술통의 술은 독하고도 찬데 봄은 따스하고, 악공들의 잦은 풍악 소리에 해도 더디 기우네.
대대로 고귀한 집안이라 많은 경사 있음을 알겠나니,

대를 이어서 지초 난초 같은 훌륭한 인재들 자라나리라.

[語句] *中樞 : 조선 시대 中樞院(중추원)의 최고직인 判中樞院事(판중추원사 정2품)와 僉知中樞院事(첨지중추원사 정3품)까지의 호칭. 중추원은 '軍事(군사)와 궁중 경비 등을 맡은 중앙 西班職(서반직) 관청'으로 세조 때는 中樞府(중추부)로 고치고 최고직을 領中樞府事(영중추부사 정1품)라고 했음. *慈親 : 어머니. 자기의 어머니를 일컫는 말이며 인자한 사랑으로 길러준다는 뜻임. *慈顔 : 자애로운 얼굴. *平安 : 무사하여 걱정이 없음. 平康(평강). *九耋 : 90세. 九秩(구질). 耋은 '늙은이로 80세'임. *霜髯 : 서리처럼 흰 구레나룻. *佳賓 : 반가운 손님. 귀한 손님. 佳客(가객). *國族 : 임금과 같은 성이나 본관을 가진 사람. *趍庭 : 뜰을 재게 지나감. 친히 가르침을 받음.<論語 季氏> 趍는 趨(추)의 俗字(속자)임. *朝官 : 조정의 높은 벼슬아치, 신하. 朝臣(조신). *金樽 : 금 술통. 좋은 술통. *冽 : 차고 독하다. *鳳管 : 여러 가지 훌륭한 관악기. *高門 : 고귀한 집. 지체 높은 집안. *奕葉 : 代代(대대). 대대로 영화스러움. 奕은 '크다. 아름답다. 차례. 빛나다'임. *長 : 자라다. *芝蘭 : 지초와 난초. 훌륭한 인재.

[鑑賞] 이 중추가 누구인지는 미상이나, 70세 된 중추 벼슬에 있는 맏아들이 90세 된 어머니의 생신 축하연을 베푸니, 거기 초대받아 참석하여 頌壽(송수)의 뜻으로 지은 시이리라. '높은 벼슬자리에 있는 아들이라 모인 손님들도 귀족들이요, 아우들도 모두 조정의 고관을 지내는 지체 높은 집안이다.' '맛좋은 술이 가득한데 봄날씨까지 따뜻하고, 악대들의 축하 풍악이 자지러지니 해도 느릿느릿 가는 듯하다.' 이 頷聯(함련 3~4구)과 頸聯(경련 5~6구)은 對句(대구)가 잘 이루어졌다. 축하하는 뜻을 표하는 시의 모범이 될 만한 작품이다.

7言律詩(7언율시). 압운은 安, 歡, 官, 殘, 蘭 자로 평성 '寒(한)' 평운이다. 평측은 차례로 '平平平仄仄平平, 仄仄平平仄仄平, 仄仄平平平仄仄, 平平平仄仄平平, 平平仄仄平平仄, 仄仄平平仄仄平, 仄仄平平平仄仄, 仄平仄仄仄平平'으로 이사부동이륙대와 반법, 점법 등이 모두 잘 이루어졌다.

687. 黃衡(황형 1459~1520) : 조선 중종 때 武臣(무신). 자 彦平(언평). 시호 莊武(장무). 본관 昌原(창원). 父 寺正 禮軒(시정 예헌). 문무가 둘이 없다 하며 말타기와 활쏘기를 익히더니 성종 11년(1480) 무과에 급제하고 進賢試(진현시)에 올라 尙書院判官(상서원 판관)으로서 內乘(내승, 內司僕寺내사복시의 말단직)을 겸하였다. 성종이 그가 사서삼경을 읽는다는 말을 듣고 기뻐하며 책 한 질을 내렸고 訓鍊院判官(훈련원 판관)으로 重試(중시)에 장원했으며, 折衝柔惠兩鎭僉使(절충유혜양진첨사)에 보직되어 元帥 許琮(원수 허종→628)의 선봉으로 野人(야인, 女眞族여진족)을 평정하고 돌아와, 訓鍊都正, 義州牧使, 咸鏡・慶尙兵馬節度使(훈련도정, 의주목사, 함경・경상병마절도사)

등을 역임하고 僉知中樞府事(첨지중추부사)가 되었다. 중종 5년(1510) 三浦倭亂(삼포왜란)이 일어나매 防禦使(방어사)에 특임되어 평정했고, 중추부사 겸 五衛都摠府都摠官(오위도총부도총관), 知訓鍊院事(지훈련원사)를 지냈으며 북쪽 오랑캐가 침범하매 巡邊使(순변사)가 되어 평정하여 민심을 안정시켰다. 평안도와 함경도의 절도사를 지내고 돌아와 지중추부사가 되었다.

687-1 題建節臺(제건절대) 건절대를 두고 짓다

建節高臺起大風 海雲初捲日輪紅 倚天撫劍頻回首 馬島彈丸指顧中.

(건절고대기대풍 해운초권일륜홍 의천무검빈회수 마도탄환지고중)

건절대 높은 누대에 큰 바람 일어, 바다의 구름 처음 걷히니 둥근 해 붉구나.
긴 칼 어루만지며 하늘 저쪽을 보니, 조그마한 마도 섬이 가까이에 있네.

[語句] *日輪 : 해. 태양. *倚天 : 하늘에 의지함. '하늘을 건너다봄'의 뜻임. *彈丸 : '총알같이 좁은 땅.'의 뜻인 '彈丸之地(탄환지지)'를 줄인 말임. *指顧 : 손가락으로 가리킴. 손가락질함. 顧指.

[鑑賞] 건절대와 마도가 어디에 있는지 모르나 건절대는 퍽 높은 돈대인가보다. 구름으로 덮인 바다에 거센 바람 불더니 구름은 쫓기고 붉은 해가 드러난다. 긴 칼 어루만지며 하늘을 건너다보니 멀게만 보이던 마도 섬이 손짓해 부르면 대답할 듯 가까운 指呼之間(지호지간)에 보인다. 건절대와 거기서 바라다본 한 때의 모습을 그린 小品(소품)이다.

7언절구. 압운은 風, 紅, 中 자로 평성 '東(동)' 평운이다. 평측은 차례로 '仄仄平平仄仄平, 仄平平仄仄平平, 仄平仄仄平平仄, 仄仄平平仄仄平'으로 이사부동이륙대와 반법, 점법 등이 모두 잘 이루어졌다.

688. 黃喜(황희 1363~1452) : 조선초의 名相(명상). 초명 壽老(수로). 자 懼夫(구부). 호 厖村(방촌). 시호 翼成(익성). 본관 長水(장수). 부 判江陵府事 君瑞(판강릉부사 군서). 개성 可助里(가조리)에서 출생했고 14세 때 蔭官(음관)으로 安福宮錄事(안복궁 녹사)가 되었으며, 21세에 사마시, 23세에 진사시에 급제하고 고려 우왕 때인 27세에 문과 급제하여 成均學官(성균 학관)이 되었다. 조선에 들어와 正字, 敎官, 經歷, 司諫, 代言(정자, 교관, 경력, 대언) 등을 지내고, 정치가로서의 수완을 발휘한 것은 47세에 知申事(지신사)가 되던 때부터였다. 태종의 극진한 예우를 받았고 뒤에 六曹判書(육조판서)를 역임하는 동안 내외 요직을 두루 겪으며 문물제도의 정비에 노력해 뛰어난 업적을 많이 남겼다. 태종 13년(1413) 세자의 폐립 문제에 반대 의견을 내어 태종의 노여움을 사 좌천되었다가 관직을 박탈당하고 南原(남원)으로 축출되었다. 세종 4년(1422) 태종은 그를 소환하여 職牒(직첩)을 도로 주며, 세종에게 "황희를 크게 등용하라." 했다. 이에 세종이 그를 시험코자 강원도 일대의 거친 정치를 물어 보아 범인이 아

님을 알고는 크게 탄복했다고 한다. 차츰 벼슬이 올라 세종 13년(1431)에는 領議政(영의정)이 되어 국정을 위임받아 선정에 힘썼으며 세종 31년(1449) 86세로 은퇴했다. 그는 평소에 寬厚仁慈(관후인자)하고 청백하게 벼슬을 살아 淸白吏(청백리)의 귀감이 되었으며, 많은 일화를 남겼고 파주 임진강 가의 伴鷗亭(반구정)은 그의 별장이었다. 문집으로 '厖村集(방촌집)'이 있고 전원 풍경을 읊은 시조가 전하며 아들에 致身, 保身, 守身(치신, 보신, 수신)이 있다.

688-1 鏡浦臺(경포대) 경포대

澄澄鏡浦涵新月 落落寒松鎖碧煙 雲錦滿地臺滿竹 塵寰域有海中仙.

(징징경포함신월 낙락한송쇄벽연 운금만지대만죽 진환역유해중선)

맑디맑은 경포에 초승달 잠기고, 낙락장송에 푸른 이내 서리었네.

아침노을은 천지에 가득하고 경포대에 대나무 가득하니, 속세에도 바다의 신선이 있겠구나.

[語句] *鏡浦臺 : 강원도 강릉시 동쪽 경포 가에 있는 누각. →91-1, 128-1, 563-1. *澄澄 : 물이 매우 맑은 모양. *涵 : 젖다. 잠기다. *落落寒松 : 가지가 늘어진 크고 푸른 소나무. 落落長松(낙락장송). *雲錦 : 비단 같은 구름. 아침노을. *塵寰 : 티끌 많은 세상. 세속 사람들이 사는 곳. 塵世(진세). 俗世(속세). *海中仙 : 바다 속 섬 곧 三神山(삼신산) 같은 곳에 사는 신선.

[鑑賞] 경포에는 달이 셋이라는 말이 있으니, 하늘에 뜬 달과 물에 비쳐 뜬 달 그리고 상대의 눈에 비쳐 있는 달 이렇게 셋이라는 것이다. 첫 구에서 초승달이 둘임을 그렸으니 하늘의 본디 달과 물에 비쳐 뜬 달로 경포 호수의 물이 그만큼 맑음을 뜻한다. 호수 둘레에는 큰 소나무들이 연기 속에 싸였고 고운 아침노을을 배경으로 경포대는 대나무로 둘리어 있다. 이 아름다운 경관은 신선이 사는 삼신산에서나 볼 수 있는 모습인 것이다. 처음 두 구는 對句(대구)를 이루었다.

7言絕句(7언절구). 압운은 煙, 仙 자로 평성 '先(선)' 평운이며 첫 구에는 압운하지 않았다. 평측은 차례로 '平平仄仄平平仄, 仄仄平平仄仄平, 平仄仄仄平仄仄, 平平仄仄仄平平'으로 二四不同二六對(이사부동이륙대)는 셋째 구에서 어긋나 '仄-平-仄'이어야 할 것이 '仄-仄-仄'으로 되었고, 따라서 反法(반법)과 粘法(점법)은 불완전하다.

688-2 癸亥元日會禮宴(계해원일회례연) 계해년 설날의 회례연

九九年來押百官 三元獻壽對天顔 日明堯殿春風裏 多少群臣各盡歡.

(구구연래압백관 삼원헌수대천안 일명요전춘풍리 다소군신각진환)

80 평생에 백관들을 거느리고, 정월 초하루 설날에 임금님 뵙고 헌수 드리네.

요 임금 궁전 같은 대궐은 봄바람 속에 해가 밝고,
하고많은 신하들 제각기 한껏 즐기는구나.

[語句] *癸亥 : 세종 25년(1443). 이 해 섣달에 훈민정음 28자를 만들었음. *元日 : 정월 초하룻날. 설날. 元旦(원단). *會禮宴 : 설날이나 동지날에 文武百官(문무백관)이 모여 임금께 배례한 후 베푸는 연회. *九九 : 81세. 九九法(구구법)으로 '9×9=81'이 되어 쓰는 말임. *押 : 누르다. 거느리다. *百官 : 모든 벼슬아치. 百揆(백규). 百寮(백료). *三元 : 정월 초하루. 年月日(연월일) 곧 한 해, 한 달, 하루의 시작이라는 뜻임. 三始(삼시). *獻壽 : 설날이나 환갑잔치 등에서 오래 살기를 비는 뜻으로 술잔을 올림. 上壽(상수). 稱觥(칭굉). *天顔 : 임금의 얼굴. 聖顔(성안). 龍顔(용안). *堯殿 : ①요 임금의 궁전. ②높은 궁전. *盡歡 : 즐거움을 다함.

[鑑賞] 설날의 요즘으로 말하면 新年賀禮式(신년하례식)을 읊은 시이다. 세종 25년 계해년은 태평성대를 구가하는 시기였으니 이 해 12월에 한글이 창제된 점으로 보아 더 할 말이 없다. 만조백관을 거느리고 경복궁 넓은 뜰에 鴛聯鳧班(원련부반)으로 열을 지어 서서, 임금이 납시면 '국궁, 바이, 훙, 평 … ' 하며 三拜(삼배)를 드리고 頌壽萬歲(송수만세)라도 불렀으리라. 지은이가 벼슬에서 물러나기 6년 전쯤이매 더욱 뜻이 있었으리라. 셋째 구의 '堯殿'은 중국 고대 태평 시절이었던 요 임금 시대와 세종 시대를 비유해 표현했다 해도 좋고 경복궁 높은 궁전으로 보아도 좋으리라. 음력 정월이면 봄빛이 퍼지려 하는 때라 시절도 좋은 때이다.

7언절구. 압운은 官, 顔, 歡 자로 官, 歡은 평성 '寒(한)' 평운, 顔은 평성 '刪(산)' 평운으로 두 운은 通韻(통운)이 된다. 평측은 차례로 '平仄平平仄仄平, 平平仄仄仄平平, 仄平平仄平平仄, 平仄平平仄仄平'으로 이사부동이륙대와 반법, 점법 등이 모두 잘 이루어졌다. 첫 구의 '九九' 는 평측을 감안하여, 앞 자는 '아홉'의 뜻인 '尤(우)' 평운[평성], 뒷자는 '모으다'의 뜻인 '有(유)' 측운[상성]으로 보았다.

補 遺(보유)

689. 耿湋(경위 734~?) : 中唐(중당)의 시인. 자 洪原(홍원). 河東(하동) 사람으로 進士(진사)에 뽑히고 右拾遺(우습유)를 역임했다. 大曆十才子(대력 십재자)의 한 사람으로 '詩集(시집 1권)'이 있다.

689-1 秋日(추일) 가을날

返照入閭巷 憂來誰共語 古道少人行 秋風動禾黍.
(반조입여항 우래수공어 고도소인행 추풍동화서)

석양빛이 마을 골목을 길게 비출 때, 마음에 이는 시름 뉘와 나눌꼬.
옛 길에는 오가는 사람 드문데, 가을 바람은 곡식 이삭에 물결지네.

[語句] *返照 : 저녁때 동쪽으로 비치는 햇빛. 夕陽(석양). *閭巷 : 백성들 집이 모여 있는 곳. 촌락의 골목길. 閭閻(여염). *古道 : 옛 길. 옛날에 다니던 길. *禾黍 : 벼와 기장.

[鑑賞] 가을은 感傷(감상)의 계절. 마을 골목길에 길게 드리운 저녁해 그림자, 인적이 드문 전에 다니던 옛 길, 바람에 일렁이는 벼이삭 등은 황혼길에 접어든 인생을 시름겹게 하는 素材(소재) 들이다. 쉬운 어휘로 行雲流水(행운유수)같이 가을의 특징을 잘 잡아 그렸다.

5言古詩(5언고시). 압운은 語, 黍 자로 상성 '語' 측운이다. 평측은 차례로 '仄仄仄平仄, 平平平仄仄, 仄仄仄平平, 平平仄平仄'으로 二四不同(이사부동)은 끝 구에서 어긋났고 反法(반법)과 粘法(점법)은 이루어지지 않았지만, 둘째와 셋째 구의 평측이 좋은 대비를 지었다.

690. 高時彦(고시언 ?~1614) : 조선 선조 때 학자. 자 國美(국미). 호 省齋(성재). 본관 開城(개성). 博文强記(박문강기)하여 司譯院 漢學科擧(사역원 한학 과거)에 급제하고 2 品(2품)에 이르렀다. 후에 독서로 세월을 보내다가 광해군 6년(1614) 燕京(연경)으로 가던 길에 病死(병사)했다.

690-1 曉出東郭(효출동곽) 새벽에 동편 성곽으로 나가다

曉嶂尙衣微 林風吹浙浙 馬嘶臨寒流 殘星落如雪.
(효장상의미 임풍취절절 마시임한류 잔성낙여설)

새벽 산봉우리들 아직 희미한데, 숲에 이는 바람 일렁거리네.
찬 냇물에 다다라 말은 울고, 새벽별 눈처럼 떨어지는구나.

[語句] *東郭 : 동쪽 城郭(성곽). 중국에 동곽이란 지명이 있음. *嶂 : 산봉우리 둘리

다. *衣微 : 희미하게 들리다. *淅淅 : 일렁거리는 모양. *嘶 : 말이 울다. *殘星 : 새벽녘의 별.

[鑑賞] 이른 새벽에 성밖으로 나와 읊었다고도 하겠고, 중국의 연경으로 가던 길에 동곽 땅을 나오며 읊었다고 볼 수도 있겠다. 아직 추운 계절인 듯 바람으로 숲의 나무들 일렁거리고 차가운 냇물에 이르자 말은 겁이 나는지 울음 운다. 차츰 밝아오는 새벽에 별들은 눈처럼 져 없어진다. 이 끝 구는 좀 과장적이기도 하나 그것이 시적인 표현이 아니겠는가.

5언고시. 압운은 淅, 雪 자로 입성 '屑(설)' 측운이다. 평측은 차례로 '仄仄仄平平, 平平平仄仄, 仄平平平平, 平平仄平仄'으로 이사부동은 끝 두 구에서 어긋났고 따라서 반법과 점법은 온전하지 못하다.

691. 高兆基(고조기 ?) : 고려 인종 때 문신. 초명 唐愈(당유). 호 鷄林(계림). 본관 濟州(제주). 父 右僕射 維(우복야 유). 예종 초에 문과 급제하여 臺官, 平章事(대간, 평장사)를 역임했다. 李資謙(이자겸)의 무리에 아부하지 않았고 의종 때 金存中(김존중)에게 의지해 겨우 죽음을 면했으며 5언시에 능했다.

691-1 宿金壤縣(숙금양현) 금양현에서 묵으며

鳥語霜林曉 風驚客榻眠 簷殘半窺月 人在一涯天
落葉埋歸路 寒枝罥宿煙 江東行未盡 秋盡水村邊.
(조어상림효 풍경객탑면 첨잔반규월 인재일애천
낙엽매귀로 한지견숙연 강동행미진 추진수촌변)

새벽 숲에서 새들 지저귀고, 바람은 침상에 들어 잠을 깨우네.
처마로 새벽달이 반쯤 엿보는데, 나는 먼 타관에서 혼자 신세로구나.
낙엽은 돌아가는 길에 싸이고, 차가운 숲 가지에 밤 연기 서렸구나.
강동 고향길 아직 먼데, 강 마을에 가을은 저물어 가네.

[語句] *金壤縣 : 어디인지 미상임. *霜林 : 서리 내린 뒤의 수풀. *客榻 : 나그네의 평상 곧 침상. *簷 : 처마. *窺 : 엿보다. *涯天 : 하늘 가. 먼 타향. 天涯. *罥 : 얽히다. 걸리다.

[鑑賞] 고향으로 돌아가는 길에 금양 고을의 강가 마을에 하룻밤 묵으며 향수에 젖은 심정을 읊은 시. '새벽 새 지저귀는 소리와 침상에 파고드는 찬 바람 기운으로 잠이 깨니, 바깥 처마로 달이 반쯤 보인다. 고향 가는 길은 낙엽에 묻혔고 숲

은 저녁부터의 연기 끼었다. 가야 할 고향 길은 아직 먼데 이미 가을이 가려고 한다.' 했다. 겨울이 오기 전에 고향에 닿아야 하는 절박한 심정도 담겼고, 頷聯(함련 3~4구)과 頸聯(경련 5~6구)은 각각 對句(대구)가 되었다.

5言律詩(5언율시). 압운은 眠, 天, 煙, 邊 자로 평성 '先(선)' 평운이다. 평측은 차례로 '仄仄平平仄, 平平仄仄平, 平平仄平仄, 平仄仄平平, 仄仄平平仄, 平平仄仄平, 平平平仄仄, 平仄仄平平'으로 이사부동은 셋째 구에서 어긋났고 반법과 점법은 그런대로 이루어졌다.

692. 歐陽修(구양수 Ou Yang-hsiu 1007~1072) : 宋(송) 나라 문장가. 唐宋八大家(당송팔대가)의 한 사람. 자 永叔(영숙). 호 醉翁(취옹). 강서성의 吉州 廬陵(길주 여릉) 사람. 당 나라 韓愈(한유 →599)의 뒤를 이어 古文復興運動(고문부흥운동)에 공적이 많았고 풍부하고 윤택한 문장을 지었다. 仁宗(인종) 무렵에 參知政事(참지정사)를 역임했고 만년에 물러나 스스로 六一居士(육일거사)라 칭하며 '나의 集古錄(집고록, 金石文獻금석문헌) 천 권, 거문고 한 張(장), 碁(기, 바둑) 한 局(국), 술 한 동이를 두니 내 그 사이에서 늙어가매 이를 六一이라 한다.' 했다. 문집으로 '歐陽文忠公集(구양문충공집 153권)'이 있다.

692-1 生查子(생사자) 생사자

含羞整翠鬟 得意頻相顧 雁柱一三絃 一一春鶯語
嬌雲容易飛 夢斷知何處 深院鎖黃昏 陣陣芭蕉雨.
(함수정취환 득의빈상고 안주일삼현 일일춘앵어
교운용이비 몽단지하처 심원쇄황혼 진진파초우)

수줍게도 푸른 눈썹 구름 같은 머리결 다듬고는, 기쁜 빛으로 자주 돌아다보네.
기러기발 받침을 한 거문고 열 석 줄에서, 한 줄 한 줄마다에 봄날의 꾀꼬리 소리로구나.
아양 부리듯 하는 구름 쉽게 타고 날아, 꿈은 어디메에서 그치려는가.
깊숙한 뒤뜰 별당에서 황혼에 갇히어, 후두둑 후두둑 파초 잎에 지는 빗소리다워라.

[語句] *生查子 : 송 나라 대표적 문학인 詞(사)의 곡조 이름. 陌上郎(맥상랑), 梅溪渡(매계도) 등의 별칭이 있다고 함. *羞 : ①부끄럽다. ②음식. 여기서는 ①임. *翠鬟 : 푸른 머리결. 翠眉(취미, 푸른 눈썹)와 雲鬟(운환, 구름같이 부풀어진 머리결). *得意 : 생각한 대로 되어 만족함. *雁柱 : 기러기 발. 거문고나 가야금의 줄을 고르는 기구. *嬌 : 맵시. 아리땁다. *深院 : 깊고 그윽한 뒤뜰의 집이나 별당. *陣陣 : 끊어졌다 다시 계속하는 모양. 열을 지은 모양.

[鑑賞] 이 작품은 시가 아니고 송 나라 때 유행한 詞이다. 사에서 生查子의 특징은

40字體(40자체)가 주로 쓰이고 5언절구 두 수를 겹친 것과 같으며 前後段(전후단) 각 4句 2仄韻(4구 2측운)이라 한다<李鍾燦 漢文學槪論> 그런데, 형식이 5언시와 같아 형식을 따져 보아야 할 듯하다. 거문고 타는 여인의 모습과 그 여인의 심정을 읊은 작품이다.

詞(사) 5언 8구. 압운은 顧, 語, 處, 雨 자로 顧와 雨는 거성 '遇(우)' 측운, 語와 處는 상성 '語' 측운으로 두 운은 측운이란 점에서는 공통되나 通韻(통운)이 되지 않으니 轉韻(전운) 형식이 된다 하겠다. 평측은 차례로 '平平仄仄平, 仄仄平平仄, 仄仄仄平平, 仄仄平平仄, 平平平仄平, 仄仄平平平, 平仄仄平平, 仄仄平平仄'으로 二四不同(이사부동)은 이루어졌으나 反法(반법)과 粘法(점법)은 고려되지 않았다.

693. 權溥(권부 1262~1346) : 고려 충렬, 충선왕 때 학자. 자 齊萬(제만). 호 菊齋(국재). 시호 文正(문정). 본관 安東(안동). 충렬왕 5년(1279) 문과 급제하여 충선왕 때 詞林院學士(사림원 학사)로 왕의 총애를 받아 右副承旨(우부승지)가 되고 여러 벼슬을 거쳐 領都僉議司事(영도첨의사사)를 지내고 永嘉府院君(영가부원군)에 輔理功臣(보리공신)의 호를 받았다. 성리학 보급에 공헌했고 '銀臺集(은대집 20권)'을 註書(주서)했으며 '孝行錄(효행록)'을 지었다.

693-1 夜宴次韻(야연차운) 밤 잔치 시에 차운하다

露洗銀河月色團 酒盈金盞却天寒 紫泉一曲人如玉 紅燭燒殘夜未闌.
(노세은하월색단 주영금잔각천한 자천일곡인여옥 홍촉소잔야미란)

은하수 이슬에 씻긴 듯 또렷하고 달 또한 둥근데, 술은 잔에 가득차 추운 날씨 물리치네. 자천곡 부르는 여인 옥같이 곱거니, 홍촉 다 타는데도 밤은 아직 깊지 않구나.

[語句] *團 : 둥글다. *天寒 : 날씨가 추움. *紫泉曲 : 연회에서 부르는 악곡 이름. *紅燭 : 붉은 빛이 많은 아름다운 등. *闌 : 늦다. 다하다.

[鑑賞] 밤 연회에서 각자 시 한 수씩 지어 읊기로 했던 듯하다. 운자는 연장자가 내었으리라. 첫 구가 시적이니 '이슬이 은하수를 씻은 듯 흰 줄이 하늘을 뚜렷이 가로질렀고 달 또한 밝다' 하여 가을날 밤 풍경이겠다. 月色團은 '달빛 둥글다'라고 풀어도 좋겠으나 빛이 둥글다 하면 이치에 맞지 않다고 할 수도 있어 '달이 둥글다'로 풀었는데, '東文選(동문선)'에는 '添月色(첨월색)'으로 되어 있으나 압운한 것으로 보아 月色團으로 된 자료를 인용했다.

7言絕句(7언절구). 압운은 團, 寒, 闌 자로 평성 '寒' 평운이다. 평측은 차례로 '仄仄平平仄仄平, 仄平平仄仄平平, 仄平仄仄平平仄, 平仄平平仄仄平'으로 二四不同二六對(이사부동이륙대)와 반법, 점법 등이 잘 이루어지고 평측 배치도 잘된 시이다.

694. 奇大升(기대승 1527~1572) : 조선 선조 때 성리학자. 자 名彦(명언). 호 高峰(고봉). 시호 文憲(문헌). 본관 幸州(행주). 부 勿齋 進(물재 진). 명종 13년(1558) 문과에 급제했고 선조 때 大司成, 大司諫(대사성, 대사간)까지 올랐으나 뜻에 맞지 않아 그만두고 귀향하다가 古阜(고부)에서 병사했다. 어려서부터 독학으로 고금에 통하고 退溪 李滉(퇴계 이황 →329)과 성리학을 문답하여 四端七情(사단칠정)을 주제로 한 편지 왕복이 8년을 계속했으며, 후세 유학자들이 이 문제를 많이 언급했다. 저서에 '詩文集(시문집), 論思錄(논사록), 往復書簡集(왕복서간집)' 등이 있다.

694-1 百祥樓(백상루) 백상루

城北危樓鬼效功 翱翔雲際壓晴空 香山縹氣飛朱栱 渤海祥光隱畫櫳
朗月照襟開玉界 仙風吹夢落瓊宮 悠悠往事憑誰問 一曲漁歌細雨中.
(성북위루귀효공 고상운제압청공 향산표기비주공 발해상광은화롱
낭월조금개옥계 선풍취몽낙경궁 유유왕사빙수문 일곡어가세우중)

안주성 너머 우뚝한 누각 귀신의 솜씨로, 날아가는 구름 끝에 솟아 푸른 하늘 압도하네. 묘향산의 신령스런 기운 대접받침에 들고, 발해의 서광은 단청한 난간에 감도는구나. 밝은 달은 가슴을 헤쳐 신선 세계를 열어주고, 맑은 바람에 선풍도골이 된 듯 구슬 궁전이네. 먼 옛날의 일 누구에게 물을꼬, 뱃노래 한 가락 가랑비 속에 들려오는구나.

[語句] *百祥樓 : 평안남도 安州郡(안주군)에 있는 누각. 청천강 가에 있으며 선조 때 李視(이시)가 가사 '백상루별곡'을 지었음. *危樓 : 매우 높은 누각. *翱翔 : 하늘 높이 빙빙 날아다님. *晴空 : 푸른 하늘. 青空(청공). *香山 : 妙香山(묘향산). 평안북도 寧邊郡(영변군)에 있는 명산. 높이 1,909m. *縹氣 : 아득히 날아가는 듯한 기운. *朱栱 : 붉게 칠한 柱頭(주두). 주두는 '기둥 머리를 장식하는 넓적하게 네모진 나무'로 대접받침이라고도 함. *渤海 : 중국 요동반도와 산동 반도 사이의 바다. →393-4. *祥光 : 상서로운 빛. 瑞光(서광). *畫櫳 : 단청한 난간. *朗月 : 밝은 달. *玉界 : 신선이 사는 境地(경지). 白玉京(백옥경). *仙風 : 신선 바람. 신선과 같은 기질이나 풍채. 仙風道骨(선풍도골). *瓊宮 : 옥같이 아름다운 궁전. *悠悠 : 썩 먼 모양. *往事 : 지나간 일. *憑 : 기대다. 證憑(증빙)하다. *漁歌 : 고기잡이의 노래. 뱃노래. *細雨 : 가랑비.

[鑑賞] 평북 안주의 백상루를 읊은 명작이다. 首聯(수련 1~2구)은 백상루의 배경과 遠景(원경)이니 '신이 만든 듯 아름다운 누각이 구름 위에 솟아 푸른 하늘을 누르며 서 있다' 했고 頷聯(함련 3~4구)은 '백상루는 묘향산의 정기가 어렸고 발해만 나

아가 옛 발해 나라의 상서로운 빛이 난간에 감돈다.' 하여 對句(대구)를 잘 지었다. 頸聯(경련 5~6구)은 轉換(전환)으로 '밝은 달과 신선 세계에서 불어오는 듯한 맑은 바람으로 여기가 바로 선경이다.' 하며 역시 대구가 잘 이루어졌다. 尾聯(미련 7~8구)은 마무리로 옛날 수와 당 나라 대군을 무찔렀던 일 누구에게 물을 길 없고 다만 뱃노래 한 가락만 들려올 뿐이라고 맺었다.

7言律詩(7언율시). 압운은 功, 空, 櫳, 宮, 中 자로 평성 '東(동)' 평운이다. 평측은 차례로 '平仄平平仄仄平, 平平平仄仄平平, 平平仄仄平平仄, 仄仄平平仄仄平, 仄仄仄平平仄仄, 平平平仄仄平平, 平平仄仄平平仄, 仄仄平平仄仄平'으로 이사부동이륙대와 반법, 점법 등이 잘 이루어졌고, 특히 함련과 경련의 각 두 구는 평측이 대조를 잘 지었다.

695. 金坵(김구 1211~1278) : 고려 고종, 충렬왕 때 학자, 재상. 자 次山(차산). 호 止浦(지포). 시호 文貞(문정). 본관 扶寧(부령). 어려서부터 시문에 뛰어나 고종 때 과거에 둘째로 급제했는데 知貢擧(지공거)인 金仁鏡(김인경)이 그 글로 장원이 못 된 것이 한이라 했다고 한다. 書狀官(서장관)으로 원 나라에 다녀와 '北征錄(북정록)'을 지었고, 吏部尙書(이부상서) 때 胡服, 胡禮(호복, 호례)를 하는 上將軍 康允紹(상장군 강윤소)를 꾸짖었으며, 참지정사와 中書侍郞平章事(중서시랑평장사) 및 參文學事判版圖司事(참문학사 판판도사사)를 역임했다. 문집에 '止浦集(지포집 3권)'이 있다.

695-1 落梨花(낙이화) 배꽃이 짐을 보며

飛舞翩翩去却回 倒吹還欲上枝開 無端一片粘絲網 時見蜘蛛捕蝶來.

(비무편편거각회 도취환욕상지개 무단일편점사망 시견지주포접래)

춤추듯 팔랑팔랑 날다가 되돌아와, 거꾸로 다시 가지에 올라 다시 피려 하는구나.
꽃잎 한 조각 무단히 거미줄에 걸리니, 마침 거미란 놈 나비인 줄 알고 묶으러 나오네.

[語句] *翩翩 : 가볍게 훨훨 나는 모양. *無端 : 아무 까닭 없이. *絲網 : 실 그물 곧 거미줄. 蜘蛛絲(지주사). 蜘蛛網(지주망). *蜘蛛 : 거미.

[鑑賞] 배꽃이 눈 날리듯 떨어지는 봄, 무료하여 지는 꽃잎을 바라보고 있노라니 바람따라 이리 저리 날리는 꽃잎 무질서하기도 하다. 어떤 놈은 가지 위로 불려 올라 다시 피려는 듯 하고, 어떤 놈은 거미줄에 걸리고 만다. 마침 기다리고 있던 거미란 놈이 그게 나비인 줄 아는지 옭아 묶으려고 기어나온다. 베꽃잎을 나비로 나타내거나, 나비인 줄 알고 달겨드는 거미 등이 시적인 착상이요 표현 기교이다.

7言絶句(7언절구). 압운은 回, 開, 來 자로 평성 '灰(회)' 평운이다. 평측은 차례로 '平仄平平

仄仄平, 仄平平仄仄平平, 平平仄仄平平仄, 平仄平平仄仄平'으로 二四不同二六對(이사부동이륙대)와 反法, 粘法(반법, 점법) 등이 잘 이루어졌다.

696. 金九容(김구용 1338~1384) : 고려 공민왕 때 학자. 자 敬之(경지). 초명 齊閔(제민). 호 惕若齋(척약재). 본관 安東(안동). 父 上洛君 昴(상락군 묘, 昴 앙이라는 자료도 있음). 공민왕 때 16세로 진사시에, 18세에 문과에 급제하여 成均直講(성균 직강)으로 후진들을 가르쳤고, 親明派(친명파)로 元(원)에서 사신이 온 것을 반대하다가 竹州(죽주)로 귀양갔다. 우왕 8년(1382) 大司成(대사성)과 判典校寺事(판전교시사)가 되었을 때 명 나라와의 국교가 난관에 부딪히자 行禮使(행례사)로서 명 나라에 들어가다가 遼東(요동)에서 붙잡혀 명 나라 서울 南京(남경)으로 압송되었다. 명 나라 임금의 명에 따라 大理(대리, 운남성 대리?)로 유배된 뒤 瀘州 永寧縣(여주 영녕현)에서 병사했다. 저서에 '惕若齋集(척약재집), 周官六翼(주관육익)' 등이 있다.

696-1 帆急(범급) 돛단배 빠르게 달리다

帆急山如走 舟行岸自移 異行頻問俗 住處强題詩
吳楚千年地 江湖五月時 莫嫌無一物 風月也相隨.
(범급산여주 주행안자이 이행빈문속 주처강제시
오초천년지 강호오월시 막혐무일물 풍월야상수)

돛단배 빠르니 산이 달아나는 듯, 배가 가니 강기슭 절로 옮기는구나.
지나는 고장 따라 그 풍습을 묻고, 배 대고 머무는 곳에서는 시 지을 수밖에.
오 나라 초 나라 강남 땅 천년 오래이고, 여기 자연은 5월이 가장 좋은 때라 하네.
가진 게 아무것도 없다고 싫어 말게나, 맑은 바람 밝은 달이 나를 따르고 있으니.

[語句] *異行 : 낯선 곳으로 감. *問俗 : 그 곳의 풍습을 물음. 入國而問俗 入門而問諱(낯선 곳에 가면 그 곳 풍습을 물어 어긋나지 않게 처신해야 하고, 남의 집안에 들어갈 때에는 그 집 선조의 이름을 알아 그 이름자를 함부로 말하지 않도록 조심해야 한다)<禮記 曲禮上> *題詩 : 제목을 붙여 시를 지음. *吳楚 : 중국의 옛 오와 초 나라. 모두 양자강 이남인 강남 땅에 있었음. *江湖 : 강과 호수. 자연.

[鑑賞] 아마도 중국에 가서 대리로 귀양 가며 지은 시일 것 같다. 양자강 넓은 강을 돛단배로 건너는데 배가 워낙 빨리 흘러가니, 주변의 산과 언덕이 달려가고 배는 그냥 있는 듯 느껴진다 한 바, 육지에서도 기차나 전차를 타 보면 맞은편 사물이 움직이는 것같이 느껴짐과 같은 이치이다. 頷聯(함련 3~4구)과 頸聯(경련 5~6구)은 작시의 규칙에 따라 對句(대구)가 잘 이루어졌다. 마무리인 尾聯(미련 7~8구)이 이 시

를 살린 것이니, 절로 얻어지는 맑은 바람과 밝은 달이 늘 나를 감싸고 있으매, 재물 같은 것이야 있고 없은들 관계할 것 없다는 문인다운 표현이다.

5言律詩(5언율시). 압운은 移, 詩, 時, 隨 자로 평성 '支(지)' 평운이다. 평측은 차례로 '仄仄平平仄, 平平仄仄平, 仄平平仄仄, 仄仄仄平平, 平仄平平仄, 平平仄仄平, 仄平平仄仄, 平仄仄平平'으로 이사부동과 반법, 점법 등이 잘 이루어졌다.

696-2. 野莊(야장) 들판의 농가

閉門終不接庸流 只許青山入我樓 樂便吟哦慵便睡 更無餘事到心頭.

(폐문종불접용류 지허청산입아루 낙편음아용편수 갱무여사도심두)

문 닫아 걸고는 용렬한 사람들과 끝내 대하지 않고,
다만 청산이 내 누각에 들어옴은 허락하네.
즐거우면 시를 읊조리고 게으르면 잠을 자나니, 나머지 일들이야 내 마음에 들어올 일 없다네.

[語句] *野莊 : 들에 있는 농가. '들에 세운 별장'으로 볼 수도 있음. *庸流 : 속되고 어리석은 사람들. 庸劣(용렬)한 부류. *吟哦 : 시나 노래를 소리 높여 읊음. 吟과 哦 모두 '읊조리다'임. *慵 : 게으르다. *心頭 : 마음. 마음의 실마리. 胸前(흉전).

[鑑賞] 隱士(은사)와 같은 생활을 함을 읊은 시이다. 벼슬길을 구하지 않고 세속과 떨어져 살되, 하급 관리로 일생을 보내는 隱者(은자)를 大隱(대은) 또는 吏隱(이은), 市中(시중)에 살며 조그만 장사로 일생을 보내는 은자를 中隱(중은) 또는 市隱(시은), 山野(산야)에서 조그만 농사나 지으며 사는 은자를 小隱(소은)이라 한다고 했으니, 이 시의 주인공은 소은인 셈이다. '세속 사람들은 대하지 않고 다만 저 푸른 산만 문에 들게 하며, 즐거우면 시를 읊고 게을러지면 낮잠을 자니 이 밖의 일이야 마음에 두지 않는다.' 하여 은자로서의 삶을 한가로이 누린다고 했다.

7언절구. 압운은 流, 樓, 頭 자로 평성 '尤(우)' 평운이다. 평측은 차례로 '仄平平仄仄平平, 仄仄平平仄仄平, 仄仄平平平仄仄, 仄平平仄仄平平'으로 이사부동이륙대와 반법, 점법 등이 모두 잘 이루어진 좋은 작품이다.

697. 金德齡(김덕령 1567~1596) : 임진왜란 때 義兵將(의병장). 자 景樹(경수). 시호 忠壯(충장). 본관 光州(광주). 父 鵬燮(붕섭). 어려서 글을 배워 자라면서 牛溪 成渾(우계 성혼 → 766)의 문하에서 수학했다. 선조 26년(1595) 潭陽(담양)에서 의병을 일으켜 全州(전주) 등 도처에서 적을 대파하고 공을 세우니 사람들이 石底將軍(석저장군)이라 했고, 임금이 忠勇將軍(충용장군, 虎翼將軍 호익장군이란 자료도 있음)이라 호를 내리기도 했다. 그 해에 李夢鶴

(이몽학)의 난이 일어나 적의 책략으로 적장과 통한다는 말이 나와 서울로 압송되어 고문에 지쳐 옥사하니 29세였다. 영조 때 그 억울함이 알려져 병조판서에 추증되고 시호가 내렸으며 광주 義烈祠(의열사)에 배향되었다.

697-1 作詩見志(작시견지) 시를 지어 뜻을 보이다

絃歌不是英雄事 劍舞要湏玉帳遊 他日洗兵歸去後 江湖漁釣更何求.

(현가불시영웅사 검무요수옥장유 타일세병귀거후 강호어조갱하구)

거문고 뜯고 가무를 즐기는 게 영웅의 일이 아니라, 옥장에서 칼춤을 즐기는 게 당당하리. 다음 날 적을 쳐 전쟁을 마치고 돌아가, 시골에서 낚시질이나 하지 다시 무얼 구하리오.

[語句] *絃歌 : 현악기를 타면서 노래를 부름. *劍舞 : 칼춤. *要湏 : 소중한 일. 필요. 湏要. 湏는 須(수-모름지기. 반드시)와 같음. *玉帳 : 장수가 거처하는 방의 장막 미칭. *洗兵 : 兵器(병기)를 씻어 거둠. 전쟁을 그침. 洗甲兵(세갑병).<杜甫 洗兵馬行> *漁釣 : 고기를 낚음.

[鑑賞] 장수의 기개가 번득이는 시이다. 양반들이 즐기는 풍류놀이가 영웅들이 하는 일은 아닐지니, 모름지기 옥장에서라도 칼춤 같은 것을 즐기며 무예를 닦아 전쟁이 났을 때 나라를 구하는 일이 영웅이 할 일이라 했다. 그래서 적을 무찌르고 나면은 무기를 거두고 시골 강이나 호숫가에 가서 낚시질이나 하며 자연을 즐기는 게 사나이다운 일이 될 것이라 했다.

7言絶句(7언절구). 압운은 遊, 求 자로 평성 '尤(우)' 평운이다. 평측은 차례로 '平平仄仄平平仄, 仄仄平平仄仄平, 平仄仄平平仄仄, 平平平仄仄平平'으로 二四不同二六對(이사부동이륙대)와 反法, 粘法(반법, 점법) 등이 잘 이루어졌다.

698. 金得臣(김득신 ?) : 조선 현종 때 시인, 문관. 자 子公(자공). 호 栢谷, 龜谷山人(백곡, 구곡산인). 본관 安東(안동). 조부 晉州牧使 時敏(진주목사 시민). 父 副提學 緻(부제학 치). 현종 3년(1662) 參奉(참봉)으로서 문과 급제하여 嘉善(가선)에 오르고 安豊君(안풍군)에 襲封(습봉)되었다. 사람됨이 좀 둔하여 남이 한두 번 읽어서 알 것을 열 번을 읽어야 알았기로, '伯夷傳(백이전)'을 1억 1만 3천 번을 읽어 서재 이름을 億萬齋(억만재)라 했다고 한다. 사람됨이 이러하므로 남달리 經史(경사)와 諸子百家書(제자백가서)에 밝았고 시와 문장에도 능했다.

698-1 偶題(우제) 우연히 시를 짓다

寒齋閑寂掩柴扉 鄕夢時時着釣磯 殊俗語音隨地改 故人書信出關稀
江城宿霧朝初捲 官樹捿禽暮各歸 客裡愁懷何以遣 壚頭直欲典貂衣.

(한재한적엄시비 향몽시시착조기 수속어음수지개 고인서신출관희
강성숙무조초권 관수서금모각귀 객리수회하이견 노두직욕전초의)

쓸쓸한 집에서 한적하게 사립문을 닫고, 고향 꿈은 시시로 낚시터에 가 있네.
풍속이나 말씨는 곳에 따라 달라지는데, 고향 친구들 편지 받아보기 어렵구나.
성 안에 끼었던 안개 아침 되어 걷히고, 관청 앞 나무에 모였던 새들 해 저무니 돌아가네.
나그네 된 시름 붙일 데 없어, 가죽옷 잡히고 술집에 가 술이나 마시고 싶구나.

[語句] *偶題 : 우연히 이루어진 시. 偶詠(우영, 우연히 읊음). →106-1. *閑寂 : 한가롭고도 고요함. *柴扉 : 사립문. *釣磯 : 낚시질하는 자리. *殊俗 : 색다른 풍속. 특이한 풍속. *語音 : 말의 음조. 말씨. *出關 : 빗장을 열고 나옴. 관문을 나옴. 出關稀는 '밖으로 나오는 게 드묾 곧 받아보기 드묾'임. *官樹 : 관청의 나무. *壚頭 : 술을 데우는 화로 옆. 술집. *貂衣 : 담비의 가죽으로 만든 옷. 獤皮衣(돈피의).

[鑑賞] 官職(관직)과 관련된 공적인 일로 하여 外地(외지)에서 고향을 그리며 우연하게 지은 시인 듯하다. '낯선 곳의 客館(객관)이라 찾아오는 사람도 없어 사립문을 닫고 한적하게 있노라니 고향의 낚시터가 떠오른다. 옮기는 곳마다 말씨가 다르고 아는 이들의 편지도 받아보기 드물다. 밤새 끼었던 안개가 아침에 걷히고 가까운 관청 앞의 나무에서 지저귀던 새들도 저녁에는 보금자리를 찾아 돌아가는데, 나는 아직도 고향에 가지 못하는 신세이다. 나그네로서의 시름을 견디기 어려워 옷 잡히고 주막에 가 술이나 사 마시고 싶어진다.' 했다.

7言律詩(7언율시). 압운은 扉, 磯, 稀, 歸, 衣 자로 평성 '微(미)' 평운이다. 평측은 차례로 '平平仄仄平平平, 平仄平平仄仄平, 平仄仄平平仄仄, 仄平平仄仄平平, 平平仄仄平平仄, 平仄平平仄仄平, 仄仄平平平仄仄, 平平仄仄仄平平'으로 이사부동이륙대와 반법, 점법 등이 잘 이루어졌고 평측 배치도 좋게 되었다.

698-2 湖行(호행) 호서 땅을 지나가며

湖西踏盡向秦關 長路行行暫不閒 驢背睡餘開眼見 暮雲殘雪是何山.

(호서답진향진관 장로행행잠불한 여배수여개안견 모운잔설시하산)

호서 지방을 두루 보고 서울로 향하노라니, 먼 길을 가고 가노라 잠시도 한가롭지 않구나.
나귀 타고 가며 깜박 졸다 눈을 떠 보니, 저녁 구름 끼고 잔설 쌓인 저 산이 무슨 산인고.

[語句] *湖行 : '湖西行(호서행)'의 뜻으로 쓴 듯함. 湖西는 '충청남북도'임. *秦關 : 진의 관문. '서울'의 뜻으로 轉用(전용)해 씀. *驢 : 나귀. *暮雲 : 저녁때의 구름. *殘雪 : 봄이 되어도 남아 있는 눈. 녹다 남은 눈.

[鑑賞] 충청도 지방을 유람하고는 나귀를 타고 서울로 돌아오는데, 오랜 여행에 나귀 등에서 깜박 졸다가 깨어보니 날 저무는 속에 구름 끼고 아직 눈이 남아 있는 산이 보여 저것이 무슨 산인가 했다. 짧은 시 속에 산수간에 잠긴 사람의 한가하고 여유있는 삶을 그렸다.

7언절구. 압운은 關, 閒, 山 자로 평성 '刪(산)' 평운이다. 평측은 차례로 '平平仄仄仄平平, 平仄平平仄仄平, 平仄仄平平仄仄, 仄平平仄仄平平'으로 이사부동이륙대와 반법, 점법 등이 잘 이루어진 좋은 작품이다.

699. 金萬重(김만중 1637~1692) : 조선 숙종 때 문학자, 문신. 자 重叔(중숙). 호 西浦(서포). 시호 文孝(문효). 본관 光山(광산, 光州광주). 증조부 沙溪 長生(사계 장생 →710). 父 生員 益兼(생원 익겸). 형 光城府院君 萬基(광성부원군 만기). 현종 때 진사에 급제하고 이어 문과 급제하여 大提學(대제학)을 거쳐 이조판서를 역임했다. 35세 때 三南(삼남) 지방의 암행어사가 되었고, 세 차례의 定配(정배)를 당했으니 현종 14년(1673) 金城(금성), 숙종 13년(1687) 宣川(선천), 숙종 15년 南海(남해)의 고도에 귀양을 갔던 것이다. 효성이 지극한 그는 유복자로 태어나 모친 尹(윤) 부인에게 효도를 다했으니, 갖가지 책을 구하여 곁에서 읽어 드렸고 살림을 난 뒤에도 매일 아침 반드시 문안을 다녔다. 나라 일에도 힘을 다했으며 남해의 謫所(적소)에서 어머니를 위로하려고 하룻밤 사이에 지은 소설이 '九雲夢(구운몽)'이며 후에 지은 '謝氏南征記(사씨남정기)'와 함께 한글 소설의 嚆矢(효시)가 되었고 문필집으로 '西浦漫筆(서포만필)'이 있다.

699-1 春興 二首 第2首(춘흥 이수 제2수) 봄 흥치 두 수 둘째 수

山上繁花一萬枝 風搖兩打滿天飛 聲聲蜀魄少意思 喚送春歸人未歸.
(산상번화일만지 풍요양타만천비 성성촉백소희사 환송춘귀인미귀)

산 위의 번성한 꽃 만 가지인데, 바람 두어 번 치자 온 하늘에 꽃잎 날리네.
소쩍새 애타게 우는 울음 한탄하는 생각이 적은 것인가,
환기 새처럼 봄을 불러 가 버리는데 나는 고향 못 가는구나.

[語句] *春興 : 봄의 興致(흥치, 흥미와 운치). *蜀魄 : 두견이. 소쩍새. 촉 나라 望帝(망제)의 넋이 화하여 새가 되었다는 전설에서 온 말임. *意思(희사) : 한탄하는 생각. 意는 희로 읽어 '한숨 쉬다'의 뜻이며 평성임. *喚 : 부르다. '喚起(환기)'라는

새 이름. 喚起牕前曙 催歸日未西(환기 새는 창앞에서 새벽을 부르고, 최귀 새는 서쪽으로 기울지 않은 해를 독촉해 가라 하네)<韓愈>

[鑑賞] 지은이가 금성에 귀양가 있으면서 봄에 지은 시. '온 산이 꽃으로 덮였는데 꽃질 때가 되자 바람에 꽃잎 날려 온 하늘에 가득 찬다. 이 무렵 망제의 넋이 화한 소쩍새는 피나게 울어 봄이 가는 것에 대해 한탄하는 뜻이 담기지 않았는지, 그 울음이 바로 봄을 몰고 가 버린다. 나는 언제나 고향으로 돌아가 어머니를 뵈올 것인가.' 했는데, 소쩍새가 울면 봄은 가버린다고 안타까워하며 모친을 향한 그리움을 담았다.

7언절구. 압운은 枝, 飛, 歸 자로 枝는 평성 '支(지)' 운, 飛와 歸도 평성 '微(미)' 평운으로 두 운은 通韻(통운)이 된다. 둘째 구의 思도 '생각하다'의 뜻이면 '支' 운이다. 평측은 차례로 '平仄平平仄仄平, 平平仄仄仄平平, 平平仄仄仄平仄, 仄仄平平平仄平'으로 이사부동이륙대와 반법, 점법 등이 모두 이루어졌는데, 둘째 구 '意思'의 운을 잘 살펴야 한다.

700. 金方慶(김방경 1212~1300) : 고려 후기의 명장. 자 本然(본연). 시호 忠烈(충렬). 본관 安東(안동). 父 翰林學士 孝印(한림학사 효인). 고종, 원종, 충렬왕의 三朝(삼조)를 섬겼으며 장수와 정승을 겸하고 나라의 安危(안위)를 한 몸에 맡은 거물이었다. 고종 때 과거 급제하여 여러 벼슬을 거쳐 西北面兵馬判官(서북면병마판관)일 때 몽고병의 침입을 葦島(위도)에서 막았고, 知御史臺事(지어사대사)로 승진하여 원종 4년(1263) 珍島(진도)에 침입한 왜구를 물리쳤다. 上將軍(상장군) 때 참소를 만나 南京留守(남경유수)로 좌천되었다가 곧 돌아와 서북면병마사, 刑部尚書(형부상서), 樞密院副使(추밀원부사)를 역임했다. 이후로 왕실 내의 분란, 삼별초의 난 등을 잘 다스려 侍中(시중)에 올랐다. 충렬왕 때 원 나라가 合浦(합포, 마산)에 征東行省(정동행성)을 두고 일본을 정벌하고자 하매 고려군을 거느리고 中軍將(중군장)으로 참여 출정, 대마도를 치고 일본 본토로 향하는 중 풍랑으로 실패하고, 충렬왕 7년(1281)에 2차 정벌에 나섰으나 실패하고 돌아왔다. 고려인으로 몽고에 귀화한 장수 洪茶丘(홍다구)의 무고로 대청도로 귀양갔으나, 원 나라 임금이 그의 무고함을 알기로 풀어주고 推忠靖亂定遠功臣(추충정란정원공신)에 三重大匡僉議中贊 判典理司事世子事(삼중대광첨의중찬 판전리사사세자사), 僉議令(첨의령)을 더하고 上洛君開國公(상락군 개국공)에 봉했다.

700-1 題福州暎湖樓(제복주영호루) 복주 영호루에서 짓다

山水無非舊眼青 樓臺亦是少年情 可憐故國遺風在 收拾絃歌慰我行.

(산수무비구안청 누대역시소년정 가련고국유풍재 수습현가위아행)

산수는 예와 다르지 않아 친근하고, 영호루 또한 어린 시절 그대로 정겹구나.

기특도 해라, 고향의 옛 풍습 그대로 남아, 풍악 거두어 모아 나를 위로해 주네.

[語句] *福州 : 경상북도 安東(안동)의 옛 이름. *暎湖樓 : 안동에 있는 누각. → 170-1. *眼靑 : 눈이 푸름. 좋거나 정다운 눈길. 靑眼(청안). *可憐 : 맵시가 아름다움. 사랑스러움. *故國 : 옛 고향 지방. *遺風 : 웃대에서 전해 내려온 풍습. *收拾 : ①흩어진 것들을 주워 모음. ②마음을 가라앉히어 바로잡음. *絃歌 : 거문고 같은 현악기와 노랫가락. 風樂(풍악).

[鑑賞] 原註(원주)에 '辛巳年(신사년)에 동으로 일본을 치다가 군사를 돌이킬 때 복주에 이르다.'라 있는데, 신사년은 충렬왕 7년(1281)으로 國史(국사)에 보면 이 해 5월 원의 장수 忻都(흔도)와 홍다구 및 고려의 장수 김방경 등이 일본을 쳤다 했고 이 東征軍(동정군)이 8월에 패하여 합포로 돌아왔다고 했다. 그리고 '東文選(동문선)'에는 이 시의 제목을 '福州'라 했으나 다른 자료에 위와 같은 제목을 달았기로 시 내용을 감안하여 이에 따랐다. 지은이의 고향이 안동이어서 소년 시절에 영호루에 자주 갔음이 시 속에 나타나 있다.

7言絕句(7언절구). 압운은 靑, 情, 行 자로 靑은 평성 '靑' 운, 뒤의 두 자도 평성 '庚(경)' 평운으로 두 운은 通韻(통운)이 된다. 평측은 차례로 '平仄平平仄仄平, 平平仄仄仄平平, 仄平仄仄平平仄, 平仄平平仄仄平'으로 二四不同二六對(이사부동이륙대)와 反法, 粘法(반법, 점법) 등이 잘 이루어지고 평측 배치도 좋은 佳作(가작)이다.

701. 金尙憲(김상헌 1570~1652) : 조선 중기의 학자, 문신. 자 叔度(숙도). 호 淸陰, 石室山人(청음, 석실산인). 시호 文正(문정). 본관 安東(안동). 父 都正 克孝(도정 극효). 月汀 尹根壽(월정 윤근수)의 제자로 선조 29년(1596) 문과 급제하여 修撰, 校理(수찬, 교리)로 있을 때 鄭仁弘(정인홍 →414)과 알력이 있어 高山察訪(고산찰방)으로 좌천되었고, 重試(중시)에 뽑혔으며 인조 때 大司諫, 大司憲, 大提學, 禮曹判書(대사간, 대사헌, 대제학, 예조판서) 등을 역임하고, 효종 초에 左議政(좌의정)이 되었다. 이에 앞서 인조 14년(1636) 병자호란 때 판서로서 備邊司堂上(비변사 당상)을 겸했는데, 청과의 화의를 극력 반대하여 崔鳴吉(최명길 →535)이 기초한 國書(국서)를 찢으며 통곡했다. 화의가 성립되자 안동에 은거했으나, 청 나라의 강경한 요구로 瀋陽(심양)에 잡혀가 심문을 받았지만 시종 굽히지 않아 3년간 갇혔는데 청 나라 사람들도 그의 충절에 감동하여 돌려보냈다. 명필로도 이름이 높았고 저서에 '野人談錄, 豊岳問答, 南漢紀略, 讀禮隨抄, 淸陰集(야인담록, 풍악문답, 남한기략, 독례수초, 청음집)' 등이 있다.

701-1 送秋日感懷(송추일감회) 가을을 보내는 감회

忽忽殊方斷送秋 一年光景水爭流 連天敗草西風急 冪磧寒雲落日愁
蘇武幾時終返國 仲宣何處可登樓 騷人烈士無窮恨 地下傷心亦白頭.

(홀홀수방단송추 일년광경수쟁류 연천패초서풍급 멱적한운낙일수
소무기시종반국 중선하처가등루 소인열사무궁한 지하상심역백두)

이역 땅의 가을 홀홀히 가버리니, 한 해의 정경이 물살같이 흘러가버리구나.
하늘에 닿듯 펼쳐진 시든 풀밭에 바람 거세고, 천막집 하늘의 찬 구름에 해가 지니 시름겹네.
소무는 어느 때나 마침내 고국으로 돌아가며, 왕찬은 어디에서 고향 그리며 누각을 오르리.
시인과 열사들 그 원한 무궁해, 저승에 가서도 마음 상해 머리 허옇게 세리라.

[語句] *忽忽 : ①일을 돌보지 않는 모양. ②세월의 흐름이 빠른 모양. 여기서는 ②임. *殊方 : 다른 지방. 다른 나라. 殊邦(수방). *斷送 : 버림. 잃음. *光景 : 형편과 모양. 情景(정경). *敗草 : 시든 풀. *冪磧 : 천막집. '몽고인들의 주거 양식'임. 冪은 '장막. 덮개', 磧은 '돌무더기'임. *蘇武 : 중국 한 무제 때의 충신. 흉노에 19년 동안 억류되어 있었음. →234-23. *仲宣 : 후한말에서 삼국시대에 활약한 魏(위) 나라 시인 王粲(왕찬 177~217)의 자. 西京(서경)이 어지러워지자 劉表(유표)에게 몸을 의탁해 있으면서, 고향을 그리워하는 '登樓賦(등루부)'를 지으니 그 중에 "信美非吾土(강산이 실로 아름다우나 내 고향은 아니로세)"가 명구라 함. →372-2. *騷人 : 시인. *烈士 : 절개가 굳은 사람. *地下 : 땅 밑. 저승. *白頭 : 허옇게 센 머리. 白首(백수).

[鑑賞] 병자호란의 국치를 당하고 만주의 심양 감옥에서 지은 시. 낯선 땅 더구나 오랑캐라고 멸시하던 청 나라 감옥에서 가을을 보내게 되니 그 얼마나 마음 쓰렸으랴. 頷聯(함련 3~4구)과 頸聯(경련 5~6구)은 虛實(허실)이 잘 배치된 對句(대구)로 이어졌으며, 당시 심양에 붙잡혀 와 있던 우리나라 신하나 선비들을 흉노에 잡혀 있던 소무와 고향을 그리워하며 '등루부'를 지었던 왕찬에 비기었다. 마무리로 이들은 죽어 저승에 가더라도 머리가 셀 만큼 그 원한과 애국의 정은 사그라들지 않을 것이라 맹세했다. 청의 문학가 王士禎(왕사정)은 지은이를 가리켜 '조선에서 시를 아는 사람'이라 했다고 하며, 지은이가 최명길에게 준 시와 최명길이 지은이에게 화답한 시들을 엮은 '雪窖集(설교집)'이 있다. →482.

7言律詩(7언율시). 압운은 秋, 流, 愁, 樓, 頭 자로 평성 '尤(우)' 평운이다. 평측은 차례로 '仄仄平平仄仄平, 仄平平仄仄平平, 平平仄仄平平仄, 仄仄平平仄仄平, 平仄仄平平仄仄, 仄平平仄仄平平, 平平仄仄平平仄, 仄仄平平仄仄平'으로 이사부동이륙대와 반법, 점법 등이 모두 이

루어지고 평측 배치도 잘 되어 7律의 典型(전형)이 되며, 내용면과 함께 名作(명작)이다.

702. 金聖鐸(김성탁 ?) : 조선 숙종 때 문관. 호 霽山(제산). 문과 급제하여 弘文館校理(홍문관 교리)를 역임했으며, 그 때 미움을 받아 千里邊境(천리 변경)으로 유배되었다.

702-1 望鄕(망향) 고향을 그리워하다

故國思歸未得歸 空林杜宇與相依 人間萬事有飜覆 天末一身多是非
歲月悠悠老病集 江湖杳杳情親稀 羞從澤畔答漁夫 但坐風簷看翠微.

(고국사귀미득귀 공림두우여상의 인간만사유번복 천말일신다시비
세월유유노병집 강호묘묘정친희 수종택반답어부 단좌풍첨간취미)

고향으로 돌아갈 생각 간절하나 갈 수 없어, 앙상한 숲의 소쩍새와 서로 의지하는 신세일세.
인간 만사는 번복이 심하여, 하늘 끝에 와 있는 이 몸 옳으니 그르니 시비가 많구나.
유유히 가는 세월에 늙음과 병은 모여들고, 시골 고향은 멀고 멀어 친밀한 분 만나기 어렵네.
굴원처럼 못 가로 다니며 어부의 물음에 답하는 게 부끄러워,
다만 바람 부는 처마에 앉아 산들의 푸르름만 멀거니 볼 뿐일세.

[語句] *空林 : 나뭇잎이 모두 떨어진 숲. *杜宇 : 소쩍새. *相依 : 서로 의지함. *飜覆 : 이리저리 뒤쳐서 고침. 뒤엎음. *悠悠 : 느릿느릿한 모양. *杳杳 : 아득한 모양. *情親 : 매우 정답게 친함. 정분이 썩 가까움. *澤畔 : 못의 가. 중국 전국 시대 말기 楚(초)의 대시인인 屈原(굴원 B.C 343~277?)의 '漁夫辭(어부사)'에 "行吟澤畔(못 가를 거닐며 시를 읊다)"라 있어 이 부분은 굴원의 그 작품을 연상한 구임. *簷 : 처마. 기슭. *翠微 : 산의 푸른빛. 푸른 산.

[鑑賞] 귀양살이하는 낯선 고장에서 망향의 정을 읊은 시. '가고 싶은 고향에 갈 수가 없어 소쩍새 울음을 벗삼아 외롭게 지낸다'고 시상을 일으켰고, 인간 세상의 심한 번복과 자기에 대한 심한 시비를 對句(대구)로 읊었다. 다음 연은 세월의 흐름과 아득한 고향을 대비하며 망향의 정을 역시 대구로 그렸고, 마무리로 굴원의 '어부사'에 나오는 어부와의 문답을 연상하여 사람들이 왜 이렇게 귀양을 오게 되었는가 하는 물음에 대답하기 부끄러워 나다니지도 못한다고 하소연했다.

7言律詩(7언율시). 압운은 歸, 依, 非, 稀, 微 자로 평성 '微' 평운이다. 평측은 차례로 '仄仄平平仄仄平, 平平仄仄仄平平, 平平仄仄仄平仄, 平仄仄平平仄平, 仄仄平平仄仄仄, 平平仄仄平平平, 平平仄仄仄平平, 仄仄平平仄仄平'으로 二四不同二六對(이사부동이륙대)와 反法, 粘法(반법, 점법) 등은 잘 이루어졌으나 7언율시의 定式(정식)에 어긋난 구가 많다. 즉 제3구는 孤

平(고평), 제4구는 孤仄(고측)이 되었는데 두 구의 평측 대비가 잘 되기는 했다. 제5구는 仄三連(측삼련), 제6구는 平三連(평삼련)으로 역시 평측 대비는 좋으며, 제7구의 끝 夫 자는 평성인데 이 자리에는 측성이 와야 한다.

703. 金壽增(김수증 1624~1701) : 조선 숙종 때 문신. 자 延之(연지). 호 谷雲(곡운). 본관 安東(안동). 조부 尙憲(상헌 →701). 형 領議政 壽興(영의정 수흥). 성품이 조용하고 독서를 즐겼으며 생원시에 급제하여 翊衛司洗馬(익위사 세마)를 비롯, 6曹(조) 여러 곳의 正郎(정랑)과 司正(사정)을 거쳐 成川府使(성천부사)로 있다가 숙종 1년(1675) 동생 壽恒(수항 →37)이 尤庵 宋時烈(우암 송시열 →122)과 함께 유배됨을 보고는 春川(춘천)의 곡운에 들어가 숨어 살았는데, 수항은 처형되고 형인 수흥도 귀양가서 사망했다. 숙종 20년(1694) 12년만에 다시 불리워 漢城左尹, 工曹參判(한성좌윤, 공조참판) 등에 임명되었으나 모두 사퇴하고, 서울을 떠나 산중 깊숙이 들어가 梅月堂 金時習(매월당 김시습 →38), 우암 송시열 등의 초상을 모시어 그 사당을 '有知(유지)'라 부르고 세상을 개탄하면서 은거했다. 전서와 예서에 능했고 문장으로도 이름이 높았으며 시문집으로 '谷雲集(곡운집 6권)'이 전한다.

703-1 華陰書事(화음서사) 화음 땅에서 짓다

林廬日亭午 綠陰淸且美 不恨無跫音 禽語亦可喜
流鶯最多情 款款鳴不已 絕勝俗人來 謾說塵世事.

(임려일정오 녹음청차미 불한무공음 금어역가희
유앵최다정 관관명불이 절승속인래 만설진세사)

숲 속의 산마을 한나절이 되니, 우거진 그늘 맑고도 곱구나.
찾아오는 발자국 소리 없어도 한이 안 되고, 우짖는 새 소리 또한 좋구나.
늦봄의 꾀꼬리 울음소리 가장 다정스러워, 즐거이 울기를 그치지 않네.
뛰어난 경치 찾아든 속세 사람들, 부질없이 속세의 일만 지껄이는구나.

[語句] *華陰 : ①중국 섬서성 華山(화산) 북쪽의 지명. 지금의 華陽市(화양시)와 潼關縣(동관현) 부근 임. ②우리나라 서울 북쪽의 三角山(삼각산) 북쪽 지방. 삼각산의 별칭이 華山이라 그 북쪽이란 뜻인데, 산의 남쪽 기슭을 陽, 북쪽 기슭을 陰으로 보기에 하는 말임. 여기서는 ②임. *林廬 : 숲 속의 마을이나 초가집. *亭午 : 낮 12시. 한낮. 正午(정오). *跫音 : 사람의 발자국 소리. '손님이 찾아오는 일'임. *禽語 : 새 우는 소리. 鳥聲(조성). *流鶯 : 늦은 봄의 꾀꼬리 울음소리. *款款 : ①정답고 친절한 모양. ②혼자 즐기는 모양. *絕勝 : 경치가 아주 뛰어나게 좋

음. *謾說 : 멋대로 지껄이는 말. 거짓말. *塵世 : 티끌세상. 이 세상. 俗世(속세).

[鑑賞] 형제와 우암 선생 들이 당쟁으로 유배되어 사망하는 사태를 보고 숙종 20년에 임금이 내려 주는 벼슬을 버리고 서울 삼각산 너머 먼 산중 깊이 은거할 때 지은 시이리라. 숲이 지어 주는 그늘, 산새 우는 소리 특히 꾀꼬리 우는 소리가 벗이 되어 정답다고 했다. 찾아오는 사람도 없지만 어쩌다가 경치 뛰어난 이 곳을 찾아온 사람은 부질없이 속세에서 보거나 들은 이야기들만 늘어놓으니, 한 귀로 듣고 한 귀로 내보내 버린다는 뜻을 담아 은거를 기리었다.

5言古詩(5언고시). 압운은 美, 喜, 已, 事 자로 앞의 석 자는 상성 '紙(지)' 측운, 事는 거성 '寘(치)' 측운으로 두 운은 通韻(통운)이 되지 않아 韻紐(운뉴 →287-17)라 하겠다. 평측은 차례로 '平平仄平仄, 仄平平仄仄, 仄仄平平平, 平仄仄仄仄, 平平仄平平, 仄仄平仄仄, 仄仄仄平平, 仄仄平仄仄'으로 이사부동에 맞는 곳은 제 2, 3, 7구의 셋이며 반법과 점법도 이루어지지 않았다.

704. 金湜(김식 1482~1520) : 조선 중종 때 학자, 賢臣(현신). 자 老泉(노천). 호 沙西, 淨友堂(사서, 정우당). 시호 文毅(문의). 본관 淸風(청풍). 父 生員 叔弼(생원 숙필). 어려서 부친을 여의고 힘써 면학하여 문과에 장원하고 성리학에 밝았다. 벼슬이 副提學, 大司成(부제학, 대사성)에 이르렀고 趙光祖(조광조 →440), 金安國(김안국→705), 奇遵(기준) 등과 道學少壯派(도학 소장파)를 이루어 제도 개혁을 촉진하고 중종반정 때 함부로 공신이 된 훈구파 76명에 대한 勳籍(훈적)을 삭제하고 토지와 奴婢(노비)를 빼앗는 등 과격한 개혁을 시도했다. 이윽고 중종 14년(1519) 南袞(남곤), 沈貞(심정) 등이 일으킨 기묘사화 때 善山(선산)에 유배되어 居昌(거창) 산중으로 피해 가서 목매어 자결했으니, 세상에서 己卯 8賢(기묘 8현)의 한 분으로 추앙했다.

704-1 居昌山中(거창산중) 거창 산 속에서

日暮天含墨 山空寺入雲 君臣千載義 何處有孤墳.

(일모천함묵 산공사입운 군신천재의 하처유고분)

날 저물어 하늘은 먹장같이 검고, 구름 속에 든 절간 쓸쓸하구나.

임금과 신하 사이는 천년 영원한 의리라, 어느 곳에 외로운 무덤 있다 하리오.

[語句] *居昌 : 경상남도 서북단에 위치한 거창군. 健溪亭(건계정), 搜勝臺(수승대) 등 명승고적이 있음. *墨 : 먹. 어둡다. *千載 : 천년. 긴 세월. 千歲(천세). *孤墳 : 외로운 무덤.

[鑑賞] 기묘사화에 선산으로 귀양갔을 때 거창으로 피해 가서 지은 시. '해가 지니 하늘은 시커멓고 적막한 절간은 구름 속에 싸여 있다. 임금과 신하 사이는 뗄 수

없는 운명적인 관계라 그 의리는 영원하니, 어느 곳에 묻힌들 외롭지는 않으리라' 했는데, 기묘사화를 일으킨 남곤과 심정 등을 탄핵하는 上疏文(상소문) 草稿(초고)가 그의 옷소매 속에 있었다고 한다.

5言絕句(5언절구). 압운은 雲, 墳 자로 평성 '文(문)' 평운이다. 평측은 차례로 '仄仄平平仄, 平平仄仄平, 平平平仄仄, 平仄仄平平'으로 二四不同(이사부동)과 反法, 粘法(반법, 점법) 등이 잘 이루어졌다.

705. 金安國(김안국 1478~1543) : 조선 성종, 중종 때 명신. 자 國卿(국경). 호 慕齋(모재). 시호 文敬(문경). 본관 義城(의성). 父 參奉 連(참봉 연). 趙光祖(조광조 →440), 奇遵(기준) 등과 함께 金宏弼(김굉필 →25)의 제자로 도학에 통달하여 至治主義(지치주의) 유학파를 형성했다. 진사에 장원하고 연산군 9년(1503) 문과에 급제하여 弘文館博士(홍문관 박사), 副修撰(부수찬) 등을 거쳐 중종반정 초에 副校理(부교리)로서 重試(중시)에 올라 예조참의를 역임하고, 경상도 감사가 되어 각 고을의 향교에 '小學(소학)'을 나누어 주어 가르치게 했으며, 농사와 蠶業(잠업)에 관한 책도 가르치게 하여 교화 사업에 힘썼다. 중종 14년(1519) 參贊(참찬)이 되었으나 이 해에 기묘사화가 일어나 조광조 일파로 몰려 죽음을 면하고 관직에서 쫓겨나 경기도 利川(이천)으로 내려가 후진을 가르치며 한가히 지냈다. 중종 27년(1532) 조정의 부름을 받아 左贊成(좌찬성)으로 대제학, 병조와 예조판서, 世子貳師(세자이사)를 겸했다. 己卯名賢(기묘명현)으로 성리학에 깊어 많은 저서를 남겼고 儒學(유학) 진흥에 공이 컸으며, 저서에 '二倫行實圖, 呂氏鄕約, 正俗諺解, 童蒙先習, 農蠶書, 慕齋集(이륜행실도, 여씨향약, 정속언해, 동몽선습, 농잠서, 모재집) 등이 있다.

705-1 七夕(칠석) 칠석

鵲散烏飛事已休 一宵歡會一年愁 淚傾銀漢秋波潤 腸斷瓊樓夜色幽
錦帳有心邀素月 翠簾無意上金鉤 只應萬劫空成怨 南北迢迢不自由.

(작산오비사이휴 일소환회일년수 누경은한추파윤 장단경루야색유
금장유심요소월 취렴무의상금구 지응만겁공성원 남북초초부자유)

까치 흩어지고 까마귀 날아가니 만나는 일 끝나, 하룻밤 기쁜 만남이 한 해의 수심이 되리.
견우직녀 흘린 눈물로 가을 은하수 불었고, 애끊는 구슬 누각에는 밤경치 그윽하네.
비단 장막 뜻이 있어 밝은 달을 맞이하고, 푸른 발은 무심하게 금갈구리에 걸려 걷혔구나.
천만년 지난들 부질없는 원한만 이루나니, 남녘과 북녘 멀고멀어 맘대로 오가지 못하네.

[語句] *七夕 : 명절의 하나. 음력 7월 7일의 밤. 이날 밤에 牽牛星(견우성)과 織女星(직녀성)이 까마귀와 까치 들이 銀河水(은하수)에 놓는 다리 곧 烏鵲橋(오작교)를 건

너 서로 만난다고 함. *宵 : 밤. *銀漢 : 은하. 은하수. *秋波 : ①가을철의 잔잔하고 맑은 물결. '가을 은하수'를 가리킴. ②은근한 정을 나타내어 보이는 눈짓. 여기서는 이 두 가지를 모두 나타내는 重義法(중의법)의 기교라 볼 수 있음. *潤 : 윤택하다. 붇다. 젖다. *瓊樓 : 구슬로 장식한 누각. 宮殿(궁전). 하늘나라 '견우와 직녀가 만나는 궁전'을 상상해 쓴 말임. *錦帳 : 비단 휘장이나 장막. *邀 : 맞이하다. 초대하다. *素月 : 밝고 흰 달. 白月(백월). *翠簾 : 푸른 발. 푸른 대오리로 엮어 만든 발. *金鉤 : 발을 걷어 거는, 금빛 나는 갈구리. *只應 : 다만 ~에 따름. *萬劫 : <佛>영원한 시간. 한없이 긴 시간. *迢迢 : 멀고 아득한 모양. 迢迢牽牛星 皎皎河漢女(멀고 아득한 견우성이요, 맑고 밝은 직녀성이로다)<중국 古詩고시> *不自由 : 마음대로 안됨.

[鑑賞] 칠석날 견우와 직녀의 만남을 소재로 읊은 시. 칠석 무렵이면 까마귀와 까치의 머리 위 깃털이 부수수 일어나 있는 모양을 볼 수 있어, 물론 자연 현상이겠지만 그 날짐승들이 오작교를 만드느라고 그런 모양을 보인다고 믿을 만한 것이니 정말 신기하기는 하다. 견우와 직녀가 하룻밤만 만나고 헤어져 또 1년간 그리움에 애태워야 하는 안타까움을 절실하게 그렸다. 頷聯(함련 3~4구)과 頸聯(경련, 腹聯복련 5~6구)의 對句(대구)가 절묘하다.

7言律詩(7언율시). 압운은 休, 愁, 幽, 鉤, 由 자로 평성 '尤(우)' 평운이다. 평측은 차례로 '仄仄平平仄仄平, 仄平平仄仄平平, 仄平平仄平平仄, 平仄平平仄仄平, 仄仄仄平平仄仄, 仄平平仄仄平平, 仄平仄仄平平仄, 平仄平平仄仄平'으로 二四不同二六對(이사부동이륙대)와 반법, 점법 등이 잘 이루어져 내용면과 함께 명작이라 할 만하다.

706. 金瑬(김유 1571~1648) : 조선 중기의 문신. 자 冠玉(관옥). 호 北渚(북저). 시호 文忠(문충). 본관 順天(순천). 父 牧使 汝岉(목사 여물). 부친이 임진왜란 때 충주에서 순직하여 殉節者(순절자)의 아들로 參奉(참봉)이 되고 선조 29년(1596) 문과에 둘째로 급제하여 이듬해 정유재란에 復讐使(복수사)로 충청도 지방으로 내려갔으며, 광해군 때 校理, 江界府使(교리, 강계부사)를 지내고 嘉善(가선)에 올랐다. 광해군 8년(1616) 冬至使(동지사)로 명 나라에 다녀온 이듬해 廢母(폐모)의 논의에 참여치 않아 탄핵을 받아 고향으로 물러났다. 인조반정에 1등공신으로 靖社功臣(정사공신), 昇平府院君(승평부원군)에 피봉되어 병조와 이조 판서에 대제학을 겸했고, 그 이듬해 李适(이괄)의 난에 왕을 모시고 남쪽으로 갔다가 돌아와 우찬성과 이조판서를 지냈으며, 인조 5년(1627) 정묘호란 때 부체찰사로서 임금을 따라 강화도로 피난했다가 환도 후 우의정, 영의정이 되었다. 인조 14년(1636) 병자호란 때 崔鳴吉(최명길 →535) 등과 和議(화의)를 주장한 것이 후에 탄핵되어 관작을 삭탈당했으나 얼마 뒤에 회복되었고, 동왕 22년

(1644) 沈器遠(심기원)의 반란을 평정한 공으로 寧國(영국) 1등공신이 되었다. 문장에 능하고 명필로 이름났으며 저서가 많았으나 없어지고 '北渚集(북저집)' 등만 남았다.

706-1 付書瀋陽(부서심양) 심양으로 편지를 부치다

高梧葉落雨凄凄 塞路三千夢亦迷 欲向征人寄消息 一行書又萬行啼.

(고오엽락우처처 새로삼천몽역미 욕향정인기소식 일행서우만행제)

오동 잎 지고 찬 비 쓸쓸히 내리는데, 국경 길 3천 리 꿈조차 헤매는구나.

심양 길 가는 사람에게 소식 부쳐 보내려 하나, 글 한 줄 쓰려니 눈물이 만 줄기일세.

[語句] *付書 : 편지를 부침. *瀋陽 : 중국 만주의 도시. 병자호란 때 삼학사 등이 끌려가 그 곳 감옥에 갇혔었음. →482-1, 662-1, 701-1. *凄凄 : 차고 쓸쓸함. *塞路 : 변방 길. 국경 길. *迷 : 헤매다. *征人 : ①먼 길을 가는 사람. 나그네. 旅客(여객). ②出征(출정)하는 사람.

[鑑賞] 병자호란 후 청 나라에 의해 심양으로 잡혀가는 三學士(삼학사)나, 화의를 주장해 성공했으나 명 나라를 칠 구원병을 보내라는 청 나라의 요구를 반대해 역시 심양으로 끌려가는 최명길에게 보내는 편지이리라. '가을에 접어들어 찬 비 내리는 추워지는 철에 국경 길 3천 리 아득하다. 잡혀가는 친구에게 편지라도 쓰려니 글 한 줄에 흐르는 눈물이 일만 줄기로 흐른다' 하여 우정과 안타까운 심정을 읊었다.

7言絕句(7언절구). 압운은 凄, 迷, 啼 자로 평성 '齊(제)' 평운이다. 평측은 차례로 '平平仄仄仄平平, 仄仄平平仄仄平, 仄仄平平仄平仄, 仄平平仄仄平平'으로 이사부동이륙대는 셋째 구에서 어긋났고 반법과 점법은 그런대로 이루어졌다.

707. 金應河(김응하 1580~1619) : 조선 광해군 때 武臣(무신). 자 景義(경의). 시호 忠武(충무). 본관 安東(안동). 고려 후기 명장 金方慶(김방경 →700)의 후예로 강원도 鐵原(철원) 태생이다. 14세 때 부모를 여의고 아우 應海(응해)와 우애가 지극하여 향리에서 칭찬이 자자했다. 25세 때인 선조 38년(1605) 무과 급제하여 병조판서 朴承宗(박승종)의 선전관이 되었고 또 裨將(비장)으로 호남에 따라가 근엄하게 행동했다. 뒤에 慶源判官, 三水郡守, 北虞侯(경원판관, 삼수군수, 북우후) 등을 역임했으며, 광해군 11년(1619) 後金(후금)이 명 나라와 싸울 때 都元帥 姜弘立(도원수 강홍립)과 함께 명 나라 援兵軍(원병군)으로 출정하여 적군 6만을 3천 부하로 대치해 싸우다 태풍 모래 속에 휩싸여 군사들이 흩어지니, 혼자 버드나무 아래에서 고군분투하다가 衆寡不敵(중과부적)으로 전사했다. 적군도 그의 정신을 기리어 후히 장사하고 柳下將軍(유하장군)이라 불렀고, 명 나라 임금은 遼東伯(요동백)으로 봉했으며 우리 조정에서는 영의정을 추증했다.

707-1 別恨(별한) 이별의 한

天涯各南北 見月幾想思 一去無消息 死生長別離.

(천애각남북 견월기상사 일거무소식 사생장별리)

아득히 멀리 남북으로 갈리어, 달을 쳐다보며 얼마나 그리워했던고.

한 번 가고는 서로 소식이 끊기었으니, 죽었는지 살아 있는지 기나긴 이별일세.

[語句] *天涯 : 하늘의 끝. 아득히 떨어진 타향. *想思 : 생각함. 그리워함. *一去無消息 : 한 번 간 뒤로는 아무런 소식이 없음. *死生 : 죽음과 삶. *別離 : 서로 헤어짐. 이별.

[鑑賞] 이별의 한스러움을 읊었다. 이별한 대상은 친구거나 가족일 것이다. 열네 살에 부모를 여의었다니 어버이와의 이별이 소재라면 끝구는 '죽음과 삶이 곧 긴 이별이로구나'로 풀어야 할 것이다. 만고로 떠 있는 달은 그리운 이의 表象(표상)이라, 예로부터 달을 보며 그리운 사람을 회상하며 그 아쉬움을 달랬던 것이다.

5言絶句(5언절구). 압운은 思, 離 자로 평성 '支(지)' 평운이다. 평측은 차례로 '平平仄平仄, 仄仄仄仄平, 仄仄平平仄, 仄平平仄平'으로 二四不同(이사부동)은 끝 두구에서만 이루어졌고 反法(반법)과 粘法(점법)은 불완전하다.

708. 金麟厚(김인후 1510~1560) : 조선 인종 때 대학자, 名儒(명유). 자 厚之(후지). 호 河西, 湛齋(하서, 담재). 시호 文正(문정). 본관 蔚山(울산). 父 參奉 齡(참봉 영). 金安國(김안국 →705)의 제자로 중종 35년(1540) 문과 급제하여 正字兼說書(정자겸 설서)를 역임하고 弘文館副修撰, 玉果縣監(홍문관 부수찬, 옥과현감)에 이르렀다. 尹元衡(윤원형)과 尹任(윤임) 사이의 당쟁을 염려하다가 을사사화 후 고향 長城(장성)으로 돌아가 성리학을 연구하며 여생을 보냈다. 形而上學的哲理(형이상학적 철리) 연구를 주안으로 주자학을 철칙으로 삼았으며 經書(경서)를 정독했다. 사후 현종 때 대제학을 증직하고 文靖(문정)이라 시호를 내렸으며, 다시 정조 때 영의정을 증직하고 文正이라 시호했으며 文廟(문묘)에 배향했다. 저서로 '河西集(하서집), 周易觀象篇(주역관상편), 西銘事天圖(서명사천도), 百聯抄解(백련초해)' 등이 있다.

708-1 盆菊(분국) 화분 국화

十月淸霜重 芳叢不耐寒 枝條將萎絕 花蕊半凋殘

北闕承朝露 東籬謝夕飡 貞根期永固 歲歲玉欄干.

(시월청상중 방총불내한 지조장위절 화예반조잔

북궐승조로 동리사석손 정근기영고 세세옥난간)

시월 맑고 찬 서리 심하게 내려, 꽃 떨기는 추위 견디기 어렵겠구나.
꽃가지는 말라 떨어지려 하고, 꽃술은 반나마 쓸쓸히 시들었네.
대궐에서 아침 이슬 받아, 동편 울타리에서 저녁밥 먹을 무렵에 이울어 지는구나.
곧은 뿌리 영원히 굳음을 기약하나니, 해마다 옥난간에서 곱게 피어나리라.

[語句] *重 : 심하다. 위급하다. *芳叢 : 꽃떨기. 꽃이 만발한 풀숲. *枝條 : 가지. 나뭇가지. *萎絕: 시들고 말라서 떨어짐. *花蕊 : 꽃술. 수술과 암술. 蕊는 '꽃술'로 蘂(예)와 같음. *凋殘 : 잎이 떨어진 나무가 쓸쓸하게 남아 있는 모양. *北闕 : 대궐. 궁전의 북쪽 정문. *朝露 : 아침 이슬. *東籬 : 동쪽의 울타리. '菊花(국화)' 異稱(이칭). 採菊東籬下 悠然見南山(동편 울타리에서 국화를 따다가 허리 펴니, 한가로이 남산이 눈에 비쳐 오는구나)<陶潛 雜詩> →62-3. *謝 : 이울다. *夕飡 : 저녁밥. 飡은 '밥'으로 湌(손)의 속자이며, 飧(손)은 '저녁밥'으로 飱(손)의 속자임. *貞根 : 곧은 뿌리.

[鑑賞] 대궐 안 홍문관 난간에 놓인 국화 화분을 보며 지은 시 같다. 傲霜孤節(오상고절)의 국화이지만 추운 계절이 와 찬 서리가 심하게 내리면 시들기 마련이다. 그러나, 그 뿌리는 곧은 절개를 지니어 이듬해 봄이면 어김없이 싹이 돋아 가을에 꽃 피우기 마련이라 그 절조가 가상한 것이다. 선비의 굳은 마음을 빗대어 읊었다 하겠고, 頷聯(함련 3~4구)과 頸聯(경련 5~6구)은 對句(대구)가 잘 이루어졌다.

5言律詩(5언율시). 압운은 寒, 殘, 飡, 干자로 飡 이외의 석 자는 평성 '寒' 평운, 飡은 평성 '元(원)' 평운으로 두 운은 通韻(통운)이 된다. 평측은 차례로 '仄仄平平仄, 平平仄仄平, 平平平平仄, 平仄仄平平, 仄仄平平仄, 平平仄仄平, 平平平仄仄, 仄仄仄平平'으로 이사부동은 셋째 구에서 어긋났고, 그로 하여 반법과 점법은 불완전하게 이루어졌다.

709. 金馹孫(김일손 1464~1498) : 조선 연산군 때 학자. 자 季雲(계운). 호 濯纓(탁영). 본관 金海(김해). 父 執義 孟(집의 맹). 金宗直(김종직)의 門人(문인)으로 생원과 진사를 거쳐 성종 17년(1486) 문과에 급제, 春秋館記事官(춘추관 기사관)이 되어 성종실록의 史草(사초)를 썼으며 吏曹正郎(이조정랑)를 역임했다. 연산군 4년(1498) 성종실록이 편찬될 때 훈구파의 李克墩(이극돈)이 史局堂上官(사국 당상관)이 되어, 김일손이 쓴 사초 속에 세조의 簒位(찬위)를 풍자한 김종직의 '弔義帝文(조의제문)'과 훈구파의 비행에 대한 기록이 있음을 보았다. 이에 이극돈은 훈구파의 柳子光(유자광), 尹弼商(윤필상), 盧思愼(노사신 →57) 등과 함께 문인을 싫어하던 연산군에게 고하여 화를 일으켰다. 김일손은 사망한 김종직을 비롯한 嶺南學派(영남학파, 士林派사림파)의 여러 학자들과 함께 처형당하니 이른바 戊午士禍(무오사화)였다. 사람됨이 慷慨大節(강개대절)이 있었

고 문장에 능했으며 당시 고관들의 부패와 불의를 규탄했다. 문집에 '濯纓集(탁영집)'이 있다.

709-1 次睡軒(차수헌) 수헌의 시에 차운하다

落日長亭畔 離盃持勸君 危樓天欲襯 官渡路橫分
去客沒孤島 浮生同片雲 江風不解別 吹棹動波文.

(낙일장정반 이배지권군 위루천욕친 관도로횡분
거객몰고도 부생동편운 강풍불해별 취도동파문)

장정 가에 해는 지는데, 이별의 술잔 들어 그대에게 권하노라.
높은 장정 누각 하늘에 닿았는데, 벼슬길 건너야 할 풍파 가로놓였네.
나그네 길 그대 외딴 섬으로 가물가물 가 버리니, 덧없는 인생은 조각구름과 같구나.
강바람은 우리 이 이별의 설움을 알지 못하고, 노에 불어 물결만 일으키는구나.

[語句] *睡軒 : 성종 때의 학자인 權五福(권오복 1467~1498)의 아호. 호를 小游(소유)라고도 했으며 弘文館 史官(홍문관 사관)이었고 무오사화 때 피살되었음. *長亭 : 길가에 있는, 여객의 숙소나 주막. 10리마다 세웠는데 5리쯤에 세운 것은 短亭(단정)이라 함. *離盃 : 이별의 술잔. *危樓 : 매우 높은 누각. *襯 : 접근하다. 속옷. *官渡路 : 벼슬살이 길. *橫分 : 갈라져 가로놓임. '험함'의 뜻임. *孤島 : 외딴 섬. *浮生 : 덧없는 인생. *片雲 : 조각구름. *不解別 : 이별을 알지 못함. *波文 : 수면의 잔물결. 波紋(파문). 波輪(파륜).

[鑑賞] 두 분은 무오사화에 함께 처형당한 친구 사이이다. 권오복의 시에 차운하여 이별의 설움을 절실하게 읊은 작품이다. '주막에서 해가 지도록 술잔을 나눈다. 누각은 높아 하늘이 어루만져 주는 듯한데 벼슬살이 길은 왜 이다지도 험한지 모르겠다. 그대 조각배로 노 저어 외딴 섬 그늘로 사라지니 우리 인생은 뜬구름이다. 강바람은 이별의 설움을 모르는 듯 노 저어가는 뱃길에 물결무늬만 일으킨다' 했다.

5言律詩(5언율시). 압운은 君, 分, 雲, 文 자로 평성 '文' 평운이다. 평측은 차례로 '仄仄平平仄, 平平平仄平, 平平平仄仄, 平仄仄平平, 仄仄仄平仄, 平平平仄平, 平平仄仄仄, 平仄仄平平'으로 二四不同(이사부동)과 反法, 粘法(반법, 점법) 등이 모두 이루어졌다.

710. 金長生(김장생 1548~1631) : 조선 중기의 학자. 자 希元(희원). 호 沙溪(사계). 시호 文元(문원). 본관 光州(광주). 父 大司憲 繼輝(대사헌 계휘). 먼저 宋翼弼(송익필 →123)에게 禮學(예학)을 배우고 뒤에 李珥(이이 →283)에게 성리학을 배워 통달하여 文名(문명)이 높고 예학과 유학의 거두가 되었다. 나라의 典禮(전례)나 행사에 의문이 있으면 모두 그에게 상

의했다. 인조가 生父(생부) 定遠君(정원군)을 元宗(원종)으로 추존할 때 그는 이에 반대하여 의견이 상반되므로 굽히지 않고는 관직을 사퇴하고 고향에 내려갔다. 그의 예학은 다시 宋時烈(송시열 →122)에게 전해져 西人(서인)을 중심한 畿湖學派(기호학파)에서 크게 성하여 이후 모든 儀禮(의례)의 규범이 되었다. 여러번 나라의 부름을 받았으나 벼슬에 오래 머무르지 않았으며 형조참판도 받지 않았다. 성품이 너그럽고 순박하며 문장과 글씨에도 뛰어났다. 글을 읽다가 깨닫는 바가 있으면 그 자리에서 적어 책을 지으니 사람들이 德行君子(덕행군자)라 일컬어 추앙했다. 저서에 '經書辨疑, 近思錄釋意, 疑禮問答, 書疏雜錄, 家禮集覽, 喪禮備要(경서변의, 근사록석의, 의례문답 8권, 서소잡록, 가례집람 3권, 상례비요 1권)' 등이 있다. 遯巖書院(돈암서원)에 배향되고 아들 集(집 →717)도 예학의 대가였다.

710-1 伽山逢尹正卿(가산봉윤정경) 가야산에서 윤 정경을 만나다

邂逅伽倻寺 行裝帶雨痕 相逢方一笑 相對却忘言.
(해후가야사 행장대우흔 상봉방일소 상대각망언)

가야사 절에서 우연히 만나니, 행장이 비에 젖은 흔적일세.
서로 만나 반가운 웃음 한바탕 웃고 나니, 서로 바라보며 할 말을 잊었구려.

[語句] *伽山 : 충청남도 예산군과 서산군 사이에 있는 명산인 伽倻山(가야산). 동쪽에 伽倻寺, 서쪽에 水簾洞(수렴동)이 있음. 높이 678m. *尹正卿 : 누구인지 미상임. 정경은 '정2품 이상의 벼슬'로 參贊, 六曹判書, 漢城判尹, 弘文館大提學(참찬, 육조판서, 한성판윤, 홍문관 대제학) 등을 일컬음. *邂逅 : 우연히 서로 만남. 邂逅相逢(해후상봉). *行裝 : ①여행에 쓰이는 모든 기구. 行具(행구). ②여행의 몸차림. 旅裝(여장). 여기서는 ②임. *痕 : 흔적.

[鑑賞] 충남의 가야산 가야사에서 정경 벼슬을 사는 친구를 뜻하지 않게 만나 그 감회를 읊은 시. 가랑비라도 내렸는지 옷차림이 비에 젖은 모습이다. 반가움에 서로 웃을 뿐 말이 나오지 않는다. 곧 반갑게 웃는 웃음이 천 마디의 말보다도 더 깊은 뜻을 담은 것이다.

5言絕句(5언절구). 압운은 根, 言 자로 평성 '元(원)' 평운이다. 평측은 차례로 '仄仄平平仄, 平平仄仄平, 平平平仄仄, 平仄仄平平'으로 이사부동과 반법, 점법 등이 모두 이루어졌다.

711. 金載明(김재명 ?) : 조선 순조 때 문인. 호 文岩(문암). 글과 시에 능했지만 벼슬을 살지 못하고 白頭(백두)로 일생을 보냈다.

711-1 松石園(송석원) 송석원

自愛西山日日歸 幽禽慣我不驚飛 聽泉未覺遲遲步 及到柴門雨滿衣.

(자애서산일일귀 유금관아불경비 청천미각지지보 급도시문우만의)

서편 산이 좋아 날마다 돌아를 드니, 산 속의 새들 나와는 익숙해 놀라 날아가지 않네.
샘물 소리 듣노라 걸음 느린 걸 알지 못해, 내 집 사립문에 이르고 보니 옷 함빡 젖었더라.

[語句] *松石園 : 서울 종로구 仁旺山(인왕산) 옆 玉仁洞(옥인동, 玉流洞옥류동)에 있는 명승지. *西山 : 서편에 있는 산. '인왕산'을 말함. *幽禽 : 그윽한 산 속의 새. *慣 : 익숙하다. 버릇. *遲遲 : 더디고 더딤. *柴門 : 사립문.

[鑑賞] 송석원은 조선 영조, 순조 때 학자요 시인인 千壽慶(천수경)이 이곳 냇가에 초가를 짓고 松石道人(송석도인)이라 자처하며 산수를 벗삼아 시를 읊으며 자연을 스스로 즐긴 곳이다. 당시 선비들이 그 시풍을 사모하여 모여들었으며, 조선말에 여기에 모이는 시인들이 松石園詩社(송석원 시사)를 이루었다. 고종 때 대원군도 이 곳에 나와 큰 뜻을 길렀다고 하며, 秋史 金正喜(추사 김정희 →44)의 글씨로 扁額(편액)을 걸었다는 명승지이다. 지은이도 이 곳에 와 소일하기를 즐겼음을 이 시를 통해서도 알 수 있겠다. 집에 돌아올 때까지 옷 젖는 것도 몰랐으니 산수자연에 沒入(몰입)했던 것이다.

7言絕句(7언절구). 압운은 歸, 飛, 衣 자로 평성 '微(미)' 평운이다. 평측은 차례로 '仄仄平平仄仄平, 平平仄仄仄平平, 平平仄仄平平仄, 仄仄平平仄仄平'으로 二四不同二六對(이사부동이륙대)와 반법, 점법 등이 잘 이루어진 좋은 작품이다.

712. 金淨(김정 1486~1520) : 조선 중종 때 문신. 자 元沖(원충). 호 沖菴(충암). 시호 文簡(문간). 본관 慶州(경주). 父 正郎 孝貞(정랑 효정). 열 살에 四書(사서)에 통한 수재로 14세에 別試初試(별시 초시)에 장원하고 19세에 司馬試(사마시), 중종 2년(1507) 문과에 또 장원했다. 淸職, 要職(청직, 요직)을 거쳐 淳昌郡守, 副提學, 吏曹參判, 大司憲(순창군수, 부제학, 이조참판, 대사헌) 등을 역임하고 刑曹判書(형조판서)에 이르렀다. 중종에게 중용되었으나 중종을 옹립한 朴元宗, 柳順汀, 成希顔(박원종, 유순정, 성희안) 등이 저들의 편의를 위해 무죄한 왕후 愼氏(신씨)를 폐출하고 章敬王后 尹氏(장경왕후 윤씨)를 옹립하니, 그는 명분에 어긋난 처사라며 반대했고 장경왕후가 사망 하자 신씨의 복위를 상소하여 일시 유배되었다. 기묘사화 때에는 조광조 일파로 몰려 처형되려는 것을 영의정 鄭光弼(정광필 →385)의 옹호로 죽음을 면하고 錦山(금산)으로 귀양갔다가 다시 제주도로 移配(이배)되어 이듬해에 賜死(사사)되었다. 문집에 '沖菴集(충암집 7권)'이 있다.

712-1 錦江樓(금강루) 금강루

西風木落錦江秋 煙霧蘋洲一望愁 日暮酒醒人去遠 不堪離思滿江樓.

(서풍목락금강추 연무빈주일망수 일모주성인거원 불감이사만강루)

서풍에 나뭇잎 지니 금강의 가을이요, 안개 속에 마름꽃 핀 섬 바라보니 시름겹네.
해 저물어 술에서 깨니 그대 멀리 가 버려, 이별의 애틋한 감회 온 누각에 가득차는구나.

[語句] *錦江樓 : 미상. 지은이가 유배되었던 금산군에 있는 누각인 듯함. *木落 : 나무의 잎이 떨어짐. *煙霧 : 연기와 안개. *蘋洲 : 마름꽃 핀 섬이나 물가. *離思 : 이별의 슬픈 생각. 서로 헤어질 때의 애틋한 생각.

[鑑賞] 귀양 가 있는 금산으로 친구나 가족 또는 일가 사람이 찾아와 금강루에 올라 술잔을 나누며 외로운 심정을 달랬으리라. 거듭되는 술에 얼핏 잠들었다가 깨어 보니 그 사람은 가고 없어 이별에 따르는 애틋한 느낌을 감출 길 없다고 했다. 寫景(사경)과 敍情(서정)을 잘 아우른 秀作(수작)이다.

7言絶句(7언절구). 압운은 秋, 愁, 樓 자로 평성 '尤(우)' 평운이다. 평측은 차례로 '平平仄仄仄平平, 平仄平平仄仄平, 仄仄仄平平仄仄, 仄平平仄仄平平'으로 二四不同二六對(이사부동이륙대)와 反法, 粘法(반법, 점법) 등이 모두 이루어졌다.

712-2 述懷(술회) 회포를 펴다

海國恒陰翳 荒村盡日風 知春花自發 入夜月臨空
鄕思千里外 殘生絕島中 蒼天應有定 何用哭道窮.

(해국항음예 황촌진일풍 지춘화자발 입야월임공
향사천리외 잔생절도중 창천응유정 하용곡도궁)

바다 고장이라 늘 어둠침침하고, 거칠고 쓸쓸한 마을에 종일토록 바람 부네.
꽃은 봄을 알아 절로 피어나고, 밤 들면 달은 공중에 뜨는구나.
고향 생각하나 천리 밖 일이요, 절해 고도에서 실낱같은 목숨 이어가네.
푸른 저 하늘이 내 운수를 정해 두었을 테니, 갈 길 막히었다고 울어 무엇하리.

[語句] *述懷 : 마음먹은 여러 가지 생각을 말함. *海國 : 사방이 바다에 둘러싸인 나라나 고장. 섬 나라. *陰翳 : ①구름이 하늘을 덮어 어두움. ②숲의 그늘. *荒村 : 거칠어서 쓸쓸한 마을. *盡日 : 하루 종일. 盡終日(진종일). *鄕思 : 고향 생각. *殘生 : 기울어져 가는 인생. 餘生(여생). *絕島 : 뭍에서 멀리 떨어진 외딴 섬. 絕海孤島(절해 고도). *蒼天 : 푸른 하늘. *有定 : 정해진 운명이 있음.

*哭道窮 : 가다가 길이 막혀 다하니 울며 돌아옴. 중국 晉(진) 나라 竹林七賢(죽림칠현)의 한 사람인 阮籍(완적)이 술에 취해 길 뚫린 대로 따라가다가 길이 다 되면 통곡하며 되돌아왔다고 함.

[鑑賞] 이 시를 어느 자료에는 두 수로 소개했으나, 압운이 모두 같아 한 수로 처리했다. 금산에서 제주도로 이배되어 사사되었는데 죽음을 예감했는지, 제 7행에서 하늘에서 내 운수를 이미 정해 두었다고 읊었다. 처음 네 구는 寫景(사경)이요 뒤의 네 구는 敍情(서정)이며, 頷聯(함련 3~4구)과 頸聯(경련 5~6구)은 對句(대구)를 이루었다.

5言律詩(5언율시). 압운은 風, 空, 中, 窮 자로 평성 '東(동)' 평운이다. 평측은 차례로 '仄仄平平仄, 平平仄仄平, 平平平仄仄, 仄仄仄平平, 平平平仄仄, 平平仄仄平, 平平平仄仄, 平仄仄仄平'으로 이사부동은 끝 구에서 어긋났고 반법은 그런대로 어루어졌으나 다섯째 구에서 점법에 어긋나 버렸다.

713. 金祖淳(김조순 ?~1831) : 조선 순조 때 문신. 자 士源(사원). 호 楓皐(풍고). 시호 忠文(충문). 본관 安東(안동). 父 府使 履中(부사 이중). 정조 9년(1785) 문과에 급제하여 벼슬이 大提學(대제학)과 領敦寧府事(영돈녕부사)에 이르렀다. 순조가 나이 어려 즉위하매 왕을 돕고 자기 딸을 왕비로 삼더니, 안동 김씨의 勢道政治(세도정치)를 했고 國舅(국구)로서 永安府院君(영안부원군)에 봉해졌다. 천성이 어질고 지나치게 너그러운 탓으로 그의 소실인 羅閤(나합)의 손아귀에 나라 일이 농락되는 등의 폐단이 뒤따랐으며, 탐관오리가 횡행하고 민심이 극도로 흉흉해져 마침내 洪景來亂(홍경래난)이 일어나기도 했다. 안동 김씨의 세도정치는 그의 아들 左根(좌근)과 손자 炳冀(병기)에 이르러 절정을 이루었다.

713-1 引泉(인천) 샘물을 끌어들이다

山泉刳竹引庭除 滴處成塘半丈餘 好事童奴成日課 栽蒲設飯養金魚.
(산천고죽인정제 적처성당반장여 호사동노성일과 재포설반양금어)

대나무 홈통으로 산골짝 샘물을 뜰로 끌어들이니, 물방울 떨어지는 곳에 반 길 못이 되네. 아이종의 매일 일거리가 생겼으니, 부들도 심고 금붕어 기르며 먹이도 주는구나.

[語句] *刳竹 : 대나무를 쪼갬. '대를 쪼개어 홈통처럼 만듦'의 뜻임. *庭除 : 섬돌 아래. 뜰. 마당. *半丈 : 반 길. 丈은 '열 자. 한 길 곧 사람의 키'임. *好事 : ①기쁜 일. ②일을 벌여 하기를 좋아함. 여기서는 ②임. *童奴 : 아이종. 家僮(가동). *日課 : 매일 하는 일. *金魚 : 금붕어.

[鑑賞] 산골 물을 대나무 홈통을 통해 뜰로 끌어와 물 떨어지는 곳을 못으로 만들었다. 못가에는 부들을 심고 물에는 금붕어를 넣어 정취를 더했다. 이 모든 것을 돌보는 일거리

는 아이종의 하루 일과가 되어 그놈은 심심치 않게 하루를 보내게 되었고, 지은이도 망중한의 즐거움을 누릴 수 있었겠으니 이런 生活詩(생활시)가 자연스럽게 읊조려졌다.

7언절구. 압운은 除, 餘, 魚 자로 평성 '魚' 평운이다. 평측은 차례로 '平平平仄仄平平, 仄仄平平仄仄平, 仄仄平平平仄仄, 平平仄仄仄平平'으로 이사부동이륙대와 반법, 점법 등이 모두 잘 이루어졌다.

714. 金宗瑞(김종서 1390~1453) : 조선 단종 때의 재상, 충신. 자 國卿(국경). 호 節齋(절재). 시호 忠翼(충익). 본관 順天(순천). 父 都摠 制錘(도총 제추). 태종 5년(1405) 문과에 급제했고 세종의 총애를 받았다. 智略(지략)이 뛰어나고 절개가 굳었으며 체구는 작았으나 膽大(담대)하여 處事(처사)에 과감하므로 '호랑이'라는 별명까지 있었다. 咸吉道都節制使(함길도 도절제사)가 되어 세종 16년(1434)에는 6鎭(진)을 개척하여 두만강으로 국경을 삼았다. 문종 때 우의정이 되고 이어 좌의정이 되어 어린 단종을 받들었다. 단종 1년(1453) 首陽大君(수양대군)은 정권을 잡기 위해 지략이 많은 김종서부터 없애고자 그의 집에 가 종서를 때려죽였는데, 이 때 아들 承珪, 承璧(승규, 승벽) 들도 몰사했고 단종의 비극이 시작되었다. 그의 시조 豪氣歌(호기가) "삭풍은 나무 끝에 불고 명월은 눈 속에 찬데, 만리변성에 일장검 짚고 서서, 긴파람 큰 한 소리에 거칠 것이 없어라."는 인구에 회자되고 있다.

714-1 南浦(남포) 남포

送客江頭別恨多 管絃凄斷不成歌 天教風伯阻征旆 一夕大同生晩波.
(송객강두별한다 관현처단불성가 천교풍백조정패 일석대동생만파)

강나루에서 헤어질 때 이별의 시름 그지없어, 쓸쓸한 이별 곡조에 노래도 안 나오네. 하늘이 풍백으로 하여금 못 가게 막는지, 하루 저녁 대동강에 높은 파도 일으키는구나.

[語句] *南浦 : 대동강 남쪽 기슭 또는 대동강 하류 용강군 광량만의 남포시. *江頭 : 강가의 나룻 배 타는 곳. *別恨 : 이별할 때의 애석한 마음. 離恨(이한). *管絃 : 관악기와 현악기. 風樂(풍악). *凄斷 : 마음을 도려내듯 쓸쓸함. *教 : 하여금. *風伯 : 바람을 맡은 신. *征旆 : ①원정 가는 군사의 깃발. ②깃발을 앞세워 멀리 감. *大同 : 대동강. *晩波 : 저녁에 이는 파도.

[鑑賞] 고려 인종 때의 문신이며 대시인인 鄭知常(정지상)의 '送人(송인, 大同江대동강 → 421-4)' 7언절구에 차운한 듯 압운이 똑같다. 예로부터 남포는 떠나는 사람과 보내는 사람이 이별의 아쉬움을 달래던 포구이니 이 시도 이별의 시름을 주제로

했는데, 征旆의 풀이에 따라 오랑캐를 무찌르려고 배로 가는 장수와 이별하는 것인지 멀리 떠나는 아는 사람인지가 정해지겠다. 풍파가 일어나 배는 떠나지 못한 듯한데, 이 끝 두 구도 지은이의 바람인지 풍파가 일어난 사실을 읊었는지 풀이하기에 따라 달라지겠다.

7언절구. 압운은 多, 歌, 波 자로 평성 '歌' 평운이다. 평측은 차례로 '仄仄平平仄仄平, 仄平平仄仄平平, 平平平仄仄平仄, 仄仄平平平仄平'으로 이사부동이륙대와 반법, 점법 등이 모두 이루어졌다.

715. 金之岱(김지대 1190~1266) : 고려 고종 때 명신. 초명 仲龍(중룡). 시호 英憲(영헌). 본관 淸道(청도). 고종 4년(1217) 글안(契丹)이 江東(강동)을 공략할 때 아버지를 대신해 종군했으며, 이듬 해 崔冲(최충 →565)의 貢擧(공거)로 장원에 뽑혀 全州司錄(전주사록), 普文閣校勘(보문각 교감), 全羅道按察使(전라도안찰사)를 거쳐 判司宰事(판사재사)가 되었다. 이 때 蒙古(몽고) 군사들이 북변을 침입했는데 西北面兵馬使(서북면병마사) 洪熙(홍희)가 女色(여색)에 빠져 민심이 이반하자 僉書樞密院事(첨서추밀원사)로 승진되어 홍희의 후임으로 부임, 민심을 무마하고 서북 40여 성을 편안케 했다. 그 후 政堂文學, 吏部尙書, 守太傅中書侍郞平章事(정당문학, 이부상서, 수태부중서시랑평장사) 등을 역임하고 벼슬에서 물러났다. 문장에 능했고 拗體詩(요체시)를 잘 지었다.

715-1 贈館伴趙學士(증관반조학사) 관반 조학사에게 주다

鳳城高壓碧江涯 藹藹卿雲弄日華 回首玉樓簾半掩 一聲長笛是君家.
(봉성고압벽강애 애애경운농일화 회수옥루염반엄 일성장적시군가)

궁궐은 높아 푸른 강가를 누르고, 뭉게뭉게 피어오르는 경운은 햇빛을 희롱하네.
머리 돌려 옥루를 보니 발이 반쯤 걷히었는데, 한 가락 피리소리 그대 집에서 나는구나.

[語句] *館伴 : 館伴使(관반사). 고려 때 서울에 묵고 있는 외국 사신을 접대하기 위해 임시로 임명한 정3품 벼슬. *學士 : 고려 때 관직. 대개 3, 4품이었음. *鳳城 : 궁궐. 서울. *藹藹 : 성하고 많은 모양. 和氣(화기)가 있는 모양. *卿雲 : 상서로운 구름. 태평성대에 하늘에 나타나는 瑞氣(서기). 慶雲(경운). 景雲(경운). *日華 : 햇빛. *玉樓 : ①구슬같이 아름다운 누각. ②白玉樓(백옥루). 천상의 누각. *掩 : 가리다. 덮다. *長笛 : 길게 부는 피리. 긴 가락의 피리 소리.

[鑑賞] 외국 사신을 접대하는 업무를 보는 조 학사에게 준 시. 외국 사신의 숙소는 서울인 開京(개경) 교외에 있었으리라. 처음 두 구는 개경의 자연 환경을 읊었고

뒤의 두 구는 조학사의 집이 한적한 곳에 있음을 말했다. 지은이가 慶尙道按察使(경상도안찰사) 韓就(한취)에게 준 시가 있고 또 한취가 그 시에 화답한 시가 있어 소개했으니 참고할 만하다. →606-1.

7言絕句(7언절구). 압운은 華, 家 자로 평성 '麻(마)' 평운으로, 첫 구의 涯 자도 애로 읽으면 평성 '佳(가)' 평운, 아로 읽으면 '麻' 운이어서 압운했다고 할 수 있는데, '麻' 운과 '佳' 운은 통운이 되지 않는다. 그리고, 이 시에서 涯의 讀音(독음)을 관례대로 애로 처리했음을 밝힌다. 평측은 차례로 '仄平平仄仄平平, 仄仄平平仄仄平, 平仄仄平平仄仄, 仄平平仄仄平平'으로 二四不同二六對(이사부동이륙대)와 反法, 粘法(반법, 점법) 등이 잘 이루어진 좋은 작품이다.

716. 金榗(김진 ?) : 조선 선조 때 문관, 시인. 일찍이 과거에 올라 府使(부사)를 지내고 시인으로서도 이름이 있었다.

716-1 百濟懷古(백제회고) 백제 옛일을 돌이켜보다

斜陽歛盡大江平 千古興亡一笛橫 閒載滿船秋色去 濟王宮北弔孤城.

(사양염진대강평 천고흥망일적횡 한재만선추색거 제왕궁북조고성)

저녁 해 지고 큰 강물 고요한데, 한 가락 피리 소리 천고의 흥망을 알리는 듯하네. 가을 경치 배에 가득 한가로이 싣고 가며, 백제 왕궁 북쪽의 외딴 성을 보며 조상했네.

[語句] *懷古 : 지나간 옛일을 돌이켜 생각함. *斜陽 : 저녁 때 서쪽으로 기울어진 해. *歛 : 거두다. 감추다. *大江 : 큰 강. '錦江(금강), 白馬江(백마강)'임. *平 : 평평하다. 조용하다. *千古 : 오랜 옛적. *濟王 : 백제의 임금. *弔 : 죽음에 대해 슬픈 뜻을 표하다. 弔喪(조상)하다. *孤城 : 외딴 성.

[鑑賞] 가을날 저녁 때 백마강을 배로 지나며 부여를 바라보면서, 백제의 옛일을 돌이키며 지은 시. 시간적 배경과 공간적 배경이 잘 나타나 있고, 이제 백제의 흥망 역사가 피리 소리 한 가락에 부치어 있다고 읊고는, 배 가득 가을 경치를 담고 가며 부소산의 외로운 성을 바라보며 백제와 그 임금들을 조상했다고 맺었다. '國破山河在(국파산하재)'인 것이다. →670-1.

7언절구. 압운은 平, 橫, 城 자로 평성 '庚(경)' 평운이다. 평측은 차례로 '平平仄仄仄平平, 平仄平平仄仄平, 平仄仄平平仄仄, 仄平平仄仄平平'으로 이사부동이륙대와 반법, 점법 등이 잘 이루어진 좋은 작품이다.

717. 金集(김집 1574~1656) : 조선 효종 때 학자. 자 士剛(사강). 호 愼獨齋(신독재). 시호

文敬(문경). 본관 光州(광주). 父 沙溪 長生(사계 장생 →710). 18세에 진사 급제하여 齋郞(재랑)에 이르렀으나 광해군의 어지러운 정국을 보고는 아버지를 모시고 連山(연산) 고향으로 내려가 은거했다. 인조반정 후 부친이 다시 벼슬에 나서자 그도 부여현감을 거쳐 臨陂縣令(임피현령)으로 있다가 퇴관하고, 부친 사망 후 수차의 임관을 사양했다. 효종이 즉위하여 이조판서로 부르자 세 번 사양 상소를 했으나 허락되지 않아 너무 감격하여 취임, 金自點(김자점)과 맞선 관계로 청 나라와 대립하여 나라를 어지럽힌다는 상소를 받았으나 효종의 총애로 무마되었다. 그 후 의정부 좌참찬, 판중추부사로 부름을 받았으나 끝내 사퇴했다. 부친과 함께 禮學(예학)의 기본적 체계를 완비했으며 학문이 깊어 우수한 제자들을 배출했고, 글씨에도 능해 抱川(포천)의 領相李恒福墓碑文(영상이항복묘비문)은 그의 필적이며 遺稿(유고) 약간편이 전한다.

717-1 夜登廣寒樓(야등광한루) 밤에 광한루에 올라

烏鵲橋邊月 廣寒樓下塘 山開一面爽 牕納半天凉
夜色連空遠 川光入望長 徘徊耿無寐 風露濕衣裳.

(오작교변월 광한루하당 산개일면상 창납반천량
야색연공원 천광입망장 배회경무매 풍로습의상)

오작교 다리 가에는 달이요, 광한루 아래에는 연못일세.
산은 한쪽으로 시원하게 벌여 있고, 반공중의 시원한 기운 창으로 스며드네.
밤 경치는 저 멀리 하늘에 이어졌고, 냇물 빛도 저 멀리까지 바라보이는구나.
이리저리 거닐며 잠 이루지 못하여, 밤이슬에 옷 촉촉하게 젖었구나.

[語句] *廣寒樓 : 전라북도 남원시에 있는 보물 281호의 누각. →7-1. *烏鵲橋 : 칠석날에 견우와 직녀 두 별의 상봉을 위해 까막까치가 모여 銀河(은하)에 놓는다는 다리. →705-1. *一面 : 한 쪽. 一方(일방). *爽 : 시원하다. *牕 : 창. 지게문. = 窓(창), 窗(창). *半天 : 보이는 하늘의 반쪽. 半空中(반공중). *夜色 : 밤의 경치. 夜景(야경). *川光 : 냇물 빛. 냇물 경치. *徘徊 : 이리저리 거닒. 耿 : 빛나다. 마음 편치 못하다. 근심하다. 耿耿不寐 如有隱憂(밤새도록 잠 못 이루어, 숨은 근심에 잠긴 듯하여라)<詩經 邶風 栢舟> *風露 : 바람결에 빛나는 이슬.

[鑑賞] 아마도 음력 7월 7일 칠석날 밤에 남원의 광한루에 올랐으리라. '견우와 직녀가 만나도록 만든 오작교 가에 上弦(상현) 달이 떠 있고 광한루 아래 연못에 그 오작교와 달이 비추어 있다'고 시상을 일으키고, 주변의 산과 시원한 기운이 창으로 스며든다고 對句(대구)로 이어받았으며, 밤과 냇물의 경치를 그리며 역시

대구로 전환했다. 이 좋은 밤 풍경과 낭만적 흥취로 하여 잠을 자지 않고 이슬에 옷이 젖는 줄도 모르게 경치 감상에 빠진다고 맺었다.

5言律詩(5언율시). 압운은 塘, 涼, 長, 裳 자로 평성 '陽(양)' 평운이다. 평측은 차례로 '平仄平平仄, 仄平平仄平, 平平仄仄仄, 平仄仄平平, 仄仄平平仄, 平平仄仄平, 平平仄平仄, 平仄仄平平'으로 二四不同(이사부동)은 제 7구에서 어긋났고 反法(반법)과 粘法(점법)은 그런대로 되었다.

718. 金昌緖(김창서 ?) : 中唐(중당)의 시인. 余杭(여항) 사람으로 시 한 수가 남아 있다고 한다.

718-1 春怨(춘원) 봄날의 원망

打起黃鶯兒 莫敎枝上啼 啼時驚妾夢 不得到遼西.
(타기황앵아 막교지상제 제시경첩몽 부득도요서)

노란 꾀꼬리 쫓아 보내버리나니, 나뭇가지 위에서 울지 못하게 함이더라.
그 꾀꼬리 울게 되면 내 꿈은 놀라 깨어, 임이 가 계신 요서 땅으로 못 가게 된다오.

[語句] *打起 : 두들겨 일으킴. '쫓아냄'의 뜻임. *黃鶯 : 꾀꼬리. 黃鳥(황조). *兒 : 접미사. *妾 : 저. 여자가 자기 몸을 낮추어 일컫는 인칭대명사임. *遼西 : 遼河(요하) 서편 지방. 요하는 '중국 만주 遼寧省(요녕성) 서부의 강'으로 내몽고 興安嶺(흥안령)에서 시작해 요동만으로 들어감.

[鑑賞] 중국 북방 요서 땅으로 군사 징발을 당해 가 오래도록 돌아오지 못하는 남편을 그리워하며 특히 봄을 원망하거나 서러워하는 시이다. 봄이 와 꾀꼬리가 울게 되면, 임과 만남의 단꿈을 꾸고 있는 나는 그 우는 소리에 깨어나 꿈속일망정 임과의 만남을 망치게 된다고 했다. 봄날 멀리 간 임을 그리는 여인의 심정을 절실히 그린 小品(소품)이다. 중국 성에 金氏(김씨)는 잘 보이지 않는데 이 시의 지은이가 김씨여서 독특하다면 독특하다고 하리라.

5言絕句(5언절구). 압운은 啼, 西 자로 평성 '齊(제)' 평운인데 첫 구의 兒 자도 평성 '支(지)' 운으로 두 운은 通韻(통운)이 되어, 定式(정식)에 어긋나지만 압운했다고 해도 좋겠다. 평측은 차례로 '仄仄平平平, 仄平平仄平, 平平平仄仄, 仄仄仄平平'으로 이사부동과 반법, 점법 등이 다 잘 이루어진 좋은 시이다.

719. 金昌集(김창집 1648~1722) : 조선 숙종, 경종 때 문신. 노론의 領袖(영수). 자 汝成(여성). 호 夢窩(몽와). 시호 忠獻(충헌). 본관 安東(안동). 父 영의정 壽恒(수항 →37). 아우 昌協(창협 →720). 숙종 10년(1684) 工曹佐郎(공조좌랑) 때 문과 급제하여 兵曹參議(병조참의)에

이르렀으나, 부친 수항이 己巳換局(기사환국) 때 珍島 配所(진도 배소)에서 죽자 벼슬을 버리고 숨었다. 숙종 20년 (1694)에 정국의 변화로 領議政(영의정)에 이르렀고 숙종 말년에는 東宮聽政(동궁 청정)을 주장하다가 소론들에게 탄핵되었으며, 경종 1년(1721)에는 李頤命(이이명)과 함께 왕제 延礽君(연잉군, 후의 영조)을 받들어 世弟(세제)로 삼았으나, 柳鳳輝(유봉휘) 등 소론파는 이른바 노론 4대신들을 무고 반역죄로 몰아 그는 巨濟島(거제도)에 유배되었다가 사사되었다. 저서에 '國朝自警篇(국조자경편 6권), 文集(문집)' 등이 있다.

719-1 水鐘寺(수종사) 수종사

古寺危峰下 蘿陰細路分 臨樓兩江水 簷帶半山雲
帆影禪窓落 鍾聲過客聞 雙林屢回首 蒼翠漫氤氳.

(고사위봉하 나음세로분 임루양강수 첨대반산운
범영선창락 종성과객문 쌍림루회수 창취만인온)

높은 봉우리 아래 옛 절인데, 담쟁이덩굴 그늘에 좁은 길이 나 있구나.
절 종루는 두 강에 다가 있고, 처마는 산 구름을 두르고 있네.
배 돛 그림자는 참선 방 창문에 비치고, 종소리는 지나는 나그네들도 듣는구나.
두 수풀 사이로 머리 자주 돌려 보니, 푸른 숲에 천지의 기운이 가득하네.

[語句] *水鐘寺 : 경기도 양평군 용문면에 있는 절. *危峰 : 높은 봉우리. *蘿 : 담쟁이덩굴. *細路 : 작은 길. 좁은 길. *兩江 : 두 강 곧 북한강과 남한강. 이 두 강이 양평군 양수리에서 합쳐진다고 함. *禪窓 : 禪房(선방)의 창. 절 방의 창문. *蒼翠 : 나무가 싱싱하게 푸름. *氤氳 : 기운이 왕성한 모양. 하늘과 땅의 기운이 서로 잘 어울림. 氤은 '기운. 천지의 기운이 합하다', 氳은 '기운이 성하다. 기운이 어리다'임.

[鑑賞] 용문산과 龍門寺(용문사)가 있는 고장이라 산수 경관이 빼어난 곳에 있는 수종사이리라. 처음 네 구 곧 首聯(수련 1~2구)과 頷聯(함련 3~4구)에서 이미 그렇게 묘사했다. 頸聯(경련 5~6구)은 그런 勝景(승경)이기에 유람객도 많음을 알게 하며, 尾聯(미련 7~8구)에서도 천지의 기운이 조화를 이루며 수종사 주변을 가득 감싸고 있다고 했으니, 전편을 통해 자연과 관련되는 詩語(시어)로 이루어졌음을 알 수 있다.

5언율시. 압운은 分, 雲, 聞, 氳 자로 평성 '文(문)' 평운이다. 평측은 차례로 '仄仄平平仄, 平平仄仄平, 平平仄平仄, 平仄仄平平, 仄仄平平仄, 平平仄仄平, 平平仄平仄, 平仄仄平平'으로 이사부동은 셋째와 일곱째 구에서 어긋났고 반법과 점법은 그런대로 이루어졌다.

720. 金昌協(김창협 1651~1708) : 조선 숙종 때 학자. 자 和仲(화중). 호 農巖(농암). 시호 文簡(문간). 본관 안동. 父 壽恒(수항 →37). 형 昌集(창집 →719). 제 昌翕(창흡 →721). 현종 10년(1669) 진사 급제, 숙종 8년(1682) 문과에 장원하여 吏曹佐郎, 修撰, 持平, 大司諫, 副承旨, 大司成(이조좌랑, 수찬, 지평, 대사간, 부승지, 대사성) 등을 역임하고 淸風府使(청풍부사)에 임명되었으나, 기사환국으로 진도에 유배되었던 부친이 사사되자 벼슬을 단념하고 禮曹判書, 大提學(예조판서, 대제학)으로 여러 차례 등용되었어도 끝내 사양했다. 永平(영평)에 들어가 학업에 매진하여 문장이 단아하고 천품이 고결하여 道學(도학)의 대가가 되었고 문집에 '農巖集(농암집)'이 있다.

720-1 山民(산민) 화전민

下馬問人居 婦女出門看 坐客茅屋下 爲我具飯餐
丈夫亦何在 扶犂朝上山 山田苦難耕 日晩猶未還
四顧絶無隣 鷄犬依層巒 中林多猛虎 採藿不盈盤
哀此獨何好 崎嶇山谷間 樂在彼平土 欲往畏縣官.

(하마문인거 부녀출문간 좌객모옥하 위아구반찬
장부역하재 부리조상산 산전고난경 일만유미환
사고절무린 계견의층만 중림다맹호 채곽불영반
애차독하호 기구산곡간 낙재피평토 욕왕외현관)

말에서 내려 인가를 찾아가 보니, 아낙네가 사립문을 나와 내다보네.
나그네인 나 처마 밑에 앉았노라니, 나 먹으라고 밥상을 차려 내어 놓네.
남편은 어디 갔느냐 하니, 아침 일찍 쟁기 메고 산으로 갔다 하네.
화전 일구기 어렵고 힘들어, 해 저물도록 돌아오지 못한다 하는구나.
사방을 둘러봐도 이웃 하나 없고, 개와 닭 같은 가축도 산비탈을 오르내리네.
숲 속에는 사나운 범이 우글거려, 나물조차 마음대로 못 뜯는다는구나.
슬프다 이 외진 곳 홀로 무엇이 좋아, 이 험한 산골에서 묻혀 사는고.
저 너른 들판에 살면 오죽 좋으련마는, 가고자 해도 고을 원님 무서워서 갈 수 없다 하네.

[語句] *山民 : 깊은 산중에 사는 백성 곧 火田民(화전민). *茅屋 : 초가집. 띠 집. *飯餐 : 밥과 반찬. 밥상. *犁 : 쟁기. 밭갈다. 얼룩소. *四顧 : 사방을 돌아봄. *層巒 : 여러 층이 진 멧부리. *藿 : 콩잎. 나물. *不盈盤 : 쟁반에 가득차지 못함. '조금밖에 뜯지 못함'의 뜻으로 쓴 말임. *崎嶇 : 산길 등이 험준함. *平土 : 평평한 땅. 평야 지대. *縣官 : 고을의 벼슬아치 곧 사또.

[鑑賞] 이 시는 孔子(공자)님 말씀이 연상된다. “공자가 泰山(태산) 옆을 지날 때 한 부인이 무덤 앞에서 곡하고 있어, 그 까닭을 물으니 지난번에 시아버지가 호랑이에 물려 죽었고 다음에는 남편이 虎患(호환)을 당해 죽었으며 지금 내 아들 역시 호랑이에 물려 죽어 울고 있다 하기에 왜 이 곳을 떠나지 않느냐 하니까, 이 지방에는 가혹한 정치가 없어서 견디고 있노라 했다. 공자는 제자들에게 ‘너희는 이것을 마음에 새겨라, 苛政猛於虎(가정맹어호, 가혹한 정치가 백성들에게 미치는 피해는 범의 피해보다도 더욱 심함)니라.’ 하셨다.”<禮記 檀弓下> 일종의 社會告發詩(사회고발시)로 전란의 후유증을 읊은 詩聖 杜甫(시성 두보)의 ‘三吏三別(삼리 삼별)’ 시의 수법과 같다. → 64-13, 64-15.

5言古詩(5언고시) 8연[16구]. 압운은 4구씩 나누어 고찰되니 看・餐, 山・還, 巒・盤, 間・官자로 看, 餐, 巒, 盤, 官은 평성 ‘寒(한)’ 평운이고 山, 還, 間은 평성 ‘刪(산)’ 평운으로 두 운은 通韻(통운)이 되며, 제 9구의 隣 자도 평성 ‘眞(진)’ 평운으로 역시 통운이 되나, 주로 ‘寒’ 과 ‘刪’ 운이 4구 단위로 바꾸어 압운된 셈이다. 평측은 차례로 ‘仄仄仄平平, 仄仄仄平平, 仄仄平仄仄, 仄仄仄仄平 ; 仄平仄平仄, 平平平仄平, 平平仄平平, 仄仄平仄平 ; 仄仄仄平平, 平仄平平平, 平平平仄仄, 仄仄仄平平 ; 平仄仄平仄, 平平平仄平, 仄仄仄平仄, 仄仄仄仄平’으로 二四不同(이사부동)은 제 3, 4, 5, 7, 8, 16구의 여섯 군데에서 어긋났고, 反法(반법)과 粘法(점법)은 이루어지지 않아 고시이며 부분에 따라 평측의 律調(율조)가 잘 이루어지기도 했다.

721. 金昌翕(김창흡 1653~1722) : 조선 숙종 때 학자. 자 子益(자익). 호 三淵(삼연). 시호 文康(문강). 본관 安東(안동). 父 壽恒(수항 →37). 형 昌集(창집 →719), 昌協(창협 →720). 아우 昌業(창업). 15세에 靜觀齋 李端相(정관재 이단상)에게 배웠으며 진사 급제하여 進善(진선)이 되었고 이후 모든 벼슬을 사퇴했다. 성리학에 능하여 형 창협과 함께 이름이 있어 형제 모두 율곡 이후의 대학자로 德業(덕업)과 명성이 높았다. 숙종 15년(1689) 宋時烈(송시열 →122)과 함께 화를 입었으며 형 창협의 유배와 賜死(사사)로 고뇌했다. 어릴 때부터 시 짓기를 좋아해 詩經(시경)을 비롯, 盛唐(성당) 및 宋(송)과 明(명)의 시에 이르기까지 살펴 70평생 詩道(시도)에 노력했다.

721-1 訪俗離山(방속리산) 속리산을 찾아가다

江南遊子不知還 古寺秋風杖屨間 笑別鷄龍餘興在 馬前猶有俗離山.

(강남유자부지환 고사추풍장구한 소별계룡여흥재 마전유유속리산)

강남의 유람객 돌아갈 줄을 몰라, 가을 바람 속에 옛 절을 한가로이 찾아가네.
계룡산 유람을 즐거이 마쳐 여흥이 남았는데, 말 앞에는 다시 속리산이 놓였구나.

[語句] *江南 : 한강 이남 지역. 경상도, 전라도 등지. *俗離山 : 충청북도 報恩郡(보은군)의 북동 郡界(군계)를 이루는 소백산맥에 있는 산. →402-1. *遊子 : 유람 다니는 사람. *杖屨 : 지팡이와 신발. '여행 장비'의 뜻으로 쓰임. 屨는 '삼신 곧 삼으로 삼은 미투리'임. *鷄龍 : 계룡산. 충청남도 公州(공주) 동남 40리에 있는 산. 높이 828m. 조선 태조가 처음 이 산 아래에 도읍하려던 곳이며, 신라 無染大師(무염대사)가 세웠다는 岬寺(갑사)를 비롯해 東鶴寺(동학사), 新元寺(신원사) 등 名刹(명찰)이 있음. *餘興 : 놀이 끝에 남아 있는 흥취. *猶 : 또한.

[鑑賞] 가을철에 명승지 유람을 떠나 계룡산과 옛 절들을 유람하니 즐겁기 그지없어 아직도 그 흥취가 남았는데, 삼신을 신고 지팡이를 들고는 말을 타고 한가로이 속리산으로 향한다. 속리산에는 法住寺(법주사)가 있어 볼거리가 많고 또 문장대에 오르면 경상도와의 道界(도계)가 되는 것이다. 詩語(시어) 속에 명승지를 유람한 내용과 감흥이 숨겨져 있다 하리라.

7言絕句(7언절구). 압운은 還, 閒, 山 자로 평성 '删(산)' 평운이다. 평측은 차례로 '平平平仄仄平平, 仄仄平平仄仄平, 仄仄平平平仄仄, 仄平平仄仄平平'으로 二四不同二六對(이사부동이륙대)와 반법, 점법 등이 잘 이루어졌다.

722. 金千齡(김천령 ?) : 조선 연산군 때 문관. 자 仁老(인로). 본관 慶州(경주). 父 通判致世(통판 치세). 성종 때 진사에 급제하고 연산군 2년(1496) 문과 급제하여 成均典籍(성균 전적), 曹郎(조랑)을 거쳐 玉堂(옥당)에 들어가 副應教(부응교)가 되었다. 말과 행동이 강직하고 일에 민활하여 촉망을 받았으나, 말씨가 정승의 비위를 거슬려 좌천되거나 파면되기도 했다. 承文院校勘(승문원 교감)으로 聖節使(성절사)를 따라 燕京(연경)에 갔다가 돌아와 掌令(장령)이 되었고, 의사 발표를 조리있게 하여 크게 왕의 뜻을 움직였으며 副提學(부제학)에 이르러 병사했다.

722-1 永濟道中(영제도중) 영제 길에서

羸馬凌兢驛路賒 隔林尨吠是誰家 黃昏月落郊原黑 認得前村蕎麥花.
(이마능긍역로사 격림방폐시수가 황혼월락교원흑 인득전촌교맥화)

여윈 말이 더디 가니 역 마을 길은 멀기만 한데,
숲 건너 삽살개 짖는 소리 그 뉘네 집인가.
황혼에 달은 지고 벌판마저 어두우나, 앞마을 메밀꽃만은 알아볼 수가 있구나.

[語句] *永濟 : 지명인 듯하나 미상임. *羸馬 : 여윈 말. 羸는 '여위다. 파리하다. 고

달프다'임. *凌兢 : 몹시 두려워 몸이 떨림. 戰慄(전율). *賒 : 멀다. 세를 내다. *尨 : 삽살개. 尨犬(방견). *郊原 : 郊外(교외)의 들. *蕎麥 : 메밀.

[鑑賞] 시간적 배경은 황혼이 지나 초승달마저 져 버린 늦은 저녁이고, 공간적 배경은 영제인데 어느 곳인지 모르지만 연경에 갔던 중국 땅이 아닌가 하는 생각도 든다. 말이 파리해 걸음이 느리니 역 마을로 가는 길은 멀고, 숲을 격하여 삽살개 짖는 소리 들리니 어느 마을 누구네 집인지 모르겠다. 들판마저 어두워 어디가 어디인지 분별하기 어려운데 앞마을 또는 마을 앞 하얀 메밀꽃만은 알아볼 만하다고 했다. 李孝石(이효석)의 단편 소설 '메밀꽃 필 무렵'의 배경이 연상된다.

7언절구. 압운은 賒, 家, 花 자로 평성 '麻(마)' 평운이다. 평측은 차례로 '平仄平平仄仄平, 仄平平仄仄平平, 平平仄仄平平仄, 仄仄平平平仄平'으로 이사부동이륙대와 반법, 점법 등이 모두 이루어졌다.

723. 金弘集(김홍집 1842~1896) : 조선 말기 정치가, 開化黨(개화당)의 거두. 초명 宏集(굉집). 자 景能(경능). 호 道園, 以政學齋(도원, 이정학재). 시호 忠獻(충헌). 본관 慶州(경주). 父 永爵(영작). 고종 4년(1867) 문과에 급제하여 고종 17년(1880) 修信使(수신사)로 일본에 다녀왔고 2년 뒤 壬午軍亂(임오군란) 후 李裕元(이유원 →279)과 함께 한국 全權(전권)으로 일본과 濟物浦條約(제물포조약)을 체결했다. 고종 31년(1894) 동학란이 일어나고 청일전쟁이 발발하자 일본 세력에 의지해 개화당이 득세하니 영의정이 되어 급진적인 개혁으로 갑오경장을 단행했으나, 斷髮令(단발령)과 일본인들이 민비를 弑害(시해)한 사건으로 민심을 잃은데다가 高宗皇帝(고종황제)의 러시아 公館(공관) 播遷(파천) 후 親露派(친로파)에게 붙잡혀 참살당했다. 순종이 대제학을 추증했고 저서에 '以政學齋日錄(이정학재 일록)'이 있다.

723-1 三仙洞(삼선동) 삼선동

芳逕抱郭到山家 欲暮山光分外奢 記取吾行寒食雨 華陽纔見未開花.

(방경포곽도산가 욕모산광분외사 기취오행한식우 화양재견미개화)

성벽 옆 꽃다운 길로 산속 집에 이르니, 저물 녘 산 경치 내 분수에 넘치게 호사스러워라. 한식 날 비오는 속으로 가며 인상 깊은 건, 화양건 쓰고 얼핏 보매 꽃 아직 안 핀 것일세.

[語句] *三仙洞 : 서울 성북구 삼선교와 漢城大(한성대) 부근의 동명. 옛날 한 玉女(옥녀)가 세 신선과 함께 삼선동 3가 뒤의 玉女峰(옥녀봉)에서 놀았다 하여 생긴 이름이며, 三仙坪(삼선평) 벌판이 넓어 조선 시대에 鍊武, 閱武場(연무, 열무장)으로 쓰이었다고 함. *芳逕 : 꽃다운 길. 꽃이나 고운 풀로 가득한 길. *山家 : 산속에

있는 집. ↔村家(촌가). *山光 : 산의 경치 또는 산 빛. *分外 : 분수에 지나치는 일. *奢 : 사치. 스치스럽다. *記取 : '새겨둘 만함'으로 써서 다음 구의 未開花와 호응됨. *華陽 : 華陽巾(화양건). 道士(도사)나 隱者(은자)가 쓰는 두건으로 晉(진) 의 顧況(고황)이 처음 썼다고 함<梁書 陶弘景傳>

[鑑賞] 東小門(동소문) 곧 惠化門(혜화문)을 넘어 都城(도성)을 끼고 난 좁은 길을 따라 산속 집에 이르는 동안과 집에서 바라본 산 경치를 읊은 시. 그 곳이 지금은 번화해졌지만 옛날에는 도성 밖 5리 안에 사람이 살지 못하게 한 때라 산중과 같이 적막한 지역이었으리라. 거기서 바라본 성북동 뒷산과 삼각산의 경치는 볼 만했으리라 짐작된다. 한식, 清明(청명) 철이면 생강나무나 진달래, 산수유, 그 밖의 들꽃 들은 피겠건만 지대가 높아 그런지 피지 않았다 했다.

7言絕句(7언절구). 압운은 家, 奢, 花 자로 평성 '麻(마)' 평운이다. 평측은 차례로 '平仄仄仄仄平平, 仄仄平平仄仄平, 仄仄平平平仄仄, 平平平仄仄平平'으로 二四不同二六對(이사부동이륙대)는 첫 구에서 어긋났고 反法(반법)과 粘法(점법)은 그런대로 이루어졌는데 첫 구의 逕 자가 평성이면 좋았겠다.

724. 金忻(김흔 1251~1309) : 고려 충렬왕 때의 名將(명장)인 方慶(방경)의 아들. →700.

724-1 暎湖樓(영호루) 영호루

十載前遊入夢淸 重來物色慰人情 壁間奉繼嚴君筆 堪咤愚我萬戶行.
(십재전유입몽청 중래물색위인정 벽간봉계엄군필 감타우아만호행)

10년 전에 유람하던 일 꿈결에 분명터니, 다시 오매 온갖 풍경이 내 마음을 위안하는구나.
벽에 걸린 아버지의 시를 이어받들어 짓노라니,
어리석은 아들의 만호 벼슬 삶이 부끄러워라.

[語句] *暎湖樓 : 경상북도 안동에 있는 누각. →170-1. *十載 : 십년. *重來 : 다시 옴. *物色 : 물건의 빛깔. 風景(풍경). *奉繼 : 받들어 이음. '아버지의 시에 차운함'의 뜻임. *嚴君 : '자기 아버지'의 공대말. *堪咤 : '꾸짖음을 견디기 어려움. 부끄러움'의 뜻임. *萬戶 : 바닷가의 水軍(수군)을 맡은 관직. 대개 4품 武官職(무관직)임. *行 : '現職(현직)에 있음'의 뜻임.

[鑑賞] 어렸을 때 자주 놀러갔던 영호루에 10년이 지나 다시 가 본 감회를 읊은 시. 둘째 구의 人情은 '사람의 정'이라기보다 '지은이의 마음'으로 쓴 말이다. 마침 부친이 지은 시가 詩板(시판)에 새겨져 걸려 있었던 듯 지은이도 부친의 시 운자를

써서 시를 지었는데, 충렬공의 압운은 '靑, 情, 行' 자이지만 이 시는 靑 대신 淸 자를 썼다. →700-1. 물론 두 자 모두 '庚(경)' 운이니 어긋나지는 않는다.

7언절구. 압운은 淸, 情, 行 자로 평성 '庚' 평운이다. 평측은 차례로 '仄仄平平仄仄平, 平平仄仄仄平平, 仄平仄仄平平仄, 平仄平仄仄仄平'으로 이사부동이륙대는 끝 구에서 어긋났고 반법과 점법은 끝 구로 하여 온전하지 못하다.

725. 羅湜(나식 ?) : 조선 중종 때 문인. 자 正源(정원). 호 長吟亭(장음정). 본관 羅州(나주). 父 參奉 世傑(참봉 세걸). 바탕이 淸秀(청수)하여 신선과 같았고 일찍이 洞山 尹鼎(동산 윤정)에게 배웠다. 崔壽城(최수성 →549)이 늘 칭찬하기를 "압록강 동쪽에는 나식 한 사람이 있을 뿐이다." 했고, 金安國(김안국 →705)은 항상 문인들에게 나식을 만나보았는가 묻고 못 만났거든 가 보라 했다고 한다. 추천으로 宣陵參奉(선릉참봉)이 되었고 乙巳士禍(을사사화)에 興陽(흥양)으로 杖流(장류) 되었다가 江界(강계)로 옮겨져 이듬해 아우 淑(숙)과 함께 賜死(사사)되었다.

725-1 道峯寺(도봉사) 도봉사

曲曲溪回復 登登路屈盤 黃昏方到寺 淸磬落雲端.
(곡곡계회부 등등노굴반 황혼방도사 청경낙운단)

시냇물을 굽이굽이 다시 건너고, 비탈 구부러지는 길을 오르고 또 올라,
황혼에야 절에 이르니, 맑은 풍경 소리 구름 밖에서 들리네.

[語句] *道峯寺 : 미상. 서울 북쪽 도봉산에 있는 절인 듯함. *曲曲 : 굽이굽이. *復 : 다시. 또. *登登 : 오르고 오름. *盤 : 서리다. 굽다. *黃昏 : 해가 져 어둑어둑할 때. *雲端 : 구름 끝.

[鑑賞] 산골 물을 굽이돌아 건너고 구부러져 비탈이 진 길을 또 오르고 오른다. 이 두 구는 대구가 잘 이루어졌으니 曲曲-登登, 溪-路, 回復-屈盤으로 각각 짝을 이루었다. 해가 져 어둑어둑할 무렵에야 도봉사 절에 이르니 절 처마에서 댕그렁 울리는 풍경 소리가 저 구름 끝에서 울려온다 하여, 산뜻하고 당 나라 시를 연상케 하는 대가의 시다운 佳作(가작)이다.

5言絶句(5언절구). 압운은 盤, 端 자로 평성 '寒(한)' 평운이다. 평측은 차례로 '仄仄平平仄, 平平仄仄平, 平平平仄仄, 平仄仄平平'으로 이사부동과 반법, 점법 등도 참으로 잘 형성되었다.

726. 南景羲(남경희 ?) : 조선 영조 때 문관. 자 仲殷(중은). 호 癡庵(치암). 본관 英陽(영

양). 벼슬이 正言(정언)에 이르렀다.

726-1 東都懷古(동도회고) 동도 경주의 옛일을 돌이켜보다

半月城邊秋草多 金鰲山上暮雲過 可憐亡國千年恨 盡入樵兒一曲歌.
(반월성변추초다 금오산상모운과 가련망국천년한 진입초아일곡가)

반월성 주변에 가을 시드는 풀 더부룩하고, 금오산 위로 저녁 구름 흘러가네.
가련타, 나라 망한 천년의 한이 나무하는 아이들의 지게 작대기 장단 노래 속에 숨어 있구나.

[語句] *東都 : 신라 서울 경주의 고려 때 별칭. 東京(동경). →87-1, 333-1. *懷古 : 옛일을 돌이켜 생각함. *半月城 : 경주에 있는 반달 모양의 신라 때 성곽. →287-3, 466-4. *金鰲山 : 경주 南山(남산)의 별칭. →38-5. *暮雲 : 저녁때의 구름. *可憐 : 불쌍함. 가여움. *樵兒 : 땔나무 하는 아이. 樵童(초동).

[鑑賞] 경주에서 신라 옛일을 돌이켜 생각하며 지은 시. '허물어진 반월성 주변은 가을의 시들어지는 풀 무성해 쓸쓸하고, 남산 위로 저녁 구름은 유유히 흘러간다. 신라 망한 천년의 한스러움은 작대기 장단으로 소리 하는 나뭇군 아이들의 구성진 가락에 함빡 숨어 있다.' 하여 망하여 없어진 나라의 쓸쓸한 옛 서울의 모습을 서럽게 읊은 名作(명작)이다.

7언절구. 압운은 多, 過, 歌 자로 평성 '歌' 평운이다. 평측은 차례로 '仄仄平平平仄平, 平平平仄仄平平, 仄平平仄平平仄, 仄仄平平仄仄平'으로 이사부동이륙대와 반법, 점법 등이 모두 이루어졌다.

727. 南九萬(남구만 1629~1711) : 조선 숙종 때 명신, 少論(소론)의 거두. 자 雲路(설로). 호 藥泉, 美齋(약천, 미재). 시호 文忠(문충). 본관 宜寧(의령). 영의정 在(재 →54)의 후예. 父 縣令 一星(현령 일성). 일찍이 同春堂 宋浚吉(동춘당 송준길 →125)의 문하에서 수학하고 司馬試(사마시)를 거쳐 효종 7년(1656) 別試(별시)에 급제, 숙종 4년(1678) 漢城左尹(한성좌윤)으로서 南人(남인)들의 횡포를 상소하다가 南海(남해)로 귀양갔으며, 숙종 6년 병조판서가 되고 숙종 13년(1687)에 영의정에 올랐다. 당파 싸움이 심해지자 퇴관하여 琶潭(파담)에 살며 經史(경사)와 文章(문장)을 일삼았는데 조정에 큰 일이 있으면 諮問(자문)했고 글과 글씨, 그림에 모두 뛰어났었다. 문집에 '藥泉集(약천집)'이 있고 左相南智碑(좌상남지비-公州공주), 贊成張顯光碑(찬성장현광비-長湍장단), 開心寺(개심사)와 迎送樓(영송루)의 額字(액자) 등 유필이 전한다. 그의 從嫂(종수)인 柳氏(유씨)가 그를 두고 웃음으로 지은 시를 보면 유복한 분임을 느끼게 한다. →191-1.

727-1 慶州贈泰天上人(경주증태천상인) 경주에서 태천상인에게 주다

我如流水無歸去 爾似浮雲任往還 旅館相逢春欲暮 刺桐花落滿庭斑.

(아여유수무귀거 이사부운임왕환 여관상봉춘욕모 자동화락만정반)

나는 흐르는 물과 같아 가면 다시 못 오는데, 그대는 뜬 구름처럼 맘대로 오락가락 하는구나. 봄도 저물어 가는 때에 여관에서 서로 만나니, 엄나무 꽃잎이 져 뜰 가득 아롱졌네그려.

[語句] *上人 : <佛>스님. '중, 僧侶(승려)'의 존칭으로 儒家(유가)의 '先生(선생)'과 같음. *歸去 : 감. 돌아감. *爾 : 너. 그대. *往還 : 갔다가 돌아옴. 往復(왕복). *刺桐 : 엄나무. 엄나무는 '두릅나무과의 낙엽 활엽 교목'으로 높이 15~25m로 가시가 많고 5~6월에 황백색 꽃이 핌. *斑 : 얼룩지다. 아롱지다.

[鑑賞] 태천이란 스님에게 주는 시. 공간적 배경은 제목에서 慶州와 셋째 구의 旅館으로 밝혔고 시간적 배경은 셋째 구의 春欲暮와 끝 구의 자동나무 꽃이 질 때이니 5, 6월임을 알 수 있다. 첫 두 구는 對句(대구)가 잘 이루어져 '속세 사람인 나는 흘러가는 물과 같아서 한 번 가면 다시 못 오지만, 그대는 구름과 같아 오고감을 마음대로 한다' 하여 유교의 '逝水之歎(서수 지탄)<論語 子罕>'과 불교의 往生思想(왕생사상)을 잘 대비했다. 끝 두 구는 인생의 청춘이 지나갔음을 은유한다고 볼 수 있어 인생무상을 상징적으로 그렸다 해도 좋지 않을는지.

7言絕句(7언절구). 압운은 還, 斑 자로 평성 '刪(산)' 평운이며 7언절구는 첫 구에도 압운하는데 이 시에서는 압운하지 않았다. 평측은 차례로 '仄平平仄平平仄, 仄仄平平仄仄平, 仄仄平平平仄仄, 仄平平仄仄平平'으로 二四不同二六對(이사부동이륙대)와 反法, 粘法(반법, 점법) 등이 잘 이루어진 좋은 시이다.

728. 南夫人(남부인 ?) : 知事 南就明(지사 남취명)의 딸이요 同知 李必運(동지 이필운)의 아내이다. 남달리 지혜와 총명이 뛰어나 經史(경사)에 밝았고 詩文(시문)에 능했다.

728-1 悼殤兒(도상아) 어려서 죽은 아이를 애도하다

八年七歲病 歸臥爾應安 只憐今夜雪 離母不知寒.

(팔년칠세병 귀와이응안 지련금야설 이모부지한)

여덟 해를 사는 동안 병으로 7년이었구나. 이제 청산에 누웠으니 너는 응당 편안하리라. 다만 오늘밤 눈이 내리어 걱정되나니, 어미 품을 떠나 춥지는 않으냐.

[語句] *殤 : 어려서 죽다. 殤死(상사, 스무 살 미만에 죽음. 夭死요사). *歸臥 : ①돌아가 쉼.

'무덤에 묻힘'의 뜻임. ②벼슬을 그만두고 고향에 돌아가 은거함. 여기서는 ①임.

[鑑賞] 여덟 살에 죽은 아들을 애도한 시이다. 돌 지나면서 계속 앓던 아들이어서 이제 '淮南子(회남자)'에 있는 말대로 "生寄死歸(생기사귀)" 곧 '사람이 세상에 사는 것은 잠깐 동안 머물러 있음에 지나지 않는 것이고, 죽음은 본래의 곳으로 되돌아가는 것'이니 청산 무덤 속에서 오히려 편안하리라 하고는, 오늘밤 눈이 내리니 어미 곁을 떠나 있어 춥지는 않느냐고 대화하듯 해 읽는 사람으로 하여금 눈시울이 젖게 한다.

5言絕句(5언절구). 압운은 安, 寒 자로 평성 '寒' 평운이다. 평측은 차례로 '仄平仄仄仄, 平仄仄平平, 仄平平仄仄, 平仄仄平平'으로 이사부동과 반법은 잘 이루어졌으나 셋째 구에서 점법이 되지 않았다.

729. 南怡(남이 1441~1468) : 조선 세조 때 名將(명장), 태종의 외손. 본관 宜寧(의령). 아버지는 宜山君 暉(의산군 휘, 태종 4녀 貞善정선의 남편)이며 좌의정 權擥(권남 →15)의 사위로, 세조 3년(1457) 무과에 급제하고 세조의 총애를 받았다. 李施愛(이시애)의 반란에 출전하여 용맹을 떨쳤고 建州衛(건주위)를 정벌할 때에도 선봉으로 적진에 들어가 적을 무찔렀다. 敵愾功臣勳1等(적개공신 훈1등)에 책봉되고 26세에 병조판서가 되니, 韓繼禧(한계희)는 宗室(종실)이나 外戚(외척)에게 兵權(병권)을 주는 것은 부당하다고 간했고, 예종이 즉위하자 柳子光(유자광)이 남이 등이 반란을 꾀한다고 무고했다. 예종은 남이를 疾視(질시)하던 터라 옥사가 일어나 28세로 처형되었으며, 장수의 기개를 보이는 시조 "장검을 빼어 들고 백두산에 올라보니, 일엽 鯷岑(제잠)이 胡越(호월)에 잠겼어라. 언제나 남북 풍진을 헤쳐 볼고 하노라."를 지었다. *鯷岑 : 우리나라 별칭.

729-1 無題(무제) 제목 없음

白頭山石磨刀盡 豆滿江波飮馬無 男兒二十未平國 後世誰稱大丈夫.

(백두산석마도진 두만강파음마무 남아이십미평국 후세수칭대장부)

백두산의 돌은 장검을 가느라 다 없어지고, 두만강 물은 말들이 마시어 말랐구나.
사나이 스무 살에 나라를 태평하게 못 하면, 후세에 누가 대장부였다고 일컬으리.

[語句] *白頭山 : 함경남북도와 滿洲(만주) 사이에 있는 우리나라 靈山(영산). 높이 2,744m로 산 위에 天池(천지)가 있음. 不咸山(불함산). 長白山(장백산). *豆滿江 : 백두산에서 근원하여 우리나라와 중국 만주의 경계를 이루며 東海(동해)로 흘러드는 강. 길이 520.5 km. *大丈夫 : 늠름하고 씩씩한 남자.

[鑑賞] 지은이 소개에서 든 시조와 마찬가지로 장수의 기개가 넘치는 시이며 지금까지도 人口(인구)에 膾炙(회자)되는 유명한 작품이다. 제목을 붙이지 않았는데 '豪氣歌(호기가)'라 해도 좋으리라. 유자광이 장군을 무고할 때 셋째 구의 平 자를 得 자로 고쳐 '남아 이십 세에 나라를 얻지 못하면'이라 풀어 역적이라 했다고 한다. 장군이 청소년 시절 큰길에서 놀자니 어떤 하인이 보자기 짐을 지고 가는데, 그 보자기 위에 흰 얼굴의 귀신이 앉아 있어서 괴상히 여겨 따라가 본즉 권남 정승의 집으로 들어갔다. 얼마 안 있어 정승 집에서 처녀 딸이 죽었다고 哭聲(곡성)이 들려, 장군이 짐작하는 바가 있어 살리겠다고 허락받아 들어가 보니, 과연 귀신이 처녀 가슴을 누르고 앉았다가 그를 보자 피해 달아나 처녀는 살아났는데 장군이 나오면 죽고 들어가면 다시 살아났다. 처녀는 권남의 넷째 딸로 하인이 가져온 홍시를 먹고 가슴이 막혀 기절한 것이었다. 장군은 귀신 얘기를 하고 적합한 약을 써서 살렸다. 권남은 기이하게 여겨 장군을 사위로 삼으려고 점장이에게 물으니, 남이는 일찍 죽을 것이라 하고, 자기 딸에 대해 물었던 바 短命(단명)하고 아들이 없으나 貴人(귀인)이 되겠다고 하여 결혼시켰는데, 장군이 화를 당하기 수년 전에 사망했다는 것이다.

7言絕句(7언절구). 압운은 無, 夫 자로 평성 '虞(우)' 평운인데 첫 구에는 압운하지 않았다. 평측은 차례로 '仄平平仄平平仄, 仄仄平平仄仄平, 平平仄仄仄平仄, 仄仄平平仄仄平'으로 二四不同二六對(이사부동이륙대)는 잘 이루어졌으나 反法(반법)으로 일관해 粘法(점법)이 되지 않았다.

730. 南夏行(남하행 1697~1781) : 조선 정조 때 학자, 處士(처사). 자 聖時(성시). 호 潛翁, 遯菴(잠옹, 둔암). 본관 宜寧(의령). 父 진사 壽喬(수교). 부친이 사망한 지 여섯 달 후에 태어나 아버지의 얼굴도 모르는 죄인으로 자처하고 좋은 옷을 입거나 유흥 잔치에 참석하는 일이 없었다. 글을 읽다가 '父母(부모)' 두 글자가 눈에 띄면 흐느껴 울었고 길을 가다가 孝子碑(효자비)를 보면 반드시 말에서 내려 배례했다. 부친의 忌日(기일)에는 목욕재계하여 엄숙히 제사를 모시었고, 자신의 생일에는 아무것도 입에 대지 않고 그 날을 지냈다 한다. 經史子集(경사자집)과 우리나라 典籍(전적)까지 통달했고 명필로도 이름났었다.

730-1 思父(사부) 아버지를 그리워하다

人間不孝唯我獨 每年今日淚些兒 兒孫不識中心恨 洗手慇懃勸一巵.

(인간불효유아독 매년금일누사아 아손불식중심한 세수은근권일치)

사람으로 불효한 자식은 나뿐이리니, 해마다 이 날이면 못난 이 아들 눈물 흘리네.
아이들은 내 속마음에 맺힌 한을 모르고, 손 씻고 술 한 잔 들라 은근히 권하는구나.

[語句] *些 : ①적다. ②語助辭(어조사). *中心 : 마음. 속마음. *卮 : 잔. 술잔.

[鑑賞] 先考(선고)의 忌祭祀(기제사)에 지은 시. 遺腹子(유복자)로 태어난 지은이라 부친에 대한 그리움이 커서 지은이 난에서 보인 대로 남다른 효심을 가졌었다. 매년 선친의 기제가 돌아오면 속눈물을 흘리는데, 아들이나 손자들은 내 그런 마음을 몰라 飮福酒(음복주)를 마시라고 권한다 했다.

7언절구. 압운은 兒, 卮 자로 평성 '支(지)' 평운이다. 평측은 차례로 '平平仄仄平仄仄, 仄平平仄仄平平, 平平仄仄平平仄, 仄仄平平仄仄平'으로 이사부동이륙대는 첫 구만 어긋났고 반법이나 점법은 불완전하다.

731. 郎士元(낭사원 ?) : 中唐(중당)의 시인. 자 君胄(군주). 定州(정주) 사람. 錢起(전기 → 371)와 함께 시에 뛰어나 사람들이 '앞에는 沈宋(심송, 沈佺期심전기→144, 宋之問송지문→126)이요 뒤에는 錢郎(전낭)이라' 했으며 문집이 전한다.

731-1 送鞠司直(송국사직) 국 사직을 송별하며

曙雪蒼蒼兼曙雲 朔風燕鴈不堪聞 貧交此別無他贈 惟有青山遠送君.
(서설창창겸서운 삭풍연안불감문 빈교차별무타증 유유청산원송군)

새벽 눈 푸르고 새벽 구름마저 개어, 북풍에 섞여 들리는 기러기 울음 듣기 괴롭네.
가난한 우리 이별이라 달리 줄 것이 없어, 오직 푸른 산만이 그대를 멀리 전송하는구나.

[語句] *司直 : 裁判(재판) 관련 관직. '公直(공직, 공평 정직)을 맡아봄'의 뜻임. *蒼蒼 : 아주 푸른 모양. 맑게 갠 모양. *朔風 : 겨울철의 북풍. *燕鴈 : ①제비와 기러기. ②연땅에서 오는 기러기. 북방의 기러기. 여기서는 ②임. *不堪 : 견디지 못함. *貧交 : 가난한 사귐. 가난하고 천할 때의 사귐이나 그런 벗. 貧賤之交(빈천지교). →64-20.

[鑑賞] 겨울 새벽에 사직 벼슬을 사는 친구를 송별하며 지은 시. '새벽에 깔린 눈과 함께 구름도 푸르게 찬데, 북풍에 실려 들려오는 기러기의 울음 더욱 듣기가 괴롭다. 가난한 사귐이라 전별하며 주는 돈이나 증표가 되는 물건조차 없어, 다만 저 푸른 산만이 내 마음을 대신해 그대를 전송해 줄 뿐이라' 하여 이별의 애틋함을 읊었다.

7언절구. 압운은 雲, 聞, 君 자로 평성 '文(문)' 평운이다. 평측은 차례로 '仄仄平平平仄平, 仄平平仄仄平平, 平平仄仄平平仄, 平仄平平仄仄平'으로 이사부동이륙대와 반법, 점법 등이 잘 이루어졌다.

732. 盧仝(노동 795?~845) : 中唐(중당)의 시인. 호 玉川子(옥천자). 范陽(범양) 사람. 小室

山(소실산)에 은거하며 조정에서 諫議大夫(간의대부)로 불렀으나 응하지 않았고 韓愈(한유 →599)를 존경했다 고 한다.

732-1 出山作(출산작) 산을 나오며 짓다

出山忘掩山門路 釣竿插在枯桑樹 當時只有烏窺窬 更亦無人得知處
家僮若失釣魚竿 定晨猿猴把將去.

(출산망엄산문로 조간삽재고상수 당시지유오규유 갱역무인득지처
가동약실조어간 정신원후파장거)

산을 나오면서 바깥문 닫기를 잊어버리고, 낚싯대는 마른 뽕나무에 걸쳐 두었네.
그 때에는 까마귀만이 판장문에서 엿보고 있었을 뿐, 사람들은 그걸 알리가 없을걸세.
혹시 집 아이가 낚싯대가 없어졌다고 알려준다면, 그건 필시 새벽에 원숭이가 집어 갔으리라.

[語句] *山門 : ①산의 어귀. ②절. ③<佛>절의 바깥문. 여기서는 ③인 듯함. *釣竿 : 낚싯대. *窬 : 널빤지로 막은 울타리의 문. 판장문. *更 : 또한. *家僮 : 집안 심부름을 하는 어린 사내종. 家童(가동). *晨 : 새벽. *猿猴 : 원숭이. *把 : 잡다. 가지다.

[鑑賞] 산 속 집이라 문을 닫거나 물건 간수에 조심하거나 하는 일은 하지 않는다. 이웃이라는 것이 산짐승뿐이며 사람은 보이지 않기 때문이다. 이 시에서도 그런 경지를 읊었으니, 가족의 언동은 까마귀만이 보고 있고 원숭이도 마음대로 집안을 드나들며 낚싯대를 신기해 하며 집어 갈 수도 있다. 자연친화적이며 자연 속에서 한가로이 사는 은자의 낭만이 들어 있다.

6句體 7言古詩(6구체 7언고시). 압운은 路, 樹, 處, 去 자로 앞의 두 자는 거성 '遇(우)' 측운, 뒤의 處와 去 자도 거성 '御(어)' 운으로 두 운은 通韻(통운)이 된다. 평측은 차례로 '仄平仄仄平平仄, 仄平仄仄平平仄, 平平仄仄平平平, 仄仄平平仄平仄, 平平仄仄仄平平, 仄平平平仄平仄'으로 이사부동이륙대는 넷째 구와 여섯째 구의 둘에서 어긋났고, 고시이기에 반법과 점법은 무시되었다.

733. 盧綸(노륜 748~800) : 중당의 시인. 자 允言(윤언). 산서성 蒲縣(포현) 사람. 戶部郎中(호부낭중) 벼슬을 지냈고 德宗(덕종)과 文宗(문종) 임금이 그의 시를 좋아했다고 하며, 그의 시는 건전하면서 화려하고 5언시 중 '塞下曲(새하곡)'이 유명하다고 한다.

733-1 同吉中孚夢桃源(동길중부몽도원) 길중부와 함께 도원을 꿈꾸다

春雨夜不散 夢中山亦陰 雲中碧潭水 路暗紅花林

花水自深淺 無人知古今.
(춘우야불산 몽중산역음 운중벽담수 노암홍화림
화수자심천 무인지고금)

봄비는 밤에도 그치지를 않아, 꿈속의 산들도 어둑하구나.
구름 속에는 푸른 못물이요, 붉은 꽃나무 숲으로 길 희미하게 나 있네.
꽃과 물은 절로 짙기도 하고 옅기도 하나니, 이 경지를 아는 사람은 고금을 통해 없으리라.

[語句] *中孚 : 이름이거나 字(자)인 듯한데, 64卦(괘)에 중부괘가 있음. *桃源 : 신선 세계인 武陵桃源(무릉도원). *碧潭 : 푸른빛이 감도는 깊은 못. *花林 : 꽃나무 숲. *深淺 : 깊음과 얕음. 짙음과 옅음.

[鑑賞] 친구와 함께 무릉도원을 그리며 지은 시. 시 전체는 현실로 보아도 되지만, 오히려 상상의 무릉도원이라 함이 좋겠다. 인간은 늘 유토피아 곧 理想鄕(이상향)을 꿈꾸며 살아가는 존재이며, 그런 곳에 은거하고자 함을 드러내 보이는 작품으로 花水自深淺이 詩眼(시안)이다.

6句體 5言詩(6구체 5언시). 앞에서 인용한 6구체 7언고시와는 달리 평운으로 압운했으며, 압운은 陰, 林, 今 자로 평성 '侵(침)' 평운이다. 평측은 차례로 '平仄仄仄仄, 仄平平仄平, 平平仄平仄, 仄仄平平平, 平仄仄平仄, 平平平仄平'으로 二四不同(이사부동)은 첫 구와 셋째 구에서 어긋났고 反法, 粘法(반법, 점법)은 불완전하며 평측 배치도 좋지 못해 고시로 분류해도 되겠다.

734. 盧僎(노선 ?~708) : 初唐(초당)의 시인. 相州 臨障(상주 임장) 사람. 吏部員外郎(이부원외랑)을 역임했고 시 14수가 전한다.

734-1 南樓望(남루망) 남루에서

去國三巴遠 登樓萬里春 傷心江上客 不是故鄕人.
(거국삼파원 등루만리춘 상심강상객 불시고향인)

고향 떠나 삼파 먼 곳인데, 남루 누각에 오르니 온통 봄빛일세.
상심에 잠긴 강가의 나그네여, 고향 사람은 아무도 없구나.

[語句] *三巴 : 重慶市(중경시)와 湖北省(호북성)에 걸쳐 있는 三峽(삼협) 부근의 巴郡, 巴東, 巴西(파군, 파동, 파서). →64-10. *萬里春 : 만리에 이어지는 봄. '온 천지가 봄빛'임을 나타내는 말임. *傷心 : 마음 상함. *江上 : 강가.

[鑑賞] 고향을 멀리 떠나 험난하면서도 경관이 뛰어나다는 삼파 곧 삼협 지방에 유람

을 와, 남쪽에 있다고 해서 이름 붙인 누각에 올라 감회를 읊었다. 만리에 봄빛인데 강가 누각에서 상심에 잠긴 나는 고향 사람 하나도 만나지 못하고 낯선 사람들만 대하니, 고향 생각이 간절해진다 했다. 군더더기가 없이 깔끔한 시로 처음 두 구는 對句(대구)를 이루었다.

5言絕句(5언절구). 압운은 春, 人 자로 평성 '眞(진)' 평운이다. 평측은 차례로 '仄仄平平仄, 平平仄仄平, 平平平仄仄, 仄仄仄平平'으로 이사부동과 반법, 점법 등이 잘 이루어졌다.

735. 戴復古(대복고 ?) : 南宋(남송)의 시인. 江湖(강호)의 시인으로 이름을 떨쳤고 자기의 作詩(작시) 태도와 방법을 읊은 7언절구 10수를 남겼는데, 이를 '論詩十絕(논시십절)'이라 한다. 그리하여 元好問(원호문)과 함께, 杜甫(두보 →64)의 논시를 이은 兩大支脈(양대지맥)을 형성했다.

735-1 論詩十絕 十首 第6首(논시십절 십수 제6수) 논시십절 열 수 여섯째 수

飄零憂國杜陵老 感遇傷時陳子昂 近日不聞秋鶴唳 亂蟬無數噪斜陽.

(표령우국두릉로 감우상시진자앙 근일불문추학려 난선무수조사양)

떠돌면서도 나라 걱정을 한 두보요, '감우' 시로 시대를 슬퍼한 진자앙일세.
요즈음에는 가을 학의 울음소리 들리지 않고, 저녁나절의 시끄러운 매미 소리뿐이로구나.

[語句] *飄零 : 신세가 딱하게 되어 떠돌아다님. *杜陵老 : 두릉 老將(노장) 곧 杜甫(두보). 杜陵은 두보의 아호이며 그가 살던 지명이기도 함. *感遇 : 진자앙이 지은 시의 제목. →510-1. 感遇는 '느낌을 받음'임. *鶴唳 : 학의 울음소리. 鶴鳴(학명). 詩經 小雅(시경소아)에 "鶴鳴于九皐 聲聞于天(학이 먼 못 가에서 우니, 그 소리 하늘에 들리는도다)"라 하여 '군자는 그 몸을 숨겨도 그 명성이 널리 알려짐'을 뜻하고 墨子(묵자)도 "말이 많을 필요는 없고 학이 밤에 울어 천하를 진동하듯 해야 한다"고 했음. *亂蟬 : 어지러이 우는 매미들. '소인이나 보잘 것 없는 시인'을 비유한 말임. *斜陽 : 저녁때 서쪽으로 기울어지는 해나 그 햇빛.

[鑑賞] 두보의 애국심을 드러내는 시들과 진자앙이 경박한 시대 풍조를 비판하고 詩歌(시가)의 복고를 주장한 '감우' 시 38수 등을 높이 평가하고, 요즘에는 학의 울음처럼 감동을 주는 그런 작품은 볼 수 없고 저녁 햇빛을 받아 시끄러이 우는 매미들같이 경박한 작품만 있다고 개탄했다. 말하자면 한두 시인의 뛰어난 시가 잡다한 다수의 시들보다 가치 있음을 읊었다.

7言絕句(7언절구). 압운은 昂, 陽 자로 평성 '陽' 평운이다. 평측은 차례로 '平平平仄仄平仄,

仄仄平平平仄平, 仄仄仄平平仄仄, 仄平平仄仄平平'으로 二四不同二六對(이사부동이륙대)와 반법, 점법 등이 잘 이루어졌다.

735-2 論詩十絕 十首 第7首(논시십절 십수 제7수) 논시십절 열 수 일곱째 수

欲參詩律似參禪 妙趣不由文字傳 箇裏稍關心有悟 發爲言句自超然.

(욕참시율사참선 묘취불유문자전 개리초관심유오 발위언구자초연)

시율을 아는 것은 참선과 같아서, 오묘한 정취는 글자로 말미암아 전해지는 게 아니고, 하나하나 마음 속 깨달음이 점점 관련되어, 말과 글자로 나타남이 절로 초연해야 한다네.

[語句] *詩律 : 시의 律格(율격). 시 짓는 규칙. *參禪 : <佛>坐禪(좌선)하여 無我靜寂(무아정적, '나'라는 관념이 없이 고요함)의 경지 곧 禪道(선도)를 수행함. *妙趣 : 미묘한 情趣(정취, 기분과 흥취). 미묘한 人情味(인정미). 妙味(묘미, 묘한 맛). *文字傳 : 말이나 글로 전해짐. 不立文字 敎外別傳(말과 글을 쓰지 않고, 이심전심以心傳心으로 따로 심원한 뜻을 전한다)<五燈會元> *箇裏 : 하나하나 속에. 낱낱이. *稍 : 점점. *言句 : 말. 말의 구절. 語句(어구). *超然 : 범위 밖으로 뛰어난 모양.

[鑑賞] 시는 불교의 참선의 도처럼 스스로 깨쳐야 하는 것이지, 남에게 배워서 되는 것이 아니라는 주장이다. 말하자면 자신의 예민한 관찰과 오묘한 思考作用(사고작용)에 의해 마음에서 절로 우러나는 바를 문자로 기록해야 참다운 시가 되는 것이라, 不立文字의 妙理(묘리)가 시를 짓는 바탕이 된다는 것이다.

7언절구. 압운은 禪, 傳, 然 자로 평성 '先(선)' 평운이다. 평측은 차례로 '仄平平仄仄平平, 仄仄仄平平仄平, 仄仄仄平平仄仄, 仄平平仄仄平平'으로 이사부동이륙대와 반법, 점법 등이 모두 잘 이루어져 내용면과 함께 秀作(수작)이라 할 만하다.

736. 都元興(도원흥 ?) : 고려 공민왕 때 시인.

736-1 嶺南樓(영남루) 영남루

金碧樓明壓水天 昔年誰構此峯前 一竿漁父雨聲外 十里行人山影邊

入檻雲生巫峽曉 逐波花出武陵煙 沙鷗但聽陽關曲 那識愁心送別筵.

(금벽누명압수천 석년수구차봉전 일간어부우성외 십리행인산영변

입함운생무협효 축파화출무릉연 사구단청양관곡 나식수심송별연)

단청한 영남루는 강물과 하늘을 눌러 밝게 솟았는데,

지난날 누가 봉 머리에 이 누각을 세웠나.

낚싯대 든 어부 비가 와도 아랑곳 없고, 길가는 사람들은 산그늘을 밟으며 가네.
정자 난간에 구름 이니 무협의 새벽 같고,
물결 따라 꽃잎 떠가니 무릉도원 연하 경치로세.
갈매기는 이별곡인 양관곡을 듣기만 할 뿐, 어찌 송별 자리의 시름하는 심정을 알겠는가.

[語句] *嶺南樓 : 경상남도 密陽市 內一洞(밀양시 내일동)에 있는 누각. *金碧 : 금빛과 푸른빛. 아름다운 색채. *檻 : 난간. *巫峽 : 三峽(삼협)의 하나로 重慶市 巫山(중경시 무산)의 깊은 골짜기임. →64-10, 734-1. *武陵 : 신선 세계인 무릉도원. →733-1. *煙 : 연기. 안개. 煙霞(연하, 안개와 놀). *沙鷗 : 물가의 白鷗(백구, 갈매기). *陽關曲 : 송별의 시. 王維(왕유)의 '送元二使之安西(송원이 사지안서)' 시로 '渭城曲(위성곡)' 또는 '陽關三疊曲(양관삼첩곡)'이라고도 함. 陽關은 甘肅省 燉煌(감숙성 돈황) 서남에 있는데 玉門關(옥문관)의 남쪽에 있으므로 양관이라 함. →164-10.

[鑑賞] 영남루는 고려 때 세워졌는데 조선 때 申叔舟(신숙주 →130)의 '嶺南樓記(영남루기)'에 보면 밀양부사 姜叔卿(강숙경)이 영남루를 새로 수리하고 記를 청했다고 했다. 그리고, 金久冏(김구경)이 이 시에 차운한 '次密陽嶺南樓韻(차밀양영남루운)'이 '東文選(동문선 권17)'에 실려 있다. 首聯(수련 1~2구)에서는 하늘과 물을 누르듯 영남루가 곱게 단청한 모습으로 솟았는데, 누가 세웠는지 안목이 높아 산봉우리 앞에 잘 자리잡았다 했고, 頷聯(함련 3~4구)은 수련을 이어받아 비가 오는데도 아랑곳없이 낚시질하는 어부와 길 가는 나그네를 대비해 對句(대구)를 잘 이루었다. 頸聯(경련 5~6구)은 영남루와 주변의 景觀(경관)을 중국의 명승지인 무협과 무릉도원에 비겨 그와 대등하다고 역시 대구를 이루며 轉換(전환)했다. 尾聯(미련 7~8구)에서는 이별의 아쉬움을 읊어 갈매기야 이별곡을 듣기만 했지, 이별에 얽힌 사람의 안타까운 심정을 알 리가 없을 것이라며 시적으로 잘 마무리 지은 명작이다.

7言律詩(7언율시). 압운은 天, 前, 邊, 煙, 筵 자로 평성 '先(선)' 평운이다. 평측은 차례로 '平仄平平仄仄平, 仄平平仄仄平平, 仄平平仄仄平仄, 仄仄平平平仄平, 仄仄平平平仄仄, 仄平平仄仄平平, 平平仄仄平平仄, 平仄平平仄仄平'으로 二四不同二六對(이사부동이륙대)와 反法, 粘法(반법, 점법) 등이 잘 이루어져 7律의 典型(전형)이 되는 작품이다.

737. 杜筍鶴(두순학 846~904) : 晩唐(만당)의 시인. 호 彦之, 九華山人(언지, 구화산인). 進士(진사)에 급제하고 翰林學士(한림학사)를 역임했으며, 술을 좋아하고 거문고에 능하여 구화산인이라 자칭했다고 한다. 그의 시에서 宮詞(궁사, 궁중 여인의 한 따위를 읊은 시)는 비교적 아름다우나, 다른 시는 저속하다는 평을 듣는다. 전해 오는 말에 의하면 杜牧(두

목 →63)의 아들이라 하니, 두목이 池州(지주, 안휘성 池州地區 貴地市지주지구 귀지시) 군수로 있을 때 小室(소실)을 얻어 아이를 뱄는데 두목은 그녀를 杜筠(두균)에게 시집보내어 낳은 아이가 바로 두순학이라 한다.

737-1 題新雁(제신안) 새로 날아온 기러기를 두고 짓다

暮天新鴈起汀洲 紅蓼花疎水國秋 想得故園今夜月 幾人相憶在江樓.

(모천신안기정주 홍료화소수국추 상득고원금야월 기인상억재강루)

해 저무는 하늘에 새로 온 기러기 물가에서 날고,
빨갛게 단풍 든 여뀌꽃 드무니 물의 고장은 가을이로구나.
생각하면 고향에서는 오늘 밤 저 달을, 몇 사람이나 그리워하며 강가 누각에서 바라보려나.

[語句] *暮天 : 저문 때의 하늘. *汀洲 : 강이나 호수에서 물이 얕고 흙이나 모래가 드러난 곳. *紅蓼 : 단풍이 들어 빨갛게 된 여뀌. 여뀌는 '마디풀과의 1년생 풀'로 줄기는 홍갈색이며 여름에 흰 꽃이 핌. *水國 : 물의 고장이나 나라. *故園 : 예전에 살던 곳. 고향. *相憶 : 서로 생각함. 그리워함. *江樓 : 강가의 누각.

[鑑賞] 가을 저녁 때 타향의 강가 누각에 올라, 가을이면 어김없이 날아오는 기러기를 소재로 읊은 시. 흰 여뀌꽃이 단풍 들어 빨갛게 보이니 기러기와 함께 이 물의 고장에 가을이 왔다. 고향에서 바라보던 달과 똑같은 저 달을, 지금 내 고향에서는 그리움에 젖은 사람들이 강루에 올라 하염없이 바라보며 나와 꼭 같이 시름에 잠기리라 했다. 지은이의 代表作(대표작)이라 할 만한 명작이다.

7言絕句(7언절구). 압운은 洲, 秋, 樓 자로 평성 '尤(우)' 평운이다. 평측은 차례로 '仄平平仄仄平平, 平仄平平仄仄平, 仄仄仄平平仄仄, 仄平平仄仄平平'으로 이사부동이륙대와 반법, 점법 등이 잘 이루어진, 7언절구의 전형이 되는 시이다.

738. 杜審言(두심언 645~708) : 初唐(초당)의 시인, 문관. 자 必簡(필간). 晉(진) 나라 杜預(두예)의 후예요 詩聖杜甫(시성두보 →64)의 조부이며 襄陽(양양) 사람이다. 進士(진사)에 급제하여 隰城尉(습성위)가 되었는데 재주가 뛰어나 그 재주만 믿고 오만하여 남의 미움을 샀으며, 峰州(봉주)로 귀양갔다가 풀려나 修文館直學士(수문관 직학사)를 역임했다. 李嶠, 崔融, 蘇味道(이교, 최융, 소미도)와 함께 '文章四友(문장사우)'라 했으며 문집 '杜審言集(두심언집 10권)'이 있다.

738-1 渡湘江(도상강) 상강을 건너며

遲日遠林悲昔遊 今春花鳥作邊愁 獨憐京國人南竄 不似湘江水北流.

(지일원림비석유 금춘화조작변수 독련경국인남찬 불사상강수북류)

봄날에 지난날 저 먼 숲을 유람하던 일 떠올라 서글픈데,
이 봄에도 꽃 피고 새 울어 변방 시름 자아내는구나.
서울을 떠나 남방으로 귀양 온 몸 홀로 슬퍼하나니,
이 상강 물이 북쪽으로 흘러가는 것과는 반대일세.

[語句] *湘江 : 중국 남부에서 호남성 洞庭湖(동정호)로 흘러드는 강. 옛 舜(순) 임금이 남방을 巡狩(순수)하다가 蒼梧山(창오산)에서 승하하니, 그의 두 妃(비) 娥皇, 女英(아황, 여영)이 슬피 울며 순 임금을 따라 이 강에 빠져 죽어 여신 湘君(상군, 湘妃상비)이 되었다 함. 湘水(상수). *遲日 : 해가 늦게 져 낮이 긴 날 곧 봄날. 永日(영일). *邊愁 : 邊方(변방, 국경 지방 시골)에서 느끼는 憂愁(우수, 근심). *京國 : 서울 지방. 京洛(경락). *南竄 : 남쪽 귀양살이.

[鑑賞] 지은이가 봉주로 귀양간 일이 있다고 하니 이 시는 그 때 상강을 건너며 지은 듯하다. '상강 주변의 숲은 전에 유람하던 곳이라 감회가 새로운데, 그 때와 마찬가지로 꽃 피고 새우는 봄철의 모습을 보고 들으니 더욱 시름 깊어진다. 서울 장안을 멀리 떠나 남으로 유배되어 가노라니 북쪽으로 흐르는 이 상강 물과는 정반대라 더욱 슬퍼진다' 했다. 끝 두 구가 시적인 표현이다.

7언절구. 압운은 遊, 愁, 流 자로 평성 '尤(우)' 평운이다. 평측은 차례로 '平仄仄平平仄平, 平平平仄仄平平, 仄平平仄平平仄, 仄仄平平仄仄平'으로 이사부동이륙대와 반법, 점법 등이 모두 이루어졌다.

738-2 賦得妾薄命(부득첩박명) '박명한 첩'이란 시를 보고

草綠長門掩 苔青永巷幽 寵移新愛奪 淚落故情留
啼鳥驚殘夢 飛花攪獨愁 自憐春色罷 團扇復迎秋.

(초록장문엄 태청영항유 총이신애탈 누락고정류
제조경잔몽 비화교독수 자련춘색파 단선부영추)

초록에 덮인 장문궁 궁문은 잠겨 있고, 후궁이 갇힌 이끼 푸른 옥은 고요하여라.
임금님 총애는 새 여인에게 빼앗긴 터라, 지난날의 그 옛정을 그리며 눈물 흘리네.
새 우는 소리에 얕은 꿈을 깨고, 꽃잎 날리는 걸 보며 홀로 수심에 떠는구나.
봄빛 사그라드는 걸 홀로 슬퍼하나니, 둥근 부채 또 가을을 맞이한 격이로세.

[語句] *賦 : 읊다. 짓다. '詩體(시체)'의 일종. *薄命 : 奇薄(기박, 운수가 사납고 복이 적음)한

운명. 팔자가 사나움. *長門 : 長門宮(장문궁). 前漢(전한)의 궁전으로 武帝(무제 →591)의 陳皇后(진황후, 진아교)가 총애를 잃고 별거하던 곳으로 司馬相如(사마상여)가 진황후를 위해 '長門賦(장문부)'를 지은 바 있음. *永巷 : 궁궐의 긴 복도 또는 후궁의 감옥. 궁궐의 지붕을 잇대어 지은 복도 같은 곳으로, 무제 때 掖庭(액정)이라 칭하고 그 일부를 감옥으로 사용해 죄가 있는 궁녀를 가두었음<漢書 外戚傳> *新愛 : 새 사랑 곧 새 여인. *故情 : 옛정. 옛 연분. *殘夢 : 잠이 깰 무렵 어렴풋이 꾸는 꿈. *攪 : 어지럽다. 어지럽히다. 흔들리다. *團扇 : 둥글게 생긴 부채.

[鑑賞] 魏(위) 나라 曹植(조식 →456)이 박명한 첩을 얻고 다른 사람들에게 시를 짓게 했던 바, 지은이도 그에 따라 지은 시인데, 한 무제의 황후인 진 황후 곧 陳阿嬌(진아교)의 고사를 소재로 했다. 무제가 어렸을 때 어린 궁녀 진아교를 보고 만약 진아교에게 장가들면 금으로 집을 지어 그 속에 가두어 두겠다고 했으나, 진아교는 황후가 된 뒤 오만하고 질투가 심하며 아들이 없어 장문궁에 유폐되었다가 폐비가 되고 말았다. 끝 연은 漢成帝(한성제)의 후궁 班婕妤(반첩여 →89)가 성제의 총애를 趙飛燕(조비연)에게 빼앗기고 長信宮(장신궁)으로 옮겨가 스스로를 가을에 소용없게 된 부채 곧 秋扇(추선)이라고 했던 고사를 인용했다. →89-1.

5言律詩(5언율시). 압운은 幽, 留, 愁, 秋 자로 평성 '尤(우)' 평운이다. 평측은 차례로 '仄仄平平仄, 平平仄仄平, 仄平平仄仄, 仄仄仄平平, 平仄平平仄, 平平仄仄平, 仄平平仄仄, 平仄仄平平'으로 二四不同(이사부동)과 反法, 粘法(반법, 점법) 등이 잘 이루어져 내용면과 함께 7언율시의 전형이 되는 명작이다.

739. 梅窓(매창 1573~1610) : 조선 선조 때 扶安 妓生(부안 기생). 부안 縣吏(현리)의 딸. 이름 香今, 桂生, 癸生(향금, 계생, 계생). 자 天香(천향). 호 梅窓, 蟾初(매창, 섬초). 별칭 桂娘, 癸娘(계낭, 계낭). 성은 미상이며, 노래를 잘했고 거문고도 잘 탔으며 한시뿐 아니라 시조에도 능했다고 한다. 어진 선비인 村隱 劉希慶(촌은 유희경 ?)과 사랑하는 사이로 촌은이 서울로 돌아간 뒤 소식이 없자 '梨花雨(이화우)' 시조 "이화우 흩날릴 제 울며 잡고 이별한 님, 추풍낙엽에 져도 나를 생각는지, 천리에 외로운 꿈만 오락가락하더라."를 읊으며 수절했다고 하며 문집에 '梅窓集(매창집)'이 있다.

739-1 自恨 三首(자한 삼수) 내 스스로의 한 세 수

春冷補寒衣 紗窓日照時 低頭信手處 珠湘滴針絲<첫 수>
東風一夜雨 柳與梅爭春 對此最難堪 樽前惜別人<둘째 수>
夢罷愁風雨 沈吟行路難 慇懃樑上燕 何日喚人還<셋째 수>

(춘랭보한의 사창일조시 저두신수처 주상적침사)

(동풍일야우 유여매쟁춘 대차최난감 준전석별인)

(몽파수풍우 침음행로난 은근양상연 하일환인환)

봄 날 쌀쌀해 두툼한 옷 더 입었는데, 비단 창에 햇볕 비추네.
머리 숙여 손길에 익숙한, 바느질감에 구슬 같은 눈물이 지는구나.<第1首>
동풍에 실린 비 밤새 오더니, 버들과 매화가 봄을 서로 다투는구나.
이 때를 당하는게 가장 견디기 어렵나니, 술동이 앞에 두고 임과의 이별이 있기에.<第2首>
꿈을 깨니 비바람이 시름겹게 하고, 인생길 어려움을 근심에 잠겨 신음하네.
들보 위의 저 암수 제비 은근하나니, 어느 날에 우리 임도 불러 돌아오게 하려나.<第3首>

[語句] *補寒 : 추위를 막음. *衣 : 옷 입다. *紗窓 : 비단으로 바른 창. '여인이 거처하는 방의 창문'을 비유하는 말임. *信手 : 손에 맡김. 일이 손에 익어 능숙함. *珠湘 : '湘君(상군, 상수의 여신 →738-1)이 흘린 구슬 같은 눈물'의 뜻임. *針絲 : 바늘과 실. 바느질. 針線(침선). *難堪 : 견디어 내기 어려움. *惜別 : 이별하기를 애틋하게 여김. *沈吟 : 근심에 잠겨 신음함. 입속으로 웅얼거리며 깊이 생각함. *行路難 : 세상살이의 어려움. *慇懃 : 은밀하게 정이 깊음. 서로 통하는 마음이 남모르게 살뜰함. *樑 : 들보. *喚 : 부르다.

[鑑賞] 남편이나 사랑하는 사람과 이별한 內房女人(내방여인)이 스스로의 한탄을 읊은 連作詩(연작시) 세 수이다. 쌀쌀한 봄날에 익숙한 솜씨로 낭군의 도포라도 짓는가, 하나 돌아오지 않는 임을 그리니 눈물만 진다고 첫 수에서 읊었고, 둘째 수에서는 봄바람에 실린 봄비 내리더니 버들잎 파랗고 매화는 피어 봄임을 보여 주나니, 임과의 이별은 이 때가 가장 마음을 괴롭히는 때라 했다. 말하자면 "春女感陽氣而思男(봄 여인은 양기를 느끼어 사내를 그리워하게 된다)"<詩經 豳風七月 鄭箋>인 것이다. 마지막 수는 암수 정다운 들보의 제비를 보니 더욱 임이 그리워짐을 그렸다.

5言絕句(5언절구) 세 수. 압운은 첫 수가 時, 絲 자로 평성 '支(지)' 평운, 둘째 수는 春, 人 자로 평성 '眞(진)' 평운, 셋째 수는 難, 還 자로 難은 평성 '寒(한)' 운, 還도 평성 '刪(산)' 평운으로 두 운은 通韻(통운)이 된다. 평측은 차례로 '平仄仄平仄, 平平仄仄平, 平平平仄仄, 平平仄仄平 ; 平平仄仄仄, 仄仄平平平, 仄仄仄平平, 平平仄仄平 ; 仄仄平平仄, 平平平仄平, 平平平仄仄, 平仄仄平平'으로 이사부동은 모두 이루어졌으나 첫 수 끝 구에서 반법이 되지 않았고, 그 밖에는 반법, 점법이 모두 이루어졌다.

740. 文繼朴(문계박 ?) : 조선 현종 때 선비. 자 德胤(덕윤). 成均進士(성균진사)였다.

740-1 題贈鄭可遠(제증정가원) 정가원에게 주려고 짓다

東西南北盡相知 交道何曾有變移 半世無心營爵祿 只緣憂國淚長垂.

(동서남북진상지 교도하증유변이 반세무심영작록 지연우국누장수)

동서남북 사방에서 서로 깊이 사귀었으니, 사귄 도리 어찌 변함이 있으리.

반평생 살면서 벼슬에는 뜻이 없었으나, 다만 나라 근심으로 눈물 마를 날 없었네.

[語句] *鄭可遠 : 미상. *相知 : 서로 아는 사이. *交道 : 벗을 사귀는 도리. *何曾有 : 어찌 있으랴. *變移 : 달라짐. 變遷(변천). *半世 : 반세상. 일생 동안의 절반. *爵祿 : 벼슬과 봉급. 官爵 俸祿(관작 봉록). *長垂 : 길게 떨어짐.

[鑑賞] 정가원이 누구인지 모르지만 지은이와 한가지로 진사나 生員(생원)으로서 벼슬길에 나아가지 않고 선비로 지내는 인사 같다. 비록 벼슬을 살지는 않지만 사귄 우정들을 변함없이 오래 가지며, 나라의 어려움을 근심하며 눈물 흘리는 우국의 정을 드러낸 작품이다. 지난날 우리 조상들의 꿋꿋한 삶의 자세를 미루어 볼 수 있다.

7言絕句(7언절구). 압운은 知, 移, 垂 자로 평성 '支(지)' 평운이다. 평측은 차례로 '平平平仄仄平平, 平仄平平仄仄平, 仄仄平平平仄仄, 仄平平仄仄平平'으로 二四不同二六對(이사부동이륙대)와 반법, 점법 등이 모두 잘 이루어진 좋은 시이다.

741. 文天祥(문천상 ?) : 南宋(남송)의 충신. 元(원)의 침입을 받아 남송이 멸망할 때 항복하지 않아 옥중에서 사망했으며, 옥중에서 지은 '正氣歌(정기가)'가 유명하다.

741-1 正氣歌 初頭(정기가 초두) 정기가 첫머리

天地有正氣 雜然賦流形 下則爲河嶽 上則爲日星
於人日浩然 沛乎塞蒼冥 皇路當淸夷 含和吐明廷
時窮節乃見 一一垂丹靑.

(천지유정기 잡연부유형 하즉위하악 상즉위일성
어인왈호연 패호색창명 황로당청이 함화토명정
시궁절내현 일일수단청)

천지에 공명정대한 기운이 있어, 모든 것에 형체를 어지러이 내려주었으니,
아래로는 산과 물이 되고, 위로는 해와 별이 되었더라.
인간에게는 호연지기가 있다 했으니, 성대하여 하늘과 바다를 막을 만하도다.
임금의 도리는 세상을 태평하게 하며, 화합이 되게 해 밝은 조정을 이룩하네.
어려운 시기를 만나면 충절한 신하가 나타나서, 하나하나마다 초상화로 그려져 높이 걸리네.

[語句] *正氣 : 공명정대한 천지의 元氣(원기). 천지자연을 지배하는 근원되는 기운. 君子行正氣 小人行邪氣(군자는 정기를 실천하고, 소인은 사악한 기운을 행한다) <文子 符言> *雜然 : 뒤섞여 어지러운 모양. *流形 : 형체가 있는 萬物(만물). *河嶽 : 강과 산. *浩然 : 浩然之氣(호연지기). 천지간에 꽉 차 있는 바른 원기 곧 천지의 正氣. 반성하여 추호의 가책도 없는 도덕적 용기 곧 비도덕적인 것을 물리치고 도의를 실현하는 참된 용기.<孟子 公孫丑上> *沛乎 : 크도다. 성대한 모양. *蒼冥 : ①푸른 하늘. ②하늘과 바다. *皇路 : ①큰 길. 大道(대도). ②임금으로서 행할 도리. 君道(군도). *淸夷 : 세상이 태평함. 淸平(청평). *明廷 : ①밝고 바름. ②밝은 조정. *見 : 나타나다. *節 : 절개. 忠節(충절). *丹靑 : 붉은 색과 푸른 색. 채색하여 그린 그림. '肖像畫'의 뜻임.

[鑑賞] 지은이가 스스로의 충절을 곁들여 읊은 시. 이 시의 竝序(병서)에 '내가 元(원)나라 감옥인 土室(토실)에 갇혀 있을 때 7가지 좋지 못한 기운 곧 水氣, 土氣, 日氣, 火氣, 米氣, 人氣, 穢氣(수기, 토기, 일기, 화기, 미기, 인기, 예기)가 엄습하나, 나는 孟子(맹자)가 말한 호연지기인 正氣 하나로 버티어 내어 正氣歌 한 수를 짓노라.' 했다. 시 속의 '蒼冥, 皇路, 明廷' 등의 어휘는 두 갈래로 풀이할 수도 있겠다. 이 뒤로는 중국 역대의 충절을 지킨 인사들을 열거하고는 "명철한 분들은 날로 멀어져 가지만 그분들의 본보기는 그대로 남아, 처마에서 책을 읽노라면 그 道義(도의)는 내 마음을 비추어 준다(哲人日已遠 典型在宿昔 風簷展書讀 古道照顔色)."라고 맺었다.

5言古詩(5언고시) 30연 60구의 첫머리 5연. 압운은 形, 星, 冥, 廷, 靑 자로 평성 '靑' 평운이다. 평측은 차례로 '平仄仄仄仄, 仄平仄平平, 仄仄平平仄, 仄仄平仄平, 平平仄仄平, 仄平仄平平, 平仄平平平, 平平仄平平, 平平仄仄仄, 仄仄平平平'으로 二四不同(이사부동)은 제3, 5, 7, 9, 10구에서만 이루어졌고 反法(반법)과 粘法(점법)은 무시되었다.

742. 閔泳煥(민영환 1861~1905) : 조선 말기의 충신. 자 文若(문약). 호 桂庭(계정). 시호 忠正(충정). 본관 驪興(여흥). 父 병조판서 謙鎬(겸호). 閔妃(민비)의 종질. 고종 15년(1878) 문과 급제하여 미국 公使(공사)로 있다가 고종 33년(1896) 3월 러시아 황제 니콜라이 2세의 대관식에 參禮(참례) 했고, 軍部大臣(군부대신)으로 있을 때 영국, 독일, 프랑스, 오스트리아, 미국 등 여러 나라를 방문하여 신문명에 밝았으며, 양복을 입고 사신으로 외국에 가는 처음을 기록했다. 귀국 후 參政(참정)에 올랐고 勳章條例(훈장조례)를 처음 공포했으며 勳1等(훈1등)에 이르렀다. 여러 부의 대신을 역임하여 나라의 운명을 바로잡으려 분투노력했으나 독립당을 옹호한다는 이유로 대신 자리에서 물러났다. 왕의 侍從武官長(시종무관장)으

로 있을 때 을사보호조약이 체결되어 나라를 일본에 빼앗기는 형세에 이르니, 의정대신 趙秉世(조병세)와 함께 보호조약의 폐기를 상소했으나 뜻을 이루지 못하고 고종 42년, 광무 9년(1905) 11월 4일 새벽 국민과 각국 공사에게 고하는 유서를 남기고 단도로 자결 순국했다. 大臣輔國崇祿大夫, 議政大臣(대광보국숭록대부, 의정대신)에 추증되었다.

742-1 在俄京思鄕(재아경사향) 아라사 서울에서 우리나라를 생각하다

宜家未信有賢方 先養眞元得自强 飮餐無節添新祟 憊勞難誇任小康
長生靈藥三山遠 濟衆神草百草香 擧世皆知爲己學 欲蘇痼瘼適陰陽.

(의가미신유현방 선양진원득자강 음찬무절첨신수 비로난과임소강
장생영약삼산원 제중신초백초향 거세개지위기학 욕소고막적음양)

의원이 좋은 처방을 가졌다는 걸 믿기 어렵나니, 먼저 원기를 돋우어 자강불식해야 하리라.
음식 절제 없으면 새 병의 빌미 되고,
피로를 견딘다 뽐내지 말고 소강 상태를 지녀야 하리.
장생불사약이 있다는 삼신산은 멀기만 하고, 백 가지 풀 모두가 제중의 신초라네.
누구나 제 스스로를 위한 길은, 고질적인 폐단에서 깨어나 음양의 조화가 맞게 하는 것이리.

[語句] *俄京 : 俄羅斯(아라사) 곧 러시아(Russia, 露西亞노서아)의 서울. *宜家 : ①가정이 화목함. 之子于歸 宜其室家(이 처녀 시집가면 시집살이 잘도 하겠네)<詩經 周南 桃夭> ②의사. '醫家(의가)'의 뜻으로 借用(차용)한 말. *賢方 : 좋은 處方(처방). *眞元 : 사람 한 몸의 원기. *自强 : 스스로 부지런히 힘씀. 自强不息(자강불식, 스스로 힘쓰고 가다듬어 쉬지 않음). *飮餐 : 음식물을 마시고 먹음. *祟 : 빌미. *憊勞 : 고달프고 노곤함. *小康 : 소란하던 형세가 다소 안정됨. 세상이 다소 다스려짐. *長生靈藥 : 長生不死(장생불사, 오래 살아 죽지 않음)의 효험이 큰 약. *三山 : 신선이 산다고 하는 三神山(삼신산). *濟衆 : 모든 사람을 구제함. *神草 : 신령스러운 풀. 山蔘(산삼). *擧世 : 온 세상. 온 세상사람. *爲己 : 제 스스로를 위함. *痼瘼 : 바로잡기 어려운 폐단. 痼弊(고폐). *陰陽 : 천지 만물의 서로 상대되는 두 성질인 음기과 양기.

[鑑賞] 아마도 러시아 황제의 대관식에 우리 대한의 사절로 갔을 때 지은, 寓意的(우의적)인 작품이라 할 수 있겠다. 겉으로 보이는 내용은 사람의 건강과 병을 이기는 방법을 쓴 것이지만, 속내는 러시아의 강대함과 우리나라의 나약함을 대비하여 우리 국민 스스로의 자강불식을 강조한 애국시이다. 그렇게 볼 때 제목 중의 思鄕은 '고향 생각'보다는 '우리 대한제국을 생각함'일 것이다. 3, 4구와

5, 6구 곧 頷聯(함련)과 頸聯(경련)은 對句(대구)가 잘 이루어졌다.

7言律詩(7언율시). 압운은 方, 强, 康, 香, 陽 자로 평성 '陽' 평운이다. 평측은 차례로 '平平仄仄仄平平, 平仄平平仄仄平, 仄平平仄平平仄, 仄仄平平仄仄平, 平平平仄平平仄, 仄仄平仄仄仄平, 仄仄平平平仄仄, 仄平仄仄仄平平'으로 二四不同二六對(이사부동이륙대)는 여섯째 구에서 어긋났고, 셋째 구에서 점법이 되지 않았으며 반법은 그런대로 이루어졌다.

743. 閔齊仁(민제인 1493~1549) : 조선 명종 때 문신. 자 希仲(희중). 호 立岩(입암). 본관 驪興(여흥). 父 典籍 龜孫(전적 구손). 문과 급제하여 左贊成(좌찬성)에 이르렀으며 명종이 어려서 즉위하여 文定大妃(문정대비)가 垂簾聽政(수렴청정)할 때 尹元衡(윤원형) 등이 앞의 임금 인종의 國舅(국구, 장인)인 尹任(윤임)과 柳灌(유관), 柳仁淑(유인숙) 등을 제거하려 함을 극력 반대했고, 일부 신하들이 安名世(안명세)가 기록한 史草(사초)를 고치려는 것을 제지하여 미움을 받아 公州(공주)로 귀양갔다가 거기서 사망했다. 문집에 '立岩集(입암집 3권)'이 있다.

743-1 述懷(술회) 생각을 말하다

晩抛儒業摠戎旗 志士成功會有時 白髮多從西塞得 丹心只許北宸知
孤城暮角江流急 絕塞春風雁到遲 起望雲河仍不寐 胡笳悄悄使人悲.
(만포유업총융기 지사성공회유시 백발다종서새득 단심지허북신지
고성모각강류급 절새춘풍안도지 기망운하잉불매 호가초초사인비)

늙어서야 선비의 길을 버리고 무관의 길을 가자니, 지사의 성공 여부는 때를 만나야 하리.
백발은 서쪽 변경에서 많이 생겼는데, 내 충성심을 저 별만은 알고 있으리라.
외딴 성의 저녁 대평소 소리에 강 흐름은 빠르고, 절새의 봄바람에 기러기 더디 오는구나.
구름낀 은하수 바라보며 잠들지 못하는데, 오랑캐의 피리 소리 내 마음 상하게 하네.

[語句] *述懷 : 마음먹은 여러 가지 생각을 말함. →102-1, 134-1 외 많음. *儒業 : 儒敎(유교)에 관한 일 곧 선비의 길. *摠戎 : 摠戎廳(총융청)의 깃발. 무관의 길. 총융청은 '조선 인조 때 설치한 軍營(군영)'임. *志士 : 기개가 높고 포부가 큰 사람. 국가나 사회를 위해 일신을 바치려는 사람. *西塞 : 서쪽 국경 변두리. *丹心 : 정성스러운 마음. 충성심. *北宸 : 北極星(북극성). 임금이 계시는 곳. 임금. *孤城 : 외딴 성. *暮角 : 저녁 무렵의 大平簫(대평소, 太平簫태평소, 날라리) 소리. 병영에서 點呼(점호)나 그 밖의 일로 하여 부는 나팔 소리. *絕塞 : 아주 먼 국경의 땅. *雲河 : 구름과 은하수. 구름 낀 은하수. *不寐 : 잠들지 못함. *胡笳 : ①날라리. ②오랑캐의 갈잎피리. *悄悄 : 근심되어 기운을 잃은 모양. 傷心(상심)이 되는 모양.

[鑑賞] 서쪽 국경 변경에서 읊었으니 지은이가 늘그막에 변경을 지키는 일에 종사했던가보다. 문관의 길에서 무관의 길로 바꾸니 인생의 성공 여부는 하늘이 도와주는 때 곧 天時(천시)가 있어야 한다고 시상을 일으키고, '내 비록 변방에서 백발만 늘었지만 북극성은 내 충성을 알고 있으리라' 하고 對句(대구)로써 頷聯(함련 3~4구)을 이루는데 北宸은 임금으로 풀어도 되리라. 頸聯(경련 5~6구)은 외딴 성의 저녁과 봄이 왔는데도 봄 같지 않은 春來不似春(춘래불사춘)임을 기러기를 빌어 역시 대구로써 내용을 전환하고, 오랑캐들이 부는 피리 소리 속에 하염없이 은하수만 바라보며 잠 못 들어 한다고 맺었다.

7言律詩(7언율시). 압운은 旗, 時, 知, 遲, 悲 자로 평성 '支(지)' 평운이다. 평측은 차례로 '仄平平仄仄平平, 仄仄平平仄仄平, 仄仄平平平仄仄, 平平仄仄仄平平, 平平仄仄平平仄, 仄仄平平仄仄平, 仄仄平平平仄仄, 平平仄仄仄平平'으로 二四不同二六對(이사부동이륙대)와 反法, 粘法(반법, 점법) 등과 평측 배치도 좋은, 7律의 典型(전형)이 되며 내용면과 함께 名作(명작)이라 하겠다.

744. 朴文秀(박문수 1691~1756) : 조선 영조 때 문신. 자 成甫(성보). 호 耆隱(기은). 시호 忠憲(충헌). 본관 高靈(고령). 증조부 이조판서 長遠(장원). 경종 3년(1723) 문과 급제하여 翰苑(한원)에 뽑혔고 영조 4년(1728) 李麟佐(이인좌)의 난에 從事官(종사관)으로 都巡撫使 吳命恒(도순무사 오명항)을 도와 평정한 공으로 靈城君(영성군)에 봉해지고, 이듬해에 嶺南節度使(영남절도사)로서 關北(관북)의 水災(수재)를 예측해 영남 濟民倉(제민창)의 곡식 3천 석을 미리 발송하여 여나믄 고을의 백성들을 구했으므로, 후에 咸興 萬歲橋(함흥 만세교) 옆에 北民碑(북민비)란 송덕비가 세워졌다. 여러 번 암행어사로 나가 많은 일화가 전해지고 '박문수전'이란 고대소설까지 있으며, 앞에서 작자 미상으로 인용한 '落照(낙조 →347-1)'도 그의 시라고 한다. 경기도 安城 討賊頌功碑文(안성 토적송공비문)은 그의 필적이며 저서로 왕명을 받아 만든 '度支定例(탁지정례)'가 있다.

744-1 弼雲臺(필운대) 필운대

君歌我嘯上雲臺 李白桃紅萬樹開 如此風光如此樂 年年長醉太平盃.
(군가아소상운대 이백도홍만수개 여차풍광여차락 연년장취태평배)

그대는 노랫가락 읊조리고 나는 휘파람 불며 필운대에 오르니,
오얏꽃 복사꽃 울긋불긋 나무 가득 피었구나.
이런 좋은 경치에 이 즐거움 또한 멋지거니, 세세년년 태평 술잔 가득 마시고 취하리라.

[語句] *弼雲臺 : 서울 종로구 필운동 배화여자중고교 뒤에 있는 대. 조선 선조 때 鰲城府院君 李恒福(오성부원군 이항복 →320)이 젊을 때 장인 都元帥 權慄(도원수 권

율)의 집에 살면서 호를 弼雲이라 하고 돌벽에 '弼雲臺' 석 자를 새겼는데, 꽃나무가 많이 있어서 봄이면 꽃구경하러 사람들이 다투어 모여들기에, '弼雲臺杏花(필운대행화, 필운대의 살구꽃)'라 하여 北屯桃花(북둔도화, 북둔의 복사꽃), 興仁門外楊柳(흥인문외양류, 흥인문 밖의 버들), 天然亭荷花(천연정하화, 천연정의 연꽃), 三淸 蕩春臺水石(삼청 탕춘대수석, 삼청동 탕춘대의 물과 바위) 등과 함께 서울의 구경터로 유명했음. *嘯 : 휘파람 불다. *李白桃紅 : 오얏꽃은 희고 복숭아꽃은 붉음. *風光 : 경치. 풍경. *太平盃 : 태평 시절을 기리며 마시는 술.

[鑑賞] 친한 벗과 함께 봄 경치로 유명한 필운대에 올라 바라본 감상을 읊은 시. 맑은 공기 마시며 경치 좋은 곳을 가면서 흥에 겨워 노랫가락 읊조리거나 휘파람 불며 필운대로 오른다고 시상을 일으켰다. 오얏과 복숭아꽃이 만발한 三春佳節(삼춘가절)이라 이어받고 이렇게 좋은 경치 속에 시절은 太平聖代(태평성대)라 맛좋은 술을 마냥 마시며 오래도록 술과 꽃과 봄에 취해 본들 어떠하겠는가 하고 마무리한 佳作(가작)으로 선비의 풍류가 넘쳐난다.

7言絕句(7언절구). 압운은 臺, 開, 盃 자로 평성 '灰(회)' 평운이다. 평측은 차례로 '平平仄仄仄平平, 仄仄平平仄仄平, 平仄平平平仄仄, 平平平仄仄平平'으로 이사부동이륙대와 반법, 점법 등이 잘 이루어져 7絕의 典型(전형)이 되겠다.

745. 朴祥(박상 1474~1530) : 조선 중종 때 문장가. 자 昌世(창세). 호 訥齋(눌재). 시호 文簡(문간). 본관 忠州(충주). 父 進士 智興(진사 지흥). 연산군 9년(1503) 문과에 급제하여 校書館正字, 司諫院獻納, 韓山郡守, 潭陽府使, 儀賓都事, 順天府使, 尙州牧使, 羅州牧使(교서관 정자, 사간원 헌납, 한산군수, 담양부사, 의빈도사, 순천부사, 상주목사, 나주목사) 등을 지냈다. 어려서는 총명 소탈하고 커서는 강직하고 몸가짐이 단정하며 함부로 말하지 않았다 한다. 일을 함에 단호하여 범하지 못 할 기개가 있어서, 王妃冊立問題(왕비책립문제) 등으로 여러 차례 유배를 당해도 초연하여 화를 면했다. 退溪(퇴계 →329)는 그의 高風卓識(고풍 탁식)을 일컬어 '하늘이 내린 完人(완인)'이라 했다. 成俔, 申光漢, 黃廷彧(성현 →118, 신광한→773, 황정욱→681)과 더불어 四佳亭 徐居正(사가정 서거정 →101) 이후의 四家(사가)로 칭송되며 문집에 '訥齋集(눌재집 4권)'이 있다.

745-1 彈琴臺(탄금대) 탄금대

湛湛長江上有楓 仙臺孤截白雲叢 彈琴人去鶴邊月 吹笛客來松下風
萬事一回悲逝水 浮生三歎撫飛蓬 誰能寫出湖州牧 散步狂吟夕照中.

(침침장강상유풍 선대고절백운총 탄금인거학변월 취적객래송하풍

만사일회비서수 부생삼탄무비봉 수능사출호주목 산보광음석조중)

맑디맑은 강가에 단풍 붉게 물들었는데,
신선 누대 같은 탄금대는 흰 구름 위로 우뚝 솟았구나.
거문고 타던 사람 가고 없어 학만 달 아래 날고,
나그네 피리 소리만이 솔바람에 실려 오네.
세상만사 물 흘러가듯 함이 슬프고, 덧없는 인생 쑥대처럼 떠도는 삶임을 거듭 탄식하네.
누가 있어 저녁 햇빛 받고 이리저리 거닐며 신음하는 신입 장군의 모습을 그려낼 것인가.

[語句] *彈琴臺 : 충청북도 충주시 서북 4km 지점에 있는 대. →253-1, 679-1. *湛湛 : ①맑은 모양. ②이슬이 흠치르르한 모양. 湛湛露斯 匪陽不晞(함초롬히 젖은 이슬, 햇볕 아니면 마르지 않네)<詩經 小雅 湛露> 여기서는 ①이며 담으로 읽기도 함. *截 : 끊다. *叢 : 떼. *浮生 : 덧없는 인생. *三歎 : 여러 번 탄식함. *撫 : 어루만지다. 좇다. *蓬 : 쑥. *寫出 : 그려냄. *湖洲牧 : 호주 牧使(목사). '都巡邊使(도순변사)인 申砬(신입) 장군'을 가리킴. *狂吟 : ①큰 소리로 시나 노래를 읊음. ②크게 신음함. *夕照 : 해질 무렵에 비치는 햇빛. 夕暉(석휘).

[鑑賞] 탄금대의 유래와 임진왜란 때 신입 장군의 背水陣(배수진) 戰法(전법)이 실패한 안타까움을 읊은 시. 首聯(수련 1~2구)은 탄금대의 모습과 그 배경이고, 頷聯(함련 3~4구)은 탄금대가 신라 때 于勒(우륵)이 가야금을 타던 곳임과 지금의 모습을 對句(대구)로 읊었다. 頸聯(경련 5~6구)은 인생과 역사의 無常(무상)을 역시 대구로 잘 그려 내용을 전환했으며, 尾聯(미련 7~8구)에서 신입 장군이 당시의 悔恨(회한)을 지하에서도 신음하고 있을 것임을 상상하며 시를 맺었다. 이 미련은 지은이 자신의 모습으로 보아도 좋을 것이다.

7言律詩(7언율시). 압운은 楓, 叢, 風, 蓬, 中 자로 평성 '東(동)' 평운이다. 평측은 차례로 '仄仄平平仄仄平, 平平平仄仄平平, 平平平仄仄平仄, 平仄仄平平仄平, 仄仄仄平平仄仄, 平平平仄仄平平, 平平仄仄平平仄, 仄仄平平仄仄平'으로 二四不同二六對(이사부동이륙대)와 反法, 粘法(반법, 점법) 등이 모두 이루어졌다.

746. 朴尙衷(박상충 1332~1375) : 고려말 학자. 자 誠夫(성부). 시호 文正(문정). 본관 潘南(반남). 공민왕 때 문과 급제하여 禮曹正郎(예조정랑), 判典校寺事(판전교시사) 등에 이르렀다. 우왕 초에 金義(김의)가 명 나라의 사신을 죽이고 원 나라로 도망했는데, 김의의 從者(종자, 隨行員수행원)가 돌아온 것을 재상 李仁任(이인임)과 安師琦(안사기)가 매우 후하게 대접했다. 이에 박상충은 "김의를 후히 대접한 것은 안사기가 김의를 시켜 사신을 죽이게 한

증거라." 하면서 죄를 밝힐 것을 건의해, 드디어 안사기를 사형에 처하게 했고 이인임 등이 원 나라를 섬기려는 것을 반대했다. 그 후 원 나라의 사신이 왔을 때 그는 李詹(이첨 →312), 全伯英(전백영), 田祿生(전녹생 → 372) 등과 함께 원 나라를 섬겨서는 안 된다고 건의하여 이인임 등을 죽일 것을 주장하다가, 도리어 이첨과 전백영은 하옥되었고 그와 전녹생은 棍杖(곤장)을 맞고 귀양가는 도중에 둘다 사망했다. 그는 성격이 매우 근엄하고 효성이 지극했으며 문장에 능했다.

746-1 送河南王使郭檢校(송하남왕사곽검교) 하남왕의 사신 곽 검교를 전별하며

分政河南獨摠戎 中興諸將盡趨風 乾坤整頓分高下 江海朝宗有會同
任重誰知伊尹志 時危自許孔明忠 君歸好贊平南策 青史應傳不世功.

(분정하남독총융 중흥제장진추풍 건곤정돈분고하 강해조종유회동
임중수지이윤지 시위자허공명충 군귀호찬평남책 청사응전불세공)

하남의 정치 맡아 군사의 일 혼자서 거느리니, 중흥의 장수들이 그의 풍모에 휩쓸렸구나.
천하를 가지런히 하여 제 분수를 분별해 두면, 사방의 제후들 다투어 모여들리라.
소임이 중하니 이윤의 뜻을 뉘라 알며, 시국이 위태하여 제갈공명의 충성 그대로이리라.
그대 돌아가 강남땅을 좋이 평정하게 되면, 청사에 빛나는 그 공적 응당 길이 전해지리라.

[語句] *河南王 : 宋(송)이 멸망하고 中原(중원)을 차지한 元(원) 나라 말기 하남왕이라 자칭한 꿔쿼티무르[擴廓帖木兒]. *郭檢校 : 공민왕 15년 무렵 회남왕의 報聘使(보빙사)로 고려에 온 郭永錫(곽영석). →45. 檢校는 '고려말과 조선 초에 정원 외의 벼슬 이름 앞에 붙이던 말. 예를 들면 檢校門下侍中(검교문하시중) 등이 있음. *摠戎 : 군사에 관한 일을 거느림. *中興 : 쇠하던 것이 다시 일어남. *趨風 : 風貌(풍모)에 휩쓸림. *乾坤 : 하늘과 땅. 양과 음. *分高下 : 지위, 귀천, 연령 등 높고낮음을 잘 분별함. *江海朝宗 : 강물이 바다로 향하여 흘러 바다에 모이듯, 사방의 諸侯(제후)들이 天子(천자)를 뵘. *任重 : 맡은 일이나 책임이 중함. 任重道遠(임중도원, 맡은 바 책임은 중하고 갈 길은 멂)<論語 泰伯>. *伊尹 : 중국 고대 殷(은) 나라 초대 왕인 湯王(탕왕, 太乙태을)의 어진 정승. 탕왕의 세 번 부름을 받아 재상이 되어 夏(하)의 桀王(걸왕)을 쳐서 탕왕으로 하여금 천하의 왕이 되게 했음. *自許 : 자기가 넉넉히 할 만한 일이라고 여김. 자기의 長點(장점)을 스스로 인정함. *孔明 : 諸葛亮(제갈량 181~234). 蜀漢(촉한)의 정승으로 이름이 亮이요 孔明은 자이며 시호는 忠武(충무)임. →437. *好贊 : 좋은 평판을 얻음. *平南 : 하남을 평정함. *青史 : 역사. 기록. *不世功 : 세상에서 보기 드문 큰 공로. 不世之功(불세지공).

[鑑賞] 하남왕의 사신으로 온 곽영석 검교가 임무를 마치고 돌아갈 때 지어준 餞別詩(전별시). 곽영석은 고려 공민왕 15년경 하남왕에게 사신으로 가려던 전녹생의 서장관 金齊顔(김제안 →45)을 따라 고려에 왔던 보빙사이다. 당시 원 나라를 배척하려던 움직임이 고려에 있어 하남왕과 외교 관계를 가졌던 것이라 사신이 서로 내왕했던 것이리라. 곽검교의 공적을 칭송한 내용으로 함련과 경련은 대구를 잘 이루었고 형식도 잘 갖추어진 명작이라 할 만하다.

7언율시. 압운은 戎, 風, 同, 忠, 功 자로 평성 '東(동)' 평운이다. 평측은 차례로 '平仄平平仄仄平, 平平平仄仄平平, 平平仄仄平平仄, 平仄平平仄仄平, 仄仄平平平仄仄, 平平仄仄仄平平, 平平仄仄平平仄, 平仄平平仄仄平'으로 이사부동이륙대와 반법, 점법 등이 잘 이루어지고 평측 배치도 뛰어나 形式美(형식미)가 잘 갖추어졌다.

747. 朴世堂(박세당 1629~1703) : 조선 숙종 때 문신, 실학파 학자. 자 季肯(계긍). 호 西溪(서계). 시호 文節(문절). 본관 潘南(반남). 父 이조참판 炡(정). 현종 1년(1660) 문과 급제 후 이조와 형조의 判書(판서)를 거쳐 判中樞府事(판중추부사)로 耆社(기사, 耆老所 기로소)에 들어갔다. 총명하여 經史百家(경사백가)는 물론 老莊佛(노장불)까지 널리 알아 實學(실학)의 학설에서 白湖 尹鑴(백호 윤전)과 더불어 종래의 經說(경설)을 개작하여 朱子(주자 →498)의 학설을 비판하고 자기의 견해를 세워 유학계에 큰 파문을 일으켰고, 성미가 괄괄하여 영의정 李景奭(이경석)의 비문을 지어 宋時烈(송시열 →122)을 비판했다. 숙종 29년(1703) 그의 '四書集註(사서집주)'가 朱子의 학설을 비방했다 하여 유배당했으나 굴하지 않았다. 筆法(필법)이 굳세었으며 저서로 '四書集註, 思辨錄(사변록), 山林經濟(산림경제)' 등이 있다.

747-1 觀獵(관렵) 사냥을 구경하고

角聲吹破馬頭雲 罷獵歸來日尙曛 一簇旌旗隨陣入 路人遙認李將軍.
(각성취파마두운 파렵귀래일상훈 일족정기수진입 노인요인이장군)

나발 소리 웅장하니 말 머리의 구름 흩어지고, 사냥 끝내고 돌아오는데 해 아직 남았구나. 한 무데기 깃발들 진을 이루어 들어오니, 길 가는 사람들 멀리서도 이 장군임을 알아보네.

[語句] *角聲 : 軍中(군중)에서 쓰는 나발 비슷한 악기 소리. *曛 : 어둑어둑하다. 땅거미. *一簇 : 한 떼. 한 덤불. 一群(일군). *旌旗 : 旌과 旗. 깃발. 旌은 '깃대 끝에 장목을 새의 깃으로 꾸민 기'임. *陣 : 병사의 대열. 무리. *李將軍 : 누구인지 미상. 효종 때 守禦使(수어사) 李浣(이완 1602~1674)이 아닌가 함.

[鑑賞] 이장군 휘하의 군사들이 씩씩하게 사냥을 마치고 돌아오는 것을 보고 지은 시.

나발 또는 太平簫(태평소)가 힘차게 울리니 끼었던 구름 흩어지고, 아직 밤은 되지 않았는데 돌아온다 했으니, 군사들의 씩씩한 모습을 그린 것이다. 깃발로 진을 이루며 오는 것을 멀리서 보고도 이 장군이 거느리는 군사들임을 알겠다 했다. 사나이들의 넘치는 기백을 그린 작품이다.

7言絕句(7언절구). 압운은 雲, 嚥, 軍 자로 평성 '文(문)' 평운이다. 평측은 차례로 '仄平平仄仄平平, 仄仄平平仄仄平, 仄仄平平平仄仄, 仄平平仄仄仄平'으로 二四不同二六對(이사부동이륙대)와 反法, 粘法(반법, 점법) 등이 잘 이루어지고 평측 배열도 좋아 7絕의 典型(전형)이 되겠다.

748. 朴遂良(박수량 ?) : 조선 중종 때 문관. 자 君擧(군거). 호 三可亭(삼가정). 본관 江陵(강릉). 문과에 급제하여 縣監(현감)을 지냈고 己卯士禍(기묘사화)를 겪었다.

748-1 浪吟(낭음) 허투로 읊다

口耳聾啞久 猶餘兩眼存 紛紛世上事 能見不能言.
(구이농아구 유여양안존 분분세상사 능견불능언)

귀머거리에 벙어리가 된 지 오래인데, 아직 두 눈만은 성한 대로일세.
시끄러운 세상 일, 볼 수야 있지만 말을 하지는 못한다오.

[語句] *浪吟 : 함부로 읊음. 허투로 읊음. *聾啞 : 귀머거리와 벙어리. *猶 : 오히려. 가히. *紛紛 : 흩어져 어지러움. 뒤얽혀 갈피를 잡을 수 없음.

[鑑賞] 세상살이의 어려움 즉 行路難(행로난)을 피력한 시. 중종 때 기묘사화를 겪으면서 입이 있어도 말을 못 하고 귀로 듣고도 못 들은 체해야 했다. 자칫하면 목숨이 달아나는 薄氷(박빙)을 밟는 위태로움을 넘기려니 귀머거리요 벙어리 행세를 하지 않을 수 없어, 보기는 보더라도 옳으니 그르니 시비를 따져 말할 수 없었다는 것이다. 선비의 올곧음에 어긋나는 처세이기는 하나 하찮은 현감 벼슬이라 목숨을 부지함이 더 소중했을 것이니, 어지러운 세상을 살아야 하는 경우에 누구나 읊어봄 직하다.

5言絕句(5언절구). 압운은 存, 言 자로 평성 '元(원)' 평운이다. 평측은 차례로 '仄仄平仄仄, 平平仄仄平, 平平仄仄仄, 平仄仄平平'으로 二四不同(이사부동)은 첫 구에서 어긋났고 반법과 점법은 그런대로 이루어졌다.

749. 朴宜中(박의중 ?) : 고려말의 명신. 초명 實(실). 자 子虛(자허). 호 貞齋(정재). 본관 密陽(밀양). 父 判圖摠郎 仁杞(판도총랑 인기). 공민왕 때 魁科(괴과)에 급제하고 獻納, 司藝(헌납, 사예)

를 거쳐 우왕이 즉위하자 成均大司成, 密直提學(성균대사성, 밀직제학) 등을 역임했다. 우왕 14년(1388) 명 나라가 鐵嶺(철령) 이북을 자기네 영토로 삼으려 하니, 사신으로 명 나라에 가서 떳떳한 言動(언동)으로 명 태조의 지극한 대우를 받으면서 철령 이북 점령에 대한 주장을 철회시키는 데 성공하고 돌아와 창왕에게서 공신의 호를 받았다. 공양왕 때 書雲觀(서운관)에서 漢陽遷都(한양 천도)를 상소하자 왕이 그에게 상의하니, 예부터 術數(술수)로 나라를 다스린 일은 없었다고 陰陽說(음양설)을 믿지 마시라 했다. 후에 조선이 건국하자 檢校參贊議政府事(검교참찬의정부사)가 되었는데, 성리학에 밝았고 문장이 아담하기로 유명했다.

749-1 幽居卽事(유거즉사) 한가로이 살며 읊다

幽居氣味少人知 獨愛吾廬護弊籬 朝望海雲開戶早 夜憐山月下簾遲
興來邀客嘗新釀 吟就呼兒政舊詩 因病抱關身已老 愧無功業補淸時.

(유거기미소인지 독애오려호폐리 조망해운개호조 야련산월하렴지
흥래요객상신양 음취호아정구시 인병포관신이로 괴무공업보청시)

외딴 곳에 한적하게 사는 맛을 아는 이 적어, 나 홀로 초가집을 좋아해 헌 울타리 지키고 사네.
아침이면 바다 구름 보려고 창문 일찍 열고,
밤에는 산에 걸린 달이 고와 발을 늦게 내린다오.
흥이 나면 친구 불러 새 술을 맛보고, 시 읊을 때면 아이 불러 시를 바로잡아 보라고 하네.
문지기 같은 낮은 벼슬에 몸은 병들고 이미 늙어, 태평 시절에 이룬 공 없음이 부끄럽구나.

[語句] *幽居 : 한적하고 외딴 곳에 삶. *氣味 : 냄새와 맛. 취미. *廬 : 오두막집. 草廬(초려). *弊 : 해어지다. 닳다. *邀客 : 손님, 친구를 초대하다. *釀 : 술을 빚다. 술을 담그다. *政 : 바르게 하다. 다스리다. *抱關 : 문지기. 낮은 벼슬. '대문 빗장을 안음'의 뜻임. 抱關擊柝(포관격탁, 대궐 문지기와 夜警야경하는 사람). *功業 : 큰 공로. *補淸時 : 태평한 시절을 보좌함.

[鑑賞] 형식이 잘 갖추어진 7言律詩(7언율시)이니 首聯(수련 1~2구)의 시상을 일으킴이 유거의 참 의미를 보이는 점, 頷聯(함련 3~4구)에서 수련을 이어받음이 아침과 밤의 景觀(경관)으로 對句(대구)를 잘 이룬 점, 頸聯(경련 5~6구)의 전환이 敍情(서정)으로 역시 대구를 잘 이룸, 尾聯(미련 7~ 8구)의 충성을 곁들인 맺음 등을 들 수 있겠다. 경련에서 '客'은 '손님'이라기보다 '친구'로 봄이 좋겠고 '아이'는 아들이나 손자일 것이며 '전에 지어 두었던 시를 다듬어보라'는 뜻으로 보아도 되겠다. 이 모두가 유거의 참맛을 더하는 구실을 한다.

7言律詩(7언율시). 압운은 知. 籬, 遲, 詩, 時 자로 평성 '支(지)' 평운이다. 평측은 차례로 '平

平仄仄仄平平, 仄仄平平仄仄平, 平仄仄平平仄仄, 仄平平仄仄平平, 平平平仄平平仄, 平仄平平仄仄平, 平仄仄平平仄仄, 仄平平仄仄平平'으로 二四不同二六對(이사부동이륙대)와 반법, 점법 등이 잘 이루어진 좋은 작품이다.

750. 朴仁老(박인로 1561~1642) : 조선 선조 때 시인. 자 德翁(덕옹). 호 蘆溪, 無何翁(노계, 무하옹). 본관 安東(안동, 密陽밀양이란 자료도 있음). 무과 출신으로 임진왜란이 일어나자 成允文(성윤문)의 막하에서 水軍(수군)으로 종군하여 무공을 많이 세웠고, 羅浦萬戶(나포만호)가 되어 선정을 베풀었다. 어려서부터 시와 글에 뛰어나 종군할 때에는 歌辭(가사) '太平詞(태평사)'를 지어 병사들을 위로했으며 下野(하야) 후 독서와 시 짓기에 전념하여 역대 작가 중 가장 많은 가사와 시조를 남겼다. 長歌(장가)로는 松江 鄭澈(송강 정철 →424), 短歌(단가)로는 孤山 尹善道(고산 윤선도 →202)의 다음으로 치기도 한다. 작품으로 가사에 '太平詞, 船上歎(선상탄), 莎堤曲(사제곡), 嶺南歌(영남가), 陋巷詞(누항사), 獨樂堂(독락당), 蘆溪歌(노계가)' 등, 시조에 '早紅柿歌(조홍시가), 五倫歌(오륜가)' 등이 있는데 '蘆溪集(노계집 3권)'에 모두 수록되어 있다.

750-1 戴勝吟(대승음) 뻐꾸기 울음

午睡頻驚戴勝吟 如何偏促野人心 啼彼洛陽華屋角 會人知有勸耕禽.
(오수빈경대승음 여하편촉야인심 제피낙양화옥각 회인지유권경금)

뻐꾸기 울음 소리 낮잠 자주 깨우니, 어째서 시골 사람의 마음만 이리 재촉하는고.
서울의 부잣집 지붕에 가서도 울어, 밭갈이 권하는 새가 있음을 알리려무나.

[語句] *戴勝 : 오디새. 날개 길이 15cm 정도로 개똥지빠귀와 비슷한 새임. 是月(季春之月)也 戴勝降于桑(이 달 곧 3월에 대승이 날아와 뽕나무에 앉는다)<禮記 月令> 흔히 '뻐꾸기, 소쩍새'를 가리키기도 함. *午睡 : 낮잠. 午寢(오침). *偏促 : 치우치게 재촉함. 한편만을 재촉함. *野人 : 시골 사람. 巴人(파인). *彼 : 저. 저편. *洛陽 : 중국 하남성 洛陽市(낙양시). 당 나라 등 여러 왕조의 수도였음. 서울. *華屋 : 화려한 집. 부유한 집. *屋角 : 지붕의 모서리. *會 : 깨닫다. 알게 하다. *勸耕禽 : 논밭갈이 곧 농사짓기를 권하는 새. '뻐꾸기'를 두고 하는 말임.

[鑑賞] 시골 한가로운 곳에서 낮에 뻐꾸기 우는 소리를 들으며 지은 시. 한가로이 낮잠을 즐기는데 뻐구기가 시끄럽게 우는 소리에 낮잠을 깨고 말았다. 나처럼 논밭에 나가 농사일을 하지는 않고 한가로이 낮잠을 자는 게으른 사람을 나무라는 뜻도 담겼겠지만, 저 서울의 화려하게 꾸민 집 지붕에 가서도 울어 그들에게도 농사짓기를 권하는 새가 있음을 알려, 농사일의 어려움과 바쁨을 알려 주

었으면 좋겠다고 했다. 미소를 짓게 하는 좋은 작품이다.

7言絕句(7언절구). 압운은 吟, 心, 禽 자로 평성 '侵(침)' 평운이다. 평측은 차례로 '仄仄平平仄仄平, 平平平仄仄平平, 平仄仄平平仄仄, 仄平平仄仄平平'으로 二四不同二六對(이사부동이륙대)와 反法, 粘法(반법, 점법) 등이 모두 잘 이루어졌다.

751. 朴致安(박치안 ?) : 漢詩人(한시인). 생졸 연대 미상인데 경상북도 興海(흥해) 향교에 있었다고 한다.

751-1 老妓彈琴(노기탄금) 거문고 타는 늙은 기생

七寶房中歌舞時 那知白髮老荒陲 無金可買長門賦 有夢空傳錦字詩
珠淚幾霑吳練袖 薰香猶濕越羅衣 夜深窓月絃聲苦 只恨平生無子期.

(칠보방중가무시 나지백발노황수 무금가매장문부 유몽공전금자시
주루기점오련수 훈향유습월나의 야심창월현성고 지한평생무자기)

칠보로 꾸민 방안에서 노래하며 춤출 때,
변방의 한 구석에서 백발로 늙을 줄 어이 알았으리.
가진 돈 없어 '장문부' 글을 살 수 없었고, 부질없이 금자시가 전해 오기만을 기다렸구나.
구슬 같은 눈물로 오 나라 비단옷 소매를 얼마나 적셨으며,
향내는 아직도 월 나라 비단옷에 스며 있구나.
밤 깊어 달은 창을 비추는데 시름겨운 거문고 소리,
그 소리 알아주는 종자기 같은 사람 없음이 평생의 한이리라.

[語句] *七寶 : <佛>일곱 가지 보배. 無量壽經(무량수경)에는 금, 은, 유리, 玻璃(파리), 瑪瑙(마노), 車磲(거거), 산호라 했고, 法華經(법화경)에는 금, 은, 마노, 유리, 거거, 진주, 玫瑰(매괴)라 했음. *那知 : 어찌 알리오. *荒陲 : 거친 邊方(변방, 邊境변경) 또는 변두리. '경상북도 홍해'를 두고 한 말임. *長門賦 : 漢武帝(한무제) 때 문인 司馬相如(사마상여)가 지은 글. 무제의 총애를 잃고 長門宮(장문궁)에 별거하던 陳皇后(진황후)의 부탁으로 황금 100근을 받고 지었다고 함. →154-1. *錦字詩 : 비단 폭에 쓴 回文詩(회문시). 回文錦字詩. 회문시는 '바로 읽거나 거꾸로 읽거나, 세로로 읽거나 가로로 읽거나 모두 뜻이 이루어지는 시'임. →259-2, 287-17, 605-1. *霑 : 젖다. *吳練 : 중국 강남 吳(오) 나라 또는 그 지방에서 익힘 곧 오에서 생산된 비단. *薰香 : 불을 붙이어 냄새를 내는 香料(향료). *越羅衣 : 중국 강남 월 나라 또는 그 지방에서 나는 비단옷. *子期 : 鍾子期(종자기). 춘추시대 거문고의 명수인 伯牙(백아)가 켜는 거문고 소리에 담긴 뜻을 가장 잘 알아듣던 사람인

데, 그가 죽자 백아는 다시는 거문고를 타지 않았음. 이를 絕絃(절현)이라 함.

[鑑賞] 이 시의 原題(원제)는 '興海鄉校月夜聞老妓彈琴(흥해향교월야문노기탄금)'으로 사람들이 즐겨 읊던 시라고 한다. 화려하게 데뷔하여 영화를 누렸던 기생의 늙바방을 애절하게 읊었지만, 이는 지은이 자신 또는 늙어 은퇴한 모든 노인들에게 공감이 가는 내용이라 人口(인구)에 膾炙(회자)되었을 것이다. 내용뿐 아니라 형식면에서도 起承轉結(기승전결)이 뚜렷하여 가히 명작이라 할 만하다.

7言律詩(7언율시). 압운은 時, 陲, 詩, 衣, 期 자로 衣만 평성 '微(미)' 평운, 나머지 자도 평성 '支(지)' 평운인데 두 운은 通韻(통운)이 된다. 평측은 차례로 '仄仄平平仄仄平, 平平仄仄仄平平, 平平仄仄平平仄, 仄仄平平仄仄平, 平仄仄平平仄仄, 平平平仄仄平平, 仄平平仄平平仄, 仄仄平平平仄平'으로 이사부동이륙대와 반법, 점법 등이 모두 이루어졌다.

752. 朴漢永(박한영 1870~1948) : 學僧(학승), 僧侶詩人(승려시인). 法名(법명) 鼎鎬(정호). 堂號(당호) 映湖(영호). 詩號(시호) 石顚(석전). 조선 정조 때 승려 草衣(초의 →525)의 法弟子(법제자)로 서울 開雲寺(개운사) 대원암에 講院(강원)을 열었고 中央佛敎專門學校(중앙불교전문학교, 동국대학교 전신) 교장을 지냈으며 불교계 대표인 敎宗(교종)이었다. 문집에 '石顚文鈔(석전문초)' 시집으로 '石顚詩鈔(석전시초)'가 있다.

752-1 航海雜感 十首 第3首(항해잡감 십수 제3수) 항해잡감 열 수 셋째 수

纖月如鈞蘸亂濤 蜿蜒百怪爭相呼 由來神物誰堪害 應作蟾輪後夜高.

(섬월여조잠난도 완연백괴쟁상호 유래신물수감해 응작섬륜후야고)

낚시 같은 초승달 험한 파도 속에 잠겼고,
용틀임하는 산줄기, 솟구치는 파도 들이 온갖 괴물이 되어 서로 다투어 부르는 듯.
조물주가 내린 땅 누가 해꼬지했는가, 뒷날 밤이면 응당 둥근 달이 높뚜렷해질 것인데.

[語句] *雜感 : 온갖 느낌. 온갖 감상. *纖月 : 초승에 보이는 가느다란 달. *蘸 : 물에 담그다. *蜿蜒 : 용이나 뱀 같은 것이 굼틀거리며 나아가는 모양. 산맥 같은 것이 길게 뻗친 모양. '원연'으로도 읽으며, 蜿은 '굼틀거리다'이고 蜒은 '땅지네. 굼틀거리다'인데, 蜒 대신 蜓(도마뱀 전, 잠자리 정)으로 쓴 자료도 있음. *相呼 : 서로 부름. *由來 : 예부터 전해오는 來歷(내력). *神物 : 영묘한 사물. '우리나라를 둘러싼 자연'을 은유하는 말임. *堪害 : 해로움을 견딤. *蟾輪 : 둥근달.

[鑑賞] 이 시는 지은이가 1930년 9월 4일 부산에서 배를 타고 중국을 향해 가던 도중 흑산도와 홍도 근처를 지나면서 지은 시 10수 중 셋째 수이다. 섬 주변의

자연을 읊은 듯하지만, 속내는 나라 잃은 울분을 감추면서 우리 땅에 와 날뛰고 있는 왜놈들이 결코 이 땅의 주인은 아니라는 것을 다짐하는 뜻을 내포하고 있다. 둘째 구의 蜿蜒은 산맥과 세차게 이는 파도를 괴물에 비겨 표현했는데, 이곧 셋째 구와 아울러 우리 국토의 아름다움을 기린 것이다. 지금은 갈구리 모양의 초승달이지만 곧 둥근달 곧 滿月(만월)이 될 것이라고 마무리했는데 이 역시 장차 번영할 우리나라를 염두에 둔 표현인 것이다.

7言絕句(7언절구). 압운은 濤, 呼, 高 자인데 濤와 高는 평성 '豪(호)' 평운, 呼도 평성 '肴(효)' 운으로 두 운은 통운이 된다. 평측은 차례로 '平仄平仄仄仄平, 平平仄仄平平平, 平平平仄平平仄, 平仄平平仄仄平'으로 이사부동이륙대는 첫 구에서 어긋났고 반법과 점법은 그런대로 이루어졌다.

752-2 歇惺臺(헐성대) 헐성대

非仙非佛又非天 嵒嶂皚皚啣紫煙 誰道登斯閑擱筆 通身宛爾入詩禪.

(비선비불우비천 암장애애함자연 수도등사한각필 통신완이입시선)

신선도 부처님도 하느님도 아닌 채, 눈 덮인 하얀 봉우리들이 푸른 안개구름 위로 솟았네.
그 누가 여기 올라 붓을 던졌다던가, 헐성대 온 모습이 그대로 시요 참선 그것일세.

[語句] *歇惺臺 : 金剛山(금강산) 명소의 하나. '깨달음을 다함'의 뜻임. *嵒嶂 : 바위 산봉우리들. 嵒은 巖(암) 자와 통하고 嵓(암) 자와 같으며 '바위. 산 우뚝하다'이고 嶂은 '산봉우리 둘리다. 험하게 연달아 있는 봉우리'임. *皚皚 : 눈이나 서리가 흰 모양. *啣 : 머금다. 물리다. 재갈. 직함. =銜(함). *紫煙 : 보랏빛 연기. *道 : 말하다. 다스리다. *斯 : 이. 이것. *擱筆 : 붓을 던짐. 붓을 놓고 쓰기를 멈추거나 끝냄. 閣筆(각필). ↔起筆(기필). *宛爾 : 비슷함. 흡사함. *詩禪 : 시와 參禪(참선). '시와 참선이 하나라는 경지 곧 詩禪一如(시선일여)'임을 두고 하는 말임.

[鑑賞] 이 시는 1924년 9월 崔南善(최남선 →530)과 같이 두 번째 금강산 유람을 갔을 때 歇惺樓(헐성루)에서 헐성대를 바라보며 지은 작품이라 한다. 헐성대는 말이나 글로 나타낼 수 없는 광경이니 불교에서 말하는 不立文字(불립문자)의 경지이다. 첫 구에서 헐성대는 신선도 부처도 하늘도 아니라 했으나, 실은 仙佛天임을 역설적으로 그린 것이다. 셋째 구는 지은이 자신의 심정을 드러낸 것이며, 끝 구와 함께 그 경지임을 읊었다 하겠다. 중국 張家界(장가계)의 天子山(천자산) 풍경이 연상되는데, 편저자는 천자산을 바라보며 "雲霞紫霧人非俗 百態森羅物亦仙(운하자무 속에 있는 사람 속세를 벗었고, 백 가지 모양으로 늘어선 사물

또한 신선이로구나)" 하고 읊었었다.

7言絕句(7언절구). 압운은 天, 煙, 禪 자로 평성 '先(선)' 평운이다. 평측은 차례로 '平平平仄仄平平, 平仄平平仄仄平, 平仄平平平仄仄, 平平仄仄仄平平'으로 二四不同二六對(이사부동이륙대)와 反法, 粘法(반법, 점법) 등이 잘 이루어졌다.

753. 裴度(배도 ?) : 中唐(중당)의 宰相(재상), 시인. 자 中立(중립). 시호 文忠(문충). 聞喜(문희) 사람. 晉國公(진국공)이었으며 白居易(백거이 →90), 劉禹錫(유우석 →192) 등과 친분을 나누었다 한다.

753-1 溪居(계거) 시냇가에 살며

門徑俯淸溪 茅簷古木齊 紅塵飛不到 時有水禽啼.
(문경부청계 모첨고목제 홍진비부도 시유수금제)

문앞 길은 맑은 시냇물을 굽어보게 되었고, 초가집 처마는 오래된 나무와 가지런하네.
속세의 붉은 티끌 감히 날아들지 못하고, 이따금 물새 날아와 울 뿐이라.

[語句] *徑 : 길. 지름길. *俯 : 구부리다. 엎드리다. *茅簷 : 초라한 초가지붕 처마. *紅塵 : 속세의 티끌. *水禽 : 물새.

[鑑賞] 벼슬에서 물러나 조용한 시냇가에 초가집을 얽고 한가로이 여생을 보내고 있는, 긴 수염을 허옇게 기른 혈색 좋은 노인의 모습을 떠올리게 하는 작품이다. 문 앞은 맑은 시냇물이 졸졸 흐르고 처마 앞으로 오랜 나무들이 둘러싸 있다. 시가지에서 멀리 떨어진 곳인데다가 나무와 물로 둘러 있는 곳이니 어찌 속세의 티끌이 날아들 수 있으랴. 물적 환경뿐 아니라 심적으로도 속세와 멀리해 세속의 소식이나 세상 돌아가는 일에 마음 쓰지 않는 것이다. 처음 두 구는 對句(대구)라 해도 좋으리라다.

5言絕句(5언절구). 압운은 溪, 齊, 啼 자로 평성 '齊' 평운인데 첫 구에도 압운한 점이 독특하다. 평측은 차례로 '平仄仄平平, 平平仄仄平, 平平平仄仄, 平仄仄平平'으로 이사부동과 반법, 점법 등이 잘 이루어진 명작이다.

754. 裴迪(배적 716?~?) : 盛唐(성당)의 문관, 시인. 關中(관중) 사람. 王維(왕유 →164), 崔興宗(최흥종) 등과 친하여 終南山(종남산)에 있으면서 시를 주고받았고, 玄宗(현종) 때 蜀州刺史(촉주자사)를 지냈다. 그의 시는 맑고 고우며 고고하다는 평이 있고 田園山水派(전원산수파) 시인이라 한다.

754-1 臨湖亭(임호정) 호수 가의 정자

當軒彌滉漾 孤月下徘徊 谷口猿聲發 風傳入戶來.

(당헌미황양 고월하배회 곡구원성발 풍전입호래)

정자 난간 앞에는 호숫물 가득 출렁이는데, 외로운 달 아래서 이리저리 거니네.
골짜기 어귀에서 원숭이 울음 울면, 바람이 그 소리를 실어 정자 안으로 전해 주는구나.

[語句] *彌 : 두루. 더하다. 가득하다. *滉漾 : 물이 깊고 넓게 출렁거리는 모양. 滉은 '물이 깊고 넓다', 漾은 '물결 출렁거리다'임. *孤月 : 외롭게 쓸쓸히 떠 있는 달. *徘徊 : 이리저리 거닐어 다님.

[鑑賞] 호숫가의 집에서 살거나 들러서 지은 시. 호수는 洞庭湖(동정호) 같은 넓은 호수인가보다. 바다처럼 물결 출렁거리는 호수의 가를 배회한다. 먼데서 들려오는 원숭이 우는 소리, 여기까지 또렷이 들리는 거리가 아닌데도 바람이 그 소리를 모두 실어서 전해 주기에 잘 들리는 것이리라. 운치 넘치는 자연을 한 폭의 그림으로 素描(소묘)한 듯한 좋은 시이다.

5언절구. 압운은 徊, 來 자로 평성 '灰(회)' 평운이다. 평측은 차례로 '平平平仄仄, 平仄仄平平, 仄仄平平仄, 平平仄仄平'으로 이사부동과 반법, 점법 등이 잘 이루어졌다.

755. 白光勳(백광훈 1537~1582) : 조선 선조 때 시인. 자 彰卿(창경). 호 玉峯(옥봉). 본관 海美(해미). 父 副司果 世仁(부사과 세인). '關西別曲(관서별곡)'을 지은 光弘(광홍)의 형으로 8세에 시를 짓고 13세에 詩名(시명)을 떨쳤는데, 동향의 崔慶昌(최경창 →526)과 함께 李後白(이후백 →330)에게 배웠다. 명종 19년(1564) 進士(진사)에 급제했으나 庶系出身(서계출신)으로 벼슬에 뜻이 없어 산수를 즐기며 시 짓기에 전념했는데, 선조 10년(1577) 처음으로 宣陵參奉(선릉참봉)이 되었다. 당대 제1류의 문장가로 지목되어 최경창, 李達(이달 →222)과 함께 三唐詩人(삼당시인)으로 불리우고, 四傑(사걸) 八文章(팔문장)의 한 사람이었으니, 楊士彦(양사언 →151), 최경창, 宋翼弼(송익필→123), 李山海(이산해 →236), 崔岦(최입 →561), 李純仁(이순인), 尹卓然(윤탁연 →797) 등이 그들이다.

755-1 龍門春望(용문춘망) 용문산에서 봄을 바라보다

日日軒窓似有期 開簾時早下簾遲 春光正在峯頭寺 花外歸僧自不知.

(일일헌창사유기 개렴시조하렴지 춘광정재봉두사 화외귀승자불여)

날마다 창밖으로 오는가 싶어, 일찍이 열고는 늦게야 닫네.
봄빛은 바로 산봉우리 절에 있건마는, 꽃 사이로 돌아오는 스님은 그걸 모르네.

[語句] *龍門 : 경기도 양평군 龍門面(용문면)에 있는 산. 산 밑에 용문사가 있고 절 앞의 은행나무는 천연기념물 제30호임. 중국 洛陽(낙양)에도 용문산이 있음. *軒窓 : 마루의 창. *有期 : 기약, 약속이 있음. *開簾 : 장막 곧 커튼을 엶. 簾을 창문 테두리로 보아 '창문을 엶'으로 풀이할 수도 있음. *春光 : 봄볕. 봄 경치. *不如 : 같지 아니함. '춘광을 알지 못함'을 뜻함.

[鑑賞] 용문산의 용문사에서 지은 시. 약속이라도 한 듯 날마다 기다리는 것은 그리운 임 곧 봄일 것이다. 그렇게 기다리는 봄은 이미 산위의 저 절간에 와 있건만, 밖에서 길 따라 돌아오는 중은 그 봄볕을 느끼지 못한다. 李丙疇(이병주) 박사의 감상을 보자. "이 절구에서 아이러니를 맛볼 수 있다. 제 1, 2구에서처럼 조바심을 그렸는데도, 오히려 시상이 그지없이 차분하여 조금도 들뜬 부산한 감이 없는 점이 하나의 야릇함이다. 또 한 가지 아이러니는 봄을 찾아 나서지만, 실은 이미 봄은 와 있다. 그 조바심하는 마음, 그 야릇함이 바로 봄기운이요, 봄바람, 봄소식이다. 백광훈은 이 절구에서 복선을 깔고 흐능청을 떨면서 독자의 심금을 울려주고 있다. 역시 한시는 재치만으로는 안 되는 작업이다."<韓國漢詩의 理解>

7언절구. 압운은 期, 遲, 如 자로 期와 遲는 평성 '支(지)' 평운, 如는 평운 '魚(어)'로 두 운은 通韻(통운)이 되지 않아 같은 평운으로 轉韻(전운)한 것이다. 평측은 차례로 '仄仄平平仄仄平, 平平平仄仄平平, 平平仄仄平平仄, 平仄平平仄仄平'으로 이사부동이륙대와 반법, 점법 등이 모두 잘 이루어졌다.

755-2 春後(춘후) 봄이 가버린 뒤

春去無如病客何 出門時少閉門多 杜鵑空有繁華戀 啼在青山未落花.

(춘거무여병객하 출문시소폐문다 두견공유번화련 제재청산미낙화)

봄이 가니 병든 몸 어이할 길 없어, 나들이는 적고 들어앉기만 많아지네.
두견이는 부질없이 마냥 그리움에 젖어, 꽃 지지 않은 청산에서 울고 있구나.

[語句] *無如何 : 어찌할 수 없음. *杜鵑 : 두견새. 두견이. 두견이과의 새로 뻐꾸기와 같으나 몸이 작으며, 집을 짓지 못해 다른 새집에 알을 낳아 번식하는데, '杜宇(두우), 子規(자규), 歸蜀道(귀촉도), 不如歸(불여귀), 望帝魂(망제혼), 鶗鴂(제결), 催歸(최귀)' 등 별칭이 많음. *繁華 : 번성하고 화려함. 뒤의 戀 자와 어울려 '그리움이 주체못할 만큼 많음'으로 썼음.

[鑑賞] 봄이 지나가 버린 아쉬움과 설움을 그린 시이다. 봄은 청춘의 상징이라 몸에 든 병인지 마음에 든 병인지 아니면 공연한 넋두리인지는 모르나, 젊음을 아쉬

워하는 심정도 함축하고 있으리라. "돌연한 탄식으로 출발하는 첫 구는 병으로 해서 나가 즐기지 못한 봄의 끝남에 대한 아쉬움의 강렬한 토로이다. 그리고 그러한 아쉬움은 두견의 울음을 통해 표현된다. 즉 아직은 지지 않은 꽃 속에서 봄이 완전히 끝날 것을 미리 두려워하는 두견을 통해 자신의 마음을 투영한 것이다. 그러나 그러한 두려움은 이미 번거로운 것이라 할 수 있다. 두견의 울음을 '공연한' 것으로 보는 이유는 드러나 있지 않지만 아무리 그리워해도 결국은 봄은 갈 것이라는 점과 그래도 아직은 꽃이 완전히 지지 않았다는 사실에서 오는 것이라 할 수 있기 때문이다."<安炳鶴 白光勳의 詩世界>

7言絕句(7언절구). 압운은 何, 多, 花 자로 何와 多는 평성 '歌(가)' 평운, 花도 평성 '麻(마)' 평운으로 두 운은 通韻(통운)이 된다. 평측은 치례로 '平仄平平仄仄平, 仄平平仄仄平平, 仄平平仄平平仄, 平仄平平仄仄平'으로 二四不同二六對(이사부동이륙대)와 反法, 粘法(반법, 점법) 등이 잘 이루어졌다.

756. 白大鵬(백대붕 ?) : 조선 선조 때 시인. 신분이 천하여 船舶(선박)과 軍艦(군함)을 관리하는 典艦司(전함사)의 奴僕(노복)으로 일생을 보냈는데 당시 시 잘 짓고 술 잘 먹기로 유명했다.

756-1 自歎(자탄) 스스로 탄식하다

醉挿茱萸獨自娛 滿山明月枕空壺 傍人莫問何爲者 白首風塵典艦奴.

(취삽수유독자오 만산명월침공호 방인막문하위자 백수풍진전함노)

술 취하면 수유 꽂아 혼자 홍청거리고,
밝은 달이 온 산 가득하면 빈 술단지를 베개 삼아 눕네.
여보소, 뭣 하는 놈이냐고 묻지를 마오, 늙바탕까지 온갖 풍상을 겪은 전함사의 종놈이라오.

[語句] *茱萸 : 芸香科(운향과)의 낙엽교목 및 그 열매. 음력 9월 9일 重陽節(중양절)에 높은 산에 올라 이 열매를 머리에 꽂으면 惡鬼(악귀)를 물리친다 함. →164-1, 355-1. *自娛 : 스스로 즐김. *壺 : 술항아리. 병. *傍人 : 옆 사람. *何爲 : 무슨 일을 하는가. *白首 : 허옇게 센 머리. 白頭(백두). *風塵 : 세상의 속된 일. *典艦 : 典艦司. 조선 때의 관청으로 선박과 군함의 수리, 감독, 관리 등을 맡아보았음.

[鑑賞] 자기의 신세를 한탄한 시. 첫 구에서 수유를 꽂는 것은 중양절의 풍습이므로 음력 9월 9일이 시간적 배경이 된다. 둘째 구도 '온 산에 달이 밝을 때'는 대개 가을철의 음력 보름을 그렸다 할 것이다. 班常(반상)이 엄격하던 시대라 서민

들은 아무리 총명하고 재주가 뛰어나도 벼슬길에 오르기 힘들었고 쓰임을 받지 못했으니, 얼마나 불공평한 사회였던가를 역사에서 익히 배운 바다. 지은이도 천한 신분으로 하여 시를 잘 지었지만 대우를 받을 수 없어 이 시처럼 한탄을 했던 것이다. 이와 같이 아까운 인재들이 빛을 발하지 못하고 스러져 갔으니, 지난날 우리 封建制度(봉건제도)의 폐해를 되돌아보게 하는 작품이다.

7언절구. 압운은 娛, 壺, 奴 자로 평성 '虞(우)' 평운이다. 평측은 차례로 '仄仄平平仄仄平, 仄平平仄仄平平, 平平仄仄平平仄, 仄仄平平仄仄平'으로 이사부동이륙대와 반법, 점법 등이 모두 잘 이루어지고 평측 배치도 좋아 7언절구의 典型(전형)이 되는 佳作(가작)이다.

757. 白雲和尙(백운화상 1298~1374) : 고려 공민왕 때 僧侶(승려), 曹溪宗 大禪師(조계종 대선사). 法名(법명) 景閑(경한). 호 白雲. 현 전라북도 井邑市 古阜面(정읍시 고부면) 사람으로 어려서 출가하여 중국 湖州(호주)의 霞霧山(하무산) 石屋(석옥)에게서 법을 이어받았고, 석옥이 임종시에 偈(게)를 붙이기를 '백운을 사고는 청풍을 팔았고, 가산을 흩어버리니 뼈에 사무치게 가난하도다. 한 칸의 모옥이 남았을 뿐, 떠남에 다다라 병자동에게 붙여 주노라(白雲買了賣淸風 散盡家私澈骨窮 留得一間茅草屋 臨行付與丙子童)' 했다고 한다.<金東華 韓國歷代高僧傳> 丙子는 충숙왕 5 년(1336)이니 그가 석옥에게서 법을 이어받은 해가 아닌가 한다. 유고집에 '白雲和尙語錄(백운 화상어록)'이 전한다.

757-1 居山(거산) 산에 살다

洞中流水如藍染 門外靑山畫不成 山色水聲全體露 箇中誰是悟無生.

(동중유수여남염 문외청산화불성 산색수성전체로 개중수시오무생)

골짜기로 흐르는 물 쪽풀에 물든 듯하고, 문 밖의 푸른 산은 그려낼 수 없구나.
산 경치 골 물 소리 그 본바탕을 드러낸 것이니, 그 속에서 누가 무생을 깨치는고.

[語句] *藍 : 쪽. 쪽빛. 쪽은 '마디풀과의 1년생 풀'로 중국이나 인도지나 원산인데 잎은 남빛을 들이는 물감으로 씀. 靑出於藍靑於藍(푸른빛은 쪽풀에서 나왔지만, 쪽풀보다 더 푸르다)<荀子 勸學> *畫不成 : 그려낼 수 없음. 畫虎不成反類狗(범을 그리려다 안 되어도 개 그림쯤은 이루었다)<後漢書 馬援傳> *全體露 : 본바탕 곧 근본 모두를 드러냄. 곧 산과 물의 속성인 鳶飛魚躍(연비어약)의 경지를 나타내 보임. *箇中 : 여럿이 있는 그 가운데. *無生 : <佛>생겨나고 없어지는 것이 없는 도리. 곧 不生不滅(불생불멸)하는 眞如法性(진여법성, 바뀌지 않는 一切萬有일체만유의 本體본체)을 알고 거기 안주하여 움직이지 아니함. 無生法忍(무생법인).

[鑑賞] 이 시는 불교의 偈頌(게송)이 아닌 본격적인 한시라고 한다. 골짜기를 흘러가는 푸른 물과 초록빛 나무로 덮인 청산에서 우주의 본바탕을 느끼고 불생불멸의 불법을 깨닫는다는 것이다. 산 경치와 흐르는 물소리가 자연의 본디 모습을 그대로 드러내 보이는 것이니, 사람들은 그 속에서 자연과 불법의 이치를 깨달아야 한다.

7언절구. 압운은 成, 生 자로 평성 '庚(경)' 평운인데 첫 구에는 압운하지 않았다. 평측은 차례로 '仄平平仄平平仄, 平仄平平仄仄平, 平仄仄平平仄仄, 仄平平仄仄平平'으로 이사부동이륙대와 반법, 점법 등이 모두 잘 이루어졌다.

758. 普愚(보우 1301~1382) : 고려말의 승려. 初名(초명) 普虛(보허). 호 太古(태고). 俗姓(속성) 洪氏(홍씨). 시호 圓證(원증). 塔號(탑호) 寶月昇空(보월승공). 洪州(홍주, 충남 홍성)에서 출생하여 13세 때 檜巖寺(회암사) 廣智(광지) 문하에서 중이 되고 여러 절을 찾아다녔으며, 26 세에 華嚴選(화엄선)에 합격한 뒤 용문산 上院庵(상원암), 城西(성서)의 甘露寺(감로사) 등에서 수도했다. 충목왕 2년(1346) 원 나라에 가서 淸珙(청공)의 법을 잇고 東國 臨濟宗(동국 임제종)의 종주가 되었다. 두 해 뒤에 귀국하여 여러 절을 거쳤고 공민왕이 신하를 보내어 王師(왕사)로 삼았다. 辛旽(신돈)의 투기로 俗離山(속리산)에 갇혀 있다가 신돈이 죽은 뒤 다시 國師(국사)가 되었다.

758-1 雲山(운산) 구름 산

白雲雲裏靑山重 靑山山中白雲多 日與雲山長作伴 安身無處不爲家.

(백운운리청산중 청산산중백운다 일여운산장작반 안신무처불위가)

흰 구름 속에 푸른 산이 첩첩이요, 푸른 산 산 속에는 구름도 많아라.
날로 구름 산과 오랜 벗이 되었으니, 몸 편히 하는 곳 집 아닌 곳 없어라.

[語句] *重 : 거듭하다. 겹치다. *作伴 : 동무가 됨. 作侶(작려). *安身 : 몸을 편안하게 함.

[鑑賞] 이 작품은 偈頌(게송)이기 때문에 시를 짓는 법에 맞추지 않았고 詩語(시어)가 중첩되어 있으니 白雲과 靑山이다. 시어의 중첩은 읊기가 쉽고 익히기 쉬우리라. 백운은 흘러가 버리는 것이요 청산은 그대로 머물러 있는 것이니, 백운은 無常(무상)이요 청산은 영원이며 언젠가는 死去(사거)하는 스님과 부처에 각각 비유되기도 하리라.

7言絕句(7언절구). 압운은 多, 家 자로 多는 평성 '歌(가)' 평운, 家도 평성 '麻(마)'로 두 운은 通韻(통운)이 된다. 평측은 차례로 '仄平平仄平平平, 平平平平仄平平, 仄仄平平平仄仄, 平平平仄仄平平'으로 二四不同二六對(이사부동이륙대)는 둘째 구에서 어긋났고, 反法(반법)과 粘法(점법)은 그런대로 이루어졌으나, 첫 구에 압운이 아닌 평성을 끝 자로 두었고, 처음 두 구의 평측 배열이 좋지 못하다.

759. 謝朓(사조 464~499) : 중국 남북조 때 南齊(남제)의 문인. 자 玄暉(현휘). 陳郡(진군, 河南하남) 사람. 어려서부터 재주가 뛰어나 草書, 隸書(초서, 예서)에 능했으며 5言詩(5언시)를 잘 지었고 宣城太守, 尙書吏部郞(선성태수, 상서이부랑) 등을 역임했다. 선성 태수 때 北樓(북루)를 건립했기에 그 누각을 謝朓樓라 부르며, 그를 謝宣城이라 별칭하고 또 晉(진)의 謝靈運(사영운)에 비겨 小謝(소사)라고도 부른다. 그의 청신한 시는 후세 시인들의 敬仰(경앙)하는 바가 되어 특히 당 나라 李白(이백 →234)은 그를 존경했다고 한다. 36세에 투옥되어 사망했으며 '謝宣城集(사선성집 50권)'이 있다.

759-1 玉階怨(옥계원) 옥계에서의 원망

夕殿下珠簾 流螢飛復息 長夜縫羅衣 思君此何極.

(석전하주렴 유형비부식 장야봉나의 사군차하극)

저녁이면 전각의 구슬발을 내리니, 반딧불도 반짝이며 날다가 쉬는구나.
가을 긴긴 밤 비단옷 마련하려니, 임 생각이 어이 이리 간절한가.

[語句] *玉階 : 옥으로 만든 층계. 대궐 안의 섬돌. *珠簾 : 구슬을 꿰어서 만든 발. 玉簾(옥렴). *流螢 : 날아다니는 반딧불. *羅衣 : 비단옷. *極 : 지극하다. 다하다.

[鑑賞] 궁녀의 원망을 읊은 樂府體(악부체) 또는 玉臺體(옥대체)의 시라 할 수 있으리라. 가을 저녁에 창의 발을 내리자니 반딧불이 반짝이며 날아다니다가 쉬다가 한다. 긴긴 밤에 비단옷을 짓노라니 오늘 따라 오래도록 찾아주지 아니한 임금님 생각이 간절하다.

5言古詩 短篇(5언고시 단편). 압운은 息, 極 자로 입성 '職(직)' 측운이다. 평측은 차례로 '仄仄仄平平, 平平平仄仄, 平仄平平平, 平平仄平平'으로 이사부동은 끝 구에서 어긋났고 점법이 이루어지지 않았으니, 둘째 구와 셋째 구는 앞 구와 대조되는 반법으로 일관했다. 이는 고시이기에 흠이 된다고 할 수 없으며, 측운으로 압운하면 대개 고시로 분류하는 것이다.

759-2 和徐都曹(화서도조) 서도조에게 화답하다

宛洛佳遨遊 春色滿皇州 結軫靑郊野 廻瞰蒼江流
日華川上動 風光草際浮 桃李成蹊徑 桑楡蔭道周
東都已俶載 言歸望綠疇.

(완락가오유 춘색만황주 결진청교야 회감창강류
일화천상동 풍광초제부 도리성혜경 상유음도주
동도이숙재 언귀망녹주)

완락은 놀기 좋은 곳, 봄 경치는 서울에 가득하여라.
마차를 몰고 동쪽 교외로 나가니, 저쪽으로 푸른 강물의 돌아 흐름이 바라보이네.
햇빛은 냇물 위를 비추고, 고운 경치 풀밭 저편으로 펼쳐 있구나.
복숭아, 오얏꽃 만발해 그 밑으로 길이 났고, 뽕나무와 느릅나무는 길가 모롱이를 덮었네.
동도의 성 밖은 농삿일이 시작되었으니,
고향에 돌아가면 곡식 푸른 밭을 볼 수 있으리라.

[語句] *和 : 남의 시에 和答(화답, 應答응답)함. *徐都曹 : 徐勉(서면). 그가 中都曹(중도조)의 관직에 있어서 쓴 말임. *宛洛 : 南陽(남양)과 洛陽(낙양). 모두 하남성에 있는데 낙양은 북쪽, 남양은 남쪽에 있음. *遨遊 : 재미있게 놂. *皇州 : 天子(천자)의 서울. 여기서는 齊(제) 나라 도읍지인 강소성 江寧(강녕, 南京남경)임. 皇都(황도). 帝都(제도). *結軫 : 말을 수레에 닮. 수레를 몲. 軫은 '수레 뒤턱 나무'임. *青郊 : 동쪽 교외. '낙양의 동편 교외'를 뜻하며 青은 '東方(동방), 봄'을 가리킴. *瞰 : 보다. 굽어보다. *蒼江 : 푸른 강. *日華 : 햇빛. 日光(일광). *風光 : 경치. *際 : 가. 끝. *桃李 : 복숭아와 오얏[자두]. *蹊徑 : 작은 길. 지름길. 桃李不言下自成蹊(복숭아와 오얏은 꽃이나 열매가 좋아 그냥 있어도, 찾아오는 사람이 많아서 그 밑으로는 절로 길이 만들어진다)<史記 李廣傳> *桑楡 : 뽕나무와 느릅나무. '해 저물 녘. 해 지는 서쪽. 저녁' 등을 뜻하기도 함. *蔭 : 덮다. *道周 : 길이 꼬부라진 곳. 모롱이. 有杕之杜 生于道周(외톨박이 아가위나무가, 길모퉁이에 서 있네)<詩經 唐風 有杕之杜> 杕(체)는 '나무 우뚝하다. 홀로 사는 모양' 이고 杜(두)는 '아가위'임. *東都 : 동쪽 서울. 洛陽. 長安(장안)과 대칭하여 부르는 이름으로 고려 때 신라의 서울 慶州(경주)를 東都라 부른 것과 같은 것임. *俶載 : 일 곧 농사일을 시작함. 오래 버려두었던 밭 곧 묵정밭을 갈아젖힘. 俶載南畝 播厥百穀(남쪽 밭을 갈아, 백곡의 씨를 뿌리네)<詩經 小雅 大田> *言歸 : 돌아감. 言은 접두사임. *綠疇 : 푸른 밭. 곡식 모종이 파랗게 돋아난 밭. 疇는 '밭두둑. 밭'임.

[鑑賞] 이 시는 徐勉의 '昧旦出新亭渚(매단출신정저, 동 틀 무렵 신정의 물가를 나서다)' 시에 화답했는데, 본디 제목은 '和徐都曹出新亭渚(화서도조출신정저)'라 한다. 新亭은 남경 부근의 강녕에 있는 지명이요 정자 이름이기도 한데, 晉(진) 나라가 江東(강동)으로 쫓겨갔을 때 遺民(유민)들이 모여 고향을 그리며 울던 곳이기도 하다. 또 이 시는 풀이하기가 까다롭기도 하니 시경이나 한서 등 고전에서 인용한 귀절이 있고, 첫구의 宛洛도 남경을 두고 쓴 말이며 끝 연의 東都도 역시 남경을 가리킨다고 보

아야 하는 점 등이다. 끝 연을 정리해 보면 '여기 남경이 봄 농사가 시작되었으니, 내가 고향 하남성으로 돌아가면 거기서 파란 곡식이 자라는 들판을 볼 수 있겠다'로 될 것이다. 아뭏든 당시로서는 독창적이요 청신한 표현을 한 작품이니 한 예로 3연의 '日華川上動 風光草際浮'는 名句(명구)라 하리라. 그리고 첫 연과 끝 연 외에는 두 구씩 對句(대구)를 잘 이루었다.

5언고시 10句體(10구체). 압운은 遊, 州, 流, 浮, 周, 疇 자로 평성 '尤(우)' 평운이다. 평측은 차례로 '仄仄平平平, 平仄仄平平, 仄仄平平仄, 平仄平平平, 仄平平仄仄, 平平仄仄平, 平仄平平仄, 平平仄仄平, 平平仄仄仄, 平平仄仄平'으로 이사부동은 모두 잘 이루어졌으나 반법과 점법이 무시되었다.

760. 尙震(상진 1493~1564) : 조선 명종 때 정승. 자 起夫(기부). 호 泛虛亭, 嚮日堂, 松峴(범허정, 향일당, 송현). 시호 成安(성안). 본관 木川(목천). 父 察訪 甫(찰방 보). 어려서 고아가 되어 매부 夏山君 成夢井(하산군 성몽정)에게서 자랐고 처음에는 공부를 게을리했으나 후에 분발하여 중종 14년(1519) 문과 급제 후 여러 관직에 있었고 書狀官(서장관)으로 燕京(연경)에 다녀왔으며, 弘文館副提學, 江原道・京畿道觀察使, 刑曹判書(홍문관 부제학, 강원도・경기도 관찰사, 형조판서) 등을 역임하고 우의정, 좌의정을 거쳐 명종 4년(1549) 영의정이 되었다. 15년간 정승 자리에 있으면서 不偏不黨(불편부당)해 무사히 업무를 수행했고, 외모는 우둔한 듯 보였으나 마음은 아주 꿋꿋했으며 늘 덕성과 도량을 넓히기에 힘썼다. 만년에 松峴(송현)에 살 때 혹시 임금의 행차가 집 앞을 지나가면 의관을 갖추고 중문 밖에 엎드렸는데, 집 사람이 왜 외문 밖에 나가지 않느냐 하니, 외문 밖에 엎드리면 남들에게 들켜 이름이 팔릴 게 아니냐고 했다 한다.

760-1 題江陵連谷倉(제강릉연곡창) 강릉 연곡창에서 짓다

關山篴裏思悠哉 遠客愁腸日九回 漢水終南何處是 五雲空復夢邊來.

(관산적리사유재 원객수장일구회 한수종남하처시 오운공부몽변래)

변방 산에서 들리는 피리 소리에 고향 생각 그윽한데, 멀리 온 신세 날마다 근심 속일세. 한강과 남산이 있는 서울 그 어디메인고, 오색구름 꿈길 속을 부질없이 오고가네.

[語句] *連谷倉 : 강원도 강릉시 연곡면. 五臺山國立公園(오대산 국립공원) 안에 있는데 본디 고구려의 支山縣(지산현), 신라 때 仍舊(잉구)라 했다가 고려 현종 때 連谷이라 했음. *關山 : ①고향의 산. 고향. ②關門(관문) 근방 또는 邊方(변방)의 산. 여기서는 ②임. *篴 : 피리. 날라리. *思悠哉 : 고향 생각이 그윽하구나. *遠客 :

먼 곳으로 온 나그네. *愁腸 : 근심스런 마음. *九 : 모으다. *漢水 : 서울의 漢江(한강). 삼국 시대 초기부터 帶水(대수), 阿利水(아리수), 郁里河(욱리하) 등으로 부르다가 백제가 東晋(동진)과 교통하여 중국 문화를 수입한 이후 漢水라 했다 함. *終南 : 종남산. 고대 중국 周(주)의 서울 豊鎬(풍호) 남쪽에 있는 산인데, 우리나라 서울의 '南山(남산, 木覓山목멱산)'을 이에 비겨 썼음. *五雲 : 오색구름. 임금 계신 곳을 五雲鄕(오운향)이라 함.

[鑑賞] 이 시는 아마도 지은이가 강원도 관찰사로 있을 때 오대산으로 유람 가서 지은 듯하다. 관찰사로 있으면서도 고향 생각은 끊을 수 없어, 산속에서 은은하게 들려오는 구슬픈 피리 소리에 고향 그리는 수심에 잠겨, 서울을 그리워하여 꿈길에 오간다 했다. 셋째 구의 漢水, 終南은 임금님을 그리워하는 심정이 담겨 있다고 볼 수도 있겠다.

7言絶句(7언절구). 압운은 哉, 回, 來 자로 평성 '灰(회)' 평운이다. 평측은 차례로 '平平仄仄仄平平, 仄仄平平仄仄平, 仄仄平平平仄仄, 仄平平仄仄平平'으로 二四不同二六對(이사부동이륙대)와 反法, 粘法(반법, 점법) 등이 잘 이루어져 내용과 함께 7絶의 典型(전형)이 되는 秀作(수작)이다.

761. 石希璞(석희박 ?) : 조선 효종 때 문인. 자 子成(자성). 호 南川(남천). 본관 漢山(한산).

761-1 松京懷古(송경회고) 송도에서 회고하다

山河依舊市朝空 流水殘雪落照中 歇馬獨來尋往迹 斷碑猶記鄭文忠.

(산하의구시조공 유수잔설낙조중 헐마독래심왕적 단비유기정문충)

산천은 예 그대로나 시가지는 텅비었고, 흐르는 물과 남은 눈은 저녁 햇빛 받고 있네. 말에서 내려 혼자 지난 자취 찾노라니, 깨어진 비석에는 포은 선생 기록이 아직 남았구나.

[語句] *松京 : 고려의 서울 松都(송도). 開城(개성). *懷古 : 지나간 옛일을 돌이켜 생각함. 懷舊(회구). *依舊 : 옛 모양과 변함 없음. *市朝 : 市街地(시가지). 市中(시중). 거리에 집들이 늘어선 것이 朝廷(조정)에 벼슬아치들이 늘어선 것과 같다는 데서 나온 말이라고도 하고, 저자는 반드시 아침에 열기 때문에 하는 말이라고도 함. 한편 朝市는 '조정과 시가지'를 뜻함. *殘雪 : 녹다 남은 눈. 봄이 되어도 남아 있는 눈. *落照 : 저녁 해. 夕陽(석양). *歇馬 : 말을 쉬게 함. 말에서 내림. *往迹 : 지난 자취. 옛 자취. *猶 : 아직. 또한. *鄭文忠 : 고려말의 학자요 충신인 鄭夢周(정몽주 →393). 文忠은 그의 시호이고 아호는 圃隱(포은)임.

[鑑賞] 개성을 찾아가 옛 고려 때를 회고하며 즉흥으로 지은 시. 勝國(승국, 멸망한 나라) 수도의 쓸쓸한 모습으로 詩想(시상)을 일으키고, 해 질 무렵의 산천을 그리며 시상을

對句(대구)로 이어받았다. 유적을 찾아보느라 말을 매어 두고 걸으며 살피니 포은 선생에 관한 비석이 깨어진 채로 버려져 있다. 아마도 善竹橋(선죽교) 유적이리라. 斷想(단상)으로 한 편의 절구를 엮은 솜씨가 뛰어나다 하리라.

7언절구. 압운은 空, 中, 忠 자로 평성 '東(동)' 평운이다. 평측은 차례로 '平平平仄仄平平, 平仄平仄仄仄平, 仄仄仄平平仄仄, 仄平平仄仄平平'으로 이사부동이륙대는 둘째 구에서 어긋나 '仄-仄-仄'이 되었고, 반법과 점법은 그런대로 이루어졌다.

762. 薛稷(설직 649~713) : 初唐(초당)의 시인, 화가. 자 嗣通(사통). 汾陰(분음) 사람으로 정치가이면서 예술가로서 鶴(학) 그림에 능했다고 한다.

762-1 秋朝覽鏡(추조남경) 가을 아침에 거울을 보고

客心驚落木 夜坐聽秋風 朝日看容鬢 生涯在鏡中.
(객심경낙목 야좌청추풍 조일간용빈 생애재경중)

나그네 마음은 떨어지는 낙엽에도 놀라고, 밤에는 홀로 누워 가을바람 소리 듣네.
아침에 일어나 내 몰골 보노라니, 내 한 평생이 이 거울 속에 있구나.

[語句] *朝日 : 아침해. ↔夕日(석일), 夕陽(석양). '아침에 일찍 조정에 들어가는 일'을 뜻하는 수도 있음. *容鬢 : 얼굴과 귀밑털. 모습. 몰골. *生涯 : 세상을 살아가는 동안. 삶. 생활. 생계.

[鑑賞] 소슬바람 부는 가을, 객지에서 고향 생각에 잠 못 이루는 밤이다. 낮에는 우수수 지는 나뭇잎을 보니 벌써 가을인가 하며 놀라고, 밤에는 가을바람 소리를 들으며 수심에 잠겨 잠이 들지 않는다. 아침에 세수하고 우연히 거울을 들여다보니 내 몰골이 말이 아니다. 부수수한 얼굴에 허여센 귀밑털, 내 찌든 삶이 그 거울 속에 그대로 나타나 있다. 生涯在鏡中이 독창적이고 참신한 표현이라 하겠는데 張九齡(장구령)의 '照鏡見白髮(조경견백발)' 시와 이미지가 비슷하다. →351-3.

5言絕句(5언절구). 압운은 風, 中 자로 평성 '東' 평운이다. 평측은 차례로 '仄平平仄仄, 仄仄平平平, 平仄平平仄, 平平仄仄平'으로 이사부동과 반법, 점법 등이 모두 잘 이루어진 좋은 작품이다.

763. 成聃壽(성담수 ?~1456) : 조선 단종 때 生六臣(생육신). 자 眉叟(미수). 호 文斗(문두). 시호 靖肅(정숙). 본관 昌寧(창녕). 父 校理 熺(교리 희, 자 用晦 용회 호 仁齋 인재). 사육신 成三問(성삼문 →115)의 再從(재종)으로 세종 32년(1450) 進士(진사)에 오르고 이어 문과 급제하여 玉堂(옥당)에 뽑혔으며 承文院(승문원) 교리에 이르렀다. 아버지가 단종 복위 사건에

연루되어 고문 끝에 김해로 귀양갔다가 돌아온 후 울화병으로 사망하매, 파주 문두리에서 장례를 지낸 뒤 文斗라 호를 짓고 10여 명의 형제자매와 함께 그 곳에 묻혀 살며 서울에는 가지 않았다. 조카인 夢井(몽정)이 경기도 안찰사가 되어 그를 찾았을 때는 어찌나 가난하던지 방안에 자리도 깔지 않았더라고 했다. 몽정이 벼슬길에 나가기를 권했으나 듣지 않았고, 돌아가 깔 자리를 보내주었으나 가난하고 천한 집에 어울리지 않는다며 받지 않았다. 늘 낚시질로 소일하다가 사망 후 생육신의 한 분으로 받들어졌다.

763-1 釣魚(조어) 낚시질

把竿終日趁江邊 垂足滄浪困一眠 夢與白鷗飛萬里 覺來身在夕陽天.

(파간종일진강변 수족창랑곤일면 몽여백구비만리 각래신재석양천)

낚싯대 들고 종일토록 강가에 나가, 푸른 물에 발 담그고 노곤해 조네.
꿈속에서 갈매기와 더불어 만리장천을 날다가, 깨어보니 이 몸 저녁 하늘 아래 있구나.

[語句] *把 : 잡다. 가지다. *竿 : 장대. 釣竿(조간, 낚싯대). *趁 : 밟다. 걷다. *滄浪 : 푸른 물결. *白鷗 : 갈매기. *夕陽天 : 저녁때의 하늘.

[鑑賞] 세상을 멀리하고 바다처럼 넓은 파주의 강가에서 하루 종일 낚시질로 소일하는 생활의 한 단면을 읊었다. 사실 고기 낚기에는 별 관심이 없고 세월을 낚는 삶이다. 세상을 잘 만났더라면 높은 벼슬자리에 오를 수도 있었겠건만, 野人(야인)이 되어 강호에 묻혀 가난하게 지내는 지은이가 얼마나 안타깝게 느껴지는지, 꿈에서나마 큰 포부를 펴 보는 셋째 구가 있어 더욱 그러하다.

7言絕句(7언절구). 압운은 邊, 眠, 天 자로 평성 '先(선)' 평운이다. 평측은 차례로 '仄平平仄仄平平, 平仄平平仄仄平, 仄仄仄平平仄仄, 仄平平仄仄平平'으로 二四不同二六對(이사부동이륙대)와 反法, 粘法(반법, 점법) 등이 모두 잘 이루어졌다.

764. 成守琛(성수침 1493~1564) : 조선 명종 때 유학자, 隱士(은사). 자 仲玉(중옥). 호 聽松, 竹雨堂(청송, 죽우당). 시호 文貞(문정). 본관 昌寧(창녕). 父 大司憲 世純(대사헌 세순). 渾(혼 →766)의 아버지. 동생 守琮(수종)과 함께 靜庵 趙光祖(정암 조광조 →440)의 제자로 형제 모두 명망이 높았고 효성이 지극했다. 중종 14년(1519) 기묘사화로 스승 정암이 처형되고 많은 선비들이 죄를 입자 과거를 단념하고 두문불출하여 학문에 전념했다. 厚陵參奉(후릉참봉)에 임명되었으나 사퇴하고 경기도 坡州(파주) 牛溪(우계)에 있는 처가 근처에서 은거하여 일생을 마치기로 했다. 명종 7년(1552) 조정에서 內資寺主簿(내자시 주부)의 벼슬을 내리고 禮山縣監(예산현감)에 다시 임명하여 등용코자 했으며 또 몇

곳의 현감을 내렸으나 모두 취임하지 않았다. 천성이 신중하여 사람들이 成德君子(성덕군자)라 했으며 글씨로도 유명했다.

764-1 山居雜詠(산거잡영) 산중에 살며

朝日微茫翳復明 臥看天末片雲生 須臾遍合翻成雨 萬壑崩湍共一聲.

(조일미망예부명 와간천말편운생 수유편합번성우 만학붕단공일성)

아침 해 구름에 가려 희미하다가 밝아지고, 한가로이 하늘 보니 저 멀리 조각구름 생겨나네. 잠깐 사이 구름이 몰려 비를 내리니, 산골짜기마다 내리쏟는 물줄기 천둥 소리러라.

[語句] *雜詠 : 여러 가지 사물이나 계절의 느낌을 읊은 詩歌(시가). *微茫 : 희미하고 아득함. *翳 : 가리다. 숨다. *天末 : 하늘의 끝. 天際(천제). *片雲 : 조각구름. *須臾 : 잠시 동안. *遍合 : 두루 합쳐짐. *萬壑 : 첩첩이 겹쳐진 깊고 큰 산골짜기. *崩 : 산이 무너지다. 임금이 죽다. *湍 : 여울.

[鑑賞] 여름날 아침 소나기를 읊은 순수 敍景詩(서경시)이다. 흐르는 구름으로 아침 햇빛이 어두웠다 밝아졌다 하더니, 하늘 저 끝에 있던 조각구름들이 잠깐 사이에 뒤엉겨 소나기구름이 되어 비를 쏟아 보낸다. 온 산골짜기가 빗물로 무너져 내리는가 싶게 세찬 소나기가 큰물을 이루며 물소리가 천둥소리처럼 대지를 뒤흔든다고 했다. 소나기의 속성을 잘 묘사한 시라 하리라.

7언절구. 압운은 明, 生, 聲 자로 평성 '庚(경)' 평운이다. 평측은 차례로 '平仄平平仄仄平, 仄平平仄仄平平, 平平仄仄平平仄, 仄仄平平仄仄平'으로 이사부동이륙대와 반법, 점법 등이 잘 이루어졌다. 첫 구의 翳 자는 '가리다. 숨다'의 뜻이면 평성 '齊(제)', '깃 일산. 어조사'의 뜻이면 거성 '霽(제)'라 한 자전도 있으나, 평측 배열로 보아 거성인 측성으로 처리했다.

765. 成運(성운 1497~1579) : 조선 명종 때 학자, 은사. 자 健叔(건숙). 호 大谷(대곡). 본관 창녕. 父 副正 世俊(부정 세준). 나이 서른에 司馬試(사마시)에 급제했으나 형 遇(우)가 을사사화로 화를 당하자 벼슬을 버리고 충북 報恩(보은)으로 피하여, 大谷이라 호를 짓고 숨어 살아 대곡 선생이라 불리웠다. 조정에서 여러 번 등용코자 했으나 모두 사절하고 자연을 즐기며 시와 거문고로 소일했고 土亭 李之菡(토정 이지함), 花潭 徐敬德(화담 서경덕 →103), 南冥 曺植(남명 조식 → 457) 등 名賢(명현)들과 교유했으며, 남명은 그를 精金美玉(정금미옥)에 비유했으니 인격이나 글이 아름답고도 깨끗함을 칭찬한 말이다. 문집에 '大谷集(대곡집)'이 있다.

765-1 寄南冥(기남명) 남명에게 부치다

冥鴻矯翼向南飛 正値秋風木落時 滿地稻粱鷄鶩啄 白雲天外自忘飢.

(명홍교익향남비 정치추풍목락시 만지도량계목탁 백운천외자망기)

북명의 기러기 날개 떨쳐 남으로 날아갈 때는, 바로 가을바람 불고 낙엽지는 때이거니.
땅에 가득한 곡식 낟알을 닭과 오리들 쪼아 먹는데,
이 기러기는 흰 구름 저 하늘 밖에서 주림을 잊는구나.

[語句] *南冥 : 조선 중종 때 대학자 曺植(조식 1501~1572)의 아호. →457. *冥鴻 : 북쪽 큰 바다 곧 北冥(북명, 北溟북명)의 큰 기러기. '북명의 큰 고기인 鯤(곤)이 화하여 鵬(붕)이라는 큰 새가 되어 태풍을 타고 날아올라 남쪽 큰 바다 곧 南冥(남명, 南溟남명)으로 날아간다.'는 '莊子 逍遙遊(장자 소요유)'를 인용한 말이어서 '북명의 붕새'로 풀어도 되겠음. *矯 : 들다. 바로잡다. '장자 소요유'에 나오는 怒(노, 떨치다) 자와 같은 뜻으로 보아도 됨. *正値 : '바로 그 때'의 뜻임. *稻粱 : 벼와 기장. 곡식. 稻粱謀(도량모, 겨우 먹고 살아갈 계책). *鷄鶩 : 닭이나 오리 같은 보통 새. '凡人(범인), 愚夫(우부)'를 가리키기도 함. 鸞鳳(난봉)이나 鴻鵠(홍곡) 같은 훌륭한 새와 대비해 쓰는 말임. *啄 : 쪼다. 쪼아 먹다. *飢 : 주리다.

[鑑賞] 벼슬을 마다하고 산중에 은거하며 많은 제자를 길러내어, 退溪(퇴계) 선생과 쌍벽을 이룬 남명 선생의 삶을 기린 시. 주로 南冥이란 아호를 두고 지었다. 남명을 '장자'에 나오는 大鵬(대붕)에 비겨, 속세와는 다른 흰 구름 저 멀리로 날아가는 듯한 고고한 삶을 그렸으며, 셋째 구의 稻粱은 벼슬길에 비유했고 벼슬아치들을 鷄鶩에 비겼다. "이 시도 도가적인 색채가 풍부한 것인데, 지은 연대가 확실치는 않지만 아마도 남명과의 교분이 두터웠던 대곡이, 남명이 김해로 영원히 이주해 감에 증표로서 준 것이 아닌가 추측된다. 또한 우리는 이 시의 첫 구절에서 남명이라는 호와 그것이 뜻하는 바가 무엇인지를 짐작할 수 있는 것이다."<金敬洙 南冥學에 대한 否定的觀點과 그에 대한 再檢討>

7언절구. 압운은 飛, 時, 飢 자로 飛는 평성 '微(미)' 평운, 時와 飢도 평성 '支(지)' 평운으로 두 운은 通韻(통운)이 된다. 평측은 차례로 '平平仄仄仄平平, 仄仄平平仄仄平, 仄仄仄平平仄仄, 仄平平仄仄平平'으로 이사부동이륙대와 반법, 점법 등이 잘 이루어졌다.

766. 成渾(성혼 1535~1598) : 조선 선조 때 학자. 자 浩原(호원). 호 牛溪, 默庵(우계, 묵암). 시호 文簡(문간). 본관 창녕. 父 聽松 守琛(청송 수침 →764). 17세에 監試 初試(감시 초시)에 들었으나 병으로 覆試(복시)를 치지 못하자 과거를 포기했다. 休庵 白仁傑(휴암 백인걸)의 제자로 젊어서 이미 덕망과 학문이 뛰어나 학자들이 우계선생이라 불렀다. 참봉, 현감

등의 벼슬을 받았으나 모두 사퇴했고, 栗谷(율곡 →283)과 四端七情理氣說(사단칠정이기설)을 토론하고는 새 학설을 주창했다. 공조좌랑, 지평, 주부 등에 계속 임명되었으나 부임치 않았고, 율곡이 왕에 권유하여 宗廟署令(종묘서령)으로 불러 조정에 들어왔으나 병으로 登廳(등청)하지 못하매 왕은 약을 보내고 便殿(편전)에서 만났는데, 그 때 왕이 쌀을 주니 부득이 받았으나 친척과 동네 사람들에게 나누어 주었다. 이후 또 벼슬을 내렸으나 사임하고 經筵(경연)을 맡았으며, 이조참의를 거쳐 吏曹參判(이조참판)이 되었다. 임진왜란이 일어나자 光海世子(광해 세자)를 모시고 여러 곳을 돌아 임금의 처소에 당도하여 용병, 군량 등 時務三策(시무삼책)을 상소했다. 명 나라 袁黃(원황)이 우리나라에 와서 함께 성리학을 논하여 그의 격찬을 받았고, 환도 후 左贊成兼備局堂上(좌찬성 겸 비국당상)으로 있을 때 명나라 총독 顧養謙(고양겸)이 일본과의 화의를 권유하자 영의정 柳成龍(유성룡 →184)과 같이 그에 따를 것을 주장했으나 선조는 반대파의 의견을 들어 화의를 배척했다. 화의를 주장한 전라감사 李廷馣(이정암)에 대한 관대한 조치를 주장하자 임금이 분노하니 고향인 파주로 내려갔다. 율곡과 함께 성리학의 대가로 후세에도 이름이 높으며, 退溪(퇴계 →329)의 학설을 이어받아 율곡과 함께 '四七續篇(사칠속편)'을 완성했고 우계에서 많은 제자들을 양성했으며, 사후 반대파에 의해 관작을 빼앗겼으나 인조 초에 복귀, 영의정에 추증되고 文廟(문묘)에 배향되었다. 퇴계, 율곡과 함께 우리나라 碩儒(석유)라 칭한다.

766-1 偶吟(우음) 우연히 읊다

四十年來臥碧山 是非何事到人間 小堂獨坐春風地 花笑柳眠閑又閑.
(사십년래와벽산 시비하사도인간 소당독좌춘풍지 화소유면한우한)

사십 년 반평생을 청산 속에 사는데, 옳으니 그르니 하는 시비가 어찌 여기까지 이르겠는가.
봄바람 찾아드는 작은 마루에 홀로 있으려니,
꽃은 웃고 버들가지 졸고 있어 더욱 한가하구나.

[語句] *偶吟 : 우연히 읊은 노래. 偶詠(우영). *碧山 : 푸른 산. 靑山(청산). *小堂 : 작은 마루. 작은 집. *春風地 : 봄바람 속에 있는 곳. *柳眠 : 버들가지가 흔들리지 않아 졸고 있는 듯함.

[鑑賞] 경기도 파주 우계에 은거하며 지은 시. 청산 속에 속세와의 인연을 끊고 자연을 벗삼아 살고 있으니, 인간 세상의 시비가 여기까지 미치어 올 리가 없다. 훈훈한 봄바람이 솔솔 불어오는 마루에 홀로 앉아 우연히 바깥을 보니 온갖 꽃들은 만발하여 즐거이 웃는 듯하고 길에 늘어진 버들가지는 봄바람이 약하게 불기에 그런지 한들거리지도 않는다. 이런 자연 속에 묻혀 있으니 더욱 한가로

움을 느끼며 삶이 즐겁다.

7言絕句(7언절구). 압운은 山, 間, 閑 자로 평성 '刪(산)' 평운이다. 평측은 차례로 '仄仄平平仄仄平, 仄平平仄仄平平, 仄平仄仄平平仄, 平仄仄平平仄平'으로 二四不同二六對(이사부동이륙대)와 反法, 粘法(반법, 점법) 등이 모두 이루어졌다.

767. 蘇世讓(소세양 1486~1562) : 조선 중종 때 名臣(명신), 학자. 자 彦謙(언겸). 호 陽谷(양곡). 본관 晉州(진주). 父 儀賓府都事 自坡(의빈부도사 자파). 일찍 進士(진사)에 들었고 詩文(시문)으로 이름이 났으며 중종 4년(1509) 別試(별시)에 급제하여 承文院(승문원, 槐院 괴원)과 弘文館(홍문관, 玉堂옥당)에 들어가 정자, 주서를 거쳐 修撰(수찬)이 되었을 때 단종의 어머니인 顯德王后(현덕왕후)의 복위를 건의해 允許(윤허)되어 顯陵(현릉)에 이장하고 大廟(대묘)에 위패를 모시게 했다. 이 뒤에 여러 벼슬을 거쳐 각 曹(조)의 判書(판서)와 漢城判尹, 大提學, 判中樞府事, 左贊成(한성판윤, 대제학, 판중추부사, 좌찬성) 등에 이르고, 중종 27년(1532) 사신으로 명 나라에 건너가 시문으로 이름을 떨쳤으며, 인종이 즉위하자 일부의 탄핵을 받아 벼슬을 그만두고 죽림에 집을 지어 退休(퇴휴)라 당호를 짓고 은거했다. 어려서부터 특이하여 학문이 일취월장하였고 松雪體(송설체)의 글씨를 잘 써서 문장과 필법으로 이름이 높았다. 문집에 '陽谷集(양곡집)'이 있다.

767-1 燕京卽事(연경즉사) 연경에서 즉흥으로 읊다

宴開迎餞一旬間 三月皇州尙未還 柳絮白於衰客髮 桃花紅勝美人顔
春愁黯黯連空館 歸興翩翩落故山 早晩勾當公事了 拂衣長嘯出秦關.

(연개영전일순간 삼월황주상미환 유서백어쇠객발 도화홍승미인안
춘수암암연공관 귀흥편편낙고산 조만구당공사료 불의장소출진관)

맞이하고 전송하는 잔치 열흘마다 열려, 연경에서 석 달을 머물며 돌아가지 못하네.
버들개지는 내 백발처럼 희고, 복사꽃은 미인 얼굴보다 더 붉어라.
봄 시름은 은근하게 객관 하늘에 잇달았고, 귀향하는 홍겨운 꿈 고향산천으로 가는구나.
멀지 않아 사신의 일 끝맺고 나면, 소매 떨치고 홍얼거리며 연경 관문을 나가리라.

[語句] *燕京 : 중국 北京(북경). *卽事 : 눈앞의 사물을 즉흥으로 읊어 내는 일. *迎餞 : 맞이함과 배웅함. 迎送(영송). *一旬 : 열흘. *皇州 : 서울. 天子(천자)가 있는 서울 곧 '연경'임. *柳絮 : 버들개지. *衰客髮 : 늙은 나그네의 머리결. *春愁 : 봄철에 일어나는 愁心(수심). *黯黯 : 밝지 않은 모양. 아득한 모양. *館 : 客館(객관, 딴 곳에서 온 벼슬아치를 대접하여 묵게 하던 집. 客舍객사). 旅館(여관). *翩翩 : 가볍게 훨훨 나는

모양. 오락가락 하는 모양. *勾當 : 일을 담당함. 任務(임무)에 당함. 句當(구당). * 公事 : 관청의 일. '사신으로서 해야 할 일'임. *拂衣 : 소매깃을 떨고 일어섬. * 長嘯 : 길고 세게 부는 휘파람. 시나 노래를 길게 읊조림. *秦關 : 진 땅의 관문.

[鑑賞] 중국에 사신으로 갔을 때 지은 시. 거기서 시로 이름을 떨쳤다 했으니 이 시도 망향의 정을 읊은 명작이라 할 수 있다. 頷聯(함련 3~4구)과 頸聯(경련 5~6구)은 시 작법대로 對句(대구)를 잘 이루었으니, 함련은 서경으로 實(실)이요 경련은 서정이라 虛(허)여서 虛實(허실)을 잘 배치했다. 둘째 구의 三月은 '봄 석 달 또는 봄'으로 풀이해도 되겠고, 고국으로 어서 돌아가고 싶은 심정을 尾聯(미련 7~8구)에서 읊으며 시를 마무리했다.

7言律詩(7언율시). 압운은 間, 還, 顔, 山, 關 자로 평성 '刪(산)' 평운이다. 평측은 차례로 '仄平平仄仄平平, 平仄平平仄仄平, 仄仄仄平平仄仄, 平平平仄仄平平, 平平仄仄平平仄, 平仄平平仄仄平, 仄仄平平平仄仄, 仄平平仄仄平平'으로 이사부동이륙대와 반법, 점법 등이 잘 이루어져 내용면과 함께 명작이다.

768. 孫逖(손적 ?) : 당 나라 시인. 博山 武水(박산 무수) 사람.

768-1 宿雲門寺閣(숙운문사각) 운문사에 묵으며

香閣東山下 煙花象外幽 懸燈千嶂夕 卷幔五湖秋
畫壁餘鴻雁 紗窓宿斗牛 更疑天路近 夢與白雲遊.

(향각동산하 연화상외유 현등천장석 권만오호추
화벽여홍안 사창숙두우 갱의천로근 몽여백운유)

동산 아래에 있는 절이라, 봄 경치는 세상 밖으로 그윽하기도 하구나.
산봉우리마다 등을 단 듯한데, 장막을 걷으니 오호의 가을처럼 시원하네.
벽에는 기러기 그림 희미하게 남았고, 비단 창가에는 두우 별이 머무는구나.
하늘로 통하는 길이 가깝구나 하다가, 꿈속에서 흰 구름과 함께 떠돌았네.

[語句] *雲門寺 : 浙江省 紹興市(절강성 소흥시) 운문산에 있는 절. *寺閣 : 절 구내의 건물. *香閣 : 爐殿(노전, 대웅전과 법당들을 맡아보는 승려의 숙소). 절. *東山 : 동편에 있는 산 또는 산 이름. 晉(진)의 謝安(사안)이 은거했던 산임. *煙花 : 이내와 꽃. 봄의 경치. *象外 : 세상의 바깥. 속세를 떠난 곳. *懸燈 : 등불을 높이 달아맴. *千嶂 : 많은 산봉우리. *幔 : 장막. 天幕(천막). *五湖 : 강소성과 절강성 경계에 있는 太湖(태호) 등 다섯 호수. *畫壁 : 그림을 그린 벽. *紗窓 : 비단을 바른 창. *斗牛 :

북두칠성과 견우성. *天路 : 하늘 길. 하늘로 통하는 길.

[鑑賞] 운문사에서 묵으며 지은 5言律詩(5언율시). 首聯(수련 1~2구)에서 절이 산의 높은 곳에 자리잡고 있음을 알 수 있도록 했고, 頷聯(함련 3~4구)에서 수련을 이어받아 절을 둘러싼 많은 산봉우리가 석양을 받아 등을 단 듯 밝으며, 커튼을 걷으니 오호의 가을처럼 시원하다고 對句(대구)로 잘 읊었다. 頸聯(경련 5~6구)은 절의 오래된 벽화에 남은 기러기 그림과 별들이 창밖에 와 머무는 듯하다고 역시 대구로 내용을 전환하면서 다음 연의 실마리를 삼고 있다. 尾聯(미련 7~8구)에서는 경련을 이어받아 하늘이 너무 가까운 게 아닌가 생각하다가 잠이 들어 꿈속에서 흰 구름을 벗삼아 놀았다고 맺었다.

5언율시. 압운은 幽, 秋, 牛, 遊 자로 평성 '尤(우)' 평운이다. 평측은 차례로 '平仄平平仄, 平平仄仄平, 平平平仄仄, 仄仄仄平平, 仄仄平平仄, 平平仄仄平, 仄平平仄仄, 仄仄仄平平'으로 二四不同(이사부동)과 反法, 粘法(반법, 점법) 등이 잘 이루어지고 평측 배치도 좋아 내용과 함께 5律의 典型(전형)이 되며 名作(명작)이라 해도 지나치지 않겠다.

769. 宋翰弼(송한필 ?) : 조선 선조 때 학자. 자 季鷹(계응). 호 雲谷(운곡). 본관 礪山(여산). 부 祀連(사련). 翼弼(익필 →123)의 아우. 형 익필과 함께 성리학자로서 文名(문명)이 높았고 栗谷 李珥(율곡 이이 →283)는 성리학을 토론할 만한 사람은 송익필 형제뿐이라고 했다. 출신이 미천하여 벼슬을 모르고 일생을 보냈는데, 그의 시는 세상일을 근심하는 지극한 정이 스며 있다는 평을 받는다고 한다.

769-1 偶吟(우음) 우연히 읊은 시

花開昨夜雨 花落今朝風 可憐一春事 往來風雨中.
(화개작야우 화락금조풍 가련일춘사 왕래풍우중)

어젯밤 봄비에 꽃이 피어나더니, 오늘 아침 바람에 꽃이 지고 마는구나.
슬프다, 봄에 일어나는 한 가지 일도 바람과 비 속에서 오고가버리다니.

[語句] *偶吟 : 우연히 읊은 노래. 偶詠(우영). *可憐 : ①불쌍함. ②사랑스러움. *往來 : 오고감.

[鑑賞] 晩唐(만당)의 시인 于武陵(우무릉)의 '勸酒(권주)' 시의 한 구절이 연상되니 "花發多風雨 人生足別離(꽃 필 때 비바람이 많은 법이고, 인생살이에는 이별이 많다네)"이다. →169-1. 우무릉의 시에서 강조하는 바는 '인생사에서 좋은 일에는 으레 방해되는 일이 생겨나는 법이라 우리의 이별을 서러워하지 말자.'이다. 지은이

의 이 작품도 벼슬을 할 수 없는 스스로의 인생을 서글퍼하는 심정과 세상살이의 고르지 못함을 담았다 하겠다. 촉촉한 봄비에 꽃들이 만발하면 그 화사함을 시샘하듯 이내 바람이 몰아쳐 꽃잎들을 떨어뜨리고 만다. 이 기간이 바로 어제와 오늘이라 한 것은 과장적이지만 花無十日紅(화무십일홍)이란 말이 있듯이 봄꽃은 오래 가지 못하고 인생의 청춘 역시 잠깐에 지나지 않는 것이다.

5言絶句(5언절구). 압운은 風, 中 자로 평성 '東(동)' 평운이다. 평측은 차례로 '平平仄仄仄, 平仄平平平, 仄平仄平仄, 仄平平仄平'으로 셋째 구에서 이사부동이 어긋났고 따라서 반법과 점법도 온전하지 못하다. 그러나, 내용면에서 볼 때 佳作(가작)이라 보지 않을 수 없다.

770. 僧修睦(승 수목 ?) : 만당의 僧侶詩人(승려 시인). 昭宗(소종 888~904) 때 洪州(홍주)에서 절의 모든 일을 맡아보는 僧職(승직)의 하나인 僧正(승정)으로, 역시 승려 시인인 貫休(관휴 832~912)와 교우가 있었다고 전한다.

770-1 懷故國(회고국) 고향을 그리워하다

故國歸未得 此日意何傷 獨坐水邊草 水流春日長.
(고국귀미득 차일의하상 독좌수변초 수류춘일장)

아직 고향으로 돌아가지 못하는데, 오늘 따라 이 마음 이리도 상하는가.
홀로 물가 풀밭에 앉으니, 흐르는 물 따라 봄날도 길구나.

[語句] *故國 : ①자기가 태어난 자기의 나라. 타국에 있으면서 쓰는 말임. 조상이 살던 고향인 나라. ②고향. *未得 : 아직 얻지 못함. ↔旣得(기득). *意 : 생각. 뜻. 마음.

[鑑賞] 봄날 타관에서 고향을 그리워하며 지은 시. 나그네로서 봄이 되면 고향이 그리워지는 게 人之常情(인지상정)이라, 지은이도 이 이치에 따라 오늘 마음이 상하여 물가 풀밭에 앉아 시름에 잠긴다. 끊임없이 흘러가는 강물을 바라보니 봄날도 그 물 따라 흘러간다. 끝 구가 詩眼(시안)으로 모든 정서가 축약되어 있다 하겠다.

5언절구. 압운은 傷, 長 자로 평성 '陽(양)' 평운이다. 평측은 차례로 '仄仄平仄仄, 仄仄仄平平, 仄仄仄平仄, 仄平平仄平'으로 이사부동은 첫 구에서 어긋났고 반법과 점법도 온전치 못하며 평측 배치도 좋지 못하다.

771. 僧靈一(승 영일 ?) : 당 나라 승려 시인. 俗姓(속성)은 吳氏(오씨)로 揚山 廣陵(양산 광릉) 사람이다. 어릴 때 출가하여 雲門寺(운문사) 주지가 되었고 사방에서 제자들이 모여들었다고 하며, 山水(산수)를 좋아하여 일생 동안 산과 절을 찾아다녔다고 전한다.

771-1 僧院(승원) 절간

虎溪閒月引相過 帳雪松枝持薜蘿 無限青山行欲盡 白雲深處老僧多.
(호계한월인상과 장설송지지벽라 무한청산행욕진 백운심처노승다)

호계를 비추는 달과 내가 서로 끌 듯 지나니,
눈 장막이 된 소나무 가지에 벽라가 걸렸구나.
끝없이 많은 청산을 두루 다니노라니, 흰 구름 깊은 곳에는 의례히 늙은 중이 많더라.

[語句] *僧院 : 중이 수도하는 곳. 절. *虎溪 : 중국 강서성 廬山(여산) 東林寺(동림사) 앞의 냇물. '虎溪三笑(호계삼소)'의 고사가 생긴 곳임. →297-7. *閒月 : 한가롭게 떠 있는 달. *帳雪 : 장막처럼 덮인 눈. *薜蘿 : 담장이나 칡 같은 덩굴 식물. *老僧 : 나이 많은 중. ↔小僧(소승).

[鑑賞] 여러 절을 巡訪(순방)하다가 호계의 동림사로 가서 지은 시인 듯하다. 눈 내리고 달 밝은 겨울, 한가로이 떠 있는 달을 벗삼으며 눈으로 덮인 소나무 가지 아래로 지난다. 청산에 숨은 여러 절을 찾아다니노라니 흰 구름 깊이 드리운 절마다 늙은 중들이 없는 곳이 없더라. 끝구는 人口(인구)에 膾炙(회자)되는 名句(명구)이다.

7言絕句(7언절구). 압운은 過, 蘿, 多 자로 평성 '歌(가)' 평운이다. 평측은 차례로 '仄平平仄仄平平, 仄仄平平平仄平, 平仄平平平仄仄, 仄平平仄仄平平'으로 二四不同二六對(이사부동이륙대)와 반법, 점법 등이 모두 이루어졌다.

772. 施肩吾(시견오 791~?) : 中唐(중당)의 시인. 자 希望(희망). 睦州(목주) 사람으로 進士(진사)였으나 仙道(선도)를 좋아해서 豫章 西山(예장 서산)에 은거했다.

772-1 不見來詞(불견래사) 임 기다리는 노래

烏鵲語千回 黃昏不見來 漫教脂粉匣 閉了又重開.
(오작어천회 황혼불견래 만교지분갑 폐료우중개)

까막까치 몇 번을 울건마는, 해 다 저물어 가도 임은 오지를 않네.
부질없이 지분갑만을, 닫았다 다시 열었다 하는구나.

[語句] *不見來 : 오는 걸 볼 수 없음. 不見來詞는 樂府(악부)의 제목임. *烏鵲 : 까마귀와 까치. *黃昏 : 해가 지고 어둑어둑할 때. *漫 : 부질없다. *教 : 하여금. *脂粉匣 : 연지와 분을 넣어두는 궤. 화장통. *重開 : 거듭 엶. 다시 엶.

[鑑賞] 이 시는 악부체의 시이니, 악부는 樂府詩歌(악부시가)를 줄인 말이라 궁중 제사

나 軍中(군중)에서 노래로 불러졌던 것이다. 집을 떠나간 남편이 언제 돌아올까를 안타깝게 기다리는 부인의 심정을 잘 그렸으니, 첫 구에서 까치가 울면 반가운 사람이 오거나 좋은 소식이 있을 것이라는 민속이 있음을 寓意的(우의적)으로 표현했고, 끝 구에서 화장통을 열었다 닫았다 하는 것으로 기다림의 초조함을 잘 나타낸 것들이 그러하다.

5言絕句(5언절구). 압운은 回, 來, 開 자로 평성 '灰(회)' 평운인데, 7언절구처럼 첫 구에도 압운한 것이 독특하다. 사실 7언절구도 첫 구에 압운 않는 작품이 있기는 하다. 평측은 차례로 '平仄仄平平, 平平仄仄平, 平平仄仄仄, 仄仄仄平平'으로 二四不同(이사부동)과 反法, 粘法(반법, 점법) 등이 잘 이루어졌다.

773. 申光漢(신광한 1484~1555) : 조선 중종, 명종 때 학자. 자 漢之, 時晦(한지, 시회). 호 企齋, 駱峰, 石仙齋, 靑城洞主(기재, 낙봉, 석선재, 청성동주) 등. 시호 文簡(문간). 본관 高靈(고령). 조부 保閒齋 叔舟(보한재 숙주) →130. 父 內資寺正 泂(내자시정 형). 어려서는 글 읽기를 싫어했으나 15세부터 분발, 공부에 힘써 몇 해 후에는 이미 당당한 학자가 되어 중종 5년(1510) 進士(진사)와 문과 乙科(을과)에 급제했다. 중종 16년(1521) 趙光祖(조광조 →440)의 일파로 몰려 벼슬을 빼앗기고 경기도 여주 元亨里(원형리)에 물러나 있다가 동왕 32년(1537) 용서되어 직첩이 되돌려지고 이듬해에 복직, 인종 즉위년(1545)에 대제학으로서 衛社功臣(위사공신) 3등의 호를 받고 靈城府院君(영성부원군)에 봉해졌으며, 우참찬 겸 대제학, 知義禁府事(지의금부사), 知成均館事(지성균관사), 同知經筵事(동지경연사) 등을 함께 받았다. 이후 좌찬성을 거쳐 명종 8년(1553)에 우찬성이 되었고 문장과 시에 능했으며 문집에 '企齋集(기재집 24권)'이 있다.

773-1 呂望(여망) 태공망 여상

淸渭東流白髮垂 一竿誰見釣璜時 悠悠湖海多漁父 不遇文王定不知.

(청위동류백발수 일간수견조황시 유유호해다어부 불우문왕정부지)

동으로 흐르는 맑은 위수 가의 백발노인, 낚싯대 하나로 패옥 낚음을 그 누가 알았던가.
유유한 호수와 바다에 어부들도 많건마는, 문왕 같은 분을 만나지 못한 사람 그 얼마던고.

[語句] *呂望 : 太公望 呂尙(태공망 여상). 周(주)의 초대 임금 武王(무왕)의 아버지가 西伯昌(서백창) 곧 文王(문왕)인데 그를 太公(태공, 아버지 또는 할아버지)이라 하고, 太公望은 '아버지 때부터 聖人(성인)을 만나기를 소망해 왔음'의 뜻으로 文王이 만나 주 나라 건국에 공헌한 呂尙(여상, 일명 呂望)을 가리킴. 여상은 성이 呂 또는 姜

(강)이요 이름이 尙인데, 그가 渭水(위수)에서 낚시질로 소일하고 있을 때 서백창이 사냥을 가려고 점을 치니 '장차 큰 것을 잡으리니 범도 아니요 곰도 아니어라.'라는 점괘가 나와 사냥을 가다가 여상을 만났고, 여상은 서백창에게 등용되어 주 나라 건국에 공헌하고 齊王(제왕)에 봉해졌다 함.<史記 齊太公世家> → 569-5. *淸渭 : 맑은 위수 강물. 涇濁渭淸(경탁위청, 경수 물은 흐리고 위수 물은 맑다)이란 말이 있음<詩經 邶風 谷風> *一竿 : 낚싯대 하나. *璜 : 반쪽 둥근 佩玉(패옥, 金冠朝服금관조복의 좌우에 늘이어 차는 옥). *悠悠 : 느릿느릿한 모양. 여유 있고 한가한 모양. *定不知 : 정한 바를 모름. 얼마인지 알지 못함. *湖海 : 호수와 바다. 호수. 자연. *文王 : 고대 주 나라 무왕의 아버지. 西伯昌.

[鑑賞] 태공망 여상 곧 姜太公(강태공)의 事蹟(사적)을 읊은 시. 그는 곧은 낚시를 드리우고 세월을 낚았다고 하며 서백창이 불러줄 것을 예측하고 있었다는 설도 있다. 아뭏든 후세에 한가로이 낚시질로 여생을 보내는 사람을 강태공이라 美稱(미칭)한다. 그 당시 낚시질하는 사람이 어찌 태공망뿐이었으랴. 그는 때를 잘 만났으며 인물이 출중했으리라 짐작이 간다.

7言絕句(7언절구). 압운은 垂, 時, 知 자로 평성 '支(지)' 평운이다. 평측은 차례로 '平仄平平仄仄平, 仄平平仄仄平平, 平平平仄平平仄, 仄仄平平仄仄平'으로 二四不同二六對(이사부동이륙대)와 반법, 점법 등이 모두 이루어졌다.

774. 申用漑(신용개 1463~1519) : 조선 중종 때 정승. 자 漑之(개지). 호 二樂堂(이락당). 시호 文景(문경). 본관 高靈(고령). 조부 叔舟(숙주). →130, 773. 父 觀察使 沔(관찰사 면). 어려서부터 기품이 높고 총명하여 司馬試(사마시)에 급제했고 활쏘기에 출중했으며 성종 19년(1488) 문과 급제하여 承文院權知(승문원 권지)가 되었다. 이어 홍문관 정자와 수찬으로 전임하고 4년간 왕을 모시어 성종은 御衣(어의)를 벗어 입혀주기까지 했다. 일찍이 그 아버지가 북쪽 변방에서 비명으로 사망하매 복수하겠다고 청했으나 조정에서 듣지 않았는데, 뒤에 원수를 서울에서 만나 擊殺(격살)하고 자수하니 조정에서 不問(불문)에 붙였다. 연산군 때 직제학, 도승지를 지내면서 강직한 성격이 연산군의 비위에 거슬려 靈光(영광)으로 귀양갔다가, 중종반정 후 여러 曹(조)의 판서를 거쳐 우의정, 좌의정에 이르렀다. 인품이 호협하고 곳곳하여 범치 못할 점이 있었으며 당대 선비들의 중심인물이 되었다. 문집에 '二樂堂集(이락당집)'이 있다.

774-1 舟下楊花渡(주하양화도) 양화 나루를 배로 가며

水國秋高木葉飛 沙塞鷗鷺淨毛衣 西風落日吹遊艇 醉後江山滿載歸.

(수국추고목엽비 사새구로정모의 서풍낙일취유정 취후강산만재귀)

강마을에 가을 깊어 나뭇잎 날리는데, 모래톱에 앉은 갈매기들 털 더욱 깨끗하네.
해 지는 저문 날 갈바람이 유람선에 불어오니, 술 취하여 배에 가득 강산 싣고 돌아가리라.

[語句] *楊花渡 : 양화나루. 서울 三鎭(삼진)의 하나로 지금의 楊花大橋(양화대교, 남쪽 양평동 4가와 북쪽 서교동을 잇는 다리) 부근임. *水國 : 물의 고장. 강이나 호수가 있는 지역. 강마을. *秋高 : 가을이 깊어짐. '가을에 하늘이 높아짐'의 뜻으로 秋高馬肥(추고마비) 또는 天高馬肥(천고마비) 곧 '하늘이 높고 말이 살찐다'고 함. *沙塞 : 산이나 내로 둘러 싸여서 外敵(외적)이 침입하기 힘든 要塞(요새). '오목한 모래밭'의 뜻으로 썼음. *鷗鷺 : 갈매기와 해오라기. *西風 : 서쪽에서 불어오는 바람. 갈바람. 하늬바람. 가수알바람. *遊艇 : 유람선. 遊船(유선).

[鑑賞] 한강을 유람하는 조그만 배를 타고 양화 나루를 지나며 읊은 시. 강마을에 가을 깊어 낙엽은 날리고, 杜甫(두보)가 읊은 대로 '강물이 파라니 갈매기 더욱 희다[江碧鳥猶白]'<絕句二首 → 64-40>와 같은 모습이다. 물론 두보는 봄 풍경을 읊었고 이 시는 가을 풍경이라는 차이는 있지만. 해는 저무는데 시원한 가을바람이 배에 불어오니 술 몇 잔 마시지 않을 수 없었으리라. 이 아름다운 강산의 정취를 배에 가득 싣고 집에까지 지니고 가고 싶다고 하여, 서사와 서정이 잘 어우러진 좋은 작품이다.

7言絕句(7언절구). 압운은 飛, 衣, 歸 자로 평성 '微(미)' 평운이다. 평측은 차례로 '仄仄平平仄仄平, 平仄平仄仄平平, 平平仄仄平平仄, 仄仄平平平仄平'으로 二四不同二六對(이사부동이륙대)는 둘째 구에서 어긋났고 反法(반법)과 粘法(점법)도 온전치 못하다.

775. 申應朝(신응조 ?) : 조선말 고종 때 문신. 자 幼安(유안). 호 桂田(계전). 본관 平山(평산). 예조판서 晸(정 →776)의 후손. 철종 때 문과 급제하여 翰林, 三司, 吏曹正郎, 副提學(한림, 삼사-홍문관・사헌부・사간원-, 이조정랑, 부제학) 등을 역임하고 우의정에 이르렀으며 뒤에 奉朝賀(봉조하)로서 耆社(기사)에 들어갔다. 형제인 應善(응선)도 參判(참판)을 지냈고 文學德行(문학 덕행)으로 그 지방의 師表(사표)가 되었다.

775-1 除夜(제야) 섣달 그믐날

莫怪今朝把酒頻 明朝七十歲華新 夢中猶作靑年事 世上空留白髮身
北望雲飛金闕曙 東來花老石欄春 鼓樓更罷城鴉起 已見衣冠動四隣.

(막괴금조파주빈 명조칠십세화신 몽중유작청년사 세상공류백발신
북망운비금궐서 동래화로석란춘 고루경파성아기 이견의관동사린)

오늘 아침 술 자주 마신다고 괴상하게 생각지 말아라,
내일 아침이면 일흔 살 새 해니라.
청춘 시절의 일 꿈속 일이 되었는데, 이제는 백발된 몸만 부질없이 남았구나.
임금 계신 대궐에는 상서로운 구름이 서렸고,
봄바람 타고 왔던 돌난간의 꽃들 무르익어 화사한 봄일세.
고루에서 파루를 치니 성에 깃든 까마귀들도 일어났고,
설빔 차려 입고 이웃에 세배 가는 사람들 모습도 보이는구나.

[語句] *除夜 : 섣달 그믐날. 대그믐밤. 歲除(세제). 除夕(제석). *把酒 : 술잔을 잡음. 술을 마심. *歲華 : 세월. 年華(연화). *空留 : 헛되이 남음. 부질없이 남아 있음. *北望 : 북쪽 곧 임금 계신 서울을 바라봄. *金闕 : 금빛 나는 궁궐. 大闕(대궐). *東來花老 : 동쪽에서 불어오는 봄바람에 꽃들이 무르익었음. *石欄 : 돌난간. *鼓樓 : 북을 달아둔 누각. *更罷 : 罷漏(파루, 새벽에 서른 세 번 치는 종이나 북). *城鴉 : 성곽에 깃드는 까마귀. *衣冠 : 옷과 관. 설빔 옷차림. *四隣 : 이웃하고 있는 사방. 이웃 사람들.

[鑑賞] 섣달 그믐날에 감회를 읊은 시. 내일이면 人生七十古來稀(인생칠십고래희)라는 일흔 살이 되니 감회가 깊어 술잔을 기울이지 않을 수 없다. 頷聯(함련 3~4구)은 지난 젊은 시절과 지금의 백발노인이 된 처지를 對句(대구)로 잘 읊었고, 頸聯(경련 5~6구)도 대궐과 盛春(성춘)을 대비하며 대구를 이루었다. 尾聯(미련 7~8구)은 시점을 달리하여 설날 아침 광경이다. 파루의 북소리 울리니 날짐승들도 활동을 개시하고 사람들도 이웃에 새해 세배를 간다고 맺었다.

7言律詩(7언율시). 압운은 頻, 新, 身, 春, 隣 자로 평성 '眞(진)' 평운이다. 평측은 차례로 '仄仄平平仄仄平, 仄仄平平仄仄平, 仄平平仄平平仄, 仄仄平平仄仄平, 仄仄平平平仄仄, 平平平仄仄平平, 仄平平仄平平仄, 仄仄平平仄仄平'으로 이사부동이륙대와 반법, 점법 등이 잘 이루어지고 평측 배치도 좋아 7律의 典型(전형)이 되는 佳作(가작)이다.

776. 申晸(신정 1628~1687) : 조선 숙종 때 문신. 자 寅伯(인백). 호 汾厓(분애). 시호 文肅(문숙). 본관 平山(평산). 父 예조참판 翊全(익전). 인조 26년(1648) 司馬試(사마시)에 급제하고 현종 5년(1664) 氷庫別檢(빙고별검)으로 문과 급제하여 司諫(사간)과 執義(집의)가 되어 嶺南(영남)을 안찰하고 돌아와 便宜10餘策(편의10여책)을 상소하고 또 영의정 許積(허적)을 구하려다가 이 모두 왕의 뜻을 거슬려 三司(삼사)에 들어가지 못했다. 그 후 司成, 湖南按察使, 承旨(사성, 호남안찰사, 승지) 등을 거쳐 大司諫(대사간) 때 尹鑴(윤휴)의 흉모를 폭로하여 金萬重(김만중 →699) 등을 구했고,

숙종 초에 윤휴 일파가 집권하자 西人(서인)으로서 이들을 규탄하고 스스로 물러나 산수 간에 유유자적했다. 숙종 6년1680) 庚申大黜陟(경신대출척)으로 윤휴 일당이 제거된 후 大司憲(대사헌), 예조와 공조 판서 등을 역임하고 江華留守(강화유수)로 나갔다가 사망했다. 그는 글씨에 능했을 뿐 아니라 문장이 뛰어났으며 시도 잘 지었고 문집에 '汾厓集(분애집 6권)'이 있다.

776-1 病中詠梅(병중영매) 병중에 매화를 읊다

短短梅花樹 相隨渡海來 不知人已病 猶向枕邊開.

(단단매화수 상수도해래 부지인이병 유향침변개)

작달막한 매화나무, 나를 따라 바다를 건너왔구나.
내가 이미 병이 든 줄 모른 채, 그래도 베갯머리를 향해 활짝 피어났구나.

[語句] *短短 : 짧디짧음. 작달막함. *常隨 : 언제나 따라다님. 常時隨行(상시수행)함. *猶 : 오히려. 한가지. 가히. *枕邊 : 베갯머리.

[鑑賞] 강화유수 때 병을 앓으며 서울에서 가져간 매화 盆栽(분재)에서 매화가 피어난 것을 보고 지은 시 같다. 작달막한 나무가 어찌 계절을 알아 이른 봄에 저렇게 꽃을 피우는가 신기하기도 하다. 부임하면서 가져온 아끼는 매화 분재라 더욱 애착이 가리라. 더구나 병든 몸이니 내 병을 위로하려는 듯 피어난 것이 더욱 사랑스럽다.

5言絕句(5언절구). 압운은 來, 開 자로 평성 '灰(회)' 평운이다. 평측은 차례로 '仄仄平平仄, 平平仄仄平, 仄平平仄仄, 平仄仄平平'으로 이사부동과 반법, 점법 등이 잘 이루어져 5언절구의 典型(전형)이 되는 작품이다.

777. 沈友燮(심우섭 ?) : 記者(기자), 漢詩人(한시인). 호 天風(천풍). 日帝(일제) 때 徽文義塾(휘문의숙) 졸업 후 뜻을 操觚界(조고계, 文筆문필, 記者기자들 사회)에 두어 每日申報(매일신보) 기자가 되었다. 남달리 한시에 능하여 청년 시인으로 장안에 이름을 떨쳤고, 風流男兒(풍류남아)에다 諧謔家(해학가)여서 한층 이름이 났다. *觚는 '글자를 쓰는 대쪽인 竹簡죽간 또는 글, 문장'임.

777-1 絕句(절구) 절구

月去月猶在 人來人不存 願使天長晦 人月俱無痕.

(월거월유재 인래인부존 원사천장회 인월구무흔)

초월은 나를 버리고 갔으나 하늘의 달은 있고, 만나려고 왔건만 그녀는 가고 없구나.
원컨대 하늘이여, 오래오래 그믐이 되어 사람이고 달이고 모두 흔적 없게 하소서.

[語句] *月去 : 平壤妓生(평양 기생) 金初月(김초월)이 가고 없음. *晦 : 그믐. *痕 : 흔적.

[鑑賞] 지은이가 24, 5세 때, 養母(양모) 밑에서 기생 노릇을 하는 평양 기생 김초월과 알게 되어 그녀의 집을 자주 찾아갔는데, 양모는 초월을 어떤 伯爵(백작)의 셋째 첩으로 보내버렸다. 이 사정을 모르는 지은이는 1주일 동안 매일 찾아갔으나 양모는 초월이 요리집 잔치에 불려간 듯이 말했다. 행랑어멈이 이를 딱하게 여겨 솔직히 알려주니, 그는 한때 실연의 고민을 안고 한강 인도교를 배회하면서 이 시가 이루어졌다고 한다. 月과 人자가 주조를 이룬 묘한 시로 끝 구에서 실연의 아픔을 멋지게 마무리했다.

5言絕句(5언절구). 압운은 存, 痕 자로 평성 '元(원)' 평운이다. 평측은 차례로 '仄仄仄平仄, 平平平仄平, 仄仄平平仄, 平仄平平平'으로 二四不同(이사부동)은 모두 이루어졌으나 反法, 粘法(반법, 점법)은 온전치 못하다.

778. 安鼎福(안정복 1712~1791) : 조선 정조 때 학자. 자 百順(백순). 호 順菴, 漢山病隱, 虞夷子, 椽軒(순암, 한산병은, 우이자, 연헌) 등. 본관 廣州(광주). 부 極(극). 일찍이 과거에 응할 생각을 버리고 李瀷(이익→284) 문하에 들어 읽지 않은 책이 없을 정도였으며, 특히 朱子(주자 →498)의 '大全語類(대전어류)'에 밝아 남을 가르칠 때나 정치를 할 때 주자학을 토대로 했다. 명성이 전국에 높았으므로 영조 25년(1749) 厚陵參奉(후릉 참봉)을 제수받았으나 부임하지 않았다. 萬寧殿參奉(만녕전 참봉)으로 처음 벼슬하고 義盈庫奉事(의영고 봉사), 司憲府監察(사헌부 감찰)에 이르렀다가 물러나, 고향 德谷(덕곡)에 은거해 20년간 저술에 힘썼다. 영조 48년(1772) 王世孫(왕세손, 후의 정조)의 스승으로 남다른 대우를 받았으며 정조 5년(1781) 敦寧主簿(돈녕주부)가 되었고 獻陵令(헌릉령)으로 나갔다. 정조 13년(1789) 오랜 공로로 通政大夫(통정대부)가 되고 木川縣監(목천현감)으로 나가 재임 3 년에 勸農(권농), 鄕約履行(향약 이행) 등 농촌 교화에 힘썼다. 僉知中樞, 同知中樞(첨지중추, 동지중추)에 승진하여 廣成君(광성군)에 피봉되었으며, 세자가 책봉되자 또 세자의 스승으로 있다가 병으로 사퇴했다. 저서에 '下學指南, 希賢錄, 家禮集解, 東史綱目, 洪範演義, 天學考, 順菴集(하학지남, 희현록, 가례집해, 동사강목, 홍범연의, 천학고, 순암집)' 등이 있다.

778-1 謾吟(만음) 멋대로 읊다

山雨過來夕照遲 瓜田鋤畢坐如箕 兒童報道溪魚上 又試經綸理釣絲.

(산우과래석조지 과전서필좌여기 아동보도계어상 우시경륜이조사)

산에 내리던 비 그치니 저녁 햇빛 비추는데, 채마밭 김 다 매고 두 다리 뻗고 앉았더니,
아이놈이 앞 시내에 고기 많이 오른다고 알리어, 다시 낚시질 채비를 해 보노라.

[語句] *謾吟 : 마음대로 읊음. 漫吟(만음, 일정한 글제가 없이 생각나는 대로 시를 지어서 읊음)과 비슷함. →324-1. *夕照 : 해질 무렵에 비치는 햇빛. 夕暉(석휘). *遲 : 더디다. *瓜田 : 오이 밭. 瓜田不納履(과전불납리, 외밭에서는 벗겨진 신발을 고쳐 신지 말라)<中國古詩 君子行> *鋤畢 : 김매기를 마침. 鋤 는 '호미'임. *坐如箕 : 두 다리를 뻗고 앉음. 키 모양으로 앉는다는 뜻으로 箕踞(기거)라고도 함.<劉伶 酒德頌> *報道 : 일어난 일을 알려 줌. *經綸 : 일을 잘 다스림. *理 : 고치다. 손질하다. *釣絲 : 낚싯줄. 釣綸(조륜).

[鑑賞] 아마도 고향 덕곡에 은거할 때 지은 시이리라. 여름날 먼 산에 오던 비가 그친 한 때에 일어난 일을 제목 그대로 멋대로 읊조린 卽興作(즉흥작)이다. 비 개어 저녁 햇빛 길게 비추는데 채마밭 김을 매고 두 다리를 뻗고 앉아 쉬고 있노라니, 아이 머슴이 앞 내에 민물고기들이 몰려든다고 한다. 접어 두었던 낚싯대와 그물 등 고기 낚을 준비를 해 본다. 한가하고 여유 넘치는 시골 농촌 생활이다.

7言絕句(7언절구). 압운은 遲, 箕, 絲 자로 평성 '支(지)' 평운이다. 평측은 차례로 '平仄仄平仄仄平, 平平平仄仄平平, 平平仄仄平平仄, 仄仄平平仄仄平'으로 二四不同二六對(이사부동이륙대)와 반법, 점법 등이 잘 이루어진 좋은 작품이다.

779. 魚允迪(어윤적 1868~1935) : 韓末(한말)의 國語學者(국어학자), 史學者(사학자). 자 穉德(치덕). 호 惠齋(혜재). 본관 殷栗(은률). 일찍이 일본에 유학하고 돌아와 內閣 編輯局長(내각 편집국장)이었고, 한일 합방 후 中樞院副參議(중추원 부참의), 朝鮮史編纂委員(조선사 편찬위원), 京城帝國大學法 文學部 講師(경성제국대학 법문학부 강사), 大東斯文會長(대동사문회장) 등을 거쳐 1927년에는 京畿道 參與官(경기도 참여관) 등을 지냈다. 저서에 '東史年表, 朝鮮陞廡儒賢年表(동사연표, 조선승무유현연표)' 등이 있다.

779-1 傳世詩(전세시) 전세시

李朝二十有七代 享國五百十九年 太定太世文端世 睿成燕中仁明宣
光仁孝顯肅景英 正純憲哲高純傳 追崇德元眞莊文 廢黜燕山光海焉.

(이조이십유칠대 향국오백십구년 태정태세문단세 예성연중인명선
광인효현숙경영 정순헌철고순전 추숭덕원진장문 폐출연산광해언)

이씨조선 임금들은 27 대로 이어왔고, 나라 다스리기 519 년이었네.
태조・정종・태종・세종・문종・단종・세조에, 예종・성종・연산군・중종・인종・명종・선조로,
광해군・인조・효종・현종・숙종・경종・영조에,
정조・순조・헌종・철종・고종으로 전해졌고,

추숭되기로는 덕종·원종·진종·장조·문조요, 폐출된 임금은 연산군과 광해군이어라.

[語句] *傳世 : 대대로 물려서 전해 감. *李朝 : 李氏朝鮮(이씨조선). '近世朝鮮(근세조선)'의 異稱(이칭)임. *享國 : 나라를 누림. 나라를 다스림. 임금이 왕위에 있음. 肆中宗之享國七十有五年(사중종지향국칠십유오년, 은 나라 중종이 나라 다스림이 75 년 동안이었소) <書經 周書 無逸> *追崇 : 왕위에 오르지 못하고 죽은 이에게 帝王(제왕)의 칭호를 올리는 일. 追尊(추존). *德元眞莊文 : 德宗(덕종, 세조의 세자요 성종의 아버지), 元宗(원종, 선조의 다섯째아들이요 인조의 아버지), 眞宗(진종, 영조의 세자 敬義君경의군), 莊祖(장조, 영조의 둘째아들이요 정조의 아버지 곧 思悼世子사도세자), 文祖(문조, 순조의 세자요 헌종의 아버지로 翼宗익종이라 했다가 文祖로 고쳤음). *廢黜 : 벼슬을 떼고 내침. '임금 자리에서 내쫓음'의 뜻임. *焉 : 語助辭(어조사, 강조의 뜻을 나타냄).

[鑑賞] 이 시는 다만 국사 교육에 그 의의가 있어 인용했으니, 조선 역대의 王號(왕호)를 쉽게 욀 수 있다. 편저자도 국민학교 6학년 때 담임선생님이 이뿐 아니라, 고려 역대의 왕호도 '태혜정광, 경성목현, 덕정문순 …(太惠定光, 景成穆顯, 德靖文順 …)' 식으로 외게 하고 못 외면 운동장을 몇 바퀴 돌도록 하던 기억이 새롭다.

7言古詩(7언고시). 압운은 年, 宣, 傳, 焉 자로 평성 '先(선)' 평운이다. 조선 역대의 왕호 첫 자를 배열한 것이라서 평측은 당연히 고르지 못해 이사부동이륙대와 반법, 점법 등이 이루어지지 않았고, 압운 않는 구의 끝 자가 평성이 되는 등 律詩(율시) 규칙에 많이 어긋나 고시로 처리했다. 평측 배치는 차례로 '仄平仄仄仄仄仄, 仄仄仄仄仄平平, 仄仄仄仄平平仄, 仄平仄平平平平, 平平仄仄仄仄平, 仄平仄仄平平平, 平平仄平平平平, 仄仄仄平平仄平'이다.

780. 嚴羽(엄우 1185~1235) : 중국 宋(송) 나라 시인. 자 儀卿(의경). 호 滄浪浦客(창랑포객). '滄浪詩話(창랑시화 1권)'를 지었고 盛唐(성당)을 으뜸으로 삼았으며 詩禪一致說(시선일치설)을 주장했다.

780-1 答友人(답우인) 벗에 답하다

湘江南去少人行 瘴雨蠻烟白草生 誰念梁院舊詞客 桄榔樹下獨聞鶯.
(상강남거소인행 장우만연백초생 수념양원구사객 광랑수하독문앵)

상강 남쪽으로 가매 다니는 사람 없으니, 장우 만연으로 하여 흰 풀이 나기 때문이라네.
내가 양원의 시인이었음을 누가 알리, 다만 광랑나무 아래에서 꾀꼬리 소리 홀로 듣고 있네.

[語句] *湘江 : 중국 남부에서 洞庭湖(동정호)로 흘러드는 강. 瀟水(소수)와 함께 유명한 瀟

湘八景(소상팔경)이 있음. 湘水. →2-1, 287-10, 512-4. *瘴雨蠻烟 : 중국 남방 오랑캐 땅의 개펄에서 병을 일으키는 독이 있는 기운 곧 瘴氣(장기)가 올라 이루어진 연기와 비. 瘴雲霾雨(장운 매우). *白草 : 흰 풀. '독으로 하여 초록색을 잃은 풀'임. *梁院 : 漢(한) 나라 梁孝王(양효왕)이 문인들을 데리고 놀던 곳. *詞客 : 시와 글을 잘 짓는 사람. *桄榔 : 야자과의 상록 교목. 높이 10m 가량으로 가지가 없고 줄기 끝에 여러 개의 작은 잎이 달림. 아시아의 暖地(난지) 원산으로 줄기가 단단하여 목재로 쓰이고 잎 꼭지의 올실로는 노끈을 꼼. *鶯 : 꾀꼬리.

[鑑賞] 南蠻(남만) 땅을 여행하며 지은 시. 그 지역은 장우 만연이라는 독기가 있는 땅이라 사람들이 나다니지 않는 곳으로 야만스러우니, 그 누가 나를 알아보겠는가. 외로움을 느끼며 광랑 나무에서 울고 있는 꾀꼬리 울음소리만을 벗삼는다. 사실 문인이나 지식인이란 더불어 대화해 보아야 알려지기 마련, 눈으로 보기만 해서야 그 사람의 값어치를 알아볼 수 있으랴.

7언절구. 압운은 行, 生, 鶯 자로 평성 '庚(경)' 평운이다. 평측은 차례로 '平平平仄仄平平, 仄仄平平仄仄平, 平仄平仄仄平仄, 平平仄仄仄平平'으로 이사부동이륙대는 셋째 구에서 어긋났고 그로 하여 반법과 점법은 온전치 못하나마 이루어졌다.

781. 嚴義吉(엄의길 ?) : 조선 현종 때 시인. 자 燾仲(여중). 호 春圃(춘포). 본관 寧越(영월). 글과 시에 능한 선비였다.

781-1 夜坐(야좌) 밤에 앉아

谷靜無人跡 庭空有月痕 忽聞山犬吠 沽酒客鼓門.

(곡정무인적 정공유월흔 홀문산견폐 고주객고문)

골짜기는 태고적인 듯 사람이 밟은 일이 없고, 뜰은 비어 달빛만 차지하고 있구나. 별안간 개 짖는 소리 들리더니, 반가운 친구 술병 차고 사립문을 두드리네.

[語句] *人跡 : 사람의 발자취. 사람의 왕래. *月痕 : 달의 흔적. *山犬 : 산골 집의 개. *沽酒 : 술을 삼. 술을 팖. *鼓門 : 문을 두드림. 叩門(고문).

[鑑賞] 깊은 산골 집에서 인적이 없는 고요한 밤에 홀로 방에 앉아 글이라도 읽고 있었으리라. 사람들이 와 보지 않은 태고적의 골짜기에 텅빈 뜰에는 달빛만 비출 뿐, 이를 데 없는 정적이라 사람이 그립다는 생각도 들리라. 마침 그 때 삽살개 짖는 소리 나며 반갑게도 시립문을 두드리며 나를 찾는 사람의 소리, 빈손으로 온 친구라도 반갑겠는데 더구나 술병까지 사들고 왔으니 그 반갑고 고마

움이란 말로 다하기 어려웠으리라. 고즈늑한 우리 옛 선비들의 삶의 한 단면이 묻어나는 小品(소품)으로 처음 두 구는 對句(대구)를 이루었다.

5言絕句(5언절구). 압운은 痕, 門 자로 평성 '元(원)' 평운이다. 평측은 차례로 '仄仄平平仄, 平平仄仄平, 仄平仄仄仄, 平仄仄仄平'으로 이사부동은 끝 구에서 어긋났고 반법과 점법은 그런대로 이루어졌다.

782. 呂巖(여암 ?) : 만당의 시인. 咸通(함통, 懿宗 의종 때 연호) 원년(860) 進士科(진사과)에 응했다 하며, 鍾離權(종리권)을 만나 수도하여 仙人(선인)이 되었다는 전설적 인물로, 속세에도 가끔 나타나 사람들과 이야기를 나누었다고 한다. '邯鄲之夢(한단지몽)' 고사의 주인공 盧生(노생)이 만났던 도사요 신선인 呂洞賓(여동빈)이란 설도 있다.

782-1 牧童(목동) 목동

草鋪橫野六七里 笛弄晩風三四聲 歸來飽飯黃昏後 不脫蓑衣臥月明.

(초포횡야육칠리 적롱만풍삼사성 귀래포반황혼후 불탈사의와월명)

넓은 풀밭 6, 70리인데, 저녁 바람에 서너 가락 피리를 부는구나.
돌아와 배부르게 저녁밥 먹으니 황혼이 되어, 도롱이도 벗지 않고 밝은 달빛 아래 눕네.

[語句] *牧童 : 마소에게 풀을 뜯기는 아이. *鋪 : 펴다. 깔다. *橫野 : 가로 퍼진 너른 들. *笛弄 : 피리를 붊. 弄笛(농적). *晩風 : 날이 저물어서 부는 바람. *飽 : 배부르다. *蓑衣 : 도롱이.

[鑑賞] 소 먹이러 갔던 목동이 소를 몰고 집으로 돌아오는 것과 돌아온 뒤의 행동을 그렸다. 너른 풀밭에서 소가 싫도록 풀을 뜯기고 나서 저녁 바람을 받으며 피리를 불며 돌아온다. 와서는 저녁밥을 먹으니 황혼이 된다. 입었던 도롱이도 벗지 않은 채 밝은 달 아래 누워 쉬며 잠을 청한다. 視點(시점)이 객관적이며 처음 두 구는 對句(대구)를 이루었다.

7言絕句(7언절구). 압운은 聲, 明 자로 평성 '庚(경)' 평운이다. 평측은 차례로 '仄平平仄仄仄仄, 仄仄仄平平仄平, 平平仄仄平平仄, 仄仄平平仄仄平'으로 二四不同二六對(이사부동이륙대)는 첫 구에서 어긋났고 그 뒤로는 反法(반법)으로 일관해 粘法(점법)이 이루어지지 않았다.

783. 吳道一(오도일 1645~1703) : 조선 숙종 때의 문관. 자 貫之(관지). 호 西坡(서파). 본관 海州(해주). 조부 영의정 允謙(윤겸). 현종 14년(1673) 문과 급제하여 持平, 副提學(지평, 부제학)을 거쳐 한때 파면되었다가 承旨(승지)가 되었다. 奏請副使(주청부사)로 명 나라에

다녀와서 강원도 관찰사, 도승지가 되고, 당쟁으로 하여 변동을 겪었으나 대사성, 경기도 관찰사, 예문관 제학, 대제학, 한성부판윤 등을 역임하고 병조판서에 이르렀다가, 張禧嬪(장희빈)의 모함 사건인 閔彦良 獄事(민언량 옥사)에 관련되어 長城(장성)으로 귀양가 거기서 사망했다. 문장이 뛰어났고 평생에 술을 좋아하니 숙종이 타일러 끊은 일이 있었는데, 장성으로 귀양가게 되니 다시 술을 마시었다. 東人三學士(동인 삼학사)의 한 사람이라 세칭했고 문집에 '西坡集(서파집)'이 있다.

783-1 贈天安郡守(증천안군수) 천안 군수에게 주다

牢落羈愁不自開 天安太守佩壺來 平生好酒尋常飮 白首難忘是此盃.

(뇌락기수부자개 천안태수패호래 평생호주심상음 백수난망시차배)

귀양가는 불행에서 오는 시름 풀리지 않는데, 천안 군수가 술 단지 들고 찾아왔네.
평생 술을 좋아해 대수롭잖게 마셔댔지만, 백발 되도록 지금 이 술만은 잊을 수 없겠구나.

[語句] *牢落 : 쓸쓸함. 적적함. 불행함. *羈愁 : 갇혀 있는 시름. '귀양가는 시름'을 뜻함. 羈는 '말굴레'임. *太守 : 사또. 地方官(지방관). *佩壺 : 술단지를 참. 술을 가지고 옴. *尋常 : 대수롭지 아니함. 凡常(범상). ↔非常(비상). *白首 : 허옇게 센 머리. *難忘 : 잊기 어려움. 잊지 못함.

[鑑賞] 지은이가 장성으로 귀양가게 되었을 때, 그 사실을 알리는 사헌부 관리에게 지은이는 장성에도 소주가 있느냐고 물었다. 관리가 어딘들 소주가 없으랴고 대답하니 "좋다!"고 말하더라는 일화가 전해진다. 그런 그가 장성으로 가는 도중 술 한 모금을 얻어 마시지 못해 시름에 잠겼을 때, 천안군수가 말술을 들고 찾아오니 지은이는 생명의 은인처럼 여기며 양껏 술을 마신 후 이 시를 지어 주었다는 것이다.

7언절구. 압운은 開, 來, 盃 자로 평성 '灰(회)' 평운이다. 평측은 차례로 '平仄平平仄仄平, 平平仄仄仄平平, 平平仄仄平平仄, 仄仄平平仄仄平'으로 이사부동이륙대와 반법, 점법 등이 잘 이루어지고 평측 배치도 좋아 7絕의 典型(전형)이 되는 좋은 작품이다.

784. 雍陶(옹도 ?) : 晩唐(만당)의 시인. 자 國鈞(국균).

784-1 天津橋春望(천진교춘망) 천진교의 봄 풍경

津橋春水浸紅霞 煙柳風絲拂崖斜 翠輦不來金殿閉 宮鶯銜出上陽花.

(진교춘수침홍하 연류풍사불애사 취련불래금전폐 궁앵함출상양화)

천진교 다리 아래 불어난 물에 붉은 놀이 잠기고,

안개 속 버드나무 가지 하늘거리며 강 언덕을 비질하네.

임금님 거둥 않아 궁궐은 닫혔고, 상양궁의 꽃을 물고 꾀꼬리만 오락가락 하는구나.

[語句] *天津橋 : 河南省 洛陽市(하남성 낙양시)에 있는 다리. 康節 邵雍(강절 소옹 →120)이 이 다리 위에서 두견새 울음소리를 듣고 천하가 혼란해질 줄을 알았다 하니 이를 '天津橋聞杜鵑(천진교 문두견)'이라 함<見聞錄> *紅霞 : 해 근처에 보이는 붉은 놀. *煙柳 : 이내 곧 연기나 안개에 싸인 버드나무. *風絲 : 버들개지. 바람에 하늘거리는 버들가지. *崖 : 언덕. 낭떠러지. *翠輦 : 임금이 타는 푸른 빛 가마. *金殿 : 황금으로 꾸민 전각. 宮殿(궁전). 鶯 : 꾀꼬리. *銜出 : 물고 나옴. *上陽 : 궁전 이름. 上陽宮(상양궁).

[鑑賞] 시간적 배경은 봄날이요 공간적 배경은 낙양의 천진교이다. 천진교는 隋煬帝(수양제)가 세웠다 하니 아름다운 교량이며, 그 가까이에 상양궁이 있어 더욱 풍광이 좋을 것이다. 만물이 생동하는 봄이라 활발한 모습이 그려져야 할 텐데 이 시는 쓸쓸한 느낌을 준다. 임금님이 오시지 않는 상양궁의 모습으로 하여 그러하다. 처음 두 구는 대구가 되었다.

7언절구. 압운은 霞, 斜, 花 자로 평성 '麻(마)' 평운이다. 평측은 차례로 '平平平仄仄平平, 平仄平平仄平平, 仄仄仄平平仄仄, 平平平仄仄平平'으로 이사부동이륙대는 둘째 구에서 어긋났고 반법과 점법은 둘째 구로 하여 불완전하나마 이루어졌다.

785. 王灣(왕만 693~751?) : 盛唐(성당)의 시인. 하남성 낙양 사람. 進士(진사)에 급제하고 開元(개원, 玄宗현종 때 연호) 초에 河南(하남)의 滎陽主簿(영양 주부)와 洛陽尉(낙양위) 등을 지냈다. 시 열 수만이 전한다고 한다.

785-1 次北固山下(차북고산하) 북고산 밑에 머무르다

客路青山外 行舟綠水前 潮平兩岸闊 風正一帆懸

海日生殘夜 江春入舊年 鄕書何處達 歸雁洛陽邊.

(객로청산외 행주녹수전 조평양안활 풍정일범현

해일생잔야 강춘입구년 향서하처달 귀안낙양변)

나그네로 나선 길은 청산 바깥 들판으로, 푸른 강물에 배가 지나네.

조수가 들어 양쪽 언덕 사이 넓어졌고, 바람 잘 불어 돛대를 달았구나.

바다의 해는 미명에 뜨고, 강의 봄은 새해 이전에 드는구나.

고향에서 온 편지 어느 곳에 이르렀는가, 북으로 가는 기러기 낙양 주변에 이르렀을 텐데.

[語句] *次 : 머무름. 留宿(유숙). 군대가 3일 이상 한 곳에 머무르는 것을 뜻하다가 하루를 머무르는 것에도 썼음. *北固山 : 江蘇省 鎭江市(강소성 진강시)에 있는 산. 揚子江(양자강) 南岸(남안, 강의 남쪽 강가)에 있음. *客路 : 나그네의 길. 여행하는 路程(노정). 旅路(여로). *綠水 : 푸른 물. 碧水(벽수). *殘夜 : 새벽녘. 未明(미명). *舊年 : 지난해. '한 해가 다 가기 전'의 뜻으로 썼음. *鄕書 : 고향에서 온 편지. *歸雁 : 봄철이 되어 다시 북쪽으로 돌아가는 기러기. *洛陽 : 河南省 洛陽市(하남성 낙양시). 중국 여러 왕조의 서울이었고, '洛水(낙수, 洛河낙하)의 北岸(북안)에 있는 도시'라는 뜻임.

[鑑賞] 南京(남경) 부근의 진강시 북고산을 유람하여 하룻밤 쉬면서 고향을 그리워하며 지은 시. 首聯(수련 1~2구)에서 산이 보이지 않는 넓은 들과 양자강의 넓음을 그렸고, 頷聯(함련 3~4구)도 양자강 강물의 질펀함과 돛단배가 떠 있음을 對句(대구)로 잘 표현했는데 闊 자보다는 失(실, 잃다) 자를 쓰면 더욱 좋다는 주장도 있다고 하니, '양자강이 조수로 더욱 평평해져 양쪽 강언덕이 보이지 않는다'는 뜻이 될 것이다. 頸聯(경련 5~6구)은 바다에 뜨는 해와 봄이 옴을 역시 대구로 읊으며 내용을 전환했는데, 이 경련이 가장 人口(인구)에 膾炙(회자)된다는 평을 받는다. 舊年은 표현이 좀 애매한 점이 있으나 강남 지방은 음력 정월이 되기 전에 봄이 시작된다는 뜻이리라. 尾聯(미련 7~8구)에서 북으로 가는 기러기를 보며 고향을 그리워했다.

5言律詩(5언율시). 압운은 前, 懸, 年, 邊 자로 평성 '先(선)' 평운이다. 평측은 차례로 '仄仄平平仄, 平平仄仄平, 平平仄仄仄, 平仄仄平平, 仄仄平平仄, 平平仄仄平, 平平平仄仄, 平仄仄平平'으로 二四不同(이사부동)과 反法, 粘法(반법, 점법) 등이 잘 이루어지고 평측 배치도 좋아 5律의 典型(전형)이 되며 내용면과 함께 名作(명작)이라 하겠다.

786. 王邦衍(왕방연 ?) : 조선 단종 때 시인. 세조 초에 禁府都事(금부도사)였는데 死六臣(사육신) 사건이 있은 후, 세조 2년(1457) 왕명에 따라 上王(상왕)이 된 단종이 강원도 寧越(영월)로 귀양가는 것을 호송했다. 당시 너무도 괴로웠던 자기의 심정을 읊은 시조로 유명하다.

786-1 無題時調-漢譯(무제시조-한역) 제목 없는 시조-한문으로 번역하다

千里遠遠道 美人別離秋 此心未所着 下馬臨川流
川流亦如我 嗚咽去不休.

(천리원원도 미인별리추 차심미소착 하마임천류
천류역여아 오열거불휴)

천리 머나먼 길에 미인과 이별한 때일세.

이 마음 어디 붙일 데 없어, 말에서 내려 냇가에 다다랐네.
냇물 또한 나와 같아, 소리 내어 울며 흐르기를 그치지 않는구나.

<시조> 천만리 머나먼 길에 고운 님 여희옵고
내 마음 둘 데 없어 냇가에 앉아시니
저 물도 내 안 같아야 울어 밤길 예놋다.

[語句] *美人 : 고운 사람. 임금님. *秋 : 가을. 때. *川流 : 냇물이 흐름. 물의 흐름이 끊이지 않음. *嗚咽 : 목이 메어 욺. 흐느껴 욺.

[鑑賞] 이 시는 누구나 알고 있는 왕방연의 시조를 한시로 번역한 것인데, 萬曆 丁巳(만력 정사, 광해군 9년, 1617)에 龍溪 金止男(용계 김지남)이란 분이 錦江(금강)에서 처녀들이 이 시조를 쉽게 노래하는 것을 듣고 한시로 옮겼다고 한다.<莊陵誌 補遺> 세조의 명에 따라 단종을 압송했지만 강제로 물러난 어린 임금의 애처로운 처지에, 자기의 어쩔 수 없는 불충한 행위를 더하여 읊었을 것이다. 美人이라 한 것은 남들이 헐뜯는 빌미를 피하기 위한 표현이라 할 수 있고, 단종이 영월로 유배된 때가 음력 6월이라 秋 자는 '가을'로 풀지 않았다. 달리 보면 호송하고 돌아오는 길이 먼 길이라 가을이 되었음 직도하다.

6句體 7言詩(6구체 7언시). 압운은 秋, 流, 休 자로 평성 '尤(우)' 평운이다. 평측은 차례로 '平仄仄仄仄, 仄平仄平平, 仄平仄仄仄, 仄仄平平平, 平平仄平仄, 平仄仄仄平'으로 이사부동은 셋째와 넷째 구에서만 이루어졌고 반법과 점법은 무시되었다.

787. 王庭筠(왕정균 1151~1202) : 渤海遺民 詩人(발해유민 시인). 발해의 유민들은 金(금) 나라에 귀화했는데, 그는 금 나라의 명문 후예였다. 조부 政(정)은 청렴한 관료로 인정되었고 아버지 遵古(준고)도 학문이 높아 '遼東夫子(요동부자)'라 칭해졌다. 그는 돌 전에 글을 알았고 7세에 시를 배웠으며, 책을 읽으면 다섯 줄을 한번에 읽었다고 한다. 문집 40권이 있었다 하나 전하지 않고 書畵(서화)에도 뛰어나 산천과 묵죽의 그림은 天機(천기)에 가깝다 하여 한 폭에 천금을 헤아렸다 한다. 금 나라 詩文總集(시문총집)이라 할 수 있는 '中州集(중주집)'에 그의 작품 45편[시 28수, 詞사 12수, 文문 5편]이 수록되어 있다.<李鍾燦 渤海, 高麗의 漢文學>

787-1 菩薩蠻回文(보살만회문) 보살만 회문

白雲孤映遙山碧 樓倚一天秋 斷腸隨雁斷 來雁與書回.
(백운고영요산벽 누의일천추 단장수안단 내안여서회)

흰 구름은 외롭게 비치고 먼뎃산은 푸른데, 누각은 가을 하늘에 의지했구나.

애 끊는 마음 기러기 따라 끊어지나니, 기러기 편에 소식 가지고 오기 때문이라.

[語句] *菩薩蠻 : 野蠻國(야만국)의 婦女(부녀). 당 나라 李白(이백), 조선 초기 金時習(김시습) 등이 이 제목으로 지은 시가 있고, 樂府(악부)나 詞(사)의 曲調名(곡조명)임. *回文 : 바로 읽어도 거꾸로 읽어도 모두 뜻이 이루어지는 시 형태. →259-2, 287-17, 605-1. *一天秋 : '온통 맑은 가을 하늘'의 뜻임. *斷腸 : 창자가 끊어질 듯이 슬픔.

[鑑賞] 이 작품은 宋代(송대)의 대표적 문학 형태인 詞(사)이다. 詞는 ①형식이 일정하게 이루어지는 齊言詩(제언시)가 아니며 ②曲調名(곡조명)을 제목으로 쓰고 ③평측자를 두루 압운하며 ④내용이 전후 두 段落(단락)으로 이루어지고 ⑤虛字(허자)가 많이 쓰이는 등의 특징이 있다고 한다. 이 작품도 첫 구는 7言이나 그 뒤는 5언으로 일정치 않은 것이다. 또 회문시이므로 다음과 같이 읽을 수도 있다.

回書與雁來 斷雁隨腸斷 秋天一倚樓 碧山遙映孤雲白(소식은 기러기와 함께 오고, 날아가버린 기러기 따라 애끊는 마음도 없어지네. 가을 하늘은 한결로 누각에 의지했고, 푸른 산 멀 리 외로운 구름 희게 비추는구나).

詞. 압운은 秋, 回 자로 秋는 평성 '尤(우)', 回도 평성 '灰(회)' 평운으로 두 운은 通韻(통운)이 되지 않아 前段(전단), 後段(후단)에 따라 압운을 달리했다고 볼 수 있다. 평측은 차례로 '仄平平仄平平仄, 平仄仄平平, 仄平平仄仄, 平仄仄平平'으로 이사부동이륙대나 이사부동은 모두 이루어졌으나 반법으로 일관해 점법이 되지 않았다.

787-2 絕句(절구) 절구

竹影和詩瘦 梅花入夢香 可憐今夜月 不肯不西廂.
(죽영화시수 매화입몽향 가련금야월 불긍불서상)

대나무 그림자는 시와 어울려 파리하고, 매화는 꿈속에 들어 향기롭구나.

사랑스럽도다, 오늘 밤의 저 달은 집 서편으로 지려고 하지 않네.

[語句] *瘦 : 여위다. 파리하다. *可憐 : ①불쌍함. 가여움. ②동정심이 감. ③맵시가 아름다움. 사랑스러움. *不肯 : 즐겨 하지 않음. *西廂 : 집의 서쪽 채. 서쪽 行廊(행랑, 대문의 양쪽에 있는 방).

[鑑賞] 唐詩(당시)와 같은 깔끔한 맛이 나는 시이다. 대나무나 댓잎과 같이 여위면서도 날카로운 면이 있고, 매화와 같은 청초한 향기가 풍기는 시가 좋은 시가 아닐까 했다. 그런 시라면 달도 지려고 하지 않고 시인과 함께 있으면서 그 작품을

감상할 것이다. 시와 자연의 일치를 보이니, 대나무와 매화와 달 이 셋은 시인의 오랜 벗이 아니겠는가.

5言絕句(5언절구). 압운은 香, 廂 자로 평성 '陽(양)' 평운이다. 평측은 차례로 '仄仄平平仄, 平平仄仄平, 仄平平仄仄, 仄仄仄平平'으로 二四不同(이사부동)과 反法, 粘法(반법, 점법) 등이 모두 잘 이루어지고 평측 배치도 좋아 5언절구의 典型(전형)이 되는 시이다.

788. 王孝廉(왕효렴 ?) : 渤海(발해)의 문인. 일본에 사신으로 오고가면서 시를 많이 지은 듯한데 일본 기록에 5수의 시가 실려 있다고 한다.

788-1 春日對雨情字(춘일대우정자) 봄날에 비를 보니 情 자가 생각나서 짓다

主人開宴在邊廳 客醉如泥等上京 疑是雨師知聖意 甘滋芳潤灑羈情.

(주인개연재변청 객취여니등상경 의시우사지성의 감자방윤쇄기정)

관청 옆 정자에서 베푼 주인의 잔치에서, 나그네로서 잔뜩 취해 백옥경에 올랐나 했네.
아마도 우사가 임금님 뜻을 잘 알아,
달콤한 맛과 윤택한 향기로 나그네 마음을 씻어 주는구나.

[語句] *邊廳 : 관청 주변. '관청 옆 정자'인 듯함. *醉如泥 : 정신 차릴 수 없을 만큼 술이 몹시 취함. 泥醉(이취). 중국 남해에 사는 泥라는 벌레는 뼈가 없고 물이 있으면 움직이나 물이 없으면 취한 듯 한 덩어리 진흙과 같이 되어 있어 '泥 벌레처럼 취함'의 뜻으로 썼음. *上京 : ①발해 나라 5京의 하나. 龍泉部(용천부). ②玉皇上帝(옥황상제)가 사는 신선 세계인 白玉京(백옥경)에 오름. *雨師 : 비의 신. 비를 내리게 하는 신.<三國遺事 권1> *聖意 : 임금의 뜻. 聖旨(성지). 聖衷(성충). *甘滋 : 달콤한 맛. *芳潤 : 윤택한 향기. *灑 : 물 뿌리다. 씻다. *羈情 : 나그네의 마음. 羈旅(기려, 타국에 온 나그네)의 정.

[鑑賞] 사신으로 가서 상대편이 베풀어 주는 잔치 자리에서 읊은 시. 봄비와 대접받아 취하도록 마시는 맛있는 술도 모두 달콤하고 향기로워, 春雨(춘우)와 美酒(비주)의 낭만에 잠기는 것은 비의 신의 배려이기는 하지만, 그 모두 이 나라 임금님의 뜻에 의한 것이리라. 봄비와 잔치를 베풀어 주는 주인의 고마움으로 하여 나그네로서의 수심이 모두 사라져 버린다. 주인이나 임금은 모두 일본 사람이라 일본의 국가적 체면과 사신으로서 자신의 처지를 묘하게 융화시킨 높은 格調(격조)가 담긴 秀作(수작)이다. 또 봄비와 맛 좋은 술은 一體(일체)이다.

7言絕句(7언절구). 압운은 廳, 京, 情 자로 廳은 평성 '靑(청)' 평운, 나머지 두 자도 평성 '庚

(경)' 평운으로 두 운은 通韻(통운)이 된다. 평측은 차례로 '仄平平仄仄平平, 仄仄平平仄仄平, 平仄仄平平仄仄, 平平平仄仄平平'으로 二四不同二六對(이사부동이륙대)와 반법, 점법 등이 모두 잘 이루어졌다.

789. 于良史(우량사 ?) : 盛唐(성당)의 시인. 至德(지덕, 玄宗현종 때 연호, 756~757) 때 侍御史(시어사)를 역임했다.

789-1 春山夜月(춘산야월) 봄 밤 산에 뜬 달 아래

春山多勝事 覺翫夜忘歸 掬水月在手 弄花香滿衣
興來無遠近 欲去惜芳菲 南望鍾鳴處 樓臺深翠微.

(춘산다승사 각완야망귀 국수월재수 농화향만의
흥래무원근 욕거석방비 남망종명처 누대심취미)

봄 산에는 운치 있고 좋은 일 많아, 그 일 즐기느라 밤에도 돌아가지 못하네.
물을 움켜 뜨면 달이 손 안에 담기고, 꽃을 보며 즐기면 옷 가득 향기가 배는구나.
흥이 나서 멀고 가까움 없이 쏘다니고, 떠나려면 꽃향기가 아쉬워지네.
남쪽 쇠북 소리 나는 곳을 바라보노라니, 누대는 아지랑이 속 깊숙히 잠겨 있구나.

[語句] *勝事 : 운치스러운 훌륭한 일. *翫 : 즐기다. *掬水 : 물을 양손에 움켜 뜸. *弄花 : 꽃을 보고 즐김. *芳菲 : 향기롭고 고움. *樓臺 : 누각과 정자. *翠微 : 산의 푸른 빛. 산 속의 초록색 아지랑이.

[鑑賞] 봄날 밤에 달 아래에서 보이는 광경과 느낌을 절실하게 읊은 시. 首聯(수련 1~2구)에서 달이 뜬 봄밤의 산은 운치 있는 것이 하도 많아 밤에도 집으로 돌아가지 못하고 있다 했고 頷聯(함련 3~4구)에서는 두 손으로 물을 움키면 달이 손 안의 물에 떠 있고 꽃을 만지면 옷 가득 꽃향기가 밴다고 對句(대구)로 읊었는데 누구나 즐겨 읊는 名句(명구)이다. 頸聯(경련 5~6구)은 이렇게 홍취가 넘치니 원근 없이 돌아다니게 되고 그만 돌아가고자 해도 꽃의 고움과 향기가 아쉬워 떠나지 못한다고 역시 대구로 내용 전환을 했다. 尾聯(미련 7~8구)에서 종소리 들려오는 남녘을 바라보니 누대가 봄 아지랑이 속에 잠겨 우뚝 솟아 보인다고 맺었다. 唐詩(당시)의 오묘한 맛을 느끼게 하는 좋은 작품이다.

5言律詩(5언율시). 압운은 歸, 衣, 菲, 微 자로 평성 '微' 평운이다. 평측은 차례로 '平平平仄仄, 仄仄仄平平, 仄仄仄仄仄, 仄平平仄平, 仄平平仄仄, 仄仄仄平平, 平仄平平仄, 平平平仄平'으로 이사부동은 셋째 구에서 어긋났고 이로 하여 반법과 점법이 온전하지 못하다.

790. 禹性傳(우성전 1542~1593) : 조선 선조 때 정치가, 문인. 자 景善(경선). 호 秋淵(추연). 시호 文康(문강). 본관 丹陽(단양). 父 縣令 彦謙(현령 언겸). 許曄(허엽)의 사위. 어려서부터 재주가 뛰어났고 성리학에 뜻을 두었으며 退溪 李滉(퇴계 이황 →329)의 門人(문인)이었다. 선조 1년(1568) 문과 급제하여 藝文館檢閱·奉教, 弘文館修撰(예문관 검열·봉교, 홍문관 수찬) 등을 거쳐 水原縣監(수원 현감)으로 나가 잘 다스렸으며, 掌令, 大司諫, 應教, 典翰(장령, 대사간, 응교, 전한)에 오르고 舍人(사인)을 아홉 번 지냈다. 동서 분당 때는 동인으로 언론이 밝아 사람들을 탄복시켰고 李潑(이발 →233)과 틈이 생겨 그가 南山(남산)에 살기로 南人(남인), 이발은 北嶽(북악)에 살아 北人(북인)으로 분당이 되었다. 선조 24년(1591) 鄭澈(정철 →424) 사건에 연좌되어 북인들에게 배척받아 官爵(관작)을 삭탈당했다. 다음 해 임진왜란 때 의병을 일으켜 秋義軍(추의군)이라 하고 權慄(권율), 金千鎰(김천일) 등과 협력하여 왜병과 싸워 공을 세우고 돌아와 大司成(대사성)이 되어 남하하는 왜적을 추격하여 경남 宜寧(의령)에 이르러 피로에 지쳐 쓰러지매 경기도 富平(부평)에 후송되어 사망했다. 인품이 고매하여 명망이 높았으나 남북 당쟁 때는 안하무인으로 오만하다는 평을 들었다. 저서에 '易說, 理氣說, 癸甲日錄(역설, 이기설, 계갑일록)' 등이 있다.

790-1 題春帖 二首(제춘첩 이수) 입춘첩으로 짓다 두 수

積雪層氷擁短籬 爐烟無賴慰寒飢 開窓忽見春消息 政在梅花第一枝<첫 수>
舊疾已隨殘臘盡 休祥還趁早春生 眼如明鏡頭如漆 最是人間第一榮<둘째 수>
(적설층빙옹단리 노연무뢰위한기 개창홀견춘소식 정재매화제일지
구질이수잔랍진 휴상환진조춘생 안여명경두여칠 최시인간제일영)

쌓인 눈과 겹친 얼음 낮은 울타리를 둘러 있어, 화롯불로는 추위를 막아 내지 못하네.
창을 열어 흘깃 보니 봄 소식 있나니, 바로 매화 핀 첫 가지로구나<第1首>
오래된 병은 섣달 따라 다 사라지고, 좋은 징조 새봄 되자 돌아오려는가.
거울처럼 밝고 초롱초롱한 눈에 검은 머리털, 그 시절이 인간의 첫째가는 영화이리<第2首>

[語句] *春帖 : 입춘날 쓰는 글귀나 글. 立春帖(입춘첩). 立春書(입춘서). *層氷 : 겹쳐 얼어붙은 얼음. *爐烟 : 화로에서 나는 연기. 화롯불. *無賴 : 의지할 바가 못 됨. *寒飢 : 추위와 배고픔. 추위. 飢寒. *政 : 바르게 하다. 바로. *舊疾 : 오래된 병. *殘臘 : 섣달이 끝나 감. *休祥 : 경사스러운 징조. 休兆(휴조). *還趁 : ①돌아옴. ②돌려 좇아버림. 趁은 '좇다. 다다르다'이고 趂(진) 과 같음. *早春 : 이른 봄. 새봄.

[鑑賞] 양력 2월 5일경이 입춘인데 봄이 오게 된다는 자연의 順理(순리)이다. 이 날이 되면 새봄이 시작된다 하여 '立春大吉 建陽多慶(입춘대길 건양다경, 입춘이 크게 길하나

니, 양기가 일어나 경사스러운 일 많으리라)' 등 입춘첩을 대문에 써 붙였다. 이 시도 그런 입춘첩 비슷하게 쓴 작품이다. 첫 수는 입춘이라지만 눈도 쌓였고 얼음도 두꺼워 추위를 견디기 어려운데, 문득 눈에 띄는 가지에 핀 매화꽃 하나, 이는 분명 봄소식이라 했다. 둘째 수는 오래 병에 시달리는데 좋은 징조가 새봄과 함께 오리라 기대해 본다. 초롱초롱한 눈에 칠흑 같은 검은 머리, 그 청춘 시절이 사람의 첫째가는 영화가 아니겠는가 했는데, 둘째 구는 '좋은 조짐은 모두 사라지고 새봄이 오는구나'로 풀이해도 되겠지만 아무리 늙어도 희망을 가져야 하리라는 뜻으로 풀어 보았다.

7言絕句(7언절구) 두 수. 압운은 첫 수가 籬, 飢, 枝 자로 평성 '支(지)' 평운, 둘째 수도 生, 榮 자로 평성 '庚(경)' 평운이다. 평측은 차례로 '仄仄平平仄仄平, 平平平仄仄平平, 平平仄仄平平仄, 仄仄平平仄仄平 ; 仄仄仄平平仄仄, 平平平仄仄平平, 仄平平仄平平仄, 仄仄平平仄仄平'으로 두 수 모두 二四不同二六對(이사부동이륙대)와 反法, 粘法(반법, 점법) 등이 잘 이루어졌는데, 다만 둘째 수는 첫 구에 압운하지 않았다.

791. 魏伯珪(위백규 1727~1798) : 조선 정조 때 학자. 자 子華(자화). 호 存齋(존재). 본관 長興(장흥). 父 進士 文德(진사 문덕). 어려서부터 영리했으며 커가면서 뜻을 경제에 두었고 天文, 地理, 律曆, 卜書, 兵事, 算數(천문, 지리, 율력, 복서, 병사, 산수) 등을 위시하여 百工技藝(백공기예)에 이르기까지 정통했다. 정조 때 學行(학행)으로 善工監副奉事(선공감 부봉사) 등을 제수받았으나 나아가지 않았다. 특히 '易禮說(역례설), 易總啓蒙(역총계몽)' 등의 책을 연구하여 20여 세에 벌써 巨儒(거유)가 되어 원근에서 많은 제자들이 모여들었고, 만년에 玉果縣監(옥과현감)이 되었다가 중풍으로 그만두고 桂巷山(계항산)에 은거하니 사람들이 계항 선생이라 했다. 저서에 '政弦新譜, 古琴文集, 讀史箚錄, 詩疏傳記序說, 禮說經書條對(정현신보, 고금문집, 독사차록, 시소전기서설, 예설경서 조대)' 등이 있다.

791-1 天冠山(천관산) 천관산

發跡天冠寺 梯空上春昊 俯觀人間世 塵埃三萬里.
(발적천관사 제공상춘호 부관인간세 진애삼만리)

천관사 절을 찾아, 공중에 놓인 듯한 층계로 봄 하늘에 올랐네.
인간 세상을 내려다보니, 온통 티끌에 싸여 있구나.

[語句] *發跡 : ①일어남. 출발함. ②떨쳐 일어남. 興起(흥기). 感興奮起(감흥분기). *梯 : 사다리. 층계. *昊 : 하늘. 여름 하늘. *俯觀 : 높은 곳에서 아래를 내려다봄.

俯瞰(부감). *塵埃 : 티끌.

[鑑賞] 지은이가 아홉 살 때 천관산에 올라갔다가 지은 시라 한다. 9세에 시를 지을 줄 알았으니 어려서부터 천재라 할 만하며, 소년 시절에 座右銘(좌우명)을 지어 걸어두고 공부에 정진했다고 한다. 人間世나 塵埃 같은 어휘는 어른이 즐겨 쓰는 말이며 아홉 살 소년이 속세와 仙境(선경)을 느꼈으니 남다르다 하리라.

5言古詩(5언고시). 압운은 昊, 里 자로 昊는 상성 '皓(호)' 측운, 里도 상성 '紙(지)' 측운이지만 두 운은 通韻(통운)이 되지 않으니 轉韻(전운)했다고 할 수밖에 없고, 각 구의 끝 자가 모두 측성이다. 평측은 차례로 '仄仄平平仄, 平平仄平仄, 仄仄平平仄, 平平平仄仄'으로 이사부동은 둘째 구에서 어긋났고 반법이 계속되어 점법은 무시되었다.

792. 劉方平(유방평 710~?) : 盛唐(성당)의 시인. 河南(하남) 사람. 남들이 그에 대하여 쓴 시 몇 수가 전할 뿐 행적이 밝혀지지 않았다.

792-1 月夜(월야) 달밤

更深月色半入家 北斗欄干南斗斜 今夜偏知春氣暖 蟲聲新透綠紗窓.
(경심월색반입가 북두난간남두사 금야편지춘기난 충성신투녹사창)

밤은 깊어 달빛은 반나마 집에 들었고, 북두칠성은 빛나고 남두성은 기울었네.
오늘 밤은 유달리도 봄기운이 따뜻해, 벌레 소리 새로이 녹사의 창에 스며드네.

[語句] *更深 : 시각이 깊음. 밤이 깊음. 更은 '하룻밤을 다섯으로 나눈 시간의 단위'임. *北斗 : 하늘 북쪽에 있는 일곱 개의 별로 이루어진 별자리. 北斗七星(북두칠성). 北斗星. 斗星. *欄干 : 달빛이 환하거나 별빛이 반짝이는 모양. *南斗 : 하늘 남쪽에 있는 여섯 개의 별로 된 별자리. 북두성과의 대비로 '남쪽의 북두성 같은 별'이란 뜻에서 하는 말임. *偏知 : 치우쳐졌음을 앎. *春氣 : 봄날의 화창한 기운. *綠紗 : 초록색 비단.

[鑑賞] 밤에도 따뜻한 기운이 평소와는 다르게 크게 감도는 봄밤에 달을 두고 읊었다. 한밤중이 지나 집을 반쯤만 비추어 주는 달도 지려는 때라, 북두칠성은 더 반짝거리고 남두별은 더 기울어졌다. 오늘 밤은 봄기운이 더욱 완연해서 갓 나온 벌레들이 창 앞에서 야단스럽게 울고 있다. 敍景(서경)만을 읊은 좋은 시이다.

7언절구. 압운은 家, 斜, 窓 자로 앞의 두 자는 평성 '麻(마)' 평운, 끝의 窓 자는 평성 '江(강)' 평운인데, 두 운은 통운이 되지 않아 앞의 시처럼 전운으로 본다. 평측은 차례로 '平平仄仄仄仄平, 仄仄平平平仄平, 平仄平平平仄仄, 平平平仄仄平平'으로 이사부동이륙대는 첫 구에서 어긋났고 반법과 점법은 첫 구로 하여 온전치 못하다.

793. 柳成春(유성춘 ?) : 조선 중종 때 문관. 자 天章(천장). 호 懶翁(나옹). 본관 善山(선산). 동생 眉庵 希春(미암 희춘 →796). 중종 9년(1514) 문과 급제하여 湖堂(호당, 독서당)에 뽑혔고 吏曹正郎(이조정랑)을 역임했으며 기묘사화에 연좌되어 유배당했다. 그 후 橘亭 尹衢(귤정 윤구), 新齋 崔山斗(신재 최산두)와 더불어 시와 술을 즐기니 이들을 湖南三傑(호남삼걸)이라 했다.

793-1 悔伐木(회벌목) 나무 벰을 후회하다

悔將伐木課兒童 斫盡夭桃小苑中 聞道東君消息至 更將何物答春風.
(회장벌목과아동 작진요도소원중 문도동군소식지 갱장하물답춘풍)

아이놈에게 나무를 베게 한 게 후회되나니, 작은 동산의 요도까지 모조리 베어버렸네.
봄이 온다는 좋은 소식은 들리는데, 장차 무엇으로 봄바람에 대답한단 말인가.

[語句] *伐木 : 나무를 벰. *將 : ①바로. 곧. ②장차. ~으로써. *兒童 : 아이종. 家僮(가동). *夭桃 : 작고 싱싱한 복숭아. 桃之夭夭 灼灼其華(싱싱한 복숭아나무, 활짝 꽃 피웠네)<詩經 周南 桃夭> *小苑 : 작은 동산. *聞道 : 말하는 게 들려옴. *東君 : 봄의 신. 東皇(동황). 靑帝(청제). *何物 : 무슨 물건. 어떠한 것.

[鑑賞] 집 뜰의 나무들이 무성하거나 너무 촘촘해 아이종에게 나무를 좀 베라고 했더니, 동산의 예쁜 복숭아나무까지 모조리 베어 버렸다. 그래서 괜히 나무를 베라고 했구나 하고 후회가 된다고 했다. 곧 봄이 오고 봄바람이 불면서 선물을 주듯 모든 꽃나무들을 꽃 피울 것인데, 복숭아나무를 모두 베었으니 봄바람에게 체면이 없게 되었다. 杜甫(두보 →64)의 시에 '課伐木(과벌목)'이란 5언고시가 있고, 미국의 초대 대통령 워싱턴이 어렸을 때 아버지가 아끼는 뜰의 벚나무를 누가 베었느냐고 크게 화를 내는 아버지 앞에 자기가 베었다고 말해 정직함을 칭찬받았다는 일화를 중학교 영어 시간에 배웠던 생각이 난다.

7言絶句(7언절구). 압운은 童, 中, 風 자로 평성 '東(동)' 평운이다. 평측은 차례로 '仄平仄仄仄平平, 仄仄平平仄仄平, 仄仄平平平仄仄, 仄平平仄仄平平'으로 二四不同二六對(이사부동이륙대)와 反法, 粘法(반법, 점법) 등이 잘 이루어진 秀作(수작)이다.

794. 劉言史(유언사 ?) : 中唐(중당)의 시인. 邯鄲(한단) 사람. 李賀(이하 →315)와 동 시대 사람이다.

794-1 長門怨(장문원) 장문궁의 원망

獨坐爐邊結夜愁 暫時恩去亦難收 手持金箸垂紅淚 亂撥寒灰不擧頭.

(독좌노변결야수 잠시은거역난수 수지금저수홍루 난발한회불거두)

화롯가에 홀로 앉아 밤 시름에 잠기어, 잠깐 사이 임금님 은총 떠났으나 수습하기 어렵네.
금 부젓가락 손에 잡아 눈물 흘리며, 차가워진 재를 헤치며 머리도 들지 않는구나.

[語句] *長門 : 長門宮(장문궁). 漢(한) 나라 때 궁전으로 武帝(무제)의 陳皇后(진황후, 진아교)가 임금의 총애를 잃고 별거하던 궁전임. →154-1, 751-1. '長門怨'은 '樂府(악부)의 제목'으로 후궁이나 궁녀의 원한을 읊은 시임. *爐邊 : 화롯가. 난로의 주변. *難收 : 거두어들이기 어려움. 수습하기 어려움. *金箸 : 금으로 만든 젓가락. '좋은 부젓가락'의 뜻으로 썼음. *紅淚 : 미녀의 눈물. *亂撥 : 마구 헤침. 撥은 '다스리다. 뒤집다'임. *寒灰 : 불꺼진 재. 死灰(사회). *擧頭 : 머리를 듦.

[鑑賞] 장문궁에 갇힌 진 황후의 원망을 읊은 악부체 시. 임금의 총애를 잃은 황후의 원망스로운 심정을 동정한 작품이다. 황후의 어릴적 이름이 阿嬌(아교)인데 무제가 임금이 되기 전 궁녀인 아교를 보고는 "만약 아교에게 장가들면 금으로 집을 짓고 그 속에 넣어 두겠다."고 했으나, 황후가 된 후 오만하고 질투가 심한데다가 아들이 없어 장문궁에 유폐되었다가 폐비가 되었다는 것이다. 이 진황후와 장문궁을 시 속의 소재로 삼은 시는 많다. →163-2, 167-2.

7언절구. 압운은 愁, 收, 頭 자로 평성 '尤(우)' 평운이다. 평측은 차례로 '仄仄平平仄仄平, 仄平平仄仄平平, 仄平平仄平平仄, 仄仄平平仄仄平'으로 이사부동이륙대와 반법, 점법 등이 모두 잘 이루어지고 평측 비치도 좋아 7絕의 典型(전형)이 되겠다.

795. 柳晉善(유진선 ?) : 조선 효종 때 시인, 隱士(은사). 顯達(현달)하기를 바라지 않아 평생 벼슬살이를 하지 않았고 諧謔詩人(해학 시인)으로 유명했다.

795-1 戲吟(희음) 실없이 읊음

白紵單衫露玉肌 綠楊陰裡浣青絲 低頭不語黃昏約 但道良人遠去時.

(백저단삼노옥기 녹양음리완청사 저두불어황혼약 단도양인원거시)

모시 홑적삼에 고운 살결 다 드러내고, 푸른 버들 그늘에서 청실을 씻고 있네.
고개 숙여 저물녘에 만나자던 약속은 말 않은 채, 다만 남편이 멀리 갈 때를 기다리라네.

[語句] *戲吟 : 장난감아 읊은 시. *白紵 : 흰 모시. 白苧(백저). *單衫 : 적삼. *玉肌

: 옥같이 고운 살결. 玉膚(옥부). 肌는 '살갗. 피부'임. *綠楊 : 푸르게 우거진 버들. *浣 : 씻다. 빨다. *靑絲 : 청실. 푸른 빛깔의 실. '목화나 삼베의 타래실'로 볼 수 있음. *低頭 : 머리를 낮게 숙임. *但道 : 다만 ~라고 말함. *良人 : 남편. 부부가 서로 상대방을 일컫는 말.

[鑑賞] 有夫女(유부녀)가 外間男子(외간남자)와 사귀는 것을 素材(소재)로 했으니 不道德(부도덕)이요 不倫(불륜)이다. 지은이가 해학 시인이었다니 그 점잖지 못함을 나무랄 수 없고, 그래서 제목도 '戱吟'이라 붙여 사람들의 비난을 모면하려 했으리라. 金弘道(김홍도)의 '風俗圖(풍속도)' 한 폭이 연상되는, 산뜻한 느낌을 주는 시이다.

7언절구. 압운은 肌, 絲, 時 자로 평성 '支(지)' 평운이다. 평측은 차례로 '仄仄平平仄仄平, 仄平平仄仄平平, 平平仄仄平平仄, 仄仄平平仄仄平'으로 이사부동이륙대와 반법, 점법 등이 잘 이루어졌다.

796. 柳希奮(유희분 ?~1623) : 조선 광해군 때 문관. 자 亨伯(형백). 본관 文化(문화). 父 文陽府院君 自新(문양부원군 자신, 딸이 광해군의 비임). 光海君妃(광해군비)의 아우로 선조 30년(1597) 문과에 급제, 광해군 때 병조판서에 올라 文昌府院君(문창부원군)에 피봉되었다. 인조반정 후 아우 希發(희발)과 함께 斬刑(참형)이 되었으며, 아들인 翰林 命立(한림 명립), 縣監 時立(현감 시립), 後立(후립), 福立(복립)과 조카 英立, 顯立(영립, 현립) 들은 멀리 유배되고, 아우 希亮, 希安(희량, 희안)은 圍籬安置(위리안치)되었다.

796-1 會李慶全宅賦梅論心(회이경전댁부매논심)

이경전 댁에 모여 매화를 두고 시 지으며 마음을 논하다

憑君休道異閒忙 但願彌堅鐵石腸 李白桃紅都未管 歲暮期保姓名香.

(빙군휴도이한망 단원미견철석장 이백도홍도미관 세모기보성명향)

매화를 두고 여유 있다거니 서두른다거니 말 말고,
철석같은 절개를 굳히도록 바라야 하리라.
오얏꽃이 희든 복사꽃이 붉든 도무지 상관 않고,
세밑을 기약하며 향기로운 이름 지니는구나.

[語句] *李慶全(1567~1644) : 조선 인조 때 명신. 호 石樓(석서). 본관 韓山(한산). 영의정 山海(산해 →237)의 아들로 左參贊(좌참찬)을 역임, 韓平君(한평군)에 봉해지고 문장도 뛰어났음. *憑 : 기대다. 빌미로 삼다. 부탁하다. *君 : 그대. '매화'를 가리키는 것으로 풀이했음. *休道 : 말하지 않음. *彌 : 두루. 더하다. 오래다. *

鐵石腸 : 굳고 단단한 절개나 마음. 鐵石肝腸(철석간장). 鐵心石腸(철심석장). *李白桃紅 : 오얏꽃은 희고 복숭아꽃은 붉음. *都未管 : 도무지 관여 않음. *歲暮 : 한 해의 마지막 때. 세밑. 연말. *期保 : 기약해 지님.

[鑑賞] 이른 봄 첫 매화가 피어난 친구 댁에 모여 그 매화를 보며 각자 자기 마음을 매화에 비기는 시를 지었던 듯하다. 첫 구의 君을 누구 또는 무엇으로 보느냐에 따라 풀이가 달라지겠는데, 매화를 두고 지은 시이므로 매화로 보았다. 매화가 한가로이 여유를 가지며 피어나는 것으로 볼 수도 있겠고 피기를 바삐 서둔다고도 보겠지만, 그런 것보다는 굳은 절개를 가졌음을 보아야 하리라 했다. 온갖 꽃들이 화사함을 자랑하며 피어나도 조금의 동요도 없이 절조 높은 평판을 유지하고 있는 매화의 속성을 기렸는데, 지은이의 마음도 그러한지는 국사학계에서 평가가 이루어지리라.

7言絶句(7언절구). 압운은 忙, 腸, 香 자로 평성 '陽(양)' 평운이다. 평측은 차례로 '平平平仄仄平平, 仄仄平平仄仄平, 仄仄平平平仄仄, 仄仄平仄仄平平'으로 二四不同二六對(이사부동이륙대)는 끝 구에서 어긋났고 反法(반법)과 粘法(점법)은 그런대로 이루어졌다.

797. 柳希春夫人宋氏(유희춘부인송씨 ?) : 조선 인종 때 여류 시인. 호 德峯(덕봉). 宋駿(송준, 본관 新平신평)의 딸. 經史(경사)에 통하고 시 잘 짓기로 유명했다. 남편인 유희춘(1513~1577)은 중종, 선조 때 학자로 자는 仁仲(인중), 호는 眉巖(미암), 시호는 文節(문절)이며 본관은 善山(선산)이다. 문과 급제하여 正言(정언)으로 을사사화 때 유배되었고 선조 때 副提學(부제학)을 지냈으며 朱子學(주자학)에 조예가 깊었다. 아우가 成春(성춘)이다. →792.

797-1 摩天嶺(마천령) 마천령

行行遂至摩天嶺 東海無涯鏡面平 萬里夫人何事到 三從義重一身輕.

(행행수지마천령 동해무애경면평 만리부인하사도 삼종의중일신경)

가고가고 또 가서 드디어 마천령에 왔구나, 동해 바다 가이없고 거울같이 평평하네.
만리 먼 고장에 여자 몸으로 무슨 일로 왔던고,
삼종의 의리가 이 한 몸보다 중하기 때문일세.

[語句] *摩天嶺 : 함경남북도의 경계를 이루는 마천령산맥에 있는 고개. 단천과 성진 사이에 있으며 높이 873m임. *無涯 : 끝이 없음. 無際(무제). *鏡面 : 거울의 표면. *三從 : 여자의 도리 세 가지. 곧 어려서는 아버지를 섬기고 시집가서는 남편을 섬기며 남편이 죽으면 아들을 따라야 함. 三從之道, 三從之義(삼종지도, 삼종지의).<儀禮 喪服>

[鑑賞] 남편 유희춘이 을사사화 때 함경북도 두만강 가인 鐘城(종성)으로 귀양 가서 19년 동안 유배 생활을 했는데, 지은이는 아내로서 그냥 있을 수 없어 집안사람들의 심한 만류를 무릅쓰고 머나먼 험한 길을 홀로 갔다고 한다. 한없이 가고 또 가서 드디어 마천령에 이르러 잠시 쉬면서 이 시를 지었으리라. 여인의 굳은 貞節(정절)을 보이는 名作(명작)이다.

7언절구. 압운은 平, 輕 자로 평성 '庚(경)' 평운이다. 평측은 차례로 '平平仄仄平平仄, 平仄平平仄仄平, 仄仄平平平仄仄, 平平仄仄仄平平'으로 이사부동이륙대와 반법, 점법 등이 모두 잘 이루어지고 끝 두 구의 평측이 대조가 되었으며, 첫 구에 압운하지 않았다.

797-2 題新舍(제신사) 새 집을 두고 짓다

天公爲送三山壽 靈鵲來通百世榮 萬頃良田非我願 鴛鴦和樂過平生.

(천공위송삼산수 영작내통백세영 만경양전비아원 원앙화락과평생)

하늘은 인간의 오복을 내려 주시고, 까치는 만세토록 영화로울 거라고 지저귀어 주는구나.
좋은 논밭 많이 가지는 게 내 소원이 아니라, 원앙새처럼 화락하게 평생을 지내는 것일세.

[語句] *天公 : 하느님. 하늘. *三山壽 : 三神山(삼신산)의 長壽(장수). '壽富貴康寧多男(수부귀강녕다남) 등 사람이 누리는 五福(오복)'을 칭송하는 말임. *靈鵲 : 상서로운 까치. *百世 : 오랜 世代(세대). *萬頃 : 백만 이랑 곧 한없이 너른 땅이나 水面(수면). *良田 : 좋은 밭. 좋은 농토. *鴛鴦 : 오리과에 속하는 물새. '다정한 부부'를 비유함. *和樂 : 화평하고 즐거움.

[鑑賞] 지은이가 유씨 가문으로 시집온 지 얼마 지나지 않아 새 집을 짓고 살게 되었을 때 기쁨을 이기지 못하고 지은 시라고 한다. 조물주가 오복을 내려 주시고 까치가 집 옆 나무에 와서 깍깍 하며 우니 이는 吉兆(길조)가 아니겠는가. 앞으로 많은 재산을 가지는 것을 바라지 않고 다만 평생을 원앙같이 온 가족이 화평하고 즐겁게 지내게 되는 게 소원이라 했다. 부인네의 소박한 바람을 그대로 드러낸 內房歌辭(내방가사)의 분위기가 느껴진다.

7언절구. 압운은 榮, 生 자로 평성 '庚(경)' 평운이다. 평측은 차례로 '平平仄仄平平仄, 平仄平平仄仄平, 仄仄平平平仄仄, 平平平仄仄平平'으로 이사부동이륙대와 반법, 점법 등이 잘 이루어졌다.

798. 尹卓然(윤탁연 1538~1594) : 조선 선조 때 문관. 자 尙中(상중). 호 重湖(중호). 시호 憲敏(헌민). 본관 漆原(칠원). 父 縣令 伊(현령 이). 명종 20년(1565) 謁聖試(알성시)에 급제, 承文院(승문원)에서 추천되어 史局(사국, 역사기록처)에 들어갔다가 承政院注書, 典

籍, 司諫院正言(승정원 주서, 전적, 사간원정언)에 이르고, 書狀官(서장관)으로 燕京(연경)에 다녀와서 弘文館修撰(홍문관 수찬)이 되었다. 예조와 병조의 佐郎(좌랑), 司憲府持平(사헌부 지평), 東萊府使(동래부사), 尙州牧使(상주목사) 등으로 치적을 올렸고 都承旨, 禮曹參判(도승지, 예조참판)을 지냈다. 이후 영남감사, 한성판윤, 형조와 호조 판서 등을 역임했으며, 선조 24년(1591) 宗系辨誣(종계변무)의 공으로 光國功臣(광국공신) 책록과 함께 漆城君(칠성군)에 봉군되고 특히 備局有司堂上(비국유사당상)에 올랐다. 임진왜란 때에는 왕자를 모시고 북으로 가는 도중 檢察使(검찰사)로서 의병을 모아 왜적 격퇴 계획수립, 都巡察使(도순찰사)가 되어 시국 타개에 노력하다가 북방 변경에서 객사했다.

798-1 書懷(서회) 회포를 쓰다

生憎岐路異東西 雲與同行鶴與棲 乘興有時成大醉 醉顔何處向人低.
(생증기로이동서 운여동행학여서 승흥유시성대취 취안하처향인저)

갈림길처럼 이리저리 갈라지는 게 밉살스러워, 구름 함께 떠돌고 학과 더불어 산다네. 가끔 흥이 나면 술에 크게 취하여, 취한 얼굴 어디에서든 누구에게 고개 숙이리오.

[語句] *生憎 : 미움. 밀살스러움. *岐路 : 갈림길. *乘興 : 흥이 남. 乘興而來 興盡而去(흥이 나서 왔다가 흥이 없어져 돌아감, 마음이 외물의 속박을 벗어날 때 참된 쾌락을 맛볼 수 있음)<初學記> *大醉 : 크게 취함. 滿醉(만취). *向人低 : 남에게 대하여 몸을 낮추거나 머리를 숙임.

[鑑賞] 지은이의 행적에 벼슬에서 물러나 은거했다는 기록이 보이지 않는다. 그가 임진왜란 때 북쪽 변방에서 의병을 모아 왜적을 격파할 계획을 세우던 기간이 3년이었고, 그 때 노심초사로 병을 얻어 사망했다고 한다. 당시 조정에서는 신하들이 黨論(당론)에 따라 국론이 갈려 한 곬으로 통일이 되지 않던 때라서, 차라리 한적한 시골에 숨어 살았으면 하는 바람으로 쓴 작품이 아닐까 한다. 즉 구름 따라 또 학을 벗으로 하며 흥이 나면 술에 취하고, 그리 된다면 그 누구에게도 굴하지 않고 꼿꼿하게 살아갈 게 아닌가 하는 회포를 편 시이다.

7언절구. 압운은 西, 棲, 低 자로 평성 '齊(제)' 평운이다. 평측은 차례로 '平平平仄仄平平, 平仄平平仄仄平, 平仄仄平平仄仄, 仄平平仄仄平平'으로 이사부동이륙대와 반법, 점법 등이 모두 이루어졌다.

799. 戎昱(융욱 ?) : 中唐(중당)의 시인. 荊南(형남, 湖北省호북성) 사람. 德宗(덕종 779~805) 초에 辰楚二州刺史(진초이주자사)를 지냈다.

799-1 別湖上亭(별호상정) 호상정에서 이별하다

好是春風湖上亭 柳條藤蔓繫離情 黃鶯住久渾相識 欲別頻啼四五聲.

(호시춘풍호상정 유조등만계이정 황앵주구혼상식 욕별빈제사오성)

호숫가의 정자에 부는 봄바람 좋을시고, 버들가지 등나무 덩굴 이별의 정을 얽어매네. 꾀꼬리도 여기 오래 있어 우리 모두를 아는 듯, 이별에 즈음해 자꾸만 울어대는구나.

[語句] *湖上亭 : 호수의 가에 세운 정자. *柳條 : 버들가지. *藤蔓 : 등나무 덩굴. *繫 : 매다. 얽다. *離情 : 이별의 정. 떠나는 마음. *黃鶯 : 꾀꼬리. 黃鳥(황조). *住 : 머무르다. 살다. *渾 : 모두. 온통. *相識 : 서로 안면이 있어 앎. *頻啼 : 자주 욺. *四五 : 너더댓. 너덧. 여러.

[鑑賞] 호숫가의 정자에서 친구나 사랑하는 사람과 이별하며 지은 시. 정자에 봄바람은 훈훈하게 불어오는 좋은 절기인데, 하늘거리는 버들가지와 얽혀 벋은 등나무 덩굴에 우리의 이별의 정도 매여 있어 떠나지 못하게 하고, 또 꾀꼬리까지 우리 사이를 오래 보아온 듯 역시 이렇게 헤어짐을 말리는 듯 자꾸 꾀꼴꾀꼴 울고 있다. 이별의 아쉬움을 봄의 자연 風情(풍정)을 소재로 하여 잘 표현했다.

7言絕句(7언절구). 압운은 亭, 情, 聲 자로 亭은 평성 '靑(청)', 情과 聲도 평성 '庚(경)' 평운으로 두 운은 通韻(통운)이 된다. 평측은 차례로 '仄仄平平平仄平, 仄平平仄仄平平, 平平仄仄平平仄, 仄仄平平仄仄平'으로 二四不同二六對(이사부동이륙대)와 反法, 粘法(반법, 점법) 등이 모두 이루어졌다.

800. 李健(이건 1614~1662) : 조선 효종 때 王族(왕족) 문인. 자 子强(자강). 호 葵窓(규창). 본관 全州(전주). 선조의 일곱째 아들인 仁城君 珙(인성군 공)의 아들로 효종 8년(1657) 海原君(해원군)에 봉해졌다. 천성이 사치를 좋아하지 않고 名利(명리)와 財貨(재화)에 전혀 관심이 없었으며 다만 독서에 열중하여 손에서 책이 떠나지 않았다. 시는 당 나라 杜牧(두목 →63)을 배웠고 글씨와 그림에 능하여 사람들이 三絕(삼절)이라 일컬었다. 효행이 돈독했고 아버지가 광해군의 폐모 논의 때 참석한 일로 화를 입어 珍島(진도)로 유배당한 일로 말미암아, 그도 귀양가 있다가 인조가 피한 남한산성이 淸(청) 나라 군사들에게 포위된 소식을 듣고 시를 지었다. 문집에 '葵窓集(규창집 5권), 詩文集(시문집)' 등이 있다.

800-1 江南春(강남춘) 강남의 봄

聞說江南又到春 上樓多少看花人 牧童橫笛驅黃犢 兒女携筐採白蘋.

(문설강남우도춘 상루다소간화인 목동횡적구황독 아녀휴광채백빈)

강남 땅에 또다시 봄이 왔다니, 많은 사람들 누각에 올라 꽃놀이를 즐기리라.

목동은 피리 불며 소 먹이러 가고, 계집아이 광주리 끼고 마름을 따리라.

[語句] *江南 : ①강의 남쪽. 한강 이남 지역. ②중국 揚子江(양자강) 남쪽 지방. *聞說 : 들으니. 들은 바에 의하면. 聞道(문도). 聽說(청설). *多少 : 많음. *看花 : 꽃구경. 꽃놀이. *橫笛 : 저. 입에 가로 대고 부는 피리 등 관악기의 총칭. 唐笛(당적). *黃犢 : 누런 송아지. *携筐 : 광주리를 듦. 携는 '가지다'로 攜(휴)의 속자임. *白蘋 : 흰 꽃이 피는 마름.

[鑑賞] 聞說이란 어휘대로 풀이하면 위와 같이 해석되지만, 강남땅에서 직접 보는 것으로 풀이해도 좋겠다. 봄이 와 모두 生動(생동)하는 모습을 그렸으니, 꽃을 觀賞(관상)하는 사람들과 흥이 난 목동과 마름 따는 아가씨들, 봄을 맞이한 즐겁고도 활기찬 백성들이다. 끝 두 구 곧 轉句(전구)와 結句(결구)는 對句(대구)가 되었으니 牧童-兒女, 橫笛-携筐, 驅-採, 黃犢-白蘋이 각각 멋지게 짝을 이룬 것이다.

7언절구. 압운은 春, 人, 蘋 자로 평성 '眞(진)' 평운이다. 평측은 차례로 '仄仄平平仄仄平, 仄平平仄仄平平, 仄平平仄平平仄, 平仄平平仄仄平'으로 이사부동이륙대와 반법, 점법 등이 모두 잘 이루어졌다.

801. 李端(이단 743~782) : 中唐(중당)의 시인. 大曆(대력, 代宗대종 때 연호 766~779) 十才子(십재자)의 한 사람으로 河北省 趙州(하북성 조주) 사람이다. 進士(진사)를 거쳐 杭州司馬(항주사마)를 지냈다.

801-1 拜新月(배신월) 초승달에 절하다

開簾見新月 卽便下階拜 細語人不聞 北風吹裙帶.
(개렴견신월 즉편하계배 세어인불문 북풍취군대)

발을 걷어 초승달 떴음을 보자, 곧 섬돌로 내려가 그 달 보며 절을 하네.
속삭이는 그 말을 들은 이 없고, 북풍만이 치마끈을 날리는구나.

[語句] *新月 : 초승달. 初生(초생)달. 朔月(삭월). ↔晦月(회월). *卽便 : 곧. 즉시. *細語 : 속삭이는 말. 속삭임. *北風 : 북쪽에서 불어오는 바람. 뒤바람. 북새. *裙帶 : 치마끈. 치마와 허리띠.

[鑑賞] 어느 閨秀(규수)가 초승달을 향하여 절하며 자기의 남모르는 소원을 비는 것을 노래한 시. 그 소원이 부모의 無病長壽(무병장수)함인지, 처녀라면 시집을 갈 수 있게 해 달라는 것인지 부인이라면 남편에 관한 것인지는 알 수 없는데, 남모

르게 하소연하는 소원이라 그것은 독자의 상상에 맡기었다. 李白(이백)의 '子夜吳歌(자야오가)'와 비슷한 분위기가 풍긴다. →234-44.

5言古詩(5언고시). 압운은 拜, 帶 자로 거성 '卦(괘)' 측운이다. 평측은 차례로 '平平仄平仄, 仄仄仄平仄, 仄仄平仄平, 仄平平平平'으로 이사부동은 둘째 구에서만 이루어졌고 반법이나 점법은 고시이기에 맞추지 않았다.

802. 李夫人(이부인 ?) : 여류시인. 府使 申純一(부사 신순일)의 부인이며 李廷顯(이정현, 본관 延安연안)의 딸이다. 어릴 때부터 글짓기를 좋아했으며 시에 능하고 글씨도 잘 썼다.

802-1 鄕居卽事(향거즉사) 시골에 살며 즉흥으로 읊다

雲斂天如水 樓高望似飛 無端長夜雨 芳草十年思.
(운렴천여수 누고망사비 무단장야우 방초십년사)

구름 흩어지니 하늘이 강물처럼 파랗고, 누각은 높아 바라보매 날아가는 듯하네.
간밤에 밤비 끊이지 않고 내렸으니, 꽃다운 풀들 오래도록 푸르러지겠구나.

[語句] *鄕居 : 시골에 삶. *卽事 : 눈앞의 사물을 즉흥으로 읊음. *斂 : 거두다. 감추다. *無端 : ①까닭이나 이유가 없음. 단서를 찾아볼 수 없음. ②뜻밖에. *芳草 : 꽃다운 풀. *十年思 : 10년 곧 오래일 거라 생각됨.

[鑑賞] 초여름 녹음이 시작되려는 무렵의 풍경을 敍景(서경)으로 읊었다. 밤비가 갠 아침 구름이 흩어지자 하늘은 파란 물빛이요, 바라보이는 누각은 날아갈 듯 날렵한 모습이다. 온 밤 뜻밖의 비가 이어 내렸으니 풀들 더욱 오래도록 파라리라 했다. 사람들이 가장 많이 읊던 시라고 하는데, 시상이 좋고 詩語(시어)가 새로운 점으로 하여 그러하리라.

5言絕句(5언절구). 압운은 飛, 思 자로 앞 자는 평성 '微(미)', 뒷 자도 평성 '支(지)' 평운으로 두 운은 通韻(통운)이 된다. 평측은 차례로 '平仄平平仄, 平平仄仄平, 平平平仄仄, 平仄仄平平'으로 이사부동과 반법, 점법 등이 모두 잘 이루어졌다.

803. 李頻(이빈 818~876) : 晩唐(만당)의 시인. 자 德新(덕신). 浙江省 淳安(절강성 순안) 사람으로 秘書郎(비서랑)과 建州刺史(건주자사)를 지냈다. 詩風(시풍)이 劉長卿(유장경 →195)에 가깝다고 한다.

803-1 題張司馬別墅(제장사마별서) 장사마의 별장에서

庭前樹盡手中栽 先後花分幾度開 巢鳥戀雛驚不起 野人思酒去還來
自抛官與青山近 誰訝身爲白髮催 門外尋常行樂處 重重履跡在莓苔.

(정전수진수중재 선후화분기도개 소조연추경불기 야인사주거환래

자포관여청산근 수아신위백발최 문외심상행락처 중중이적재매태)

뜰 앞의 나무는 모두 손수 심었고, 꽃은 먼저와 나중으로 이어가며 몇 번을 피었던고.
새는 놀래어도 새끼 때문에 둥지를 뜨지 않고,
농부들은 돌아갔다가도 술 생각에 다시 오네.
벼슬을 버리고는 청산을 가까이 했으니, 백발 되기를 재촉하는 일이라 누가 의아해 하리.
문 밖은 늘 행락처가 되어, 사람들의 발자국이 겹겹으로 이끼에 새겨 있구나.

[語句] *司馬 : 軍事(군사)의 일을 맡은 벼슬. *別墅 : 農場(농장)이나 들에 따로 지은 집. '別莊(별장)'과 비슷함. *巢 : 새집. 보금자리. 새 깃들다. *驚 : 놀라다. 놀래다. *栽 : 심다. *戀 : 생각하다. *雛 : 새 새끼. 병아리. *野人 : 시골 사람. 농부. *抛 : 던지다. 버리다. 抛棄(포기). *訝 : 의심하다. 疑訝(의아). *催 : 재촉하다. *尋常 : 보통. 대수롭지 않고 예사스러움. *行樂 : 잘 놀고 즐겁게 지냄. *重重 : 거듭. *履跡 : 밟은 자국. 발자취. *莓苔 : 이끼.

[鑑賞] 사마 벼슬을 지낸 장씨의 별장을 두고 지은 시. 首聯(수련 1~2구)은 별장의 모습과 주인의 취향으로 서두를 삼았고, 頷聯(함련 3~4구)은 새와 농부를 대비하여 짝을 이룬 좋은 구절이며, 頸聯(경련 5~6구)은 장 사마가 벼슬을 그만두고 자연 속에 묻혀 사니, 사람들이 벼슬을 버리는 것은 늙음을 자초하는 일이라 우려한 말이 헛되도록 정정함을 읊어 내용을 전환하면서 역시 對句(대구)를 잘 이루었다. 그리고는 별장 주변은 사람들이 모여들어 행락하는 곳이라 했으니 별장도 넓고 주변 경관도 빼어났음을 알 수 있게 시를 마무리했다.

7言律詩(7언율시). 압운은 栽, 開, 來, 催, 苔 자로 평성 '灰(회)' 평운이다. 평측은 차례로 '平平仄仄仄平平, 平仄平平仄仄平, 平仄仄仄平仄仄, 仄平平仄仄平平, 仄平平仄平平仄, 平仄平平仄仄平, 平仄平平平仄仄, 平平仄仄仄平平'으로 二四不同二六對(이사부동이륙대)는 셋째 구에서 어긋났고 反法(반법)과 粘法(점법)은 셋째 구 외에는 잘 이루어졌다.

804. 李遂大(이수대 1674~1708) : 조선 숙종 때 문인. 자 就而(취이). 호 松崖(송애). 본관 全州(전주). 부 司評 鼎興(사평 정흥). 어릴 때부터 재주가 뛰어났고 15세에 독서하고 스무살에 進士(진사), 29세에 문과 둘째로 급제하여 承文院(승문원)에 들어갔으며 曹郎(조랑, 육조

의 정랑과 좌랑)으로 승진하니, 希菴 蔡澎胤(희암 채팽윤), 秀蕙 吳尙濂(수혜 오상렴)과 함께 三文章(삼문장)이라 했다. 문집에 '遺集(유집 2권)'이 있다.

804-1 山中歸臥吟(산중귀와음) 산 속에 들어가 살며

浮世終何事 空山且獨行 悠悠洞陰裡 歸去掩柴扉.
(부세종하사 공산차독행 유유동음리 귀거엄시비)

뜬 세상 끝내 무엇을 하리, 텅 빈 산 속으로 나 홀로 가노라.
유유한 골짜기 그늘 속으로, 돌아가 사립문을 닫으려네.

[語句] *歸臥 : 벼슬을 내놓고 고향에 돌아가 은거함. *浮世 : 뜬 세상. 덧없는 세상. *空山 : 사람이 없는 산중. *悠悠 : 여유있고 한가로움. *洞陰 : 골짜기 그늘. *歸去 : 돌아감. 歸去來(귀거래). *柴扉 : 사립문.

[鑑賞] 벼슬을 그만두면 고향으로 落鄕(낙향)하거나 깊은 산 속에 들어가 숨어 사는 것이 우리 옛 선비들의 美德(미덕)이었다. 그러나, 요즈음은 오히려 그 반대로 서울이나 대도시로 모이는 경향이니, 그만큼 시골에서 살아가는 일이 어려워서 그러하리라. 아뭏든 맑은 공기 속에 자연과 벗삼는 여유롭고 한가한 삶은 인생의 영원한 憧憬(동경)의 대상이지 싶다.

5言古詩(5언고시). 압운이라 볼 수 있는 것이 行 자와 扉 자인데 行은 평성 '庚(경)', 扉는 평성 '微(미)'여서 통운도 되지 않아, 운자를 바꾼 것 곧 轉韻(전운)한 것으로 볼 수밖에 없다. 평측은 차례로 '平仄平平仄, 平平仄仄平, 平平仄平仄, 平仄仄平平'으로 이사부동은 셋째 구에서 어긋났고 반법과 점법은 그런대로 이루어졌다.

805. 李玉峯(이옥봉 ?~1592) : 조선 선조 때 여류시인. 이름이 媛(원)이요 玉峯은 아호이다. 본관 全州(전주). 郡守 李逢之(군수 이봉지)의 庶女(서녀)로 承旨(승지)인 雲江 趙瑗(운강 조원)에게 반하여 그의 小室(소실)이 되었다. 許蘭雪軒(허난설헌 →618)과 더불어 조선의 2大女流漢詩人(2대 여류 한시인)으로, 시집은 '嘉林世稿(가림세고)' 부록으로 전하며 중국의 '列朝詩集(열조시집)'에도 33편이 실려 있다고 한다. 임진왜란 때 殉節(순절)했다.

805-1 閨情(규정) 아내의 정

有約來何晩 庭梅欲謝時 忽聞枝上鵲 虛畫鏡中眉.
(유약내하만 정매욕사시 홀문지상작 허화경중미)

오마던 임 어이해 이리 늦을까? 매화꽃만 무심히 뜰 위에 지고.

까친 짝짝 반갑다 임 오시려나, 헛되이 눈썹만 그리는구려. <김안서 번역>

[語句] *閨情 : 閨中婦人(규중부인)의 정. 아내의 마음. *庭梅 : 뜰 앞의 매화. *謝 : 이울다. 꽃 떨어지다. *聞 : 듣다. '들리다'로 풀면 仄聲(측성)이 되어 부적합함. *枝上鵲 : 나무에 앉은 까치. 까치가 와 울면 좋은 소식이 온다 하여 이를 '鵲報喜(작보희, 까치는 기쁜 소식을 알려줌)'라 함. *鏡中眉 : 거울 속눈썹. 거울에 비친 눈썹.

[鑑賞] 남편인 雲江이 여행을 갔다가 돌아오겠다고 약속한 날에 그가 돌아오지 않아 지은 시. 번역은 岸曙 金億(안서 김억 1893~?) 시인이 '李朝閨秀漢詩選集(이조규수한시선집)'에서 번역한 것을 轉載(전재)해 시인의 번역을 음미토록 했다. 어느 자료에는 둘째 구와 끝 구를 '庭梅落已多, 虛畫鏡中蛾(정매낙이다, 허화경중아 ; 뜰의 매화 이미 많이 졌는데, 거울 보며 눈썹만 헛그렸구려).'라 하여 압운만 달리했다. 多와 蛾는 평성 '歌(가)'이다.

5언절구. 압운은 時, 眉 자로 평성 '支(지)' 평운이다. 평측은 차례로 '仄仄平平仄, 平平仄仄平, 仄平平仄仄, 平仄仄平平'으로 이사부동과 반법, 점법 등이 모두 잘 이루어졌다.

806. 李尊庇(이존비 ?~1287) : 고려 충렬왕 때 문관. 초명 仁成(인성). 본관 固城(고성). 어려서 아버지를 여의고 장인 白文節(백문절 →92)에게 글을 배워 문장과 隷書(예서)에 능했다. 원종 초에 문과 급제하여 內侍(내시)로 들어갔다가 國學博士 直翰林(국학박사 직한림), 吏部侍郎(이부시랑)을 역임하고, 충렬왕 때 左承旨, 必闍赤, 密直副使(좌승지, 필도지-政房정방의 文士문사-, 밀직부사) 등을 거쳤다. 충렬왕 13년(1287) 일본을 정벌할 때 경상・충청・전라도 都巡問使(도순문사)가 되어 兵糧, 軍船(병량, 군선) 등을 조달했는데, 처리를 옳게 하여 民怨(민원)을 사지 않았고 이어 判密直司事, 監察大夫, 世子元賓(판밀직사사, 감찰대부, 세자원빈)으로 있다가 사망하니 세자는 울면서 그 정직함을 애석해 했다. 공민왕 때의 명신이요 서화가인 李嵒(이암 →268)이 그의 손자이다.

806-1 寄曹溪晦堂和尙(기조계회당화상) 조계종 회당화상에게 부치다

物無美惡終歸用 苦李誰嫌着子多 長息久朝天子所 次兒新付法王家
移忠固是爲臣分 割愛其如出世何 還笑老翁猶滯念 有時魂夢杳天涯.

(물무미오종귀용 고리수혐착자다 장식구조천자소 차아신부법왕가
이충고시위신분 할애기여출세하 환소노옹유체념 유시혼몽묘천애)

좋건 궂건 물건은 다 쓰일 데가 있는 법이니, 쓴 오얏 열매 많음을 그 누가 탓하리.
맏아들은 오래도록 임금님 조정에서 벼슬 하고, 둘째놈은 새로이 불가에 들어갔네.
효를 충으로 옮김은 당연한 신하의 도리요, 사랑을 중생에게 나누고자 불도로 듦을 어이하랴.

우습다, 이 늙은이가 오히려 생각이 엉겨,
이따금 정신이 꿈결인 양 하늘가에 가물가물하구나.

[語句] *曹溪 : 고려 때 신라의 九山禪門(구산선문)을 합친 宗派(종파) 이름. 중국 禪宗(선종)의 6祖(조)인 惠能(혜능)이 韶州(소주, 지금의 광동성 韶關소관)의 曹溪山 南華寺(조계산 남화사)에서 법을 닦아 그의 별호가 曹溪이고 조계종의 開祖(개조)로 받들어지며 南宗佛敎(남종불교)라고도 함. 현재 우리나라의 조계종은 1941년 敎宗(교종)의 단일종을 만들 때 太古國師(태고국사, 普愚보우 →758)를 宗祖(종조)로 삼았음. *和尙 : <佛>受戒者(수계자)를 가르치는 스승. 師表(사표)가 되는 중. 鄔波遮迦(오파차가). *美惡 : 아름다운 것과 미운 것. 좋음과 궂음. *終歸 : 끝내는 돌아감. 終歸一轍(종귀일철, 결국은 서로 같음). *苦李 : 맛이 쓴 오얏. 晉(진)의 王戎(왕융)이 여러 사람들과 길을 가다가 길가의 오얏나무에 오얏이 많이 달린 것을 보고 맛이 쓸 것이라고 맞춘 故事(고사)가 있음. *着子 : 열매가 달림. *長息 : 맏아들. *朝 : 朝廷(조정). 임금을 뵙다. *天子所 : 임금 계시는 곳. 대궐. *法王 : <佛>佛法(불법)의 왕. 부처. 석가여래. *法王家 : 佛家(불가). 절. 佛門(불문). *移忠 : 충성으로 옮김. 벼슬아치는 孝道(효도)를 옮겨 임금에게 충성을 해야 함. *固 : 진실로. 당연히. *臣分 : 신하된 처지. 신하의 직분. *割愛 : 사랑을 나눔. *出世 : <佛>번뇌를 떠나 佛道(불도)로 들어감. 중생을 濟度(제도)하기 위하여 속세로 나옴. *還笑 : 도리어 우스움. *滯念 : 생각이 엉김. 풀지 못하고 오랫동안 쌓인 생각. *杳 : 아득하다. *天涯 : 하늘 끝. 涯는 애로 읽으면 '佳(가)' 운, 아로 읽어야 '麻(마)' 운임.

[鑑賞] 自註(자주)에 '이 때 장남은 대궐에 宿衛(숙위)로 들어가 있었고, 차남은 새로이 회당에게 가 머리를 깎고 중이 되었다.'라 있다. 首聯(수련 1~2구)이 主題(주제)로 歸納的(귀납적)으로 전개한 시이다. 만물은 모두 제나름의 쓰임새가 있는 법이라 맛이 쓴 오얏이 많다고 타박할 것은 못 된다 하고, 맏아들이 가는 길[벼슬길]과 둘째아들이 가는 길[불도]을 對句(대구)로 이었다. 다음으로 유교 도덕과 불교 사상을 역시 대구로 대비하여 내용 전환을 하고, 제 나름의 길을 가고 있지만 아비로서는 아들들 생각으로 헛갈린다고 맺어 父情(부정)을 나타내었다.

7言律詩(7언율시). 압운은 多, 家, 何, 涯 자로 多와 何는 평성 '歌(가)' 운, 家와 涯(아)도 평성 '麻(마)' 평운으로 두 운은 通韻(통운)이 된다. 평측은 차례로 '仄平仄仄平平仄, 仄仄平平仄仄平, 仄仄仄平平仄仄, 仄平平仄仄平平, 平平仄仄平平仄, 仄仄平平仄仄平, 平仄仄平平仄仄, 仄平平仄仄平平'으로 二四不同二六對(이사부동이륙대)와 反法, 粘法(반법, 점법) 등이 잘 이루어졌다.

807. 李重煥(이중환 1690~1756) : 조선 영조 때 實學者(실학자). 자 輝祖(휘조). 호 淸潭, 靑華山人(청담, 청화산인). 본관 驪州(여주). 父 參判 震休(참판 진휴). 숙종 39년(1713) 문과 급제 후 벼슬이 兵曹佐郎(병조좌랑)에 이르렀다. 星湖 李瀷(성호 이익 →284)이 再從祖(재종조, 조부의 사촌 형제)로 그의 학풍을 계승 선양하여 人文地理學(인문지리학)의 선구자로 활약했다. 경종 1년(1721) 辛丑年(신축년)과 이듬해 壬寅年(임인년)에 王世弟(왕세제)인 延礽君(연잉군, 후의 영조)의 代理聽政(대리청정)과 왕을 弑逆(시역)하려는 음모 참소 등으로 辛壬士禍(신임사화)가 일어나 그도 絕海孤島(절해고도)로 귀양갔다. 영조 때 풀려나 약 30년간 전라도와 평안도를 제외한 전국을 돌아다니며 지리를 살폈다고 한다. 저서에 '擇里志(택리지, 일명 八域志팔역지)'가 있다.

807-1 浮石寺(부석사) 부석사

縹渺危樓十二欄 東南千里眼前看 人間渺渺新羅國 天下深深太白山
秋壑冥烟飛鳥外 海門殘照亂雲端 行行不到上方寺 豈識千秋行路難.
(표묘위루십이란 동남천리안전간 인간묘묘신라국 천하심심태백산
추학명연비조외 해문잔조난운단 행행부도상방사 기식천추행로난)

아득히 보이는 높은 누각의 열 두 난간, 동남쪽 천리가 다 눈앞에 보이네.
이 절을 지은 사람이나 신라는 까마득한데, 하늘 아래 깊고도 깊은 태백산만 영원하구나.
가을 골짜기의 자욱한 연기를 나는 새도 피하고,
지평선 어지러운 구름 끝에 저녁놀 피었구나.
가도 가도 상방 절에는 이르지 못하나니,
행로난이야 영원토록 어찌 알 리가 있으리오.

[語句] *浮石寺 : 경상북도 榮州市 浮石面(영주시 부석면)에 있는 절. 신라 문무왕 16년(676) 義湘大師(의상대사)가 왕명을 받아 창건했는데, 국보 18호인 無量壽殿(무량수전) 등 국보와 보물이 많음. *縹渺 : 멀리 희미하게 보이는 모양. 廣闊(광활)한 모양. *危樓 : 매우 높은 누각. *欄 : 난간. *渺渺 : 아득한 모양. *深深 : 매우 깊음. 深深山川(심심산천). *太白山 : 경상북도 봉화군과 강원도 태백시 사이에 있는 산. 높이 1,561m로 태백산맥의 주봉이며 우리나라 일곱 번째의 높은 산임. *壑 : 골. 구렁. *冥烟 : 자욱히 낀 연기. *海門 : 두 육지 사이에 끼어 있는 바다의 통로. 海峽(해협). '구름이나 연기에 덮여 해협과 같아 보이는 지평선'을 두고 쓴 말 같음. *殘照 : 저녁놀. 落照(낙조). *亂雲 : 어지러이 뒤섞여 떠도는 구름. *行行 : 가고 또 감. *上方寺 : 절 이름이거나 태백산 정상 가까운 곳 곧 부석사 훨씬 위쪽에 있는 절이란 뜻인 듯함. 上方만으로 절을 뜻하기도 함<杜甫

山寺> *千秋 : 썩 오랜 세월. *行路難 : 길이 험하여 가기에 곤란함. 세상을 살아 나가는 길이 매우 어려움. 두보의 시에 '行路難'이 있음.

[鑑賞] 이 시는 지은이가 경종 3년(1723) 癸卯年(계묘년)에 承旨 李仁復(승지 이인복)과 함께 태백산을 유람하다가 부석사에 올라 退溪 李滉(퇴계 이황 →329) 선생의 '擢王亭亭倚寺門(탁왕정정의사문)' 시에 차운한 시라고 한다. '택리지'에 보면 "절 뒤쪽에는 聚遠樓(취원루)가 있는데 크고 널찍하여 높은 기상이 천지 사이의 중앙에 솟은 듯하다. 그 기세와 정신이 웅장하여 경상도 전체를 누르는 듯하며 벽 위에는 퇴계의 시를 적은 현판이 걸려 있다." 했는데, 이 시도 취원루에 올라 지은 작품이리라. 주로 부석사의 景觀(경관)을 읊었는데, 태백산과 불교 곧 자연과 신앙의 영원함에 對比(대비)해 사람과 그 시대의 無常(무상)함을 탄식했다. 끝 연의 上方寺는 영원이요 行路難은 인생으로 무상을 상징한다 하리라.

7언율시. 압운은 欄, 看, 山, 端, 難 자로 山은 평성 '刪(산)' 운, 나머지도 평성 '寒(한)' 평운으로 두 운은 통운이 된다. 평측은 차례로 '仄仄平平仄仄平, 平平平仄仄平平, 平平仄仄平平仄, 平仄平平仄仄平, 平仄平平平仄仄, 仄平平仄仄平平, 平平仄仄仄平仄, 仄仄平平平仄平'으로 이사부동이륙대와 반법, 점법 등이 모두 이루어진 좋은 작품인데, 渺와 千, 秋 자 등을 두 번 이상 썼으며 끝 연은 孤平(고평)과 孤仄(고측)으로 짝을 이루어 흠결이 묻히었다.

808. 李天輔(이천보 1698~1761) : 조선 영조 때 정승. 자 宜叔(의숙). 호 晉庵(진암). 시호 文簡(문간). 본관 延安(연안). 父 沃川郡守 舟臣(옥천군수 주신). 어려서는 큰 뜻을 품고 독서를 싫어했으나 크면서 스스로 문학에 힘써 당대에 이름이 높았으며, 生員(생원)으로 뽑혀 內侍敎官(내시교관)을 지내다가 영조 15년(1739) 42세로 문과에 급제하여 淸職(청직) 要職(요직)을 두루 거치고 영의정, 領中樞府事(영중추부사)에 이르렀다. 사람됨이 관대하고 생각하는 바가 깊으며 談論(담론)을 잘하여 허식을 차리지 않았다. 그는 임금에게도 직간하기를 꺼리지 않았고, 대제학 趙觀彬(조관빈 →439)과 사이가 좋지 못했지만 관빈이 世子妃封冊文(세자비봉책문) 일을 논하다가 왕의 노여움을 샀을 때 관빈은 잘못이 없다고 아뢰어 형벌을 면하게 했다. 시에도 뛰어났으며 문집에 '晉庵集(진암집 10권)'이 있다.

808-1 早春偶題(조춘우제) 이른 봄에 우연히 짓다

空庭扶杖一婆娑 拂面東風任幘斜 春意自能成細雨 山光元不厭貧家
閒從碁局觀機事 老向詩篇送物華 更喜今年時候早 園中已折杜鵑花.

(공정부장일파사 불면동풍임책사 춘의자능성세우 산광원불염빈가
한종기국관기사 노향시편송물화 갱희금년시후조 원중이절두견화)

지팡이 짚고 빈 뜰을 거니노라니, 동풍이 건듯 불어 머리 수건을 날리네.
봄은 절로 가랑비를 내리게 하고, 산 경치는 본디 가난한 집을 싫어하지 않는다네.
한가하면 바둑의 묘수를 구경하기도 하고, 바뀌는 풍경을 보며 시를 짓기도 하네.
더구나 올해는 절후가 일러, 동산의 진달래꽃도 이미 이울었구나.

[語句] *偶題 : 얼핏 떠오르는 생각을 읊음, 그런 시나 노래. 偶吟(우음). *婆娑 : 사뿐사뿐 춤추는 모양. 걸음 걸을 때 옷이 날리는 모양. *幘 : 머리수건. 幘巾(책건). *春意 : 봄 뜻. 이른 봄에 온갖 것이 피어나는 화창한 기분. *細雨 : 가랑비. *山光 : 산 빛. 산 경치. *厭 : 싫다. 미워하다. *碁局 : 장기판. 바둑판. *機事 : 가장 機密(기밀, 비밀스러운 재치)한 일. *物華 : 경치. 철 따라 바뀌는 풍경. *更 : 다시. 더욱. *時候 : 사철의 절기. 節侯(절후). *杜鵑花 : 진달래꽃.

[鑑賞] 이른 봄에 얼핏 드는 생각을 잘 읊은 시. 首聯(수련 1~2구)에서 한가하고 여유있는 생활을 담았고 頷聯(함련 3~4구)은 봄비와 산 경치를 對句(대구)로 잘 그린 實(실)이다. 頸聯(경련 5~6구)은 지은이의 일상 삶의 한 모습을 역시 대구로 읊은 虛(허)이니, 함련과 虛實의 배치가 잘 이루어진 내용의 轉換(전환)이다. 尾聯(미련 7~8구)에서 봄이 일찍 와 이미 진달래가 졌다고 봄이 감을 아쉬워하며 시를 맺어, 율시의 작법에 어긋남이 없는 名作(명작)이다.

7言律詩(7언율시). 압운은 娑, 斜, 家, 華, 花 자로 娑만 평성 '歌(가)' 운이고 나머지는 평성 '麻(마)' 평운으로 두 운은 通韻(통운)이다. 평측은 차례로 '平平平仄仄平平, 仄仄平平仄仄平, 平仄仄平平仄仄, 平平平仄仄平平, 平平平仄仄平仄, 仄仄平平仄仄平, 仄仄平平平仄仄, 平平仄仄仄平平'으로 二四不同二六對(이사부동이륙대)와 反法, 粘法(반법, 점법) 등이 모두 이루어졌다.

809. 林應聲(임응성 ?) : 조선 철종 때 선비. 호 菊隱(국은). 일찍이 과거에 뜻을 두지 않고 참선비의 길을 걸었다.

809-1 抱兒止啼(포아지제) 아기를 안고 달래다

小兒穩睡懷中在 匹似東風抱卵鷄 保我窮民如赤子 終年莫使餒寒啼.
(소아온수회중재 필사동풍포란계 보아궁민여적자 종년막사뇌한제)

어린 아기 내 품에서 고이 잠들어, 따뜻한 봄날 어미닭이 품고 있는 달걀과 같구나.
우리 빈궁한 백성들을 어린아이 달래듯 하여, 언제나 춥고 배고픔에 울지 않도록 했으면.

[語句] *啼 : 울다. *穩睡 : 편안하게 잠을 잠. 穩寢(온침). *懷中 : 품속. *匹似 : 같음.

비슷함. *抱卵 : 새가 알을 품어 따스하게 하는 일. *窮民 : 貧窮(빈궁, 가난하여 살기 어려움)한 백성. *赤子 : 갓난아이. *終年 : 한 해를 다 보냄. 終歲(종세). *莫使 : ~토록 하지 말라. *餒寒 : 배고프고 추움. 飢寒(기한). 餒는 '주리다. 굶기다'임.

[鑑賞] 울던 아기를 달래느라 품에 안았더니 새근새근 잠을 잔다. 이 광경이 마치 봄바람 속에 계란을 품고 있는 어미닭 같다. 나라의 임금님도 아기를 안고 달래는 이 모습처럼 굶주린 백성들을 포근히 안아 배고픔과 추위를 막아 편안하게 살아가도록 해 주면 얼마나 좋을까 했다. 赤子는 '임금이 백성을 일컫는 말'이기도 하다. 철종 때는 勢道政治(세도정치)의 極盛期(극성기)라 苛斂誅求(가렴주구)가 심했고 일반 백성들은 塗炭(도탄)에 빠져 있어, 白首(백수)일망정 선비의 憂國之情(우국지정)을 드러낸 좋은 小品(소품)이다.

7言絕句(7언절구). 압운은 鷄, 啼 자로 평성 '齊(제)' 평운이며 첫 구에는 압운하지 않았다. 평측은 차례로 '仄平仄仄平平仄, 仄仄平平仄仄平, 仄仄平平平仄仄, 平平仄仄仄平平'으로 이사부동이륙대와 반법, 점법 등이 모두 잘 이루어졌고 끝 두 구의 평측 대비가 눈에 띈다.

810. 田光玉(전광옥 1694~1761) : 조선 영조 때 문관. 初名(초명) 始大(시대). 자 德種(덕종). 호 澗松堂(간송당). 본관 潭陽(담양). 父 嘉善大夫 龍驤衛副護軍 一成(가선대부 용양위부호군 일성). 일찍 학문에 전념하여 영조 1년(1725)에 司馬試(사마시)에 급제하고, 동왕 23년(1747) 文科 甲科(문과 갑과)의 제3인 곧 探花郎(탐화랑)으로 급제, 靖陵直長(정릉 직장)에 除授(제수)되었다. 이듬해에 司憲府監察(사헌부 감찰)이 되었으며 이후 朝奉大夫 成均館直講, 通訓大夫 幽谷道察訪(조봉대부성 균관직강, 통훈대부 유곡도찰방) 등을 역임했다. 기개와 도량이 활달하고 마음이 공명정대하여, 흉년에는 祿俸(녹봉)을 나누어 궁한 백성들을 구제했고, 고향 경상북도 영덕군 寧海(영해)로 낙향할 때 가진 것이라고는 오직 찢어진 우산 하나와 해어진 獤皮(돈피) 갑옷 하나뿐이었다고 한다. 그리하여 諸賢(제현)들이 '山南宿儒(산남숙유, 영남의 명망 높은 선비)'라 칭송했으며 문집에 '澗松堂集(간송당집 3권)'이 있다.

810-1 江上小菴(강상소암) 강가의 작은 암자

路穿林樾到江干 寺在層崖縹緲間 斷逕歸僧猶木末 遠岑疎磬自雲端
仙山夙昔嗟無分 雨雪今朝苦未攀 可愛山靈如處子 且將霞袖掩羞顏.

(노천임월도강간 사재층애표묘간 단경귀승유목말 원잠소경자운단
선산숙석차무분 우설금조고미반 가애산령여처자 차장하수엄수안)

숲 사잇길로 강가에 이르니, 암자 절은 저 높은 바위 언덕에 있구나.
오솔길 끝에 절로 가는 스님 아스라이 보이고,

먼 산 절간의 풍경 소리 구름 저편에 은은하네.

어릴 적에는 신선 산임을 잠깐 알지 못했으나, 지금은 날씨 궂어 올라갈 수가 없구나.

사랑스러운 산신령은 처녀와도 같아, 노을 소매로 얼굴 가리고 부끄러워하네.

[語句] *江上 : 강가. *菴 : 菴子(암자, 庵子암자, 큰 절에 딸린 작은 절). *樾 : 두 나무 그늘. 行路樹(행로수, 길가 나무). *干 : 물 가. 鴻漸于干(기러기가 점점 물가로 날아간다)<周易 卦爻辭 風山漸> *層崖 : 바위가 여러 층으로 쌓인 언덕. *縹緲 : 높고 먼 모양. *逕 : 길. 오솔길. *木末 : 나무의 끝가지. *岑 : 산봉우리. *疎磬 : 성긴 風磬(풍경). 은은하게 들리는 풍경 소리. *仙山 : 신선이 사는 듯한 신령스러운 산. *夙昔 : 좀 오래된 옛날. *嗟 : ①슬프다. 탄식하다. ②잠깐 동안. 여기서는 ②임. *無分 : ①분별하지 못함. ②직분을 모름. '선산의 값어치를 몰랐음'의 뜻임. 여기서는 평측으로 보아서 ②로 풀이했음. *攀 : 더위잡다. 당기다. 登攀(등반). *可愛 : 사랑스러움. *山靈 : 산신령. 山神(산신). *處子 : 處女(처녀). *且將 : 또 곧. 그 위에 바로. *霞袖 : 노을을 소매로 삼음. *掩 : 가리다. 덮다. *羞 : 부끄러워하다.

[鑑賞] 강가의 높은 산과 거기 있는 암자를 두고 읊었다. 수련은 숲길로 강가에 오니 저 높은 언덕에 암자가 어렴풋이 보인다고 시의 서두로 삼았고, 함련은 遠景(원경)으로 절로 돌아가는 중과 절의 풍경 소리를 視覺(시각)과 聽覺(청각)으로 대비해 對句(대구)로 잘 그렸다. 경련은 시 내용의 轉換(전환)으로 어릴 적에 가졌던 산에 대한 畏敬心(외경심)과 지금의 마음을 담은 날씨를 역시 대구로 읊었으며, 미련에서 산신령을 擬人化(의인화)하며 산에 대한 애착심으로 마무리했으니, 머릿속에 한 폭의 풍경화를 떠오르게 하는 詩中有畫(시중유화)의 名作(명작)이다.

7언율시. 압운은 干, 間, 端, 攀, 顔 자로 間과 攀은 평성 '刪(산)' 운, 나머지 석 자도 평성 '寒(한)' 평운으로 두 운은 통운이다. 평측은 차례로 '仄平平仄仄平平, 仄仄平平仄仄平, 仄仄平平平仄仄, 仄平平仄仄平平, 平平仄仄平平仄, 仄仄平平仄仄平, 仄仄平平平仄仄, 仄平平仄仄平平'으로 二四不同二六對(이사부동이륙대)와 反法, 粘法(반법, 점법) 등이 잘 이루어졌는데, 다섯째 구의 嗟, 分 자의 평측을 잘 살펴야 할 것이다.

810-2 詠梅(영매) 매화를 읊다

誰折江南第一枝 東君消息最先知 香魂暗逐彤闈去 寒日敷英故遲遲.

(수절강남제일지 동군소식최선지 향혼암축동위거 한일부영고지지)

누가 강남의 첫 가지를 꺾어와, 새 봄 소식을 가장 먼저 알리노.

매화 향기 은근하게 대궐로 번지어, 날씨 차건만 꽃다움을 베푸니 해는 더디 가서 길어라.

[語句] *江南 : 강의 남쪽. 우리나라 한강 이남 지역이나 중국 양자강 남쪽 지방. *東君 : 봄의 신. 東皇(동황). 靑帝(청제). *香魂 : 향그러운 넋. 꽃의 향기. *暗逐 : 몰래 좇음. *彤闈 : 대궐. 궁궐. 彤은 '붉은 칠을 하다', 闈는 '대궐 중문'임. *敷 : 베풀다. 펴다. *遲遲 : 더디고 더딤. 해가 긴 모양. 春日遲遲 采蘩祁祁(봄날은 긴데, 모두 어울려 다북쑥을 뜯나니)<詩經 豳風 七月>

[鑑賞] 봄소식을 가장 먼저 알리는 매화를 두고 읊은 시. 아직 날씨는 춥지만 은근한 향기를 풍기며 피어난 매화나무 첫 가지에 피어나는 꽃을 기리었다. 가을에 오동잎 하나 떨어지는 걸 보고 가을을 느낀다는 말이 있듯, 매화 한 송이 피어난 것으로 봄임을 실감하게 된다는 것이다. 공간적 배경은 벼슬을 살던 궁궐임을 彤闈란 어휘로써 알게 된다.

7言絶句(7언절구). 압운은 枝, 知, 遲 자로 평성 '支(지)' 평운이다. 평측은 차례로 '平仄平平仄仄平, 平平平仄仄平平, 平平仄仄平平仄, 平仄平平仄平平'으로 이사부동이륙대는 끝 구에서 어긋났고 반법과 점법은 그런대로 이루어졌다.

811. 田琦(전기 1825 ~1854) : 조선 철종 때 화가. 初名(초명) 在龍(재룡). 자 瑋公(위공). 호 古藍, 杜堂(고람, 두당). 본관 開城(개성). 인물이 헌걸차고 빼어났으며 그윽한 정취와 예스러운 운치가 왕성하여 晉唐(진, 당) 시대의 그림 속 인물 같았다. 산수화와 시에 능했으며 그림은 宋元(송, 원)의 南宗派(남종파)의 풍을 따라 妙境(묘경)에 이르렀고, 시를 지으면 기이하고 깊은 맛이 있었으니 대개 남이 말한 것은 말하지 않았다. 眼目(안목)과 筆力(필력)은 압록강의 동쪽에 국한되어 있지 않았으나 겨우 30세로 병사했다. 繪畫(회화) 작품에 '紫門月色圖(자문월색도, 국립박물관 소장), 梅花書屋圖(매화서옥도, 일명 羅浮梅花圖나부매화도)' 등이 있다.

811-1 畫題三絕(화제삼절) 그림에 쓴 시 세 수

平生不識梅花訣 胸裏槎牙苦未平 獨向涪翁參妙理 嫩寒淸曉到孤山<첫 수>
墨汁縱橫當草書 不須珠筆鐵圈於 幢幢短燭蘆簾底 夢落銅坑雪霽初<둘째 수>
靑李齊頭一樹春 五兄佳句鬪淸新 短屛圍住新詩境 憶否巡檐索笑人<셋째 수>

(평생불식매화결 흉리차아고미평 독향부옹참묘리 눈한청효도고산)

(묵즙종횡당초서 불수주필철권어 당당단촉노렴저 몽락동갱설제초)

(청리제두일수춘 오형가구투청신 단병위주신시경 억부순첨색소인)

평생에 매화 비결을 알지 못하여, 가슴 속 모나게 얽힌 마음 괴로워 편하지 않았네.
혼자 황정견의 묘리를 살피어, 으스스 추우나 맑은 새벽에 임포의 경지에 이르렀다네.<第1首>
먹물 뜸뿍 찍어 초서를 휘갈기노라면, 하필 좋은 붓과 철권이 아니어도 좋아라.

가물거리는 촛불과 갈대 발 아래에서, 눈 그친 동갱산의 첫 매화 핀 꿈을 꾸네.<第2首>
파릇한 오얏 가지런해 온 나무가 봄인데, 다섯 분의 고운 시구 청신함을 다투네.
나지막한 병풍 둘러치고 새 시흥에 잠길 때,
어찌 두보의 '매화와 함께 웃고자 하는' 시구 생각나지 않겠는가.<第3首>

[語句] *畫題 : 그림 위에 쓰는 詩文(시문). *三絕 : ①학문을 열심히 함. 孔子(공자)의 韋編三絕(위편삼절, 책을 맨 가죽끈이 세번 끊어짐)에서 온 말임. ②글씨, 그림, 詩(시) 또는 다른 것 세 가지가 모두 뛰어남. ③絕句(절구) 세 수. 여기서는 ③임. →644-2. *訣 : 秘訣(비결, 알려져 있지 않은 좋은 방법). *槎牙 : 나뭇가지나 바위가 모가 지도록 얽히거나 드러난 모양. 槎는 '떼배. 엇찍다. 비스듬히 깎다'임. *涪翁 : 宋(송)의 시인 黃庭堅(황정견)의 호. →680. *妙理 : 오묘한 이치. *嫩寒 : 으슬으슬 추움. 微寒(미한). 嫩은 '연약하다. 곱다'임. *孤山 : 송의 隱士(은사) 林逋(임포)가 은거하던 西湖 孤山(서호 고산). 매화를 심고 학을 기르며 사니 사람들이 梅妻鶴子(매처학자, 매화를 아내로 삼고 학을 아들처럼 기름)라 했음. *墨汁 : 먹물. *縱橫 : 가로 세로. *珠筆 : 좋은 붓. '구슬같이 귀하고 좋은 붓'이란 뜻임. *鐵圈 : '쇠로 된 그릇이나 벼루' 또는 '좋은 書鎭(서진)'인 듯함. *於 : 어조사. *幢幢 : 불빛이 흔들리는 모양. *蘆簾 : 갈대를 엮어 만든 발. *銅坑 : 산 이름. 동갱산. *雪霽 : 눈이 그치어 날씨가 갬. *靑李 : 파릇한 오얏[자두]. *齊頭 : 머리가 가지런함. '오얏이 고르게 달린 모양'임. *五兄 : '매화 시를 잘 읊은 다섯 분'인지 미상. *淸新 : 깨끗하고 산뜻함. *詩境 : 시의 境地(경지). 詩興(시흥)을 불러일으키는 아름다운 경치. *憶否 : 기억나지 않는가. 생각나지 않는가. *巡檐索笑人 : 처마를 돌며 웃는 사람을 찾음. '매화의 고운 모습을 찾는 마음'을 형용한 말로 杜甫(두보 →64)의 '舍弟觀赴藍田取妻子到江陵喜寄(사제관부남전취처자도강릉희기)' 둘째 수에 "巡檐索共梅花笑 冷蘂疎枝半不禁(추녀 기슭을 돌며 매화를 찾아 함께 웃고자 하니, 성긴 가지에 싸늘한 꽃봉오리가 반쯤 피어나 웃는 듯하네)"라 있음.

[鑑賞] 이 시는 지은이의 '매화서옥도' 그림에 쓴 화제이다. 매화 그림을 절실하게 그리려는 고뇌를 드러내었으며, 지은이의 학문적 소양이 깊음을 알 수 있고 풀이하기가 쉽지 않은 구절이 많은 시이다. 趙熙龍(조희룡 →486)은 '壺山外史(호산외사)'에서 "작년 가을에 내가 남쪽으로 내려갈 때 나를 찾아와서 서로 헤어지는 것을 못내 아쉬워하는 뜻을 보이더니, 어찌 뜻하였으랴, 이것이 마침내 천고의 영결이 될 줄이야! 남쪽으로 梧草堂(오초당)에 가서 古藍(고람)의 매화서옥도를 보니 그림 위에 화제 3절이 있었다." 하고 輓詩(만시)를 읊었다. →486-1.

7언절구 세 수. 첫 수의 압운은 平, 山 자로 볼 수 있는데 平은 평성 '庚(경)' 운, 山은 평성 '刪(산)'이라 通韻(통운)이 되지 않으니 같은 평운으로 轉韻(전운)했다 하리라. 둘째 수는 書, 於, 初 자로 평성 '魚(어)' 평운이며, 셋째 수는 春, 新, 人 자로 평성 '眞(진)' 평운이다. 평측은 차례로 '平平仄仄平平仄, 平仄平平仄仄平, 仄仄平平平仄仄, 仄平平仄仄平平 ; 仄仄平平平仄平, 仄平平仄仄仄平, 仄仄仄仄平平仄, 仄仄平平仄仄平 ; 平仄平平仄仄平, 仄平平仄仄平平, 仄平平仄平平仄, 仄仄平平仄仄平'으로 이사부동이륙대에 어긋나는 곳은 둘째 수의 셋째 구이고, 그 곳 이외에는 반법, 점법도 잘 이루어졌다.

812. 田元植(전원식 1907~1981) : 한학자, 성리학자. 자 孺耕(유경 初字초자 善長선장). 호 柯菴(가암). 본관 潭陽(담양). 父 菊圃 炳鼎(국포 병정). 어려서부터 총명하고 학문을 좋아하여 14세에 호남 및 전국적 巨儒(거유) 艮齋 田愚(간재 전우 →376) 문하로 遊學(유학)했다. 학문 성취 후에는 참선비의 길을 걸어 많은 碩儒(석유)들과 교유하며 고향인 경상북도 蔚珍(울진)에서 儒學, 禮學(유학, 예학)의 중심인물로 많은 공적을 남겼고, 또 후진 양성에 온 힘을 기울여 많은 학자 선비들을 배출했다. 만년에는 경기도 驪州(여주)로 移居(이거)하여 역시 후진들을 길러, 전국에 걸쳐 제자가 천 명에 육박할 정도였다. 문집에 '柯菴私稿(가암사고 8권 1책)'가 있다.

812-1 示鄭世源河顯兩少友 二首(시정세원하현양소우 이수)

정세원과 하현 두 젊은 벗에게 보여 주다 두 수

古來賢與達 動忍困愁中 玉汝天心在 莫嫌身苦窮<첫 수>
發心安小成 未免鷦鷯類 大翅凌蒼霄 圖南終得致<둘째 수>
(고래현여달 동인곤수중 옥여천심재 막혐신고궁
발심안소성 미면초료류 대시능창소 도남종득치)

예로부터 현달한 이는, 근심과 괴로움을 참아왔다네.
그대 옥같이 맑은 천심을 가졌나니, 한 몸의 괴로움과 곤궁함을 싫어하지 말게나.<第1首>
발심하여 소성에 만족하면, 뱁새와 같은 하찮은 무리임을 면하기 어렵나니,
대붕이 크게 날개 펴 날며 푸른 하늘을 지나 남명으로 가듯,
뜻을 크게 가져 노력하면 마침내 그 뜻을 이루게 되리.<第2首>

[語句] *少友 : 젊은 친구. *賢達 : 현명하고 사물의 이치에 통함. *困愁 : 괴로움과 근심. 어렵고 근심스러운 일. *天心 : 타고난 良心(양심). *嫌 : 싫어하다. *苦窮 : 괴로움과 곤궁함. *發心 : 무슨 일을 하겠다고 마음먹음. *安 : 만족하다. 安住(안주)하다. *小成 : 조그만 성취. ↔ 大成(대성). 七年視論學取友謂之小成(7년만에 학문의 뜻을 연구해 시비를 논하고 친구를 사귐에 방정한 사람을 가리는지의 여

부를 보는데, 이를 小成이라 한다)<禮記 學記> *鷦鷯 : 뱁새. '소성에 만족하는 하찮은 사람'을 비유함. 鷦鷯巢於深林不過一枝(뱁새는 깊은 숲속에 둥지를 튼다 해도 겨우 나뭇가지 하나를 쓸 뿐이라)<莊子 逍遙遊> *大翮 : 크게 날갯짓을 함. 큰 날개. 翮는 '떼지어 날다'임. *凌 : 지나다. *蒼霄 : 푸른 하늘. 蒼空(창공). *圖南 : 大鵬(대붕, 상상의 큰 새)이 南冥(남명, 남극 바다)으로 가려 함. 웅대한 일을 계획함. 圖南之翼(도남지익). 翼若垂天之雲 ~ 負青天然後圖南且適南冥也(날개는 하늘에 드리운 구름 같아 ~ 푸른 하늘을 이고 남녘으로 향하는데 남명으로 가려는 것이다)<莊子 逍遙遊> *得致 : 이룸. 뜻을 이룸.

[鑑賞] 아마도 제자인 두 사람에게 준 教訓詩(교훈시)인 듯하다. 첫 수는 현재의 근심이나 어려움을 참고, 나아가 그것을 달게 여기며 노력해 가면 그 역경은 극복되고 참다운 선비의 길을 걷게 되리라는 것이고, 둘째 수는 조그만 성공에 만족치 말고 더욱 뜻을 멀리 가져 힘써서 학문을 닦아 크게 대성을 하라는 가르침이다. 누구나 마음에 새기며 실천할 箴言(잠언)인 것이다.

5言詩(5언시) 두 수. 첫 수는 5言絕句(5언절구)인데 압운은 中, 窮 자로 평성 '東(동)' 평운이다. 평측은 차례로 '仄平平仄仄, 仄仄仄平平, 仄仄平平仄, 仄平平仄平'으로 二四不同(이사부동)과 反法, 粘法(반법, 점법) 등이 잘 이루어졌다. 둘째 수는 5言古詩(5어고시)이며 압운은 類, 致 자로 거성 '寘(치)' 측운이다. 평측은 차례로 '仄平平仄平, 仄仄平平仄, 仄平平平平, 平平平仄仄'으로 이사부동은 셋째 구에서 어긋났고 반법과 점법은 그런대로 이루어졌다.

812-2 幽居偶吟(유거우음) 유거에서 우연히 읊다

透迤鼎岳倒廻巒 暫託生涯樂此間 讀罷典謨傾白酒 悠然相對只青山.

(위이정악도회만 잠탁생애낙차간 독파전모경백주 유연상대지청산)

구불구불 이어진 정악이 되돌아 봉우리가 되고, 내 생애를 이 속에 잠깐 맡기니 즐겁구나. 서경 읽기를 마치고 막걸리 잔 기울이니, 유연히 청산만이 마주할 뿐일세.

[語句] *幽居 : 한적하고 외딴 곳에 삶, 그 집. *偶吟 : 우연히 읊은 노래. 偶詠(우영). *透迤 : 구불구불 에워 두름. 비스듬히 벋은 모양. 길고도 먼 모양. *鼎岳 : 솥 모양으로 생긴 산. 산 이름. 솥재. *倒廻 : 거꾸로 돎. *巒 : 멧부리. 산봉우리. *生涯 : ①세상을 살아가는 동안. ②생활. *典謨 : 書經(서경)의 編名(편명)인 典과 謨. 서경. 서경에 堯典, 舜典(요전, 순전)과 大禹謨, 皐陶謨(대우모, 고요모) 편이 있고, 伊訓(이훈)과 湯誥, 大誥, 康誥, 酒誥, 洛誥, 康王之誥(탕고, 대고, 강고, 주고, 낙고, 강왕지고) 편 등이 있어, 이를 통틀어 典謨訓誥(전모훈고)라 하며 옛 聖賢

(성현)들이 정해 놓은 法訓(법훈, 법도와 훈계)임. *白酒 : ①막걸리. 濁酒(탁주). ②배갈. *悠然 : 침착하고 여유 있는 모양. 마음이나 태도가 태연한 모양. *青山 : 나무가 무성하여 푸른 산.

[鑑賞] 산과 물이 둘러있는 한적하고도 외딴 곳에 살면서 독서와 제자들 教誨(교회)에 힘쓰는 隱君子(은군자)의 모습이 떠오른다. 태백산맥의 한 자락이 동해안 가까이 물결치듯 굽이를 이루어 높았다 낮았다 구불구불 이어진다. 이런 곳에 내 생애를 맡겼으니 즐거움이 그 속에 있고, 유교 경전 읽기를 마치고 텁텁한 막걸리 잔을 기울이니 다만 청산만이 눈에 들어온다고 했다. 陶潛(도잠 →62)의 "彩菊東籬下 悠然見南山(동편 울타리에서 국화를 따노라니, 여유 있고 태연히 남산이 눈에 비쳐 오도다)"와 같은 境地(경지)가 풍기는 名作(명작)이다.

7언절구. 압운은 巒, 間, 山 자로 巒은 평성 '寒(한)' 운, 間과 山도 평성 '刪(산)' 평운으로 두 운은 通韻(통운)이 된다. 평측은 차례로 '平平仄仄仄平平, 仄仄平平仄仄平, 仄仄仄平平仄仄, 平平平仄仄平平'으로 二四不同二六對(이사부동이륙대)와 반법, 점법 등이 잘 이루어지고 끝 두 구의 평측이 대조된 조화가 멋지다.

812-3 田重錫挽(전중석만) 전중석을 애도하다

確厚淳眞禀固然 藝窓猛著老牛鞭 牻裝鸚語人爭羨 君獨蹈常述古先
憶昔君家兩載遊 性詮華義志相綢 群芳競秀人何去 欲寫哀章淚掩眸.
(확후순진품고연 예창맹저노우편 권장앵어인쟁선 군독도상술고선
억석군가양재유 성전화의지상주 군방경수인하거 욕사애장누엄모)

타고난 기품이 굳고 진중하며 순박 진실하여,
글방에서는 잘 가는 늙은 소에 채찍질하듯 글짓기가 빨랐네.
남들은 겉치장이나 흉내내기를 부러워하건만, 그대는 늘 옛 것을 밝히기를 앞세웠었지.
지난날을 돌이키니 그대 집에 두 해를 있었는데,
그대는 빛나는 의리를 갖추고 뜻이 꽉 찼었네.
봄이 되어 온갖 꽃들 다투어 피는데 그대 왜 갔는가,
만장을 쓰노라니 눈물이 앞을 가리는구나.

[語句] *田重錫(1908~1933) : 漢學者(한학자). 자 文肅(문숙). 호 栗軒(율헌). *挽 : 애도하다. *確厚 : 굳고 鎭重(진중, 점잖고 무게가 있음)함. *淳眞 : 순박하고 진실됨. *禀 : 타고난 기품. 天稟(천품). 稟(품)이 本字(본자)임. *固然 : 원래 그러함. *藝窓 : 글방. 書堂(서당). *猛著 : 날래게 글을 지음. *鞭 : 채찍. *牻裝 : 소의 치장. '겉치장으로 꾸밈'

의 뜻인 듯함. 犍은 '다리 검은 소. 귀가 검은 소'임. *鸚語 : 앵무새의 말. '뜻도 모르면서 남의 흉내를 냄 또는 말을 잘함'의 뜻으로 쓰기도 함. *羨 : 부러워하다. *蹈 : 밟다. 행하다. *述古 : 옛 것을 지음. 古典(고전)을 밝힘. *憶昔 : 지난 일을 돌이켜 생각함. *兩載 : 두 해. 2년. *詮 : 갖추다. 평론하다. *華義 : 빛나는 義理(의리, 사람으로서 지켜야 할 올바른 도리). *綢 : 빽빽하다. 꽉차다. *群芳 : 많은 꽃. 群花(군화). *秀 : 빼어나다. 뛰어나다. *哀章 : 슬픈 글. '輓詩, 挽章(만시, 만장)'을 뜻함. *掩眸 : 눈동자를 가림. 눈물로 눈이 흐릿함.

[鑑賞] 율헌공은 편저자의 둘째 숙부님이시다. 큰 할아버지와 조부께서 芝亭齋(지정재)를 건립하고 가암 선생을 獨訓長(독훈장)으로 모시어 숙부님이 한학 공부를 하셨다 하며, 어른들 말씀에 숙부는 가암의 首弟子(수제자)가 될 것으로 촉망받았다고 하나, 불과 26세로 사거하시고 말아 이 만시처럼 절절한 애도의 정을 담았다 하리라. 숙부께서 지정재 준공 잔치에서 自祝詩(자축시)를 읊으신 작품이 남아 있으니, "齋成落宴暮春時 勝會客人意自宜 鷰賀新成飛畫棟 蜂隨暮景上花枝 後昆不墜傳功業 多士能承有禮儀 老少咸來吟詠席 良辰吉日故遲遲(지정 서재의 낙성 잔치 늦은 봄에 열리어, 성대한 자리에 손님들 모여 절로 정이 도탑네. 제비도 새 글방을 하례하며 단청한 도리에 날아들고, 벌들은 저물 녘 경치 따라 꽃가지를 오르네. 후손들은 조선의 공업을 이어받아 뒤지지 않고, 선비들 많이 배출되어 능히 예도 있는 집안 이어가리. 노인들 젊은이들 모두 모여 시 읊는 이 자리, 좋고도 길한 날이라 해 가는 줄 모르게 즐기네)"이다. 편저자는 지금껏 숙부님의 早逝(조서)를 안타까워하는 심정을 지니며 살고 있다.

7言律詩(7언율시). 압운은 然, 鞭, 先, 遊, 綢, 眸 자로 앞 석 자는 평성 '先' 평운, 뒤의 석 자도 평성 '尤(우)' 평운으로 한 작품에서 전후반으로 나누어 轉韻(전운)했다. 평측은 차례로 '仄仄平平仄仄平, 仄平仄仄仄平平, 平平平仄平平仄, 平仄仄平仄仄平, 仄仄平平仄仄平, 仄平平仄仄平平, 平平仄仄平平仄, 仄仄平平仄仄平'으로 二四不同二六對(이사부동이륙대)와 反法, 粘法(반법, 점법) 등이 모두 잘 이루어졌다.

813. 鄭元容(정원용 1783~1873) : 조선 헌종 때 정승. 자 善之(선지). 호 經山(경산). 시호 文忠(문충). 본관 東萊(동래). 父 敦寧府都正 東晩(돈녕부도정 동만). 순조 2년(1802) 庭試(정시)에 급제하여 벼슬이 올라, 司諫院大司諫(사간원 대사간)으로 問禮官(문례관)이 되어 청 나라 사신을 영접했으며 關西慰問使, 江原道觀察使(관서위문사, 강원도관찰사)를 역임했는데 가는 곳마다 백성의 구호에 힘썼으며, 冬至使(동지사)로 청 나라에 다녀왔다. 헌종 때 禮曹·吏曹判書(예조·이조판서)를 역임하고 通政, 嘉善, 資憲, 崇政大夫(통정, 가선, 자헌, 숭정대부)가 되었으며 우의정과 좌의정에 올랐다. 헌종 14년(1848) 영의정이 되어 철종과 고종 두 임

금을 모시었고 領中樞府事(영중추부사)에 이르렀다. 벼슬에 나아간 지 72년 동안 나랏일에 부지런하여 조정의 득실, 민생의 고락 등에 남다른 생각을 폈으며, 일상생활이 지극히 검소했고 집안일에 전혀 관심이 없었다 한다. 문장과 筆法(필법)이 뛰어나 조정의 글과 사대부 집의 碑銘(비명)을 많이 지었으며, 문집과 저서에 '經山集(경산집 40권), 黃閣章(황각장 21권), 北征錄(북정록 10권), 袖香編(수향편 5권), 文獻撮錄(문헌촬록 5권)' 등이 있다.

813-1 暮行(모행) 저녁에 배로 가다

冉冉山暉薄 輕輕錦纜過 夢淸逼鷗鷺 詩壯恐蛟鼉
岸濶雲沙穩 天垂星漢多 叩舷犯風露 候月聽江歌.

(염염산휘박 경경금람과 몽청핍구로 시장공교타
안활운사온 천수성한다 고현범풍로 후월청강가)

해 점점 기울어 산의 햇빛 엷어지고, 호화롭게 꾸민 배는 경쾌하게 달리니,
세속을 떠나 갈매기와 벗하며, 교타도 놀랄 시심을 지니며 살고 싶구나.
기슭은 확 트이어 구름과 모랫벌은 고요하고, 하늘에는 은하수와 별들 반짝이네.
뱃전 두드리며 바람과 이슬을 헤치니, 기다리던 달도 떠올라 그 노랫가락 듣는구나.

[語句] *冉冉 : ①점점 멀어져서 없어지려는 모양. ②달이나 해가 점점 기울어져 가는 모양. ③비나 이슬이 고요히 내리는 모양. *山暉 : 산의 햇빛. *輕輕 : 경쾌한 모양. *錦纜 : 비단 닻줄. 호화롭게 꾸민 유람선. 金纜牙檣(금람아장, 비단 닻줄과 상아 돛대, 호화 유람선). *逼 : 다가오다. 가깝다. *鷗鷺 : 갈매기와 해오라기. 鷗鷺盟(구로맹, 갈매기와의 다짐이나 사귐, 세속을 멀리하고 살아감). *詩 : 詩心(시심, 시를 지으려는 마음). *恐 : 놀라게 하다. *蛟鼉 : 蛟龍(교룡, 비늘이 있는 용)과 자라. 바닷속 생물. *穩 : 고요하고 편안함. 平穩(평온). *星漢 : 은하수. *叩舷 : 뱃전을 두드림. *犯 : 이기다. *候 : 바라다. 기다리다.

[鑑賞] 저녁에 유람선을 타고 강물 따라 가며 지은 시 같다. 頷聯(함련 3~4구)은 자연 속에서 물고기들도 놀랄 시를 지으며 살고 싶은 심정을 對句(대구)로 읊었고, 頸聯(5~6구)은 트인 강기슭과 하늘의 반짝이는 별들을 對比(대비)하여 고요함을 절실히 읊었는데, 함련은 虛(허)요 경련은 實(실)인 것이다. 그리고 나서 뱃전을 두르리며 홍겹게 부르는 뱃노래를 달도 마침 떠올라 함께 듣는다고 맺은, 浪漫(낭만)이 넘치는 작품이다.

5言律詩(5언율시). 압운은 過, 鼉, 多, 歌 자로 평성 '歌' 평운이다. 평측은 차례로 '仄仄平平仄, 平平仄仄平, 仄平仄平仄, 平仄仄平平, 仄仄平平仄, 平平平仄平, 仄平仄平仄, 仄仄平平平'으로 이사부동은 셋째와 일곱째 구에서 어긋났으니 '平-仄'이어야 할 것이 '平-平'이 되었다. 이 두 구로 하여 반법과 점법은 온전치 못하다.

814. 曺繼芳(조계방 ?) : 고려 충렬왕 때 문관. 본관 昌寧(창녕). 提學(제학)을 역임했다.

814-1 山寺(산사) 산 속의 절

鼓門宿客直須麾 莫使山家奇事知 屋角梨花開滿樹 子規來叫月明時.

(고문숙객직수휘 막사산가기사지 옥각이화개만수 자규내규월명시)

자고 가려고 찾아온 나그네를 바로 인도하면서, 산 속 절간에 웬 기이한 일인가 하지 마오.
지붕 끝 배나무 꽃 만발하고, 소쩍새 밝은 달 따라 날아와 우니 그 정취 느껴야지요.

[語句] *鼓門 : 문을 두드림. 손님이 찾아옴. *須 : 모름지기. 필요하다. 마땅히 ~해야 한다. *麾 : 지휘하다. 이끌다. *山家 : 산 속의 집이나 절간. *奇事 : 기이한 일. *屋角 : 지붕의 모서리. *子規 : 소쩍새.

[鑑賞] 唐(당) 나라의 시와 같은 情調(정조)가 풍기는 작품이다. 깊은 산 속 암자와도 같은 작은 절에 하룻밤 자고 가자는 나그네가 찾아오니, 중은 맞아들이면서도 이렇게 묵어가자는 나그네는 처음이라 이상하게 느낄 것이다. 나그네는 오직 만개한 배꽃과 밝은 달 아래 그 배나무에 앉아 울고 있는 소쩍새 울음, 그 두 가지에 매료되어 묵어가려는 것이니 '스님이여 기이하게 생각할 것이 없소.'라고 했다.

7言絶句(7언절구). 압운은 麾, 知, 時 자로 평성 '支(지)' 평운이다. 평측은 차례로 '仄平仄仄仄平平, 仄仄平平平仄平, 仄仄平平平仄仄, 仄平平仄仄平平'으로 이사부동이륙대와 반법, 점법 등이 모두 이루어진 좋은 시이다.

815. 崔參(최삼 ?) : 조선 선조 때 문관. 江原道觀察使(강원도 관찰사)를 역임한 듯하다.

815-1 竹西樓(죽서루) 죽서루

堯語難明桀服身 臨刑何暇訴蒼旻 三良入穴人思贖 二子乘舟賊不仁
骨暴平原縈有草 魂歸故國弔無親 竹西樓下滔滔水 長帶餘哀咽萬春.

(요어난명걸복신 임형하가소창민 삼량입혈인사속 이자승주적불인
골포평원영유초 혼귀고국조무친 죽서루하도도수 장대여애열만춘)

요 임금 말씀으로도 걸왕 같은 사람을 깨우치지 못하나니,
형틀에 매인 몸 어느 여가에 하늘에 호소하랴.
세 어진 선비 무덤에 들어가니 사람들은 속전 바칠 걸 생각했으며,
두 아들 배를 탔는데 어질지 못한 자에게 해를 입었네.
내 백골 너른 들판에서 무성한 풀에 얽힐 것이니, 혼백이 고국에 간들 조상해 줄 친척 없어라.

죽서루 아래 도도히 흐르는 강물에, 원한을 간직하여 유구한 세월 속을 울고 있으리.

[語句] *竹西樓 : 강원도 三陟市(삼척시)에 있는 2층 누각. →235-2, 304-3. *堯語 : 중국 고대 聖君(성군)인 요 임금의 말씀. 어진 말씀. *桀 : 중국 고대 夏(하) 나라의 마지막 임금인 暴君(폭군) 桀王(걸왕). *蒼旻 : 푸른 하늘. 旻은 '가을 하늘'임. *三良入穴 : 秦(진) 나라 穆公(목공, 재위 B.C 660~621)의 신하인 子車氏(자거씨)의 세 아들인 奄息, 仲行, 鍼虎(엄식, 중행, 침호)가 목공이 죽었을 때 殉死(순사)한 일. 당시 王侯(왕후)의 능에 신하를 산 채로 함께 매장하는 풍습이 있었다고 함.<詩經 秦風 黃鳥> *贖 : 돈을 내고 죄를 면하다. 贖錢(속전)을 내다. *二子乘舟 : 두 아들이 배를 탐. 춘추시대 초기 衛宣王(위 선왕)이 아들 伋(급)의 아내가 될 宣姜(선강)을 빼앗아 살며 壽, 朔(수, 삭) 두 아들을 낳았는데, 선강은 급을 미워하여 제거하려고 齊(제) 나라에 사신으로 보내고 도중에 살해하려고 한 바, 壽는 착한 사람이라 伋을 취하도록 술을 먹이고 자신이 사신으로 가서 죽으니, 伋이 이를 알고 壽를 구하러 갔다가 자기도 죽고 말았음.<詩經 邶風 二子乘舟> *縈 : 얽히다. *滔滔 : 물이 질펀하게 흐르는 모양. *萬春 : 많은 봄. 오랜 세월.

[鑑賞] 이 시는 유래가 있는 작품이다. 조선 선조 28년(1595) 琉球(유구) 나라 임금이 倭國(왜국, 일본)에 잡혀가니 그 世子(세자)가 국보를 싣고 재화를 주어 父王(부왕)을 돌아오게 하고자 왜로 들어가다가 강원도 삼척 포구에 표박하자, 府使 洪仁傑(부사 홍인걸)이 배에 가서 물으니 말이 통하지 않았는데 세자가 시 한 수를 써 보였다. 그 시는 "天連雨露人尊北 地接華夷道在東 故國誰憐鍾簴改 殊邦窃愧姓名通(하늘이 비와 이슬에 연하듯 사람들은 임금님을 존중하는데, 땅은 중국과 오랑캐에 접하고 동편으로 통했소. 고국에서는 사직이 바뀌었음을 그 누가 가련해 하리, 낯선 나라에서 부끄럽게도 성명을 통하다니)"이며, 부사가 후히 대우하니 배에서 순풍을 기다려 가겠다고 했다. 부사의 동생 洪仁侃(홍인간)이 몰래 官軍(관군)을 거느리고 배에 가서 탐색 문답하니, 酒泉石(주천석)과 幔山帳(만산장)뿐이라 강제로 수색하려 하니까 허락하지 않아 배 안의 사람들을 모두 죽이고 남은 財貨(재화)를 籍沒(적몰)했다. 御史 盧景任(어사 노경임)이 홍인걸을 나라와 임금을 속였다고 장계를 올리고 잡아 가두니 누명을 풀지 못하고 드디어 獄死(옥사)했다. 酒泉石은 모가 나고 가운데가 오목한 돌로 물을 부우면 술이 된다는 것이고, 幔山帳은 거미줄을 염직약으로 짠 布帳(포장)인데 작게 펴면 한 간을 덮을 수 있고 크게 펴면 태산을 두를 수 있으며 빗물이 새지 않는다고 한다. 李重煥(이중환 →806)의 '擇里志(택리지)'에는 유구 세자가 표박한 곳이 濟州島(제주도)라 했고, 濟州牧使(제주목사)의 이름이 밝혀지지 않았으며, 위의 율시도 죽음에 이르러 유구 세자가 지었다고 적고 있는데, 몇 구

절이 다르다. 곧 셋 째 구가 "三良臨穴人誰贖(삼량임혈인수속)"으로 되었고 다섯째 구도 "骨暴沙場纏有草(골포사장전유초)"이며 끝구도 "遺恨分明咽萬春(유한분명열만춘)"이라 했다. 어떻든 이 시는 좋은 작품이라 당시에 널리 전파되었다고 한다.

7言律詩(7언율시). 압운은 身, 旻, 仁, 親, 春 자로 평성 '眞(진)' 평운이다. 평측은 차례로 '平仄平平仄仄平, 平平平仄仄平平, 平平仄仄平平仄, 仄仄平平仄仄平, 仄仄平平平仄仄, 平平仄仄仄平平, 仄平平仄平平仄, 平仄平平仄仄平'으로 二四不同二六對(이사부동이륙대)와 反法, 粘法(반법, 점법) 등이 잘 이루어지고 평측 배치도 좋아 7律의 典型(전형)이 되며, 내용과 함께 名作(명작) 이라 해도 되겠다.

816. 卓柱漢(탁주한 ?) : 조선 영조 때 歌人(가인). 자 大哉(대재). 본관 嘉平(가평). 金天澤, 金壽長(김천택, 김수장) 등이 중심인 敬亭山歌壇(경정산가단)에 출입한 유명 가인이었다.

816-1 三藏寺用板上韻(삼장사용판상운) 삼장사에서 시판의 운자를 써서 짓다

秋色千峰裏 溪聲一路中 林風正蕭瑟 山日已高舂
草有三椏綠 塵無半點紅 諸天看漸近 誰謂我道窮.
(추색천봉리 계성일로중 임풍정소슬 산일이고용
초유삼아록 진무반점홍 제천간점근 수위아도궁)

온갖 산봉우리 가을빛으로 물들었고, 시냇물 소리 한결같이 들리는구나.
숲에 부는 바람 소슬한데, 산의 해는 이미 높이 솟아 저녁녘이 가깝네.
뜰 풀밭에는 삼지닥나무가 있어 푸르고, 절간에는 먼지 없어 조금 불그레할 뿐이로구나.
불가의 모든 하늘이 가까이 다가오는데, 뉘라서 내 앞길이 막혔다 하리오.

[語句] *三藏寺 : 절 이름. 三藏은 불교에서 '教理(교리)를 주로 하는 부처의 설법을 모은 經藏(경장), 教團(교단)이 지킬 계율을 모은 論藏(논장) 그리고 교리의 연구 論釋(논석)을 모은 律藏(율장) 곧 經論律의 세가지'임. *板上 : 詩板(시판, 시를 적거나 새긴 판자) 위. *秋色 : 가을 빛. 가을철의 맑은 경치. 秋光(추광). *蕭瑟 : 가을 바람이 으스스 춥고 쓸쓸함. *山日 : 산 위의 해. *高舂 : 오후 네 시경. ↔下舂(하용, 해가 넘어 가려고 할 무렵). 舂은 '방아찧다. 해가 지다'임. *三椏 : ①삼아나무, 삼지닥나무. 팥꽃나무과의 낙엽 활엽 관목. 높이 약 2m임. 椏는 '나뭇가지 아귀지다. 두 가장귀지다'임. ②인삼의 말린 뿌리. *半點 : 한 점의 반. 아주 작음. *諸天 : <佛>모든 하늘, 불교에서 말하는 여덟 하늘. 곧 帝釋天(제석천, 동방), 伊舍那天(이사나천, 동북), 閻魔天(염마천, 남방), 火天(화천, 동남), 水天(수천, 서방), 羅

刹天(나찰천, 서남), 毘沙門天(비사문천, 북방), 風天(풍천, 서북). 八方天(팔방천, 八天). *道窮 : 길이 다함. 갈길이 막힘. 晉(진) 나라 竹林七賢(죽림칠현)의 한 사람인 阮籍(완적)이 술에 취해 길 뚫린 대로 따라가다가 길이 다 되면 통곡하며 되돌아왔으니 이를 '窮途哭(궁도곡)'이라 함.

[鑑賞] 가을날 삼장사에 갔다가 절간 벽에 걸린 시판의 운자를 따라 지은 卽興詩(즉흥시). 首聯(수련 1~2구)은 산과 시냇물 모습으로 시의 서두를 삼았고, 頷聯(함련 3~4구)에서는 바람과 해를 對句(대구)로 읊었는데 가을의 쓸쓸함이 묻어난다. 頸聯(경련 5~6구)도 역시 대구로 이루어졌고 절간의 경내로 눈길을 돌려 내용 전환을 했다. 尾聯(미련 7~8구)은 하늘이 가까운 높은 곳에 위치한 절에서 느끼는 지은이의 敍情(서정)이다. 부처님이 돌보아 주시는 듯 佛家(불가)의 온 하늘이 내게로 가까이 다가오니 누가 내 앞길이 막혔다 하겠는가 하고 맺었다.

5言律詩(5언율시). 압운은 中, 春, 紅, 窮 자로 春만 평성 '冬(동)' 운, 나머지 석 자도 평성 '東(동)' 평운으로 두 운은 通韻(통운)이 된다. 평측은 차례로 '仄仄平平仄, 平平仄仄平, 平平仄平仄, 平仄仄平平, 仄仄平平仄, 平平仄仄平, 平平平仄仄, 平仄仄仄平'으로 이사부동은 셋째 구와 끝 구의 둘만 어긋났고 반법과 점법은 불완전하게 이루어졌다.

817. 韓琮(한종 ?) : 初唐(초당)의 시인. 魏州(위주) 사람.

816-1 暮春薩水送別(모춘살수송별) 늦은 봄에 살수에서 송별하다

綠暗紅稀出鳳城 暮雲宮闕古今情 行人莫聽宮前水 流盡年光是此聲.

(녹암홍희출봉성 모운궁궐고금정 행인막청궁전수 유진연광시차성)

녹음 우거지고 붉은 꽃 드문 때에 서울을 떠나니, 저녁 구름 속 궁궐은 언제나 정겹네.
그대여, 궁궐 앞을 흐르는 물소리 듣지를 마오, 흘러가 버린 세월이 바로 저 물소리이니.

[語句] *暮春 : 늦은 봄. 늦봄. 晩春(만춘). *薩水 : 唐(당) 나라 서울인 섬서성 長安(장안)의 여러 강 중의 하나. 우리나라 평안남북도의 淸川江(청천강)의 옛 이름이기도 함. *鳳城 : 궁궐. 宮城(궁성). 서울. '長安'을 가리킴. *暮雲 : 저녁때의 구름. *古今情 : 예적과 지금의 정. '언제나 정겨움'의 뜻임. *行人 : 길 가는 사람. '헤어지려는 벗'을 가리킴. *年光 : ①변하는 사철의 경치. ②젊은 나이. ③세월. 여기서는 ③임.

[鑑賞] 아마도 절친한 친구거나 벼슬을 함께 하던 同僚(동료)를 떠나보내는 시이리라. 봄도 가려는 때 서울 장안을 떠나는 벗을 전송하려니, 저녁 구름에 잠긴 궁궐이 눈

에 띄어 더욱 서글프다. 저 궁궐은 오랜 세월 王朝(왕조)를 바꾸어 가며 이어온 殿閣(전각)들인 것이다. 그 많은 세월들은 궁전 앞을 흘러가는 강물 따라 영원히 되돌아올 수 없게 가 버리고 말았다. 그대와 나도 지금 헤어지면 언제 다시 만날 수 있을는지 기약이 없는 이별인 것이다. 詩語(시어)가 惜別(석별)의 정을 담은 말들이니 綠暗紅稀, 暮雲, 古今情, 宮前水, 流盡年光 등이 그러하다.

7言絕句(7언절구). 압운은 城, 情, 聲 자로 평성 '庚(경)' 평운이다. 평측은 차례로 '仄仄平平仄仄平, 仄平平仄仄平平, 平平仄仄平平仄, 平仄平平仄仄平'으로 二四不同二六對(이사부동이륙대)와 反法, 粘法(반법, 점법) 등이 잘 이루어지고 평측 배치도 좋아 7언절구의 典型(전형)이 되겠다.

詩 題 索 引 (시제 색인)

(시 제목, 지은이, 수록 페이지 순이며 *표는 중국 작자의 작품임)